Heinz Sahner · Stefan Schwendtner (Hrsg.)

27. Kongreß der Deutschen Gesellschaft
für Soziologie.
Gesellschaften im Umbruch

Heinz Sahner · Stefan Schwendtner (Hrsg.)

# 27. Kongreß der Deutschen Gesellschaft für Soziologie. Gesellschaften im Umbruch

*Sektionen und Arbeitsgruppen*

Westdeutscher Verlag

Für die freundliche Unterstützung danken wir

**NORD/LB**
NORDDEUTSCHE LANDESBANK
GIROZENTRALE

Alle Rechte vorbehalten
© 1995 Westdeutscher Verlag GmbH, Opladen

Der Westdeutsche Verlag ist ein Unternehmen der Bertelsmann Fachinformation.

Das Werk einschließlich aller seiner Teile ist urheberrechtlich geschützt. Jede Verwertung außerhalb der engen Grenzen des Urheberrechtsgesetzes ist ohne Zustimmung des Verlags unzulässig und strafbar. Das gilt insbesondere für Vervielfältigungen, Übersetzungen, Mikroverfilmungen und die Einspeicherung und Verarbeitung in elektronischen Systemen.

Umschlaggestaltung: Daniel Leiser, Halle, unter Verwendung des Kongreßlogos von Günter Gnauck, Halle
Druck und buchbinderische Verarbeitung: Lengericher Handelsdruckerei, Lengerich
Gedruckt auf säurefreiem Papier
Printed in Germany

ISBN 3-531-12836-1

# Vorwort

Der 27. Kongreß der Deutschen Gesellschaft für Soziologie (DGS) fand vom 3. bis 7. April 1995 unter dem Thema "Gesellschaften im Umbruch" in Halle an der Martin-Luther-Universität Halle-Wittenberg statt. Nach dem Willen des Vorstandes der DGS sollte dieser Kongreß einige Neuerungen aufweisen. So wurden die Plenarthemen in einem call for papers ausgeschrieben und die Referenten in einem nachvollziehbaren Verfahren ausgewählt. Vor allem aber sollte der Kongreß "schlanker" werden - weniger Ad-hoc- und Plenarveranstaltungen. Vergleicht man die Zahlen mit denen des letzten Kongresses in Düsseldorf, so dürfte das auch gelungen sein. Statt 120 Veranstaltungen gab es nur 80 (die Postersessions nicht mitgerechnet) und statt knapp 600 Referate gab es lediglich ca. 380.

Die Vorträge aus den Plenen und die Abendvorträge erscheinen im Kongreßband I, der von Lars Clausen herausgegeben wird. Der Kongreßband II wurde gegenüber seinen Vorläufern neu konzipiert. Statt alle Vorträge aus den Sektionen, Arbeitsgruppen und Ad-hoc-Gruppen auf knappem Raum (je drei Seiten, 10 000 Zeichen) zu publizieren, hat man sich dazu entschlossen, lediglich die Vorträge der Sektionen und Arbeitsgruppen aufzunehmen. Jeder Sektion bzw. Arbeitsgruppe standen dreißig Seiten zur Verfügung. Falls die eine oder andere Sektion weniger Seiten belegt hat, liegt das daran, daß nicht alle Referenten geliefert haben, und nicht daran, daß wir irgendwen benachteiligt hätten. Im Schnitt steht damit für jeden Beitrag mehr Raum zur Verfügung. Die Hoffnung ist, damit die Beiträge aufzuwerten. Den bisherigen Lego-Häppchen kam doch nicht die ihnen gebührende Aufmerksamkeit zu. Die neue Konzeption erlaubte es auch (zusammen mit entwickelteren Desk-Top-Publishing-Routinen), verstärkt Grafiken aufzunehmen.

Wie man leicht feststellen wird, haben sich die Sektionen weitgehend an das Rahmenthema des Kongresses gehalten. Von den angekündigten 30 Sektions- und Arbeitsgruppenveranstaltungen ist eine ausgefallen. Von den 166 Vorträgen, die gehalten wurden, werden die 145 rechtzeitig eingereichten Manuskripte in diesem Band publiziert. Damit gibt dieser Band einen guten Überblick über die aktuelle Transformationsforschung, handelt es sich doch hier weitgehend um Beiträge aus der laufenden Forschung.

Daß dieser Band vergleichsweise schnell publiziert werden kann, liegt auch an der Disziplin der Autoren. Vor allem der vorgegebene Umfang, aber auch der Abgabezeitpunkt wurden (weitgehend) eingehalten. Lediglich ein Manuskript kam so spät, daß es bei allem guten Willen nicht mehr berücksichtigt werden konnte. Einige Autoren haben uns allerdings als Herausgeber getestet. Die Nachlässigkeiten (Ignoranz?) bezüglich der Grammatik und deren Beseitigung führten manchmal zu reichlich mit Korrekturzeichen umwölkten Manuskripten. Manch einer scheint sein Manuskript nach der Niederschrift nicht mehr gelesen zu haben. Alle Inkonsistenzen zwischen den Literaturangaben im Text und den Literaturverzeichnissen konnten nicht geklärt werden. Dem hartnäckigen Leser ist hier vielleicht die Adresse (so sie denn noch stimmt) am Ende des Textes eine Hilfe.

Für formale und grammatikalische Korrektur danken wir Barbara Sahner, für Layout und Grafikbearbeitung Daniel Leiser und Hannes Teubner.

Der 27. Kongreß der Deutschen Gesellschaft für Soziologie wurde vom Vorstand der DGS in enger Kooperation mit dem lokalen Organisationskomitee geplant. Diesem Komitee gehörten folgende Fachvertreter der Universität Halle Wittenberg an: Joseph Huber, Reinhard Kreckel, Heinz Hermann Krüger, Jürgen Markowitz, Thomas Olk, Ursula Rabe-Kleberg, Heinz Sahner, Helmut Thome, Achim Toepel. Die Koordination lag bei Heinz Sahner, das Kongreßbüro leitete Stefan Schwendtner. Wir danken vor allem dem Ministerium für Wissenschaft und Forschung, später dann Kultusministerium, des Landes Sachsen Anhalt und der Leitung und Verwaltung der Martin-Luther-Universität Halle-Wittenberg für die nachdrückliche Unterstützung, die wir erfahren haben. Ohne die freudige Mithilfe aller Mitarbeiterinnen und Mitarbeiter des Instituts für Soziologie und vieler Studentinnen und Studenten wäre der Kongreß nicht halb so schön gewesen.

Halle, im September 1995

Heinz Sahner                                                    Stefan Schwendtner

# Inhaltsübersicht

| | | |
|---|---|---:|
| Vorwort | | 1 |
| Inhaltsübersicht | | 3 |
| Inhaltsverzeichnis | | 5 |
| I. | Sektion Bildung und Erziehung | 17 |
| II. | Sektion Biographieforschung | 43 |
| III. | Sektion Entwicklungssoziologie und Sozialanthropologie | 77 |
| IV. | Sektion Familien- und Jugendsoziologie | 109 |
| V. | Sektion Frauenforschung | 141 |
| VI. | Sektion Industrie- und Betriebssoziologie | 157 |
| VII. | Sektion Kultursoziologie | 175 |
| VIII. | Sektion Medien- und Kommunikationssoziologie | 205 |
| IX. | Sektion Medizinsoziologie | 231 |
| X. | Sektion Methoden | 257 |
| XI. | Sektion Migration und ethnische Minderheiten | 283 |
| XII. | Sektion Modellbildung und Simulation | 307 |
| XIII. | Sektion Rechtssoziologie | 341 |
| XIV. | Sektion Soziale Probleme und Soziale Kontrolle | 361 |
| XV. | Sektion Soziale Ungleichheit und Sozialstrukturanalyse | 389 |
| XVI. | Sektion Sozialindikatoren | 417 |
| XVII. | Sektion Sozialpolitik | 451 |
| XVIII. | Sektion Sportsoziologie | 479 |
| XIX. | Sektion Soziologische Theorie | 499 |
| XX. | Sektion Sprachsoziologie | 525 |
| XXI. | Sektion Stadt- und Regionalsoziologie | 555 |
| XXII. | Sektion Wirtschaftssoziologie | 583 |
| XXIII. | Sektion Wissenschafts- und Technikforschung | 613 |
| XXIV. | AG Ost- und Ostmitteleuropasoziologie | 635 |
| XXV. | AG Religionssoziologie | 663 |
| XXVI. | AG Sozial- und Ideengeschichte der Soziologie | 695 |
| XXVII. | AG Soziologie der Kindheit | 723 |
| XXVIII. | AG Soziologie der Politik | 755 |
| XXIX. | AG Soziologie und Ökologie | 783 |
| Verzeichnis der Referentinnen und Referenten | | 813 |

# Inhaltsverzeichnis

## Vorwort 1

## Inhaltsübersicht 3

## Inhaltsverzeichnis 5

## I. Sektion Bildung und Erziehung 17
*Leitung: Ursula Rabe-Kleberg und Wolff-Dietrich Webler*

NEUE SCHWERPUNKTE DER BILDUNGSSOZIOLOGIE
1. Gero Lenhardt und Manfred Stock: Schulentwicklung in der BRD und der DDR in soziologischer Perspektive 17
2. Ansgar Weymann: Bildungsforschung - Soziologische, ökonomische und sozialpolitische Perspektiven 22
3. Vera Helling, Ingo Mönnich und Andreas Witzel: Die Statuspassage in den Beruf als Sozialisationsprozeß 25
4. Ulrich Teichler: International vergleichende Hochschulforschung 30
5. Marianne Kriszio: Veränderungen der akademischen Personalstruktur in den Neuen Bundesländern am Beispiel der Humboldt-Universität: Handlungsleitende Prinzipien, Ergebnisse und Nebenfolgen 35

## II. Sektion Biographieforschung 43
*Leitung: Wolfram Fischer-Rosenthal*

BIOGRAPHIEN, KONSTRUKTIONEN DER KONTINUIERUNG UND NOVELLIERUNG
1. Achim Brosziewski: Die Autobiographie des Unternehmers - Medium der Selbstbestimmung und der Konkurrenz um Moral 43
2. Wolf-Dietrich Bukow: Wenn sich biographische Konstruktionen nicht mehr lohnen 48
3. Michael Corsten: Biographische Fiktionen als Indikatoren der Strukturlogik sozialer Prozesse 53
4. Petra Drauschke und Margit Stolzenburg: Selbstverwirklichung im Erwerbsleben ostdeutscher alleinerziehender Frauen - Kontinuität und Wandel im Transformationsprozeß 60
5. Felicitas Englisch und Hans-Joachim Giegel: Michael - eine moderne Biographie im Prozeß der Transformation 66
6. Gerd Mutz: Diskontinuitätserfahrungen in Ostdeutschland. Zur Herstellung biographischer Kontinuität im Transformationsprozeß 71

## III. Sektion Entwicklungssoziologie und Sozialanthropologie 77
*Leitung: Hans-Dieter Evers*

GESELLSCHAFTLICHE UMBRÜCHE UND LONGUE DURÉE
1. Tilman Schiel: Südafrika: Revolution durch Verhandlungen 77
2. Solvay Gerke: Lifestyle und die Entstehung einer Mittelklasse 82
3. Heiko Schrader: Markt, Staat und Moral in westlichen und nichtwestlichen Gesellschaften 87
4. Mary Catherine Kenney: Deadly Brotherhood: Local and Symbolic Factors in the Organization of White "Ultra-Right" Violence in South Africa and Protestant Paramilitarism in Northern Ireland 92
5. Peter Merten: Selbsthilfe und Selbsthilfeförderung im ländlichen Afrika (am Beispiel der Zigua-Gesellschaft) 99
6. Ulrike Schuerkens: Gesellschaften im Umbruch und Longue Durée am Beispiel der Begriffe Struktur und Zeit 103

## IV. Sektion Familien- und Jugendsoziologie 109
*Leitung: Bernhard Nauck*

NICHTKONVENTIONELLE LEBENSFORMEN - IM OSTEN WIE IM WESTEN?
1. Norbert F. Schneider: Nichtkonventionelle Lebensformen - moderne Lebensformen? 109
2. Sabine Walper, Klaus A. Schneewind und Petra Gotzler: Warum trennen sich Paare (nicht)? 117
3. Michael Braun, Jacqueline Scott und Duane F. Alwin: Nichtkonventionelle Lebensformen in Ost- und Westdeutschland: Zwischen Pragmatismus und Moral 121
4. Brigitte Maier-Lesch und Angelika Tölke: Biographische Anteile in Entscheidungssituationen bei Alleinlebenden 126
5. Wolfgang Voges: Pluralisierung familialer Erscheinungsformen und Heterogenisierung der Armutslagen von Ein-Eltern-Familien 132

## V. Sektion Frauenforschung 141
*Leitung: Ulrike Teubner*

FEMINISTISCHE GESELLSCHAFTSANALYSE UND DEMOKRATIETHEORIE
1. Claudia Bernardoni: Die "Gute Gesellschaft" - Eine zum Schweigen gebrachte Gesellschaft? Widerworte auf einen kommunitaristischen Angriff gegen die öffentlich sprechende Frau und die diskursive Demokratie 141
2. Marianne Kriszio: Zur Situation von Frauen an ostdeutschen Hochschulen nach der Wende am Beispiel der Humboldt-Universität 146
3. Elisabeth Meyer-Renschhausen und Katja Simons: Arbeit und Leben am „Ende der Welt" - Überlebensstrategien in einer Randgemeinde Ostdeutschlands 151

## VI. Sektion Industrie- und Betriebssoziologie 157
*Leitung: Birgit Mahnkopf*

ARBEITSVERHÄLTNISSE IM GESELLSCHAFTLICHEN UMBRUCH
1. Martin Kuhlmann und Constanze Kurz: Strukturwandel der Arbeit? Betriebliche Reorganisation und die Bedeutung sozialer Strukturen — 157
2. Christoph Deutschmann, Michael Faust, Peter Jauch und Petra Notz: Veränderungen der Rolle des Managements im Prozeß reflexiver Rationalisierung - thesenartige Zusammenfassung — 162
3. Peter Ellguth und Rainer Trinczek: Zur theoretisch-analytischen Konzeptualisierung innerbetrieblicher Sozialbeziehungen — 166
4. Jürgen Schmidt-Dilcher: Der Betrieb: Einheit von System- und Sozialintegration — 172

## VII. Sektion Kultursoziologie 175
*Leitung: Karl-Siegbert Rehberg*

GEMEINSCHAFT UND GESELLSCHAFT IM ZEITALTER DER WENDE
1. Ludgera Vogt: Ehre hier - Schande dort. Zur Logik von Ehrungen im Systemwechsel — 175
2. Winfried Gebhardt und Georg Kamphausen: »*Früher haben wir sicherer gelebt!*« Über soziale Gewinne und Verluste der Wiedervereinigung — 180
3. Wolfgang Lipp: Risiken, Verantwortung, Schicksal: Zusammenhänge, postmodern — 185
4. Heiner Meulemann: Aufholtendenzen und Systemeffekte - Eine systematische Übersicht über Wertunterschiede zwischen West- und Ostdeutschland — 189
5. Monika Wohlrab-Sahr: Soziale Entwertung und implementierte Ehre: Ein Versuch, Konversionen zum Islam zu erklären — 193
6. Georg W. Oesterdiekhoff: Wissenschaftsgeschichtliche Entwicklung und empirisch angeleitete Rekonstruktion der soziologischen Rationalisierungsthese. Weber, Elias und Piaget im Vergleich — 198

## VIII. Sektion Medien- und Kommunikationssoziologie 205
*Leitung: Stefan Müller-Doohm*

KULTURELLE UMBRÜCHE IM SPIEGEL MASSENMEDIALER SYMBOLPOLITIKEN
1. Stefan Müller-Doohm: Einleitung — 205
2. Hans-Jürgen Weiß: Rechtsextremismus im Fernsehformat — 207
3. Uwe Weisenbacher: Mediale Symbolpolitik im Prozeß der Wiedervereinigung — 216
4. Jo Reichertz: Von der Reklame zur Propagierung von Werten. Funktionswandel der Gesellschaft im Spiegel der Werbung — 223

## IX. Sektion Medizinsoziologie 231
*Leitung: Manfred Stosberg*

MEDIZINISCHE VERSORGUNG ZWISCHEN PLAN UND MARKT
1. Manfred Stosberg: Einleitung 231
2. Dietmar Kaross und Gerhard Kunz: Medizinische Gesundheitsversorgung zwischen Markt und Plan - Strukturbedingungen des primärärztlichen Handelns vor und nach der Vereinigung 232
3. Holger Pfaff: Das Krankenhaus zwischen Markt und Staat: Das magische Dreieck des Krankenhausmanagements und das Konzept des lernenden Krankenhauses 236
4. Rolf Rosenbrock: Wettbewerb in der Gesetzlichen Krankenversicherung (GKV) - Gesundheitspolitische Implikationen 240
5. Peter Netz, Günther Steinkamp und Burkhard Werner: Möglichkeiten und Probleme der Ausweitung extramuraler Versorgungsstrukturen in der Gerontopsychiatrie 244
6. Johannes Staender und Elisabeth Bergner: Systemische Eigendynamik und politische Steuerungsversuche: Das Beispiel der kardiologischen/kardiochirurgischen Versorgung 248
7. Bernhard Borgetto: Normallebenslauf und koronare Herzkrankheit: Patienten nach aortokoronarer Bypassoperation 252

## X. Sektion Methoden 257
*Leitung: Henrik Kreutz*

METHODOLOGISCHE ZUGÄNGE, FORSCHUNGSDESIGNS UND FORSCHUNGSTECHNIKEN ZUR ERFASSUNG VON DISKONTINUIERLICHEM WANDEL UND SYSTEMTRANSFORMATION
1. Henrik Kreutz: Einleitung 257
2. Georg P. Müller: Was leistet die Katastrophentheorie zur Erklärung des diskontinuierlichen sozialen Wandels? Das Beispiel der Entwicklung der modernen Sozialversicherungsgesetzgebung 259
3. Uwe Engel: Transformation sozialer Systeme. Der Beitrag longitudinaler Strukturforschung zur Analyse gesellschaftlichen Wandels 264
4. Johann Behrens: Lassen sich Einrichtungen zwischen Ländern und "Systemen" sinnvoll vergleichen? Methodenprobleme bei betrieblichen Erhebungen von Transformationsprozessen in den neuen Bundesländern und der "Holismus" 269
5. Klaus Boehnke: Fotodokumentation und Fotointerview als Techniken der Beschreibung von sozialem Wandel in den Neuen Bundesländern 273
6. Peter Witt: Methoden der betriebswirtschaftlichen Transformationsforschung 279

## XI. Sektion Migration und ethnische Minderheiten 283
*Leitung: Friedrich Heckmann*

MIGRATIONSFOLGEN UND MIGRATIONSPOLITIKEN
1. Thomas Brieden und Volker Ronge: Transfer ethnischer Konflikte - "Konfliktimport" im Zuge von Migration 283
2. Andreas Zick und Bernd Six: „Die Woandersgebürtigen" - eine Studie zur Akkulturation von Aussiedlern 288
3. Yasemin Karakaşoğlu: Islam in Deutschland - Eine Herausforderung für die Bildungs- und Kulturpolitik Deutschlands 292
4. Heike Diefenbach: Bildungsverhalten in Migrantenfamilien. Eine Sekundäranalyse des Sozio-Ökonomischen Panels 297
5. Robert C. Rhodes: Mexican Immigration into the United States and the politics of multi-culturalism 300
6. Annemarie Nase: Migration und ethnische Minderheiten - Informationen zur sozialwissenschaftlichen Forschung und Literatur 304

## XII. Sektion Modellbildung und Simulation 307
*Leitung: Ulrich Mueller*

MODELLE DER RÄUMLICHEN UND SOZIALEN MOBILITÄT
1. Jörg Blasius: Zur Analyse von Mobilitätsdaten 307
2. Ulrich Mueller: Stochastic Dynamic Programming in Life Course Analysis: Basic Concepts and A simple model 314
3. Volker Müller-Benedict: Zyklische soziale Mobilität beim Hochschulzugang: Lehrermangel ab dem Jahr 2000? 324
4. Margret Kraul, Klaus G. Troitzsch, Rita Wirrer: Lehrerinnen und Lehrer an Gymnasien: Empirische Ergebnisse aus Rheinland-Pfalz und Resultate einer Simulationsstudie 334

## XIII. Sektion Rechtssoziologie 341
*Leitung: Doris Lucke*

TRANSFORMATIONEN DES RECHTS IN POSTKOMMUNISTISCHEN GESELLSCHAFTEN
1. Doris Lucke: Einleitung 341
2. Wolfhard Kohte: Konfliktkommissionen in der DDR - Historische Erfahrungen als Impulse für aktuelle Diskussionen? 342
3. Petra Hiller: Ostdeutsche Kommunalverwaltungen im Transformationsprozeß 347
4. Agnes Zsidai: Legitimität kraft Legalität 351
5. Andrea Baer: Ergebnisse einer Fallstudie zur richterlichen Unabhängigkeit 355

## XIV. Sektion Soziale Probleme und Soziale Kontrolle  361
*Leitung: Helge Peters*

WANDEL VON ABWEICHUNG UND KONTROLLE IM VEREINIGTEN DEUTSCHLAND
1. Helge Peters: Einleitung  361
2. Kornelia Hahn: Abweichung und soziale Kontrolle unter Individualisierungstendenzen  363
3. Peter Franz: Vom Überwachungsstaat in die Beliebigkeit der Konsumgesellschaft?
   Transformationsprobleme sozialer Kontrolle im Prozeß der deutschen Vereinigung  368
4. Klaus Boers: Sozialer Umbruch und Kriminalität in Deutschland  374
5. Ralf Bohnsack: Episodale Schicksalsgemeinschaft und Jugendgewalt:
   Hooligan-Gruppen in intensiver Fallanalyse  379
6. Gunhild Korfes: Veränderung von Kontrolleinstellungen bei ehemaligen
   DDR-Juristen und -Polizisten  385

## XV. Sektion Soziale Ungleichheit und Sozialstrukturanalyse  389
*Leitung: Stefan Hradil*

LEBENSBEDINGUNGEN UND LEBENSWEISEN IM UMBRUCH
1. Ursula Henz und Ineke Maas: Chancengleichheit durch die Bildungsexpansion  389
2. Erika M. Hoerning: Transformatorische Sozialisationsprozesse  393
3. Rolf Becker: Statusinkonsistenz und soziale Mobilität im Lebensverlauf  396
4. Peter Herrmann: Armut in der entwickelten modernen Gesellschaft  399
5. Otto G. Schwenk: Lebensbedingungen und soziale Lagen
   in der Bundesrepublik Deutschland  404
6. Andrea Dederichs und Hermann Strasser: Die neuen Gewänder der Klassen.
   Klassifikationsstrategien in einer ästhetisierten Gesellschaft  409
7. Astrid Segert und Irene Zierke: Dimensionen sozialer Umstrukturierung
   in Ostdeutschland  412

## XVI. Sektion Sozialindikatoren  417
*Leitung: Wolfgang Glatzer*

EXISTENZSICHERUNG UND LEBENSVERHÄLTNISSE IN DEN OSTEUROPÄISCHEN
LÄNDERN
1. Wolfgang Glatzer: Einleitung  417
2. Wolfgang Seifert: Subjektive Bewertungen der Lebensverhältnisse
   in Osteuropa und Ostdeutschland  419
3. Tanja Chavdarova: Informelle Netzwerkhilfe und Strategien
   der Wirtschaftsaktivität in Bulgarien  425
4. Eckhard Priller und Annett Schultz: Aktivitäten ostdeutscher
   und ungarischer Haushalte in der Transformation  431
5. Peter Meusburger: Regionale und soziale Ungleichheiten
   im Sozialismus und beim Übergang zur Marktwirtschaft - Das Beispiel Ungarn  437
6. Janina Czapska: Furcht vor Kriminalität  445

## XVII. Sektion Sozialpolitik 451
*Leitung: Barbara Riedmüller*

VERÄNDERTE GESELLSCHAFTLICHE ANFORDERUNGEN AN DIE SOZIALPOLITIK
1. Adalbert Evers: Von Dienstleistungen zu Geldleistungen? Neue Ansätze des sozialpolitischen Umgangs mit häuslicher Hilfe und Pflege im internationalen Vergleich  451
2. Volker Eichener und Rolf G. Heinze: Neue Wege in der Wohnungspolitik  456
3. Michael Weck: Wohlfahrtsstaatliche Variationen. Nichtintendierter institutioneller Wandel durch die deutsche Einigung am Beispiel der Arbeitsmarktpolitik  463
4. Jürgen Kohl: Strukturreform der Alterssicherung. Sozialpolitische Folgerungen aus einer international vergleichenden Analyse  470

## XVIII. Sektion Sportsoziologie 479
*Leitung: Günther Lüschen*

IDEOLOGIE UND SOZIALER WANDEL IM OST- UND WESTDEUTSCHEN SPORT
1. Bero Rigauer: Ideelle Strömungen im westdeutschen Sport zwischen gesellschaftlichen Kontinuitäten und Umbrüchen  479
2. Klaus Rohrberg: Sport und Ideologie in der DDR am Beispiel des Sportunterrichts  486
3. Kurt Weis: Sport als Zivilreligion? Ideologische Unterschiede und Gemeinsamkeiten in Ost und West  492

## XIX. Sektion Soziologische Theorie 499
*Leitung: Johannes Berger*

MODERNISIERUNGSTHEORIE UND SOZIALER WANDEL IN EUROPA
1. Johannes Berger: Einleitung  499
2. Wolfgang Zapf: Alternative Pfade der gesellschaftlichen Entwicklung  501
3. Karl Otto Hondrich: Modernisierung - was bleibt?  508
4. Hans Joas: Die Modernität des Krieges. Die Modernisierungstheorie und das Problem der Gewalt  517

## XX. Sektion Sprachsoziologie 525
*Leitung: Jörg Bergmann*

INSTITUTIONELLER WANDEL UND ALLTAGSERFAHRUNG
1. Heiko Hausendorf: Personalreferenz und soziale Kategorisierung am Beispiel deutsch-deutscher Selbst- und Fremdbezeichnungen nach der Wiedervereinigung  525
2. Ricarda Wolf: Selbstverortung und Ost-Ost-Kontrolle: Zwei strukturelle Paradoxien des Ost-West-Diskurses  530
3. Karin Birkner: Bewerbungsgespräche: Anmerkungen zur sprachlichen Konstruktion eines westlichen Aktivitätstyps in Ostdeutschland  535
4. Verena Grötsch: Zur integrativen Funktion von Ost-West-Vergleichen in ostdeutschen Familientischgesprächen  540

5. Wolfgang Ludwig Schneider: Überhebliche Wessis - (n)ostalgische Ossis.
   Strukturelle Prämissen kollektiver Devianzzuschreibungen in der Beziehung
   zwischen Ost- und Westdeutschen . . . . . . . . . . . . . . . . . . . . . . . . . . . . . . . . . 544
6. Sighard Neckel: Normalität im Übergang. Politische Ordnungskonzepte im
   ostdeutschen Alltagsbewußtsein . . . . . . . . . . . . . . . . . . . . . . . . . . . . . . . . . . 548
7. Ulf Matthiesen: An den Rändern der Hauptstadt: Verflechtungsmilieus im
   Fusionsprozeß . . . . . . . . . . . . . . . . . . . . . . . . . . . . . . . . . . . . . . . . . . . . . . . . 549

## XXI. Sektion Stadt- und Regionalsoziologie 555
*Leitung: Klaus Schmals*

BERLIN-BRANDENBURG - TRANSFORMATIONSPROZESSE IN OST UND WEST
1. Hartmut Häußermann: Sozialräumlicher Wandel in Berlin . . . . . . . . . . . . 555
2. Siegfried Grundmann: Brüche in der demographischen Struktur des
   Raumes Berlin-Brandenburg . . . . . . . . . . . . . . . . . . . . . . . . . . . . . . . . . . . . 561
3. Harald Bodenschatz: Hauptstadtplanung für das Zentrum Berlins:
   Ost-West-Vermittlung oder Westdurchmarsch? . . . . . . . . . . . . . . . . . . . . . 565
4. Karin Baumert: Die Entwicklung der Spandauer Vorstadt im Zentrum
   Ostberlins seit der Wi(e)dervereinigung beider deutscher Staaten aus
   stadtsoziologischer Sicht . . . . . . . . . . . . . . . . . . . . . . . . . . . . . . . . . . . . . . . . 570
5. Werner Sewing: Politik der Profession: Das Leitbild der Berlinischen Architektur 573
6. Karl-Dieter Keim: Veränderungen des Städtesystems in der Region
   Berlin-Brandenburg . . . . . . . . . . . . . . . . . . . . . . . . . . . . . . . . . . . . . . . . . . . 578

## XXII. Sektion Wirtschaftssoziologie 583
*Leitung: Karl-Heinz Hillmann*

WIRTSCHAFTSSYSTEME IM UMBRUCH
1. Birgit Blättel-Mink: Nationale Innovationssysteme und Transformation . . . 583
2. Michael Corsten: Beruf als institutioneller Hyperzyklus . . . . . . . . . . . . . . 590
3. Karl-Heinz Hillmann: Die Notwendigkeit ohne lebensdienliche Alternative:
   Der Durchbruch zum ökologisch angepaßten Wirtschaftsleben . . . . . . . . . 600
4. Gerd Mutz: Kultursoziologische Aspekte im Transformationsprozeß
   südostasiatischer Schwellenländer. Das Beispiel Vietnam . . . . . . . . . . . . . 606

## XXIII. Sektion Wissenschafts- und Technikforschung 613
*Leitung: Werner Rammert*

WISSENSCHAFTS- UND TECHNIKSTANDORT DEUTSCHLAND
1. Ingo Schulz-Schaeffer, Michael Jonas und Thomas Malsch:
   Intermediäre Kooperation zwischen akademischer Forschung und Industrie -
   ein innovationssoziologischer Ansatz . . . . . . . . . . . . . . . . . . . . . . . . . . . . . 613
2. Christiane Bender: Die blinden Flecken (innovationsbezogener)
   betriebswirtschaftlicher Unternehmenskonzepte . . . . . . . . . . . . . . . . . . . . . 619

3. Jochen Gläser: Zur Anwendungsorientierung von Grundlagenforschung:
   Erfahrungen der AdW der DDR — 623
4. Johannes Weyer, Johannes Schmidt und Ulrich Kirchner: Technikgenese in
   partizipativen Prozessen - Perspektiven einer neuen Forschungs- und
   Technologiepolitik — 629

## XXIV. AG Ost- und Ostmitteleuropasoziologie — 635
*Leitung: Anton Sterbling*

UMBRUCH IN OST-MITTEL-EUROPA - INSTITUTIONELLER WANDEL UND
HISTORISCHE KONTINUITÄTEN

1. Anton Sterbling: Einleitung — 635
2. Helmut Fehr: Alte und neue Ungleichheiten in der DDR/ Ostdeutschland und Polen — 637
3. Ingrid Oswald: Ethnische Differenzierung in russischen Großstädten — 642
4. Katrin Mattusch: Politische Kulturen - Chancen oder Hindernisse für eine
   demokratische Entwicklung in Osteuropa? — 649
5. Christo Stojanov: Betriebliche Transformation beim Übergang zur
   Marktwirtschaft: Polen, Ungarn und Bulgarien (Thesen) — 656

## XXV. AG Religionssoziologie — 663
*Leitung: Detlef Pollack*

ZUM WANDEL RELIGIÖSER ORIENTIERUNGEN IN OSTDEUTSCHLAND

1. Detlef Pollack: Einführung — 663
2. Kurt Nowak: Historische Wurzeln der Entkirchlichung in der DDR — 665
3. Winfried Gebhardt und Georg Kamphausen: »... und eine kommode Religion«.
   Formen gelebter Religiosität in zwei Landgemeinden Ost- und Westdeutschlands — 669
4. Michael Terwey: Weltanschauliche Selbstbestimmung und Einstellung zu sozialer
   Ungleichheit: Unterschiede im Deutschen Post-Sozialismus? — 674
5. Gert Pickel: Religiöse Orientierungen und kirchliche Integration. Neuere
   Entwicklungen im Spiegel europäischer Vergleichsdaten — 679
6. Nikola Skledar: Postkommunismus und religiöse Veränderungen in Kroatien — 684
7. Mislav Kukoc: Konfessionen und Kriegsgeschehen im ehemaligen Jugoslawien — 686
8. Johannes Weiß: Der Zerfall des Sozialismus und die Profanisierung der Welt.
   Allgemeine Erwägungen — 689

## XXVI. AG Sozial- und Ideengeschichte der Soziologie  695

ETHNISCHE SEGREGATION VERSUS FUNKTIONALE DIFFERENZIERUNG.
KLASSISCHE MODERNITÄTSTHEORIEN, ETHNOSOZIOLOGIE UND
DIE (RE-)ETHNISIERUNG SOZIALER KONFLIKTE
*Leitung: Peter-Ulrich Merz-Benz*
1. Peter-Ulrich Merz-Benz: Einleitung  695
2. Cornelius Bickel: Ethnische Gruppen - geworden oder gemacht?
Antworten bei Tönnies und Max Weber  697
3. Theresa Wobbe: Funktionale und segmentäre Differenzierung: ethnische
Gemeinschaftsbeziehungen bei Weber.  700
4. Carsten Klingemann: Ursachenanalyse und ethnopolitische Gegenstrategien
zum Landarbeitermangel in den Ostgebieten: Max Weber, das Institut für
Staatsforschung und der Reichsführer SS  704
5. Rolf Fechner: Differenzierung und Nivellierung - Tönnies' Konzept der Moderne  709
6. Michael Makropoulos: Zweierlei Differenzierung - Heterogenität und
Komplexität bei Robert Ezra Park  712
7. Elfriede Üner: Theoretische Fundamente des Staats- und Volksbegriffs der
Leipziger Schule.  716
8. Konrad Thomas: Einige Thesen über Ethnizität und Staatlichkeit.  719

## XXVII. AG Soziologie der Kindheit  723
*Leitung: Helga Zeiher*

UMBRÜCHE DER KINDHEIT, UMBRÜCHE DER KINDHEITSFORSCHUNG
1. Helga Zeiher: Einleitung  723
2. Marco Hüttenmoser: Schafft der motorisierte Straßenverkehr neue
Ungleichheiten für das Aufwachsen der Kinder?  724
3. Dieter Kirchhöfer: Brüche,Widersprüche, Ungleichzeitigkeiten. Zum Verhältnis
zwischen Lebensbedingungen und alltäglichen Lebensführungen ostdeutscher Kinder  732
4. Bernhard Nauck: Sozialstrukturelle Ansätze in der Kindheitsforschung  739
5. Wolfgang Lauterbach: Enkel und Großeltern. Generationenlinien,
Altersübergänge und gemeinsame Lebenszeit  745

## XXVIII. AG Soziologie der Politik  755
*Leitung: Ronald Hitzler*

'VORWÄRTS IN DIE BARBAREI?' - PROGRESSION UND REGRESSION SOZIALER
KONFLIKTE
1. Ronald Hitzler: Einleitung  755
2. Claudia Ritter: Politisierung und Vergleichgültigung. Zum Konfliktpotential
der Lebensstile  756
3. Michael Meuser: Progression und Regression im Geschlechterkonflikt.
Maskulinität zwischen neuen Horizonten und alten Ufern  760

4. Michaela Pfadenhauer: Die Normalität der Gewalt: Konfliktparteien und
   'Zuschauer' fünf Jahre nach dem Ende der Militärdiktatur in Chile 765
5. Sighard Neckel: Von der Fremdheit zur Konkurrenz. Die politische Dynamik
   ethnischer Konflikte in den Vereinigten Staaten 768
6. Jürgen Lass und Katrin Mattusch: Vorwärts in die Barbarei? Die Rückbildung
   ethnischer Konflikte im Baltikum als optimistisches Szenario 769
7. Achim Brosziewski und Christoph Maeder: Neue Rufe nach alter Ordnung.
   Regressive Semantiken in der schweizerischen Debatte um den Strafvollzug 773
8. Thomas Ohlemacher und Werner Greve: Vom präventiven Nutzen der
   Vernunft. Überlegungen am Beispiel fremdenfeindlicher Gewalttaten 778

## XXIX. AG Soziologie und Ökologie 783

*Leitung: Ulrich Beck und Karl-Werner Brand*

WIE BEEINFLUSST DIE ÖKOLOGISCHE KRISE GESELLSCHAFTLICHE
BEZIEHUNGSMUSTER?
1. Karl-Werner Brand: Einleitung 783
2. Wolf Rosenbaum: Verändert die ökologische Krise die Muster der sozialen
   Beziehungen? 785
3. Maarten Hajer: Ökologie und Technik - Modernisierungstheorie zwischen
   Normalisierung und realistischer Utopie 791
4. Thomas Jahn und Irmgard Schultz: Stadt, Mobilität und Lebensstile -
   ein sozial-ökologischer Forschungsansatz 795
5. Eckart Hildebrandt: Sustainability - ein Weg aus der Krise zu neuen,
   sozial-ökologischen Lebensstilen? 800
6. Günter Warsewa: Umweltprobleme, Risikobewußtsein und sozialstruktureller
   Wandel 807

**Verzeichnis der Referentinnen und Referenten** **813**

# I. Sektion Bildung und Erziehung
*Leitung: Ursula Rabe-Kleberg und Wolff-Dietrich Webler*

## Neue Schwerpunkte der Bildungssoziologie

### 1. Schulentwicklung in der BRD und der DDR in soziologischer Perspektive

*Gero Lenhardt und Manfred Stock*

Die Schulentwicklung der BRD und der DDR soll anhand der Bildungsbegriffe untersucht werden, die in den Schulen beider Gesellschaftssysteme zum Ausdruck kommen. Greifbar werden sie in den Curricula, aber eingelassen sind sie auch in die Organisationsstruktur der Bildungssysteme. Diese Begriffe implizieren Vorstellungen vom Individuum und der Gesellschaft, von ihrer Geschichte und Zukunft und von der Natur. Das Bildungssystem der DDR stimmte mit dem der BRD darin überein, daß die Rolle der Schüler zum einen konzipiert war als diejenige zukünftiger Bürger; zugleich wurden die jungen Leute aber auch als zukünftige Arbeitskräfte behandelt. Unter ständischen Verhältnissen, die in Resten während der Nachkriegszeit noch beachtliche Autorität hatten, bilden berufliche und außerberufliche Lebensverhältnisse eine Einheit. Dieser Einheit entsprach im Bildungswesen, daß die Bildung des Bürgers und die Bildung der Arbeitskraft in einem gewissen Grad noch ungeschieden sind. Eine wichtige Differenz der west- und ostdeutschen Schulentwicklung besteht darin, daß im Bildungssystem der BRD Elemente der Bildung der Bürger einen größeren Autoritätszuwachs erlangt haben als in der DDR.

In der BRD hatten Bildungsideen ständischen Charakters in den 1950er Jahren noch ein sehr viel größeres Gewicht als heute. Zwar verstand sich die westdeutsche Gesellschaft von Anfang an als sozial-liberaler Rechtsstaat, und formal waren die einzelnen auch damals schon Bürger. Aber der Durchsetzung dieser Ordnung im Alltagsleben und im Schulwesen standen noch beachtliche Widerstände entgegen. Ständische Elemente zeigten sich in den Curricula, in den Schulformen und in der Allokation der Bildungschancen. Die *Inhalte der Curricula* waren material definiert und unterschieden sich je nach dem Schultypus des dreigliedrigen Bildungssystems. Das Curriculum der Volksschule sah die volkstümliche Bildung vor mit Disziplin und allgemeinen Kulturtechniken. Die Mittelschulen sollten auf die Realien in Wirtschaft und Verwaltung vorbereiten. Das Gymnasium schließlich sollte die Bestände einer Kultur pflegen, die als reine Geisteskultur konzipiert war; hinzu traten die wissenschaftlichen Propädeutika. Die *Form des dreigliedrigen Bildungssystems* schien verbreiteter Auffassung zufolge der Struktur der Arbeitswelt zu entsprechen. Man unterstellte die Existenz von drei Berufsständen, einem geistigen, einem praktischen und einem, der dazwischen liege. Der Dreigliedrigkeit von Schule und Arbeitswelt schienen wiederum die Begabungen der Schüler zu entsprechen. *Statusvererbung* galt deswegen als natürlichharmonischer und leistungsgerechter Mechanismus der Zuweisung von Bildungsmöglichkeiten.

Diesen ständischen Elementen im Bildungswesen entsprachen wichtige Elemente der außerschulischen Sozialverhältnisse. Sie wurden während der 1960er Jahre zum bildungspolitischen Thema im damals sprichwörtlichen Sozialcharakter des katholischen Arbeitermädchens aus der süddeutschen Provinz.

Diese Verhältnisse wurden zum einen in bildungsökonomischer Perspektive kritisiert. Das wirtschaftliche Wachstum schien gefährdet, wenn die weiterführenden Schulen nicht expandierten. "Bildungsnotstand ist wirtschaftlicher Notstand", in diesem Diktum faßte Georg Picht eine verbreitete Anschauung zusammen. Die unterstellten bildungsökonomischen Notwendigkeiten setzten sich in der Schulentwicklung nicht durch. Eine bildungsökonomische Planung hatte den Grundrechten widersprochen und wurde dem Staat gerichtlich untersagt. An Autorität gewannen vielmehr die Normen eines liberalen Individualismus. Sie bilden den gemeinsamen Nenner einer großen Zahl von Veränderungen, die die Curricula, die Schulformen und die Mechanismen der Statusallokation betreffen.

Die Schulbildung näherte sich damit der Bildung der Bürger. Die *Curricula* verloren ihre ständisch-konventionalistische Bestimmung. Aus Lehrplänen wurden Rahmenpläne mit wissenschaftlichem Charakter. Diese Vereinheitlichungstendenz zielte nicht auf die Festschreibung von Fachwissen, sondern auf die Vermittlung jener formalen kognitiv-moralischen Kompetenzen, in denen wissenschaftliches Denken und demokratische Tugenden übereinstimmen. In der bildungspolitischen Diskussion werden sie mit Begriffen wie intellektuelle Unabhängigkeit, Mündigkeit, Unvoreingenommenheit, Toleranz usw. bezeichnet. Die Überwindung des ständischen Bildungskanons zeigt sich darüber hinaus in der Freiheit der Fächerwahl. Die materialen Inhalte sollen ihre Begründung im individuellen Interesse finden und nicht in Tradition oder gesellschaftlichen Notwendigkeiten. Mit der Angleichung der Curricula verlieren die *Schulformen* an ständischer Distinktion. Dazu trugen neben der schon genannten Angleichung der Curricula die Erweiterung der Übergänge zwischen den verschiedenen Schulformen bei, die Angleichungstendenzen in Ausbildung und Status der Lehrer und das allmähliche Verschwinden der Hauptschule. Den Normen eines liberalen Individualismus folgen schließlich auch Veränderungen der *Statusallokation*. Die askriptiven Merkmale, die in der Figur des katholischen Arbeitermädchens zusammengefaßt waren, haben an Bedeutung verloren. Allerdings hat die sozio-ökonomische Herkunft ihren diskriminierenden Effekt behalten. Zudem ist es dem Staat verwehrt, die Schüler durch positive Selektion zu bestimmten Bildungsgängen zu delegieren. Negative Selektion ist den Schulen zwar erlaubt, auffällig ist aber, daß sie immer vorsichtiger gehandhabt wird. Das zeigt sich an der Bildungsexpansion ebenso wie an den sinkenden Quoten der Sitzenbleiber und der Schulabsolventen ohne formalen Abschluß. Das liberale Individualrecht der Bildungsfreiheit hat dadurch an Wirksamkeit gewonnen. Die Schulentwicklung, so ergibt sich also, entspricht den Normen der Bürgerrolle: Die Angleichungstendenzen im dreigliedrigen Bildungssystem entsprechen der bürgerlichen Gleichheitsnorm, die Überwindung des konventionalistischen Bildungskanons durch Rahmenpläne entspricht dem Formalismus der liberalen Ordnung und schließlich Bildungsfreiheit als Allokationsform von Bildungschancen entspricht den liberalen Grundrechten.

Wenn auch die allgemeinbildenden Schulen dem Typus der Bildung der Bürger nähergekommen sind, so weichen sie davon in wichtigen Hinsichten jedoch immer noch ab. Ständische Elemente sind noch nicht gänzlich überwunden. Die Schultypen des dreigliedrigen Bildungssystems bringen immer noch unterschiedliche Bildungsideen zum Ausdruck. Sie sind immer noch mit einem Berechtigungswesen verbunden, das diese Differenzen mit unterschiedlichen innerschulischen und außerschulischen Teilhabechancen sanktioniert. Veränderungen der Schülerrolle haben ihren Inhabern zwar einen Autonomiegewinn verschafft, jedoch unterliegen sie immer noch den Zwängen des Berechtigungswesens und anderen Abhängigkeiten. Und schließlich wird die Wirksamkeit des liberalen Grundrechts der Bildungsfreiheit immer noch durch berufsständische Bildungsbarrieren eingeschränkt.

Die Trennung der Rolle von Bürger und Arbeitskraft ermöglicht es, den Individuen als Bürgern die liberalen Freiheitsrechte zugänglich zu machen, sie als Arbeitskräfte zugleich aber Verhältnissen der Ungleichheit und Fremdbestimmung zu unterwerfen. Dieser Widerspruch ist Gegenstand der Marxschen Kapitalismuskritik. Marx sah in der republikanischen Staatsbürgerrolle ein Element der Emanzipation. Er kritisierte aber, daß sie lediglich politischer Natur ist. Das heißt, sie bleibt dem Arbeitsprozeß äußerlich, jenem Bereich also, in dem sich die Individuen zusammen mit ihren Lebensverhältnissen selbst produzieren. In diesem Sinne hatte Marx darauf spekuliert, daß die Überwindung der entfremdeten Arbeit sich vollziehen würde auch als Aufhebung der Unterscheidung von Büger- und Arbeitskraftrolle. Diese Aufhebung war gedacht im Begriff der "assoziierten Produzenten", die gemeinschaftlich die Kontrolle über die Produktion ausüben. Die Ausübung der Kontrolle sollte sich dabei herstellen im Medium einer praktischen Intersubjektivität. Auch der frühe Engels beschrieb sie noch unter dem Stichwort der "gemeinsamen Übereinkunft". In seinem Spätwerk löste er sie objektivistisch auf: "Freiheit besteht (in der Zukunftsgesellschaft - d.A.)...in der auf Erkenntnis der Naturnotwendigkeiten gegründeten Herrschaft über uns selbst und über die äußere Natur" (MEW, Bd.20, S.106) "Die Gesetze ihres eigenen gesellschaftlichen Tuns, die ihnen als fremde, sie beherrschende Naturgesetze gegenüberstanden, werden dann von den Menschen mit voller Sachkenntnis angewandt und damit beherrscht. ... (Sie) treten unter die Kontrolle der Menschen selbst" (S.226). An diesen Gedanken schloß der Marxismus-Leninismus der DDR an. Er ersetzt den Begriff "praktischer Intersubjektivität" durch den objektivistischen Begriff der Gesetzeseinsicht und durch instrumentelle Rationalität. Dabei war mitgedacht, daß die Entwicklung der Produktivkräfte nicht nur die Arbeitsteilung bestimmte, sondern auch den Bereich des Politischen in ihren Wirkungsbereich einbezöge. Dem entsprach, daß die Rollen des Bürgers und die der Arbeitskraft weniger ausdifferenziert waren als im Westen. Ihre Konvergenz zeigte sich darin, daß die bürgerlichen Individualrechte im Osten nur mit erheblichen Einschränkungen galten und daß andererseits aber mit der Rolle der Arbeitskraft Ansprüche auf Lebenschancen administrativ verknüpft waren. Über sie konnte der einzelne nicht kraft freier Entscheidung verfügen, wie im Westen die Marktteilnehmer, sondern sie wurden vielmehr nach Maßgabe vermeintlich objektiver Notwendigkeiten und Möglichkeiten administrativ zugeteilt.

Die Konvergenz der Rollen von Staatsbürger und Arbeitskraft in der DDR hat die bürgerliche Trennung beider nicht im Marxschen Sinne aufgehoben, sondern rückgängig gemacht. Das zeigt sich auch in der ostdeutschen Schulentwicklung. Hier wurden die Bildung der Bürger und die Bildung der Arbeitskräfte objektivistisch kurzgeschlossen. Die Konvergenz von Staatsbürger- und Arbeitskraftrolle zeigt sich in der Entwicklung der Schulform ebenso wie in der der Curricula und der Allokation der Bildungschancen. Im Hinblick auf die *Schulform* hatten sich Einheitsschultendenzen in der DDR im Vergleich mit der BRD stärker durchgesetzt. Sie brachten zwei Motive zum Ausdruck: zum einen die republikanische Gleichheitsnorm und zum anderen Vorstellungen gesellschaftlicher Notwendigkeiten - letztere glichen weitgehend dem Arbeitskräftebedarfsansatz der westdeutschen Bildungsökonomie. Der Gleichheitsnorm entsprach jene Bildungsentwicklung, wie sie in der Begründung zum ersten Schulgesetz von 1946 mit der Kritik an der Ungleichheit der Bildungschancen anvisiert war. Es ging, wie es hieß, um die Brechung des bürgerlichen Bildungsmonopols. Der höheren Bildung sollte der exklusive Charakter aber nicht nur deswegen genommen werden. Es gab zugleich ein politisches Interesse: Die Schulen sollten zur Bildung sozialistischer Eliten beitragen, die die sog. bürgerlichen ersetzen sollten. In den folgenden Jahren traten politische Konnotationen zugunsten bildungsökonomischer im Begriff des Kaderbedarfs zurück. Bis in die 60er Jahre hinein galt es als ausgemacht, daß die Gleichheitsnorm und die Notwendigkeiten der wissenschaftlich-technischen Revolution in den Schulen zur Deckung kämen. Kaum anders als viele Theoretiker im Westen ging man davon aus, die technische Entwicklung ließe das durchschnittliche Qualifikationsniveau steigen.

Anfang der 70er Jahre wurde das Verhältnis zwischen der Gleichheitsnorm und den bildungsökonomischen Bedarfsvorstellungen neu definiert. Der Bildungsexpansion wurde ein Ende gesetzt. Genauer gesagt, sie wurde einem Bedarf an Ungleichheit geopfert, der in der Arbeitswelt nicht nur objektiv gegeben, sondern auch nützlich zu sein schien. Erst in einer ferneren Zukunft sei mit egalitären sozialen Verhältnissen in der Gesellschaft zu rechnen, und erst dann sei es notwendig und finanziell möglich, der Gleichheitsnorm Geltung zu verschaffen. So verbanden sich in den Schulen der DDR Motive der Bildung der Bürger mit Motiven der Bildung der Arbeitskraft. Aber diese Verbindung bedeutete nicht, daß Ideen individueller Autonomie auf den Bereich der Arbeit ausgeweitet worden wären. Andererseits waren die Schulen aber faktisch nicht auf die Befriedigung des wirtschaftlichen Qualifikationsbedarfs festgelegt. Es scheint vielmehr, als wäre die Schulentwicklung über eine lediglich bürokratische Rationalisierung einstmals ständischer Verhältnisse nicht hinausgelangt. Diese Kontinuität mit vorbürgerlichen Verhältnissen, die zunächst auch in Westdeutschland noch Autorität hatten, kann vielleicht den Bestand dieser Ordnung erklären.

Der Vorstellung von den objektiven Gesetzmäßigkeiten der gesellschaftlichen Entwicklung sollte das *Curriculum* in Form des sog. Lehrplanwerks entsprechen. Es galt als Abbild von Naturverhältnissen, deren Gesetzmäßigkeiten von der wissenschaftlichen Forschung und Entwicklung entdeckt und der Sozialstruktur inkorporiert würden. Objektivität war dementsprechend das Kennzeichen der Begriffe, die der Unterricht den Schülern vermitteln sollte. Aus ihnen sollte nichts als die Sache sprechen. Subjektive Elemente der Wahrnehmung, so ist dabei unterstellt, könnten die objektive Abbildung der Betrachtungsgegenstände nur trüben. Sie seien deswegen auszuschließen. Dieser Wissenschaftsbegriff galt für alle Unterrichtsfächer, darunter auch für Staatsbürgerkunde. Er löste die überkommene Bildungsidee mit ihrem Begriff einer reinen Geisteskultur ab. Aber im Gefolge davon setzte sich nicht die Freiheit wissenschaftlichen Denkens durch, sondern ein Dogmatismus, der im Objektivitätsbegriff impliziert ist. So stellte man der liberalen (und Marxschen) Einsicht in die Offenheit der gesellschaftlichen Entwicklung die Vorstellung vor deren Naturgesetzlichkeit entgegen und der Idee individueller Autonomie einen positiven Pflichtenkatalog aus gesellschaftswissenschaftlichem und naturwissenschaftlichem Fachwissen. Die *Allokation der Bildungschancen* vollzog sich nicht in der gesellschaftlichen Form der liberalen Bürgerrechte. Das zeigt sich in dreierlei Hinsicht: Das Bildungsangebot war, wie schon oben gezeigt, nicht eine Funktion der aggregierten Nachfrage. In der Form von Bedarfsquoten, die eine bildungökonomisch inspirierte Planung dem Bildungssystem vorgab, sollten Schule und Arbeitswelt kurzgeschlossen werden. Eine Verschränkung der Rollen von Bürger und Arbeitskraft zeigt sich weiterhin in der Delegation der einzelnen Schüler zu diesen Bildungsmöglichkeiten. Bekanntlich sollten Kinder aus Arbeiterfamilien dabei privilegiert werden. Dem lag die Vorstellung zugrunde, den Arbeitern wüchsen aus ihrer Erfahrung als Arbeitskräfte besondere politische Tugenden zu. An ihnen schienen auch ihre Kinder noch teilzuhaben. Dieses Abstammungsprestige (Weber) verschaffte ihnen den Ruf, sie seien für eine Führungsrolle in der Gesellschaft besonders qualifiziert. Staatsbürgerrolle und Arbeiterrolle sowie Arbeitserfahrungen und politisches Bewußtsein wurden identifiziert.

Dieses politische Stereotyp wurde zwar nie ganz aufgegeben, es verlor jedoch an Bedeutung. Ähnlich wie in der Bundesrepublik stellte sich auch in der DDR die ständische Privilegierung der Kinder einer ganz anderen sozialen Schicht her, nämlich derjenigen der oberen Mittelschicht. Damit ging ein Wechsel der Kategorisierung der Kinder einher. An die Stelle der Berufszugehörigkeit der Eltern trat zunehmend der Begriff der Begabung. Auch der Begabungsbegriff hatte Implikationen, die auf vorbürgerliche Verhältnisse hindeuten. Er war Teil einer Vorstellung, nach der die durch natürliche Begabungen festgelegten Fähigkeiten identisch sind mit den ebenfalls naturgegebenen sozialstrukturellen Verhaltensanforderungen. Die Individuen und ihre Lebensverhältnisse schienen insofern identisch zu sein - ganz ähnlich wie die Mitglieder traditionaler Berufsstände mit ihren Lebensbedingungen. Verhältnisse der Entfremdung schienen ausgeschlossen. Die Identität sollte hergestellt werden über Spezialisierung, Selektion und Quotierung der Schüler. Auf diese Weise mußte dem einzelnen die gesellschaftliche Entwicklung und die Position, die ihm darin zukomme, noch einmal als vorgezeichnet erscheinen, und noch einmal schien es möglich, aus unabdingbar geltenden Handlungsnormen letzte Sicherheit zu schöpfen. Der Gedanke liegt nahe, das diese Verwandschaft mit vorbürgerlichen Ordnungsvorstellungen dem M.-L. eine gewisse Überzeugungskraft verlieh. Freilich unterschied er sich von konservativen Orientierungen auch in einer wichtigen Hinsicht. Auf traditionalen Autoritätsglauben und auf die Würde, die dieser dem individuellen Verhalten verlieh, konnte sich der real existierende Sozialismus immer weniger stützen. Das Verhalten, das dem einzelnen angesonnen wurde, hatte vor allem die Bedeutung eines Mittels. Auf die Sache sollte es ankommen, und möglichst viele Bereiche der sozialen Existenz sollten in ihren Dienst gestellt werden. Der Sozialismus wollte jeweils den "ganzen Menschen". Dies stand der Ausdifferenzierung der Rollen von Bürger und Arbeitskraft ebenso entgegen wie der freien Verfügung über die Lebensbedingungen.

Dr. Gero Lenhard, Max-Planck-Institut für Bildungsforschung, Lentzeallee 94, D-14195 Berlin
Dr. Manfred Stock, FU Berlin, FB Erziehungswissenschaften, Institut für Soziologie der Erziehung, Habelschwerdter Allee 45, D-14195 Berlin

## 2. Bildungsforschung - Soziologische, ökonomische und sozialpolitische Perspektiven

*Ansgar Weymann*

(1) Statuspassagen zwischen Bildung und Beruf verdanken ihre politische, öffentliche und bildungssoziologische Aufmerksamkeit der vielzitierten Abkopplung von Bildung und Beschäftigung. Sozialwissenschaftlich sind Statuspassagen dadurch interessant geworden, daß es sich mikroskopisch um einen biographisch riskanten dynamischen Prozeß im Lebensverlauf handelt, makroskopisch um ein Element der funktionalen Differenzierung komplexer Gesellschaften im Prozeß der Modernisierung. Ein öffentliches Thema und politisch brisant wurden Statuspassagen zwischen Bildung und Beruf dadurch, daß diese Passage für größere Bevölkerungsgruppen in einer sozialen Risikolage enden kann. Die Soziologie steht vor der Aufgabe, makroskopisch die theoretische Ortsbestimmung von Bildung in Gesellschaft und Staat und mikroskopisch die Analyse von Statuspassagen in und aus Bildung zu überprüfen.

(2) Wenn man sich die Kräftekonstellation, in der sich das Bildungswesen bewegt, als ein Dreieck aus Staat, Markt und Oligarchien vorstellt, so finden sich in Deutschland Bildung und Bildungspolitik in der staatlichen Ecke wieder. In Deutschland dominieren ein staatliches Verständnis des Politischen und der staatlich verfaßte Kern der Gesellschaft. Das gilt nicht nur historisch für den vielbeschworenen Einfluß der Hegelschen Rechtsphilosophie und für die Verkörperung des objektiven Geistes im preußischen Staat. Auch heute sind die starken Einflüsse des Staates auf die gesellschaftliche Verfassung an der privilegierten Rolle der politischen Parteien, an der Rechtsordnung, am Konzept der Sozialen Marktwirtschaft und des Sozialstaates oder an der Struktur der Öffentlichkeit erkennbar. In ausgeprägter Weise galt und gilt das Bildungswesen als staatliche Veranstaltung. Der Kern des Bildungswesens, Schulen und Hochschulen, sind staatliche Domänen und Gegenstand eines staatlich geprägten Politikverständnisses bei allen Parteien und in allen Milieus der Bevölkerung. Auch die Bildungssoziologie folgte und folgt dieser sozialen Konstruktion der Wirklichkeit in der Regel selbstverständlich.

In der Nachkriegsgeschichte hat sich das historisch tradierte Verständnis von Bildung als staatlicher Veranstaltung noch verstärkt. Sehr nachhaltig geschah dies durch die Bildungsreformpolitik mit ihrer Bürokratisierung der Organisationsformen und mit ihrer zentralen Regelung der Lehrpläne und Prüfungsordnungen. Die korporative Selbstverwaltung, der Einfluß natürlicher Personen, der Kollegien und Professionen wurde zurückgedrängt. Eine weitere Stärkung des staatlichen Elements in der Gesellschaft könnte auch durch die Wiedervereinigung eintreten. Doch gibt es Gegenkräfte. Berufsbildung und Weiterbildung haben eine stark von korporativen Akteuren und Marktkräften mitgeprägte Geschichte. Es agieren Betriebe, Verbände, Kammern, Lehrende und Lernende auf einem staatlich lediglich rahmenregulierten Bildungsmarkt. Die europäischen Einigungsprozesse mit ihrem rechtlichen Angleichungsdruck, der wachsende Wettbewerb auf dem Weltmarkt, die Finanzkrise der öffentlichen Haushalte bedeuten ebenfalls eine ungewohnte Herausforderung für das staatliche Bildungsmonopol. Und schließlich entstehen durch einen oft latenten kulturellen Wandel Gegengewichte zum allfürsorglichen und allzuständigen Staat, so durch die Amerikanisierung einiger Leitvorstellungen von Gesellschaft und Gemeinschaft, von Öffentlichkeit und Privatheit, von Zentrum und Peripherie, von Mehrheit und Minderheit.

(3) Was hat die Bildungssoziologie der Nachkriegszeit an Theorien zum Verstehen und zur Erklärung von Statuspassagen in Bildung und Beruf erarbeitet? Folgende Annahmen lassen sich als paradigmatisch leitend bezeichnen. In *marxistischer und neomarxistischer Tradition* sind diese Statuspassagen als ein Problem der politischen Ökonomie der bürgerlich-kapitalistischen Gesellschaft zu sehen. Deren Überbau an humaner Bildung und formaler Rechtsgleichheit verschleiert lediglich die bestehende Klassenstruktur und die staatsmonopolistisch organisierte Bereitstellung qualifizierter und motivierter Arbeitskraft im Interesse der herrschenden Bourgeoisie. Diese Sicht der Statuspassage läuft auf die Entdifferenzierung der bürgerlichen Gesellschaft durch revolutionäre Beseitigung hinaus. Nach der *strukturfunktionalistischen Theorie* führen funktionale Differenzierung und wachsende Komplexität sozialer Systeme zu Kontingenz und zum Problem einer systemischen Reintegration auf höherer Ebene. Statuspassagen sind unter anderem durch Sozialisation in Familie und hierarchischen Altersgruppen sowie durch professionelle Bildung und Erziehung zu universalen Normen und Werten so zu gestalten, daß die riskante Integration „neugeborener Barbaren" (Parsons 1964) funktional statt disfunktional ablaufen kann. In *Phänomenologie, Ethnographie und Interaktionismus* gilt die theoretische Leitfrage den symbolischen Konstruktionen sozialer Wirklichkeiten und ihren Konstrukteuren, der Anschlußfähigkeit unterschiedlicher Lebenswelten und Milieus, der sinnhaften Auslegung der Horizonte des Lebenslaufs in bildungs- und berufsbiographischer Identität. Als jüngstes Forschungsgebiet sind *Lebensverlauf- und Kohortenanalysen* zu nennen. Statuspassagen haben mit der endogenen Dynamik von Lebensereignissen und mit Kohortenschicksalen, mit Alters- und Periodeneffekten zu tun. Die endogene Dynamik von Lebensereignissen bestimmt die Übergangswahrscheinlichkeiten in Statuspassagen, Periodeneffekte und Kohortenaustausch gelten als entscheidender Motor sozialer Innovation (Sackmann/Weymann 1994).

(4) In ökonomischer Perspektive sind Statuspassagen zwischen Bildung und Beruf durch rationale Entscheidung freier Akteure über die Allokation knapper Mittel bei der Verfolgung konkurrierender Ziele bestimmt. Entschieden wird nicht zuletzt über die Allokation von Zeit über einen Lebenslauf. Zeit ist ein Gut, das auf Konsum, Erwerbstätigkeit oder Investition in Humankapital verteilt werden kann. Die Verteilung richtet sich z.B. nach dem Gegenwartswert zukünftiger Erträge und nach Opportunitätskosten. Bildungsausgaben sind also Investitionen in Humankapital. "(...) man läßt sich doch nicht ausbilden, zumindest nicht in erster Linie, nur um ein inneres Bedürfnis zu befriedigen oder zum Vergnügen. Man wendet vielmehr öffentliche und private Kosten für seine Ausbildung auf, um einen Bestand an Wissen und Können anzulegen, von dem man meint erwarten zu können, daß er einem in der Zukunft Vorteile in Gestalt von Leistungen bieten wird" (Schultz 1986, S.37). Statuspassagen werden also als Wahlhandlungen unter gegebenen wie auch unter selbst bereits geschaffenen Bedingungen gesehen, sie beruhen auf rationaler Entscheidung unter Knappheit. Der ökomische Blick besteht „aus nicht mehr und nicht weniger als aus einer Verhaltensanalyse zur Bestimmung von zweierlei: einmal des Bedarfs und der auf diesem basierenden beobachtbaren Nachfrage nach höherer Bildung und zum anderen des beobachtbaren Angebots an höherer Bildung unter verschiedenen Bedingungen" (Schultz 1986, S.61).

Mit Hilfe ökonomischer Annahmen hat Coleman (1990, S.579-609; 1996) eine bildungssoziologische Generationstheorie mit weitreichenden praktischen Konsequenzen entwickelt. Die Bedingungen für Humankapitalinvestitionen haben sich in den letzten einhundert Jahren durchgreifend geändert. Bis etwa 1880 sind Kinder für ihre Eltern eine unmittelbar produktive Ressource in der Subsistenzökonomie der Haushalte. Von da an bis in die fünfziger Jahre sind sie eine noch mittelbar produktive Ressource, wenn die notwendigen Bildungsinvestitionen aufgebracht werden. Bei den nach 1950 Geborenen geht der Grenznutzen von Bildung so stark zurück, daß es zu unzureichenden Bildungsinvestitionen von Eltern und Kindern kommt. Coleman schlägt als Konsequenz vor, anstelle einer direkten Finanzierung des Bildungswesen Kosten und Nutzen von individuellen Bildungsinvestitionen durch die Ausgabe handelsfähiger Gutscheine oder Wechsel zu beeinflussen. Colemans Vorschlag ist eine praktische Folgerung aus der Theorie kollektiver Güter. Eltern und Kinder werden nur dann in das kollektive Gut Bildung investieren, wenn es sich für sie auch persönlich lohnt. Nur ein besonderer und 'selektiver' Anreiz wird sie dazu bewegen. „Der Anreiz muß in dem Sinne 'selektiv' sein, daß jene, die (...) nicht (...) auf das Gruppenziel hinarbeiten oder die nicht auf eine andere Weise zur Erlangung des Gruppenziels beitragen, anders behandelt werden können als jene, die dies tun. Diese 'selektiven Anreize' können negativer oder auch positiver Art sein (...)"(Olson [3]1992, S. 50).

(5) In sozialpolitischer Perspektive ist die Entwicklung sozialer Rechte ein wichtiger Aspekt zur Erklärung und zum Verständnis von Statuspassagen. Moderne Staatsbürgerrechte bestehen aus drei Elementen, die sich historisch nacheinander entwickelt haben: dem bürgerlichen Recht auf personale und Vertragsfreiheit, dem politischen Recht auf Partizipation an der Macht und dem sozialen Recht auf Wohlfahrt, Sicherheit, Kultur. Thomas Marshall feiert diese Entwicklung als Kern des zivilisatorischen Fortschritts, obwohl er Nebenfolgen der Durchsetzung sozialer Rechte sieht. Durch die Bereitstellung sozialer Rechte entstehen Begünstigte und Nichtbegünstigte sowie ein Wettbewerb um Optionen und Ressourcen unter den Begünstigten, der dem Wettbewerb am Markt vergleichbar ist, der also Gewinner und Verlierer kennt. Unter den zahlreichen Beispielen nennt Marshall die paradoxen Effekte sozialer Rechte im Bildungswesen. Ein anderes Dilemma sozialer Rechte ist, daß das Prinzip des Rechtsanspruchs mit Marktpreisen und Vertragsfreiheit in Konflikt gerät. "In ihrer modernen Form implizieren soziale Rechte ein Eindringen des Status in den Vertrag, die Unterwerfung des Marktpreises unter die soziale Gerechtigkeit, die Ersetzung des freien Tausches durch die Erklärung von Rechten" (Marshall 1992, S. 82). Es kann sein, daß der Staatsbürgerstatus den Markt faktisch und motivational aushebelt. Marshall nimmt dies in Kauf (S.93).

Dahrendorf, Marshalls Überlegungen aufgreifend, spricht hingegen vom „modernen sozialen Konflikt" zwischen Anrechten und Angeboten, Politik und Ökonomie, Bürgerrechten und Wirtschaftswachstum, der durch den hohen Wert wohlfahrtsstaatlicher Rechtsansprüche, die sozialpolitische Angebotsvermehrung und die Ausweitung der Anzahl der Anspruchsberechtigten möglich geworden ist. Lebenschancen ergeben sich aus einer Kombination von Markt und Recht. Daher individualisiert sich der soziale Konflikt nicht nur durch den Markt, sondern auch durch den Einfluß des Wohlfahrtsstaates. Aus einer rationalen Strategie von Individuen angesichts gegebener sozialstaatlicher Ressourcen und Opportunitätskosten entwickelt sich ein sozialer und politischer Konflikt unbekannter Struktur und Folgewirkung. Menschen „tröpfeln" aus der Mehrheitsklasse nicht nur der erfolgreichen Markt-, sondern auch der Wohlfahrtsstaatsakteure heraus.

"Eine Gesellschaft, die allem Anschein nach bereit ist, die fortdauernde Existenz einer Gruppe zu akzeptieren, die keinen wirklichen Einsatz in ihr hat, stellt sich selbst in Frage" (Dahrendorf 1992, S. 243).

(6) Ökonomische und sozialpolitische Annahmen verbinden sich zu einer interessanten und auch brisanten bildungstheoretischen Perspektive (vgl. auch de Swaan 1988), deren Übertragung auf die Analyse von Statuspassagen in Bildung und Beruf auf der Hand liegt: Hinsichtlich Statuspassagen in grundsätzlich offene Positionen und Ämter einer liberalen Gesellschaft gibt es nach Rechtsgrundsätzen berechtigte und nichtberechtigte und nach Marktregeln im Wettbewerb erfolgreiche und erfolglose Akteure (Rawls 1975; 1992). Die Bildungssoziologie kann durch Einbeziehung ökonomischer und sozialpolitischer Perspektiven theoretische Anregungen für ihre Untersuchungen von Statuspassagen erhalten und zugleich zwei zentrale Themen stärker in ihre tradierten Fragestellungen einbeziehen: Markt und Wohlfahrtsstaat.

**Literatur**
Coleman, James S. (1990), Foundations of Social Theory. Cambridge/ London.
Coleman, James S. (1996), Bringing New Generations into the New Social Structure. In: Weymann/Heinz 1996.
Dahrendorf, Ralf (1992), Der moderne soziale Konflikt. Stuttgart.
Marshall, Thomas H. (1992), Bürgerrechte und soziale Klassen. Frankfurt/ New York.
Olson, Mancur (1968, ³1992), Die Logik des kollektiven Handelns. Tübingen.
Parsons, Talcott (1964), The Social System. London/ New York.
Rawls, John (1975), Eine Theorie der Gerechtigkeit. Frankfurt/ M.
Rawls, John (1992), Die Idee des politischen Liberalismus. Frankfurt/ M.
Sackmann, Reinhold/ Weymann, Ansgar (1994), Die Technisierung des Alltags. Generationen und technische Innovationen. Frankfurt/ New York.
Schultz, Theodore W. (1986), In Menschen investieren. Tübingen.
Swaan, Abram de (1988), In Care of the State. New York.
Weymann, Ansgar/Heinz, Walter (1996), Society and Biography. Weinheim (in Vorb.)

Prof. Dr. Ansgar Weymann, EMPAS, Universität Bremen, FVG-Mitte, Celsiusstraße, D-28359 Bremen

## 3. Die Statuspassage in den Beruf als Sozialisationsprozeß

*Vera Helling, Ingo Mönnich und Andreas Witzel*

Der Übergang von der Schule in den Beruf ist mit dem ersten Berufseintritt nicht abgeschlossen. Dies geht aus bundesweiten Daten des BIBB und des IAB hervor, die z. T. bis in die Mitte der 70er Jahre zurückreichen. Ergebnisse aus der Längsschnittstudie "Statuspassagen in die Erwerbstätigkeit" des Bremer Sonderforschungsbereichs[1] belegen dies für die Regionen Bremen und München mit aktuellen Daten. Das Forschungsprojekt begleitet eine Absolventenkohorte des Jahres 1989 aus sechs Ausbildungsberufen in Bremen und München (Mönnich / Witzel 1994). Bereits die Analyse von Verbleibsdaten zeigt, daß der modellhafte Dreierschritt Schule - Ausbildung - Beruf relativiert werden muß: 5 Jahre nach dem Abschluß der Lehre sind nur durchschnittlich 46% der Absolventen ausbildungsadäquat beschäftigt, und zwar in Abhängigkeit vom Lehrberuf: Zwischen 38% und 40% der Kraftfahrzeugmechaniker, Friseurinnen, Maschinenschlosser und Einzelhandelskaufleute verbleiben in ihrem Beruf. Bei Bankkaufleuten liegt dieser Anteil dagegen bei 53% und von den Bürokauffrauen sind nach 5 Jahren immerhin noch 60% in ihrem Ausbildungsberuf beschäftigt.

Wie ist es zu erklären, daß mehr als die Hälfte dieser jungen Erwachsenen nicht im erlernten Beruf tätig ist? Diese Frage wird üblicherweise arbeitsmarkttheoretisch beantwortet. Auch in der Öffentlichkeit wird bevorzugt mit dem Hinweis auf Probleme bei der Übernahme durch die Betriebe und Friktionen in Arbeitsmarktsegmenten argumentiert. Strukturtheoretisch ansetzende Untersuchungen schließen aus einer Bestandsaufnahme von Handlungsresultaten auf soziale Chancen und berufliche Gestaltungsmöglichkeiten. Dieser theoretische Rahmen ist allerdings insoweit nicht ausreichend, weil die Akteure in ihren Beweggründen ausgeblendet oder nur als Reflex auf den Arbeitsmarkt begriffen werden. Theoretische und empirische Bemühungen sollten darauf gerichtet werden, auf Strukturebene festgestellte Handlungsspielräume im Zusammenspiel mit den Beweggründen und Handlungsprozessen der Akteure unter einer Lebenslaufperspektive zu untersuchen (Heinz / Behrens 1991). Damit wird nachvollziehbar, wie Gestaltungsspielräume der Berufsbiographie von den Akteuren erfahren, interpretiert und genutzt werden. Auf diese Weise läßt sich erst die Frage nach der Entstehung der beobachteten häufigen Wechsel aus dem Beruf im Zusammenspiel von Restriktionen des Arbeitsmarkts und alternativen Interessen und Optionen der Akteure beantworten.

Diese Frage soll zunächst am Beispiel der Maschinenschlosser weiter verfolgt werden. Wo sind die Absolventen nach 5 Jahren verblieben? 40% arbeiten im Ausbildungsberuf, nur wenige sind arbeitslos (4%), leisten den Wehr- bzw. Zivildienst ab (3,4%), machen eine andere Berufsausbildung (2,3%) oder eine ganztägige berufliche Fortbildung (1,7%). Knapp ein Viertel arbeitet ausbildungsfremd; eine Quote, die im Mittel der anderen Berufe liegt. Hervorstechend ist jedoch die insgesamt ebenso hohe, nur von den Bankkaufleuten übertroffene Rückkehr ins Bildungssystem: Jeder zehnte Maschinenschlosser besucht derzeit eine Institution des 2. Bildungswegs, jeder siebte studiert an einer Fachhochschule oder Universität. Dies erstaunt um so mehr, als es sich um einen eher "bildungsfernen" Beruf handelt. Als Eingangsvoraussetzung für die Lehre wurde zumeist der Hauptschulabschluß oder die Mittlere Reife mitgebracht.

Wie kommt es dazu, daß nur 40% der Maschinenschlosser im Ausbildungsberuf arbeiten, obwohl in diesem Beruf eine mit 83% vergleichsweise hohe Quote von Übernahmeangeboten durch die Ausbildungsbetriebe gegeben war? (Dieser Anteil lag z.B. im Kfz-Mechanikerberuf um 60%.) Einen Schritt weiter führt die Analyse von Verlaufsdaten. Sie zeigt, daß 86% der Bremer und Münchner Maschinenschlosser innerhalb der 5 Jahre nach der Lehre einmal oder mehrfach in ihrem Beruf tätig geworden sind - und darin unterscheiden sie sich nicht von den anderen Berufen. Verglichen mit dem geringen Berufsverbleib nach 5 Jahren ist also zu schlußfolgern, daß in beiden Regionen offensichtlich eine Bewegung aus dem Beruf heraus stattgefunden hat.

Die Verlaufsdaten zeigen auch, daß die Wege nach der Ausbildung vielfach verästelt sind, und daß daran nicht nur der Zivildienst oder die Bundeswehr "schuld" sind, die von der Hälfte der Maschinenschlosser absolviert wurde: Jeder dritte hat in den 5 Jahren nach der Lehre eine Schule besucht, jeder dritte war zwischendurch arbeitslos. Letzteres gilt aber nicht nur für diese Berufsgruppe. Mit der Ausnahme ihres hohen Anteils an Bildungsaktivitäten befinden sich die Maschinenschlosser im Durchschnitt der anderen Berufe. Auch eine geschlechtsspezifische Differenzierung zeigt, daß sich die Verästelungen der Wege nach der Berufsausbildung nicht hinreichend auf Unterschiede zwischen Männer- und Frauenberufen zurückführen lassen.

Die Ressource des Berufsbildungsabschlusses ist, so zeigen die Verlaufsdaten, von fast allen Absolventen genutzt und eingesetzt worden. Sie hat für mehr als die Hälfte der jungen Fachkräfte aber keine verbindliche und dauerhafte Eingliederung in den Beruf bewirkt. Das heißt, daß die Problematik des Berufseintritts nicht allein in einer mangelnden Übernahmebereitschaft durch die Ausbildungsbetriebe besteht. Insofern erweist sich hier der Schwellenbegriff als schwierig, da er als einziges Problem den möglichst glatten Übergang in den Beruf thematisiert. Es zeigt sich bei genauerer Betrachtung, daß man es nicht mit einem einfachen Zuweisungsprozeß zu tun hat, sondern mit einer Vielfalt von Bewegungen. Es handelt sich um eine komplexe und langwierige Statuspassage. Um diesen Prozeß zu verstehen, ist ein sozialisationstheoretischer Zwischenschritt notwendig. Er zieht in methodischer Hinsicht den Wechsel auf die Akteursperspektive und damit die Biographieanalyse nach sich. Danach haben wir es bei der Einmündung in das Berufsleben nicht einfach mit einem gesellschaftlichen Zuweisungsprozeß zu tun, sondern mit Akteuren, die sich interessengebunden mit ihrem Handlungskontext auseinandersetzen. Wenn der (wie auch immer verästelte) Weg in das Berufsleben als Statuspassage rekonstruiert wird, dann zeigt sich, daß die Akteure ihre Berufsbiographie vor dem Hintergrund beruflicher Handlungsbedingungen mitgestalten.

Diesen Sozialisationsprozeß der Statuspassage haben wir auf der Grundlage biographischer Interviews analysiert und auf typische Merkmale hin strukturiert. Die Passagenbiographie der jungen Erwachsenen wurde dabei in ihre einzelnen Verlaufsstationen untergliedert. Bei jeder dieser Stationen der Statuspassage, sei es Ausbildung, Schulbesuch oder Berufstätigkeit, wurde untersucht,

– welche Aspiration ihr zugrunde lag,
– wie und auf welchem Weg sie realisiert
– und wie sie durch die Akteure bilanziert wurde.

Auf dieser Basis haben wir zwei empirisch begründete Konzepte entwickelt und für die Prozeßanalyse eingesetzt:

*1. Die Aufgabenstellungen der Statuspassage*

Die Typisierung der Aspirationen und Realisierungsmodi führte zur Rekonstruktion von spezifischen Aufgabenstellungen der Statuspassage in den Beruf. Wir haben vier Bausteine berufsbiographischer Sozialisation ermittelt, die situationsspezifisch für die jungen Erwachsenen als Aufgaben relevant werden (Helling 1994).

Zwei richten sich auf die Berufsarbeit selbst: Die Aufgabe der Einbindung in ein berufliches Programm bezieht sich auf die Rahmenbedingungen des Berufslebens, wie z.B. den Verdienst, das Betriebsklima oder Aufstiegschancen. Bei der Aufgabe der Identifikation mit einem Beruf als Projekt geht es dagegen um den Bezug zu den spezifischen Tätigkeitsinhalten.

Zwei weitere Aufgabenstellungen der Statuspassage richten sich auf die mit der Berufslaufbahn verbundene Gestaltung des Lebenslaufs: Die Aufgabe der Herstellung normalbiographischer Kontinuität bezieht sich auf die Vermeidung von Brüchen im Erwerbsverlauf. Bei der Aufgabe der Biographischen Selbstthematisierung steht die Entwicklung der Persönlichkeit im Vordergrund; die Akteure reflektieren, ob der eingeschlagene berufliche Weg für sie der richtige ist.

## 2. Die Biographischen Gestaltungsprinzipien

Wie junge Erwachsene mit den Aufgabenstellungen umgehen, d.h. auch, weshalb sie sich in unterschiedlichen Phasen der Statuspassage auf bestimmte Aufgaben konzentrieren, erklären wir mit der Entwicklung von "berufsbiographischen Gestaltungsprinzipien". Sie basieren auf Bilanzierungen und sind als Sozialisationsresultate zu bezeichnen: Sie verweisen auf die typischen Modi der Gestaltung einer Berufsbiographie in Auseinandersetzung mit strukturell vorgegebenen, aber individuell wahrgenommenen Handlungsoptionen. Wir haben 7 Haupttypen solcher Gestaltungsprinzipien gefunden (z.B. die Delegation, Entwicklung eines beruflichen Habitus oder berufsinhaltliche Interessenverfolgung) (Kock / Witzel 1993).

Die beiden empirisch begründeten Konzepte tragen dazu bei zu erklären, wie sich Kontinuität und Diskontinuität im berufsbiographischen Prozeß der Statuspassage herstellen. Dies führt uns zum Beispiel der Maschinenschlosser zurück. Wir wollen erklären, weshalb Maschinenschlosser eine so hohe Bildungsbeteiligung aufweisen und so häufig den Beruf verlassen und wie es dazu kommt, daß die Passage mit dem Übernahmeangebot nicht abgeschlossen wird.

Unsere Rekonstruktion der Berufsbiographien zeigt: Maschinenschlosser wird man nicht aus einem tätigkeitsbezogenen Interesse heraus (dies motiviert z.B. vielfach zukünftige Kfz-Mechaniker), sondern aus dem Wunsch, sich in ein berufliches Programm einzubinden. Mit der Einmündung in die Lehre wird daher eine Aufgabe der Statuspassage in den Beruf bearbeitet, bei der die Rahmenbedingungen der Tätigkeit entscheidend sind: Es geht den Akteuren darum, einen "sicheren Beruf" zu ergreifen, bei dem Verdienst und Betriebsklima stimmen, der Anfahrtsweg zum Betrieb kurz ist und ggf. Aufstiegsmöglichkeiten vorhanden sind. Was man über den zukünftigen Betrieb durch Verwandte und Freunde gehört hat, spielt eine große Rolle. Mit ihrem Beruf, der ein gewisses Prestige genießt, verbinden angehende Maschinenschlosser ähnliche Eingangsaspirationen wie z.B. Bankkaufleute. Wie diese absolvieren sie ihre Lehre zumeist in Großbetrieben, die eine fundierte und geregelte Ausbildung gewährleisten. Jedoch hält die Arbeitswirklichkeit für die jungen Maschinenschlosser oft nicht das, was sie sich von ihrem Beruf versprochen haben: Viele von ihnen stellen fest, daß sie im Betrieb dauerhaft nur ein "kleines Licht" sein werden, daß angelernte Akkordarbeiter z.T. mehr verdienen als sie und daß die besseren Positionen mit höher Qualifizierten besetzt sind (vgl. dazu auch Hoff / Lempert / Lappe 1991). Ein inhaltliches Interesse an ihrer Tätigkeit entwickeln Maschinenschlosser kaum; nur den wenigen, die als Betriebsschlosser unterkommen und nicht z.B. als Maschineneinsteller am Band eingesetzt sind, gelingt es, die Passagenaufgabe der Identifikation mit dem Beruf als Projekt zu bearbeiten. Wer sich nicht innerlich an den Betrieb bindet und das - nach dem Motto "wir von Klöckner" o.ä. - oft schon familiär vorgeprägte berufsbiographische Gestaltungsprinzip eines Betriebshabitus entwickelt, der geht. Er kassiert, wie seit der Krise im Maschinenbau üblich geworden, z.B. eine Abfindung, geht zur Bundeswehr und sucht sich später, z.T. mit Arbeitslosigkeitsphasen verbunden, irgendwo die nächste Stelle. Andere bilanzieren - oft mit Blick auf ältere Arbeitskollegen - ihre ersten Arbeitserfahrungen so, daß sie sich nicht mit dem erreichten beruflichen Ergebnis zufriedengeben wollen. Nach dem Motto "das kann es nicht gewesen sein" besuchen sie erst einmal die Berufsaufbau- oder Fachoberschule, oft ohne zu wissen, wie es danach weitergehen soll. Dies kann Ausdruck einer Orientierungskrise sein, aber auch einer bewußten Entscheidung für den Vorrang der Persönlichkeitsentwicklung. In dieser Situation wird für diese Maschinenschlosser damit die Passagenaufgabe der Biographischen Selbstthematisierung handlungsleitend. Erst später ergibt sich dann der - aus den bisher erworbenen Qualifikationen folgende - Gedanke an ein Fachhochschulstudium des Maschinenbaus. Dies steht übrigens im Gegensatz zu den studierenden Bankkaufleuten, die genau wissen, was sie beruflich von ihrem Jura- oder Betriebswirtschaftsstudium wollen: Sie setzen, z. T. in Absprache mit ihrer Bank, auf beruflichen Aufstieg und verfolgen damit weiterhin die Passagenaufgabe, sich in ein berufliches Programm einzubinden und dieses zu gestalten.

Im Vergleich dazu finden wir bei Bürokauffrauen eine geringe Bildungsbeteiligung, kombiniert mit einem hohen Berufsverbleib, aber auch mit Erwerbsunterbrechungen im Berufsverlauf. Wir erklären uns das so: Die Struktur der Büroberufe erlaubt es den jungen Fachkräften, aus ihren beruflichen Erfahrungen andere Schlüsse zu ziehen als die Maschinenschlosser: Wer mit der Position oder der Tätigkeit unzufrieden ist, kann sich neue Fachgebiete erschließen. Er oder sie kann sich über Betriebswechsel an eine Tätigkeit und Position der Wahl "heranarbeiten", indem sie sich eigeninitiativ fortbilden, etwa zur Personalsachbearbeiterin. Auf dieser Grundlage können die jungen Fachkräfte sowohl die auf die Rahmenbedingungen bezogene Passagenaufgabe der Einbindung in ein berufliches Programm, als auch die auf die Tätigkeitsinhalte bezogene Aufgabe der Entwicklung eines beruflichen Projektes bearbeiten.

Die Statuspassage von der Schule in den Beruf ist unseren Analysen zufolge nicht als strukturell determinierte, situative Problemlage, sondern als komplexer Sozialisationsprozeß zu untersuchen. Die Wege in das Berufsleben sind vielfach verästelt. Sie werden nicht einfach zugewiesen, sondern durch das Handeln von Akteuren hergestellt. Im Vergleich der Ausbildungsberufe zeigt sich, daß der berufsspezifische Handlungskontext für den Verlauf der Statuspassage wesentlich ist, ihn jedoch nicht determiniert: Die Berufsstruktur legt den jungen Fachkräften vielmehr Gestaltungswege ihrer Berufsbiographie nahe. Sie birgt die Chancen und Risiken für die Bearbeitung der vier Aufgabenstellungen der Statuspassage. Letztlich entscheidend für ihren beruflichen Weg ist allerdings immer die Bilanz, die die Akteure aus ihren beruflichen Sozialisationserfahrungen ziehen: Nehmen sie z.B. finanziell ungesicherte Phasen in Kauf, um ihre berufliche Situation zu verändern, oder halten sie trotz Unzufriedenheit am Erreichten fest? Hier deuten sich geschlechtsspezifische Unterschiede an, die im Zusammenhang mit der Statuspassage in die Familie zu analysieren sind.

**Anmerkung**
1) Sonderforschungsbereich 186 der Universität Bremen, Teilprojekt A1 "Statuspassagen in die Erwerbstätigkeit III: Aufbruch in die Konvention?", Leitung: Prof. Dr. Walter R. Heinz

**Literatur**
Heinz, Walter R. / Behrens, J. (1991), Statuspassagen und soziale Risiken im Lebensverlauf, in: BIOS 4: 121-139.
Helling, Vera (1994), Aufgaben der Statuspassage in den Beruf, Dissertation, Universität Bremen.

Hoff, Ernst-H. / Lempert, Wolfgang / Lappe, Lothar (1991), Persönlichkeitsentwicklung in Facharbeiterbiographien. Bern.

Kock, Birgit / Witzel, Andreas (1993), Berufsbiographische Gestaltungsprinzipien, Arbeitspapier Nr. 22 des Sfb 186, Universität Bremen.

Mönnich, Ingo / Witzel, Andreas (1994), Arbeitsmarkt und Berufsverläufe junger Erwachsener: Ein Zwischenergebnis, in: Zeitschrift für Sozialisationsforschung und Erziehungssoziologie 14: 262-277.

Vera Helling, Dr. Ingo Mönnich und Andreas Witzel, Universität Bremen, SFB 186, PF 330 440, D-28334 Bremen

## 4. International vergleichende Hochschulforschung

*Ulrich Teichler*

*1. Zum Themenkreis*

Hochschulforschung - d.h. Forschung, die Hochschule zum Gegenstand hat, nicht dagegen Forschung jederlei Gegenstands, die an Hochschulen betrieben wird - gehört zu den sozial-, kultur- und humanwissenschaftlichen Bereichen, für die das Objekt der Untersuchung, nicht jedoch bestimmte Disziplinen oder methodische Rahmen konstitutiv sind. Soziologie ist in der Hochschulforschung stark vertreten; weder sie noch irgendeine andere Disziplin bildet jedoch den paradigmatischen oder methodischen Kern.

Hochschulforschung behandelt vier Aspekte:
– quantitativ-strukturelle,
– wissens- und inhaltsorientierte,
– person- und lehr-/lernorientierte und schließlich
– organisatorische und politische Aspekte.

Sind Hochschulen Gegenstand makrogesellschaftlicher Analyse, so wird gewöhnlich die Nation als Rahmen gewählt. Das Hochschulwesen wird demnach nicht primär universalistisch verstanden. Auch scheint die spezifische Zielkonstellation nicht für konstitutiv gehalten zu werden, denn die "Idee" der Humboldtschen Hochschule zum Beispiel ist für verschiedene Länder charakteristisch. Wir reden ebenfalls nicht vom Hochschulsystem eines einzelnen Bundeslandes, obwohl dort die gesetzliche Hoheit und die Finanzierung primär situiert sind; die Einheitlichkeit der Lebensverhältnisse in Deutschland ist für die Hochschulen charakteristischer als die kulturelle Vielfalt der Länder.

Die Nation stellt für die Hochschulen jedoch keinen geschlossenen Rahmen. Stärker als in vielen anderen sozialen, kulturellen und humanen Objektbereichen der Forschung wird hier für erforderlich gehalten, den internationalen Vergleich erklärend heranzuziehen und die systemgrenzenüberschreitenden Aspekte zu analysieren, etwa die der internationalen wissenschaftlichen Kooperation und Mobilität.

## 2. Potentiale der vergleichenden Hochschulforschung

Für vergleichende Forschung ist konstitutiv, daß *Informationen aus mehr als einer Gesellschaft* behandelt werden. Selbst diese Minimal-Definition ist nicht selbstverständlich. Analysen eines Landes aus vergleichender Perspektive behandeln möglicherweise ein zweites Land nur indirekt. In entsprechenden Bibliographien werden zuweilen auch Werke aufgeführt, die das Hochschulwesen behandeln, ohne daß eine vergleichende Perspektive erkennbar wird; in Extremfällen sind es nur der fremde Verlag oder das fremde Leserpublikum, das diese Einstufung begründet.

Eine andere Bestimmung von vergleichender Forschung kann darin liegen, daß sie *makrosoziale Phänomene zur Erklärung des untersuchten Gegenstandes* heranzieht. Eine Analyse zum Beispiel, wieviel länger Studierende an Hochschulen in Deutschland "verweilen" als in Großbritannien, bleibt nicht bei Phänomenen stehen, sondern sucht nach makrogesellschaftlicher Erklärung - etwa im Verweis auf Grundcharakteristika der jeweiligen Hochschulsysteme. Gehen wir davon aus, daß sozialwissenschaftliches Erkennen im Prinzip auf dem Vergleich und dem Feststellen von Gemeinsamkeiten und Unterschieden beruht, so scheint makrosoziale Forschung unabdinglich auf den internationalen Vergleich angewiesen.

Dieser Aspekt unterstreicht die Bedeutung des internationalen Vergleichs und relativiert sie paradoxerweise zugleich. Methodisch gesehen ist internationaler Vergleich nur eine Applikation der Logik des Vergleichs, aber sonst nicht besonderes. Wenn wir zwischen den Hochschulen der Bundesländer oder zwischen den Hochschulen der europäischen Länder vergleichen, so unternehmen wir theoretisch und methodisch nichts anderes. Wir bemühen nur andere Stoffe. Das Besondere des internationalen Vergleichs liegt demnach in der Freude und der Lästigkeit, Material von ferne und möglicherweise über Sprachbarrieren hinweg herbeizuschaffen. Hier liegen viele Steine auf dem Weg - und zuweilen erfolgt deshalb ein Lob für dilettantisch herbeigeschafftes und recht roh präsentiertes Material, wenn das Überwinden der Barrieren als schwierig gilt.

Das Besondere des internationalen Vergleichs liegt - abgesehen von den oben genannten Argument über makrogesellschaftliche Forschung - darin, uns bewußtzumachen, ob das, was in der näheren Umgebung beobachtet wird, den Koinzidenzien eben dieser Umgebung zuzurechnen ist. Wir können prüfen, ob das, was wir hier und jetzt für normal oder unabdinglich halten, auch in anderen Kontexten seine Gültigkeit hat oder sogar ein universelles Phänomen ist. Gerade weil das in der näheren Umgebung Erfahrene meistens für das Normale gilt, ist vergleichende Information befreiend und erschreckend zugleich, denn sie entreißt Heimaten dem Selbstverständlichen. Das Argument, man könne nicht Äpfel mit Birnen vergleichen, wird gern dagegen mobilisiert, um den Vergleich für irrelevant zu erklären. Umgekehrt scheint der internationale Vergleich fast süchtig zu machen: wo läßt sich sonst eine solche Goldgrube zum Relativieren des vermeintlich Selbstverständlichen finden?

## 3. Probleme des vergleichenden Forschungsalltags

In einleitenden und methodischen Teilen sozialwissenschaftlicher Publikationen wird vieles zur Leistungsfähigkeit der gewählten Methoden ausgesagt; möglicherweise werden Exkulpationen zur Begrenzung der Studie formuliert, die den zeitlichen oder ressourciellen Rahmenbedingungen zu schulden sei. Vielleicht wird noch diskutiert, was von den Respondenten zu erwarten ist. Insgesamt sind jedoch die Aussagen darüber zumeist dürftig, was die Organisation der Forschung und die außerwissenschaftlichen Imperfektionen der Wissenschaftler in der Forschung anrichten. Dies überlassen wir allenfalls der Wissenschaftsforschung, denn wir fühlen uns in den normalen Forschungsberichten dazu nicht auskunftspflichtig.

Die Grundthese dieses Beitrages ist, daß international vergleichende Forschung in besonderem Maße für allerlei Koinzidenzien anfällig ist. Dies relativiert deren besondere Potentiale. Es nötigt aber in besonderem Maße, sich im Forschungsprozeß solcher vermeintlich äußerer Bedingungen bewußt zu sein und nach "machbaren" Lösungen zu suchen. Als typische Probleme der international vergleichenden Forschung sind zu nennen: Sprachbarrieren, Kosten und Aufwand, politisch bestimmte Gegenstandswahl, Grenzen der Feldkenntnisse sowie Nähe und Abstand zum Untersuchungsgegenstand.

Die *Sprachbarrieren* sind das offenkundigste Problem. Nur selten gelingt es, ein Forschungsdesign für vergleichende Forschung vorzunehmen, bei dem Sprachbarrieren nicht intervenieren. Nicht selten beobachten wir eine solche Einschränkung des Untersuchungsgegenstands, daß oberflächliche Sprachkenntnisse nicht störend sind. Oder Länder werden vor allem nach dem Bekanntheitsgrad der Landessprache ausgewählt. Oder Regionalwissenschaften werden für Länder mit schwer zugänglichen Sprachen und Kulturen etabliert; endemisch für solche Lösungen ist, daß der höhere Aufwand für Sprach- und Feldkenntnisse oft mit geringeren Kenntnissen einschlägiger Theorien und Methoden sowie mit geringen Feldkenntnissen über das eigene Land oder dritte Länder einhergeht. Oder man stützt sich auf ausländische Kooperationspartner, was - wie später noch zu behandeln sein wird - oft zu unzureichender Abstimmung der Projektbeteiligten führt.

*Kosten und Aufwand* sind bei international vergleichender Forschung ceteris paribus höher als bei der Forschung in der näheren Umgebung. Dies mag dazu führen, daß kleinere Zuschnitte von Forschungsprojekten gerechtfertigt werden. Auch wird die Auswahl der Länder nicht selten unter dem Gesichtspunkt der Kostenminimierung vorgenommen. Gelingt jedoch eine ausreichende Mittelakquisition, so ist ein solches Forschungsprojekt auch einem größeren Erwartungsdruck ausgesetzt, was die Konzeptionen, Methoden und Erträge angeht.

Bei größeren vergleichenden Projekten ist oft die *Gegenstandswahl politisch bestimmt*. Solche Projekte werden in der Regel nur realisiert, wenn auch Staat und Politik überzeugt werden, daß die Thematik förderungswürdig ist. Denn weitgehend unabhängige Forschungsförderungssysteme sind oft im Selbstverständnis und in der finanziellen Größenordnung gegenüber vergleichenden Studien zurückhaltend. So kann es nicht wundern, daß bei der Auswahl der untersuchten Länder nicht selten politische Macht, politische Kooperation oder politische und wirtschaftliche Rivalität eine größere Rolle spielen, als dies sonst von der Konzeption der jeweiligen Studien zu erklären ist.

In der vergleichenden Forschung fällt es schwer, ausreichende *Feldkenntnisse* zu gewinnen. Erst angesichts der Probleme des Vergleichs wird bewußt, in welchem Maße unser Wissen über den unmittelbar recherchierten Bereich hinausreichen muß, um die untersuchten Phänomene adäquat erfassen zu können. Bei vielen sozialwissenschaftlichen Themen wird in der näheren Umgebung ein Teil solcher Feldkenntnisse nicht systematisch im Forschungsprozeß erworben, sondern vorab unsystematisch aufgegriffen. Bei der Analyse eines anderen Landes müssen solche

Feldkenntnisse dagegen zumeist intentional und im Rahmen des jeweiligen Forschungsprojektes erworben werden. Natürlich bietet sich alternativ an, die Informationsbereitstellung und einen Teil der Analyse Personen zu übertragen, die breite Feldkenntnisse haben: Wissenschaftlern aus den Ländern, die Gegenstand der Analyse sind, oder Regionalspezialisten. Eine solche Strategie erweist sich jedoch oft als defizitär. Die Kommunikation über Perspektiven und Gegenstandsbereiche, die nicht im Zentrum der Analyse stehen, ist endemisch unvollständig; so beobachten wir zum Beispiel, daß Länderberichte im Rahmen vergleichender Studien gewöhnlich eine Eigendynamik zu Lasten der Vergleichbarkeit entwickeln.

Für die vergleichende sozialwissenschaftliche Forschung stellt sich die *Problematik der Nähe und des Abstandes der Forschenden zum Gegenstand* noch ernster, als dies schon für die Forschung zur näheren Umgebung der Fall ist. So ist international vergleichende Forschung in besonderem Maße einem Ideologieverdacht ausgesetzt. Für manche Studien ist ein "vergleichender Chauvinismus" charakteristisch: der Vergleich ist so sehr von den in der näheren Umgebung vorherrschenden Werten getragen, daß die Untersuchungen zielstrebig zu dem Ergebnis kommen, daheim sei es doch am besten. Andere Studien erscheinen als Produkt der Xenophilie: Die Wissenschaftler verhalten sich wie Botschafter, die zu lange in ein Land entsandt sind und sich dort assimilieren. Schließlich wird vergleichend tätigen Wissenschaftlern nicht selten vorgehalten, ihren Studien liege eine so hohe Wertschätzung von Internationalität und des Kosmopolitischen zugrunde, daß sie gegenüber ihrer Gesellschaft Wertinseln bildeten. Diese Vorwürfe mögen in vielen Fällen übertrieben sein; berechtigt ist sicherlich die Kritik, daß vergleichende Studien in besonderem Maße für Wertungen anfällig sind, die von den Adressaten der Forschungsberichte nur bedingt nachvollziehbar sind und nur bedingt geteilt werden.

## 4. Eigene Erfahrungsbasis

Das Wissenschaftliche Zentrum für Berufs- und Hochschulforschung der Universität Gesamthochschule Kassel ist stärker als andere Forschungseinrichtungen in größere vergleichende Studien der Hochschulforschung involviert. In vier empirische Projekte, die seitens des Zentrums koordiniert wurden oder an deren Gestaltung es maßgeblich beteiligt war, gingen jeweils mehr als zehn Personen-Jahre wissenschaftlicher Arbeit ein.

Im "Study Abroad Evaluation Project" wurde untersucht, welche unterschiedlichen Vorstellungen über die Aufgaben und die Leistungsfähigkeit "organisierter studentischer Mobilität" in fünf ausgewählten Ländern bestehen und welche Wirkungen unterschiedliche Programme zur Förderung des studentischen Austausches in der Sicht der Koordinatoren bzw. der Studierenden haben.

In den Begleitstudien zum ERASMUS-Programm wurde die Beteiligung an diesem Förderungsprogramm der Europäischen Gemeinschaft für studentische Mobilität erhoben. Auch wurde untersucht, in welchem Maße zentrale Elemente des Förderungskonzepts - organisatorische Unterstützung, curriculare Integration, Ausarbeitung von Anrechnungsmodalitäten u.ä. - realisiert wurden. Schließlich wurden die Auswirkungen von Auslandsstudienphasen - im Vergleich nach Herkunfts- und Gastländern - auf das weitere Studium und die ersten Jahre des Berufswegs analysiert.

Eine weitere Studie hatte berufliche Selbsteinschätzungen der "academic profession" zum Gegenstand. In 15 Ländern wurden Angehörige des Hochschullehrerberufs nach ihrer beruflichen Biographie, ihrem Arbeitsverhalten, ihrer Arbeits- und Beschäftigungssituation, ihren Forschungs- und Lehrbedingungen und -aktivitäten sowie ihren Vorstellungen über die Hochschule und über die Beziehungen von Hochschule und Gesellschaft befragt.

Im Mittelpunkt einer Studie zu Beziehungen von Bildungs- und Beschäftigungssystem in Japan in vergleichender Perspektive steht die Frage, ob sich Bildungs- und Beschäftigungsstrukturen, Qualifikation und Berufstätigkeit sowie Bildungs- und Beschäftigungspolitik in dem Maße von anderen Industriegesellschaften unterscheiden, wie gewöhnlich hervorgehoben wird, was die Besonderheiten der japanischen Situation erklärt und ob sich neuerdings Anzeichen einer internationalen Konvergenz zeigen. Fragen der Beziehung von Hochschule und Beruf haben im Rahmen des Projekts einen hohen Stellenwert.

Die vier Projekte unterscheiden sich deutlich in Fragen der Finanzierung, der internationalen Kooperation von Wissenschaftlern, des Ausmaßes der theoretischen Vorbereitung und der methodischen Vorgehensweise. Dennoch wurden in ähnlicher Weise typische Chancen und Probleme des Vergleichs in Hochschulfragen sichtbar. Thesenartig seien die daraus gezogenen forschungsstrategischen Konsequenzen zusammengefaßt.

## 5. Fazit für künftige vergleichende Hochschulforschung

Größere vergleichende Untersuchungen der Hochschulforschung sind gewöhnlich auf den Sachverstand vieler Wissenschaftler unterschiedlicher Länder angewiesen, um eine differenzierte Analyse vornehmen zu können. Statt den unrealistischen Versuch zu unternehmen, diese auf ein geschlossenes, in sich stimmiges Konzept festzulegen, sollte ein Projekt so angelegt sein, daß es aus der Verschiedenartigkeit der Perspektiven eine Tugend macht: geprüft werden sollte bei der Entwicklung des Forschungskonzepts, wo sich unterschiedliche Konzepte und inhaltliche Prioritäten als komplementär, als gezielter Kontrast, als gegenseitige Prüfung der Ausgangsvorstellungen u.ä. miteinander verknüpfen lassen bzw. wo die selbst nur bedingt verknüpfbaren Ansätze als typische Perzeptionen unterschiedlicher Bedingungslagen nebeneinandergestellt werden können.

Bei der Gegenstandswahl für vergleichende Projekte ist in Kauf zu nehmen, daß sie eher in Bereichen realisiert werden, in denen die Vorkenntnisse noch gering sind und politische Neugierde eine Rolle spielt, als in Bereichen, in denen die Vorkenntnisse ein elaboriertes Konzept erlauben. Die innovative Leistung solcher Projekte kann in erster Linie darin liegen, ein vergleichendes Grundwissen so bereitzustellen, daß es die Ausgangsbasis für weitere vertiefte Studien darstellt. Damit ist kein Lobpreis einfacher Deskription gemeint; auch jede explorative vergleichende Studie wird sich mit den jeweiligen Problematisierungen der Akteure und den vorherrschenden Forschungsansätzen zu dem Untersuchungsgegenstand in den einbezogenen Ländern auseinandersetzen, sie jedoch nicht im ersten vergleichenden Zugriff bereits in ein geschlossenes Konzept einbringen können.

Vergleichende Studien der Hochschulforschung, die in diesem Sinne explorierend sind, sollten in der Analyse zweistufig verfahren. Sie sollten die Ergebnisse in einer ersten, unvollständigen Interpretation bekannt machen und möglichst viele Wissenschaftler und "Praktiker" der untersuchten Länder in eine Diskussion der Ergebnisse einbeziehen. Die begrenzte Möglichkeit, die untersuchten Phänomene voll in ihrem Kontext zu erklären, wird so produktiv in dem Versuch aufgenommen, möglichst viele Potentiale zur Erklärung zu mobilisieren.

Die Vorschläge sind pragmatische Konsequenzen aus den gewonnenen Erfahrungen. Man kann jedoch einen Schritt weitergehen und die These vertreten, daß ein Vergleich prinzipiell imperfekt bleiben wird - nicht nur in der Erfassung wichtiger Informationen, sondern auch in ihrer kontextuellen Erklärung: historische Idiosynkrasien, universelle Rationalitäten und die jeweiligen politischen Optionen sind so sehr in der praktischen Gestaltung des Hochschulwesens miteinander verwoben, daß jedweder Erklärungsansatz notwendigerweise unvollständig bleibt.

**Literatur**
Altbach, Philip G./D. H. Kelly (Hg.) (1985), Higher Education in International Perspective, A Survey and Bibliography. London/New York.
Fulton, Oliver (1992), Higher Education Studies. In: Burton R. Clark/Guy R. Neave (Hg.): The Encyclopedia of Higher Education. Oxford.
Goedegebuure, Leo/Frans van Vught (Hg.) (1994), Comparative Policy Studies in Higher Education. Culemborg.
Teichler, Ulrich (1994), Hochschulforschung - Situation und Perspektiven, in: Das Hochschulwesen 42: 169-177.

Prof. Dr. Ulrich Teichler, Universität GHS Kassel, Wissenschaftliches Zentrum für Berufs- und Hochschulforschung, Henschelstraße 4, D-34109 Kassel

## 5. Veränderungen der akademischen Personalstruktur in den Neuen Bundesländern am Beispiel der Humboldt-Universität: Handlungsleitende Prinzipien, Ergebnisse und Nebenfolgen

*Marianne Kriszio*

Es geht in diesem Beitrag nicht um eine vergleichende Analyse aller Aspekte der „personellen Erneuerung" im Zuge der Umstrukturierung an den Hochschulen der neuen Bundesländer, sondern vorrangig um die Auswirkungen der Anpassung der Personalstruktur an das westdeutsche System. Dies betraf grundsätzlich alle neuen Bundesländer und Ostberlin in gleicher Weise.

Nach einer Erhebung der Projektgruppe Hochschulforschung Berlin-Karlshorst im April 1994 wurden in den Neuen Bundesländern insgesamt etwas mehr als ein Drittel aller Professorenstellen von Westdeutschen besetzt. Ganz anders sind die Proportionen an der Humboldt-Universität zu Berlin: hier betrug der Anteil damals 54% und hat sich ein Jahr später auf 58% erhöht. Dies lag zum Teil sicher an der höheren Attraktivität der Stadt Berlin, es war aber durchaus auch politisch gewollt.[1] Meines Erachtens war es dagegen keine politische Absicht, daß hier auch im Mittelbau der Anteil Westdeutscher immer mehr zunimmt, sondern dies ist eine Nebenfolge der neuen Personalstruktur in Verbindung mit dem personellen Austausch bei den Professoren.

Die Personalstruktur in der ehemaligen DDR war sehr einfach und überschaubar. Die Gruppe der Hochschullehrer bestand aus Professoren (ohne jede Abstufung) und aus Hochschuldozenten. Beides waren Dauerstellen, und beide hatten die gleichen Rechte in Lehre und Forschung und in der Betreuung von Promotionen und Habilitationen. Ostdeutsche Bildungsforscher setzen deshalb bei einem Vergleich mit der Bundesrepublik die Hochschuldozenten oft den westdeutschen C3-Professoren gleich, während aus westdeutscher Perspektive diese Sicht nicht ohne weiteres übernommen wird.

Die formalen Qualifikationsanforderungen für Hochschullehrer und Hochschuldozenten waren gleich. Die Habilitation blieb in der DDR genauso selbstverständlich wie in Westdeutschland und wurde nur im Zuge der Hochschulreform 1968 in "Promotion B" umbenannt. Voraussetzung für die Verleihung der "Facultas docendi" war unter anderem der Besuch hochschuldidaktischer Kurse, nach der Hochschullehrerberufungsverordnung vom 06.11.1968 in der Regel aber auch ein Studienaufenthalt oder eine wissenschaftliche Tätigkeit in einem sozialistischen Land.[2]

Bei den wissenschaftlichen Mitarbeitern bestand die Eingangsstufe in einem befristeten Assistentenverhältnis. Nach Abschluß der Promotion konnte dieses in eine unbefristete Assistentenstelle umgewandelt werden. Außerdem gab es Oberassistenten, Lektoren und Lehrer im Hochschuldienst sowie wissenschaftliche Sekretäre. Insgesamt hatten nur etwa 20 % des Mittelbaus ein befristetes Arbeitsverhältnis, 80 % befanden sich in einem gesicherten Dauerarbeitsverhältnis, das nur dann gefährdet werden konnte, wenn man/frau sich politisch mißliebig machte. Auch solche Personen mußten den Wissenschaftsbereich nicht unbedingt vollständig verlassen, sondern viele landeten z.B. bei der Akademie der Wissenschaften.

Die Personalstruktur an den Hochschulen der DDR entspricht in mancher Hinsicht dem Modell, das die Gewerkschaft Erziehung und Wissenschaft für den Hochschulbereich fordert: Befristung in der Eingangsphase, danach die Möglichkeit, Wissenschaft als Beruf zu betreiben und nicht nur als langwierige Vorbereitung auf den Wettbewerb um eine Professorenstelle. Diese Personalstruktur war vermutlich ein wichtiger Grund dafür, daß der Anteil von Frauen im Lehrpersonal der Hochschulen mit 35 % sehr viel höher war als in Westdeutschland. Die Vereinbarkeit von Beruf und Familienaufgaben war in diesem System leichter. Assistenten und Assistentinnen konnten sich darum bemühen, voranzukommen und Karriere zu machen. Sie konnten sich aber auch ohne Risiko damit zufrieden geben, zu bleiben was sie waren. Nach Berichten von Betroffenen gab es durchaus nicht wenige, die sich bewußt mit einer solchen Mittelbauposition zufrieden gaben, und die keine Lust hatten, sich dem zusätzlichen Leistungsdruck einer Promotion B und der Tätigkeit als Hochschullehrer sowie den damit verbundenen organisatorischen und auch politischen Anforderungen auszusetzen.

Wissenschaftliche Karrieren verliefen in der DDR meist an der eigenen Hochschule, Hausberufungsverbote waren unbekannt. Auch diese Struktur hatte positive Nebeneffekte für Frauen: Die Immobilität beider Partner machte die Vereinbarkeit von Beruf und Familie leichter als ein System, das zu häufigem Ortswechsel zwingt.

Es geht an dieser Stelle nicht darum, die Personalstruktur an DDR-Hochschulen zu idealisieren. Die Verbindung von frühzeitiger Arbeitsplatzsicherheit und der jahrzehntelange Verbleib an der immer gleichen Hochschule dürften zusätzlich zu wissenschaftlichen Einengungen auf Grund der politischen Rahmenbedingungen zur Beschränkung der wissenschaftlichen Kreativität und zu enger wissenschaftlicher Schulenbildung geführt haben. Ein Nebeneffekt des jahrelangen Zusammenwirkens der immer gleichen Personen könnte außerdem darin bestehen, daß sich manchmal auch Gegnerschaften entwickelten, die eher personenbezogene Ursachen hatten. (In der gegenseitigen Beurteilung ehemaliger DDR-Wissenschaftler im Zuge der personellen Erneuerung tauchten in manchen Fachbereichen Konflikte auf, bei denen es sich nach Einschätzung von Insidern um alte Rechnungen handelte, die weder fachlich noch politisch zu erklären waren, und die für Außenstehende nur sehr schwer durchschaubar waren).

Die westdeutsche Personalstruktur in der Form, wie sie nach der Wende auf ostdeutsche Hochschulen übertragen wurde, ist ein Produkt der Hochschulreform Anfang der 70er Jahre. Zuvor hatte sich ein differenziertes System verschiedener Positionen entwickelt. Die Verträge wissenschaftlicher Assistenten waren befristet, aber sie konnten verlängert werden, und in der Realität der 60er Jahren hatten sich Verhältnisse entwickelt, in denen real recht lange Dienstverhältnisse als Assistent vorkamen. Die Bundesassistentenkonferenz (BAK), die von 1968 bis 1974 existierte, übte neben inhaltlicher Kritik an den damaligen Prioritäten in Forschung, Lehre und Curriculum massive Kritik an der Personalstruktur. Sie beklagte die ausgeprägte persönliche Abhängigkeit von den Hochschullehrern. Sie forderte Prüfungsberechtigung und das Recht auf selbständige Lehre als Konsequenz der realen Aufgabenwahrnehmung in der Ausbildung. Sie forderten insgesamt eine Verbesserung der Chancen, Hochschullehrer zu werden. Die Befristung der Arbeitsverträge wurde dagegen nicht kritisiert - im Gegenteil: die BAK erhoffte sich von geregelten Befristungen eine Verpflichtung der Hochschullehrer, die Arbeitsverhältnisse so zu gestalten, daß Assistenten ihren Qualifikationsverpflichtungen nachkommen konnten, und daß sie nicht durch Dienstleistungen an Promotion und Habilitation gehindert wurden (vgl. Kriszio 1986).

Die optimistische Haltung der BAK zu Zeitverträgen ist nur vor dem Hintergrund der damaligen Expansionsphase erklärbar. Wenige Jahre später änderte sich diese Einschätzung, aber inzwischen war die neue Personalstruktur im Hochschulrahmengesetz von 1976 dauerhaft festgeschrieben worden: Befristete Tätigkeit als wissenschaftlicher Angestellter für maximal 5 Jahre mit dem Ziel der Promotion; befristete Tätigkeit als wissenschaftlicher Assistent für maximal 6 Jahre mit dem Ziel der Habilitation; daneben nur wenige, durch besondere Dienstleistungsfunktionen gerechtfertigte Dauerstellen, und später die Kompensation fehlender Nachwuchsstellen durch noch kurzfristigere Verträge im Rahmen von Drittmittelprojekten.

Die Befristung der Verträge ist durch die Novellierung des Hochschulrahmengesetzes von 1985 noch verschärft worden, da sich zwischenzeitlich befristete Assistenten erfolgreich in Dauerarbeitsverhältnisse eingeklagt hatten. Mit diesem Gesetz ist die Befristung auf fünf Jahre zusätzlich auf Arbeitsverhältnisse im Rahmen von Drittmittelprojekten übertragen worden, unabhängig davon, ob weiter Gelder zur Verfügung stehen oder nicht.

Eine Beförderung von einer Personalkategorie in eine andere oder eine Umwandlung in eine unbefristete Stelle (wie z.B. bei der "tenure"-Entscheidung oder der Beförderung vom Associate zum Full Professor an amerikanischen Hochschulen) ist auch bei Bewährung nicht möglich. Die Mehrzahl des wissenschaftlichen Personals befindet sich nach der Logik dieser Personalstruktur noch in einer Phase der „Ausbildung" und hat deshalb nur befristete Verträge, wobei das Ziel dieser Qualifizierung innerhalb der Hochschule idealtypischerweise nur eine Hochschullehrerstelle sein kann, denn andere Dauerstellen soll es so wenig wie möglich geben.

In bezug auf die Selbständigkeit in Forschung und Lehre hatten die Assistenten im HRG von 1976 einen Erfolg errungen, allerdings nur in bezug auf die Hochschulassistenten auf C1-Stellen. Diese waren nun nicht mehr einem Professor, sondern dem Fachbereich zugeordnet, und sie durften weitgehend selbständig lehren. Für die wissenschaftlichen Mitarbeiter (einschließlich derjenigen auf Dauerstellen) galt eine vergleichbare Selbständigkeit nicht, abgesehen von Fällen der Besitzstandswahrung. Mit der Novellierung des HRG von 1985 erfolgte dann wieder eine stärkere Rückkehr zu traditionellen Verhältnissen. Die wissenschaftlichen Assistenten, wie sie nun wieder hießen, wurden wie früher einzelnen Hochschullehrern persönlich zugeordnet, und in § 47 des novellierten HRG steht nichts mehr von selbständigen Lehrveranstaltungen.

Die Erneuerung der Hochschulen in den neuen Bundesländern war verbunden mit einer quantitativen Reduktion des wissenschaftlichen Personals, die besonders die frühere Hauptstadt Ostberlin und die Hochschulregion Sachsen mit ihrer Konzentration naturwissenschaftlichtechnischer Studienangebote betraf. Strukturell erfolgte eine Anpassung an das westdeutsche System. Dies bedeutete eine Veränderung der Relation von Hochschullehrern und wissenschaftlichem Mittelbau von früher 20 zu 80 auf nunmehr 30 zu 70. Im Ergebnis blieb die Anzahl an Hochschullehrerstellen insgesamt mehr oder weniger konstant, während ein deutlicher Abbau beim wissenschaftlichen Mittelbau erfolgte. Innerhalb des Mittelbaus erfolgte ein Umstrukturierung nach dem idealtypischen westdeutschen Modell: 20% unbefristet, 80% befristet.

Ostdeutsche Professoren blieben nach der Wende nicht ohne weiteres in ihrem Amt, auch dann nicht, wenn die Überprüfung ihres politischen Verhaltens keinen Anlaß zur Beanstandung bot. In Sachsen-Anhalt konnten außerordentliche Berufungskommissionen gemäß § 65 des Hochschulerneuerungsgesetzes vom 31. Juni 1991 in einem vereinfachten Verfahren Vorschläge für die Besetzung von bis zu einem Viertel der Professorenstellen jedes Fachbereichs vornehmen, in allen übrigen Fällen erfolgte eine reguläre Ausschreibung. In Berlin wurden sämtliche Professorenstellen neu ausgeschrieben. Die bisherigen StelleninhaberInnen mußten sich auf ihre eigene Stelle neu bewerben und dabei mit westdeutschen WissenschaftlerInnen konkurrieren. Voraussetzung dafür war, daß die zuständige Struktur- und Berufungskommission das bisherige Fachgebiet des bzw. der StelleninhaberIn überhaupt im neuen Stellenplan berücksichtigt hatte.

Die Qualifikation der ostdeutschen Wissenschaftler und Wissenschaftlerinnen wurde beurteilt von sog. Struktur- und Berufungskommissionen. Formal waren diese nicht west-dominiert. In Berlin waren z. B. nur drei der sechs Hochschullehrer Westdeutsche, und zu den drei ostdeutschen Hochschullehrern kamen noch eine Mittelbauposition und eine Stelle für eine/n Studenten. Faktisch hatten aber die drei westdeutschen Kommissionsmitglieder bzw. derjenige unter ihnen, der zum Kommissionsvorsitzenden bestimmte wurde, eine sehr viel wichtigere Funktion als die übrigen. Schließlich waren alle ostdeutschen Wissenschaftler zugleich Subjekte und Objekte des Verfahrens, denn über ihre eigene berufliche Zukunft wurde von der gleichen Kommission bestimmt, in der sie über andere zu Gericht saßen. Die einzigen ostdeutschen Mitglieder, die frei waren von persönlichen Interessen - und deren Stimme daher in dieser Phase mehr Gewicht hatte, als sie dieser Statusgruppe normalerweise gewährt wird - , waren die Studierenden.

Die gleichen Struktur - und Berufungskommissionen entschieden über die künftige Strukturierung und inhaltliche Denomination von Professorenstellen, über deren Ausstattung mit Nachwuchsstellen, über die Berufungsvorschläge für diese Professorenstellen und über die berufliche Zukunft des gesamten bisherigen wissenschaftlichen Personals. Für alle diejenigen, die nicht für die Berufung auf eine Professorenstelle vorgesehen waren, entschied die Kommission zwischen folgenden Alternativen:
- Übernahme auf eine befristete Nachwuchsstelle (BAT IIa)
- Übernahme auf eine befristete Stelle als wissenschaftlicher Assistent (C 1)

- Übernahme auf eine befristete Stelle als Oberassistent (C 2)
- Übernahme auf eine der wenigen Dauerstellen
- Weiterführung im bisherigen Arbeitsverhältnis auf einer Sollstelle, befristet für maximal 5 Jahre
- Weiterführung des bisherigen Arbeitsverhältnisses im Rahmen einer sogenannten "Überhangstelle" bis maximal Ende 1996.

Für frühere Angehörige des Mittelbaus ging es bei der Überleitung in erster Linie darum, ob sie eine Dauerstelle bekamen oder ob ihr Arbeitsverhältnis in eine befristete Stelle umgewandelt wurde, deren Funktion nach der neuen Personalstruktur offiziell in weiterer Qualifizierung junger Nachwuchswissenschaftler lag. Für Menschen im Alter von 40 bis 50 Jahren war eine solche Rückstufung in die Position einer abhängigen und befristeten Assistentenstelle nicht nur eine arbeitsrechtliche Verschlechterung, sondern dies stellte auch eine existentielle persönliche Infragestellung ihrer bisherigen Qualifikation und beruflichen Tätigkeit dar.

Für frühere Professoren konnte die Überleitung zusätzlich mit einer Herabstufung von der Statusgruppe der Hochschullehrer in die Gruppe der wissenschaftlichen Mitarbeiter verbunden sein. Dies geschah z. B. dann, wenn für eine befristete Weiterbeschäftigung nur eine Sollstelle des Mittelbaus zur Finanzierung zur Verfügung stand. Dies betraf an der Humboldt-Universität aber nur relativ wenige Fälle, und zwar ausschließlich Frauen.

In Berlin bedeutete der befristete Verbleib im bisherigen Arbeitsverhältnis für frühere Professoren und Dozenten, daß sie zumindest ihren Titel beibehalten konnten. Es bedeutete aber nicht automatisch, daß sie nun auch kooperationsrechtlich zur Gruppe der Hochschullehrer gehörten. Hierfür war nach § 6 des Berliner Hochschulpersonal-Übernahmegesetzes vom 11. 6. 1992 ein entsprechender Beschluß des Akademischen Senats auf Vorschlag des betroffenen Fachbereichs erforderlich. Dabei wurde nicht unbedingt offen darüber diskutiert, wem aus welchen Gründen die entsprechende Zuordnung gewährt oder verweigert wurde, sondern das Votum erfolgte in geheimer Abstimmung. Dabei spielte offensichtlich in manchen Fächern der Grad der früheren "Systemnähe" eine Rolle, in anderen Fällen aber auch Zufälligkeiten oder alte Rechnungen. Am Beispiel der medizinischen Fakultät Charité fiel auf, daß frühere Hochschullehrerinnen und Dozentinnen offensichtlich strenger beurteilt wurden als ihre männlichen Kollegen. Hochschullehrerinnen, die als Vorzeigefälle der früheren offiziellen "Frauenförderung" galten, wurde z. B. die kooperationsrechtliche Gleichstellung verweigert.

Die politische Absicht dieser Regelung war es, solche früheren Hochschullehrer von der Mitgestaltung der künftigen Hochschulstruktur auszuschließen, die insbesondere Professoren zukommt. Ein unbeabsichtigter Nebeneffekt bestand darin, daß nun auch die Prüfungsberechtigung dieser Personengruppe in Frage gestellt wurde. Männer und Frauen, die auch nach der Wende mit dem Vorsitz des Prüfungs- bzw. Promotionsausschusses ihres Fachs betraut wurden, sollten auf einmal keine Prüfungsberechtigungen mehr haben und legten deshalb das Amt nieder, während ihre Kollegen die damit verbundene Arbeit gerne in ihrer Obhut gelassen hätten. In Sachsen-Anhalt wurden bisherige Hochschullehrer noch stärker degradiert als in Berlin. Gemäß § 118 Abs. 4 des dortigen Hochschulgesetzes vom 8. 10. 1993 gehören alle früheren Hochschullehrer, die nicht neu berufen wurden, künftig zur Gruppe der wissenschaftlichen Mitarbeiter. Sie können bestenfalls auf Antrag als Hochschuldozent übernommen werden.

Die neue alte Personalstruktur führte generell zu einer stärkeren Hierarchie in Bezug auf die Zuordnung bestimmter Lehrveranstaltungen zu Personalkategorien, als sie im Hochschulwesen der DDR bekannt waren, und in der Frage der Prüfungsberechtigung wird an den erneuerten ostdeutschen Hochschulen oft stärker nach dem Buchstaben des Gesetzes verfahren als an vielen westdeutschen Einrichtungen. Diese wird nun auf Professoren und kooperationsrechtlich Gleichgestellte beschränkt. Das hat dann Konsequenzen für die Gestaltung des Veranstaltungsangebots und bedeutet z. B., daß wissenschaftliche Mitarbeiter in vielen Fächern keine Hauptseminare abhalten dürfen. - Bessere Regelungen für Teile des Mittelbaus gibt es nur in Sachsen-Anhalt. Hier wurde im Hochschulerneuerungsgesetz von 1991 festgelegt, daß wissenschaftliche Mitarbeiter, die nach der Promotion in ihrem Rechtsverhältnis verbleiben, den besonderen Status des "akademischen Mitarbeiters" erhalten können. Diese behalten das Recht zur selbständigen Durchführung von Lehrveranstaltungen und eigenen Forschungsvorhaben sowie die Prüfungsberechtigung und werden nicht einzelnen Hochschullehrern unterstellt. Die Rechte dieser Personengruppe wurden auch im späteren Hochschulgesetz des Landes Sachsen-Anhalt von 1993 bestätigt. An der Humboldt-Universität gab es keine vergleichbaren Besitzstandswahrungen für frühere Angehörige des Mittelbaus.

Es ist wiederholt darauf hingewiesen worden, daß die Funktion des früheren Mittelbaus in der Lehre einer derjenigen Faktoren war, welche wesentlich dazu beigetragen haben, daß DDR-Hochschulen keine Probleme mit der Einhaltung der Regelstudienzeiten hatten. Alle politischen Absichtserklärungen von Hochschulpolitikern, der Lehre einen stärkeren Stellenwert beizumessen, haben aber nicht verhindert, daß das hierarchische und einseitig forschungsorientierte Modell der westdeutschen Personalstruktur in Reinkultur auf ostdeutsche Hochschulen übertragen wurde.

In bezug auf das Verhältnis von Hochschullehrern und wissenschaftlichen Mitarbeitern wurden im Zuge der personellen Erneuerung ostdeutscher Hochschulen traditionelle Hierarchien wieder eingeführt, die als Ergebnis der Reformphase der 70er Jahre an vielen westdeutschen Hochschulen in dieser Form überhaupt nicht mehr existieren und die in mancher Hinsicht ausgeprägter sind als die Verhältnisse in der früheren DDR. Dort hatte es zwar auch hierarchische Strukturen zwischen Professoren und Mittelbau gegeben, aber diese wurden teilweise abgemildert durch parallele Machtstrukturen in Partei und Gewerkschaft, und hier gehörten nicht nur Professoren zu den wichtigen Funktionsträgern (vgl. z.B. Buck-Bechler 1994).

An der erneuerten Humboldt-Universität gibt es heute im Unterschied zu den Westberliner Universitäten keine Mitbestimmung der Statusgruppen bei der Besetzung von Nachwuchsstellen, da sich im Zuge der zahlreichen Berufungsverhandlungen faktisch das traditionelle Lehrstuhlprinzip etabliert hat, ohne daß es jemals einen offiziellen Gremienbeschluß hierzu gegeben hätte. Die Beachtung der formellen Mitwirkungsrechte von Personalrat und Frauenbeauftragten ändert faktisch nichts am Alleinentscheidungsrecht der Professoren. Dieses wurde allerdings nach der Wende insofern modifiziert, als die Neuberufenen in der Regel nur eine der zugeordneten Nachwuchsstellen frei besetzen konnten und auf der anderen für eine befristete Zeit einen oder eine der bisherigen wissenschaftlichen Mitarbeiter akzeptieren mußten. Bei den neu zu besetzenden Stellen hatten frühere Humboldtianer dagegen wenig Chancen, sondern die Neuberufenen haben in der Regel junge Nachwuchswissenschaftler von außen mitgebracht, und zwar vorwiegend Männer.

Für die nächsten Jahre ist nach Auslaufen der befristeten Verträge des übergeleiteten Personals damit zu rechnen, daß aufgrund des hohen Anteils an Westdeutschen unter den Professoren und der erwähnten Rekrutierungsmechanismen auch im Mittelbau der Anteil aus dem Westen langsam, aber kontinuierlich zunimmt. Unter den jüngeren ostdeutschen Nachwuchswissenschaftlern hat aufgrund der vielen Unsicherheiten eine scheinbar „freiwillige" Abkehr vieler von der Hochschule stattgefunden. Dies zeigt sich z.B. in dem starken Einbruch bei Promotionen und vor allem bei Habilitationen, den die Projektgruppe Hochschulforschung[3] dokumentiert hat: 1993 habilitierten sich z. B. in den neuen Bundesländern nur noch insgesamt 109 WissenschaftlerInnen in allen Fächergruppen (darunter zwei in den Rechts-, Wirtschafts- und Sozialwissenschaften), während es 1989 noch 790 gewesen waren. Für die mittlere Generation ostdeutscher Wissenschaftlerinnen und Wissenschaftler, die zu alt sind für Bewerbungen auf Nachwuchsstellen und zu jung für den Ruhestand und die aufgrund ihrer DDR-Biographie nur wenig Chancen auf einen Ruf an eine andere Hochschule haben, gibt es genauso wenig eine Zukunft in den erneuerten Hochschulen wie für die ehemaligen WIP-MitarbeiterInnen, wenn nicht in der Hochschulpolitik eine Kurskorrektur erfolgt.

**Anmerkungen**
1) Nach dem Bericht des Vorsitzenden der Struktur- und Berufungskommission für die Sozialwissenschaften an der Humboldt-Universität habe die Berliner Senatsverwaltung noch weitergehenden „Säuberungsdruck" abgewehrt und sich bewußt um eine „Durchmischung" von West- und Ostwissenschaftlern bemüht.Vgl. hierzu Neidhardt (1994: 42)
2) Verordnung über die Berufung und die Stellung der Hochschullehrer an den wissenschaftlichen Hochschulen, abgedruckt im Gesetzblatt der Deutschen Demokratischen Republik vom 13.12.1968, Teil II, Nr. 127, S. 997-1003
3) Die jeweils neuesten Daten über die Personalentwicklung an den Hochschulen der neuen Bundesländer erhält man von der Projektgruppe Hochschulforschung Berlin-Karlshorst, Aristotelessteig 4, 10318 Berlin, Tel. 030/5019-2949

**Literatur**
Neidhardt, Friedhelm (1994), Konflikte und Balancen. Die Umwandlung der Humboldt-Universität zu Berlin 1990-1993, in: Renate Mayntz (Hg.), Aufbruch und Reform von oben. Ostdeutsche Universitäten im Transformationsprozeß. Frankfurt/New York. S. 33-66.
Kriszio, Marianne (1986), Das Modell der BAK zur Personalstruktur und seine Folgen, in: Wissenschaftlicher Nachwuchs ohne Zukunft? Bundesassistentenkonferenz / Hochschulentwicklung / Wissenschaftler heute, Stephan Freiger, Michael Groß und Christoph Oehler (Hg.). Kassel. S. 107-116.
Buck-Bechler, Gertraude (1994), Das Hochschulwesen der DDR Ende der 80er Jahre, in : Renate Mayntz (Hg.), Aufbruch und Reform von oben. Ostdeutsche Universitäten im Transformationsprozeß. Frankfurt/New York. S. 11-31.

Dr. Marianne Kriszio, Frauenbeauftragte, Humboldt-Universität zu Berlin, Unter den Linden 6, D-10099 Berlin

## II. Sektion Biographieforschung
*Leitung: Wolfram Fischer-Rosenthal*

## Biographien, Konstruktionen der Kontinuierung und Novellierung

### 1. Die Autobiographie des Unternehmers - Medium der Selbstbestimmung und der Konkurrenz um Moral

*Achim Brosziewski*

Anhand von drei Archiven von Kaufmanns- und Unternehmerautobiographien (italienische Schriften aus dem 14.-16. Jahrhundert, französische aus dem 19. Jahrhundert, US-amerikanische aus dem 20. Jahrhundert) soll die These entwickelt und geprüft werden, daß die Erwerbsethik (versinnbildlicht in Benjamin Franklins Ausspruch "Zeit ist Geld") weniger als ein Produkt einer bestimmten religiösen Lehre (Weber) oder einer bestimmten psychologischen Attitüde (Sombart), sondern besser als ein Produkt schriftlicher Selbstvergewisserung verstanden werden kann. Das Medium dieser Selbstvergewisserung ist die autobiographische Schrift, derer sich auch einige Kaufleute und Unternehmer im ausgehenden Mittelalter und in der frühen Neuzeit bedient haben. In diesem Medium wird - in Analogie zum gebräuchlichen Ordnungsverfahren der Geschäftsangelegenheiten - *die Metapher von der Lebensbilanz* ausgearbeitet und der Ordnung der Lebensdinge dienstbar gemacht. Die Aussage "Zeit ist Geld" ist nicht mehr als eine Kurzformel für dieses metaphorische Projekt.

*I. Die Autobiographietendenz in spätmittelalterlichen Kaufmannsbüchern*

Die Anfänge des sozialen Aufstieges des Kaufmannstandes liegen in Italien, in der Epoche zwischen dem 11. und dem 13. Jahrhundert, die von Jacques Le Goff (1993, S.12-13) die Zeit der kommerziellen Revolution genannt wird. Diese Phase bringt auch die Erscheinung des "schreibenden Kaufmanns" hervor (Bec 1967). "Scrivere" (schreiben) ist nach Christof Weiand (1993, S.1) neben "fare" (machen) ein Zauberwort jener Zeit. In der alltäglichen Geschäftspraxis wurde Schreiben vor allem für eine umfangreiche *Registriertätigkeit* eingesetzt. Die Handelslehre schrieb vor, jede Transaktion - und sei ihr Umfang auch noch so klein - mit Zeitpunkt, Namen der Beteiligten sowie all den quantifizierbaren Eigenschaften der getauschten Objekte (Maße und Preise) und auch den wichtigsten qualitativen Eigenschaften laufend in die Geschäftsbücher einzutragen und regelmäßig Bilanz über alle Guthaben und Schulden zu ziehen, für all seine Geschäfte Bonus und Malus festzustellen. Nur so behalte der Kaufmann den Überblick über seine Verpflichtungen und seine Chancen.

Schreiben ist Arbeit an der Erinnerung, am Gedächtnis. In den Geschäftsbüchern werden die finanziellen Verbindlichkeiten registriert und für den Tagesbedarf memoriert. Doch die kaufmännische Schreibtätigkeit hat nicht nur Zahlenwerke hervorgebracht. Von besonderem Interesse sind hier die Familienbücher, in denen alle verwandtschafts- und erbrelevanten Ereignisse registriert und kommentiert wurden[1]. Christof Weiand (1993) hat die Familienbücher von sieben italienischen Großkaufleuten untersucht, die alle zwischen 1300 und 1580 in den norditalienischen Handelsstädten gelebt und geschrieben haben. Die Schreiber hatten durchweg die Stellung des Familienoberhauptes inne, die ihnen auch einen privilegierten Zugang zu den überlieferten Familienbüchern sicherte. Diese Stellung als Familienoberhaupt und damit als Statthalter der Familientradition gab allen Chronisten zentrale Elemente ihres Schreibprogrammes vor. Für mein Erkenntnisinteresse - die Frage nach der schriftlich festgehaltenen Selbstdarstellung des Kaufmanns - sind drei Textkonstanten besonders relevant.

(1) Der Schreiber stellt sich der Aufgabe, die Verwandtschafts- und die Vermögensverhältnisse der Familie zu fixieren, die Nachfolgebeziehungen und Erbschaftsansprüche - Genealogie und Patrimonium - zu ordnen. Dieses zentrale Element des Schreibprogrammes macht aus den Familienbüchern ein äußerst umfangreiches Faktenregister, in dem Namen, Daten und Zahlen listenweise aneinandergereiht sind.

(2) Eine zweite Textkonstante stellt der intendierte Rezipientenkreis dar. Stereotyp rufen die Schreiber zu Beginn all ihrer Schriften den Namen Gottes an. Nicht nur ihr Leben, sondern auch ihr Schreiben vollzieht sich *sub specie aeternitatis*. Diese Gottesaufsicht verpflichtet sie im Schreiben zum Bemühen um Wahrheit und Aufrichtigkeit. Darüberhinaus stellen sie ihr Schreiben in den Dienst der Familientradition, der Weitergabe ihres Wissens und ihrer Einsichten an ihre Nachfolger und Erben. Die Arbeit am Familienbuch ist intendiertermaßen Erinnerungsarbeit, nicht für eine "Öffentlichkeit" im heutigen Sinne, sondern für einen sehr "privaten" Kreis bestimmt.

(3) Die dritte hier zu erörternde Textkonstante betrifft die Autobiographietendenz der vorliegenden Schriften. Diese Tendenz ist in den sieben Fällen sehr verschieden ausgeprägt. Vorwiegend werden sachlich-nüchtern und listenartig Namen, Daten und Summen rapportiert. In den autobiographischen Textstellen, die die Auflistung von Daten und Fakten unterbrechen, bearbeiten die Verfasser - oft im Zusammenhang mit Todes- und Krankheitserfahrungen - Sinnfragen ihres Lebens. Man schrieb - dies auch mehr oder weniger deutlich zugestehend - auch *für sich selbst*, um Klarheit über seinen *Stand vor Gott,* seinen Stand im Leben *und* im Himmel zu gewinnen.

Für meine Fragestellung ist vor allem interessant, wie, mit welchen Darstellungsmitteln und -formen, es den Verfassern gelingt, im Hinblick auf "die Sorge um sich" (Foucault) ein personales "Ich" in die teilweise monumentalen Register der Genealogie und des Patrimoniums *hineinzuschreiben*. Goro Dati beispielsweise, Sohn einer verzweigten und wohlhabenden Kaufmannsfamilie, selber Vater von 26 Kindern aus vier Ehen, schafft sich für die Darstellung persönlicher Anliegen Platz, indem er zusätzlich zum Familienbuch ein "libro segreto", ein Geheimbuch anlegt. Auch in diesem Buch werden zahlreiche Familien- und Geschäftsbelange registerartig dokumentiert, aber es findet bereits eine Auswahl aus den anderen Quellen statt. Diese Auswahl schafft einen bescheidenen Raum für die Darstellung persönlicher Empfindungen und Gedanken. Vor allem Geburten und Todesfälle werden von Dati nicht mehr nur nüchtern notiert, sondern durch die Verwendung von Adjektiven mit einer persönlichen Stimmungsfarbe versehen.

An zwei Stellen des libro segreto weitet sich die Personalisierung des Verfassers zu regelrechten Bekenntnistexten aus[2]. Mit 48 Jahren, in einer von finanziellen Nöten und anderen Schicksalsschlägen gekennzeichneten Phase, überdenkt er sein Leben. Dati kommt zu dem Schluß, daß seine Misere durch eine Lebensführung verursacht worden sei, die er als "disutilmente", als "unnütz" und damit sündig gegen Gottes Gebote kennzeichnet (Weiand 1993, S.25). Zwecks Selbstläuterung will er sich an drei Grundsätze binden: Sonn- und Feiertags nicht arbeiten noch jemanden für sich arbeiten lassen, Freitags die Fastengebote einhalten und täglich Almosen geben - Selbstgebote eines Kaufmanns, der in Finanznöten steckt! 25 Jahre später, dreiundsiebzigjährig, resümiert Dati - bezugnehmend auf seine diversen Ricordi und auf sein früheres Bekenntnisschreiben - die Ereignisse seines Lebens und versucht - an seinen Nachfolger gerichtet - eine Lehre aus ihnen zu formulieren. Der *Darstellungsmodus* dieses Resümees ist die *Bilanz*; also jenes Darstellungsformat, das dem Kaufmann im praktischen Lebensbereich zur Ordnung seiner Geschäftsbelange dient, das ihm im ereignis- und datenüberladenen Geschäftsverkehr die Bewahrung einer *Übersicht* und eine *Bewertung* ermöglicht. Diese Projektion eines Darstellungsformats begründet die Rede von der "Lebensbilanz". Die bilanzierende Selbstdarstellung ist stark genealogisch, an der Frage nach dem Woher und dem Wohin der eigenen Person in der Generationenfolge orientiert. Sie ist Erinnerungs- und Besinnungsarbeit zugleich. Sie ist, um einen Titel von Christian Bec (1967, S.301) zu zitieren, der Versuch, die Geschäfte und den Platz des Menschen in der Welt in einen Zusammenhang zu bringen; den Stand vor Gott an den Taten und ihren Folgen, und nicht an der "hohen" oder "niedrigen" Geburt des Menschen zu ermessen.

Auch die fünf weiteren Kaufmannsautobiographien können als Arbeit an dieser Moral gelesen werden. Es geht immer um die Einordnung der eigenen Person in eine familiale Genealogie, in der auch dem Stand des Familienvermögens eine wichtige Bedeutung zugemessen wird. In allen bekennenden Abschnitten werden schließlich moralische Prinzipien formuliert, die der Selbstvergewisserung über den Stand vor Gott und der Orientierung der Nachkommen dienen sollen. Man betont dabei auch den Wert gewerblicher Tätigkeit, das Streben nach Wohlstand und um öffentliche Anerkennung, für den Zusammenhalt der Familie und für den Platz des Einzelnen im Kollektiv.

Man kann also schon in den Schriften der römisch-katholischen Kaufleute des ausgehenden Mittelalters jenes Prinzip der "Gnadenwahl" erkennen, das Max Weber der Lehre Calvins zuschreibt. Was die von Weber behandelte Variante des Protestantismus mit den hier vorgestellten Selbstbekundungen italienischer Kaufleute verbindet, ist *die personenunmittelbare, den Klerus ausschließende Kommunikation mit Gott*. Der schreibende Kaufmann führt all seine Bücher ausdrücklich "im Namen Gottes". Er hat Gott nicht nur in der Beichte, sondern auch in seinen Büchern Rechenschaft abzulegen - und dies anders als in der Beichte permanent. *Die Repräsentanten der Kirche fehlen im Adressatenkreis der kaufmännischen Schriften.* Die Kaufleute arbeiten den kirchenoffiziellen Sündenverdacht unter Hinweis auf die familialen und personalen Erfolgs- und Mißerfolgsbilanzen ab, die Gott, der alles sieht, ohnehin nicht verborgen sind. Diese Bilanzen - die ja Bonus *und* Malus offenbaren - deuten sie in ihrer eigenen Moralistik als sichtbare Zeichen der Achtbarkeit *und* der Gefährdetheit ihres Standes vor Gott.

*II. Die säkularisierte Unternehmerautobiographie*

Im 16. und 17. Jahrhundert beginnt nach Habermas die Entwicklung einer "bürgerlichen" Variante von Öffentlichkeit, die die repräsentative Öffentlichkeit der großen und kleinen Rituale zwar nicht ersetzt oder gar verdrängt, gegenüber dieser jedoch immer mehr an sozialer Breitenwirkung gewinnt. Der Ansatz einer bürgerlichen Moral überschreitet die Grenzen eines "privaten" Leserkreises, das entsprechende Schrifttum gewinnt in den neuartigen Assoziationen - bürgerliche Salons, Vereine, Lesezirkel, Debattierkreise usw. - eigene Foren der Öffentlichkeit. Arbeitsbereitschaft und Erwerbsstreben brauchen in diesen Öffentlichkeiten ebensowenig wie weltlicher Erfolg ausdrücklich legitimiert zu werden. Die teil-öffentlichen Zirkel nehmen sich auch der Frage nach der rechten Moral und Lebensführung an. Die bürgerliche Stimme verschafft sich eigene Publikationsforen (die "moral weeklies", siehe Habermas 1991, S.105-107).

Vor dem Hintergrund eines gleichgesinnten, pädagogisch-moralisch interessierten Publikums *gewinnt die Mitwelt gegenüber Vor- und Nachwelt* des kaufmännischen Autobiographen *an Gewicht*. Die Person des Schreibers figuriert nun weniger als genealogisches, sondern mehr und mehr als *zeitgenössisches* Exemplum für die rechte Lebensführung. Philipp Lejeune (1982) hat alle autobiographischen Schriften von französischen Geschäftsleuten aus dem 19. Jahrhundert auf ihre thematischen Motive und erzählstrukturierenden Muster hin untersucht. Das dominante Thema dieser personenorientierten Schriften ist - bis auf wenige Ausnahmen - die Frage nach den Bedingungen des persönlichen Erfolges; laut Lejeune das moralische Thema jener Epoche schlechthin. Der erfolgreiche Kaufmann und Unternehmer ist dabei der Prototyp des "selfmade man", der ungeachtet des Standes seiner Geburt dank eigenem Bemühen einen geachteten Platz in der Welt errungen habe. In den Autobiographien des exemplifizierenden Typs ergreifen die Verfasser *"die Stimme des Erfolges" und sprechen deren Lehre aus* (ebd., S.210). Aus den Ereignissen und Episoden ihrer Lebensgeschichten, aus den eigenen und den Erfolgen und Mißerfolgen, Siegen und Niederlagen ihrer Mitmenschen synthetisieren sie jene Personenqualitäten, die sie als grundlegend für eine individuelle Erfolgsgeschichte ausmachen: Mut und Energie (ebd., S.221).

In der Moderne sind Familien- und Tagebücher mehr und mehr Privatzweck geworden, die *Weltkoordinaten der Person* werden von der Verwaltung, von den Massenmedien und den Nachrichtendiensten besorgt. Das Geschäft der Biographie wird von professionellen Schreibern besorgt: von Schriftstellern, Historikern, Journalisten und neuerdings auch von Soziologen. Die Unternehmer- und Manager"auto"biographien des 20. Jahrhunderts werden von "Geisterhand" (ghost writern) geschrieben. Lebensberichte werden selbst auf Märkten gehandelt, und die schriftlichen Fassungen der Erzählungen werden nicht durch eine antizipierte Öffentlichkeit moralischer Provenience, sondern durch eine antizipierte *Popularität* strukturiert. Erfolgreiche Unternehmer - so Klaus Hansens Befund in seinen Untersuchungen zu amerikanischen "Auto"-Biographien des 20. Jahrhunderts - fungieren in ihren Lebensberichten als typische "Helden" unserer Zeit, die mit allen bekannten Sekundärtugenden - wie Disziplin, Fleiß, Flexibilität - ausgestattet sind und sich vom Stereotyp des Normalbürgers nur durch ein besonderes Maß an Menschenkenntnis, Intuition und Willenskraft unterscheiden würden (Hansen 1992, S.7-11).

Die Moral ist die schon aus dem 19. Jahrhundert bekannte Moral der Erfolgsgeschichte. Soziologisch gesehen ist in diesem Zusammenhang vor allem *die soziale Funktion von Lebensgeschichten und Mythen* beachtenswert. In ihnen gewinnen für Erzähler und Zuhörer gleichermaßen Figuren Profil, die in jeder Richtung zur Handlungsorientierung dienen können - der Rezipient kann sich an ihnen oder auch gegen sie orientieren, er kann sie darüberhinaus auch einfach ignorieren.

Der schreibende Kaufmann hat sicherlich keine aufsehenerregenden Beiträge zur Erzählstilistik der Autobiographie geleistet. Aber er hat - seine eigene Lebensgeschichte in die Geschäfts- und Familienbücher hineinschreibend - eine synthetisierende Formel geschaffen, die als Topos - wie Weiand in seiner Analyse von Künstler- und Klerikerautobiographien zeigte - nicht nur die schriftlichen Selbstvergewisserungen des Kaufmannstandes strukturiert: die Formel von der Lebensbilanz, die "Erfolge" und damit *Schicksalsbannung* sichtbar macht, in die Wertvorstellungen projiziert und aus der Lebensmaßstäbe extrahiert werden können. Franklins Tugendkataloge und Planformate können als eine mögliche, recht rigide Anwendung dieses Syntheseprinzips, das auf Schriftlichkeit und Selbstverwaltung basiert, gelesen werden.

### Anmerkungen
1) Adolf Rein (1989) sieht in der hausverwalterischen Notizsammlung und der ihr angegliederten Familienchronik des ausgehenden Mittelalters auch die Ausgangsbasis für das ganze Genre der spezifisch bürgerlichen Tagebücher in der Renaissance. "Aus der Familienchronik entsteht das individuelle Tagebuch." (S.333)
2) Den engen Zusammenhang von Biographie und Bekenntnis hat Alois Hahn (1982) herausgestellt.

### Literatur
Bec, Christian (1967), Les marchands écrivains. Affaires et humanisme à Florence 1375-1434. Paris - La Haye.

Habermas, Jürgen (1991), Strukturwandel der Öffentlichkeit. Untersuchungen zu einer Kategorie der bürgerlichen Gesellschaft. Frankfurt am Main.

Hahn, Alois (1982), Zur Soziologie der Beichte und anderen Formen institutionalisierter Bekenntnisse: Selbstthematisierung und Zivilisationsprozeß, in: Kölner Zeitschrift für Soziologie und Sozialpsychologie 34: 408-434.

Hansen, Klaus P. (1992), Die Mentalität des Erwerbs. Erfolgsphilosophien amerikanischer Unternehmer. Frankfurt am Main.

Le Goff, Jacques (1993), Kaufleute und Bankiers im Mittelalter. Frankfurt am Main.

Lejeune, Philippe (1982), Autobiographie et histoire sociale au XIXe siècle, in: Revue de l'Institut de Sociologie (Solvay) 55: 209-234.

Rein, Adolf (1989), Über die Selbstbiographie im ausgehenden deutschen Mittelalter (orig. 1919). In: Niggl, Günter (Hg.): Die Autobiographie. Zu Form und Geschichte einer literarischen Gattung. Darmstadt, S: 321-342.

Weiand, Christof (1993), "Libri di famiglia" und Autobiographie in Italien zwischen Tre- und Cinquecento. Studien zur Entwicklung des Schreibens über sich selbst. Tübingen.

Achim Brosziewski, Hochschule St. Gallen, Soziologisches Seminar, Tigerbergstr. 2, CH-9000 St. Gallen

## 2. Wenn sich biographische Konstruktionen nicht mehr lohnen

*Wolf-Dietrich Bukow*

*1. Zur Fragestellung*

Verfechter wie Kritiker der Moderne sind sich, wie schon ein Blick in den neuen Reader von Andreas Kuhlmann über "Philosophische Ansichten der Kultur der Moderne" belegt, jedenfalls darin einig, daß es heute *im Übergang zur Postmoderne zunehmend schwieriger wird, sich wirkungsvoll zu orientieren.* Ich denke, aus sozialwissenschaftlicher Sicht gilt es, diese Problematik sorgfältig zu konkretisieren und sich genau zu überlegen, in welchem Zusammenhang die beklagten Erscheinungen eigentlich risikovoll werden. Ein Vorschlag dazu wäre, sich die gegenwärtig zunehmende Fokussierung auf *Biographizität* vorzunehmen und zu prüfen, in welchem Kontext hier welche Problemlagen entstehen und welche Tendenzen sich bei ihrer Bearbeitung abzeichnen. Um dies noch etwas zuzuspitzen, möchte ich diese Fokussierung auf Biographizität *an der Situation von Minderheiten* diskutieren.

*2. Biographizität als neuer Vergesellschaftungsmodus*

In traditionellen Gesellschaften waren Menschen positionell eingebunden, und sie gerieten immer dann in Schwierigkeiten, wenn - aus welchen Gründen auch immer - ihr sozialer Status fraglich wurde. Biographische Orientierung hingegen spielten in dieser Hinsicht kaum eine Rolle, auch wenn sie natürlich vorhanden waren und zum Teil sogar virtuos gehandhabt wurden. Heute haben sich die Gewichte verschoben. Heute werden Menschen ganz überwiegend über biographische Konstruktionen in die Gesellschaft eingebunden. Jetzt geraten Menschen in Schwierigkeiten, wenn ihre biographische Orientierung zu versagen droht. Dies zeigt ganz einfach an, daß die *gesellschaftlichen Bindungen in fortgeschrittenen Industriegesellschaften neuartig ausgelegt* werden und daß dementsprechend auch die *Bindungsrisiken neuartig ausgestaltet* sind.

An keiner Bevölkerungsgruppe lassen sich diese neuartig ausgelegten Bindungen und damit auch entsprechende Bindungsrisiken deutlicher demonstrieren als an den Nachkommen der sogenannten Gastarbeiter. Sie werden in der Regel als die "zweite Generation der Gastarbeiter" bezeichnet. Sie sind besonders typisch für eine postmodern-biographische Zentrierung und gleichzeitig für die mit dieser Zentrierung entstehenden neuen Risiken. Hier gilt zweierlei:

a) Häufig ist die sogenannte zweite Generation bereits die *dritte* Migrationsgeneration. Die erste Generation ist innerhalb des Herkunftslandes in die Zentren gewandert und hat sich dabei noch im Herkunftsland den (herkunftsspezifischen) industriegesellschaftlichen Bedingungen angepaßt. Die zweite Generation ist in die Bundesrepublik eingewandert und hat sich weitgehend in den hiesigen industriellen Zentren verankert. Die dritte Generation ist in der Bundesrepublik aufgewachsen und hier *lebenspraktisch verwurzelt*. Für sie ist Migration bereits Familiengeschichte. Für diese migrationstheoretisch betrachtete dritte Generation mit ihrer signifikanten Mobilität und Offenheit für neue Erfahrungs- und Lebenszusammenhänge ist eine biographische Orientierung nicht nur naheliegend, sondern die einzige Möglichkeit überhaupt, sich erfolgreich zu orientieren.

Und diese Orientierung wird notwendig individuell ausgearbeitet. *Völlig losgelöst von althergebrachten positionellen oder mitgliedschaftsbezogenen Formen der Vergesellschaftung* orientieren sie sich an kleinräumigen, nämlich familialen oder an rein zeitlichen, nämlich notwendig lebenslaufspezifisch verankerten Vorgaben – fast eine *Inkarnation der Postmoderne*.

b) Gleichzeitig gilt aber auch, daß diese neue Generation jene postmoderne Orientierung offenbar nicht durchhalten kann. Es läßt sich beobachten, wie sie ihre fortgeschrittene Modernität verliert. Was hier geschieht, ist ein schrittweiser Verzicht auf biographische Konstruktionen und damit auch ein Abkoppeln von der aktuellen gesellschaftlichen Entwicklung. Im Grunde geht es hier um eine geradezu paradoxe Erscheinung. Die neue Generation der "Ausländer" mit ihrer postmodernen lebenspraktischen Einstellung kommt irgendwann dazu, auf die gerade für sie so typischen und auch wichtigen postmodernen biographischen Konstruktionen zu verzichten.

Was ist geschehen? Es erscheint wenig plausibel, wenn man die hier auftretenden Schwierigkeiten in althergebrachter Weise mit Fremdheit verrechnet, bzw. genauer mit besonderen Traditionen, die irgendwie aus der Herkunftsgesellschaft mitgeschleppt wurden. Wie sollte das über Generationen gelingen? Es liegt sicherlich näher, solche Schwierigkeiten erst einmal als typische Kehrseite moderner Biographizität zu verstehen.

## 3. Zur Risikostruktur des neuen Vergesellschaftungsmodus: Einige systematische Überlegungen

Die Einbindung in die Gesellschaft wird heute weniger positionell und eher biographisch bewerkstelligt. Dementsprechend entwickeln die Gesellschaftsmitglieder heute zunehmend statt eines traditionellen Klassen- oder Schichtenbewußtseins so etwas wie Biographizität – eine "postmoderne" Orientierung, welche oft etwas salopp an einer fortschreitenden Freizeitfixierung (Kellner 1994) oder Erlebniszentrierung (Schulze 1993, 58ff.) festgemacht wird.

Und im Rahmen der biographischen Konstruktionen scheint es eine deutlich zunehmende Hinwendung zu individuellen Interpretationen zu geben. Vorsichtiger formuliert, es scheint ein zunehmendes Bewußtsein davon zu geben, daß im Rahmen der eigenen Orientierung immer vielfältige Konstruktionen im Spiel sind, und daß man letztlich für die Realisierung dieser Konstruktionen weitgehend selbst verantwortlich gemacht wird. Insofern haben wir heute mit einer spezifisch *neu gewichteten* (jedoch nicht gänzlich neuen) dreidimensionalen Zuordnung zu rechnen. Einerseits gilt die Frage, wie weit noch positionelle und wie weit bereits biographische Zuordnungen überwiegen. Andererseits ist zu überlegen, wie weit diese Zuordnungen immer noch hingenommen und inwieweit sie heute aktiv gehandhabt werden. Die Menschen in den fortgeschrittenen Industriegesellschaften befinden sich an einem neuen Punkt in diesem im Prinzip seit langem zuhandenen dreidimensionalen Raum möglicher Orientierung: Das postmoderne Moment besteht dann darin, daß die Orientierung ganz überwiegend biographisch und dann zunehmend individuell ausgerichtet wird.

Freilich kann eine solche zunehmend biographisch ausgerichtete Orientierung nur effektiv werden, wenn die dabei eingesetzten gesellschaftlichen Muster auch entsprechend verankert sind, also als *Instrument der Vergesellschaftung dienen* können. Wie einst eine positionelle Orientierung nur deshalb arbeitete, weil die Gesellschaft entsprechende, positionell sensible Räume bereithielt, kann auch heute die Biographizität nur arbeiten, wenn die Gesellschaft entsprechend sensibilisiert ist. Nur insoweit die angewendeten biographischen Konstruktionen also auf eine strukturelle Verankerung rekurrieren können, d.h sich mit den Bedingungen modernen Lebens gesellschaftlich verkoppeln lassen, führt eine solche Orientierung zum Erfolg. Z.B. benötigt eine bildungsbürgerliche Orientierung eine gesellschaftliche Verankerung durch Ausbildungsmöglichkeiten, Arbeitsplätze usw., also eine *strukturelle Verkoppelung*. Die biographische Orientierung ist nur insoweit tauglich, als sie auf entsprechende gesellschaftliche "Garantien" bauen kann.[1]

Und wenn die biographische Orientierung dann auch noch hochindividuell ausgestaltet wird, kann der einzelne nur noch Erfolg haben, wenn in der Gesellschaft entsprechend offene Resonanzen vorhanden sind. Die Gesellschaft muß Mechanismen vorhalten, die geeignet sind, auch solche Individualisierungstendenzen zu integrieren. Hier muß also nicht nur eine strukturelle Koppelung zwischen biographischen Konzepten und den moderne Gesellschaften ausmachenden diversen Systemen bestehen, sondern es *bedarf spezifischer Vorkehrungen, um gegebenenfalls selbst hohe Individualisierungsgrade zu verarbeiten*. Und genau an diesem Punkt wird heute kulturelle Kommunikation bedeutsam.[2]

## 4. Das Versagen postmoderner Zustände: die Lage der dritten Migrantengeneration

Wenn man so argumentiert, dann wird schnell klar, daß sich in diesen Rahmen auch Menschen, die von Einwanderern abstammen, *im Prinzip* fugenlos einfügen lassen. Da es vorzugsweise auf einen virtuosen Umgang mit biographischen Grundmustern ankommt, welche heute in der Gesellschaft in großer Fülle vorrätig und im Grunde auch für alle zuhanden sind, werden sich eben auch diese Menschen solcher Muster vergewissern und sie für sich individuell ausgestalten – zumal wo sie in einer besonderen Weise auf ein im Verlauf von Migration und Mobilität bewährtes individuelles Lebensmanagement zurückgreifen können. Und doch zeigt ein Blick in den Alltag ein ganz anderes Bild. Betrachtet man die Lage der Angehörigen der sogenannten neuen "Ausländer"-Generation, so wird man immer wieder auf Ereignisse und Vorkommnisse stoßen, die sich in das gezeichnete Bild überhaupt nicht einfügen.

Als Beispiel dafür dient mir eine Gruppe türkischstämmiger Kölner, die in den 80-ern um den Leipziger Platz herum eine Jugendclique gründete und eine ganze Zeit lang (1987-89) für erhebliche Aufregung sorgten. Und heute können die ehemaligen Gruppenmitglieder auf mehr oder weniger erfolgreiche und sehr unterschiedlich ausgeprägte biographische Konzepte zurückblicken. Das Beispiel läßt also zumindest zwei Phasen einer spannenden biographischen Entwicklung transparent werden.[3]

1. Was war an der Clique in der ersten Phase interessant? Sie kann zum einen belegen, daß sich die Jugendlichen klar biographisch orientieren, also von einer Linie "Familie–Kindergarten–Schule–Ausbildung–Berufsfindung–persönlicher Lebensstil" usw. ausgehen. Und sie zeigt, wie im Rahmen dieser biographischen Orientierung bestimmte Risiken oder sogar Konfliktlinien auftreten, welche die biographische Orientierung quasi torpedieren. Dies und vieles weitere signalisiert, daß sich die Jugendlichen (zur Zeit der Befragung zwischen 17 und 21 Jahre alt) aus der aktuellen Situation heraus *ihrer Biographie vergewissern*. Die biographische Orientierung ist für sie selbstverständlich. Die Äußerungen belegen aber auch, daß diese biographischen Entwürfe an ganz bestimmten Stellen und in spezifischen Zusammenhängen *ins Stocken geraten* sind. Zur Zeit der Befragung scheint eine fundierte biographische Orientierung tatsächlich kaum noch möglich. Was steckt dahinter?

Drei Antworten sind denkbar: Eine erste mögliche Antwort (*"keine biographische Orientierung"*) scheidet aus. Offensichtlich haben die Jugendlichen zur Zeit der Cliquenbildung sehr klare biographische Vorstellungen. Wesentliche Merkmale sind Ablösung von der Herkunftsfamilie und ausgeprägte Berufsaspiration. Es bleiben danach nur zwei andere Antworten möglich, die jeweils mit *"spezifischen biographischen Risiken"* rechnen. Hier kann man erstens erkennen, daß die Clique Biographien ermöglichte, die von der Umwelt nicht hingenommen wurden. Die Jugendlichen entwickelten sich zunehmend zu einer Jugendbande, die ein eigenes Territorium, eigene Umgangsformen und eigene Ressourcen beanspruchte. Und man kann zweitens erkennen, daß die spezifische Ausprägung der von ihnen gehandhabten biographischen Konzepte nicht vermittelbar schien. Im kulturellen Diskurs des Quartiers und dann der städtischen Öffentlichkeit allgemein wurden sie nicht integriert, sondern kriminalisiert.

Die Frage bleibt, wie es zu dieser *Aktivierung der in der biographischen Orientierung eingeschlossenen Risiken* kommt. Bei der Beantwortung dieser Frage sind mehrere Aspekte zu berücksichtigen:

a) Ins Blickfeld der Öffentlichkeit geraten die biographischen Konzepte nicht, weil sie der Norm widersprechen, – dazu ist kein wirklicher Anlaß, weil sie nichts tun, was nicht auch andere Gruppen dort getan haben –, sondern weil es sich in diesem Fall um "Ausländer" handelt.

b) Ins Blickfeld der Öffentlichkeit geraten die Jugendlichen nicht, weil deren spezifische Einstellungen als Zocker oder Nichtstuer, eben als "Leipziger", nicht vermittelbar wären, sondern weil an ihnen ein kriminalisierender Diskurs organisiert wurde.

Die biographischen Konstruktionen werden also deshalb brisant und risikovoll, *weil ihnen die strukturelle Koppelung und die kulturelle Einbindung verweigert werden*. Mit anderen Worten, die in dieser Clique ermöglichten Biographien werden angesichts derer, die sie praktizieren, abgelehnt. Hier greift Alltagspolitik, mit der die Alteingesessenen darüber die Kontrolle ausüben, wer inwieweit seine Biographizität entfalten kann und darf. Die Biographizität der Jugendlichen wird, wie das Watzlawick in einem vergleichbaren Zusammenhang formulierte, alltagspolitisch interpunktiert.[4] Das Ergebnis ist: *biographische Konstruktionen lohnen sich für die Jugendlichen nicht mehr*.

2. Was passiert, wenn sich also biographische Konstruktionen nicht mehr lohnen? Angesichts einer Gesellschaft, die den einzelnen eigentlich zunehmend biographisch inkludiert, ist es spannend, was geschieht, wenn diesen Jugendlichen für sie mögliche Formen einer eigenen Biographizität einfach verweigert werden, weil ihrer Individualisierung das soziale Netzwerk (in dem sie eben notwendig verankert wird) entzogen wird. In der zweiten Phase (fünf Jahre nach der "Zerschlagung" der Clique) lassen sich rückblickend unterschiedliche Linien erkennen – Linien, die in jeweils spezifischer Form so etwas wie ein Umgehen mit einer Situation, in der sich biographische Konstruktionen nicht mehr lohnen, darstellen mögen:

a) Von bestimmten gesellschaftlichen Gruppierungen wird ein *sekundäres Netzwerk* nachgeschoben. Im Rahmen einer Initiative verschiedener lokaler Gruppen erhalten einige Jugendliche die Möglichkeit, sich eine selbstverwaltete Bleibe zu schaffen. Hier wird versucht, nach bewährtem sozialpädagogischen Muster eine durchaus wörtlich zu verstehende Zwischenlösung zu finden. Zwischen Verweigerung von Biographie und biographischem Anspruch wird eine "Zwischenebene" eingezogen, die es beiden Seiten gleichwohl ermöglicht, an ihren Ansprüchen festzuhalten. Die strukturelle Koppelung wird damit zumindest faktisch reorganisiert und diskursiv neu (jetzt über einen pädagogischen Diskurs) abgestützt.

b) Man einigt sich auf eine besondere, eben *für Sonderfälle zuhandene biographische Konstruktion*: den zu rehabilitierenden und dann auch rehabilitierten Straftäter. Mehrere Gruppenmitglieder erhalten Bewährungsstrafen, die sie teilweise – weil rückfällig – schließlich absitzen müssen. Einer aus der Gruppe entzieht sich der Strafe zunächst durch die Flucht ins Herkunftsland, kehrt dann aber aus der Türkei zurück und stellt sich den Behörden und tritt seine Strafe an, um sich in diese biographische Konstruktion einzuklinken.

c) Andere beschaffen sich *eine vollständig neue biographische Konstruktion*, bei der es nicht mehr auf die direkte gesellschaftliche Einbindung und Vermittlung ankommt. Die Ausgrenzung zum "Ausländer" gerät dabei zum eigentlichen Anker. Gruppenmitglieder entdecken im Verlauf ihrer Auseinandersetzungen eine besondere, sie als Ausländer "ansprechende" *neoethnische Identität*. Sie entwickeln ein neues Selbstbewußtsein als "echte" Türken. Ein Jugendlicher geht dazu sogar erst einmal nach Pakistan und macht dort eine Ausbildung zum Geistlichen. Heute tritt er in Köln als Prediger auf.

Die Lage der dritten Migrantengeneration signalisiert ein *zielgerichtetes Versagen der postmodernen Zustände*. Sie versagen nicht deshalb, weil moderne biographische Konzepte nicht tragfähig wären, sondern sie versagen, weil die Gesellschaft biographische Entwürfe mit allen ihren Implikationen sorgfältig kontrolliert und für die Alteingesessenen reserviert. Sie stellt Systeme, Strukturen und soziale Netzwerke bereit, in die sich die Alteingesessenen mit ihren Vorstellungen von dem, was sie für ein gutes Leben halten, einzuklinken vermögen. Sie ist in der Lage, die zunehmenden individuellen Variationen auch kulturell-diskursiv einzubinden und als im Prinzip richtig hinzunehmen. Aber gegenüber den Migranten verhält sie sich wie eine traditionelle Gesellschaft, in der man nur eine Chance hat, wenn man auf eine angeborene Position zurückgreifen kann.

*Man könnte von einer halbierten Postmoderne sprechen.* Was bleibt den davon betroffenen Menschen übrig, als entweder auf Biographizität gänzlich zu verzichten oder eine redundante ethnische Identität zu organisieren bzw. sich in marginale biographische Konstrukte (z.B. im Rahmen einer kriminellen Karriere) "einzukaufen"? Dieses Bild wird auch von anderen Untersuchungen immer wieder bestätigt (Tertilit 1994).

Es gehört zur Ironie der Geschichte, daß gerade diejenigen Bevölkerungsgruppen, die in einer besonderen Weise zum Träger postmoderner gesellschaftlicher Verhältnisse beigetragen haben, nun aus dem Kreis der Nutznießer dieser Verhältnisse ausgeschlossen werden (Bukow 1993, 170ff.). Die Ironie der Geschichte geht aber noch weiter. Die Verfahren nämlich, die bei dem Ausschluß dieser Menschen angewendet werden, ihnen die Verankerung ihrer Biographizität zu verweigern, sind mehr als althergebracht. Sie spiegeln ein vormodernes Gesellschaftsverständnis wieder. Damit beweisen sich die Alteingesessenen, die sich offiziell für fortgeschritten und postmodern halten, als diejenigen, die gegenüber den Migranten zumindest faktisch traditionell orientiert sind, sich also bislang keineswegs durchgängig postmodern, sondern neofeudal, ja rassistisch verhalten.[5]

## Anmerkungen

1) Nicht Garantien als solche, sondern daß Garantien heute anders ausgerichtet werden müssen, ist der Punkt. Während man in traditionellen Gesellschaften ein "geborenes" Mitglied einer Schicht war, muß man heute über ein "angeborenes" Recht auf das Arrangement innerhalb einer gesellschaftlichen Nische bzw. einer Lebenslaufform verfügen können.
2) Vgl. J. Habermas 1992, S.177.
3) Die Jugendclique wurde nach einigen lokalpolitisch hochgespielten Ereignissen sogar zum Objekt verschiedener öffentlicher Aktionen (Fernsehfilm), polizeilicher Maßnahmen (Beobachtung und Verhöre), sowie zum Schluß gerichtlicher Verfahren. Die hier vorgestellte Clique hat Ugur Tekin (1991) damals in intensiver Feldarbeit recherchiert und abschließend befragt, wobei es ihm vor allem darauf ankam, deren Selbstverständnis angesichts der schrittweise eskalierenden Maßnahmen sozialer Kontrolle zu erkunden. Diese Informationen können heute, fünf Jahre später, im Blick auf den weiteren biographischen Werdegang dieser jungen Männer ergänzt werden.
4) Vgl. Watzlawick 1982, 72ff.
5) Vgl. dazu den in der ZEIT (Nr.10 vom 3.3.1995) berichteten Fall, wo eine Gewalttat unter Schülern vor Gericht verhandelt wird. Brisant wird das Verfahren nur deshalb, weil es sich bei dem Täter um einen farbigen (deutschen) Jugendlichen handelt. Die Auslassungen der Eltern des Opfers sprechen ein klare rassistische Sprache.

## Literatur

Bukow, W.-D.(1993), Leben in der multikulturellen Gesellschaft. Opladen.
Habermas, J. (1992), Anerkennungskämpfe im demokratischen Rechtsstaat. In: Taylor, Ch.: Multikulturalismus und die Politik der Anerkennung. Frankfurt.
Kellner, D.(1994), Populäre Kultur und die Konstruktion postmoderner Identitäten. In: A. Kuhlmann (Hg): Philosophische Ansichten der Kultur der Moderne. Frankfurt.
Kuhlmann, A.,Hg.(1994), Philosophische Ansichten der Kultur der Moderne. Frankfurt.
Schulze, G. (1993), Die Erlebnisgesellschaft. Frankfurt.
Tekin, U. (1991), Kriminalität ausländischer Jugendlicher unter sozialpädagogischen Aspekten am Beispiel einer Clique in Nippes, die "Leipziger". Köln masch.
Tertilt, H. (1994), "Turkish Power Boys". Ethnographie einer Jugendbande. Diss. Frankfurt.
Watzlawick, P. (1982), Wie wirklich ist die Wirklichkeit. München.

Prof. Dr. Wolf-Dietrich Bukow, Neuenwegstr. 71, D-76703 Kraichtal-Oberöwisheim

## 3. Biographische Fiktionen als Indikatoren der Strukturlogik sozialer Prozesse

*Michael Corsten*

Die kaum spürbare Zunahme "virtueller Realitäten" als Umweltreize des heutigen sozialen Lebens dokumentiert keine Form des gesellschaftlichen Umbruchs, aber gewiß eine Richtung der sozialen Entwicklung, die noch an Bedeutung gewinnen wird.

Fiktionen als soziale Sachverhalte sind bei Beobachtern der Postmoderne in Mode gekommen, die sich mit dem Kino als Lieferant von "Images of Postmodern Society" (Denzin 1991) oder der "Madonna Connection" (Schwichtenberg 1993) als Konstruktion jenes "meta-textual girl" (Tetzlaff 1993) bzw. sich mit dem ganz alltäglichen "fashioning the feminine" (Gilbert/Taylor 1991) in "soaps" und "romancing fictions" befassen, bis hin zur Interpretation von Gebrauchsgegenständen als symbolische Artefakte: z. B. "die ideologischen Vorläufer des Rolls-Royce-Kühlers" (Panofsky 1993)

Die Verknüpfung der Analyse von Fiktionen mit dem Diskurs der Postmoderne, jener "Entdinglichung des Sozialen und Symbolischen" (Giesen 1991) erscheint mir jedoch eher ein Hemmnis für die angemessene Rekonstruktion des Stellenwerts von Fiktionen zu sein. Allzu leicht bestärkt man hier den Verdacht, daß soziale Beobachtungen nichts anderes als beliebige Spielereien und Resultat der geschmacklichen Vorlieben der Autoren seien.

Ich möchte dagegen am Beispiel biographischer Fiktionen dem Problem nachgehen, inwiefern und weshalb gerade in fiktiven Lebensgeschichten die generelle Symbolik einer Gesellschaft für das Leben exemplarisch ausgedrückt werden kann.

## 1. Eine theoretische Bestimmung biographischer Fiktionen

### 1.1 Der Charakter biographischer Fiktionen

a) Biographien sind genau das, was die Übersetzung des Fremdworts sagt: *Beschreibungen des Lebens*. Als solche tragen sie eine realistische Intention - es geht um das Leben wirklicher Personen. Das Leben als Referenzraum dieser Beschreibungen ist als *mehrdimensional* und *prozeßhaft* gedacht. Man kann die Frage aufwerfen, wie einer Beschreibung gelingen kann, die Mehrdimensionalität und Prozeßhaftigkeit zu entfalten. Hinzu kommt hier, daß Beschreibungen immer nur "selektive Vergegenwärtigungen" (Hahn 1988) der nicht Punkt-für-Punkt abbildbaren Gesamtheit aller Lebensereignisse sind. Der *selektive Charakter* leitet schon zur Fiktion über. Denn die Art und Weise, wie es den Beschreibungen gelingt, Gestalten des Lebensprozesses zu entfalten, läßt sich nicht unmittelbar aus der Übereinstimmung mit den wirklichen Ereignissen ableiten. Eine Dramaturgie konstituiert sich immer aufgrund des Fehlens, der Nicht-Berücksichtigung und der Hervorhebung von Ereignissen. Allein dies macht den besonderen Fall schon zu etwas Allgemeinem, die Abfolge von Ereignissen zu einem dramatischen Prozeß.

b) Fiktionen gehen aber systematisch über den selektiven Charakter hinaus. Während für eine realistische Lebensbeschreibung Geltungskriterien existieren, die von Rezipienten an die Darstellung herangetragen werden können, *setzen Fiktionen geradezu voraus, daß Rezipienten von Fragen der konkreten Übereinstimmung mit wirklichen Ereignissen von vorneherein absehen* (Searle 1979). Bei der Betrachtung einer Fiktion wird als basale Lesart vorgeschaltet, jede mitgeteilte Information als gegeben zu behandeln, so, als ob es sich um ein wirkliches Geschehnis gehandelt hätte. Dadurch rückt die innere Stimmigkeit, das dramatische Muster in den Vordergrund der Betrachtung. Es geht nicht darum, ob die Einzelheiten der Geschichte zutreffend sind, sondern ob die in ihr erfundenen Details eine dem Leser plausibel, primär nachvollziehbar erscheinende Komposition aufweisen.

### 1.2 Die gesteigerte Reflexivität biographischer Fiktionen

Biographische Fiktionen sind Teil der sozialen Wirklichkeit. Geschichten werden erzählt; Filme werden gedreht - wir lauschen den Erzählern, lesen Romanciers und gehen ins Kino. Um die Fiktionen herum spannt sich eine soziale Praxis. Wenn in einer Gesellschaft die Produktion von Fiktionen ausdifferenziert wurde, geht dies mit zwei strukturellen Charakteristika (Corsten 1994) einher:

Fiktionen werden erstens über *konsumatorische Aktivitäten* erzeugt, d.h. sie sind selbstzweckorientiert. Die Betrachtung der Fiktion wird ausdifferenziert und darüber werden spezifische Kriterien ihres Gelingens generiert. Der zweite Aspekt bezieht sich auf den Werkcharakter der Fiktion. Sie ist eine Manifestation von Zeichen, die als einheitliche Gestalt betrachtet werden. Die Fiktion liegt als Dokument vor. Aber schon im Prozeß der Schaffung dieses Dokuments kann sich der Produzent auf die Formen der miteinander verknüpften Zeichen beziehen und die Kriterien gelungener Fiktionen als Prüfmaßstab anlegen. Dadurch wird die Gegenwart des Produzierens gedehnt, der Produzent einer Fiktion ist nicht darauf angewiesen, daß das Werk uno acto gelingt - Zeilen können radiert, Szenen neu gedreht oder geschnitten werden. Dies bezeichne ich als *reflexive Handhabung der Ausdrucksgestaltung.*

*1.3 Rückkoppelung an die soziale Kommunikation von Biographien*

Biographische Fiktionen beziehen sich auf soziale Wirklichkeit und benutzen in ihren dramaturgischen Konstruktionen die Regeln, die in den Sprachspielen einer Gesellschaft enthalten sind. Die Plausibilität einer biographischen Fiktion hängt davon ab, wie überzeugend in ihr das soziale Wissen um die Regeln und die Sachverhalte des Lebens zur Anwendung gebracht werden. Dies darf man sich keinesfalls als Operation des Kopierens vorstellen. Es gilt, an dieses Wissen anzuknüpfen - aber auch es auseinanderzunehmen und neu zu verbinden. Dabei handelt es sich um riskante Formen des Zeichensgebrauchs, die in der sozialen Kommunikation nicht abgenommen werden müssen. Fiktionen können überzeugen oder scheitern, als zu- oder unzutreffend, als bedeutsam oder nichtssagend gelten.

Mit der Ausdifferenzierung der Fiktionen wird allerdings ein *Selbstauslegungspotential* der Gesellschaft generiert. Die Zuschauer können immer wieder den gleichen Roman lesen oder in den selben Film gehen; d.h. sich auch wieder und wieder der gestalterischen Form vergewissern und dies in Beziehung zu ihrem Regel- und Faktenwissen setzen. So entsteht mit der Ausdifferenzierung von Fiktionen *ein Operationsmodus gleichzeitiger Tradierung und reflexiver Novellierung sozialen Wissens.*

*2. "Der Zufall, möglicherweise": Aleatorische Variationen biographischer Entwicklungen*

Ich rekonstruiere nun exemplarisch eine fiktionale Inszenierung des Problems biographischer Entwicklung. Es handelt sich dabei um den Film "Der Zufall, möglicherweise" (1981 fertiggestellt, kurz darauf verboten und 1986 in Cannes uraufgeführt), dem Erstlingswerk des polnischen Regisseurs Kristof Kieslowski.

*2.1 Die Entwicklungspfade im Leben des polnischen Medizinstudenten Vitek*

Der Film beschreibt den Lebensweg des Vitek Duglosch in zwei Teilen. Zuerst zeichnet Kieslowski die Entwicklung des jungen Mannes bis zu seinem 25. Lebensjahr. Er zeigt die Geburt des Kindes im Krankenhaus, bei der Mutter und Zwillingsbruder sterben, da sie während eines Artilleriebeschusses nicht medizinisch versorgt werden können. Im ersten Teil gibt es mehrere Szenen mit Vater und Sohn: der Vater beobachtet den Sohn bei den Schulaufgaben und fühlt sich an die Handschrift der Mutter erinnert; Vater und Sohn (als dieser schon studiert) sprechen über die Herzerkrankung des Vaters; das letzte Telefonat zwischen Vater und Sohn, nach dem der Vater stirbt. Während desTelefonats sagt der Vater "Du mußt ja auch nicht" und beantwortet die anschließende Frage des Sohnes "Was muß ich nicht?" mit "Nichts!". Dieses "Nichts" versteht Vitek als eine Art Aufforderung zur selbstverantwortlichen Suche nach einem Lebensziel. Er bittet seinen Dekan, ihn vom Medizinstudium zu beurlauben.

Daraufhin kommt es zur Schlüsselszene des Films, die am Bahnhof von Lodz spielt. Von dieser Szene gehen drei verschiedene Varianten der Geschichte, der weiteren biographischen Entwicklung Viteks, aus, die im Film nacheinander durchgespielt werden.

In der ersten Variante kann der etwas verspätet eintreffende Vitek den schon abfahrenden Zug noch erreichen und aufspringen; in der zweiten und dritten Variante schafft er es nicht mehr, den Zug zu erreichen. Entscheidend ist dabei, daß Vitek in den jeweiligen Varianten unterschiedlichen Personen gleichsam 'in die Arme läuft'.

In der ersten Variante hilft ihm ein überzeugter Altkommunist in den Zug hinein; in der zweiten Variante rennt er einen Bahnwärter um und in der dritten Variante trifft er auf seine Kommilitonin, die ihn verzweifelt gesucht hat.

Die jeweils angetroffenen Personen stehen für verschiedene Lebenswege: der erste dafür, daß Vitek es noch geschafft hat, auf den Zug zu springen, will sagen sich in die herrschende gesellschaftspolitische Entwicklung eingeordnet zu haben. Die zweite Variante steht für das genaue Gegenteil, er kommt den Behörden, der Ordnungsmacht in die Quere, rempelt sie an und gerät ins Gefängnis. Die dritte Variante ist privatistische Abkehr von der gesellschaftspolitischen Entwicklung und Hinwendung zu Familie und beruflicher Karriere.

*2.2 Die Inszenierung der sozialen Rahmenbedingungen*

Die Inszenierung der sozialen Rahmenbedingungen durch Kieslowski ist in dramaturgischer Hinsicht bestechend. Es gelingt ihm, die einzelnen Entwicklungsvarianten aus der Vorgeschichte und der jeweiligen Bahnhofssituation herauszuentwickeln, Elemente der Vorgeschichte in die weiteren Varianten miteinzubeziehen, gleiche Elemente in die verschiedenen Varianten einzubauen, bis hin zur dramaturgischen Pointe, alle Varianten auf dem Flughafen von Warschau enden zu lassen. Aber neben dieser handwerklichen Brillianz zieht sich durch alle Entwicklungswege das Leitmotiv der Verstrickung des Einzelnen in gesellschaftliche Schuld. Vitek wird in allen Varianten von seinen Mentoren für politische Ziele mißbraucht und in dem Moment, wo er Kritik zeigt, fallen gelassen. Eine Ausnahme stellt die privatistische Variante dar, in der Vitek konsequent versucht, sich aus allem herauszuhalten. Dadurch gewinnt er paradoxerweise umso mehr das Vertrauen seines Dekans, der ihn um eine Auslandsreise bittet. Während in den ersten beiden Varianten es Vitek jeweils versagt wird, eine Reise (nach Paris) anzutreten, kommt er in der dritten Variante ums Leben, da die Maschine beim Start explodiert.

*2.3 Die filmische Inszenierung einer konsistenten Persönlichkeit*

Durchgängig treffen wir in der Figur des Vitek eine Reihe von gleichbleibenden Eigenschaften und Verhaltensweisen. Hier sind es eine Mischung aus Aufrichtigkeit und Naivität, sowie die Bereitschaft, Initiative zu zeigen, sich für andere einzusetzen, die ihn zum geeigneten Opfer für die Strategen machen. Nach dem Tod des Vaters wähnt sich Vitek in einer Art Sinnsuche, die ihn für 'große Ziele' sensibilisiert. Die Aufrichtigkeit, die ihn zu einer Art Kollaborateur für oder gegen den Staat macht, bringt ihn auf der anderen Seite wieder von seinen ursprünglichen Zielen ab. Er durchschaut den Mißbrauch und bringt seine Entrüstung zum Ausdruck, verliert allerdings dadurch das Vertrauen seiner Mentoren, Freunde und Lebensgefährtinnen, die ihn für einen Verräter an ihrer Sache halten.

## 3. Kontrastierende dramaturgische Formen in biographisch akzentuierten Filmen

### 3.1 Tragisch-mythische Inszenierungen der Biographie

Hier möchte ich auf zwei Beispiele der Filmgeschichte verweisen, deren *dramaturgisches Prinzip in der inneren Bestimmung der Akteure besteht, der diese nicht entgehen können.* Die filmischen Inszenierungen greifen dabei Versatzstücke des psychoanalytischen Wissens auf. Zentral sind jeweils 'Ursprungsszenen', die den Sinn der übrigen Handlungselemente entschlüsseln.

So ist es etwa im Film "Citizen Kane" (Orson Welles 1941) die Szene, in der die Hauptfigur "Charles Foster Kane" als Junge mit seinem Schlitten im Schnee spielt und daran anschließend durch Behörden den Eltern entrissen wird, die als Metapher des Verlustes des kindlichen Paradieses fungiert. Die Rosenknospe, die auf dem Schlitten aufgedruckt ist, wird zum Symbol der verlorenen Kindheit und steht dramaturgisch am Ende der Filmgeschichte als die letzten Worte der Hauptfigur. Der Film zeigt Versuche, qua journalistischer Recherche das Geheimnis der letzten Worte des Sterbenden zu enträtseln, was aber letztlich mißlingt. Auch dies wird (fast aufdringlich) am Schluß des Films mit dem verbrennenden Schlitten symbolisiert.

Ganz ähnlich - wenn auch dramaturgisch komplexer - ist der Film "Ossessione" (Visconti 1942) vom Motiv einer inneren Bestimmung geleitet, der die Akteure letztlich nicht entgehen. Die Geschichte erzählt die verhängnisvolle Affäre zwischen einem Wanderarbeiter und einer Gastwirtsfrau, die gemeinsam den Ehemann der Frau töten und dies als Autounfall vertuschen. Innerhalb der Affäre kommt es zu ständigen Fluchtversuchen des Wanderarbeiters, doch kontingente Umstände und ihre "Besessenheit" führen die 'Liebenden' immer wieder zusammen. Am Ende kommt die Frau auf tragische Weise (nämlich wie ihr Mann durch einen - diesmal wirklichen - Autounfall) um und der Wanderarbeiter wird als ihr Mörder verhaftet. Die Akteure verstricken sich innerhalb dieser Dramaturgie in Zugzwänge, die sie letztlich über Umwege für ihre Schuld (den Mord) zur Verantwortung ziehen. Auch hier liegt eine kreisende Bewegung vor, die zur ursprünglichen Schuld der Hauptfigur, der Affäre mit der verheirateten Frau und der Ermordung des Ehemanns, zurückführt.

### 3.2 Sentimentalisch angehauchter biographischer Milieurealismus - Filmchroniken von Francois Truffaut bis Edgar Reitz

Die Filmchronik - als Paradebeispiele können hier Truffauts Serie von 'Antoine Doinel'-Filmen oder Edgar Reitzens Reihe "Heimat" gelten - macht es möglich, daß anhand der *Entwicklung der Hauptfiguren über mehrere Filme zugleich die historische Entwicklung eines Milieus* erfahren wird. Wir erfahren Biographien als Längsschnittstudie in ihrem sozialen Kontext und in der historischen Zeit. Truffaut inszeniert die Entwicklung der Person Antoine Doinel (gleichbleibend dargestellt durch den Schauspieler Jean-Pierre Leaud) als eine Art filmischen Bildungsroman. Die Person durchlebt jedoch keine tiefgreifenden Transformationen, sie bleibt eher im Kern gleich, behält ein ganzes Repertoire von kleinen Schwächen und zugleich einen sympathischen Erfindungsreichtum, sich aus den durch die kleinen Schwächen entstehenden Verstrickungen immer wieder herauszuwinden. Die Dramaturgie der Entwicklung ist so zwar im Kern strukturreproduktiv, an den Rändern gelingen jedoch immer wieder Anpassungen und Modifikationen.

Ähnlich - wenn auch einen viel längeren Zeitraum, nämlich das ganze Jahrhundert, abdeckend - verfährt Edgar Reitz in seiner Chronik "Heimat". Am Leben der genau im Jahr 1900 geborenen Hauptfigur "Maria" verfolgt er die Entwicklung des Milieus, das sie nie verläßt, ein kleines Hunsrückdorf. Wie Truffaut sich für die einfachen Leute der Pariser Vorstädte, für deren Schwächen und Bemühungen um Lebensgestaltung interessiert, befaßt sich Reitz mit den kleinen Sorgen und Nöten der Dörfler. In dieser oft pittoresken Nachzeichnung der einfachen Milieus steckt der sentimentalische Charakter der Dramaturgien; allerdings ist der Ausgang dieser Entwicklung - wenn auch offen und relativiert - eher glücklich; den Akteuren gelingt letztlich eine - wenn auch mit Mängeln behaftete - Gestaltung ihres Lebens. Im Mittelpunkt steht die Rekonstruktion subjektiver Kompetenzen, daß Leben - trotz eigenen Versagens und Rückschlägen - zu meistern oder zumindest zu bahnen. Es *mischen sich romantische und institutionalistische Sichtweisen des Lebens.*

*4. Der Zufall, möglicherweise: Aleatorik als moderne biographische Rationalität*

Worin liegt nun der Grund, daß ich mich hier eingangs so ausführlich mit dem Erstlingswerk Kieslowskis auseinandergesetzt habe?

Dazu möchte ich nochmals auf die drei rekonstruierten kompositorischen Linien der filmisch-biographischen Dramaturgie verweisen:
a) Aleatorik - der "blinde Zufall" - als Strukturierungsregel der biographischen Inszenierung;
b) die Konstanz des gesellschaftlichen Rahmenmotivs;
c) die Konstanz individueller Dispositionen in der Figur des Vitek.

Diese Elemente haben mindestens zwei Funktionen:

Erstens transportieren sie Annahmen zum Charakter biographischer Realität, die im Film zur Geltung gebracht werden müssen. Kieslowski gelingt dies letztlich, indem er szenische Details, die ein hohes Maß sozialen Wissens über die Verhältnisse Polens 1981 enthalten, schlüssig mit der Gesamtdramaturgie verknüpft. Genereller bedeutet es, daß bei der Inszenierung der biographischen Prozeßstruktur Intentionalismus wie Soziologismus verabschiedet werden. Der Ablauf des konkreten Lebenswegs hängt vom Ausfallen nebensächlicher Ereignisse ab. Trotzdem bleiben für alle Lebenswege bestimmte gesamtgesellschaftliche und individuelle Strukturen bedeutsam.

Zweitens hat dies Folgen für die Betrachtung bzw. Bewertung von Moralität, in unserem Fall insbesondere von Schuld. Sie hängt nicht davon ab, auf welcher Seite die Person gestanden hat - sie ist zum einen das Verhängnis der gesellschaftlichen Verhältnisse, zum anderen Resultat individualgenetischer Dispositionen, aufgrund einer besonderen biographischen Entwicklung (Tod der Mutter, Bedeutung des Sohns für den Vater, Tod des Vaters) nach großen Zielen zu suchen und dadurch verführbar zu sein. Letztlich ist damit der Weg nicht zu Ende, wenn auch ernüchterter - die Akteure können weiterhin nach Möglichkeiten suchen, jedoch 'unaufgeregter'. Insofern gelingt das Moratorium des jungen Vitek.

Kieslowskis Dramaturgie ist somit weder tragisch, romantisch, noch komisch oder ironisch - *sie ist aleatorisch, eine funktionelle Gleichung aus historischen Koinzidenzien, gesellschaftsstrukturellen Problemkonstellationen und individualgenetischen Dispositionen, die in allen Varianten spezifisch aufgelöst wird.* Kieslowski gelingt damit, biographische Entwicklungen im Prozeß der Selektionen zu inszenieren, ohne sie 'subsumtionslogisch' vom schon bekannten Ende aufzuziehen.

Diese Kompositionsform enthält Elemente sowohl der tragischen als auch der milieurealistischen Muster. Die Relevanz der Koinzindenzen, die über subjektives Wollen und gesellschaftliche Regeln, Ressourcen und Positionsnetze hinweg, Prozesse in ihre Bahnen leiten, substituiert das Motiv der inneren Bestimmtheit der tragischen Dramatik, jedoch ohne die Ausweglosigkeit ewiger Wiederkehr bzw. deterministischer Strukturreproduktion, die Inklusion szenischer Details in die komplex-kontingente Dramaturgie, jedoch ohne sentimentalische Erhabenheit vor den Bemühungen der Akteure.

**Literatur**
Corsten, Michael (1994), Beschriebenes und wirkliches Leben. Die soziale Realität biographischer Kontexte und Biographie als soziale Realität. In: Bios 7, 185-205.
Denzin, Norman K. (1991), Images of Postmodern Society. Social Theory and Contemporary Cinema. London.
Giesen, Bernhard (1991), Die Entdinglichung des Sozialen. Eine evolutionstheoretische Perspektive auf die Postmoderne. Frankfurt/M.
Gilbert, Pam und Sandra Taylor (1991): Fashioning the Feminine. Girls, Popular Culture and Schooling. North Sydney.
Hahn, Alois (1988), Biographie und Lebenslauf. In: Brose, Hanns-Georg/Hildenbrand, Bruno (Hg.): Vom Ende des Individuum zur Individualität ohne Ende. Opladen.
Panofsky, Erwin (1993), Die ideologischen Vorläufer des Rolls-Royce-Kühlers & Stil und Medium im Film. Frankfurt/NewYork.
Schwichtenberg, Cathy (1993, Hg.): The Madonna Connection. Representational Politics, Subcultural Identities, and Cultural Theory. Boulder/Colorado.
Searle, John R. (1979), The logical status of fictional discourse. In: Ders., Expression and Meaning. Studies in the Theory of Speech Acts. Cambridge/Mass.
Tetzlaff, David (1993), Metatextual Girl. In: Schwichtenberg, Cathy (Hg.) The Madonna Connection. Boulder/Colorado.

Dr. Michael Corsten, Max-Planck-Institut für Bildungsforschung, Forschungsbereich Bildung, Arbeit und gesellschaftliche Forschung, Lentzeallee 94, D-14195 Berlin

## 4. Selbstverwirklichung im Erwerbsleben ostdeutscher alleinerziehender Frauen - Kontinuität und Wandel im Transformationsprozeß

*Petra Drauschke und Margit Stolzenburg*

Etliche empirische Studien der letzten Jahre, die meist mit quantitativen Methoden erarbeitet wurden, weisen die anhaltend hohe Erwerbsmotivation ostdeutscher Frauen nach. Diese steht im krassen Widerspruch zur realen Arbeitsmarktsituation. Alleinerziehende ostdeutsche Frauen unternehmen besondere Anstrengungen, sich auf dem Arbeitsmarkt zu behaupten, um ihr Lebensmodell - wie es ihrer bisherigen biographischen Erfahrung entspricht - auch durch Beibehaltung relativer ökonomischer Selbständigkeit und Selbstbestimmtheit leben zu können. Versorgungsmodelle in Form von Arbeitslosengeld/-hilfe bzw. Sozialhilfe oder aber die Unterordnung unter einen „Ernährermann" stellen auf diesem Erfahrungshintergrund für sie keine Alternative dar.

Wir stellen folgende These zur Diskussion: Einerseits gehört Erwerbsarbeit zur Identität ostdeutscher alleinerziehender Frauen. Andererseits deutet sich nach 4 ½ Jahren Vereinigung beider deutscher Staaten ein Wandel in der individuellen Bewertung der Erwerbsarbeit an. Diesem Paradigmenwechsel könnten sowohl Veränderungen im Charakter der Arbeit als auch neue Lebensmuster, veränderte Bedürfnisstrukturen zugrunde liegen, sie könnten also eine beginnende Identitätsveränderung im Transformationsprozeß anzeigen.

Um diese These zu überprüfen, wählten wir die Biographieforschung als qualitativen Forschungsmethode. Der biographische Ansatz ist für die Erforschung des Transformationsprozesses in den neuen Bundesländern produktiv, weil es nicht schlechthin um die Feststellung statistischer Massenphänomene geht, sondern um „die Zeitlichkeit, Prozeßhaftigkeit und Veränderbarkeit sozialer Phänomene. Die Frage nach der Biographie eröffnet die Perspektive der Geschichte, des Gewordenseins individueller und kollektiver Lebenslagen und die auf Zukunft gerichtete Perspektive von Veränderungsmöglichkeiten." (Dausien 1994, 131f)

Wir nutzten die Methode des Panels, das heißt, wir wiederholten seit 1992 einen Teil unserer biographischen Interviews im Intervall von einem Jahr, um mögliche Ausdifferenzierungen und Paradigmenwechsel erkunden zu können.

Zur Vorstellung unserer Biographin:

Frau Klee ist 30 Jahre alt, also Jahrgang 1965, ledig, hat einen 10jährigen Sohn und wohnt in einem Neubaugebiet im Osten Berlins in einer Zwei-Zimmer-Wohnung. Sie stammt aus einem traditionsverbundenen Arbeitermilieu und hat zwei Schwestern. Bis heute besteht eine starke Familienbindung. Frau Klee hat den Abschluß der 10. Klasse (das entspricht einem Realschulabschluß), erlernte den Beruf der Zootechnikerin und absolvierte anschließend ein Fachschulstudium als Agraringenieurin. Bis zur Wende arbeitete sie in einer Geflügelfarm in einer mittleren Leitungsfunktion. Im Zuge der Privatisierung wird ihr die Pacht eines Teils der Geflügelfarm angetragen, das lehnt sie ab. Frau Klee wird gekündigt, sie beginnt eine Umschulung zur Sozialmanagerin. Seitdem arbeitet Frau Klee, obwohl ihre Ausbildung nicht staatlich anerkannt ist, beim dritten freien Träger als Sozialarbeiterin, natürlich entsprechend niedrig bezahlt. Es scheint, Frau Klee hat für ihre Verhältnisse den Übergang in die Marktwirtschaft erfolgreich gepackt.

Warum haben wir Frau Klee ausgewählt?

Frau Klee verfügt nach Bourdieu über ein gutes kulturelles Kapital als Alleinerziehende. Sie ist jung, hat nur ein Kind, das bereits zur Schule geht (Anzahl und Alter der Kinder differenzieren die Lage Alleinerziehender wesentlich), Frau Klee verfügt über eine gute Qualifikation und bereits über Leitungserfahrungen. Bei ihr vermuteten wir, daß sie gute Arbeitsmarktchancen unter den neuen marktwirtschaftlichen Verhältnissen hat und daß ein Paradigmenwechsel weniger zu erwarten ist. Das macht neugierig auf eine Fallanalyse nach den Prinzipien der rekonstruktiven Fallanalyse (vgl. Rosenthal 1995, 208ff). Nach der Analyse ist die Bildung eines Typus möglich und die Suche nach dazu kontrastierenden Typen.

Wir haben mit Frau Klee drei narrative Interviews geführt, jeweils im Mai 1992, 1993 und im Februar 1995.

Die Anfangssequenz des ersten Interviews beginnt so:

„Großgeworden bin ich in einer Arbeiterfamilie. Mein Vater war Fernfahrer gewesen. Meine Mutter hat erstmal nicht gearbeitet in der Zeit bis ich in den Kindergarten gegangen bin. Als ich vier Jahre alt war, ist mein Vater verunglückt. Er hat einen Verkehrsunfall gehabt. Er war aber nicht schuld gewesen. So, und dann ist meine Mutter auch arbeiten gegangen als Schwester. Naja, jedenfalls Arbeiterfamilie. Ja und dann bin ich eingeschult worden. Und dann hat meine Mutter einen neuen Mann kennengelernt. Und dann haben sie geheiratet. Und dadurch sind wir umgezogen. Mit meinem Stiefvater habe ich dann eigentlich ein gutes Verhältnis gehabt. In der Schule hatte ich keine Probleme gehabt. Ich habe die 10. Klasse mit Zwei abgeschlossen. Keene Drei habe ich auf dem Zeugnis gehabt...."

Welche Struktur des Interviews ist zu erwarten?

Unsere Hypothesen sind:

(1) Frau Klee ist stolz, aus einer Arbeiterfamilie zu stammen. In der DDR war es ein Wert, ein Arbeiterkind zu sein. In der Schule wurde nach der sozialen Herkunft gefragt, Arbeiterkinder wurden gefördert, z. B. bei der Vergabe von Studienplätzen. Frau Klee könnte stolz darauf sein, sich aus ihrer sozialen Herkunft hochgearbeitet zu haben.

(2) Frau Klee verlebt die Schul- und Ausbildungszeit in den 70er Jahren - einer Zeit der internationalen Anerkennung und umfassender sozialpolitischer Leistungen. Sie will mit der Eingangssequenz ihre positive Grundhaltung zur DDR ausdrücken.

(3) Frau Klee entschuldigt sich, aus einer Arbeiterfamilie zu stammen. Auch in der DDR waren häufig Kinder von Wissenschaftlern bzw. Ärzten unter dem Aspekt Bildung, Umgangsformen und ähnliches privilegiert. Vielleicht könnte Frau Klee Mängel in ihrer sozialen Herkunft festgestellt haben.

(4) Die Eingangssequenz deutet auf die Betonung eines problemlosen Lebens hin. Weder der Tod ihres Vaters noch die Zuwendung zu ihrem Stiefvater, auch die Partnersuche der Mutter werfen sie aus der Bahn - alles scheint wie am Schnürchen zu laufen.

(5) Die Eingangssequenz deutet auf Brüche in ihrem späteren Leben hin. Deshalb betont sie gerade, daß ihre Kindheit und Jugend im Unterschied zu späteren Jahren problemlos waren.

Das sind einige der möglichen Hypothesen.

Das erste Interview von 1992 nannten wir: Leben in der DDR/Aufbruch

Darin schildert Frau Klee ihr „problemloses Leben" in der DDR und bis zum damaligen Zeitpunkt: Elternhaus, Schule, ihre Lehre als Zootechnikerin, Delegierung zum Studium unter der Bedingung, daß sie in die SED eintreten soll und es auch tut, die Geburt ihres Sohnes während des Studiums, obwohl der Kindesvater es nicht wollte (ihm zuliebe lag sie schon zum Schwangerschaftsabbruch im Krankenhaus), nach dem Studium stellvertretende Leiterin in einer Geflügelfarm, Wohnung und Krippenplatz, Parteiaustritt, als sie gemaßregelt werden soll, sowie Berichte und Erzählungen über die Zeit nach der Wende. Trotz all der von uns festgestellten Problemfelder ist eine häufige Sequenz: „Aber da gab es keine Schwierigkeiten".

Aus der Kenntnis von DDR-Leben wissen wir, daß trotz günstiger sozialpolitischer Bedingungen ein Studium zu bewältigen und alleinerziehend zu sein so einfach auch nicht war. Es kann Gründe geben, warum Frau Klee ihr gelebtes Leben in der DDR nicht problematisiert. Aber was weiß Frau Klee von ihrem Leben und was nicht? Vielleicht ist gerade das, was sie nicht explizit weiß, soziologisch wissenswert, da allgemein und typisch (vgl. Fischer 1989, 281).

Dann erfolgt die erste Problematisierung: Die Kündigung in ihrem Betrieb. In folgender Sequenz wird ein identitätsstiftender Aspekt von Erwerbsarbeit charakterisiert: „Ja, mit der Kündigung, das hat mir nicht gefallen. Daß wir so auseinandergerissen wurden, das hat sehr weh getan. Wenn so ein Kollektiv jahrelang zusammen ist. ... Ich habe da zwar nicht mehr so an der Arbeit gehangen, weil die Atmosphäre nicht mehr schön war im Betrieb, aber an meinem Kollektiv doch und an den Leuten. Das hat sehr weh getan. ... Ich war elf Jahre dagewesen, da rauft man sich ganz schön zusammen."

Wir verkürzen die weiteren Analyseschritte.

Nach Analyse des ersten Interviews typisierten wir Frau Klee in folgender Weise: sie ist der Typus einer aktiven, unbeschwerten, optimistischen jungen Frau, die Probleme vor allem durch Kompromisse löst oder teilweise verdrängt und durch Anpassung Krisen zu bewältigen versucht. Deshalb sind komplizierte Situationen voraussehbar, wenn Frau Klee unter altbundesdeutschen Verhältnissen ihr Lebensmodell fortsetzen will - was ihrer lebensgeschichtlichen Erfahrung entsprechen würde - voll erwerbstätig zu sein und für ihren Sohn Verantwortung zu tragen. Wir können Kontinuität und Wandel bis hin zu Brüchen in ihrem Leben in zwei Richtungen zu vermuten:

Erstens hält Frau Klee an ihrem Erwerbswunsch fest und knüpft damit an ihren Erfahrungen an, daß Erwerbsarbeit Freude macht und ökonomische Unabhängigkeit bedeutet. Diese Variante wäre eine Kontinuität hinsichtlich ihres Lebensmodells, aber Widerstand gegen die jetzigen gesellschaftlichen Verhältnisse. Sie müßte in diesem Sinne neue Handlungsstrategien entwickeln.

Und zweitens umgekehrt: Frau Klee paßt sich altbundesdeutschen Normen an, (so wie sie sich auch in sozialistische Verhältnisse problemlos eingeordnet hat).

Das zweite Interview im Jahre 1993 hat bereits veränderte Züge. Wir nannten es „Ich will unbedingt meinen anerkannten Abschluß als Sozialarbeiterin".

Die Umschulung wurde zwar vom Arbeitsamt genehmigt und finanziert, aber der Abschluß als Sozialarbeiterin wird nicht staatlich anerkannt. Frau Klee stellt fest: „Ich kann ja doch nicht machen, was ich will. Ich möchte ja gerne Sozialpädagogik machen, aber man läßt mich ja überhaupt nicht. Ich muß ja drum kämpfen wie ein Weltmeister."

Im Januar 1995 beginnt das Interview im anderen Tenor als die beiden ersten: „Ja, also erstmal muß ich sagen, daß ick mal janz optimistisch war. So also bin ick im Moment nicht mehr. Ick meine, det is ooch nicht so, daß ick nun total depressiv bin, aber ick denke, so optimistisch, wie ick 1993 war, bin ick jetzt einfach aus den Erfahrungen oder aus dem, wat in der Zwischenzeit so passiert ist, nicht mehr". Wir nannten es: „Der Widerspenstigen Zähmung". Es fällt auch auf, daß

die Sprache eine andere geworden ist. Sie berlinert stärker, hält ihre Sätze oft mit einem unentschlossenem, fast fragenden Ja offen.
Was war passiert? Stationen ihres Erwerbslebens:
ABM - 40 Bewerbungen u.a. bei der Polizei mit gesicherter Beamtenlaufbahn, kurzes Probearbeitsverhältnis als Kellnerin in der Schweiz, dann Festanstellung als Sozialarbeiterin bei einem freien Träger. Dort arbeitet sie im Drei-Schicht-System, hat nach der Arbeitszeit Teamsitzungen. Die Arbeit macht ihr Spaß, aber sie bekommt eine „Seelenkrise", weil sie den Sohn kaum noch sieht. Frau Klee bittet um Kündigung und gerät während der Arbeitslosigkeit in die nächste Krise.

Nach einem viertel Jahr beginnt Frau Klee als Sozialpädagogin bei einem Bildungsträger, der benachteiligte Jugendliche ausbildet. Vier Monate später findet das 3. Interview statt. Frau Klee hat sich verändert. Sie fühlt sich bei ihrer Arbeit überhaupt nicht wohl. Zwar hat sie eine regelmäßige Arbeitszeit, jedoch man erwartet von ihr, daß sie ständig Überstunden leistet. Die Arbeit mit den Lehrlingen macht ihr Spaß, und sie ist bei ihnen anerkannt.

„Aber von der obersten Stelle kriege ick doch immer eene überjebraten, und ick weiß ja nicht wofür." Das Arbeitsklima wird für Frau Klee immer unerträglicher. Andere Kolleginnen werden von der Chefin über Frau Klee ausgefragt. Frau Klee findet das richtig beschämend, „denn ick war ja ooch mal Chef gewesen, ... also ick hab ja ooch Auseinandersetzungen mit meinen Arbeitskollegen gehabt und die waren auch nicht ohne. ... Aber ick hab nie hinter seinem Rücken darüber geredet, sowas kenn ick überhaupt nicht." Hier herrscht keine offene Atmosphäre.

„Ick habe die Kraft nicht, um mich zu wehren. Ick verstehe die einfach nicht. Weil ick nicht weiß, was die von mir wollen.

Ne zeitlang bin ick abends von der Arbeit gekommen, also det war so, als ob ick nen goßen Ball im Magen habe. So Magenschmerzen, also janz schlimm. Und wenn ick morgens losgehe, dann könnt ick schon heulen. Seit ick da bin, sind meine Magenschmerzen sagenhaft. Das ist ganz schlimm. Aufgrund dessen such ick eben schon wieder ne andere Arbeit."

Wie kommt es zu dieser Entwicklung?

Wenn wir davon ausgehen, daß Erfahrungen (individuelle, generative und historisch-kollektive) in der Biographie Prägungen und Muster hinterlassen, die das zukünftige biographische Projekt 'vorstrukturieren'(Hoerning 1989, 153), so müssen zwangsläufig die biographischen Erfahrungen von Frau Klee mit ihrer gegenwärtigen Situation kollidieren. Ihre Handlungsressourcen sind für ihr zukünftiges Lebensprojekt nur bedingt nutzbar. Der Anpassungsprozeß an marktwirtschaftliche Bedingungen, wo die Arbeitskraft zählt und familiäre Bedingungen eine untergeordnete Rolle spielen, birgt Konfliktstoff für die Motivation zur Erwerbstätigkeit und Bewältigung des Erwerbslebens von Frauen. Für alleinerziehende Frauen verschärft sich das Problem zusätzlich. Frau Klees bisherige Konflikbewältigungsstrategien erweisen sich zum gegenwärtigen Zeitpunkt als nicht geeignet. Sie kann weder die Probleme verdrängen, da rebelliert bereits ihre Gesundheit, noch kann sie sie aktiv (z. B. Hilfe bei der Gewerkschaft suchen, Auseinandersetzung mit der Chefin führen) lösen. Ihr Körper ist zu keinen Kompromissen bereit. Damit ist die Projektion ihres zukünftigen biographischen Projekts in Frage gestellt. Sie kann ihr Potential nicht nutzen.

Im sozialwissenschaftlichen Diskurs mehren sich die Stimmen, daß die Handlungsressourcen ostdeutscher Frauen, die Erfahrung daß qualifizierte Berufstätigkeit und Familie sich gegenseitig befördern, einen Modernitätsvorsprung der DDR kennzeichnen (Hradil, Geißler, Dölling, Nickel,

Zapf). So differenziert und unterschiedlich Frauenleben in der DDR war: Es bleiben die Erfahrung und das Wissen darüber, daß Frauen durch eigene Erwerbstätigkeit relativ unabhängig waren und mehrheitlich mit Kindern lebten. Die traditionelle Geschlechterhierarchie wurde dennoch nicht aufgebrochen (Nickel 1994, 3ff). Dieses über vier Generationen (Trappe 1994) gelebte Frauenleben könnte eine Chance sein, der Gesellschaft einen Modernisierungsschub zu verleihen. Allerdings zeigt die Fallanalyse die Gefahr auf, daß dieser Modernitätsvorsprung durch den faktischen Transformationsprozeß mit den geschaffenen gesellschaftlichen Realitäten einen Rückschlag erleidet.

Welche Strategien sind für Frau Klee denkbar?

(1) Sie könnte Glück haben mit neuen Bewerbungen und eine Arbeitsatmosphäre nach ihren Vorstellungen vorfinden. Dann würde sie ihre Erwerbstätigkeit kontinuierlich, aber unter veränderten Bedingungen fortsetzen. Unter den derzeitigen marktwirtschaftlichen Bedingungen ist diese Variante allerdings unwahrscheinlich.

(2) Frau Klee bleibt bei ihrer Arbeit, wird kränker und unzufriedener. Dann ist es eine Frage der Zeit, wie lange sie das durchsteht.

(3) Die Arbeitsatmosphäre und auch die Arbeitsbedingungen ändern sich im Interesse von Frau Klee. Diese Variante ist auch eher unwahrscheinlich.

(4) Frau Klee paßt sich an und geht Kompromisse ein. Aus der Konstruktion ihrer Biographie ist die Variante angelegt, funktioniert aber nur begrenzt, weil der Körper nicht zu überlisten ist.

(5) Frau Klee gibt ihr neues Arbeitsumfeld im sozialen Bereich auf und findet eine Arbeit im gewerblichen Bereich, also im Arbeitermilieu, aus dem sie stammt und an dessen Werten sie festhält. Hier könnte sie wieder ein stärkeres Gruppenbewußtsein entwickeln und sich aktiv für ihre gewerkschaftlichen Rechte einsetzen.

(6) Frau Klee gibt die Erwerbsmotivation auf und zieht sich auf staatliche bzw. private Versorgungsleistungen zurück.

(7) Ihre Erwerbsmotivation, die an Freude, Anerkennung und Geldverdienen gekoppelt war, wandelt sich in eine ausschließliche Geldverdienmotivation.

Welcher Typ ist in der Biographie von Frau Klee angelegt?

Frau Klee hat sich von einer unbeschwerten, angepaßten und optimistischen zu einer zunehmend depressiven Frau entwickelt. Die schlechte Arbeitsatmosphäre, die ungenügende Anerkennung ihrer Leistung mindern zwar nicht oder noch nicht ihre Erwerbsmotivation, aber gerade weil die Konfliktbewältigung durch die gesellschaftlichen Bedingungen und durch ihre nicht funktionierenden Strategien zur Konfliktbewältigung so kompliziert sind, vermuten wir eine starke Gegentendenz zur Erwerbsmotivation. Bei weiterer Zuspitzung könnte sich bei Frau Klee ein Orientierungszusammenbruch andeuten.

Um unsere Eingangsthese zu überprüfen, kontrastieren wir die Fallanalyse der Frau Klee mit folgenden ausgewählten Typen aus unserem Sample:

(1) die in der neuen Gesellschaft etablierte Frau, die in ihrer Erwerbsarbeit die neuen Möglichkeiten ausschöpfen und auf ihr soziales Umfeld zurückgreifen kann;

(2) die Frau, die schlechte Arbeitsmarktchancen hat, sich aber sehr um Erwerbsarbeit (auch um jeden Preis) bemüht;

(3) die Frau, die mit Erwerbsarbeit auf Sozialhilfeniveau lebt, aber dennoch auf ihr Erwerbsmodell besteht;

(4) die Frau, für die Sozialhilfe in Verbindung mit anderen Transferleistungen für ein Leben mit Kindern auch eine Option ist;

Den resignierten Typ haben wir nicht gefunden. Das mag daran liegen, daß alleinerziehende Frauen allein für ihre Kinder verantwortlich sind und Belastungstraining haben. Aber bei vielen Frauen stellen sich zunehmend psycho-somatische Erkrankungen als Zeichen einer Druckzuspitzung ein.

Trotz patriarchaler Strukturen in der DDR war Erwerbsarbeit für die Mehrheit der Frauen identitätsstiftend. Es bedarf einer längerfristigen Analyse, ob dies unter marktwirtschaftlichen Bedingungen bleiben wird. Unser Fall deutet auf einen Wandel und auf Ausdifferenzierung in der Erwerbsmotivation ostdeutscher Frauen hin.

Diese Fallanalyse zeigt auf, wie identitätsstiftend Erwerbsarbeit für Frauen war. Wenn die Erwerbsarbeit jedoch ihre Identitätselemente verliert, die sie für viele Frauen hatte, nämlich u. a. Erfahrungs- und Entwicklungsort der individuellen Fähigkeiten und Möglichkeiten sowie sozialer Raum zu sein, dann werden Frauen ein anderes Verhältnis zur Erwerbsarbeit entwickeln. In diesem Sinne kann dann nach unserer Auffassung nicht von einem Schritt in eine „andere" Moderne und der Individualisierung und von der Differenzierung von Lebenskonzepten gesprochen werden, sondern vielmehr von einem Modernitätsverlust bzw. einem Verlust von Potential für einen anstehenden Modernisierungsprozeß.

**Literatur**

Dausien, Bettina (1994), Biographieforschung als „Königinnenweg"? Überlegungen zur Relevanz biographischer Ansätze in der Frauenforschung. In: Angelika Diezinger u. a. (Hg.): Erfahrung mit Methode. Forum Frauenforschung Bd. 8. Freiburg i. Br.

Fischer, Wolfram (1989), Perspektiven der Lebenslaufforschung. In: Herlth, Alois/Strohmeier, Klaus Peter (Hg.): Lebenslauf und Familienentwicklung. Opladen.

Hoerning, Erika M. (1989), Erfahrungen als biographische Ressourcen. In: Peter Alheit/ Erika M. Hoerning (Hg.): Biographisches Wissen. Beiträge zu einer Theorie lebensgeschichtlicher Erfahrung. Frankfurt/New York.

Nickel, Hildegard Maria (1994), Mit dem DDR-Gleichstellungsvorsprung in die bundesdeutsche Modernisierungsfalle? Deutschlands Frauen nach der Wende, in: Berliner Debatte Initial 4: 3-14.

Rosenthal, Gabriele (1995), Erlebte und erzählte Lebensgeschichte. Gestalt und Struktur biographischer Selbstbeschreibungen. Frankfurt/New York

Trappe, Heike (1994), Selbständigkeit - Pragmatismus - Unterordnung. Frauen in der DDR zwischen Beruf, Familie und staatlicher Sozialpolitik. Dissertation A. Berlin.

Dr. Petra Drauschke, Sozialwissenschaftliches Forschungsinstitut Berlin-Brandenburg e.V., Rykestr. 9, D-10405 Berlin

Dr. Margit Stolzenburg, Schönefelder Chaussee 253, D-12524 Berlin

## 5. Michael - eine moderne Biographie im Prozeß der Transformation

*Felicitas Englisch und Hans-Joachim Giegel*

Die spezifische Form realsozialistischer Staatlichkeit prägt eine Reihe von Strukturmustern, die das Verhältnis des Individuums zum Staat typischerweise annehmen kann. In diesem Verhältnis verbindet sich ein spezifisches Konzept des Staates (bevormundende Fürsorge, geschichtsmächtige Autorität, repressive Gewalt) mit einer spezifischen individuellen Verarbeitungsform (Vertrauen, Bereitschaft, sich formen und fördern zu lassen, Widerstand), wobei zu vermuten ist, daß die bereits ausgebildeten biographischen Orientierungsmuster die Auseinandersetzung mit der neuen Gesellschaft nach der Transformation sowohl beeinflussen als selbst auch verändert werden.

Am Fall des Medizinstudenten Michael versuchen wir zu zeigen,
(1) welche Belastungen sich aus dieser Konstellation für den Individualisierungsprozeß ergeben und welche zusätzlichen Spannungen hier durch eine spezifische Familienkonstellation erzeugt werden,
(2) welche Rolle in der Auseinandersetzung mit der repressiven staatlichen Macht die diffuse Gemeinschaft der Jungen Gemeinde spielt und
(3) daß sich aus dieser Konstellation ein spezifisches Verhältnis zur neuen Gesellschaft und insbesondere zum Rechtsstaat entwickelt.

*1. Michael in seiner Familie*

In homogen bürgerlichen Kontexten kann bei gesellschaftlichem Außendruck der Rückzug in die Familie eine gewisse Stabilisierung bedeuten, indem nach einer Zwei-Reiche-Moral erzogen wird, in der die Familie für die eigentliche Wirklichkeit steht (wo man sich moralisch zu verhalten hat) und die Gesellschaft für uneigentlich erklärt wird (und man demzufolge auch strategisch-amoralisch Erfolg suchen darf). Nach diesem Negations-Prinzip (Festung Familie) gedachte Michaels Großvater durchzukommen. Aber schon der Sohn (Michaels Vater), den er damit zum Einzelgängertum verdammt (die Schwester bleibt bezeichnenderweise als "alte Jungfer" in der Familie, kämpft also erst gar nicht um ein Außenverhältnis und der Bruder (Röntgenologe) wird republikflüchtig, verläßt diese Welt ganz, will in eine andere) macht ihm einen Strich durch die Rechnung; er will auf ein positives Weltverhältnis nicht verzichten und unternimmt verschiedene Integrationsstrategien: er läßt sich ein auf die "Bewährungsmechanismen" für Akademiker, arbeitet (trotz schwer angeschlagener Leiblichkeit) in der Kaligrube, engagiert sich immanent offen kommunalpolitisch (bevor seine Enttäuschung über den selbstverleugnenden Zynismus des Systems ihn in die Resignation treibt), und er zerbricht die Geschlossenheit der großbürgerlichen Arztfamilie, indem er das Sakrileg begeht, eine Frau rein proletarischer Herkunft zu heiraten, z.T. aus Faszination der anderen Kultur, z.T. um sich einen Zugang zur gesellschaftlichen Außenwelt zu erobern, also aus Integrationsmotiven. Der Konflikt ist vorprogrammiert. Die väterliche Familie befindet sich in struktureller Gegnerschaft zur politischen Außenwelt, die mütterlichproletarische profitiert im Gegenteil vom DDR-System. Mutter und Schwester werden durch das System Akademiker (beide Apothekerin; der Bruder der Mutter steigt zum Ingenieur auf). Resultat ist eine Polarisierung der Familie entlang der Schichtproblematik - deren "Familialisierung". Die "bürgerliche Festung" (die sich umso ausgiebiger selbststilisiert in ihrem herrschaftlichen Haus, je mehr die Außenanerkennung des bürgerlichen Daseins durch das System ausfällt) verhindert die intime Abschließung der großbürgerlich-proletarischen "Misch-Ehe" als Kleinfamilie radikal, als ein männlicher Nachkomme - Michael - ins Haus steht.

Der großbürgerliche Clan kassiert den Vater wieder ein, die Ehe zerbricht am Fremdgehen des Vaters; die hochemotionale Mutter verfällt in der Krise dem Alkoholismus, aus dem sie sich erst nach klinischem Entzug durch Wiederzuwendung zur Religion stabilisiert. Die beiden Kinder - Michael und seine zwei Jahre ältere Schwester - werden in diesem Kraftfeld aufgesogen ohne Chance auf eine authentische Geschwisterbeziehung.

Für Michael wird es extrem schwer, in dieser Familie seinen Ort zu finden.

Der Vater scheidet als Identifikationsfigur aus wegen seines Opportunismus, wegen des inadäquaten Umgangs mit seiner chronischen Krankheit (Neurodermitis und Allergien gegen nahezu alles), seines Unglücks angesichts der Lebenslüge "Beruf = Glück", die Mutter wegen ihrer mangelnden Intellektualität, des Alkoholismus, der Labilität, ihres Ausfalls an Lernfähigkeit.

So steht Michael im Streß zwischen den großbürgerlich-konservativen Überzeugungen der Großeltern (Treuekonflikt zur proletarischen Mutter), der emotional starken, aber durch deren angeschlagene Subjektivität entwerteten Bindung an die Mutter, dem väterlichen Imperativ zur rein strategischen Integration und seinem eigenen Bedürfnis nach echtem Aufgehobensein in einer Gemeinschaft. Er muß zwischen Karriere-Imperativ (Vater), Bekenntnisdruck (Junge Gemeinde) und Zwang zum Engagement (System der DDR) ausbalancieren. Außerdem zwingt ihn der Druck des Vaters von vornherein in die Vereinzelung, indem er ihm den Antagonismus zwischen familiärem und öffentlichem Verhalten vorgibt.

Michaels Leben ist eine *einzige soziale Überanstrengung.* Michael erlebt sich so unter Druck, daß jede seiner Äußerungen sozusagen Selbstbehauptungscharakter hat, er drückt nicht sich aus, teilt nicht sich mit, sondern er kämpft eigentlich (im gesellschaftlichen/politischen Bereich) immer gegen hypothetische Einwände. Einerseits entwickelt das überlastete Individuum eine Sehnsucht nach Entlastung, nach sich Fallenlassen, nach vertrauensvoller Identifikation. Die gleichzeitige Einsicht, daß dies den Untergang bedeuten würde, erzwingt aber im Gegenteil die Ausbildung einer Art Meta-Instanz. Diese wird für Michael - in Nachfolge des Vaters - Rationalität, in die er sich hineinsteigert um den Preis emotionaler Blockaden. Nur die abstrakte Gestalt Intelligenz-Rationalität-Effektivität, realisiert in der Identität des Berufs und im Bewußtsein, zur Elite zu gehören, stiftet Kontinuität und Anzuerkennendes (wenigstens in der väterlichen Linie).

Was vom System gefördert (oder besser: ideologisch befördert) wurde, darf nicht anerkannt werden. Daß Mutter und Schwester auch Akademiker sind, daß die Schwester immer Klassenbeste war (während Michael schulisch gesehen eher ein Spätzünder war und der Vater ihn sogar einer psychiatrischen Untersuchung aussetzte), kommt erst auf hartnäckiges Nachfragen des Interviewers heraus. In der systemforcierten Förderung der Gleichberechtigung - der auch die proletarische Mutter ihren Aufstieg verdankt - sieht Michael eine widernatürliche, politische Steuerung, die den Frauen gar nicht entgegenkommt. Sozialengagement ist nicht mehr positiv zu besetzen. Daß die Schwachen und Unterdrückten (per Definition) die Guten sein sollen, leuchtet nicht mehr ein. Die zwangssozialisierte Perspektive auf sozialen Ausgleich, staatliche Sozialfürsorge, und Frieden/Dritte Welt ist erst einmal verbraucht. Der Überdruß am Sozialen sucht sich sozialdarwinistische Ausfluchten. Wo die Kollektivmentalität weiterwirkt, wird sie zum Knüppel gegen das Individuum (z.B. Arbeitslose zwangsverpflichten zu Arbeit etc.; es soll sich keiner von der Gemeinschaft aushalten lassen.)

Traumatisch erscheint für Michael (und das betrifft nicht nur ihn) die Kränkung, daß dieses System es geschafft hat, daß er sich zeitweise damit identifiziert hat, er sich nicht dagegen wehren konnte - er empfindet die Indoktrination von Minderjährigen heute noch als das schlimmste Verbrechen. D.h. selbst wenn später der Absprung geschafft ist (über die Junge Gemeinde, s. 2.) bleibt diese elementare Kränkung, "reingefallen" zu sein, indem man "dieser Scheiß-Ideologie(.) ... einen gewissen Bodensatz Wahrheit ...immer zugebilligt" hat, indem man sich "dort gnadenlos angepaßt" , "vieles mitgemacht (hat) und auch aktiv", um seinen Studienplatz zu bekommen. Michael hat erkannt, daß Strukturen wirklich auf Bewußtsein wirken, und daß diese Wirkung nicht ohne weiteres durch Reflexion, durch das abstrakte Benennen, schon aufgehoben ist. Er hat die Prägung erkannt und will ihr entfliehen. Aber er kann im Moment nur negative Freiheit denken, bildet habituelle Skepsis aus. Weder identifiziert er sich mit etwas, noch will er mit einer Position identifiziert werden, er kann auch gar keine inhaltliche Position konsequent (überzeugungshaft) durchhalten. Die Angst, sich durch seine Äußerungen festzulegen (und identifiziert/festgelegt werden zu können), zwingt Michael affektiv zu ständiger Ambivalenzproduktion, z.B. in dem Text des Interviews durchgehalten auf einem Sprachniveau, das fast jenseits seiner formalen literarischen Ausdrucksfähigkeit anmutet.

Seine *habituelle Skepsis* (die begleitet wird von einer *unerfüllten Sehnsucht nach Identifikation*) offenbart die Not verunmöglichter Individuierung. Gelingende Individuation hingegen heißt: Der Vater/die Eltern verkörpern das Gesetz. Auch wenn die elterliche Autorität zunächst mit der Machtformel: ich möchte, daß du ... auftritt, also als personeller Wille des Vaters, erkennt das Kind irgendwann inhaltliche Prinzipien, sieht, daß der Vater selbst unter diesem Gesetz steht und es ihm vorlebt. Michaels Vater - dessen Leben selbst kein Vorbild für Michael sein kann, weil er (wie seine Frau auch) unglücklich ist - gibt ihm außer dem Befehl, opportunistisch zu sein und lautstark zu heucheln (Habe Erfolg (im Beruf)! Überlebe! Engagier dich, sammle Punkte!), weiter nichts inhaltlich Bestimmtes (z.B. Überzeugungen, Regeln, Prinzipien) "fürs Leben" auf den Weg. Die Gegenform, der Druck der Gesellschaft ist genauso unbestimmt strukturiert. Sie tritt zwar mit der Macht, ja Gewalt des Gesetzes auf, hat aber keinen gesetzesfähigen Inhalt aufzuweisen, sondern nur eine wechselnden personellen Machtverhältnissen angeschmiegte Nomenklatura, die bei allem politischen Druck keine Erfahrung formaler Institution gewährt. Dieser Druck ist zwar eine unerbittliche Führungsschiene und auch hochsensibel. Die Rückmeldung, was "richtig" war und was "falsch", erfolgt prompt - und Michael ist ein Genie im Erkennen, sein *Beziehungsspürsinn* ist außerordentlich ausgeprägt; er agiert in beiden Systemen erfolgreich. Dennoch bleibt Michael *politisch-ethisch inhaltlich orientierungslos* (z.B. äußert er sich in impliziten Vergleichen der DDR mit dem Nazi-Regime oder im Hinblick auf Ausländer, Burschenschaften etc. mit einer politischen Geschmacklosigkeit/Unsensibilität, die ihn nahezu im rechten Lager vermuten läßt. Er ist aber mitnichten ein Rechtsradikaler; lange war M. für ein besseren Sozialismus engagiert) und bei aller Klugheit, denkt er nicht wirklich differenziert. In seinen politischen Urteilen und seiner

Angst bleibt er pauschal. Die Chance, wirklich "eigene" (dissoziierte) Erfahrungen zu machen, hat Michael erst jetzt, nach der Wende (s. 3.).

## 2. Gemeinschaftsbildung als Fluchtort

Wo immer Michael unter den Bedingungen einer realsozialistischen Gesellschaft auf eine ihm aggressiv entgegentretende und ihn verletzende Härte trifft, ob auf der Ebene der Familie oder der der staatlichen Gewalt, weiß er, daß er mit aggressiver Gegenwehr keine Chance hat. Was ihm bleibt, ist sich zurückzuziehen, der Konfrontation auszuweichen, außerhalb des Kraftfeldes der Aggression einen Raum zu finden, in dem er etwas Eigenes aufbauen kann.

Der einzige Gegenpol zu der ihn überall bedrohenden Aggressivität ist vor der Wende die Junge Gemeinde. Michael gehört ihr seit seinem zwölften Lebensjahr an, ist stark in ihr engagiert und identifiziert sich auch nach außen mit ihr. Dies ist die erste soziale Form, die er erlebt, in der nicht "Stärke" die soziale Beziehung bestimmt. In seiner Darstellung drückt sich die ihn tief beeindruckende Erfahrung aus, daß er ohne Vorbedingung, ohne daß er sich ausweisen oder sich durchsetzen muß, einfach wie er ist, akzeptiert wird. Dafür stehen die Begriffe der 'Gemeinschaft', der 'Menschlichkeit' und 'Wärme'.

Daß in seiner Beziehung zu dieser Gemeinschaft eine Ambivalenz enthalten ist, wird ihm erst später deutlich.

Die Struktur dieser Gemeinschaft kommt ihm in dreierlei Hinsicht in seiner Identitätsproblematik entgegen:
– Hier ist er keiner Aggression ausgesetzt. Die Selbstbehauptung in dieser Gruppe verlangt keine aggressive, kompetitive Auseinandersetzung. Zum Selbstverständnis der Gruppe gehört ganz im Gegenteil eine weit getriebene Aggressionshemmung.
– Auf dem Boden dieser Gemeinschaft ist es möglich, in Opposition zur Struktur sozialistischer Gesellschaft ein Stück weit die elitäre Stellung zu reproduzieren, die für die väterliche Familie charakteristisch war.

Die Gruppe steht zwar im Gegensatz zum sozialistischen Staat, aber die Gegnerschaft wird nur sehr vorsichtig markiert. Wenn überhaupt ein Protest ausgedrückt wird, dann geschieht dies in Diskussionen über den besseren Sozialismus. Auf diese Weise kann man der Aggression des Staates in einer weichen Form begegnen, also ohne daß man selbst zu aggressiven Mitteln greift und sich damit in Gefahr bringt.

## 3. Rechtsstaat und Individuierung

Das vielleicht wichtigste Ergebnis der gesellschaftlichen Transformation, die mit der Wende einsetzt, ist für Michael die Tatsache, daß infolge der Selbstbegrenzung des demokratischen Staates ein Raum gesichert wird, in dem die Individuen ihre spezifischen Sinnbildungen entwickeln und in einer plural angelegten Ordnung zur Geltung bringen können. Für Michael ergibt sich damit die Chance, eine spezifische Form der Individualisierung nachzuholen, die bislang blockiert war (s.o.). Ganz zentral ist für ihn die Möglichkeit, solche Deutungen der Gesellschaft zu entwickeln, die das besondere Problem seiner sozialisatorischen Entwicklung zum Ausdruck bringen. Wichtig wird nun vor allem, die Phänomene der Macht, der Aggression, der Härte zu explizieren, sich schonungslos über die verschiedenen (offenen und versteckten) Formen, die sie annehmen,

Klarheit zu verschaffen. Damit verändert sich gleichzeitig das Verhältnis, das er zu sich selbst hat. Er kann sich *zu seinem eigenen Inneren bekennen*, muß es nicht wegheucheln, gerade auch dann nicht, wenn der Weg nach Innen moralisch problematisch wird (z. B. wenn er seine eigene Aggressivität entdeckt.).

Komplementär zu diesem neu einsetzenden Individuierungsprozeß entwickelt sich bei Michael eine Bindung an den demokratischen Rechtsstaat. Dieser tritt in einer Doppelgestalt auf. Einerseits gibt er den Raum frei, den die pluralen gesellschaftlichen Kräfte mit ihren Sinnbildungen besetzen können, und fördert damit den Prozeß der inneren Selbstverständigung. Andererseits betätigt der Staat sich genau auf dem Feld, das im Zentrum von Michaels Aufmerksamkeit steht: als 'Sicherheitsstaat' versucht er die ihm vorgegebene Aggressivität so zu kanalisieren, daß diese keinen Schaden anrichtet. Der den Individuen sich nun für eigene Sinnbildungen öffnende freie Raum ist nur so lange gesichert, wie der Staat effektiv seine Machtmittel zur Kontrolle der ihm vorausliegenden Aggressivität einsetzt. Der Rechtsstaat ist immer auch einer, der mit Härte das Recht konsequent durchsetzt.

Damit sind Individuum und Staat in ein komplementäres Verhältnis gerückt, es braucht keine Vermittlung mehr, insbesondere keine durch Gemeinschaften, die sich vom Staat distanzieren. Mit der veränderten Konstellation des Individuierungsprozesses erfahren solche Gemeinschaften nun eine ganz andere Bewertung. Erstens gewähren sie nicht in derselben Weise einen freien Raum zur Entwicklung pluraler Sinnbildungen, wie dies der Rechtsstaat tut. Tatsächlich läßt sich gerade in Gemeinschaften wie der Jungen Gemeinde erkennen, daß sie Sinnbildungen durch moralische Direktiven extrem stark kanalisieren und damit den Entfaltungsspielraum für Individualisierungsprozesse erheblich einengen. In gewisser Weise ist die Junge Gemeinde nicht einfach Gegenorganisation gegenüber der Gewalt des (DDR-)Staates, sondern transportiert in vieler Hinsicht die Mechanismen der Unterdrückung von Pluralität, mit denen der Staat operiert, in ihren eigenen Bereich hinein.

Auf der anderen Seite sieht er in der Jungen Gemeinde eine starke Tendenz zur Verleugnung der harten Realität von Aggression und gewaltförmigen Formen der Konfliktaustragung. Damit ist sie nicht nur nicht in der Lage, sich die Notwendigkeit der Abwehr von Aggression vor Augen zu führen, sondern sie wendet sich auch in einer verkehrten Idealität gegen die 'harten' Seiten staatlicher Politik.

Durch die Wende ändert sich nicht die Problemkonstellation, von der Michael beherrscht ist, aber mit der Wende erhält er eine neue Möglichkeit, mit diesen Problemen umzugehen. Gemeinschaft als Problemlösung wird durch verfahrensmäßige Kontrolle des Rechtsstaats abgelöst. Würde man den hier sich abspielenden Prozeß weiter verfolgen, käme man letztlich auf eine Denkfigur, die eine lange Tradition hat: erst dadurch, daß außerhalb von Gemeinschaften im Schutz des Rechtsstaates ein Zugang zum Prozeß individueller Selbstbehauptung gefunden wird, entstehen moderne Biographien.

Prof. Dr. Hans-Joachim Giegel und Felicitas Englisch, Friedrich-Schiller-Universität Jena, Institut für Soziologie, Otto-Schott-Str. 41, D-07745 Jena

## 6. Diskontinuitätserfahrungen in Ostdeutschland. Zur Herstellung biographischer Kontinuität im Transformationsprozeß

*Gerd Mutz*

Die Wende bzw. die Währungsunion und der damit eingetretene Transformationsprozeß hat für alle Ostdeutschen nachhaltige biographische Einschnitte zur Folge. Das Problem der biographischen Kontinuität ist gerade für diejenigen von besonderer Relevanz, die seit 1990 aufgrund der veränderten Gesamtsituation arbeitslos wurden. In diesem Beitrag wird auf der Grundlage von biographischen Interviews mit ostdeutschen Erwerbspersonen sowie Milieustudien in ausgewählten Regionen der Frage nachgegangen, welche biographischen Wissensbestände aktiviert werden, um biographische Kontinuität im Transformationsprozeß herzustellen. Wie werden soziale und kulturelle Wissensbestände, die auf DDR-typischen kollektiven Lernprozessen beruhen, in den Transformationsprozeß eingebracht? Welche unterschiedlichen Kontinuitätslinien werden entworfen?

Um diese Fragen zu beantworten, wird in einem ersten Schritt skizziert, welche *Bedeutung* Arbeitslosigkeit für die ostdeutschen Erwerbspersonen hat. Es können drei typische Ausprägungen unterschieden werden, in denen das grundlegende Verhältnis zu den gesellschaftlichen Bedingungen und zur Arbeit zum Ausdruck kommt. In einem zweiten Schritt werden die unterschiedlichen Diskurse zur Herstellung von biographischer Kontinuität beschrieben; diese variieren wiederum mit den genannten Typen. Im Ergebnis werde ich feststellen, daß ostdeutsche Erwerbspersonen in hohem Maße mythologisches und moralisches Deutungswissen verwenden, um biographische Diskontinuität zu überbrücken. Im folgenden werden die unterschiedlichen Typen und deren Deutung der Arbeitslosigkeit skizziert.

Bei dem Typus *Gleichgültigkeit* ist der vorherrschende Topos: »Wir haben das damals so gemacht.« Die biographische Entwicklung ist bei diesen Erwerbspersonen in fest vorgegebenen Bahnen verlaufen, man hat sich den gesellschaftlichen Verhältnissen gegenüber *gleichgültig* verhalten, ihre Strukturen wurden als fraglose Gegebenheit gedeutet. Erwerbsarbeit wird als eine *Notwendigkeit* interpretiert, die es eben in allen Gesellschaften gebe. Der eigene Erwerbsverlauf wird konsequent als Realisierung „äußerer" Bedingungsstrukturen und somit als faktischer Vollzug von Vorgaben gedeutet. Aus der Sicht dieser Personen ist es nicht notwendig, sich mit den Regeln der Erwerbsarbeit auseinanderzusetzen; dies war in der Vergangenheit auch gar nicht erforderlich, weil immer sichergestellt war, daß sowohl für den individuellen Fall als auch für das Kollektiv ausreichend Arbeitsplätze zur Verfügung standen - „Nicht-Wissen" war also nicht mit einem Nachteil verbunden. Während der vergangene Lebensverlauf im Zeichen einer unumstößlichen DDR-Ordnung stand, strukturiert nun die BRD-Ordnung den Lebensverlauf. Ihre Devise ist deshalb, sich möglichst rasch an die neuen Verhältnissen anzupassen. Arbeitslosigkeit wird als eine Situation der *Überlastung* interpretiert, weil die neuen „Wahlmöglichkeiten" überfordern.

Die Erwerbspersonen des Typus *Rebellion* sehen ihren vergangenen Erwerbsverlauf in der DDR sehr eng angelehnt an die institutionalisierten Erwerbsverlaufsbahnen, weshalb nur geringe Spielräume für Individualmomente gesehen wurden. Die „Wege", um Lebensvorstellungen zu erreichen, wurden als zu standardisiert und zu eng erfahren. Ihre Grundüberzeugung ist: »Das war ja damals gar nicht möglich!« Dies galt insbesondere für das Erwerbssystem, weil Erwerbspersonen dieses Typus Arbeit als „Mittel zum Zweck" deuten - um eine eigene Lebensführung zu verwirklichen. Arbeit hatte folglich einen relativ hohen Stellenwert. Für diesen Typus ist charakteristisch, daß er versucht, die Strukturen und Regeln zu erkennen, um mögliche „Freiräume" auszuloten. Schon in den Jahren 1989 und 1990 wurden im erwerbsbiographischen Zukunftshorizont Möglichkeiten gesehen, die erst jetzt zu verwirklichen sind. Arbeitslosigkeit wird vor diesem Hintergrund als *Chance* für Umorientierungen und Neugestaltungen gedeutet.

Vom dritten Typus *Distanz* werden die ehemaligen DDR-Institutionen als eine nur fiktive Verbindlichkeitsstruktur beschrieben. Diesen Erwerbspersonen ist es wichtig zu betonen, daß es immer genügend Spielräume *für alle* gegeben habe. In einem solchen Sinnhorizont sind Erwerbspersonen zu verorten, die den gesellschaftlichen Strukturen sowohl in der DDR als auch in der BRD kritisch gegenüberstehen - wir sprechen deshalb von einer grundlegenden *Distanz* gegenüber allen Institutionen; „kritisch" kann in diesen Fällen durchaus auch heißen, daß es ein hohes DDR-Identifikationspotential gibt. Ihr Topos ist: »Es war ja nicht alles schlecht in unserer DDR!« Der Erwerbsverlauf wird als eine ständige Bewegung zwischen „Eigensinn" und „Anpassung" formuliert. Arbeit ist aus ihrer Sicht grundsätzlich eine *gesellschaftliche* Kategorie. Arbeitslosigkeit wird als ein Ereignis interpretiert, das in Ostdeutschland erst durch die neuen Verhältnisse entstanden sei. Vor diesem Hintergrund wird Arbeitslosigkeit konsequent - auch im eigenen Falle, und auch dann, wenn sie nur sehr kurz andauerte - als ein *dramatisches* Ereignis gedeutet, weil es auf die ungerechten Strukturen kapitalistischer Arbeitsmärkte verweise *und* den Betreffenden gesellschaftliche Partizipationsmöglichkeiten vorenthalte.

Im folgenden geht es um die Frage, welches biographisch erworbene Wissen ostdeutsche Erwerbspersonen verwenden, um biographische Konsistenz- und Kontinuitätslinien herzustellen; zu unterscheiden ist wiederum nach den drei skizzierten Typen.

Die Erwerbspersonen des Typus *Gleichgültigkeit* verwenden bei der erwerbsbiographischen Konstruktion weitestgehend *Erfahrungswissen*. Ereignisse, die *vor* der „Wende" stattgefunden haben, werden in dieser Weise sinnhaft aufeinander bezogen. Dabei werden keine Besonderheiten oder Auffälligkeiten erwähnt, man hat notwendigerweise gearbeitet und sich ansonsten auf die Gestaltung der Freizeitsphäre konzentriert. Die Erwerbspersonen betonen, daß *ihr* biographisch erworbenes Erfahrungswissen *damals* seine Gültigkeit hatte. Nun erleben sie allerdings, daß das alte Erfahrungswissen teilweise *nicht mehr,* aber ein neues *noch nicht* verwendbar ist; es müssen also Zusammenhänge und Kopplungen *hergestellt* werden.

Dies geschieht dadurch, daß vergangene DDR-Institutionen *mythologisiert* werden. Es geht dann beispielsweise vereinfachend um das „Recht auf Arbeit" in der DDR, das den Vorteil gehabt habe, daß es keine Arbeitslosigkeit gegeben hätte; dem gegenüber wird die BRD als eine „Arbeitslosigkeitsgesellschaft" gesehen. Es werden überspitzt zwei Gesellschaftsverfassungen gegenübergestellt: in der einen gab es reichlich Arbeit, in der anderen gibt es zu wenig Arbeit. Im Rückblick werden die negativen Konnotationen, die mit dem „Recht auf Arbeit" verknüpft waren - nämlich die Pflicht - relativiert. Zusätzlich wird dieser Zusammenhang moralisiert, indem die umfassende Arbeitsversorgung als ein universelles Menschenrecht interpretiert wird, das in jeder Gesellschaft gelten müsse. Mythologische und moralische Diskurse bilden gleichsam die „Klammer", Vergangenheit und Gegenwart aufeinander zu beziehen und biographische Anschlüsse im Transformationsprozeß herzustellen; beide Verwendungsweisen können als „Sinngeneratoren" verstanden werden, weil es so gelingt, unterschiedliche Erfahrungs- und Erlebnisstile in den erwerbsbiographischen Konstruktionen aufeinander zu beziehen.

Erwerbspersonen des Typus *Rebellion* verwenden bei der erwerbsbiographischen Konstruktion ebenfalls Erfahrungswissen, das aber aufeinander abgestimmter erscheint als beim Typus Gleichgültigkeit. Zwar werden Differenzen im Erfahrungswissen in bezug auf die DDR und die BRD thematisiert, sie werden jedoch auf unterschiedliche Regeln und Normen zurückgeführt; es wird folglich stärker regel- und normbezogenes Deutungswissen aktiviert. Der Versuch, die neuen Erfahrungen und Erlebnisse zu einem Regel- und Normwissen zu verdichten, ist den Erwerbspersonen deshalb wichtig, weil sie glauben, nur so die Chancen für eine Neugestaltung zu erkennen. Da es insbesondere in den ersten Jahren nach der „Wende" kaum verbindliche Regulierungen und Normierungen gab, war die Täuschungswahrscheinlichkeit gerade im Hinblick auf die Arbeitsmarktzusammenhänge sehr hoch - die Phase der biographischen Ambivalenz entsprechend lang andauernd. Dies bedeutet, daß die biographische Konstruktion durch ein permanentes Sichselbstverständigen geprägt ist, in dem immer wieder gegenübergestellt wird: „Was ist anders, was ist gleich geblieben, was ist anschlußfähig?"

Darüber hinaus wird den Erwerbspersonen deutlich, daß theoretisches, wissenschaftsnahes Wissen hilfreich zur Erschließung des Regel- und Normwissens sein kann. Sie thematisieren dies ausdrücklich als eine Anforderung der veränderten Verhältnisse und bemühen sich deshalb, betriebs- und volkswirtschaftliche Zusammenhänge nachzuzeichnen. Wenn theoretisches, wissenschaftsnahes Wissen nicht hinreichend verfügbar ist, wird von den Erwerbspersonen dieses Typus auch mythologisches und moralisches Deutungswissen verwendet. Ihr Fixpunkt ist die *Fürsorgefunktion* des Staates, der nach ihrer Ansicht die Rahmenbedingungen für die neuen Chancen setzen müßte. Wenn das unterschiedliche Regel- und Normwissen nicht sinnhaft aufeinander bezogen werden kann, dann werden die unzureichenden sozialpolitischen Maßnahmen in der BRD zum Thema gemacht und der umfassenden Versorgung durch die DDR-Institutionen gegenübergestellt. Eine kohärente und konsistente Verknüpfung ergibt sich dann, wenn moralisch eingefordert wird, *jeder* Staat habe für ein menschenwürdiges Leben Sorge zu tragen.

Bei den Erwerbspersonen des Typus *Distanz* spielt das Erfahrungswissen in bezug auf DDR- oder BRD-Verhältnisse eine untergeordnete Rolle. Vielmehr wird - wie bei den Erwerbspersonen des Typus Rebellion - das Regel- und Normwissen in bezug auf die DDR und die BRD explizit gemacht, und es wird auch versucht, unterschiedliche Regeln und Normen theoretisch mit der Verwendung von wissenschaftsnahem Wissen zu durchdringen. Es geht ihnen darum, das Ineinandergreifen unterschiedlicher Bedingungen zu erklären, um sich zwischen „Eigensinn" und „Anpassung" darauf zu beziehen. Auch bei ihnen spielen „Recht auf Arbeit", „Recht auf Wohnraum" und die staatlichen Fürsorgefunktionen eine große Rolle, sie werden aber im Unterschied zu dem Rebellionstypus nicht einfach „gesetzt", sondern als notwendige gesellschaftliche Regel- und Normzusammenhänge *vernünftig* begründet. Dabei greifen sie teilweise auf biographisch erworbenes Wissen in der DDR zurück, weil sie überzeugt sind, einige BRD-Strukturen bereits zu DDR-Zeiten „durchdrungen" zu haben. Dies betrifft insbesondere die gesellschaftliche Organisation der Erwerbsarbeit, mithin das marktwirtschaftliche Erwerbsverlaufsregime: Die Fähigkeit des Theoretisierens ist ihr biographisch erworbenes Kapital, das gesellschafts- und kulturübergreifend verwendet werden kann.

Der theoretische Diskurs wird aber dann verlassen, wenn es um die Soll- und Idealvorstellungen in bezug auf die beiden gesellschaftlichen Verfaßtheiten geht. Es wird mythologisches Deutungswissen aktiviert, um die komplexen gesellschaftlichen Sachverhalte auf einfache Gegensatzpaare zu komprimieren und auf den Punkt zu bringen: So werden etwa die Freizeitangebote in der DDR und in der BRD zusammengezogen auf die Formel „Kultur vs. Kommerz". Damit wird begründet, warum es in der DDR „wertvolle" DEFA-Filme gab, aber bereits kurz nach der Wende Sex- und amerikanische Actionfilme. Im Arbeitsbereich wird beispielsweise Solidarverhalten gegen „Ellenbogen"-Mentalität gesetzt.

Solche Sachverhalte werden dann mit Wertvorstellungen konfrontiert, von denen unterstellt wird, daß sie sowohl in der DDR als auch in der BRD gültig seien: zentral sind Gleichheit, Frieden und Gerechtigkeit. Sie werfen die Frage auf, ob die jeweils unterschiedlichen gesellschaftlichen Strukturen die Verwirklichung dieser gemeinsam geteilten Gesellschaftsideale begünstigen oder behindern. Die zentrale Variable zur Erreichung dieser gesellschaftlichen Ziele ist erstens grundsätzlich Arbeit, denn nur wenn jeder seinen Beitrag in Form von Arbeit für die Gesellschaft leistet, lassen sich diese Gesellschaftsziele verwirklichen; zweitens muß Arbeit in Form der Erwerbsarbeit aus Sicht der Erwerbspersonen gleichmäßig in der Gesellschaft verteilt sein, damit jeder ausreichende Partizipations- und Gestaltungsmöglichkeiten hat. Der bewertende moralische Diskurs ist nicht ausschließlich an die Adresse staatlicher Institutionen gerichtet, er betrifft vielmehr alle Mitglieder der Gesellschaft und die Gesellschaft selbst. Die Verwendung mythologischen und moralischen Wissens hat bei den Erwerbspersonen des Distanztyps folglich die „Funktion", auf möglichst allen Ebenen *gesellschaftliche* Zusammenhänge herzustellen.

Es kann zusammenfassend festgehalten werden, daß es den meisten ostdeutschen Erwerbspersonen gelingt, in den Welten des Erfahrungswissens, des Regel- und Normwissens sowie des moralischen Wissens biographische Kontinuitätslinien zu entwerfen - sie schaffen es durchaus, eine „neue" Logik biographischer Konstruktionen zu finden. Nur allzu häufig muß jedoch erfahren werden, daß die Logik der Biographie und die Logik der Praxis auseinanderfallen und immer wieder Neujustierungen notwendig werden. Die kognitive Landkarte bezüglich eigener und sozial verbindlicher Wertemuster ist in Unordnung; deshalb wird versucht, Eckpfeiler zu identifizieren, von denen angenommen werden kann, daß sie auch in der neuen Gesellschaft unstrittig sind. In diesem Bemühen entstehen Mythen von vergangenen DDR-Institutionen und von der eigenen DDR-Vergangenheit, an denen die aktuellen sozialen Gegebenheiten gemessen werden. Wenn frühere, kollektiv geteilte Wertemuster für überzeitlich und universell gültig erklärt werden, führt dies zu einer Verstärkung von Wir-Zusammenhängen, mithin zu einer neuen Ostidentifikation. Das Problem ist, daß Mythologisierung und Moralisierung zwar zu einer Konservierung von sozialen Erfahrungen führen sowie biographische Anschlußmöglichkeiten und damit biographische Kontinuität schaffen, sie filtern und blockieren aber den Erfahrungs- und Erlebnisstil in besonderer Weise. Die Herstellung von biographischer Kontinuität, so die Schlußfolgerung, gewährleistet in diesem Fall *keine* Lösung der Praxisprobleme.

*Ostdeutsche Erwerbsbiographien*

| Typ | Gleichgültigkeit | Rebellion | Distanz |
|---|---|---|---|
| | „Wir haben das damals so gemacht." | „Das war ja damals gar nicht möglich!" | „Es war ja nicht alles schlecht in unserer DDR!" |
| Bezug zum Erwerbssystem | Fraglose Gegebenheit | Suche nach ‚Freiräumen' | Zwischen 'Eigensinn' und 'Anpassung' |
| Bedeutung von Arbeit | Notwendigkeit | Mittel zum Zweck | Gesellschaftliches Verhältnis |
| Bedeutung von Arbeitslosigkeit | Überlastung | Chance | Drama |
| Biographisch erworbenes Wissen | Erfahrungswissen; mythologisches und moralisches Deutungswissen | Norm- und regelbezogenes Deutungswissen; mythologisches und moralisches Deutungswissen | Theoretisches Deutungswissen, das mit mythologischem und moralischem Deutungswissen verknüpft wird |

Dr. Gerd Mutz, Münchner Projektgruppe für Sozialforschung e.V., Dachauer Str. 189/III, D-80637 München

# III. Sektion Entwicklungssoziologie und Sozialanthropologie
*Leitung: Hans-Dieter Evers*

## Gesellschaftliche Umbrüche und Longue Durée

### 1. Südafrika: Revolution durch Verhandlungen

*Tilman Schiel*

Nach weitverbreiteter Ansicht war die Entwicklung der letzten Jahre in Südafrika eine Revolution, vergleichbar der großen französischen: Durchsetzung der gleichen Staatsbürgerrechte für alle. Die Parallelen sind auch in weniger auffälligen Bereichen zu finden. In beiden Revolutionen war es das „ancien régime", das durch eine „Offensive" der Reformen die eigentliche Revolution einleitete. Für Frankreich hat Tocqueville (1969) gezeigt, wie das „ancien régime" mit seinem Reformeifer eine wichtige Triebkraft der Revolution wurde. Für Südafrika zeigen Adam und Moodley (1993 - dieses Buch bildet die Grundlage meines Beitrags), daß es die konservative Nationale Partei (NP) war, die - auf Basis von Reformen, welche der Erkenntnis entsprangen, daß die Apartheid aus intrasystemischen Gründen immer schwerer zu halten war - in die „Verhandlungsoffensive" ging und damit die Revolution startete.

Allerdings ist auch ein Fragezeichen hinter den Begriff „Revolution" zu setzen: Die alte Herrschaftselite wurde ja nicht gestürzt, ja noch nicht einmal in nennenswertem Umfang entmachtet (obwohl man sich wie Steven Friedman (1994) fragen kann, ob die NP noch die alte Elite repräsentiert, ob die NP überhaupt noch ein notwendiger Partner ist), sondern nur in ihrer Zusammensetzung verändert. Anders gesagt: Die NP kooptierte einfach den ANC in die Machtelite. Die Frage ist nun, wieso die ANC-Führung sich auf die Strategie der NP so bereitwillig einließ. Die Antwort von Adam und Moodley lautet: Die NP überraschte einen darauf unvorbereiteten und organisatorisch schwachen ANC. In dieser Situation mußte der ANC befürchten, daß er alleine die Kontrolle über eine Situation, die er mitverursacht hatte durch seine Strategie, die *townships* unregierbar zu machen, nicht sichern könnte. Ein Zusammengehen mit den Kräften, die über den Verwaltungsapparat und die „Sicherheitskräfte" verfügten, anders gesagt die Machtteilung mit dem ehemaligen Gegner, schien deshalb der einzige Ausweg.

Gerade die organisatorische Schwäche begünstigte aber beim ANC auch eine zentralistische Organisation zur Unterbindung von Verselbständigungstendenzen. Dieser Zentralismus begünstigte wieder die Kooperation mit der Spitze des „ancien régime". Überhaupt war (bzw. ist) die ANC-Führung durch etatistisches Denken geprägt. Dies hängt schon eng mit ihrem Selbstverständnis als Befreiungsbewegung zusammen. Befreiungsbewegungen verstehen sich ja nicht als Oppositionsparteien oder -gruppen, sondern als einzig legitimer „Gegen-Staat". Ihre Strategie zielt darauf ab, den *Staat* insgesamt und nicht nur einfach die Regierung zu übernehmen, um nicht als Partei, sondern als komplettes System der Herrschaft insgesamt Regierung und Staatsapparat zu beherrschen.

Als Befreiungsbewegung konnte der ANC den Anspruch auf Zentralisierung und Fokussierung aller Interessen auf *seine* Organisation nur im Kampf legitimieren. Nur im Kampf um die Befreiung fielen ja die unterschiedlichen Interessen aller Unterdrückten zusammen in einem einzigen Ziel: die Unterdrückung abschütteln. Als nun der Gegner selbst seine Bereitschaft erklärte, die Unterdrückung aufzugeben, kam der ANC in ein Dilemma. Er löste dies durch eine widersprüchliche Kombination, nämlich Mehrheitsbeteiligung an der Staatsmacht mit gelegentlicher Beschwörung einer weiterhin bestehenden Kampfsituation. Sein Anspruch ist offensichtlich immer noch, Zentrale der Befreiung zu sein und die Kontrolle über die „nationalen Belange" zu behalten. Deshalb bleibt seine Strategie weiterhin die von zentralen Verhandlungen und zentralen Abkommen. Damit ist ein Konflikt zwischen der etatistischen ANC-Führung und den zivilgesellschaftlichen Strömungen und Organisationen in der Anti-Apartheids-Bewegung vorgezeichnet.

Wohlgemerkt: es war die von der Apartheid aufgezwungene Rolle als Befreiungsbewegung und nicht eine vom ANC aus freien Stücken ins Programm geschriebene Strategie, die diese etatistischen und zentralistischen Tendenzen in der ANC-Führung herbeiführte. Die ANC-Führung mußte (soweit sie nicht eingesperrt war) vom Exil aus agieren, sie hatte keine Möglichkeit, in Südafrika legal gegen die Apartheid zu opponieren. Dies bedeutete zwangsläufig eine Strategie des umfassenden Kampfs gegen das System der Apartheid. Im Rahmen dieses Kampfs strebte der ANC das Ziel an, die *townships* unregierbar zu machen. Die Folge dieser Strategie war, daß in Südafrika, gewissermaßen als Ergänzung und Gegenorganisation zur Unregierbarkeit, eine Welle von Selbstorganisation zu verzeichnen war: Der innere Widerstand gegen die Apartheid schuf sich nolens volens seine eigenen Organisationen. Diese Entwicklung zivilgesellschaftlicher Bewegungen in Südafrika, wiewohl dem ANC verbunden und seine Ziele vertretend, war der zentralistischen ANC-Führung nicht immer ganz geheuer: sie schien zu pluralistisch, zu unkontrollierbar.

Jedenfalls nahm die aus Exil oder Gefängnis heimgekehrte ANC-Führung weiterhin ihre etatistisch-zentralistische Position wahr. Ihrem Selbstverständnis entsprechend war der ANC der wahre Garant für die legitimen nationalen Interessen und sie als seine Führung daher legitimiert, die Revolution durch Verhandlungen mit den Spitzenvertretern des „ancien régime" voranzutreiben. Andere Kräfte wurden nur zögernd und nur als „Juniorpartner" beteiligt. Die zivilgesellschaftlichen Kräfte wurden in die Demokratieverhandlungen nicht direkt einbezogen. Es entstanden zwar „Foren" (so beispielsweise das *National Economic Forum,* gebildet aus Vertretern der Arbeitgeberverbände, Gewerkschaften und Politikern). Diese diskutierten parallel zu den Demokratieverhandlungen und wurden allenfalls beratend einbezogen, aber nicht als Verhandlungspartner anerkannt. Konflikte mit der „externen" ANC-Spitze und der zivilgesellschaftlichen „Basis" des ANC in Südafrika waren deshalb von vornherein zu erwarten. Im folgenden sollen die schon sichtbar gewordenen Konfliktlinien nachgezeichnet werden.

Während meines Aufenthaltes in Südafrika im Mai/Juni 1994 wurde eine Konfliktlinie zwischen „*externem*" und „*internem*" ANC mehrmals sichtbar: Im Zuge der Benennung der ANC-Minister insbesondere für die Schlüssel-Ministerien der neuen „Regierung der nationalen Einheit" wurde Unmut an der Basis laut, daß die Exilpolitiker den Vorzug erhielten vor den Führungspersönlichkeiten, die in Südafrika den Widerstand gegen die Apartheid organisiert hatten. Insbesondere kam Unmut in der Gewerkschaftsbewegung auf darüber, daß so fähige Gewerkschafter wie

Naidoo und Ramaphosa kein Schlüsselministerium bekamen. Obwohl beide daraufhin „aufgewertet" wurden, bleibt eine Rivalität zwischen ANC und Cosatu bzw. Einzelgewerkschaften spürbar.

Diese Konfliktlinie zwischen „externer" ANC-Führung und „interner" Basis wurde auch sichtbar, als die Gehälter der Regierungsmitglieder bekannt wurden. Hier gab es ironische Stimmen, daß die Politiker sich wohl im Exil an Luxus gewöhnt hätten, während diejenigen, die in Südafrika Widerstand geleistet hätten, sich an Genügsamkeit hätten gewöhnen müssen. Mit Unmut wurde auch gesehen, daß die ANC-Spitze Kompromisse einging, die auf die Interessen der etablierten Wirtschaft Rücksicht nahmen, und daß sie die Basis zur Zurückhaltung bei den (unbestreitbar oft unrealistischen) Forderungen nach möglichst sofortiger Verbesserung ihrer materiellen Lage aufforderte. Nun hatte die Masse der Bevölkerung aber gerade bezüglich ihrer materiellen Bedingungen große Erwartungen an den Machtwechsel geknüpft. Die Enttäuschung war groß, als dann keine raschen Ergebnisse für sie spürbar wurden, während auf der anderen Seite die ANC-Spitze die Privilegierten nicht antastete, sondern eher selbst in die Gruppe der Privilegierten aufstieg.

Durch Weiterführung der Strategie des Zentralismus beschwor die ANC-Führung auch einen Konflikt zwischen *zentralen und dezentralen Interessen* herauf. Sie verhandelt nun auch als stärkste Kraft in der Regierung bevorzugt auf der zentralen Ebene mit anerkannten Spitzenvertretern der zentralen Organisationen und Dachverbände. In der einschlägigen Literatur ist deshalb oft von der Gefahr eines *corporatist state* die Rede. Damit ist ein Staat gemeint, in welchem die gutorganisierten Verbände der Wirtschaft, der organisierten Arbeiterschaft und natürlich der Politik auf höchster Ebene sich über alle wichtigen Dinge einigen und nicht nur die weniger gut oder gar nicht organisierten gesellschaftlichen Strömungen übergehen, sondern selbst ihre eigene Basis nicht genügend mit in die Entscheidungsfindung einbeziehen. Die schon erwähnten „Foren" werden oft in diesem Zusammenhang gesehen als Gremien, die der Einigung der organisierten Interessen auf höchster Ebene unter Ausschaltung der Basis mit ihren unrealistischen Hoffnungen dienen sollen.

Zwar gibt es auch auf der lokalen Ebene solche Foren, in denen neben Vertretern von Politik, Wirtschaft und Gewerkschaften auch andere zivilgesellschaftliche Gruppen mitvertreten sind, aber deren politische Mitwirkungsmöglichkeiten sind noch unklar. Selbst für die Provinzen ist ja noch unklar, wieviel Macht ihren Regierungen und Institutionen zugestanden wird. Insgesamt ist aber doch eine deutliche Tendenz zu erkennen, daß die ANC-Spitze sich bzw. der Zentralregierung möglichst viel Einfluß vorbehalten möchte.

Gegen diese Tendenz, alle wichtigen Entscheidungen an der Spitze zentral zu fällen, gibt es wachsenden Widerstand: Örtliche Gruppen, auch solche, die den ANC bisher unterstützten, fühlen sich in ihren Versuchen, lokale Interessen durchzusetzen, nicht überzeugend unterstützt. Auch auf Provinzebene gibt es Unmut, daß die Provinzregierungen dadurch effektiv lahmgelegt sind, daß die „Regierung der nationalen Einheit" zögert, den Provinzen ausreichende Befugnisse und das entsprechende Budget zuzugestehen. Dieser Unmut ist in den ANC-geführten Provinzregierungen übrigens nicht geringer als in der Inkatha-geführten Provinzregierung von KwaZulu/Natal. Anders gesagt, die organisierte Basis, die bisher auf lokaler und regionaler Ebene die ANC-Politik trug, ist nun nicht mehr so sicher, ob der ANC ihre Interessen auf nationaler Ebene vertritt und fühlt sich sogar in ihrer Gestaltungsmöglichkeit auf der lokalen/regionalen Ebene von „oben" behindert.

Selbst dem ANC nahestehende Gruppen haben also Probleme, ihre Interessen gegenüber der ANC-Spitze wirksam zu vertreten. Viel größer ist aber das Problem bei den Menschen, die *keine Interessenvertretung* haben: die schwach oder gar nicht organisiert sind bzw. keine Verbindungen zum ANC haben. Nach Schätzung von Adam und Moodley sind dies immerhin die Hälfte der Bevölkerung. Diese schlecht oder nicht organisierten und nicht repräsentierten Gruppen sind zugleich die ärmsten Bürger Südafrikas: die Bewohner der ehemaligen *homelands* und die Migranten, die nach Aufhebung der *influx control* in die Städte umgesiedelt sind. Hier ist auch die Bruchlinie zu sehen, an welcher gewaltsame Konfrontationen am virulentesten sind.

In den städtischen Ballungsgebieten ist diese Gewalt schon deutlich sichtbar. Sie wird verursacht durch die Konkurrenz zwischen den bereits ortsansässigen „Schwarzen" in den *townships* einerseits und den Arbeits- und Elendsmigranten, die in den *hostels* der Stadtverwaltungen und den *squatter*-Siedlungen hausen, andererseits. Zwischen beiden Gruppen besteht ein erbitterter Wettstreit um die weiterhin allzu knappen Ressourcen. Da in den *townships* der ortsansässigen „Schwarzen" der ANC mit seiner Unregierbarkeitsstrategie einen besonders fruchtbaren Nährboden gefunden hatte und dort viele Bürgerorganisationen entstanden waren, die sich dem ANC verbunden fühlten, sahen und sehen die Neuzugewanderten, die mit diesen Organisationen im Streit um knappe Ressourcen liegen, den ANC deshalb von vornherein nicht als ihre Interessenvertretung. In der Gauteng-Provinz (dem früher so genannten PWV-Dreieck um Johannesburg), in der viele Migranten Zulus sind, konnte deshalb die Inkatha sich diesen Konkurrenzkampf zunutze machen und politisch ummünzen in die Alternative Inkatha gegen ANC.

In anderen Gebieten, etwa in vielen der ehemaligen *homelands*, gibt es ähnliche Konflikte um knappe Ressourcen auch ohne ethnische Einfärbung der Konflikte und ohne Inkatha als Unruhestifter. Dort gibt es oft keinerlei zivilgesellschaftliche oder politische Organisationen, welche als Interessenvertreter gegenüber der Regierung Forderungen erheben könnten. Hier spielen die „traditionellen Führer" noch eine besondere Rolle. Diese waren die vom Apartheidsystem bewußt als solche benutzten *power broker* zwischen den „schwarzen" Bewohnern der *Bantustans* und den verschiedenen „weißen" Interessengruppen. Die neue Interimsverfassung hat auch hier - wie in vielen anderen Punkten - bewußt unklare Kompromisse geschlossen. So können sich diese „traditionellen Führer", zusammengeschlossen in ihrem Interessenverband *Contralesa*, zum Zweck der Machtbewahrung auf das weiterhin gültige „customary law" berufen, auch wenn dieses gelegentlich den Grundsätzen des *Bill of Right* in der Verfassung widerspricht. So wurde kürzlich entgegen grundlegender Persönlichkeitsrechte der Verfassung eine junge Frau, die sich dem Brauch der ohne ihre Zustimmung arrangierten Heirat widersetzte und davor floh, per Gerichtsbeschluß ihrem „traditionellen Führer" ausgeliefert, damit dieser die Zwangsehe schließen konnte.

Statt sich also von Bürgerbewegungen oder politischen Organisationen repräsentiert zu sehen, sind die Landbewohner auf diese „traditionellen Führer" verwiesen, auch wenn damit Zwangsverhältnisse, ja Verweigerung von Bürgerrechten verbunden sind. Dadurch wird aber ein großer Teil der Bevölkerung der Demokratie überhaupt entfremdet, von der - aus ihrer Sicht - nichts zu erwarten ist. Hier entsteht ein Nährboden für demagogische Politiker. Vieles wird davon abhängen, ob auch für diese Menschen eine glaubwürdige Interessenvertretung geschaffen werden kann. Nicht, daß Putschdrohungen oder Revolten tatsächlich den Staat gefährden könnten, viel größer ist die Gefahr, daß dadurch die Demokratisierungsbestrebungen abgelöst werden könnten von einer Strategie der gemeinsamen autoritären Kontrolle durch die jetzigen Machtzentralen (vgl. bereits Adam und Moodley S. 15).

Unter welchen Bedingungen könnte das Problem glaubwürdiger und wirkungsvoller Interessenvertretung gelöst werden? Tatsächlich wäre dafür die Grundvoraussetzung, daß Basisorganisationen, Interessengruppen „vor Ort", gegenüber den Zentralen der Politik gestärkt würden. Hierbei ist insbesondere die Frage, ob der ANC sich bezüglich seiner eigenen Zukunft für eine „universalistische" Entwicklung oder für eine „afrikanische Lösung" entscheidet. Am Anfang wurde der universalistische Charakter der südafrikanischen Revolution hervorgehoben: Wie bereits die französische, so verwirklichte auch die südafrikanische Revolution universelle politische Rechte, das allgemeine Stimmrecht und die universalen Menschenrechte als anerkannte Staatsbürgerrechte. Aber in der Form des ANC als Befreiungsbewegung steckt noch das Risiko eines „afrikanischen Weges".

In anderen afrikanischen Staaten, die ihre Unabhängigkeit durch den Kampf von Befreiungsbewegungen errangen, wurde eben dieser Weg eingeschlagen: Nach dem Sieg verstaatlichten sich die Befreiungsbewegungen, ihr Etatismus wurde „offizialisiert". Sie beanspruchten nun, der neue Staat zu sein. Der ANC hat, wie gesagt, ebenfalls solche etatistischen Idiosynkrasien. Er ist daher inhärenterweise nicht besonders tolerant gegen regierungsferne, sich staatlicher Kontrolle entziehende Bestrebungen. Zivilgesellschaftliche Organisationen dürften deshalb nicht zu den Zielgruppen gehören, die sich einer besonderen Zuneigung des ANC (zumindest der Führung) erfreuen können. Gerade solche Organisationen wären aber notwendig, um Repräsentation derer „da unten" glaubhaft machen zu können.

Die Hauptgefahr für die Demokratie geht nicht von rechten (und schon gar nicht von linken) Umstürzlern aus. Sie liegt vielmehr im Inneren des neuen Regierungsapparates angelegt, in der Uneinigkeit, Unschlüssigkeit, ja Entscheidungsunfähigkeit einer „Regierung der nationalen Einheit", wie sie 1994 gewissermaßen als erweiterte „Befreiungsbewegung" gebildet wurde. Wie eine Befreiungsbewegung erhebt ja diese Regierung den Anspruch, alle Kräfte, die für die Freiheit und für das „neue Südafrika" sind, in sich zu vereinen. Eigenmächtigkeiten und Widersprüche sollen diese Einheit aller freiheitlichen Kräfte nicht stören. Als Führungsorganisation in dieser allumfassenden „Befreiungsbewegung" fällt es gerade dem ANC schwer, sich in eine normale Partei umzuwandeln.

Einmal erhebt gerade der ANC als bisherige Befreiungsbewegung schon den Anspruch, über Parteiinteressen zu stehen und stattdessen das übergeordnete Interesse zu verkörpern. Dieser Charakter verhindert auch, daß sich der ANC in *eine* Partei umwandeln könnte: Er konnte ja als Befreiungsbewegung nur glaubhaft sein, sofern es ihm gelang, heterogene Interessen (vorübergehend) unter einen Hut zu bringen. Er mußte die realen Widersprüche zugunsten des *einen* übergeordneten Ziels der Befreiung ignorieren. Wegen dieses Charakters als Sammelbecken und „Dach" konnte der ANC zwar die Führung eines noch größeren Sammelbeckens noch heterogenerer Kräfte werden, eben der „Regierung der nationalen Einheit", aber er tat dies um den Preis, die Opposition zu verinnerlichen. Er erkauft die scheinbare Einheit von Regierung und Opposition um den Preis der Unklarheit der Entscheidungen bis hin zur faktischen Handlungsunfähigkeit.

Eine zufriedenstellende Lösung im Sinne der Repräsentation einer möglichst großen Zahl von Betroffenen und damit ihrer konsensuellen Integration in ein demokratisches System kann also nur in einem gewissermaßen kontrollierten Zerfallsprozeß des ANC liegen. Anders gesagt, der ANC müßte die heterogenen Kräfte, die er bisher in sich zu vereinen gesucht hatte, nun gewissermaßen freigeben. Er müßte zulassen, daß seine heterogenen Komponenten sich in Parteien umwandeln, die klar definierte Interessen statt unklarer Allgemeinansprüche vertreten, und einen entsprechenden Teil der Wählerschaft ansprechen, statt an die Einheit aller Menschen guten Willens zu appellieren. Dies hätte zugleich den Nebeneffekt, daß der ANC in diesem kontrollierten Zerfallsprozeß auch die Führungskräfte wieder freisetzen würde, die er in der jetzigen Phase aus den zivilgesellschaftlichen Organisationen herausgezogen hat, um als Führungsmacht überhaupt funktionieren zu können. Damit hätte manche Basisorganisation wieder ihre fähigsten Köpfe zurück, die dann glaubhafte Interessenvertretung in die Tat umsetzen könnten.

Solange aber die fähigsten Köpfe solcher zivilgesellschaftlicher Gruppierungen vom ANC absorbiert werden, um die „Regierung der nationalen Einheit" als *scheinbare* Überwinderin von Interessengegensätzen zu unterstützen, besteht die Gefahr, daß die *grass roots* zu schwach für wirksame Interessenvertretung bleiben. Dies heißt aber auch, daß keine Auseinandersetzung mit den Betroffenen darüber stattfindet, welche dieser Interessen unrealistisch sind und welche in welchem Zeitrahmen realisiert werden können. Solange dies unterbleibt, lauert die Gefahr gewaltsam sich entladender Frustrationen über das Ausbleiben der *revolution of rising expectations*.

**Literatur**
Adam, Heribert und Kogila Moodley (1993), The Negotiated Revolution. Johannesburg.
Friedman, Steven (1994), Holding a Divided Centre: Prospects for Legitimacy and Governance in Post-Settlement South Africa. Paper for Presentation to the International Political Science Association Sixteenth World Congress. Berlin, August 21-25, 1994.
Tocqueville, Alexis de (1969), Der alte Staat und die Revolution. Reinbek.

Dr. Tilman Schiel, Baldestraße 10, D-80469 München

## 2. Lifestyle und die Entstehung einer Mittelklasse

*Solvay Gerke*

Während für westliche Gesellschaften konstatiert wird, daß sich keine lebensweltlich erfahrbaren Klassen und Schichten mehr ausmachen lassen (Michailow, 1994:108) und daher um neue Theorien zur Erklärung gesellschaftlicher Realität gerungen wird, kommt es in vielen Entwicklungsgesellschaften gerade jetzt zu Klassenbildungsprozessen. Gleichzeitig greifen, in Entwicklungsländern genauso wie bei uns, Prozesse der Globalisierung, und die Massenmedien transportieren weltumspannend neue Werte, Stile und Zeitgeiste.

Der wirtschaftliche Aufschwung der asiatischen Länder, an dem bestimmte Teile der Bevölkerung mehr partizipieren als andere, führt zwar zur Klassenbildung, schließt aber keineswegs Umbildungs- und Neuformierungsprozesse aus, die zu einem Gestaltwandel sozialer Integrationseinheiten führen. Die jedoch sind allein mit dem Begriffsinstrumentarium der westlichen Klassen- und Schichttheorie nicht zu erfassen. So haben Autoren wie Geertz, Wertheim und Evers/Schiel darauf hingewiesen, daß ein wesentliches Merkmal gesellschaftlicher Organisation in Indonesien sog. "alirant"[1] sind, Gruppierungen, die die Gesellschaft nach *vertikalen* Gesichtspunkten, unabhängig von sozialem Status und Schichtzugehörigkeit, strukturieren. Für eine Gesellschaft, in der die Kluft zwischen Armen und Reichen im Vergleich zu lateinamerikanischen Ländern nicht sonderlich groß war und bis heute emische Modelle gesellschaftlicher Organisation gültig sind, stellt sich die Frage, wie sich eine solche Gesellschaft in der Konfrontation mit der westlichen Welt organisieren wird und welche *kulturellen* Dynamiken Klassenbildungsprozesse begleiten.

Die hier vertretene These ist, daß sich in Indonesien die Bedingungen der sozialen Integration geändert haben und daß "Lebensstil" eine verstärkt zur Geltung kommende soziale Integrationsform ist. Kulturelle Praktiken erlangen, so behaupte ich, als Merkmale sozialer Zuordnungen einen größeren Stellenwert gegenüber sozio-ökonomischen Klassifikationskriterien.

All dies ist von Bourdieu, Featherstone und anderen für westliche Gesellschaften hinreichend dokumentiert und theoretisch fundiert worden. In den sich rapide wandelnden asiatischen Gesellschaften stellt sich dieser Prozeß jedoch anders dar. Lifestyling unter Bedingungen der ökonomischen Unterentwicklung nimmt m.E. einen anderen Verlauf als in modernen - oder postmodernen?- Industriegesellschaften. Nicht nur in der Werbung, sondern auch in Illustrierten und Zeitgeistmagazinen werden, hier wie dort, Lebensstilfragen kolportiert. Viel wichtiger ist jedoch, daß die Menschen in ihrem Alltag andere Gesellschaftsmitglieder nach Lebensstilgesichtspunkten beurteilen, und daß Stilfragen die sozialen Kontakte strukturieren.

*Zuschreibungskategorie Mittelklasse*

Dies wird besonders deutlich bei der Entstehung einer Mittelklasse, die von Demokratietheoretikern herbeigesehnt wird. In Indonesien ist Mittelklasse jedoch eine Zuschreibungskategorie, die nicht die realen gesellschaftlichen Verhältnisse beschreibt, da es eine Mittelklasse nach westlichem Verständnis (noch) nicht gibt. Nichtsdestotrotz ist Mittelschicht oder Mittelklasse eine *emisch* häufig benutzte Kategorie, die vor allem eine soziale Funktion hat: sie integriert diejenigen Gesellschaftsmitglieder, die sich als modern bezeichnen und dies durch einen spezifischen, in ihren Augen "modernen" Lebensstil demonstrieren wollen.

Zugehörigkeit zur Mittelklasse ist nicht unbedingt abhängig vom Einkommen, sondern definiert sich über soziales Verhalten und Lebensstil. Die klassischen Variablen der amerikanischen und europäischen Mittelstandsforschung (SES= Beruf, Einkommen, Ausbildung) greifen hier nicht. Die vielfach zu beobachtende Zurschaustellung westlicher Konsumgüter entspricht in der Regel nicht den ökonomischen Gegebenheiten, d.h. nicht der Klassenlage. Es wird nur symbolisch konsumiert, um einen Lebensstil zu demonstrieren, der Zugehörigkeit zur Zuschreibungskategorie "Mittelklasse" signalisiert.

*Lebensstil als soziale Integrationsform*

Damit rückt eine (nicht nur in Indonesien) verstärkt zur Geltung kommende soziale Integrationsform ins Rampenlicht. "Lebensstil" bezeichnet ein eindeutig eigenständiges Referenzniveau auf der Ebene der sozialen Integration, d.h. er ist nicht auf andere Variablen wie z.B. Schichtindizes reduzierbar. Lebensstile sind darauf ausgerichtet, Zugehörigkeit zu Kollektividentitäten herzustellen und zu sichern. Lebensstile sind Muster zur Alltagsorganisation im Rahmen eines gegebenen Handlungsspielraums. Lebensstile sind etwas, womit man sich identifiziert (s. Lüdtke, 1989:17).

Identifikationen mit Lebensstilen werden über eine Medienindustrie hergestellt, die seit Ende der achziger Jahre nicht aufhört zu boomen und deren Mitarbeiter - gemeinhin als Mitglieder der "Neuen Mittelklasse" identifiziert - sich als Kompositeure, Kolporteure und Segmenteure von Lebensstilen verstehen. Die Medienindustrie propagiert Konsum und Freizeit als ultimative Werte der "Neuen Mittelklasse" (kelas menengah baru) und das, obwohl eine Konsum- und Freizeitindustrie in Indonesien noch nicht entwickelt ist. Die Medienindustrie produziert symbolische Güter, sie kreiert Modernität und macht aus Realität Fiktion und behauptet, daß die Fiktion real sei. Die kulturelle Aneignung der Produktion von Bildern, die vorgeben, reales Leben zu simulieren, verändert die Wahrnehmung der Menschen und ihr Gefühl für das Reale und Machbare.

*Lifestyle-shopping*

Besonders die Jugend ist anfällig für die Traumproduktion und hat eigene Mechanismen gefunden, am modernen Leben teilzuhaben. Mode ist ihr Metier, am Outfit wird gearbeitet und das Tragen von brand-names gehört zum Lebensstil der modernen indonesischen Jugend. Keine anonyme Jeans, sondern eine Levis, nicht irgendein T-Shirt, sondern ein Hammer oder Benetton. Schon das Kaufen gerät zum Gruppenerlebnis des lifestyle-shopping (Shields 1992), und der Ort, an dem die Objekte des Konsums erstanden werden, ist ein sozialer Raum, in dem Menschen sich treffen, sich zeigen, kommunizieren und interagieren. Das Kaufhaus wird zum beliebtesten Aufenthaltsort der Jugend, und es ist durchaus treffend, wenn shopping-center in indonesischen Stadtplänen mit der Bezeichnung (tempat hiburan) Vergnügungsort, gekennzeichnet sind. Um sich die begehrten lifestyle-Artikel, die signalisieren, daß man dazu gehört, modern ist, auch leisten zu können, kann man auf einen second-hand Markt von Markenartikeln zurückgreifen, der - nach dem Grad der Abnutzung sortiert - von Benetton über Boss und Aigner alles zu bieten hat. Eine weitere, sehr beliebte Möglichkeit ist das Ressourcen-pooling. Wenn sich zu früheren Zeiten mehrere Familien zusammengetan haben, um festliche Tanzkleidung für ihre Töchter zu erwerben, damit diese bei Dorfereignissen tanzend im Rampenlicht stehen konnten, so poolen heute Studenten in Wohnheimen, Jugendliche in der Nachbarschaft, Freunde und Freundinnen ihre knappen Ressourcen, um sich Gemeinbesitz an Markenkleidung zulegen zu können. Traditionelle Sparvereinigungen (arisan), die Mitgliedern der dörflichen Gesellschaft die Möglichkeit eröffnen, durch das kollektive Ansparen von Kleinstbeträgen einmal eine größere Geldmenge zu erhalten, um sich z.B. Hühner oder Ziegen anschaffen zu können, erleben bei der Jugend ein begeistertes come back. Sie nutzen die angesparte Geldsumme, um im Hammer T-Shirt bei MacDonalds eine Cola zu trinken (Gerke 1995).

Die Wertschätzungsskalen für sozial Begehrenswertes und Anerkennenswertes haben sich verändert. "Lebensstil wird zu einer Kategorie, in der soziale Ungleichheit, soweit sie alltagsweltlich konkret aufscheint, wahrgenommen wird" (Michailow, 1994:108). Die Beurteilungsmaßstäbe werden kulturalisiert und auf kulturelle Differenzierungsschemata ausgerichtet. Das symbolische Feld im Kampf um soziales Ansehen und Distinktionsgewinn wird aufgewertet.

*Strategische Gruppen*

Lebensstile sind ebenfalls darauf ausgerichtet, Abgrenzungen und Ausschließungen vorzunehmen. Um sich als Kollektividentität ausweisen zu können, sind Grenzziehung und Grenzerhaltung notwendig.

Die spezifische Strukturierung der indonesischen Gesellschaft in "aliran" oder "Strategische Gruppen" (Evers/Schiel 1988) ist von hervorragender Bedeutung für die soziale und kulturelle Organisation der indonesischen Gesellschaft da, - so meine These - strategische Gruppe einerseits die Teilhabe an ökonomischen Gütern in der Gesellschaft wesentlich regulieren, andererseits aber auch in der Lage sind, den Zugang zu symbolischen Gütern zu kontrollieren und das kulturelle Feld im Kampf um soziales Ansehen und Distinktionsgewinn zu besetzen. Lebensstil wird als individuelle Gestaltungsaufgabe verstanden, durch die kollektive Identität reproduziert wird. Lebensstil ist das Erkennungsmerkmal für die Zugehörigkeit zu einer sozialen Gruppe.

In Indonesien ist die strategische Gruppe objektiv und subjektiv die Grundlage für soziale Anerkennung und überragende Orientierungsleitlinie für die Ausrichtung der Lebensführung. Der Beamtenapparat, das Militär und das business stellen strategische Gruppen dar, die nicht nur auf dem politischen Feld tätig sind, sondern ihre Aktivitäten auf das kulturelle Feld ausgedehnt haben. Berufsgruppenzugehörigkeit drückt sich durch die Zurschaustellung eines bestimmten Lebensstils aus. Der Lebensstil ist somit eine sichtbare Form von kollektiv verbürgter Lebenspraxis, die sich im Gewand kultureller Symbole präsentiert. Lebensstil bezeichnet somit eindeutig eine verstärkt zur Geltung kommende soziale Integrationsform.

Prestige und Status erringt man nicht durch Reichtum oder die Tatsache, Beamter oder Militär zu sein, sondern dadurch, wie man seine Stellung auf dem Feld der Kultur in Distinktionsvorteile ummünzen kann. So stehen weite Teile der indonesischen Bevölkerung, die gemeinhin unter die Kategorie "Mittelschicht" subsumiert werden, vor einem Dilemma. Sind sie qua Beruf Mitglied einer Gruppe, stehen unter dem immanenten sozialen Druck, dieses durch einen (gruppen)- spezifischen Lebensstil demonstrieren zu müssen, der allerdings durchaus entsprechend der sozialen Position innerhalb dieser Gruppe variiert. Nichtsdestotrotz: Ein Beamter des mittleren Dienstes (golongan IIIa) hat einen bestimmten Haustyp sein eigen zu nennen, der als IIIa Haus in Prospekten ausgewiesen ist. Steigt er auf, muß er anbauen und so sein Haus entsprechend der höheren Statusgruppe vergrößern und mit Parabolantenne versehen, die seinen Status weit sichtbar symbolisiert. Da der einer Dienstposition zugeschriebene Lebensstil in den wenigsten Fällen mit dem Einkommen korreliert, ergibt sich ein Dilemma, das durch symbolischen Konsum (lifestyling) oder - falls das möglich ist - Nebeneinkünfte (Korruption) gelöst wird.

Die meisten Menschen, die qua Beruf oder Bildungsstand als Angehörige der Mittelklasse gelten, aber zu den unteren Einkommengruppen gehören, sind nicht in der Lage, die Güter zu besitzen oder zu konsumieren, die ihrer Position und ihrem Status und ihrer strategischen Gruppe zugeschrieben werden. So fühlen sie sich gezwungen, ihrem Leben einen Mittelklasse-Anstrich zu geben. Da ihre Möglichkeiten aufgrund der ökonomischen Situation limitiert sind, treten Symbole an die Stelle von Konsum und die Errichtung symbolischer Räume (oder virtuel realities) wird überlebensnotwendige Strategie zur Beibehaltung des Mittelschichtsstatus.

Wohnzimmer werden nach den Kriterien Reise und Freizeit dekoriert, und wenn man sich auch den Trip nach Singapore oder Deutschland nicht leisten kann, so doch den Erwerb eines Merlion (des Wahrzeichens von Singapore) oder einer Kuckucksuhr. Weit sichtbar im Wohnzimmer ausgestellt, soll demonstriert werden, daß man es sich leisten kann zu reisen, Urlaub zu machen, mobil zu sein - Werte, die mit Mittelschichts-Aktivitäten assoziiert werden.

Als Mitglied einer strategischen Gruppe unterliegt man weiteren Stilisierungszwängen. Freizeitaktivitäten sind *ein* Beispiel für den strategischen Umgang mit kulturellen Ressourcen, die zugänglich und exklusiv für Mitglieder sind. Art der Freizeitaktivität, Gruppenoutfit vom T-Shirt bis zum Fahrradtyp, Marke des Golfschlägers usw., dies alles varriiert je nach Berufsgruppe und Status innerhalb dieser Gruppe und hat eine sozialintegrative Funktion.

Lebensstilisierungen sind die konkrete und sichtbare Form von Lebenspraxis, die kollektiv verbürgt ist. Dabei findet eine Sensibilisierung auf solche Merkmale statt, die einen Wiedererkennungswert haben, klare Distanzierungen ermöglichen und Distinktionsgewinn versprechen. Daran werden soziale Differenzierungsprozesse angeschlossen. Lebensstilisierungen sind somit angetan, soziale Differenzen zu kulturalisieren, das Unterschiedsempfinden gegenüber anderen strategisch agierenden Gruppen zu kultivieren und gleichzeitig Gruppenidentität und Gruppengeist zu stärken. Individualität ist nicht gefragt und wird sozial negativ sanktioniert. Über Lebensstil werden kollektive Identitäten produziert, und der "persönliche Stil" ist immer auch das Erkennungsmerkmal für die Zugehörigkeit zu einer sozialen Gruppe. Individualisierungstendenzen werden so in neue Verbindlichkeiten integriert.

Fassen wir zusammen: Symbolischer Konsum definiert Zugehörigkeit zur neuen Mittelklasse, nicht Einkommen und tatsächlicher Konsum. Daher ist die Bildung einer modernen "virtuellen Mittelklasse" möglich, bevor überhaupt die ökonomischen Möglichkeiten dafür geschaffen sind. Bürgerliche Kultur entsteht vor der Bourgeoisie, moderner Lebensstil vor der Bildung einer Mittelklasse. Man könnte dies vorauseilende Modernisierung nennen, die den Abbau sozialer Spannungen ohne Demokratisierung ermöglicht.

**Anmerkung**
1) Für Evers und Schiel bildet dieses emische Konzept gesellschaftlicher Organisation den Ausgangspunkt für ihre Theorie strategischer Gruppen (Evers/Schiel 1988).

**Literatur**
Evers, Hans-Dieter und Schiel, Tilman (1988), Strategische Gruppen. Vergleichende Studien zu Staat, Bürokratie und Klassenbildung in der Dritten Welt. Berlin.
Gerke, Solvay (1995), Middle Class Lifestyles: An Indonesian Perspective, to be published in: Sojourn. Singapore, Institute of Southeast Asian Studies.
Michailow, Matthias (1994), Lebensstilsemantik, in: I. Mörth, G. Fröhlich (Hg.), Das symbolische Kapital der Lebensstile. Frankfurt/M.
Lüdtke, Hartmut (1989), Expressive Ungleichheit. Opladen.
Shields, Rob (ed) (1992), Lifestyle Shopping. The Subject of Consumption. London/New York:

Dr. Solvay Gerke, Universität Bielefeld, Postfach 100 131, D-33501 Bielefeld

## 3. Markt, Staat und Moral in westlichen und nichtwestlichen Gesellschaften

*Heiko Schrader*

*1. Die wirtschafts- und sozialwissenschaftliche Diskussion um die Steuerungsprinzipien Markt und Moral*

Was liefert, um mit John Elsters (1989) Metapher zu sprechen, den ‚*Zement der (Wirtschafts-) Gesellschaft*'? Genügt der Preis-Mengenmechanismus als Steuerungsprinzip des gesellschaftlichen Zusammenlebens, wie dies die Neoklassische Schule unterstellt? Oder bedarf es weiterer Prinzipien gesellschaftlicher Steuerung, die umgangssprachlich mit Staat und Moral bezeichnet werden?

Betrachten wir den Begriff ‚Moral' näher: Ich möchte ihn funktional als ein internalisiertes Steuerungsprinzip bezeichnen, das egoistisches Handeln zugunsten des gesellschaftlichen Zusammenlebens bestimmten, gesellschaftlich bzw. herrschaftlich determinierten Schranken unterwirft. Nach der Rupert Layschen ‚Ethik für Manager' (1991: 27-9) erfolgt moralisches Handeln aufgrund einer Abwägung zwischen der Realisierung von Interessen und dem Vermeiden von psychischen Konflikten (Schuldgefühlen, Scham, Beeinträchtigung der Selbstachtung, usw.) und sozialen Sanktionen (Minderung oder Verlust von Anerkennung, sozialer Sicherheit, etc.). Moral reguliert Interaktionen über als verbindlich akzeptierte und ‚in der Regel eingehaltene Standards (Normen, Regeln, Gewohnheiten, Grundsätze), Einstellungen, Vorurteile und Wertorientierungen' (Lay 1991: 91).

Im Zuge gesellschaftlicher Differenzierung wurde das Gewinnstreben entmoralisiert (Hirschman 1977), solches Handeln allerdings zuerst noch über eine Arbeitsethik moralisch-religiös legitimiert, bis schließlich auch diese an Relevanz verlor. Ein anderer Teil von Moral wurde über legislative Sanktionsmöglichkeiten formalisiert, ein dritter Teil generalisierte sich als universalistisches Normensystem, in dem der Aspekt des Selbstzwangs ‚verdunstete' (vgl. Kaufmann 1984: 182: FN 3). Wieder ein anderer Teil, der sich auf Reziprozität und Redistribution in der Gemeinschaft, also auf soziale Sicherheit bezog, wurde auf den Sozialstaat übertragen.

Eine Wirtschaftsethik überprüft nach Rupert Lay (1991: 73) Handlungstypen (*nicht*: Handlungsindividuen) anhand eines von ihr identifizierten ‚höchsten Gutes', z.B. Gemeinwohl. Ein daran orientiertes moralisches Handeln wendet die ethischen Grundsätze kritisch auf einzelne Handlungen oder Motive an.

Der Ursprung der Wirtschaftswissenschaften war moralphilosophisch fundiert, was aber in der Neoklassischen Schule gänzlich verloren ging. In der heutigen Basisversion wirtschaftlicher Rationalität handelt das Individuum in wirtschaftlichen Transaktionen nach dem Prinzip der individuellen Wohlstands- oder Nutzenmaximierung in einem machtfreien Raum. Anbietern und Nachfragern werden eine Präferenzstruktur und zweck-mittel-rationales Handeln unterstellt, wobei die Herkunft der Präferenzen als außerhalb des Bereiches der Disziplin liegend angenommen wird. Zusätzliche Annahmen sind ein vollkommener Markt, bestimmte staatliche Arrangements zur Aufrechterhaltung des Marktfriedens und ein aus dem Verhalten der Marktteilnehmer resultierender automatischer Gleichgewichtspreis. Realitätsnähere Spezifikationen dieses Grundmodells sind Varianten der *rational-choice* Theorie, die sozialutilitaristische Theorie der Gerechtigkeit (Rawls 1975), die Theorie des Verfassungsvertrages (Buchanan 1977) oder New Institutional Economics. Das Rationalitätskonzept wird hier in Hinblick auf aus der Unvollkommenheit des Marktes resultierende Alternativenbeschränkungen erweitert (*bounded rationality*).

Diese Erweiterung hat auch zur Wiederbelebung der Diskussion um Moral als moderne Wirtschaftsethik geführt. Nach dem Konzept der *korrektiven Wirtschaftsethik* werden der wirtschaftlichen Autonomie bestimmte Grenzwerte auferlegt, jenseits derer eine politisch-ethische Intervention möglich wird (Beispiel: Bundeskartellamtes oder Bundesumweltministeriums). Die Vertreter eines *funktionalen wirtschaftsethischen Konzeptes* argumentieren im Sinne des Kontraktualismus, daß ökonomische Rationalität schon auf einer endogenen Binnenmoral basiert und über strategisches kooperatives Handeln auf die Senkung der Transaktionskosten zielt (vgl. Ulrich 1990, Meran 1990, Lay 1991). Ich bin der Ansicht, daß sich viele, aber nicht alle wirtschaftlichen Handlungen und Interaktionen mit einem funktionalen wirtschaftsethischen Konzept erklären lassen, wie die folgende Diskussion zeigen wird.

Die gegenwärtige heterodoxe Diskussion um eine moderne Wirtschaftsethik steht nach Peter Ulrich (1990: 179) ‚im Spannungsfeld zwischen institutionalisierter Sachlogik der modernen Wirtschaft einerseits und Anprüchen der Menschen an die Qualität des modernen Lebens andererseits'. Der ‚*homo moralis*', der sittlich Handelnde (Meran 1990), überprüft sein Handeln an wirtschaftsethischen Kriterien. Bei der Alternativenauswahl unterwirft er sich von vorne herein Beschränkungen, indem er zwar zweck-mittel-rationale, aber moralisch verwerfliche Handlungsalternativen ausgrenzt. Nach Ulrich (1990) fehlt einer rein neoklassisch begründeten Wirtschaftsethik das deontologische Element - die Verpflichtung und Selbstverpflichtung der Handlungssubjekte zur Einschränkung subjektiver Interessen zugunsten eines gemeinsamen ‚höchsten Gutes'. Sinn der von Ulrich vertretenen kommunikativen Wirtschaftsethik ist - wie er es ausdrückt -, die ökonomische Rationalität selbstreflexiv ‚zur Vernunft' zu bringen. Vernünftiges, wertschaffendes Wirtschaften im Sinne einer modernen Wirtschaftsethik bezeichnet Ulrich nun als ‚sozioökonomische Rationalität'.

Man kann Ulrichs Sichtweise auch mit der sinnvollen Unterscheidung Homanns (1990: 114) zwischen konventioneller und postkonventioneller Moral verbinden. Konventionelle Moral wurzelt auf Glauben, Autorität, Angst vor (dies- und jenseitiger) Strafe usw., also auf Metanarrativen. Sie wurde im Zuge des Modernisierungsprozesses durch postkonventionelle Formen von Moral ersetzt. Diese basieren auf der intersubjektiv geteilten Einsicht in bzw. Begründbarkeit von Normen.

Ich bin folglich der Auffassung, daß der Preis-Mengenmechanismus als ‚Zement der (Wirtschafts)Gesellschaft' nicht ausreicht. Es bedarf allerdings auch nicht nur einer Ergänzung durch das Steuerungsprinzip Staat, um die Gesellschaft zusammenzuhalten, sei dies im Sinne des kontrollierenden Leviathan oder des korrigierenden Wohlfahrtsstaates. Vielmehr ist die Selbstbeschränkung der Wirtschaftssubjekte in der Verfolgung ihrer egoistischen Interessen erforderlich, wie dies schon im Kontraktualismus anklingt.

Die Neue Wirtschaftssoziologie postuliert allerdings, wirtschaftliche Rationalität nicht nur auf Handeln in bezug auf wirtschaftliche, sondern auch auf soziale Ziele, höheren Status oder Macht zu beziehen (vgl. Granovetter 1985), da das Erreichen dieser Ziele wiederum ökonomische Vorteile nach sich ziehen kann. In der erklärenden Soziologie ist bereits ein erweitertes Rationalitätskonzept in ein Handlungsmodell umgesetzt worden, nach dem das Wirtschaftssubjekt die sozial legitimen Handlungsalternativen optimiert. Das Ergebnis des Entscheidungsprozesses könnte mit ‚*bounded socioeconomic rationality*‘ bezeichnet werden - sozioökonomische Rationalität unter sozialen Beschränkungen.

Den ersten Teil meines Beitrags möchte ich also in folgender, knapp formulierter Aussage zusammenfassen: *Markt und Moral sind interdependent und komplementär.* Im zweiten Abschnitt möchte ich mich nun aber konkret dem Verhältnis von Markt und Moral in westlichen und nichtwestlichen Gesellschaften zuwenden.

## 2. Markt, Staat und Moral in westlichen und nichtwestlichen Gesellschaften

Wirtschaftspolitisch manifestierte sich in der Nachkriegszeit das Verhältnis von Markt und Staat in West- und Osteuropa in der ordnungspolitischen Spanne zwischen der marktkonformen Variante der sozialen Marktwirtschaft bis zur marktinkompatiblen Strategie der Zentralverwaltungswirtschaft. Die jüngste Stärkung des Neoliberalismus durch den Kollaps der osteuropäischen Planwirtschaften hat allerdings wieder das Steuerungsprinzip Markt gestärkt und durch Privatisierung des öffentlichen Sektors sowie den Abbau sozialstaatlicher Errungenschaften zur erneuten Deregulierung des Binnenmarktes geführt. Neue transnationale Wirtschaftsräume tragen durch die Einschränkung nationaler staatlicher Kontrollbefugnisse zugunsten supranationaler Organisationen zur weiteren Deregulierung bei, denn letztere erhalten wegen notwendiger konsensualer Voraussetzungen der Mitgliedsländer nur minimale Regulationsmöglichkeiten.

In bezug auf nichtstaatliche Maßnahmen gegen den Wettbewerbsmarkt ist es Arbeitnehmern gelungen, ihre Interessen zu institutionalisieren, denen der Arbeitgeber und ihren Organisationen gegenüberzustellen und bis zu einem gewissen Grad in der Wirtschafts- und Sozialpolitik zu verankern. Darüber hinaus bilden Bürgerinitiativen, Verbraucherorganisationen und Mietervereine eine ‚Lobby' gegen wirtschaftliche Effizienzkriterien. Ihre Interessen haben sich in den Programmen der etablierten Parteien niedergeschlagen und zur Entstehung neuer Parteien geführt. Auch für Unternehmen spielt die *corporate identity* zunehmend eine Rolle, so daß hier die längerfristige betriebswirtschaftliche Nutzenmaximierung einer funktionalen Wirtschaftsethik entspricht.

Die Nachkriegszeit ist von Perioden wirtschaftlicher Regulierung und Deregulierung gekennzeichnet, die Ausdruck des Verhältnisses der drei Steuerungsprinzipien sind. Nicht nur Sozialstaatler, sondern auch Ordoliberalisten messen dem Staat eine wichtige Steuerungsfunktion bei, wenn auch mit unterschiedlicher Intensität. Allerdings ist meine These, daß heutzutage eine stabile Marktgesellschaft darüber hinaus ein gewisses Maß an Selbstbeschränkung und die Einhaltung von Menschenrechten, bestimmten Normen und Werten verlangt, insbesondere, wenn wir den Übergang vom Sozialstaat zur individualisierten Risikogesellschaft (vgl. Beck 1994) unterstellen. Mit dem Anstieg ökologischer Risiken, nationaler und internationaler Ungleichheit kommen postkonventioneller Moral und Solidarität bezüglich Selbstreflexion, Selbstbeschränkung und humanitärer Verantwortung für eine menschenwürdige *und* menschenmögliche Zukunft als Steuerungsprinzipien des gesellschaftlichen Zusammenlebens eine zunehmende Bedeutung zu.

In nichtwestlichen Gesellschaften weist der Langzeittrend wirtschaftlicher Entwicklung in der Nachkriegszeit je nach Region mehr oder weniger starkes gesamtwirtschaftliches Wachstum aus.

Bis in die späten 70er und frühen 80er Jahre herrschte in vielen Ländern über die Verstaatlichung wirtschaftlicher Schlüsselbranchen und die Einschränkung des Marktes durch Wirtschaftsgesetze und Verordnungen eine staatliche Regulierungspolitik vor. Die Verschuldungskrise und Weltbankpolitik führten parallel zum Westen mehr oder weniger freiwillig zu Deregulierung, Marktöffnung und internationaler Verflechtung. Als Folge wirtschaftlicher Liberalisierung wird ein Demokratisierungsschub assoziiert.

Betrachten wir nun die nichtwestlichen Wirtschaften im Detail, wobei ich hier die Gruppe der sogenannten Schwellenländer aus meinen Überlegungen ausschließen möchte. In Anlehnung an den kolonialen Ansatz der Dualwirtschaften ist in den 70er Jahren das Dreisektoren-Modell wiederbelebt worden: der formelle, informelle und Subsistenzsektor. Dieses Sektorenmodell ist aufgrund der Unschärfe der Sektorengrenzen kritisiert worden. O'Conner (1974) verzichtet daher ganz auf diese Begriffe. Er identifiziert einen die Machtstrukturen reflektierenden kapitalintensiven Kernbereich der Wirtschaft in profitablen Märkten und einen durch starken Wettbewerb gekennzeichneten Randbereich in weniger profitablen Märkten.

Hieraus leite ich folgende Überlegung her: Insgesamt ist die Expansion des Steuerungsprinzips Markt in beiden Wirtschaftsbereichen unverkennbar. Allerdings ergibt sich zwischen den Bereichen eine deutliche Differenz in bezug auf die Relevanz der beiden anderen Steuerungsprinzipien. Der Kernbereich zeichnet sich durch gewerkschaftliche Organisation, ein gewisses Quantum an Arbeitsschutzbestimmungen und soziale Absicherung, der Randbereich dagegen gerade durch das Fehlen dieser Bedingungen aus.

Die detailliertere Betrachtung der Gesamtwirtschaft zeigt, daß Wachstum sich insbesondere in der Phase staatlicher Regulierung in hohem Maße auf die Expansion der Staatsaktivität (Wachstum der Bürokratie, Verstaatlichung von Schlüsselbranchen, Aufrüstung, etc.), aber auch auf personale Appropriation von Staatsrevenuen durch Bürokraten, Politiker und Militärs erschöpfte. Dagegen fehlte eine nennenswerte sozialstaatliche Expansion und die Herausbildung einer Mittelschicht (beides Kennzeichen für Entwicklung), was zu gesellschaftlicher Polarisierung führte.

Betrachten wir nun das Verhältnis von Markt und Moral: Zuerst einmal wird Subsistenzproduktion aufgrund ihrer sozialen Verankerung durch das Steuerungsprinzip Moral dominiert. Andererseits beschränken sich die Interaktionen der meisten Wirtschaftssubjekte nicht auf einen Bereich, sondern sind i.a. eine Kombination verschiedener Produktionsformen.

Der O'Connersche Randbereich ist im hohen Maße kommodifiziert und vermachtet, selbst dort, wo persönliche Nähe einen hohen Einbettungsgrad von Interaktionen vermuten läßt (also in Familie, Verwandtschaft, Nachbarschaft). Darüber hinaus kann mit Elwert (1987) festgestellt werden, daß Venalität und die Kommodifizierung bestimmter, nach westlichen Standards ethisch sensibler Bereiche gerade in nichtwestlichen Gesellschaften besonders hoch sind. Hierzu wird gerne Korruption von Staatsbediensteten aufgeführt. Diese Beispiele verdeutlichen, daß Moral in hohem Maße von den soziokulturellen Bedingungen abhängt und Veränderungen unterworfen ist.

Allerdings zeigen diverse Feldforschungsergebnisse, daß als Folge der rasanten Transformationsprozesse und Marktexpansion ohne gleichzeitige sozialstaatliche Flankierungsmaßnahmen Verelendungsprozesse im Randbereich stattgefunden haben. Auf diese reagieren die Betroffenen in verschiedenster Weise. Zum einen ist als gegenläufige Tendenz zum Modernisierungskonzept der Rückzug von Teilen der Bevölkerung auf Subsistenzproduktion, also die Abkopplung vom

Markt erfolgt, was nicht, wie in westlichen Gesellschaften, Folge wirtschaftsethischer, sondern ökonomischer Motive ist: Über den Markt generiertes Einkommen reicht für viele Wirtschaftssubjekte nicht zum Überleben aus.

Zum anderen häufen sich trotz der unbestreitbaren internationalen Homogenisierung von Kultur und Gesellschaft (Stichworte: Massenkultur und Globalisierung) Kämpfe um ökonomische und nichtökonomische Ressourcen. Sie äußern sich zuerst einmal im starken Anstieg von Kapitalverbrechen mit wirtschaftlichem Hintergrund. Darüber hinaus nehmen sie Formen des religiösen, ethnischen und sozialen Konflikts, aber auch der Revolte gegen Markt und Staat an (z. B. Boykott, Verweigerung, Plünderung). Parallel dazu entstehen neue religiöse, ethnische und soziale Bewegungen, Selbsthilfegruppen und personale Netzwerke. Sie basieren auf Verwandtschaft, Ethnie, Herkunftsregion, Lokalität usw. und dienen der Identitätsbildung, Förderung von Solidarität und sozialen Integration, zur Artikulierung von Interessen, Absicherung und Appropriation bzw. kollektiven Verteidigung von Ressourcen. Die eben skizzierten Kämpfe, die auch Kennzeichen der Transformation Osteuropas sind, sind meines Erachtens Ausdruck für einen schwachen Staat, dessen Herrschaftsanspruch und Gewaltmonopol in Frage gestellt werden.

Frank Parkin (1971: 94) hat zur Erklärung solcher Konflikte in polarisierten Gesellschaften folgende klassentheoretische Überlegungen angestellt: Unteren Klassen fehlt die Macht, ein normatives System zu legitimieren, das sich gegen das dominante Wertesystem der herrschenden Klasse richtet. Daher bilden sich ‚subordinate' Wertesysteme in der, wie er sagt, ‚moralischen Dichte' lokaler Gemeinschaften. Sie entstehen auf der Basis von lokalisiertem sozialen Wissen und persönlichen Beziehungen. Die Kollision zwischen ‚subordinaten Werten' und dominantem Wertesystem entlädt sich in diversen Formen von Konflikten, wobei die Eliten versuchen, ihre Macht und ökonomischen Chancen über Repressionsapparate zu verteidigen.

Ich möchte hier nicht die Relevanz von Klassenkonzepten diskutieren, meine aber, daß mein eklektizistisches Wissenschaftsverständnis auch eine Übertragung auf andere hierarchische gesellschaftliche Figurationen erlaubt. Ich bin mit dieser Sichtweise zu folgendem Fazit gekommen: Schwachen Staaten fehlen drei Grundbedingungen für die Etablierung einer stabilen Marktgesellschaft: (1) die Legitimität von Herrschaft, (2) die moralischen (oder mit Elias: internalisierten zivilisatorischen) Selbstbeschränkungen für das Funktionieren einer Marktgesellschaft (z.B. individueller Gewaltverzicht und die Anerkennung von Menschenrechten, aber auch der Verzicht auf Korruption), und (3) ein gewisses Quantum an sozialethischen Grundsätzen und sozialstaatlichen Errungenschaften. In anderen Worten: Eine Marktgesellschaft bedarf zu ihrem Fortbestehen des Zusammenspiels von Markt, der Legitimität des Staates und postkonventioneller Moral der Wirtschaftssubjekte. Die Differenz der Komposition der drei Steuerungsprinzipien liegt also nicht so sehr zwischen westlichen und nichtwestlichen Gesellschaften, wie der Titel meines Beitrags vermuten läßt, sondern eher zwischen weniger und stärker zivilisierten bzw. rationalisierten Gesellschaften.

**Literatur**
Beck, Ulrich (1994), The Debate on the 'Individualisation Theory' in Today's Sociology in Germany, in: Bernd Schäfers (ed.), Sociology in Germany. Soziologie Special Edition 3. Opladen.
Buchanan, James M. (1977), Freedom in Constitutional Contract. College Station and London. Texas A&M University.

Elster, John (1989), The Cement of Society. A Study of Social Order. Cambridge.
Elwert, Georg (1987), Ausdehnung der Käuflichkeit und Einbettung der Wirtschaft. Markt und Moralökonomie, in: Klaus Heinemann (Hg), Soziologie wirtschaftlichen Handelns, Kölner Zeitschrift für Soziologie und Sozialpsychologie, Sonderheft 28.
Granovetter, Mark (1985), Economic Action and Social Structure: The Problem of Embeddedness, American Journal of Sociology 91, 3: 481-510.
Hirschman, Albert O. (1977), The Passions and the Interests. Princeton.
Homann, Karl (1990), Strategische Rationalität, kommunikative Rationalität und die Grenze der ökonomischen Vernunft, in: Peter Ulrich (Hg.), Auf der Suche nach einer neuen Wirtschaftsethik. Bern und Stuttgart.
Kaufmann, Franz Xaver (1984), Solidarität als Steuerungsform - Erklärungsansätze bei Adam Smith, in: F.X. Kaufmann und H.-G. Krüsselberg (Hg.), Markt, Staat und Solidarität bei Adam Smith. Frankfurt/M.
Lay, Rupert (1991), Ethik für Manager (2. Aufl.). Düsseldorf, Wien und New York.
Meran, Josef (1990), Ist es ökonomisch vernünftig, moralisch richtig zu handeln?, in: P. Ulrich (Hg.), Auf der Suche nach einer neuen Wirtschaftsethik. Bern und Stuttgart.
O'Conner, James (1974), Die Finanzkrise des Staates. Frankfurt/M.
Parkin, Frank (1971), Class Analysis and the Political Order. London.
Rawls, John (1975), Eine Theorie der Gerechtigkeit. Frankfurt/M.
Ulrich, Peter (1990), Wirtschaftsethik auf der Suche nach der verlorenen ökonomischen Vernunft, in: Peter Ulrich (Hrsg.), Auf der Suche nach einer neuen Wirtschaftsethik. Bern und Stuttgart.

PD Dr. Heiko Schrader, Universität Bielefeld, FSP Entwicklungssoziologie, Postfach 100 131, D 33501 Bielefeld

## 4. Deadly Brotherhood: Local and Symbolic Factors in the Organization of White "Ultra-Right" Violence in South Africa and Protestant Paramilitarism in Northern Ireland

*Mary Catherine Kenney*

This research comparing Afrikaners and Ulster Protestants was proposed in 1992 as part of a project of comparative ethnographic studies of the social organization of political and ethnic violence. The South African phase of the fieldwork was accomplished through a Post Doctoral Research Fellowship with the Graduate School "Market State and Ethnicity", at the University of Bielefeld-Sociology of Development Research Centre, funded by the German National Research Council (DFG). The fieldwork on Ulster Protestants was carried out while the author was a PHD candidate in anthropology at the University of Michigan.

My hypothesis was this: that two geographically dispersed calvinist settler societies have employed the social organizational strategies of semi-secret men's clubs and mass political rituals to pursue their political goals. Have the Ulster Protestants and the Afrikaners used these cultural and organizational elements in similar ways to solve similar historical problems?

The research in the field focused specifically on a comparison of the political cultures of the Afrikaans speaking Whites in South Africa and the Ulster Protestants in Northern Ireland. The proposed research focused particularly on the history and modern roles of paramilitary organizations in these two calvinist settler societies located in two geographically dispersed former British colonies. It proposed to investigate, in South Africa, three basic factors in the social organization of ethno-political violence. These factors are social networks, symbols of identity and urban micro territoriality. These three interrelated socio-cultural factors were observed by the author to underlie the political strategies of Protestants in Northern Ireland based on 18 months of ethnographic fieldwork in the mid 1980's (Kenney 1991). I was particularly interested in comparing the political role of the Ulster Protestant "Twelfth of July" celebrations with the mass assemblies of Afrikaners occurring on the "Day of the Vow"(December 16) in South Africa. I was also interested in comparing the role of paramilitary organizations among Afrikaners with that of Loyalist paramilitary groups in Northern Ireland. For example, I wanted to know if the paramilitary AWB (*Afrikaner Weerstandbeweging*) are either publically or unofficially involved in the main public rituals that celebrate Afrikaner ethnic and national identity.

Based on the ideas of Louis Hartz (1964) and Marvin Harris (1964) about the history and social dynamics of settler societies, I hypothesized that cultural and historical similarities would account for the apparent similarities in the "ethnic" and political organizational strategies of Protestants in Northern Ireland and Afrikaners. Furthermore, it was hypothesized that these apparent similarities in social organization would have functional consequences for the patterns of political events in the two countries. The first step in testing this hypotheses in terms adequate to both groups was to conduct ethnographic fieldwork in an Afrikaner community in South Africa to see if, in fact, the two groups have used secret societies and mass political rituals in similar ways to solve similar historical problems of ethnic competition during the colonial periods and to consolidate political power over native majorities after the ends of British rule.

A wider theoretical question is raised by this research. Are both situations cases of an ethnic organization of conflict? If so, what exactly is "ethnicity" seen as a social process and how and when should we use ethnicity as a scientific concept for the analysis of group relations (based on conflict, cooperation or peaceful coexistence) in complex societies? To answer these questions cross cultural field research must be carried out specifically on these issues. The terms ethnic group and ethnicity are being used, by social scientists and by the people directly involved in social movements, to describe a range of types of groups, popular movements and conflicts occurring in different parts of the world. To identify and describe the various sub types of ethnicity, based on cross cultural observation and comparison, is an urgent task of social science. The definition of ethnicity used in this study is that of F. Barth but it represents an attempt to go beyond his formulations in *Ethnic Groups and Boundaries* (1969).

In South Africa I studied the role of symbolic processes in historical commemorations (those celebrations of ethnic and national identity) which take place as annual mass gatherings of the ethnic group. In both South Africa and Northern Ireland these public rituals include triumphal pageants (performed by one side of the conflict) and the mass funerals of martyr-heroes (staged by the other side). I studied some of the political and individual uses of the symbols of group identity observed in various public rituals. I see certain voluntary associations as the curators of the symbols of ethnic identity for an entire ethnic group. In this situation the groups' organizational symbols serve as the symbols of ethnic and individual identity for the majority of the ethnic group that are not members of the organization (Buckley and Kenney 1995). I asked this question: Did the Afrikaner Broederbond (a semi-secret mens' club) play a similar role in Afrikaner ethnicity and politics as the Orange Order (also a semi-secret mens' club) has historically played among Ulster Protestants? This aspect of the research was based on participant observation of Afrikaner public rituals in South Africa.

Based on the work of Abner Cohen (1974) and Jeremy Boissevain (1965) - both social anthropologists who deal with the customary and strategic uses of symbols of group identity, local social organization, social clubs and national level politics - I examined Afrikaner public rituals in the context of social organization. What do the forms of social organization, made highly visible in mass ritual, generally reveal about the informal political structures and strategies characteristic of an ethnic group? What relation do the patterns and social networks so identified have to do with and history and the pattern of political events observed as the events are happening?

To answer these questions for the case of the Afrikaners, I conducted fieldwork to answer this specific question: What are the roles of localized support networks and the resulting functional semi-autonomy in the White organization of political violence in South Africa? Like in Northern Ireland are the Afrikaner paramilitary groups based in specific rural and rural localities where they enjoy the overt and covert support of the majority of the white ethnic group and base their operations in the micro territorial "defense and attack functions" (Boal 1976) of ethnic enclaves? If so, what is the historical basis of this communal acceptance of the operations of paramilitary organizations among Afrikaners (which is different from active support for all of their actions) and how does local autonomy conflict with centralized command structures of political parties and official paramilitary organizations? If so in the case of the Afrikaners, are the symbolic aspects of ethnicity (the rituals, mass gatherings and cultural organizations) related to locality and networks? The method used to obtain information on these aspects of the social organization of political violence was the ethnographic "community study" approach.

We can safely observe public aspects of the secret organization of violence in both the context of local social organization and public ritual because the public aspects are functional for the maintainence of the secret aspects. This visibility is part and parcel of the dynamics of popular support of violent movements and organizations. I discovered this by doing fieldwork in Northern Ireland but I hypothesized that similar social dynamics, at work in South Africa, would allow me to pursue this approach in the case of the Afrikaners. This assumption was basically correct although the vast spatial scale, and greater social complexity, of South Africa makes it much more difficult to literally "see" the relationships between the organizations in the Afrikaner political networks in public cermonies and localized social interactions (including gossip). In the case of South Africa, more connections must be reconstructed from the reports of other observers.

I found that a struggle for the control of mass rituals of identity has been part of the AWB strategy during the past ten years. Since the early 1980's the AWB has conducted their own "Day of the Vow" gathering on December 17, held separately from the main Broederbond sponsored commemoration held at the Vortrekker Monument in Pretoria. This is like Northern Ireland, where paramilitary groups have managed to successfully take over popular holidays and public rituals from more conservative (in the sense of non-violent) ethnic and national organizations, meaning that they now organize the main celebration (Kenney 1991). But while the participation rate of Afrikaners in their national rituals and annual mass gatherings is high, it has never been as complete and coordinated as that of Ulster Protestants in their organizations and rituals. At one mass meeting of Ulster Protestants in Belfast that I attended that was held to protest the Anglo-Irish agreement in 1985, the assembled crowd was estimated at 100,000 people out of a total Ulster Protestant population of about one million.

The Afrikaners constitute a larger community. There are three million Afrikaners in South Africa and they are far more widely dispersed over a vast territory. It is probably harder to achieve functional political unity on the basis of informal networks and annual public rituals under such circumstances. Although the Ulster Protestants are characterized by many political factions operating within the larger ethnic group, they have until now been able to effectively unite and successfully oppose any suggestion of the rejoining of "their" six counties into an politically independent "united Ireland". While the Afrikaners have a self perceived history of failures of attempts to unite their factions and achieve unified political action, they effectively united under the leadership of the Nationalist Party and the Broederbond to rule South Africa, without compromise, from 1949 until 1990.

A comparison, based on the organization of the mainly Afrikaner "white Ultra right" in South Africa with the social organization of political violence in Northern Ireland (Kenney 1991) shows that while there is a strong local aspect to the AWB, white political violence is not mainly organized on the level of rural or urban neighborhoods, although the right to march or patrol armed and in uniform, to be granted the "freedom of the town", is certainly considered as a demonstration of strength of the local AWB in the Afrikaner dominated farm towns of the Orange Free State and the Transvaal.

Along with the tradition of public parading as an indicator of the fighting strength of a party or faction, like in Northern Ireland, local and regional history is a crucial factor in politically truculent and even rebellious armed bands of citizens, and even private armies, being considered a normal (if not always approved of) feature of "civil society" in some parts of the world. In South Africa, like in Northern Ireland, paramilitary organizations, observed in the local contexts, are hard to differentiate, in terms of membership and function, from gangs, militia, posses and vigilantes. For example, the UVF (Ulster Volunteer Force - an ultra violent Loyalist paramilitary organization formed in 1966) takes its name from the Unionist-Protestant force, founded during the First World War era, to fight against Irish independence. The AWB draws similar legitimacy from the traditon of the *Boer Kommando*s, the locally organized bands of armed farmers that fought against the British forces in the Anglo-Boer War.

As a frontier people, militia are part of Afrikaner social organization and political culture. The Boer Kommando not only fought British troops but also conducted punitive attacks against native enemies, the maurauding Bantu warriors and Bushman cattle raiders of Afrikaner popular history. The very existence of the "laager" (a symbol of the "*Volk*") is dependant on it's band of intrepid, and violent, defenders.

A local history, making armed bands a part of the ethnic groups' political culture and a persistent (if controversial) feature of local community life, is an important factor in a situation of passive support or tolerance for the use of violence as a political strategy by violent organizations who can make a reasonable claim to represent an important aspect of a larger group's communal, ethnic or national identity. I have argued elsewhere that this factor, reflecting Boal, Murray and Pooles' (1976) "defensive function" of the urban ethnic neighborhood, is largely responsible for popular support for the Provisional IRA in Catholic districts of Belfast (Kenney 1991). In a social organizational sense, such locally rooted paramilitary organizations are characterized by an overlapping pattern of membership with other local groups, including officially pacifistic ones like Churches. They are covertly part of the same social network system. The community's own "men of violence" are affected by its customary rules governing behavior to varying extents depending on how powerful or marginal the paramilitaries are in their home territories.

I found that, in contrast to Northern Ireland where local rural and urban neighborhoods are directly linked into a province wide network of organizations and the drama of political and ethnic violence is largely played out on the local stage, the operation of Afrikaner political networks are most significant on the regional and national levels. I think this is partly a reflection of geographic scale and the history of *Vortrekker* settlement patterns in South Africa north of the Cape.

The strongholds of the AWB and the Afrikaner "Ultra Right" in general are the Orange Free State and the Transvaal, especially in the "the deep North" where I did fieldwork. The Northern Transvaal is also a stronghold of the far right Conservative Party and of the white racist APK Church *(Afrikaanse Protestante Kerk)*. This suggests that the politically functional aspects of networks are organized more on a regional basis rather than individual towns and rural neighborhoods. Afrikaner society was overwhelmingly rural until after the Anglo-Boer War (and especially during the Great Depression) when masses of Afrikaans-speaking poor Whites migrated to Johannesburg to find employment in industry .

The increasing wealth and upward social mobility of Afrikaners, as white South Africans in the post-Second World War period, have diluted this factor of local networks even more (although most of the AWB organizational activity in Johannesburg and Pretoria is centered in lower-middle class white housing areas directly bordering on Black townships). The spatial dimension of Apartheid has created some aspects of micro-territoriality that affect Whites too, where random violence and political confrontations do occur along White suburban-expanding Black township boundaries in this case. However major incidents of White Ultra Right political violence don't usually take place in these localized spatial and social contexts. The AWB has territorial strongholds, urban and rural, but they don't operate mainly on the local stage like the Loyalist paramilitaries in Northern Ireland tend to do. In contrast, Black township violence is highly localized like in Northern Ireland (and is also a product of poverty and mass urbanization).

The Afrikaner "right wing" do organize as autonomous sub groups (public, semi secret and secret) with political violence being planned and carried out by the secret and rival factions. Although the AWB is the largest Afrikaner paramilitary organization, there are many small white supremacist groups who stockpile arms etc. Reports of the "Third Force", operating inside the army and police, are also true. In Northern Ireland, the covert links between the Protestant paramilitaries and the police and even the British army have always been an aspect of the dynamic of violence. In both cases there are many agents at work in the organization of violence and their relations to each other are similarly mysterious and clouded by speculation. These secret levels of the organization of political violence are probably too dangerous for social scientists to study directly in any society characterized by communal and political violence. We can, however, study the public aspects.

The APK church is an aspect of this organizational pattern. This body broke away from the main branch of the Dutch Reformed Church in South Africa over the issue of racial integration of church services and congregations and is officially associated with the right wing Conservative Party. It is comparable in its history and political function with the Rev. Ian Paisley's Free Presbyterian Church in Northern Ireland. Like the Free Presbyterians the APK is also unofficially connected with paramilitary organizations, particularly with the AWB. While in South Africa, I investigated the role of the APK in Pretoria, in Ellisras in the Northern Transvaal and in the "Whites only" Volkstaat colony of Orania, located in the Northern Cape.

My fieldwork revealed that in Elliras, a mining town in the Northern Transvaal, and in Orania the various factions and organizations (representing the whole spectrum of the Afrikaner political right), including the paramilitary organizations, are present in local communities and in the movement for Afrikaner territorial independence. These informal constellations of organizations are similar to the organizational patterns behind radical political factions in Northern Ireland. Such arrangements will prove typical, I believe, of other cases of the social organization of political violence viewed cross-culturally.

Now it looks like the goal of the Volkstaat will be pursued constitutionally but will always be the organizational template that allows the emergence of violence, with the paramilitaries assuming the effective leadership, if the political process breaks down as a result of Black-Black conflict. This is because the ideal of the Volkstaat it is a goal that the paramilitary factions have grass roots support for within the larger ethnic group. The idea of the White homeland will persist as a symbol of national identity for Afrikaners in a democratic South Africa. Most Afrikaners today are urbanized and modern in their interests and lifestyles so it won't be a main option, just as "UDI" (unilaterally declared independence) for Ulster hasn't succeeded except as a symbolic alternative. An independent Ulster would mean drop in living standards for Protestants as well as Catholics in Northern Ireland. Only the most ideological of the paramilitaries, and some fundamentalist Protestants would actually enjoy it as a political reality.

The results of my study show that the Afrikaners and the Ulster Protestants use similar political strategies although different details and events distinguish the two groups, reflecting the uniqueness of particular histories. These similarities are due to the interaction of cultural factors and economic forces typical of post colonial social settings and especially of former British colonies. These organizational strategies, which include political violence, constitute a form of ethnicity.

Like other ethnic groups throughout the world, Ulster Protestants and Afrikaners make use of pre-existing organizations and locally based social groups and institutions as the framework of their organizational networks. While conveying a considerable organizational advantage, the use of locally-based pre-existing organizations, such as churches, is partly responsible for the typically conservative, even traditionalist, ideological stance and symbolism of those political movements identified as "ethnic" by social scientists.

At the present time, almost one year after the first democratic elections in April, 1994, South Africa seems to be settling down to a state of violent equilibrium. This reflects a post colonial version of the strong state-high social conflict political configuration. This is a situation where low-level organized political violence, and related high rates of criminal violence, are mainly localized as permanent feature of townships and former homelands.

South Africa will be a multi racial, democratic, version of the Afrikaner "laager" society, both living with and defending itself against the poor masses. It will continue to be a physically dangerous society compared to Western Europe (especially for the poor who have to live in these areas) but it will "work" politically and economically with a authoritarian/liberal government controlling but not eradicating violence through periodic and localized suppression by the multi-racial State.

The Afrikaner paramilitaries will continue to maintain their micro-territorial strongholds and threaten succession on the basis of these urban and rural enclaves of Afrikanerdom. This mostly rhetorical threat will be one of the oppositional factors that actually holds the multi-racial democratic coalition together. The ideal of the Volkstaat will persists along with the regional and urban Black opposition movements (PAC-APLA, Inkatha etc.) and the White paramilitary, Afrikaner secessionist organizations. These endemic and localized factors will represent political fault lines and latent sources of political and communal violence. They will serve as the cultural themes and scenarios around which conflict in the "new South Africa" will continue to be organized. Similarly, paramilitarism will persist as a latent factor in Northern Irish politics no matter what the eventual outcome of the present cease-fire will be, a lasting peace or the resumption of political violence.

**Literatur**
Barth, Frederick (ed.) (1969), Ethnic Groups and Boundaries: The Social Organization of Cultural Difference. Boston.
Boal, Frederick W., Russel C. Murray and Michael A. Poole (1976), Belfast: The Urban Encapsulation of a National Conflict. In: Susan E. Clark & Jeffrey Obler (eds.), Urban Ethnic Conflict: A Comparative Perspective. Chapel Hill.
Boissevain, Jeremy (1965), Saints and Fireworks: Religion and Politics in Rural Malta. London.
Buckley, Anthony D. and Mary C. Kenney (1995), Negotiating Identity: Rhetoric, Metaphor and Social Drama in Northern Ireland. Washington DC.
Cohen, Abner (1974), Two Dimensional Man. London.
Harris, Marvin (1964), Patterns of Race in the Americas. New York.
Hartz, Louis (1964), The Founding of New Societies. New York.
Kenney, Mary C. (1991), Neighborhoods and Parades: The Symbolic and Social Organization of Conflict in Northern Ireland. PhD, Dissertation, University of Michigan. Ann Arbor.

Dr. Mary C. Kenney, Universität Bielefeld, Postfach 100 131, D 33501 Bielefeld

## 5. Selbsthilfe und Selbsthilfeförderung im ländlichen Afrika (am Beispiel der Zigua-Gesellschaft)

*Peter Merten*

*Entwicklung und Selbsthilfe im ländlichen Afrika*

"Das wirklich entscheidende Hemmnis gesellschaftlicher Entwicklung und sozialen Wandels? Daß die Leute gar nicht wissen, was sie wirklich wollen. Ignorance!" Ibrahim Athumani, der dies sagt, ist Lehrer und arbeitet an der Dorfschule von Sindeni in Zigualand (Tansania).
    Hier in Zigualand haben weder die Ziel- und Wertssysteme "des Westens" und "des Ostens" gegriffen noch die "des Nordens". Sklaverei wurde Anfang des Jahrhunderts abgeschafft, *self-reliance* und *ujamaa* sind wieder aus der Mode; "die Moderne" und "Der Markt" locken nicht, verführen nicht zum Massenkonsumrausch. Große Teile verschiedener Bevölkerungsgruppen im ländlichen Afrika "verweigern" die *Entwicklung* (Kabou) und die "für längerfristige Bildung von Produktivkapital nötige *Arbeitsethik*" (BMZ 1992).
    Obwohl die Zigua-Gesellschaft im Vergleich mit benachbarten Ethnien als ausgesprochen traditionalistisch erscheint, ist der traditionelle Sektor der Kultur auch hier derart brüchig, daß sie dem einzelnen handelnden Individuum nur wenig zukunftsgerichtete Orientierungspunkte anzubieten vermag. Die Entwicklungsvorstellungen der meisten der von uns befragten und beobachteten Personen im ländlichen Afrika sind vage und ziellos, und so erscheint ihnen auch der tatsächliche Ablauf der gesellschaftlichen Entwicklung als mehr oder weniger beliebig. Entwicklung ohne Ziel führt sie ins Leere.
    Selbsthilfe ist nach unserer Definition der bewußte Eingriff des Menschen in den ansonsten von externen Faktoren bestimmten Gang der Entwicklung. Ernst Bloch hat dies einmal als "Überholen" von Entwicklung bezeichnet. *Selbst*hilfe setzt Unzufriedenheit voraus und Ziele: *eigene* Ziele. Selbsthilfe heißt, daß Menschen dort, wo sich höhergeordnete und gemeinhin entwicklungsprägende Systeme als disfunktional erweisen, ihr Schicksal in die eigenen Hände nehmen. Hierbei können sie und ihr Handeln von Fall zu Fall mit dem Staat kollidieren oder ihn ersetzen.
    Diese kurze Begriffsklärung war notwendig. *Selbsthilfe* ist ein alter und nur vage konturierter Begriff der Umgangssprache, der im Alltag mit unterschiedlichen Inhalten gefüllt wird. Laut Barmer Ersatzkasse ist es "Selbsthilfe", wenn das Mitglied sich aufs Fahrrad schwingt und trimmt, und im BMZ heißt es seit mehr als zehn Jahren: "Hilfe zur Entwicklung kann *immer nur* Hilfe zur Selbsthilfe sein". Ist es tatsächlich *Selbsthilfe*, wenn Dorfbewohner dafür bezahlt werden, daß sie im Auftrag der Verwaltung Straßen instandhalten? Oder wenn die *village leaders* freiwillige Arbeit anordnen, um die staatliche Dorfschule instandsetzen zu lassen?
    Zu der allgemeinen Verwirrung selbst um den grundlegenden *Entwicklungs*-Begriff hat Erhard Eppler jüngst festgestellt: "Wo nicht mehr klar ist, was Entwicklung sei, mußten alle Theorien ins Schwanken kommen." Die großen Theorien gesellschaftlicher Entwicklung *sind* gescheitert. Vom Menschen *gewollte* Entwicklung, und um diese Entwicklung geht es, basiert auf Selbsthilfe.

Zu welchem Wandel und zu welchen Entwicklungen eine akephale afrikanische Gesellschaft fähig ist, zeigt die Geschichte der Zigua überdeutlich. Bis ins fünfzehnte oder sechzehnte Jahrhundert lebten sie als Hirtenvolk im Landesinneren des heutigen Kenia. Die Beschreibung ihrer damaligen Lebenswelt rückt sie in deutliche Nähe der Maasai und Galla (Monclaro 1571, Strandes 1899). Vorübergehend an die Küste des heutigen Kenia verschlagen, mußten sich die Zigua ihre ökonomische Basis in der Landwirtschaft und im Handel suchen. Sie lebten hierbei in unmittelbarem Kontakt mit den lokalen Bantu-Völkern und assimilierten sich auch kulturell. Heute gelten die Zigua in der Ethnologie gemeinhin als Bantu.

Bei der Besiedlung ihrer heutigen Heimat im nordöstlichen Tanganyika im siebzehnten Jahrhundert verteilten sich die Zigua auf benachbarte Zonen von deutlich differenter naturräumlicher Charakteristik, und aus dem Volk der *Hirten der Ebene* ("Ur-Zigua") wurden teils *Bauern der Ebene* (Zigua), teils *Fischer an Flußufern* (Luvu, am Luvu-Fluß) und teils *Bauern des Hochlands* (Nguu, in den Nguubergen). Der mythologische Jäger Mbegha aus Zigualand wanderte im achtzehnten Jahrhundert in die Usambaa-Berge weiter; er und sein Clan wurden dort zu *eingewanderten Spezialisten in der Kunst des Herrschens* (Kilindi).

Nichts deutet also darauf hin, die traditionelle Gesellschaft der Zigua sei statisch.

*Selbsthilfeförderung*

In der Zigua-Gesellschaft ist traditionell *chiwili* eine weitverbreitete Form freiwilliger, solidarischer Arbeit in der Gemeinschaft. *Chiwili*-Arbeitsgruppen haben praktisch keine formellen Strukturen, und auch in der Funktion des *chivyele* wechselt man sich ab: bei jedem Einsatz einer *chiwili*-Gruppe war jemand anderes die Chefin oder der Chef, der das Arbeitsquantum festlegen und für Speis und Trank sorgen mußte.

*Chiwili* ist, wie ähnliche Kooperationsformen benachbarter Gesellschaften, in der Zeit des Kolonialismus instrumentalisiert worden: von der deutschen Verwaltung in Form des *akida*-Systems, das eingesetzt wurde, um in einer Art kollektiver "Selbsthilfe" Straßen und andere Infrastruktureinrichtungen bauen zu lassen, und von der britischen in Form des Ausgleichs für monetär nicht eintreibbare Steuerforderungen.

Nach der nationalen Unabhängigkeit stand die ländliche Entwicklungspolitik Tansanias im Zeichen von ujamaa. Ujamaa sollte auf kollektiver *und* individueller *self-reliance* basieren und ist damit Konzepten der Selbsthilfe und Selbsthilfeförderung zumindest verwandt. Nyereres Konzept war jedoch schon vom Ansatz her in sich widersprüchlich und ließ eigenen Entwicklungsvorstellungen der verschiedenen Bevölkerungsgruppen des Landes wenig Raum zur Entfaltung. Das Konzept sah vor, Tansania mittels des deutlich exportorientierten Ausbaus des Agrarsektors und aufbauend auf standardisierten traditionellen gesellschaftlichen Organisationsformen zielgerichtet zu entwickeln, ausgerichtet an der Moderne: Nationalstaat und Weltmarkt. "Selbsthilfe" wurde zum Instrument der Planung *von oben*, zu einem Synonym für "freiwillige Zwangsarbeit", und hat bei den meisten Menschen in Zigualand heute keinen guten Ruf. Erfolgen auf anderen Ebenen zum Trotz hat *ujamaa* die Eigeninitiative der Bevölkerung und damit ihr Selbsthilfepotential vorübergehend entscheidend gelähmt.

Seit 1972/73 unterstützt auch die Bundesrepublik (über die GTZ) mit großem Aufwand Entwicklungsprojekte in Zigualand. Projekte wie TIRDEP, das Regionalentwicklungsprojekt von

Tanga, gliedern sich in die ländliche Entwicklungspolitik des jeweiligen Trägers ein. Das heißt: TIRDEP wurde zu einem phasenweise kritiklosen Stützungsinstrument staatlicher *ujamaa*-Selbsthilfeförderung.

Projektaktivitäten werden von der GTZ seit einigen Jahren mittels "Zielorientierter Projektplanung" (ZOPP) festgeschrieben. ZOPP gilt als Instrument des Dialogs mit dem Partner. Das Verfahren ist von der GTZ festgelegt und vorgeschrieben, die Ziel- oder Nutzergruppen der jeweiligen Projekte werden in aller Regel nicht direkt beteiligt. "Selbsthilfe" der Bevölkerung wird so leicht zum vom Projekt erwarteten Beitrag der Zielgruppen zum Erreichen von "Zielen" und "Oberzielen" der einheimischen und ausländischen Experten.

Bis etwa 1989 ist das TIRDEP-Dorfentwicklungsprogramm VDP in Ziguraland nach dem "Black-Box"-Ansatz vorgegangen: einem Ansatz, der Einblicke in innerdörfliche Machtstrukturen und Entscheidungsfindungsprozesse vermeidet, kritiklos auf vermeintlicher Repräsentativität der Dorf-Elite basiert und dadurch die weniger einflußreichen Mitglieder der "Zielgruppen" benachteiligt. Seit 1992 geht VDP nun nach dem "Standardisierungs"-Ansatz vor und versucht, breitflächig "Prozeduren und Instrumente" zu entwickeln, die dann von der Zielgruppe angewandt und genutzt werden sollen (vgl. Schwedersky/Siebert 1993:31).

VDP strebt als erstes Ergebnis an: "Specific methods and instruments for animating groups (including resource mobilisation) developed and used by VDP...", und in der Projekt-Planungsübersicht heißt es: *"The learning process, which is enabling self-help initiatives, is enhanced through the animation methods, that village councils, groups and individuals are to apply themselves after having been demonstrated by VDP..."* Wenn dieser Ansatz (erstens to develop, zweitens to demonstrate, drittens to apply) nicht *top-down* ist, birgt er zumindest die gleiche Ambivalenz wie der frühere *ujamaa*-Ansatz der tansanischen Regierung. Präsident Nyerere schrieb 1968 in *Freiheit und Entwicklung*: "Entwicklung bringt nur dann Freiheit, wenn es sich um die Entwicklung von Menschen handelt. Menschen aber können nicht entwickelt werden, sie können sich nur selbst entwickeln. (...) Dadurch, daß wir das Volk von Tansania entwickeln, entwickeln wir Tansania."

Die traditionellen Formen und Inhalte der Selbsthilfeförderung in der zwischenstaatlichen Entwicklungszusammenarbeit (EZ) sind ins Kreuzfeuer der Kritik geraten, auch betriebsintern in BMZ und GTZ, und die intensive Beobachtung der in sich widersprüchlichen Entwicklungs-Praxis (inklusive KfW, Ausstattungshilfe, Außen-, Wirtschafts-, Sozial- und sonstiger Politik) deutet an, daß hinter der Bonner Entwicklungspolitik gegenüber Afrika gegenwärtig kein *eigenes Konzept* steht. Es läßt sich allenfalls belegen, daß sich die bundesdeutsche EZ unter Minister Spranger in den konzeptionellen Rahmen der Strukturanpassungsprogramme (SAP) von IWF und Weltbank einzufügen bemüht.

Dem Kontinent Afrika wird vom BMZ nur ein geringes Entwicklungspotential zugeschrieben. Die afrikanische Landwirtschaft ist schon vom Klima, von den Böden und von der Grundwasserverfügbarkeit benachteiligt: "Hieraus resultieren permanente Unsicherheiten und immer wiederkehrende Schwankungen in der Nahrungsmittelversorgung aus eigener Kraft. Die Forstreserven im tropischen Regenwaldgürtel sind in den vergangenen Jahrzehnten teilweise rücksichtslos ausgebeutet worden. Ihre Erhaltung wird künftig mehr Kapitalinvestitionen erfordern als wirtschaftliche Rendite bringen. Ein großer Teil der bisher bekannten Vorkommen an Bodenschätzen liegt

geographisch ungünstig, weitab von jeglicher Infrastruktur, und ist daher auf absehbare Zeit wirtschaftlich nicht zu verwerten." (BMZ 1992: 3)
Für Kapitalinteressen des Nordens erscheinen die ökonomischen Ressourcen Afrikas auf absehbare Zeit unergiebig. Die Interessen der politisch Herrschenden im Norden zielen vermutlich primär darauf ab, "Hunger und Chaos" in Afrika zu verhindern, um dadurch den Zustrom von Flüchtlingen und von Rauschmitteln zu mildern. Diese konjunkturelle Interessenkonstellation bietet *eigenen* Entwicklungsvorstellungen ländlicher Bevölkerungsgruppen in Afrika gegenwärtig beachtliche Freiräume, zumal auch der jeweils nationale Staat vielerorts in Afrika erodiert bzw. sich zurückzieht.

Joe Lugalla hat diese Freiräume einmal als *development space* bezeichnet: als Freiraum, in dem Selbsthilfe auf keine Widerstände seitens des Staates stößt - Freiraum für Selbstorganisation. Das Problem ist aber, daß viele Menschen, auch im ländlichen Afrika, gar nicht so recht wissen, was sie eigentlich wollen. Es fehlt die Motivation zur Selbsthilfe - Selbsthilfe setzt Ziele voraus.

Ibrahim Athumani ist Lehrer. Er hat früher in der Kulturbürokratie gearbeitet, in einer Bezirkshauptstadt. Er hat sich versetzen und zurückstufen lassen, um wieder näher bei seinen Schülern in Zigualand zu sein. Die Spielregeln der traditionellen Gesellschaft hat er von seinem Vater gelernt, der ein weithin anerkannter *mganga* war, traditioneller Lehrer und Heiler. Ibrahim arbeitet punktuell im Forschungsprojekt "Selbsthilfe und Selbsthilfeförderung im ländlichen Afrika" bei Dr. Arno Klönne in Paderborn mit, aus dem ich hier berichte.

Ibrahim Athumani hat, gemeinsam mit anderen Lehrern und mit Schülern, in der Dorfschule von Sindeni einen Text geschrieben: Utamaduni wa Mzigua, die Lebenswelt der Zigua-Gesellschaft. Es ist ein sozialkritischer Text, der zu Überlegungen und zu Diskussionen anregt. Ibrahim hofft, daß der Text gedruckt und dann in den Schulen Zigualands als Lesestoff genutzt werden kann.

**Literatur**
Athumani, Ibrahim (1995), Utamaduni wa Mzigua, Manuskript.
Bierschenk, Thomas, Georg Elwert, Dirk Kohnert (1993), Einleitung in Bierschenk/Elwert, Entwicklungshilfe und ihre Folgen, Ergebnisse empirischer Untersuchungen in Afrika. Frankfurt.
Bloch, Ernst (1964), Tübinger Einleitung in die Philosophie.
BMZ (1992), Entwicklungszusammenarbeit mit den Ländern Afrikas südlich der Sahara. Bonn.
Eppler, Erhard (1994), Blind' und taub, in: Die Zeit 8.4.1994.
Fanon, Frantz (1977), Mafukara wa Ulimwengu. London.
Freire, Paulo (1980), Dialog als Prinzip, Erwachsenenbildung in Guinea-Bissau. Wuppertal.
Hydén, Göran (1987), Discussion: Final Rejoinder, in: D&C 4:661-667.
Lugalla, Joe (1993), Development through Self-Organization and Self-Help: A Study of the Role of NGOs in Tanzania, Manuskript.
Merten, Peter (1992), Selbsthilfeförderung, Zielgruppenpartizipation und Aktionsforschung in Tansania, in: Dirk Kohnert, Hans-Joachim A. Preuß, Peter Sauer (Hg.), Perspektiven Zielorientierter Projektplanung in der Entwicklungszusammenarbeit. Köln: 93-108.
Merten, Peter (1995), Kultur und Entwicklung, Manuskript (Lucácz-Papiere, Paderborn, in Vorbereitung).

Ngugi wa Thiong'o (1993), Moving the Centre, The Struggle for Cultural Freedoms. Nairobi/London.

Norris, Edward Graham (1993), Die Umerziehung des Afrikaners, Togo 1895-1938. München.

Schwedersky, Thomas und Michael Siebert (1993), Beteiligung der Bevölkerung am Ressourcenmanagement: Ansätze in der bilateralen Zusammenarbeit, in: ELR 2: 30-31.

Sigrist, Christian (1995), Zum Beispiel Tschetschenen und Inguschen, Ethnische Selbstorganisation und Nationalstaat, in: Vereinte Nationen 2: 54-61.

Dr. Peter Merten, Nießenhook 1, D 49219 Glandorf

## 6. Gesellschaften im Umbruch und Longue Durée am Beispiel der Begriffe Struktur und Zeit

*Ulrike Schuerkens*

Wenn man Entwicklung unter strukturellen und zeitlichen Aspekten untersucht, stellt sich die Frage nach einer generellen Struktur der Entwicklung der Länder des Südens, und in unserem Fall der Länder des frankophonen Schwarzafrikas. Eine meiner Basishypothesen besteht darin, den Akzent auf die Internationalisierung bestimmter Strukturen zu legen, auf die mehr oder weniger bewußte Akzeptanz westlicher Modelle oder wenigstens Teile von ihnen durch große Fraktionen der Bevölkerung von Schwarzafrika. Dies führt in diesen Ländern zu Situationen, in denen eine spezifische Mischung zwischen autochthonen und ein oder mehreren Modellen, die die nationalen Grenzen überschreiten, festgestellt werden kann. Kolonisierung - interpretiert gemäß einem interaktiven Verständnis - hatte somit einen bedeutsamen Einfluß auf den Strukturwandel der autochthonen Sozialsysteme, die seit dem Beginn dieses Jahrhunderts Kontakte mit den verschiedenen Kolonialmächten hatten. Der Wandel, der durch eine spezifische Kolonialpolitik bedingt war, bestand z.B. darin, daß ein formelles Erziehungssystem, Lohnarbeit oder ein bürokratisches System eingeführt wurden, die einen Wandel in Richtung auf ein von Frankreich vorgeschlagenes Modell einschlugen. Trotz der großen Vielfalt der autochthonen Bevölkerungen stellt man zumindest auf der Ebene der Eliten eine relativ identische Art der Entwicklung von einem Land zum anderen fest. Obwohl die koloniale Intervention von außen gekommen ist, mußte der Wandel der autochthonen Gesellschaften sich auf die eine oder andere Art an diesen von Mitgliedern eines anderen Sozialsystems gemachten Vorschlag anpassen und übte seit Beginn dieses Jahrhunderts einen immer größeren Einfluß aus. Die Integration verschiedener Elemente in die der autochthonen Gesellschaften erfolgte langsam und allmählich und zwar dergestalt, daß man heute im frankophonen Schwarzafrika kaum noch Gruppen antrifft, die unbeeinflußt von bestimmten Strukturen des westlichen Modells blieben. Die Art des angestrebten Wandels gründete sich auf sehr unterschiedliche autochthone Systeme. Diese autochthonen Systeme haben auf die eine oder andere Art Widerstand geleistet und bestimmte für ihr Überleben wichtige Aspekte als Sozialsystem entwickelt, trotz des immer größer werdenden Einflusses des vorherrschenden Entwicklungsmodells. Zu gleicher Zeit haben diese autochthonen Gesellschaften sehr unterschiedliche kulturelle Modelle innerhalb einer selben Gesellschaft koexistieren lassen, die ambivalente Beziehungen mit den von außen auferlegten sozialen Strukturen aufrechterhielten und aufrechterhalten.

An diesem Punkt wird der Faktor Zeit ein Instrument zur Analyse des Wandels, der sich in diesen Gesellschaften vollzogen hat. Da ein Wandel eines Sozialsystems niemals alle Elemente zum gleichen Zeitpunkt betrifft, wandeln sich einzelne Elemente meistens in einer ersten Phase und ziehen den Wandel anderer Elemente nach sich bis zu einem Zeitpunkt, an dem das Auftauchen eines anderen Strukturmodells festzustellen ist. In dem hier von uns analysierten Fall handelt es sich um eine Sozialstruktur, die charakteristisch für die Entwicklung der Gesellschaften des Südens ist. Es scheint heute so, als ob das frankophone Schwarzafrika diesen Strukturwandel mit mehr oder weniger großer Intensität je nach Sozialsystem und betroffener Bevölkerung momentan erlebt oder schon seit den 40er Jahren erlebt hat. Die Problematiken des sozialen Wandels sind so an eine Analyse gebunden, die die seit Beginn des Jahrhunderts vorhandene Interaktion zweier sehr unterschiedlicher kultureller Modelle betrifft und im gleichen Moment den Faktor Zeit, der es erlauben dürfte, zahlreiche Phänomene, die aus dieser Interaktion resultieren, zu erklären.

Ein Ansatz, der auf diesen Aspekt rekurriert, verlangt für eine signifikante Analyse der Entwicklung die Verwendung von anderen Forschungsmethoden: Um Disharmonien, Brüche und Friktionen innerhalb der autochthonen Gesellschaften des Südens aufzuzeigen, erscheint es unabdingbar, Elemente zu betrachten, die aus der Interaktion von autochthonen Gesellschaften mit den westlichen Gesellschaften herrühren. Falls man daran festhält, daß die Interaktion zwischen afrikanischen Gesellschaften und den Gesellschaften westlicher Kultur in einem Zeitraum von 40 Jahren, trotz der starken Einflüsse der ehemaligen Kolonialmächte, zur Schaffung eines neuen Typs von Sozialsystem führte, sind wir gezwungen, diese Entwicklung zu analysieren, indem wir die Dimension der Entwicklungspolitik betrachten und die des Wandels der autochthonen Gesellschaften.

Wenn man bedenkt, daß die Strukturen einer Gesellschaft durch die Handlungen von Akteuren gebildet werden, die die Macht besitzen, eine gegebene Struktur zu implantieren, müssen diese Strukturen als Regeln betrachtet werden, die das Leben der Individuen regulieren. Diese Regeln können den Handelnden bekannt oder unbekannt sein. Während einer Interaktion können die Handelnden sich ihrer als Handlungsressource für eine bestimmte zielgerichtete Handlung bedienen oder, wenn sie deren Existenz nicht kennen, auch nicht. Die einmal geschaffene Struktur einer Gesellschaft ist somit ein Faktor, der der Handlung ihre Stabilität und Kontinuität gibt. Der Handelnde, der diese Struktur kennt, handelt, indem er seine Kenntnisse anwendet und die Struktur realisiert. Der Handelnde, der diese Struktur nicht kennt, erleidet vielmehr ihre Wirkungen und hat nur selten die Möglichkeit, ihren Wandel zu beeinflussen. Die Unterscheidung zwischen einer beabsichtigten Handlung und einer unbeabsichtigten findet an dieser Stelle ihre Anwendung.

Auf makro-sozietaler Ebene haben diese Unterschiede ebenfalls einen Sinn: es handelt sich zum einen darum, Handlungen zu verbinden oder zu aggregieren, und zum anderen, Strukturen zu bilden. Auf dieser Ebene weist der Machtfaktor auf seine Bedeutung hin. Nur Handelnde, die Macht besitzen, können die Schaffung von Strukturen und ihren Wandel veranlassen. Eine mächtige Gruppe zum Beispiel wird versuchen, ihr Wertesystem gegen ein anderes Wertesystem durchzusetzen. Diese Handelnden rekurrieren auf makro-sozietaler Ebene auf kulturelle Gebilde, auf Pläne, bestimmte Strukturen zu institutionalisieren, und auf existierende Strukturen, deren Sinn sie ändern wollen. Wir zeigen im folgenden, wie diese Akteure auf diese Prozesse Einfluß nehmen und die Transformation der fraglichen Struktur beeinflussen, um ihre Ziele zu erreichen. Da eine sozietale Struktur nur in dem Moment existiert, in dem eine Interaktion zwischen verschiedenen Gruppen stattfindet, kann eine Analyse des Wandels, der sich seit der Kolonialzeit vollzogen hat, diese Strukturen aufzeigen.

Der Vorteil einer makro-sozietalen Analyse besteht somit in der Analyse der Bildung von Strukturen, des Nachweises ihrer Existenz und Stabilität oder Instabilität. Ein individueller Handelnder, selbst wenn er zur Gruppe der machtbesitzenden Personen gehört, stellt nicht notwendigerweise die Wirkungen oder die Gründe seiner Handlungen fest. Ein Individuum einer benachteiligten sozialen Gruppe lebt diese Phänomene, ohne die Mechanismen zu kennen, die ihrem Funktionieren zu Grunde liegen.

Es erscheint mir besonders sinnvoll, die Art und Weise der Interaktion, die zwischen Individuum, Gruppe und sozietaler Struktur stattfindet, in einem Prozeß des Strukturwandels zu untersuchen. Während der Interaktion, die während der Kolonisation stattfand, wurden zwei unterschiedliche Sozialsysteme konfrontiert. Die Handlungen orientieren sich in diesem Fall an zwei Gesellschaftskonzeptionen, zwei unvereinbaren Systemen. Sie spiegeln die Friktionen und Brüche zwischen diesen beiden Wertesystemen wider. Die Analyse eines Wandlungsprozesses geht von der Tatsache aus, daß eine gegebene Struktur zu einem bestimmten Zeitpunkt kein länger akzeptables Wertesystem mehr darstellt. Diese Struktur erweist sich als nicht mehr an die soziale Wirklichkeit angepaßt. Falls zudem die Art und Weise der Reproduktion der Handlungen sich verändert, werden die nicht mehr vorteilhaften Strukturen problematisch. Bevor die Handelnden betroffen sind und diese Art von Wandel bemerken, kann eine gegebene Struktur schon einen Wandel vollzogen haben und eine dominante Struktur werden.

Bei der Analyse von Transformationsprozessen von Gesellschaften, und insbesondere bei der Analyse von an die Kolonisation gebundenen Prozessen, stellen wir dieses Phänomen auf frappierende Weise fest. Die Kolonisation, aufgefaßt als allmählicher Wandlungsprozeß, der sich im Zeitablauf als ein Entwicklungsprojekt einer mächtigen Gruppe herausstellt, hat somit in einem relativ kurzen Zeitraum zu einer fundamentalen Restrukturierung von Sozialsystemen afrikanischer Gesellschaften geführt. Die systematische Einführung eines wirtschaftlichen, politischen, sozialen und kulturellen Systems, das von dem der autochthonen Gesellschaften verschieden war, implizierte, daß es der Kolonialmacht gelingen konnte, ihre Strukturen durchzusetzen und ihre Ziele zu erreichen.

Da eine Analyse des sozialen Wandels die Sozialsysteme der autochthonen Bevölkerungen berücksichtigen muß, den Einfluß der westlichen Kultur auf diese Sozialsysteme und das Phänomen des Wandels, das aus der Interaktion zwischen beiden resultiert, erscheint sie als äußerst komplex. Einzig eine Analyse, die diese drei Dimensionen berücksichtigt, wird es erlauben, die Gesamtheit der sozialen Beziehungen und den spezifischen Charakter des Wandels während der Kolonialzeit und seine Auswirkungen auf den heutigen Wandel herauszustellen.

Prozesse können durch einzelne strukturelle Charakteristika repräsentiert werden, die eine Folge von Ereignissen strukturieren. Ein sozialer Prozeß kann nur durch die Isolierung signifikanter Elemente, die eine gegebene Struktur bilden, und durch die Analyse ihrer Beziehungen erklärt und charakterisiert werden. Ein spezifischer Augenblick einer Transformation läßt sich somit durch die Verbindung einzelner Elemente und die Beziehungen zwischen ihnen aufzeigen. Der Wandel einer gegebenen Struktur oder das Auftauchen zweier unterschiedlicher Strukturen können unterschiedliche Perioden der Sozialgeschichte darstellen.

Zudem können durch die Analyse der Struktur einer Gesellschaft diejenigen Elemente und Ereignisse herausgestellt werden, die bedeutsam für eine historische Entwicklung sind: die Art und Weise der Konflikte und Widersprüche innerhalb eines gegebenen Prozesses, die Wirkungen von einzelnen Ereignissen, seien sie endogener oder exogener Art im Innern eines Systems oder die Möglichkeiten der Entwicklung, die ein bestimmter Typus von Gesellschaft ermöglicht. Die historische Zeit eines Systems ist somit nichts anderes als das Resultat der Kombination verschiedener Teile eines Systems und seiner unterschiedlichen Zeiten. Um die Gesamtheit zu definieren, müssen die unterschiedlichen Wirkungen der Elemente zu verschiedenen Zeitpunkten einer Sozialgeschichte rekonstruiert werden.

Kehren wir zum Aspekt der Diachronie zurück. Nur durch das Beobachten der Struktur einer gegebenen Gesellschaft und ihrer spezifischen Transformation kann der Soziologe und Anthropologe die besonderen Charakteristika einzelner Strukturen eines sozialen und kulturellen Systems bestimmen. Oft ist diese Analyse nur möglich mit Hilfe einer theoretischen und empirischen Vorgehensweise, die den Zeitfaktor einschließt. Tatsächlich bezieht sich die Analyse immer auf einen spezifischen Ort und auf einen konkreten Augenblick einer Sozialgeschichte.

Um zum konzeptuellen Schema der Evolution zurückzukehren, stellen wir fest, daß die Entwicklung, die sich während der Kolonisierung vollzog, zum großen Teil, wenigstens was Frankreich anbetrifft, mit Hilfe mehr oder weniger evolutionärer Konzeptionen entworfen wurde. Interessant an dem Vorgehen Frankreichs ist die Tatsache, daß dieses Land nicht nur an eine Entwicklung in allgemeinen Termini glaubte, sondern auch an eine Entwicklung in Richtung auf ein vorgeschlagenes Modell. Es ist selbstverständlich, daß diese Art der Entwicklung in den wenigen Jahrzehnten der französischen Kolonisierung zu Friktionen, Brüchen und anomischen Situationen führte. 30 Jahre nach der raschen Dekolonisierung des frankophonen Schwarzafrikas beginnt man jedoch zuzugeben, daß diese Entwicklung eine Art Okzidentalisierung vollzieht, ohne bestimmte kulturelle Elemente der autochthonen Bevölkerung zum Verschwinden zu bringen. Das Problem, das sich folglich stellt, besteht in der dringenden Notwendigkeit einer detaillierten Beschreibung dieser Art von Entwicklung und ihrer unerwarteten, nicht vorhersehbaren Wirkungen, die häufig durch bestimmte Elemente der Kulturen der einheimischen Bevölkerungen in Interaktion mit westlichen Modellen bedingt waren. Heute stellt sich nicht mehr die Frage, mögliche Entwicklungswege zu finden, sondern der Akzent muß auf bestimmte Gegebenheiten gelegt und es müssen vertieft Sekundärwirkungen analysiert werden.

Der zweite Begriff, den ich in Erwägung ziehe, der Begriff der Zeit, ist auf zweierlei Art an die Diskussion des Begriffs der Struktur gebunden: Einerseits handelt es sich um einen Begriff, der in enger Beziehung zu einem Strukturwandel steht, da dieser sich nur in der Zeit vollziehen kann, und andererseits um einen, der eine Gesamtheit von Werten repräsentiert, die an einen bestimmten Typus von Gesellschaft gebunden sind. Da ein Wandel nur in verschiedenen Zeitintervallen zu fassen ist, beruht die Besonderheit des Ansatzes des strukturellen Wandels auf der zeitlichen Distanz, die zwischen Vergangenheit, Gegenwart und Zukunft besteht. Die Vergangenheit strukturiert in diesem Sinne die Gegenwart, da ein späterer Zeitpunkt auf die eine oder andere Art und Weise an einen früheren Zeitpunkt gebunden ist. Die Gegenwart bildet sich gemäß einer akzeptierten und valorisierten Sozialstruktur. Diese bestimmt zugleich die Möglichkeiten für einen sozialen Wandel. Ein zukünftiger Zustand kann nur gewählt werden, falls er einzelne soziale Werte repräsentiert und dieses Wertesystem kompatibel mit existierenden Sozialsystemen ist und keine Brüche oder Friktionen mit anderen Werten bildet. Ein struktureller Wandel wird häufig durch Macht besitzende Gruppen initiert. Im frankophonen Schwarzafrika waren und sind dies Gruppen, die durch französische Bildungsinstitutionen an die Macht kamen. Den Gruppen, die zunächst bestimmte Werte akzeptierten, gelang es dann, diese durch Bildungsinstitutionen sowie durch Massenmedien zu legitimieren. Die Akteure, die ein neues kulturelles System schufen und durch dieses System zugleich akkulturiert wurden, mußten in einer zweiten Phase diese Werte verbreiten, um das Überleben des Systems, das sie selbst repräsentierten, abzusichern. Da eine benachteiligte soziale Schicht selten einen strukturellen Wandel einführt, handelt es sich in den meisten Fällen eines strukturellen Wandels in den Ländern des Südens um eine durch eine dominierende Gruppe gewollte und ausgearbeitete Transformation. Die Verbreitung erfolgt durch eine Gruppe, die neue Werte einführt und der es gelingt, diese durch Gruppen zu akzeptieren und zu valorisieren, die mehr und mehr daran interessiert sind, diese Werte ebenfalls zu besitzen und von ihrem Gebrauch zu profitieren. Diese neuen sozialen Werte können somit Bedingungen werden, um an bedeutsamen Gesamtheiten neuer sozialer Systeme teilzunehmen.

Im Falle der Länder des Südens wurde diese Transformation zunächst durch die betroffene Kolonialmacht eingeführt. Die Bildung einer Differenz kam von außerhalb des sozialen Systems der autochthonen Bevölkerungen und sollte in das existierende Sozialsystem inkorporiert werden. All dies wurde mit dem Ziel unternommen, einen Transformationsprozeß einzuleiten, der von einem spezifischen Moment ab als nicht mehr reversibel angesehen wurde. Falls man bedenkt, daß die Gesellschaften des frankophonen Schwarzafrika südlich der Sahara mit sozietalen Strukturen konfrontiert wurden, die sich erheblich von ihren eigenen unterschieden, kann man ermessen, welcher Anstrengungen es von Seiten dieser Gesellschaften bedurfte, Werte in einem funktionellen Zustand zu halten, die von zwei kulturellen Systemen stammten, die sich auf unterschiedliche Strukturen bezogen. Die daraus resultierenden Brüche und Friktionen finden ihren Ausdruck in dem, was wir heute als Entwicklungsproblematik bezeichnen.

**Literatur**
Alexander, Jeffrey C. et al. (Hg.) (1987), The Micro-Macro Link. Berkeley.
Giddens, Anthony (1984), The Constitution of Society: Outline of the Theory of Structuration. Cambridge.
Helbing, Jürg (1984), Evolutionismus, Strukturfunktionalismus und die Analyse von Geschichte in der Ethnologie, in: Ethnologica Helvetica 8: 83-102.
Luhmann, Niklas (1984), Soziale Systeme. Grundriß einer allgemeinen Theorie. Frankfurt/M.
Schuerkens, Ulrike (1994), La colonisation dans la littérature africaine. Essai de reconstruction d'une réalité sociale. Paris.
Schuerkens, Ulrike (1995), Le développement social en Afrique contemporaine: une perspective de recherche inter- et intrasociétale. Paris.

Dr. Ulrike Schuerkens, 9 Rue Michel-Ange, F 75016 Paris

# IV. Sektion Familien- und Jugendsoziologie
*Leitung: Bernhard Nauck*

## Nichtkonventionelle Lebensformen - im Osten wie im Westen?

### 1. Nichtkonventionelle Lebensformen - moderne Lebensformen?

*Norbert F. Schneider*

*I*

Was ist der Gegenstand der soziologischen Familienforschung? Wenn man die gegenwärtige Lage des Faches betrachtet, kann man durchaus zu der Einschätzung gelangen, daß der soziologischen Familienforschung der Gegenstand abhanden gekommen ist. Dazu hat weniger der Wandel der Familie beigetragen als vielmehr die grassierende Beliebigkeit der Gegenstandsbestimmung. In der neueren familiensoziologischen Literatur findet man in unsystematischer Buntheit als Gegenstand die bürgerliche Kernfamilie, die Familie, familiale Lebensformen, Lebensformen und nicht-familiale Lebensformen. Diese Beliebigkeit ist insofern problematisch, als die Ergebnisse der Familienforschung und ihre Interpretation unmittelbar von der Gegenstandsbestimmung, heißt vom gewählten Bezugspunkt, abhängig sind. Nehmen wir das Beispiel „Wandel der Familie". Es ist heute ein Allgemeinplatz, daß in den letzten dreißig Jahren ein bedeutsamer Wandel der Familie stattgefunden hat. Über das Ausmaß dieses Wandels und seine Folgen für die Gesellschaft und die Zukunft der Familie bestehen jedoch sehr unterschiedliche Einschätzungen. Positionen, die im jüngsten Wandel der Familie einen grundsätzlichen Gestaltwandel sehen und die die gegenwärtige Situation als historisch neuartig betrachten, stehen Interpretationen gegenüber, die den Wandel von Ehe und Familie weniger dramatisch erscheinen lassen. Gesprochen wird dort vom Bedeutungswandel der Familie und von der relativen Stabilität ihrer Strukturen und Funktionen.

Wie kommen diese unterschiedlichen Sichtweisen zustande? Ein erster Grund ist, daß, wie bereits angedeutet, das Ergebnis und seine Deutung durch den zugrundeliegenden *Begriff von Familie* geprägt sind (so auch Nave-Herz 1994); ein zweiter Grund ist, daß das Ergebnis abhängig vom *gewählten Vergleichszeitpunkt* ist, und ein dritter Grund resultiert aus der *relativen Beliebigkeit der Selektion und der Interpretation empirischer Fakten*. Ich möchte diese Punkte kurz erläutern:

Legt man einen engen, an der traditionellen bürgerlichen Kernfamilie orientierten Familienbegriff zugrunde und wählt als Vergleichszeitpunkt die atypische Hochphase der bürgerlichen Kernfamilie in den 50er und 60er Jahren, wie dies bspw. Beck und Beck-Gernsheim tun, kann man einen drastischen Wandel hinreichend begründen. Wählt man einen weiten Familienbegriff, etwa im Sinne familialer Lebensformen, und bedient sich einer sozialhistorischen Perspektive, erscheint der Wandel bedeutsam, aber undramatisch.

Zur gezielten Selektivität im Umgang mit empirischen Daten ist zu bemerken, daß einzelne, die Argumentation tragende Tendenzen wieder und wieder beschworen werden - ein Vorgang, der oftmals nur noch als Realitätskonstruktion bezeichnet werden kann. Dies gilt etwa für die „ständig steigenden Scheidungen", eine Tendenz, die immer wieder behauptet wird, obwohl die Scheidungshäufigkeit in Westdeutschland zwischen 1984 und 1992 eher rückläufig war. Ein anderes Beispiel ist die immer wieder vorgetragene Behauptung einer ständig „wachsenden Zahl von Scheidungskindern" (jüngst bspw. von E. Beck-Gernsheim 1994: 129): tatsächlich - ihre Zahl ist gestiegen, ich meine aber, daß ein Anstieg von 86 auf 90 Tausend zwischen 1970 und 1992 nicht gerade dramatisch ist, v.a. wenn man berücksichtigt, daß die Zahl der je 100 Scheidungen betroffenen Kinder im gleichen Zeitraum von 110 auf 75 gesunken ist. Inwieweit die Entwicklung des Jahres 1993, Anstieg der Ehescheidungen in den alten Bundesländern im Vergleich zu 1992 um fast elf und Zunahme der von einer Scheidung betroffenen Kinder um fast 16 Prozent, eine Ausnahme oder eine Trendwende darstellt, kann noch nicht abschließend beurteilt werden.

## II

Bei der Interpretation des Wandels der Familie haben individualisierungstheoretische Deutungen einen besonderen Stellenwert erlangt. Eine der Kernaussagen dabei ist, daß sich seit 1970 ein „deutlicher Wandel hin zu nichttraditionalen Lebensformen durchgesetzt" hat (E. Beck-Gernsheim 1994: 117). Nun, was sind nichttraditionale, oder um den hier vorgezogenen Begriff zu verwenden, nichtkonventionelle, Lebensformen? Eine einfache Frage - könnte man meinen. Selbstverständlich handelt es sich dabei um Alleinlebende, nichteheliche Lebensgemeinschaften, Alleinerziehende, Stieffamilien usw. Aber ist diese Frage wirklich so einfach zu beantworten? Wenn man von nichtkonventionellen Lebensformen spricht, ist erst einmal zu klären, was denn konventionelle Lebensformen sind. Auf die jüngere Vergangenheit bezogen gibt es nach meiner Einschätzung genau eine konventionelle, d.h. herkömmliche und auf einem gesellschaftlichen Konsens beruhende Lebensform und das ist die *durch eine Eheschließung legitimierte, auf lebenslange Dauer angelegte, sexuell exklusive Partnerschaft zwischen einem Mann und einer Frau mit Kindern und einer klaren geschlechtsbezogenen Rollenteilung mit dem Mann als Ernährer und höchster Autorität.*

Nichtkonventionell sind vor diesem Hintergrund also auch „dual career families" und „sexually open marriages". Aus diesen Überlegungen wird ersichtlich, daß ein so gefaßter Begriff von „konventioneller Lebensform" für den genannten Zweck wenig weiterführend ist, da danach nahezu alle Lebensformen nichtkonventionell wären. Die Beispiele zeigen auch die Notwendigkeit, den Blick nicht nur auf die äußeren Strukturmerkmale, also auf Familienstand, Kinderzahl, Anzahl der Haushaltsmitglieder und deren Verwandtschaftsbeziehungen zu richten. Wenigstens zwei Kriterien sind stärker in den Mittelpunkt rücken: Die *Binnenstruktur*, d.h. die Beziehungsmuster zwischen den Geschlechtern und Generationen in einer Lebensform und die *Entstehungskontexte* der Lebensform, also der Grad der Freiwilligkeit und die Motive des Zustandekommens, der

Zeithorizont, für den die Lebensform projektiert ist sowie die an die Lebensform gerichteten subjektiven Erwartungen und Sinnzuschreibungen.

Familiensoziologen tendierten lange dazu, Familie anhand ihrer äußeren Strukturmerkmale zu betrachten. Diese Betrachtungsweise verkennt, daß es mittlerweile mehr Variation *innerhalb* von Familienformen gibt, als Variation von Formen. Und diese Betrachtungsweise verkennt auch, daß es heute immer weniger über das tatsächliche Leben einer Person aussagt, wenn man weiß, in welcher Lebensform diese Person lebt. Die Information, daß eine Person allein lebt, besagt zunächst nur, daß sie keinen Partner und keine Kinder mit dem gleichen Hauptwohnsitz hat. Unbekannt bleibt, ob diese Person einen festen Partner oder Kinder hat, in welchen Beziehungsnetzen sie eingebunden ist und weshalb ihre Lebensform entstanden ist - alles soziologisch bedeutsame Kriterien.

Auf makrostruktureller Ebene sind Aussagen über den Wandel der Familie wenig erhellend, wenn sie allein aufgrund der Verbreitung äußerlich strukturgleicher Lebensformen getroffen werden. Familiensoziologisch ist die Feststellung, daß in Großstädten jeder zweite Haushalt ein Einpersonenhaushalt ist, nicht sehr aussagekräftig. Gehaltvoll werden solche Feststellungen erst, wenn etwas über die Kontexte bekannt ist, die für das Zustandekommen dieser Lebensformen maßgeblich sind, und wenn bekannt ist, wie viele der Alleinlebenden ledig sind, wie viele sich bewußt gegen Kinder entschieden haben, wie die Altersstruktur der Alleinlebenden aussieht, wieviele in festen Partnerschaften leben, von wievielen diese Lebensform bewußt gewählt und auf Dauer angelegt ist (vgl. Macklin 1986). Verzichtet man auf solche Informationen, kann dies leicht zu falschen Schlußfolgerungen führen und man gerät in Gefahr, Kriterien zur Differenzierung von Lebensformen und Lebenslagen analytisch heranzuziehen, die für das Alltagsleben der Menschen ohne besonderes Gewicht sind. Ich denke, dies wird besonders deutlich am Beispiel der Arbeiten von Ulrich Beck und seiner Frau, die die „schockierenden Entwicklungen" (1989), die ihrer Meinung nach die Familiensoziologen und -innen so gar nicht sehen wollen, nämlich die Entstehung und Verbreitung nichtkonventioneller, d.h. in ihrem Sinn nichtkernfamilialer Lebensformen, in erster Linie anhand von zwei Merkmalen, Familienstand und Blutsverwandtschaft, feststellen - Merkmale, die für den Lebensvollzug vieler Menschen in der Bundesrepublik stark an Bedeutung verloren haben.

*Ich möchte noch einmal betonen:* Lebensformen mit äußerlich gleichen Strukturmerkmalen differieren hinsichtlich ihrer Binnenstruktur, ihrer Entstehungszusammenhänge und ihrer subjektiven Sinnzuschreibungen so erheblich, daß sie nicht aufgrund ihrer äußeren Strukturmerkmale, sondern nach diesen Kriterien differenziert kategorisiert werden müssen.

Zur Differenzierung von Lebensformen ist es darüber hinaus erforderlich, sie im Kontext des Lebensverlaufs, d.h. v.a. im Zusammenhang mit dem Berufsverlauf und im Rahmen der Abfolge verschiedener Lebensformen zu betrachten. Eine nichteheliche Lebensgemeinschaft zweier zwanzigjähriger Studenten ist familiensoziologisch eben nicht dasselbe wie die strukturgleiche Lebensform zweier geschiedener Vierzigjähriger. Wichtig ist es daher, mehr über den Prozeß und die Intentionen zu wissen, aufgrund derer sich eine Person in einer gegebenen biografischen Phase in einer bestimmten Lebensform befindet.

Was den Lebensverlauf betrifft, ist es nötig, von entwicklungstheoretischen Modellen wegzukommen, die den Berufsverlauf als Vorbereitung, Aktivitätsphase und Retirement und die Familienentwicklung als Werbung, Partnerschaft, Elternfamilie und empty nest betrachten. Lebensverlauf in der Moderne ist nicht wie bisher als geordnete Abfolge aufeinander bezogener Zustände zu denken, sondern als zum Teil zufällige, zum Teil geplante Aneinanderreihung von Phasen. In den Mittelpunkt des Lebensverlaufs treten zunehmend Entscheidungssituationen, und es wäre nötig, sich mehr damit zu beschäftigen, warum und unter welchen Bedingungen Individuen bestimmte Entscheidungen treffen und welche Folgen diese haben, statt weiterhin den Fokus auf strukturelle Merkmale der Lebensformen und der Lebensverläufe zu richten.

Die sogenannten nichtkonventionellen Lebensformen sind, von wenigen Ausnahmen abgesehen, strukturell betrachtet nicht neu. Neu sind die Entstehungskontexte und die gesellschaftliche Akzeptanz dieser Formen. Handelte es sich früher um Formen, die infolge ökonomischer und sozialer Umstände häufig als Notlösung entstanden und gesellschaftlich mehr oder weniger unterprivilegiert waren, entstehen diese Lebensformen heute häufiger infolge bedingt freier Entscheidungen, und sie sind, zumindest normativ, gegenüber anderen Lebensformen nicht oder nicht mehr im früheren Umfang diskriminiert.

Der Trend zu nichtkonventionellen Lebensformen, wie wir ihn heute beobachten können, setzt die ökonomische Unabhängigkeit der Frau vom Mann voraus. Er ist zudem eng an veränderte Werte und Lebensstile gekoppelt, Stichworte sind hier Autonomie und Selbstverwirklichung, und er hängt zusammen mit dem normativen und ökonomischen Bedeutungsverlust konventioneller Lebensformen.

Nichtkonventionelle Lebensformen sind in erster Linie Optimierungsversuche im Kontext der Lebensumstände und der Lebensorientierungen, Versuche, die häufig Variationen der konventionellen Familie darstellen. Variiert wird hinsichtlich des Familienstands, der Elternschaft und des Timings von Übergängen. Nicht variiert wird bis heute bezüglich der Partnerschaft. Hier findet sich möglicherweise die Antwort auf die schon gestellte Frage, was eigentlich *konventionelle Lebensformen* sind. Obwohl die Gegenwartsgesellschaft ein Stück weit dadurch gekennzeichnet ist, daß es *keine* konventionellen Lebensformen in dem Sinne gibt, daß zwingende leitbildhafte Vorgaben existieren, ist dennoch ein weithin ungebrochenes Muster auszumachen - die *dyadische heterosexuelle Partnerbeziehung*. Es gibt, abgesehen von den zahlenmäßig wenigen eingefleischten Singles, d.h. den über weite Teile ihres Lebens bewußt partnerlos lebenden Menschen, kaum Versuche, Lebensformen jenseits der Paarbeziehung zu praktizieren. Alternative Lebensformen mit mehr als zwei Partnern werden in modernen westlichen Gesellschaften, trotz der strukturellen Option, praktisch nicht gelebt, und auch die Zahl homosexueller Paare ist trotz der öffentlichkeitswirksamen Thematisierung verschwindend gering. Laumann u.a. gelangen 1994 für die USA zu einer Größenordnung von etwa einem Prozent an allen Partnerschaften.

*III*

Unabhängig von der Debatte, wie das Ausmaß des Wandels der Familie zu interpretieren ist: Nahezu alle Beobachter gehen davon aus, daß der gesellschaftliche Modernisierungsprozeß zu einer Individualisierung der Lebensverläufe und zu einer Pluralisierung der Lebensformen geführt hat. Diese generalisierende Interpretation ist jedoch unpräzise, was ich entlang der wesentlichen Veränderungstendenzen der Familie kurz erörtern möchte. Beim jüngsten Wandel der Familie sind v.a. vier Entwicklungslinien erkennbar.

Gewandelt haben sich die *äußeren Strukturmerkmale* von Lebensformen. Dieser Wandel wird häufig als „Pluralisierung" interpretiert. Verwendet man einen an der bürgerlichen Kernfamilie orientierten Familienbegriff und unterscheidet nach familialen und nichtfamilialen Lebensformen, sind jedoch gegenläufige Entwicklungen festzustellen: eine *„Pluralisierung nichtfamilialer Lebensformen"* und eine *„Homogenisierung familialer Lebensformen"*, die v.a. auf dem Rückgang von Familien mit mehr als zwei Kindern und auf dem fast völligen Verschwinden erweiterter Familienhaushalte beruht.

Verändert haben sich auch die *Binnenstrukturen der Familie* in Richtung einer wachsenden Emanzipation von Frauen und Kindern und damit verbunden einer *„Pluralisierung von Gestaltungsformen"* bei äußerlich gleichen Strukturmerkmalen. An die Stelle einer relativ einheitlichen Binnenstruktur ist eine größere Vielzahl von Gestaltungsformen getreten. Allerdings bleiben bestimmte Muster der Rollengestaltung von Pluralisierungstendenzen bisher weitgehend untangiert. Dazu gehört bspw. das Muster, daß Frauen nach einer Geburt ihre Berufstätigkeit unterbrechen oder aufgeben.

Abgenommen hat die *normative Verbindlichkeit* der Institution Familie und die Reichweite der daran geknüpften verhaltensrelevanten Regelungen.

Schließlich hat sich der *Verlauf der Familienentwicklungsprozesse* gewandelt, wobei das individuell stärker beeinflußbare Timing von Übergängen und die größere Offenheit bei der Aneinanderreihung vormals inkompatibler Lebensphasen zu einer Ausdifferenzierung von Biografiemustern geführt haben. Ein Prozeß, der weibliche Biografiemuster in stärkerem Umfang erfaßt hat als männliche. Diese Entwicklung hat jedoch nicht zu einer beliebigen Vielfalt von Lebensverläufen geführt, sondern zu einer größeren Zahl von Mustern, zu denen sich die meisten Lebensverläufe zuordnen lassen.

Vom *Wandel weitgehend unberührt geblieben* sind dagegen die auf Ehe und Familie gerichteten subjektiven Erwartungen, die Einstellungen zu Ehe und Elternschaft und der der Institution Ehe zugemessene gesellschaftliche Stellenwert.

## IV

Nichtkonventionelle Lebensformen werden zumeist als moderne, d.h. als neuartige und bewußt gewählte Lebensformen dargestellt. Eine solche Betrachtung bedarf jedoch der Präzisierung. Dazu ist zunächst die Frage zu klären: *„Was heißt modern?"*

Modernität kann nicht mit gesellschaftlicher Modernität gleichgesetzt werden. Gesellschaftliche Modernität bedeutet nicht notwendig auch familiale oder individuelle Modernität und umgekehrt. Zwar beeinflussen sich die auf den einzelnen Ebenen bestehenden Modernitätsgrade, aber es bestehen keine zwingenden Zusammenhänge. Gesellschaftliche, individuelle und familiale Modernität beruht v.a. auf folgenden Merkmalen:

*Gesellschaftliche Modernität* variiert mit dem Grad strukturell bestehender Wahlmöglichkeiten, mit den gesellschaftlich zur Verfügung stehenden Chancen, von diesen Optionen auch selbstbestimmt Gebrauch zu machen und mit dem Ausmaß der Gleichverteilung der Zugangschancen zu diesen Wahlmöglichkeiten. *Individuelle Modernität* variiert mit den individuellen Fähigkeiten, sich selbstbestimmt und reflektiert für bestimmte Alternativen zu entscheiden und diese kreativ gestalten zu können. *Familiale Modernität* variiert mit dem Maß erreichter Gleichberechtigung aller Familienmitglieder, mit der Vielfalt gleichrangig legitimierter Formen der Lebensführung und mit der strukturellen Offenheit, zwischen Lebensformen relativ frei entscheiden und wechseln zu können.

Die relativ freie Gestaltbarkeit der privaten Lebensführung, verbunden mit der Möglichkeit, familiale Entscheidungen zu revidieren, sind, mit der daraus resultierenden Vielfalt von Lebensverläufen, Merkmale moderner Lebensführung (vgl. Safilios-Rothschild 1970; Schneider 1994) und kennzeichnen, abgesehen von einer wesentlichen Ausnahme, der Elternschaft, die Situation in Deutschland. Der Übergang zur Elternschaft stellt, besonders für Frauen, eine zumeist langfristig bindende Entscheidung dar. Elternschaft durchdringt das moderne Leben mit traditionalen Momenten und führt zu Widersprüchlichkeiten und Inkompatibilitäten im Kontext des Lebensvollzugs.

Ein modernes Familienregime bedeutet nicht „anything goes", d.h. Entscheidungsrestriktionen bestehen weiterhin und bilden sich teilweise neu. Das heißt auch, daß aus der Vielzahl von Lebensformen nicht auf einen Anstieg von Wahlmöglichkeiten geschlossen werden kann. Oftmals entstehen Lebensformen geradezu zwangsläufig im Kontext struktureller Gegebenheiten oder unmittelbar aus der Lebenssituation resultierender Notwendigkeiten. Eine Pluralisierung von Lebensformen kann somit auch Folge einer Differenzierung der Sozialstruktur oder Resultat von Kompositionseffekten sein, die unterhalb einer Zunahme von Handlungsoptionen angesiedelt sind.

*Wie kann ein Zwischenfazit lauten?* Nichtkonventionelle Lebensformen sind modernisierungstheoretisch dann als modern zu betrachten, wenn es sich um eine Lebensform handelt, in der kein Partner strukturell benachteiligt wird und die als Folge einer relativ selbstbestimmten Wahlentscheidung entstanden ist und aufrechterhalten wird. Modern heißt also nicht „neuartig" im Sinn noch nie dagewesener struktureller Merkmale, wie der Begriff üblicherweise verwendet wird. So gesehen, kann es sich auch bei Ehe und Familie modernisierungstheoretisch um moderne Lebensformen handeln, da sie, wie z.B. Strohmeier/Schulze 1995 betonen, immer häufiger infolge bewußter Entscheidungen entstehen.

## V

Vor dem Hintergrund der bisherigen Überlegungen sollen abschließend einige vergleichende Betrachtungen der sogenannten nichtkonventionellen Lebensformen in West- und Ostdeutschland erfolgen.

Die Wahl der Lebensform und der Verlauf des Familienentwicklungsprozesses ist im Westen wie im Osten Gegenstand subjektiv rationaler Lebensplanung, wobei jedoch unterschiedliche Motive den Entscheidungsprozeß beeinflussen. Nichtkonventionelle Lebensformen entstehen im Westen häufig infolge von Optimierungsversuchen von Individualität und damit zusammenhängend im Streben nach Autonomie und Selbstverwirklichung. Für die frühere DDR kann dies v.a. im Zusammenhang mit dem Scheidungsverhalten angenommen werden, während voreheliche nichtkonventionelle Lebensformen häufig infolge optimierter Ausschöpfung sozialpolitischer Leistungen entstanden sind (vgl. Schneider 1994; Nave-Herz 1994). Für Ost und West gilt, daß viele nichtkonventionelle Lebensformen modernisierungstheoretisch nicht eindeutig zu interpretieren sind, da sie oftmals im Kontext struktureller Erfordernisse ein Stück weit zwangsläufig entstehen.

Als entscheidende Unterschiede zur Bundesrepublik sind festzuhalten, daß in der DDR der strukturelle Zwang zur individualisierten Biografiekonstruktion fehlte. Hinzu kamen die eingeschränkten biografischen Optionen, die zu einer stärkeren Familienorientierung in den individuellen Lebenskonzepten geführt haben (vgl. Strohmeier/Schulze 1995; Huinink 1995). Diese Konstellation hatte eine besonders hohe Paarorientierung der Gesellschaft im Osten zur Folge.

Über die exakte Verbreitung und Entwicklung nichtkonventioneller Lebensformen können für West- und Ostdeutschland nach den oben geforderten Kriterien keine genauen Aussagen gemacht werden. Die Ergebnisse der amtlichen Statistik sind wegen ihrer Fokussierung auf den Haushaltskontext in Bezug auf nichtkonventionelle Lebensformen wenig valide. Man muß davon ausgehen, daß mit ihren Daten die Verbreitung von Alleinlebenden und Alleinerziehenden deutlich über-, die Zahl nichtehelicher Partnerschaften deutlich unterschätzt wird. Trotz dieser Vorbehalte erlauben sie jedoch einen Vergleich von Größenordnungen (vgl. Tab. 1).

Tab. 1: Nichtkonventionelle Lebensformen in West- und Ostdeutschland 1993 (in Prozent an allen Haushalten)

|  | alte Bundesländer | neue Bundesländer |
|---|---|---|
| nichteheliche Lebensformen mit Kindern | 0,8 | 2,8 |
| nichteheliche Lebensformen ohne Kinder | 3,2 | 2,2 |
| alleinerziehende Frauen | 3,0 | 6,5 |
| alleinerziehende Männer | 0,4 | 0,9 |
| ledige Alleinlebende | 16,0 | 9,0 |
| geschiedene und verwitwete Alleinlebende (ohne Verwitwete über 60 Jahre) | 7,0 | 8,0 |
| kinderlose Ehepaare (Frauen zwischen 25 bis u. 50 Jahren) | 5,6 | 2,8* |
| insgesamt | 36,0 | 32,2 |

* Schätzung; *Quellen*: telefon. Auskünfte des Stat. Bundesamts und eigene Berechnungen

Dieser Vergleich zeigt, daß Lebensformen, die üblicherweise als nichtkonventionell bezeichnet werden, im Osten insgesamt kaum weniger verbreitet sind als im Westen. Bezogen auf einzelne Lebensformen bestehen jedoch zum Teil größere Unterschiede. Im Westen sind Alleinlebende und kinderlose Ehepaare, im Osten nichtkonventionelle Lebensformen mit Kindern deutlich stärker verbreitet. Ein weiterer Unterschied ist hervorzuheben: Während die Lebensform 'Alleinerziehend' im Osten häufiger als im Westen eine voreheliche Lebensform darstellt, ist es bei nichtehelichen Lebensgemeinschaften umgekehrt. Im Osten handelt es sich hier wesentlich häufiger um eine nacheheliche Lebensform.

Für Ost- und Westdeutschland gilt, daß nichtkonventionelle Lebensformen subjektiv selten als bewußte und dauerhafte Alternative zur Kernfamilie gelebt werden. Häufiger sind sie im Lebensverlauf als Vor-, Nach- oder Zwischenformen konkret auf die Kernfamilie bezogen oder als Übergangsphasen konzipiert, sei es, weil sie ein Stück weit unfreiwillig entstanden sind, sei es, weil sie als optimierende Anpassung an die aktuelle Lebenssituation in ihrem Bestand an die Dauer einer bestimmten Lebensphase geknüpft sind.

**Literatur**

Beck, U./Beck-Gernsheim, E. (1989), Das ganz normale Chaos der Liebe. Frankfurt/M.
Beck-Gernsheim, E. (1994), Auf dem Weg in die postfamiliale Familie. In: Beck, U./Beck-Gernsheim, E. (Hg) (1994), Riskante Freiheiten. Frankfurt/M.
Huinink, J. (1995), Familienentwicklung und Haushaltsgründung in der DDR: Vom traditionalen Muster zur instrumentellen Lebensplanung?, in: Nauck, B./Schneider, N.F./ Tölke, A. (Hg.), Familie und Lebensverlauf im gesellschaftlichen Umbruch. Stuttgart, 39-55.
Laumann, E.O./Gagnon, J.H./Michael, R.T./Michaels, S. (1994), The Social Organization of Sexuality. Sexual Practices in the United States. Chicago.
Macklin, E.D. (1986), Nontraditional Family Forms, in: M.B. Sussman/Steinmetz, S.K. (eds.), Handbook of Marriage and the Family. New York, 317-353.
Nave-Herz, R. (1994), Familie heute. Darmstadt.
Safilios-Rothschild, C. (1970), Towards a Cross-Cultural Conceptualization of Family Modernity. Journal of Comparative Family Studies, 1, 17-25.
Schneider, N.F. (1994), Familie und private Lebensführung in West- und Ostdeutschland. Stuttgart.
Strohmeier, K.P./Schulze, H.J. (1995), Die Familienentwicklung der achtziger Jahre in Ost- und Westdeutschland im europäischen Kontext. In: Nauck, B./Schneider, N.F./Tölke, A. (Hg.), Familie und Lebensverlauf im gesellschaftlichen Umbruch. Stuttgart, 26-38.

PD Dr. Norbert F. Schneider, Universität Bamberg, Lehrstuhl für Soziologie I, Feldkirchenstr. 21, PF 1549, D-96045 Bamberg

## 2. Warum trennen sich Paare (nicht)?

*Sabine Walper, Klaus A. Schneewind und Petra Gotzler*

Die vorliegende Studie geht der Frage nach, welche Faktoren für das Gelingen oder Mißlingen der Partnerschaftsentwicklung in den ersten Ehejahren ausschlaggebend sind. Angesichts der anhaltend hohen Scheidungsraten steigt das Interesse an jenen Faktoren, die zur Instabilität von Ehebeziehungen beitragen. Nach wie vor sind jedoch prospektive Längsschnittstudien rar, die aufzeigen, welche *der Trennung vorausgehenden* Faktoren jene Paare charakterisieren, die sich im späteren Entwicklungsverlauf für eine Trennung oder Scheidung entschließen.

Weitgehend vernachlässigt wurden auch jene Einflüsse, die zu einer *negativen Entwicklung* der Ehequalität beitragen, *ohne* daß es zu einer Trennung der Partner kommt (Heaton und Albrecht 1991). Gerade der Vergleich zwischen Ehen, die trotz dauerhaft beeinträchtigter Partnerbeziehung stabil bleiben, und jenen, die sich als instabil erweisen, sollte geeignet sein, spezifische Prädiktoren für eine Trennung herauszuarbeiten und von Faktoren zu unterscheiden, die generell für Beeinträchtigungen der Partnerbeziehung prädestinieren.

Mit der hier berichteten Untersuchung greifen wir diese Problemstellungen auf und knüpfen an bisherige Analysen an, in denen wir anhand prospektiver Längsschnittdaten aus dem Verbundprojekt "Optionen junger Ehen" (Schneewind und Vaskovics 1992) einige Prädiktoren für mißlungene und gelungene Partnerschaftsentwicklungen aufzeigen konnten (Walper, Schneewind und Gotzler 1994). Ausgehend von einer Taxonomie der Scheidungsprädiktoren, wie sie bislang in weitgehend separaten Forschungsrichtungen untersucht wurden (Kurdek 1993), haben wir in unseren früheren Analysen den Einfluß demographischer Faktoren, der erlebten Interdependenz der Partner, des Konfliktverhaltens der Partner und individueller Charakteristika, insbesondere der sozialen Kompetenzen betrachtet. In diesen Analysen erwiesen sich keineswegs die später getrennten Paare als besonders belastet. Eher scheinen bei einer negativ verlaufenden Eheentwicklung bestimmte Faktoren wie die frühe Geburt eines Kindes, evasive Problemlösungsstrategien und mangelnde soziale Kompetenzen der Partner zur Stabilisierung der Beziehung beizutragen, ohne daß solche dauerhaft beeinträchtigten, aber stabilen Ehen durch größeren Zusammenhalt oder geringere Konfliktneigung charakterisiert wären.

Um diese Befunde zu ergänzen, betrachten wir im folgenden, welche Rolle die *Erfahrungen in der Herkunftsfamilie* für die Gestaltung der Ehebeziehung spielen. Hierbei berücksichtigen wir drei mögliche Arten des Einflusses, den die Herkunftsfamilie auf die Ehebeziehung haben kann: Erstens können Beziehungserfahrungen in Kindheit und Jugend als Modell für die Gestaltung späterer intimer Beziehungen dienen, wie es etwa im Rahmen der Bindungsforschung postuliert wird (Collins und Read 1990; Shaver und Hazan 1993). Demnach werden frühere Beziehungserfahrungen in internen "Arbeitsmodellen" repräsentiert, die als Grundlage für Erwartungen und eigenes Handeln in späteren Beziehungen dienen. So müßten frühere problematische Beziehungen zu den Eltern auch später einen ungünstigen Verlauf der Ehebeziehung wahrscheinlich machen. Zweitens können elterliche "Aufträge" oder "Delegationen" (Stierlin 1980) Vorgaben für die Biographiegestaltung schaffen, indem sie den Kindern je spezifische Gewichtungen der Partnerschaft und anderer Rollen nahelegen und so deren Engagement in verschiedenen Lebensbereichen mitbestimmen. Solche "Vermächtnisse" der Eltern können entweder in der Familientradition stehen oder unerfüllte Pläne und Wünsche der Eltern an die Kinder übertragen und so zu Diskontinuitäten zwischen den Generationen führen. Und schließlich kann die aktuelle Beziehung zur Herkunftsfamilie Einfluß auf die Ehebeziehung nehmen, wenn etwa ungelöste Konflikte und Abhängigkeiten von den Eltern die Partnerschaft belasten. Entsprechende Auswirkungen einer mangelnden Ablösung von den Eltern wurden etwa in der klinischen Scheidungsforschung aufgezeigt (Reich, Bauers und Adam 1986). Demnach erfolgen Scheidungen gehäuft in solchen Partnerschaften, in denen einer der Partner durch die Eheschließung die Ablösung von den Eltern erleichtern wollte, statt die Ehebeziehung auf der Basis einer schon vollzogenen Individuation zu beginnen.

Bezogen auf diese möglichen Einflüsse lauten unsere Fragen: (1) Welche Erfahrungen in der Herkunftsfamilie charakterisieren Partner mit *"erfolgloser"* Eheentwicklung, unabhängig davon, ob es zu einer Trennung kommt, oder in einer stabilen Ehe die Qualität der Partnerbeziehung dauerhaft beeinträchtigt ist? (2) Welche Faktoren der Herkunftsfamilie unterscheiden jene Paare, die sich zu einer *Trennung* entscheiden, von denjenigen, die sich trotz dauerhaft beeinträchtigter Ehequalität nicht trennen? (3) Welche Faktoren charakterisieren diejenigen Paare, die eine Partnerschaft mit *dauerhaft positiver* Ehequalität führen?

*Methode*

Die Stichprobe besteht aus 145 Paare, die im Rahmen der Längsschnittstudie "Optionen junger Ehen" seit 1989 jährlich befragt wurden. Alle Partner waren maximal 20 Monate in erster Ehe verheiratet und zu Beginn der Befragung nicht älter als 35 Jahre. Untersuchungseinheit sind Personen (n = 290 Partner), da der Fokus auf subjektiven Erfahrungen und Einschätzungen liegt.

Die Bestimmung der Vergleichsgruppen erfolgte nach Informationen zur Trennung der Partner und vier Indikatoren der Ehequalität (Mehritem-Ratingskalen aus schriftlichen Befragungen beider Partner: *Ehezufriedenheit, Intimität der Beziehung, Zusammenhalt* und *geringe Konfliktneigung*). Die vier Skalen wurden zu einer Summenskala zusammengefaßt (Alpha = .89). Als Kriterium für stabil negative (resp. stabil positive) Ehen mußten im 2., 3., *und* 4. Befragungsjahr (1990 - 1992) die Angaben *beider* Partner unterhalb (resp. oberhalb) des Medians liegen. Verglichen werden: (1) Partner, die sich bis Anfang 1994 getrennt hatten ("Trennung"; n = 40; 13,8%), (2) Partner mit "stabil negativer" Ehebeziehung (n = 60; 20,7%), (3) Partner mit "stabil positiver" Ehebeziehung (n = 62; 21,4%) und (4) Partner mit differierenden oder über die Zeit variierenden Angaben ("Rest") (n = 128; 44,1%).

Die Analysen prüfen, inwieweit sich die Vergleichsgruppen hinsichtlich der (zumeist retrospektiv erfaßten) Angaben zur Herkunftsfamilie unterschieden. Diese Angaben stammen aus schriftlichen und mündlichen Befragungen zu Beginn der Ehebeziehung (1. Meßzeitpunkt), die bei beiden Partnern separat durchgeführt wurden, und sind überwiegend zu Mehr-Itemskalen mit befriedigender bis guter interner Konsistenz zusammengefaßt. Die Auswertung erfolgte mit multivariaten Kovarianzanalysen mit genestetem Design, das - entsprechend der drei Fragen - folgende Gruppen kontrastiert: (1) "mißlungene" Ehen ("Trennung" und "stabil negativ") versus alle anderen ("stabil positiv" und "Rest"), (2) (innerhalb der "mißlungenen Ehen":) "Trennung" versus "stabil negative" Ehen und (3) (innerhalb der *nicht* "mißlungenen Ehen":) "stabil positive" Ehen versus "Rest". Mögliche Unterschiede zwischen Ehemännern und -frauen hinsichtlich der relevanten Faktoren wurden ebenfalls geprüft. Im folgenden berichten wir lediglich Effekte, die sich multivariat als zumindest tendenziell bedeutsam erwiesen haben ($p < .10$).

## Ergebnisse

*Familienklima und Modellfunktion der Herkunftsfamilie*

Vergleichen wir zunächst die vier Verlaufsgruppen hinsichtlich des Familienklimas, das nach retrospektiven Einschätzungen der Ehepartner im frühen Jugendalter vorherrschte. Insgesamt neun Aspekte des Familienklimas wurden erfaßt, die sich weitgehend folgenden Metadimensionen zuordnen lassen: der Beziehungsdimension "positiv-emotionales Klima" (hoher Zusammenhalt, hohe Offenheit, geringe Konfliktneigung), der "Anregungs-Dimension" (kulturelle Orientierung und aktive Freizeitgestaltung) sowie der Normorientierung (hohe Leistungsorientierung und Organisation). Zwei weitere Skalen (Selbständigkeit und Kontrolle) lassen sich diesen Dimensionen nicht zuordnen, gehen aber ebenfalls in die Analysen ein. Die Befunde zeigen keine generellen Besonderheiten der "mißlungenen" Ehen, wohl aber geschlechtstypisch moderierte Charakteristika beider Arten negativ verlaufender Ehebeziehungen (Interaktionseffekt von Faktor 1 und Geschlecht). Frauen aus diesen Ehen berichten eine erhöhte Konfliktneigung ($p < .05$) und geringere Selbständigkeit ($p < .10$) in der Herkunftsfamilie. Familiale Streitigkeiten und Autonomiebeschränkungen in der frühen Jugend scheinen demnach nur für Frauen zu einer per se negativen Eheentwicklung beizutragen, unabhängig davon, ob es zu einer späteren Trennung kommt oder die Ehe stabil bleibt. Allerdings finden sich für Frauen wie Männer gleichermaßen Nachteile der Partner aus später getrennten Ehen gegenüber denjenigen aus stabil negativen Ehen, und zwar sowohl im Zusammenhalt ($p < .05$) als auch in der Offenheit ($p < .10$). Dies spricht dafür, daß Partner mit instabiler Ehebeziehung in ihrer Kindheit stärker mit Beeinträchtigungen der Familienbeziehungen konfrontiert waren, die sich vor allem in einer mangelnden Interdependenz der Familienmitglieder äußerten.

Die Modellfunktion der Eltern wurde für Mütter und Väter separat anhand von jeweils fünf Kriterien erfaßt. Bei den Angaben zu den Müttern erweisen sich fast alle Indikatoren als relevant für ein Mißlingen der Ehebeziehung. Partner aus später getrennten wie auch aus stabil negativen Ehen geben für ihre Mutter eine negativere Einstellung zu Kindern und eine geringere elterliche Kompetenz an, erlebten die Behandlung durch die Mutter negativer und schildern die Beziehung zu ihr als weniger glücklich (jeweils $p < .05$). Wie eng die Beziehung zur Mutter war, ist demgegenüber bedeutungslos. Wenngleich ähnliche Unterschiede auch hinsichtlich der elterlichen Kompetenz des Vaters und der Beziehung zu ihm beobachtbar sind, erweist sich die Modellfunktion des Vaters jedoch insgesamt als (statistisch) unbedeutend ($p > .10$).

*Elterliche Delegationen*

Für das Engagement in folgenden vier Lebensbereichen wurden Vorgaben der Mütter und Väter (jeweils separat) erfaßt: Familiengründung und Generativität, persönliche Autonomie, beruflicher Erfolg und Verantwortung für die Herkunftsfamilie. Anders als bei der elterlichen Modellfunktion erweisen sich die mütterlichen und väterlichen Delegationen nicht für das generelle Mißlingen der Ehebeziehung, sondern für die (In-)Stabilität der Ehe als ausschlaggebend, wobei allerdings bei Männern und Frauen unterschiedliche Aspekte zum Tragen kommen. So haben Frauen aus später getrennten Ehen eine deutlich höhere Delegation der Mutter bezüglich der persönlichen Autonomieentwicklung erfahren als Frauen aus negativen, aber stabilen Ehen ($p < .01$). Bedenkt man, daß Frauen aus beiden Arten "mißlungener" Ehen ein hohes Konfliktniveau und Restriktionen der Autonomie in der Herkunftsfamilie erfahren haben, so muß für Frauen mit instabiler Ehe die mütterliche Autonomie-Delegation im Kontrast zum erlebten Familienklima in der Kindheit stehen, während Frauen mit negativer, aber stabiler Ehebeziehung von ihren Müttern eher eine Kontinuität der eingeschränkten Selbständigkeit vorgegeben wurde.

Männern aus später getrennten Ehen wurde demgegenüber von den Müttern wie auch den Vätern eine hohe Verantwortung für die Herkunftsfamilie und die Aufrechterhaltung der Familientradition übertragen (jeweils $p < .05$). Dieses Muster verweist auf eine wenig passende Konstellation elterlicher Delegationen und entsprechende Rollendivergenzen der Männer und Frauen in instabilen Ehen, wie sie sich schon in den früheren Analysen für die Gewichtung unterschiedlicher Rollenbereiche zeigten (Walper et al. 1994).

Welchen Nachdruck die Eltern auf die Gründung einer eigenen Familie legten, ist ausschließlich für das positive Gelingen der Ehebeziehung maßgeblich. Entsprechende Delegationen vor allem des Vaters ($p < .01$) sind in den Ehen mit besonders positivem Partnerschaftsverlauf stärker ausgeprägt.

*Die aktuelle Beziehung zur Herkunftsfamilie*

Auch die zu Beginn der Ehe bestehenden Beziehungen zu beiden Eltern und zur Herkunftsfamilie insgesamt erweisen sich für die spätere Eheentwicklung der Partner als maßgeblich. So trägt ein hohes Maß an Beeinflussung durch die Mutter zu einer generell negativen Entwicklung der Ehe bei ($p < .05$), während die positiven Ehen durch eine geringe Beeinflussung seitens des Vater charakterisiert sind ($p < .05$). Deutlich sind vor allem die Belastungen, die bei Partnern aus instabilen Ehen auf der "Systemebene" der Herkunftsfamilie beobachtbar sind. Sie geben eine höhere konflikthafte Verstrickung mit den Eltern ($p < .05$) und eine geringe persönliche Autorität im emotionalen Umgang mit Ablösungsaktivitäten an ($p < .10$).

*Diskussion*

Wenngleich die öffentliche Diskussion auf Probleme von Scheidungsfamilien fokussiert, so zeigen doch unsere Befunde, daß sie einige Gemeinsamkeiten mit stabilen, aber negativ verlaufenden Ehen teilen. Besonderheiten lassen sich erst in diesem Vergleich sinnvoll herausarbeiten. So scheint die Modellfunktion der Mütter bei beiden Arten "mißlungener" Ehen beeinträchtigt gewesen zu sein, wobei die Mütter auch zu Beginn der Ehebeziehung noch hohen Einfluß ausüben, und Frauen aus diesen instabilen sowie stabil negativen Ehen teilen die Erfahrung einer konflikthaften, restriktiven Herkunftsfamilie. Spezifisch für Partner und Partnerinnen in instabilen Ehen sind einerseits der geringe Zusammenhalt und die mangelnde Offenheit der Herkunftsfamilie im frühen Jugendalter sowie die anhaltende konflikthafte Verstrickung mit den Eltern, andererseits die geschlechtsspezifisch divergierenden elterlichen Delegationen, die die Männer eher an die Herkunftsfamilie binden, während Frauen durch ihre Mütter - vermutlich in Abkehr von ihren eigenen Eheerfahrungen - auf die Chancen zur persönlichen Autonomieentwicklung verwiesen werden. Inwieweit entsprechend zu vermutende Passungsprobleme tatsächlich auf der Ebene individueller Paare zu finden sind, soll in zukünftigen Analysen geklärt werden.

**Literatur**

Collins, N.L. / Read, S.J. (1990), Adult attachment, working models, and relationship quality in dating couples, Journal of Personality and Social Psychology 58, 644-663.

Heaton, T.B. / Albrecht, S.L. (1991), Stable unhappy marriages, Journal of Marriage and the Family 53, 747-758.

Reich, G. / Bauers, B. / Adam, D. (1986), Zur Familiendynamik von Scheidungen. Praxis der Kinderpsychologie und Kinderpsychiatrie 35, 42-50.

Schneewind, K.A. / Vaskovics, L.A. (1992), Optionen junger Ehen und Kinderwunsch (Verbundstudie), Studie im Auftrag des Bundesministeriums für Familie und Senioren, (Schriftenreihe des Bundesministeriums für Familie und Senioren Bd. 9). Stuttgart.

Shaver, P.R / Hazan, C. (1993), Adult romantic attachment: Theory and evidence, in: D. Perlman / W. Jones (eds.), Advances in Personal Relationships: A Research Annual (Vol.4: 68-99). London.

Stierlin, H. (1980), Delegation und Familie. Frankfurt.

Walper, S., Schneewind, K.A. / Gotzler, P. (1994), Prädiktoren der Ehequalität und Trennungsgründe bei jungen Paare: Ein prospektiver Längsschnitt, Poster auf der Europäischen Fachtagung zur Familienforschung "Familienleitbilder und Familienrealität im Wandel" in Bamberg 05.-07.10.1994.

Petra Gotzler, Prof. Dr. Klaus A. Schneewind und Dr. Sabine Walper, Institut für Psychologie der Universität München, Leopoldstraße 13, D-80802 München

## 3. Nichtkonventionelle Lebensformen in Ost- und Westdeutschland: Zwischen Pragmatismus und Moral

*Michael Braun, Jacqueline Scott und Duane F. Alwin*

*Zusammenfassung*

Der folgende Beitrag bietet einen knappen Überblick über Unterschiede und Gemeinsamkeiten zwischen Ost- und Westdeutschen hinsichtlich der Einstellungen zu nichtkonventionellen Lebensformen und des faktischen Verhaltens. Datengrundlage ist die Umfrage des International Social Survey Programme (ISSP) von 1994 zum Thema 'Familie und sich ändernde Geschlechterrollen.

Die Unterschiede zwischen Ost- und Westdeutschen sind eher gering, und zwar sowohl was die Einstellungen als auch das eigene Verhalten betrifft. Größere Differenzen treten lediglich bei den Fragen auf, ob Menschen, die Kinder wollen, heiraten sollten, und ob ein alleinstehender Elternteil sein Kind genauso gut großziehen kann wie beide Eltern zusammen. Hier erweisen sich die Ostdeutschen - insbesondere wohl wegen der positiven Erfahrungen in der Vergangenheit- als liberaler. Auf der Verhaltensebene sind Erfahrungen mit einer Variante nichtkonventioneller

Familienformen - dem unverheirateten Zusammenleben *vor* der Ehe - in Ostdeutschland weiter verbreitet

Vor dem Hintergrund der völlig unterschiedlichen Rolle der Religion in beiden Teilen Deutschlands wären in Ostdeutschland eigentlich deutlich weniger traditionelle Einstellungen zu erwarten gewesen als in Westdeutschland. Eine Erklärung dafür, daß dies nicht der Fall ist, wird in weiteren Besonderheiten der Gesellschaft der DDR gesucht.

*Einleitung*

In folgenden werden zunächst auf der Ebene der Randverteilungen Unterschiede zwischen Ost- und Westdeutschen hinsichtlich der Einstellungen zu nichtkonventionellen Lebensformen und des diesbezüglichen faktischen Verhaltens untersucht. In einem zweiten Schritt wird für eine Auswahl der betrachteten Variablen geprüft, inwieweit die soziodemographischen Merkmale Geschlecht, Konfessionszugehörigkeit, Kirchgangshäufigkeit, Geburtskohorte, Schulbildung und Familienstand zur Erklärung beitragen können. Eines dieser Merkmale, die Kirchgangshäufigkeit, wird schließlich dazu verwendet, die Ost-West-Effekte weiter zu spezifizieren.

*Daten*

Datengrundlage ist die Umfrage des International Social Survey Programme (ISSP) von 1994 zum Thema 'Familie und sich ändernde Geschlechterrollen'. Es handelt sich dabei um eine repräsentative Befragung der Bevölkerung in Privathaushalten ab 18 Jahren, die in 22 Ländern durchgeführt wurde. In Deutschland war diese Befragung als schriftlicher Drop-off Teil der Allgemeinen Bevölkerungsumfrage der Sozialwissenschaften (ALLBUS). Für den ISSP-Teil liegen 2.324 auswertbare Fragebögen aus West- und 1.097 aus Ostdeutschland vor.

*Ergebnisse*

Tabelle 1 (im Anhang) zeigt, daß es praktisch keine Ost-West-Unterschiede bei der Bewertung von nicht-ehelichen Lebensgemeinschaften gibt: 70% der Befragten in beiden Teilen Deutschlands sind nicht nur tolerant eingestellt, sondern befürworten sogar eine 'Probeehe'. Unterschiede zwischen Ost und West brechen erst dort auf, wo ein Bezug zu Kindern besteht. Im Westen stellen Kinder immer noch eher einen Grund für eine Heirat dar als im Osten. Die höhere Ablehnung der entsprechenden Frage im Osten ist wahrscheinlich aus den spezifischen Erfahrungen aus der Zeit der DDR zu erklären, als ledige Eltern noch eine relativ privilegierte Stellung hatten, etwa bei der Wohnungsvergabe. Entsprechend unterschiedlich fallen auch die hier zum Vergleich aufgeführten Einstellungen zu alleinerziehenden Elternteilen aus.

Der relativ ähnlichen Beurteilung des unverheirateten Zusammenlebens entsprechend, fallen auch die Unterschiede bei der Bewertung der vor-, außer- und gleichgeschlechtlichen Sexualität gering aus (siehe Tabelle 2 im Anhang). Unterschiede sind noch am ehesten sichtbar beim vorehelichen Geschlechtsverkehr von Jugendlichen, wobei die ostdeutschen Befragten toleranter antworten - möglicherweise vor dem Hintergrund der liberaleren Abtreibungspraxis in der ehemaligen DDR. Die Westdeutschen stehen dagegen den Homosexuellen toleranter gegenüber als die Ostdeutschen, was in Zusammenhang stehen dürfte mit der größeren Chance, die diese Gruppe traditionell in Westdeutschland hatte, ihr Anliegen selbst in die gesellschaftliche Diskussion einzubringen.

Wie schon auf der Einstellungsebene zeigen sich auch auf der Verhaltensebene insgesamt nur geringe Unterschiede zwischen Ost- und Westdeutschen beim unverheirateten Zusammenleben (siehe Tabelle 3 im Anhang). Allerdings tendieren die Westdeutschen in stärkerem Maße dazu, mit einem Partner zusammenzuleben, ohne ihn zu heiraten, während man in Ostdeutschland in stärkerem Maße von 'Probeehen' sprechen kann, d.h. aus diesen nicht-formalisierten 'Probeehen' sind in größerem Umfang als im Westen Ehen hervorgegangen. Insgesamt war in der ehemaligen DDR die Eheschließung mit weniger gravierenden Folgen - im positiven wie im negativen Sinne - verbunden. So war es etwa auf der einen Seite selbst für ledige Mütter teilweise kaum vorteilhaft zu heiraten - etwa im Hinblick auf Wohnungszuweisung und andere Vergünstigungen -, auf der anderen Seite waren aber auch die Kosten einer Eheauflösung geringer: Eine Scheidung war in einem einfacheren Verfahren zu erlangen, und auch die Regelung von Versorgungsansprüchen war wegen der nahezu universellen Erwerbstätigkeit der Frauen weniger kompliziert. Dies spiegelt sich auch in den deutlich höheren Scheidungsraten in Ostdeutschland wieder.

Eine wichtige Frage ist die nach den soziodemographischen Quellen der berichteten Lebensformen und Einstellungen, der in Tabelle 4 (im Anhang) für vier ausgewählte Variablen mithilfe einer logistischen Regression nachgegangen wird. Die Bezugskategorie ist dabei jeweils in Klammern vermerkt. Positive Werte bedeuten, daß die entsprechende Gruppe traditioneller antwortet als die Bezugsgruppe. In Klammern gesetzte Effekte sind nicht signifikant.

Es zeigt sich zunächst (an den Werten für 'Region'), daß die Interpretation des bivariaten Vergleichs zwischen Ost- und Westdeutschland, über den wir oben berichtet haben, bei Einbeziehung weiterer erklärender Variablen spezifiziert werden muß. Darauf werden wir weiter unten zurückkommen.

Für die hier berücksichtigten soziodemographischen Variablen läßt sich zusammenfassend folgendes sagen: Männer und Frauen unterscheiden sich nicht voneinander. Weiterhin besteht praktisch kein Unterschied zwischen Katholiken und Protestanten. Die Mitglieder beider Staatskirchen erweisen sich als traditioneller als die Konfessionslosen, sind aber weniger traditionell als die Mitglieder anderer (christlicher oder nicht-christlicher) Religionsgemeinschaften. Ein besonders starker Zusammenhang besteht mit der Kirchgangshäufigkeit: Je häufiger ein Befragter zur Kirche geht, desto traditioneller sind seine Einstellungen. Ältere sind deutlich traditioneller als Jüngere, wobei sich jedoch die zwischen 1945 und 1959 geborene Kohorte kaum von der 1960 oder später geborenen unterscheidet. Der Einfluß der Bildung ist bei den meisten abhängigen Variablen gering. Die Befragten mit den niedrigsten Bildungsabschlüssen erweisen sich am traditionellsten; nennenswerte Unterschiede zwischen den verschiedenen gehobenen und höheren Abschlüssen sind nicht nachzuweisen. Verheiratete Befragte antworten traditioneller als ledige Befragte, Geschiedene dagegen tendieren zu weniger traditionellen Einstellungen und unkonventionellerem Verhalten.

Die Zusammenhänge zwischen den soziodemographischen Variablen und den Einstellungs- und Verhaltensindikatoren sind in beiden Teilen Deutschlands in etwa ähnlich. Deutliche Unterschiede zwischen Ost und West bestehen dagegen bei den Verteilungen einiger der hier berücksichtigten erklärenden Variablen, insbesondere bei der Kirchgangshäufigkeit. Tabelle 5 (im Anhang) zeigt, wie sich der Ost-West-Unterschied verändert, wenn man zusätzlich die Kirchgangshäufigkeit zur Erklärung der abhängigen Variablen heranzieht (Positive Werte bedeuten, daß die Westdeutschen traditioneller antworten als die Ostdeutschen): Überall dort, wo es zuvor - auf bivariater Ebene - keine Unterschiede zwischen Ost und West gab, scheinen nun die Westdeutschen weniger traditionell zu sein als die Ostdeutschen, und dort, wo die Ostdeutschen anfänglich liberaler geantwortet haben, verschwinden nun diese Unterschiede.

Da in beiden Teilen Deutschlands ein etwa gleich starker Zusammenhang zwischen Kirchgangshäufigkeit und den Einstellungs- und Verhaltensindikatoren besteht, die Ostdeutschen aber deutlich geringer von den Kirchen beeinflußt wurden, wäre zu erwarten gewesen, daß die Ostdeutschen durchgängig und nachhaltig weniger traditionell antworten als die Westdeutschen. Daß dies tatsächlich nicht so ist, dürfte seine Ursache in weiteren Besonderheiten der Gesellschaft der DDR haben. Wie wir an anderer Stelle mit Blick auf Einstellungen zu den Geschlechterrollen argumentiert haben (Braun, Scott und Alwin 1994), war die DDR geprägt durch partielle Emanzipationsversuche von oben, die durch relativ eng definierte politische und ökonomische Ziele bestimmt waren. Dadurch konnten in den betreffenden Bereichen relativ moderne Einstellungs- und Verhaltensmuster entstehen, die sich in westlichen Industriegesellschaften durch andere Prozesse und insbesondere eher 'von unten' her allmählich entwickelt haben.

**Anhang:**

Tabelle 1: Einstellungen zu Heirat und Zusammenleben ohne Trauschein

|  | Westdeutschl. | Ostdeutschl. |
|---|---|---|
| Es ist in Ordnung, daß ein Paar zusammenlebt, ohne die Absicht zu heiraten. *(Zustimmung)* | 68.3 | 70.3 |
| Es ist sinnvoll, daß ein Paar, das heiraten möchte, vorher zusammenlebt. *(Zustimmung)* | 70.6 | 70.0 |
| Menschen, die Kinder wollen, sollten heiraten. *(Ablehnung)* | 26.8 | 43.7 |
| Ein alleinstehender Elternteil kann sein Kind genauso gut großziehen wie beide Eltern zusammen. *(Zustimmung)* | 38.2 | 53.4 |

Tabelle 2: Bewertung von vor-, außer- und gleichgeschlechtlichem Geschlechtsverkehr
(Prozent 'Nur manchmal schlimm' oder 'nie schlimm')

|  | Westdeutschl. | Ostdeutschl. |
|---|---|---|
| Glauben Sie, daß es schlimm ist oder nicht schlimm ist, wenn ein Mann und eine Frau vorehelichen Geschlechtsverkehr haben? | 92.7 | 96.9 |
| Und wie ist es bei Jugendlichen, die z.B. noch keine 16 Jahre alt sind? | 41.8 | 50.4 |
| Und was halten Sie davon, wenn ein verheirateter Mann oder eine verheiratete Frau außerehelichen Geschlechtsverkehr haben? | 17.8 | 16.9 |
| Und wie denken Sie über sexuelle Beziehungen zwischen zwei Erwachsenen des gleichen Geschlechts? | 47.8 | 40.3 |

Tabelle 3: Verhaltensindikatoren

|  | Westdeutschl. | Ostdeutschl. |
|---|---|---|
| Mit einem Partner zusammengelebt, aber ihn/sie nicht geheiratet. | 18.8 | 16.0 |
| Mit (Ehe-) Partner vor Heirat zusammengelebt. | 36.5 | 46.7 |
| Jemals geschieden. | 10.1 | 16.1 |
| (Ehe-)Partner jemals geschieden. | 5.6 | 10.3 |

Tabelle 4: Regression von Einstellungen und Verhalten auf soziodemographische Merkmale

| Unabhängige Variablen | Akzeptanz | Wünschbarkeit | Zusammenleben vor Ehe | Zusammenleben ohne spätere Heirat |
|---|---|---|---|---|
| Region (Ost) West | -.43 | -.33 | (-.19) | -.63 |
| Geschlecht (weiblich) männlich | (.13) | (-.05) | (-.18) | (.07) |
| Konfession (keine) <br> - Katholisch <br> - Protestantisch <br> - Andere | .39 <br> .45 <br> 1.01 | (.16) <br> (.15) <br> .49 | .69 <br> .50 <br> .72 | .45 <br> .52 <br> .88 |
| Kirchgangshäufigkeit (nie) <br> - Mindestens einmal pro Woche <br> - 1-3mal pro Monat <br> - Mehrmals im Jahr <br> - Seltener | 1.58 <br> 1.05 <br> .56 <br> (.09) | 1.15 <br> .74 <br> .32 <br> (.03) | 1.64 <br> .74 <br> .50 <br> (-.03) | 1.06 <br> .88 <br> .51 <br> (.27) |
| Kohorte (1960 oder später geboren) <br> - Vor 1930 geboren <br> - Zwischen 1930 und 1944 <br> - Zwischen 1945 und 1959 | 1.83 <br> 1.13 <br> .49 | .70 <br> .52 <br> (.24) | 2.37 <br> 2.04 <br> .74 | 1.34 <br> 1.01 <br> (-.21) |
| Bildung (Universitätsabschluß) <br> - kein Abschluß <br> - Hauptschulabschluß <br> - Mittlere Reife <br> - Fachhochschulreife <br> - Abitur <br> - Fachhochschule | .88 <br> .77 <br> .46 <br> (.15) <br> (-.09) <br> (.38) | .94 <br> (.28) <br> (.15) <br> (-.24) <br> (-.12) <br> (-.11) | (.43) <br> .70 <br> .38 <br> (.05) <br> (.35) <br> (.52) | (.58) <br> .73 <br> .64 <br> .86 <br> .89 <br> .85 |
| Familienstand (ledig) <br> - Verheiratet <br> - Getrennt lebend <br> - Verwitwet <br> - Geschieden | .33 <br> (.05) <br> (.08) <br> (-.27) | .31 <br> (-.64) <br> .40 <br> (-.07) | - <br> - <br> <br> | 1.95 <br> (.04) <br> (.06) <br> -.75 |

Tabelle 5: Änderung des Ost-West-Unterschieds bei Einführen der Kirchgangshäufigkeit als weiterem Erklärungsfaktor

|  | Nur Ost-West-Effekt | Ost-West-Effekt u. Kirchgangshäufigkeit |
|---|---|---|
| Akzeptanz von unverheiratetem Zusammenleben | (.09) | -.36 |
| Wünschbarkeit einer Probeehe | (-.03) | -.33 |
| Heirat bei Kinderwunsch erforderlich | .75 | .43 |
| Kindererziehung durch alleinstehenden Elternteil | .62 | .46 |
| Bewertung außerehelichen Geschlechtsverkehrs | (-.06) | -.35 |
| Unverheiratetes Zusammenleben *vor* der Ehe | .39 | (.03) |
| Unverheiratetes Zusammenleben *ohne* spätere Heirat | (-.19) | -.60 |

**Literatur**
Braun, Michael/Jacqueline, Scott/Duane, F. Alwin (1994), Economic necessity or selfactualization? Attitudes towards women's labour-force participation in East and West Germany, in: European Sociological Review 10, 29-47.

Dr. Michael Braun, Jacqueline Scott und Duane F. Alwin, ZUMA, Postfach 122155, D-68072 Mannheim

## 4. Biographische Anteile in Entscheidungssituationen bei Alleinlebenden

*Brigitte Maier-Lesch und Angelika Tölke*

*I. Einleitung*

In der Diskussion um die Individualisierungsthese hat sich, ausgehend von der Verbreitung neuer privater Lebensformen, eine Kontroverse über den Entscheidungsbegriff bzw. über den Begriff der freien Wahl entfacht. Wir möchten einleitend auf diese Kontroverse eingehen und sie in der Analyse von Entscheidungssituationen in den Biographien Alleinlebender aufgreifen. Burkart (1993a) kritisiert, sich auf die Individualisierungsthese beziehend: "Auf einmal sollte alles unverbindlich sein, sollten sich alle ganz individuell ihren eigenen Lebensstil patchwork-artig zusammenbasteln können" (159). Die postulierte wachsende Vielfalt biographischer Optionen führt Burkart zu der Frage nach dem Prozeß von Entscheidungen. Aus seiner Sicht unterstellt die Individualisierungsthese an den biographischen Schnittstellen zunehmende Autonomie-, Kontroll- und Selbstverwirklichungsmöglichkeiten; Entscheidungen sieht er im Individualisierungsansatz in die Nähe bewußter und rationaler Entscheidungen gerückt. Er kommt bei seiner an empirischem

Material ausgeführten Kritik zur Aussage einer noch immer hohen Bedeutung struktureller, gesellschaftlicher Zwänge als Gegensatz zur freien Wahl.

In ihrer Erwiderung konstatieren Beck/Beck-Gernsheim (1993), daß die Ausweitung der Wahlmöglichkeiten keineswegs bedeute, "für die Betreffenden sei ihre Lebensform erste Wahl, sprich: das angestrebte und zielbewußt verwirklichte Lebensmodell" (185), sie muß "nicht gewollt sein ... und es muß nicht gelingen, steckt in jedem Fall voller Dilemmata" (179). Sie sehen Individualisierung nicht auf einer freien Entscheidung der Individuen beruhend, sondern auf einer Wahl unter Restriktionen. Sie führen in diesem Kontext den Begriff "biographisches Skript" ein, führen ihn jedoch nicht aus. Auch die Aussage von Burkart (1993b), daß man, wenn man sich "vom rationalen Entscheidungsbegriff entferne ... auf strukturell-biographische Hintergründe, bis hin zu unbewußten Motivierungen" (189) stoße, verbleibt im Allgemeinen.

Biographische Strukturmechanismen in Entscheidungssituationen möchten wir im folgenden aus den Biographien von zwei allein lebenden Männern (wir nennen sie Klaus Schuldt und Roland Frey) herausarbeiten; wir unterscheiden die Ebenen:
– der Reflexion (eigene Evaluation des Biographen)
– des Verhaltens (Handeln in konkreten Situationen)
– biographischer Strukturmechanismen (nicht bewußte Mechanismen und Handlungslogiken)

*II. Angaben zur Studie und methodisches Vorgehen*

1993 wurden 46 narrative Interviews mit alleinlebenden Frauen und Männern aus den alten und neuen Bundesländern durchgeführt. Der Erzählstimulus war auf Beziehungserfahrungen und auf Alleinleben ausgerichtet; die Interviews dauerten 3 bis 4 Stunden. Die Auswahl der Alleinlebenden aus den alten Bundesländern erfolgte aus dem Familiensurvey des DJI, aus den neuen Bundesländer nach dem Schneeballverfahren. Einbezogen wurden *ledige 30-40jährige und nicht verheiratete Ende 40jährige*. Die Analysen erfolgten mit *hermeneutischen Verfahren* (Oevermann 1979, Rosenthal 1987). Die transkribierten Interviews wurden im Hinblick auf biographische Strukturmechanismen sequenz- und feinanalytisch ausgewertet.

*III. Umgang mit biographischen Entscheidungen am Beispiel von zwei Alleinlebenden aus den alten und neuen Bundesländern*

*Klaus Schuldt* ist 36 Jahre alt und lebt in den alten Bundesländern. Er jobbt seit 6 Jahren, seit Beendigung des Studiums der Religionswissenschaften, das er mit "sehr gut" abgeschlossen hat; die Tätigkeit entspricht in keiner Weise seiner Ausbildung und seinen intellektuellen Fähigkeiten. Vor diesem Studium hatte er ein Theologiestudium abgebrochen. Herr Schuldt hatte bislang ca. 6 Beziehungen. Er leidet unter Depressionen. Den Kontakt zu seinen Eltern hat er vollständig abgebrochen. Seine Hoffnungen für die Zukunft reduzieren sich auf eine materielle Absicherung seines Lebens. Herr Schuldt evaluiert sein Leben als beruflich und partnerschaftlich gescheitert; dieses Scheitern empfindet er schon fast als endgültig.

Seine Partnerbiographie reflektiert er in einer Weise, als ob sich ihm nie die Möglichkeit einer längerfristigen Beziehung geboten hätte. Die Ursache hierfür sieht er darin, daß die "Frauen chaotisch" waren; sie seien "total zerrissen zwischen Kopfkisten einerseits und irgendwo so emotionalem Empfinden andererseits", und es herrsche bei ihnen eine unglaubliche Unklarheit, wie es mit dem eigenen Lebensweg weitergehen solle. Er hatte immer den Wunsch nach einer Partnerschaft, heute habe er aber "ambivalente Gefühle zwischen dem, daß ich sage, o.k., wenn Du nur diese chaotischen Beziehungen haben kannst, dann laß lieber die Finger davon, und auf der anderen Seite durchaus den Wunsch in mir zu haben, eben auch mal eine langfristige Beziehung mit Perspektive zu haben."

Anhand exemplarisch ausgewählter Situationen aus seinem Leben lassen sich systematische Differenzen zwischen der Reflexions- und Verhaltensebene aufzeigen. Eine seiner Partnerinnen hatte während der Beziehung und in der Trennungsphase sexuelle Kontakte mit anderen Männern: "Ich konnte auch irgendwie keinen großen Streit darüber machen, weil sie hat sich so mies danach gefühlt, und das war irgendwie Strafe genug". Er zeigt keine Emotionen, einen Streit oder Konflikt trägt er in dieser Situation nicht aus; weshalb er in der Situation nicht reagiert - dies ist für ihn selbst begründungsbedürftig - legitimiert er argumentativ damit, daß sie sich körperlich schlecht fühlte, es bestand aus seiner Sicht deshalb kein Gesprächs- oder Handlungsbedarf; es hatte quasi schon eine höhere Bestrafungsinstanz gewirkt. Er beendet diese Beziehung, als sich in der Trennungsphase die Möglichkeit einer längerfristigen Perspektive bietet, die er nach seinen eigenen Worten anstrebt. "Ja, auf einmal machte sie so, als ob sie schon immer mit mir zusammensein wollte, ...sie offerierte mir auf einmal die Perspektive für eine dauerhafte Beziehung, für die aber durch das, was zwischendurch vorgefallen war, die Vertrauensbasis nicht mehr gegeben war, also von meiner Seite her."

Auf der *Verhaltensebene* durchzieht die Strategie des Beziehungsabbruchs als durchgehendes Muster der Konfliktbewältigung in Entscheidungssituationen die Partnerbiographie von Klaus Schuldt. Auf der *Reflexionsebene* weist er anderen die Verantwortung und weitergehend die Schuld zu, eigene Anteile sieht er nicht. Die Entscheidung sich zu trennen sieht er nicht als seine eigene und gewollte, sondern als durch das Verhalten der Frau erzwungene Entscheidung. Er steht nicht zu den Konsequenzen, sondern verharrt in einer verletzten und beleidigten Reaktion. Die Strategie des Beziehungsabbruchs führt in Partnerschaften zwangsläufig dazu, daß diese nur von kurzer Dauer sind, was seinem geäußerten Wunsch nach einer "langfristigen Beziehung mit Perspektive" zuwider läuft.

In beruflichen Entscheidungssituationen verfährt Herr Schuldt nach der selben Strategie. Bei seiner ersten journalistischen Tätigkeit verfolgt er gleich zu Beginn die Idee, die Leitung der Zeitung zu übernehmen: "die Situation war günstig, weil der Hauptverantwortliche für diese Zeitung dort aufhören mußte, und dann brachen lange, langjährige unbewältigte Konflikte ... raus, mit dem Ergebnis, daß ich da mehr oder weniger rausgeschmissen wurde. Wobei, die Konflikte hatten auch mit mir nichts zu tun, ... das war ein Konflikt, also die habe nicht ich hervorgerufen, also nicht provoziert, sondern das waren Konflikte, die sich an meiner Person entzündeten". Die Interviewsequenz deutet darauf hin, daß er unrealistische Vorstellungen hinsichtlich seiner Kompetenzen hat, sein Verhalten mutet infantil an. Auf der *Reflexionsebene* versucht er, sein berufliches Scheitern auf äußere Umstände oder Personen zurückzuführen, *faktisch* verfolgt er die Strategie des Interaktionsabbruchs.

Herr Schuldt kann als Erwachsener Konfliktsituationen, in denen Entscheidungen anstehen, nicht aushalten. Konflikte und Veränderungen sieht er nicht als Teil von Entwicklungsprozessen. Er wählt radikale Entweder-Oder-Lösungen, die er dann scheinbar rational begründet. Auf der Verhaltensebene gibt es nur die Strategie des Abbruchs. Die aus seiner Sicht bewußt getroffenen

Entscheidungen entsprechen nach Nunner-Winkler Fehlentscheidungen (1989); sie verweisen auf unbewußte *biographische Strukturmechanismen*:

Herr Schuldt ist in einem puritanisch geprägten Elternhaus, einem Pfarrhaus, aufgewachsen. Es herrschte ein wenig emotionales Klima. Das Ausleben von kindlichen Emotionen war untersagt; Sexualität wurde tabuisiert und sanktioniert. Die Fähigkeit, Entscheidungen durch Kommunikation und Aushandeln herbeizuführen, hat Herr Schuldt biographisch nicht erworben bzw. nicht erwerben können. Wenn in seinem Elternhaus Konflikte auftraten, wurden sie durch Beziehungsabbruch oder durch distanziertes oder feindseliges Verhalten der Person gegenüber gelöst. Als 11jähriger mußte er den Kontakt zu dem Nachbarsmädchen abbrechen, von dem er einen sexuell geprägten Witz erfahren hatte. Die Normverletzung (sexueller Witz) wird in der Familie nach scheinbar rationalen Kriterien geahndet. Dieser Biograph war zudem in seiner Kindheit und Jugend sozial nicht einbunden, ihm fehlten der Austausch und Korrekturen durch Gleichaltrige. Als bester Schüler war er isoliert.

Herr Schuldt war als ältestes von vier Kindern besonders stark den hohen und nicht kindgerechten Erwartungen der Mutter ausgesetzt; dies führte zu der Angst zu versagen. In einer für ihn als Kind schwierigen Situation (er macht als Sechsjähriger vor den Augen der Mutter in die Hose), zeigt die Mutter keinerlei Reaktion. Diese für die Kindheit symbolisch ausgedrückte Erinnerung zeigt, wie er beim "Versagen" gegenüber den mütterlichen Erwartungen die Interaktion abbrach; die Mutter hilft ihm nicht und läßt ihn emotional allein. Er zieht sich zurück und fühlt sich allein. Mit seinem Vater konnte Klaus sich nicht in positiver Weise identifizieren, was nötig gewesen wäre, um die enge Bindung an die Mutter zu lösen. Der Vater entzog sich den Erziehungsaufgaben und bezichtigte sich selbst der Unaufrichtigkeit: "Ihr müßt mir nichts glauben, außer wenn ich sonntags auf der Kanzel stehe".

*Roland Frey*, der in den neuen Bundesländern aufgewachsen ist und dort lebt, hat im Gegensatz zu Herrn Schuldt ein Gesellschaftssystem erlebt, das stark strukturierend in den Alltag und den Lebensweg der Individuen eingriff. Frühe Heirat und Familiengründung waren kulturelle Selbstverständlichkeiten; alternative Lebensformen traten erst zum Ende der DDR hin gehäufter auf. Herr Frey ist 49 Jahre alt, beruflich etabliert und hat nach einer erfolgreichen wissenschaftlichen Laufbahn in der DDR nach der Wende eine gut dotierte unbefristete Stelle in einer wissenschaftlichen Einrichtung erhalten. Der Zusammenbruch der DDR hat bei ihm, im Gegensatz zu vielen anderen DDR-Bürgern, eher zu einer beruflichen und finanziellen Verbesserung geführt. Roland Frey hatte zweimal geheiratet; seit seiner zweiten Scheidung im Alter von 30 Jahren lebt er allein oder in wechselnden Beziehungen. Seit einigen Monaten hat er eine Beziehung mit einer deutlich jüngeren Frau mit Kind; sie haben getrennte Wohnungen. Der gesellschaftliche Umbruch hat bei ihm Reflexionen über sein bisheriges Alleinleben ausgelöst.

Wie sieht Herr Frey in der *Reflexion* das Zustandekommen seiner beiden Ehen? Seine Verlobung im Alter von 18 Jahren stellt er als *Orientierung an normativen Erwartungen* und als Reaktion auf einen Erwartungsdruck seitens seiner Freundin dar: "es war damals so ein komischer Wettbewerb zwischen den ... Mädchen ... so wer ist zuerst verlobt... und unter den Druck hab ich mich auch setzen lassen und hab irgendwie, wie sie es so wollte, auch mich da verlobt." Auch die Heirat, die 5 Jahre später erfolgte, stellt er nicht als Ergebnis einer bewußten und freien Entscheidung dar; es sei in der Familie "usus" gewesen, zu heiraten: "ja also ich war dann plötzlich dann in der Ehe drin". Auf der *Verhaltensebene* wird deutlich, daß er die Konsequenzen seiner Handlungen verweigert: "fühlte mich aber eigentlich überhaupt nicht verheiratet". Er lebt weiterhin ein ungebundenes Leben und geht neben der Ehe weitere Beziehungen ein. Da er die ersten Jahre seiner Ehe in einer anderen Stadt studierte, kam er nur an den Wochenenden nach Hause; diese Situation schloß für ihn Konflikte weitgehend aus. Nach Beendigung des Studiums zogen beide in eine gemeinsame Wohnung. Vom Ehealltag fühlt er sich eingeengt und belastet. Ein von ihm als "Vertrauensbruch" bezeichnetes Verhalten seiner Frau - sie entdeckt in seinem Tagebuch, daß er eine andere Beziehung hat - nimmt er zum Anlaß, eine Trennung und Scheidung zu provozieren. Trotz dieser Erfahrungen geht Roland Frey bereits ein Jahr später wieder eine Ehe ein; auch diese Ehe ist, wie er darlegt, nicht Ausdruck seiner freien Entscheidung, sondern durch äußere Umstände erzwungen, da die Frau ein Kind von ihm erwartete und er es als einen "Ehrenkodex" ansieht, sie in einer solchen Situation zu heiraten.

Nach der zweiten Scheidung beschließt Roland Frey, keine Ehe mehr einzugehen; seine Beziehungsvorstellungen versucht er, auf folgende Definition festzuschreiben: "daß man sagt, also paß auf Mädel, ich bin so, und wir können uns gern und immer und ständig, aber nur, wenn wir wollen und ich behalte meine Wohnung und wir sehen uns, wenn es uns Spaß macht, und wenn wir wirklich wollen ... ich muß mich schlicht und einfach zurückziehen können und ich halte einfach diese Art von Distanz für notwendig".

Mit dieser 'Abmachung' definiert er eine Grenze, bis zu der er bereit ist sich einzulassen und Nähe zuzulassen; über das getrennte Wohnen sind für ihn Rückzugs- bzw. Distanzmöglichkeiten eingebaut. Damit versucht er auszuschließen, wieder zu einer Entscheidung gedrängt zu werden, deren Konsequenzen er nicht bereit ist zu übernehmen, bzw. er kann in konkreten Entscheidungssituationen auf diese Definition zurückgreifen. Unternimmt eine Partnerin den Versuch, die Beziehung auf eine verbindlichere Ebene zu transformieren, ist seine Strategie, sich faktisch aus der Beziehung zurückzuziehen, die Entscheidung für die Trennung jedoch den Partnerinnen zu überlassen, d.h. "Beziehungen ... so ausgehen zu lassen, daß ich dann, daß eigentlich der andere derjenige war, der sich verabschiedet hat, indem ich praktisch die Beziehung so runtergeschraubt hab, daß der andere dann irgendwann entscheiden mußte".

Auf welche Mechanismen läßt sich zurückführen, daß Herr Frey faktisch getroffene, biographisch relevante Entscheidungen nicht als Produkt einer freien Entscheidung sieht, sondern als Ergebnis einer Fremdbestimmung präsentiert? Damit kommen wir auf die Ebene der *biographischen Strukturmechanismen*.

Roland Frey kommt aus einer relativ priviligierten Familie. Wie viele andere aus der *Generation der Kriegskinder* gehört auch er zu denjenigen, die die ersten Lebensjahre ohne Vater aufgewachsen sind und plötzlich die aus Krieg und Gefangenschaft zurückkehrenden "geschwächten" Väter, die für sie erstmal Fremde waren, mit ihrer Mutter teilen mußten.

*Fallspezifisch* für Roland Frey ist, daß er den zurückgekehrten Vater als alkoholkrank und gewalttätig kennenlernt und keine positiv besetzte Beziehung zwischen ihnen entsteht. Seine Mutter versucht in den ersten Jahren nach der Rückkehr des Vaters zweimal, die Familie zu verlassen; sie kehrt beide Male nach kurzer Zeit wieder zurück. Roland Frey, der das jüngste Kind in der Familie und, wie er sagt, "Mutters Nesthäkchen" war, muß dieses Verlassenwerden als sehr bedrohlich erlebt haben. Die Tatsache, daß er sich nicht mehr an das Weggehen der Mutter erinnern kann - er weiß davon nur aus ihren Erzählungen - spricht u.a. für diese Annahme.

Frauen, neben der Mutter auch weibliche Hausangestellte, sind in der Kindheit von Herrn Frey ein zentraler Bezugspunkt. Doch ebenso wie die Mutter bieten auch diese wenig Sicherheit und Kontinuität, da sie nicht auf Dauer bleiben. Sein Vertrauen in die Stabilität von Beziehungen wird somit früh nachhaltig verletzt. Diese Verletzungen sowie Verlust- und Unsicherheitserfahrungen etablieren bei Roland Frey das Verhaltensmuster des Eingehens unverbindlicher Beziehungen. Frauen sind auch in seinem Erwachsenenleben wichtige Bezugspersonen, doch Nähe ist gleichzeitig verbunden mit einem Gefühl von Angst vor Trennung und Verlust. Er weicht dieser Gefahr dadurch aus, daß er vorgibt, Entscheidungen in Bezug auf verbindliche Beziehungen nicht getroffen zu haben bzw. nach seinen Scheidungen nur noch bereit ist, Beziehungen auf Distanz einzugehen.

Kontinuität findet Herr Frey als Erwachsener über seinen beruflichen Werdegang; er bezieht hieraus persönliche Stabilität. Nach einer handwerklichen Ausbildung nimmt er ein Studium auf und verfolgt eine wissenschaftliche Karriere; er schafft es, wie er sagt, aus seinen "komischen mittelständischen Verhältnissen hinauszukommen". Es ist jedoch an dieser Stelle hinzuzufügen, daß dieser Aufstieg in der DDR gesellschaftlich gefördert wurde und dadurch weniger eines ausschließlich persönlichen Einsatzes bedurfte als dies im Westen der Fall gewesen wäre.

Wie lassen sich, bezugnehmend auf die eingangs benannte Kontroverse von strukturell vorgegebener und freier Wahl diese beiden Biographien im Hinblick auf Entscheidungen zusammenfassen? Herr Schuldt trifft faktisch Entscheidungen und begründet sie vermeintlich rational. Es sind Radikalentscheidungen, die er als aufgezwungen empfindet, und damit anderen die Schuld für das Mißlingen seiner Lebensperspektive zuschreibt. Herr Frey gibt an, sich an biographischen Schnittstellen in seinem Leben nicht selbst entschieden zu haben, sondern sich den Vorstellungen und Erwartungen von anderen Personen bzw. gesellschaftlichen Erwartungen gefügt zu haben. Seine nach dem Scheitern der beiden Ehen getroffene Entscheidung für ein Alleinleben sieht er als selbstgewählt an und ist hiermit, zumindest zu DDR-Zeiten, zufrieden.

*IV. Resumee*

Die exemplarisch ausgewählten Biographien zeigen, daß eine Reduzierung der Lebensform Alleinlebend auf ein Begriffsgegensatzpaar "freiwillig vs. unfreiwillig" die Komplexität des Zustandekommens dieser Lebensform nicht erfassen kann. Wir haben versucht, die Vielschichtigkeit von psychischen und biographischen Momenten, die in Entscheidungssituationen und damit bei der Strukturierung von Lebenswegen eine Rolle spielen, herauszuarbeiten.

Was läßt sich im Vergleich der unterschiedlichen Gesellschaftssysteme BRD und DDR über den Einfluß gesellschaftlicher Vorgaben auf die biographische Entwicklung und den Umgang mit Entscheidungssituationen sagen? Die Gesellschaftssysteme der BRD und DDR hatten ein unterschiedliches Ausmaß und einen anderen Umgang mit Optionen für die persönliche Entwicklung geboten. In der DDR war die Vielfalt an biographisch bedeutsamen Optionen geringer, sowohl im beruflichen Bereich als auch bei der Wahl von Lebensformen; dieser geringere Wahl- und Entscheidungsbedarf sowie die Tatsache, daß Entscheidungen als gesellschaftlich vorgegeben legitimiert werden konnten, entlastete das Individuum und trug so zur persönlichen Stabilisierung bei. Oder mit den Worten von Helm Stierlin: "Es gab in der DDR eine gesellschaftliche Situation, bei der die Komplexitäten der Selbstinfragestellung reduziert war" (1994).

**Literatur**
Beck, Ulrich/ Beck-Gernsheim, Elisabeth (1993), Nicht Autonomie, sondern Bastelbiographie, in: ZfS, 3, 178-187.
Burkart, Günter (1993a), Individualisierung und Elternschaft - Das Beispiel USA, in: ZfS, 3, 157-177.
ders. (1993b): Eine Gesellschaft von nicht-autonomen biographischen Bastlerinnen und Bastlern? - Antwort auf Beck/Beck-Gernsheim, in: ZfS, 3, 188-191.
Nunner-Winkler, Gertrud (1989), Identität: Das Ich im Lebenslauf, in: Psychologie heute (Hg.), Das Ich im Lebenslauf. Weinheim.
Oevermann, Ulrich u.a. (1979), Die Methodologie einer "objektiven Hermeneutik" und ihre allgemeine forschungslogische Bedeutung in den Sozialwissenschaften, in: Hans-Georg Soeffner (Hg.), Interpretative Verfahren in den Sozial- und Textwissenschaften. Stuttgart.
Rosenthal, Gabriele (1987), Wenn alles in Scherben fällt. Opladen.
Stierlin, Helm (1994), Was Familien zusammenhält, in: Diskurs, 2, 52-55.

Brigitte Maier-Lesch und Angelika Tölke, Deutsches Jugendinstitut e.V., Freibadstr. 30, D-81543 München

## 5. Pluralisierung familialer Erscheinungsformen und Heterogenisierung der Armutslagen von Ein-Eltern-Familien

*Wolfgang Voges*

*1. Pluralisierung familialer Erscheinungsformen und sozialstaatlicher Versorgungsbedarf*

Der gesellschaftliche Strukturwandel und die kulturellen Veränderungen haben die Freiräume für die individuelle Lebens- und Familienplanung vergrößert. Die Heterogenität von Lebensstilen und Lebenslagen hat zugenommen. Dies hat sowohl die Chancen etwa zur Nutzung historischer Gelegenheitsstrukturen als auch die sozialen Risiken etwa neuer individueller Benachteiligung und gesellschaftlicher Ausgrenzung erhöht. Von dieser Entwicklung sind Familien und Individuen je nach Geschlecht, Alter und Zugehörigkeit zu bestimmten Bevölkerungsgruppen sowie je nach Phase im Lebensverlauf oder nach der Stellung im Familienzyklus und nach der Lebenslage in unterschiedlichem Maße betroffen. So betrachten etwa jüngere Kohorten - unabhängig von den gegebenen institutionellen Rahmenbedingungen - ihren Lebensverlauf im Hinblick auf Beruf, Familie und soziale Absicherung weitaus weniger als ein gesellschaftlich vorgegebenes Lebenslaufprogramm als ältere Kohorten.

Der Strukturwandel hat dazu geführt, daß die den Lebensverlauf verändernden Ereignisse weitaus weniger zufällig auftreten und damit eine individuelle Lebensplanung erlauben. Die Möglichkeiten, durch individuelle Entscheidungen gestaltend auf den Lebensverlauf einzuwirken, sind deutlich angestiegen. Damit sind aber auch die Vorstellungen von einer „Normalbiographie" obsolet geworden. Die „Entstandardisierung" des Lebensverlaufs bringt veränderte ökonomische und politische Anforderungen an die Sozialpolitik mit sich. In den Mittelpunkt sozialpolitischen

Handelns rückt dadurch die Frage, wie der Sozialstaat bei einer derartigen Vielfalt von Lebensformen noch gestaltend auf die Lebenslage einwirken und eine „Kontinuitätsgarantie" (Gross) gewährleisten kann, um eine zeitlich unbefristete, angemessene gesellschaftliche Teilhabe sicherzustellen. Sozialpolitische Institutionen heben daher u.a. auf eine zeitliche Sequenzierung des Lebensverlaufs ab. Damit wirken sie in doppelter Hinsicht auf das Lebenslaufprogramm. Einerseits erleichtern sie soziale Absicherung und Gestaltung von biographischen Entwürfen unabhängig von der Familie und begünstigen individuell wählbare soziale Bindungen. Andererseits wirken dieselben sozialpolitischen Setzungen gestaltend auf das Lebenslaufregime ein, indem sie Lebensphasen stärker voneinander abgrenzen, Statuspassagen definieren und regulieren und damit soziale Ordnungsprinzipen festschreiben. Die Vielfalt familialer Lebensformen ist nicht ursächlich durch sozial- und familienpolitische Maßnahmen, sondern eher durch sozioökonomische und soziokulturelle Entwicklungen bedingt. Dennoch haben sozialpolitische Setzungen die Möglichkeiten für den Übergang in eine andere Familienform erleichtert, wie es sich etwa in der Zunahme verheirateter, jedoch getrennt lebender Frauen mit Kindern als Sozialhilfebezieherinnen niederschlägt.

Das System sozialer Sicherung ist in den modernen Gesellschaften immer noch um Erwerbsarbeit zentriert und mehr oder weniger an der Leitvorstellung „Normalfamilie, i.S. des kernfamilialen Haushalts eines Ehepaares mit seinen leiblichen Kindern" (Wingen) orientiert. Diese „familienpolitische Standardeinheit" (Grözinger) besteht danach aus einem männlichen Haushaltsvorstand, der die Funktion des Hauptemährers innehat, und einer Ehepartnerin, die keiner außerhäuslichen Erwerbsarbeit nachgeht, sondern für die Versorgung und Betreuung der Kinder zuständig ist. Dabei wird davon ausgegangen, daß die Normalfamilie die soziale Sicherung der Familienmitglieder gewährleisten kann, so daß ihre gesellschaftliche Teilhabe nicht von der „Generösität" des Sozialstaats abhängt.

Aber nicht nur die Erscheinungsformen von Familie haben sich von dieser normativen Vorgabe entfernt und sind vielfältiger geworden, sondern auch die Ereignisse, die mit dem Übergang in eine bestimmte Familienform verbunden sind. In welchem Ausmaß dieser Übergang mit Verarmung einhergeht, wird deutlich, wenn man die Angaben zum Familienstand und zum Alter der Wohnbevölkerung eines gegebenen Jahres in Beziehung setzt mit den Angaben zu den Beziehern, die in diesem Jahr erstmalig sozialhilfebedürftig geworden sind. Das höchste Zugangsrisiko haben demnach Frauen, die außerhalb des ehelichen Haushalts leben. Differenziert man den Familienstand nach Altersgruppen, wird das außerordentlich hohe Risiko der jungen Verheirateten deutlich. Es sinkt offensichtlich mit zunehmendem Alter. Die geschlechtsspezifischen Unterschiede werden besonders deutlich, wenn wir die verheiratet getrennt Lebenden betrachten. Unsere Konzentration auf Scheidung als *das* wesentliche Ereignis, das Ein-Eltern-Familien konstituiert und das Verarmungsrisiko erhöht, muß vermutlich überdacht werden. Es ist vielmehr anzunehmen, daß sich bis zum Zeitpunkt der Scheidung die Einkommensposition des finanziell schwächeren Elternteils (in der Regel: der Frau) eher stabilisiert hat.

## 2. Der Wandel der Armut von Familien

Sozialhilfe dient im zunehmenden Maße dazu, den Lebensunterhalt zahlreicher Bevölkerungsgruppen zu sichern. Die Sozialhilfequote (HLu-Quote) ist von 1963 bis 1992 von 1,3% auf 4,7%

gestiegen und hat sich damit mehr als verdreifacht. Dieser generelle Anstieg spiegelt sich auch in den HLu-Quoten der einzelnen Familientypen wider, allerdings in unterschiedlichem Ausmaß *und* auf einem stark unterschiedlichen Niveau.

*Tabelle 1:* Entwicklung der HLu-Quoten nach Familien- und Haushaltstypen in ausgewählten Jahren 1963–1992 in Prozent

| Jahr des Sozial-hilfe-bezugs | Alle Be-zieher | Familien mit Kindern | | | | Haushalte ohne Kinder | | |
|---|---|---|---|---|---|---|---|---|
| | | Zwei Eltern | | Ein Eltern | | Zwei Per-sonen | Eine Person | |
| | | 1 | 2+ | 1 | 2+ | | männl. | weibl. |
| 1963 | 1,3 | 0,3 | 0,7 | 2,0 | 7,2 | 1,1 | 3,0 | 7,1 |
| 1969 | 1,2 | 0,1 | 0,3 | 1,7 | 10,3 | 0,8 | 2,7 | 4,6 |
| 1973 | 1,4 | 0,2 | 0,4 | 2,4 | 12,7 | 0,9 | 2,9 | 5,1 |
| 1978 | 2,1 | 0,4 | 0,8 | 5,7 | 16,2 | 0,8 | 5,3 | 4,8 |
| 1983 | 2,7 | 0,9 | 1,1 | 7,8 | 14,5 | 0,8 | 7,9 | 5,1 |
| 1988 | 4,0 | 1,4 | 2,2 | 10,4 | 19,1 | 1,2 | 9,5 | 5,6 |
| 1992 | 4,7 | 1,6 | 3,0 | 11,7 | 24,5 | 1,4 | 11,6 | 5,5 |
| 1992[a] | 4,3 | 1,5 | 2,8 | 10,2 | 21,6 | 1,2 | 11,7 | 4,9 |

[a] Deutschland einschließlich der neuen Bundesländer.          Quelle: Statistisches Bundesamt.

Entsprechend der sozialstaatlichen Orientierung an der Normalfamilie haben Ehepaare mit oder ohne Kinder das geringste Sozialhilferisiko. Gleiches gilt, mit einer einzigen Ausnahme, auch für die Steigerungsraten der HLu-Quoten: Nur alleinlebende Frauen haben geringere Steigerungsraten (gemessen als Differenz der Relationen von 1963 und 1992 in Prozentpunkten) als Ehepaare mit oder ohne Kinder. Den HLu-Quoten läßt sich eine weitere, interessante Information entnehmen: Die Sozialhilfebetroffenheit nimmt bei Familien mit Kindern entsprechend der Kinderzahl zu. Zusätzlich zeigt sich bei Familien im Zeitverlauf eine mit der Kinderzahl überproportionale Zunahme der HLu-Quoten.

Das Ausmaß eingeschränkter gesellschaftlicher Teilhabe hat bei Familien mit Kindern im Zeitverlauf deutlich zugenommen. Obschon das Armutsrisiko von Ehepaaren mit zwei oder mehr Kindern von 0,4% 1973 auf 3% 1992 gestiegen ist, liegt diese Entwicklung deutlich unter der der Alleinerziehenden mit zwei oder mehr Kindern. Ihr Anteil ist in diesem Zeitraum von 12,7% auf 24,5% gestiegen und hat sich damit nahezu verdoppelt. Das Risiko, sozialhilfebedürftig zu werden, steigt mit zunehmender Anzahl von Kindern im Haushalt deutlich an, wobei Ein-Eltern-Familien das höchste Zugangsrisiko aufweisen.

Welche Auswirkungen Sozialhilfebedürftigkeit für die davon Betroffenen hat, könnte nicht zuletzt davon abhängen, *wie lange* sie in dieser Lebenslage bleiben bzw. wie lange sie anschließend unabhängig von diesen Transfers ihren Lebensunterhalt bestreiten können. Häufig wird bereits aus einem hohen Zugangsrisiko in die Sozialhilfe auch auf ein hohes Verbleibsrisiko im Leistungsbezug geschlossen. So ist das Risiko, sozialhilfebedürftig zu werden, für Ein-Eltern-Familien zweifelsohne größer als für andere Familienformen, dennoch kann aus diesem Umstand *nicht* geschlossen werden, daß *alle* Alleinerziehenden auch ein gleichermaßen großes Risiko aufweisen, langfristig im Zustand des Leistungsbeziehers zu verbleiben. Aus dem Zugangsrisiko kann nur begrenzt auf das Verbleibsrisiko geschlossen werden.

Langfristiger Sozialhilfebezug kann entstehen durch mehrere mehr oder weniger kurze Sozialhilfeepisoden, die durch vergleichsweise kurze Zeiträume ohne Leistungsbezüge unterbrochen sind, oder durch einen einmalig längeren Sozialhilfebezug ohne derartige Unterbrechungen. Wie kann man nun die zeitliche Dimension, also Dauer und Häufigkeit des Sozialhilfebezugs, angemessen in die Untersuchung einbeziehen? Häufig wird vermutet, daß die gesamte Verweildauer im Leistungsbezug innerhalb eines Beobachtungszeitraumes ein geeigneter Indikator ist. Unter Umständen ist es jedoch nicht sinnvoll, die Dauer der einzelnen Sozialhilfeepisoden als voneinander oder als von den Zeiten des Nicht-Bezugs unabhängig zu untersuchen, sondern die Aufeinanderfolge von Episoden im Sozialhilfebezug und Zeiten ohne diese Transfers zu betrachten.

Mitunter wird daher vermutet, daß nicht die gesamte Bezugsdauer zur Erklärung von langfristiger Sozialhilfebedürftigkeit bedeutsam ist, sondern lediglich die erste Episode und der daran sich anschließende Zeitraum ohne Sozialhilfebezug. Dabei wird angenommen, daß durch den erstmaligen Leistungsbezug und die Art und Weise, wie diese Episode beendet wird, die Neigung beeinflußt wird, erneut Hilfeleistungen zu beantragen. Da die Leistungsbezieher in der LSA, von wenigen Ausnahmen abgesehen, fünf Jahre vorher keine Sozialhilfe bezogen haben, kommt diesem Einstieg in den Sozialhilfebezug eine besondere Bedeutung zu, der sicher auch die Neigung zum weiteren Sozialhilfebezug beeinflußt. Von daher ist es sinnvoll, die Verweildauer in der ersten Sozialhilfeepisode und die sich anschließende Zeit ohne Leistungsbezug als Indikatoren für die Armuts- und Sozialhilfedynamik zugrundezulegen.

Der Übergang vom Zustand des Sozialhilfebeziehers in den des Nicht-Beziehers kann als probabilistisches Phänomen aufgefaßt werden. Wie lange die unterschiedlichen Familientypen Sozialhilfe beziehen, läßt sich dann durch eine sogenannte „Überlebensfunktion", die den stochastischen Prozeß des Wechsels zwischen den Merkmalszuständen über die Zeit beschreibt, anschaulich verdeutlichen. Abbildung 1 zeigt den Anteil an „überlebenden" Familientypen, denen es bis zu dem jeweiligen Zeitpunkt im Bezugszeitraum noch nicht gelungen ist, die Sozialhilfebedürftigkeit zu überwinden.

*Abbildung 1:* Verweildauer in erster Sozialhilfeepisode und anschließender Episode ohne Sozialhilfe nach Familientypen

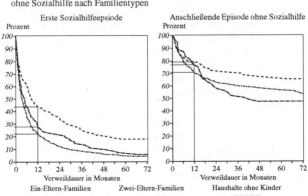

Quelle: Bremer Längsschnitt-Stichprobe von Sozialhilfeakten (LSA), Erstbezugskohorte 1983, Alleinerziehenden Erstbezugskohorte 1984; Senator für Jugend und Soziales und ZeS/Sfb 186.

Betrachten wir zunächst die erste Sozialhilfeepisode im linken Teil von Abbildung 1: Nach einem Jahr - eine Grenze, die häufig als Schwellenwert zu Langzeitbezug angesehen wird - sind noch 27% der Zwei-Eltern-Familien und 22% der Haushalte ohne Kinder im Sozialhilfebezug. Umgekehrt konnten also 73% bzw. 78% dieser Familientypen Sozialhilfebedürftigkeit bis zu diesem Zeitpunkt bereits überwinden. Von den Ein-Eltern-Familien beziehen dagegen rund 44% nach einem Jahr noch Sozialhilfe. Die Abbildung verdeutlicht aber auch, daß sich nach drei Jahren bei allen Haushalten die Möglichkeiten, den Sozialhilfebezug zu beenden, deutlich verschlechtern. Mit einer mittleren Verweildauer von 8,4 Monaten stehen Alleinerziehende nahezu doppelt solange im erstmaligen Leistungsbezug wie Zwei-Eltern-Familien mit 4,8 Monaten oder Haushalte ohne Kinder mit 3,4 Monaten.

Insgesamt sind Ein-Eltern-Familien am längsten von Sozialhilfebedürftigkeit betroffen. Damit haben sie offensichtlich nicht nur ein größeres Zugangsrisiko in die Sozialhilfe, sondern auch ein größeres Verbleibsrisiko. Allerdings werden nicht *alle* Ein-Eltern-Familien Langzeitbezieher. Während es einigen rasch gelingt, den Status der Bezieherin von Sozialhilfe zu überwinden und den Lebensunterhalt ohne diese Transfers zu bestreiten, haben andere offensichtlich mehr Schwierigkeiten, den Leistungsbezug zu beenden.

Der rechte Teil in Abbildung 1 verdeutlicht, wie lange es den verschiedenen Familientypen nach dem ersten Sozialhilfebezug möglich ist, ihren Lebensunterhalt ohne diese Transfers zu bestreiten. Nach 12 Monaten können noch 79% der Ein-Eltern-Familien ihren Lebensunterhalt ohne Sozialhilfeleistungen bestreiten, während 21% erneut darauf angewiesen sind. Von den Zwei-Eltern-Familien kommen zu diesem Zeitpunkt noch 77% ohne Sozialhilfe aus, während 23% sich bereits in der zweiten Sozialhilfeepisode befinden. Von den Haushalten ohne Kinder können nach 12 Monaten lediglich 71% ohne Sozialhilfeleistungen den Lebensunterhalt bestreiten, d.h. innerhalb des letzten Jahres sind 29% erneut sozialhilfebedürftig geworden. Innerhalb der nächsten fünf Jahre steigt jedoch das Zugangsrisiko der Zwei-Eltern-Familien weitaus stärker an.

Zwei-Eltern-Familien weisen damit offensichtlich Bedingungen auf, die es ihnen ermöglichen, den erstmaligen Sozialhilfebezug kurzfristig zu beenden, wodurch sie gegenüber den Ein-Eltern-Familien ein deutlich niedrigeres und gegenüber Haushalten ohne Kinder nur ein geringfügig größeres Verbleibsrisiko haben. Das Zugangsrisiko für erneute Sozialhilfebedürftigkeit ist jedoch bei diesem Haushaltstyp ungleich größer als bei den anderen Familientypen. Dagegen haben Ein-Eltern-Familien ein deutlich niedrigeres Risiko, erneut in den Sozialhilfebezug zu gelangen. Die Doppelfunktion als Ernährerin und Hausfrau/Betreuerin der Kinder macht es den Ein-Eltern-Familien schwer, den Lebensunterhalt unabhängig von Sozialhilfetransfers zu bestreiten, was die entsprechend langen Erstbezugszeiten mit sich bringt. Wenn sie es dennoch geschafft haben, Sozialhilfebedürftigkeit zu überwinden, ist die Wahrscheinlichkeit für eine weitere Sozialhilfeepisode deutlich geringer als für die anderen Familientypen. Da jedoch bei der Mehrzahl der Sozialhilfebezieher kein weiterer Sozialhilfebezug auftritt, d.h. die Zensierungsquote für die erste *Episode ohne Sozialhilfeleistungen* über 50% liegt, kann auch keine Aussage über die mittlere Verweildauer ohne Leistungsbezüge gemacht werden.

## 3. Heterogenität von Mustern bei Ein-Eltern-Familien

Ein Ziel der Studie war die Konstruktion von Verlaufstypen des Sozialhilfebezugs, die weitaus deutlicher als eine Typologie, basierend auf demographischen Merkmalen, die Heterogenität der zeitlichen Betroffenheit von Sozialbedürftigkeit unter den alleinerziehenden Frauen aufzeigen sollte. Auf der Grundlage der Bezugsdauer, der Anzahl von Sozialhilfeepisoden, der Zeit ohne Leistungsbezüge und dem Bezieherstatus am Ende des Beobachtungszeitraums können fünf Verlaufstypen unter den Alleinerziehenden unterschieden werden:

- die *transitorische Bezieherin* (Kurzzeitbezieherin, Überbrückerin);
- die m*ehrfachtransitorische Bezieherin*, die mehrfach für kurze Zeit Sozialhilfeleistungen in Anspruch nimmt;
- die *Pendlerin*, die mehrfach für längere Zeit auf Sozialhilfe angewiesen ist;
- die *Langzeitbezieherin,* bei der die letzte Episode schon seit mindestens zwei Jahren ununterbrochen andauert;
- die „*Ausbrecherin*" (Escaper), die mindestens achtzehn Monate ununterbrochen Leistungen bezogen hat, bevor es ihr gelang, den Lebensunterhalt ohne Sozialhilfetransfers zu bestreiten.

*Tabelle 2:* Verlaufstypen des Sozialhilfebezugs bei alleinerziehenden Frauen

| Verlaufstyp | Anteil in Prozent (Anzahl) | Verweildauer in Monaten[a] | | | |
|---|---|---|---|---|---|
| | | 1. Sozialhilfeepisode | 1. Episode ohne Sozialhilfe | 2. Sozialhilfeepisode | Gesamtbezug innerhalb von 75 Monaten |
| Überbrückerin | 36,4 (43) | 2,2 | 63,8[b] | — | 2,2 |
| Mehrfachüberbrückerin | 7,6 ( 9) | 1,7 | 36,5 | 1,6 | 4,6 |
| Pendlerin | 19,5 (23) | 7,8 | 6,1 | 13,1 | 32,2 |
| Langzeitbezieherin | 22,9 (27) | 73,5[b] | — | — | 73,5[b] |
| Ausbrecherin (Escaper) | 13,6 (16) | 26,6 | 36,8[b] | — | 26,6 |

[a]Median berechnet nach der Sterbetafel-Methode  [b]Wert kann nicht genau berechnet werden, da rechts zensierte Verweildauern überwiegen.
Quelle: vgl. Ausführungen zu Abbildung 1.

Auch unter den alleinerziehenden Frauen überwiegt die *Überbrückerin.* Etwas mehr als ein Drittel der Frauen ist mit 2,2 Monaten nur kurze Zeit sozialhilfebedürftig, und entsprechend lang sind die Zeiten ohne Sozialhilfebezug (63,8 Monate) innerhalb des Beobachtungsfensters (75 Monate). Alleinerziehende mit mehreren kurzfristigen Episoden *(Mehrfachüberbrückerinnen)* machen weniger als ein Zehntel der gesamten Population aus. Mit 1,7 Monaten beim erstmaligen Bezug und 1,6 Monaten bei der zweiten Sozialhilfeepisode sind die Verweildauern noch kürzer als für die einmalige Überbrückerin. Nach der Beendigung der ersten Sozialhilfeepisode hatten diese Frauen drei Jahre ihren Lebensunterhalt ohne diese Transferzahlungen bestritten. Damit wird deutlich, daß sie nicht bei jeder Einkommensschwäche direkt Leistungen in Anspruch genommen haben, sondern erst dann, wenn die subjektive Armutsschwelle unterschritten war. Innerhalb des Beobachtungszeitraums stand dieser Verlaufstyp 4,6 Monate im Leistungsbezug.

Rund ein Fünftel der Population sind *Pendlerinnen*, die mit 7,8 Monaten und 13,1 Monaten deutlich längere erste bzw. zweite Sozialhilfeepisoden aufweisen als die Mehrfachüberbrückerinnen. Der Zeitraum ohne Sozialhilfebezüge zwischen den beiden Episoden ist mit 6,1 Monaten vergleichsweise kurz. Insgesamt stand dieser Verlaufstyp 32,2 Monate innerhalb des 75 monatigen Beobachtungsfensters im Leistungsbezug. Diese Verweildauer im Sozialhilfebezug wird nur von den *Langzeitbezieherinnen* übertroffen. Sie stehen mit 73,5 Monaten mehr als doppelt so lange im Leistungsbezug. Dieser Verlaufstyp macht etwas mehr als ein Fünftel an der Population aus.

Etwas mehr als ein Zehntel der Population sind *„Ausbrecherinnen" (Escaper)*, bei denen sich ein Langzeitbezug abzeichnete, die es aber dennoch geschafft haben, Sozialhilfebedürftigkeit zu überwinden. Die mittlere Verweildauer der Ausbrecherinnen im erstmaligen Sozialhilfebezug beträgt 26,6 Monate. Sie haben es geschafft, im Beobachtungszeitraum 36,8 Monate lang ihren Alltag ohne einen weiteren Bezug von Transferleistungen zu bewältigen.

Mitunter wird vermutet, daß durch eine Betrachtung von Verlaufstypen die Problemlagen von alleinerziehenden Frauen „klein" geredet würden. Mit großer Skepsis wird der doch relativ hohe Anteil an Überbrückerinnen oder Mehrfachüberbrückerinnen wahrgenommen. Die Charakterisierung einer Alleinerziehenden als transitorischer bzw. mehrfachtransitorischer Sozialhilfefall impliziert nicht zwangsläufig einen positiven Berufs- und Familienverlauf, sondern bezieht sich ausschließlich auf das Muster des Sozialhilfebezugs. So können etwa bei Mehrfachüberbrückerinnen die Sozialhilfeepisoden mit dem Einzug in ein Frauenhaus beginnen und mit Rückkehr in den ehelichen Haushalt beendet werden. Der Umstand, daß die verheiratet getrennt lebende Frau mit den Kindern wieder zu ihrem Ehemann zurückkehrt, bedeutet lediglich eine Beendigung des Sozialhilfebezugs und des Status der Alleinerziehenden.

*4. Ist Armut von Alleinerziehenden ein Armutszeugnis des Sozialstaats ?*

Vor dem Hintergrund der sozialstaatlichen Orientierung an der Normalfamilie stellt sich zunächst die grundsätzliche Frage, inwieweit die unterschiedlichen Erscheinungsformen von Familie, insbesondere die Ein-Eltern-Familien, vor allem jene mit einem weiblichen Haushaltsvorstand, als „gleichberechtigte Familienform" zu stützen oder als eine zeitlich bedingte und vorübergehende Erscheinung abzutun sind. Werden Ein-Eltern-Familien als eine gegebene Familienform akzeptiert, müßten sozialstaatliche Rahmenbedingungen darauf abzielen, daß diese Bevölkerungsgruppe Familienarbeit und Erwerbstätigkeit vereinbaren kann. Unter diesen Bedingungen hätten sie vermutlich ebenso große Chancen, am gesellschaftlichen Wohlstand teilzuhaben, wie andere Familienformen und Familientypen.

Debatten über den Wandel der Erscheinungsformen von Familie und sozialpolitische Maßnahmen in Deutschland und etwa den skandinavischen Ländern unterscheiden deutlich. Während hier die Zunahme von Ein-Eltern-Familien immer noch als ein tendenziell nicht aufzuhaltendes Phänomen sich modernisierender Gesellschaften angesehen wird, haben die skandinavischen Gesellschaften bereits in einem frühen Stadium auf diese Entwicklung reagiert, sie als eine eigenständige Familienform anerkannt und vergleichsweise generös in das System sozialer Sicherung eingeschlossen. Das vermindert entsprechend das Risiko dieser Bevölkerungsgruppe, zu verarmen.

Um Verarmung von Familien entgegenzuwirken, wird in Politik und Wissenschaft in zunehmendem Maße für die Gleichbehandlung aller Familienformen bzw. für eine Zurücknahme der Privilegien für die Ehe plädiert. Die Privilegierung der Ehe durch Steuer- und Sozialpolitik sowie die mangelnde Honorierung des Kinderhabens macht die Familie heute allgemein zum Problemfall mit erhöhtem Armutsrisiko. Der Preis, den die Gesellschaft für ein Festhalten an dem Leitbild Normalfamilie zu zahlen hat, ist zu hoch, geht er doch zu Lasten des gesellschaftlichen Humankapitals - nämlich der Kinder.

PD Dr.Wolfgang Voges, Universität Bremen, Zentrum für Sozialpolitik, Barkhof, Parkallee 39, D-28359 Bremen

# V. Sektion Frauenforschung
*Leitung: Ulrike Teubner*

## Feministische Gesellschaftsanalyse und Demokratietheorie

### 1. Die "Gute Gesellschaft" - Eine zum Schweigen gebrachte Gesellschaft? Widerworte auf einen kommunitaristischen Angriff gegen die öffentlich sprechende Frau und die diskursive Demokratie

*Claudia Bernardoni*

"*The Good Society*" ist der Titel des zweiten Buches von *Robert N. Bellah* u.a. (1992), die in Amerika bereits mit ihrem ersten Buch "*Habits of the Heart*" (1985) wesentlich zur Entwicklung des Kommunitarismus als gesellschaftspolitischem Entwurf der 80er Jahre beigetragen haben. Ich möchte zunächst ganz kurz die überzeugende Kritik dieser Wissenschaftlergruppe am Liberalismus skizzieren, um dann zu fragen, ob es sinnvoll ist, mit dem Bad des Liberalismus das Kind der individuellen Gleichheits- und Menschenrechte (und damit der Frauenrechte) auszuschütten.

*Das Locke-Paradigma*

Die Autoren von "*The Good Society*" halten es für höchste Zeit, daß ihre Landsleute aus dem amerikanischen Traum aufwachen. Der Traum ist das Lebensrezept, das die Amerikaner aus einer der einflußreichsten Ideologien der Neuzeit gewinnen, nämlich aus der liberalen Staatslehre von John Locke und der liberalen Wirtschaftslehre von Adam Smith. Kurz, es ist das moderne liberale Ideal. Der bereits in der amerikanischen Verfassung wirksame Lockeanismus versprach einen bis zum Ende des 18. Jahrhunderts unbekannten Grad an individueller Freiheit, eine unbegrenzte Chance, materiellen Wohlstand im Wettbewerb zu erringen, und eine bis dahin unerhörte Beschränkung von Regierungsmacht, Zügel für die Willkür, sich in die Unternehmungen und Aktivitäten der BürgerInnen einzumischen, außer zur Sicherung des Gesellschaftsvertrages. Einer Vulgärform des Lockeanismus folgte offensichtlich noch Präsident Reagan, als er den "*pursuit of happiness*" der Verfassung frei interpretierte: "Ich möchte vor allem dafür sorgen, daß dies Land eines bleibt, in dem man jederzeit die Chance hat, reich zu werden" (GS, S. 87).

Diese Politik hat nach Meinung der Autoren zu einer Art von "*gambler's society*" geführt, einer Gesellschaft, in der man über Nacht ohne einen Cent und ohne Möglichkeit, sich in einem sozialen Netz auffangen zu lassen, auf der Straße stehen und in der eine ernsthafte Krankheit zum finanziellen Ruin führen kann. Eine solche Gesellschaft erzeugt schwerwiegende soziale Unterschiede, verbraucht rücksichtslos die Resourcen künftiger Generationen und kennt keine anderen Werte als das individuelle Interesse, nichts als die Befriedigung inviduellen Bedürfnisses.

"Unser individualistisches Erbe lehrt uns, daß es so etwas wie ein Allgemeinwohl (common good) nicht gibt, sondern nur die Summe des individuellen Wohls. Aber in unserer komplexen

Welt, in der vieles voneinander abhängt, erzeugt die Summe des individuellen Wohls, wie sie unter der Tyrannei des Marktes organisiert ist, häufig ein allgemeines Übel, das unter Umständen auch unsere persönliche Bedürfnisbefriedigung untergräbt" (GS, S. 95).

Diese Kritik an einer freien und unsozialen Marktwirtschaft wird jedoch nicht dadurch zu einem neuen Gesellschaftsentwurf der Kommunitaristen, daß sozialstaatliche Konzepte vorgeschlagen werden, sondern das Gemeinwohl soll aus der Erneuerung uralter und einfach tätiger Gemeinschaften, wie der Familie, hervorsprießen.

*Die therapeutische Kultur und die für sich sprechende Frau*

In ihrem ersten Buch "*Habits of the Heart*" beschäftigen sich die Autoren mit einer zweiten Seite des Liberalismus. Der utilitaristische Individualismus, der die passende Einstellung zum wirtschaftlichen Wachstum darstellt, wird von der Überzeugung begleitet, daß jeder Mensch in der Lage sein soll, ein selbstbestimmtes Leben zu führen, authentische Gefühle, persönliche Vorlieben und Interessen zu haben und all dies in eine individuelle Lebensplanung einzugliedern. Diese expressive Seite des Individualismus findet nach Meinung der Autoren ihren Ausdruck in der therapeutischen Kultur, die sich in unserem Jahrhundert v.a. in den USA entwickelt hat.

Dabei wendet sich die kommunitaristische Argumentation gegen Kommunikation als Grundlage von Verständigung in menschlichen Beziehungen und in der Gesellschaft. Da Sprache in den meisten Therapieformen das Mittel ist, dessen sich der/die Klient/in zur Bewußtwerdung und Bearbeitung der anliegenden Probleme bedient, gehen Kommunikation und therapeutische Kultur ein enges Bündnis ein, ja sie erscheinen im Denken der Autoren geradezu identisch, so als habe die Therapie kooperatives Handeln durch streitsüchtiges Reden ersetzt. Zu diesem Zweck wird in *Habits of the Heart* eine oberflächliche Darstellung der Therapiebeziehung als solcher gegeben. Psychotherapie wird von den Autoren rein äußerlich betrachtet und einerseits als egoistisch getadelt, weil Therapien notwendiger Weise einseitig ausgerichtet sind, und es nicht um das Gemeinwohl gehen kann, sondern allein um den Klienten und dessen Probleme gehen muß; andererseits wird Theapie als kommerziell verurteilt, weil Therapiestunden u.a. um der Verbindlichkeit willen auf Regularien, wie Zeitbegrenzung und Bezahlung, nicht verzichten können. Aus diesen Äußerlichkeiten wird dann abgeleitet, daß eine in der Therapie erlernte Kommunikation vorzugsweise aus dem Verhandeln der eigenen Interessen und entsprechender Durchsetzung oder Kompromißfindung besteht. Es wird weder berücksichtigt, daß in Therapien Gefühle bewußt gemacht und bearbeitet werden, daß Projektionen zurückgenommen werden etc., d.h. daß mehr Arbeit an sich selbst und an dem Verzicht oder der Veränderung egoistischer Wünsche geleistet wird als meist in traditionellen Beziehungen, in denen Sprachlosigkeit und Reflexionsarmut häufig sind. Im Gegensatz dazu schreiben die Autoren:

"In ihrer reinen Form negiert die therapeutische Einstellung alle Arten von Verpflichtung und Engagement in Beziehungen, indem sie diese allein durch das Ideal der vollen, offenen, aufrichtigen Kommunikation unter selbstbestimmten Individuen ersetzt" (HoH, S. 101).

Natürlich sind vor allem Ehe und Familie gemeint. Die Familie ist in kommunitaristischer Sicht eine verläßliche Genmeinschaft, die emotionale und materielle Sicherheit gibt, aber auch klare Verpflichtungen enthält. Und diese Verpflichtungen sollen offenbar unkritisch und stillschweigend erfüllt werden, sonst ergibt die Gegenüberstellung zwischen offener Kommunikation einer-

seits und Ehe und Familie als Rahmen für Liebesdienst und Pflicht andererseits keinen Sinn. So heißt es an anderer Stelle auch:
"Die therapeutische Einstellung distanziert uns von bestimmten sozialen Rollen, Beziehungen und Handlungen sowie von den damit verbundenen Maßstäben der Autorität, Pflicht und Tugend" (HoH, S. 127).

Frauen haben demnach in Ehe und Familie eine soziale Rolle, die sie nicht ohne Verlust gemeinschaftsorientierter Tugenden kritisch in Frage stellen oder verändern können. Weil moderne Frauen aber selbstbestimmt leben und einen eigenen Lebensplan verfolgen wollen, haben sie sich als Anhängerinnen der therapeutischen Kultur schulen lassen, um sich im Privatbereich auf die gleiche Art wie in der Arbeitswelt zu artikulieren und durchzusetzen:

"Die Vorherrschaft einer Intimität, die ausgehandelt wird, und einer Zusammenarbeit, deren Verfahren geregelt ist, und welche aus dem Konferenzraum ins Schlafzimmer und wieder zurück übertragen werden, ist genau das, was die Ideale der persönlichen Tugend und des öffentlichen Wohls verdunkelt" (HoH 127).

Nach Ansicht der Autoren ist es die Sprache der Vertragstheoretiker, die Sprache des utilitaristischen Individualismus, welche die Therapeuten und in ihrem Gefolge die Frauen ins Expressive übersetzen, die Sprache des in Regeln gefaßten und dadurch nur notdürftig gezähmten Egoismus.

Wir können demnach die These der Kommunitaristen gegen die Frauen (ohne daß sie selbst diese explizit aussprächen) folgendermaßen formulieren:

Frauen stellen, wenn sie die Einstellung des expressiven Individualismus teilen, und deshalb authentische Gefühle, Selbstbestimmung und eine offene Kommunikation für sie wichtig sind, die Familie als einzige, nicht aufkündbare und verbindliche Gemeinschaft in Frage.

Daß Frauen spätestens seit der Frauenbewegung im Privatbereich eine selbstbestimmte Sprache entwickelten, und daß das Private politisch wurde, war gleichbedeutend damit, daß sie ihre Stimme in der Öffentlichkeit erhoben. Denn offene und möglichst wenig begrenzte, argumentative Kommunikation ist die Voraussetzung für kooperatives und verständigungsorientiertes Handeln nach Habermas im Gegensatz zu unkommunikativem, strategischem und damit auch egoistischem Tun. Eine solche Kommunikation begründet idealiter den öffentlichen Diskurs in der Demokratie. Das sehen die Autoren allerdings anders; sie verstehen unter der allgemeinen, öffentlichen Debatte in der Demokratie wiederum nur das Aushandeln von Vorteilen:

"Der Hinweis auf die amerikanische Demokratie erinnert uns daran, wie stark diese therapeutischen Beziehungstugenden den überkommenen, gesellschaftlichen Tugenden des modernen Liberalismus ähneln, demzufolge eine individualistische und egalitäre Gesellschaft das Recht und die Freiheiten jedes Individuums durch Verhandlung, Vertragsabschluß und reziproken Austausch zur Ausgewogenheit bringt" (HoH, S. 127).

*Die Meinungsdiktatur der Interessengruppen und die öffentlich redende Frau*

Die Skepsis von Bellah u.a. gegenüber dem liberalistischen Modell des Aushandelns von Interessen reicht vom Parlament über die Öffentlichkeit bis zur Rechtsprechung. Es sei der große Vorteil der Rechtsprechung, erklären sie, daß sie eine Arena für die öffentliche Debatte schüfe,

bei der aktuelle Probleme im Licht etablierter und legitimierter Prinzipien betrachtet werden könnten. Aber:
"Diese anerkannten, rechtlichen Prinzipien sind nur von geringer Hilfe, wenn man sich mit der Interdependenz (der Probleme in der modernen Gesesellschaft) herumschlagen muß, und wenn man das Gemeinwohl entdecken will. Zentral ist dabei, daß man in unserer rechtlichen Tradition auf den Schutz und die Erweiterung von »Rechten« vertraut (GS, S. 126).

Diese Verrechtlichung ist nach Ansicht der Autoren wiederum ein Ausdruck für die Demokratie des Aushandelns von Interessen, in der die Beteiligten, wenn keine Kompromisse gefunden werden, und der Streit sich nicht schlichten läßt, schließlich Rechtsentscheidungen akzeptieren. Die Gerichte haben in den USA seit den 70er Jahren mehr und mehr positive Rechte (*"positive rights"*), nämlich Gleichstellungsrechte und soziale Rechte anerkannt. Auf diese Weise habe sich eine Tendenz zur *"totalen Gerechtigkeit"* (*"total justice"*) entwickelt, die auf der Annahme beruhe, daß die BürgerInnen ein Anrecht darauf haben, ihr Leben in Sicherheit vor persönlichen und gesellschaftlichen Katastrophen zu verbringen, und daß sie für trotzdem eintretende Unglücke vom Staat eine Kompensation zu erwarten haben. So werde der Staat selbst für private Probleme, wie Gewalt in der Familie oder Drogenmißbrauch, verantwortlich gemacht.

"Aber moralische Probleme oder soziale Fragen in der Sprache des Rechts aufzuwerfen, ...beeinträchtigt unser Verständnis der Sachverhalte... Am Ende gelangen wir zu einer begrenzten Anzahl von gesellschaftlichen Gütern, die als unverletzliche, individuelle Rechte angesehen werden, und es gibt keine Möglichkeit, unsere gemeinsame Zukunft unter einer weiteren Fragestellung zu betrachten" (GS 128).

Die Festlegung auf einen begrenzten Kanon individueller, unverletzlicher Rechte durch die Gerichte geht in den Augen der Bellahgruppe auf den Kampf der sozialen Bewegungen zurück. Frauen, Minderheiten, Homosexuelle, Behinderte, Alte etc. sind nach ihrer Meinung Interessengruppen, die mit ihrer Forderungs- und Protestkultur die Öffentlichkeit dominieren und im Zuge der Durchsetzung ihrer Partikularinteressen das Gemeinwohl aus dem Blickfeld drängen. Wir können den Angriff auf die Frauen folgendermaßen zusammenfassen:

Frauen sind als Anhängerinnen der Frauenbewegung und der anderen sozialen Bewegungen Vertreterinnen von Interessengruppen. Mit dieser Politik gelingt es ihnen:
a) private Probleme der Gesamtgesellschaft anzulasten,
b) eine totale Gerechtigkeit zu fordern, die niemanden völlig absichert, aber alle entmündigt und passiv macht,
c) die rigide Festlegung auf eine begrenzte Anzahl unverletzlicher Rechte zu betreiben, d.h. eine Politik, die umfassendere Problemlösungen und Alternativen unmöglich macht.

Die Definition von Interessengruppen können wir so nicht hinnehmen. Denn Interesse als Inbegriff liberal-utilitaristischen Denkens und Handelns (des *"selfish system"*) bedeutet, daß es sich um ein aushandelbares oder durchsetzbares Recht handelt, nämlich ein Recht, seinen eigenen Vorteil auch zum Nachteil anderer zu suchen. Ein solcher Begriff des Interesses schließt die Toleranz gegenüber Ungerechtigkeit beispielsweise in der Wirtschaft ein (eine produktive Ungerechtigkeit, welche die Kommunitaristen im übrigen gar nicht beseitigen, sondern nur umstrukturieren wollen). Wenn also im liberal-wirtschaftlichen Denken von Adam Smith nur die Summe des individuellen Wohls und kein davon geschiedenes Allgemeinwohl anerkannt wird, so bezieht sich das auf das zweckorientierte Handeln in der Wirtschaft. Mit den Gleichheits- oder gar Menschenrechten sieht es allerdings anders aus. Jedermann und jederfrau leuchtet ein, daß etwa das Recht auf Leben individuell sein muß. Nur dann ist es ein allgemeines Gut oder ein Teil des Allgemeinwohls. Gleichheitsrechte sind kein Ausdruck von Partikularinteressen. Das Interesse nämlich, das Benachteiligte in einer Gesellschaft vertreten, verlangt nicht mehr als das Recht auf gleiche Anteile oder auch nur auf Chancengleichheit, unter Umständen auch einmal auf Ausgleich eines Nachteils (etwa bei der »Quotierung«), aber niemals einen direkten Vorteil anderen gegenüber (die ja bereits zuvor im Vorteil waren). Gerechtigkeit ist nicht gleich Vorteilsnahme; Gerechtigkeit ist nicht zu trennen vom Gemeinwohl einer Gesellschaft. Und wer die »politische Gerechtigkeit« einschränken will, privilegiert bestimmte gesellschaftliche Gruppen.

Es handelt sich demnach um eine schlichte Irreführung, wenn der Versuch, eine egalitäre Gesellschaft in einem Rechtsstaat zu verwirklichen, als utilitaristische Interessendurchsetzung dargestellt wird. Und es ist ein Angriff auf die Demokratie, wenn der öffentliche Diskurs, an dem soziale Bewegungen sich mit kräftiger Stimme beteiligen, als Meinungsdiktatur der Interessengruppen in der Öffentlichkeit hingestellt wird. Wie üblich können wir die Frauen als Hauptgruppe unter den Angeklagten der kommunitaristischen Kritik erkennen: Frauen, die im privaten und beruflichen Bereich der therapeutischen Kultur verpflichtet sind, und Frauen aus sozialen Bewegungen, die im politischen Bereich eine Forderungs- und Protestkultur pflegen, üben die Tyrannei der Sprache des Individualismus in der Öffentlichkeit aus, anstatt Demokratie als aktive Partizipation am rechten Platz in einer Gemeinschaft zu verwirklichen.

Der Angriff auf die Demokratie als öffentlicher Diskurs liegt den Kommunitaristen am Herzen, weil sie der Auffassung sind, daß die Verwirklichung des Gemeinwohls keine Sache des Redens sondern eine der Tat ist, verstanden als kontinuierliche Pflichterfüllung innerhalb gelebter Zusammenhänge (Gemeinschaften). Demokratie sollte ihrer Auffassung nach aktive Partizipation in lokalen oder regional gebundenen Gemeinschaften sein. Diskussion bedeutet die Auslegung von Aufgaben und Problemen im Rahmen der Tradition. Aber wie schnell kann diese, so positiv beschriebene Tradition manipulativ gedeutet, die Pflichterfüllung ausgenutzt werden, und die ganze Gesellschaft einen dogmatisch-geschlossenen Charakter annehmen, wenn es keine »politische Gerechtigkeit« gibt und kein kritischer, offener Diskurs zugelassen werden soll. In einer solchen Gesellschaft haben Frauen keine Zukunft.

**Literatur**
Robert N. Bellah, Richard Madsen, William M. Sullivan, Ann Swidler and Steven M. Tipton
 (1985), Habits of the heart. Berkerley and Los Angeles. Im Text abgekürzt: HoH
Robert N. Bellah, Richard Madsen, William M. Sullivan, Ann Swidler and Steven M. Tipton
 (1992), The Good Society. New York. Im Text abgekürzt: GS

Dr. Claudia Bernardoni, Oberer Steinbachweg o.Nr., D-97082 Würzburg

## 2. Zur Situation von Frauen an ostdeutschen Hochschulen nach der Wende am Beispiel der Humboldt-Universität zu Berlin

*Marianne Kriszio*

In den Universitäten der früheren DDR hatten Wissenschaftlerinnen einen anerkannten Platz. Zwar waren sie unter den Professoren genauso selten wie in Westdeutschland, aber es gab eine große Gruppe von Wissenschaftlerinnen, für die die Beschäftigung mit Wissenschaft, Forschung und Lehre die Grundlage einer gesicherten Berufsperspektive bildete und deren Existenz zugleich den Studierenden demonstrierte, daß Wissenschaft nicht nur Männersache ist.

In den nach westdeutschem Vorbild umstrukturierten ostdeutschen Hochschulen hat sich die relative Position der Frauen im wissenschaftlichen Lehrkörper deutlich verschlechtert. Es wäre allerdings falsch, dies als Ausdruck einer systematischen Diskriminierung in den Berufungsverfahren für Professorenstellen oder in den Personalentscheidungen über die Überleitung des bisherigen Personals zu verstehen. Solche Mechanismen hat es gegeben, insbesondere gegenüber älteren Frauen. Diese wurden z. B. stärker als ihre männlichen Kollegen dazu gedrängt, von der Möglichkeit des Vorruhestands Gebrauch zu machen (vgl. Burkhardt 1993), und die Struktur- und Berufungskommissionen gingen etwa an der Humboldt-Universität davon aus, daß Frauen im Alter von 60 Jahren nicht mehr in den Überleitungsverfahren berücksichtigt werden müssen. In Bezug auf jüngere ostdeutsche Wissenschaftlerinnen sind solche offenen Diskriminierungen dagegen weniger deutlich festzustellen. Wie die Projektgruppe Hochschulforschung in Berlin-Karlshorst festgestellt hat, waren in den ersten Jahren nach der Wende entgegen dem ersten Anschein Frauen insgesamt nicht stärker vom Personalabbau an den Hochschulen betroffen als Männer.

Dennoch stimmt die Aussage, daß die Position der Frauen im Wissenschaftsbereich sich verschlechtert hat. Die wichtigste Erklärung hierfür liegt in der Veränderung der Personalstruktur, die aufgrund der asymmetrischen Repräsentanz von Frauen in den verschiedenen Stellenkategorien dazu geführt hat, daß es im Unterschied zu früher nur noch wenige Wissenschaftlerinnen in dauerhaften Positionen gibt. Bevor die Situation von Frauen an ostdeutschen Hochschulen vor der Wende und die Folgen des Einigungsprozesses dargestellt werden, sollen zunächst die Unterschiede in der akademischen Personalstruktur hervorgehoben werden.

In der früheren DDR war wissenschaftliche Tätigkeit ein Beruf, der für die dort Beschäftigten nicht mit grundsätzlich anderen Bedingungen verbunden war als für andere Beschäftigte auch. Nur auf der untersten Stufe der wissenschaftlichen Laufbahn gab es befristete Assistentenstellen. Nach dem erfolgreichen Abschluß der Promotion (seit der Hochschulreform Ende der sechziger Jahre als "Dissertation A" bezeichnet), wurden diese Verträge in der Regel in unbefristete Assistentenstellen umgewandelt. Die Mehrzahl des wissenschaftlichen Personals befand sich unabhängig von der Frage, ob sie zu den Hochschullehrern oder zum Mittelbau gehörten, in einer arbeitsrechtlich gesicherten Position, die sie zugleich gegenüber den Studierenden zu einer festen Bezugsgröße werden ließ.

Wissenschaftliche Karrieren von Frauen waren auch in der DDR weniger erfolgreich in Bezug auf Spitzenpositionen als die ihrer männlichen Kollegen. Ein langsameres berufliches Fortkommen war jedoch nicht mit dem Verlust des Arbeitsplatzes verbunden. Für Wissenschaftler beiderlei Geschlechts war die berufliche Laufbahn in der Regel kontinuierlicher und planbarer. Im Unterschied zur westdeutschen Situation gab es keinen Zwang zur Mobilität - im Gegenteil: Die Probleme bei der Wohnraumversorgung führten dazu, daß es durchaus normal war, wenn der wissenschaftlichen Aufstieg ausschließlich an der eigenen Hochschule erfolgte, und es galt innerhalb dieses Systems auch nicht als anrüchig, wenn beide Ehepartner sich an der gleichen Hochschule darum bemühten.

Die westdeutsche Personalstruktur unterscheidet sich von diesem System grundlegend. Dies war nicht immer so, sondern ist ein Ergebnis der Hochschulreformen Ende der 60er/Anfang der 70er Jahre, die dann im Hochschulrahmengesetz von 1976 festgeschrieben wurden. Das Ergebnis war ein System strikter Zeitverträge ohne Verlängerungsmöglichkeit über bestimmte, genau festgelegte Grenzen hinaus, wie es das traditionelle Hochschulsystem nicht gekannt hatte (vgl. Kriszio 1986a, b).

An den Hochschulen der DDR waren 1989 insgesamt 35 % aller Wissenschaftler Frauen. In der großen Gruppe der unbefristeten AssistentInnen waren es sogar 40 %. Unter den Professoren betrug der Anteil allerdings nur 4,9 %. Im Unterschied zum westdeutschen System gab es aber innerhalb der Hochschullehrerschaft der DDR eine etwa gleich große Gruppe von Dozenten, von denen immerhin 12 % Frauen waren. Diese hatten gegenüber den Studierenden und bei der Betreuung des wissenschaftlichen Nachwuchses die gleichen Rechte wie Professoren. Zusammen ergab das einen Frauenanteil von 9 % unter den Hochschullehrern. An der Humboldt-Universität war er aufgrund des Fächerprofils deutlich höher; hier lag er 1989 bei 15,5 % (bei den Professoren 10,5 % und bei den Dozenten 20 %; Angaben des Statistischen Landesamtes von Berlin). Mehr als ein Drittel aller Promotionen wurden von Frauen abgelegt (36 % im Jahre 1988). Bei den Habilitationen (seit der Hochschulreform der DDR als "Promotion B" bezeichnet) war der Anteil zwar mit 15 % (1989) sehr viel geringer, aber immer noch etwa doppelt so hoch wie zur gleichen Zeit in der BRD; dabei gab es große fachspezifische Unterschiede (Burkhardt/Scherer 1993).

Im westdeutschen Hochschulsystem waren und sind Frauen im Lehrkörper stark unterrepräsentiert. Nach einem Jahrzehnt aktiver Frauenpolitik an Hochschulen betrug der Anteil am wissenschaftlichen Personal 1991 gerade 18 %. Bei den Professuren lag er bei 5,7 %, und unter den C 4-Professuren waren es gerade noch 3,0 %. Bei den wissenschaftlichen Mitarbeitern hatte es leichte Zuwächse gegeben, von 17 % im Jahre 1982 bis auf 22,5 % im Jahre 1991. Die meisten dieser Wissenschaftlerinnen hatten aber nur befristete Stellen.

Das westdeutsche System strikter Zeitverträge wirkt in mehrfacher Weise ausgrenzend auf Frauen:
– In Auswahlentscheidungen für neue Stellen kommen Diskriminierungen von Frauen noch stärker zum Tragen als bei Aufstiegsentscheidungen innerhalb eines Laufbahnprinzips. Die Häufigkeit neuer Auswahlentscheidungen bei einer Kette von Zeitverträgen potenziert im Ergebnis Diskriminierungsmechanismen und ist eine Ursache dafür, daß der westdeutsche Frauenanteil im internationalen Vergleich besonders niedrig ist.
– Das System von Zeitverträgen ist mit einem grundsätzlichen Zwang zur Mobilitätsbereitschaft verbunden, der die Probleme der Vereinbarkeit von Beruf und Familie noch erhöht. Das gilt

besonders für die Ebene der Professorenstellen, da hier grundsätzlich ein Hausberufungsverbot besteht.
- Entscheidungen für eine wissenschaftliche Karriere erfordern vor diesem Hintergrund mehr Risikobereitschaft als andere Berufswege. Eine solche Perspektive kann in Fächern mit attraktiven beruflichen Alternativen (zur Zeit z. B. Wirtschafts- und Rechtswissenschaften) dazu führen, daß qualifizierte Frauen sich gar nicht erst für eine akademische Karriere entscheiden.

In Bezug auf die Vereinbarkeit von Beruf und Familie gab es große Unterschiede zwischen beiden deutschen Staaten. In der DDR unterschieden sich Wissenschaftlerinnen in dieser Hinsicht kaum von anderen berufstätigen Frauen, und 75 % von ihnen hatten mindestens ein Kind. Auch unter den Professorinnen war der Anteil der Mütter nicht geringer (vgl. Stein 1993). Im westdeutschen System wurden die Probleme von Müttern in der Wissenschaft bis Mitte der 80er Jahre als reines Privatproblem der betroffenen Frauen betrachtet. Von daher erstaunt es nicht, daß hier nach einer Untersuchung aus dem Jahre 1989 etwa 60 % der Professorinnen keine Kinder hatten (Onnen-Isemann/Oßwald 1991). Zahlen für den akademischen Mittelbau sind nicht bekannt. Inzwischen hat es die Frauenbewegung in Westdeutschland erreicht, daß die offizielle Hochschulpolitik besondere Karrierehemmnisse für Wissenschaftlerinnen aufgrund der strukturellen Probleme der Vereinbarkeit von Beruf und Familie als gesellschaftliches Problem anerkennt. Die vorgeschlagenen Lösungen gehen i. d. R. aber nicht über Maßnahmen hinaus, welche es Frauen erlauben, innerhalb des Systems der Zeitverträge ihre Tätigkeit ohne Nachteile zu reduzieren oder zu unterbrechen.

Die Anpassung des Hochschulsystems in den neuen Bundesländern an westdeutsche Strukturen nach der Wiedervereinigung bedeutete für die Wissenschaftlerinnen aus den neuen Bundesländern, daß sie sich nun an die Strukturen des neuen Systems anpassen mußten, während gleichzeitig ihre bisherige wissenschaftliche Qualifikation in Frage gestellt wurde. Die Chancen, unter diesen Bedingungen zu bestehen, waren dabei je nach Lebensalter und Fachstruktur sehr unterschiedlich.

Bei der Umstrukturierung der ostdeutschen Hochschulen kamen grundsätzlich vier verschiedene Mechanismen zusammen:
1. politische Erneuerung und gewollte Entlassung politisch "belasteter" Personen bzw. von WissenschaftlerInnen mit zu großer "Systemnähe",
2. inhaltlich-wissenschaftliche Erneuerung nach westdeutschem Fächerprofil und westdeutschen Qualifikationsstandards,
3. Quantitativer Personalabbau an den Hochschulen,
4. Umstrukturierung auf des neue System der Personalstruktur.

Das erste Prinzip (Kündigung nach dem Kriterium "politischer Belastung") ist für die Mehrzahl der Hochschulangehörigen insofern grundsätzlich nachvollziehbar, als personelle Konsequenzen aufgrund veränderter politischer Machtverhältnisse historisch etwas durchaus Übliches sind - auch wenn die dafür verwendeten Kriterien und deren formale Anwendung nicht immer auf Zustimmung stoßen und in manchen Einzelfällen zu absurden Ergebnissen führen können.

Das zweite Kriterium beinhaltete für ostdeutsche WissenschaftlerInnen eine strukturelle Demütigung und eine Entwertung ihrer bisherigen beruflichen Tätigkeit, denn sie mußten sich jetzt nach Kriterien beurteilen lassen, die ihrer bisherigen wissenschaftlichen Biographie nicht entsprechen. Dies kann für die Betroffenen zu großen subjektiven Ungerechtigkeiten führen, da ihre frühere Qualifizierung im Rahmen der vorgegebenen Arbeitsmöglichkeiten erfolgte, die oft eine inhaltliche wissenschaftliche Auseinandersetzung mit dem neuesten Stand der westlichen Literatur nicht möglich machte. Dies Problem betrifft sozialwissenwissenschaftliche Fächer noch stärker als naturwissenschaftliche Fächer, aber nicht nur diese.

Das dritte Kriterium - quantitativer Personalabbau - bedeutete Konkurrenz um die verbleibenden Arbeitsplätze zwischen allen, die die politische und qualifikatorische Überprüfung überstanden haben. In Berlin und in Sachsen war dieser Personalabbau besonders ausgeprägt (vgl. Zimmer 1994 und Berichte der Projektgruppe Hochschulforschung, Aristotelessteig 4, D-10318 Berlin). An der Humboldt-Universität beinhaltet der neue Sollstellenplan von 1992 z. B. eine Reduzierung des wissenschaftlichen Personals von vorher ca. 3.200 Stellen auf die Hälfte. Dies betraf insbesondere den Mittelbau (und damit den Bereich, wo relativ viele Wissenschaftlerinnen beschäftigt gewesen waren), während bei den Hochschullehrerstellen ein Abbau von früher 769 Professoren plus Dozenten auf nunmehr 500 Professorenstellen erfolgte.

Alles dies wäre grundsätzlich auch im Rahmen einer der bisherigen vergleichbaren Personalstruktur denkbar gewesen. Aber zusätzlich wurde den ostdeutschen Hochschulen das westdeutsche Strukturmodell übergestülpt, und zwar nicht in seiner realen, sondern in seiner idealtypischen Form: 80 % der Mittelbaustellen sollen nur mit befristeten Arbeitsverträgen ausgestattet sein, und nur einer kleinen Teilgruppe von 20 % wird der Luxus der Arbeitsplatzsicherheit zugestanden. Für die Humboldt-Universität bedeutete dies eine Reduktion von ehemals 1.900 Stellen für unbefristete wisenschaftliche Mitarbeiter - darunter 825 Frauen - auf künftig nur nch 271 Dauerstellen. Für die bisherigen MitarbeiterInnen beinhaltete dies Eingruppierung in verschiedene Kategorien unterschiedlich befristeter Stellen, soweit sie nicht die Hochschule verlassen mußten: Überhang (bis max. 1996); befristete Weiterbeschäftigung im bisherigen Dienstverhältnis auf einer freien Sollstelle (bis max. 1998, denn sonst würde die 5-Jahresfrist für befristete Stellen überschritten, und die Betroffenen könnten sich auf dauerhafte Beschäftigung einklagen), oder Umwandlung des bisherigen Arbeitsverhältnisses in eine befristete Nachwuchsstelle, und nur sehr wenige erhielten eine der verbliebenen Dauerstellen.

Über die quantitativen Auswirkungen dieser Prozesse gibt es noch immer keine verläßlichen statistischen Daten. Der Prozeß der Umstrukturierung und personellen Erneuerung ist immer noch nicht abgeschlossen. Nach frühzeitigen Warnungen der Frauen in Ost und West, die "Erneuerung" erfolge sehr stark zu Lasten der Frauen, ist es den Frauen in den Überleitungsverfahren zunächst besser gelungen, als zunächst befürchtet worden war, wenigstens die relativen Anteile einigermaßen zu halten.

An der Humboldt-Universität hatte sich der frühere Frauenanteil von 36,1 % (Ende 1988) bis Ende 1993 bei etwa gleichen Werten stabilisiert. Im Verlauf des Jahres 1994 war dann ein zwar langsamer, aber kontinuierlicher Rückgang zu verzeichnen, und im Januar 1995 betrug der Anteil nur noch 33%. Dieser Rückgang ist zum einen dadurch verursacht, daß im Zuge der Überleitungsverfahren in bestimmten Fachbereichen mit besonders hohem Frauenanteil die verfügten Kündigungen besonders spät umgesetzt wurden (was Anfang 1994 zum Anlaß einer äußerst aggressiven Pressekampagne gegen die Präsidentin der Humboldt-Universität wurde). Ein zweiter Grund liegt darin, daß unter den neu eingestellten Nachwuchswissenschaftlern deutlich weniger Frauen sind als bisher. Nach einer Erhebung im August 1994 waren es bei den C 1-Stellen nur noch 20 % und bei den BAT IIa-Stellen 33 %.

Nach einer Umfrage der Projektgruppe Hochschulforschung vom April 1994 waren 11 % aller Professuren in den neuen Bundesländern von Frauen besetzt (an den Universitäten 8 %, an den Kunsthochschulen 25 % und an den Fachhochschulen 12 %). Dieser Anteil liegt deutlich höher als vergeichbare Werte in Westdeutschland, und er ist höher als früher in der DDR. Das gilt auch für die Humboldt-Universität (12,8 % im März 1995). Bei dieser Betrachtungsweise sind allerdings die DozentInnen nicht mitberücksichtigt, die früher die Hälfte der Hochschullehrer stellten, und die in der neuen Personalstruktur ersatzlos entfallen sind. Die Relation zwischen C 4- und C 3-Professuren zeigt an der HUB noch stärkere Disparitäten als an westdeutschen Universitäten: unter den 53 Frauen, die bis März 95 einen Ruf auf eine Professorenstelle angenommen hatten, waren 37 C 3-Stellen und nur 16 C 4-Stellen, während dieses Verhältnis bei den Männern mit 128 C 3-Stellen und 234 C 4-Stellen sehr anders aussieht. Die Mehrzahl der neuberufenen Professorinnen (31 von insgesamt 53) stammt aus der Humboldt-Universität bzw. aus den neuen Bundesländern, während bei den männlichen Professoren die "alten Bundesländer" mit 61 % stärker vertreten sind. Besonders ausgeprägt ist dies bei den C 4-Stellen, wo 2/3 aller männlichen C 4-Professoren aus dem Westen kamen (157 von 234).

Auch in der Charité, der medizinischen Fakultät, ist es zunächst gelungen, im Zuge der Überleitung den Frauenanteil auf allen Ebenen des Mittelbaus einschließlich der Dauerstellen in etwa zu halten. Das gilt auch für die Ebene der Professoren. Nachdem in den ersten Berufungsvorschlägen überhaupt keine Frau auftauchte, war dann bis Ende 1994 der alte Frauenanteil von 11 % fast wieder erreicht (insgesamt 9 Rufe, darunter allerdings bisher nur 1 C 4-Stelle, und keine einzige in den klinischen Fächern). Auch hier wird das Bild aber durch den Wegfall der Position der Dozentinnen verzerrt, wo der Anteil einmal 20 % betragen hatte, und unter den neuen C 1-Stellen, die nicht im Wege des Überleitungsverfahrens besetzt wurden, war nur noch eine einzige Frau.

Für die Zukunft ist es wichtig, nicht nur die Entwicklung bei den Professuren zu beobachten, sondern auch, welche Chancen Frauen bei der Besetzung von Nachwuchsstellen haben werden. Wie bereits erwähnt, haben die Anteile hier an der Humboldt-Universität bereits das niedrige westdeutsche Niveau erreicht. Das System der Berufungszusagen für die neuberufenen Professoren hat sich dabei klar zum Nachteil der Frauen ausgewirkt. Auf der letzten Landeskonferenz der Berliner Hochschulfrauenbeauftragten wurde deshalb u. a. gefordert, daß Frauenbeauftragte künftig auch an Berufungsverhandlungen beteiligt sein müßten, denn bei der Besetzung der Nachwuchsstellen wird über die nächste WissenschaftlerInnen-Generation entschieden. Sonst könnte die faktische Rückkehr zur Ordinarienuniversität in Bezug auf die Position von Nachwuchswissenschaftlern sehr bald dazu führen, daß auch an ostdeutschen Universitäten trotz der Verabschiedung von Frauenförderrichtlinien und Aktivitäten von Frauenbeauftragten in wenigen Jahren die Geschlechterproportionen die in Westdeutschland üblichen Disproportionen erreichen.

**Literatur**
Burkhardt, Anke (1993), (K)ein Platz für Wissenschaftlerinnen an ostdeutschen Hochschulen?, in: Beiträge zur Hochschulforschung , hrsg. vom Bayerischen Staatsinstitut für Hochschulforschung und Hochschulplanung, Nr. 3/1993, S. 339-371, hier S. 356f.
Burkhardt, Anke und Doris Scherer (1993), Habilitierte Wissenschaftlerinnen in Ostdeutschland - ein Berufungsreservoir? Projektgruppe Hochschulforschung. Berlin-Karlshorst, S. 13.

Kriszio, Marianne (1986a), Das Modell der BAK zur Personalstruktur und seine Folgen, in: Stephan Freiger, Michael Groß und Christoph Oehler (Hg.), Wissenschaftlicher Nachwuchs ohne Zukunft? Bundesassistentenkonferenz/ Hochschulentwicklung/ junge Wissenschaftler heute. Kassel 1986, S. 107-116.

Kriszio, Marianne (1986b), Veränderungen der akademischen Personalstruktur in den neuen Bundesländern am Beispiel der Humboldt-Universität, in: Heinz Sahner und Stefan Schwendtner (Hg.), Gesellschaften im Umbruch, 27. Kongreß der Deutschen Gesellschaft für Soziologie, Halle an der Saale 1995, Kongreßband II, Berichte aus den Sektionen. Opladen.

Onnen-Isemann, Corinna und Ursula Oßwald (1991), Aufstiegsbarrieren für Frauen im Universitätsbereich, hrsg. vom BMBW. Bonn 1991, S. 83.

Stein, Ruth Heidi, Situation von Wissenschaftlerinnen an Hochschulen der DDR. Veränderungen nach der Vereinigung, in: Hochschule im Umbruch, hrsg. von Hilde Schramm. Berlin 1993, S. 198-205, hier S. 201.

Zimmer, Dieter (1994), Wunder im Osten, in: Die Zeit, Mai 1994.

Dr. Marianne Kriszio, Frauenbeauftragte, Humboldt-Universität zu Berlin, Unter den Linden 6, D-10099 Berlin

## 3. Arbeit und Leben am „Ende der Welt" - Überlebensstrategien in einer Randgemeinde Ostdeutschlands

*Elisabeth Meyer-Renschhausen und Katja Simons*

Das Phänomen der Massenarbeitslosigkeit auf dem Lande wurde zuerst in der engagierten Studie von Marie Jahoda, Paul Lazersfeld und Hans Zeisel von 1930 über die Arbeitslosen von Marienthal untersucht. Ziel der Studie war es, die psychische Situation eines Arbeitslosen-Ortes zu erforschen. Sie zeigt, wie in einem Fabrikdorf die Stillegung der Produktion zu einer völligen Lähmung der Menschen und allen sozialen Lebens führte. Die Männer schlichen im Zeitlupentempo durch das Dorf und hatten noch nicht einmal mehr die Energie, die Zeitung zu lesen. Ganz anders allerdings war die Situation der Frauen, die gleichfalls in der Fabrik gearbeitet hatten. Sie versuchten durch vermehrte Hausarbeiten, wie Flickarbeiten, der finanziellen Notlage entgegenzuarbeiten. Heute ist die Arbeitslosenunterstützung höher, das Flicken fast verpönt. Frauen ohne „Haus und Hof" oder Garten werden ähnlich von den psychischen Folgen der Erwerbslosigkeit getroffen, wie sie damals fast nur die Männer traf.

Im Mittelpunkt unserer Studie steht die Frage nach der Situation in einem Ort, den wir Kiez nennen, nachdem der Hauptarbeitgeber - die Landwirtschaftliche Produktionsgenossenschaft (LPG) - zu existieren aufgehört hat. Im Sommer 1994 befragten wir dazu die Einwohner, vor allem Frauen, da sie überdurchschnittlich von Erwerbslosigkeit betroffen sind. Wir führten leitfadengestützte Interviews mit oder ohne Tonband, Experteninterviews und „spontane Gespräche" über den Gartenzaun hinweg.[1]

*Skizze des Ortes*

Kiez ist eine 2000-Einwohner-Ortschaft im ländlichen, strukturschwachen Gebiet Nordbrandenburgs und Amtsitz einer 8000 Einwohner starken Flächengemeinde. Auf den Besucher wirkt das Städtchen, das zu Kriegsende zu 65 Prozent zerstört wurde, wie ein lebendes „Kriegsdenkmal". Heute ist es zu jenem Marktflecken geschrumpft, der im 13. Jahrhundert neben einer slawischen Burg entstand. Zwischen den Resten von Bauwerken „vergangener Größe", wie einer Befestigungsanlage, dem ehemaligen Hafen und dem Scheunenviertel, findet man Grünflächen, die teilweise als Gärten genutzt werden. Zwecks Beförderung des Tourismus, der einzigen nennenswerten Einkommensressource, die die westdeutschen Berater für Kiez ermittelten, wurde Kiez zur „historischen Stadt an der Oder" erklärt, um so besondere Fördermittel zu bekommen. Zur Empörung vieler Einheimischer flossen die Gelder am schnellsten für die Sanierung der historischen, heute funktionslosen Bauten. Bei diesen Sanierungsmaßnahmen konnten aber immerhin Arbeitslose vorübergehend als ABM-Kräfte eingestellt werden. Planer empfehlen u.a. großzügige Neubauten im Innenstadtbereich. Der Amtsleiter möchte zu diesem Zweck möglichst viele der älteren Bewohner in ein Altenheim umsetzen.

1990 arbeiteten noch 400 Menschen in zwei großen LPGs, die zusätzlich vier Dörfer umfaßten. Ende 1991 wurden die beiden LPGs, die Tier- und Pflanzenproduktion, gemäß des Landwirtschaftsanpassungsgesetzes (LAG) „abgewickelt". Bevor die Abwicklung abgeschlossen war, machte sich ein kleines Kollektiv von jüngeren Leuten aus der Pflanzenproduktion selbständig und gründete eine Produktionsgenossenschaft „Agrar-GmbH" mit ca. zwanzig Beschäftigten, ausschließlich Männern, die sich nur 9-11 DM pro Stunde auszahlen, um überhaupt existieren zu können.

## Strategien gegen die Arbeitslosigkeit

Während es in Westdeutschland ein Netz von Vereinen, sozialen und kulturellen Initiativen gab, die die Arbeitsbeschaffungsmaßmahmen (ABM)-Szene bestimmten und die sich mit Kreativität und Phantasie selbst neue Stellen schufen, sind in Ostdeutschland angesichts des rasanten Arbeitsplatzschwundes Beschäftigungsgesellschaften entstanden. In Kiez wurde vom ehemaligen Bürgermeister und späteren Amtsdirektor 1991 ein „Förderverein" ins Leben gerufen, um im Sinne der Ortschaft selbständige Definitionen geeigneter ABM-Maßnahmen vorzunehmen. Die geltenden Kriterien für ABM schreiben vor, daß sie im öffentlichen Interesse liegen müssen und nichts erwirtschaftet werden darf. „ABM-Kräfte dürfen einen Baum pflanzen, aber nicht pflegen" erläuterte uns ein Mitarbeiter des Fördervereins. Das zuständige Bezirksarbeitsamt in der 50 km entfernt liegenden nächst größeren Stadt und der Förderverein haben unterschiedliche Vorstellungen bei der Vergabe von ABM-Stellen. Während man seitens des Arbeitsamtes schwer vermittelbare Frauen oder ältere Männer mit ABM-Stellen für eine Weile unterbringen möchte, wollen die Mitglieder des Fördervereins die Region aufbauen und bevorzugen „Männer im besten Alter, die technisch und handwerklich begabt und mobil sind, d.h. eine Fahrerlaubnis haben."

Der Förderverein hat seit 1991 über 300 ABM durchgeführt, die durchschnittlich ein Jahr dauern. Nach Ablauf der ABM werden nur fünf Prozent positiv vermittelt.

Der Förderverein führt hauptsächlich für Frauen Umschulungsmaßnahmen durch. Dabei wird jedoch wenig Orginelles angeboten: Hauswirtschafts-, Bürokauffrau- und Pensionsgehilfinnenkurse. Wir haben Frauen, die zu Hauswirtschafterinnen umgeschult wurden, betreffs ihrer Chancen nach Abschluß der Umschulung befragt. „Ja, hier in Kiez ist ja nichts. Ich habe mal im Blumenladen nachgefragt, weil wir so was auch mit drin hatten, Blumenbinden und so was. Aber die haben selbst erst aufgemacht und die können sich noch keine Angestellten leisten. Und sonst ist ja hier auch weiter gar nichts... Ich habe gesagt, ich könnte auch die Straße fegen. Hauptsache Arbeit. Den ganzen Tag zu Hause fällt einem ja die Decke auf den Kopf."

Die von uns befragten Teilnehmerinnen der Umschulungsmaßnahmen glauben generell nicht an eine Verbesserung ihrer Situation und sehen die primäre Funktion der besuchten Kurse darin, „von zu Hause raus zu sein." Von der ursprünglichen Funktion der Umschulungs- und Arbeitsbeschaffungsmaßnahmen, einer Verbesserung der Berufsschancen, bleibt angesichts fehlender Arbeitsmärkte auf dem Lande nichts mehr übrig. Die Umschulungsmaßnahmen verkommen zu Parkprogrammen. Auf einer Tagung des Unabhängigen Frauenverbandes mit dem Titel „Dequalifizierung ostdeutscher Frauen - Realität oder Hirngespinst?!" im Mai 1992 in der Humboldt-Universität (Berlin) behaupteten mehrere Wissenschaftlerinnen, daß Umschulungsmaßnahmen, die lediglich als Auffangbecken dienen, de facto dequalifizierende Wirkung haben, zumal oft unterhalb der Qualifikationsstufe umgeschult wird oder zu enge Ausbildungsprofile vermittelt werden.

Die Arbeitslosen sind bereit, ganz neue Anforderungen zugunsten einer Erwerbstätigkeit in Kauf zu nehmen: das Arbeitspendeln ist eine weitere Bewältigungsform umbruchbedingter Arbeitslosigkeit. Der für berufstätige Frauen charakteristische Trend zu im Vergleich zu Männern kürzeren Distanzen zum Arbeitsplatz scheint für Brandenburg aufgehoben. Für Frauen auf dem Lande außerhalb des S-Bahn-Ringes gestaltet sich jedoch das Pendeln aufgrund fehlender Führerscheine schwieriger. „Verknüpfungszwänge" (Schmidt 1994), wie das Anpassen der Erwerbstätigkeit an den Tagesablauf von Ehemännern und Kindern, führen ebenfalls dazu, daß die von uns befragten Frauen in der Regel kürzere Strecken bewältigen können als die Männer: „Wie lange war meiner arbeitslos? - maximal drei Monate. Jetzt hat er wieder was in einer Försterei, die 200 km weit weg ist." Als wir die eben zitierte junge Frau fragen, ob sie bereit wäre zu pendeln, antwortete sie: „Na ja, wir haben ja noch einen Jungen zu Hause, 30-40 km schon, mehr aber auch nicht." Angesichts einfacher Landstraßen und fehlender Zugverbindungen ist 40 km zweifelsohne das Maximum, was die Partnerin eines Fernpendlers auf sich nehmen kann.

*Krisenbewältigung*

Die Umstrukturierungskrise wird bewältigt, indem bestimmte Gruppen geopfert werden. Die Landbewohner und die Frauen sind die Opfer der eiligen Einigungspolitik, die von den Ostdeutschen allerdings „gewählt" worden ist. Bereits vor fast dreißig Jahren hat die belgische Soziologin Evelyn Sullerot (1972) darauf hingewiesen, daß in der Geschichte Europas, je nach Krisenlage und Beschäftigungskonjunkturen, Frauen zum Erwerb zugelassen und in Zeiten des Mangels vom Arbeitsmarkt wieder verdrängt wurden. Dabei war im Zweifelsfall jedes Mittel recht: Zunftgesetze, „Ehrbarkeit" der Zunftbrüder wie nach männlichen Maximen ausgelegte „Gemeinwohlvorstellungen" gingen dem Wohlergehen einzelner Frauen vor.

Die Entwicklung in der ehemaligen DDR zeigt, daß das Gesetz Evelyn Sullerots von den Universitäten bis hinaus auf das Land ungebrochen gilt. In den Universitäten bewirken Elitekonzepte, wieder eingeführte Zunftzöpfe wie die Habilitation kombiniert mit Altersgrenzen den fast vollendeten Rausschmiß der Frauen. Auf dem Lande wirkte die blitzartige Privatisierung zu ungunsten der Frauen. Davon betroffen sind vor allem Frauen in den dünnbesiedelten landwirtschaftlichen

"Hinterhöfen" großstädtischer Ballungsgebiete. Die Weichen dafür sind bereits in der DDR gestellt worden. Trotz guter fachlicher Bildung fand man Frauen höchstens auf Leitungsfunktionen im mittleren Management der Landwirtschaftsbetriebe (Panzig 1992). Auch in der DDR haben Frauen durchschnittlich 30% weniger als Männer verdient und die Hausarbeiten fast allein erledigt. Von "unseren Muttis" sprach man in der DDR überall und sogar von Staats wegen (Dölling 1992). Dieser merkwürdige Traditionalismus des vergangenen "realen Sozialismus" treibt bis heute erstaunliche Blüten.

Daß das zuständige Arbeitsamt für die ehemaligen LPG-Arbeiterinnen fast ausschließlich Hauswirtschafterinnen- und Bürokauffrauenumschulungskurse verfügte und schließlich für die bislang Unbedachten neunmonatige Kurse zur "Pensiongehilfin" bewilligte, ist wohl das Retortenkind einer gelungenen Vernunft-Ehe zwischen ähnlichem Männlichkeitsdünkel der ehemaligen DDR und den Bonner Eigenheimer Herrlichkeiten. Die Entwicklung zeigt gleichzeitig, daß die Regierung, die versucht, in einen blinden Glauben an das alle Probleme lösende Marktgesetz zu flüchten, im Falle derartiger Aufgaben wie der Angliederung der fünf neuen Bundesländer scheitern muß. Der Offenbarungseid überschuldeter Städte und Gemeinden, denen immer neue Ver- und Entsorgungsleistungen übertragen werden, wird daher hier wohl noch eher anstehen als in Westdeutschland, wo er seit Jahren droht.

*Schlußfolgerungen*

So zeigt das Beispiel der ländlichen Entwicklung in den neuen Bundesländern, daß die neoliberale Ideologie als Glaubenssystem und Praxis an ihre natürlichen Grenzen stößt. Die Frauenbewegung hat bereits Ende des 19. Jahrhunderts eine moderate Kritik des Manchesterliberalismus als einseitig männliche Lebensform bevorzugte Weltanschauung vorgetragen. Sie versuchte - wie die frühen Soziologen des Vereins für Sozialpolitik - gegen allzu marktgläubige Positionen anzugehen. Sie betonte die Notwendigkeit einer Ergänzung der einseitig dominierenden "männlichen Kultur" durch eine "weibliche Kultur". Konkret bedeutete dies in den Augen der Feministinnen um 1900 die Korrektur des über den Markt organisierten Erwerbssystems durch sozialpolitische Maßnahmen, die ledigen Müttern, "eheverlassenen" Frauen mit Kindern, Arbeiterkindern, Haftentlassenen durch "Hilfe zur Selbsthilfe" zu einem menschenwürdigen Dasein zurückverhelfen sollten (Meyer-Renschhausen 1994, 1989).

Diese relative "Feminisierung" der Gesellschaft hat sich heute vielleicht in Agrargebieten wie dem norddeutschen Wendland, einem bis Ende der 70er Jahre armen "Zonenrandgebiet", in ersten Formen durchgesetzt. Das Wendland regenerierte sich durch eine neue "Mischwirtschaft", die zunächst vor allem auf unentgeltlichem Engagement, Eigenarbeit, Eigeninitiave und Erfindungsgabe beruhte, sozusagen den eher "weiblichen" Schattenarbeiten. Der Psychologe von Lomitz vermietet nebenbei Zimmer, die Biobauern verkaufen ab Hof an Durchreisende, die Neuzugezogene, die einen eigenen Garten bewirtschaftet, hat in Hamburg noch eine Halbtagsstelle. Die von Heide Inhetveen (1994) untersuchten arbeitslosen Frauen in fränkischen Dörfern ernähren sich bis zu 30% und mehr aus ihrem Garten. Typisch für diese Wirtschaftsform ist, daß sie am großen Markt vorbei produzieren, zu einer Vermehrung des Bruttosozialprodukts kaum beitragen und steuermäßig größtenteils nicht erfaßt sind oder kaum zu Buche schlagen. Als statistisch kaum erfaßbare Erwerbsformen können sie zwangsläufig von keinem "Planer" empfohlen werden. Daher sind in Kiez derzeit die Gärten der älteren Frauen in Gefahr. Sie sind es aber, die nicht nur dem Städtchen im Sommer seinen anziehenden Charakter verleihen, sondern mit den für Hortikultur typischen nachbarschaftlichen Hilfsleistungen auch Kommunikationsstrukturen und Sozialleben aufrechterhalten.

Die Zukunft der Arbeit wird notwendig eine Mischwirtschaft sein. Das bedeutet aber auch - wie wir aus Osteuropa wissen - viel Arbeit für wenig Geld. Es bedeutet sogar „Wiederkehr der Bauern", wenn auch nicht freiwillig, so doch notwendig. In Ungarn erlebt die traditionelle Nebenerwerbslandwirtschaft einen Aufschwung, weil andere Erwerbszweige den Menschen nicht mehr offenstehen (Swain 1992). Von einer heute industriell dominierten Mischwirtschaft lebten auch die ursprünglich agrarischen Siedlungs- und Produktionsgenossenschaften in Israel, die Kibuzzim.

Soll Kiez vor dem Prozeß der Proletarisierung und Deprivation bewahrt bleiben, der vor dreißig Jahren bereits als typisch für ländliche Gemeinden ausgemacht wurde, muß mit der Rekultivierung der auch für die ländliche DDR typischen Mischwirtschaft begonnen werden. In seiner Berggemeindenstudie hat Urs Jaeggi (1965) auf die Tatsache hingewiesen, daß es sich mit der Verödung von Dörfern keineswegs nur um eine materielle Verschlechterung handelt. Einher geht der Prozeß der Verunsicherung der Menschen mit dem Schwinden alter Werte und Selbstverständlichkeiten, die schließlich zu Resignation und Passivität führt. Die weit verbreitete Aussage der Kiezer, „wir sind hier am Ende der Welt", zeigt deutlich das Gefühl, von der Entwicklung abgehängt zu sein.

Dagegen hilft, so Urs Jaeggi, nur Bildung, Tourismus und Industrie. Da mit größeren Industrieansiedlungen an der europäischen Währungsgrenze nicht zu rechnen ist, sind in Kiez Bildung und Orientierung auf einen kleineren Tourismus von Bedeutung. Beides ging die Gemeinde relativ erfolgreich an, indem sie sich die Voraussetzungen einer Schule mit Abiturabschlußmöglichkeit schuf und sich den Chancen eines Naturschutzparks in der Region nicht verschloß. Bleibt zu hoffen, daß sie dabei die ländlich-weiblichen Mischwirtschaften der Garten- und Hofnebenerwerbswirtschaft nicht aus den Augen verliert und nicht ausschließlich großzügigen Planervorstellungen folgt. Gartenbereinigte Flußufer oder ghettoisierte Alte, abgeschnitten von ihren Gärten, wären dann die Opfer, die dem neuen Zeitalter zu erbringen wären. Bisher ist die Gemeinde, worauf sie stolz ist, kaum verschuldet und hat daher noch alle Entscheidungsfreiheit.

**Anmerkung**
1) TeilnehmerInnen des Seminars „Soziale Verödung und Regionalbewußtsein im Berliner Hinerhof" (Leitung: Hartwig Berger, Elisabeth Meyer-Renschhausen) im SS 1994 an der FU Berlin: Bianca Brohmer, Meike Früchtenicht, Nathalie Groß, Denise Gücker, Kati Ihde, Manuela Liske, Henning Marten, Nadja Messerschmidet, Denise Notter, Uta Rüdel, Rena Schade, Katja Simons, Mareile Zech.

**Literatur**
Dölling, Irene (1992), „Unsere Muttis arbeiten wie ein Mann" - ein Blick zurück auf die Frauenbilder in DDR-Zeitschriften der vergangenen Jahre. In: Agnes Joester / Insa Schöningh (Hg.): So nah beieinander und doch so fern - Frauenleben in Ost und West. Weinheim.
Inhetveen, Heide (1994), Fabrik in der Krise - Krise im Dorf?, in: Pro Regio 14: 17-28.
Jaeggi, Urs (1965), Berggemeinden im Wandel - Eine empirisch-soziologische Untersuchung in vier Gemeinden des Berner Oberlandes. Bern/Stuttgart.

Meyer-Renschhausen, Elisabeth (1994), Soziologie, soziale Arbeit und Frauenbewegung - eine Art Familiengeschichte, in: Feministische Studien 12: 18-32; dies. (1989), Weibliche Kultur und soziale Arbeit - Eine Geschichte der Frauenbewegung 1810-1927 am Beispiel Bremens. Köln/Wien.

Panzig, Christel (1992), Zur Arbeits- und Lebenssituation von Frauen in ländlichen Regionen Brandenburgs. Vergangenheit - Gegenwart - Perspektiven. In: Friedrich-Ebert-Stiftung (Hg.): Frauen in der Landwirtschaft und im ländlichen Raum in Brandenburg. Bonn.

Schmidt, Ines (1994), Arbeitspendeln, Frauen und Familie in Brandenburg, in: BISS public 15: 105-132.

Sullerot, Evelyn (1972), Die emanzipierte Sklavin. Graz/Wien/Köln.

Swain, Nigel (1992), Hungary - The Rise and Fall of feasible Socialism. London/New York.

Dr. Elisabeth Meyer-Renschhausen, Bülowstr. 74, D-10783 Berlin
Katja Simons, Alte Schönhauser Str. 14-15, D-10119 Berlin

# VI. Sektion Industrie- und Betriebssoziologie
*Leitung: Birgit Mahnkopf*

## Arbeitsverhältnisse im gesellschaftlichen Umbruch

### 1. Strukturwandel der Arbeit? Betriebliche Reorganisation und die Bedeutung sozialer Strukturen

*Martin Kuhlmann und Constanze Kurz*

Innerhalb der Industriesoziologie scheint Konsens darüber zu bestehen, daß die industrielle Entwicklung derzeit durch Umbrüche der betrieblichen Strukturen gekennzeichnet ist. Unter Veränderungsdruck stehen die in den 50er und 60er Jahren herausgebildeten tayloristisch-fordistischen Strukturen. In unserem Beitrag, bei dem wir uns auf die produktionsinterne Restrukturierung der deutschen Automobilindustrie beschränken, wollen wir anhand eigener empirischer Untersuchungen der Frage nachgehen, wie weit der häufig konstatierte Umbruch vorangeschritten ist. Unsere Grundüberlegung zur Interpretation der bestehenden Dynamik lautet: Die Entwicklungen in der deutschen Automobilindustrie legen nahe, daß betrieblicher Wandel nicht allein als technisch-organisatorische Umsetzung ökonomischer Anforderungen verstanden werden kann. Notwendig erscheint uns ein analytischer Zugang, der Entwicklungen auch unter dem Blickwinkel des Wandels betrieblicher Sozialstrukturen betrachtet. Die bisher erreichten Veränderungen griffen in vielen Fällen nicht weit genug und führten daher häufig zu einer lediglich unvollständigen Modernisierung.

Wenn wir die Aufmerksamkeit auf Merkmale der betrieblichen Sozialorganisation richten, so verstehen wir hierunter einmal sozialstrukturelle Aspekte im klassischen Sinne, wie sie sich aus der sozialen Aufladung und Sedimentierung von Arbeitsteilungsstrukturen innerhalb der Produktion oder zwischen verschiedenen betrieblichen Funktionsbereichen ergeben. Darüber hinaus geht es uns mit dieser Kategorie aber auch um die Regeln und Prozesse, die die betriebliche Sozialordnung konstituieren und den Charakter der sozialen Beziehungen zwischen verschiedenen Beschäftigtengruppen und Arbeitskräftetypen bestimmen. Bezogen auf den bis zu Beginn der 90er Jahre erst in Teilbereichen gelungenen Umbruch und die sich derzeit bei Gruppenarbeit abzeichnenden Dynamiken halten wir es für notwendig, den über technisch-organisatorische Aspekte hinausgehenden sozialen Gehalt tayloristischer Strukturen zu betonen. In den Blickpunkt rücken dabei z.B. Aspekte der Hierarchisierung sozialer Strukturen, die betriebsorganisatorische und institutionelle Verstärkung sozialer Distanzen, die Sedimentierung sozialer Arbeitsteilung oder die Prägung sozialer Beziehungen durch Über- und Unterordnungsverhältnisse.

Im vorliegenden Diskussionsbeitrag können wir nur einige Hinweise auf die Relevanz einer solchen Interpretation geben. Wir werden uns im folgenden darauf beschränken, einige Ergebnisse unseres "Trendreport Rationalisierung" (Schumann u.a. 1994) und einer neueren Untersuchung zur Einführung von Gruppenarbeit entlang der Frage nach Reproduktion oder Transformation der sozialen Strukturen zu bilanzieren.

*Unvollständige Modernisierung der betrieblichen Strukturen in den 80ern*

Unser im Trendreport vorgelegter Überblick über den Stand der Entwicklung in der deutschen Automobilindustrie geht davon aus, daß bereits in den 80er Jahren die Defizite von tayloristischen Formen der Arbeitskräftenutzung von einer großen Mehrheit der betrieblichen Akteure gesehen wurden und auch ein generelles Wissen über von tayloristisch-fordistischen Prinzipien abweichende Produktionskonzepte vorlag (Kern/Schumann 1984). In Übereinstimmung mit anderen Untersuchungen (Jürgens u.a. 1989) zeigen unsere Ergebnisse, daß es hinsichtlich der Reichweite der durchgesetzten Konzepte und der bereits realisierten Veränderungen der Arbeits- und Betriebsstrukturen allerdings noch nicht zu einem grundlegenden Wandel der betrieblichen Sozialstrukturen kam. Für alle von uns untersuchten Produktionsbereiche gilt - wenn auch in unterschiedlichem Maße -, daß zwar Innovationen im Bereich der Arbeitskräftenutzung zu beobachten waren, diese jedoch durch Grenzen gekennzeichnet blieben, die letztlich aus den Merkmalen der betrieblichen Sozialorganisation resultieren.

Ein arbeitsorganisatorischer Umbruch größeren Ausmaßes war nur in Produktionsbereichen festzustellen, in denen die Technisierung manueller Herstellungsprozesse zu einer grundlegenden Veränderung der Tätigkeiten selbst geführt hatte. In allen von uns untersuchten Betrieben gingen Tendenzen der Automatisierung mit Versuchen der Qualifizierung und Aufwertung der im Umfeld dieser Anlagen beschäftigten Produktionsarbeiter einher und führten zu einer eindeutigen Anreicherung ihrer Tätigkeiten. Wo sich Modernisiererkoalitionen über verschiedene betriebliche Funktionen hinweg herausbildeten und auch Betriebsräte in diese Kompromißstrukturen eingebunden oder sogar maßgeblich an ihrem Zustandekommen beteiligt waren, hat schon in den 80er Jahren eine sehr weitreichende Reorganisation der Arbeitsstrukturen stattgefunden. In den technisierten Produktionsbereichen setzten sich Tendenzen der Funktionsintegration, der qualifikatorischen Aufwertung und prozeßnahen Bündelung von Eingriffskompetenzen allmählich durch. Bereits in den 80er Jahren war dies auch mit der Herausbildung von Teamstrukturen, deutlich erweiterten Handlungsspielräumen und einer auf die Entwicklung und Nutzung von Handlungskompetenzen ausgerichteten Leistungspolitik einhergegangen. Veränderungen der betrieblichen Sozialstrukturen zeichneten sich dabei in den Fällen ab, wo durch die Bildung funktionsintegrierter Teams aus Instandhaltern und Produktionsarbeitern sowie die Entstehung des Arbeitstyps des Systemregulierers der üblicherweise auch betriebsorganisatorisch verfestigte Trend der Spezialisierung und Polarisierung von Qualifikationen und Zuständigkeiten vermieden wurde. In Ansätzen wurde durch diese Entwicklungen bereits mit der tayloristischen Logik einer weitgehenden Arbeitszerlegung und Trennung der ausführenden von planenden, kontrollierenden und gewährleistenden Funktionen gebrochen, und es entstanden alternative Muster zur traditionellen Tendenz, wonach ein spezialisierender Arbeitskräfteeinsatz zu einer Differenzierung und Sedimentierung in der betrieblichen Sozialorganisation führt. Dennoch blieb der betriebliche Wandel nicht zuletzt in sozialstruktureller Hinsicht begrenzt. Die Interpretationsfolie der betrieblichen Akteure blieb in den meisten Fällen auf technisch-qualifikatorische Gesichtspunkte verengt. Im Vordergrund standen häufig Überlegungen, wie das inzwischen arbeitsmarktbedingt überschüssige Reservoir von in der Produktion beschäftigten Facharbeitern genutzt werden könnte.

Die Handarbeitsbereiche waren in den 80er Jahren durch eine insgesamt geringere Restrukturierungsdynamik gekennzeichnet. Die von den Betrieben gewählten Gestaltungslösungen hatten durchweg einen sehr viel konventionelleren Zuschnitt. In den nach wie vor dominierenden Bandarbeitsbereichen beschränkte sich der Wandel auf eine etwas größere Flexibilisierung des Arbeitseinsatzes, die technisch-arbeitsorganisatorischen Strukturen blieben überwiegend erhalten. Weitergehende Versuche der Neustrukturierung der Produktionsarbeit ließen sich allenfalls in inselhaft vorhandenen Abschnitten beobachten, bei denen die Fließbandorganisation durch Carriersysteme ersetzt wurde. Selbst in diesen entkoppelten Handarbeitssystemen blieb die arbeitsorganisatorische Gestaltung häufig jedoch im Fahrwasser erprobter Strukturen. Eine grundlegend neue arbeitsgestalterische Logik, die selbstorganisatorische und innovative Kompetenzen der Beschäftigten in einem breiten Sinne entwickelt und nutzt, bildete sich zumeist nicht heraus. Eine nennenswerte Integration von indirekten bzw. gewährleistenden Tätigkeiten fand nicht statt, so daß das tayloristische Prinzip der Minimierung von Handlungs- und Entscheidungsspielräumen auf der Prozeßebene in den Handarbeitsbereichen fast durchweg reproduziert wurde. Arbeitsorganisatorisch hielten die Betriebe nicht nur an der Einzelarbeitslogik fest, sondern ganz überwiegend auch am Einsatz von Springern zur Absicherung von Flexibilität, an Nacharbeitern und einer dichten Hierarchie. Inkraft blieb damit auch die für die bestehende Sozialorganisation charakteristische Verknüpfung von Spezialisierung, Personalselektion und Hierarchisierung.

Wenn man die Entwicklungen der 80er Jahre mit Blick auf die aktuellen Diskussionen resümiert, so ist entscheidend, daß der betriebliche Wandel trotz wichtiger arbeitsorganisatorischer Innovationen in Teilbereichen in vielerlei Hinsicht durch ein Fortschreiben der bestehenden sozialen Strukturen geprägt ist. Die für tayloristische Strukturen typische Parallelisierung von technisch-funktionaler Arbeitsteilung, betriebsorganisatorischer Differenzierung und sozialstruktureller Sedimentierung und Segmentierung wurde erst in Ansätzen aufgelöst. Begrenzt blieb die betriebliche Reorganisation immer dort, wo Veränderungsnotwendigkeiten sich nicht in qualifikatorischen oder arbeitsorganisatorischen Maßnahmen erschöpften, sondern einen Wandel sozialer Strukturen zur Voraussetzung hatten. Bis zu Beginn der 90er Jahre wurde mit der traditionellen Logik der Zuweisung von Aufgaben an spezialisierte Arbeitskräfte und der sozialräumlichen Verfestigung von unterschiedlichen Arbeitssituationen und leistungspolitischen Arrangements erst in vorsichtigen Ansätzen gebrochen, so daß es im Resultat bei einer unvollständigen Modernisierung blieb.

*Entwicklungen in den 90ern*

Die betrieblichen Entwicklungen in den 90ern sind durch eine doppelte Dynamik geprägt. Einerseits wirken Problemlagen und aufgestaute Veränderungsnotwendigkeiten als Folge des begrenzten Wandels der 80er nach. Die Abkehr von tayloristischen Arbeits- und Betriebsstrukturen befindet sich nach wie vor in der Umsetzung. Für die aktuelle Dynamik ist allerdings entscheidender, daß sich die Rationalisierungskonzepte radikalisiert haben, durch erweiterte Ansätze ergänzt wurden sowie insgesamt auf gewandelte Rahmenbedingungen treffen.

a) Kostendruck und das Bewußtsein der Notwendigkeit von Strukturveränderungen haben sich massiv verstärkt. In dieser Situation greifen die Betriebe vermehrt zu strukturkonservativen Rationalisierungmaßnahmen. Zugleich hat sich jedoch auch die Entschiedenheit bei der Umsetzung der Reorganisation verstärkt. Insbesondere die Dezentralisierung der Betriebsstrukturen ist in den 90er Jahren sehr viel schneller vorangeschritten.

b) Viel massiver als noch in den 80ern sind inzwischen auch die indirekten und planerischen Fachabteilungen und die betriebliche Hierarchie von der Notwendigkeit der Kostensenkung betroffen.

c) Neu und ebenfalls ein gutes Beispiel für die Radikalisierung der Entwicklungen ist der allenthalben formulierte Anspruch, die Beschäftigten selbst breitflächig für die Umsetzung der betrieblichen Rationalisierungsziele zu aktivieren.

Mit den Tendenzen der Dezentralisierung der Betriebsorganisation, dem Bemühen um eine Verallgemeinerung unternehmerischen Handelns, vor allem jedoch bei den Versuchen der Einführung von Gruppenarbeit und der Ausweitung von projektförmig-kooperativen Arbeitsformen gerät die Frage der Veränderbarkeit der sozialen Strukturen und der betrieblichen Sozialorganisation erneut in den Mittelpunkt. Der gleichermaßen grundlegende wie diffuse Charakter der Diskussionen um lean production oder neue Unternehmenskulturen ist dafür ein wichtiges Symptom. Gerade bei der Einführung von Gruppenarbeit stellt sich das Problem der Reproduktion oder Transformation sozialer Strukturen neu, nun allerdings umfassender und sehr viel direkter als in den 80er Jahren.

Erstens: Anders als noch in den 80er Jahren steht die Frage nach Veränderungen der betrieblichen Sozialorganisation heute ausdrücklich auf der Tagesordnung. Die betrieblichen Diskussionen gehen über eine Fokussierung auf technisch-arbeitsorganisatorische Fragen hinaus. Die arbeitspolitischen Konzepte der 90er Jahre reichen in ihrer Gestaltungstiefe sehr viel weiter und beziehen dabei auch Aspekte der betrieblichen Sozialverfassung ein. Zumindest bestimmte Formen von Gruppenarbeit könnten in der Tat geeignet sein, einen grundlegenden Wandel der betrieblichen Sozialbeziehungen anzustoßen.

Zweitens: Die aktuelle Entwicklung von Gruppenarbeitskonzepten in der Automobilindustrie zeichnet sich mehr und mehr durch eine Polarisierung aus, die den Gegensatz von Reproduktion oder Transformation betrieblicher Strukturen zuspitzt. Neben dezidiert strukturinnovativen Gruppenarbeitsformen kristallisieren sich auch Varianten heraus, die in entscheidenden Aspekten gerade nicht mit den bestehenden tayloristischen Strukturen brechen (Gerst u.a. 1995). In den von uns als strukturinnovativ bezeichneten Gruppenarbeitskonzepten, die insbesondere auf institutionalisierte Selbstorganisation von Produktionsgruppen setzen, sehen wir wichtige Ansatzpunkte einer erweiterten Modernisierung der betrieblichen Strukturen (Gerst u.a. 1994; Kuhlmann/Kurz 1995).

*Resümee*

Die hier in Umrissen skizzierten Konzeptbestandteile strukturinnovativer Gruppenarbeit brechen in vielerlei Hinsicht mit bestehenden betrieblichen Strukturen und Praktiken. Wo sich diese Erkenntnis in den Betrieben durchsetzt und es zu einer entsprechenden Erweiterung der Reichweite von Gestaltungsmaßnahmen kommt, besteht für die Zukunft die Chance, die gerade in sozialorganisatorischer Hinsicht unvollständige Modernisierung der 80er Jahre zu überwinden. Dies brächte dann - und zwar stärker als dies in vielen Betrieben derzeit schon klar ist - relevante Merkmale der betrieblichen Sozialverfassung und der Sozialstrukturen unter weiteren Veränderungsdruck. Dehierarchisierung der betrieblichen Strukturen - solange damit mehr gemeint ist als Personalabbau auf Führungsebenen - und Institutionalisierung von Selbstorganisations- und Beteiligungsmöglichkeiten halten wir für zwei zentrale Bestandteile einer auch die Sozialorganisation der Betriebe erfassenden Modernisierungsperspektive. Die Sozialverhältnisse geraten dort in Bewegung, wo es den Betrieben für immer größere Beschäftigtengruppen tatsächlich um eine Erweiterung und Verallgemeinerung von Handlungschancen in der Arbeit sowie Einfluß bei der Planung von Voraussetzungen der eigenen Tätigkeit geht. Ohne eine stärkere Demokratisierung der betrieblichen Strukturen und Prozesse dürften diese in vielen Unternehmen heute notwendigen Veränderungen langfristig wohl nicht zu erreichen sein. Hierin liegt einer der wesentlichen Gründe, daß berechenbare und tragfähige Austauschbeziehungen eine wichtige Vorbedingung für einen erfolgreichen Wandel darstellen und eine aktive Rolle der betrieblichen Interessenvertretung auch aufgrund des dort gebundenen betriebspolitischen Erfahrungswissens unverzichtbar ist (Dörre u.a. 1993).

Bei der nachhaltigen Behebung von strukturellen Problemen der deutschen Industrie geht es allerdings nicht nur um neue Muster der Betriebs- und Arbeitsorganisation - notwendig ist letztlich vor allem ein neues Modell betrieblichen Wandels. Obwohl in einer ganzen Reihe von Automobilbetrieben seit den 80er Jahren sozialwissenschaftliches Know-how durch die Implementierung von internen Organisationsentwicklungsexperten aufgebaut wurde, dürfte die Fähigkeit, sozialen Wandel zu organisieren, in den 90er Jahren nach wie vor zu den besonders knappen Ressourcen gehören. Eine weitere, wichtige Lehre der bisherigen Entwicklungen liegt daher in der Erkenntnis: Woran es bislang mangelt, sind nicht so sehr Konzepte oder der Wille, betriebliche Ressourcen zur Verfügung zu stellen. Gravierender ist die Tatsache, daß Prozesse der organisatorischen Umsetzung von sozialen Innovationen in den Betrieben nach wie vor eine vergleichsweise geringe Aufmerksamkeit besitzen.

**Literatur**
Dörre, K.; Neubert, J.; Wolf, H. (1993), "New Deal" im Betrieb? Unternehmerische Beteiligungskonzepte und ihre Wirkungen auf die Austauschbeziehungen zwischen Management, Belegschaften und Interessenvertretungen, in: SOFI-Mitteilungen Nr. 20, S.15-35.
Gerst, D.; Hardwig, Th.; Kuhlmann, M.; Schumann, M. (1994), Gruppenarbeit in der betrieblichen Erprobung - ein "Modell" kristallisiert sich heraus, in: Angewandte Arbeitswissenschaft Heft 142, S.5-30.
Gerst, D.; Hardwig, Th.; Kuhlmann, M.; Schumann, M. (1995), Gruppenarbeit in den 90ern: Zwischen strukturkonservativer und strukturinnovativer Gestaltungsvariante, in: SOFI-Mitteilungen Nr. 22.
Jürgens, U.; Malsch, Th.; Dohse, K. (1989), Moderne Zeiten in der Automobilfabrik. Strategien der Produktionsmodernisierung im Länder- und Konzernvergleich. Berlin/Heidelberg.
Jürgens, U.; Naschold, F. (1994), Arbeits- und industriepolitische Entwicklungsengpässe der deutschen Industrie in den neunziger Jahren. In: Zapf, W.; Dierkes, M. (Hg.): Institutionenvergleich und Institutionendynamik. Berlin.

Kern, H.; Schumann, M. (1984), Das Ende der Arbeitsteilung? Rationalisierung in der industriellen Produktion. München.

Kuhlmann, M.; Kurz, C. (1995), Strukturwandel der Arbeit? Betriebliche Reorganisation und die Bedeutung sozialer Strukturen, in: SOFI-Mitteilungen Nr. 22.

Schumann, M.; Baethge-Kinsky, V.; Kuhlmann, M.; Kurz, C.; Neumann, U. (1994), Trendreport Rationalisierung: Automobilindustrie, Werkzeugmaschinenbau, Chemische Industrie. Berlin.

Martin Kuhlmann und Constanze Kurz, SOFI, Friedländer Weg 31, D-37085 Göttingen

## 2. Veränderungen der Rolle des Managements im Prozeß reflexiver Rationalisierung - thesenartige Zusammenfassung

*Christoph Deutschmann, Michael Faust, Peter Jauch und Petra Notz*

*I. Zum Konzept der reflexiven Rationalisierung*

Unsere Prämisse ist, daß die gegenwärtigen Veränderungen der innerbetrieblichen und zwischenbetrieblichen Arbeitsteilung sich nur in einer integrierten, über den industriesoziologisch traditionell favorisierten Werkstattbereich hinausreichenden Perspektive angemessen analysieren lassen. Wir betiteln diese Perspektive mit dem Begriff "reflexive Rationalisierung", ohne damit allzusehr in die Nähe Beck'scher Politisierungsthesen geraten zu wollen. Die Grundgedanken sind folgende:

a) Industrielle Rationalisierung folgt nicht *unmittelbar* "objektiven" ökonomischen oder technologischen Gesetzmäßigkeiten, sondern basiert stets auf einer durch technologisch-organisatorische Leitbilder vermittelten Interpretation dieser Gesetzmäßigkeiten durch die jeweiligen Akteure.

b) Leitbilder industrieller Rationalisierung können das betriebliche System-Umwelt-Verhältnis stets nur ausschnittweise thematisieren. Sie sind unvermeidlich selektiv in dem Sinne, daß sie bestimmte Dimensionen industrieller Effizienz mit Priorität versehen, andere dagegen vernachlässigen. Sie erzeugen deshalb in dem Maße, wie sie sich in der Praxis durchsetzen und veralltäglichen, ungeplante Folgewirkungen.

c) Diese Folgewirkungen können lange Zeit ignoriert werden; ihre Kumulierung kann jedoch nicht grenzenlos fortdauern. Irgendwann erreicht sie ein für die Unternehmen kritisches Ausmaß und erzwingt damit eine Reflexion des zugrundeliegenden Leitbildes durch die Akteure. Damit wird nicht nur eine Überprüfung der überkommenen Wahrnehmungen und Prioritätensetzungen industrieller Rationalität, sondern auch der mit diesen verknüpften betrieblichen Machtpositionen und Rollendefinitionen der Akteure, und zwar auch und gerade der Führungskräfte, fällig.

d) Von reflexiver Rationalisierung sprechen wir dann, wenn ein etabliertes Leitbild industrieller Rationalisierung in diesem Sinne "umkippt", unter den Druck seiner eigenen Folgeprobleme gerät. In der Literatur besteht weitgehende Einigkeit darüber, daß wir es bei den gegenwärtigen industriellen Reorganisationsprozessen in der Tat mit einem solchen auf dem Boden jahrzehntelanger tayloristisch-fordistischer Rationalisierung herangereiften "Umkipp"-vorgang zu tun haben.

*II. Neue Selektivität reflexiver Rationalisierung: Zwei exemplarische Gesichtspunkte*

Reflexive Rationalisierung richtet sich u.a. gegen das bislang weithin gültige Prinzip der funktionalen Gliederung von Organisationen, gegen die Prinzipien der zentralen Planung und Steuerung, gegen die Hierarchie, gegen bürokratische Regelung und Kontrolle und gegen ausufernde Dienstleistungsbereiche (vgl. zu einer näheren Bestimmung Faust u.a. 1994a; 1994b).

Es kommt zu einer Neubestimmung des Umfangs und der Rolle des mittleren Managements. Schlagworte vom "Ende des Mittelmanagements" treffen aber nicht zu. Man sollte besser von einem komplexen Umbau der Rollenanforderungen an Führungskräfte sprechen, der mit einem Abbau von Stellen und verschärfter interner und externer Arbeitsmarktkonkurrenz einhergeht. Bürokratische und professionelle Rollen und darauf aufbauende Karrieresysteme werden zurückgedrängt. Hierbei geraten mittlere und untere Manager in Stäben und indirekten Bereichen und klassische Vorgesetzte in der Linie heute unter besonderen Druck. Sie können zu den "Opfern" der reflexiven Rationalisierung im Management gezählt werden.

Auf der anderen Seite entstehen funktionsintegrierte kleinere organisatorische Einheiten mit hoher Selbständigkeit und "unternehmerischem Zuschnitt". Als Gegenbewegung zur Erosion bürokratischer und professioneller Rollendefinitionen wird in solchen Strukturen vielfach ein neuer Managertyp auf den Schild gehoben: der Intrapreneur oder "Unternehmer im Unternehmen". Ihn kann man erst einmal als den "Gewinner" des Prozesses bezeichnen.

Unsere These ist: Was sich auf der einen Seite als Öffnung, als Aufbrechen von Verkrustungen und Rigiditäten darstellt, erweist sich auf der anderen als ein Prozeß der Schließung, der Kristallisierung *neuer* Rigiditäten. Die Problematisierung der blinden Flecken der alten Organisationsstrukturen bedeutet nicht das Verschwinden von blinden Flecken überhaupt, sondern nur deren Verschiebung.

*1. Der selektive Blick auf die Vergangenheit: Bürokratiekritik zu wörtlich genommen.*

Die heutige Bürokratiekritik verfährt schon darin einseitig, daß sie die pathologische Seite der alten Strukturen in den Vordergrund rückt, während sie deren informelle Anpassungsfähigkeit ausblendet. Die Reorganisationsprozesse zerstören zwar einerseits "Fürstentümer", Karriere-Seilschaften und professionelle Bornierungen, zugleich aber auch die bisherigen informellen Netzwerke. Dies und die Erosion der traditionellen professionellen und bürokratischen Karrierewege (vgl. Faust u.a. 1994 a,b) kann fatale Folgen für die Kooperationsfähigkeit und Loyalität mittlerer Manager haben.

Unsere Interviews geben Hinweise darauf, daß gerade in indirekten Bereichen der Reaktionstyp des "Innerlich Distanzierten" häufig zu finden ist. Unter diesen Bedingungen fällt es den Unternehmen schwer, die umgesetzten Manager (sofern sie überhaupt in Managementpositionen bleiben) zu tatkräftigen Verfechtern und Praktikern der neuen Leitbilder zu machen.

Man könnte diesen Effekt unter der Rubrik "Übergangsproblem" verbuchen, das sich durch personellen Austausch über kurz oder lang von selbst löst. Aber vielfach sind die so gescholtenen Führungskräfte auch in den neuen Strukturen nicht so leicht ersetzbare Experten. Ihr Expertenstatus bezieht sich nicht auf einfach am Markt einzukaufende, formale Qualifikationen, sondern auf unternehmensspezifische Organisations- und Sozialkompetenz. Es bleibt die Frage, wie die früheren informellen Funktionen des mittleren Managements in den neuen Strukturen erfüllt werden können und worauf sich die Loyalität der Führungskräfte zukünftig stützen soll.

**2. Die selektive Sicht auf das Neue: Die ausgeblendeten Kosten der neuen Organisationsstrukturen und die Überforderung der neuen Manager**

Unser zweites Argument hebt darauf ab, daß das neue Modell des funktional integrierten Managements und des internen Unternehmertums Nebenfolgen hat, die systematisch ausgeblendet werden. Wir wollen auf drei Punkte aufmerksam machen:

(1) Den Vorteilen der direkten Kooperation in den neuen kleinen und verselbständigten Einheiten stehen neue Kooperationsnotwendigkeiten an anderer Stelle gegenüber. Das, was an grenzüberschreitenden Kooperationsnotwendigkeiten zwischen den bisherigen Funktionen abgebaut wird, wird zwischen den neu entstehenden Einheiten und diesen und den externen Dienstleistungsfunktionen zumindest teilweise wieder aufgebaut. Schnelle technologische oder Marktveränderungen können zudem eine häufige Reorganisation dieser Kleinstruktur erforderlich machen.

Auch muß damit gerechnet werden, daß die Orientierung am Erfolg des eigenen Geschäfts, die das Konzept des internen Unternehmertums gerade anstrebt, das Ausschöpfen von möglichen Synergieeffekten zwischen einzelnen Geschäftsfeldern erschwert.

(2) Dies verweist schon auf unseren zweiten Gesichtspunkt: den strukturellen Egoismus. So können sich gegenüber den verbleibenden Dienstleistungsbereichen außerhalb der verselbständigten Geschäftsfelder (wie z.B. dem Personalwesen) leicht kurzfristige Orientierungen der Kostensenkung durchsetzen. Die Dienstleistungsbereiche selbst haben mit widersprüchlichen Anforderungen zu tun. Auf der einen Seite sollen sie ihre internen Dienstleistungen kundengerecht, d.h. natürlich fallbezogen und individuell anbieten und büßen damit Standardisierungsvorteile ein, die sie in der Vergangenheit durch die bürokratische Regelungskompetenz hatten. Andererseits stehen sie unter starkem Kostendruck, werden mit externen Anbietern verglichen (z.B. im Feld der Weiterbildung) und können die Standardisierungsstrategien der spezialisierten externen Anbieter nicht mitmachen. Die Dienstleister müssen ferner den Verselbständigungstendenzen der geschäftsführenden Einheiten durch vermehrte Kommunikationsanstrengungen und eine Politik des Interessensausgleichs entgegenwirken. Auch hier zeigt sich, daß die gewünschte organisatorische Vereinfachung auf der einen Seite und der strukturell verankerte Egoismus der neuen Unternehmer Kompensationsleistungen an anderer Stelle erfordern. Nach welchen Prinzipien über solche Kompensationsleistungen entschieden wird, die für langfristige Stabilität und soziale Kohäsion des ganzen Unternehmens (z.B. hinsichtlich personalpolitischer Maßnahmen) wichtig sind, darauf gibt der Steuerungsmechanismus des internen Unternehmertums selbst keine Antwort.

Die Handlungsorientierung am jeweiligen Geschäftserfolg der autonomen Einheiten fördert bewußt Egoismus. Dessen Nebeneffekte sind: Versuche der Externalisierung von Kosten und Versuche, sich gegenüber anderen Einheiten Vorteile zu verschaffen.

In der am Erfolg orientierten Rolle des Intrapreneurs ist zudem ein darwinistischer Zug angelegt. Da wird das eigene Geschäft leicht zum "lebendigen Wesen", und der Wunsch, "Leute zu eliminieren", die keine Leistung bringen, wächst.

Solche Einstellungen sind im Intrapreneur-Modell angelegt. Nicht zufällig bevorzugt die mit der Reorganisation einhergehende Personalselektion im Management entsprechende Persönlichkeitstypen. Diese Entwicklung mag ihre kurzfristigen Erfolge vor allem im erwünschten Kampf gegen die alten Verkrustungen zeitigen, aber die Frage, wie unter diesen Bedingungen soziale Integration zustandekommen kann, bleibt unbeantwortet.

(3) Eine wichtige Grenze des neuen Modells deutet sich im Phänomen der persönlichen Überforderung der "neuen Manager" an. In diesen Positionen bündeln sich die Wirkungen der ganzheitlichen Verantwortung und der flacheren Hierarchie in problematischer Weise. Überforderungsphänomene zeigen sich in drei Dimensionen: der Anforderungsstruktur, der physisch-mentalen Belastung und der biographischen Integration.

a) Die "neuen Manager" sind hin und her gerissen zwischen der hohen Befriedigung durch neue Herausforderungen und erweiterte Gestaltungsspielräume einerseits und Überforderungsgefühlen durch die ungeteilte Verantwortung andererseits: als Arbeit auf der Kippe zwischen Rausch und Kater könnte man dies bildlich bezeichnen.

b) Die hohe Arbeitsbelastung drückt sich nicht nur in überlangen Arbeitszeiten, sondern auch im emotionalen Bereich aus, als Streß und in dem Gefühl, nicht mehr abschalten zu können. Hinzukommen die vielfach unterschätzten zeitlichen und emotionalen Belastungen durch die anhaltende Politisierung der Unternehmen im Reorganisationsprozeß.

c) Es wird aber auch problematisiert, daß die neuen Anforderungen immer schwieriger mit anderen Lebenssphären zu vereinbaren sind: die biographische Integration wird problematisch.

So wird von einigen Befragten kritisiert, daß die einseitige Lebensorientierung auf die Arbeit und die Firma zu einer Verarmung der Persönlichkeit führen kann. Dies wird diesen Führungskräften zum Teil durch negative Reaktionen aus der Familie nahegebracht, zum Teil empfinden es die Befragten von sich aus als Verlust, auf *eine* Lebenssphäre und gesellschaftliche Rolle reduziert zu werden. Es ensteht der Widerspruch, daß einerseits unter dem Stichwort "soziale Kompetenz" die Bedeutung persönlicher Eigenschaften für die Bewältigung der neuen Führungsaufgaben betont wird, andererseits die Führungskräfte in eine Lebenssituation gedrängt werden, die zu einer Verkümmerung der geforderten Persönlichkeitsmerkmale beiträgt. Daran zeigt sich auch, daß der Tendenz des Intrapreneurmodells, einen stromlinienförmigen, mobilen und sozial entwurzelten Funktionsträger mit geringer Rollendistanz zu sozialisieren oder zu selektieren, soziale Gegenkräfte entgegenstehen.

**Literatur**
Deutschmann, C. (1994), Lean Production. Der kulturelle Kontext, Arbeitsbericht Nr. 25, August 1994, hrsg. von der Akademie für Technikfolgenabschätzung in Baden-Württemberg.
Faust, M./Jauch, P./Brünnecke, K./Deutschmann, C. (1994a), Dezentralisierung von Unternehmen. Bürokratie- und Hierarchieabbau und die Rolle betrieblicher Arbeitspolitik, München und Mehring (2. überarb. Auflage 1995).
Faust, M./Jauch, P./Deutschmann, C. (1994b), Mittlere und untere Vorgesetzte in der Industrie: Opfer der "schlanken Produktion"? In: Industrielle Beziehungen, 1 (1994) 2, S.107-131.

Prof. Dr. Christoph Deutschmann, Dr. Michael Faust, Peter Jauch und Petra Notz, Universität Tübingen, Soziologisches Seminar, Wilhelmstraße 36, D-72074 Tübingen

## 3. Zur theoretisch-analytischen Konzeptualisierung innerbetrieblicher Sozialbeziehungen[1]

*Peter Ellguth und Rainer Trinczek*

### I.

Das Thema 'Innerbetriebliche Sozialbeziehungen' hat gegenwärtig Konjunktur. Dies scheint allerdings nicht 'nur' eine Modeerscheinung in der Disziplin zu sein; mit 'innerbetrieblichen Sozialbeziehungen' wird vielmehr der Versuch unternommen, eine theoriestrategisch zentrale Leerstelle zu besetzen, die die Verabschiedung deterministischer Ansätze, der Wechsel der paradigmatischen Analysekonzepte hin zu 'Arbeitspolitik', hinterlassen hat. Ohne diese Debatte zum wiederholten Male nachzuzeichnen, kann festgehalten werden, daß nun plötzlich eine neue Frage aufs industriesoziologische Tapet rückte: Was sind - wenn nun nicht mehr ökonomische, technische etc. Rahmenbedingungen bestimmte betriebliche Entscheidungen sozusagen 'erzwingen' - denn dann die wesentlichen Einflußfaktoren, die das arbeits- bzw. mikropolitische Agieren der neu entdeckten Akteure strukturieren?

Hier setzt die Diskussion um innerbetriebliche Sozialbeziehungen an: Dem betrieblichen Sozialsystem wird eine solche zentrale Strukturierungsfunktion zugesprochen; die Sozialbeziehungen stellen - darüber besteht wohl in der Zwischenzeit weitgehend Konsens - einen wesentlichen Filter dar, der den Handlungsraum der Akteure in je spezifischer Weise konfiguriert und damit scheinbar Kontingentes in typische betriebliche Entscheidungen transformiert.

Es ist klar, daß die Analyse innerbetrieblicher Sozialstrukturen erhebliche theoretisch-konzeptionelle Anstrengungen erfordert, in deren Rahmen folgende vier, in der allgemeinen Soziologie als gängig eingeführte Untersuchungsebenen zu berücksichtigen und zueinander in Bezug zu setzen wären - gewissermaßen als analytisches Maximalkonzept:
1. die Akteurs- bzw. Handlungsebene;
2. die Interaktionsebene;
3. die Institutions- bzw. Organisationsebene, und
4. die Strukturebene, also ökonomische, gesellschaftliche und kulturelle Rahmenbedingungen.

Im folgenden soll zunächst kurz auf den Entstehungs- und Projektkontext, den theoretischen Hintergrund sowie die analytische Konzeptualisierung von vier Ansätzen eingegangen werden, auf die in der Literatur zumeist verwiesen wird, wenn die Rede auf innerbetriebliche Sozialbeziehungen kommt. Dabei werden wir bei der Verortung dieser Ansätze jeweils auf das gerade formulierte Vier-Ebenen-Modell Bezug nehmen. Abschließend sollen - nach einer zusammenfassenden Gegenüberstellung - Hinweise auf einen fruchtbaren theoretischen Rahmen zur Analyse betrieblicher Sozialbeziehungen gegeben werden.

*II.*

Hinsichtlich der nun folgenden Skizzierung der vier Ansätze sei vorausgeschickt, daß diese hier in der Kürze natürlich nicht systematisch entfaltet werden können, sondern daß es sich lediglich um stark zugespitzte Darstellungen handelt, die nur soweit ausgeführt werden, wie es für unsere Argumentation notwendig erscheint.

1) Der erste Ansatz ist das Konzept der 'betrieblichen Sozialverfassung' von Dabrowski u.a. (1986). Die Autoren streben unter kritischem Bezug auf den Münchner betriebsstrategischen Ansatz sowie Weltz/Lullies' Konzept der 'betrieblichen Handlungskonstellation' ein, wie sie sagen, "Gesamtkonzept der betrieblichen Sozialordnung" an. Dazu werden drei Analyseebenen unterschieden:
- unternehmenspolitische Konzepte und Leitungsstrukturen (das umfaßt Absatz-, Produktions-, Rationalisierungs-, beschäftigungspolitische Konzepte etc.);
- Arbeitsbedingungen - von der Organisation von Arbeit bis zu Leistungsvorgaben und deren Verbindlichkeit;
- betriebliche Interessenwahrnehmung.

Obwohl vom Anspruch her die sozialen Konstitutions- und Vermittlungsprozesse im Mittelpunkt stehen, konzentrieren sich die Autoren de facto auf die ausführliche Analyse 'objektiver' Arbeitsstrukturen und -bedingungen. Dabei entsteht der Eindruck, als ob die jeweilige Sozialverfassung direkt aus den Kapitalverwertungskonzepten bzw. -bedingungen hervorgehen würde. Das Soziale wird aus der tatsächlichen Konstruktion der betrieblichen Sozialverfassung quasi ausgeblendet. Die Autoren argumentieren damit letztlich strukturtheoretisch; ihre Arbeit ist daher in unserem Vier-Ebenen-Modell eindeutig auf der vierten Ebene anzusiedeln.

2) Der zweite zu behandelnde Ansatz ist Hildebrandt/Seltz's Konzept der betrieblichen Sozialverfassung (u.a. Hildebrandt/Seltz 1989). Den theoretischen Hintergrund dieses Projekts bildet bekanntlich die 'labour-process-debate' und das darauf aufbauende Arbeitspolitik-Konzept des WZB. Wie die Autoren selbst anmerken, ist die Entstehung ihres Konzeptes dem "Interpretationsdruck einer empirischen Untersuchung" geschuldet: Der Befund, daß sich der konkrete Verlauf von PPS-Implementationen nur in Kenntnis der sozialen Organisation des Industriebetriebs adäquat verstehen ließ, führte die Autoren zur Frage nach der 'betrieblichen Sozialverfassung'. Als Analyseebenen bzw. Bausteine werden die folgenden Faktoren herangezogen:
- Betriebsgröße und Betriebsstatus;
- das Verhältnis von Planung und Ausführung (also der fundamentale Koordinationsmechanismus);
- die Selbständigkeit der Betriebsbereiche;
- die Stellung des Betriebsrats im betrieblichen Interessengefüge;
- die lokale Einbindung des Betriebs bzw. regionale Besonderheiten.

An den Texten wird deutlich, daß sich dieser kategoriale Rahmen wesentlich auf das sogenannte 'Sozialmodell Maschinenbau' bezieht. Die Autoren streben keine allgemeine Analytik der betrieblichen Sozialverfassung an, d.h. sie liefern auch keine systematische Entwicklung der Dimensionen und ihrer jeweiligen Verbindung zu verschiedenen Typen (mit Ausnahme eines Versuchs der Gegenüberstellung Maschinenbau-Automobilindustrie). An den oben aufgeführten Dimensionen ist unschwer zu erkennen, daß sich die Autoren auf die institutionelle Ebene betrieblicher Sozialbeziehungen konzentrieren, also auf Ebene 3 unseres Maximal-Modells.

3) Der nächste Ansatz, der unter dem Begriff 'betriebliche Sozialordnung' firmiert, stammt von Kotthoff und seiner Gruppe (u.a. Kotthoff/Reindl 1990). Entstanden ist das Konzept im Laufe verschiedener Projekte zur betrieblichen Mitbestimmung. Kotthoff verschreibt sich einer "phänomenologisch-handlungssoziologischen Methodologie" und will eine "Lanze brechen für eine antideterministische, stärker subjektivistische Sichtweise des Betriebs" - der Betrieb als soziale Veranstaltung, wie er es nennt.

Dies soll geschehen:
− durch die Repersonalisierung des Betriebs;
− dadurch, daß das Subjektive und Soziale auf den Betrieb bezogen wird;
− und durch eine historisierende Perspektive.

Zur praktischen Umsetzung des Konzepts werden drei Analyseebenen benannt:
− die *Arbeitspraxis* (das sind die Beziehungen zu Kollegen und Vorgesetzten auf Arbeitsgruppenebene);
− die *Integrationspraxis* (das sind die Beziehungen zum Betrieb als Gesamtkollektiv, durch das Management repräsentiert);
− die *interessenpolitische Praxis*, die sich für Kotthoff nicht auf die institutionelle Interessenvertretung beschränkt.

In der Präsentation der Empirie werden die von ihm gebildeten Typen jedoch nicht entlang dieser Analyseebenen systematisch entfaltet und der kategoriale Rahmen tritt hinter die phänomenologische Gesamtschau zurück. Man kann den Eindruck gewinnen, Kotthoff verfällt in seiner berechtigten Kritik an deterministisch-strukturalistischen Ansätzen ins andere Extrem. Strukturelle Rahmenbedingungen geraten weitgehend aus dem Blickfeld, das Hauptaugenmerk gilt 'herausragenden Akteuren', die die Geschicke des Betriebs lenken - damit ist dieser Ansatz der Ebene 1 unseres Modells zuzuordnen.

4) In Erlangen wurde bei der Analyse innerbetrieblicher Interaktionsmuster das Konzept der "politischen Kultur der innerbetrieblichen Austauschbeziehungen" entwickelt (Bosch u.a. 1995). Den theoretischen Hintergrund bildet hier ein interaktionistischer Ansatz, der Betriebspolitik im strukturellen Kontext des Kapital-Arbeit-Verhältnisses verankert. Der Ansatz geht davon aus, daß es jeweils betriebsspezifische Organisations- und Verhandlungskulturen mit einem Nebeneinander von Machtbeziehungen und Konsens- bzw. Verständigungshandeln gibt. Diese Kulturen beinhalten - neben einem anerkannten 'set' von formellen wie informellen Regeln und Normen - historisch in Interaktionsbeziehungen gewachsene, bewährte und damit zwar stabile, nichtsdestoweniger aber auch veränderbare Muster der Problemwahrnehmung und -verarbeitung.

Den kategorialen Rahmen für die empirische Analyse der betrieblichen Interaktionskulturen bilden die folgenden Dimensionen:
− die Interessendefinition der Interaktionspartner;
− der strukturierende Interaktionsmodus, der durch
  − die dominante Form der Alltagskommunikation,
  − das Machthandeln und die eingesetzten Machtmittel,
  − die Rolle der Belegschaft, sowie
  − den Umgang mit arbeitsrechtlichen Bestimmungen

wesentlich bestimmt wird. Das analytische Schwergewicht unseres Ansatzes liegt - bezieht man sich wiederum auf unser Vier-Ebenen-Modell - zwischen der Interaktions- und der Institutionsebene, allerdings unter systematischem Bezug auf die strukturellen Rahmenbedingungen.

*III.*

Bereits diese knappen Skizzen der unterschiedlichen Konzepte machen folgende drei Punkte deutlich:
a) Was in der Literatur häufig unterschiedslos unter der Rubrik 'innerbetriebliche Sozialbeziehungen' zusammengezogen wird, sind tatsächlich Ansätze, die in ihrer Stoßrichtung ganz unterschiedlich orientiert sind. Dabei reicht das Spektrum analytischer Konzeptionierung von handlungs- (Kotthoff) bis strukturtheoretischen Perspektiven (Dabrowski);
b) Allen vier Ansätzen merkt man mehr oder weniger ihre Herkunft aus spezifischen Projektkontexten an - sei es PPS-Implementation oder betriebliche Mitbestimmung -, die dann auch auf die jeweiligen Konzeptualisierungsversuche durchgeschlagen haben.
c) Keiner der Ansätze genügt der oben benannten Maximalanforderung an eine umfassende theoretisch-analytische Konzeptionierung. Dies kann und soll nicht als Vorwurf verstanden werden: Uns selbst ist natürlich klar, daß der Anspruch verwegen ist, man könne alles gleichzeitig - und gleich gut - machen, also Handlungs-, Interaktions-, Institutions- und Strukturanalyse in einem. Letztlich konzentrieren sich fruchtbare empirische Analysen immer auf eine oder zwei dieser Analyseebenen. Ein Modell, wie das obige Vier-Ebenen-Modell, läßt sich lediglich auf allgemein-theoretischer Ebene einholen - und auch hier, wie die klassischen Debatten um Struktur- vs. Handlungstheorie, das Mikro-Makro-Problem etc. zeigen, nicht umstandslos.

Was jedoch gefordert werden kann, ist, daß sich Forschungsprojekte bei ihren Partialanalysen auf ein solches allgemeineres Theoriemodell beziehen und dabei systematisch die Schnittstellen zu den bei der eigenen Arbeit in den Hintergrund getretenen Analyseebenen benennen.

Bezogen auf unser Thema 'innerbetriebliche Sozialbeziehungen' scheint uns ein solches brauchbares Theoriemodell mit dem aus der Tradition des Symbolischen Interaktionismus stammenden 'negotiated order'-Ansatz von Anselm Strauss vorzuliegen. Dieser weist zwar auch verschiedene Schwächen auf und stellt sicherlich nicht den letzten Schlüssel zur industriesoziologischen Welterkenntnis dar, ist aber hinreichend flexibel, offen und anschlußfähig für andere theoretische Perspektiven (etwa interessen-, macht-, und strukturierungstheoretischer Art), was dann insgesamt ein erklärungskräftiges und auch für empirische Analysen fruchtbares Theoriegebäude entstehen läßt. Dies soll im folgenden kurz skizziert werden.

Ausgangsthese von Strauss ist: 'Social orders' sind in gewisser Hinsicht immer 'negotiated orders', also ausgehandelte Ordnungen. Unter dem Titel 'Negotiations. Varieties, Contexts, Processes, and Social Order' veröffentlichte Strauss Ende der 70er Jahre den bislang wohl ausgearbeitetsten Beitrag zum 'negotiated order'-Ansatz (Strauss 1979). Programmatisch ist bereits der Untertitel: 'Varieties' verweist auf die empirische Vielfalt von Verhandlungssituationen, also auf die große interne Differenzierung des untersuchten Phänomens; mit 'Contexts' betont A. Strauss gegenüber einem der Standardeinwände gegen interaktionistische Ansätze, und zwar, diese würden die sozialen Kontexte der von ihnen untersuchten (Mikro-)Phänomene nicht hinreichend reflektieren, gerade deren ausdrückliche Berücksichtigung im 'negotiated order'-Ansatz; 'Processes' ist ein Hinweis darauf, daß nicht nur das Ergebnis von Verhandlungen, sondern insbesondere auch deren innere Dynamik, ihre Prozeßhaftigkeit interessiert, da - so die These - nur die Rekonstruktion eines Verhandlungsverlaufs dessen Resultat überhaupt verstehen lasse; und schließlich verweist Strauss mit 'Social Order' darauf, daß er mit seinem Ansatz gerade auch auf die wechselseitigen Beziehungen zwischen konkreten Verhandlungssituationen und sozialstrukturellen Phänomenen (im weitesten Sinne) abzielt.

Mit seinem Ansatz möchte sich Strauss explizit in die Gruppe von Sozialwissenschaftlern einreihen, die versuchen, "to reach some mediating position between extreme structural determinism and a view more open to human beings' control of their own destinies". Forschungspraktisch erfordere dies eine Doppelstrategie: Einerseits detaillierte Feinstrukturanalysen betrieblicher Prozesse, andererseits Berücksichtigung der Kontextabhängigkeit von Verhandlungen, also systematischer Rückbezug auf die verschiedenen Dimensionen des 'social settings' mit ihrer handlungsstrukturierenden Wirkung.

Entscheidende Vorteile dieses Ansatzes scheinen uns darin zu liegen, daß er zum einen die empirisch ja ständig beobachtbare Gleichzeitigkeit von Stabilität und Dynamik sozialer Ordnungen systematisch aufgreift, zum anderen, daß er an die bekannten Stärken des Symbolischen Interaktionismus anschließt, Genese und Entwicklung von Interaktionssystemen in der wechselseitigen Bezogenheit gesellschaftlich spezifisch situierter Akteure aufeinander zu analysieren.

Der 'negotiated order'-Ansatz erlaubt, systematisch Bezug zu den vier Ebenen des oben skizzierten Analyse-Schemas herzustellen: Ausgangspunkt ist eine Perspektive, die von der Gleichzeitigkeit strukturell begrenzten Handlungsraums *und* nichtsdestoweniger bestehenden Optionen der Akteure ausgeht - Ortmann, der ja ein ganz ähnliches Anliegen wie wir hier verfolgt, hat dies in die Formel 'Mikropolitik im Entscheidungskorridor' gefaßt (siehe u.a. Ortmann 1995). Unsere Perspektive legt eine Art 'Zwiebel-Modell' innerbetrieblicher Sozialbeziehungen nahe, wobei den Kern, aus dem immer wieder neue Schalen aufgebaut werden, die in spezifische Interaktionskontexte eingebundenen Akteure darstellen, und die abgelagerten Schichten gleichsam die verschiedenen 'layers' von Routinen, Institutionen, strukturellen settings, kurz: die Rahmenbedingungen. Während die innersten Lagen noch 'weich' sind, in Interaktionen vergleichsweise einfach verändert werden können, stellen die äußeren Lagen Kontextbedingungen dar, die quasi auf Dauer gestellt und zu Strukturen geronnen sind - in unserem Fall also beispielsweise die aus dem Kapitalverhältnis sich ergebenden komplexen innerbetrieblichen Interessenkonstellationen, innerhalb derer die Akteure agieren und die für sie in konkreten Interaktionszusammenhängen kaum hintergehbar sind.

Anschluß- und damit ergänzungsfähig - das war oben als besondere Stärke dieses Ansatzes herausgestrichen worden - ist der analytisch zugegebenermaßen noch recht unverbindliche 'negotiated order-approach' für
– 'aufgeklärt' marxistische Ansätze, die an den frühen Marx mit seiner These anschließen: Die Menschen machen ihre Geschichte, aber sie machen sie nicht unter selbst gewählten Umständen;
– Berger/Luckmanns Analysen handlungsnotwendiger, da überhaupt erst Handlungsfähigkeit herstellender, Routinisierungs- und Institutionalisierungsprozesse im Rahmen von dauerhaften Interaktions- und Kommunikationsbeziehungen (s. Berger/Luckmann 1970);

- Giddens ähnlich gelagerte Strukturierungstheorie mit seiner Betonung der Dualität von Struktur; Stichwort: Rekursivität von Handlung und Struktur (u.a. Giddens 1988);
- das machtanalytische Instrumentarium Crozier/Friedbergs (1979) - in der spezifischen Weiterung um eine strukturell und materiell verfestigte Dimension von Macht, die Giddens diesem Konzept gegeben hat;
- Weicks organisationssoziologische Analysen, in denen er - unter dem Begriff der 'Retention' - darauf verweist, daß organisationskulturelle Realität in hohem Maße durch ihre eigene Geschichte gesteuert wird (Weick 1985).

Der so entstehende theoretische Bezugsrahmen gleicht gewisse Schwächen der Strauss'schen Fassung des 'negotiated order'-Ansatzes aus: neben der bereits erwähnten analytischen Unverbindlichkeit etwa die Überbetonung des aktiven Aushandelns gegenüber den handlungseinschränkenden, aber eben auch -ermöglichenden Kontextbedingungen. Das sich herauskristallisierende theoretische Gesamtkonzept kann an dieser Stelle allerdings nicht weiter entfaltet werden.[2]

Noch einmal, um hier nicht falsch verstanden zu werden: Auch der 'negotiated order'-Ansatz setzt Schwerpunkte - und zwar auf den Ebenen 1 bis 3; was ihn allerdings stark macht, ist, daß er - wie gerade gezeigt - nicht theorie-systematisch 'blind' ist für andere analytischen Zugriffsmöglicheiten, sondern daß sich vielmehr systematisch Schnittstellen zu sinnvoll ergänzenden Theorieangeboten benennen lassen.

Ein derartiges Theoriegebäude verspricht, einen hinreichend komplexen theoretischen Rahmen für die Analyse innerbetrieblicher Sozialbeziehungen zur Verfügung zu stellen. Was hiermit allerdings noch nicht geleistet ist, ist - gewissermaßen eine Abstraktionsstufe tiefer - die wesentlichen Dimensionen zu bestimmen, über die betriebliche Sozialbeziehungen in ihren typischen Konfigurationen empirisch abfragbar wären. Damit muß die Rückübersetzung vom Allgemeinen zum Besonderen erst noch geleistet werden.

**Anmerkungen**
1) Die folgenden Ausführungen beziehen sich auf theoretisch-konzeptionelle Diskussionen, die im Rahmen eines DFG-Projektes über typische Interaktionsmuster in den Beziehungen zwischen Management und Betriebsrat geführt wurden (Bosch u.a 1995). MitarbeiterInnen in dem Projekt waren: Aida Bosch, Peter Ellguth, Rudi Schmidt und Rainer Trinczek.
2) Zu verweisen ist hier auf die Dissertation von Aida Bosch, in der die theoretischen Überlegungen in der angedeuteten Richtung weitergeführt werden (Bosch 1995).

**Literatur**
Berger, P.L./Luckmann, T. (1970), Die gesellschaftliche Konstruktion der Wirklichkeit. Frankfurt/Main.
Bosch, A. (1995), Vom Interessenkonflikt zur 'Kultur der Rationalität'? Interaktionsbeziehungen zwischen Management und Betriebsrat <im Erscheinen>
Bosch, A./Ellguth, P./Schmidt, R./Trinczek, R. (1995), Innerbetriebliche Interaktionsmuster. Eine Typologie der Austauschbeziehungen zwischen Management und Betriebsrat <im Erscheinen>
Crozier, M./Friedberg, E. (1979), Macht und Organisation. Königstein/Ts.
Dabrowski, H./Görres, H.-J./Rosenbaum, W./Voßwinkel, S. (1986), Humanisierungsprobleme und Belegschaftsvertretung in Klein- und Mittelbetrieben. 2 Bde. Karlruhe.
Giddens, A. (1988), Die Konstitution der Gesellschaft. Frankfurt/New York.

Hildebrandt, E./ Seltz, R. (1989), Wandel der betrieblichen Sozialverfassung durch systemische Kontrolle. Berlin.
Kotthoff, H./ Reindl, J. (1990), Die soziale Welt kleiner Betriebe. Göttingen.
Ortmann, G. (1995), Formen der Produktion. Opladen.
Strauss, A. (1979), Negotiations. Varieties, Contexts, Processes, and Social Order. San Francisco u.a.
Weick, K.E. (1985), Der Prozeß des Organisierens. Frankfurt.

Peter Ellguth, PD Dr. Rainer Trinczek, Institut für Soziologie der Universität Erlangen-Nürnberg, Projektgruppe Arbeits- und Industrieforschung, Bismarckstr. 8, D-91054 Erlangen

## 4. Der Betrieb: Einheit von System- und Sozialintegration

*Jürgen Schmidt-Dilcher*

Alternativen zu den vorherrschenden Arbeitsverhältnissen waren der Industriesoziologie von jeher eine Herzensangelegenheit. Und ausgerechnet in Zeiten eines beschleunigten industriellen Wandels, der mehr Chancen zu ihrer Realisierung als je zuvor eröffnet, zeigt die Zunft unübersehbare Symptome moralischer Erschöpfung. Eine wesentliche Ursache hierfür liegt in der nachhaltigen Fokussierung ihrer ureigensten Forschungsinstrumente auf Gegenstände, die wesentliche Aspekte der strukturellen Veränderungen nur bedingt abzubilden vermögen: So stehen bei weitem nicht mehr alleine technische oder organisatorische Rationalisierungsstrategien zur Verschiebung der Proportionen von Hand- und Kopfarbeit im Mittelpunkt des Geschehens. Die Managementstrategie der "Prozeßoptimierung" kümmert sich z.b. nur noch bedingt um diesen tayloristischen Paradefall von 'Arbeitsplanung versus shop floor'. Sie stellt solch allzu vertraut gewordene Konturen der Produktion und der ihr vorgelagerten Funktionen vielmehr gleich gänzlich zur Disposition. Und dies geschieht vordringlich im Bezugsrahmen ganzer Produktionsstätten bzw. gar unternehmensweit.

Der Betrieb als integrale Einheit allerdings war der Industrie-Soziologie - immer auf der Spur gesellschaftlich bedeutsamer Entwicklungen - ein so unspektakulär selbstverständliches Mittel der Erkenntnis, daß sie ihn als eigenständiges Forschungsobjekt mit besonderen theoretischen wie methodischen Anforderungen zu sehr aus den Augen verloren hat. Zwangsläufig mußte sich dieser blinde Fleck spätestens dann bemerkbar machen, wenn vormals unbefragt für bekannt gehaltene betriebliche Verhältnisse in Fluß geraten, wie dies aktuell zu beobachten ist. Auf einmal beansprucht die Formenvielfalt von Produktionsstätten oder spezifischen industriellen Strukturen, wie z.B. diejenigen des Maschinenbaus, sehr viel mehr an Aufmerksamkeit. Es ist hierbei zunächst unerheblich, ob das Variationsspektrum organisatorischer Strukturen und Arbeitsbedingungen nun tatsächlich anwächst oder ob es ihm inzwischen nur besser gelingt, hinter den Kulissen der alten Paradigmen ins Rampenlicht zu treten. Der Industriesoziologe jedenfalls sieht sich in 'Neue Unübersichtlichkeit' gestürzt.

Ein wichtiger analytischer Versuch, dem Spektrum der vielfältigsten Erscheinungen des laufenden industriellen Wandels zu begegnen, ist neuerdings die verstärkte Beachtung zwischenbetrieblicher "Netzwerke". Als besondere Form einer auch institutionellen 'Kollektivierung' von

Produktionsstätten verspricht diese Thematisierung gesellschaftstheoretisches Verallgemeinerungspotential. Sie öffnet freilich auch der Versuchung Tür und Tor, den Konsequenzen der sukzessiven empirischen Wiederentdeckung konkreter Produktionsstätten zu entrinnen, welche im letzten Jahrzehnt vor allem von Forschungsarbeiten zur betrieblichen Technikgenese befördert wurde. Mit sich alleine gelassen, geriete deshalb ein theorieträchtiger Aufbruch der Industriesoziologie wahrscheinlich zu einer weiteren Flucht nach vorne, weg von der vermeintlichen Irrelevanz individueller Produktionsstätten. Die analytische Auseinandersetzung mit entgegengesetzten zeitgenössischen Tendenzen einer Individualisierung von Betrieben jedenfalls hat immer noch keine vergleichbare Konjunktur: Betriebe mögen einerseits bestimmte Funktionen an bislang unbekannte, übergeordnete Gebilde verlieren, ihnen wachsen andererseits jedoch auch neue zu. Eine zunehmend lokale Regulierung der Arbeitszeit oder auch des Lohn-Leistungskompromisses sowie die davon ausgehende und befürchtete Erosion des Systems der Flächentarifverträge etwa gehört an prominenter Stelle dazu. Noch steht eine Bilanzierung solch gegenläufiger, sich möglicherweise aber auch gegenseitig bedingender Entwicklungen aus. Weiterreichende Prognosen, wie nicht zuletzt diejenige einer Zukunft in sog. "virtuellen Unternehmen", müßten sich freilich erst einmal um eine derartige Fundierung bemühen.

Wir gehen deshalb von der These aus, daß die Revitalisierung industriesoziologischer Forschung nicht zuletzt eines fundierten und differenzierten analytischen Instrumentariums zur kritischen Begleitung dieser von manchen so genannten "Verbetrieblichung" bedarf. Sie muß zu einer Gleichgewichtigkeit in der Industrie- *und* Betriebssoziologie führen. Zu wirklich ertragreichen theoretisch-konzeptionellen Höhenflügen kann man nur anheben, wenn andererseits die konstitutiv wesentlichen Merkmale konkreter Produktionsstätten wieder stärker in den Blick genommen werden, ohne deren Kenntnis der vielbeschworene industrielle Umbruch unverstanden bleiben muß.

Blickt man in diesem Erkenntnisinteresse auf die disziplinäre Auseinandersetzung vor allem der letzten knapp anderthalb Jahrzehnte zurück, so ist zwar eine enorme thematische Ausweitung, gleichzeitig aber leider auch Zersplitterung des Fachs zu konstatieren. In den drei wichtigsten, oftmals nur untergründig konkurrierenden Sichtweisen erscheint der Betrieb jeweils als:
– Ort und Funktion der Kapitalverwertung,
– Schauplatz (arbeits- oder mikro)politischer Kämpfe und Bündnisse, oder
– Heimstatt eigensinniger sozio-kultureller Verkehrsformen.

Auf den ersten Blick dünken solch unterschiedliche Zugänge zu ein und demselben Forschungsfeld so heterogen zu sein, daß sie jeden Versuch konzeptioneller Integration entmutigen müssen. Bei genauerem Hinsehen jedoch sind sie aufeinander verwiesen: Zum einen kann sich nämlich Mikropolitik bestenfalls mittelfristig über die gegebenen, betriebsspezifischen Markt- und Produktionsbedingungen hinwegsetzen; andererseits erschöpfen sich die mikropolitisch relevanten 'Ungewißheitszonen' keineswegs in funktional bestimmbaren Interessen einzelner Akteure, sondern weisen ausgeprägte 'subjektive' Momente mit historischem Tiefgang auf. Zur Integration dieser drei Erkenntnisperspektiven müssen freilich romantische Oppositionen, wie vor allem diejenige von 'System versus Lebenswelt', überwunden und dabei die im Fach traditionell zugunsten der Systemintegration vernachlässigte Dimension der (betrieblichen) Sozialintegration theoretisch wie methodisch zugänglich gemacht werden. Industrieller Wandel greift in diesen von der Forschung der letzten beiden Jahrzehnte erst sukzessive und teilweise isoliert voneinander entdeckten Dimensionen Platz. In allen dreien lassen sich 'Ordnungen' erkennen, die vor allem in ihrem Zusammenwirken jeglichem Veränderungsbemühen, ob es nun "anthropozentrisch" oder auch wieder nur einmal von kurzfristigeren Kapitalinteressen motiviert sein mag, ein beträchtliches Beharrungsvermögen entgegenstellen. Als "Strukturkonservatismus" nehmen Industriesoziologen dieses basale soziale Phänomen erstaunt zur Kenntnis, welche mit einem bloßen "Umstieg" in andere Produktions- und Arbeitsverhältnisse gerechnet hatten. Wesentliche Aspekte der tatsächlichen Veränderungsfähigkeit industrieller Strukturen (z.B. als Organisatorisches Lernen konzeptualisiert) geraten erst im Zuge einer hinreichend differenzierten Auseinandersetzung mit Einzelfällen in analytische Reichweite. Hier drängt sich dann auch die historische Dimension des laufenden industriellen Wandels und sein mögliches Zeitmaß als wichtiger Forschungsgegenstand auf.

Die Analyse betrieblicher Transformationsprozesse kann auf keine der drei angesprochenen Untersuchungsdimensionen verzichten: Erst in der Zusammenschau ihrer jeweiligen Erträge entscheidet sich fallspezifisch, ob entweder die 'objektiven' Rahmenbedingungen eines Betriebes oder etwa seine mikropolitischen Kräfteverhältnisse oder aber die von seinen Akteuren geteilten soziokulturellen Selbstverständlichkeiten (Milieu) schlußendlich als dominante Erklärungsdimension für Charakter, Ausmaß und Richtung der sich verändernden Arbeitsverhältnisse bevorzugt werden können.

Als Beispiel wurde ein Fall der Einführung von Fertigungsinseln in einem mittelständischen Maschinenbaubetrieb mit immerhin etwa 1.000 Beschäftigten skizziert, wo bislang noch quasi-handwerkliche Verfahrensweisen vorherrschten. Hier konnte alleine schon anhand der Analyse einiger weniger ausgewählter kommunikativer Codes, welche im betrieblichen Milieu kursieren, gezeigt werden, weshalb diesem Projekt schwerlich nur Erfolg zuteil werden mochte. So waren dort z.B. etliche Informanten in wichtigen Funktionen unsicher gewesen, ob das Fertigungsinselkonzept und dessen systematische Umsetzung nicht letztlich doch nur auf ein "100%iges Durchorganisieren" der Fertigung hinauslaufe. Einzelne Gegner dieser strukturellen Innovation hatten in diesem Zusammenhang gar von "taylorisieren" sprechen können. Das entbehrt natürlich nicht einer gewissen Pikanterie, daß ein ausdrücklich auf dezentrale Produktionsintelligenz angelegtes, weitreichendes Fertigungsinselkonzept nicht zuletzt daran scheiterte, daß es ausgerechnet mit seinem - im industriesoziologischen Diskurs zumindestens - polaren Gegensatz identifiziert werden kann.

Ergebnis einer anspruchsvollen Betriebs-Analytik wird in jedem Falle zunächst die Konturierung unverwechselbar individueller Einheiten betrieblicher System- und Sozialintegration sein. Die darauf aufbauende aggregierende Untersuchung ihrer branchenweiten oder gesellschaftlichen Repräsentanz und ihrer Verteilungsproportionen wäre eine weitere wichtige Aufgabe für die Industrie- und Betriebssoziologie. Auf diese Weise könnte ein wichtiger Beitrag zur Einschätzung und Prognose von Charakter, Reichweite und vermutlicher Dauer des industriellen 'Umbruchs' geleistet werden.

Jürgen Schmidt-Dilcher, Landesinstitut Sozialforschungsstelle Dortmund, Rheinlanddamm 199, D-44139 Dortmund

# VII. Sektion Kultursoziologie
*Leitung: Karl-Siegbert Rehberg*

## Gemeinschaft und Gesellschaft im Zeitalter der Wende

### 1. Ehre hier - Schande dort. Zur Logik von Ehrungen im Systemwechsel[1]

*Ludgera Vogt*

*Ehre und Ehrung*

Ein Blick in aktuelle Tageszeitungen zeigt, daß Ehrungen im öffentlichen Diskurs nahezu allgegenwärtig sind. Ehrungen erfolgen - zum Teil mit kontroverser Diskussion - in der Politik wie in der Wissenschaft, im kulturellen Feld wie im Sport. Dabei erscheint der Begriff der Ehre in der Regel als Zentralbegriff.

Ehrungen sind als Distributionsmedium von Ehre zu betrachten. In einer Zeit, in der Duelle als Dramatisierungen von Ehre nur noch in domestizierter Form vorhanden sind (als Rede- oder Tennisduell etwa), fungieren Ehrungen als wichtigstes Interaktionsmuster zur gesellschaftlichen Inszenierung von Ehre.

Ehrungen betreffen den dynamischen Aspekt von Ehre - im Gegensatz zum statischen Aspekt von Geburt und Stand. Insofern stellen Ehrungen heute eine spezifisch moderne Erscheinungsform der Ehre dar, weil sie sich mit Erwerbbarkeit und sozialer Mobilität verbinden.

Damit ist nicht gesagt, daß Ehrungen in der Moderne von Fragen der Schichtung und Machtverteilung abgekoppelt wären. Der Zugang zu diesem Kapital unterliegt noch immer gewissen sozialstrukturellen Restriktionen, wenn auch anderen als früher. Ein Blick in die Liste der Empfänger des bundesdeutschen Verdienstordens zeigt beispielsweise, daß das Großkreuz an Politiker, Kardinäle und Gewerkschaftsbosse verliehen wird; Hausfrauen, Handwerker oder Landwirte werden nur bei den unteren Kategorien berücksichtigt.

Folgende Charakteristika der Ehrung sind gesellschaftstheoretisch relevant:
1. Ehrungen als Instrument zur Distribution von Ehre können institutionalisiert sein in Form von Preisen, Orden, Titeln, Denkmälern etc.
2. Ehrungen lassen jeweils eine *zweckrationale* und eine *wertrationale* Dimension erkennen, und diese sind verknüpft mit den wichtigsten Funktionen, die Ehre in der modernen Gesellschaft ausübt: die zweckrationale Dimension mit der Funktion von *Differenzierung* und *Machtgenerierung*, die wertrationale Dimension mit der *Integrationsfunktion* der Ehre.

a) *Zweckrational* erscheinen zwei Aspekte der Ehrung: zum einen unterliegt sie in der Regel einer *Gabentauschlogik*, derzufolge der Ehrer vom Geehrten irgendeine Form von Gegengabe erwartet, und sei es nur in Form von Lob und positiver "Propaganda". Ehrungen können also Verpflichtungen schaffen, die sich dann auch als Machtpotentiale nutzen lassen. Zum anderen greift ein *Rückkoppelungseffekt*, den man am besten mit Hilfe des symbolischen Kapitalkonzepts im Anschluß an *Bourdieu* beschreiben kann. Jede Ehrung ist demzufolge eine Zuweisung von symbolischem Kapital, dessen Quantität und Qualität abhängig von verschiedenen Faktoren ist, auf die ich später noch näher eingehe.

Dieses symbolische Kapital ist die Gratifikation, die ein Geehrter für eine bestimmte Eigenschaft oder Leistung erhält. Gleichzeitig kann jedoch ein gewisses Maß an symbolischem Kapital an den Ehrer zurückfließen - besonders dann, wenn der Geehrte schon vorher viel symbolisches Kapital mitbringt, indem er als besonders prominent, anerkannt, geachtet oder renommiert gilt. Der Ehrer kann so an dem symbolischen Kapital des Geehrten gleichsam assoziativ partizipieren. Wenn beispielsweise eine unbedeutende Stadt oder Universität eine prominente Persönlichkeit ehrt, wird meist mit diesem Rückkoppelungseffekt kalkuliert.

Über Ehrungen wird schließlich auch steuernd Einfluß genommen auf Weisen der *Lebensführung*. Max *Weber* hat den Zusammenhang zwischen Ehre und ständischen Lagen sehr genau beschrieben. Ehrungen erscheinen in dieser Perspektive als eine Gratifikation für bestimmte Weisen der Lebensführung, die als gesellschaftlich erwünscht gelten. So kann beispielsweise ehrenamtliches Engagement, künstlerische Kreativität und unternehmerische Produktivität als Moment solcher Lebensführung durch Ehrungen stabilisiert werden.

b) Andererseits dienen Ehrungen in der Makroperspektive der öffentlichen Setzung und Stabilisierung von Werten. Die Relevanz der Ehrung in modernen Gesellschaften liegt gerade darin, daß Werthaltungen in einer Zeit stabilisiert werden, in der es keine unhinterfragt geltenden Werthorizonte mehr gibt.

Somit sind Ehrungen auch ein Instrument zur *gesellschaftlichen Integration* und Gemeinschaftsbildung.

c) Die wertrationale und zweckrationale Dimension der Ehre sind in ihrem Funktionieren eng aufeinander bezogen. (Genauso wie die Integrationsfunktion der Ehre mit der Differenzierungsfunktion engstens zusammenhängt.) Wertmuster können deshalb durch Ehrungen verankert werden, weil die Akteure auf der Mikroebene ihr *zweckrationales Nutzenkalkül* durch den Erwerb von symbolischem Kapital umsetzen können. Sie empfinden die Ehrung als Belohnung für ein bestimmtes Verhalten. Dadurch liegt eine je individuelle Motivation für den einzelnen vor, sich an der *Wertsetzung* zu beteiligen. In einer utilitaristisch geprägten Gesellschaft von individuellen Nutzenmaximierern, in der das Streben nach (ökonomischem wie symbolischem) Kapital legitim ist, kann die Zweckrationalität (Kapitalakkumulation) sogar als Euphemisierung für eine antiquiert erscheinende Wertrationalität fungieren.

Die "dramaturgische Qualität" von Ehrungen ermöglicht es, Werte und Werthaltungen aus der Sphäre des Abstrakten in die konkrete sinnliche Anschaulichkeit von sozialem Geschehen zu überführen. Dies geschieht sowohl durch die Geschichten, die sich mit einer Ehrung verbinden und die im Kontext der Ehrung auch massenmedial verbreitet werden, ebenso wie durch die Inszenierung der Ehrung im festlichen Rahmen selbst. Im Hinblick auf diese Inszenierungsprozesse besteht eine funktionale Äquivalenz zwischen Ehrungen und den von Goffman beschriebenen Ehrerweisungen, mit Hilfe derer soziale Wertschätzung und Anerkennung in konkrete Interaktion übersetzt wird.

## Ein Interaktionsmodell der Ehrung

Zum Kern einer jeden Ehrung gehören folgende Aktanten:
(1) der *Vorschläger*, der einen Kandidaten für die Ehrung benennt;
(2) der *Ehrende*, der als offizielles Subjekt der Ehrung auftritt; dieser kann durch einen Repräsentanten vertreten werden (z.b. Bundespräsident vertritt den Staat Bundesrepublik Deutschland);
(3) der *Geehrte*, der wiederum auch für eine Gruppe stehen kann;
(4) das *Publikum*, das für die Bildung von symbolischem Kapital bei der Ehrung konstitutiv ist; hier ist zu differenzieren zwischen kopräsentem und medial vermitteltem Publikum;
(5) sinnlich faßbare *Zeichen* (Preis, Titel, Orden, aber auch Zeichen der Ehrerweisung wie Flaggen, Ehrenformationen etc.);
(6) der *Finanzier*.

Weiterhin können beteiligt sein (und somit die Interaktion noch komplexer gestalten): der *Patron*, ein Namensgeber des Preises, der selbst wieder als Quelle symbolischen Kapitals fungieren kann (z.b. Goethe bei der Goethe-Medaille, Kleist-Preis etc.); der *Laudator*, der die Ehrung in der Öffentlichkeit legitimiert (z.b. Walter Jens hält die Laudatio für Reich-Ranicki); schließlich der *Initiator* oder *Stifter*, vor allem bei turnusmäßig wiederholten Ehrungen.

Die Semantik der Ehrung (Kapitalwert und Wertladung) wird darüberhinaus bestimmt durch den *synchronen* und *diachronen Kontext*, in den der Geehrte hineingestellt wird. Es bildet sich ein Paradigma, dessen Bedeutung auf denjenigen abfärbt, der jeweils neu in die Reihung integriert wird:
– Welche und wieviele Akteure erhalten die Ehrung? Die Anzahl bestimmt auch den Wert; je mehr die Ehrung erfahren, umso stärker wird der Symbolwert inflationiert.
– Wer wurde früher mit derselben Ehrung bedacht? Handelt es sich um Prominenz oder nicht, handelt es sich um allgemein anerkannte oder umstrittene Akteure, welcher politischen Couleur sind sie zuzuordnen etc.?

## Ehre im Systemwechsel

Ehrungen sind sowohl in der zweckrationalen wie in der wertrationalen Dimension hochgradig kontextsensitiv. Dieser Sachverhalt wird an den Stellen gut sichtbar, wo sich ein radikaler Systemwechsel in gesellschaftlicher wie politischer Hinsicht vollzieht. Der Wandlungsprozeß in den ehemaligen realsozialistischen Staaten bietet dafür lehrreiches Anschauungsmaterial.

Das symbolische Kapital, das über bestimmte Ehrungen generiert und distribuiert wird, erleidet oft geradezu erdrutschartige Wertverluste. Dies ist vergleichbar mit einer *Geldwährung*, die schlichtweg abgeschafft wurde. Der entscheidende Grund für diesen Verfall ist die Tatsache, daß der normative Horizont, auf den die Ehrung über den Wertaspekt immer bezogen ist, sich radikal verändert hat. Die Verschiebung der Werte wiederum bedeutet in der *zweckrationalen Dimension* eine Verschiebung aller Rahmendaten für die Nutzenkalküle der Akteure. Eine Ehrung, die heute opportun und nützlich erscheint, kann sich nach dem Wandel als absolute Fehlkalkulation herausstellen.

*Fallbeispiel*[2]

Sehr aufschlußreich für den Wandlungsprozeß, den ein durch Ehrung produziertes und verteiltes symbolisches Kapital im Systemwechsel durchlaufen kann, ist der Fall des Brandenburgischen Ministerpräsidenten Manfred Stolpe. Er hat die "Verdienstmedaille der DDR" noch zu DDR-Zeiten erhalten. Um Stolpes Rolle als hoher Repräsentant der protestantischen Kirche sind nicht nur ausufernde öffentliche Diskussionen geführt worden. Ein parlamentarischer Untersuchungsausschuß des brandenburgischen Landtags hat die Frage in einem langwierigen Prozeß untersucht. Seine Befunde wurden am 30. Mai 1994 in einem umfangreichen Abschlußbericht dokumentiert. Bei der Frage nach den Kontakten Stolpes zum Ministerium für Staatssicherheit und seiner eventuellen Tätigkeit als Inoffizieller Mitarbeiter der Stasi spielt die an Stolpe verliehene Verdienstmedaille eine erhebliche Rolle.

Bei dieser Ehrung ist zunächst das zweckrationale Kalkül von Seiten des Ehrenden, des Staates DDR, leicht erkennbar: es bindet den Kirchenmann an den Staat und motiviert ihn zu weiterer Zusammenarbeit mit den staatlichen Organen. Die Ehrung ist für den Staat ein *Integrationsinstrument*. Neben dem symbolischen Kapital der Medaille soll dies auch durch eine mit der Ehrung verbundene Geldprämie von 1000 Mark (ökonomisches Kapital) sichergestellt werden.

Wie sieht nun das Kalkül auf Seiten des Geehrten aus? Stolpe gibt vor dem Untersuchungsausschuß als zweckrationales Motiv für die Annahme der Ehrung das gute Verhältnis zwischen Kirche und Staat an, das er durch eine Ablehnung (d.h. eine aggressive Verweigerung der Gabe) nicht habe gefährden wollen. Er setzte demnach also auf die *machtgenerierende Funktion* des symbolischen Kapitals. Mit Hilfe der Ehrung wollte er eine Position gewinnen, von der aus er im Sinne seines kirchlich-humanitären Engagements besser wirksam sein konnte. Der Fall Stolpe macht also in seiner Zwischenstellung zwischen Staat und Kirche, zwischen loyalem Sozialisten und loyalem Christen gut das von *Simmel* beschriebene Dilemma deutlich, in das ein Akteur bei widersprüchlichen Ehrbegriffen zwischen verschiedenen "Kreisen" geraten kann.

Die Geldprämie ist nun nicht privat konsumiert, sondern einem kirchlichen Kindergarten gespendet worden. Dies stellt eine hochinteressante Kapitaltransformation dar. Das mit der Ehrung verbundene, euphemisierte ökonomische Kapital wird durch die Spende wieder in symbolisches Kapital verwandelt. Der Kirchenmann kann dies vor dem Hintergrund des christlichen Werthorizonts zur Stärkung seiner Position innerhalb des Kirchenmilieus und der Institution für sich verbuchen. Das hat ihm letztlich auch ein dauerhaftes Gehalt und somit ökonomisches Kapital gesichert.

Aus diesen Begründungen von Seiten des Geehrten wird schon deutlich, daß er großen Wert darauf legt, hinter seinen Zwecken einen wertrationalen Horizont aufscheinen zu lassen: karitative Werte, vor allem aber die Nutzung der Staatskontakte zugunsten von gefährdeten Dritten (etwa Dissidenten in der Kirche). Nach der Wende jedoch weist der publik gewordene Orden den Geehrten eindeutig als einen mit dem System verbundenen Akteur, als in den real existierenden Sozialismus verstrickten "Ossi" aus. Diese Gruppe wird über die prominente Person Stolpe integriert und von den Wessis und ehemaligen DDR-Dissidenten abgegrenzt. Wahrscheinlich hat das auch 1994 zu den bekannten Popularitätseffekten des mit über 50% der Wählerstimmen in seinem Amt bestätigten Ministerpräsidenten geführt.

Theoretisch interessant ist der Fall Stolpe aber auch deshalb, weil er zeigt, wie wichtig im einzelnen die Ausfüllung der Aktantenrollen und die genaue Gestaltung des Kontextes der Ehrung ist. Sie entscheidet über *Kapitalwert* und *normative Ladung* der Ehrung - und letztlich auch darüber, ob das Kapital nach der Wende bloß wertlos geworden ist oder sich sogar in illegales Falschgeld gewandelt hat. Strittig ist nämlich nicht die Ehrung selbst, sondern ihre genaueren Umstände:

1. Der Ausschußbericht läßt erkennen, wie erbittert über die Benennung der Akteure gestritten wird. Zunächst geht es um die Rollen des *Ehrenden* und des *Vorschlägers*. Stolpe behauptet, die Medaille sei ihm vom Staatssekretär für Kirchenfragen (Seigewasser) überreicht worden. Andere behaupten, es sei ein Mitarbeiter der Staatssicherheit gewesen. Der gleiche Streit betrifft den Vorschläger, der in der einen Version ebenfalls der Stasi entstammt, im anderen Falle dem Sekretariat für Kirchenfragen. Entscheidend ist also, welcher *Repräsentant* des Staates diesen als Aktanten bei der Ehrung vertreten hat.

2. Wenn die Ehrung von der Stasi ausging, so tritt als *Laudator* der Generaloberst Mielke auf, der in seiner Anordnung für die Ehrung des IM "Sekretär" in wertrationaler Legitimation der Ehrung auf Verdienste um die Sicherheit des Staates und des Friedens verweist - ein Laudator und eine Begründung, die nach der Wende belastend wirken.

3. Eine weitere strittige Größe ist das *Publikum*: über die Verleihung ist in der Öffentlichkeit nicht berichtet worden, real anwesendes Publikum gab es nicht, der *Ort* der Ehrung war nichtöffentlich. Dies deutet einerseits auf eine Stasi-Ehrung hin, die immer konspirativ in einer ebensolchen Wohnung erfolgte. Stolpe hingegen verweist darauf, die Ehrung sei bewußt von Seiten der Kirchen und des Kirchensekretariats der DDR nicht an die große Glocke gehängt worden, es hätten aber durchaus einige Personen (z.B. Bischöfe) von der Medaille gewußt, was im Falle einer MfS-Auszeichnung nicht der Fall gewesen wäre.

4. Das *Zeichen*, der Orden selbst, befindet sich in Stolpes Besitz - auch dies ist ein Indiz, denn MfS-verliehene Medaillen verblieben in der Regel in Gewahrsam des Ministeriums.

5. Von großer Bedeutung ist das *synchrone und diachrone Paradigma*, in das der Geehrte qua Reihung eingeordnet wird. In der diachronen Dimension ist auffällig, daß die Annahme der Ehrung durch einen Kirchenmann einen bedeutsamen Traditionsbruch darstellt, wie Stolpe selbst einräumt. Stolpe begründet diesen signifikanten Sachverhalt damit, daß er das relativ gute Verhältnis zwischen Kirche und Staat bewußt habe stützen wollen. Aus der späteren Sicht ist dies natürlich ein riskantes Kalkül, da der Ausnahmefall hier besonders belastend erscheint. In der synchronen Dimension ist relevant, daß die Ehrung des IM "Sekretär" in einer Reihung mit anderen IMs und "Offizieren im besonderen Einsatz" stattfand: Hat Stolpe also diese Ehrung erhalten, ist er in eine Reihe mit moralisch verwerflichen Figuren gestellt und hat seine Legitimation zum höchsten Amt des Landes Brandenburg verwirkt.

Zur Bestimmung des Wertes der Auszeichnung ist schließlich ihre *Häufigkeit* entscheidend. Laut Stolpe handelt es sich um einen "Allerweltsorden", und in der Tat ist die "Verdienstmedaille der DDR" inflationär verliehen worden. Aus dem geringen Quantum an symbolischen Kapital *vor* dem Systemwechsel folgt also ein geringes Maß an politisch-moralischer Belastung *nach* der Wende: damals wenig Ehre - heute wenig Schande. In diesem Fall wäre der Orden kein belastendes, kriminelles Falschgeld, sondern eine Art Spielgeld, das zwar wertlos, aber nicht gefährlich ist.

Der Fall des Berliner Theologen Fink hat deutlich gezeigt, daß über den politisch-moralischen Kontext hinaus eine Stasi-Ehrung auch einschneidende juristische Konsequenzen zeitigen kann: der Erhalt einer Verdienstmedaille wurde als Bestätigung für seine Entlassung als Rektor der Humboldt-Universität gewertet.

Das Kuriosum einer konspirativen Ehrung, die als symbolisches Kapital gleichsam nur "under cover" genutzt werden konnte, erweist sich nach dem Systemwechsel als gefährliche symbolische Kontamination, die politische und wissenschaftliche Karrieren beenden kann.

**Anmerkung**
1) Eine ausführliche Version des Vortrags mit weiteren Beispielen und Literatur erscheint im Berliner Journal für Soziologie.
2) Im Vortrag wurden diese Überlegungen u.a. anhand der Ehrungen für die tschechischen Reformer nach der Wende und für den Staatsgast Erich Honecker vor der Wende erläutert. Hier will ich mich auf einige Bemerkungen zum Fall Manfred *Stolpe* beschränken.

Ludgera Vogt, Universität Regensburg, Institut für Soziologie, D-93040 Regensburg

## 2. »Früher haben wir sicherer gelebt!« Über soziale Gewinne und Verluste der Wiedervereinigung

*Winfried Gebhardt und Georg Kamphausen*

In vielen Gesprächen, die wir in den letzten Jahren in ländlichen Gegenden der ehemaligen DDR geführt haben, tauchte immer wieder - und im Fortschreiten der Zeit immer häufiger - ein besonderes, symbolreiches Bild auf: die nostalgische Verklärung des alten Staates als einer »gestrengen Mutter«, die zwar ab und zu - auch unbegründet - »ihren ungehörigen Kindern auf die Finger schlug«, sich aber trotzdem »hingebungsvoll um sie kümmerte«. Auf welchen realen Alltagserfahrungen fußt diese Verklärung des DDR-Staates als einer »gestrengen Mutter«? Was sagt sie aus über die Befindlichkeit derjenigen, die sich an ihr orientieren? Welche Ordnungsvorstellungen stehen hinter einem solchen Bild? Läßt sich die Vorliebe für solch eine Identifikationsfigur sozial, geistes- und mentalitätsgeschichtlich verorten? Diesen Fragen wollen wir im folgenden nachgehen. Dabei stützen wir uns auf Gesprächssequenzen aus Interviews, die wir in südthüringischen und sächsischen Landgemeinden in den Jahren 1992-94 durchgeführt haben (vgl. Gebhardt/Kamphausen 1994).

*I.*

Läßt man die Menschen in der ehemaligen DDR die Entwicklungen seit der Wende bilanzieren, so ergibt sich fast durchgängig das Urteil, daß die insgesamt als positiv gewerteten politischen und wirtschaftlichen Veränderungen mit einem Verlust an Sicherheit und Geborgenheit, mit einer Verkomplizierung des Gewohnten, Selbstverständlichen und Eingelebten verbunden seien, die letztlich mit dem Verlust der »Gemeinschaft« bezahlt wurden. Exemplarischen Ausdruck findet dieser Sachverhalt in dem beständig wiederholten Satz, »der Zusammenhalt zwischen den

Menschen habe sich verschlechtert«. Im Moment scheint es, dominieren bei der Aufstellung einer Gesamtbilanz noch die negativen Erfahrungen. Die erkennbaren Zugewinne an individueller Wahl- und Gestaltungsfreiheit sind nicht in der Lage, die sozialen Beziehungsverluste, die sich durch einsetzende Individualisierungs- und Differenzierungsprozesse ergeben, zu kompensieren. Obwohl diese Stimmung für die gesamte ehemalige DDR typisch ist, scheint sie in ländlichen Gegenden besonders stark in Erscheinung zu treten, vor allem deshalb, weil hier das politisch propagierte Ideal des sozialistischen Kollektivs seine Entsprechung in der Realität einer als harmonisch und egalitär vorgestellten, sinn- und identitätsstiftenden Dorfgemeinschaft fand. Die Angst, daß die ehemals so harmonische Dorfgemeinschaft zerfalle, ist jedenfalls das zentrale Thema in den von uns untersuchten Gemeinden gewesen.

Diese Befürchtungen lassen sich nur verstehen vor dem Hintergrund des Alltagslebens in der ehemaligen DDR. Obwohl der sozialistische Traum von einer Gesellschaft der Gleichen unter den Bedingungen des real existierenden Sozialismus nur von den wenigsten Bürgern als eine auch nur in Ansätzen realisierte Utopie erfahren wurde, so hat doch die durch staatliche Direktive zementierte Egalisierung der ökonomischen Zugangschancen eine »Notgemeinschaft« entstehen lassen, deren ökonomischer »Notstand« als gemeinschaftlicher »Wohlstand« gewertet werden konnte. Da jeder vom anderen wußte, was er in der Lohntüte mit nach Hause brachte, konnte der Neid - als wirkungsvoller Schmierstoff sozialer Differenzierung - keine die Individualisierung befördernde Wirkung ausüben. Auf dem Boden dieser nicht nur prinzipiellen, sondern auch real existierenden Gleichheit konnten ganz bestimmte, gleichgerichtete und auf Gegenseitigkeit beruhende Ansprüche an die Leistungs- und Belastungsfähigkeit der Familie, der Nachbarn und Freunde gestellt werden. Ökonomische Gleichheit bedeutete daher nicht nur, daß jeder über die gleichen, geringen finanziellen Mittel verfügte, für die er sich nicht das kaufen konnte, was er wollte. Gleichheit bedeutete auch, daß man das zum Leben Notwendige, wie auch jede Realisierung des kleinen Glücks, nie gegen, sondern nur mit den Anderen bekommen und verwirklichen konnte. Jeder Versuch, Andersartigkeit, Besonderheit zu zeigen, wäre als ein Verstoß gegen die geltenden Verhaltensstandards geahndet worden. Die Möglichkeiten des Unterscheidens waren begrenzt durch die Art der verfügbaren Warenmenge. Man mußte sich bei dem staatlich verordneten Einheitskonsum schon etwas einfallen lassen, um Aufmerksamkeit zu erlangen. Das beförderte eine Bastlermentalität, die von Improvisation und dem Sozialkapital guter Beziehungen lebte. Man lebte in der Atmosphäre »einer Betriebsgemeinschaft« (Neckel 1993:188), in der man zwar erkennbar sein, aber nicht auffallen wollte.

*II.*

Alles dies hat sich nach der Wende grundlegend geändert. Gestiegene Arbeitsanforderungen, längere Anfahrtswege zum Arbeitsplatz, berufliche Weiterbildungsmaßnahmen, die zeitaufwendigen Umstellungen in der Organisation des alltäglichen Lebens - all dies nagt an den traditionellen Formen des dörflichen Gemeinschaftslebens. Nicht nur Stammtisch- und Vereinssitzungen sind jetzt schlechter besucht, auch das früher so geschätzte Gespräch am Gartenzaun, der Plausch beim Einkaufen, der Ausflug mit der Familie oder mit Freunden wird durch die Anforderungen der »neuen Zeit« beeinträchtigt. Noch mehr allerdings als durch die »Beschleunigung der Zeit« sieht man die Gemeinschaft bedroht durch die Übernahme des westlichen Wirtschaftssystems. Für den Verlust der Gemeinschaft wird das Geld verantwortlich gemacht, das ja »im Kapitalismus allein zähle«. Das Geld rückt in den Vordergrund, der Besitz bestimmter Waren erzeugt Neid. Protzerei und Prahlerei beginnen das allgemeine Klima zu vergiften. »Geld war ja uninteressant. Untereinander hat die Gemeinschaft jetzt doch gelitten. Die zwischenmenschlichen Beziehungen sind nicht mehr da. Wenn du Geld hast, kannst du alles kaufen. Früher hattest du einen Kollegen, der dir geholfen hat. Und später hast du ihm eben geholfen«. Mit der steigenden Verfügung über Geldmittel ändert sich die Bereitschaft, für andere unentgeltlich zu arbeiten. Die Möglichkeit einer finanziellen Entlohnung entbindet von der Verpflichtung zu gegenseitiger Hilfeleistung und führt zu einer Anonymisierung der in Anspruch genommenen Dienste. »Der Zusammenhalt unter den Leuten, der war echt in einer Notsituation besser. Und das hat sich jetzt geändert. Ich meine, der Abstand zwischen arm und reich ist elend größer geworden. Die Leute sind viel reservierter und mit mehr Vorbehalten jetzt. Und das gab es früher eigentlich nicht. Früher saßen alle im gleichen Boot, die sozialen Unterschiede waren nicht da. Jeder wußte, was der andere verdiente. Es gab keine sozialen Unterschiede, auch nicht am Biertisch. Ich will es mal so sagen. Man hat sich psychisch gesehen wohl gefühlt. Der Bürger war in der Beziehung verwöhnt, rein von der psychischen Sozialvariante war er verwöhnt. Er war nur nicht mit materiellen Dingen verwöhnt, weil es eben alles zum Nulltarif gab«.

Das Geld, so wurde immer wieder betont, ruiniere die Gemeinschaft, weil es die Gleichwertigkeit der Menschen und damit das Gefühl ihrer gegenseitigen Achtung aufhebt. »Das Geld hat sich auf die Dorfgemeinschaft negativ ausgewirkt, ganz bestimmt. Vor allem durch den Neid, wer das größte Auto hat und wer als erster so ein Auto hat und wer zwei hat. Unser Nachbar z.B. da drüben war immer schon Partei und treu und Linie und hat alles mitgemacht. Die waren die ersten, die ein neues Westauto hatten. Die hatten einen Golf geschenkt gekriegt von drüben. Auf einmal hatten die Westverwandte, früher nie. Gebrauchten Golf geschenkt gekriegt und dann noch einen roten! Rote Farbe! Und dann hat der jeden Abend sein Garagentor aufgemacht, mit Licht, wie es dunkel war, damit jeder seinen Golf sieht. Solche Sachen gibt es oder gab es«. Ganz instinktiv begreifen die Menschen in diesen Zeiten des Umbruchs, daß mit dem wachsenden Wohlstand nicht nur das Ausmaß an sozialer Differenzierung und Individualisierung steigt, sondern sich der Erbfeind jeder Gemeinschaft in den Herzen ihrer Verwandten, Nachbarn und Freunde einzunisten beginnt: der Neid. Der Übergang von einem kollektiven Status zu einer als defizitär empfundenen Individualität (vgl. Neckel 1993:82) ist schmerzhaft und mit einer ganzen Reihe ungewohnter Enttäuschungen verbunden, die alle verkraftet werden müssen.

Es ist auffallend, daß sich die meisten der Befragten nicht im Längs-, sondern im Querschnitt vergleichen. Sie bemessen ihre eigenen Lebensumstände nicht mehr an der eigenen Vergangenheit, sondern an dem, was zeitgleich in den anderen Teilen des Landes - oder eben in der Garage des Nachbarn - vorhanden ist. Die Ärmel aufkrempeln, das kannte man ja schon. Was man jetzt will, ist leben und am allgemeinen Wohlstand teilhaben. Aber dieser Wohlstand, den man erstrebt, bedroht gleichzeitig auch die eigenen Lebensgrundlagen, ohne die man in der dörflichen Gemeinschaft nicht leben zu können glaubt. Das westliche Wirtschaftssystem, so befürchten viele, wird die Unterschiede zwischen den Menschen befördern und die Gleichheit beenden. Seine Profiteure sind die Reichen. Der »kleine Arbeiter« aber wird aus diesen Veränderungen, so die allgemeine Überzeugung schlechter herauskommen, als er in sie hineingeriet. »Im Grunde genommen hat jeder seine Sicherheit gehabt. Das gibts nicht mehr. Und damit müssen ja nun auch die kleinen

Leute fertig werden. Alle«. Wer sich seine eigenen finanziellen Sicherheiten schaffen kann, wird aus den neuen Umständen gewiß seinen Vorteil ziehen. Alle anderen haben das Nachsehen. »Das ganze Soziale ist ja jetzt alles ein bißchen nicht mehr so wie es früher bei uns war. Ganz so sicher sind wir nicht mehr«. Früher, so sagen viele der Befragten, »früher war es ruhiger«. Das Resultat dieser für alle neuen Entwicklung ist »ein depressiver Zwangsindividualismus, der auch durch die gestiegenen Konsumchancen nicht dauerhaft aufzuhellen ist« (Neckel 1993:190).

## III.

Die hier nur skizzierten Ansichten ostdeutscher Bürger über Gewinne und Verluste der Wiedervereinigung stehen in seltsamer Nähe zu einer spezifisch deutschen Denkfigur, die das Begriffspaar »Gemeinschaft und Gesellschaft« im Sinne eines moralischen Gegensatzes behandelt, wobei Gemeinschaft eindeutig als das höherwertige Gut gilt. Es ist bekannt, daß die Unterscheidung zwischen Gemeinschaft und Gesellschaft einer bestimmten Tradition der deutschen Sozialphilosophie geschuldet ist, die von Adam Müller und Franz von Baader bis zu Ferdinand Tönnies, Othmar Spann, Werner Sombart und Hans Freyer reicht; eine Tradition, die aus der Wirtschafts- und Kapitalismusfeindschaft des deutschen Bildungsbürgertums und seiner Skepsis gegenüber den Formen der wirtschaftlichen Vergesellschaftung das Programm einer »neuen Gemeinschaft« formulierte. Gesellschaft, so lautete spätestens seit Tönnies das Argument, führe zur Vereinzelung und Vereinsamung des Menschen und entwurzele ihn damit aus seiner angestammten Gemeinschaft. Gesellschaftlich miteinander verbundene Menschen seien gar nicht wirklich miteinander verbunden. Gesellschaft sei kein echtes, sondern nur ein scheinbares, ein künstliches Zusammenleben, ein »mechanisches Artefakt«. Deshalb sei Gesellschaft gekennzeichnet durch »potentielle Feindseligkeit« und »latenten Krieg«, ihr fehle die »Wärme«, sie mache sogar die Frauen, die von ihrem ganzen Wesen her gemeinschaftlich eingestellt seien, »herzenskalt«. Gesellschaft sei eine Form des Zusammenlebens, in der zwar »jeder für alle dazusein, alle jeden als ihresgleichen zu schätzen scheinen, in Wahrheit aber jeder an sich selber denkt und im Gegensatz zu allen übrigen seine Bedeutung und seine Vorteile durchzusetzen bemüht ist« (Tönnies 1978:46).

Diese Lehre blieb nicht ohne Folgen. Gesellschaft und der mit ihr eng verbundene Begriff der Individualisierung hatten in der deutschen Sozialphilosophie immer einen negativen Beigeschmack. Standen sie ursprünglich für die Befreiung des Menschen aus ständischen Strukturen und den Zwängen gemeinschaftlicher Kontrolle, für einen Zugewinn an Selbständigkeit und Autonomie, so wurden sie mit fortschreitender Einsicht in die Folgen der durch sie ausgelösten »Entfremdungserscheinungen« immer mehr negativ belegt, bis sie spätestens in der Weimarer Republik zu Schlüsselbegriffen der konservativen und sozialistischen Kulturkritik avancierten. Selbst Georg Simmel und Max Weber als - wenn auch ambivalente - Befürworter des modernen Individualismus trauerten der Auflösung traditioneller Gemeinschaftsbeziehungen nach. Selbst bei ihnen steht Individualisierung primär für die Freisetzung aus Bindungen, für den Verlust eines »sinnstiftenden Zentrums«, für den Mangel an Überschaubarkeit und Ordnung (vgl. Gebhardt 1994). Individualisierung meint nur selten den Zugewinn an persönlicher Freiheit, und wenn, dann ist dieser immer begleitet durch den Verlust von Identität, Konsens, Geborgenheit und Harmonie. Dementsprechend ist das deutsche Ideal nicht das in Freiheit und Ungewißheit verantwortlich handelnde Individuum, sondern die »Persönlichkeit«, der es aus eigener Kraft gelingt, nicht nur die Widersprüchlichkeiten der modernen Gesellschaft auszuhalten, sondern diese in einem schöpferischen Akt zu einer zukunftsweisenden Einheit, zu einer neuen Synthese, die oftmals im Gewande der »neuen Gemeinschaft« daherkommt, zusammenzuzwingen (vgl. Rammstedt 1985).

Es fällt nun auf, wie stark diese intellektuelle Denkfigur sich in der Mentalität der von uns Befragten als »gesunkenes Kulturgut« niedergeschlagen hat. Man ist zwar begierig auf die Früchte der Gesellschaft, wie individuelle Wahlfreiheit und materiellen Wohlstand. Gleichzeitig werden die negativen Folgewirkungen von Gesellschaft wie Distanz, Formalisierung, Unübersichtlichkeit und Ungleichheit vehement abgelehnt und die Segnungen der Gemeinschaft, ihre Unmittelbarkeit und Wärme, ihre Direktheit und Verbindlichkeit beschworen. Der paradoxe Wunsch, Individualisierung und Gemeinschaftsbindung gleichzeitig genießen zu können, beschreibt das Idealbild menschlichen Zusammenlebens. Man will die Vorteile von Demokratie und Kapitalismus genießen, von ihren gemeinschaftszerstörenden Nachteilen aber nichts wissen.

*IV.*

Die mit dem Einbruch der Gesellschaft in die Gemeinschaft verbundenen Erfahrungen von Hektik, Stress, Unsicherheit, beginnender sozialer Differenzierung und akzelerierender Ungleichheit, führen - nachdem die erste Euphorie verflogen ist - zur nostalgischen Verklärung der unmittelbaren Vergangenheit, die jetzt im Vergleich zu den Anforderungen eines Kapitalismus, der die Jagd nach dem schnöden Mammon zu seinem obersten Gesetz erklärt, als überschaubar, unkompliziert und ruhig erscheint. Die Sehnsucht nach Gemeinschaft gewinnt wieder an Boden. Intensiv wird auch auf dem Dorf über den »dritten Weg« diskutiert, der die Vorteile von Kapitalismus und Sozialismus, von Gemeinschaft und Gesellschaft zusammenzubinden vermag. Vor diesem Hintergrund wird dann auch das Bild der »gestrengen Mutter« verstehbar. Der real existierende DDR-Staat mit seiner ihm Kern patriarchalen Gemeinschaftsverfassung war eine gestrenge Mutter. Er hat die Familie zusammengehalten. Er sorgte für eine gewisse materielle Grundausstattung und - noch wichtiger - dafür, daß keiner aus der Reihe tanzte. Und der es tat, dem schlug er auf die Finger. Das war zwar schmerzhaft, aber notwendig und wurde von den meisten nicht nur akzeptiert, sondern sogar begrüßt. Natürlich hätte man lieber eine verständnisvolle und tolerante Mutter gehabt, die ihren Kindern Spielraum für ihre individuellen Wünsche und Freiheitsbestrebungen gewährte. Von der Übernahme des westlichen Wirtschafts- und Gesellschaftssystems hatte man sich genau diese neue Mutterrolle erhofft. Diese Hoffnung wurde enttäuscht. Anstatt eine neue, offene und tolerante Mutter zu bekommen, fand man sich unversehens im Waisenhaus der altbundesrepublikanischen Gesellschaft wieder, schutz- und machtlos ausgesetzt den Belehrungen und Befehlen fremder, arroganter Erzieher. Einem Leben in der kalten Anonymität eines Waisenhauses gegenüber gewinnt aber noch die strengste Mutter an Reiz. Lieber eine gestrenge Mutter als gar keine. Und von der liebenswerten Mutter, dem dritten Weg zwischen Kapitalismus und Sozialismus, kann man ja auch weiterhin träumen.

**Literatur**

Gebhardt, Winfried (1994), Soziologie aus Resignation. Über den Zusammenhang von Gesellschaftskritik und Religionsanalyse in der deutschen Soziologie der Jahrhundertwende, in: Leviathan 22: 520-540.

Gebhardt, Winfried/Kamphausen, Georg (1994), Zwei Dörfer in Deutschland. Mentalitätsunterschiede nach der Wiedervereinigung. Opladen.

Neckel, Sighard (1993), Die Macht der Unterscheidung. Beutezüge durch den modernen Alltag. Frankfurt/M.

Rammstedt, Otthein (1985), Zweifel am Fortschritt und Hoffen aufs Individuum. Zur Konstitution der modernen Soziologie im ausgehenden 19. Jahrhundert, in: Soziale Welt 36: 483-502.

Tönnies, Ferdinand (1978), Gemeinschaft und Gesellschaft. Grundbegriffe der reinen Soziologie, 8.Aufl.. Darmstadt.

PD Dr. Winfried Gebhardt, Dr. Georg Kamphausen, Universität Bayreuth, Lehrstuhl für Politische Soziologie und Erwachsenenbildung, Amerika-Forschungsstelle, Postfach 101251, D-95440 Bayreuth

## 3. Risiken, Verantwortung, Schicksal: Zusammenhänge, postmodern

*Wolfgang Lipp*

Ich vertrete die These, daß die Produktion von "Risiken" einen Punkt erreicht hat, der es rechtfertigt, von "Schicksalhaftigkeit" zu sprechen. Sachverhalte mit Namen zu versehen, ist dabei nicht nur Angelegenheit der Definition; es geschieht vielmehr mit Blick auf bestimmte inhaltliche Eigenschaften, die den Dingen zukommen, und zielt darauf ab, bisher verdeckte, vergessene und verdrängte Seiten freizulegen. Wenn ich Risiken als Schicksal bezeichne, nehme ich insoweit an, daß sie Schicksal tatsächlich sind und bei allen Zügen, die sie ihrer Genese aus der Moderne verdanken, in die Nähe von "Fatalität" geraten.

Versteht man unsere Gesellschaft, mit Ulrich Beck (1986) zu sprechen, als "Risikogesellschaft", hat man es weniger mit Spiel-, Gewinn- und Wettgemeinschaften zu tun, die bei geringem Einsatz die Chance geben, das große individuelle Los zu ziehen, als mit einem System, dessen Mechanismen ausufernden kollektiven Schaden wahrscheinlich machen. Die Spannung, die zwischen bestmöglichen individuellen Nutzenstrategien und anzustrebenden obersten Sozialwerten ganz grundsätzlich liegt, läuft zunehmend hier auf unvermeidliche "tragic choices", auf Wahlen hinaus, die weittragende negative soziale Folgen haben.

Ich will im folgenden versuchen, die Fragen im Kontext zu behandeln, und stelle neben der Kategorie des "Schicksals" namentlich die Konzepte "Risiko" und "Verantwortung" zur Diskussion. Risiken und das Schicksal, das heute aus ihnen erwächst, werfen ersichtlich nicht nur analytische, sondern praktisch-normative Fragen auf, und zu den Themen, die sich hier aufdrängen, zählt gewiß das Problem der Verantwortung. Wo Risiken drohen, wird der "Ruf nach Verantwortung" (Kaufmann, 1992) laut; wer verantwortet Risiken aber wirklich, und wie geschieht dies?

1. Risiken zu erwägen, Risiken einzugehen setzt nicht nur ein Minimum von rationaler Kalkulation voraus, sondern impliziert, als Zurechnungspunkt, Subjekte, die kalkulieren; sie baut auf

neuzeitlicher personaler Autonomie, auf Individualismus und politischer Freiheit auf, und als Gesamthintergrund, vor dem die Kategorie des Risikos Gestalt annimmt, sind die Projekte des frühen kapitalistischen Menschen, die Erfordernisse des kapitalistischen Wirtschaftens anzusehen (vgl. Luhmann, 1991).

Unter den Bedingungen, die die Gegenwart setzt, verschieben sich die Proportionen. Auf dem Rücken gesteigerter wissenschaftlicher Rechenkapazitäten greift Risikohandeln mit immer längeren tentativen Handlungsketten in immer entferntere sachliche, soziale und zeitliche Wirkräume aus. Handeln auf Risiko wird, je moderner die Moderne sich ausgestaltet, in den Folgen und Nebenfolgen, Kosten und Nebenkosten, die es erzeugt, immer unabsehbarer; es hat Schwellen erreicht, an denen Risiken umschlagen können in "Katastrophen".

2. Die Frage ist, wie Risiken "verantwortet" werden können. Damit wird es nötig, die Kategorie der Verantwortung selbst zu überprüfen: Verantwortung ist gekoppelt an "Entscheidungen" und zeigt an, wem, d. h. welchen bestimmten sozialen Subjekten, jeweilige, gegebenfalls negative, soziale Entscheidungsfolgen zuzurechnen sind. Verantwortung ist das Ergebnis komplizierter sozialer "Zuschreibungs"-prozesse; sie resultiert aus einer Kette von Inanspruchnahmen, Festlegungen und Erwartungen, an deren Polen zum einen "Selbstverpflichtung", im Sinne von frei erklärter persönlicher Zuständigkeit, zum anderen "Inpflichtnahme" durch das Kollektiv, im Sinne z. B. von rechtlich geregelter, bindender "Haftpflicht", stehen. So oder so ist evident, daß Verantwortung, wie das Beispiel namentlich der sogenannten "politischen Verantwortung" - von Verantwortung also aus "Staatsräson" - vor Augen führt, nicht aus der "Natur der Sache" zustandekommt, sondern "sozial konstruiert" wird und auf "Ethik" verweist.

Braucht Verantwortung in überschaubaren, "primitiven" Gesellschaften über den Horizont der geltenden sozialen Kontrollen hinaus kaum hinterfragt zu werden, komplizieren sich die Verhältnisse, je weiter die Gesellschaften sich fortentwickeln; Handlungen, Handlungsentscheidungen konnten - je mehr ihre Inhalte, ihre Umstände, ihre Folgen und Nebenfolgen variierten - auf universell geltende Grundlagen nur durch Ethik gestellt werden, und nur so - so nahm man an - sollten die Gesellschaften wieder in die Lage kommen, ihren Projekten Richtung zu geben, die Zuständigkeiten zu klären und drohende negative Effekte abzufangen. Die Bemühungen liefen darauf hinaus, das Handeln, wo immer die Verantwortung der Folgen zur Debatte stand, möglichst straffen, "kategorischen Imperativen" zu unterwerfen.

Für die Gegenwart erscheinen die Fragen in neuem Licht; es ergibt sich, daß Verantwortung auf bestimmte einzelne Entscheidungsträger immer weniger zuzurechnen ist. Nicht nur Individuen, "natürliche Personen", sind es hierbei, die im Gesamtgeschehen zur quantité negligable werden; auch komplexere "Rechtssubjekte" - wie Organisationen und Großorganisationen, die in der Lage sind, vergleichsweise hohes Rationalitätsniveau, zu erreichen - fallen als Verantwortungsträger, an die die Gesellschaft sich halten kann, vielfach aus. Beck spricht von "organisierter Unverantwortlichkeit" (1988). Die Zuschreibung von Verantwortung, mit ihr aber die Anmahnung von Sicherheiten, stößt auf gefährliche Weise hier ins Leere. Sie verliert ihre Adressaten: dingfest zu machende, haftpflichtige, wirkliche Verantwortliche, namentlich dann, wenn das Systemgeschehen aus den Routinen fällt, in den Zustand der "Ausnahme" gerät und unversehens in Krisen schlittert.

Wenn der "Ruf nach Verantwortung" hier immer lauter wird, stellt dies nicht nur eine Laune dar; die Forderungen gehen aus von der Einsicht, daß die Zivilisation, so rational sie gebaut ist, auf breiten Fronten Mißstände produziert, die gefährlich für sie werden, und versuchen, Kriterien der Gegensteuerung zu finden. Das Problem hat klassisch Max Weber zur Diskussion gestellt: Verantwortung ist nicht im Parforceritt - als abstraktes moralistisches Unternehmen, das an Werte appelliert - zu praktizieren; sie hat Rücksicht zu nehmen auf die Realverhältnisse.

3. Mein Vorschlag ist es, sich hier an die alte, teils vergessene, teils tabuierte Kategorie des "Schicksals" zu erinnern. Die Wiedererinnerung könnte zu Wiederentdeckungen führen; sie könnte Wege zur Realität anbahnen, die angemessener sind als die Zugänge, die diverse szientifische Analysetechniken eröffnen.

Wenn Beck gezeigt hat, daß Risiken den Menschen heute ubiquitär, quer über Klassen- und Schichtengrenzen hinweg, bedrohen, läßt diese Bestimmung sich auf das Schicksal allgemein übertragen. Beck sprach von "askriptivem Gefährdungsschicksal" (1986, S. 8) selbst. In der Tat: Was den Menschen quer zur gegebenen konkret-individuellen Lage, quer zum besonderen eigenen Weg und über soziokulturelle Verankerungen hinweg betrifft, heißt "Schicksal". Zwischen "individuellem Schicksal", wie es Einzelpersonen erfahren, und "kollektivem", das "Schicksalsgemeinschaften" prägt, ist dabei zu unterscheiden: Nimmt individuelles Schicksal Gestalt immer dort an, wo die Ansprüche "rationaler Lebensführung" unter dem Druck übermächtiger Umstände zusammenbrechen, so tritt kollektives Schicksal dann hervor, wenn Menschen (z.B. "Juden", "Volksdeutsche") unter die Räder von Mächten, deren Wege sie kreuzen, als Mitglieder (oder Zwangsmitglieder) bestimmter sozialer Gruppen, Klassen, Rassen oder Ethnien geraten. Hier wie dort ergibt sich, daß die vom Schicksal Betroffenen vom Gang der Dinge erfaßt werden inmitten ihrer Pläne, Geschäfte und unterstellten Sicherheiten; der Strom zieht sie mit, und er kann zum Malstrom werden.

Wesentlich ist, daß das Schicksal zwar als mächtige, übergeordnete Instanz erscheint; es ist von bloßer Kontingenz, die das Einzeldasein erdrückte, aber auch zu unterscheiden. So sehr das Schicksal den Menschen auch "mitnimmt", so sehr ist doch der Mensch an seinem Schicksal beteiligt; er trägt es schon im Charakter aus, er entfaltet es im Handel und Wandel der Personen, Institutionen und Kulturgebilde selbst. Das Schicksal kommt nicht "blind" einher; es darf mit Fatalität nicht verwechselt werden, erhält Kontur im Rückverweis erst auf das "Handeln", i.e. sinnhaftes, existentiell "entschlossenes" Handeln, und stellt ein Sinnphänomen erster Ordnung selber dar. Philosophisch gesprochen, gleicht es hierin dem "Tod": Der Tod wie das Schicksal geben an, woraus das Handeln, über die Einzelintentionen hinaus, in tieferer Hinsicht erst Sinn schöpft, und sie definieren sich ex negatione (Heidegger). Markiert der Tod, als Null- und Nichtigungspunkt der Existenz, aber bloß den leeren, formalen Grund, dem das Dasein Bestimmungen abringt, rückt das Schicksal materialiter ins Bild, worum es ging; es wandelt subjektiven, gedachten Sinn in objektiven, geschichtlich-konkreten um und zeigt, was die Menschen, die Gruppen, die Kulturen in Wirklichkeit erreichten.

Faßt man zusammen, enthüllt das Schicksal am Ende "dialektische" Strukturen. Die Kategorie gibt an, daß zwischen Mensch und Welt, laufenden individuellen Interessen und resultierender, gesellschaftlich "substantieller Vernunft", ein Verhältnis der Wechselwirkung, präziser: der "Erfüllung" besteht. Hegel (1842/1955) hat hier vorausgedacht. In der Tat stellt sich ungeschminkt im Lichte erst des Schicksals - hier der "Vernünftigkeit des Schicksals" - heraus, welchen Sinn bestimmte Projekte - Machterwerb, Genußstreben, Rechtspflege oder Wissensakkumulation - im Realgeschehen auf Dauer haben konnten. Das Dasein, indem es handelt, stößt auf Widerstände, die es nicht voraussah, oder ruft Folgen hervor, die es nun selbst bedrohen; es zeigt sich, daß Mensch und Gesellschaft erst jetzt auch ihr typisches Charakterbild, ihren bleibenden Eigensinn, ihre "gezählte und gewogene" geschichtliche Gestalt gewinnen. Daß das Dasein die ursprüngliche, subjektiv-innere Sinnidee, unter der es antrat, nicht ohne "Kollisionen", sondern in forcierter Brechung entfaltet, ist evident. "Das Fatum weist die Individualität in ihre Schranken zurück und zertrümmert sie, wenn sie sich überhoben hat."

Hegels Versuch, das Schicksal als "vernünftig" zu erweisen, ist ernstzunehmen und zu verwerfen zugleich. Sieht man die Dinge zeitgemäß (differenzierungstheoretisch), versteht man sie als Phänomene im Plural; man erkennt, daß nicht die Welt, als Einheit, sondern die Vielfalt der Subjekte selbst, der Handlungsträger und Handlungsentwürfe, ans Unverfügbare stoßen. Nicht ein Großschicksal ist es, das an den Geschehnissen Exempel statuierte; die Vielfalt der Subjekte, Projekte und Objekte des Handelns bringen eine Vielfalt der Schicksale selbst hervor; sie finden und erfinden den eigenen Schicksalsgang.

4. Ich fasse zusammen. Ausgangspunkt war, daß die Gefahren, die die Gesellschaft produziert, Züge des Schicksalhaften erhalten haben. Risiken verlangen nach Sicherheiten; sie fordern Verantwortung ein; dabei reicht es nicht aus, Kontrolle über Risiken bloß technisch zu gewinnen. Alle Versuche, zu Lösungen zu kommen, haben von instrumentellen Strategien umzuschalten auf Gesichtspunkte normativer Art; sie werden, theoretisch wie praktisch, Ethik aktivieren.

Ethik darf sich auf "einzig beste", moralistisch aufpolierte, direkte Wege dabei nicht mehr kaprizieren; sie wird behutsame, indirekte Wege wählen müssen, Wege der zweit- oder drittbesten Lösung, die auf noch eintreffende Chancen warten können und sich zur Kunst entwickeln, mit dem Schicksal umzugehen.

Wie ist Ethik solcher Art, "Schicksalsethik", näher zu bestimmen? Stellen wir uns die Ausgangslage, die Situation der Postmoderne, grundsätzlich vor Augen: Gott in dieser Gesellschaft ist tot, und auch seine Surrogate, diverse Sozialreligionen (inkl. der Wissenschaften), haben an Kredit verloren. Der Mensch ist illusionslos, skeptisch, im Effekt zynisch geworden; er sieht sich einem Pluralismus der "Lebensstile" gegenüber und hat gelernt, sich in ihm teils selektiv, teils opportunistisch zu bewegen. Die Lage ist schließlich dadurch geprägt, daß die Glücksversprechen des Wohlstands, der Freiheit oder des Friedens, die die Zivilisation von Geburt an begleitet hatten, heute zwar nicht gänzlich desavouiert dastehen; die Evidenz jener Risiken, die Wahrscheinlichkeit, daß es zu Katastrophen kommt, sind wie ein "steinerner Gast" aber hinzugetreten, und der Gesellschaft stehen Rezepte, die Situation rational-analytisch zu bewältigen, strukturell immer weniger zu Gebote. Wie, wenn überhaupt, ist solches "Schicksal" ethisch abzufangen? Folgt man Max Weber, ist vorab hier Charakterstärke, ist Mut zu fordern: "Denn Schwäche ist es: dem Schicksal der Zeit nicht in (das) ernste ... Antlitz blicken zu können". "Konsequenz", "Disziplin" und Entschiedenheit einer "Lebensführung" stehen an, die über sich selbst hinaus zielt, "Verantwortung" kennt und gerichtet ist auf "Bewährung". Das Dasein muß, um des Schicksals Herr zu werden, es auch selbst ergreifen; es muß den "Dämon find(en) und ihm gehorch(en), der seines Lebens Fäden hält". Wie kann dies geschehen? (...)

Über die aktiven, gestalterischen Aspekte hinaus, mit dem Schicksal umzugehen, setzt Schicksalsbewältigung die Kunst auch des Geschehenlassens, des Hinnehmens und Duldens voraus. Ebensowenig wie die Aufgabe, dem Schicksal angemessen zu begegnen, bedeutet, es zwingen zu sollen durch den Fanatismus der blanken Tat, kann es richtig sein, sich ihm auszuliefern durch den Fatalismus der Tatenlosigkeit. Das Schicksal zu bewältigen setzt die Tugend der Geduld, setzt Behutsamkeit, setzt das Warten auf den günstigen Augenblick, den Kairos der Erfüllung und Bemächtigung des Schicksals zugleich voraus. Mit dem Schicksal umzugehen heißt, ihm zu begegnen in gelassener konservativer Haltung; die Ethik, die das Schicksal verlangt, ist eine Ethik nicht der Vermehrung oder der Orientierung an Optima, sondern des "Rechnens mit den Beständen" (Gehlen); sie ist eine Ethik, die durch die Grunderfahrung der "Knappheit" ging. Kann Ethik dieser Art a) als Ethik der "Selbstbeschränkung" bezeichnet werden, tritt sie b) in der Funktion auch der "Pflege", der "Bewahrung" und "Sicherung" hervor; sie "begründet" - durch alle "Riskiertheit" des Menschen und alle "Risiken" der Gesellschaft hindurch - nicht nur "Kultur", sondern vermag es, Kultur durch Kontingenzen hindurch auch zu "retten".

(Gekürzte Fassung. Übersetzung ins Japanische im Druck. Ausarbeitung in Vorbereitung).

Prof. Dr. Wolfgang Lipp, Universität Würzburg, LS für Soziologie II, Wittelsbacherplatz 1, D-97074 Würzburg

## 4. Aufholtendenzen und Systemeffekte - Eine systematische Übersicht über Wertunterschiede zwischen West- und Ostdeutschland

*Heiner Meulemann*

### 1. Untersuchungsthema

Verglichen werden die Einstellungen der ost- und westdeutschen Bevölkerung zu Werten, die für die soziale Integration moderner Industriegesellschaften wichtig sind: Gleichheit, Leistung und Mitbestimmung, sowie Akzeptanz, d.h. eine Werthaltung, Rahmenbedingungen des menschlichen Lebens und soziale Institutionen als selbstverständlich hinzunehmen. Unterschiede zwischen Ost- und Westdeutschland werden (1) aus unterschiedlichen Strukturchancen des Individualismus in den beiden früheren Teilstaaten und (2) aus der Annahme eines Nachholprozesses in Ostdeutschland erwartet.

(Zu 1) In der BRD gab die Sozialverfassung der Person mehr Wahlen, in der DDR mehr Leistungen. Die Sozialverfassung der BRD bot mehr Strukturchancen für Individualismus als die Sozialverfassung der DDR. Wenn die Strukturchancen für Individualismus also auf Werte durchgeschlagen haben, dann sollte heute die ostdeutsche Bevölkerung Gleichheit mehr, Leistung weniger, Mitbestimmung weniger und Akzeptanz mehr betonen als die westdeutsche. Die so erwarteten Differenzen sollen als "die Strukturhypothese" zusammengefaßt werden. (Zu 2) In der alten Bundesrepublik ließen sich über fast alle verfügbaren Indikatoren einheitliche Trends (Meulemann 1989) ausmachen: Gleichheit bleibt konstant, aber zwischen 1965 und 1975 geht Leistung zurück, Mitbestimmung steigt an und Akzeptanz geht zurück. Wenn nun in der DDR eine Entwicklung blockiert war, die in der alten BRD freien Lauf hatte, dann sollte die ostdeutsche Bevölkerung heute mit der westdeutschen vor dem Wertwandel zwischen 1965 und 1975 vergleichbar sein. Die ostdeutsche Bevölkerung sollte also Gleichheit ebenso stark, Leistung stärker, Mitbestimmung weniger und Akzeptanz mehr betonen als die westdeutsche. Die so erwarteten Differenzen sollen als die "Aufholhypothese" zusammengefaßt werden.

Die Struktur- und die Aufholhypothese widersprechen sich in der Vorausage über Gleichheit und Leistung; sie stimmen darin überein, daß im Osten Mitbestimmung weniger und Akzeptanz mehr Unterstützung findet. Aber beide Hypothesen konstruieren für den Osten eine Form der Entwicklung, die für den Westen typisch war: Beide nehmen an, daß Werte sich in der Gesellschaft entwickeln, ohne daß die Politik Werte präjudiziert. Sollten Struktur- und Aufholhypothese dort scheitern, wo sie die gleiche Voraussage treffen, dann bleiben überdauernde Effekte des politischen Systems der DDR als nachträgliche Erklärung. Strukturchancen des Individualismus, Aufholtendenzen auf einer gemeinsamen Entwicklungsskala und Systemeffekte sind also drei Erklärungsmuster für Wertunterschiede zwischen der ost- und westdeutschen Bevölkerung; im folgenden werden Ergebnisse aus Bevölkerungsbefragungen ohne Einzelnachweise referiert.

## 2. Ergebnisse

Gleichheit wird als Zielvorstellung für die Gesellschaft von den Westdeutschen stärker als von den Ostdeutschen betont. Die Strukturhypothese, die im Osten Gleichheit als den stärkeren Wert ansah, wird widerlegt; die Aufholhypothese, die beide Landesteile gleichauf sah, kann zumindest aufrechterhalten werden.

Leistung hat als Zielvorstellung für die Gesellschaft, als Perspektive auf das persönliche Leben und als Aspekt des Arbeitslebens im Westen weniger Anhänger als im Osten. Die Strukturhypothese, die eine größere Leistungsbereitschaft im Westen voraussagt, scheitert also durchweg; für die Aufholhypothese finden sich durchgängige Belege.

Mitbestimmung umfaßt zwei Aspekte, Teilhabe in der Politik und Egalitarismus in Familie und Schule. Ob als Interesse, Engagement, Aktivität oder als Postmaterialismus gemessen - in den meisten Erhebungen ist, abgesehen vom Ausnahmen im Ausnahmejahr 1990, Teilhabe im Westen wichtiger als im Osten. Egalitarismus im Familie und Schule kann daran gemessen werden, daß Erziehungsziele der Autonomie stärker als Erziehungsziele der Konvention betont werden. In Familie wie Schule ist nun Autonomie das selbstverständliche Erziehungsziel; aber Konvention hat im Osten mehr Gewicht als im Westen. Insgesamt also ist der Westen näher am Pol der Autonomie, der Osten näher am Pol der Konvention. Egalitarismus in der Familie äußert sich weiterhin in Einstellungen zur Partnerschaft der Geschlechter. Solange es um die Beziehung zwischen Mann und Frau geht, zeigen sich hier nur wenige Unterschiede zwischen den beiden Landesteilen. Sobald es aber um den Konflikt zwischen Kind und Beruf geht, betont der Osten stärker die Gleichheit. Der Egalitarismus in Familie und Schule unterscheidet also sich nicht einheitlich zwischen den beiden Landesteilen: Erziehungsziele der Autonomie sind im Westen stärker, die Gleichheit der Geschlechter in der Familie ist im Osten ein stärkerer Wert; in der Erziehung ist der Egalitarismus im Westen, in der Partnerbeziehung im Osten stärker. Nimmt man politische Teilhabe und Egalitarismus zusammen, wird Mitbestimmung im Westen stärker unterstützt; Struktur- und Aufholhypothese werden - im großen Ganzen - bestätigt.

Akzeptanz umfaßt zwei Aspekte, Religiosität und Moralität. Religiosität ist, gemessen an kirchlicher Praxis und christlichem Dogmenglauben, aber auch an Selbsteinschätzungen und religiösen Grundeinstellungen im Westen stärker als im Osten. Das ist - gemessen an der Zahl der

Erhebungen und der Größe und Übereinstimmung der Differenzen über ein Vielzahl von Indikatoren - der massivste Unterschied zwischen den Landesteilen. Struktur- wie Aufholhypothese scheitern mit ihrer übereinstimmenden Voraussage. Die geringere Akzeptanz im Osten muß durch einen Systemeffekt erklärt werden. In der Tat ist es nicht schwer, in der massiven Säkularisierung des Ostens die Nachwirkung der Unterdrückung der Kirchen in der alten DDR zu erkennen. Moralität ist - gemessen an Geboten, die sich auf Werte und auf die Reziprozitätsregel stützen - im Westen schwächer als im Osten. Die beiden Aspekte der Akzeptanz unterscheiden sich gegenläufig: Der Osten ist stärker säkularisiert, aber moralisch strikter als der Westen.

## 3. Erklärungen und Prognosen

Wie bewähren sich Struktur- und Aufholhypothese, wenn man alle vier Werte überblickt? Bei Gleichheit und Leistung, den beiden Werten, die zwischen den beiden Hypothesen entscheiden, wird die Strukturhypothese widerlegt: Gleichheit ist im Westen und Leistung im Osten wichtiger; die Aufholhypothese hingegen ist mit dem ersten Ergebnis vereinbar und hatte das zweite vorausgesagt. Bei Mitbestimmung und Akzeptanz, wo beide Hypothesen übereinstimmen, werden beide nur partiell bestätigt: Mitbestimmung ist wie erwartet im Westen etwas stärker; aber Akzeptanz ist entgegen der Erwartung im Westen stärker, wenn religiöse Einstellungen betrachtet werden, und wie erwartet im Osten stärker, wenn moralische Einstellungen betrachtet werden. Die Strukturhypothese scheitert also überall, außer bei der Mitbestimmung; die Aufholhypothese hingegen ist mit allen Unterschieden zumindest vereinbar, außer denen der religiösen Einstellungen. Daß entgegen Struktur- wie Aufholhypothese religiöse Einstellungen im Osten schwächer sind, verlangt als nachträgliche Erklärung einen fortwirkenden Effekt des untergegangenen Systems der DDR. Aufholtendenzen und Systemeffekte - damit können Wertunterschiede zwischen Ost- und Westdeutschland beschrieben werden; damit sollen abschließend mögliche Erklärungen und Prognosen begründet werden.

Daß Gleichheit im Westen stärker betont wird, widerspricht der Struktur- wie der Aufholhypothese. Von den Ergebnissen her muß man also gegen die Begründung der Stukturhypothese argumentieren: Die Strukturchancen des Indivdualismus werten Gleichheit nicht ab, sondern auf; statt einer naturwüchsigen Selbstentfaltung Bahn zu geben, schärfen sie den Sinn für die Bedingungen von Individualität, die Gleichheit der Chancen. Die Struktur der alten BRD mag die naturwüchsige Selbstentfaltung gefördert haben; aber sie war auch der Chancengleichheit verpflichtet. Wenn man nachträglich annimmt, daß in der alten BRD die Chancengleichheit größere Strukturchancen hatte als die naturwüchsige Selbstentfaltung, läßt sich das größere Gewicht der Gleichheit im Westen erklären. Ein Prognose kann dann mit dem Unterschied des Verständnisses von Gleichheit in beiden Landesteilen begründet werden: Die alte BRD favorisierte die Gleichheit der Chancen, die alte DDR die Gleichheit der Ergebnisse. Wenn der Osten das westliche Verständnis übernimmt, sollte die Gleichheit der Chancen im Osten aufgewertet werden.

Der Rückgang des Wertes Leistung ist im Westen mit einem Wandel des Verständnisses verbunden, der darauf reagiert, daß die Arbeitswelt Flexibilität in höherem Maße erfordert: Leistung ist weniger ein Stereotyp, dem die Person sich unterwirft, als ein Maßstab, der aus der Umwelt abgelesen werden muß. Der Individualismus zeigt sich nicht mehr in der bedingungslosen Hingabe, sondern im kalkulierten Einsatz der Person. Wenn aber der Rückgang der Leistungswerte im

Westen ein versachlichtes Selbstverständnis spiegelt, dann sollte die stärkere Identifikation des Ostens mit Leistungswerten sich daraus ergeben haben, daß am emphatischen Leistungsverständnis festgehalten wurde. Aber die Strukturen der Arbeitswelt werden im Osten in Zukunft sich in der gleichen Weise wandeln wie im Westen in der Vergangenheit; und die Menschen im Osten werden in der gleichen Weise reagieren wie im Westen. Auf die Dauer werden im Osten wohl die Leistungsindikatoren an Zustimmung verlieren. Auf die Dauer ist also eine Anpassung des Ostens zu erwarten, die den Individualismus nicht zurückschraubt, sondern ihn - im Einklang mit gewandelten Leistungsverständnis - vorantreibt: vom unbedingten Wollen der Person zum sachlich bedingten Erfolg.

Das stärkere Gewicht von Mitbestimmung im Westen hat die Begründungen beider Hypothesen und die Mehrzahl der Ergebnisse für sich. Die Teilhabe in der Politik hatte in der westlichen Konkurrenzdemokratie größere Chancen als in der östlichen Einparteienherrschaft - und steht daher auch als Wert im Westen höher als im Osten. Daß politische Teilhabe im Westen stark aufgewertet wurde, ist ein Argument für die Prognose, daß politische Teilhabe im Osten gewinnen wird. Der Egalitarismus in Familie und Schule hatte, was die Entlastung der Frauen von Familienarbeit betrifft, in der alten DDR mehr Strukturchancen als in der alten BRD. Der Egalitarismus der Erziehung ist daher im Westen stärker, der Egalitarismus der Partnerschaft im Osten. Da der Egalitarismus im Westen stark aufgewertet wurde, sollte man im Osten die gleiche Aufwertung erwarten - wo sie noch denkbar ist: in der Erziehung in Schule und Familie. In der Partnerschaft aber sollte der Egalitarismus nicht wieder an Boden verlieren. Der Egalitarismus der Partnerschaft sollte im Osten konstant bleiben. Die Zunahme der Egalitarismus der Partnerschaft im Westen sollte durch den Vorsprung des Osten zusätzlich Schwung bekommen.

Akzeptanz ist im Westen stärker als im Osten, wenn man Religiosität betrachtet. Weder führen die größeren Chancen des Individualismus im Westen zu einer stärkeren Lösung von der Religion; noch wurde eine gemeinsame Entwicklung im Osten aufgehalten. Der Westen hat sich um 1970 stark säkularisiert, aber der Osten ist heute stärker säkularisiert. Die Säkularisierung des Ostens war staatlich erzwungen; die Säkularisierung des Westens war heimlich und ungesteuert. Wie sollte heute der Westen, der sich freiwillig säkularisiert hat, den Osten dazu bringen, die erzwungene Säkularisierung zurückzunehmen? Und wie sollten heute im Osten Impulse für eine christliche Religiosität aufkommen, die im Westen zuvor versiegt sind? Man muß wohl erwarten, daß die Säkularisierung des Ostens Bestand hat; die Politik hat einen Systemeffekt geschaffen, der über eigenständige gesellschaftliche Entwicklungen hinausschießt und deshalb von ihnen nicht so schnell eingeholt werden kann. Die eigenständige Entwicklung des Westens wie der Vorsprung des Ostens wiederum ziehen in die gleiche Richtung: eines weiteren Rückgangs der Religiosität.

An Moralität gemessen, ist Akzeptanz im Westen schwächer als im Osten. Das läßt sich von beiden Seiten her erklären. Im Westen bieten die Garantie der Freiheitsrechte, die Konkurrenz der Parteien und der Pluralismus der Kultur strukturelle Chancen, daß Überzeugungen in Konflikte geraten, die nur mit übergreifenden Begründungen gelöst werden können. Konkrete moralische Gebote verlieren an Autorität zugunsten der Prinzipien, nach denen sich über Gebote entscheiden läßt. Aber in Bevölkerungsumfragen werden moralische Einstellungen an konkreten Geboten und nicht an abstrakten Prinzipien abgefragt. Daß im Westen die Akzeptanz von Geboten schwächer ist als im Osten, resultiert vielleicht daraus, daß der Schwerpunkt der moralischen Diskussion sich auf eine abstraktere Ebene verlagert hat. Im Osten hingegen beanspruchte die marxistische Weltanschauung das Recht, alleinverbindlich moralische Gebote zu begründen; sie drängte die Kirchen als konkurrierende Mächte zurück und erstickte genau die Auseinandersetzungen, die von der Akzeptanz konkreter Gebote zu ihrer Begründung durch Prinzipien führen können. Sie schuf eine säkulare, aber rigide Moral, die sich in der höheren Akzeptanz aller moralischen Gebote im Osten widerspiegelt. Nicht nur die Säkularisierung, sondern auch die moralische Striktheit des Ostens ist also ein Systemeffekt.

Als Systemeffekt gesehen, passen die Unterschiede zwischen den Landesteilen in religiösen und moralischen Einstellungen zusammen. Die geringere Akzeptanz von Geboten im Westen mag aus den größeren Strukturchancen des Individualismus resultieren. Aber das ist nur die halbe Geschichte; denn die größeren Strukturchancen des Individualismus sollten auch zu einer stärkeren Säkularisierung im Westen führen. Aber sowohl die stärkere Säkularisierung wie die größere moralische Striktheit des Ostens können Effekte des Systems der untergegangenen DDR sein. Nicht ein Fortschritt des Westens auf der Entwicklungslinie der Modernisierung, sondern ein politisches Residuum des östlichen politischen Systems prägt die Unterschiede der Akzeptanz zwischen den Landesteilen.

**Literatur**
Meulemann, Heiner (1989), Wertwandel und kulturelle Teilhabe. Über den Zusammenhang zwischen sozialer und kultureller Entwicklung der Bundesrepublik Deutschland im Spiegel der Umfrageforschung, Fernuniversität-Gesamthochschule Hagen: Kurs 3621

Prof. Dr. Heiner Meulemann, Universität zu Köln, Institut für Angewandte Sozialforschung, Greinstraße 2, D-50939 Köln

## 5. Soziale Entwertung und implementierte Ehre: Ein Versuch, Konversionen zum Islam zu erklären

*Monika Wohlrab-Sahr*

Glaubt man der Historikerin Ute Frevert, so hat das Konzept der Ehre als Orientierungswert in der modernen Gesellschaft ausgedient: "Individualisiert, auf die einzelne Person bezogen und abgekoppelt von normativ besetzten, hierarchisch strukturierten Gruppen- und Geschlechteridentitäten" habe es "seine vergesellschaftende Kraft zunehmend eingebüßt und sich selber überflüssig gemacht" (1995:222).

Es scheint diese Einschätzung zu bestätigen, daß Entsetzen und Unverständnis jedesmal groß sind, wenn es in unserer Gesellschaft - etwa in Familien von Migranten aus islamischen Ländern - aus Gründen der Ehre zu gewalttätigen Auseinandersetzungen kommt. Von "tödlichem Kulturkonflikt" ist dann die Rede, und dies zielt explizit auf einen Widerstreit kultureller Paradigmen. "Ehre" wird offenbar einem anderen kulturellen Paradigma zugerechnet als dem eigenen.

Mit der individualisierten Zurechnung von Handeln erodiert aber auch das ökonomische Prinzip, das dem Denken in Kategorien der Ehre inhärent war und den Wert einer Person danach bemaß, inwieweit sie mit den Regeln für eine bestimmte *soziale Kategorie* von Personen konform ging. Dies zeigt sich etwa am Beispiel der Geschlechtsehre, deren Verfall einhergeht mit dem Aufstieg der Liebesheirat, einem der zentralen Momente des Individualisierungsprozesses.

Mit der Erosion von Ehre als Vergesellschaftungsprinzip verschwinden jedoch nicht per se die Erfahrungen *sozialer Entwertung*, die vormals als *Ent-Ehrung* gefaßt wurden. Es verschwinden zunächst nur damit verbundene kulturelle Institutionen: verbindliche und legitime Ausdrucksformen, aber auch Möglichkeiten der Reparatur.

Was aber tritt an deren Stelle? Bleiben allein Erfahrungen *individuellen* Versagens und individueller Schuld und entsprechend *individualisierte* Formen der Verarbeitung?

Ich möchte mich hier mit einer zweiten Variante beschäftigen. Sie besteht - so meine These - im Beerben eines kulturellen und religiösen Kontextes, der Ehrkodizes noch zur Verfügung stellt. Die Symbolik der Ehre wird gewissermaßen von außen in einen kulturellen Kontext implementiert, zu dessen sozial verbindlichem Inventar eine solche Symbolik nicht mehr gehört, der aber dennoch Phänomene sozialer Entwertung produziert. Der Weg, auf dem das geschieht, ist die Konversion und - häufig in Verbindung damit - die Eheschließung mit einem Partner, der der neuen Religion angehört. Das Mittel für eine solche *kulturelle Legierung* ist eine Religion, in der sich Partikularismus und Universalismus in spezifischer Weise verbinden: der Islam.

Es geht also im folgenden um den Versuch einer Erklärung für einen bestimmten Typus der Konversion westlich sozialisierter Personen zum Islam. Die These lautet, daß Konversionen zum Islam innerhalb dieses Typus eine Antwort darstellen auf das Problem sozialer Entwertung. Ich beschränke mich dabei auf Entwertungserfahrungen im Bereich der Geschlechtsidentität als einer wesentlichen Dimension sozialer Identität.

Ich entwickle meine Überlegungen anhand der Fälle eines Mannes und einer Frau, die beide als Deutsche in Deutschland zum Islam konvertiert sind. Die Interpretation nimmt Bezug auf Episoden, die in den lebensgeschichtlichen Erzählungen eine zentrale Rolle spielen und später - im Zusammenhang mit der Konversion - wieder aufgegriffen und neu gedeutet werden.

*1. Karin H.*

Zentrale Episoden des Interviews mit der 35jährigen *Karin H.* kreisen um den Bereich der Sexualität und des Geschlechterverhältnisses.

Karin H. wächst in einer Familie auf, deren Alltag charakterisiert ist durch exzessiven Alkoholkonsum und Gewalt zwischen den Eltern. Der Vater hat über Jahre ständig außereheliche Beziehungen zu sehr jungen Frauen. Gleichzeitig scheint die Weiblichkeit der Töchter bedrohlich. Karin wird eher "männlich" sozialisiert: mit kurzen Haaren, männlichem Spitznamen, einer auf Härte orientierten Erziehung. Im Verlauf ihrer Biographie verstrickt sie sich immer wieder in problematische Intimbeziehungen, in denen es nicht gelingt, stabile Reziprozität herzustellen. Sie fühlt sich materiell und sexuell ausgenutzt. Früh bekommt sie ein uneheliches Kind und hat insgesamt vier Abtreibungen.

Karin H.s sexuelle Beziehungen entwickeln sich selbstläufig, jedoch nicht ohne anschließend ihre Verachtung nach sich zu ziehen. In diesem Zusammenhang schildert sie die folgende Episode: einen "Morgen danach":

"Dann hatt ich halt einen abgeschleppt, dann wurd ich wach und bekuck mir den, ich hätt kotzen können. Ich mein', der sah gar nicht schlecht aus oder wat, ja? Ich hab' nur gedacht: was machst Du hier eigentlich? Und mußt auch noch bescheuert sein. So voller Stolz bezahlt frau ihre Rechnung selbst. Frau läßt sich doch nicht einladen. Das ist doch Schnee von gestern, ne. Wir ham unser eigenes Geld, und wenn hier jemand für beide bezahlt, dann bin ich dat, ne. Hab' ich gedacht: Du mußt doch so doof sein, ne. Na hab ich den rauskomplimentiert. Und dann war ich irgendwie, die Kinder warn im Kindergarten, ich hatte auch noch frei, kein Aas mehr da. Dann hab ich mich vor den Spiegel gestellt. Ich hätt kotzen können. Ich hab gedacht: Bist du bekloppt oder was? Wozu soll dat führen, ne? Alle paar Wochen schleppste da jemand ab, und dat waste suchst, findste sowieso nich. Also so, ja, jemand, mit dem de wirklich ne vertrauliche, vernünftige Beziehung ham kannst, wo dein Kind auch mit drin is."

Diese Szene enthält drei Strukturmomente: Es handelt sich dabei um eine klassische individualisierte Form der *Selbstreflexion* (a): das 'einsame Ich' zieht sich vor dem Spiegel selbst zur Rechenschaft. Dieser Selbstbezug nimmt hier die Form der *Selbst-Verachtung* (b) an. Dabei wird auf ein *ökonomisches Kalkül* (c) rekurriert, in dem Sexualität Tauschobjekt ist für etwas anderes.

Daß der Tausch, der stattgefunden hat, ungerecht ist, zeigt sich in dem impliziten Verweis auf zwei Rollen, die ihn ausgewogener gestaltet hätten: es ist die Rolle der Ehefrau, die als Gegenwert für die Sexualität die Sicherheit des Familienlebens erhielte, und es ist die Rolle der Geliebten, die sich zumindest vom Mann aushalten ließe. Beides ist hier nicht gegeben.

So verkehrt sich die aktive Rolle - Karin H. war es ja, die den Mann "abgeschleppt" und darüberhinaus die Zeche bezahlt hat - unter der Hand in ihr Gegenteil. Es ist gerade der Verstoß gegen die Normen weiblicher Geschlechtsidentität, denen zufolge der Tausch einen adäquaten Gegenwert erzielen müßte, der zur Selbstverachtung führt. Die Auflösung der geschlechtstypischen Muster auf der Handlungsebene wird konterkariert durch eine in die Bewertung der Handlung eingewobene Ökonomie der Sexualität, in der solche Muster nach wie vor wirksam sind. Die Verletzung der damit verbundenen Regeln verletzt gleichzeitig das Selbstwertgefühl, bzw. - um es in Abwandlung der Terminologie Simmels zu formulieren - es zeigt sich, wie die Verletzung der sozialen Pflicht zum individuellen Unheil wird (1908:405).

Das innere Selbstgespräch vor dem Spiegel endet damit, daß Karin H. sich ihre langen Haare radikal abschneidet. Damit rekurriert sie auf ein Symbol, das die Episode implizit einreiht in eine Geschichte weiblicher Ent-Ehrung, ein Symbol allerdings, das kulturell nicht mehr verbindlich ist. Die WG-Genossen jedenfalls finden es nur schade, daß die langen Haare ab sind.

Mit 30 Jahren hat Karin H. in privater wie auch beruflicher Hinsicht eine Geschichte des Scheiterns hinter sich. In dieser Lage sucht sie über ein Inserat einen Lehrer für Arabisch. Den Mann, der sich daraufhin meldet, einen wesentlich älteren Palästinenser, heiratet sie nach kurzer Zeit. Etwas später konvertiert sie zum Islam. Einige Zeit darauf beginnt sie - gegen den Willen ihres Mannes - in der Öffentlichkeit ein Kopftuch zu tragen.

In diesem Zusammenhang schildert sie mehrere Situationen, in denen ihr deutlich geworden sei, wie ihre Haare oder die anderer Frauen Männern als illegitime Anleihen für erotische Phantasien gedient hätten. Diese Möglichkeit wolle sie heute - zumal sie verheiratet sei - ausschließen. Aus ihrer heutigen Sicht als Muslima erklärt dieses Eigenleben der Haare auch, warum sie sich früher immer wieder in Affären verstrickt hat: "Wenn du mit offenen Haaren rumläufst", resümiert sie, "musses sein". So interpretiert sie auch nachträglich das Abschneiden der Haare. Heute dagegen sei dies nicht mehr nötig, da sie ihr Haar mit dem Kopftuch verhülle. Hier taucht also die oben geschilderte Episode in einem neuen Rahmen wieder auf.

Die neue Interpretation enthält ein Attributionsschema, das von der oben geschilderten Episode klar verschieden ist. Dort war mit dem Gefühl des ungleichen Tausches Selbstverachtung verbunden, die erfahrene Entwertung wurde letztlich *individuell* zugerechnet. Hier zeigt sich nun eine *entindividualisierte* Form der Attribution, die auch eingebettet ist in eine andere Form der Problemlösung.

Durch die religiös fundierte Interpretation, ihr offen getragenes langes Haar sei Ursache der übereilt zustande kommenden Affären, wird das Problem von der *persönlichen* Ebene auf eine *allgemeine* Ebene geschlechtstypischer Merkmale transformiert: Nicht sie *persönlich* braucht die Verachtung zu treffen, denn dem Frauenhaar *generell* haftet diese symbolische Bedeutung an, die es entsprechend zu berücksichtigen gilt. Sie rekurriert auf eine äußere symbolische Ordnung, die die gemachten Erfahrungen reinterpretieren hilft und von individualisierten Zurechnungen entlastet. Überdies wird durch den Bezug auf ein Ehemodell, nach dem der muslimische Mann zur Versorgung verpflichtet ist, die Möglichkeit sexueller 'Beraubung' ohne Gegenleistung ausgeschlossen.

Der Bezug auf eine eindeutige, religiös sanktionierte geschlechtstypische Symbolik schafft so einen Ersatz für eine brüchig gewordene Geschlechtsidentität, in der sich neu gewonnene Aktivität und soziale Entwertung wechselseitig konterkarieren. Dies verweist über den Fall hinaus auf den allgemeinen Prozeß der Veränderung kultureller Institutionen.

## 2. Peter M.

Der zweite Fall ist der des 40jährigen *Peter M.* Seine Eltern lassen sich scheiden, als er zwölf ist, nachdem der Vater in betrunkenem Zustand die Mutter immer wieder verprügelt hat. Im Alter von 16 setzt ihn seine Mutter vor die Tür. Er macht zwei Ausbildungen, mit denen sich jedoch kein Geld verdienen läßt und arbeitet schließlich in einer Kneipe. Dort lernt er eine Frau kennen, mit der er bald zusammenzieht und Kinder bekommt. Auch er fängt im Zuge seines Kneipenjobs an zu trinken und wechselt daraufhin zur Stadtreinigung. Obwohl das seinen Alltag stabilisiert, erlebt er es als sozialen Abstieg. Schließlich kommt es zu einer Ehekrise. Als seine Frau eines Morgens von ihrem Liebhaber zurückkommt, verliert Peter M. die Beherrschung und schlägt sie. Zwar rechnet er die unmittelbare Schuld daran ihr zu, ist aber dennoch beschämt und erschrocken darüber, daß er in die Fußstapfen seines Vaters tritt. Dies veranlaßt ihn, innerhalb weniger Tage auszuziehen.

In der Zeit danach kommt er über türkische Kollegen in Berührung mit dem Islam. Er ist vor allem angetan von der Intensität der Glaubenspraxis, die er dort wahrzunehmen glaubt: vom religiösen Erleben, das sich ihm als eine Art Schauer mitteilt, und der religiösen Verankerung der Lebensführung. Eine längere Zeit der Auseinandersetzung beginnt, bis er sich schließlich - noch ohne große Verbindlichkeit - dem Islam zuwendet. Dies ändert sich, als er eine türkische Frau kennenlernt, die selbst in Scheidung lebt:

"...sind wer ins Gespräch gekommen ... und dann ist, wie soll man sagen, das ist alles nicht so frei wie unter uns Deutschen, ne, is eben, dat Ehr, dieses Ehrgefühl, ... ik hab eben bei ihr ooch gleich gemerkt, nicht gleich, du lernst se jetzt kennen und dann nimmste se mit nach Hause und dann geht se mit dir ins Bett und dann ist fertig oder so. Man hatte, ik hatte vor ihr, ... kann man sagen: 'Liebe auf den ersten Blick', aber ich hatte auch so n Ehrgefühl, ja, oder auch Respekt kann man sagen. Erstemal vor ner Frau, daß ich Respekt hatte, ne. ... Ja, war alles sehr dramatisch. ... Dachte, jetzt hast de ooch alles so was miterlebt und mitangesehen bei deine Eltern, bei dir selber und .. ja dann hatten wir das ganze Theater mit der Scheidung und, war ne schlimme Zeit. ... Jedenfalls ... wie wir zusammen gekommen sind, da hab ik gesagt Mensch, lieber Gott, irgendwie haste mir doch geholfen, mal gibst de mir schlechtet, mal gibst du mir böset, und da hat man sich, muß ich ehrlich sagen dann, dat dat nich nur von mir alleine kam, weil ich auch so n Ehrgefühl vor ihr hatte, dacht ich, jetzt mußt du dich mal mehr um deine, um die islamische Sache kümmern."

Hier wird der Begriff des "Ehrgefühls", direkt eingeführt. Die Beziehung zur neuen Frau ist einerseits individualisiert - "Liebe auf den ersten Blick" - verbindet sich aber gleichzeitig mit einem sozialen Gefühl, einem "Ehrgefühl", das gewissermaßen der sozialen Kategorie "Frau" gilt, die ihm in dieser Person begegnet. Dabei geht es nicht, wie im ersten Fall, primär um äußere Merkmale, sondern um einen eher habituell wahrgenommenen Unterschied, und um das Verhältnis, das sich im Kontakt der beiden herstellt: bei *ihm* stellt sich ihr gegenüber ein Ehrgefühl her, es etabliert sich ein Geschlechterverhältnis, das sich von seinen bisherigen Beziehungen zu Frauen unterscheidet. Dabei kommen offensichtlich andere kulturelle Regeln zur Geltung, über die sich letztlich das Ehrgefühl konstituiert. Dies wiederum verschweißt ihn mit der Religion. Denn weder diese Begegnung noch das empfundene Ehrgefühl kann er sich individuell zuschreiben: "dat dat nich von mir alleine kam", ist ihm klar. Damit bekommt das Gefühl *in sich* nahezu *religiöse* Qualität. In fast Durkheim'schem Sinne, und doch in scheinbar privaten Formen, verschmilzt hier Religion mit sozialem Sentiment. Diese Verschmelzung ist es dann letztendlich auch, die die Konversion perfekt macht.

Über die Ehe mit einer muslimischen Frau und verbunden damit über den Islam selbst, der dieses "Ehrgefühl" möglich macht, wird in diesem Fall die Erfahrung von Entwertung aufgehoben, die mit dem Scheitern der ersten Partnerschaft verbunden ist. In welchem Maß es dabei auch um die Wiederherstellung des eigenen Wertes als "Mann", also einer *sozialen* Identität geht, zeigt sich in einer Handlung, die über religiöse Regeln allein nicht erklärt werden kann: Kurz vor der Hochzeit mit seiner türkischen Freundin läßt Peter M. sich beschneiden, gewissermaßen zur Feier einer rekonstituierten Geschlechterbeziehung. Die neue Peergroup der türkischen Kollegen verschafft dieser Handlung die nötige soziale Bestätigung: ein Initiationsritus auch in dieser Hinsicht.

*Schluß*

In den geschilderten Fällen fungiert die Konversion zum Islam als Lösung für das Problem erfahrener Entwertung. Diese Entwertungserfahrungen beziehen sich auf die soziale Dimension der Geschlechtsidentität, werden aber zunächst hochgradig individualisiert verarbeitet. Über den Islam und die Partnerschaft mit Muslimen vermittelt sich in beiden Fällen eine Art *Restitution* der Geschlechtsidentität, die sich auf das Prinzip der Ehre stützt. Gerade die ehemals "schwachen Stellen" der Identität werden so aufgewertet. Im ersten Fall ist dies ein Vorgang der *Ent-Individualisierung*: hier geht es primär um einen äußeren Verhaltenskodex mit subjektiv entlastender Wirkung und um die Reinterpretation von Erfahrungen mit Hilfe einer verbindlichen geschlechtstypischen Symbolik. Im zweiten Fall geht es sehr viel stärker um eine *Verinnerlichung sozialer Identität:* hier impliziert Ehre einen wahrgenommenen Habitus, der wiederum ein "Ehrgefühl" auslöst: die Akzeptanz der Person in ihrer sozialen Identität als Frau.

Beide Fälle dokumentieren die Veränderung der überkommenen Institutionalisierungen des Geschlechterverhältnisses und das daraus resultierende Dilemma zwischen Individualisierung und sozialer Entwertung. Es gibt für dieses Dilemma sicher verschiedene Lösungen. Um zu erklären, warum letztlich der Islam und nichts anderes gewählt wird, müßte man Fragen, die hier nur gestreift wurden, sicher genauer nachgehen: biographischen Entwicklungen, der Präsenz des Islam im jeweiligen sozialen Kontext bzw. im "kulturellen Gedächtnis" einer Gesellschaft etc.

Was hier versucht wurde, ist eine funktionale Erklärung für Konversionen zum Islam. Der Islam stellt ein Instrumentarium bereit, um im Rückgriff auf Ehrvorstellungen das Dilemma von Individualisierung und sozialer Entwertung zu lösen. Dies gelingt nicht zuletzt deshalb, weil hier in spezifischer Weise Religion und Lebensordnung verschmelzen, und weil religiöser Universalismus und kultureller Partikularismus dabei eine besondere Verbindung eingehen, die Anschlüsse an Konzepte von sozialer Identität erleichtert.

**Literatur**
Frevert, Ute (1995), "Mann und Weib, und Weib und Mann". Geschlechter-Differenzen in der Moderne. München.
Simmel, Georg (1908), Soziologie. Untersuchungen über die Formen der Vergesellschaftung. Berlin.

Dr. Monika Wohlrab-Sahr, FU Berlin, Institut für Soziologie der Erziehung (WE 03), Arnimallee 11, D-14195 Berin

## 6. Wissenschaftsgeschichtliche Entwicklung und empirisch angeleitete Rekonstruktion der soziologischen Rationalisierungsthese. Weber, Elias und Piaget im Vergleich.

*Georg W. Oesterdiekhoff*

In den folgenden Ausführungen geht es darum, aufzuzeigen, daß die an Jean Piaget angelehnte transkulturelle Psychologie dazu in der Lage ist, der klassischen soziologischen Rationalisierungsthese nachträglich eine empirische Basis zu verschaffen und sie erfahrungswissenschaftlich zu prüfen, zu rahmen, weiter zu entwickeln und im wesentlichen als korrekt zu bestätigen.

Seit ihrer Entstehung vertritt die nichtmarxistische Soziologie die Auffassung, die Entstehung der westlichen Welt resultiere nicht allein aus ökonomischen und institutionellen Transformationen, sondern auch und vor allem aus einer Modernisierung von Ideologien, Mentalitäten und psychisch-kognitiven Phänomenen. Die Gründerväter der Soziologie und ihre Nachfolger vertraten eine Modernisierungstheorie der Mentalitäten und Kollektivpsychen. Dieses Grundmotiv der älteren Soziologie könnte man auf die Formel bringen: Vom Mythos zum Logos, vom affektiven zum zweckrationalen Handeln ist ein Hauptfaktor sozialer Modernisierung. Diese Grundauffassung sei nun unter dem Titel "Rationalisierungsthese" geführt.

Die französische, britische und deutsche Soziologie vertrat, wenn auch mit unterschiedlichen Akzenten, diese *These einer psychisch-kognitiven Strukturdifferenz zwischen traditionaler und moderner Mentalität*. Die Rationalisierungsthese Webers und die Zivilisationstheorie von Elias sind Teile und besonders prominente Exempel dieser Denktradition. Weitere Beiträge zu dieser Tradition lieferten die französischen Mentalitätenhistoriker, die sowjetische Historische Psychologie, die Philosophie der symbolischen Formen E. Cassirers, Teile der Anthropologie Arnold Gehlens, ferner verschiedene Kulturanthropologen, Philosophiehistoriker und Philologen. In der Nachkriegszeit wurde diese These, allerdings in sehr modifizierter Form, z. B. von der sozialpsychologischen Modernisierungsforschung vertreten.

Die These der Entwicklung vom Mythos zum Logos, vom konkret-anschaulichen zum begrifflich-abstrakten Denken war in den Geistes- und Sozialwissenschaften wohl das zentrale Konzept der Erklärung der geschichtlichen Entwicklung des Rechts, der Institutionen, der Philosophie, der Religion, der Kunst und der Entstehung des neuzeitlichen Europa. Der Bogen dieser gemeinsamen Überzeugung spannte sich von großen Teilen innerhalb der Soziologie über die Ethnologie, Geschichte und Philosophie bis zur Archäologie und Philologie.

Aber erst in den letzten 30 Jahren wurde die Rationalisierungsthese massiv *erfahrungswissenschaftlich* geprüft, nämlich von der an Jean Piaget angelehnten Cross-Cultural Psychology. Es war keineswegs die Absicht der transkulturellen Psychologie, den psychologischen Gehalt der soziologischen Rationalisierungsthese empirisch zu überprüfen. *Wider manifeste Absicht hat die transkulturelle Psychologie aber genau dies geleistet: die empirische Prüfung und theoretische Weiterentwicklung der tragenden Teile, nämlich der psychisch-kognitiven Annahmen der klassischen soziologischen Rationalisierungsthese.*

Wenn Elias den mittelalterlichen Menschen als durch einen Mangel an Langsicht und Ratio, durch Enge des Gedankenraumes und von wenig regulierten Affekten beherrscht sieht, dann ist er in keiner Außenseitersituation, wie häufig behauptet wird, sondern bringt die gemeinsame Überzeugung der genannten Schulen und Richtungen nur prägnant zum Ausdruck. Vergleicht man z. B. die Aussagen Elias' und Webers hinsichtlich der Psychologie des mittelalterlichen Menschen, dann findet man eine gemeinsame Grundauffassung. Weber definierte in der Religionssoziologie den mittelalterlichen Persönlichkeitstypus 1. durch das Vorherrschen magischen Denkens und 2. durch eine niedrige Spannung zur Welt. Diese erlaubte den mittelalterlichen Menschen ein unbefangenes Dasein, ein Leben nach Trieb und Gefühl. Erst die protestanische Selbstkontrolle (Weber) bzw. die Langsicht über verlängerte Handlungsketten (Elias) schafft die methodisch rationale Lebensführung, die für den modernen Okzident konstitutiv geworden ist. Nicht nur die Grundauffassung, zum Teil ähneln sich auch die psychologischen Begriffe und Kategorien von Weber und Elias.

Die Zivilisationstheorie von Elias und die Rationalisierungsthese Webers sind somit nur herausragende Exempel einer gemeinsamen Grundauffassung großer Teile der älteren Geistes- und Sozialwissenschaften bis etwa 1965, die aber auch heute noch eine große Bedeutung spielt. Ein entscheidender Grund der Bedeutungsabnahme der These liegt darin, daß sie nicht ernsthaft erfahrungswissenschaftlich überprüft wurde, sondern nur in Analysen erläutert und hypothetisch belegt oder ungesichert behauptet wurde. Die brillianten Untersuchungen von J. G. Frazer, L.

Lévy-Bruhl, E. Cassirer, H. Werner, M. Weber und N. Elias sind in einem strengen Sinne *nicht* erfahrungswissenschaftlich. Daher ist auch nach jahrzehntelanger Diskussion die Solidität dieser Theorien auch hinsichtlich ihrer makrosoziologischen Schlußfolgerungen offen, weil insbesondere ihre psychologische Grundlage, die These der psychisch-kognitiven Rationalisierung, mithin ihre Mikrobasis, nicht einer erfahrungswissenschaftlichen Prüfung zugeführt wurde.

Warum ist nun diese voraussetzungsanalytische Prüfung und Entwicklung der genannten psychologischen Basis notwendig? Die psychisch-kognitiven Annahmen der Rationalisierungs- und Zivilisationstheorie sind nicht operationalisiert worden, Skeptiker konnten sie daher als unbelegt und unbewiesen verwerfen. Die Elias-Duerr-Kontroverse hat z. B. gezeigt, daß die überwiegend aus den Mitteln der Psychoanalyse konstruierte psychologische Basis der Zivilisationstheorie zu schwach ist, um skeptischen Einwänden standzuhalten. Sicherlich kann die Behauptung von Elias, im Mittelalter fände man in stärkerem und ungezügelterem Maße leidenschaftliche Äußerungen von Gewalt und Sexualität, durch das historische Material bestätigt werden. Aber Elias weist selbst daraufhin, daß die gesellschaftlichen Verflechtungszusammenhänge des Mittelalters affektives und unreguliertes Handeln nicht nur erlauben, sondern auch opportun erscheinen lassen. Dann kann aber der Skeptiker einwenden, die affektiven Verhaltensweisen seien gerade unter dieser Annahme nicht das Resultat anderer Persönlichkeits- und Handlungsstrukturen, sondern ausschließlich anderer gesellschaftlicher Umgebungsbedingungen, denen sich ahistorische rationale Akteure anpassen. Vor diesem Hintergrund beweisen die unzähligen Beispiele von Elias, die die historische Entwicklung veränderter Verhaltensweisen durchaus korrekt wiederzugeben mögen, nicht das, was sie beweisen sollen: nämlich die Veränderung von Persönlichkeits- und Handlungsstrukturen. So beweisen die unregulierten Äußerungen von Gewalt, Sexualität und andere leibnahe, primitive Verhaltensweisen tatsächlich nicht, der mittelalterliche Mensch habe eine weniger kontrollierte Affektstruktur und eine geringere Langsicht. Der Skeptiker, der die einfacheren Verhaltensweisen aus den Umgebungsbedingungen rational erklärt, kann zwar die voraussetzungsreichen psychologischen Annahmen Elias' auch nicht widerlegen, aber sich zu seinem Vorteil auf occam's razor beziehen. Und in jedem Falle zeigt sich zumindest bis zu *diesem* Punkt der Analyse: Die Elias'sche Psychohistorie ist reine Interpretation, sein Psychogenese-Konzept ist nicht erfahrungswissenschaftlich geprüft.

Denselben Vorwurf kann man auch gegen die in der Religionssoziologie Webers eingebaute Historische Psychologie und Ideologie erheben. Mythos und Magie, innere ethisch geschlossene Persönlichkeit, Rationalisierung und Entzauberung des Denkens und methodisch rationale Lebensführung sind die zentralen psychisch-kognitiven Begriffe und Annahmen der Religionssoziologie Webers. Diese Begrifflichkeiten sind nicht erfahrungswissenschaftlich geprüft, sondern Weber übernimmt sie überwiegend aus den sozialwissenschaftlichen Traditionen. Weber kann nicht beweisen, daß magische Denk*inhalte* aus magischen Denk*strukturen* und eine unbefangene, laxe Lebens*führung* aus einer unregulierten Motiv*struktur* erwachsen. So bewegen sich Weber und Elias nur auf der Ebene der manifesten Verhaltensweisen und Denkinhalte, nicht aber, wie sie glauben machen wollen, auf der Ebene der Strukturen der Persönlichkeitssysteme, der Denkstrukturen und der psychischen Funktionen. Dieser Vorwurf trifft auch die meisten anderen Autoren dieser Tradition.

Wenn man die Rationalisierungsthese Webers und die Zivilisationstheorie Elias' auf eine solidere Grundlage stellen will, muß der Nachweis der Existenz der Entwicklung psychisch-kognitiver Strukturniveaus geliefert werden. Nicht Verhaltensweisen, sondern Verhaltensstrukturen, nicht Denkinhalte, sondern Denkstrukturen müssen analysiert werden. Diese Denkstrukturen müssen operationalisierbar sein, soll ihre Existenz nicht das *direkte* Resultat der Umgebungsbedingung, sondern: eine psychische Funktion sein. Erst diese Nachweise ermöglichten die strenge Ableitung der diskutierten Verhaltensweisen aus psychisch-kognitiven Strukturen.

*Weber und Elias interpretieren hingegen tatsächliche historische Verhaltensänderungen mit psychisch-kognitiven Annahmen, die sie in die Verhaltensänderungen interpolieren, die sie ihnen nachträglich deutend zuschreiben und unterstellen. Es müssen aber diese Annahmen selbst operationalisiert und damit ihre Existenz geprüft und bestätigt werden. Erst dann ist es in einem weiteren Schritt möglich, die tatsächlichen Verhaltensänderungen streng aus den operationalisierten strukturellen psychisch-kognitiven Transformationen abzuleiten.*

*Erfahrungswissenschaftliche Überprüfungen der Rationalisierungsthese*, mithin der Entwicklung vom mythischen zum rationalen Denken, von einfacheren zu komplexeren Handlungsweisen, finden sich *in der an Jean Piaget orientierten Theorie der kognitiven Entwicklung und in der sowjetischen Historischen Psychologie.* Die präformale, erkenntnisrealistische Denkstruktur ist nach Piaget durch Mythos und Magie, Symbolismus und Animismus charakterisiert. Erst das Stadium der formalen Operationen führt zu einer rein rationalen und kausalen Analyse, mithin zu einer Entzauberung der Welt.

Die Theorie Jean Piagets ist seit über 60 Jahren bis heute die bedeutendste, solideste und meist geprüfte Theorie der kognitiven Entwicklung. Ihre Ergebnisse werden im Kern auch heute noch immer wieder bestätigt, wie unzählige Untersuchungen jeden Monat in vielen Zeitschriften aufs Neue zeigen. Ferner ist die Theorie Piagets die kognitive Theorie, die im transkulturellen Bereich am meisten überprüft wurde. In weit über 1000 Untersuchungen in über 100 Kulturen wurde sie getestet. Daher ist Piagets Theorie in besonderer Weise geeignet, den Zusammenhang von Kultur und psychisch-kognitiver Strukturentwicklung auszuloten.

Die Stadienabfolge kognitiver Strukturen ist laut Piaget unilinear, irreversibel und stufenförmig. Die Stadien sind in physikalischen, sozialen und moralischen Dimensionen in Form konkreter Reaktionen und Antworten eindeutig operationalisierbar. *Es gibt demnach eine eindeutige Kausalbeziehung zwischen manifestem Verhalten beziehungsweise inhaltlicher Antwort und kognitiver Stadienstruktur.* Die jeweiligen Antworten und Reaktionen lassen sich eindeutig aus der jeweiligen Stadienstruktur erklären und ableiten. Dieser Sachverhalt unterscheidet die Theorie Piagets von den Theorien Webers und Elias und begründet ihren erfahrungswissenschaftlichen Charakter.

In den letzten dreißig Jahren kam es zu einer Hochkonjunktur transkultureller Piaget-Psychologie. Die inzwischen vorliegenden Untersuchungsergebnisse weisen, korrekt interpretiert, in eine klare Richtung. Die These Piagets von der Universalität der kognitiven Entwicklung muß demnach, wenn nicht revidiert, so doch zumindest spezifiziert werden. In ländlichen, analphabetischen und traditionalen Kulturmilieus wird das Stadium der formalen Operationen nämlich wesentlich schwächer oder nicht ausgebildet, sondern die Denkstrukturen bleiben präformal erkenntnisrealistisch. Alphabetisierte und moderne Sozialstrukturen bilden hingegen einen wesentlich stärkeren, wenn auch nicht alle Inhaltsbereiche durchdringenden Anreiz zur Ausbildung der formalen Operationen.

Dieses Ergebnis ist für historische Analysen und für die Modernisierungsforschung zu rezipieren. Demzufolge ist davon auszugehen, daß die kulturellen Eliten in der europäischen Neuzeit schrittweise das Stadium der formalen Operationen erwarben, während die Populationen des europäischen Mittelalters und die breiten Massen der europäischen Neuzeit als präformal erkenntnisrealistisch zu diagnostizieren sind. Die kulturelle Modernisierung der industriellen Welt ist demnach Ursache und Wirkung formaler Operationen zugleich. Die transkulturelle Psychologie beweist, daß formale Operationen und kulturelle Modernisierung aufeinander kausal einwirken, wahrscheinlich ein Wechselwirkungsverhältnis bilden.

Mit der transkulturellen Piaget-Psychologie liegt - in der sozialwissenschaftlichen Forschung erstmalig - eine theoretisch konsistente Analyse und ein streng erfahrungswissenschaftliches Instrumentarium zur Untersuchung des Verhältnisses von Denk- und Handlungsstrukturen und kulturellen Milieus vor! Daher erscheint es mir ein zwingendes Erfordernis zu sein, die Ergebnisse der transkulturellen Psychologie mit den soziologischen Traditionen zu konfrontieren, d. h. die klassische soziologische Rationalisierungsthese in den Bezugsrahmen der an Piaget angelehnten transkulturellen Psychologie zu stellen.

Die Rationalisierungsthese der älteren Sozialwissenschaften behauptete, im Gegensatz zu modernen Gesellschaften herrschten in traditionalen Gesellschaften mythische und konkretanschauliche Denkweisen vor. Erst die an Piaget angelehnte transkulturelle Psychologie ist nun dazu in der Lage, diese längst bekannten Forschungsergebnisse der Geistes- und Sozialwissenschaften empirisch zu überprüfen und zu bestätigen. Erst auf diesem Wege ist eine empirische Prüfung, Korrektur, Rahmung und Teilbestätigung der Analysen Webers, Elias, Lévy-Bruhls, Cassirers und Elias' sowie der Rationalisierungsthese generell möglich. So ergeben sich radikal neue Möglichkeiten zur Diskussion der Weber-These und auch der Zivilisationstheorie. So zeigt sich: Was Weber mit Entzauberung und Rationalisierung bezeichnet, ist erfahrungswissenschaftlich ausgedrückt die Ersetzung präformalen durch formales Denken im Sinne Piagets. Gleiches gilt für die Elias'schen Kategorien: Affekt- und Selbstkontrolle und die Langsicht; erst das formale Denken ermöglicht eine Kombinatorik und Reflexivität des Denkens.

Von der Frage der Operationalisierbarkeit abgesehen, liegt jedoch eine weitgehende inhaltliche Übersetzbarkeit und Spiegelbildlichkeit der Annahmen der drei Autoren und Schulen vor, sowohl in bezug auf die Konzeptualisierung kognitiver Phänomene in traditionalen als auch in modernen Gesellschaften. Insofern beweisen die Ergebnisse der transkulturellen Psychologie im großen ganzen die "literarischen" Analysen Webers und Elias, jedenfalls was einige ihrer Kernannahmen anbelangt. Gäbe es keinen Zusammenhang zwischen kognitiven Strukturen und sozialen Milieus, hätte also die ursprüngliche Universalitätsannahme Piagets sich als richtig erwiesen, entwickelten demnach alle Individuen gleichermaßen das formal-logische Denken, dann wäre dieses Ergebnis eindeutig als empirische Falsifikation der klassischen soziologischen Rationalisierungsthese zu verstehen gewesen. Die Annahmen Webers und Elias hinsichtlich der historischen Transformation psychisch-kognitiver Strukturen hätte sich in diesem Falle als eine Fehldeutung und Überinterpretation erwiesen.

So dient die Theorie Piagets der Rekonstruktion und der Verifikation der soziologischen Rationalisierungsthese. Andererseits kann man aber auch in umgekehrter Richtung fragen, was die soziologische Rationalisierungsthese zur transkulturellen Psychologie beisteuern kann. Weber und Piaget in diesem Punkt verglichen, bedeutete, die neuzeitliche protestantische Religionsform und Entzauberung der Welt als Erscheinungsform formalen Denkens zu betrachten. Und Elias interessiert sich weniger für die Rationalisierung des Denkens als für die Rationalisierung und Regulierung von Verhaltensweisen. Piaget auf Elias gemünzt, wirft ein Licht auf die Rolle der Operationen im Bereich der Affektstrukturen und elementaren sozialen Verhaltensweisen.

**Literatur**
Elias, Norbert (1977), Über den Prozeß der Zivilisation, 2 Bde. Frankfurt/M.
Oesterdiekhoff, Georg W. (1992), Traditionales Denken und Modernisierung. Jean Piaget und die Theorie der sozialen Evolution. Opladen.
Oesterdiekhoff, Georg W. (1995), Kulturelle Bedingungen kognitiver Entwicklung. Der strukturgenetische Ansatz in der Soziologie. (in Druck).
Weber, Max (1988), Gesammelte Aufsätze zur Religionssoziologie, 3 Bde. Tübingen.

Dr. Dr. Georg W. Oesterdiekhoff, Köhnestraße 46, D-45968 Gladbeck

# VIII. Sektion Medien- und Kommunikationssoziologie
*Leitung: Stefan Müller-Doohm*

## Kulturelle Umbrüche im Spiegel massenmedialer Symbolpolitiken

### 1. Einleitung

*Stefan Müller-Doohm*

Die Gegenwartsgesellschaften sind nicht nur, aber auch Mediengesellschaften - jedenfalls insofern, als die für demokratische Systeme fundamentale politische Öffentlichkeit durch die Medien der Massenkommunikation, insbesondere durch das Leitmedium Fernsehen hergestellt wird. Im Medienzeitalter sind soziale Umbrüche, wie sie in der Folge der "nachholenden Revolution" in den ehemals sozialistischen Gesellschaften stattgefunden haben, strukturelle Veränderungsprozesse, die aufgrund ihres unvorhergesehenen, überraschenden Eintritts einen spektakulären Charakter haben und sich deshalb zweimal ereignen, als zwei Wirklichkeiten: einmal als Ereignis vor Ort des tatsächlichen Geschehens, dessen Verlauf einen zufälligen Anfang und ein unvorsehbares Ende hat. Zum anderen als eine ausschnitthafte Szenenabfolge, die wenige Zeit nach dem realen Ablauf des Ereignisses als aktuelle Information im spezifischen Nachrichtenformat präsentiert wird. Diese Präsentation von Realität ist zwar durchaus eine Dokumentation mit den Gestaltungsmitteln Ton und Bild. Aber trotz allen journalistischen Bemühens um die Authentizität und Exaktheit der Wiedergabe des Wirklichen ist sie, schon wegen ihrer notwendigerweise fragmentierten Form der publizistisch aufbereiteten Berichterstattung, eine Inszenierung des Ereignisses, und zwar eine publikumsbezogene Inszenierung, die das zielgruppenspezifische Informationsinteresse des jeweils angesprochenen Zeitungslesers oder Fernsehzuschauers unter Bedingungen kultureller Pluralisierung in Rechnung stellen muß. Das Ereignis, so zweifelsfrei es als Faktum existent sein muß, wird überhaupt erst Ereignis durch den Aufmerksamkeitswert in der Folge der Kameras, die auf die Geschehnisse gerichtet sind, der televisionären Bilderserien, die über sie auf den Millionen von Bildschirmen optisch und akustisch in Erscheinung treten.

Welcher Dramaturgie gehorcht die Konfiguration der massenmedialen Zeichen? Wie bedienen sich die Massenmedien des kulturell sedimentierten Zeichenvorrats? Welchen Einfluß hat der Modus medienspezifischer Wirklichkeitskonstruktionen auf die öffentlich wirksamen Realitätsdefinitionen? Welche Konsequenz hat die Dominanz der visuellen Logik des Fernsehens für die Textkultur?

Die Beantwortung dieser Fragen, mit der sich die Sektion Medien- und Kommunikationssoziologie seit Beginn ihrer Tätigkeit vor über 5 Jahren theoretisch und empirisch beschäftigt (Müller-Doohm/Neumann-Braun 1991, 1995), ist deshalb so bedeutsam, weil diese "Medialität des Wirklichen" (Keppler 1994) den Effekt hat, auf das zurückzuwirken, woraus die Mediendramaturgie schöpft. Daß und wie die Televisionsmedien beispielsweise über die Aktionen der oppositionellen

Kräfte in Osteuropa berichtet haben, war von unmittelbar rückwirkendem Einfluß auf den Verlauf der Umbrüche bzw. für den Erfolg und Mißerfolg der Demonstrationen. Analoge Zusammenhänge lassen sich im Fall der Informationsstrategie sowohl über den Golfkrieg als auch über die rechtsextreme Ausländerfeindlichkeit nachweisen. Aus diesem Grund ist den massenmedialen Inszenierungspraktiken eine hohe symbolische Werthaftigkeit eigen. Schon das bloße Zeigen oder Verschweigen hat, vor allem im Wie, die Qualität einer symbolisch aufgeladenen und folglich vieldeutigen Aussage. Die Viel- und Mehrdeutigkeit erklärt sich nicht zuletzt aus der Eigentümlichkeit von Symbolen. Es sind komplexe textuelle bzw. visuelle Zeichensysteme, denen ein objektiv gültiger Sinngehalt inkorporiert ist, in dem sich die innere Struktur der kulturellen Ordnung ausdrückt. Aus der Tatsache, daß Medienkommunikation Kommunikation mit kollektiv tradierten und kollektiv rezipierten Symbolen ist, resultiert für jene Telekommunikationsmedien, die in eine hegemoniale Position bei der Öffentlichkeitsvermittlung geraten sind, eine spezifische Verantwortlichkeit für alle Bereiche der politischen Kultur, allgemeiner für die Deutungskultur, für die symbolische Verfassung der Gesellschaft überhaupt (Peters 1994). Diese Verantwortungsdimension der Medien als Träger symbolischer Botschaften hat Jürgen Habermas im Auge, wenn er konstatiert, daß die medienspezifischen Formen der Thematisierung und Dethematisierung eine einzigartige Machtquelle darstellen. Er warnt davor, daß "diese Medienmacht ... durch professionelle Standards nur unzureichend eingehegt" ist (1992: 455). Dabei geht es bei den massenmedialen Strategien der Informationsverarbeitung und Realitätsdeutung nicht nur um die bekannten Mechanismen der Personalisierung von Sachfragen, der Vermischung von Information und Unterhaltung, der Sensationalisierung etc., sondern um die massenrhetorischen Praktiken der Bedeutungszuweisungen und Sinnsetzungen mit symbolischen Mitteln, gerade auch durch die suggestive Macht der Fernsehbilder. Die Wahrnehmung dieser Verantwortungsdimension für die Deutungskultur einer Gesellschaft setzt nicht zuletzt auch voraus, daß die öffentlichkeitswirksamen Medien ein selbstkritisches Bewußtsein im Hinblick auf die symbolischen Potentiale ihrer Textualisierungen und Visualisierungen haben. Darauf zielt diese medien- und kommunikationssoziologische Problemstellung: Mit welchen Symbolpolitiken versuchen die Massenmedien, Aufmerksamkeit bei ihren Rezipienten zu gewinnen?

**Literatur**
Habermas, Jürgen (1992), Faktizität und Geltung. Frankfurt a.M.
Keppler, Angela (1994), Wirklicher als die Wirklichkeit. Frankfurt a.M.
Müller-Doohm, Stefan/Neumann-Braun, Klaus (Hg.) (1991), Öffentlichkeit, Kultur, Massenkommunikation. Oldenburg.
Müller-Doohm, Stefan/Neumann-Braun, Klaus (Hg.) (1995), Kulturinszenierungen. Frankfurt a.M.
Peters, Bernhard (1994), Der Sinn von Öffentlichkeit, in: Friedhelm Neidhardt (Hg.), Öffentlichkeit, öffentliche Meinung, soziale Bewegung. KZfSS, Sonderheft 34.

Prof. Dr. Stefan Müller-Doohm, Universität Oldenburg, FB 3, Institut für Soziologie, Postfach 25 03, D-26129 Oldenburg

## 2. Rechtsextremismus im Fernsehformat

*Hans-Jürgen Weiß*

Im Rahmen der politischen, gesellschaftlichen und kulturellen Prozesse, die die Zusammenführung der beiden Teile Deutschlands freigesetzt hat, ist ein Problembündel auszumachen, das in der öffentlichen Diskussion mit zwei Begriffen bezeichnet wird, die gleichbedeutend zu sein *scheinen*: Rechtsextremismus und fremdenfeindliche Gewalt. Ich beschäftige mich in diesem Zusammenhang mit der Frage, wie die mit diesen Begriffen verbundenen Ereignisse und Probleme im bundesdeutschen Fernsehen aufgegriffen und fernsehjournalistisch bearbeitet werden. Dabei ist meine Argumentation auf ein spezifisches Segment des Fernsehprogramms, die Fernsehpublizistik - und um an das Tagungsthema anzuknüpfen: auf die hierfür typische 'mediale Symbolpolitik' - begrenzt.

Bevor ich dazu die Ergebnisse einer empirischen Untersuchung vorstelle, die sich mit der Fernsehberichterstattung über Rechtsextremismus und fremdenfeindliche Gewalt in Deutschland im Zeitraum 1992/93 befaßt (vgl. Weiß u.a. 1995), halte ich eine kurze Anmerkung zum öffentlichen Sprachgebrauch für angebracht. Hinter der zuvor angedeuteten Synonymisierung der Begriffe (a) des Rechtsextremismus und (b) der fremdenfeindlichen Gewalt verbirgt sich nach meiner Auffassung eine Problemverkürzung, die einerseits typisch ist für die Herausbildung einfacher Stereotypen im Prozeß öffentlicher, massenmedial vermittelter Kommunikation (vgl. Lippmann 1992; Weiß 1989). Andererseits dient diese spezifische Stereotypenbildung ganz offensichtlich der Hygiene des öffentlichen Bewußtseins:

Der neue Rechtsextremismus in Deutschland wird so auf ein 'One Issue-Problem', nämlich fremdenfeindliche Gewalt, reduziert. Von der Mehrheit der Deutschen wird zugleich das Stigma der alltäglichen Ausländerfeindlichkeit genommen und an eine Minderheit durchgereicht, von der man sich moralisch distanzieren kann.

Erstaunlicherweise wird diese öffentliche Problemverkürzung, die von Journalisten, Politikern, aber auch wissenschaftlichen Experten gleichermaßen gestützt wird, in der Fülle der medienkritischen Beiträge zur Rechtsextremismus-Berichterstattung von Presse, Hörfunk und Fernsehen kaum problematisiert. Auch die Untersuchung, auf die ich mich beziehe, geht zunächst von einem Zusammenhang zwischen (a) der offensichtlichen Renaissance des organisierten und nicht-organisierten Rechtsextremismus und (b) der großen Zahl fremdenfeindlicher Gewalttaten im wiedervereinigten Deutschland aus. Allerdings ist die Kategorienbildung der empirischen Analysen dieser Studie durchgängig daraufhin angelegt, daß sowohl die Fernsehberichterstattung über die Ausländer- und Asylproblematik in Deutschland als auch die im engeren Sinn auf Erscheinungsformen des Rechtsextremismus bezogene Fernsehberichterstattung erfaßt wurde. Dadurch ist es unter anderem möglich, die zuvor behauptete Verkürzung bzw. Stereotypisierung der Berichterstattung der Medien über die Rechtsextremismus-, Ausländer- und Asylproblematik in Deutschland - bezogen auf das Fernsehen - empirisch zu belegen.

Zur Konzeption und Methode der Studie möchte ich an dieser Stelle nur einige wenige Hinweise geben. Die Studie ist Teil eines zweistufigen Forschungsprojekts, das sich mit der Frage befaßt, in welcher Weise private Fernsehveranstalter ihren Informationsauftrag erfüllen. Dabei geht es um die Realisation eines Programmgrundsatzes des nordrhein-westfälischen Landesrundfunkgesetzes, der von privaten Rundfunkvollprogrammen eine angemessene Berichterstattung über „kontroverse Themen von allgemeiner Bedeutung", das heißt im weitesten Sinn: eine angemessene politische Berichterstattung fordert.[1] Im ersten Teil des Forschungsprojekts wurde diese Programmnorm allgemein diskutiert und auf die Gesamtheit der Informationsleistungen privater und - im Vergleich dazu - öffentlich-rechtlicher Fernsehprogramme bezogen (vgl. Weiß und Trebbe 1994). Die Anschlußstudie zur Rechtsextremismus-Berichterstattung dieser Programme ergänzt diese thematisch offenen Untersuchungen durch eine themenspezifische Fallstudie (vgl. Weiß u.a. 1995).

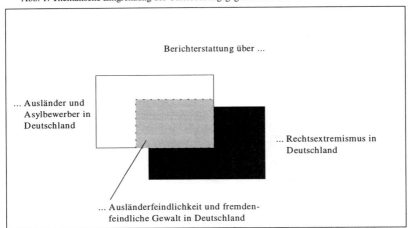

Abb. 1: Thematische Eingrenzung des Untersuchungsgegenstandes der Rechtsextremismus-Studie

Zwei repräsentative Programmstichproben für die Jahre 1992 und 1993 und eine Dokumentation fernsehjournalistischer Beiträge zum Themenkomplex Rechtsextremismus, Ausländer und Asyl in Deutschland zwischen August 1992 und Juli 1993 bilden die empirische Grundlage dieser Fallstudie. Durch die Programmstichproben wurden die Informationsleistungen von RTL, SAT 1 und PRO 7 und die damit vergleichbaren Programmangebote der ARD (Erstes Programm) und des ZDF erfaßt. Die Programmdokumentation hat die themenspezifische Berichterstattung von RTL, SAT 1 und dem Ersten Programm der ARD zum Gegenstand.

Ich beziehe mich im folgenden auf die Ergebnisse beider Teilstudien; im Vordergrund steht jedoch die quantitative Auswertung der zuletzt erwähnten Programmdokumentation der Rechtsextremismus-Studie.[2]

Die Medienberichterstattung über Rechtsextremismus, Ausländer und Asyl im wiedervereinigten Deutschland ist - wie schon erwähnt - Gegenstand einer heftigen medienkritischen Debatte. Kritisiert wird vor allem die Art und Weise, in der dieser Themenkomplex im Fernsehen dargestellt und journalistisch behandelt wird. Diese Kritik läßt sich in fünf zentrale Thesen zusammenfassen:

(1) Die Berichterstattung des Fernsehens ist ereignisabhängig. Das hat zur Folge, daß fremdenfeindliche Gewalttaten im Mittelpunkt der Rechtsextremismus-Berichterstattung stehen. Hinzu kommt die Gefahr, daß das Fernsehen auch über Ereignisse berichtet, die von rechten Gruppierungen gezielt als Medienereignisse inszeniert werden.
(2) Komplementär zum Übergewicht der Ereignisberichterstattung ist die Berichterstattung über wichtige Teilaspekte des Rechtsextremismus nur schwach entwickelt. Rechtsextremismus aus der Mitte der Gesellschaft; Grauzonen zwischen Rechtsextremismus und Politik, Staat, Wirtschaft und Gesellschaft; Angst und Orientierungslosigkeit vieler Menschen als Ursache für individuelle rechtsextreme Orientierungen werden nur selten thematisiert.
(3) Die Rechtsextremismus-Berichterstattung ist oberflächlich. Analytische, auf Ursachenforschung angelegte Hintergrundberichte sind selten.
(4) Das Fernsehen läßt sich von den audiovisuellen Erscheinungsformen der organisierten und nicht-organisierten Rechten gefangen nehmen: paramilitärische Aufmachung, Aufmärsche, Musik, Fahnen und Symbole, Skin-Outfit etc. sind beliebtes Bild- und Tonmaterial der Rechtsextremismus-Berichterstattung.
(5) Das Fernsehen liefert organisierten und nicht-organisierten Rechten eine Plattform zur Selbstdarstellung und Verbreitung ihrer Ideologie.

Typisch für diese Kritik der Rechtsextremismus-Berichterstattung des Fernsehens ist die Tendenz, die Defizite und Probleme in diesem Bereich erstens als ein *themenspezifisches Problem* anzusehen und sie zweitens auf *individuelle bzw. professionelle Fehlleistungen* von Journalisten zurückzuführen. Die Ergebnisse der Studie, über die ich berichten möchte, sprechen im Gesamtzusammenhang betrachtet jedoch *nicht* dafür, daß die in der medienkritischen Debatte hervorgehobenen Defizite und Probleme der Rechtsextremismus-Berichterstattung primär ein themenspezifisches, durch individuelle oder professionelle Fehlleistungen von Journalisten verursachtes Problem darstellen. Die Studie liefert vielmehr empirisch gut abgesicherte Hinweise darauf, daß die Fernsehberichterstattung über den Rechtsextremismus, über fremdenfeindliche Gewalttaten und die sogenannte Ausländer- und Asyldebatte in Deutschland den Normalfall dessen darstellt, was unter den strukturellen Rahmenbedingungen der dualen Rundfunkordnung in Deutschland derzeit fernsehjournalistisch möglich und üblich ist.

In Anknüpfung an das Leitthema dieser Sektionstagung möchte ich daher die These formulieren, daß im Bereich des Fernsehens die inhaltliche und formale Varianz massenmedialer Symbolpolitik in entscheidender Weise durch die strukturelle Standardisierung des Medien-Outputs geprägt ist. Themenspezifische Faktoren scheinen demgegenüber ebenso nachrangig zu sein wie der Spielraum der Medienschaffenden, die Strukturvorgaben ihres Mediums in spezifischer Weise formal und inhaltlich auszufüllen.

Die strukturelle Standardisierung von Rundfunkprogrammen wird in der Rundfunkpraxis mit dem Begriff des Programmformats umschrieben (vgl. Heyen 1994). Durch das Prinzip der Programmformatierung werden vor allem im Hörfunk, in zunehmendem Maß aber auch im Fernsehen Programmflächen gestaltet. Dabei wird die Varianz dessen festgelegt, was an Programmformen und Programminhalten gesendet wird. Die Informationsleistung von Fernsehprogrammen wird dadurch in dreifacher Hinsicht determiniert:

– die *Formatierung des Gesamtprogramms* legt grundsätzlich fest, welche Entfaltungsmöglichkeiten die Fernsehpublizistik als Teil bzw. im Kontext des gesamten Programmangebots hat;

- die *Formatierung der Fernsehpublizistik* legt fest, welche journalistischen Sendeformen an welchen Sendeplätzen und in welchem Senderhythmus für die Informationsleistung eines Fernsehprogramms vorgesehen sind;
- die *Formatierung der einzelnen fernsehpublizistischen Genres, Sendungen, Reihen etc.* entscheidet schließlich darüber, mit welchen thematischen Schwerpunkten und in welchem fernsehjournalistischen Stil Informationen und Meinungen in Nachrichtensendungen, Magazinen, Talk-Shows etc. aufbereitet und vermittelt werden.

In Kenntnis dieser drei Ebenen der Formatierung eines Programms lassen sich dessen Informationsleistungen - bis hin zu dem, was bei der fernsehjournalistischen Behandlung eines bestimmten Themenkomplexes in diesem Programm 'qualitativ möglich' ist und was nicht - weitgehend prognostizieren. Ich werde versuchen, dies am Beispiel der Ergebnisse der Studie zur Fernsehberichterstattung über Rechtsextremismus, Ausländer und Asyl in Deutschland - bezogen auf die Programmleistungen von RTL, SAT 1 und ARD (Erstes Programm) im Zeitraum 1992/93 - zu belegen:

1. Wenn es um die Untersuchung themenspezifischer Informationsleistungen von Fernsehprogrammen geht, ist zunächst der Hinweis darauf von Bedeutung, daß die politische Fernsehpublizistik in keinem der großen deutschen Fernsehprogramme eine dominierende Rolle einnimmt. In den am meisten genutzten öffentlich-rechtlichen und privaten Fernsehvollprogrammen wird vor allem den verschiedenen Genres der Fernsehunterhaltung (Filmen, Serien, Shows etc.) deutlich mehr Sendezeit eingeräumt als der Berichterstattung über im weitesten Sinne politische Themen in den verschiedenen journalistischen Genres der Fernsehpublizistik. Daß dabei der Stellenwert der politischen Fernsehpublizistik im privaten Fernsehen deutlich geringer ist als in öffentlich-rechtlichen Fernsehprogrammen, ist vor dem Hintergrund dieser allgemeinen, systemübergreifenden Konvergenz der Formate der großen, marktbeherrschenden Fernsehvollprogramme in Deutschland zunächst von nachrangiger Bedeutung.

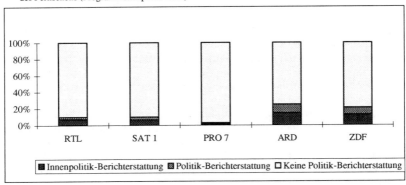

Abb. 2: Politik-Berichterstattung: Der quantitative Rahmen der Rechtsextremismus-Berichterstattung des Fernsehens (Programmstichprobe 1992)

2. Vergleicht man das jeweilige Gesamtvolumen der Informationsleistung verschiedener Fernsehprogramme, erhält man ein 'proportionales Profil' als Indikator für den vergleichsweise großen bzw. vergleichsweise geringen Stellenwert der Fernsehpublizistik in den einzelnen Programmen. Wenn man nun über längere Zeit hinweg die Berichterstattung dieser Programme über *spezifische Themen* wie im Fall der Rechtsextremismus-Studie beobachtet, findet man ganz offensichtlich dieselben Proportionen wieder. Demnach ist der Raum, in dem sich die fernsehjournalistische Aufarbeitung eines spezifischen Themenkomplexes wie zum Beispiel der Rechtsextremismus-, Ausländer- und Asylproblematik in Deutschland entfalten kann, maßgeblich davon abhängig, wie hoch der allgemeine Stellenwert der Information im Format eines Fernsehprogramms ist.

Abb. 3: Umfang der Berichterstattung über Rechtsextremismus, Ausländer und Asyl in Deutschland im Fernsehen (Programmdokumentation 1992/93)

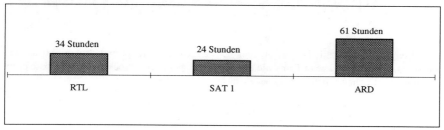

3. Innerhalb dieser programmstrukturellen Rahmenbedingungen, die das quantitative Volumen der fernsehjournalistischen Behandlung spezifischer Themenkomplexe determinieren, sind es dann berufs- und medientypische Normen, die die Auswahl berichtenswerter Informationen bestimmen. Betrachtet man die Fernsehberichterstattung über die Rechtsextremismus-, Ausländer- und Asylproblematik in Deutschland im Zeitverlauf, wird deutlich, daß spektakuläre Ereignisse im Mittelpunkt der auf diesen Themenkomplex bezogene Fernsehpublizistik stehen: fremdenfeindliche Krawalle (wie zum Beispiel in Rostock) und Gewalttaten, die mehrere Tote zur Folge haben (wie zum Beispiel die Brandanschläge in Mölln und Solingen). Außerhalb dieser für die Rechtsextremismus-Berichterstattung im Fernsehen zentralen Ereigniszeiträume flacht die Aufmerksamkeit der Fernsehjournalisten für diesen Themenkomplex sofort wieder ab - unabhängig davon, daß in den vorgeblich ereignisarmen Zeiträumen viele einzelne Gewalttaten, zum Teil mit Todesfolge, und für die Gesamtproblematik relevante politische Entscheidungen (zum Beispiel zum Asylrecht) zu verzeichnen sind.

Abb. 4: Der Ereignisbezug der Berichterstattung über Rechtsextremismus, Ausländer und Asyl in Deutschland im Fernsehen (Programmdokumentation 1992/93)

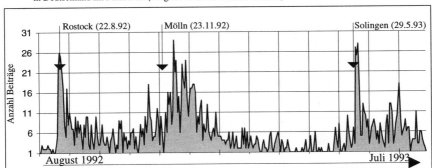

4. Die programmspezifische Formatierung der Fernsehpublizistik beeinflußt ihrerseits die Selektionskriterien, anhand derer Fernsehjournalisten über spezifische Aspekte und Ereignisse eines Themas im Fernsehen berichten, über andere nicht.

Tab. 1: Fernsehpublizistische Formate der Rechtsextremismus-Berichterstattung: Anzahl der Beiträge, in Prozent (Programmdokumentation 1992/93)

| **Fernsehpublizistische Formate** | RTL n=519[1] | SAT 1 n=217 | ARD n=363 |
|---|---|---|---|
| Nachrichtensendungen | 34 | 51 | 30 |
| Frühstücksfernsehen | 28 | 31 | 20 |
| (Werk-)tägliche Magazine | 29 | - | 25 |
| Sonstige Magazine | 7 | 8 | 15 |
| Diskussionssendungen und Talk-Shows | 1 | 5 | 2 |
| Sendereihen und Einzelsendungen | 1 | 5 | 4 |
| Sondersendungen | - | - | 3 |
| Übertragung von Bundestagsdebatten | - | - | 1 |
| **Gesamt** | **100** | **100** | **100** |

1) Anzahl der Beiträge

Tab. 2: Fernsehpublizistische Formate der Rechtsextremismus-Berichterstattung:
Sendezeit der Beiträge, in Prozent (Programmdokumentation 1992/93)

| Fernsehpublizistische Formate | RTL 23 : 53[1] | SAT 1 19 : 04 | ARD[2] 49 : 09 |
|---|---|---|---|
| Nachrichtensendungen | 11 | 10 | 16 |
| Frühstücksfernsehen | 11 | 18 | 8 |
| (Werk-)tägliche Magazine | 31 | - | 9 |
| Sonstige Magazine | 33 | 12 | 17 |
| Diskussionssendungen und Talk-Shows | 9 | 51 | 11 |
| Sendereihen und Einzelsendungen | 5 | 9 | 16 |
| Sondersendungen | - | - | 11 |
| Übertragung von Bundestagsdebatten | - | - | 12 |
| **Gesamt** | **100** | **100** | **100** |

1) Stunden : Minuten
2) Mit Übertragungen von Bundestagsdebatten

Je stärker die Fernsehpublizistik zum Beispiel auf Formate des tagesaktuellen Fernsehjournalismus begrenzt ist, desto wahrscheinlicher ist eine primär auf die Wiedergabe von spektakulären Ereignissen bezogene Fernsehberichterstattung. Gemessen an der Zahl der Fernsehbeiträge zum Themenkomplex Rechtsextremismus, Ausländer und Asyl in Deutschland zeigt sich, daß in allen untersuchten Fernsehprogrammen die tagesaktuelle Rechtsextremismus-Berichterstattung dominiert. Zwischen 75 und 90 Prozent der *Beiträge* sind der tagesaktuellen Fernsehberichterstattung von RTL, SAT 1 und des Ersten Programms der ARD zuzurechnen. Gemessen an der *Sendezeit* der themenspezifischen Fernsehberichterstattung sind dann formatspezifische Differenzen festzustellen. Bei RTL findet die Rechtsextremismus-Berichterstattung vor allem in Magazinformaten, bei SAT 1 vor allem in Diskussions- und Talkformaten statt. Die vergleichsweise geringste Formatierung, das heißt eine breite Streuung der Rechtsextremismus-Berichterstattung über verschiedene fernsehpublizistische Genres, ist demgegenüber im Ersten Programm der ARD festzustellen.

5. Die Auswirkungen der programmstrukturellen Formatierung der Fernsehpublizistik auf die individuellen bzw. professionellen Spielräume, die den Fernsehjournalisten zur inhaltlichen und formalen Gestaltung ihrer Beiträge zur Verfügung stehen, lassen sich am besten am Beispiel der Beitragslänge aufzeigen. Dabei ist die für einen Beitrag verfügbare Zeit als Chance zu interpretieren, einen Sachverhalt mit fernsehjournalistischen Mitteln mehr oder weniger komplex darzustel-

len, zu analysieren und zu kommentieren. Das Beispiel der Behandlung der Problematik des Rechtsextremismus und der fremdenfeindlichen Gewalt im Fernsehen zeigt zum einen, daß von der Fernsehberichterstattung über gesellschaftliche und politische Probleme in der Regel nicht allzugroße journalistische Komplexität zu erwarten ist.

Tab. 3: Beitragslängen der Rechtsextremismus-Berichterstattung im Fernsehen: Anzahl der Beiträge, in Prozent (Programmdokumentation 1992/93)

| Beitragslängen | RTL n=519[1] | SAT 1 n=217 | ARD n=363 |
|---|---|---|---|
| Bis 30 Sekunden | 17 | 22 | 1 |
| 31 - 60 Sekunden | 33 | 17 | 6 |
|  | 50 % |  |  |
| 61 - 90 Sekunden | 12 | 15 | 3 |
|  |  | 54 % |  |
| 91 - 180 Sekunden | 18 | 19 | 35 |
|  |  |  | 45 % |
| 181 - 360 Sekunden | 10 | 11 | 29 |
| Über 360 Sekunden | 10 | 16 | 26 |
| **Gesamt** | **100** | **100** | **100** |
| **Mittelwerte[2]** | **2:46** | **5:16** | **8:07** |

1) Anzahl der Beiträge
2) Minuten : Sekunden

So sind zwischen 75 und 90 Prozent der im Untersuchungszeitraum ermittelten Fernsehbeiträge von RTL und SAT 1 und des Ersten Programms der ARD zur Rechtsextremismus-Problematik nicht länger als vier Minuten. Zum anderen zeigen sich zwischen diesen drei Programmen deutliche Unterschiede. Die geringste inhaltliche Komplexität der Rechtsextremismus-Berichterstattung ist im Programm von RTL zu vermuten: 50 Prozent der Beiträge haben einen Umfang von maximal 60 Sekunden. Vergleichsweise höher dürfte demgegenüber die inhaltliche Komplexität der Rechtsextremismus-Berichterstattung im Ersten Programm der ARD sein: Hier sind über 50 Prozent der Beiträge länger als drei Minuten.

Zusammengenommen stützen die hier vorgetragenen quantitativen Ergebnisse einer themenspezifisch angelegten Fallstudie zur Informationsleistung des Fernsehens die allgemein formulierte These, daß die inhaltliche und formale Varianz der 'medialen Symbolpolitik' des Fernsehens in entscheidender Weise durch medienspezifische Strukturvorgaben geprägt und begrenzt wird. Diese mit dem Begriff des 'Programmformats' bezeichneten Strukturvorgaben geben - je nach programmspezifischer Ausprägung - den Fernsehjournalisten bzw. der Fernsehpublizistik zum Teil größere, zum Teil geringere *Chancen*, gesellschaftlich relevante und kontroverse Themen wie zum Beispiel die Rechtsextremismus-, Ausländer- und Asylproblematik in Deutschland mit fernsehjournalistischen Mitteln aufzubereiten und in private Rezeptions- ebenso wie in öffentliche Diskussionszusammenhänge weiterzuvermitteln.

Wie die an dieser Stelle nicht weiter zu verfolgenden Ergebnisse des qualitativen Teils der Studie zeigen, sind - sozusagen unterhalb dieser programmstrukturellen Normierung - wiederum programmübergreifende Parallelen und programmspezifische Besonderheiten der Rechtsextremismus-Berichterstattung im Fernsehen festzustellen. Die qualitativen Gemeinsamkeiten und Besonderheiten der Rechtsextremismus-Berichterstattung im Fernsehen können aber nicht darüber hinwegtäuschen, daß die eingangs benannten Defizite dieser Berichterstattung im wesentlichen auf die Formatierung der bundesdeutschen Fernsehprogramme und in diesem Kontext auf die Formatierung der in diesen Fernsehprogrammen betriebenen Fernsehpublizistik zurückzuführen sind.

## Anmerkungen

1) Im Verständnis des deutschen Rundfunkprogrammrechts sind *Rundfunkvollprogramme* Hörfunk- oder Fernsehprogramme „mit vielfältigen Inhalten", in welchen „Information, Bildung, Beratung und Unterhaltung einen wesentlichen Teil des Gesamtprogramms bilden" (Staatsvertrag über den Rundfunk im vereinten Deutschland vom 31. August 1991, § 2 Abs. 2 Abschnitt 1). In diesem Zusammenhang wird im nordrhein-westfälischen Landesrundfunkgesetz (LRG NW) von Rundfunkvollprogrammen u.a. gefordert, daß sie „in der Berichterstattung angemessene Zeit für die Behandlung kontroverser Themen von allgemeiner Bedeutung vorsehen" sollen (§ 12 Abs. 3 Satz 3 LRG NW).
2) Dabei werde ich darauf verzichten, die Belegstellen der im folgenden vorgetragenen Argumente und Untersuchungsergebnisse in den beiden Veröffentlichungen im Detail nachzuweisen.

## Literatur

Heyen, Angelika (1994), Programmformat und Programmnutzung. Eine Untersuchung zum Zusammenhang von Angebots- und Nutzungsstrukturen im Bereich des Hörfunks. Göttingen (unveröff. Diplomarbeit am Fachbereich Sozialwissenschaften der Universität Göttingen).
Lippmann, Walter (1922), Public opinion. New York (deutsche Ausgabe: Die Öffentliche Meinung. München 1964.).
Weiß, Hans-Jürgen (1989), Öffentliche Streitfragen und massenmediale Argumentationsstrukturen. Ein Ansatz zur Analyse der inhaltlichen Dimension im Agenda Setting-Prozeß. In: Kaase, Max/Winfried Schulz (Hg.), Massenkommunikation. Theorien, Methoden, Befunde. Opladen (Kölner Zeitschrift für Soziologie und Sozialpsychologie, Sonderheft 30/1989): 473-489.
Weiß, Hans-Jürgen u.a. (1995), Gewalt von Rechts - (k)ein Fernsehthema? Zur Fernsehberichterstattung über Rechtsextremismus, Ausländer und Asyl in Deutschland. Opladen (Schriftenreihe Medienforschung der Landesanstalt für Rundfunk Nordrhein-Westfalen, Band 11).
Weiß, Hans-Jürgen/Joachim Trebbe (1994), Öffentliche Streitfragen in privaten Fernsehprogrammen. Zur Informationsleistung von RTL, SAT 1 und PRO 7. Opladen (Schriftenreihe Medienforschung der Landesanstalt für Rundfunk Nordrhein-Westfalen, Band 15).

Prof. Dr. Hans-Jürgen Weiß, Freie Universität Berlin, Institut für Publizistik- und Kommunikationswissenschaft, Arbeitsbereich Kommunikations- und Medienforschung, Malteserstr. 74-100, D-12249 Berlin, e-mail: weiss@zedat.fu-berlin.de

## 3. Mediale Symbolpolitik im Prozeß der Wiedervereinigung

*Uwe Weisenbacher*

Angesichts des aktuellen Falles "Berlusconi" mehren sich hinsichtlich der Thematik mediale Symbolpolitik vornehmlich im Feuilleton der Presse die Stimmen derjenigen, die aufgeregt über die überwältigende Macht der Bilder im Fernsehen und den Verfall der Schriftkultur räsonieren und zugleich nach moralisch verantwortlichen Politikern suchen. Damit werden die immer gleichen medienkritischen Argumentationsfolien aufgelegt. Da derartige feuilletonistische Aufgeregtheiten aber weithin die öffentlichen Diskussionen bestimmen, kommt man nicht daran vorbei, mit der Eröffnung eines wissenschaftlichen Zuganges zum gegenwärtig exponierten Feld mediale Symbolpolitik auch gleichzeitig diese moralisierenden Argumentationsfolien zu erklären. Dies ist zudem deshalb geboten, weil nicht eben selten auch Wissenschaftler in die Klagelieder einstimmen; man denke z.B. an Neil Postmans Schwarzweißmalereien, die folgendermaßen umschrieben werden können: "Der Verfall des guten Buches und die Machtübernahme im Bereich menschlichen Urteilens durch Fernsehen und Computer".[1]

Davon ausgehend sind die Fragen, die im Rahmen dieser kurzen Arbeit einer Klärung nähergebracht werden sollen, folgende: Wie läßt sich das Phänomen mediale Symbolpolitik wissenschaftlich angemessen zugänglich machen, und wie sind die moralisierenden Kritiken an medialer Symbolpolitik konstruiert? Dazu werden Analysen von Materialien aus dem Prozeß der Wiedervereinigung mit theoretischen Überlegungen verbunden.

Wenn von medialer Symbolpolitik die Rede ist, dann muß zunächst einmal, gegen die Tendenz zu überhitzter Aktualität, festgehalten werden, daß dieses Phänomen keinesfalls mit der vielbeschworenen "Telekratie des Medienzaren Berlusconi" in die Welt gekommen ist. Symbolpolitik gab es als Phänomen schon lange vor den elektronischen Medien, wenngleich selbstverständlich sofort anzufügen ist, daß die Schärfe des Problems *mediale* Symbolpolitik sich vor allem mit den Kommunikationsmedien des 20. Jahrhunderts ergibt. Dennoch, es muß in Erinnerung gerufen werden: Das Phänomen Symbolpolitik ist deutlich älter als das Fernsehen, wie man vom Populismus in der römischen Republik bis ins 20. Jahrhundert am Rundfunk der Nationalsozialisten sehen kann.[2]

Wenn es denn richtig ist, daß gegen verkürzende Moralisierungen nur die sachliche Rekonstruktion des Gegebenen aufgeboten werden kann, dann darf vor allem nicht verkannt werden, daß das allgemein "Anstößige" der medialen Symbolpolitik, der Ruch von Instrumentalisierung, Manipulation, Verdummung, nichts so Außergewöhnliches ist, als daß es nicht von jedem einzelnen in seinem täglichen Handeln in der ambivalent gewordenen Moderne ebenfalls sozial gebraucht würde: Marketingstrategien und Public Relations in eigener Sache werden unter modernen Bedingungen in jedem Teilsystem der Gesellschaft, also keineswegs nur im politischen System, von allen Subjekten angefordert. Und wenn es - wie bekanntlich Niklas Luhmann immer wieder betont - richtig ist, daß moderne Gesellschaften auf der Ebene der funktional ausdifferenzierten Subsysteme über binäre Codes und über symbolisch generalisierte Kommunikationsmedien laufen, und das bedeutet im Falle des politischen Systems: über die Zugehörigkeit zu Regierung oder Opposition und über Macht, dann kann es nicht verwundern, daß es dort funktional zwar um alles mögliche geht, aber kaum um Moral.³ Dies gilt gerade dann, wenn unablässig alle komplexen Interessenlagen, finanziellen Abhängigkeiten und Machtbeziehungen zum Zwecke der symbolpolitischen Außendarstellung moralisierend aufbereitet werden; *moralisierend* heißt hier, daß diese komplexen gesellschaftlichen Lagen auf "familial-interaktiv" nachvollziehbare, vereindeutigende und kontrastive Positionierungen, die zu Anteilnahme und Bewertung auffordern, gebracht werden.

Die Vermutung stellt sich hier ein, daß die verbreitete moralisierende Kritik der medialen Symbolpolitik tendenziell denselben mythischen Vereinfachungen komplexer, relationaler gesellschaftlicher Vorgänge gehorchen könnte, die im Rahmen medialer Symbolpolitik zur Vermittlung von besonderen politischen Interessenlagen als vorgeblich allgemeinen und vom Publikum nachzuvollziehenden aufgeboten werden. Wesentlich um die Logik dieser mythischen Vereinfachungsfolie wird es im folgenden gehen; wenn es rekonstruktiv gelingt, diese Folie selbst in den Blick zu bekommen, dann ist wissenschaftlich getan, was möglich ist, um über Moralisierungen hinauszugelangen und zudem ein konstitutives Moment medialer Symbolpolitik herauszuarbeiten.

Um nach den notwendigen Vorbemerkungen zur Sache zu kommen, wird nun auf einen vertrauten Fall zurückzugreifen sein, der sich in viele Facetten gliedert und in den Details politisch umstritten ist wie kaum ein anderer: den Prozeß der deutschen Wiedervereinigung. Am Material soll deutlich gemacht werden, daß dieser Fall in der politischen Kommunikation als medialsymbolischer Mythos fungiert.

Was nun ist das Problem des Wiedervereinigungsprozesses in bezug auf die mediale Symbolpolitik der Parteien? Nichts anderes als die Darstellung entweder des allmählichen Gelingens (Regierung: CDU und FDP) oder des tendenziellen Scheiterns (Opposition: SPD, B90/Grüne und PDS) der *Einheit*. Die Inszenierung der Einheit als zwar ständig aufgeschobene, aber doch möglichst bald zu vollendende ist also Pflicht aller Regierenden, die Inszenierung, daß mit der Einheit vieles schief läuft und wir noch weit von ihrer Vollendung entfernt sind, ist Pflicht der Opposition. Bezugspunkt für *alle*, für Regierung und Opposition, ist dabei das Werden zur Einheit. Für die Analyse interessieren deshalb hier nicht die parteipolitisch-inhaltlichen Kontrastfolien, sondern die mythische Konstruktion einer alle umfassenden "Frage deutscher Identität", wie dieses Werden zur Einheit im Verlauf der im folgenden beschriebenen Veranstaltung bezeichnet wurde.

Wenn der Bremer Bürgermeister Wedemeier in seiner Ansprache im vergangenen Jahr anläßlich des Festaktes zum "Tag der Deutschen Einheit" im Bremer Kongreßzentrum - live übertragen im Fernsehen - nicht nur die Anwesenden begrüßt, sondern explizit auch die Fernsehzuschauer dazu aufruft, daß "wir" heute "gemeinsam Zeichen setzen wollen", dann haben alle Deutschen in medialer Gemeinsamkeit das Ritual der in Zukunft zu erwartenden Einheit zu vollziehen. Lediglich die penetrant häufig und abwechselnd eingeblendeten Wahlkampfkandidaten Kohl und Scharping erinnern da noch von Ferne an kontrastive mediale Symbolpolitik. Bundespräsident Herzog spricht nach Wedemeier angesichts der Wiedervereinigung von einem "Geschenk" und von einem "unerhörten Glücksfall". Dann allerdings wendet er sich dem seit 1989 Gewordenen zu: Übergroße Erwartungen hätten in Ost und West zu Enttäuschungen geführt. Er stellt sich die Frage, wie denn damit umzugehen sei, und kommt zur schlichten, aber unmittelbar nachvollziehbaren Einbindungs- und Glaubwürdigkeitsformel, daß man auf allen Seiten Geduld brauche, und daß er persönlich sicher sei, daß der Erfolg kommen wird. Er sei zudem gegen das Fragen nach politischen Fehlern, und es gelte: Nicht was uns noch trennt, sondern was uns schon eint, ist wichtig.

An dieser Inszenierung der Einheit wird deutlich, daß der Prozeß der Wiedervereinigung symbolpolitisch als Teleologie aufbereitet wird: Mühsam ist der Weg, groß sind die zu erbringenden Verzichtleistungen, aber die Einheit wird kommen, weil sie kommen muß, weil sie im mythischen Ursprung des "Geschenkes", des "unerhörten Glücksfalles" bereits beschlossen liegt. Und gerade weil keiner zu erklären vermag, was denn unter Einheit nun konkret zu verstehen sei, kann die ursprünglich angelegte und in Zukunft zu erwartende Einheit als Legitimationsmythos dienen. Als Vorgeschmack auf die zukünftige Gemeinschaft aller Deutschen stiftet das Fernsehen die entsprechenden Bilder der religiösen Vereinigung: Der Raum der oben genannten Veranstaltung war nach kirchlichem Modell gestaltet, und der Kommentator erwähnte mit getragener Stimme, daß alle im Saal Versammelten geradewegs vom Gottesdienst kämen.

Eine weitere grandiose mediale Inszenierungsleistung des Einheitsherstellens brachte im Vorfeld der Bundestagswahlen Bundeskanzler Helmut Kohl zustande: In der Sportsendung *Ran* (Sat 1) schlichtete er im Beisein des Moderators Beckmann und in fulminanter Übernahme von dessen Rolle den schwelenden und Fußballdeutschland beunruhigenden Streit zwischen "Kaiser" Franz Beckenbauer und dem "Kameraden" Berti Vogts - und dies alles über die mediale Zuschaltung der beiden Letztgenannten und rechtzeitig vor der Fußballweltmeisterschaft. Ohne eine einzige parteipolitische Aussage zu treffen, ist es Helmut Kohl hier gelungen, vor einem Millionenpublikum Einheitskompetenz symbolisch darzustellen, besser gesagt: buchstäblich vorzuhandeln. Der "Kanzler der Einheit" - so bezeichnet er sich mitunter selbst - verzichtet ohnehin mehr und mehr auf verbale politische Aussagen; das symbolpolitisch revolutionäre Plakat der CDU zur letzten Bundestagswahl bestand schlicht aus dem Bild Helmut Kohls - stehend in einer Menge, alle ihn Umstehenden und ihm Zugewandten überragend und weise an ihnen vorbei ins Unendliche lächelnd: ein Wahlplakat ohne Slogan, ein ganz auf die Evokation von Emotionen zielendes Bild des Einheitsstifters.[4]

Weitere Materialien zum Mythos "Einheit" können hier aus Platzgründen bedauerlicherweise nicht angeführt werden - Mythos, dies kann jetzt noch ergänzt werden, weil die identitätsstiftende Funktion jedes Mythos im Prozeß der Wiedervereinigung zugleich inhaltliches und nahezu einziges Ziel aller staatlichen Politik wird. Ich gehe nun zur Analyse der Folie über, die sowohl die Mythen der medialen Symbolpolitik als auch die moralisierenden Kritiken an medialer Symbolpolitik strukturiert.

Daß den via mediale Symbolpolitik verbreiteten Mythen der Garaus gemacht werden soll, das ist für viele Kritiker so unmittelbar evident und pädagogisch bedeutsam, daß weiteres Nachfragen hier im Problemhorizont gar nicht auftauchen kann. Wenn hier aber nicht nachgefragt wird, dann werden sich die öffentlichen Diskussionen weiter im Kreise drehen: Die einen praktizieren weiter - und reproduzieren noch in den Fernsehdiskussionen zur medialen Symbolpolitik eben diese (bei Sat 1 gab es vor der Wahl z.B. eine Talk-Show zur Frage, warum Helmut Kohl so gut ankommt); die anderen moralisieren weiter, ohne daß ein aufklärerischer Effekt erkennbar wäre (Hans-Joachim Maaz, ein bekannter Psychotherapeut, war in der angesprochenen Talk-Show als Kritiker geladen und konnte trotz aller Bemühungen um inhaltliche Auseinandersetzung nichts am Gesamteffekt ändern: daß nämlich die Sendung das Ankommen Helmut Kohls stützte).

Wie also ist die mythische Dimension medialer Symbolpolitik zu verstehen, und wie ist die Folie der moralisierenden Kritik gebaut? Mythen und Rituale werden in der wissenschaftlichen Literatur - und dies ganz zu Recht, wie vorhin am Falle des Wiedervereinigungsprozesses ja zu erkennen war - an erster Stelle genannt, wenn über das Beschreiben von Fernseh- oder Presseinhalten hinaus das Funktionieren der medialen Symbolpolitik *erklärt* werden soll. Zumeist wird unterstellt, daß Mythen von interessierter Seite als Verdichtung und Konzentrierung komplizierter realer Verhältnisse auf nachvollziehbare Positionen einem Publikum angeboten werden. Mal wird dann eher davon ausgegangen, daß Mythen auf ein wehrlos-passives Unbewußtes zielen, mal wird eher betont, daß die Mythen von den Rezipienten selbst aktiv konstruiert werden. Und manchmal finden sich beide Überlegungen in einen Erklärungsversuch verschachtelt - so auch beim Klassiker der entsprechenden Forschung, bei Murray Edelman.[5] Von ihm werden überdies en passant die psychoanalytische Mythenforschung zitiert und Bezüge zur Verhaltensforschung von Konrad Lorenz angedeutet. Aber insgesamt bleibt begrifflich unscharf, was unter Mythos im Kontext von Symbolpolitik genau zu verstehen ist, und so wird man trotz der fein verästelten Beschreibungen symbolpolitischer Vorgehensweisen den Eindruck nicht los, daß mit solchen unklaren Bestimmungen der mythischen Dimension der medialen Symbolpolitik erklärungstheoretisch kaum mehr als ein diffuser Ideologieverdacht geäußert werden kann. Soll darüber hinausgegangen werden, dann muß eine Erklärung für die Möglichkeit mythischer Deutungsstrukturen gerade unter modernen Bedingungen gefunden werden.

Um welches Problem es sich dabei handelt, das kann man allerdings gerade Edelman sehr wohl entnehmen, wenn er politische Mythen als für die Rezipienten bedeutsame Deutungsangebote, die die Kohärenz des jeweiligen Selbst- und Weltverständnisses sicherstellen, und Rituale als gemeinschaftsstiftende Handlungsformen begreift. Das alles ist soziologisch sicherlich noch nicht weiter erstaunlich, aber Edelman kehrt darüber hinaus einen Bezug hervor, den aufzunehmen und zu überarbeiten sich lohnt: Die mythische Wirkung der Symbole wird von ihm an die Ambivalenz des Menschen gebunden - allerdings, und das ist hier ein kategoriales Problem, in höchst unklarer Weise. Denn völlig unhistorisch wird eine Art Ontologie der Ambivalenz unterstellt, und deshalb kann gerade die spezifische Konstellation moderner Ambivalenz - und diese ist sowohl auf der Seite der Rezipienten als auch auf der Seite der Produzenten in Werbeagenturen und Parteizentralen der Anknüpfungspunkt für mediale Symbolpolitik in der Gegenwart - nicht erkannt werden.

Diese moderne Ambivalenz - begriffen als die Lage der Subjekte in modernen Spannungsfeldern und deren Verarbeitungsweise - ist also *ein* Schlüssel zum Verständnis zeitgenössischer Formen medialer Symbolpolitik, und sie ist zugleich *der* Schlüssel zum Verständnis moralisierender Kritiken an derselben - "Kritiken", die im Namen der Authentizität, der Rationalität oder der Dignität der Schriftkultur gegen politischen Betrug und Täuschung oder gegen den Verlust der Urteilsfähigkeit in den schnellen Bildmedien vorgebracht werden.

Wie, so muß deshalb hier weitergefragt werden, sind die Genese und die Bedeutung der modernen Ambivalenz in bezug auf moderne Subjekte, in unserem Kontext sowohl der Produzenten als auch der Rezipienten medialer Symbolpolitik, zu verstehen? Moderne Ambivalenz, die ja bekanntlich in den letzten Jahren in den Sozialwissenschaften einen immensen Zuwachs an Aufmerksamkeit erfahren hat, ist dann zu verstehen, wenn man die historische Auflösung von welt- und selbstorientierenden Fixpunkten sowie das entsprechende Aufkommen der Authentizitätsthematik und einer neuen Strukturlogik des Welt- und Selbstverstehens mitbedenkt. Um diese

These zu erläutern und für den Kontext der medialen Symbolpolitik fruchtbar zu machen, muß etwas weiter ausgeholt werden.[6]

Im 16., 17. und 18. Jahrhundert beginnt mit dem neuzeitlichen Durchbruch der modernen Naturwissenschaften und der mechanischen Logik der Maschine die Rede von der Natur als dem unhintergehbaren, sinnstiftenden Einheitszusammenhang zu zerfallen. Die verschiedenen Strömungen der philosophischen Aufklärung zeigen die menschliche Abhängigkeit hinkünftiger Maßstäbe auf. Was man - mit Jürgen Habermas - als Geltungsanspruch auf die Wahrheit der objektiven Welt bezeichnen kann, ist nicht länger absolutistisch einzulösen, sondern wird faktisch menschlich produzierten Bedingungszusammenhängen und der relationalen Logik der Maschine überantwortet.

Im 18. und 19. Jahrhundert ereilt dieser Prozeß der Relationierung und Funktionalisierung des Wissens, der von seiner materialen Bedingung sozialweltlicher Ausdifferenzierung, also dem Siegeszug des Kapitalismus, nicht abzukoppeln ist, in aller Schärfe die bis dahin immer noch traditional gültige Gefügtheit der Sozialwelt. Spätestens seit Marx ist der Geltungsanspruch auf die normative Richtigkeit der sozialen Welt nicht mehr mit einem Hinweis auf die gegebene normative Kraft des Faktischen zu beschwichtigen. Sozialwelt wird als Ganzes, als Gesellschaft, in ihren relationalen Bedingungszusammenhängen, in ihrer menschlichen Verfaßtheit und Änderbarkeit thematisierbar, sie entwindet sich absolutistischer Gesetztheit.

Im Umbruch vom 19. ins 20. Jahrhundert wird schließlich der Absolutismus des Subjektes prekär. Seine bewußte Identität und die darauf gründbare Rationalität werden von Nietzsche und Freud bestritten, bedeutende Kunstbewegungen des 20. Jahrhunderts, wie Futurismus und Surrealismus, kreiseln um diese Eliminierung des letzten Fixpunktes: des zurechenbaren, eindeutigen Selbst. In diesem ganzen Prozeß des Zerfalls letzter Einheiten ist der Schub der Physik, der Kybernetik und der elektronischen Kommunikationsmedien des 20. Jahrhunderts kaum zu überschätzen. Mehr als jemals zuvor in der Geschichte wirkten und wirken diese theoretischen Modelle und Medien auf die wissenschaftliche Konstruktion der Realität - und also auch der modernen Subjekte in ihr - zurück. Als Resultat des gesamten Prozesses der Eliminierung von Fixpunkten bleibt in bezug auf die Authentizität moderner Subjekte eine kategoriale Paradoxie zu notieren: der Geltungsanspruch auf expressive Wahrhaftigkeit der subjektiven Innenwelt wird, nachdem er in der autobiographischen Bekenntnis- und Geständnisliteratur schon seit einigen Jahrhunderten in seinen Ambivalenzen vorgeführt wurde, gerade in der Realität des gegenwärtigen Alltags vehement erhoben und behauptet - und gleichzeitig zurückgenommen. Ob es sich nun um Scherz, List oder Betrug handeln mag - niemand weiß das heute in allen Fällen mit Sicherheit zu unterscheiden: Authentizität ist und ist nicht. Und weil Authentizität als das letzte Stück Heiligkeit in säkularisierten Zeiten glorifiziert wird, bleibt dieser Geltungsanspruch der Wahrhaftigkeit auch in unseren Tagen umkämpft. Alles wurde den modernen Subjekten relationiert - die absolute Wahrheit des objektiven Wissens ebenso wie die absolute Gewähr legitimer Ordnung, und nun folgt noch diese letzte Zumutung: Erkenne deine eigene Brüchigkeit, deine Verwobenheit in die soziale und naturale Textur an, entkerne dich. Unter dieser Anforderung versuchen sich moderne Subjekte mit dem Mittel intensivierten Vertrauens auf die *eigene* Authentizität zu behaupten.

Authentizität dient dabei mittlerweile als zentrale Legitimationsbastion - für die Lebensführung im Alltag ohnehin, aber zunehmend auch in politischen Kontexten: Der Hinweis auf die Authentizität des eigenen Gemeinten, Gesagten und Erhandelten genügt heute in aller Regel, um diskur-

siven Anforderungen auszuweichen. Dies gilt insbesondere für die Verknüpfung von Angst und Authentizität: Die authentische Angst ist zum Angelpunkt der Moderne geworden; Luhmann (1986: 240)bringt dies auf den Punkt:
"Dabei braucht Angst gar nicht wirklich vorhanden zu sein. Angstkommunikation ist immer authentische Kommunikation, da man sich selbst bescheinigen kann, Angst zu haben, ohne daß andere dies widerlegen können. (...) Angst widersteht jeder Kritik der reinen Vernunft. Sie ist das moderne Apriori - nicht empirisch, sondern transzendental. Sie ist das Prinzip, das nicht versagt, wenn alle Prinzipien versagen. (...) Man kann ihr eine große politische und moralische Zukunft voraussagen."

Für die Mythen medialer Symbolpolitik heißt dies, daß die Angebote der politischen Kommunikatoren offensichtlich dann maximal ins Schwarze treffen können, wenn unter Absehung politischer Inhalte und komplexer Bezüge die schiere expressive Glaubwürdigkeit von Personen und Positionen inszeniert wird und dabei den Rezipienten mythische Authentizitätsangebote entweder zur Beschwichtigung oder zur Hervorrufung von Ängsten gemacht werden; zwischen Verschwörung (Vorsicht: Feind) und vergemeinschafteter Gelöstheit (Modell "Treue Freunde") bewegen sich dann die Deutungsangebote. Expressive Glaubwürdigkeit ist das Vordringlichste, was ambivalente moderne Subjekte von der Politikvermittlung erwarten - und die offizielle mediale Symbolpolitik antwortet ihnen entsprechend unterkomplex. Hierfür eignen sich die Bilder des Mediums Fernsehen vorzüglich, aber selbstverständlich auch das wortlose Plakat des Kanzlers.

Wie ist nach diesen Überlegungen ein Zugang zu medienkritischen Moralisierungen möglich? Dazu muß berücksichtigt werden, daß heute Authentizität von modernen Subjekten als eine *ambivalente* Selbstkonstruktion eingeführt wird, die zwischen einer mythisch-subjektivischen Logik absolutistischer Selbstsetzung und einer aufgeklärt-relationalen Logik des Eingestelltseins in Bedingungszusammenhänge schwankt. Dabei ist das Grundmuster der mythischen Logik, daß das je in Frage stehende Vorfindliche als von einem begründenden Ursprung her Gegebenes gedacht wird; die Erklärung des jeweils zu Erklärenden erfolgt über die Schiene: Substanz - Emanation. Das Grundmuster der relationalen Logik ist die maschinal-systemische Vernetzung konstitutiver Beziehungen; die Erklärung erfolgt über die komplexe Relationierung von Elementen oder, zugespitzt, über die Relationierung von Relationen. Mit *Logiken* sind demnach hier die grundlegenden Strukturierungsfolien gemeint, "Welt" und "Selbst" insgesamt konstruieren zu können.[7]

Wenn - wie oben gezeigt - historisch nacheinander für Natur, Sozialwelt und subjektive Innenwelt die Logik umgestellt wurde, so bedeutete dies jeweils den Umbruch von absoluten Geltungen und identischen Geistursprüngen hin zu relationalen Bedingungskonstellationen. Die Konsequenzen dieses historischen Umbruchs der Strukturlogiken für die Denkstrukturen und Texte moderner Subjekte sind gravierend: Moderne Subjekte können heute grundsätzlich über zwei Logiken des Weltverstehens verfügen, lebenspraktisch gesehen freilich immer in Abhängigkeit von konkreten Bedingungen. Mit anderen Worten: Sie können mit zwei Weisen von weltkonstituierender Strukturierung operieren, die entsprechend gebildeten Interpretamente von Welt, von sich selbst, von anderen können in sich konfligieren. Verwerfungen zwischen den beiden Logiken sind möglich, weil die ältere mythische Logik zwar historisch überholt wurde, aber auch in der Moderne in jeder neu beginnenden Ontogenese wieder als frühe Strukturierungsnotwendigkeit interaktiv konstruiert wird. Bei denjenigen, die sich durch ihre Ontogenese hindurch in der Moderne die relationale Logik erarbeiten und ein entsprechend dezentriertes Verständnis von geistentleerter Natur, veränderbarer Sozialwelt und "entkerntem" Selbst mitführen, verschwindet die ältere Logik nicht als eine vormals erworbene Möglichkeit anderen Strukturierens.

Für unseren Zusammenhang medialer Symbolpolitik und die eingangs aufgeworfenen Fragen heißt dies nun folgendes: Die beiden Strukturlogiken, die angesichts der Doppelbödigkeit moderner Bedingungen und der entsprechenden Ambivalenz moderner Lebenspraxis in allen Texten moderner Subjekte in je konkret analysierbaren Mischungs- und Verwerfungsverhältnissen vorliegen, können in eine textumfassende Konkurrenz geraten. Die entsprechenden Weltkonstruktionen brechen dann regelrecht auseinander: mal schlägt das Pendel zur modernitätskritisch aufrechterhaltenen Authentizität mittels der subjektivischen Logik aus, die semantisch und pragmatisch alle vorstellbaren Moralisierungen und Identitätssehnsüchte gestattet, mal zur distanzierten Funktionalisierung und Relationierung alles Vorfindlichen, die semantisch und pragmatisch reine Beobachtungspositionen auf der Grundlage radikalisierter kognitiver Dezentrierung ermöglicht.

Exakt diese radikalisierte Ambivalenz der strukturlogischen Folie findet sich im Bereich der moralisierenden Medienkritik: Hier laufen die Texte einerseits entlang der relationalen Diagnose eines vollständigen Verhängniszusammenhanges und andererseits entlang der Sehnsucht nach "reiner" Authentizität und moralischer Eindeutigkeit. Die sogenannte Medien-/ Bilder-/ Informations-/ Kriegsmaschine wird zum negativen Weltganzen totalisiert, dem eigentlich nichts entrinnen kann - und gleichzeitig wird diese Bedrohung mit Appellen an Moral, an "Menschlichkeit", an das wahrhaft "Echte" usw. unterlaufen. Anhand der feuilletonistischen Auseinandersetzung mit dem Golfkrieg konnte dieser Zusammenhang strukturlogisch begriffen und zugleich veranschaulicht werden.[8] An dieser Stelle kann lediglich ein illustratives Beispiel gegeben werden.

Anläßlich einer Rezension von Paul Virilios Golfkriegsanalyse *Krieg und Fernsehen* war zu lesen: "Virilio, der wie wenige zeitgenössische Autoren philosophische und politische Prägnanz mit humanem Engagement und einem frappierenden Wissen vereint, gibt in 'Krieg und Fernsehen' wesentliche neue Impulse (...) In der 'Dromokratie', im permanenten Krieg der Kommunikationswaffen, stirbt unaufhaltsam die Demokratie. Vor den Fernsehschirmen wohnen die Bürger ihrer eigenen Hinrichtung als Mitbürger bei."[9] Nichts ist mehr übrig (es geht immerhin um die *mediale Hinrichtung* aller Bürger im Kommunikationskrieg, um den *Tod* der Demokratie), aber ein diffuses *humanes Engagement* - wogegen, wofür, man erfährt es im gesamten Kontext der Rezension nicht - gibt weiterhin *wesentliche neue Impulse.*

Als Ertrag darf abschließend - nach der Analyse von Materialien der symbolpolitischen Aufbereitung des Prozesses der Wiedervereinigung, nach theoretischen Überlegungen zum Zusammenhang von moderner Ambivalenz, Angst und Authentizität und nach der Skizzierung der Folie der moralisierenden Medienkritik - festgehalten werden: Die relationalen Totalisierungen und die mythischen Spekulationen der moralisierenden Medienkritik lassen sich ebenso wie die mythischen Gestaltungen der medialen Symbolpolitik als Konsequenzen strukturlogischer Denknötigungen unter modernen Bedingungen begreifen.

**Anmerkungen**
1) Siehe hierzu in aller Ausführlichkeit: Postman (1992).
2) Herfried Münkler (1994) hat politische Bilder und die Politik der Metaphern von der Antike bis in die Neuzeit analysiert; siehe zur Geschichte der Symbolpolitik - v.a. im 19. und 20. Jahrhundert - auch die Beiträge in: Voigt (1989).
3) Vgl. dazu Luhmanns Ausführungen zur Politik: Luhmann (1986: 167ff.).

4) Mediale Symbolpolitik wird von Politikern spätestens seit dem Modell Ronald Reagan zunehmend als hochbedeutsame Angelegenheit verstanden; so hat sich auch Helmut Kohl 1994 im Bundeskanzleramt eine "Stabsstelle für Öffentlichkeitsarbeit und Medien" eingerichtet - und sie sich direkt unterstellt.
5) Edelmans Studien *The Symbolic Uses of Politics* (erschienen 1964) und *Politics as Symbolic Action* (erschienen 1971) sind in deutscher Übersetzung in großen Auszügen zusammengefaßt unter dem Titel *Politik als Ritual* (1990).
6) Die im folgenden nur als Skizze darstellbaren Überlegungen zum Zusammenhang von Ambivalenz, Authentizität und strukturlogischer Zugangsweise habe ich an anderer Stelle ausführlich erörtert: Weisenbacher (1993).
7) Grundlegend dazu: *Die Logik der Weltbilder* von Günter Dux (1982).
8) Siehe hierzu: Weisenbacher (1995).
9) Ludger Lütkehaus (1994).

**Literatur**

Dux, Günter (1982), Die Logik der Weltbilder. Sinnstrukturen im Wandel der Geschichte. Frankfurt/M..

Edelman, Murray (1990), Politik als Ritual. Die symbolische Funktion staatlicher Institutionen und politischen Handelns. Frankfurt/M./ New York.

Lütkehaus, Ludger (1994), Eine Geschichte des betrogenen Auges, in: Badische Zeitung vom 18.1.1994.

Luhmann, Niklas (1986), Ökologische Kommunikation. Kann die moderne Gesellschaft sich auf ökologische Gefährdungen einstellen?. Opladen.

Münkler, Herfried (1994), Politische Bilder, Politik der Metaphern. Frankfurt/M.

Postman, Neil (1992), Das Technopol. Die Macht der Technologien und die Entmündigung der Gesellschaft. Frankfurt/M.

Voigt, Rüdiger (1989), Hg., Politik der Symbole. Symbole der Politik. Opladen.

Weisenbacher, Uwe (1993), Moderne Subjekte zwischen Mythos und Aufklärung. Differenz und offene Rekonstruktion. Pfaffenweiler.

Weisenbacher, Uwe (1995), Der Golfkrieg in den Medien - Zur Konjunktur von Paul Virilio und Jean Baudrillard im Feuilleton, in: Stefan Müller-Doohm/ Klaus Neumann-Braun (Hg.), Kulturinszenierungen. Frankfurt/M.

Dr. Uwe Weisenbacher, Universität Freiburg, Institut für Soziologie, Rempartstr. 15, D-79085 Freiburg

# 4. Von der Reklame zur Propagierung von Werten. Funktionswandel der Gesellschaft im Spiegel der Werbung

*Jo Reichertz*

Werbung hat sich (seit es sie als eigenen Geschäftsbereich gibt) stets aus der Zeugkammer des Religiösen bedient. Viele Autoren und Herausgeber von Sammelbänden haben diese Tatsache im Laufe der letzten Jahre ausführlich dokumentiert (z.B. Bühler 1973, Goeden 1974, Tremel 1986, Cöster 1990, Albrecht 1993). Meist wurden diese Feststellungen vorgetragen entweder mit dem Ton eines wehmütigen und besorgten Bedauerns ob der Entwertung des Religiösen oder gar mit dem Ton des offenen Abscheus angesichts der Skrupellosigkeit, mit der die Werbung die Insignien des Heiligen und Göttlichen allein des schnöden Mammons wegen entweiht. Allerdings begnügte sich die Werbung bislang damit, christliche Symbole (wie den Heiligenschein) und aus dem religiösen Bereich stammende ikonographischen Topoi (Auferstehung, Paradies-Vorstellung, Abendmahl etc.) allein dazu zu benutzen, die angepriesenen Waren zu überhöhen oder sie in einer übergeordneten Sinnzusammenhang einzuordnen.

Völlig neu dagegen ist, daß in der Werbung für Konsumartikel vermeintlich ernsthaft Werte formuliert und vertreten werden, die Ausdruck christlicher Moral sind oder an die Erneuerung ebendieser appellieren. So schaltete z.b. die Deutsche Bank in der FR vom 15. November 1994 eine zweiseitige Anzeige, in welcher der Theologe Küng ausführlich zu Wort kommt und ohne distanzierenden Kommentar der Deutschen Bank die Erlebnisorientierung der heutigen Jugend geißelt und eine neue Hinwendung zum absoluten Sinn-Grund menschlichen Lebens, also zu Gott fordert. Vorgetragen hatte Küng seine Ansichten zuvor auf einer von der Deutschen Bank organisierten und natürlich auch finanzierten Tagung. Die Zeitschrift MAX fordert Heft für Heft zur Solidarität mit HIV-Infizierten und AIDS-Kranken auf, während die Konkurrenz, nämlich die Zeitschrift ELLE, Woche für Woche mit ihrer Charity-Aktion werbenden Firmen die Gelegenheit gibt, Geld für mildtätige Zwecke zu spenden und zugleich darüber zu sprechen. Benetton spricht in der neusten Ausgabe des Firmenheftes 'COLOURS' nicht nur ausführlich und ausschließlich über Religion (Heft VIII), sondern liefert, dem eigenen Verständnis nach, allen, die auf der Suche nach Gott sind, "eine Auswahl unter den beliebtesten Religionen" (Benetton P.R. Deutschland 1994)[1]. Kurz: Werbung versucht in den letzten Jahren, nicht mehr allein Waren dem Kunden schmackhaft zu machen, sondern sie verkündet auch vornehmlich in der christlichen Moral begründete Werte und handelt scheinbar/anscheinend sogar danach.

Mit der Thematisierung religiöser Topoi und christlicher Normen steht also die Firma Benetton nicht alleine dar - auch wenn sie die erste war, welche diese Vorgehensweise zum zentralen Bestandteil ihrer Werbestrategie machte. Noch deutlicher kam die Werbekampagne der Firma Kern (Frühjahr/Sommer 1994 - Fotograf: Horst Wackerbarth) in diesem Gewande daher, weshalb ein unternehmensfreundlicher Beobachter ihr auch bereitwillig das Attribut "die christlichste Werbung aller Zeiten" (Matissek 1993: 4) zuschrieb. In dem 42-seitigen Werbeprospekt 'Paradise now' aktualisieren Kern und Wackerbarth auf insgesamt 21 Fotographien biblische Themen und Topoi. Allerdings hält man sich bei allen Fotos die biblischen Vorlagen auf Distanz. Die abgelichteten Personen sind nämlich durch die betonte Sichtbarmachung der Pose und durch 'verfremdende' Accessoires (z.B. Puppe als Jesuskind) stets als Models (und nicht als Modelle), also als Kinder aus der Moderne erkennbar.

Ganz im Sinne der emblematischen Tradition sind den Werbefotos (Pictura) der Fa. Kern erklärende Unterschriften (Inscriptio) beigegeben, die alle die (Wieder-)Einhaltung zentraler menschlicher Werte herbeiwünschen. Typisches Beispiel hierfür: "Wir wünschen mit Jesus, daß jeder Mensch die Kraft findet, sich für eine gute Sache einzusetzen." So werben Adam und Eva, Maria und Josef, Esther, Moses, Noah, Jesus und auch Daniel in der Löwengrube nicht nur (fast nebenbei) für Oberbekleidung aus dem Hause Kern, sondern ebenso für die Akzeptierung Andersdenkender und -lebender, für den 'pfleglichen' Umgang mit anderen Menschen, Rassen und der Natur und für vieles andere moralisch Korrekte.

Damit betritt die Werbung im übrigen kein Neuland. In den zurückliegenden Jahrhunderten sind christliche Bildmotive nämlich immer wieder (mit Recht, wenn auch nicht ohne Anfeindung) vor dem Hintergrund der jeweils anstehenden und für bedeutsam gehaltenen gesellschaftlichen

Probleme neu interpretiert worden. Nie verstanden sich solche Bilder allein (und noch nicht einmal hauptsächlich) als die 'dokumentarische Visualisierung' biblischen Geschehens, sondern sie waren - aus soziologischer Sicht - stets auch ein Beitrag zur Diskussion über zentrale christliche Werte. Daß die Neuinterpretationen der biblichen Motive diese in den aktuellen Diskurs über zentrale gesellschaftliche Normen einbetten, entspricht im übrigen nicht nur der jahrhundertealten Bildgestaltungstradition, sondern - wenn man so will - auch dem Anliegen der christlichen Botschaft, wenn auch nicht immer dem der Kirche.

Daß ein privatwirtschaftliches Unternehmen im Zuge seiner Werbemaßnahmen Mittel für die Verbreitung und Fortschreibung christlicher Normen, Mythen und Topoi zur Verfügung stellt, ist ebenfalls nicht besonders neu. Man erinnere sich nur an die Fülle von berühmten Gemälden, deren Erschaffung nur möglich wurde, weil die Kirche, der Adel und wohlhabende Privatiers Auftragsarbeiten an die Künstler vergaben. Diese Auftragsarbeiten waren im übrigen, um ein altes Mißverständnis zu korrigieren, zu allen Zeiten in konkrete Verwendungs- und Verwertungsabsichten der Auftraggeber eingebunden: sei es, daß die Geldgeber sich selbst (natürlich in idealisierter und überhöhter Gestalt) in dem Bild darstellen und verewigen lassen wollten, sei es, daß sie als 'moralische Unternehmer' (= Kreuzzüge organisierende Reformer - Gusfield 1963) eine gesellschaftliche Norm mithilfe des Gemäldes zum Ausdruck bringen und für sie werben wollten. Außerdem dienten religiöse Bilder auch dazu, handfestes Geld einzuwerben (vgl. dazu Hedinger 1986: 39f zu der Funktion der Darstellung der Heiligen Drei (gabenbringenden) Könige). Vasari berichtet z.B., daß im Klingelbeutel unter Tizians herzbewegendem Bild des kreuztragenden Christus sich mehr Geld einfand, als der Künstler selbst im Leben verdiente (vgl. Belting 1993: 525).

Unternehmen engagieren sich für christliche Werte nun nicht unbedingt, weil die Firmenführer ein besonders empfindsames Herz haben, sondern die Vertretung von Normen und Werten zeitigt via 'vertrauenserweckende Firmenidentität' auch ökonomischen Nutzen. Dies soll der folgende Exkurs plausibilisieren: Menschen schreibt man dann eine bestimmte und feste Identität zu, wenn sie anstehende Handlungsprobleme, die Wahlmöglichkeiten offen lassen, in der Weise bearbeiten und 'lösen', in der sie bereits früher Handlungsprobleme 'gelöst' haben. Sind die der Entscheidung zugrundegelegten Überzeugungen und Wertmaßstäbe zudem von der umgebenden Gruppe als 'ethisch' akzeptiert oder hoch bewertet, dann *vertraut* man diesem Menschen, weshalb man auch gerne mit ihm umgeht und sich in vielfältiger Form austauscht.

Unternehmen sind nun - wie Geser 1990 und 1991 überzeugend ausgeführt hat - überindividuelle, handelnde Akteure. Lösen sie ihre Handlungsprobleme, die Wahlmöglichkeiten offen lassen, in der oben beschriebenen Weise, dann gilt (mit kleinen Ergänzungen) das oben Gesagte auch für Unternehmen - die das Unternehmen umgebende Gruppe (Mitarbeiter, Kunden, Gesellschaft) schreibt ihm eine bestimmte und relativ feste Identität zu. Sind Unternehmensentscheidungen und -handlungen *nicht allein* als Resultat einer ökonomischen zweck-mittel-rationalen Zielerreichung ausrechenbar, dann können diese Entscheidungen und Handlungen auch als Ausdruck einer sich auf Werte beziehenden *Identität* verstanden werden. Das Unternehmen erlangt oder gewinnt in einem solchen Fall zudem *Vertrauen*.

Liegt nun die Notwendigkeit *individueller* Identität auf der Hand (sichert sie doch allein Sozialität und damit Individualität), so stellt sich jedoch die Frage, was es bringt, wenn Unternehmen sich um eine 'vertrauensvollere' Identität bemühen. Das Bemühen um eine 'den Kunden auch emotional ansprechende' Firmenidentität ist m.E. ein Reflex, eine angepaßte Reaktion auf die

Änderung der Umwelt der Unternehmen, vor allem der Großunternehmen, die weltweit produzieren und auch weltweit vertreiben. Geändert haben sich für diese Unternehmen vor allem (1) der Markt und die Konsumenten, (2) die Mitarbeitermotivation und (3) die Komplexität der Firmen.

Eine klare, überall erkennbare, unverwechselbare und konsistente und am besten: eine *nicht kopierbare* Identität (= Corporate Identity), mit welcher das Unternehmen gegenüber seinen Mitarbeitern, dem Markt und der Öffentlichkeit auftritt, und die zudem ethisch *und* ökonomisch konsensfähig ist, lindert die oben beschriebenen Probleme, weil sie *Glaubwürdigkeit* und *Akzeptanz,* kurz *eine positiv besetzte Orientierung* herbeischafft. Erworbene Glaubwürdigkeit und Akzeptanz fördern die Motivation der Mitarbeiter, die Zuverlässigkeit der Zulieferer, die Bonität bei Banken und die Absatzchancen am Markt. Unternehmen mit einer positiv bewerteten Identität besitzen somit einen nicht zu unterschätzenden Marktvorteil.

Die Identität wird gesichert durch feste *Prinzipien, Werte, Normen* und *Verhaltensrichtlinien.* Diese richten sich alle auf die Erreichung ökonomisch sinnvoller und - das ist hier in dem Zusammenhang wichtig - *zunehmend* ethisch vertretbarer *Ziele,* wie z.B. Umweltfreundlichkeit, Verständlichkeit, Zweckmäßigkeit, Ehrlichkeit, Solidität, Ästhetik, Sparsamkeit, Langlebigkeit und Verläßlichkeit. Diese Grundsätze gelten selbstverständlich nicht nur für die Produktion und die Kommunikation mit den Mitarbeitern, sondern auch für die Werbung.

Aber die Herausbildung erkennbarer und oft sehr individueller Firmenidentitäten kostet die Firmen nicht nur viel Zeit und Geld, sondern noch erheblich mehr: Unternehmen mit 'Identität' verändern nämlich nicht nur in erheblichem Maße das eigene Selbstverständnis, sondern, und das ist für die Gesellschaftswissenschaften von besonderem Interesse, auch die sie umgebende Gesellschaft. Großunternehmen - und hier folge ich den Überlegungen von Geser 1990, 1991 - besitzen mittlerweile meist einen sehr großen, auch international spürbaren *Wirkungskreis* und ein enormes, manchmal auch an den Haushalt kleinerer Staaten heranreichendes *Leistungsvermögen* (im positven wie im negativen Sinn). Gaben sie sich früher vor allem als 'juristische' Personen zu erkennen, wollen sie heute aufgrund ihrer Identität gerne als 'natürliche' Personen erscheinen. Deshalb dürfen sie sich auch nicht wundern, wenn die Umwelt dieses 'Erscheinungsbild' ernst nimmt, das Unternehmen also als natürliche Person mit eine bestimmten Identität, einem bestimmten Charakter behandelt.

Entsprechend der beanspruchten Identität und entsprechend ihrer gesamtgesellschaftlichen Bedeutung werden Unternehmen immer mehr (von den Kunden, einer medial vermittelten Öffentlichkeit und der Politik) in die 'persönliche' Mitverantwortung gezogen und zu einer ethischen Selbstverpflichtung gedrängt. Unternehmen stellen nämlich nicht nur wärmende und schmückende Pullover und Jeans her, sondern sie organisieren u.a. auch die Müllabfuhr, bauen lebensnotwendige und oft lebensrettende Kommunikationsnetze auf, lassen Tanker mit hochbrisanten Ladungen übers Meer fahren, entwickeln neue Medikamente oder neue Vernichtungsmittel, bieten Sicherungen für fast alle Lebensrisiken an, kurz: Unternehmen produzieren also nicht nur Waren, sondern sie sind an dem Auf- und Ausbau komplexer gesellschaftlicher Binnenstrukturen beteiligt, einige helfen bei der Verwirklichung ethischer und ökologischer Ziele (Erhaltung und Sicherung der Umwelt, der Kommunikation, der Wohlfahrt etc.), andere unterstützen die Herstellung von Kultur und wieder andere betreiben aktive Gesellschaftspolitik (z.B. adidas mit der Streetball-Aktion). Unternehmen übernehmen also in der Gesellschaft, in der sie und ihre Kunden leben, wichtige Funktionen, und deshalb ist es für die Gesellschaft und die Kunden recht sinnvoll, sich diese Unternehmen sehr genau anzusehen.

Unternehmen mit einer 'vertrauensvollen' Identität stehen deshalb unter öffentlicher Dauerbeobachtung und müssen sich ihre Handlungen und Entscheidungen als stets absichtsvolle und stets zu verantwortende Akte zurechnen lassen (das unterscheidet sie von den einzelnen Individuen). Können natürliche Personen, also Menschen, eigene Fehlentscheidungen mehr oder weniger leicht mit dem Hinweis auf Krankheit, Unachtsamkeit, Pubertät, falsche Ausbildung, fehlendes Wissen oder den besten Willen, also mit anderen Worten: auf die stets störanfällige Natur des Menschen entschul(dig)en, so *fehlt* den Unternehmen (leider oder zum Glück) diese Möglichkeit.

Dieser neue Entwicklungsprozeß, nämlich die Herausbildung von 'perfekten' Unternehmensidentitäten, welche ökonomisch sinnvoll, zugleich aber auch ethisch vertretbar und moralsetzend handeln, ist vergleichbar mit dem Emanzipationsprozeß des Individuums im Zuge der bürgerlichen Revolutionen zu Beginn des 19. Jahrhunderts. Damals erstritten sich die Menschen ihre persönliche Gedanken- und Handlungsfreiheit, bekamen als Zugabe jedoch auch die persönliche Verantwortung für ihre Taten, wenn auch nicht die volle Verantwortung, wie oben gezeigt wurde. Es sieht so aus, als seien die Unternehmen mit einer ausgeprägten Corporate Identity historisch die erste Akteure, welche die volle Verantwortlichkeit für ihr Handeln erhalten. Dieser Prozeß ist m.E. unumkehrbar und wird langfristig die Gesellschaft tiefgreifend und strukturell verändern. In sich birgt er hohe Risiken, aber auch große Chancen - und zwar für beide Seiten: für Unternehmen und Gesellschaft. Wer dabei unter dem Strich gewinnen wird, ist zumindest für mich nicht voraussagbar.

Otto Kern und Luciano Benetton verstehen sich (glaubt man ihren Selbstdarstellungen) nun ebenfalls als 'moralische Unternehmer'. Allerdings arbeiten sie mit teils unterschiedlichen, teils ähnlichen Mitteln. So zeigt Benetton in seinen neueren Kampagnen Leid in grellem Licht, so daß man sich nur schwer distanzieren kann, Kern erwähnt dagegen Leid nur in der Inscriptio, also im Text, zielt somit auf den Kopf, nicht auf den Schock. Aber auch wenn der 'Grundton' der Werbung von Kern nicht so schwergewichtig Leid und Moral anspricht, sondern aufgrund der strukturell installierten Distanz zum reflektierten Zeitbezug auffordert, so sind doch einige Parallelen zur Benetton-Werbung unübersehbar, z. B. die, daß beide Firmen darauf setzen, daß es nur begrenzt von Übel ist, von anderen (kleinen) Gruppen skandalisiert zu werden.

Zum anderen - auch das verbindet Benetton und Kern - beteiligen sich beide Unternehmen (egal, ob ernst gemeint oder aus finanziellem Kalkül) faktisch an einem gesellschaftlichen Diskurs über Normen und Werte (Kern jedoch viel moderater und auch augenzwinkernder als Benetton), was ebenfalls bewirkt, daß man im Gespräch bleibt. Und diese Firmen stehen mit ihrem Tun und den damit verbundenen finanziellen Absichten nicht allein, sondern sie tun das, was andere Unternehmen (Esprit, Opel, Tengelmann etc.), auch in der Hoffnung auf eine absatzfördernde Corporate Identity, ebenfalls tun. Sie wirken gezielt auf die Welt ein, in die ihre Produkte hinausgehen, natürlich auch, um für ihre Produkte eine gute 'Umwelt' zu schaffen.

Diese Unternehmen artikulieren und vertreten ausdrücklich zentrale kulturelle und moralische Werte und Normen. Als es in Mölln nicht nur verbrannte Häuser, sondern auch Tote gab, setzte, um ein Beispiel zu nennen, ein Großunternehmen unbürokratisch und lange Zeit vor den staatlichen Stellen für Hinweise auf die Täter ein beachtliches Preisgeld aus. Daß man die betroffenen

Ausländer ebenfalls unbürokratisch und lange Zeit vor den staatlichen Stellen beim Aufbau ihrer Häuser finanziell unterstützte, war auch nicht selbstverständlich.

Dieses Phänomen und die oben beschriebene Entwicklung sind nun m.E. Ausdrucksformen eines Prozesses, der sich zunehmend und in vielen gesellschaftlichen Bereichen beobachten läßt: nämlich des Prozesses der umfassenden *Re-Mythisierung der Lebenspraxis*. Diese Re-Mythisierung ist ihrerseits Reflex auf eine als riskant und unübersichtlich erlebte Moderne. Die Halbwertszeiten gesellschaftlich etablierter und tradierter Handlungsmöglichkeiten und deren Legitimationen haben sich drastisch verkürzt. Die tradierten, ehemals relativ stabilen und großflächigen Weltdeutungen (und die darin eingelassenen Handlungsrezepte, -optionen und -normen) sind in den modernen westlichen Gesellschaften weitgehend zerbrochen, und soweit sie noch vorhanden sind, besitzen sie nur für kleine gesellschaftliche Gruppen Verpflichtungs- oder Orientierungscharakter. "Die Aufzehrung, die Auflösung und Entzauberung der kollektiven und gruppenspezifischen Sinnquellen (...) [führt] dazu, daß nunmehr alle Definitionsleistungen den Individuen selbst zugemutet oder auferlegt werden" (Beck 1993: 40), eine Zumutung, die sowohl für Erwachsene, aber vor allem für Jugendliche schwerwiegende und weitreichende Handlungsprobleme mit sich bringt. Zu dieser 'Risikogesellschaft' mit ihrer "strukturellen Individualisierung und Partialisierung nicht nur der 'Lebenslagen' und 'Lebensstile', sondern auch der Religion" (Soeffner 1993: 296) gibt es vorerst keine Alternative - sie ist allen auferlegt und kann nicht abgewählt werden.

Die klassischen Sozialisationsagenturen vermitteln in den modernen Gesellschaften den Jugendlichen immer weniger an Klasse, Schicht, Stand, Alter, Geschlecht etc. *fest* gebundene Handlungsnormen und deren legitimierende Verankerung in religiös-transzendentalen Sinnhorizonten, sondern die Jugendlichen werden in eine Welt entlassen, in der es schier endlose Wahlmöglichkeiten, aber kaum mehr intersubjektiv geteilte Kriterien für eine Wahl gibt.

Der Rationalitätsschub der Moderne und speziell der der 60-er Jahre, in dessen Gefolge versucht wurde, menschliche Beziehungen (auch intime) und auch menschliche Grundbefindlichkeiten (Liebe/Haß; Leben/Tod; Bindung/Freiheit; gut/böse) vor allem diskursiv und kognitiv zu bearbeiten und mithilfe von Vernunft und Verträgen zu gestalten und abzusichern, hat in den 90er Jahren (auch aufgrund der schlechten Erfahrung mit der 'Bindungskraft' von Rationalität) an Überzeugungskraft verloren. Die diskursive Suche nach guten Gründen hat in der Regel nicht eine Lösung erbracht, sondern vor allem die Erkenntnis, daß es für fast alles viele gute Gründe gibt, aber nur für sehr wenig einen 'besseren' Grund.

Gesucht werden deshalb wieder neue (und in diesem Falle: alte) Werte, Rituale und Mythen, welche nichtdiskursiv, direkt und affektiv Verbindlichkeiten, Hoffnungen, Befürchtungen und auch Ängsten Gestalt(en) geben und damit die unübersichtlich gewordene Lebenspraxis in eine sinnstiftende Transzendenz einordnen. Gesucht wird nach einer neuen Art von sinnvoller Ordnung - eine gute Zeit mithin für neue Propheten einer neuen Ordnung.

In den letzten Jahrhunderten half vor allem die christliche Religion und die Institution 'Kirche' bei Ermittlung des Lebenssinns und bei der Bewältigung von Grenzübergängen und Transzendenzen (Tod, Hochzeit, Geburt, Sinn des Schmerzes, des Lebens etc.). Mittlerweile sind die Kirchen jedoch bis auf wenige Feiertage fast leer, und christliche Handlungsnormen sind porös geworden.

Die aufklärende (Sozial)Wissenschaft befindet sich ebenfalls seit Jahren in einer tiefgreifenden Vertrauenskrise: bei der Entzauberung der Religionen ging sie mit Instrumenten an ihr Werk, die auch vor der Religion der Aufklärung nicht haltmachten. Die wissenschaftliche Selbstreflexion, die Anwendung der (Sozial)Wissenschaft auf sich selbst (vor allem in Wissens- und Wissenschaftssoziologie) brachte die Vernünftigkeit der Vernunft gründlich in Verruf. Neue und nicht nur postmoderne Künder sind herangewachsen - unter ihnen auch die Medien, die Werbung und die Unternehmer.

Die traditionellen Konkurrenten auf dem Markt der Sinnstiftung (Priester, Wissenschaftler/Intellektuelle, Politiker, Pädagogen, Therapeuten) konnten - so die These - bislang die durch die Modernisierungsprozesse enstandene Sinnstiftungslücke nicht überzeugend schließen und haben auch deshalb weiter an Überzeugungskraft verloren. Die klassische Religion mit ihrem Monopol auf zentrale, stabile und fast universelle Normsetzung verschwimmt immer mehr, wird 'unsichtbarer'. Statt dessen sprießen Surrogate des Religiösen, aber auch Verwandtes und Gleichwertiges (Heilpraktiker, Fitneßexperten, Sexologen, Sektenführer, Unternehmer, Werber, Fernsehen etc). Diese liefern spezifische Angebote, wie die Welt, die anderen und der eigene Körper zu sehen und zu behandeln ist, was gesund und was 'des Teufels' ist. Sie formulieren Prinzipien der Lebensführung und der Weltinterpretation.

Allerdings sind diese Sinnentwürfe in der Regel *dezentral, flexibel* und auf *bestimmte Gruppen* bezogen, kurz: Sinnwürfe werden dem Verbraucher medial angeboten, von diesem je nach geltender Präferenz ausgewählt. Sinnentwürfe werden privatisiert, somit auch atomisiert und können von Situation zu Situation variieren. Aufgrund dieser Eigenschaften sind sie besonders gut den Erfordernissen einer Risikogesellschaft angepaßt. Besonders 'gut' an diesen dezentralen und flexiblen Normen ist aus der Sicht der Nutzer noch, daß ihre Einhaltung in der Regel mit wenig Schweiß und Askese verbunden ist und daß es auch keine Institution mehr gibt, welche die Unterordnung unter die Norm überwacht und gegebenfalls ahndet (keine Beichte und Buße mehr).

Die religiös daherkommende Werbung von Großunternehmen ist Ergebnis und Teil dieser Entwicklung und erbringt in einer solchen Situation beachtliche Sinnstiftungsleistungen (egal für wie wertvoll oder nützlich man solche Handlungsorientierungen hält), und vielleicht wird sie wegen ihrer guten 'Passung' zur riskanten Welt und ihrer Pluralität von Werten und Sinnbezügen auf die oben beschriebenen Leistungen die klassischen Religionen schon bald überflügeln.

Statt der klassischen Sinnstifter liefern also zunehmend private Großunternehmen via Neue Medien (Fernsehen, aber auch durch die Werbung) Ikonen, Mythen und Verhaltensrichtlinien. Die Nutzung religiöser Motive in der neueren Werbung und die Formulierung christlich fundierter Handlungsnormen sind zwei Ausdrucksformen der oben beschriebenen Entwicklung. Und die heftigen Attacken der Kirchenvertreter gegen solche 'ethische Werbung' lassen sich dann verstehen als Teil eines Konkurrenzkampfes unter 'moralischen Unternehmern' um das Wert- und Normsetzungsmonopol.

Kurz: viele Unternehmen erhoffen sich wirtschaftlichen Erfolg aus dem Umstand, daß sie eine Ausfallbürgschaft übernehmen, nämlich daß sie auch mittels Werbung das tun, was die Kirche, die Wissenschaft und auch die Politik einmal taten, jedoch aus unterschiedlichen Gründen zunehmend weniger überzeugend vermögen: die Setzung, Vertretung und Legitimierung gesellschaftlicher Normen. Vorderhand ist nun nicht zu sehen, daß allein die kommerzielle Absicht der Unternehmen deren Handeln automatisch diskreditiert und daß objektive Handlungsfolgen unberücksichtigt bleiben sollen. Eine solche Einschätzung ist m. E. mehr Ausdruck einer bigotten Gesinnungs-, denn einer rationalen Verantwortungsethik.

**Anmerkung**
1) Das Magazin über den Rest der Welt widmet seine Ausgabe Nr. 8 der Religion.

**Literatur**
Albrecht, H. (1993), Die Religion der Massenmedien, Berlin.
Beck, U. (1986), Risikogesellschaft. Auf dem Wege in eine andere Moderne, Ffm.
Belting, H. (1993), Bild und Kult, München.
Benetton - P.R. Deutschland (1994), Colours, München.
Bühler, K.W. (1973), Der Warenhimmel auf Erden, Wuppertal.
Cöster, O. (1990), Ad'Age. Der Himmel auf Erden, Hamburg.
Geser, H. (1990), Organisationen als soziale Akteure, in: Zeitschrift für Soziologie. H. 6, S. 401-417.
Geser, H. (1991), Interorganisationelle Normkulturen, in: M. Haller/ H.J. Hoffmann-Nowotny/ W. Zapf (Hrsg.). Kultur und Gesellschaft, Ffm. S. 211-223.
Goeden, R. (1974), Ein wahrer Warenhimmel, in: Materialien der Ev. Zentralstelle für Weltanschauungsfragen, H. 37, S. 146-152.
Gusfield, J. (1963), Symbolic Crusade, Chicago.
Haberer, J. (1991), Von der Kirchenbank zum Fernsehsessel, in: C. Eurich/I. de Haen (Hrsg.) Hören und Sehen, Stuttgart, S. 119-134.
Haberer, J. (1993), Die verborgene Botschaft. Fernseh-Mythen - Fernseh-Religion, in: S. von Kortzfleisch/ P. Cornehl (Hrsg.) Medienkult - Medienkultur, Berlin, S. 121-139.
Hedinger, B. (1986), Kunst und Kopie. In: H. Tremel (Hrsg.) Das Paradies im Angebot. Ffm. S. 35-41.
Kirschbaum, Engelbert et al. (Hrsg.) (1968), Lexikon der christlichen Ikonographie, Freiburg.
Matissek, Daniel 1993: Wenn Pfarrer zuviel 'Bild' lesen. In: T 5 - Das Journal. Dezember 1993, S. 4-7.
Reichertz, Jo (1994), Selbstgefälliges zum Anziehen. Benetton äußert sich zu Zeichen der Zeit, in: Schröer, Norbert (Hrsg.) Interpretative Sozialforschung, Opladen, S. 253-280.
Soeffner, H.-G. (1993), Die unsichtbare Religion. Ein Essay über Thomas Luckmann, in: Soziologische Revue, 16. Jg. S. 1-5.
Ströter-Bender, Jutta (1992), Die Muttergottes. Das Marienbild in der christlichen Kunst, Köln.
Tremel, H. (Hrsg.) (1986), Das Paradies im Angebot, Ffm.

Prof. Dr. Jo Reichertz, Universität GH Essen, FB 3, Kommunikationswissenschaft, D-45117 Essen

# IX. Sektion Medizinsoziologie
*Leitung: Manfred Stosberg*

## Medizinische Versorgung zwischen Plan und Markt

### 1. Einleitung

*Manfred Stosberg*

Die Beiträge auf der Sitzung der Sektion Medizinsoziologie standen unter dem aktuellen Rahmenthema "Medizinische Versorgung zwischen Plan und Markt"; daneben wurden freie Themen aus besonders interessanten empirischen Forschungsprojekten behandelt.

Ohne die zahlreichen theoretischen, empirischen und praktischen Aspekte, die dabei erörtert wurden, an dieser Stelle erneut aufzugreifen, möchte ich doch drei Gesichtspunkte herausstellen, die bei der Präsentation der Forschungsergebnisse und ihrer Diskussion besonders deutlich wurden:

1. Übergänge im Gesundheitswesen auf dem Wege von planwirtschaftlichen Regelungen (in der ehemaligen DDR) zu einer marktwirtschaftlichen Orientierung erfordern die Schaffung neuer institutioneller Rahmenbedingungen, wobei eine bloße Übertragung des Systems der alten Bundesländer auf die neuen durchaus kritisch zu betrachten ist. Das gilt sowohl für den ambulanten (Kaross/Kunz) wie auch für den stationären Bereich (Pfaff) und betrifft ebenfalls die Ausgestaltung der Arzt-Patient-Beziehung insgesamt. Wie stark sich in entsprechenden Umgestaltungsprozessen die Ausformung der übergreifenden institutionellen Rahmenbedingungen auswirkt, zeigt sich in zahlreichen Details, nicht zuletzt auch bei der Frage nach einem Wettbewerb in der gesetzlichen Krankenversicherung (Rosenbrock) und ihren gesundheitspolitischen Implikationen.

2. Der Umbruch des Gesundheitswesen in den neuen Bundesländern erfolgt zu einem Zeitpunkt, in dem ohnehin (auch in den alten Bundesländern) intensiv über die Schaffung neuer Versorgungsstrukturen nachgedacht wird. Das läßt sich an so unterschiedlichen konkreten Beispielen wie der Schaffung Gerontopsychiatrischer Zentren (Netz/Steinkamp) und dem Aufbau von Herzzentren als spezialisierten Versorgungseinrichtungen (Staender/Bergner) demonstrieren. - Wie sehr individuelle Lebensläufe (auch auf dem Hintergrund idealtypisch konstruierter Biographien) durch im Gesundheitssystem praktizierte Regelungen beeinflußt werden können, zeigte sich eindrücklich in den Beiträgen zur Frage von Normalbiographie und koronarer Herzerkrankung (Borgetto) wie auch beim Problem von Stigmatisierung und Epidemiologie von HIV bei homosexuellen Männern.

3. All diese - sicher im Detail sehr unterschiedlichen - Aspekte werden nun zu einem Zeitpunkt diskutiert, in dem sich traditionelle Paradigmen medizinischen Handelns selbst in einem Umbruch befinden: Mit der Erweiterung des Forschungs- und Handlungsansatzes von der Pathogenese zur Salutogenese vollzieht sich eine Entwicklung, in der gewiß auch einer sozialwissenschaftlich ori-

entierten Gesundheitswissenschaft besondere Bedeutung zukommt als neue Herausforderung für Medizin und (Medizin-)Soziologie. Die theoretisch fundierten und empirisch abgesicherten Beiträge der Sektionssitzung haben jedoch durch den Facettenreichtum der behandelten Probleme und Fragen gezeigt, daß eine Reduktion von Medizinsoziologie auf Gesundheitswissenschaft nicht opportun ist und zu einer sachlich nicht gerechtfertigten Einengung medizinsoziologischer Fragestellungen führen würde, eine Überlegung, der man in künftigen Diskussionen weiter nachgehen sollte.

Denn natürlich ist die Medizinsoziologie sowohl theoretisch-grundlagenbezogen wie auch praktisch-anwendungsbezogen zu konzipieren. Das heißt, Medizinsoziologie ist zum einen auf der Grundlagenforschung der allgemeinen Soziologie aufzubauen, von der sie im Laufe ihrer Entwicklung vielfältige Impulse für die Ausformulierung ihrer Fragestellungen und ihr methodisches Vorgehen erhielt. Zum anderen aber kann eine so verstandene Medizinsoziologie damit zur theoretischen Fundierung der Gesundheitswissenschaft mit ihren ja auch angestrebten praktischen Handlungsanleitungen einen wesentlichen Beitrag leisten.

PD Dr. Manfred Stosberg, Universität Erlangen-Nürnberg, SFZ, Findelgasse 7-9, D-90402 Nürnberg

## 2. Medizinische Gesundheitsversorgung zwischen Markt und Plan - Strukturbedingungen des primärärztlichen Handelns vor und nach der Vereinigung

*Dietmar Kaross und Gerhard Kunz*

*Allgemeine Überlegungen*

Die realen Strukturbedingungen des primärärztlichen Handelns sind angemessen nur mehrdimensional zu konzeptualisieren und zu beschreiben; und ebenso muß die Unterscheidung der jeweils intendierten Systemebene beachtet werden, will man das ärztliche Handlungssystem zwischen "Freiberuflichkeit und staatlicher Lenkung" (Arnold 1993) wissenschaftlich, d.h. auch ideologieneutral, untersuchen.

Im Hinblick auf ihre ökonomischen Funktionen ist die Arztpraxis ein Betrieb, nach Andersen/Schulenburg (1990) ein Unternehmen. Analytisch ist damit ein bestimmter Aspekt der Organisationsförmigkeit des beruflichen Handelns von Ärzten gemeint. Ausgehend von diesem Verständnis waren auch die Polikliniken in der ehemaligen DDR Betriebe: Anbieter von Gesundheitsleistungen. Eine Analyse des Transformationsprozesses im Gesundheitswesen muß neben makro- und mikrosozialen Bedingungen und Folgen ebenso diese Berufsförmigkeit ärztlichen Handelns beachten.

In seinen Untersuchungen "Markt und Plan: Zwei Typen der Rationalität" betont Dahrendorf (1966), "daß Rationalität ein methodischer Begriff ist, der uns allenfalls sagt, wie wir Probleme lösen können, nicht aber, was die Probleme sind und ob die Lösungen moralisch vertretbar sind". Die dominanten Akteure bei der Transformation und Übernahme westdeutscher Lösungen waren für das Gesundheitswesen "Interessenten und Verbände" (Beyme 1995); der handlungsleitende

Imperativ hieß "Gesundheit für ein Deutschland" (Arnold/Schirmer 1990), wodurch sich eine öffentliche und wissenschaftliche Diskussion der Dahrendorf-Frage praktisch erübrigte. Begünstigt wurden solche Tendenzen durch eine Konfundierung von normativer und deskriptiver Rationalität (Rescher 1993), einer mangelnden Unterscheidung zwischen idealtypischer und realtypischer Verwendung (Weber) der Begriffe Markt und Plan. Da die Probleme einer Vereinigung des Gesundheitswesens der ehemaligen DDR mit dem der ehemaligen Bundesrepublik hauptsächlich auf gesamtgesellschaftlicher und mikrosozialer Ebene diskutiert wurden, wirkten sich die Folgen einer ideologiebelasteten Analyse vorwiegend auf und in diesen Zusammenhängen aus. So interessant es wäre, den hieraus resultierenden Fragen weiter nachzugehen - sie wurden und konnten hier nur im Sinne einer Hintergrundtheorie thematisiert werden.

Eine Analyse der Transformation des Gesundheitswesens in den neuen Ländern - der Transformation sowohl im sozialwissenschaftlichen (Zapf 1994) als auch im ökonomischen Verständnis (Kloten 1991, North 1988) - muß zwangsläufig zu kurz greifen, wenn der soziale Wandel ausschließlich auf gesamtgesellschaftlicher und auf der individuellen Ebene der einzelnen Anbieter (Arztberuf) und Nachfrager (Patienten) von Gesundheitsleistungen analysiert wird.

Die auf dem theoretischen Hintergrund des Handlungs-Struktur-Ansatzes erhobenen Daten zu "Arztberuf und Ärztlicher Praxis" sollen im folgenden mikroanalytisch im Rahmen von zwei allgemeinen Fragestellungen dargestellt und interpretiert werden:
1. Vergleichende Analyse der Strukturbedingungen ärztlichen Handelns bei Übernahme oder Neugründung einer ambulanten Arztpraxis in den neuen und alten Bundesländern;
2. Untersuchung der besonderen aus der Transformation folgenden Anpassungsprobleme der Ärzteschaft in den neuen Bundesländern.

*Datensatz und Methode*

Die hier verwendeten empirischen Daten stammen aus einer repräsentativen postalischen Befragung niedergelassener Allgemeinärzte und Internisten in den alten und neuen Ländern aus dem Jahre 1992/93, die im Rahmen des DFG-Projekts "Arztberuf und Ärztliche Praxis" am Seminar für Sozialwissenschaften der Universität zu Köln durchgeführt wurde (1465 auswertbare Fragebögen, Ausschöpfungsrate: 51,5%).

*Zusammenfassung der wichtigsten Untersuchungsergebnisse*

Die Daten der Studie "Arztberuf und Ärztliche Praxis" erlauben differenzierte mikroanalytische Untersuchungen der spezifischen Probleme von Allgemeinärzten und Internisten in den neuen Bundesländern während der Phase ihrer Niederlassung. Außerdem können umfangreiche Praxisstrukturdaten in einer vergleichenden Perspektive zwischen den alten und neuen Ländern ausgewertet werden.

Es kann gezeigt werden, daß sich die Praxen niedergelassener Ärzte in Ostdeutschland hinsichtlich zentraler Strukturmerkmale von denen ihrer westdeutschen Kollegen unterscheiden. Da sich die Arztpraxis als Handlungssystem auffassen läßt, begründen die West-Ost-Differenzen bezüglich der Praxisstrukturen entsprechende unterschiedliche Handlungsorientierungen der Ärzte.

Die wichtigsten Ergebnisse können in knapper Form wie folgt dargestellt werden:
- Nach unseren Daten war zur Jahreswende 1992/93 in den neuen Ländern der "Selbstverwaltungsoptimismus" tendenziell und durchgehend größer, während in den alten Ländern eher ein "Selbstverwaltungspessimismus" zu beobachten war (vgl. auch Kunz/Kaross/Reifferscheid 1993).
- Die Gründungsmodalitäten ärztlicher Praxistätigkeit haben sich in den vergangenen 40 Jahren verändert. Die Neugründungen von freien ambulanten Praxen in den neuen Ländern sind - im Gegensatz zu den "freiwilligen" Betriebsaufnahmen in den alten Ländern - strukturell erzwungen.
- Der überwiegende Grund zur ärztlichen Niederlassung in freier Praxis in den neuen Bundesländern lag in der Auflösung der alten ambulanten Einrichtungen begründet.
- Mehr als drei Viertel der befragten Ärzte geben die Auflösung der Einrichtung, in der sie ehemals beschäftigt waren, oder einen vergleichbaren "Sachzwang" als ausschlaggebenden Anlaß zur Niederlassung an.
- Hinsichtlich des ärztlichen Entscheidungsverhaltens bei der Praxisgründung sind in den alten und neuen Ländern unterschiedliche Kriterien bedeutsam.
- Die Ärzte, die sich in den neuen Ländern nach der Vereinigung niedergelassen haben, hatten eine Reihe von spezifischen Schwierigkeiten zu bewältigen, für die wir hier die Daten gesondert ausweisen:

Abbildung 1
**Schwierigkeiten während der Niederlassung in den neuen Bundesländern**

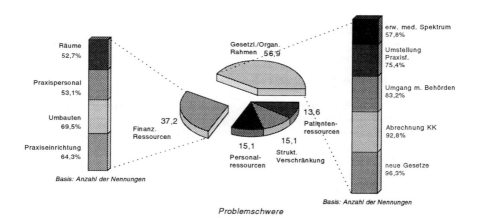

- Mit deutlichem Abstand wurden dabei solche Probleme als besonders schwierig angesehen, die die transformationsbedingte Reorganisation des Gesundheitswesens betreffen, so etwa das Zurechtfinden mit den neuen gesetzlichen Regelungen, die Abrechnung mit den Krankenkassen etc.
- Weiterhin war es schwierig, die besonderen finanziellen Probleme, die mit der Niederlassung verbunden sind, zu bewältigen.
- Die spezifischen Niederlassungsprobleme in den neuen Ländern haben zu "Transformationsopfern" geführt, wie sich besonders deutlich am sozialstrukturellen Merkmal des Alters zeigen läßt: ältere - und somit auch berufserfahrene - Ärzte haben in hohem Maße das wirtschaftliche Risiko der Niederlassung gescheut und sind zu einem relativ großen Anteil aus dem Arztberuf ausgeschieden.
- Die spezifischen Probleme ostdeutscher Ärzte während der Niederlassungsphase haben in der Folgezeit zu sehr unterschiedlichen Praxisstrukturen in beiden Teilen Deutschlands geführt:
- Der dominierende Praxistyp ist zwar mit rund 75% in den alten und in den neuen Ländern die Einzelpraxis. In beiden Teilen Deutschlands läßt sich allerdings ein Trend zur kooperativen Gruppenpraxis feststellen, in den neuen Bundesländern dominiert jedoch die vorrangig auf effiziente Ressourcenverwendung ausgerichtete Form der Praxisgemeinschaft, die darüber hinaus einen rechtlich eigenständigen Status der beteiligten Ärzte bewahrt;
- Im Vergleich zu den westdeutschen Arztpraxen müssen die Praxen in den neuen Ländern im Durchschnitt mit weniger Räumen und einem geringeren Mitarbeiterstamm auskommen.
- Der Patientenstamm ist sowohl in Ost- als auch in Westdeutschland eine zentrale Ressource der Arztpraxis, der eine herausragende Bedeutung beigemessen wird. Insbesondere in den neuen Ländern wird die "Mitnahme bekannter Patienten" oder die "Übernahme eines Patientenstamms" als unabdingbare Voraussetzung zur Praxisgründung angesehen.
- Unterschieden nach der Praxisorganisationsform ist der jeweilige Patientenstamm in den alten Ländern nur geringfügig größer als der in den ostdeutschen Praxen. Als Ausnahme sind jedoch westdeutsche Gemeinschaftspraxen anzusehen, die im Durchschnitt einen eineinhalb mal so großen Patientenstamm aufweisen können wie die Praxen dieses Typs in den neuen Bundesländern.
- Das tägliche Patientenaufkommen liegt bei allen Praxisformen in den alten Ländern deutlich höher als in den neuen Ländern. Die tägliche Anzahl von Patienten, die vom Arzt selbst behandelt werden, liegt in den neuen Ländern jedoch jeweils etwas höher als beim vergleichbaren Praxistyp in den alten Ländern. Daraus resultiert für die ostdeutschen Ärzte ein wesentlich höherer selbstversorgter Anteil an Patienten bezogen auf den gesamten täglichen Patientendurchlauf in der Praxis.
- Trotz einer vergleichsweise höheren wöchentlichen Arbeitszeit und einer höheren Anzahl an Patienten, die pro Tag durch den Arzt selbst betreut werden, kann in ostdeutschen Praxen nur ein sehr viel geringerer Umsatz und Praxisgewinn erzielt werden. Dabei ist in den neuen Ländern das Risiko eines finanziellen Verlusts erheblich höher als in Westdeutschland.
- Die westdeutschen Umsatz- und Gewinnvorteile werden zu einem erheblichen Anteil mit Hilfe von Leistungen erzielt, die zwar an Patienten in der Praxis, nicht jedoch durch den Arzt selbst erbracht werden. Dies spricht für einen ökonomischeren Einsatz von Ressourcen in den westdeutschen Praxen.

Die hier vorgestellten Daten wurden zum Ende des Jahres 1992 erhoben, also noch bevor alle Einzelheiten des 1993 in Kraft getretenen Gesundheitsstrukturgesetzes bekannt sowie dessen genaue Folgen und Konsequenzen für den einzelnen Arzt antizipierbar waren. Inzwischen hat sich herausgestellt, daß mit den gesetzlichen Neubestimmungen viele Bereiche des ärztlichen Handelns reglementiert worden sind, wodurch u.a. ein erheblicher Rationalisierungsdruck entstanden ist. Es ist anzunehmen, daß die niedergelassenen Ärzte in den neuen Bundesländern in mehrerlei Hinsicht stärker durch die angesprochenen GSG-Bestimmungen betroffen wurden, zumal sie sich in kürzester Zeit erneut an veränderte Rahmenbedingungen anzupassen hatten.

Hierüber läßt sich jedoch vorerst nur spekulieren. Umso wichtiger erscheint eine systematische Dauerbeobachtung der durch die Transformation des Gesundheitswesens in der ehemaligen DDR intendierten und nicht-intendierten Folgen in der ambulanten ärztlichen Versorgung, die insbesondere auch die bereits angekündigte und im Stadium der konkreten Vorbereitung befindliche nächste Stufe der Gesundheitsstrukturgesetzgebung (Arnold 1993, Glaeske/Pfeiffer/Walzik 1994, Rosenbrock 1994, SVR 1994) miteinbezieht.

(Literatur bei den Verfassern)

Prof. Dr. Gerhard Kunz, Universität zu Köln, Seminar für Sozialwissenschaften, Gronewaldstraße 2,
D-50931 Köln
Dietmar Kaross, Stotzheimer Straße 36, D-50354 Hürth

## 3. Das Krankenhaus zwischen Markt und Staat: Das magische Dreieck des Krankenhausmanagements und das Konzept des lernenden Krankenhauses

*Holger Pfaff*

*1. Ausgangsproblem: Das magische Dreieck des Krankenhausmanagements*

Die Ergebnisse der medizinsoziologischen Forschung in den 80er Jahren (z. B. Gerhardt 1986; Badura et al. 1987; Forschungsverbund 1987; Pfaff 1989) legen den Schluß nahe, daß in der medizinischen Versorgung das Ziel der Wirtschaftlichkeit durch zwei weitere Ziele ergänzt werden muß: Patientenorientierung und Gesundheitsförderung des Personals. Besonders im Krankenhaus bestehen zwischen allen drei Zielen Zielkonflikte (z.B. Siegrist 1978; Badura/Feuerstein 1994). Dies möchte ich als das magische Dreieck des Krankenhausmanagements bezeichnen. Für diesen Zielkonflikt gibt es keine Patentlösung. Der optimale Kompromiß zwischen diesen Zielen kann je nach Situation verschieden ausfallen. Jedes Krankenhaus muß daher über kollektive Lernprozesse selbst die optimale Lösung herausfinden. Es empfiehlt sich daher, die Klinik als lernende Organisation zu konzipieren (vgl. auch Borsi 1994; Pfaff 1994).

*2. Das Konzept des lernenden Krankenhauses*

Im Mittelpunkt des Konzepts des "lernenden Krankenhauses" (Pfaff 1994: 78) steht ein institutionalisierter Lernprozeß, der zwischen den Mitgliedern der vier wichtigsten Kulturen des

Krankenhauses - Arzt-, Pflege-, Verwaltungs- und Patientenkultur - stattfindet. Ziel dieses Lernprozesses ist es, die Konfrontation der Subkulturen als Quelle der Kreativität zu nutzen, um eine Optimierung des Verhältnisses zwischen den drei Zielen zu erreichen. Dieser Lernprozeß sollte durch eine systematische Rückkoppelung der somatischen, psychischen und sozialen Ergebnisse der medizinischen Versorgung unterstützt werden ("Outcome-Feedback-System"). Folgende Dimensionen könnten daher das lernende Krankenhaus auszeichnen: Patientenpartizipation, lernende Station, "Outcome-Feedback-System" und Strategietage.

*Patientenpartizipation.* Die Patienten verfügen als Koproduzenten und Kotherapeuten über ein bisher kaum genutztes Laienpotential, das sie in die Produktion medizinischer Dienstleistungen einbringen können. Dies setzt Patientenpartizipation voraus. Sie kann durch folgende Elemente und Prinzipien gewährleistet werden (vgl. Pfaff 1994): 1) systematische Erweiterung des Fachwissens des Patienten ("patient teaching"), 2) Förderung von Lernprozessen zwischen Patient und Klinikpersonal im Sinne eines *Ko-Lernens,* 3) Einrichtung eines *Patienten-Vorschlagswesens* zur Nutzung des Innovationspotentials der Patienten und ihrer Angehörigen und 4) Gewährleistung der Patientenpartizipation bei nur bedingt handlungsfähigen Patienten durch den Einsatz eines *Patientenanwalts.*

*Lernende Station.* Eine lernende Station ist dann gegeben, wenn auf der Station die Beschäftigten und die Vertreter der Patienten einen kontinuierlichen Verbesserungsprozeß mit dem Ziel betreiben, die Versorgungsqualität, die Arbeitsbedingungen und die Effizienz schrittweise zu verbessern und eine kontinuierliche Stationsentwicklung zu verwirklichen. Dies kann sowohl durch ein *integriertes Dienstleistungsteam,* d. h. eine teilautonome Arbeitsgruppe aus ärztlichem Personal, Pflegekräften, Reha-Fachkraft und Patientenanwalt, als auch durch die Einrichtung eines Integrationszirkels erreicht werden. Der *Integrationszirkel* ist mehr als eine Kombination aus Gesundheitszirkel (Slesina 1990) und Qualitätszirkel, denn die Teilnehmer sollen organisatorische Lösungen finden, die nicht nur der Gesundheitsförderung und Qualitätssicherung dienen, sondern auch der Kostensenkung. Die integrative Betrachtung des Systems Station und seiner Außenbeziehungen soll durch die Teilnahme von ärztlichem Personal, Pflegekräften und Reha-Fachkräften sowie von Vertretern der Funktionsabteilungen, des Versorgungsdienstes, der Verwaltung und der Patienten (Patientenanwalt) erreicht werden.

*Outcome-Feedback-System.* Das individuelle und kollektive Lernen im Krankenhaus hängt davon ab, daß die Akteure eine Rückmeldung über die Wirkungen ihrer Aktivitäten erhalten. Ein System der ergebnisbezogenen Qualitätsbewertung - kurz: "Outcome-Feedback-System" - müßte die Erhebung und Bewertung der Ergebnisse der medizinischen Versorgung am Ende a) definierter Teilabschnitte (z. B. Entlassung aus der Klinik) und b) der gesamten Versorgungskette zum Ziel haben. Bei dieser Form der kontinuierlichen Selbstevaluation sollten krankheitsspezifische, psychische, soziale und dienstleistungsspezifische Bewertungskriterien Verwendung finden. Zu diesem Zwecke müßten subjektive und objektive Daten aus verschiedenen Quellen (Arzt, Patient etc.) erhoben werden. Die Rückmeldung der Ergebnisse muß es ermöglichen, den Einzelfall und das behandelte Patientenkollektiv zu betrachten sowie Vergleiche mit anderen Kliniken zu ziehen (Stichwort: Benchmarking). Dadurch soll eine "ergebnisorientierte Krankenhausversorgung", die dem Leitbild der Patientenorientierung verpflichtet ist, möglich werden. Vom Ergebnis ausgehend müßte dabei eine Reorganisation des gesamten Versorgungs- und Dienstleistungsprozesses und nicht mehr nur eine Optimierung einzelner Funktionen (z. B. Diagnose) angestrebt werden.

*Strategietage.* Um einer zu starken Verselbständigung der Subsysteme der Klinik entgegenzuwirken, ist es notwendig, auch stationsübergreifende Lernprozesse im Krankenhaus zu institutionalisieren. Dies kann z. B. durch die Einrichtung eines jährlich stattfindenden Strategie- und Feedbacktages geschehen. Ein Klinik-Strategietag hat den Zweck, unter den relevanten Akteuren Einigung über die Ziele, Strategien und Aktionsprogramme zu erzielen, die Erreichung vereinbarter Ziele anhand des "Outcome-Feedback-Systems" zu überprüfen und bei Mißerfolgen die Strategien und Aktionsprogramme zu ändern.

## 3. Staatliche und marktförmige Rahmenbedingungen

Zur Umsetzung der Idee des lernenden Krankenhauses benötigt man - so meine zentrale These - sowohl staatliche als auch marktförmige Rahmenbedingungen.

*Staatliche Rahmenbedingungen.* Um zu verhindern, daß das lernende Krankenhaus nur eine Angelegenheit des ärztlichen Personals wird und es zu einer weiteren Vernachlässigung des Laienpotentials kommt, bedarf es einer gesetzlichen Stärkung der Position des Patienten. Die skizzierten Formen der Patientenpartizipation sollten entsprechend abgesichert werden (z. B. Recht zur Teilnahme an Integrationszirkeln). Nach von Ferber (1994) hat der Staat die Letztverantwortung für die Daseinsfürsorge und damit auch für die Krankenhausversorgung. Er warnt daher davor, eine marktwirtschaftliche Organisation des Krankenhauswesens anzustreben. Zu den "unverzichtbaren Positionen des Staates in der Krankenhauspolitik" (v. Ferber 1994: 555) zählt seiner Ansicht nach auch die Sicherung der Struktur-, Prozeß- und Ergebnisqualität. Es geht ihm dabei u. a. um eine staatliche Unterstützung der Qualitätssicherung, wie z. B. durch bindende Vorschriften. Ich teile diese Ansicht. Gleichzeitig bin ich aber auch der Meinung, daß die Qualitätssicherung durch geeignete marktförmige Elemente zusätzlich angeregt werden sollte. Der Weg über den Staat und die Gesetze kann nämlich auch Nachteile mit sich bringen, wie z. B. Inflexibilität und Verrechtlichung. Auf gesetzlichem Wege muß jedoch sichergestellt werden, daß die eingesetzten marktförmigen Elemente sozial vertretbar sind und der Patientenorientierung und Gesundheitsförderung dienen.

*Marktförmige Rahmenbedingungen.* Eine marktförmige Regulierung der Qualitätssicherung könnte z. B. über ein *qualitätsbezogenes Leistungsentgelt* erfolgen (Pfaff 1994). Es handelt sich dabei um eine Koppelung des Leistungsentgelts an die Qualität der Leistung des Krankenhauses. Die Evaluation der Struktur- und Prozeßqualität sowie der - über das "Outcome-Feedback-System" festgestellten - Ergebnisqualität bildet die Ausgangsbasis. Sie führt zu einer leistungsorientierten Einstufung der Kliniken (z. B. Qualitätsklasse A, B und C) und zu einer entsprechenden Differenzierung des Leistungsentgelts. Das qualitätsbezogene Leistungsentgelt wäre z. B. geeignet, Akutkrankenhäuser dazu anzuregen, Verfahrensweisen, die in Konsenspapieren vereinbart wurden, auch in die Tat umzusetzen. An dieser Umsetzung mangelt es oft, wie eine neue Studie (Häussler et al. 1994) zeigen konnte.

Eine andere Form der marktförmigen Regulierung stellt das Konzept des *Versorgungskette-Koordinators* dar (Pfaff 1994). Das zentrale Problem bei der Versorgung chronisch Kranker ist, daß keine Institution die Gesamtverantwortung für die Versorgungskette hat (Akutversorgung, AHB, Nachsorge) (Badura et al. 1987; Schaeffer/Moers 1994). Dadurch ist kein "Case Management" möglich. Nach dem Konzept des Versorgungskette-Koordinators übernimmt jene Institution des medizinischen Systems (z. B. der niedergelassene Arzt oder das Krankenhaus) die Funktion eines Koordinators der Behandlungskette, die den Patienten zuerst behandelt und dann weiterleitet. Das Krankenhaus würde somit nur in bestimmten Fällen (Notfallversorgung: z. B. Herzinfarkt) die Gesamtverantwortung für den Rehabilitanden haben. Es wäre in diesen Fällen verantwortlich für das Ergebnis und die Kosten der medizinischen Versorgungskette. Das Krankenhaus würde die Funktion eines Generalunternehmers einnehmen, der medizinische Dienstleistungen an Subunternehmen, wie z. B. Pflege- und Reha-Klinik, vergeben kann und der aus eigenem Interesse prüfen muß, ob diese Einrichtungen gute Versorgungsqualität zu niedrigen Preisen bieten. Falls die Fallzahl für eine wirtschaftliche Abwicklung zu gering wäre, könnte das Krankenhaus die Verantwortung an eine zentrale "Case Management"-Stelle abgeben. Dasselbe gilt für den niedergelassenen Arzt als Koordinator. Die Versorgungskette müßte vom jeweiligen Koordinator so gestaltet werden, daß die vereinbarten Qualitätsstandards eingehalten werden können. Auf die vielen Voraussetzungen und Probleme dieses Konzepts kann hier nicht weiter eingegangen werden.

*4. Zusammenfassung*

Durch die Verbesserung kollektiver Lernprozesse im Krankenhaus kann ein Beitrag zur Lösung des Problems des magischen Dreiecks des modernen Krankenhausmanagements geleistet werden. Die skizzierten Elemente des lernenden Krankenhauses müssen jedoch nicht nur durch staatliche Rahmenbedingungen, sondern auch durch marktförmige Anreizstrukturen abgestützt werden. Der Staat trägt dabei die Letztverantwortung. Ihm kommt daher die wichtige Aufgabe zu, a) die Daseinsfürsorge in diesem Bereich durch gesetzliche Rahmenbedingungen und durch eine Unterstützung der Qualitätssicherung zu gewährleisten sowie b) die Humanisierung des Arbeitslebens im Krankenhaus zu fördern.

**Literatur**
Badura, B./Feuerstein, G. (1994), Systemgestaltung im Gesundheitswesen. Weinheim/München.
Badura, B./Kaufhold, G./Lehmann, H./Pfaff, H./Schott, T./Waltz, M. (1987), Leben mit dem Herzinfarkt. Berlin.
Borsi, G. M. (1994), Das Krankenhaus als lernende Organisation. Heidelberg.
v. Ferber, C. (1994), Unverzichtbare Positionen staatlicher Verantwortung in der Krankenhauspolitik, in: Das Krankenhaus 12: 554-557.
Forschungsverbund Laienpotential, Patientenaktivierung und Gesundheitsselbsthilfe (Hg.) (1987), Gesundheitsselbsthilfe und professionelle Dienstleistungen. Berlin.
Gerhardt, U. (1986), Patientenkarrieren. Frankfurt/M.
Häussler, B./Keck, M./Jacob, M. (1994), Optimierung der beruflichen Reintegration von Herzinfarktpatienten. Berlin/New York.
Pfaff, H. (1989), New Strategies for Health Promotion in the Working World. pp. 231-236. In: Federal Centre for Health Education/World Health Organization Regional Office for Europe (Eds.), Health Promotion in the Working World. Berlin.
Pfaff, H. (1994), Lean Production - ein Modell für das Krankenhaus? Gefahren, Chancen, Denkanstöße, in: Z. f. Gesundheitswiss. 2: 61-80.

Schaeffer, D./Moers, M. (1994), Überleitungspflege - Analyse eines Modells zur Regulation der Schnittstellenprobleme zwischen stationärer und ambulanter Versorgung, in: Z. f. Gesundheitswiss. 2: 7-25.
Siegrist, J. (1978), Arbeit und Interaktion im Krankenhaus. Stuttgart.
Slesina, W. (1990), Gesundheitszirkel - Ein neues Verfahren zur Verhütung arbeitsbedingter Erkrankungen. S. 315 - 328. In: U. Brandenburg/H. Kollmeier/K. Kuhn/B. Marschall/P. Oehlke (Hg.): Prävention und Gesundheitsförderung im Betrieb. Bremerhaven.

Dr. Holger Pfaff, TU Berlin, Institut für Soziologie, Dovestraße 1, D-10587 Berlin

## 4. Wettbewerb in der Gesetzlichen Krankenversicherung (GKV) - Gesundheitspolitische Implikationen

*Rolf Rosenbrock*

Die Diskussion um die Weiterentwicklung der GKV geht von einem derzeit noch nicht in Frage gestellten Programmkonsens über ihre Aufgabe aus: Sie soll durch Verträge, Finanzierung und Strukturbeeinflussung die Anbieter gesundheits- bzw. krankheitsbezogener Güter und Dienstleistungen so steuern, daß bevölkerungsweit die sozial und ökonomisch undiskriminierte Versorgung mit den medizinisch und gesundheitlich als notwendig und zweckmäßig erachteten Versorgungsleistungen zu möglichst geringen Kosten in einer für alle - also auch die leidenden und weniger gebildeten - Versicherten problemlos auffindbaren und handhabbaren Form auf Dauer sichergestellt ist.

Die Auseinandersetzung dreht sich, soweit sie konzeptionell geführt wird, um die intelligente Mischung der Regulierungstypen Markt (Konkurrenz), Staat (Budget), Verbändeaushandlung (Expertise) und direkte Partizipation (Empowerment). In der gegenwärtigen Phase ("Dritte Stufe der Gesundheitsreform") scheint sich ein breiter Konsens darüber abzuzeichnen, daß zur Behebung von Struktur- und Funktionsdefiziten v.a. eine Verstärkung der Konkurrenz zwischen den Kassen zielführend wäre. Auf Basis bisheriger Erfahrungen mit Kassenkonkurrenz sowie Forschungsbefunden zur Wirkung analoger Regulierungen v.a. in den USA ist hingegen absehbar, daß damit kein wichtiges Problem zu lösen ist, hingegen zentrale Vorteile der gegenwärtigen Regulierung substantiell beschädigt werden.

Der Umwandlung der Kassen von parafiskalischen Agenturen für die Finanzierung und Steuerung von Leistungen in konkurrierende Marktsubjekte werden v.a. vier positive, im folgenden zu diskutierende Wirkungen zugeschrieben:

*1. Modernisierung/Kundenorientierung*

Konkurrenz soll die Arroganz und Unbeweglichkeit von Monopolbürokratien durch Service- und Kundenorientierung ersetzen. Durch Risikostrukturausgleich mit den Parametern Alter, Geschlecht, Einkommen und Anzahl der mitversicherten Familienangehörigen soll die sozialpolitisch unerwünschte Risikoselektion durch die Kassen ("Rosinenpicken") verhindert und der Wettbewerb v.a. auf die Felder Versichertenservice sowie Qualitätssicherung und Preise der Versorgung gelenkt werden. Schon heute ist dagegen feststellbar, daß die Konkurrenz um "gute Risiken" nun auf der Ebene der individuellen Versicherten geführt wird: Planungen sehen unterschiedliche Werbeprämien z.B. für junge und gesunde Versicherte, von Behinderten schlecht erreichbare Geschäftsstellen und unterschiedliche Grade von Freundlichkeit im Service vor. Die Vorstellung eines "solidarischen Wettbewerbs" verkennt dagegen die Kraft und die Nachhaltigkeit der aus ökonomischer Konkurrenz resultierenden Kräfte. Das Ziel größerer Kundenorientierung und besseren Verbraucherschutzes für die Versicherten wäre hingegen unter Nutzung v.a. skandinavischer Erfahrungen mit Dezentralisierung und Organisationsentwicklung auch bei Monopolbürokratien (Sozial- und Arbeitsverwaltung) ohne vergleichbar zerstörerische unerwünschte Wirkungen erreichbar. Was sich, vielleicht kontraintentional, aber bei bestimmungsgemäßem Wirken der politisch gesetzten Anreizstrukturen abzeichnet, ist eine selektiv für "gute Risiken" verbesserte Kundenorientierung und Service-Qualität. Die zumindest formelle und materielle Gleichheit beim Zugang zu Krankenversicherung und Krankenversorgung, die einst die Basis bot, über eine bessere Betreuung und Versorgung von behinderten, multimorbiden und Unterschichtpatienten zumindest ernsthaft nachzudenken, wird unter der Flagge der Modernisierung bereits heute unterminiert. Und auch dies ist nicht etwa umsonst zu haben: Die GKV gibt heute knapp 5 % für Verwaltung, Werbung und Marketing aus, im wettbewerbsgesteuerten US-Krankenversicherungssystem liegen die entsprechenden Kosten weit über 15 %.

## 2. Prävention/freiwillige Leistungen

Die Aufnahme von Aufgaben und Leistungen der Prävention in die von den Kassen zu gewährleistenden bzw. selbst zu erbringenden Leistungen nach § 20 des SGB V von 1989 wurde als großer Schritt in Richtung auf eine moderne, den Notwendigkeiten des veränderten Morbiditätsspektrums entsprechende Innovation, als wichtiger Schritt in Richtung auf Public Health Versorgung gefeiert. Kritisiert wurde von vornherein, daß die Kassen über keine hinreichende Instrumentierung zur Erfüllung dieser Aufgaben verfügen, und daß sich der Staat durch Delegation des Themas "Prävention" an die dazu nicht ausgerüsteten Kassen durch symbolische Politik in erster Linie selbst entlasten wolle. Das hat sich auch bewahrheitet: sämtliche vorliegenden Evaluationen zeigen, daß kassengetragene Prävention bis auf wenige Ausnahmen den Weg der größten Werbewirksamkeit und des geringsten Widerstandes, nicht aber den Suche nach den größten präventiven Potentialen und ihrer effizienten Realisierung geht. Einer Vermehrung positiver Ansätze (derzeit v.a. in der Arbeitswelt) stehen v.a. drei Gründe entgegen:

1. Prävention und Gesundheitsförderung haben ihre gesundheitlich größte Wirkung bei jenen Versicherten (untere Sozialschichten, Arme, Alte, Multimorbide), auf die sich - auch nach korrekt vollzogenem Risikostrukturausgleich - das ökonomische Interesse der Kassen gerade nicht richten kann.
2. Moderne, gesundheitswissenschaftlich angeleitete Interventionen der Prävention und Gesundheitsförderung richten sich nicht primär an Individuen, sondern an Gruppen bzw. Populationen, die durch gemeinsame Merkmale der Lebenslage, der Lebensweise, der Beschäftigung, des Milieus oder des Wohnens am gleichen Ort definiert sind. Die Kassenmitgliedschaft ist kein solches Merkmal.

3. Zwischen Interventionen, die für profilierende Selbstdarstellung und Werbung verwertbar und deshalb im Wettbewerb um attraktive Versicherte wirksam sind, und Interventionen, denen gesundheitswissenschaftlich im Sinne der Befähigung, der Erhöhung des Grades der Selbstbestimmung eine hohe Wirksamkeit zugeschrieben werden kann, besteht nur ein geringer Überlappungsbereich: Der fröhliche Lauftreff oder die erlebnisorientierte Rückenschule für Mittelschichtangehörige verkauft sich z.B. leichter und besser, als die zähe Bemühung um eine zivilisierte Ernährung auch auf Baustellen oder in Kleinbetrieben.

## 3. Höhere Rationalität/günstigere Preise und Tarife

Es war nie ganz einzusehen, wieso die Aufspaltung der bis Ende 1995 förmlich zu "einheitlichem und gemeinsamem" Handeln und Verhandeln verpflichteten Kassen eine Zunahme ihrer Nachfragemacht implizieren sollte. Diese Hoffnung konnte allenfalls indirekt mit dem durch Konkurrenz zu steigernden wirtschaftlichen Eigeninteresse jeder einzelnen Kasse begründet werden, aus dem sich insgesamt ein größerer Druck auf die Anbieterseite ergeben könnte. Solche Aktivitäten könnten sich gesundheitlich und ökonomisch lohnen: Seit vielen Jahren bestehen kaum Zweifel daran, daß ein wesentlicher Teil der Kostendynamik der Krankenversorgung durch die Anwendung allgemein anerkannter Kriterien der medizinischen Wirksamkeit nach den Regeln der klinischen Epidemiologie bei der Zulassung neuer bzw. der Überprüfung früher zugelassener medizinischer Leistungen ohne Schaden für die Qualität der Krankenversorgung und ohne Rationierung gebrochen werden könnte. Tatsächlich hat seit Inkrafttreten des GSG im Jahre 1993 der dafür zuständige Bundesausschuß Ärzte/Krankenkassen einer Reihe von Leistungen sowohl der Diagnose als auch der Therapie die Zulassung als Kassenleistung versagt, weil ausreichende Belege für die Wirksamkeit fehlten bzw. weil unerwünschte Wirkungen überwogen. Freilich war diese grundsätzlich zielführende Entwicklung keineswegs der Konkurrenz, sondern im Gegenteil staatlicher Regulierung durch strikte Budgetvorgaben zu verdanken. Unter diesem Regime gibt es für die ärztliche Seite ein Nullsummenspiel, in welchem jede neue zugelassene Leistung einen Abzug für alle anderen Leistungen bedeutet. Was sich dagegen unter dem Regime der Kassenkonkurrenz entwickeln wird, läßt sich an aktuellen Entwicklungen ablesen: einzelne Kassen und Kassenverbände bieten erwiesen ineffiziente Screening-Programme an, bezahlen populäre Leistungen aus "alternativen" Therapierichtungen etc. Nun ist es sicher kein vernünftiges Dogma, daß die Leistungen der GKV mit denen der Schulmedizin deckungsgleich sein sollen. Sicher aber scheint, daß dem Eindringen von ungeprüften oder erwiesen ineffektiven bzw. ineffizienten Diagnosen, Techniken und Therapien strukturell Vorschub geleistet wird, wenn zwischen den Kassen Konkurrenz herrscht und die Verlängerung des Leistungskataloges ein zugelassener Parameter der Konkurrenz ist. Auch die Aufspaltung der versicherten Leistungen in Basispakete und Zusatzleistungen führt gesundheits- und sozialpolitisch in die Irre: dies wäre erstens auch formell die Einführung einer Zwei-Klassenmedizin. Und zweitens zeigen Erfahrungen aus dem Ausland, zuletzt wieder aus den Niederlanden, daß eine solche Aufspaltung immer zu Verletzungen medizinischer Standards führt.

## 4. Neue Versorgungsformen

Die institutionell zementierte Zerklüftung und Fragmentierung des Versorgungssystems, seine zusätzlich durch Anreize befestigte Technik- und Medizinorientierung, sein dadurch begründetes Verharren im epidemiologisch überholten Paradigma der Akutversorgung sind seit Jahrzehnten Gegenstand wissenschaftlicher Kritik und politischer Änderungsversuche - bislang mit wenig Erfolg. Hier soll nun die Kassenkonkurrenz überholte Strukturen aufbrechen, Suchprozesse auslösen und neue Versorgungsformen erproben. Die Stichworte hierzu lauten "kombinierte Budgets", "Hausarztmodell", "indikationsbezogene Bonus-Systeme", "Ärzte-Pools" etc.

Wenn nun die Kassen bzw. Kassenarten jede für sich und in Konkurrenz zueinander diesen Problemkomplex angehen, entzieht sich der gesundheitspolitisch notwendige und zugleich sozialpolitisch heikle und störanfällige Prozeß der Erprobung und Einführung neuer und unterschiedlicher Versorgungsmodelle der gesundheitspolitisch rationalen Steuerung, werden absehbar die unerwünschten Wirkungen überwiegen:

1. Die Leistungsanbieter würden die Kassen in den aus früheren gesundheitspolitischen Phasen hinlänglich bekannten Aufschaukelungswettbewerb um Leistungsumfang und Preise hineinzwingen.
2. Für die Versicherten ginge der hohe Wert einer für sie einfachen, stabilen und überschaubaren Regulierung des Zugangs und der Leistungen verloren.
3. Bei den Leistungsanbietern, die ja dann unterschiedliche Leistungspakete zu unterschiedlichen Preisen für unterschiedliche Versichertengruppen anbieten und abrechnen müßten, würde sich der Aufwand für Abrechnung und Kontrolle vervielfachen (in den USA heute bereits zum Teil über 30 % der Praxisaufwendungen).
4. Wenn ökonomische Anreize und Werbeargumente in der Krankenversicherung so gesetzt werden, daß es für mehr Geld mehr medizinische Versorgungsleistungen gibt, werden die meisten, die es sich leisten können, in die oberen Tarife streben. Mangels fundierter Konsumentensouveränität wirken hier inverse Preis- und Mengensignale besonders stark. Das führt, im Verein mit der gesellschaftlich dominanten Tendenz der Desolidarisierung, zwangsläufig zu ungleicher Versorgung. Überdies wird durch solche Tarifgestaltung die in der Sache oftmals falsche, deshalb gesundheitspolitisch schädliche und in der Konsequenz auch kostentreibende Vorstellung genährt, als sei Gesundheit erstens überhaupt und zweitens im Gesundheitssystem zu kaufen.

*Leider kein besonders konstruktives Fazit:*

1. Mit der Einführung der Kassenkonkurrenz haben sich die Bedingungen der Möglichkeit gesundheitspolitisch sinnvoller Strukturreformen in der gesundheitlichen Versorgung nicht verbessert, sondern substantiell verschlechtert.
2. Diese Veränderung des Regulierungs-Mix hat ihre Schubkraft nicht aus gesundheitswissenschaftlichen oder sozialpolitischen Überlegungen gewonnen, sondern ist Produkt der dominanten Ideologie vom Segen der Deregulierung und der Weisheit des Marktes.

3. Sozialwissenschaftlicher Expertise kommt in dieser Situation v.a. die Aufgabe zu, auf die Ungeeignetheit von Mitteln bei gegebenen Zwecken sowie auf bestehende Regulierungsalternativen hinzuweisen und diese weiterzuentwickeln.

**Literatur**

Deutscher Bundestag (1990), Endbericht der Enquete-Kommission "Strukturreform der GKV", BT-Drucksache 11/6380, Bonn.

Rosenbrock, Rolf (1994), Die Gesetzliche Krankenversicherung am Scheideweg: Modernisierung oder Entsorgung solidarischer Gesundheitspolitik. In: Gesundheitskult und Krankheitswirklichkeit, Jahrbuch für Kritische Medizin 23, Hamburg.

PD Dr. Rolf Rosenbrock, Wissenschaftszentrum Berlin, FG Gesundheit, Reichpietschufer 50, D-10785 Berlin

## 5. Möglichkeiten und Probleme der Ausweitung extramuraler Versorgungsstrukturen in der Gerontopsychiatrie

*Peter Netz, Günther Steinkamp und Burkhard Werner*

*1. Einleitung*

Nachdem bereits 1975 die Psychiatrieenquête die Einrichtung eines Gerontopsychiatrischen Zentrums für psychisch kranke Ältere empfahl, wurde 1988 in den Empfehlungen der Expertenkommission nochmals ausdrücklich die Notwendigkeit eines solchen Angebotes betont. Das Gerontopsychiatrische Zentrum (GZ) besteht aus einer Tagesklinik, einer aufsuchenden Ambulanz und einer Beratungsstelle. Seit 1991 gibt es in Gütersloh ein Gerontopsychiatrisches Zentrum mit einer Altentagesklinik und einer Ambulanz, jedoch ohne die geforderte und notwendige Altenberatungsstelle. Ein wichtiges Ziel dieser Einrichtung ist die Verlagerung der Behandlung aus vollstationären in teilstationäre und ambulante Behandlungseinheiten.

*2. Kurze Beschreibung des Projektes*

In einem Forschungsprojekt des Nordrhein-Westfälischen Forschungsverbundes Public Health an der Universität Bielefeld wird nach den Auswirkungen gefragt, die die Einrichtung eines Gerontopsychiatrischen Zentrums für die Versorgungsstruktur einer Region hat. Zwei Regionen wurden miteinander verglichen: die Region Bielefeld ohne ein GZ (von Bodelschwinghsche Anstalten Bethel) und die Region Gütersloh mit einem GZ (Westfälische Klinik). Über den Zeitraum eines Jahres wurden in beiden Kliniken die soziodemographischen und medizinischen Daten sämtlicher Behandlungsfälle des vollstationären, teilstationären und ambulanten Bereiches von den behandelnden Ärzten mit einem Basisdokumentationsbogen erfaßt. In beiden Kliniken gab es 1106 Behandlungsfälle, die Zahl der behandelten Patienten war mit 859 natürlich niedriger.

Des weiteren standen die Auswirkungen des GZ auf die betroffenen Patienten und ihre Angehörigen im Vordergrund. Dazu wurden aus den voll- und teilstationären sowie den ambulanten

Behandlungseinrichtungen beider Kliniken als Zufallsstichprobe insgesamt 124 Patienten und zum Teil auch ihre Angehörigen ausführlich interviewt. Mit einem Interview-Leitfaden wurde das informelle und formelle Unterstützungsnetzwerk der Patienten erhoben. Zur Erfassung ihres psychischen Befundes sowie ihrer Hilfs- und Pflegebedürftigkeit diente das Dokumentationssystem der "Arbeitsgemeinschaft Gerontopsychiatrie" (AGP). Diese Untersuchung wurde 1 Jahr später mit den selben Patienten wiederholt.

## 3. Von der intramuralen zur extramuralen Behandlung

Gelingt dem GZ eine deutliche Verlagerung gerontopsychiatrischer Behandlungsfälle aus dem stationären in den teilstationären und ambulanten Bereich? Diese Frage kann eindeutig bejaht werden.

Bei zwei vergleichbar großen Versorgungsregionen besteht eine fast identische Behandlungsprävalenz für 60jährige und Ältere mit 0,51% in Bielefeld und 0,49% in Gütersloh im Untersuchungszeitraum April 1992 bis April 1993. Betrachtet man nur den vollstationären Bereich, so zeigt sich ein deutlicher Unterschied zwischen Bielefeld und Gütersloh. In Bielefeld beträgt die stationäre Behandlungsprävalenz 0,45%, in Gütersloh hingegen nur 0,31%. Entsprechend liegt die teilstationäre Behandlungsprävalenz in Gütersloh mit 0,18% weitaus höher als in Bielefeld mit 0,05%.

Somit ist innerhalb kürzester Zeit in Gütersloh mit dem GZ eine Verlagerung der Behandlung aus dem vollstationären in den teilstationären und auch ambulanten Bereich gelungen.

Sind einer solchen Verlagerungsstrategie nicht doch durch bestimmte Diagnosegruppen und durch den Schweregrad der Erkrankung in einer gerontopsychiatrischen Population Grenzen gesetzt?

Bis auf akut gefährdete (Suizidalität, Fremdgefährdung, Bettlägerigkeit) ältere Menschen gibt es keine Einschränkung dieser Verlagerungsstrategie. Einen ersten Hinweis gibt die Diagnosenverteilung in den einzelnen Behandlungseinrichtungen. In Gütersloh werden in allen drei Einrichtungsarten ein annähernd gleich großer Anteil Demenzkranker behandelt: vollstationär 51%, teilstationär 52%, ambulant 57%. In Bielefeld hingegen besteht eine deutliche Diskrepanz im vollstationären Bereich mit 66% gegenüber dem teilstationären Bereich mit 31% behandelten Demenzkranken. Da aber Diagnosen alleine nichts über die krankheitsbedingten Beeinträchtigungen aussagen, haben wir im zweiten Projektteil sehr eingehend den psychischen Befund und die Hilfs- und Pflegebedürftigkeit erhoben. Diese Ergebnisse zeigen, daß ein tagesklinisches und ambulantes Behandlungsangebot den Anspruch einer Vollversorgung einlösen kann, wenn die Konzepte entsprechend ausgerichtet sind. Im vollstationären Bereich unterscheiden sich die Bielefelder von den Gütersloher Patienten nicht hinsichtlich ihrer Hilfs- und Pflegebedürftigkeit sowie ihrer psychischen Beeinträchtigung. Ein deutlicher Unterschied besteht hingegen in der Tagesklinik zwischen den Patienten beider Regionen. Die Gütersloher sind erheblich hilfs- und pflegebedürftiger (durchschnittlicher Summenscore nach AGP = 7,0) und auch vom psychischen Befund her (durchschnittlicher Summenscore nach AGP = 10,3) beeinträchtigter als die Bielefelder Patienten (1,8 bzw. 4,8). Die in Gütersloh ambulant behandelten Patienten sind noch stärker beeinträchtigt als die voll- und teilstationär behandelten Älteren in beiden Regionen.

An der "Motorfunktion" des GZ für eine Verlagerung der psychiatrischen Behandlung aus dem stationären in den teilstationären und ambulanten Bereich kann es also keinen Zweifel geben. Auch zeigte sich, daß die Schwere der Erkrankung (nach AGP-Kriterien) diesen Prozeß nicht behindert. Hervorhebenswert ist dies deshalb, weil nach wie vor auch unter Fachleuten davon ausgegangen wird, daß nur "leichter" psychisch und körperlich erkrankte Ältere teilstationär oder ambulant behandelt werden können (Nickel 1991, Niemann-Mirmehdi 1991). Neben einer veränderten Behandlungskonzeption der Einrichtungen muß bei der teilstationären und ambulanten Behandlung schwerkranker Älterer deren Versorgung nachts und an den Wochenenden gesichert sein. Daß dies vor allem durch das informelle Netzwerk, aber auch durch andere Helfer ermöglicht wird, zeigen Ergebnisse und Erkenntnisse aus Projektteil II.

## 4. Analyse des informellen und formellen Netzwerkes der Untersuchungspersonen (UP)

Die Netzwerkanalyse einerseits sowie die Auswertung der körperlichen und psychischen Befunderhebung gerontopsychiatrisch behandelter Patienten andererseits unterstreichen die besondere Bedeutsamkeit der sozialen Unterstützung des informellen Netzwerkes für psychisch kranke ältere Menschen. So zeigen unsere Ergebnisse, daß mit zunehmender Hilfs- und Pflegebedürftigkeit der UP die soziale Unterstützung des informellen Netzwerkes qualitativ (z.B. Hilfe bei der Pflege und im Haushalt) und quantitativ (zeitlicher Umfang) zunimmt. Bei zunehmender krankheitsbedingter Beeinträchtigung werden also insbesondere die Hilfsmöglichkeiten des informellen Netzwerkes mobilisiert.

Wie wichtig das informelle Unterstützungsnetzwerk für das weitere Schicksal psychisch kranker Älterer ist, wird in einer explorativen Studie des zweiten Projektteiles deutlich. 16 Patienten, die im Laufe des einjährigen Untersuchungszeitraumes in ein Heim übersiedelten, wurden hinsichtlich ihrer krankheitsbedingten Beeinträchtigungen und ihres sozial unterstützenden informellen und formellen Netzwerkes untersucht. Aus der verbliebenen Stichprobe (N = 108) wurde eine zweite Gruppe von Patienten (N = 16) gebildet, die hinsichtlich Alter, Geschlecht, Diagnose, Hilfs- und Pflegebedürftigkeit gleiche Merkmale aufwiesen, aber weiterhin zu Hause betreut wurden. Hier zeigte sich auf statistischem Signifikanzniveau (sowohl im Mittelwertvergleich, $p<0,002$, als auch im $c^2$-Test, $p<0,037$), daß die in eigener Häuslichkeit verbliebenen Patienten ein quantitativ und qualitativ umfangreicheres sozial unterstützendes informelles Netzwerk hatten als die in ein Heim übergesiedelten Patienten. Im formellen Netzwerk unterschieden sich beide Gruppen deutlich, jedoch statistisch nicht signifikant voneinander. Viel interessanter als die besondere Wichtigkeit des informellen Netzwerkes ist an diesem Ergebnis, daß nicht etwa die Krankheitsmerkmale über den weiteren Verbleib der Patienten entscheiden, sondern daß hierfür letztendlich soziale Merkmale ausschlaggebend sind. Denn bei gleichem Alter, Geschlecht und krankheitsbedingter Beeinträchtigung war es die unzureichende soziale Unterstützung, die zur dauerhaften Institutionalisierung in Form der Heimübersiedelung führte. Diese Eindeutigkeit ist insofern überraschend, weil auch Fachleute (u.a. Ärzte) meist von einem geradezu naturgesetzlichen Zusammenhang zwischen Hilfs- und Pflegebedürftigkeit einerseits und Heimübersiedelung andererseits ausgehen.

Einige Ergebnisse unserer formellen Netzwerkanalyse (N = 124) zeigen die besondere Qualität der Ambulanz des GZ im Vergleich mit den Möglichkeiten niedergelassener Ärzte (1) in der verfügbaren Zeit für Patienten und Angehörige, (2) in ihrem aufsuchenden Arbeitsprinzip, das eine Einschätzung der Probleme vor Ort erlaubt, (3) in ihrem Tätigkeitsumfang, der insbesondere den schwerer psychisch und körperlich Erkrankten zugute kommt und (4) in ihrer Kooperation mit ärztlichen und nicht-ärztlichen ambulanten Helfern.

Der durchschnittliche Zeitaufwand der Mitarbeiter der gerontopsychiatrischen Ambulanz im Jahr ist fünf- bzw. siebenmal größer als der Zeitaufwand der niedergelassenen Nervenärzte und Hausärzte (17½ vs. 2½ bzw. 3 Std.). Diese Relation ist offenbar ein Ausdruck unterschiedlicher Hilfsmöglichkeiten. Der vergleichsweise hohe Zeitaufwand durch die Gerontopsychiatrische Ambulanz kommt vor allem durch die beratende, betreuende und begleitende Arbeit nicht-ärztlicher Mitarbeiter zustande, wie einer Altenpflegerin oder Sozialarbeiterin.

Hausbesuche stellen für die niedergelassenen Nervenärzten eher die Ausnahme dar. Auch die Nervenarztstudie (Bochnik/Koch 1990) hebt hervor, daß nur 0,1% der gerontopsychiatrischen Patienten einer Nervenarztpraxis von dem Nervenarzt zu Hause aufgesucht werden. Die Ambulanzkontakte hingegen finden nahezu ausschließlich bei den Patienten und ihren Angehörigen statt, was einen erheblichen qualitativen Unterschied bedeutet. Denn daß ein psychiatrisches Problem nicht ausschließlich den Patienten betrifft, sondern seine Angehörigen in gleicher Weise einbezieht, bleibt häufig in der Arztpraxis unterbelichtet und wird oftmals erst in der Häuslichkeit des Patienten offenkundig. Dort kann dann schließlich auch der notwendige Unterstützungsbedarf für den Patienten und seine Angehörigen besser eingeschätzt werden.

Bei aller gebotenen Zurückhaltung, scheinen unsere Untersuchungsergebnisse doch ein Beleg dafür, daß gerade die chronisch psychisch und meist auch körperlich schwer erkrankten älteren Menschen und ihre Angehörigen in besonderer Weise von einer zugehenden gerontopsychiatrischen Ambulanz mit einem multiprofessionellen Team (Facharzt, Altenpflegerin, Sozialarbeiterin) profitieren. Die Ausweitung gerontopsychiatrischer Versorgungsangebote in Form eines GZ wird kaum zu Lasten niedergelassener Nervenärzte gehen.

Die Tatsache, daß fast alle gerontopsychiatrisch ambulant behandelten Patienten gleichzeitig von einem Hausarzt behandelt werden, verweist zum einen auf eine gute Kooperation und zum anderen darauf, daß eine bedarfsangemessene Ausweitung ambulanter psychiatrischer Tätigkeiten nicht unbedingt zu einem Nachfragerückgang anderer niedergelassener Ärzte führt. Ein weiteres wichtiges Ergebnis ist, daß im Vergleich zu stationär und teilstationär behandelten Patienten ambulant behandelte Patienten vermehrt auf ambulant zugehende Dienste (v.a. Sozialstationen) zurückgreifen können, die hauptsächlich über die Ambulanz aktiviert werden. Insbesondere deren Tätigkeit trägt dazu bei, psychisch kranke ältere Menschen in der eigenen Häuslichkeit zu versorgen und damit Heimübersiedelungen zu vermeiden. Damit wird deutlich, daß eine Gerontopsychiatrische Ambulanz als Institution des Gesundheitswesens ihre Wirksamkeit vor allem in Kooperation mit diesen Einrichtungen des Sozialwesens entfaltet.

Durch den geringen Institutionalisierungsgrad der Altentagesklinik und der Ambulanz als Bestandteile des GZ ist ein niedrigschwelliges psychiatrisches Angebot vorhanden, das schnelle, flexible, und vor allem rechtzeitige psychiatrische und soziale Hilfen ermöglicht. Als medizinisch-psychiatrisches Versorgungsangebot leistet das Gerontopsychiatrische Zentrum schon kurz nach seiner Einführung einen maßgeblichen Beitrag für psychisch kranke Ältere, so wenig Institution wie nötig und so viel Alltagsnormalität wie möglich gerade im Krankheitsfalle zu verwirklichen.

**Literatur**
Hans J. Bochnik/H. Koch (1990), Die Nervenarztstudie. Köln
Nickel (1991), Gerontopsychiatrische Tagesklinik Bremen, in: Die Kerbe 4: 16.
Niemann-Mirmehdi (1991), Gerontopsychiatrische Tagesklinik Berlin, in: Die Kerbe 4: 14

Peter Netz, Prof. Dr. Günther Steinkamp, Burkhard Werner, Universität Bielefeld, Fakultät für Soziologie, Postfach 100 131, D-33501 Bielefeld

## 6. Systemische Eigendynamik und politische Steuerungsversuche: Das Beispiel der kardiologischen/kardiochirurgischen Versorgung

*Johannes Staender und Elisabeth Bergner*

Am Beispiel der kardiologischen/kardiochirurgischen Versorgung in der Bundesrepublik fragen wir, welche Mechanismen die beachtliche Expansion dieses Leistungsbereichs bewirkt haben mögen. Anschließend gehen wir auf die Frage ein, inwieweit die betrachteten Entwicklungen Gegenstand politischer Steuerungsversuche sind. Zunächst jedoch stellen wir ausgewählte Leistungs- und Infrastrukturdaten vor. Wir beschränken uns auf Entwicklungen, die die Diagnostik und interventive Therapie der Koronaren Herzkrankheit (KHK) im Zeitraum 1980-1993 betreffen. In diese Zeit fällt die Etablierung einer neuen Therapie, der PTCA oder Ballondilatation.

Die professionelle Arbeitsteilung hinsichtlich der KHK bestand bis gegen Ende der 70er Jahre darin, daß Diagnostik und medikamentöse Therapie Aufgaben der Kardiologie waren, während die direkte lokale Therapie (Bypass-OP) der Kardiochirurgie vorbehalten war. Mit der 1979 entwickelten PTCA verfügen die Kardiologen nun ebenfalls über eine direkte lokale Intervention. Anders als zunächst angenommen, ist die PTCA keine substitutive, sondern eine additive Technik. Wichtigstes Entscheidungskriterium, eine der beiden Therapien durchzuführen, ist der Befund aus einer Linksherzkatheteruntersuchung (LHKU).

*Leistungs- und Infrastrukturdaten*

Die Anzahl der LHKUen stieg von 37.300 auf rd. 280.000, die der PTCA von praktisch Null auf 70.000. Vergleichsweise moderat hat die Zahl der Bypass-OPen von 5300 auf 37.000 zugenommen (Gleichmann u.a. 1985ff.; AGLMB 1993). Der Prozentsatz derjenigen Patienten, bei denen nach einer LHKU eine Intervention angezeigt scheint, ist von 15% auf 38% gestiegen.

In der Kardiologie haben Leistungs- und Kapazitätsentwicklung im wesentlichen miteinander Schritt gehalten. Anders dagegen in der Herzchirurgie; trotz Erweiterung der chirurgischen Kapazitäten bleibt zwischen Indikationen und der Anzahl durchgeführter OPen ein jährliches Defizit von 4000-7000 OPen bestehen. Der Kapazitätsausbau ist von der Entstehung und Ausbreitung einer neuen Einrichtung - des Herzzentrums - begleitet. Mitte der 80er Jahre lag die Anzahl bei etwa 30, mittlerweile gibt es bundesweit mehr als 60 dieser Zentren.

Ein dritter Aspekt der Expansion betrifft die zunehmende Zahl von Ärzten, die in den Teilgebieten "Kardiologie" bzw. "Herz-, Gefäß- und Thoraxchirurgie" ausgebildet worden sind. Die

Zahl der Kardiologen hat sich verfünffacht, die der Kardiochirurgen mehr als verdoppelt (Verhältnis Kardiochirurgen/Kardiologen 1985 1/9,5; 1993 1/11,6).

## Expansive Mechanismen

In sechs Thesen ist die leistungssteigernde Verschränkung von Diagnostik, kardiologischer und -chirurgischer Intervention dargestellt (vgl. Feuerstein 1994). Dabei bewegen wir uns auf der Ebene medizinischer Handlungsorientierungen, die sich wesentlich professionssozialisatorisch bestimmen.

(1) Eine bildgebende Diagnostik, wie sie die LHKU darstellt, zieht therapeutische Interventionen nach sich, weil die Visualisierung der Stenose dem Arzt die direkte lokale Intervention nahelegt, und zwar näher als eine medikamentöse Therapie.

(2) Umgekehrt gilt auch, daß mit der Verfügbarkeit einer neuen therapeutischen Intervention die Zahl der diagnostischen LHKU drastisch steigt. Zum einen wächst der Bedarf an Diagnostik durch die Therapie (Abklärung der Indikation, "Landkarten" für den Eingriff, Kontrolle des Therapieerfolges); zum zweiten ist davon auszugehen, daß allein das Wissen um erweiterte Therapiemöglichkeiten die Schwelle für die Indikation einer LHKU erheblich senkt.

(3) Alle Therapien der KHK sind symptomatisch und damit begrenzt in ihrem therapeutischen Effekt. Nicht nur nimmt der Anteil an Mehrfacheingriffen zu, sondern auch abgestufte Therapiepläne spielen eine große Rolle: eine PTCA dient bspw. der Verzögerung einer Operation oder Reoperation.

(4) Zunehmende Beherrschung und Verfeinerung der neuen Techniken verbreitert das Indikationsspektrum und damit den Kreis möglicher Patienten. Numerische Altersbegrenzungen für Diagnostik wie für Therapie sind gefallen. Die Normen hinsichtlich Behandlungsbedürftigkeit und -möglichkeit weiten sich aus.

(5) Die Weiterbildung für die genannten Teilgebietsbezeichnungen findet gleichsam "an der Spitze der Bewegung", nämlich in den Herzzentren statt. Mit den Worten 'Diffusion' und 'Veralltäglichung' ist ein Prozeß markiert, der im Fall der Kardiologen bis in den ambulanten Sektor hineinreicht. Bestätigt und sanktioniert ist diese Entwicklung durch ein Urteil des Bundessozialgerichts, in dem die Kathetertechnik als zur Berufsausübung eines Kardiologen gehörend definiert wird. Für Herzchirurgen beschränkt sich der Diffusionsraum freilich auf die herzchirurgischen Zentren.

(6) Mit der letzten These verlassen wir den Bereich medizinischer Handlungsorientierungen. Als Randbedingung der Expansion wollen wir die Feststellung aufnehmen, daß das Finanzierungssystem - in diesem Leistungsbereich sind größtenteils Sonderentgelte vereinbart - keinen die Mengenausweitung limitierenden Faktor darstellt.

Das skizzierte Ineinandergreifen verschiedener Faktoren legt die Interpretation nahe, bei all dem handle es sich um einen Prozeß zirkulärer Stimulation, also einen eigendynamischen Prozeß (vgl. Mayntz/Nedelmann 1987). Wo und wie kann demgegenüber von Steuerung, genauer: von staatlicher Steuerung die Rede sein?

## Staatliche Steuerung

Wenn man diese Frage stellt, gerät zunächst die staatliche Krankenhausplanung und Investitionsfinanzierung auf Länderebene in den Blick. Deren Gegenstand sind sachlich-technische Kapazitäten: Bauten, Betten und Gerätschaften. Krankenhausgesellschaften und Kassenverbände sind am Planungsverfahren zu beteiligen. Über Zahl und Standort medizinischer Großgeräte befindet in jedem Bundesland ein Großgeräteausschuß, dem Vertreter der Kassen, Vertragsärzte, Krankenhäuser und ein Vertreter der zuständigen Landesbehörde angehören. Der Ausschuß soll für eine zwischen niedergelassenem Bereich und Krankenhaussektor abgestimmte Entwicklung der Geräteausstattung sorgen. Kathetermeßplätze sind bislang freilich weit überwiegend in Kliniken eingerichtet worden, erst in jüngster Zeit bemühen sich niedergelassene Kardiologen verstärkt um die Genehmigung eines Meßplatzes.

Die sachlich-technischen Grundlagen für die betrachteten Leistungsentwicklungen sind also im wesentlichen durch Länderentscheidungen geschaffen worden. Woran hat man sich dabei orientiert? Im Auftrag der Gesundheitsminister, die damit auf eine auch in der Öffentlichkeit wahrgenommene Mangelversorgung reagierten, hat die Arbeitsgemeinschaft der Leitenden Medizinalbeamten 1984 einen Richtwert erarbeitet. Bei dessen Bestimmung sind mangels geeigneter Orientierungsmarken Vergleiche mit anderen Ländern gezogen worden. Und auch weil in den USA drei- oder viermal so viele Operationen durchgeführt wurden wie in der Bundesrepublik, hat man hierzulande politischen Handlungsbedarf gesehen. Da die Warteliste trotz Kapazitätenausbaus nicht kürzer wurde, ist der Richtwert 1988 nahezu verdoppelt worden. Dennoch ist die tatsächliche Entwicklung auch über den revidierten Richtwert alsbald hinweggegangen.

Beim Ausbau der Herzchirurgie sind die Länder demnach weitgehend der Nachfrageentwicklung gefolgt. Nach einem Urteil des Bundesverwaltungsgerichts müssen sie bei ihren Entscheidungen auf den "tatsächlich zu versorgenden Bedarf" abstellen, sie dürfen also keine normativen Bedarfsvorstellungen zugrundelegen. Der Kapazitätenbedarf wird wesentlich durch den Leistungsbedarf bestimmt. Der Leistungsbedarf wiederum ergibt sich aus den Entscheidungen des Arztes, dessen Handeln sich einem direkten Zugriff staatlicher Steuerung entzieht. Die Länder sind daher grundsätzlich auf eine nachfrage- bzw. inanspruchnahmeorientierte Kapazitätenpolitik festgelegt. "Deshalb", so ein Ministerialbeamter, "steuern wir auch nix".

Steuerungsmöglichkeiten hat das Land allerdings in bezug auf die regionale Verteilung der Kapazitäten. Zudem finden sich Beispiele für restriktive Entscheidungen: Manches Krankenhaus muß lange um seinen Kathetermeßplatz kämpfen, Anträge werden abgelehnt, ein nicht genehmigter Meßplatz muß geschlossen werden. Grosso modo aber folgen die Länder unter dem Postulat der Bedarfsgerechtigkeit der im Versorgungssystem eigendynamisch generierten Nachfrage.

Nun gibt es Studien, denen man entnehmen kann, daß in England und den USA ein Teil der Katheteruntersuchungen und Bypassoperationen aufgrund zweifelhafter Indikationsstellungen erfolgt (Bernstein u.a. 1993). Käme eine deutsche Studie zu ähnlichen Ergebnissen, dürfte sie rechtlich gesehen kein angebotspolitischer Orientierungspunkt sein. Von den Krankenkassen anerkannte Behandlungsentscheidungen sind kapazitätsbedarfsrelevant. Mit dem Medizinischen Dienst verfügen die Kassen zwar über eine Möglichkeit, die Angemessenheit von Behandlungsentscheidungen zu kontrollieren, der Wirkungsradius dieses Instruments ist aber begrenzt; im Einzelfall müßte geprüft werden, ob eine Indikation angemessen ist.

Gewiß kann die Überprüfung der Indikation zum Bestandteil von Qualitätssicherungsprogrammen gemacht werden, Aktivitäten des Bundesgesundheitsministeriums gehen in diese Richtung. Ob die Leistungsexpansion dadurch in nennenswertem Umfang gedämpft würde, erscheint zweifelhaft. Selbst wenn es gelänge, die Zahl fragwürdiger Indikationsstellungen weitgehend zu reduzieren, würde die umrissene Dynamik in ihrem Kern dadurch nicht berührt.

Man kann die autonome Bestimmung der Behandlungsbedarfe im Versorgungssystem als Ausdruck der selbstreferentiellen Operationsweise dieses Systems interpretieren (Luhmann 1990). Die Frage wäre dann, ob man damit das zentrale Problem politischer Steuerung benannt hätte. Ein wichtiger Aspekt der Steuerungsproblematik ist damit sicherlich getroffen. Betrachtet man allerdings die Leistungs- und Kapazitätenentwicklung in vergleichbaren Ländern, stößt man auf Unterschiede, deren Erklärung den Rekurs auf institutionell-organisatorische Strukturen und auf Handlungsorientierungen konkreter Akteure erzwingt (vgl. Brand 1993). Zur Erklärung expansiver Entwicklungen und zur Untersuchung der Möglichkeiten und Grenzen politischer Steuerung ist daher die Anwendung eines Analyserahmens erforderlich, der den Gesichtspunkt der "autopoietischen Autonomie" als Bestimmungsfaktor eigendynamischer Entwicklungen relativiert und eine Vielzahl von Faktoren wie etwa den Finanzierungsmodus, von der Ressourcenlage bestimmte Versorgungsstandards oder den Zuschnitt und die Verteilung von Planungskompetenzen berücksichtigt (Rosewitz/Schimank 1988).

**Literatur**
AGLMB (1993), 6. Bericht des Krankenhausauschusses der Arbeitsgemeinschaft der leitenden Medizinalbeamten zur Situation der Herzchirurgie 1993 in Deutschland. Hannover.
Bernstein, S.J. u.a. (1993), The Appropriateness of the Use of Cardiovascular Procedures, in: International Journal of Technology Assessment in Health Care 9: 3-10.
van den Brand, M. (1993), Utilization of Coronary Angioplasty and Cost of Angioplasty Disposables in 14 Western European Countries, in: European Heart Journal 14: 391-397.
Feuerstein, G. (1994), Ausdifferenzierung der kardiologischen Versorgungsstruktur und Kliniklandschaft. In: Badura, B./Feuerstein, G.: Systemgestaltung im Gesundheitswesen. Weinheim/München.
Gleichmann, U. u.a. (1985 ff.), Bericht über Struktur und Leistungszahlen der Herzkatheterlabors in der Bundesrepublik Deutschland, in: ZfKardiologie.
Luhmann, N. (1990), Der medizinische Code. In: ders.: Soziologische Aufklärung 5. Opladen.
Mayntz, R./Nedelmann, B. (1987), Eigendynamische Prozesse. Anmerkungen zu einem analytischen Paradigma, in: KZfSS 39: 648-668.
Rosewitz, B./Schimank, U. (1988), Verselbständigung und politische Steuerbarkeit gesellschaftlicher Teilsysteme. In: Mayntz, R. u.a.: Differenzierung und Verselbständigung. Frankfurt/M.

Johannes Staender, Elisabeth Bergner, Universität Bielefeld, Fakultät für Gesundheitswissenschaften, Postfach 100131, D-33501 Bielefeld

## 7. Normallebenslauf und koronare Herzkrankheit: Patienten nach aortokoronarer Bypassoperation

*Bernhard Borgetto*

Die Soziologie des Lebenslaufs hat ein für westliche Arbeitsgesellschaften geltendes Modell des Normallebenslaufs (Kohli 1985) als Teil ihrer Gesamtstruktur herausgearbeitet. Dieses basiert auf der chronologisch standardisierten Dreiteilung des Lebenslaufs in Vorbereitungs-, Aktivitäts- (bzw. Erwerbs-) und Ruhephase. Die Bedeutung des Normallebenslaufs ist eine doppelte: zum einen spiegelt er die institutionelle Regelung der Positionssequenzen im Ablauf des Lebens wider, zum anderen dient er dem Einzelnen als Typus zur lebensweltlichen Strukturierung biographischer Perspektiven und damit auch zur normativen Orientierung, d.h. er konstituiert ein normatives temporales Verhältnis zwischen den Phasen der Erwerbstätigkeit und des Ruhestands.

Diese normative Orientierung findet sich in der Diskussion um Kosten und Nutzen der koronaren Bypasschirurgie wieder. Postoperative Erwerbstätigkeit gilt als wichtigster Indikator für den sozioökonomischen Nutzen koronarer Bypassoperationen. Die Ergebnisse der medizinischen Forschung hierzu zeigen jedoch, daß klinischer Operationserfolg und postoperative Rückkehr zur Arbeit (RzA) nur in geringem Zusammenhang stehen. Auf dem Hintergrund der Vorannahme der medizinischen Forschung, daß Bypasspatienten normalerweise bei ausreichender physischer und psychischer Leistungsfähigkeit die RzA bis zur Altersberentung anstreben (sollten), stellen diese Ergebnisse den Nutzen der koronaren Bypasschirurgie in Frage.

Die Untersuchung der biographischen Perspektiven der Patienten, um die Geltung dieser Annahme zu untermauern, wurde aber bislang vernachlässigt. Anhand von Daten aus dem DFG-Forschungsprojekt "Aortokoronarer Venenbypass und Rückkehr zur Arbeit" (Gerhardt/Borgetto/Rockenbauch 1993, Borgetto/Gerhardt 1993) wird gezeigt, daß sich die individuellen berufsbiographischen Perspektiven und Handlungsentwürfe von Bypasspatienten nicht ohne weiteres in das Programm der Prozessierung durch Arbeitsmarkt und staatliche Sozialleistungssysteme einfügen.

*Daten und Methode*

In einer prospektiven und einer retrospektiven Teilstude wurden jeweils 30 Patienten(ehe)paare und deren Hausärzte anhand 1 bis 1,5-stündiger themenorientierter Leitfadeninterviews untersucht. Durch die Auswahlkriterien präoperative Erwerbstätigkeit, Alter < 55 (Ausnahmen bis 57) Jahren, LVEF > 50% wurde eine optimale Chance zur postoperativen RzA sichergestellt. In der prospektiven Teilstudie, die im weiteren als Datengrundlage dient, wurden ein präoperatives und zwei postoperative Patienteninterviews durchgeführt. Anhand von Fallvergleichen, die sich auf die präoperativen, vom späteren Operationsergebnis noch unbeeinflußten berufsbiographischen Perspektiven und Handlungsentwürfe stützen, wurden die Patienten in Gruppen ähnlicher Fälle zusammengefaßt und schließlich zu Typen präoperativer berufsbiographischer Handlungsorientierungen verdichtet.

Die Struktur der Typologie bildet sich aus Thematisierungen von (1) zeitlichen Horizonten des biographischen Entwurfs, (2) Arbeitsinhalten, (3) Arbeitsumständen (wie Arbeitsathmosphäre, Haltung des Arbeitgebers, Verfügbarkeit von Schonarbeitsplätzen etc.), (4) subjektiver Wahrnehmung von Krankheit, Gesundheit und Leistungsfähigkeit, (5) ärztlichen Empfehlungen und ärztlicher Kompetenz, (6) finanziellen Möglichkeiten und Restriktionen und (7) durch den berufsbiographischen Entwurf angestrebten Zielzuständen.

Dabei zeigte sich, daß der Arbeitsorientierung der Patienten besondere Aufmerksamkeit gebührt. Diese ist keine kurzfristige Motivation, die von der psychischen Verfassung eines Patienten abhängt, sondern eine lebensgeschichtlich entstandene Orientierung, deren Entwicklung zum Interviewzeitpunkt an einem vorläufigen Ende angekommen ist.

*Ergebnisse*

Aus den Fallgruppen konnten vier empirische Grundtypen herausgearbeitet werden, die sich entsprechend der Struktur der Typologie wie folgt charakterisieren lassen.

Für den *arbeitsinhaltlich* orientierten Patienten sind institutionalisierte Altersgrenzen des Normallebenslaufs von geringer Bedeutung für die Entscheidung zwischen RzA und Frühberentung (Frb). Das Interesse an der Arbeit, ähnlich wie es etwa von Dubin (1992) als central life interest beschrieben wird, bestimmt dagegen stark den berufsbiographischen Entwurf. Wird die eigene Leistungsfähigkeit für diese Arbeit als ausreichend betrachtet, so wird eine RzA an den alten Arbeitsplatz angestrebt. Ist dies nicht der Fall, so stellt eine andere, etwa leichtere und eingeschränktere Tätigkeit, also ein Schonarbeitsplatz, keine Alternative dar, da Erwerbsarbeit als solche nicht in dem Interesse des arbeitsinhaltlich orientierten Patienten liegt. In die Einschätzung der eigenen Leistungsfähigkeit fließen sowohl eigene Wahrnehmung und Erfahrung von Krankheit bzw. Gesundheit als auch ärztliche Stellungnahmen ein, die aber nicht einfach übernommen werden. Finanzielle Erwägungen spielen bei dem häufig zu höheren sozialen Statuslagen gehörenden Patienten kaum eine Rolle. Erscheint eine RzA an den früheren Arbeitsplatz beispielsweise aus gesundheitlichen Gründen als unrealistisch, so stellt eine Frb die gegenüber einem Schonarbeitsplatz bevorzugte Alternative dar, ohne daß mit ihr ein Handlungsziel im Sinne eines berufsbiographischen Entwurfs verbunden wäre.

Bei dem zweiten Typus steht die Identifikation mit und/oder die eher distanzierte Orientierung an der formalen Rolle des *Erwerbstätigen* und der damit verbundenen sinnvollen und regelhaften Strukturierung des Alltags und der Normalität und Respektabilität in den eigenen als auch in den Augen bedeutsamer Anderer im Vordergrund. Die RzA wird angestrebt, bisweilen explizit bis zu einer Altersgrenze, die den Bezug einer Altersrente (und damit eine Annäherung an den Normallebenslauf) ermöglicht. Spezifische Arbeitsinhalte spielen eine untergeordnete Rolle: Schonarbeitsplätze werden, soweit sie mit den Erwartungen von Respektabilität und Normalität bzw. der sinnvollen Strukturierung des Alltags vereinbar und in Reichweite sind, ebenfalls in Erwägung gezogen. Daher bezieht sich die Einschätzung der Leistungsfähigkeit, die bisweilen durch ärztliche Stellungnahmen stark beeinflußt ist, nicht wie bei dem arbeitsinhaltlich orientierten Patienten ausschließlich auf die präoperativ zuletzt ausgeübte Tätigkeit, sondern auf Erwerbsarbeit als solche. Probleme mit der finanziellen Sicherung der Patienten(familien) wirken ebenfalls auf eine RzA hin, bleiben aber, wenn sie überhaupt thematisiert werden, im Hintergrund. Für diejenigen, die sich mehr mit der Rolle des Erwerbstätigen identifizieren, bedeutet die Frb eine Bedrohung ihrer Identität, von Normalität und Respektabilität in ihren eigenen Augen sowie der Möglichkeit zur sinnvollen Strukturierung ihres Alltags. Für diejenigen dagegen, die sich eher distanziert an ihr orientieren, bedeutet eine Frb eher die Bedrohung von Normalität und Respektabilität in den Augen anderer.

Der dritte Typus stellt das *Operationsergebnis* in den Mittelpunkt seines Handlungsentwurfs. Nur in wenigen Fällen wird ausschließlich auf eine RzA gehofft, meist werden zwei alternative Handlungsentwürfe entwickelt, die je nach Operationsergebnis realisert werden sollen, oder die Entwicklung berufsbiographischer Perspektiven wird minimiert. Dabei können sowohl subjektive Erfahrung von Krankheit oder Gesundheit bzw. Leistungsfähigkeit als auch (zu erwartende) ärztliche Stellungnahmen als Kriterien gelten. Finanzielle Erwägungen spielen in der Regel keine Rolle. Dieser Typus steht seinem Arbeitsplatz neutral oder (meistens) ablehnend gegenüber. Zum einen bleibt oft unausgesprochen, welche Motivation hinter einer RzA stünde, zum anderen wird oft eine Frb explizit nicht abgelehnt, sondern vielfach als positiv gestaltbar antizipiert. Diese Konstellation verweist auf die Handlungsstrategie bzw. Hoffnung, einen unliebsamen Arbeitsplatz mit Hilfe einer durch Krankheit legitimierbaren Frb zu verlassen, wenn dadurch keine allzu großen finanziellen Probleme verursacht werden. Bei diesem Typus scheinen Probleme mit der eigenen Identität und der Alltagsbewältigung im Falle einer Frb kein Thema zu sein.

Der vierte Typus schließlich orientiert sich ganz offen an der *Instrumentalität* von Arbeit und Frb. Für ihn ist die Arbeit weder Selbstzweck noch Identitätsgrundlage, die Frb wird als prinzipiell gleichwertige Möglichkeit, Ziele und Zwecke zu verfolgen, betrachtet. Respektabilität und Normalität werden nicht durch die Vorstellung einer Frb bedroht, die Zweckmäßigkeit von RzA oder Frb steht im Vordergrund. Arbeitsinhalte, Pläne für eine Zukunft als (Früh)rentner, finanzielle Möglichkeiten und Restriktionen, belastende und förderliche Arbeitsumstände, ärztliche Beurteilungen und das eigene Leistungsempfinden sind, wenn sie relevant sind, Daten, die gegeneinander abgewogen werden. Erst daraus ergibt sich ein Gesamtbild, das als Entscheidungsgrundlage je nach Interessenlage und Opportunität dient.

*Diskussion*

Die Untersuchung von Patienten nach koronarer Bypassoperation zeigt, daß RzA und Frb für unterschiedliche Patiententypen einen unterschiedlichen Sinn haben. Das Modell des Normallebenslaufs ist daher nur für bestimmte Patientengruppen von größerer Bedeutung.

Hier sind vor allem die Patienten zu nennen, die sich vornehmlich mit der formalen Rolle des Erwerbstätigen identifizieren. Sie haben Vorstellungen von Respektabilität und Normalität als Mitglied der Gesellschaft in engem Zusammenhang mit zeitlichen Vorstellungen eines abgerundeten Arbeitslebens internalisiert. Dies trifft in sehr viel eingeschränkterem Maße auf diejenigen zu, die sich eher distanziert an der Rolle des Erwerbstätigen orientieren, ohne sich mit ihr zu identifizieren. Das Eigeninteresse steht bei Patienten mit instrumenteller Arbeitsorientierung im Vordergrund, das Modell des Normallebenslaufs spielt dagegen keine Rolle. Der Begriff instrumentelle Arbeitsorientierung in seiner üblichen Bedeutung als Orientierung ausschließlich an finanziellen Vorteilen ist allerdings zu eng. Wie bereits in der Beschreibung dieses Typus dargelegt, ist der finanzielle Bereich nur einer unter mehreren, die die Zweckmäßigkeit des berufsbiographischen

Entwurfs bestimmen. Patienten mit arbeitsinhaltlicher Orientierung streben dagegen nur eine RzA an ihren früheren Arbeitsplatz an, eine andere Tätigkeit ist keine Alternative. Hier ist der Arbeitsinhalt für die RzA ausschlaggebend, ebenfalls nicht die Orientierung an chronologischen Altersgrenzen. Die Betonung des Operationsergebnisses als hauptsächlicher Maßstab für die RzA/Frb-Entscheidung im Sinne einer Rechtfertigung für das Aufgeben eines ungeliebten und/oder belastenden Arbeitsplatzes stellt allerdings eine Antwort auf den normativen Druck dar, der von dem Modell des Normallebenslaufs ausgeht. Damit wird einerseits klar, daß dieser Typus den Normallebenslaufs durchaus als Maßstab an sich anlegt, andererseits aber auch, daß gerade die Bypassoperation dazu dienen kann, dieses Modell zu unterlaufen.

Anhand der Untersuchung der individuellen berufsbiographischen Perspektiven und Handlungsentwürfe wird deutlich, daß die Ergebnisse der bisherigen medizinischen Forschung die Bypasschirurgie wegen ihres stark vereinfachenden und vereinheitlichenden Menschenbildes in Frage stellt. Postoperative Erwerbstätigkeit stellt sich als nur bedingt geeignetes Kriterium für die Ermittlung des sozioökonomischen Nutzens koronarer Bypassoperationen heraus, da diese nicht immer berufsbezogenes Handlungsziel der Patienten ist. Sowohl von arbeitsinhaltlich, instrumentell als auch an der Rolle des Erwerbstätigen orientierten Patienten wird unter bestimmten Umständen eine Frb der RzA vorgezogen. In dieser Perspektive darf vor allem in Zeiten sich verfestigender Massenarbeitslosigkeit um den Sinn der Erwerbstätigkeit als Rehabilitationsziel gestritten werden, weniger aber um den Sinn der medizinischen Maßnahme.

**Literatur**
Borgetto, Bernhard/Uta Gerhardt (1993), Soziale Statuslage und gesellschaftliches Altern nach koronarer Bypassoperation, in: Zeitschrift für Sozial- und Präventivmedizin 38: 165-171.
Dubin, Robert (1992), Central Life Interests. Creative Individualism in a Complex World. New Brunswick.
Gerhardt, Uta/Bernhard Borgetto/Beate Rockenbauch (1993), Kranke Gesunde. Abschlußbericht des DFG-Projekts Ge 313/5-4: Aortokoronarer Venenbypass und Rückkehr zur Arbeit, Gießen/Heidelberg.
Kohli, Martin (1985), Die Institutionalisierung des Lebenslaufs. Historische Befunde und theoretische Argumente, in: Kölner Zeitschrift für Soziologie und Sozialpsychologie 37: 1-29.

Bernhard Borgetto, Justus-Liebig-Universität, Abteilung für Medizinische Soziologie, Friedrichstraße 24, D-35392 Gießen

# X. Sektion Methoden
*Leitung:* Henrik Kreutz

## Methodologische Zugänge, Forschungsdesigns und Forschungstechniken zur Erfassung von diskontinuierlichem Wandel und Systemtransformation

### 1. Einleitung

*Henrik Kreutz*

*Gesellschaftliche Transformation aus unterschiedlichen methodologischen Perspektiven*

Der Transformationsprozeß stellt sich auf der Basis von Daten, die mit verschiedenen Methoden gewonnen wurden, jeweils ganz unterschiedlich dar. Was so auf den ersten Blick als Problem erscheint, erweist sich beim zweiten als Annäherung an die soziale Realität, die eben die mannigfaltigsten Facetten aufweist.

Multiple Operationalisierung und eine Vielfalt von methodologischen Zugängen ist daher aus zwei unterschiedlichen Gründen dringend erforderlich: zum einen kann nur so die *Vielschichtigkeit der Architektur der Gesellschaft* und die *Vielfalt der Lebensvorgänge* in ihr abgebildet werden. Zum anderen kann nur auf diese Weise eine Darstellung der gesellschaftlichen Prozesse gegeben werden, in der sich auch die Akteure wiedererkennen können und so Interesse an den Forschungsergebnissen und ihrem Rückbezug auf ihre Lebenspraxis gewinnen.

Von den 6 Beiträgen, die in Halle vorgetragen wurden (hier sind nur 5 publiziert), weist derjenige von *Georg Müller* den abstraktesten Zugang auf. Hier wird eine theoretisch fundierte Modellierung abrupten gesellschaftlichen Wandels geboten, die sich im *Kant*schen Sinn mit den *Bedingungen der Möglichkeit* beschäftigt. Die mathematische Modellierung macht verständlich, wie es zu abrupten Umbrüchen überhaupt kommen kann.

Ein diametral entgegengesetzter Zugang ist mit der *Photobefragung und Photodokumentation* gegeben, die *Klaus Boehnke* vorstellt. Die Photobefragung, die am Institut für Angewandte Soziologie in Wien entwickelt wurde (Wuggenig 1991), kann als *phänomenologisches Verfahren* bezeichnet werden. Es geht von der durch Photos dokumentierten Perspektive der einzelnen Menschen aus und basiert die multivariate Analyse der Daten auf diesen subjektiven, primär nicht durch die Sprache vermittelten Perspektiven. Die Erlebniswelt der Individuen kann so mit den nur abstrakt erfaßbaren gesellschaftlichen Strukturumbrüchen konfrontiert werden, so daß deutlich wird, wie sich gesamtgesellschaftliche Prozesse in der individuellen Perspektive repräsentieren.

*Panelanalysen* sind zwar grundsätzlich geeignet, gesellschaftlichen Wandel zu erfassen, in der Praxis stellen sich aber erhebliche methodologische Schwierigkeiten ein, wie *Uwe Engel* ausführt.

Solche Schwierigkeiten treten vor allem dann auf, wenn *Populationsheterogenität* gegeben ist. Ist der Soziale Wandel auf unterschiedliche generierende Prozesse zurückzuführen, die jeweils nur in bestimmten Teilen der Gesellschaft wirksam sind und daher nur bestimmte Bevölkerungsteile beeinflussen, so konfundiert die einfache Längsschnittanalyse alle diese Prozesse, die z.T. sogar gegensätzlich sein können, und liefert nur Forschungsartefakte, die keine realistische Orientierung erlauben.

Die Beiträge von *Johann Behrens* und von *Peter Witt* konzentrieren sich auf die Mesoebene, auf der Unternehmen und Betriebe angesiedelt sind. Behrens geht dabei der Frage nach, inwieweit zwei soziale Systeme, wie die der DDR und der Bundesrepublik, die in ihrem institutionellen Aufbau grundlegend verschieden sind, überhaupt auf der mittleren Ebene, etwa der der betrieblichen Sozialpolitik, miteinander verglichen werden können. Hier werden grundlegende Schwächen der vorherrschenden "Variablensoziologie" sichtbar. In einem alternativen Zugang wird von Behrens die Frage nach "Erklärungsgegenständen", nicht die nach den jeweiligen Ausprägungen von Variablen, in den Mittelpunkt gestellt. Geht man nicht bei jedem Erklärungsgegenstand in eine Detailanalyse ein, so läuft man Gefahr zu übersehen, daß die gleichen Bezeichnungen für betriebliche Sozialleistungen ganz verschiedene Inhalte repräsentieren. *Peter Witt* kombiniert im Rahmen von Fallstudien Forschungstechniken, wie sie in der Betriebswirtschaftslehre gebräuchlich sind, so etwa die Netzplantechnik, mit sozialwissenschaftlichen Erhebungsverfahren. Inhaltlich ergibt seine Analyse, daß in jenen Fällen die betriebliche Transformation eher gelingt, in denen ein dichtes Netz von sozialen Interaktionen die Personen in der Betriebsführung mit maßgeblichen Personen außerhalb des Unternehmens verbindet. Dies kann als Nachweis der Bedeutsamkeit des 'social-capital'-Ansatzes gewertet werden.

Insgesamt gesehen machen die Beiträge deutlich, wie wichtig die Beachtung der jeweiligen Methodenperspektive für die inhaltliche Urteilsbildung ist. Die hier auftretenden Probleme lassen sich nur durch Methodenvielfalt und multiple Operationalisierung lösen.

**Literatur**

Wuggenig, Ulf (1991), Die Photobefragung als projektives Verfahren, in: Angewandte Sozialforschung 16: 109-129.

Prof. Dr. Henrik Kreutz, Universität Erlangen-Nürnberg, Lehrstuhl für Soziologie und Sozialanthropologie, Postfach 3931, D-90020 Nürnberg

## 2. Was leistet die Katastrophentheorie zur Erklärung des diskontinuierlichen sozialen Wandels? Das Beispiel der Entwicklung der modernen Sozialversicherungsgesetzgebung

*Georg P. Müller*

*Einleitung*

Wer von *diskontinuierlichem* sozialem Wandel spricht, der denkt in der Regel an große, epochale Ereignisse wie z.b. Revolutionen, Staatsgründungen oder militärische Kapitulationen. Dabei wird meist übersehen, daß es noch andere Arten des diskontinuierlichen Wandels gibt, die zwar weniger spektakulär, für die Mehrheit der Bürger aber oftmals genauso bedeutsam sind. Zu diesen unspektakulären Formen des diskontinuierlichen sozialen Wandels gehört u.a die Inkraftsetzung neuer sozialpolitischer *Gesetze,* die z.b. zur Herabsetzung des Rentenalters, zur Einführung einer staatlichen Pflegeversicherung oder zur Verlängerung der Dauer der Arbeitslosenunterstützung dienen. Derartige Gesetzesänderungen repräsentieren insofern eine sehr radikale Form des diskontinuierlichen sozialen Wandels, als die Veränderung abrupt im Sinne eines *Sprungs* von einem Zustand zu einem anderen erfolgt, wobei der Zeitpunkt der Veränderung keine Zufallsvariable ist, sondern *deterministisch* durch den Willen des Gesetzgebers gesteuert wird. Da *Probit-* und *Logit-Modelle sigmoide* Wandlungsverläufe approximieren (Aldrich/Nelson 1984)), sind sie zur Beschreibung des Wandels der sozialpolitischen Gesetzgebung ebenso wenig geeignet wie *Ereignisdatenanalysen* (Blossfeld et al. 1986), denen eine *probabilistische* Funktionslogik zugrunde liegt. Im folgenden soll daher ein ganz anderer, etwas unkonventioneller Analyseansatz exploriert werden: Es soll untersucht werden, inwieweit die *Katastrophentheorie* von *René Thom* (1972) ein geeignetes Analyseinstrument zur Erklärung des diskontinuierlichen sozialen Wandels darstellt.

Die grundlegenden Ideen der Katastrophentheorie sind in den siebziger Jahren zunächst für die mathematische Biologie entwickelt worden, haben dann aber sehr rasch auch in den Human- und Sozialwissenschaften Anhänger gefunden.[1] Nach einer ersten Euphorie ist es, von Ausnahmen abgesehen (z.B. Bühl 1971, Kap. IV), in den letzten Jahren allerdings wieder ziemlich still um die Katastrophentheorie geworden - wie wir meinen eigentlich eher zu Unrecht: Die klassische Katastrophentheorie[2] geht nämlich von einem Prinzip der *Optimierung von Potentialen* aus, das den Sozialwissenschaften durchaus nicht fremd ist: Die Maximierung der Gewinne von Unternehmen oder der politischen Ueberlebenschancen von Regierungen sind zwei Beispiele für soziale Prozesse, bei denen Akteure für eine *Politikvariable x* einen *optimalen Zustand* $x=x_0$ suchen, für den ein entsprechendes *Potential*

$$V(x) = f(x,u,v,w,...) \qquad (1)$$

entweder minimiert oder maximiert wird. Der optimale Zustand $x=x_0$ ist allerdings insofern fragil, als er von weiteren *externen Variablen u,v,w,...* abhängig ist, die ihrerseits Veränderungen unterliegen. Ueberschreiten diese externen Variablen bestimmte Schwellenwerte, so verschiebt sich der optimale Zustand im Sinne eines diskontinuierlichen Wandels unter Umständen unvermittelt von $x=x_0$ nach $x=x_1$. Allerdings geht einer solchen Diskontinuität in aller Regel eine *kontinuierliche* Veränderung der Politikvariablen x voraus.[3] Dieser Sachverhalt läßt die klassische Katastrophentheorie zur Erklärung des Wandels der sozialpolitischen Gesetzgebung als wenig geeignet erscheinen, da sich Gesetze nur *diskontinuierlich* verändern können. Die für die vorliegende Problemstellung unerwünschte Koexistenz von kontinuierlichem und diskontinuierlichem Wandel scheint darauf zurückzuführen zu sein, dass die klassische Katastrophentheorie als Potentiale nur sogenannt "glatte" Funktionen V(x) zuläßt.[4]

*Ein katastrophentheoretisches Modell des diskontinuierlichen Wandels der modernen Sozialversicherungsgesetzgebung*

Im folgenden soll untersucht werden, inwieweit ein nichtkonventionelles katastrophentheoretisches Modell mit einer "nichtglatten" Potentialfunktion dem diskontinuierlichen Wandel der sozialpolitischen Gesetzgebung gerecht zu werden vermag. Inhaltlich nimmt das Modell auf Ideen der neuen politischen Ökonomie Bezug, die ein Interesse des Gesetzgebers am eigenen *politischen Ueberleben* postulieren (Hibbs 1987). Dieses Interesse manifestiert sich im Modell in einer Gesetzgebung, die mittels einer von ihr regulierten *Politikvariablen x* wie z.B. dem gesetzlichen Verrentungsalter versucht, den Widerstand organisierter Gruppen gegen den Gesetzgeber zu minimieren. Dabei sind im einfachsten, hier diskutierten Fall zwei in der Regel unvereinbare Gruppenerwartungen zu berücksichtigen:
a) Die Erwartungen einer *progressiven Gruppe,* wonach die Politikvariable x mindestens das *Erwartungsniveau* $e_+$ erreichen sollte.
b) Die Erwartungen einer *konservativen Gruppe,* wonach die Politikvariable x das *Erwartungsniveau* $e_-$ nicht überschreiten sollte.
Die Unvereinbarkeit der vorerwähnten Erwartungen bringt es zwangsläufig mit sich, daß aus der Sicht der einen oder anderen Gruppe bei der Wahl einer bestimmten Politik x eine *Performanzlücke* gegenüber der Erwartung $e_+$ resp. $e_-$ entsteht: Sie ist umso kleiner, je kleiner die Abweichung von $e_+$ resp. $e_-$ ist und verschwindet ganz, falls die betreffende Erwartung vollständig erfüllt wird.
Performanzlücken lösen natürlich sowohl bei der *progressiven* als auch bei der *konservativen* Gruppe *Widerstände* $V_+$ resp. $V_-$ aus, die beide darauf abzielen, durch eine Änderung der Gesetzgebung die betreffenden Performanzlücken zu schließen. Da der *Grenznutzen* aus dieser Schließung einer Performanzlücke mit der Größe der Performanzlücke vermutlich negativ korreliert ist, nehmen wir an, daß zwischen der Größe einer Performanzlücke und der Stärke des gruppenspezifischen Widerstands keine lineare, sondern eher eine *logarithmische* Beziehung besteht.
Die Größe einer Performanzlücke ist natürlich nur ein Faktor zur Erklärung der Stärke des gruppenspezifischen Widerstands gegen eine bestimmte Sozialpolitik. Wichtig für Stärke und Erfolg dieses Widerstands sind daneben natürlich auch die Macht der beiden Gruppen in Termini der gruppenspezifischen humanen, finanziellen und sonstigen Ressourcen. Je größer bei gegebener Performanzlücke die *Macht* $p_+$ der *progressiven* Gruppe resp. die *Macht* $p_-$ der *konservati-*

*ven* Gruppe ist, desto stärker ist der gruppenspezifische Widerstand $V_+$ resp. $V_-$ gegen die aktuelle oder die geplante Gesetzgebung.

Geht man davon aus, daß sich der *Gesamtwiderstand V* gegen die Politik des Gesetzgebers additiv aus den gruppenspezifischen Teilwiderständen $V_+$ und $V_-$ zusammensetzt, so läßt sich die bisherige Diskussion in formalisierter Form wie folgt präzisieren und zusammenfassen:

$$V(x) = V_+(x) + V_-(x) \qquad (2)$$
$$V_+(x) = p_+ * \ln(\max(1, e_+ - x + 1)) \qquad (3)$$
$$V_-(x) = p_- * \ln(\max(1, x - e_- + 1)) \qquad (4)$$
$$V(x) \text{ minimal, d.h. } V'(x) = 0 \qquad (5)$$

wobei:
V: *Gesamtwiderstand* gegen die Politik des Gesetzgebers.
$V_+, V_-$: *Widerstände* der beiden Interessengruppen.[5]
x: Durch die Gesetzgebung regulierte *Politikvariable*.
$p_+, p_-$: *Macht* der beiden Interessengruppen.
$e_+, e_-$: *Erwartungsniveaus* der beiden Interessengruppen.

Diagramm 1: Die Widerstandspotentiale V, $V_+$ und $V_-$ als Funktion der durch die Gesetzgebung regulierten Politikvariablen x.

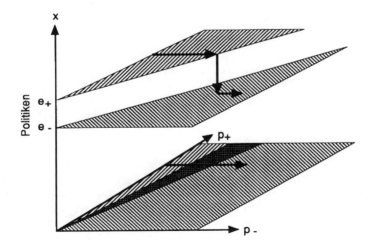

Diagramm 2: Diskontinuierlicher Wandel der Gesetzgebung als Sprung zwischen den Potentialminima bei x = e₊ und x = e₋.

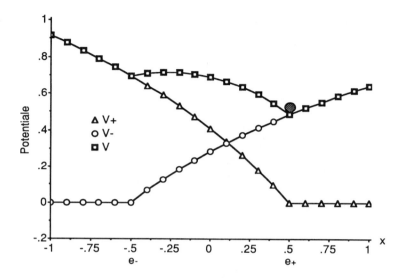

Analysiert man die Gleichungen (2) bis (5) im Detail, so stellt sich heraus, daß es bei unvereinbaren Erwartungen $e_+$ und $e_-$ für das Potential V(x) *höchstens zwei Minima* geben kann, die entweder bei

$$x = e_+ \qquad (6)$$
oder
$$x = e_- \qquad (7)$$

liegen (siehe Diagramm 1). Eine Veränderung der Machtverhältnisse durch Variation von $p_+$ oder $p_-$ verändert die durch (6) und (7) beschriebenen Gleichgewichte *nur* dann, wenn eines der beiden Minima, z.B. $x = e_+$, als Folge der geänderten Machtverhältnisse zerstört wird. In diesem Fall tritt in der Tat ein diskontinuierlicher Wandel ein, der sich z.B. in einem "Sprung" der Politikvariablen x von $e_+$ nach $e_-$ manifestiert (siehe Diagr. 2). Der Zeitpunkt des Wandels ist dabei durch den Moment definiert, in dem durch eine Veränderung der Machtverhältnisse die dunkel geschraffte Zone der Kontrollebene $p_- \times p_+$ des *Diagramms 2* verlassen wird.

Wie *Diagramm 1* zeigt, ist V(x) ganz offensichtlich keine "glatte" Potentialfunktion im Sinne der klassischen Katastrophentheorie. Es scheint, daß diese Modifikation insofern einen entscheidenden Beitrag zu einer adäquaten Modellierung der Dynamik der untersuchten sozialen Prozesse leistet, als sie dem Umstand Rechnung trägt, daß gesetzliche Regelungen *nur diskontinuierlich* verändert werden können und danach meist für längere Zeit *stabil* bleiben.

## Zusammenfassung und Ausblick

In dieser Arbeit ist ein katastrophentheoretischer Ansatz diskutiert worden, der als geeignet erscheint, Zeitpunkt und Ausmaß des Wandels der sozialpolitischen Gesetzgebung zu erklären. Der Ansatz beruht auf einigen Vereinfachungen, die aber im Hinblick auf eine Anwendung des Modells relativ problemlos modifiziert und realitätsnäher gestaltet werden könnten.

Eine erste derartige Modifikation betrifft die *Multidimensionalität* der sozialpolitischen Gesetzgebung, die durch eine *einzige* Politikvariable x im Modell natürlich nicht adäquat erfaßt ist. Der Übergang zu einem Modell, das gleichzeitig *mehrere* Politikvariablen $x_1$, $x_2$,... berücksichtigt, erscheint als relativ problemlos und wäre sicher eine Voraussetzung für die Analyse von komplexen sozialpolitischen Kompromissen.

Als zweite Modifikation drängt sich die Preisgabe des *antagonistischen Gesellschaftsmodells* mit nur zwei Interessengruppen und Erwartungen auf. Um moderne, pluralistische Gesellschaften adäquat beschreiben zu können, müßten im Modell eigentlich eine *Vielzahl* von Gruppen und Erwartungsniveaus berücksichtigt werden. Die Zu- oder Abnahme der Größe dieser Gruppen impliziert in demokratischen Gesellschaften eine Veränderung der Machtverhältnisse und würde nach einer entsprechenden Modifikation des Modells zu dessen Dynamisierung beitragen.

Es bleibt natürlich mit Hilfe von empirischen Tests zu überprüfen, inwieweit das Modell nach derartigen Modifikationen der sozialpolitischen Realität gerecht zu werden vermag. Dazu sind einerseits Daten zur Geschichte der modernen Sozialversicherungssysteme erforderlich, wie sie etwa im Rahmen des HIWED-Projekts[6] gesammelt worden sind. Andererseits müssen dazu aber auch die bestehenden Methoden der Parameterschätzung und Kalibrierung katastrophentheoretischer Modelle (z.B. Oliva et al. 1987)) verbessert und angepaßt werden.

**Anmerkungen**
1) Siehe dazu z.B. Sondernummer 5 von *Behavioral Science*, vol. 23, 1978, (Cobb/Ragade (eds.), 1978).
2) Als elementare Einführung sehr empfehlenswert: Saunders, P. T. (1986)
3) Siehe z.B. Kuspen-Katastrophe in *Saunders* (1986), S. 59-61.
4) Diese Potentialfunktionen sind insofern "glatt", als sie stetig und differenzierbar sind (siehe *Saunders* (1986), S. 191).
5) Maximumsfunktionen und Skalentransformationen verhindern, daß in den Gleichungen (3) und (4) $V_+(x)<0$ oder $V_-(x)<0$ werden.
6) Projekt *Historische Indikatoren der Westeuropäischen Demokratien*. Siehe dazu Alber, J. (1982)

**Literatur**
Alber, J. (1982), Vom Armenhaus zum Wohlfahrtsstaat. Frankfurt/M.
Aldrich, J. H. and F. D. Nelson (1984), Linear Probability, Logit, and Probit Models. Newbury Park.
Blossfeld, H.-P. et al. (1986), Ereignisanalyse. Frankfurt/M.
Bühl, W. L. (1990), Sozialer Wandel im Ungleichgewicht, Kap. IV. Stuttgart.
Cobb, Loren/Ragade, Rammohan K. (eds.) (1978), Applications of catastrophe theory in the behavioral and life science. Behavioral Science, Special Issue - September 1978 (Vol. 23)
Hibbs, D. A. (1987), The Political Economy of Industrial Democracies. Cambridge (Mass.).

Oliva, T. A. et al. (1987), GEMCAT, A General Multivariate Methodology for Estimating Catastrophe Models. In: Behavioral Science 32: 121-137.
Saunders, P. T. (1986), Katastrophentheorie. Braunschweig.
Thom, R. (1972), Stabilité structurelle et morphogénèse. Reading.

Dr. Georg P. Müller, Universität Fribourg Schweiz, Lehrstuhl für Sozialarbeit, Rte des Bonnesfontaines 11, CH-1700 Fribourg

## 3. Transformation sozialer Systeme. Der Beitrag longitudinaler Strukturforschung zur Analyse gesellschaftlichen Wandels

*Uwe Engel*

### 1. Einleitung

Mit dem vorliegenden Beitrag wird ein ausgewähltes methodisches Problem der Transformationsforschung zur Sprache gebracht. Im Mittelpunkt steht die Frage, welche methodologischen Anforderungen an eine Analyse zu stellen sind, die sich zum Ziel setzt, Wirkungen der Sozialstruktur oder Wirkungen sozialstrukturellen Wandels auch quantitativ präzise abzuschätzen.

Es gibt wohl kaum einen Sozialwissenschaftler, der bestreiten wollte, daß sich die Sozialstruktur einer Gesellschaft auf das Verhalten der Menschen auswirkt. Erhebliche Unterschiede bestehen jedoch ganz offensichtlich in der Frage, wie der methodische Weg auszusehen hat, diese Effekte verläßlich zu identifizieren. Die Spannweite der faktisch angewandten Ansätze ist beträchtlich. Sie reicht von der Anwendung qualitativer Methodik auf kleine, bewußt ausgewählte Samples bis hin zu repräsentativ angelegten großen Surveys, welche ihrerseits ein breites Spektrum abdecken und konventionelle Querschnittsanalysen genauso einschließen wie Survey-Designs, die sich nicht nur auf einen Meßzeitpunkt oder eine einzelne Analyseebene stützen.

Dabei sind vor allem qualitative Ansätze stark vertreten. Betrachten wir die Forschung zum gesellschaftlichen Wandel in den neuen Ländern der Bundesrespublik, so ist dies zum Beispiel aus der Synopse des Informationszentrums Sozialwissenschaften für die Jahre 1993 und 1994 klar ersichtlich. Dieselbe Zusammenstellung zeigt darüberhinaus auch, daß komplexere Surveydesigns bislang noch die Ausnahme darstellen. So sind z.B. Panelanalysen im eigentlichen Sinne selten, und praktisch nicht-existent sind Mehrebenenanalysen.

In Anbetracht der Tatsache, daß „gesellschaftlicher Wandel" ein makrosoziologisches Phänomen darstellt, ist das Gewicht, das hier inzwischen qualitativer Methodik eingeräumt wird, bemerkenswert - zumal darin offensichtlich ein probater Weg gesehen wird, die Wirkungen der Sozialstruktur und ihres Wandels, also strukturelle Effekte, abzuschätzen. Entsprechende Versuche sind jedoch alles andere als unproblematisch. Sie werfen grundsätzliche methodologische Probleme auf - mangelnde Repräsentativität und Vergleichbarkeit der Daten, vor allem auch das Problem konfundierender Effekte -, und führen bestenfalls zu einem unvollständigen, leicht aber auch verzerrten Bild struktureller Wirkungen. Und quantitative Schätzungen erlauben sie schon gar nicht. Gewisse Skepsis ist jedoch auch dann angebracht, wenn der Einfluß der Sozialstruktur über *konventionelle* Surveyforschung ermittelt werden soll. Erforderlich scheint vielmehr ein Ansatz zu sein, der zugleich longitudinal und mehrebenenanalytisch angelegt ist.

## 2. Schätzung von Struktureinflüssen: Warum im Längsschnitt?

Klar ist, daß die Analyse strukturellen Wandels Längsschnittdaten erfordert. Solche Daten sind aber auch dann von Nutzen, wenn es „nur" um Schätzung struktureller Effekte zu einem bestimmten Zeitpunkt geht. Speziell das Paneldesign stellt dabei ein nützliches Instrument dar, da es bekanntlich vorsieht, *dieselbe* Stichprobe wiederholt zu kontaktieren. Dadurch können Panelstudien sowohl individuelle als auch aggregatbezogene Veränderungen im Zusammenhang erfassen, während zum Beispiel Trendstudien nur Veränderungen auf Aggregatebene registrieren könnten. Panelstudien geben daher auch nicht nur Aufschluß über die zeitliche Priorität individueller Variablenwerte, sondern auch über deren Kovariation im Zeitablauf.

Beide Eigenschaften sind für Kausalanalysen von essentieller Bedeutung: Um Ursache und Wirkung voneinander unterscheiden zu können, muß feststehen, welche Variable zeitlich prioritär ist, da üblicherweise angenommen wird, daß die Wirkung nicht vor ihrer Ursache eintreten kann bzw. daß zwischen beiden sogar eine zeitliche Differenz bestehen sollte. Darüberhinaus ist die Fähigkeit, Stabilität und Veränderung auch auf individueller Ebene zu erfassen, von großer Bedeutung, da kausale Schlußfolgerungen wesentlich auf dem Kovariationsprinzip beruhen und viel für den Standpunkt spricht, daß insbesondere Kovariation zwischen *Veränderungen* in den Werten von X und Y die überzeugendste Evidenz von Kausalität darstellt. Idealerweise sollten daher zwei Aspekte temporaler Kovariation den Beurteilungsmaßstab für Kausalität darstellen: a) das Ausmaß an konkomitanter, zeitlich gleichlaufender Variation von X und Y und b) die Responsivität bzw. Antwortneigung von Y auf Veränderungen in X.

## 3. Schätzung von Struktureinflüssen: Warum mehrebenenanalytisch?

Mehrebenenanalysen sind erforderlich, da die Sozialstruktur ihren Einfluß nicht nur über die Positionen entfaltet, die die Menschen in der Struktur einnehmen, sondern ebenfalls auch dadurch, daß alle Positionsinhaber zugleich der Struktur als Ganzer ausgesetzt sind. In Regionen mit hoher Arbeitslosigkeit zu leben, kann die Einwohner unabhängig davon beeinflussen, ob sie selbst arbeitslos sind. Das Wahlverhalten ist ein treffendes Beispiel. Das politische Versprechen, Jobs zu schaffen, ist nicht nur für Arbeitslose attraktiv, sondern auch für Beschäftigte, die befürchten, ihren Job in der Zukunft zu verlieren. Zum einen sind irreduzible Effekte auf verschiedenen Aggregatstufen zu berücksichtigen. Zum anderen riskieren wir eine Art ökologischen Fehlschlusses, wenn wir von fehlendem Struktureinfluß auf einer Ebene auf fehlenden Struktureinfluß auf einer anderen Ebene oder überhaupt auf fehlenden Struktureinfluß schließen würden.

Es macht einen Unterschied, ob jemand eine bestimmte Position in einer stabilen oder sich wandelnden Struktur innehat. Auch macht „Unterschied" einen Unterschied: Positionen können innerhalb einer mehr oder weniger differenzierten Struktur angesiedelt sein. Individuelle Einkommensstatus tragen nicht zur Differenzierung der Gesellschaft bei, solange nicht ein gewisses Maß an Einkommensungleichheit herrscht. Folglich kann auch der Einkommenseffekt nicht kontextunabhängig sein. Blau und Schwartz (1984: 183) haben diese „cross-level"-Abhängigkeit in ihrer Studie über *Crosscutting Social Circles* treffend auf den Punkt gebracht, als sie zum Beispiel bemerkten, daß nicht Armut als solche Gewalt begünstige, sondern Armut inmitten von Überfluß. Die sich meist auf eine Analyseebene beschränkende Survey-Analyse vernachlässigt entsprechend zwei von drei miteinander zusammenhängenden Struktureinflüssen. Sie entdeckt Effekte, die daraus resultieren, daß jemand eine bestimmte Position innehat (also: Statuserwerbseffekte), vernachlässigt jedoch die aggregatbezogenen Haupteffekte der Struktur, das sind die klassischen „strukturellen Effekte" im Sinne Peter Blaus, und etwaige cross-level Interaktionen - also kontextuelle Effekte, die indizieren, wie die Struktur entweder ihre eigenen individuellen Effekte oder die von anderen Variablen modifiziert. Auch wird erst eine rigorose Mehrebenenanalyse aufzeigen können, welche Makroeffekte durch ein und dieselbe Mikrobedingung entfaltet werden. Ein gutes Beispiel ist Statusinkonsistenz. Es wirkt annahmegemäß im gesellschaftlichen Mikrokosmos stets konfliktfördernd, kann im Aggregat jedoch zugleich konfliktpräventive oder -fördernde Funktionen entfalten, je nachdem, ob es selbst ein eher seltenes oder häufiges Ereignis innerhalb dieses Aggregats darstellt.

Wenn wir den Einfluß der Sozialstruktur nun allerdings nicht nur in Statuserwerb und Statuswechsel auf individueller Ebene sehen, dann stellt sich natürlich die Frage, welche Struktureinflüsse auf welcher Aggregationsstufe außerdem in Betracht gezogen werden sollten. Aus struktursoziologischer Sicht läuft das zunächst auf die Frage hinaus, welches genau die strukturellen Eigenschaften sind, die entsprechende Wirkungen entfalten. Für Peter Blau wären Strukturmerkmale vor allem solche kollektiven Eigenschaften, die sinnvollerweise nicht dazu verwendet werden können, die Mitglieder des betreffenden sozialen Aggregats zu charakterisieren. Das sind in erster Linie Parameter struktureller Differenzierung: Heterogenität (also: horizontale Ungleichheit), vertikale Ungleichheit und Konsolidierung versus Überkreuzung relevanter Differenzierungslinien.

Die Frage nach Struktureinflüssen wird somit zur Frage danach, welchen Unterschied es macht, mehr oder minder ausdifferenzierten Sozialstrukturen ausgesetzt zu sein. Entsprechende Strukturmerkmale werden jedoch nicht unbedingt dann ihre Wirkung entfalten, wenn sie sich nicht in den Lebenskontexten der Menschen widerspiegeln. Eine Sozialstruktur, die gesamtgesellschaftlich durch ein hohes Maß an Ungleichheit gekennzeichnet ist, wird nicht notwendigerweise entsprechende Effekte hervorbringen, wenn die unmittelbaren Lebenskontexte eher homogen sind. Genau das ist jedoch gut möglich, entsteht die Makrostruktur doch aus zwei Variationsquellen: der strukturellen Differenzierung *innerhalb* ihrer Subeinheiten und der strukturellen Differenzierung *zwischen* diesen: Einkommensungleichheit kann in einer Gesellschaft entstehen, weil ihre Gemeinden immanent betrachtet ein entsprechendes Gefälle aufweisen oder weil sich diesbezüglich homogene Gemeinden in ihren mittleren Einkommensniveaus unterscheiden. Die Wohlhabenden und Armen einer Gesellschaft mögen schlicht an verschiedenen Orten leben und sich bestenfalls gelegentlich treffen. Eine Gesellschaft mag ethnisch heterogen sein, weil die meisten ihrer Gemeinden heterogen sind oder weil sie aus homogenen Gemeinden besteht, die sich in ihrer ethnischen Zusammensetzung unterscheiden. Gemeindestrukturen werden daher auch nicht einfach nur den Einfluß der umfassenderen Sozialstruktur transmittieren, sondern - je nach innerer sozialer Zusammensetzung - auch verstärken oder abschwächen und ggf. auch in ihr Gegenteil verkehren. Der Versuch, den Einfluß von Strukturen und ihres Wandels auch quantitativ präzise abzuschätzen, sollte daher nach Möglichkeit auch nicht nur mehr als eine Analyseebene umfassen, sondern darunter stets auch die Strukturen bzw. sozialen Zusammensetzungen der Plätze berücksichtigen, an denen Menschen leben und arbeiten: der Regionen, Städte, Nachbarschaften, Firmen, Schulen, usw.

## 4. Wachstumsmodell zur Schätzung von Struktureinflüssen

Schaubild 1   Beispiel eines einfachen Modells zur Schätzung von Struktureinflüssen im Längsschnitt

Level 1 $$Y_{tij} = \pi_{0ij} + \pi_{1ij}(TIME)_{tij} + e_{tij} \tag{1}$$

Level 2 $$\pi_{0ij} = \beta_{00j} + \beta_{01j}(I)_{ij} + r_{0ij} \tag{2}$$
$$\pi_{1ij} = \beta_{10j} + \beta_{11j}(\Delta I)_{ij} + r_{1ij}$$

Level 3 
$$\beta_{00j} = \gamma_{000} + \gamma_{001}(S)_j + u_{00j} \tag{3}$$
$$\beta_{01j} = \gamma_{010} + \gamma_{011}(S)_j + u_{01j}$$
$$\beta_{10j} = \gamma_{100} + \gamma_{101}(\Delta S)_j + u_{10j}$$
$$\beta_{11j} = \gamma_{110} + \gamma_{111}(\Delta S)_j + u_{11j}$$

(3) in (2) in (1) eingesetzt, ergibt:

$$Y_{tij} = \gamma_{000} + \gamma_{001}(S)_j + \gamma_{010}(I)_{ij} + \gamma_{011}(S_j * I_{ij})$$
$$+ \gamma_{100}(TIME)_{tij} + \gamma_{101}(\Delta S_j * TIME_{tij}) + \gamma_{110}(\Delta I_{ij} * TIME_{tij}) + \gamma_{111}(\Delta S_j * \Delta I_{ij} * TIME_{tij})$$
$$+ u_{00j} + u_{01j}(I)_{ij} + u_{10j}(TIME)_{tij} + u_{11j}(\Delta I_{ij} * TIME_{tij}) + r_{0ij} + r_{1ij}(TIME_{tij}) + e_{tij}$$

*I* Individualmerkmal; *S* Strukturmerkmal, $\Delta I, \Delta S$ Veränderung in *I* bzw. *S*; *TIME* Verstrichene Zeit seit erster Messung; $Y_{tij}$ *Y*-Wert zur Zeit *t* von Person *i* in Kontext *j*

*Effekt*

| | |
|---|---|
| $\gamma_{000}$ | Intercept |
| $\gamma_{001}$ | Effekt von *S*(truktur) auf anfänglichen Wert in *Y* |
| $\gamma_{010}$ | Effekt von *I*(ndividualmerkmal) auf anfängl. *Y* |
| $\gamma_{011}$ | Effekt von *S* auf den Effekt, den *I* auf anfängl. *Y* hat |
| $\gamma_{100}$ | Pro Zeiteinheit erwartete Veränderung in *Y*, bereinigt um Einfluß von *I* und *S* |
| $\gamma_{101}$ | Effekt von $\Delta S$ auf erwartete Veränderung in *Y* |
| $\gamma_{110}$ | Effekt von $\Delta I$ auf erwartete Veränderung in *Y* |
| $\gamma_{111}$ | Effekt von $\Delta S$ auf den Effekt, den $\Delta I$ auf erwartete Veränderung in *Y* hat |

Schaubild 1 zeigt zu Illustrationszwecken das Beispiel eines einfachen Modells zur Schätzung von Struktureinflüssen im Längsschnitt. Das Modell besteht aus 3 Ebenen: Level 1 beinhaltet wiederholte Messungen innerhalb der Person(en) und Level 2 die Merkmale der Respondenten, *I* (soweit nicht Level 1). Level 3, eine Aggregatebene, beinhaltet Strukturmerkmale des Kontextes, *S*. Das Modell spezifiziert auf jeder Ebene systematische und zufällige Effekte und weicht vom entsprechenden Standard-Setup insofern ab, als es zur Abschätzung konkomitanter „cross-level"-Variation auch auf den Ebenen 2 und 3 zeitveränderliche Merkmale annimmt. Das Modell ließe sich problemlos um weitere Individual- und Kollektivmerkmale erweitern. Gleichung (1) dient der Schätzung des anfänglichen Wertes in Y und dessen erwarteter Veränderung über die Zeit und könnte leicht um etwaige Kovariate erweitert werden. Die Gleichungen der Ebenen 2 und 3 dienen dann einerseits der Erklärung von Variation im anfänglichen Y-Wert und andererseits der Variation in dessen erwarteter Veränderung über die Zeit. Da es um Erklärung durch Aufweis konkomitanter Variation geht, wird versucht, Veränderung in Y auf *Veränderung* in *I* bzw. *S* zurückzuführen.

Auf die Diskussion der Optionen und Grenzen eines solchen hierarchischen linearen Modells zur Schätzung von Struktureinflüssen muß hier aus Raumgründen verzichtet werden. Gleiches gilt für die Teststrategie sowie die Gründe, die in formaler Hinsicht für einen Ansatz sprechen, der wie im vorliegenden Fall die Schätzung von Zufallseffekten impliziert. Interessierte Leser/innen seien dazu auf die einschlägige Standardliteratur bzw. auf Engel (1995) bzw. Engel/Meyer (1995) verwiesen.

**Literatur**
Blau, Peter M./Joseph E. Schwartz (1984), Crosscutting Social Circles. Testing a Macrostructural Theory of Intergroup Relations. Orlando.
Engel, Uwe (1995), Strukturelle Effekte. Mehrebenenmodelle in der Sozialstrukturanalyse. Vortrag auf der 16. Tagung der Arbeitsgruppe Strukturgleichungsmodelle. Zürich, 12./13.Mai.
Engel, Uwe/Wolfgang Meyer (1995), Structural Analysis in the Study of Social Change, in: Uwe Engel/Jost Reinecke (Eds.): Analysis of Change. Advanced Techniques in Panel Data Analysis. Berlin/New York (forthcoming).

Prof. Dr. Uwe Engel, Universität Potsdam, Lehrstuhl für Sozialstrukturanalyse, Postfach 900 327, D-14439 Potsdam

## 4. Lassen sich Einrichtungen zwischen Ländern und "Systemen" sinnvoll vergleichen? Methodenprobleme bei betrieblichen Erhebungen von Transformationsprozessen in den neuen Bundesländern und der "Holismus"

*Johann Behrens*

Lassen sich ähnliche Einrichtungen und einzelne Variablen in unterschiedlichen Ländern überhaupt vergleichen? Oder sind die unterschiedlichen Gesamtkontexte so dominierend, daß die Ähnlichkeit der einzelnen Einrichtungen keine Vergleichbarkeit begründet? Bei fast allen Vergleichen zwischen Ländern wird häufig dieses "holistische" methodische Argument vorgebracht. Ihm zufolge führen Vergleiche von Einrichtungen jeder Art zwischen Ländern in der Regel zu Fehlschlüssen (vgl. pointiert Marmor 1996). In dem Vortrag wurde das Argument an einem Beispiel erörtert, das den Skeptikern auf den ersten Blick Recht gibt: die betriebliche Sozialpolitik in der DDR und in der BRD. Alle vergleichenden Untersuchungen der BRD und der ehemaligen DDR stehen vor dem Datenproblem, daß gleich Benanntes selten das gleiche war. In welchem Sinn ist die "betriebliche Sozialpolitik" der DDR mit der "betrieblichen Sozialpolitik" der BRD vergleichbar gewesen?

In der DDR waren viele Funktionen, die im Westen Deutschlands über Versicherungen, Kommunen und spezialisierte freie Träger erfüllt werden, Gegenstand betrieblicher Sozialpolitik, z.B. Kindergärten, Mittagstische für Rentner, medizinische Versorgung, Ferienheime und viele andere. Wenige Jahre nach Beitritt zur Bundesrepublik haben die Betriebe fast alle dieser Funktionen verloren. Diese Funktionsverluste ließen sich modernisierungstheoretisch thematisieren, insofern sie Indikatoren und Mechanismen der Modernisierung spezifizierten - und nicht einfach Westdeutschland mit der Moderne gleichsetzten und alle Abweichungen der neuen Bundesländer davon unter Modernisierungsrückstand verbuchten. Aus vier Perspektiven war von einer Funktionsüberlastung der Betriebe die Rede (vgl. Behrens 1993). Aus *betriebswirtschaftlicher* Sicht erscheinen viele dieser Leistungen als einzelbetriebliche Kosten, die, wenn möglich, auf die Allgemeinheit - Kommune und Staat und Wohlfahrtsverbände - oder die Individuen abzuwälzen seien (wie inzwischen weithin geschehen). Aus *volkswirtschaftlicher* Sicht stellen betriebliche sozialpolitische Maßnahmen wie Ferienheime, aber auch Mittagstische für (Betriebs)Rentner ("Veteranen"), Betriebskindergärten, betriebliche medizinische Versorgung usw. *dann* Verschwendung dar, wenn andere Träger sie effektiver erbringen könnten - und möglicherweise auch dann, wenn durch sie Mobilität zum volkswirtschaftlich besten Wirt behindert würde. In der Perspektive der *Differenzierungstheorie* hat die Moderne funktionale Differenzierung nicht nur wegen Produktivitätsgewinnen durch Spezialisierung zur Voraussetzung. Persönliche Abhängigkeit vom einzelnen Betrieb bedeutet einen Modernisierungs- und Individualisierungsrückstand, weil er einen Verlust an Freiheit für das Individuum bewirkt. Damit eng ist eine vierte Perspektive verbunden, die der *Soziologie der Ungleichheit*. Soweit der Zugang zu sozialpolitischen Gütern und Diensten annähernd exklusiv an die Mitgliedschaft in unterschiedlich leistungsfähigen oder aber unterschiedlich bindungsinteressierten Betrieben gebunden ist, ist betriebliche Sozialpolitik ein Ungleichheit kumulierender Mechanismus. So scheinen alle vier Perspektiven in schöner Einheit in dieselbe Richtung zu weisen. Die Gegenthese würde dagegen darauf insistieren, daß betriebliche Sozialpolitik für die Betriebe derartig große - in Begriffen der Herrschaftssoziologie und der Transaktionskostenökonomie faßbare - Vorteile hat, daß in ihnen trotz aller Aufwendungen und Leistungen überbetrieblicher Sozialpolitik immer wieder neue Maßnahmen betrieblicher Sozialpolitik sich entwickeln (ausführlich Behrens 1984). Anschließend an A.O. Hirschmanns terms "Abwanderung" und "Widerspruch" könnte man kurz sagen: Für die Betriebe liegt der Vorteil betrieblicher Sozialleistungen nicht zuletzt darin, daß betriebsgebundene Leistungen die Kosten einer Abwanderung aus dem Betrieb für den einzelnen Beschäftigten steigern und damit indirekt auch den Widerspruch verteuern, überbetriebliche Leistungen bewirken dies hingegen nicht. Mit steigenden Kosten der Abwanderung mögen die Alternativkosten des Widerspruchs zwar zunächst relativ sinken, das ist Hirschmanns Argument (Hirschmann 1974). Aber dann verteuern die Kosten der Abwanderung auch den Widerspruch: Je teurer für den einzelnen Beschäftigten die Abwanderung wird, umso riskanter wird ein Widerspruch, der eine teure Trennung vom Unternehmen zur Folge haben kann. Widerspruch gedeiht immer besser bei der Möglichkeit, sich zu erträglichen Kosten zurückziehen können.

Vergleicht man diese Gegenthese mit den erstgenannten beiden Variationen der Modernisierungsthese, findet man Gemeinsamkeiten und einen Unterschied. Gemeinsam ist allen drei Positionen die These, daß betriebsgebundene Sozialpolitik die persönliche Abhängigkeit vom einzelnen Betrieb steigert und - je nach konkreter Ausgestaltung - Ungleichheit verstärkt. Der Unterschied zwischen den Positionen liegt hauptsächlich darin, daß die dritte Position die betriebswirtschaftliche Nachteiligkeit betrieblicher Sozialpolitik bestreitet. Damit bestreitet sie aber zugleich, daß die Kräfte des Marktes die modernisierungstheoretischen und gleichheitssoziologischen Tendenzen zur Generalisierung betrieblicher auf überbetriebliche Sozialpolitik erzwingen oder zumindest stärken werden, die die erste Position behauptet.

*Betriebliche Sozialpolitik oder nur betriebliche Verwaltung staatlicher Sozialpolitik?*

In der BRD sind die meisten Leistungen betrieblicher Sozialpolitik im Unterschied zu den tariflich festgelegten Leistungen abhängig von Politik und Leistungsfähigkeit der einzelnen Firma. Die einzelne Firma konkurriert am Arbeitsmarkt um Arbeitskräfte, die zumindest für einige Funktionen zur Reduktion von Fluktuations-, Kontraktions-, Qualifikations- und ähnlicher Transaktionskosten an den Betrieb gebunden werden sollen. Entweder sollen Arbeitskräfte, die sonst in die Firma nicht eintreten (könnten), in die Firma gezogen werden (Beispiel: Betriebskindergärten für Mütter) oder die Belegschaft soll stabilisiert werden. Betriebliche Leistungen haben häufig einen sehr eindeutigen Charakter als Belohnung für individuelle Stabilität. Das beweisen beispielhaft die meisten Regelungen betrieblicher Altersversorgung. Der Beschäftigte gewinnt nicht vom 1. Tag der Beschäftigung an einen proportionalen Anspruch auf diese Altersversorgung (was finanztechnisch realisierbar wäre), sondern meistens erst nach geraumer Zeit der so genannten Seniorität. Liest man das Lehrbuch der DDR zur "Sozialpolitik im Betrieb" (Tietze/Winkler 1988), hat man den Eindruck, alle genannten Merkmale betrieblicher Sozialpolitik hätten in der DDR keine Rolle gespielt. Es habe eigentlich keine betriebliche Sozialpolitik, sondern nur eine betriebliche Verwaltung universalistischer staatlicher Sozialpolitik gegeben. Die Kultur- und Sozialfonds, aus denen sich die betriebliche Sozialpolitik speiste, waren nach dem Lehrbuch nicht von der Produktivität der Betriebe abhängig. Und betriebliche Sozialpolitik wurde auch nicht in der Konkurrenz der Betriebe um spezifisch qualifizierte Arbeitskräfte eingesetzt, da von einer wechselseitigen "Abwerbung" von Arbeitskräften laut Lehrbuch keine Rede sein konnte (vgl. Tietze/Winkler 1988, vgl. zu Planungsrichtlinien Anordnung 1985). Auch 1991 finden sich diese Feststellungen (Al Masarweh 1991:714). Demnach wäre betriebliche Sozialpolitik in der DDR nicht wie in der BRD ein Mechanismus gewesen, der soziale Ungleichheit verstärkte. Im Gegenteil hätte betriebliche Sozialpolitik nur als Verwaltungsstelle einer universalistischen, für alle erwerbstätigen Bürger gleichermaßen geltenden staatlichen Sozialpolitik gewirkt. Die Mitgliedschaft in einem Betrieb hätte keinen privilegierten Zugang zu sozialpolitischen Gütern vermittelt, die den Mitgliedern anderer Betriebe vorenthalten würden, zumindest nicht, soweit sie durch den Kultur- und Sozialfond finanziert wurden. Insofern wäre betriebliche Sozialpolitik in der DDR auch nicht wie in der BRD ein Mechanismus gewesen, der die Kosten der Abwanderung aus einem Betrieb und damit die Kosten des Widerspruchs in einem Betrieb erhöht hätte.

Unsere eigenen Fallstudien in vier nordostdeutschen und drei südostdeutschen Betrieben mit ihren in der DDR nicht veröffentlichten Zahlen sprechen eine andere Sprache. Grob gesagt, verlief die Trennung zwischen Frauen- und Männerbranchen. In Frauenbranchen war der Sozial- und Kulturfond niedrig, es gab regionale Unterschiede und nach Betriebsgröße auch innerhalb derselben Region. Der Unterschied ist substantiell: aus der Perspektive der Kleinbetriebe machte er etwa drei Viertel eines Monatslohns aus. Auch ohne jede Statistik war dieser Unterschied augenfällig bei jedem Besuch in den Betriebsferienheimen. Die Ausstattung unterschied sich deutlich. Noch schwerer ist zu entscheiden, ob betriebliche Sozialpolitik auch in der DDR wie in der BRD als Instrument der Betriebsbindung und Anziehung von Arbeitskräften genutzt wurde. Zweifellos waren in der DDR in vielen Bereichen Arbeitskräfte knapp. Objektiv konkurrierten Betriebe also um sie. Mit welchen Mitteln welche betrieblichen Agenten diesen Konkurrenzkampf ausfochten, ist schwerer zu erkennen. Gerade westliche Beobachter müssen sich vor Augen führen, daß die DDR viel weniger eine Planwirtschaft war als eine Improvisationswirtschaft. Verglichen mit den durchgeplanten logistischen Ketten, die die großen westlichen Autofabriken mit Tausenden ihrer rechtlich selbständigen Zulieferer verbinden und dadurch erst die Planwirtschaft der just-in-time-Zulieferung ermöglichen, war die Planwirtschaft in der DDR sehr wenig entwickelt. Fast alles mußte, glaubt man den in unseren Betriebsfallstudien interviewten Betriebsleitern, improvisiert, "organisiert" und zwischen den Interessenvertretern, die sich als Gegner nicht gerieren durften und fast alle dem SED-Kader angehörten, ausgehandelt werden. Unter diesen Bedingungen hatte die gegenseitige Abwerbung von Arbeitskräften in der DDR, so wenigstens das Ergebnis unserer Fallstudien, ein Ausmaß erreicht, das in der BRD undenkbar wäre. In der BRD sprechen sich Unternehmer ähnlicher Branchen zumindest am selben Ort häufig ab, gegenseitig keine Arbeitskräfte abzuwerben, um nicht die Löhne, Gehälter und Zusatzleistungen für alle Unternehmen zu steigern. In der DDR war die Möglichkeit, sich abwerben zu lassen, für viele Beschäftigte die wichtigste Möglichkeit, in eine bessere Einkommensgruppe zu kommen. Insofern sei, so unsere Interviewpartner, die wechselseitige Abwerbung von Personal ein Dauerthema unter Betriebsleitern und Planern gewesen. Wieweit innerhalb des angebotenen Abwerbepakets auch betriebliche Sozialleistungen eine Rolle gespielt hätten, sei schwer zu quantifizieren. Wenn man zu den betrieblichen Sozialleistungen auch den Zugang zu einer Wohnung rechnete, den einige Betriebe bei Abwerbeverhandlungen manchmal hätten offerieren können, sei ihr Einfluß natürlich enorm ge-

wesen. Allerdings gab es, weil eine betriebliche Altersversorgung nach Seniorität unbekannt war, weniger sozialpolitische Anrechte, die durch Betriebswechsel verloren gingen, als in der BRD.
Der Vergleich zwischen Einrichtungen ganz verschiedener Länder-"Systeme" ist möglich und sogar sinnvoll, wenn man sie auf gemeinsame theoretische Probleme, hier die Arbeitskräftekonkurrenz beziehen kann. Bei der Prüfung stellte sich eher ein Indikatorenproblem und ein Datenproblem. Das Indikatorenproblem bestand darin, hinreichend genau zwischen betrieblicher, also an Betriebsmitgliedschaft gebundener Sozialpolitik und lediglich betrieblicher Verwaltung universalisitischer staatlicher Sozialpolitik unterscheiden zu können. Das Datenproblem bestand darin, daß statistische Daten über betriebliche Sozialpolitik westlicher Betriebe spärlich und nicht flächendeckend, über die östlichen aber zur Zeit fast gar nicht oder nur in Fallstudien zu finden sind. (Die materialen Thesen, Ergebnisse und eine Prognose für die neuen Bundesländer finden sich in Behrens 1993).

**Literatur**
Al-Masarweh, Astrid (1991), Abschied von der betriebszentrierten Sozialpolitik. In: Zeitschrift für Sozialreform 37: 714-723.
Behrens, Johann (1984), Die Reservearmee im Betrieb. Machttheoretische Überlegungen zu den Konzepten der "Kontrolle", der "Eigentumsrechte" und der "Sozialen Schließung". In Ulrich Jürgens/Frieder Naschold (Hg.): Arbeitspolitik. Materialien zum Zusammenhang von politischer Macht, Kontrolle und betrieblicher Organisation der Arbeit. Leviathan Sonderband 5: 133-154.
Behrens, Johann (1993), Betriebliche Sozialpolitik und soziale Ungleichheit - Eine Prognose für die neuen Bundesländer. In: R. Geissler (Hg.): Sozialer Umbruch in Ostdeutschland. Opladen.
Kaukewitsch, Peter (1978), Arten und Umfang der betrieblichen Altersversorgung 1976. In: Wirtschaft und Statistik, Heft 10/1978: 609-617.
Marmor, Ted (1996), Medical Care Reform in Mature Welfare States: Fact, Fiction, and Foolishness in the Transmission of Ideas. In: Behrens, Johann/Braun, Bernard/Marone, James/Stone, Deborah (Hg.):Gesundheitssystementwicklung in den USA und Deutschland - Wettbewerb und Markt als Ordnungselemente im Gesundheitswesen auf dem Prüfstand des Systemvergleichs. Baden-Baden. (im Erscheinen)
Tietze, Gerhard/ Winkler, Gunnar (1988), Sozialpolitik im Betrieb. Berlin.

Prof. Dr. Johann Behrens, ISIS, Lichtensteinstraße 4, D-60322 Frankfurt am Main

## 5. Fotodokumentation und Fotointerview als Techniken der Beschreibung von sozialem Wandel in den Neuen Bundesländern

*Klaus Boehnke*

Die deutsche Vereinigung wird oft als Glücksfall eines natürlichen Experiments angesehen, das es ermöglicht, individuelle Entwicklung unter Bedingungen beschleunigten sozialen Wandels zu betrachten (Youniss/Noack/Hofer 1995). Dies impliziert die Annahme dramatischer sozialer Wandlungsphänomene, die sich im wesentlichen aus politisch-institutionellem Wandel ableiten (Giesen/Leggewie 1991). Groß ist dann die Überraschung, wenn vergleichende Ost-West-Jugendstudien in der Regel "astonishing similarities" (Oswald/Krappmann 1995: 181) belegen; mindestens genauso groß die Überraschung, wenn die längsschnittliche Begleitung des Transformationsprozesses oft auch nur geringfügige Veränderungen ausweist, ließ doch aus sozialisationstheoretischer Perspektive der nahezu übergangslose Wechsel des politisch-institutionellen Systems in Ostdeutschland stärkere Veränderungen wahrscheinlich erscheinen.

Die hier dokumentierte Studie geht der These nach, daß gesellschaftlich-institutioneller und sozialer Wandel sich in Jugendstudien wenig niederschlägt, weil er je individuell von den Entwicklungsanforderungen dieses Alters überlagert wird. Sozialer Wandel wird von Jugendlichen konstatiert, gewinnt aber nur geringe Bedeutsamkeit, weil individuelle Entwicklungsaufgaben wichtiger sind als gesellschaftliche Veränderungen.

Im folgenden wird Material vorgelegt, das verdeutlicht, in welchem Ausmaß sich die Konfundierung von sozialem Wandel und individueller Entwicklung in qualitativem Datenmaterial wiederfindet.

### Methode

Achtzehn TeilnehmerInnen (im weiteren *T*) einer Übung zu qualitativen Methoden der empirischen Sozialforschung (16 Frauen, 2 Männer) wurden gebeten, Fotos aufzunehmen. Die beiden Männer waren am 9. 11. 1989 29,5 bzw. 32,6 Jahre alt. Die 16 Frauen gingen zum Zeitpunkt der Wende zur Schule und waren im Durchschnitt 15,9 Jahre alt.

Es sollten 12 Fotos zu den Fragen (1) "Was steht in Ihrem persönlichen Leben für die ehemalige DDR?" und (2) "Was steht in Ihrem persönlichen Leben für die Nachwendezeit?" aufgenommen werden. Das Verhältnis von DDR- zu Nach-Wende-Fotos war ins Belieben der T gestellt. Nach Entwicklung der Fotos waren alle T aufgefordert, sämtliche Bilder der anderen T 'blind' als DDR- bzw. als Nach-Wende-Foto zu klassifizieren.

Danach waren aus den eigenen Fotos zwei auszuwählen, die nach subjektivem Empfinden die beiden Fragen am besten beantworteten. Zu den ausgewählten 18 x 2 = 36 Fotos wurden jeweils fünfminütige freie Interviews geführt, für die Interviewer und Interviewte einander zugelost wurden, so daß jede(r) T je einmal interviewte und interviewt wurde.

Die Transkipte wurden den T vorgelegt. In allen 36 Transkripten sollten alle T die 10 subjektiv wichtigsten Wörter markieren. Die Wichtigkeitsratings dienten als Grundlage einer Gruppendiskussion der T.

## Ergebnisse

Die T machten 214 brauchbare Fotos. Es gab 66 DDR- (30,8%) und 148 Nach-Wende-Fotos (69,2%). Dieses Ergebnis weicht signifikant von der Erwartung gleicher Häufigkeiten für beide Fototypen ab ($\chi^2_{corr} = 30,66$; df=1; p<0,001).

In den Blindklassifizierungen wurden 90 Fotos als DDR-Fotos klassifiziert (42,1%), 124 als Nach-Wende-Fotos (57,9%). Ein $\chi^2$-Test belegt, daß signifikant mehr Fotos als DDR-Fotos klassifiziert wurden, als tatsächlich als solche intendiert waren ($\chi^2_{corr} = 12,10$; df=1; p<0,001). Die durchschnittliche Trefferquote lag bei 84,5%.

Die Selektion je eines DDR- und eines Nach-Wende-Fotos erbrachte folgende Motive (Kennziffern geben an, von welchem T das Foto stammt und ob es sich um ein *Vor-* oder *N*achwendefoto handelt): Polytechnische Oberschule (1V), Erweiterte Oberschule (1W), DDR-typischer Kindergarten (2V), EDEKA-Markt (2W), Trabi-Wrack vor Abrißhäusern (3V), Saniertes Geschäftshaus (3W), Plattenbausiedlung (4V), Parkplatz der TU Chemnitz-Zwickau (4W), Bücher über DDR-Repression (5V), TU-Gebäude (Soziologie, 5W), Chemnitzer Karl-Marx-Denkmal (6V), Reisebüro (6W), DDR-Schulbücher aus 'ideologischen' Fächern (7V), Einrichtungsdetail des Wohnheimzimmers von T 7 (7W), Französischlehrbücher aus DDR-Zeit (8V), Lagerhalle einer Schokoladenfabrik (8W), Hinweisschild auf Geburtsort von S. Jähn[1] (9V), Kino (9W), Plattenbau-Häuserreihe (10V), großflächige Zigarettenwerbung (10W), Reiseschreibmaschine (11V), BRD-kritische Graffiti (11W), Wohnhaus-Gemeinschaftsbad (12V), Stau vor tschechischer Grenze (12W), Jugendweihe-/Bestarbeitsurkunden (13V), kleiner Briketthaufen (13W), ehemaliges Stasi-Gebäude (14V), stillgelegte Fabrik (14W), Plattenbaufassade (15V), Filiale der Deutschen Bank (15W), Warteschlange vor Bäckerei (16V), saniertes Wohnheim der TU (16W), Plattenbaugroßsiedlung in Chemnitz (17V), innerstädtische Baustelle (17W), Erweiterte Oberschule (18V) und Tafel mit Zitat von Ulrike Meinhof (18W).

Unterzieht man die Blindklassifikationen hierarchischen Clusteranalysen, so erweist sich das Foto von T 10, eine Plattenbau-Häuserreihe, als das typischste DDR-Foto. Als typischstes Nach-Wende-Foto zeigt sich das Bild von T 16, auf dem ein aufwendig saniertes Studentenwohnheim der TU zu sehen ist[2] Die beiden prototypischen Fotos sind Abbildung 1 zu entnehmen.

Es zeigt sich, wie eng bei den besonders typischen Bildern biographische Besonderheiten und Manifestationen gesellschaftlicher Umstände verwoben sind. Die abgebildete Plattenbaureihe ist *nicht irgendeine* Plattenbaureihe, sondern eine Häuserreihe dieser Bauweise, die dem Elternhaus der T den Blick auf die Natur verstellt. Als besonders typisches Nach-Wende-Foto erweist sich nicht das Foto *irgendeines* sanierten Bauwerks, sondern das Bild eines modernisierten Studentenwohnheims, an dem die T täglich vorbeikommt.

Die Auswertung der Wichtigkeitsmarkierungen erbrachte folgende Ergebnisse. Die zehn häufigsten in DDR-Foto-Interviews markierten Begriffe waren (in der Reihenfolge ihrer Häufigkeit): Schulzeit, DDR, Plattenbau, Stasi, Zwang, Erinnerung, Fritz-Heckert-Gebiet[3], Trabant, Kindergarten und Sache (i.S. "Da wußte man, was *Sache* ist"). Die zehn häufigsten in Nach-Wende-Foto-Interviews genannten Begriffe waren: Baustelle, Autostau, Umwelt, Geld, Studentenwohnheim, Arbeitslosigkeit, Reisefreiheit, Studium, groß und EDEKA.

Abbildung 1

Die Aufzählung verdeutlicht, daß sowohl individuelle Entwicklung als auch sozialer Wandel in den Interviews als wichtig erachtet werden. Von den zehn häufigsten in DDR-Foto-Interviews markierten Worten beziehen sich sechs auf gesellschaftlich-soziale Bedingungen, zwei auf Aspekte der individuellen Biographie und zwei auf emotionale Qualitäten. Unter den zehn wichtigsten Begriffen für die Nach-Wende-Foto-Interviews beziehen sich acht auf Manifestationen gesellschaftlich-sozialer Bedingungen, zwei auf intraindividuelle Veränderungen.

Ein Vergleich der auf gesellschaftlich-soziale Bedingungen bezogenen Begriffe macht deutlich, daß sozialer Wandel konstatiert wird: Eine von staatlicher Repression geprägte, durch bauliche Uniformität und geringen Komfort gekennzeichnete und dennoch vielfach mit positiven Erinnerungen belegte Gesellschaft wurde abgelöst von einer Gesellschaft, die sich in einer chaotischen Umbauphase befindet und Freiheiten (nur) gegen Geld gewährt. Die Verwobenheit von gesellschaftlich-sozialem Wandel mit individueller Entwicklung wird deutlich: Wichtigstes Charakteristikum der DDR-Zeit war, daß dies auch die Schulzeit war, die Nachwendezeit ist für viele vor allem die Zeit, in der sie ihr Studium aufnahmen. In einigen der Interview-Fotos kommt diese Verwobenheit besonders stark zum Ausdruck. Eine völlige Dominanz intraindividueller Veränderungen findet sich bei T 1. Zu sehen sind auf den Bildern zwei relativ DDR-typische Schulen, die sich einzig dadurch unterscheiden, daß die eine vor und die andere nach der Wende besucht wurde. Eine ebenfalls stark vom individuellen Entwicklungsaspekt geprägte Fotokombination legt T 7 vor, wenn sie für ihr DDR-Foto ein Staatsbürgerkunde-, ein Geschichts- sowie ein ESP[4]-Lehrbuch und für ihr Nach-Wende-Foto ein Detail der Einrichtung ihres Studentenwohnheimzimmers fotografiert. Im Gegensatz zu den Fotos von T 1 findet die gesellschaftlich-politische Situation der DDR aber zumindest Eingang in eines der beiden Fotos. In stärkerem Maße ist dies bei T 5 der Fall. Das DDR-Foto bildet u.a. drei Bücher ab, die den staatlichen Repressionsapparat zum Gegenstand haben. Was zunächst wie eine Fokussierung auf gesellschaftlich-politische Aspekte anmutet, stellt sich im Interview als Ausdruck persönlicher Biographie dar: Der T war einige Monate in Stasi-Haft. Erst die politischen Veränderungen ermöglichten ihm die - verspätete - Aufnahme eines Studiums, was er im Nach-Wende-Foto dokumentiert.

Einige Fotos thematisieren individualbiographische Aspekte von Wandel in recht ideosynkratischer Weise. Auffällig ist dies bei dem von allen T fälschlich als DDR-Foto klassifizierten Bild des Briketthaufens. Die Fotografin ist Tochter eines selbständigen Kohlenhändlers. Die politische Wende hatte zur Folge, daß Kohle durch den Modernisierungsschub weniger benötigt wurde. Anstatt das 'freie Unternehmertum' genießen zu können, wurde der Vater von T 13 Modernisierungsopfer.

In einer letzten Gruppe von Fotos werden ausschließlich gesellschaftlich-soziale Aspekte angesprochen. Dies ist in den Fotos der Fall, in denen ein Trabi-Wrack vor Abrißhäusern einer glänzenden Fassade, das Chemnitzer Karl-Marx-Denkmals einem Reisebüro, eine Plattenbaufassade einer Filiale der Deutschen Bank oder die Fritz-Heckert-Siedlung einer innerstädtischen Baustelle gegenübergestellt wird.

Resümierend läßt sich festhalten, daß die Verwobenheit individueller Entwicklung mit sozialem Wandel starker interindividueller Variation unterliegt. Für einige T steht die individuelle Entwicklung im Vordergrund, gesellschaftlich-sozialer Wandel dient ausschließlich als Anker für das persönliche Zeitraster. Für eine zweite Gruppe interagieren individuelle Entwicklung und sozialer Wandel miteinander. Für eine dritte Gruppe spielen Fragen der individuellen Entwicklung überhaupt keine Rolle.

Wenden wir uns zum Schluß der Gruppendiskussion zu, die die T ausgehend von den Wichtigkeitsratings unter der Leitung des Autors führten. Zu Beginn der Diskussion wurde nach den Empfindungen gefragt, die die T hatten, als sie das Thema der Fotoaufgabe erfuhren. Insgesamt macht dieser Diskussionsabschnitt deutlich, daß politisch-sozialer Wandel und persönliches Lebens, für eine Reihe von T recht disparat nebeneinanderstehen. Weiterhin gibt es erste Aussagen, die auf die Bedeutung des Alters für die Rezeption des sozialen Wandels hinweisen. Im Anschluß an die Eröffnungssequenz konzentrierte sich die Diskussion auf die Frage, wie bedeutsam die Wende für das Leben der T war. Prototypisch für diese Diskussionssequenz waren die Beiträge:

... also wenn ich jetzt so im nachhinein, wenn ich die Leute so reden höre, die müssen es ja einfach schrecklich in der DDR gefunden haben, was man so in Zeitungen liest, aber ich selbst, ich habe das überhaupt nicht so empfunden, ich bin so aufgewachsen, für mich war das völlig normal, daß das so ist, in dem Sinne wehrte ich mich erst gegen die Wende ..., aber letzten Endes konnte ich allein nichts machen und ... irgendwie [kam] man ja aus seinem Trott ein bißchen heraus ... und da sind ganz neue Welten eröffnet worden, aber ich muß jetzt sagen, 5 Jahre später, man hat sich schon wieder voll an das Leben gewöhnt, und man könnte sich das jetzt gar nicht mehr anders vorstellen.

Ich war im Urlaub gewesen mit Studenten aus Bayreuth ... und die haben natürlich ein ganz krasses Bild von uns, also sie haben so ein Bild wie ... DDR, Wende, große Mauer, totaler Umbruch, alles ist aufgewühlt, alles ist im ..., was weiß ich, in Demonstrationen und, was weiß ich, und jetzt Westen, völlig neu und wir sind alle völlig zerstört und völlig verwirrt und wir wissen gar nicht, wie wir uns in der Gesellschaft zurechtfinden sollen, das ist nämlich ........ und das kann man ihnen überhaupt nicht klarmachen, das wollen die in ihren Kopf nicht rein, daß das gar nicht so war für uns, daß das eigentlich alles ganz normal war, das war ganz normal in der DDR zu leben, es war ganz normal die Wende zu durchleben, und es ist ganz normal, jetzt zu leben.

... das ist ein Generationsproblem. Ich habe im Fernsehen gehört, ja die Grenzen sind jetzt auf und wir können in den Westen fahren und für mich, okay ist so, und meine Mutter stand am Herd und hat geheult und ich sage so, warum weinst Du denn, und die sagt, na die Grenzen sind auf und wir können fortfahren und alles wird wieder okay und ich stand da, die muß blöd sein, ehrlich wegen so was zu heulen, und das ist wirklich ein Generationsproblem, würde ich sagen. Und mein Bruder jetzt, der ist jetzt 15 oder so, für den ist das völlig normal so ein beschissenes Computerspiel zu haben, den ganzen Tag vor dem Fernseher zu sitzen, der geht nicht Fußballspielen und nichts.

Eine Reihe von Äußerungen thematisieren die Bedeutung des Alters für die Rezeption sozialen Wandels. Die Bedeutung der Wende sei für Jugendliche gering gewesen. Für Menschen, die zum Zeitpunkt der Wende bereits im Berufsleben standen, wird eine größere Bedeutung erwartet, von den eigenen Eltern explizit berichtet.

Mehrfach wird angesprochen, daß die Lebensbedingungen vor der Wende *nicht* als außergewöhnlich erlebt wurden, daß die Wende *kein* kritisches Lebensereignis war und daß die aktuellen Lebensbedingungen *nicht* als von starken Umwälzungen geprägt erlebt werden.

*Diskussion*

Zentrale These der hier vorgelegten Arbeit ist die Annahme einer lebensphasenspezifischen Bedeutung von gesellschaftlich-sozialem Wandel. Sie besagt, daß sich Menschen in unterschiedlichen Lebensphasen 'ihren' sozialen Wandel unterschiedlich 'erschaffen'. Für das Jugendalter wird davon ausgegangen, daß es für diesen Lebensabschnitt typisch ist, daß ein sozialer Wandel 'erschaffen' wird, der in seiner Substanz gegen Null geht. Die Vielzahl von Entwicklungsaufgaben der Übergangsperiode Jugend (vgl. Noack 1990) läßt gesellschaftliche Veränderungen in den Hintergrund treten.

Die Ergebnisse der Studie lassen sich in folgenden Befunden zusammenfassen:
1. Konstruktionen der sozialen Realität 'Nach-Wende-Zeit' fallen leichter als fotografische Konstruktionen der sozialen Realität 'DDR'.
2. Es werden mehr fotografische Konstruktionen von Realität dem Typus 'DDR' zugeordnet als tatsächlich so intendiert sind.
3. Die vorgenommenen Konstruktionen sozialer Realität zu zwei verschiedenen Typen von Wirklichkeit (DDR, Nachwendezeit) sind intersubjektiv valide, die Übereinstimmung zwischen eigener Darstellungsintention und Fremdzuschreibung ist hoch.
4. Die subjektiv bedeutsamsten Konstruktionen sozialer Wirklichkeit lassen sich auf einem Kontinuum mit den Polen 'individuelle Entwicklung' und 'gesellschaftliche Veränderung' anordnen.
5. Als intersubjektiv besonders typische Konstruktionen der sozialen Realitäten DDR und Nachwendezeit erweisen sich Fotos, in denen Aspekte individueller Entwicklung und gesellschaftlicher Veränderung zusammenfallen.
6. Sozialer Wandel wird konstatiert. Eine Bedeutung für die persönliche Lebensführung gewinnt er aber nur dann, wenn er für die eigene Entwicklung wichtig ist.
7. Weder die Lebensumstände in der DDR noch die jetzigen Lebensumstände werden als außergewöhnliche Sozialisationsbedingungen gesehen. Die Wende hat nicht den Charakter eines kritischen Lebensereignisses.

Die Gesamtheit der Befunde der Studie läuft dem Postulat einer lebensphasenspezifischen Bedeutung sozialen Wandels nicht entgegen, kann dessen Gültigkeit aber natürlich nicht 'beweisen'. Alles in allem hat es sich als fruchtbar erwiesen, das Methodenarsenal sozialwissenschaftlicher Jugendforschung um die Technik der Fotodokumentation und des Fotointerviews zu ergänzen, wie dies etwa von Wuggenig (1990/91) vorgeschlagen und u.a. im Rahmen der Shell-Studie (vgl. Steiner/Pietzker, 1992) praktiziert wurde.

**Anmerkungen**
1) Erster deutscher Kosmonaut.
2) Die Fotos wurden angefertigt von J. Bibas, W. Bödefeld, S. Bretschneider, C. Brinkhoff, C. Feig, S. Fritzsche, P. Göpfert, S. Kis-Hocza, T. Kritz, S. Leuoth, M. Reuther, I. Rockstroh, C. Rupf, M. Schuberth, N. Wagner, A. Weller, K. Wilhelm und I. Zaumseil.
3) Plattenbaugroßsiedlung.
4) Einführung in die sozialistische Produktion.


**Literatur**
Giesen, Bernd/Leggewie, Claus (1991), Experiment Vereinigung - ein sozialer Großversuch. Hamburg.
Noack, Peter (1990), Jugendentwicklung im Kontext. München.
Oswald, Hans/Krappmann, Lothar (1995), Social life of children in a former bipartite city, in: Peter Noack/Manfred Hofer/James Youniss (Hg.): Psychological responses to social change. Berlin.
Steiner, Irmgard/Pietzker, Margit (1992), Ich lebe mit meinem Kind allein, in: Imbken Behnken/Artur Fischer (Red.): Jugend 92 - Lebenslagen, Orientierungen und Entwicklungsperspektiven im vereinigten Deutschland. Opladen.

Wuggenig, Ulf (1990/91), Die Photobefragung als projektives Verfahren, in: Angewandte Sozialforschung, 16: 109-129.

Youniss, James/Noack, Peter/Hofer, Manfred (1995), Human development under conditions of social change, in: Peter Noack/Manfred Hofer/James Youniss (Hg.): Psychological responses to social change. Berlin.

Prof. Dr. Klaus Boehnke, TU Chemnitz-Zwickau, Philosophische Fakultät, Empirische Sozialforschung, D-09107 Chemnitz

## 6. Methoden der betriebswirtschaftlichen Transformationsforschung

*Peter Witt*

*1. Merkmale betrieblicher Transformationsforschung*

Betriebliche Transformation läßt sich verstehen als ein Prozeß interdependenter technischer und sozialer Innovationen. Interdependenz der Innovationen bedeutet, technische Innovationen (neue Fertigungsverfahren, neue Produkte usw.) bedingen soziale Innovationen (neue Netzwerke, neue Organisationsformen usw.) und umgekehrt. Technische Innovationen sind unternehmensspezifisch neue Produkte oder Prozesse.

Sozialinnovationen werden nach zwei Merkmalen unterschieden:
(1) Sozialinnovationen im Außenverhältnis oder im Innenverhältnis eines Unternehmens.
(2) Selbst durchführbare oder extern vorgegebene Sozialinnovationen.
(3) Kombiniert man die beiden Kriterien, so erhält man vier mögliche Sozialinnovationen:
 – Extern vorgegeben, im Innenverhältnis (Bsp.: Gelten eines neuen Arbeitsrechts)
 – Extern vorgegeben, im Außenverhältnis (Bsp.: Gelten eines neuen Umweltrechts)
 – Beeinflußbar, im Innenverhältnis (Bsp. Schaffung einer neuen Organisationstruktur)
 – Beeinflußbar, im Außenverhältnis (Bsp.: Neuaufbau eines Kundennetzwerks)

*2. Methoden zur Systemanalyse betrieblicher Transformation*

Die betriebswirtschaftliche Systemanalyse untersucht die in der Transformation stattfindenden betrieblichen Innovations- und Anpassungsprozesse.[1] Bei der Analyse der externen Verbindungen eines Betriebs in Transformation ist die Netzwerkanalyse eine geeignete Methode. Man unterscheidet für betriebswirtschaftliche Fragestellungen zunächst Informationsnetzwerke und Netzwerke des Austausches von Gütern und Dienstleistungen. Bei der Untersuchung der internen Struktur von Betrieben in Transformationsprozessen finden Organisationsanalysen Anwendung.

Zentralität ist ein geeignetes Bewertungsmaß in Informationsnetzwerken. Von den verschiedenen bekannten Zentralitätskonzepten eignen sich das von Nieminen (1974) und das von Freeman (1977) besonders für die betriebswirtschaftliche Transformationsforschung (vgl. Witt 1993a).

Die Hypothese lautet: Im Transformationsprozeß steigt die Zentralität der Unternehmen im Informationsnetzwerk nach dem Nieminen-Maß deutlich an, weil sich die Zahl adjazenter Informationsverbindungen stark erhöht. Die Zentralität nach dem Maß von Freeman vermindert sich, weil mit der Aufspaltung der Kombinate die direkten Kommunikationsverbindungen deutlich zunehmen und der früher übliche Informationsweg über zentrale Kombinatsbetriebe oder staatliche Behörden entfällt.

In Netzwerken des Austausches von Gütern und Dienstleistungen fehlen bisher geeignete Bewertungsverfahren, daher soll ein neu entwickeltes vorgestellt werden: Es sei das Netzwerk direkter Austausche eines Gutes j betrachtet.

Die Position $P^j$ des Unternehmens im Netzwerk bestimmt sich durch:

$$P^j = \alpha_1 P^j_1 + \alpha_2 P^j_2 + \alpha_3 P^j_3 + \alpha_4 P^j_4$$

$P^j_1$: Anzahl der Austauschpartner für das Gut bzw. die Dienstleistung j
$P^j_2$: Durchschnittliche Dauer der Geschäftsbeziehung in Monaten
$P^j_3$: Durchschnittlicher Wert pro Austauschvorgang des Gutes bzw. der Dienstleistung j
$P^j_4$: Durchschnittliche Häufigkeit des Austauschvorgangs von Gut bzw. Dienstleistung j

Die $\alpha_i$ sind Gewichtungsfaktoren mit $\Sigma \alpha_i = 1$. Die Hypothese lautet, daß durch den betrieblichen Transformationsprozeß die Werte für $P^j_1$ und $P^j_4$ zunehmen, während sie für $P^j_2$ und $P^j_3$ zunächst abnehmen. Eine eindeutige Hypothese zur Entwicklung von $P^j$ kann daher nicht formuliert werden.

## 3. Methoden zur Verlaufsanalyse betrieblicher Transformation

Um die Dynamik der betrieblichen Transformationsprozesse zu erfassen, werden stochastische Netzplantechniken, speziell die GERT-Netzplantechnik, eingesetzt. Mit GERT-Netzplänen werden die Abfolge, die Interdependenz und die Dauer der Transformationsaktivitäten spezifiziert.

Ein GERT-Netzplan ist ein ablaufstochastischer Vorgangspfeilnetzplan mit stochastischen Vorgangsdauern (vgl. Elmaghraby 1964 und Pritsker/Happ 1966) Neben den Vorgänger-Nachfolger-Beziehungen sind die Wahrscheinlichkeiten des Ausführens der Vorgänge anzugeben. Dabei können die einzelnen Vorgänge und Vorgangsdauern des Transformationsprozesses aus den Erfahrungen der Analyse von Betrieben in Transformation abgeleitet werden. Im Rahmen eines von der Volkswagenstiftung geförderten Forschungsprojekts "Transformationsprozesse in ehemals volkseigenen Betrieben" sind mittlerweile über 20 Fallstudien durchgeführt worden (vgl. Albach 1994b, S. 29). Sie ermöglichen die Abschätzung typischer Vorgänge und Vorgangsfolgen. Die zum Teil recht unterschiedlichen Zeitdauern einzelner Vorgänge in den Fallstudien rechtfertigen die Annahme der Normalverteilung der Zeitdauern.

Abbildung 1 zeigt einen Beispielnetzplan betrieblicher Transformation. In Klammern ist jeweils die erwartete Dauer des entsprechenden Vorgangs angegeben. Wiederholungs- und Abbruchswahrscheinlichkeiten sind ebenfalls in der Abbildung vermerkt.

Eine Simulation des Beispielnetzplans mit Hilfe der neu entwickelten Software GERTSIM (vgl. Witt 1993b und Schmidt 1994) ergibt die folgenden Ergebnisse:
– Die Erfolgswahrscheinlichkeit des Transformationsprozesses beträgt 57 %.
– Die erwartete Dauer bis zum erfolgreichen Ende der Transformation beträgt 35 Monate (Standardabweichung: 3,8).

– Die erwartete Dauer bis zur Liquidation beträgt 14 Monate (Standardabweichung: 5,9).

In weiteren Simulationsstudien können dann Variationen der Netzplanstruktur und der Zeitparameter berechnet werden. Auch der Einfluß verschiedener gesetzlicher Rahmenbedingungen läßt sich abbilden und in Simulationen berechnen. Denkbar sind schließlich Prognosen zu noch im Verlauf befindlichen Prozessen.

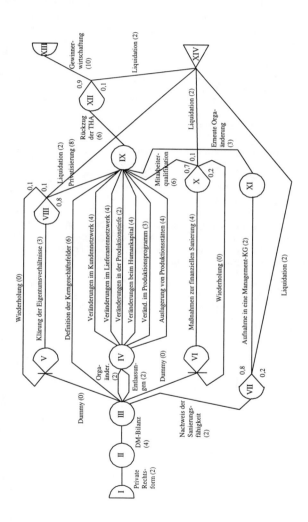

Abbildung 1: GERT-Aktivitätsnetzwerk der Transformation

**Anmerkung**
1) Zur Transformation ostdeutscher Betriebe vgl. Albach (1994a).

**Literatur**
Albach, Horst (1994a), The Transformation of Firms and Markets. Uppsala.
Albach, Horst (1994b), The Management of Transition in East German Firms. Working Paper No. 16, Forschungsprojekt "Transformationsprozesse in ehemals Volkseigenen Betrieben". Koblenz/Berlin.
Albach, Horst/Witt, Peter (Hg.) (1993), Transformationsprozesse in ehemals Volkseigenen Betrieben. Stuttgart.
Elmaghraby, Salah (1964), An Algebra for the Analysis of Generalized Activity Networks. In: Management Science 10: 494-514.
Freeman, Linton C. (1977), A Set of Measures of Centrality Based on Betweenness, in: Sociometry 40: 35-41.
Nieminen, Juhani (1974), On the centrality in a graph, in: Scandinavian Journal of Psychology 15: 332-336.
Pritsker, Alan B./Happ, William (1966), GERT: Graphical Evaluation and Review Technique, Part I: Fundamentals, in: The Journal of Industrial Engineering 17: 267-274.
Schmidt, Olaf (1994), GERTSIM - Eine Softwarelösung zur Simulation von GERT-Netzplänen unter MS-Excel. Working Paper No. 13, Forschungsprojekt "Transformationsprozesse in ehemals Volkseigenen Betrieben". Koblenz/Berlin.
Witt, Peter (1993a): Zur Methodik der Netzwerkanalyse, in: Horst Albach/Peter Witt (Hg.): Transformationsprozesse in ehemals Volkseigenen Betrieben. Stuttgart: 17-40.
Witt, Peter (1993b): Die Planung von Transformationsprozessen mit GERT-Netzplänen, Working Paper No. 7, November 1993, Forschungsprojekt "Transformationsprozesse in ehemals Volkseigenen Betrieben". Koblenz/Berlin 1993.

Dr. Peter Witt, WHU, Burgplatz 2, D-56179 Vallendar.

# XI. Sektion Migration und ethnische Minderheiten
*Leitung: Friedrich Heckmann*

## Migrationsfolgen und Migrationspolitiken

### 1. Transfer ethnischer Konflikte - "Konfliktimport" im Zuge von Migration

*Thomas Brieden und Volker Ronge*

*1. Fragestellung*

Die Ausländerforschung hat sich bisher vornehmlich den sozialen Beziehungen zwischen der ethnischen Mehrheit und den diversen, aus unterschiedlichen Gründen eingewanderten ethnischen Minderheiten gewidmet. Anders als der "mainstream" in diesem Forschungsfeld thematisieren wir die Beziehungen zwischen eingewanderten Minderheitsgruppen untereinander und zwar - speziell - zwischen solchen Einwanderungsminoritäten aus multi-ethnischen Gesellschaften (sogenannten Vielvölkerstaaten), die in ihrer Heimat im - zumindest auch - ethnisch definierten Streit liegen und fragen, was das für uns, die Zuzugsgesellschaft, bedeutet.

Unsere Untersuchung versucht, Antwort zu geben auf die Frage, welche Auswirkungen ethnische Konflikte im Herkunftsland auf die nach Deutschland immigrierten Angehörigen der im Konflikt befindlichen Ethnien zeitigen. Induziert der Konflikt im Herkunftsland Ethnisierungsprozesse im Zuzugsland, so kann dies als Konfliktimport bezeichnet werden. Lassen sich hingegen keine Ethnisierungstendenzen feststellen, ist davon auszugehen, daß die vorgängige Immigration als Konfliktbarriere wirkt. Im ersteren Falle ist dann weiterzufragen, welche Auswirkungen eine solche (Re-)Ethnisierung auf die Beziehungen zwischen der deutschen Mehrheitsbevölkerung und den Immigranten der jeweils am Konflikt beteiligten Ethnien hat. Hier ist zu vermuten, daß diese Beziehungen durch zwei Aspekte mitbestimmt werden: einerseits durch den Grad der Ethnisierung der Immigranten, der zwischen gegenseitiger Mißachtung und der gewaltsamen Konfliktaustragung im Zuzugsland variieren kann, andererseits durch die politische Parteinahme des Zuzugslandes für die eine oder andere Seite der Konfliktakteure im Herkunftsland.

Als Beispiele für potentiell durch ethnische Konflikte bestimmte Immigrantenpopulationen haben wir zum einen Türken und Kurden aus der Türkei, zum anderen Serben und Kroaten aus dem ehemaligen Jugoslawien gewählt. Die Immigranten aus diesen Herkunftsländern stellen in der Bundesrepublik die beiden größten Ausländerpopulationen dar.

*2. Theoretische Konzeption*

Prozesse der Eingliederung lassen sich unterscheiden in Integrations- und Assimilationsverläufe. Unter Integration ist die Eingliederung in die Sozialstruktur, unter Assimilation die Übernahme der Kultur der Zuzugsgesellschaft zu verstehen (vgl. Hoffmann-Nowotny 1990). Integration läßt sich weiter differenzieren in Systemintegration und Sozialintegration. Erstere meint die Inklusion der Immigranten in die funktional differenzierten Subsysteme (Ökonomie, Politik, Recht, etc.), letztere den Aufbau und die Pflege inter-ethnischer segmentärer Lebenswelten und "Gemeinschaften" zwischen Einwanderern und Einheimischen (Freundschaften, Nachbarschaften, Verwandtschaften). Assimilation läßt sich unterscheiden in objektive Orientierungen an und subjektive Identifizierungen mit den grundlegenden Werten und Normen der Zuzugsgesellschaft.

Integration und Assimilation sind zwar analytisch zu trennen, sie bleiben aber aufeinander bezogen. Zum einen zwingt die Systeminklusion zur funktionalen Anpassung an systemspezifische Werte und Normen, zum anderen sind gemeinsame Wertorientierungen und -identifikationen geradezu Konstitutionsbedingungen für Gemeinschaftsbildungen. Gemeinschaften lassen nur einen geringen Grad von Abweichungen zu.

Grundannahme der Eingliederungstheorie ist, daß sich die Immigranten mit zunehmender individueller, insbesondere aber übergenerationaler Aufenthaltsdauer zunehmend integrieren und assimilieren, bis sie - letztendlich - vollständig vom Zuzugsland "aufgesogen" werden, indem sie sich selbst als "Angehörige" der Zuzugsgesellschaft identifizieren und als solche von der Mehrheitsbevölkerung auch akzeptiert werden.

Im folgenden beschränkt sich unsere Analyse auf den Wandel der subjektiven, auf *Volkszugehörigkeiten* bezogenen Identifikationen. Unter dem Begriff "Volk" wird hier die größtmögliche, durch "Wir-Gefühle" integrierte gemeinschaftliche Einheit verstanden. Dabei lassen sich drei unterschiedliche Bedeutungen des Volksbegriffs feststellen:

Volk im *ethnischen* Sinne bedeutet Abstammungsgemeinschaft, wobei es irrelevant ist, ob die Abstammung real oder fiktiv ist; wesentlich ist der Glaube an eine "Gemeinschaft des Blutes" (Tönnies), die in der Regel durch mindestens ein "objektives" Kriterium erhärtet wird (z.B. Sprache, Religion, "Rasse"). Unter Volk im *nationalen* Sinne ist eine Gemeinschaft von Menschen zu verstehen, die durch gemeinsame Staatsangehörigkeit verbunden sind und die somit gleichen Rechten und Pflichten unterliegen. Schließlich kann man Volk auch noch in einem *territorialen* Sinne als (Wohn-)Bevölkerung definieren.

Die Identifiktionen der Immigranten können sich sowohl auf nur eine, als auch auf eine Kombination mehrerer Volkszugehörigkeiten beziehen. So kann sich z.B. ein Kurde nur ethnisch als Kurde, nur national als Türke oder nur assimiliert als Deutscher identifizieren; er kann aber auch die ethnische, nationale und assimilierte (d.h. kurdische, türkische und deutsche) Identifikation miteinander kombinieren. Insgesamt sind somit sieben Möglichkeiten der Identifikation denkbar.

*3. Methodik der Untersuchung*

Unser Hauptinteresse betrifft den Wandel der Identifikationen - differenziert für alle vier Immigrantenpopulationen -, wie er sich im zeitlichen Zusammenhang mit dem ethnischen Konflikt im jeweiligen Herkunftsland vollzogen hat. Gemessen wird der Wandel anhand von zwei Zeitpunkten: Einmal *vor Ausbruch* des jeweils ethnisch bestimmten Konflikts, zum anderen *nach* einigen Jahren seines Verlaufs. Für den erstgenannten Zeitpunkt beziehen wir uns auf eine Untersuchung aus den Jahren 1984-86: zu dieser Zeit war der jugoslawische Konflikt noch nicht in

Sicht, und in der Türkei erfolgten gerade die ersten gewaltsamen Kurdenaufstände.[1] Auf den zweitgenannten Meßpunkt richtet sich unsere eigene Untersuchung aus dem Jahr 1994.

Für die Erklärung der festgestellten identifikatorischen Veränderungen über Zeit wurden zudem die Immigranten der eigenen Untersuchung retrospektiv nach ihrer früheren Identifikation befragt und aufgefordert, ihre Motive für einen Identifikationswandel anzugeben. In methodischer Hinsicht "überbrücken" wir die Zeit - des Konfliktausbruchs und -verlaufs - also in zweifacher Hinsicht: einerseits rekurrieren wir auf vorher-nachher-Befragungsergebnisse von ethnischen Populationen, andererseits haben wir die Interviewpartner nach biographischen Prozessen befragt.

Weil in der Ausländerforschung üblicherweise - und u.E. auch plausibel - ein bestimmter Zusammenhang zwischen Eingliederung und der Abfolge sogenannter Migrations"generationen" angenommen wird, haben wir, um Generationseffekte auszuschließen, diese soziographische Differenzierung der Untersuchungsgruppen berücksichtigt.

Von einem Konfliktimport soll nur dann die Rede sein, wenn sich zum einen zwischen beiden Meßzeitpunkten die Prozentanteile der Immigranten mit einer *ausschließlich ethnischen Identifikation* bei mindestens *einer* am Konflikt im Herkunftsland beteiligten Ethnie in einem relevanten Ausmaß erhöhen und wenn zum anderen die Immigranten selbst einen solchen Identifikationswandel mit dem Konflikt im Herkunftsland begründen.

## 4. Empirische Ergebnisse

Betrachtet man zunächst nur die "reinen Identifikationstypen" - d.h. die Immigranten, die sich entweder nur ethnisch, nur national oder nur assimiliert identifizieren -, so zeigen sich in unserer Untersuchung folgende zentrale Ergebnisse:

a) Bei allen Populationen ist zwischen 1984-86 und 1994 generationsunabhängig eine "De-Nationalisierung" erfolgt. Identifizierten sich zum ersten Meßzeitpunkt, d.h. vor Konfliktausbruch, beispielsweise ein Drittel der zweiten Generation Kroaten nur als Jugoslawen und rund 40% der Kurden beider Generationen als Türken, so hat sich dieser Anteil heute jeweils auf Null reduziert. Bei den anderen Untersuchungsgruppen schwankt die Verringerung dieses Anteils zwischen 14% bei den Türken der ersten Generation und 50% bei den Kroaten der ersten Generation; allemal geht es aber um eine Reduktion der nationalen Identifikation.

b) Eine vollständige (subjektive) Assimilierung an die deutsche Gesellschaft und Kultur hat zwischen den beiden Untersuchungszeitpunkten in nennenswertem Ausmaß nur bei den Kroaten und Serben der zweiten Generation stattgefunden. Bei ersteren erhöht sich der Anteil von sich nur als "deutsch" identifizierenden Immigranten um 19% auf 36%, bei letzteren um 17% auf 20%. Bei allen anderen Untersuchungsgruppen ist die Zunahme assimilierter Immigranten marginal.

c) Bei drei der vier untersuchten Gruppen - und zwar bei den Serben und Kroaten sowie den Kurden - ist eine ausgeprägte Ethnisierung nachzuweisen.[2] Sie fällt allerdings in der zweiten Generation geringer aus als in der ersten Generation: In der zweiten Generation steigt der Anteil von sich nur ethnisch identifizierenden Immigranten bei den Kroaten um 13% auf 20%, bei den Serben von 0% auf 16% und bei den Kurden um 22% auf 36%. In der ersten Generation erhöht sich dieser Anteil bei den Serben von 0% auf 35%, bei den Kroaten von 5% auf 47% und bei den Kurden von 20% auf 76%.

Als Motiv, sich im Gegensatz zu früher ethnisch zu identifizieren, geben fast alle Immigranten, für die das zutrifft, den Konflikt im Herkunftsland an; sie bestätigen somit unsere Hypothese. Einige bezeichnende Aussagen:

*"Als ich nach Deutschland kam, habe ich mich als Jugoslawin gefühlt. Aber seit dem Krieg fühle ich mich als Kroatin - einerseits, weil Kroatien jetzt nicht mehr zu Jugoslawien gehört, andererseits, weil der Begriff 'Jugoslawe' auch die Serben mit einschließt. Mit den Serben fühle ich mich aber nicht mehr verbunden. Erst durch den Krieg bin ich mir bewußt geworden, Kroatin zu sein."* (Kroatin, erste Generation)

*"Ich fühle mich heute aufgrund des Konflikts als Serbin. Früher habe ich mir gar keine Gedanken über meine Nationalität gemacht. Auch als Jugoslawin habe ich mich nie gefühlt. Heute bin ich mir aber bewußt, daß ich Serbin bin. Als Deutsche werde ich mich nie fühlen, selbst wenn ich für immer in Deutschland lebe. Wenn ich Deutsche werden würde, würde ich mich nicht mehr als Serbin fühlen. Das würde mein Gefühl verletzen."* (Serbin, zweite Generation)

*"Ich fühle mich als Kurdin. Früher, als ich 17, 18 Jahre alt war, habe ich mich aufgrund der kemalistischen Erziehung als Türkin gefühlt. Meine neue Identität ist aufgrund der Unterdrückung der Kurden entstanden. Als ich das mitbekommen habe, hat sich mein Nationalgefühl entwickelt. Ich glaube nicht, daß sich das noch jemals ändern wird."* (Kurdin, zweite Generation)

d) Insbesondere bei den Türken beider Generationen, bei den Kurden der zweiten und den Serben der ersten Generation finden sich Immigranten, die sich aufgrund des Konflikts im Herkunftsland als "Sonstige" identifizieren und die von uns in Gestalt einer Identifikation als Europäer, Kosmopolit oder einfach nur "als Mensch" spezifiziert werden konnten. Statt einer Ethnisierung und eines Konfliktimports liegt hier also eine durch den Konflikt in der Heimat ausgelöste rationale Distanzierung von der Dimension Ethnizität/Nationalität überhaupt vor.

## 5. Schlußfolgerungen

*Erstens:* Der Konflikt im Heimatland wirkt sich tatsächlich in quantitativ relevantem Maße (re-)ethnisierend auf die Immigranten aus. Die These vom Konfliktimport ist also zu bejahen. Dies gilt sowohl für die erste Generation, als auch - allerdings in geringerem Umfang - für die zweite Generation.

*Zweitens:* An die Stelle der früheren, beide jeweiligen ethnischen "Paare" verbindenden nationalen (jugoslawischen bzw. türkischen) Identifikation tritt nur bei einem relativ geringen Anteil der Immigranten eine homogenisierende Assimilierung an die deutsche Gesellschaft oder eine übergreifende europäische bzw. kosmopolitische Identifikation, die den "Riß" zwischen den immigrierten Angehörigen beider Ethnien auf neue Weise kitten könnte.

Daraus folgt *drittens:* Der durch den Konflikt im Herkunftsland ausgelöste "Ethnisierungsschub" führt zwar nicht zur Des-Integration und Dissimilation, könnte aber die Eingliederungsprozesse - möglicherweise auf unbestimmte Zeit - verlangsamen, indem durch ihn bei vielen Immigranten in der zeitlich-biographischen und übergenerationalen Abfolge eine *Phase ethnischer Neuidentifikation* in den Assimilationsprozeß eingebaut wird.

*Viertens:* Die Ethnisierung der Immigranten impliziert nicht zwangsläufig den Ausbruch gewaltsamer Konflikte im Zuzugsland, muß aber als eine Voraussetzung für Konflikthandeln gedeutet werden. Ob und wie derartige Konflikte im Zuzugsland manifest werden, dürfte von mehreren Faktoren abhängen. Die Anschläge kurdischer Extremisten auf türkische Einrichtungen in Deutschland zeigen jedenfalls, daß herkunftsland-induzierte Konflikte nicht auszuschließen sind. Bei den in Deutschland lebenden "Jugoslawen" hat sich immerhin eine früher so nicht vorhandene scharfe Segmentierung von Serben und Kroaten herausgebildet.

*Fazit:* Sowohl aus praxeologischen Gründen des Konfliktmanagements, wie auch aus theoretischen Erwägungen erscheint es notwendig, daß sich eine "Soziologie inter-ethnischer Beziehungen" nicht mit der Untersuchung der Beziehungen zwischen Mehrheiten und - je einzelnen - ethnischen Minderheiten bescheidet, sondern in Zukunft auch die Beziehungen zwischen eingewanderten Minderheiten untereinander stärker in Betracht zieht.

**Anmerkungen**
1) Dabei handelt es sich um die Studie von Esser/Friedrichs: "Ethnische und kulturelle Identität bei Arbeitsmigranten im interkontextuellen und intergenerationalen Vergleich". Der Datensatz wurde vom Zentralarchiv für empirische Sozialforschung (Köln) zur Verfügung gestellt (ZA-Nr. 1580).
2) Bei den Türken kann ein Identifikationswandel zwischen der ethnischen und nationalen Dimension nicht festgestellt werden. Die Antwort der Türken "Ich fühle mich als Türke" gibt keine Auskunft darüber, ob sie sich in einem ethnischen oder in einem nationalen Sinne als Türken identifizieren.

**Literatur**
Esser, Hartmut/Friedrichs, Jürgen (1986), Kulturelle und ethnische Identität bei Arbeitsmigranten im interkontextuellen und intergenerationalen Vergleich (unveröff. Forschungsbericht). Essen/Hamburg.

Hoffmann-Nowotny, Hans-Joachim (1990), Integration, Assimilation und "plurale Gesellschaft". Konzeptionelle, theoretische und praktische Überlegungen. In: Charlotte Höhn/Detlev B. Rein (Hg.): Ausländer in der Bundesrepublik Deutschland. Boppard am Rhein: 15-32.

Thomas Brieden, Gocher Str. 25, D-50733 Köln
Prof. Dr. Volker Ronge, Bergische Universität GHS Wuppertal, FB1 Gesellschaftswissenschaften, Gaußstraße 20, D-42097 Wuppertal

## 2. „Die Woandersgebürtigen" - eine Studie zur Akkulturation von Aussiedlern

*Andreas Zick und Bernd Six*

Die Migration von Aussiedlern stellt eine Wanderung dar, die erst in Ansätzen systematisch erforscht ist. Diese Migration unterscheidet sich deutlich von traditionellen Wanderungsformen: Die Anerkennung als Aussiedler bedarf eines Nachweises der deutschen Abstammung sowie eines Bekenntnisses zum deutschen Volkstum (GG Art.116, §6 BVFG). Beide Kriterien werden immer strenger geprüft und von der Öffentlichkeit distanziert beurteilt. Aussiedler scheinen für Einheimische fremde Deutsche zu sein, und für diese Fremdheit mag es sogar historische Gründe geben. Die Vorfahren der Aussiedler, die z.T. ihren Herkunftsort 150 bis 800 Jahre zuvor verlassen haben, lebten wie Inseldeutsche in Osteuropa, und viele von ihnen genossen eine Reihe von Privilegien, um ihre Traditionen und ihren Status zu schützen. Die ethnische Dimension entwickelte sich erst, als die Nationalsozialisten die Gebiete, in denen Deutsche lebten, okkupierten und die Deutschen als Kriegsmaterial benötigten (Otto 1990). Die Folgen sind bekannt: Nach dem Krieg wurden viele Deutsche, die in Ost-Europa lebten, diskriminiert und exiliert (Bade 1990). Zwar hat die Bundesregierung stets versucht, die deutschen Minderheiten zu unterstützen, oder 'auszulösen', aber erst mit dem Zusammenbruch des Ostblocks konnten Tausende ihr Herkunftsland verlassen. In einer Reihe von Studien, die Ende der 80er Jahre durchgeführt wurden (Six und Zick 1995), zeigte sich schnell, daß die offensichtlichste Folge der Einwanderung von Aussiedlern nicht die politisch angemahnte Unterstützung der Migranten war, sondern eine soziale Distanz, die auch in politischen Kreisen Einzug hielt und durch die Fremdenfeindlichkeit und/oder den Neid Einheimischer auf Fördermaßnahmen verstärkt wurde (Rittstieg 1994). Diese Skizze sollte deutlich machen, mit welchen Problem die Akkulturation von Aussiedlern vor-behaftet ist.

*Ein Modell zur Akkulturation.* In dem Projekt 'Verlauf und Erfolg der Aneignung neuer Umwelten durch Aussiedler' untersuchen wir die Akkulturation von Aussiedlern aus psychologischer Sicht. Wir analysieren, wie Aussiedler ihre Akkulturation wahrnehmen und welche Faktoren die wahrgenommene Assimilation determinieren. In sechs Gruppen wurden zwischen 1992 und 1994 280 Aussiedlerfamilien in vier Wellen interviewt (vgl. EVA-A 1995). Die Familien hielten sich zum Zeitpunkt des ersten Interviews 1,5 bis 3 Jahre in der BRD auf. Die Interviews wurden mit einem standardisierten Fragebogen durchgeführt, der hauptsächlich spezifische Fragen der Teilprojekte enthält. Wir haben versucht, die wichtigsten Konzepte in einem Akkulturationsmodell zu integrieren. Abbildung 1 zeigt das hypothetische Ausgangsmodell.

Das Modell setzt sich aus einer Kriteriumsvariable und ihren Prädiktoren zusammen. Für sämtliche Variablen des Modells konnten intern hoch konsistente Operationalisierungen (Ratings) identifiziert werden. Das Kriterium Identifikative Assimilation (Esser 1980) ist durch einen Index aus vier Items operationalisiert: Die wahrgenommene und vermutete Fremdheit in Deutschland, die Frage, ob sie sich vorstellen können, in das Herkunftsland zurückzukehren, und einer Einschätzung, wo ihre Heimat ist (ein erweitertes Modell berücksichtigt weitere Kriterien).

Alle anderen Variablen des Modells sind Prädiktoren der Akkulturation. Sie können als herkunftsbezogene und als aktuelle Determinanten definiert werden. Aus der Migrationsforschung haben wir eine Reihe von Hypothesen über die Zusammenhänge der Modellvariablen abgeleitet (relevant sind v.a. Arbeiten von Adamy 1990; Andres-Wilhelm 1990; Bausinger 1991; Berry 1990; Berry und Williams 1991; Esser 1980; Heller 1992; Nauck 1988; Sell-Greiser 1993; Trube 1984; Wagner 1983). Die postulierten Zusammenhänge sind als Pfade im Modell abgebildet, wobei die Vorzeichen die Richtung der Zusammenhänge indizieren und für die Beziehungen einiger Variablen keine logisch einwandfreien Hypothesen formuliert werden konnten.

Abb.1: Hypothetisches Modell zur Akkulturation von Aussiedlern.

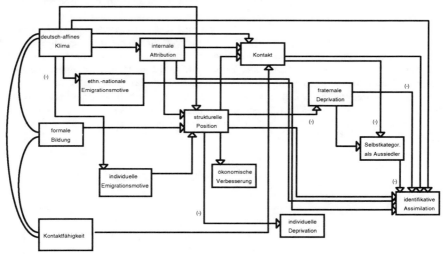

Der erste Prädiktor der Identifikativen Assimilation ist das deutsch-affine Klima. Der Indikator setzt sich aus Fragen zur Pflege deutscher Sitten und Bräuche, den Gebrauch der deutschen Sprache und die Beziehungen zu Deutschen am Herkunftsort zusammen. Das Bildungsniveau wurde durch die Dauer des Schul- und Berufsausbildung operationalisiert. Die wahrgenommene Kontaktfähigkeit wurde durch ein Selbst-Rating der Befragten erfaßt. Es wird angenommen, daß der Einfluß dieser Prädiktoren auf das Kriterium direkt ist oder durch die folgenden Prädiktoren vermittelt wird. So wird z.B. angenommen, daß der Einfluß des deutsch-affinen Klimas auf das Kriterium durch ethnisch-nationale (als Deutsche/r unter Deutschen leben) oder individuelle Emigrationsmotive (Wunsch, Berufschancen und materielle Situation zu verbessern) vermittelt wird. Der Mediator Internale Attribution repräsentiert die persönliche Verantwortung für ein Nichtvorwärtskommen in der BRD. Das Modell nimmt an, daß die strukturelle Position (Bewertung der Wohnsituation, des Berufes und der Einkünfte) ein weiterer Prädiktor für die Identifikative Assimilation ist, obgleich sie in den meisten Migrationsmodellen das eigentliche (objektive) Kriterium darstellt. Der Einfluß der strukturellen Position auf die Identifikative Assimilation ist direkt oder wird durch die wahrgenommene ökonomische Verbesserung (einfaches Rating) vermittelt. Der Prädiktor Kontakt repräsentiert den Kontakt und die Freundschaften zu Einheimischen. Die Relative Deprivation ist ein weiterer Mediator struktureller Einflüsse. Die Individuelle Deprivation repräsentiert eine Unzufriedenheit mit der sozialen Lage im Vergleich zu anderen Aussiedlern, während die Fraternale Deprivation nach einen Statusvergleich zu einheimischen Deutschen fragt. Die Selbst-Kategorisierung wurde durch die wahrgenommene Salienz der Ingroup (Einschätzung der Besonderheit von Aussiedlern als Gruppe) erfaßt.

*Modellprüfung.* Das Modell wurde in Pfadanalysen geprüft. Analysiert wurden zunächst die Daten der ersten beiden Wellen, wobei nur Familien berücksichtigt wurden, die an allen Wellen teilgenommen haben (N=221). Das Modell wurde stufenweise geprüft. Im ersten Schritt wurde das vollständige Modell geprüft. Im zweiten Schritt wurden sämtliche nicht signifikanten Pfade aus der weiteren Berechnung ausgeschlossen und sinnvolle neue Pfade, die sich in der vorausgehenden Pfadanalyse zeigten, aufgenommen. Das Kriterium zur Reformulierung des Modells war eine Reduktion der Variablen, ohne dabei den Anteil erklärter Varianz der Kriteriumsvariablen zu reduzieren. Das Ausgangsmodell wurde fünfmal reformuliert. LISREL-Analysen zeigen, daß der Fit für das letzte Modell angemessen ist (Chi$^2$=24.10; p=.40; df=22). Abbildung 2 zeigt die Ergebnisse der Modellprüfung. Die Pfade und ihre Kennzahlen entsprechen den signifikanten Beta-Gewichten aus den entsprechenden Regressionsgleichungen.

Abb.2: Empirisches Modell, Welle 2 ($R^2$ (ident. Assimilation) = .28).

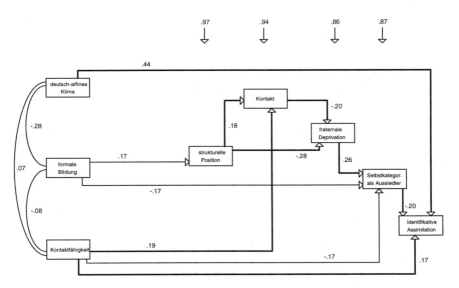

Als erstes Ergebnis ist eine Reduktion festzustellen: Emigrationsmotive, internale Attributionen, die Beurteilung des ökonomischen Status und die Individuelle Deprivation leisten keinen signifikanten Beitrag zur Erklärung der Identifikativen Assimilation. Die Affinität zur deutschen Kultur im Herkunftsland, die eingeschätzte Kontaktfähigkeit und die Selbst-Kategorisierung als

Aussiedler zeigen einen signifikant direkten Einfluß auf das Kriterium, wobei das deutsch-affine Klima den stärksten Effekt zeigt. Die Selbst-Kategorisierung mediiert Bildungseffekte, Effekte der Kontaktfähigkeit und der Fraternalen Deprivation auf die Identifikative Assimilation. Die Fraternale Deprivation mediiert wiederum Kontakteffekte und den Effekt der Strukturellen Position. Weitere Effekte sind der Abbildung zu entnehmen. Die Ergebnisse zeigen, daß die Assimilation nicht primär auf einer strukturellen Integration beruht. Sie ist eng mit dem deutschen Klima, das die Migranten im Herkunftsland erfahren haben, verbunden; auch, wenn diese Wurzeln different zur aktuellen Erfahrung sind. Die Einflüsse der Prädiktoren Selbst-Kategorisierung, Kontakt und Fraternale Deprivation weisen auf die Bedeutung sozialer Kategorisierungsprozesse hin. Allerdings sagen die Analysen wenig über die Dynamik und Variationen der Akkulturation aus.

Um die *Dynamik* zu prüfen wurde geprüft, ob die Variablen der ersten Prüfung Prädiktoren für die Kriterien in der dritten Welle sind. Regressionsanalysen zeigen, daß dies der Fall ist. Zum anderen wurde das empirische Modell in der dritten und vierten Erhebungswelle geprüft. Diese Prüfung indiziert, daß das deutsch-affine Klima (beta Welle3=.31, Welle4=.27) und die Selbst-Kategorisierung (W3=-.16, W4=-.20) die wichtigsten Prädiktoren für die Identifikative Assimilation bleiben. In der vierten Welle zeigt sich aber auch, daß der Kontakt (b=.15), die Kontaktfähigkeit (b=.14), und die strukturelle Position (b=.15) bedeutsamer werden. (Genaue Ergebnisse werden auf Anfrage mitgeteilt.)

Um *Variationen* der Akkulturation zu berücksichtigen und miteinander zu vergleichen, wurden die Befragten in der letzten Welle gebeten, sich für ein Akkulturationskonzept zu entscheiden. Dazu wurden ihnen Aussagen vorgelegt, die die Konzepte 'Automatismus, Anpassung, Austausch und Differenz' repräsentieren. Gefragt wurde nach dem retrospektiven, aktuellen und prospektiven Konzept. Erste Analysen zeigen, daß Aussiedler, die aktuell das Konzept einer automatischen Assimilation verfolgen, die stärkste Identifikative Assimilation aufweisen, während Personen, die das Konzept der Anpassung verfolgen, eine signifikant niedrigere Assimilation aufweisen. Der nächste Analyseschritt wird darin bestehen, die Modellprüfungen für die 'Akkulturationstypen' vorzunehmen und dabei Herkunftsunterschiede zu kontrollieren.

Zum Abschluß ist darauf hinzuweisen, daß die Studien nur indirekte Aussagen über die normativen Akkulturationskonzepte Einheimischer zulassen. Prognosen zur Akkulturation sind also nur bedingt diskutabel. Wenigstens weisen die Ergebnisse deutlich darauf hin, daß die Ideologie eines Akkulturations-Automatismus auch für die Migration der Aussiedler illusorisch ist.

**Literatur**
Adamy, W. (1990), Die Integration von Aus- und Übersiedlern in den bundesdeutschen Arbeitsmarkt. In: Arbeit- und Sozialpolitik, 44, 254-257.
Andres-Wilhelm, K. (1990), Zur Eingliederung von Aussiedlern in die Bundesrepublik. Ergebnisse einer eimpirisch-psychologischen Studie, in: Sozialpolitik, 32, 178-180.
Bade, K.J. (1990), Aussiedler - Rückwanderer über Generationen hinweg. In: ders. (Hg.): Neue Heimat im Westen. Vertriebene, Flüchtlinge, Aussiedler. Münster.
Bausinger, H. (1991), Deutsche, Fremde, fremde Deutsche. Aussiedler und Ausländer: Ein verbotener Vergleich? In: H.P. Baumeister (Hg.): Integration von Aussiedlern. Eine Herausforderung für die Weiterbildung. Weinheim.

Berry, J.W. (1990), Psychology of acculturation. In: R.W. Brislin (Ed.): Applied cross-cultural psychology. Newbury Park.
Esser, H. (1980), Aspekte der Wanderungssoziologie. Darmstadt.
EVA-A (1995)(Hrsg.), Projektbericht. Jena.
Heller, W. (1992), Bericht über zwei Forschungsprojekte über Aussiedler in der Bundesrepublik Deutschland. In: W. Althammer und L. Kossolapow (Hg.): Aussiedlerforschung. Köln.
Nauck, B. (1988), Sozialstrukturelle und individualistische Migrationstheorien. Elemente eines Theorienvergleichs. in: Kölner Zeitschrift für Soziologie und Sozialpsychologie, 40, 15-39.
Otto, K.A. (1990), Aussiedler und Aussiedler-Politik im Spannungsfeld von Menschenrechten und kaltem Krieg. In: ders. (Hg.): Westwärts - Heimwärts?. Bielefeld.
Rittstieg, H. (1994), Wanderungspolitik als Gesellschaftspolitik. In: Arthur J. Cropley et al. (Hg.): Probleme der Zuwanderung. Bd.1. Göttingen.
Sell-Greiser, C. (1993), Aus- und Übersiedler in der Bundesrepublik Deutschland. Hamburg.
Six, B. / Zick, A. (1995), Die 'Woandersgebürtigen' - Aussiedler zwischen Eigen- und Fremddistanz. In: Projekt EVA-A (Hg.): Projektbericht. Jena.
Trube, J. (1984), Assimilation und ethnische Identifikation. Weinheim.
Wagner, E. (1983), Zur sozio-kulturellen und kirchlich-religiösen Eingliederung. In: H. Hamsen (Hg.), Die Aussiedler in der Bundesrepublik Deutschland. Wien.

Prof. Dr. Bernd Six und Andreas Zick, Bergische Universität GHS Wuppertal, FB1 Gesellschaftswissenschaften, Gaußstraße 20, D-42097 Wuppertal

## 3. Islam in Deutschland - Eine Herausforderung für die Bildungs- und Kulturpolitik Deutschlands

*Yasemin Karakaşoğlu*

*Einführung*

Der Islam in Deutschland hat sich mittlerweile zur zweitgrößten Religion nach dem Christentum entwickelt. Obwohl die Zahl der Muslime in Deutschland heute bei 2,5 Mio. liegt, ist der Islam nach wie vor mit Ängsten und Ressentiments seitens der Aufnahmegesellschaft besetzt; der breiten Bevölkerung ist nur sehr wenig über diese Religion bekannt. Ein anderer Grund für das etwas problematische Verhältnis zum Islam in Deutschland sind die Vielzahl der islamischen Organisationen und Gruppierungen, die sich, teilweise jede für sich, teilweise auch als Föderationen, als offizielle Repräsentanten des Islam in Deutschland vorstellen, die aber nach wie vor auch durch Kontroversen untereinander gekennzeichnet sind. Es erscheint daher mehr als notwendig, sich mit der Präsenz und den Erscheinungsformen des Islam in der Diaspora differenziert auseinanderzusetzen. Dies ist um so wichtiger, als sich insbesondere seit Mitte der 80er Jahre abzeichnet, daß die ehemaligen muslimischen "Gastarbeiter" zu einem festen Bestandteil der deutschen Gesellschaft geworden sind. Da der Islam in Deutschland im wesentlichen türkisch geprägt ist, ca. 89% der Muslime kommen aus der Türkei, erscheint es legitim, sich auf seine spezifisch türkische Ausprägung zu konzentrieren. Hier soll bewußt keine klassische Behandlung der Frage nach fundamentalistischen Tendenzen bei türkischen Muslimen vorgenommen werden; dies wäre ein Thema für sich und würde die Bedeutung von islamistischen Stömungen im Sinne von politischen Ideologien bei der hier lebenden türkischen Bevölkerung überbewerten. Laut Verfassungsschutz machen die Islamisten, damit sind die islamischen Vertreter extremistischer religiös-politischer Ideologien gemeint, nur ca. 1% der Muslime in der Bundesrepublik aus. Unterschieden werden muß zwischen den Initiatoren des institutionalisierten Islam und dem praktisch gelebten Islam der Mehrheit der Muslime auch in Europa.

*Entwicklung des Islam in Deutschland*

Der Islam in Deutschland gewinnt erst durch die Einwanderung von muslimischen Menschen aus der Türkei, Nordafrika und dem Balkan seit den 60er Jahren im Zuge der Anwerbeabkommen von ausländischen Arbeitskräften zwischen der Bundesrepublik und den Entsendestaaten eine größere Bedeutung. Die Entwicklung in der Migrantengesellschaft von einer homogenen männlichen Arbeitnehmergesellschaft zu einer heterogenen Wohnbevölkerung, deren Mitglieder in allen gesellschaftlichen Bereichen repräsentiert sind, bestimmte auch die Entwicklung des Islam in der Bundesrepublik. Diese Entwicklung fand auf zwei Ebenen statt, von denen die eine weniger spektakulär in der Etablierung eines praktisch gelebten Islam als Teil der türkischen Identität der Migranten besteht, die andere, in der Bildung von türkisch-islamischen Organisationen mit zumeist politisiertem Hintergrund, der, bezogen auf einzelne Gruppen als islamistisch bezeichnet werden kann. Zu Beginn der Arbeitsmigration nach Deutschland gab es in der Bundesrepublik kaum Moscheen. Die ersten Versuche der türkischen Muslime, ihren Glauben auch in der Fremde zu praktizieren, bestanden darin, in den Wohnheimen der Arbeiter bzw. in den Fabrikhallen um Gebetsräume für die täglichen Gebete zu ersuchen. Als Imame betätigten sich in der ersten Zeit für diese Funktion nicht speziell ausgebildete Arbeiter. In der mehrheitlich aus Arbeitnehmern bestehenden Migrantengesellschaft waren streng religiöse Personen eher die Ausnahme als die Regel. Politische Aktivitäten konzentrierten sich, bezogen auf die Bundesrepublik, auf die Tätigkeiten in Gewerkschaften und, bezogen auf das Heimatland Türkei, auf die Vertretungen türkischer Parteien in der Bundesrepublik, die sich im Zuge der politischen Entwicklung in der Türkei teilweise als Exilorganisationen in der Bundesrepublik etablierten. Im Gegensatz zu den liberaleren Organisationen erkannten die konservativen bis rechtsradikalen Organisationen schon recht früh das Potential, welches in der Einbindung des islamischen Elementes in ihre Ideologie bestand. Parteien, die in verschiedenen Koalitionsregierungen der 70er Jahre in der Türkei als "Nationalistische Front" zusammenarbeiteten, die Nationalistische Volkspartei (MHP, Vorsitzender: Türkeş) und die Nationale Heilspartei (MSP/Vorsitzender Erbakan), waren in Form von Idealistenvereinen und Islamischen Kulturzentren zur gleichen Zeit auch in Deutschland vertreten. Insgesamt läßt sich jedoch feststellen, daß während der 70er Jahre politisch motivierte Vereine wesentlich stärker vertreten waren als religiöse. Erst mit der Verlagerung der Lebenswelt aus den Heimen in Wohnhäuser, auch bedingt durch den nach 1974 einsetzenden Familiennachzug, begann ein verstärktes Interesse an der Religion und damit verbunden die Suche nach geeigneten Moscheebauten, als die sich ehemalige Fabrikgebäude anboten. Die wachsende Bedeutung des Islam stand in engem Zusammenhang mit der neuen demographischen Zusammensetzung der türkischen Migrantengesellschaft. Der Zuzug von Frauen und Kindern verstärkte die soziale

Kontrolle unter den türkischen Muslimen. Der Auszug aus den nach Geschlecht getrennten Sammelunterkünften, die aufgrund ihrer Abgeschlossenheit zum einen eine Isolation von der Mehrheitsgesellschaft, aber auch Schutz vor Verunsicherungen durch diese boten, in die Wohngebiete der Städte, der durch die Familienzusammenführung notwendig geworden war, spielt eine wichtige Rolle bei der Hinwendung zum Islam. In einer durch andere Werte und Normen geprägten Gesellschaft wurde es vor allem für die erste Generation wichtig, die eigenen kulturellen Wertorientierungen zu pflegen. Darüber hinaus begann, einhergehend mit der wirtschaftlichen Rezession in der Bundesrepublik, auch die Arbeitslosigkeit unter den türkischen Arbeitnehmern zu steigen, bzw. die Angst um die Sicherheit des Arbeitsplatzes. In dieser Situation kam den islamischen Organisationen, die ein eigenes System der sozialen Unterstützung von Mitgliedern entwickelten, eine wichtige soziale Funktion zu. Der Islam bot hier angesichts der steigenden Lebensängste zum einen seelischen Beistand sowie ein glaubwürdiges und sicheres Gerüst zur Bewahrung der eigenen Werte.

*Die Entwicklung seit den 80er Jahren*

Im Zuge der 80er Jahre gewannen die Moscheevereine eine zunehmende Bedeutung für die türkischen Muslime, dabei spielten folgende Faktoren eine Rolle: Einhergehend mit einer Entpolitisierung der Gesellschaft in der Türkei im Zuge des Putsches 1980 und der Entwicklung der zunächst von den Militärs, später dann unter der Regierung Özal propagierten "türkisch-islamischen Synthese" (Türk-Islam-Sentezi), unterstützt von dem "Club der Intellektuellen" (Aydinlar Ocaği), der von führenden türkischen Politikern, Wissenschaftlern und Journalisten gegründet worden war, wurde der Bevölkerung diese Bewegung als eine Art "Alternativ-Ideologie" zu den im Zuge des Putsches gescheiterten Ideologien des extremen Nationalismus bzw. Sozialismus angeboten, und von weiten Teilen der Bevölkerung akzeptiert. Auch in der Migrantengesellschaft fand sie ihren Niederschlag. Ein weiterer wichtiger Faktor bei der Hinwendung zu religiösen Vereinen war die Erkenntnis, die sich insbesondere nach dem von türkischer Seite als wenig erfolgreich bewerteten Rückkehrförderungsgesetz von 1983-84 durchsetzte, daß Deutschland Daueraufenthaltsort für die Familien ist. Das führte dazu, daß im schulischen Bereich und auch bereits im Kindergarten in der christlich geprägten Gesellschaft der Bundesrepublik Deutschland eine islamische Minderheit auftrat, die nach ihren Regeln in einem christlichen Land neue Infrastrukturen schaffen wollte. Probleme gab es etwa in konfessionsgebundenen Kindergärten (über 80% der Kindergärten in der Bundesrepublik sind konfessionsgebunden), andere Probleme in den Schulen (Stichworte sind hier Widerstände muslimischer Eltern gegen die Teilnahme insbesondere der Mädchen am koedukativen Unterricht, das Tragen des Kopftuches auch an den Schulen sowie das Fehlen eines regulären islamischen Religionsunterrichts). Seit Anfang der neunziger Jahre steht mit den muslimischen türkischen, bosnischen oder nordafrikanischen Rentnern, die nicht in ihr Heimatland zurückkehren werden, eine weitere sozialpolitische Aufgabe ins Haus. Da nach islamischem Verständnis ein gläubiger Muslim bis zum Lebensende seine Schulden gegenüber dem Schöpfer abtragen kann, selbst wenn er in seiner Jugend nicht sehr "islamisch" gelebt hat, ist eine verstärkte Hinwendung zur Religion bei älteren Muslimen auch in diesem Zusammenhang zu sehen. Zu berücksichtigen ist darüber hinaus, daß sich auf die Migranten in der Bundesrepublik auch die Aktivitäten islamischer Länder als ihre religiösen Orientierungen vertiefend auswirken. Einfluß wird auch mehr oder weniger direkt über die finanzielle Unterstützung der islamischen Organisationen zum Ausbau einer islamischen Infrastruktur (Moscheen, Friedhöfe, Einrichtung von religiös orientierten Fortbildungskursen für Kinder und Erwachsene etc.), durch deren Versorgung mit umfangreichem islamisch orientiertem Schriftmaterial und über die Bereitstellung islamischer Geistlicher ausgeübt. Aber auch weltpolitischen Ereignisse, in die islamische Staaten aus Sicht der Muslime in der Opferrolle involviert sind, haben ihre Auswirkungen auf die Migranten. Diese Wahrnehmung unterstützt ein Solidaritätsgefühl der westeuropäischen Muslime mit den Opfern und eine Abgrenzung gegenüber den als Aggressoren empfundenen westlichen Staaten, die ja eigentlich Aufenthaltsort der muslimischen Migranten sind. Solche Ereignisse waren etwa die Ablehnung der Türkei als Vollmitglied durch die EU, der Golfkrieg und jüngst der Bürgerkrieg in Bosnien-Herzegowina.

*Türkisch-islamische Organisationen in Deutschland*

Bei der Ermittlung der Anzahl türkisch-islamischer Organisationen in Deutschland ist man auf die Eigenangaben der Vereine bzw. des Verfassungsschutzes (soweit in dessen Berichten erwähnt) angewiesen, welche wissenschaftlich kaum zu überprüfen sind und zumeist nur Annäherungen an die tatsächliche Zahl darstellen dürfte. Dasselbe gilt für die Mitgliederzahl, über die nur annähernde Schätzungen gemacht werden können. Dies hängt u.a. mit dem problematischen "Mitgliederbegriff" zusammen, der nicht nur die "eingetragenen Mitglieder im Moscheeverein" umfaßt, sondern die Nutzer der Moscheeinrichtung insgesamt meint. Derzeit stellt der Islam mit ca. 2000 regionalen Organisationen, mit ca. 50.000-100.000 Mitgliedern und mehr als 500.000 Nutzern den am stärksten organisierten Teil innerhalb der ethnischen und religiösen Minderheiten in der Bundesrepublik dar. Türkisch-islamische Organisationen haben sich in insgesamt acht unterschiedlich großen Dachverbänden zusammengeschlossen. Neben dem der türkischen Regierung nahestehenden großen Dachverband DITIB (740 Vereine) und dem zweitgrößten, allerdings nicht-laizistisch, sondern islamistisch orientierten Dachverband "Vereinigung der Neuen Weltsicht in Europa" (AMGT, 262 Vereine), existieren die sogenannten "Süleymanisten" (VIKZ, 250 Vereine), die militant islamistisch agierenden Kaplan-Anhänger (ICCB, ca. 74 Vereine) die islamisch-türkischen Nationalisten (ATIB, 122 Vereine), die türkisch-nationalistischen Idealistenvereine, auch bekannt unter dem Namen "Graue Wölfe" (Türk Federasyonu, ca. 180 Vereine), die mittlerweile ebenfalls eine islamische Komponente entwickeln, der intellektuell ausgerichtete Orden der Nurculuk-Bewegung (30 Ausbildungsstätten) und seit neuestem auch ein Dachverband der alevitischen Gemeinden (Aleviler Birliği, 82 Vereine), eine spezifisch anatolische Variante des schiitischen Islam in Deutschland. Die hier vorgestellte Palette macht deutlich, daß der türkische Islam in Deutschland ganz unterschiedliche Ausprägungen zeigt, von staats-dirigistisch säkular über intellektuell-innovativ, nationalistisch bis hin zu islamisch-fundamentalistisch und militant islamisch ist jede Richtung vertreten. Heute existiert organisationenübergreifend eine Tendenz, nicht mehr schwerpunktmäßig im Hinblick auf eine spätere Rückkehr der türkischen Migranten in die Türkei hin zu operieren, sondern Zielsetzungen und Angebote den Verbleibabsichten der Migranten anzugleichen. Dies spiegelt sich auch im Führungswechsel bei einigen der türkisch-islamischen Organisationen wider. Immer mehr Türken der zweiten Generation bestimmen die Linie der Vereine. Neben rein religiösen Service-Angeboten wie Gebetsräumen, Korankursen,

Hilfe bei Überführungen der Toten in die Türkei durch sogenannte "Bestattungsfonds", Organisation von Pilgerfahrten bieten die Vereine inzwischen auch Kurse und Beratungen an, die bisher fast ausschließlich von staatlichen und kirchlichen Wohlfahrtsverbände angeboten wurden. Hier seien spezielle Alphabetisierungs-, Deutsch- und Nähkurse für türkische Frauen und Mädchen genannt, wie auch Freizeitangebote, z.b. fernöstliche Kampfsportarten für männliche Jugendliche, sowie Arabischkurse und seit neuestem auch Computerkurse. Manche Moscheen bieten darüber hinaus Sozialberatung, Beratung im Umgang mit Ämtern sowie Übersetzungsdienste an.

*Neuere Entwicklungen*

Bislang existiert kein gemeinsamer Dachverband aller türkisch-islamischen Gemeinden, jedoch zeichnet sich ein immer deutlicherer Trend zur Bildung einer zentralen Instanz ab, die die Interessen der Muslime gegenüber der Mehrheitsgesellschaft vertreten soll. Als erste solche Instanz wurde der "Islamrat für die Bundesrepublik Deutschland" 1986 in Berlin gegründet. Der Islamrat begreift sich als "gemeinsame Gesprächsebene und Koordinationsinstanz für die islamische Arbeit" der Mitglieder. In ihm sind z.B. die Nurculuk-Bewegung, die Milli Görüş-Vereinigung und zahlreiche ihr angeschlossene Organisationen sowie das Islam-Archiv-Soest (eine von deutschen Muslimen gegründete Institution) vereint. Ebenfalls 1986 wurde der "Islamische Arbeitskreis in Deutschland" (IAK) gegründet, der von einer Reihe von Organisationen ins Leben gerufen worden war, die sich nicht mit den Zielen des Islamrates identifizierten. Die Zielsetzungen dieses Spitzenverbandes sind im wesentlichen die gleichen wie beim "Islamrat". Mitglieder dieses Verbandes sind z.B. der Verband der Islamischen Kulturzentren, das Islamische Zentrum Aachen, die Deutschsprachige Islamische Frauengemeinschaft sowie die schiitische Organisation Islamisches Zentrum Hamburg. Der IAK in Deutschland hat sich im Dezember 1994 in "Zentralrat der Muslime in Deutschland" umbenannt. Diese Dachverbände vertreten zwar unterschiedliche Richtungen, es zeigt sich jedoch, daß sich ihre Interessen bezüglich der Forderungen an die deutsche Gesellschaft weitgehend decken und sie zur Erreichung ihrer migrationsbezogenen Ziele fähig sind, dennoch zusammenzuarbeiten. Wenn auch nicht kurzfristig, so doch mittelfristig scheint eine Einigung im Minimalkonsens der türkisch-islamischen Organisationen in Deutschland in Sicht zu sein, dies zeichnet sich auch schon an der verstärkten Beteiligung der unterschiedlichsten türkisch-islamischen Vereine in gemeinsamen Listen an den Ausländerbeiratswahlen ab. Als gemeinsame Arbeitsfelder bieten sich in diesem Rahmen das Engagement für die Einrichtung eines regulären islamischen Religionsunterrichts an den Schulen, für die Einrichtung islamischer Friedhöfe, Kindergärten, Schulen und Krankenhäuser sowie das Eintreten für die bundesweite Erlaubnis zum Schächten ab. Während auf der Ebene theologischer Detailfragen und bezüglich der türkeipolitischen Orientierung zwar Unterschiede bestehen bleiben, hat sich in migrationspolitischen Zielen ein breiter Konsens bei den Organisationen herausgebildet.

Yasemin Karakaşoğlu, Zentrum für Türkeistudien, Overbergstraße 27, D-45127 Essen

## 4. Bildungsverhalten in Migrantenfamilien. Eine Sekundäranalyse des Sozio-Ökonomischen Panels[1]

*Heike Diefenbach*

Die Relevanz des Themas "Bildungsverhalten in Migrantenfamilien" ergibt sich zunächst aus der Tatsache, daß Kinder ausländischer Zuwanderer in der Bildungsstatistik bisher nur pauschal und nicht differenziert genug berücksichtigt wurden und im deutschen Schulsystem, insbesondere aber hinsichtlich des Zugangs zur Berufsausbildung und zum Arbeitsmarkt, benachteiligt sind. Während die Benachteiligung an sich auf der Grundlage der Bildungsstatistik gut dokumentiert werden kann, sind mögliche Erklärungen für diesen Befund bisher vorrangig hypothetisch formuliert, aber kaum empirisch überprüft worden. Eine Verbesserung der Bildungsbeteiligung von Kindern aus Migrantenfamilien setzt aber eine genauere Kenntnis der Zusammenhänge voraus, in denen sich das Bildungsverhalten im täglichen Leben dieser Familien vollzieht.

### 1. Die Benachteiligung von Migrantenkindern im Bildungssystem der Bundesrepublik

Während niemand die Benachteiligung von Schülern aus Migrantenfamilien im Bildungssystem pauschal bestreitet, gehen die Meinungen über die Richtung und Intensität dieser Benachteiligung weit auseinander. Die empirischen Studien zu diesem Thema berücksichtigen entweder nur ganz bestimmte Minoritäten oder sind auf bestimmte Regionen beschränkt, so daß kaum generalisierende Aussagen gemacht werden können. Amtliche Daten sind Migrantenkindern gegenüber als ziemlich ignorant zu bezeichnen; nach wie vor wird in der Bildungsstatistik nicht standardmäßig nach Nationalitäten oder Geschlechtern getrennt. Die neuesten verfügbaren Daten sind enthalten im Wochenbericht 21 von 1993 des Deutschen Instituts für Wirtschaftsforschung (DIW) und in der Dokumentation Nr. 131 der Kultusministerkonferenz von 1994, die Daten fortschreibt, die in der Dokumentation Nr. 94 von 1985 ausgewiesen werden und *alle* nicht-deutschen Schüler an *allen* deutschen allgemeinbildenden Schulen in *allen* Bundesländern enthält. Zwar fehlen auch hier Angaben zu Geschlecht, Alter und Abbrecherquoten, jedoch enthalten diese Aggregatdaten mehr Informationen als man auf den ersten Blick vermutet. Hinsichtlich der drei Indikatoren "Verteilung von Schülern aus Migrantenfamilien auf bestimmte Schularten", "Anteil derer, die nach Ablauf der schulpflichtigen Zeit weiterhin eine Schule besuchen" und "erreichter Schulabschluß" lassen sich durchaus präzise Aussagen machen.

Es zeigt sich, daß man die in der Literatur teilweise konstatierte deutliche Verbesserung der Bildungsbeteiligung von Schülern aus Migrantenfamilien zumindest relativieren muß. Absolut betrachtet wachsen der Anteil der Schüler aus Migrantenfamilien an weiterführenden Schularten und ihre Bildungsbeteiligung über die schulpflichtige Zeit hinaus. Verglichen mit deutschen Schülern ist ihre Plazierung im Bildungssystem aber weiterhin wesentlich schlechter. Trotz des Zuwachses von Migrantenkindern an Gymnasien und Realschulen sind sie gemessen an ihrem Anteil an allen Schülern 1970, 1980 und 1991 gleichermaßen unterrepräsentiert, und die Zahl der Schulabgänger mit Hochschulreife unter ihnen stagniert weitgehend. Zwischen 1985 und 1993 war der Anteil der Jugendlichen aus Migrantenfamilien, die keinen Abschluß oder einen Hauptschulabschluß hatten, fast durchgängig doppelt so hoch wie bei deutschen Schulabgängern. Dies entspricht dem Ergebnis, zu dem Wolfgang Seifert anhand seiner Analyse des Sozio-Ökonomischen Panels kommt: Höhere Schulabschlüsse bei Ausländern der zweiten Generation von Migranten (der Kohorte der 1984 16-25jährigen) sind eher selten und die Mehrzahl von ihnen, nämlich 57%, erwirbt einen Hauptschulabschluß. Weitere 22% von ihnen bleiben ohne Schulabschluß (vgl. Seifert 1992: 685). Eine nach Minoritäten getrennte Betrachtung ergibt, daß die Plazierung italienischer und türkischer Schüler entsprechend den drei genannten Indikatoren im Vergleich mit der anderer nicht-deutscher Schüler über die Zeit hinweg konstant am ungünstigsten ist. Für keine der Zuwandererminoritäten läßt sich sagen, daß sich die Plazierung ihrer Schüler im deutschen Bildungssystem der der deutschen Schüler angeglichen habe. Seit den 70er Jahren ist zwar eine zunehmende Annäherung von Migrantenkindern an deutsche Schüler zu beobachten, von einer Angleichung kann aber (vorerst) nicht die Rede sein. Dies gilt auch für spanische und griechische Schüler, für die in der Literatur günstigere Prognosen erstellt wurden.

Anhand der oben genannten drei Indikatoren ist die Beschreibung der Plazierung von Migrantenkindern im Bildungssystem durch Aggregatdaten also zumindest ansatzweise möglich. (Auf die ebenfalls mögliche Analyse getrennt nach Bundesländern kann hier nicht eingegangen werden.) Es stellt sich nunmehr die Frage nach der Erklärung für diesen Befund. Hierüber geben Aggregatdaten keinen Aufschluß. Dagegen bietet das Sozio-Ökonomische Panel (SOEP) die Möglichkeit zu untersuchen, wie sich die schulische Plazierung in der persönlichen Biographie darstellt und welche familiären Umstände oder auch persönlichen Entscheidungen dazu führen, daß ein Kind an einer bestimmten Stelle im Lebensverlauf aus dem System schulischer Bildung "herausfällt".

## 2. Zur Erklärung der Benachteiligung nicht-deutscher Kinder im schulischen Bildungssystem der Bundesrepublik

Bisher sind für die Benachteiligung nicht-deutscher Kinder im schulischen Bildungssystem vor allem zwei einander entgegengesetzte Erklärungsansätze formuliert worden: Der traditionelle bildungssoziologische Erklärungsansatz faßt den Schulerfolg von Kindern als Resultat schichtspezifischer Differenzen in den Herkunftsfamilien auf. Hopf bietet auf der Basis seiner Untersuchung über griechische Schüler einen zweiten Erklärungsansatz für den mangelnden Schulerfolg der nicht-deutschen Schüler an. Er vermutet, daß das deutsche Bildungssystem bisher nur beschränkt fähig gewesen ist, die Kompetenzen der ausländischen Kinder zu fördern. Sowohl Hopfs These als auch die traditionell bildungssoziologische messen der Frage nach dem Einfluß des familiären Kontextes auf das Bildungsverhalten der nicht-deutschen Kinder große Bedeutung bei. Im Zuge des bildungssoziologischen Erklärungsansatzes ist behauptet worden, daß die Familien der nicht-deutschen Kinder als Eingliederungsbarriere für sie wirken, und zwar aufgrund einer unterstellten Bildungsferne, die die Eltern wegen ihrer ländlichen Herkunft, ihrer Orientierung auf traditionelle Werte hin und ihrer mangelnden Kenntnis des deutschen Schulsystems hätten. Hopf (1987) geht im Gegenteil davon aus, daß die Familien eine wichtige Eingliederungsopportunität für den Schulerfolg der Kinder darstellen, weil sie in besonderer Weise zur Motivation ihrer Kinder zur Erreichung eines weiterführenden Bildungsabschlusses (als Mittel zur sozialen Mobilität) beitragen und einiges auf sich nehmen, um den Bildungserfolg der Kinder zu sichern.

Einer Theorie, die das Bildungsverhalten in Migrantenfamilien als Ausdruck gesamtgesellschaftlich oder subkulturell geprägter Werte erklären will, wird hier eine als individualistischstrukturtheoretisch zu bezeichnende Erklärung vorgezogen, bei der die bildungsrelevanten Entscheidungen unter variierenden Kontextbedingungen in den Mittelpunkt der Betrachtung gestellt werden. Bildung wird hier als Aspekt von Humankapital betrachtet. Anscheinend wird die Aneignung von Humankapital bei nicht-deutschen Kindern in einem relativ frühen Stadium behindert. Dies muß zum einen in Verbindung mit dem Humankapital gesehen werden, das ihre Eltern in die Migrationssituation miteingebracht haben. Man kann davon ausgehen, daß es sich hierbei vorrangig um kulturelles Kapital handelt, da ökonomisches und soziales Kapital nur sehr eingeschränkt in den neuen gesellschaftlichen Kontext überführbar sind. Neben der Bildung, die die Migranten mitbringen, ist also vor allem zu berücksichtigen, welche Präferenzen, Erwartungen und Handlungsmöglichkeiten sie in der konkreten Migrationssituation haben. Die migrationssoziologische Forschung hat gezeigt, daß das kulturelle Kapital der Migranten nicht nur für deren individuelle Eingliederungsbiographien eine Determinante ist, sondern auch für die Reorganisationsprozesse des familiären Interaktionssystems, in deren Verlauf sich spezifische Interaktionsstrukturen innerhalb der Migrantenfamilien entwickeln. Der Bildungserfolg der Zuwandererkinder ist außerdem im Zusammenhang mit dem spezifischen Angebot an Bildungseinrichtungen in der Aufnahmegesellschaft zu sehen. So kann man davon ausgehen, daß aus der vermuteten Situationsrationalität heraus bestimmte Bildungseinrichtungen anderen vorgezogen werden, weil sie in der Migrationssituation als die nutzenbringenderen angesehen werden. In diesem Zusammenhang sind rechtliche Regelungen angesprochen worden, insbesondere das Aufenthaltsrecht, das dazu führt, daß Ausländer solche Ausbildungswege präferieren, die sowohl in der Herkunfts- als auch in der Aufnahmegesellschaft eine intergenerative Statusmobilität ermöglichen (vgl. Nauck 1994).

Aus einer solchen Perspektive sind als zentrale Forschungsfragen abzuleiten: Läßt sich eine intergenerative Transmission kulturellen Kapitals feststellen? Welcher Zusammenhang besteht zwischen der Stellung der Eltern und der der Kinder im Bildungssystem und welche Determinanten für diesen Zusammenhang lassen sich gegebenenfalls feststellen?

## 3. Das Sozio-Ökonomische Panel (SOEP) als Grundlage der Analyse

Eine Untersuchung der angesprochenen Fragestellungen ist m.E. unter Verzicht auf eine eigene Erhebung nur anhand einer Längsschnittuntersuchung wie dem Sozio-Ökonomischen Panel möglich. Es ist bislang die einzige Datenquelle in der Bundesrepublik, die einen systematischen Vergleich ökonomischer, erwerbsbiographischer und sozialer Indikatoren für - überproportional vertretene - unterschiedliche Zuwandererminoritäten und Deutsche im Längsschnitt erlaubt und genügt damit der hier gewählten biographischen Perspektive. Das Spektrum der möglichen familienzyklischen Verläufe und der möglichen Lebensverläufe kann anhand von Ereignissequenz- oder Entscheidungsbäumen abgebildet werden. Diese Darstellungsweise kommt dem Verständnis des Bildungsverhaltens als sequentieller Akkumulation von Bildungskapital in jeweils spezifischen Entscheidungssituationen entgegen und ermöglicht ggf. die Feststellung deckungsgleicher Phasen innerhalb individueller Biographien oder auch die Identifikation typischer Phasen des Abgangs von Migrantenkindern aus Bildungseinrichtungen bzw. Erwerbsverhältnissen. Als ein besonderer

Vorteil des Sozio-Ökonomischen Panels für die hier zu behandelnde Fragestellung ist festzuhalten, daß Kinder, die während der Panellaufzeit 16 Jahre alt werden, selbst zu Befragungspersonen werden. Damit ist die Möglichkeit gegeben, intergenerative Transmissionsprozesse festzustellen. Das Sozio-Ökonomische Panel stellt eine Vielzahl von Analysemöglichkeiten bereit, weshalb es eigentlich erstaunlich ist, daß es bisher nicht zu den hier formulierten Fragestellungen ausgewertet wurde.

**Anmerkung**
1) Dies ist der Titel eines derzeit laufenden, von der Deutschen Forschungsgemeinschaft (DFG) im Rahmen des Schwerpunktprogramms "Folgen der Arbeitsmigration für Bildung und Erziehung (FABER)" geförderten Projekts.

**Literatur**
Deutsches Institut für Wirtschaftsforschung (DIW) (1993), Wochenbericht 21: 295.
Hopf, Diether (1987), Herkunft und Schulbesuch ausländischer Kinder. Berlin.
Statistische Veröffentlichungen der Kultusministerkonferenz (1985), Ausländische Schüler in der Bundesrepublik Deutschland 1970 bis 1984. Dokumentation Nr. 94. Bonn.
Statistische Veröffentlichungen der Kultusministerkonferenz (1994), Ausländische Schüler und Schulabsolventen 1984 bis 1993. Dokumentation Nr. 131. Bonn.
Nauck, Bernhard (1994), Erziehungsklima, intergenerative Transmission und Sozialisation von Jugendlichen in türkischen Migrantenfamilien, in: Zeitschrift für Pädagogik 40, 1: 43-62.
Seifert, Wolfgang (1992), Die zweite Ausländergeneration in der Bundesrepublik. Längsschnittbeobachtungen in der Berufseinstiegsphase, in: Kölner Zeitschrift für Soziologie und Sozialpsychologie 44, 4: 677-696.

Heike Diefenbach, TU Chemnitz-Zwickau, Lehrstuhl für Allgemeine Soziologie I, Reichenhainer Straße 41, D-09107 Chemnitz

## 5. Mexican Immigration into the United States and the politics of multiculturalism

*Robert C. Rhodes*

During the 1980's, some 6 million legal and 2 million illegal immigrants entered the United States - more than one-third of the total U.S. population growth in that period. When focusing on the impact of Mexican immigration, the 1990 Census Bureau estimated that in 1989 12,565,000 persons of Mexican origin lived in the United States. This figure represents a 45 percent increase from 1980 to 1989, attributed to a combination of high immigration and the group's high fertility, and indicates that Mexican Americans are the most rapidly growing ethnic group in the United States.

The consequence of the rapid population growth of the Mexican population has been the cultural transformation of the Southwest. In areas where Mexicans have become a majority there is competition with Anglo cultural symbols for dominance. This experience is producing debates over whether the ideology of multiculturalism should replace that of assimilation as the organizing principle for American society. Immigrants are told by multiculturalists of different persuasions that they have a choice of either to maintain their culture or to assimilate or to do both and that these views represent the norms of a free democratic multicultural society.

## Multiculturalism and the Transformation of American Education

The traditional history textbooks focused on national leaders, on wars, on national politics,and on issues of state that reflect the dominant Anglo-Saxon perspective. This history complemented an assimilationist view of American society which presumed that everyone in the process of assimilation would eventually lose their ethnic characteristics and enter mainstream American society. This approach to the teaching of history has come under attack because it ignored the contributions of minorities.

The proponents of all varieties of multiculturalism repeatedly emphasize that due to large immigration flows from nonEuropean societies, it is necessary and right that the U. S. become a multicultural society. Multiculturalists argue that school curriculums must become as diverse culturally as the populations who attend schools in their communities. They further say that the traditional American schools are culturally biased to European civilization, a fact that has a negative impact on children of nonEuropean origin. Multiculturalists agree that while there are a large number of central values, mores and attitudes to which Americans agree, there exists differences of opinion in society and in the schools about their relative worth. This will lead to differences of opinion about those aspects of national culture that should be included in the curricula of schools. Students are encouraged to study their own ethnic or racial traditions, a study that is to become for each student a full acceptance and pride in his/her culture of descent.

Various kinds of multicultural education programs are arising across the country. To sort out these differences the following three phases of multiculturalism are offered: inclusionist, transitional and ethnonationalist.

The first phase, the inclusionist approach to multiculturalism promotes a broader interpretation of the common American culture and seeks recognition for the ways the nation's many racial, ethnic and cultural groups have transformed the national culture. The inclusionists say American culture belongs to all Americans who reconstruct it every generation. This perspective has also been referred to as cultural democracy, a recognition that we must pay attention to a diversity of subcultures in America. The pluralist nature of American culture has led to a major revision in what children are taught and what they read in school. The new history examines racism and discrimination and the contribution of all groups to the making of American history. However, inclusionist multiculturalists, in their zeal to represent all the subcultures in American history, often neglect to distinguish differing degrees of significance for the contributions of subcultures to the development of America.

The second phase represents a transition phase, where what was once a predominantly EuroAmerican community changes to one where the minority population is demographically slightly smaller or about the same as the dominant group. At this point minority groups demand that multiculturalism be broadened in the public schools and universities to include all subject areas. Multiculturalists work hard to make the curriculum equally reflect their cultural values rather than those exclusively of the core culture.

A progressive movement occurs in the transition phase when incremental demographic changes in the size of the Mexican population produce pressures to implement changes in educational policies. This movement has been charted by Professors Schaefer and Rhodes in a comparative study of colleges in low density and high density Mexican counties in Texas from 1975 to 1990. During this time period they compared the ethnic demographic composition of a county and the Mexican content of the curriculum of colleges in that county. College catalogues for the periods, 1975, 1980, 1985 and 1990 were examined for the number of Mexican sensitive courses, the number of Mexican faculty, Mexican administrators, and number of Mexican students. In those counties that had become increasingly Mexican there was a notable growth in Mexican sensitive courses, and in the number of Mexicans on governing boards, in administration, in the faculty and student body. In those counties where Anglos were the majority the curriculum retained an Anglo dominance.

The third phase is an ethnonationalist multiculturalism. Ethnic leaders have seen with the large influx of coethnic immigrants a potential for extending their political influence within society. Since bilingual and bicultural programs were in their early stage of development in the late 1960's, the new arrivals helped stimulate the expansion of these programs. Increasingly, large sections of the Southwest became dominated by the new immigrants, leaving the EuroAmerican population as the new minority. Ethnonationalist contend that persons who are not of European origin feel alienated from American culture because of their race or ethnicity; the only culture they can ever belong to is the culture of their ancestors, although their families may have lived in the United States for generations. The ethnonationalists are not concerned about extending or modifying American culture and may even say that a common culture does not exist. They may even oppose any accommodation among groups, any interaction that removes the differences between them. The history they support emphasizes that everyone is either a descendant of victims or oppressors. Supporters of ethnonationalism propose an ethnocentric curriculum to raise the self-esteem and academic achievement of children from minority backgrounds. They contend that children from minority backgrounds will do well in school only if they are thoroughly exposed to a positive perspective of their ancestral culture. For example if children are of a particular ethnic background they must hear that their coethnics made significant contributions to mathematics, science, history and literature. If they learn about great coethnics and if their studies use examples of contributions of their ethnic group they will perform well in school. Professor Mario Barrera of the University of California, Berkeley, a member of the Hispanic intelligentsia, argues for the establishment of ethnic autonomous regions in the United States where the heritage culture and language of an ethnic group would be maintained by law. These regions would be set up when a given ethnic group has become the overwhelming majority in a particular region. Barrera feels the time is appropriate for the creation of a new Aztlan in the Southwest because of rapid increases in the Mexican population.

Ethnonationalism is spreading rapidly throughout the nation's educational systems. It is actively promoted by organizations and individuals with a political and professional interest in strengthening the ethnic minority power base in the public schools, the universities, professions, and in society.

In school districts where most children are Mexican, there has been a growing tendency to adhere to ethnonationalism rather than inclusivism. Ethnonationalism, in emphasizing the racial pride of children, often neglects their educational difficulties. The history curriculum is used to make certain that Mexican children will have higher self-respect and that EuroAmerican children will have a less self-confident view that people of their background have made all the significant contributions to the world.

The movement toward ethnonationalism encourages the politization of curricula in the schools and universities. As educational departments become political and ideological a contest arises over the content of the curriculum. In adapting to cultural diversity, schools will purchase books that reflect the local community and to serve food that reflects the ethnic culture in the school. Children are often taught to see the world through an ethnocentric perspective that pays little or no attention to the common American culture.

In the universities Hispanic programs have been established over the past 25 years that include strong ethnocentric messages. Faculty members in these programs and leaders in the ethnic communities have exerted pressure on state legislatures and individual universities to require that multicultural courses be included in the general education of all undergraduate students. These courses frequently emphasize the virtues of the civilization of minority groups and attack the merits of American Eurocivilization.

## Conclusion

If present immigration trends continue the country will increasingly move to an ethnonationalist educational perspective that may produce Barrera's aforementioned ethnic autonomous regions. I posit a concurrent trend that involves the creation of transnational ethnic regions. In this case the national cultures of various ethnic groups will transcend American borders. The Southwest of America would be such a transnational region. Governance for this region would be based on transnational bilateral agreements supporting both trading and cultural rights. This scenario is beginning to unravel with The North American Free Trade Agreement and the institutionalization of Mexican culture and the Spanish language in the Southwest.

**Bibliography**
Baca, Reynaldo/Dexter, Bryan/McLean-Bardwell, Clair/Gomez, Franciso (1989), Mexican Immigration and the Port-of-Entry School, in: The International Migration Review 23: 3-23.
Barrera, Mario (1988), Beyond Aztlan: Ethnic Autonomy in Comparative Perspective. Praeger, New York.
Chametzky, Jules (1989), Beyond Melting Pots, Cultural Pluralism, Ethnicity - or, Deja Vu All Over Again, in: Melus 16: 3-17.
First, Joan (1988), Immigrant Students in U. S. Public Schools: Challenges with Solutions, in: Kappan 70: 205-210.
Gaff, Jerry G.(1992), Beyond Politics: The Education Issues Inherent in Multicultural Education, in: Change 24: 31-35.
Harrington-Lueker, Donna (1991), Demography as Destiny: Immigration and Schools, in: Education Digest 56: 3-6.
Haynes, Charles C. (1993/1994), Beyond Culture Wars, in: Educational Leadership 51: 30-34.
Lambert, Jonathan W. (1989), Accepting Others' Values in the Classroom: An Important Difference, in: The Clearing House 62: 273-274.

London, Clement B. G. (1990), Educating Young New Immigrants: How Can the United States Cope?, in: International Journal of Adolescence and Youth 2: 81-100.
Nieves, Blanca. (1994), The New Hispanic Immigrants, in: The Hispanic Outlook in Higher Education 5: 3-5.
Ravitch, Diane (1990), Multiculturalism: E Pluribus Plures, in: American Scholar 59: 337-354.
Schaefer, Thomas and Rhodes, Colbert, (1992) Measuring Curricular Sensitivity: Calibrating Cultural Awareness. Paper presented at the National Conference, The Minority Student Today: Recruitment, Retention and Success. San Antonio, Texas.
Stewart, David W.(1993), Immigration and Education: The Crisis and the Opportunities. Lexington Books, New York.

Professor Robert C. Rhodes, The University of Texas of the Permian Basin, 4901 E. University Odessa, USA-Texas 79762-8301

## 6. Migration und ethnische Minderheiten - Informationen zur sozialwissenschaftlichen Forschung und Literatur

*Annemarie Nase*

*Einführung*

Die Gesellschaft Sozialwissenschaftlicher Infrastruktureinrichtungen (GESIS) - vertreten durch das Informationszentrum Sozialwissenschaften (IZ) Bonn, das Zentralarchiv für Empirische Sozialforschung an der Universität zu Köln (ZA) und das Zentrum für Umfragen, Methoden und Analysen (ZUMA) Mannheim - bietet eine breite Palette von Serviceleistungen: Informationen zur aktuellen Forschung, zu Forschungsergebnissen, Literatur, Daten und Beratung zu methodischen Fragen.

Im Folgenden wird zum Untersuchungsgebiet der Sektion für Migration und ethnische Minderheiten ein Ausschnitt aus dem Arbeitsfeld der GESIS gezeigt, und zwar die Informations- und Nutzungsmöglichkeiten der Datenbanken FORIS und SOLIS (Forschungs- und Literaturnachweise) des IZ, die weit über das hinausgehen, was z.B. an Literaturinformationen aus Bibliotheken oder von CD-ROM's bekannt ist.

*Informationsressourcen*

Das fachliche Spektrum der sozialwissenschaftlichen Datenbanken FORIS und SOLIS reicht von der Soziologie und den Methoden der Sozialforschung über die Sozialpsychologie, Kommunikationswissenschaft, Bildungsforschung, Arbeitsmarkt- und Berufsforschung, Sozialpolitik, Sozialgeschichte und Bevölkerungsforschung bis zu psychologischen und wirtschaftswissenschaftlichen Fragestellungen in der Forschung. Damit ist eine gute Ausgangsposition für die häufig disziplinenübergreifenden Problemstellungen in der Migrationsforschung geschaffen. Beide Datenbanken beziehen sich auf den deutschsprachigen Raum - die Bundesrepublik, Österreich und die Schweiz. FORIS informiert in dem öffentlich zugänglichen Segment über die Forschungsaktivitäten der letzten 10 Jahre (rund 33.000 sozialwissenschaftliche Projekte), SOLIS enthält z.Z. rund 180.000 Literaturnachweise mit bibliographischen Angaben und Abstracts zu Monographien, Sammelwerksbeiträgen, Zeitschriftenaufsätzen und Grauer Literatur. Pro Jahr ist mit etwa 10.000 Neuerscheinungen im sozialwissenschaftlichen Bereich zu rechnen. Diese Informationsressourcen sind die Basis der folgenden Aussagen und Recherchebeispiele.

Publikationen zum Thema "Migration und ethnische Minderheiten"

| Erscheinungsjahre | Anzahl | v.H. |
|---|---|---|
| vor 1960 | 466 | 5% |
| 1960-1969 | 388 | 3% |
| 1970-1979 | 1.322 | 12% |
| 1980-1989 | 5.794 | 50% |
| 1990-1994 | 3.482 | 30% |
| Summe: | 11.528 | 100% |

Da SOLIS erst Anfang der 80er-Jahre aufgebaut wurde, sind die früheren Publikationen nicht vollständig repräsentiert; rückwirkend wurden vor allem die soziologischen Abhandlungen erfaßt. Interessant in dieser Tabelle ist das Ansteigen der Veröffentlichungen in den 90er-Jahren, das im folgenden genauer untersucht wird. Die gewählte inhaltliche Differenzierung wird auch in einem der laufend erscheinenden gedruckten Dienste des IZ als Gliederung genutzt.

*Untersuchungsgebiete*

Migration und ethnische Minderheiten - Literaturnachweise im soFid 1990 - 1995

| Sachgebiete | 1990 | '91 | '92 | '93 | '94 | '95/1 | Summe | v.H. |
|---|---|---|---|---|---|---|---|---|
| rechtl./polit.Aspekt | 75 | 63 | 56 | 100 | 103 | 79 | 476 | 21% |
| sozioökonom. Aspekt | 26 | 24 | 20 | 32 | 27 | 54 | 183 | 8% |
| Migrationsverhalten | .. | .. | 38 | 36 | 38 | 54 | 166 | 7% |
| Remigration | 15 | 7 | 4 | 3 | 4 | 2 | 35 | 2% |
| Lebenssituation | 54 | 37 | 36 | 31 | 43 | 44 | 245 | 11% |
| Kind, Jugendl., Schule | 13 | 17 | 11 | 14 | 31 | 18 | 104 | 5% |
| Bildung u. Beruf | 25 | 8 | 7 | 22 | 12 | 17 | 91 | 4% |
| Kriminal., abw. Verh. | .. | .. | 6 | 2 | 3 | 3 | 14 | 1% |
| ethn.Bez., Multikult. | .. | .. | 40 | 53 | 93 | 47 | 233 | 10% |
| Fremdenfeindlichkeit | .. | .. | .. | .. | .. | 70 | 70 | 3% |
| Aus- und Übersiedler | 41 | 42 | 33 | 34 | 31 | 13 | 194 | 9% |
| Roma u.a. Minderheit | 9 | 5 | 3 | 7 | 5 | 6 | 35 | 2% |
| Juden, Antisemitismus | 73 | 15 | 26 | 57 | 66 | 37 | 274 | 12% |
| Fluchtbeweg. (hist.) | 28 | 11 | 22 | 26 | 17 | 12 | 116 | 5% |
| Summe: | 359 | 229 | 302 | 417 | 473 | 456 | 2236 | 100% |

Die Spalten 1990-94 zeigen Jahreswerte an, während die Spalte '95/1 den Zuwachs des letzten halben Jahres ausweist und damit das stark wachsende Interesse an diesen Fragestellungen deutlich macht. Im Blickfeld stehen nun neben den rechtlich/politischen Aspekten insbesondere die sozioökonomischen Fragen, das Migrationsverhalten und die Lebenssituation von Migranten. Die Fremdenfeindlichkeit, die jahrelang kein Thema war, - Multikulturalität war das Schlagwort - wird jetzt von den Sozialwissenschaftlern als gesellschaftlich brisantes Phänomen verstärkt untersucht.

*Forschungssituation*

Die Datenbank FORIS, die über die laufenden Forschungsprojekte informiert, gibt auch Aufschluß über die Forschungslandschaft im Bereich "Migration und ethnische Minderheiten". 1990 bis Anfang 1995 wurden über 900 Projekte erfaßt, wobei hier - im Vergleich zur Literaturdokumentation - die empirisch orientierten Arbeiten stärker ins Gewicht fallen als die theoretischen. Die Finanzierung der Projekte erfolgte in 52% der Fälle über Fördermittel, in 29% aus Institutsmitteln oder - im Fall von Graduierungsarbeiten - aus Eigenmitteln. 19% der Projekte wurden im externen Auftrag erstellt. Die Forschung ist regional stark konzentriert: 51% der Projekte werden an 10 Hochschulstandorten durchgeführt. Berlin liegt mit 18% an der Spitze (Berlin ist in der sozialwissenschaftlichen Forschung allerdings generell stark vertreten), Wien, München, Hamburg, Bochum, Köln, Frankfurt, Bern und Nürnberg sind weitere Zentren. Betrachtet man die disziplinäre Zugehörigkeit der Universitätsinstitute, so stellt man fest, daß die soziologischen Institute mit 11% und die politikwissenschaftlichen z.B. mit 8% vertreten sind.

In diesen öffentlich zugänglichen Datenbanken kann man auch Metainformationen recherchieren, z.B. zu folgenden Fragen: Wer befaßte sich in letzter Zeit mit diesem Thema und hat schon mehrfach dazu veröffentlicht? Welche Art von Veröffentlichungen wählten die Autoren? In welchen Zeitschriften erscheinen dazu Aufsätze?

*Schlußbemerkung*

Dies sind einige Beispiele, wie man anhand von standardisierten und normierten Datenbanken, wie z.B. FORIS und SOLIS im sozialwissenschaftlichen Bereich, zusätzlich zu einzelnen, konkreten Nachweisen von Projekten und Veröffentlichungen auch Metainformationen zu einem Themenbereich oder Sachgebiet relativ rasch ermitteln kann. Diese Informationsressourcen erleichtern dem einzelnen Wissenschaftler den Einstieg in ein neues Themenfeld, sie sind aber auch ein Angebot an die Sektionen, ggf. gemeinsam mit dem IZ, das eigene Forschungsfeld näher zu beleuchten und zu beobachten.

Annemarie Nase, InformationsZentrum Sozialwissenschaften, Lennéstraße 30, D-53113 Bonn

# XII. Sektion Modellbildung und Simulation
*Leitung: Ulrich Mueller*

## Modelle der räumlichen und sozialen Mobilität

### 1. Zur Analyse von Mobilitätsdaten

*Jörg Blasius*

*Einleitung*

Die Analyse von Mobilitätsdaten hat eine lange Tradition. Zu den wichtigsten Arbeiten gehört die von Blau und Duncan (1967) - die Beschreibung der beruflichen Mobilität in den Vereinigten Staaten mit Hilfe der multidimensionalen Skalierung (MDS). Dieser klassische Ansatz, mit dem (Un)-Ähnlichkeiten im Mobilitätsverhalten zwischen Objekten (z.B. Berufsgruppen) durch Distanzen in einem niederdimensionalen Raum dargestellt werden können, wurde von vielen Autoren übernommen; so auch von Best (1990) für seine Analyse der beruflichen Mobilität von Mitgliedern der Frankfurter Nationalversammlung (FNV). In getrennten Analysen beschreibt Best die inter- und die intragenerationale Mobilität der Mitglieder der FNV; als Ähnlichkeitsmaße für die MDS verwendete er den Dissimilaritätsindex und den Phi-Koeffizienten.

In einer Reanalyse dieser Daten wird die Korrespondenzanalyse verwendet. Der Vorteil dieses Verfahrens liegt zum einen darin, daß die Daten nicht vor der Analyse in Ähnlichkeitsmaße transformiert werden müssen - als Eingabedaten können die Häufigkeiten der Kontingenztabellen verwendet werden. Zum anderen können die inter- und die intragenerationale Mobilität innerhalb einer Analyse beschrieben werden. Sowohl bei der MDS als auch bei der Korrespondenzanalyse wird mit der Berufsstabilität bzw. mit der Berufsvererbung der größte Teil der Variation der Daten erklärt. Berufliche Veränderungen sind im Gegensatz zum Verbleiben im Beruf relativ selten und daher in der Auswertung erst mittels höherdimensionaler Lösungen interpretierbar. In diesem Papier wird ein Vorschlag gemacht, mit dem die berufliche Mobilität der Mitglieder der FNV beschrieben und grafisch dargestellt werden kann, ohne daß die Berufsstabilität bzw. die Berufsvererbung einen Einfluß auf die Ergebnisse hat.

*Daten*

Die FNV war das erste demokratische Parlament in Deutschland; es tagte vom Mai 1848 bis zum Mai 1849. Die Wahlen waren im wesentlichen Honorationswahlen, an denen 80% der männlichen Bevölkerung teilnehmen durften (vgl. ausführlich Langewiesche 1981). Die 809 Parlamentarier der FNV übten insgesamt 927 verschiedene Berufe aus, die von Best (1990) in 10 Berufsgruppen zusammengefaßt wurden. Die Gruppen sind differenziert nach funktionalen Bereichen und innerhalb dieser weiter unterschieden nach funktionalen Differenzierungen. So z.B. der Staatsdienst, der nach Bildung (einschließlich Wissenschaft), Justiz, Verwaltung und Militär unterteilt wird. Die verbleibenden sechs Berufsgruppen sind die Angehörigen des Klerus, die Unternehmer, die Gutsbesitzer, die Advokaten, die freiberuflich Tätigen (bezogen auf die Mitglieder der FNV hauptsächlich Publizisten, Journalisten, Literaten und Künstler) sowie die Residualkategorie "Kleinbürger". Sowohl für die Analyse der intergenerationalen als auch der intragenerationalen Mobilität kann Best mit Hilfe der MDS vier Cluster nachweisen, die den sozialen Grundfunktionen der strukturell funktionalen Systemtheorie von Parsons (1985) entsprechen.

Das Cluster der Unternehmer und Kleinbürger entspricht der durch das wirtschaftliche Subsystem wahrgenommenen Anpassungsfunktion (adaption). Das zweite Cluster umfaßt die im Bildungsbereich Tätigen, es entspricht der durch das kulturelle Subsystem wahrgenommenen Funktion der Normerhaltung und Spannungsbewältigung (pattern maintenance); hierzu gehören die im Wissenschaftsbereich Tätigen, die Freiberuflichen (Journalisten, Publizisten, ...) und die Angehörigen des Klerus, die in der Mitte des 19. Jahrhunderts auch eine wichtige Bildungsfunktion hatten. Zum dritten Cluster werden die Angehörigen aus Verwaltung und Justiz sowie die Advokaten gerechnet, es entspricht der Funktion der sozialen Kontrolle und Aufrechterhaltung von Gesetzesnormen (integration). Das vierte Cluster, die Gutsbesitzer und Militärs, beinhaltet die Exponenten der traditionellen Führungsgruppen mit der Funktion der Zielerreichung (goal attainment). Da nur wenige Mitglieder der FNV als Beruf Unternehmer bzw. Kleinbürger angaben und da von diesen nur eine sehr geringe Mobilität zu dritten Berufen besteht, verzichten wir in den nachfolgenden Analysen auf diese beiden Kategorien.

*Methode*

Die Korrespondenzanalyse ist ein exploratives Verfahren zur Darstellung der Zeilen und Spalten beliebiger Kontingenztabellen innerhalb einer Abbildung. Als Eingabeinformationen werden in der Regel die absoluten Werte der Zellen verwendet; bei den Kontingenztabellen selbst kann es sich sowohl um einzelne als auch um zusammengesetzte Tabellen handeln. Durch die Möglichkeit der Verwendung derartiger Tabellen kann z.B. die inter- und die intragenerationale Mobilität simultan beschrieben werden (zur Interpretation von zusammengesetzten Tabellen Blasius 1994). Ähnlich wie bei der Hauptkomponentenanalyse oder der MDS handelt es sich bei der Korrespondenzanalyse um ein Datenreduktionsverfahren, bei dem eine Vielzahl vorhandener Informationen mit möglichst wenigen, orthogonalen Faktoren beschrieben werden soll (vgl. ausführlich Greenacre 1984).

Die Korrespondenzanalyse basiert auf einer Chi-Quadrat-Metrik, d.h. analysiert (und grafisch dargestellt) werden die quadrierten Abweichungen von Erwartungs- und empirischen Werten (dividiert durch die jeweiligen Erwartungswerte). Je größer diese Werte, d.h. je größer die quadrierten Abweichungen von Erwartungs- und empirischen Werten sind, desto mehr tragen die entsprechenden Komponenten zur Determination des Abbildungsraums bei. Die größten Abweichungen bei Mobilitätstabellen sind in der (den) Hauptdiagonale(n) der Kontingenztabelle(n) zu erwarten; die Berufsstabilität bzw. die Berufsvererbung ist in den meisten Fällen wesentlich höher als die Mobilität zu anderen Berufen.

## Ergebnisse

Zur simultanen Beschreibung der inter- und der intragenerationalen Mobilität wird der Hauptberuf im Jahre 1848/49 als Spaltenvariable verwendet (in den Tabellen und Abbildungen abgekürzt mit [h]; mit den Ausprägungen "Justiz" [j], "Verwaltung" [v], "Bildung" [b], "Militär" [m], "Klerus" [k], "Gutsbesitzer" [g], "Advokat" [a] und "freie Berufe" [f]), als Zeilenvariablen die entsprechenden Berufe zur Zeit des Eintritts in das Berufsleben (Erstberuf, [e]) sowie die entsprechenden Berufe des Vaters [v]. Die Matrix der Eingabedaten hat somit 16 Zeilen und acht Spalten (Tabelle 1).

Tabelle 1: Matrix der Eingabedaten

|    | hj  | hv  | hb  | hm | hk | hg  | ha  | hf | sum  |
|----|-----|-----|-----|----|----|-----|-----|----|------|
| vj | 22  | 15  | 12  | 0  | 0  | 4   | 15  | 1  | 69   |
| vv | 27  | 34  | 20  | 4  | 4  | 8   | 24  | 5  | 126  |
| vb | 6   | 16  | 9   | 2  | 7  | 0   | 6   | 8  | 54   |
| vm | 8   | 8   | 1   | 3  | 0  | 1   | 3   | 2  | 26   |
| vk | 8   | 6   | 13  | 0  | 3  | 4   | 6   | 5  | 45   |
| vg | 11  | 12  | 6   | 3  | 1  | 35  | 5   | 5  | 78   |
| va | 4   | 10  | 2   | 0  | 0  | 2   | 10  | 2  | 30   |
| vf | 5   | 6   | 8   | 0  | 2  | 0   | 8   | 8  | 37   |
| ej | 117 | 83  | 19  | 0  | 1  | 17  | 76  | 6  | 319  |
| ev | 11  | 37  | 6   | 0  | 0  | 7   | 7   | 6  | 74   |
| eb | 4   | 3   | 67  | 1  | 4  | 3   | 5   | 13 | 100  |
| em | 0   | 5   | 1   | 16 | 0  | 8   | 1   | 0  | 31   |
| ek | 0   | 1   | 11  | 0  | 26 | 0   | 1   | 0  | 39   |
| eg | 0   | 4   | 0   | 0  | 0  | 19  | 1   | 0  | 24   |
| ea | 8   | 2   | 1   | 0  | 0  | 0   | 22  | 1  | 34   |
| ef | 0   | 7   | 20  | 0  | 4  | 1   | 0   | 37 | 69   |
| sum| 231 | 249 | 196 | 29 | 52 | 109 | 190 | 99 | 1155 |

Bereits anhand von Tabelle 1 werden die überdurchschnittlich hohen Werte in den beiden Hauptdiagonalen sichtbar, entsprechend sind in diesen Diagonalfeldern auch die höchsten Chi-Quadrat-Komponenten. Der Anteil der Residuen beträgt allein in diesen 16 Zellen nahezu 80 Prozent, d.h. der weitaus größte Teil der Variation der Daten wird durch die Berufsvererbung und durch die Berufsstabilität erklärt, wobei wiederum letztere den größeren Anteil hat. Dieses

Ergebnis wird auch in der grafischen Darstellung der Ergebnisse der Korrespondenzanalyse sichtbar, bei der das Maximum der Variation mit Hilfe der ersten Dimensionen erklärt wird.

Abbildung 1: Grafische Darstellung der Mobilitätstabellen

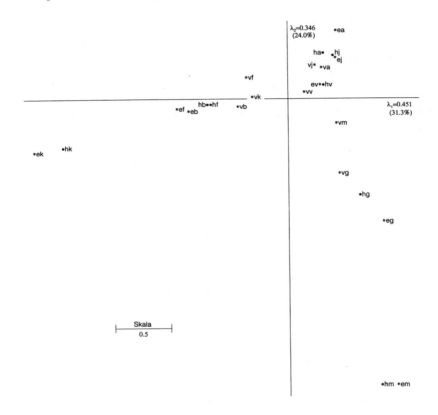

Bevor wir mit der Beschreibung der Ergebnisse beginnen, sollen ein paar generelle Informationen zur Interpretation von grafischen Darstellungen der Korrespondenzanalyse gegeben werden. Bei Abbildung 1 handelt es sich um eine symmetrische Darstellung - würde mit der hier vorliegenden zweidimensionalen Lösung die gesamte Variation der Daten erklärt, so dürften anhand dieser Grafik sowohl die Abstände zwischen den Zeilen- als auch die Abstände zwischen den Spaltenprofilen als euklidische Distanzen interpretiert werden; in dem vorliegenden Beispiel ist diese Interpretation jedoch der n(=7)-dimensionalen Lösung vorbehalten. Dementgegen sind die

Distanzen zwischen den Zeilen- und Spaltenprofilen auch im n-dimensionalen Raum nicht definiert (vgl. ausführlich Greenacre 1984). Soll dennoch auf deren simultane Interpretation nicht verzichtet werden, so können die Vektorendpunkte von Zeilen- und Spaltenmerkmalen auf die Achsen projiziert und anhand ihrer (gemeinsamen) Faktorladungen (der Kosinus der Winkel zum Achsenkreuz) interpretiert werden (vgl. ausführlich Blasius 1994).

Werden die Berufskategorien auf die beiden Achsen projiziert, so können drei Cluster unterschieden werden, die den Grundfunktionen von Parsons entsprechen: im rechten oberen Quadranten sind die neun Ausprägungen von Verwaltung, Advokaten und Justiz (integration), im rechten unteren Cluster sind die "Gutsbesitzer" und "Militärs" (goal attainment) und im linken Abschnitt die Kategorien des Bildungsbereiches (pattern maintenance). Aus diesem Ergebnis kann abgeleitet werden, daß sowohl die inter- als auch die intragenerationale Mobilität innerhalb der Subsysteme größer ist als die zwischen den Subsystemen. Anhand der hier nicht wiedergegebenen numerischen Darstellung kann des weiteren gezeigt werden, daß sowohl die Berufsvererbung als auch die Berufsstabilität größer ist als die Mobilität innerhalb der Subsysteme.

Wie bereits anhand von Tabelle 1 erläutert, werden nahezu 80 Prozent der Gesamtvariation der Daten durch die Berufsvererbung und durch die Berufsstabilität erklärt (siehe die überdurchschnittlich hohen Werte in den beiden Hauptdiagonalen). Die Mobilität zwischen den Berufen (auch innerhalb der Subsysteme) kann daher - wenn überhaupt - nur mit Hilfe höherer Dimensionen und mittels der numerischen Ergebnisse der Korrespondenzanalyse interpretiert werden.

Sollen Aussagen über die Mobilität der Mitglieder der FNV gemacht werden, ohne daß die Berufsvererbung oder die Berufsstabilität einen Einfluß auf die Ergebnisse haben, so müssen die entsprechenden Effekte herausgerechnet werden - z.B. mittels einer Modifikation der Ausgangsdaten. Wird die Matrix der Eingabedaten (Tabelle 1) derartig verändert, daß die Chi-Quadrat-Komponenten der beiden Hauptdiagonalen gleich Null sind, so haben die entsprechenden Zellen keinen Einfluß mehr auf die Determination der geometrischen Orientierung der Achsen - der Einfluß von "Berufsstabilität" und "Berufsvererbung" auf die grafische Darstellung wäre damit neutralisiert. Die Chi-Quadrat-Komponenten der Hauptdiagonalen sind wiederum gleich Null, wenn die Erwartungswerte der entsprechenden Zellen gleich den empirischen Werten sind. Dieses Ziel kann iterativ erreicht werden: im ersten Schritte werden die Erwartungswerte der Ausgangsdaten (von Tabelle 1) berechnet, im zweiten werden die empirischen Werte der Hauptdiagonalen - und nur diese - durch diese ersetzt. Anschließend werden die Erwartungswerte der modifizierten Matrix der Ausgangsdaten berechnet, mit den im zweiten Iterationsschritt berechneten Erwartungswerten der Hauptdiagonalen werden die im ersten Schritt berechneten Erwartungswerte ersetzt. Der Abbruch der Prozedur erfolgt, wenn die Erwartungswerte in den Hauptdiagonalen nach dem n-ten Schritt (nahezu) gleich denen nach dem (n-1)-ten Schritt sind.

Tabelle 2: Modifizierte Matrix der Eingabedaten

|     | hj   | hv    | hb    | hm    | hk   | hg   | ha   | hf    | sum   |
|-----|------|-------|-------|-------|------|------|------|-------|-------|
| vj  | 10.0 | 15    | 12    | 0     | 0    | 4    | 15   | 1     | 57.0  |
| vv  | 27   | 34.9  | 20    | 4     | 4    | 8    | 24   | 5     | 126.9 |
| vb  | 6    | 16    | 8.8   | 2     | 7    | 0    | 6    | 8     | 53.8  |
| vm  | 8    | 8     | 1     | 0.3   | 0    | 1    | 3    | 2     | 23.3  |
| vk  | 8    | 6     | 13    | 0     | 1.3  | 4    | 6    | 5     | 43.3  |
| vg  | 11   | 12    | 6     | 3     | 1    | 3.3  | 5    | 5     | 46.3  |
| va  | 4    | 10    | 2     | 0     | 0    | 2    | 5.0  | 2     | 25.0  |
| vf  | 5    | 6     | 8     | 0     | 2    | 0    | 8    | 2.2   | 31.2  |
| ej  | 43.1 | 83    | 19    | 0     | 1    | 17   | 76   | 6     | 245.1 |
| ev  | 11   | 14.0  | 6     | 0     | 0    | 7    | 7    | 6     | 51.0  |
| eb  | 4    | 3     | 6.5   | 1     | 4    | 3    | 5    | 13    | 39.5  |
| em  | 0    | 5     | 1     | 0.2   | 0    | 8    | 1    | 0     | 15.2  |
| ek  | 0    | 1     | 11    | 0     | 0.4  | 0    | 1    | 0     | 13.4  |
| eg  | 0    | 4     | 0     | 0     | 0    | 0.4  | 1    | 0     | 5.4   |
| ea  | 8    | 2     | 1     | 0     | 0    | 0    | 3.0  | 1     | 15.0  |
| ef  | 0    | 7     | 20    | 0     | 4    | 1    | 0    | 2.5   | 34.5  |
| sum |      | 145.1 | 226.9 | 135.3 | 10.5 | 25.7 | 59.7 | 166.0 | 59.7  | 828.9 |

Durch das Einsetzen der Erwartungswerte in die beiden Hauptdiagonalen der Ausgangsdaten sinkt der Wert für das Gesamt-N von 1155 auf 828,9. Entsprechend der Modifikation der Daten sind die Chi-Quadrat-Komponenten der Hauptdiagonalen Null, die Gesamtvariation der Daten ist deutlich niedriger als in der Ausgangstabelle. Die Matrix mit den modifizierten Hauptdiagonalelementen wird als Eingabeinformation der zweiten Korrespondenzanalyse verwendet (Abbildung 2).

Abbildung 2: Korrespondenzanalyse auf der Basis der modifizierten Datenmatrix

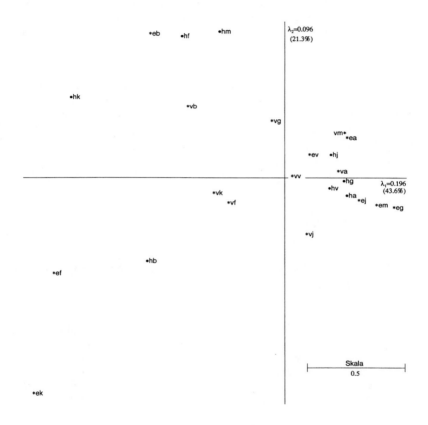

Werden die beiden Korrespondenzanalysen verglichen, so ist in der zweiten Lösung keine eindeutige Clusterstruktur entsprechend der Parsonschen Grundfunktionen erkennbar. Mit dem "Herausnehmen" der Effekte in den Hauptdiagonalen und der damit deutlich geringeren Variation der Daten (vgl. auch die niedrigeren Eigenwerte der zweiten Lösung) sollte der jeweilige Hauptberuf im Jahre 1848/49 [h] nicht mehr mit dem korrespondierenden Erstberuf [e] bzw. dem korrespondierenden Beruf des Vaters [v] in einem Cluster liegen, dennoch bleibt die überdurchschnittlich hohe Mobilität zwischen den Berufen innerhalb der Parssonschen Grundfunktionen sichtbar. Wird exemplarisch der linke untere Quadrant betrachtet, so sind hier der Hauptberuf

"Bildung", die Erstberufe "freie Berufe" und "Klerus" und bei den Berufen des Vaters ebenfalls "freie Berufe" und "Klerus" lokalisiert. D.h., bleibt die Berufsstabilität und die Berufsvererbung außerhalb der Betrachtung, so gaben diejenigen, die 1848/49 hauptberuflich in der Bildung tätig waren, als Erstberuf sowie als Beruf des Vaters überdurchschnittlich oft "Klerus" und "freie Berufe" an. Ähnliches gilt für den Hauptberuf "Justiz" (rechter oberer Quadrant); die Angehörigen dieses Berufes kamen, abgesehen von "Justiz", überdurchschnittlich oft aus der "Verwaltung" bzw. sie waren als "Advokaten" tätig.

**Literatur**
Best, Heinrich (1990), Die Männer von Bildung und Besitz. Düsseldorf.
Blasius, Jörg (1994), Correspondence Analysis in Social Science Research, in: Michael Greenacre/Jörg Blasius (eds.), Correspondence Analysis in the Social Sciences. Recent Developments and Applications, S. 23-52. London.
Blau, Peter und Otis Dudley Duncan (1967), The American Occupational Structure, New York.
Greenacre, Michael (1984), Theory and Applications of Correspondence Analysis, London.
Langewiesche, Dieter (1981), Die deutsche Revolution von 1848/49 und die vorrevolutionäre Gesellschaft: Forschungsstand und Forschungsperspektiven, in: Archiv für Sozialgeschichte 21: 458-498.
Parsons, Talcott (1985), Das System moderner Gesellschaften. Weinheim.

Dr. Jörg Blasius, Universität zu Köln, Zentralarchiv für Empirische Sozialforschung, Bachemer Str. 40, D-50931 Köln

## 2. Stochastic Dynamic Programming in Life Course Analysis: Basic Concepts and A simple model

*Ulrich Mueller*

For causal analysis in demography, individual longitudinal data are indispensable. Life table and transition rate methods, however, allow the analysis of single events only, they do not capture the character of the human life course as a adaptive sequence of transitions. Using concepts from evolutionary life history research, a new approach to analyzing whole life courses is presented: from measuring trade-offs between life course traits identifying optimal life courses with dynamic stochastic programming, and modeling the effect of covariates as determining deviations from the optimal sequence.

Stochastic Dynamic Programming is the tool of choice for the problem of optimizing the overall outcome of a sequence of decisions when the optimal choice of later steps depends on earlier steps (Mangel and Clark 1988; Puterman 1994).

Fundamental to Stochastic Dynamic Programming is the principle of optimality:

"*From any point on an optimal trajectory, the remaining trajectory is optimal for the corresponding problem initiated at that point*" (Luenberger 1979, 419).

The trick in this seemingly trivial statement is that, if the trajectory is optimal, the principle works backwards as forwards. Assume the trajectory is a sequence of discrete moves, with discrete outcomes. We consider a possible outcome of the process at terminal time T. Once we know that the trajectory leading to this outcome is optimal, we can determine the optimal last move at time T-1, which has brought the trajectory from its position at time T-1 to its position at time T. Next, from the penultimate position of the process at time T-1, we can determine its position at time T-2, and so forth determine the optimal trajectory all the way backwards until the beginning of the process at time t=0.

The application to the problem of an optimal sequence of reproduction decisions would be like this: Consider an individual in a stationary population whose total remaining reproductive potential V at age t+1 is

$$V_{t+1} = V_t + G_t - P_t \qquad (1)$$

the total reproductive potential V at age t plus some current income $G_t$ minus current parental investment $P_t$ at t, $G_t$ being a non increasing function of $P_t$. $G_t$ is reaching its maximum, if there is no parental investment in this period: there exists a trade-off between $P_t$ and $G_t$.

Assuming that all individuals die at terminal age T, the optimal allocation at this age is to divert all remaining resources into current investment. From that the optimal allocation at time T-1 can be calculated, from that the one at T-2, and so forth down to age 0. Thus, for any assumed reproductive investment in the last time period of the individual's life, the sequence of allocation decisions can be derived which maximizes lifetime fitness.

Up to now, most applications of stochastic dynamic programming to life history analysis have been for animals: hunting behavior of lions (Mangel and Clark 1988); migration by salmons (Levy 1987, quoted in Puterman 1994); foraging of small birds in winter (Houston et al. 1988); the dawn chorus of birds in spring (McNamara et al. 1987); parental allocation and clutch size (Mangel 1987; Mangel and Clark 1988); mate desertion in hawks (Kelly and Kennedy 1993); foraging in many species (references in Clark 1991). Any application to human reproductive strategies could easily make use of many well documented trade-offs between costs and returns of parental investment.

We want to determine the optimal number and optimal timing of births which under certain environment conditions maximize expected lifetime fitness. As an illustration, we are describing a very simple example of a life course problem.

From maturity on, in a population, a female with an ever-present, faithful husband, or, alternatively, an abundant supply of males may live uniformly seven years during which she may reproduce. She may give birth once per year but may decide not to. Beyond what she needs for her own subsistence, she has a fixed income of one resource unit per year. As long as she has no children, she saves this amount. Once she has children, the current income is split up evenly among them. Her savings (the resources she had saved before reproduction) will be split up among her children after her death. This assumption may reflect the investment she has made in her own rank which in many species is known to be transferred to children and, thus, to increase reproductive success of children beyond current maternal investment.

In order to keep things simple, let children uniformly start reproduction after the death of their mother, notwithstanding their own age at this moment.

In consistence with the fitness criterion from stochastic population theory as sketched above, her goal is to maximize the survival of her lineage, or to minimize the probability that no descendants of her survive. Simulation can support the intuitive notion that in sexually reproducing species, the vast majority of all lineage extinction events takes place in the first generation, therefore we will take into account only lineage survival probabilities into this first generation (Mueller 1992).

Let there be two built in-trade-offs with respect to number of children.

1) Mortality of children shall go up with number of children already present as an effect of the decreasing share of current income per child. Empirical evidence for that assumption can be found in the studies of Anderson (1990) and Haukioja et al. (1989). By comparing infant mortality of twins and singletons these studies circumvent the problem that realized number of children may be a reaction to expected infant mortality, as well as the problem that subsequent children are born at increasing age of mothers with increasing risk of maternal and infant mortality.

2) Chances of adult children of not remaining childless shall go up with increasing amount of resources each child inherits from parents. This inheritance in turn is the bigger the longer the parents have postponed reproduction and the smaller the number of their children is. Positive correlations between number of children and percentage of children remaining childless were found in the families of US American professional soldiers (noncommissioned and commissioned officers) (Mueller 1992), in the families of West German and East German physicians (Mueller unpublished), and in the families of German female university professors (Schmid 1994).

In both tradeoffs, we model the desired effect not as a proportional function of the share of current income or of inheritance but a logarithmic function, taking into account that from an early age on, life chances of children depend on parental investment only with decreasing marginal effect.

Finally, we will consider two situations. In the *no-care-necessary* situation, children can be on their own and are able to start reproduction already in the first year they have entered alive. In the *care-necessary* situation, children need two full years of maternal care, before they can start reproduction: the first year they have entered alive, and the following year. In this situation, a child, whose mother does not live through these two years, will never reproduce.

For any stochastic dynamic optimization model, essential components are (Mangel and Clark 1988, 215-233; Puterman 1994, 17-25):
− a state variable $X_t$;
− a set of constraints on $X_t$, defining a state space;
− a set of actions i, which can be used with probability $b_i$, such that $\sum b_i = 1$;
− a state dynamics;
− an optimization criterion.

Applied to our model, we have

1) the state variable $X_t$, the expected number of children at time t;

2) a discrete time structure, consisting of right-side-open intervals [t, t+1] of equal length, with a start period $[t_0, t_1)$ and with a terminal period, denoted as [T, T]. We will think of time periods as years. The beginning of year [t, t+1] is denoted as t. Where the context is unambiguous, t may also denote the year [t, t+1]. The state variable is measured at the beginning

of each year, reproduction and mortality occur during the year, the female dies at the end of the year T, T];

3) the constraints $0 \leq X_t$, $0 \leq (X_t - X_{t-1}) \leq 1$, $0 = X_t$ for $t = t_0$:

the expected number of children alive at the beginning of the process is zero, thereafter a non-negative number not exceeding the number of years passed, since there can be only one birth per year;

4) the set of actions: Here simply the binary decision to give birth to a child in year; [t, t+1) with probability $b_t$, or not, with probability $(1-b_t)$;

5) the state dynamics given by:

$$X_{t+1} = \{ X_t(1 - m_t(m,X_t) + 1) b_t + X_t(1 - m_t(m,X_t))(1 - b_t) \} \tag{2}$$

The number of children $X_{t+1}$ at time t+1 equals the number of children $X_t$ at time t, diminished by the mortality $m_t(m,X_t)$ during the year [t, t+1), which is a function of the number of children present at t, and some base line mortality m, an environment parameter, the one a child is subject to if there are no other children present and it gets the whole of the parental investment. In order to model the first trade-off, we want $m_t$ to be an increasing function of number of children present, but with decreasing increment, and propose:

$$m_t := m^{(1/(1+\ln(X_t)))} \tag{3}$$

Neither age of children nor age of mother shall have an effect on child mortality, which for simplicity shall work only on children alive at the beginning of the year [t, t+1).

6) The optimality criterion is the lifetime fitness function $\varphi_T(X_T, R_T)$, the function which maps number of children alive at the beginning of the terminal year [T, T] and the resources $R_T$ which they will receive after the death of their mother at the end of [T, T], into the expected lineage survival probability = lifetime fitness.

In the model, we assume that $R_T = t^*$ with $b_t^* > b_{t-1} = b_{t-2} = ... = b_0$, since the mother can save one resource unit each year before she starts reproducing.

Appropriately, lifetime fitness is measured at the end of [T, T]. The more resources going to a child, the smaller the probability c that this child will remain childless (not finding a mate, being sterile, or die before onset of reproduction). As in the case of infant mortality m, in order to model the second trade-off, we want the probability c be an increasing function of number of resources going to a child, but with decreasing increment, and propose:

$$\varphi_T(X_T, R_T) := 1 - c(\gamma, R_T)^{X_t} \quad \text{and} \quad c(\gamma, R_T) := \gamma / (1 + \ln(1 + R_T / X_T)) \tag{4}$$

The lineage survival probability, according to our definition - see above - is the complement to the probability that all children $X_T$ will remain childless. This is the individual chances of childlessness among these children, dependent on some base line childlessness $\gamma$ and the number of resources per capita $R_T / X_T$, raised to the power $X_T$.

Now we can determine the optimal trajectory, that is the optimal timing of reproduction decisions $b_0, b_1, \ldots, b_{T-1}, b_T$.

The general procedure is:

1) For each possible value of the state variable $X_T$, the expected number of children at terminal time T, we determine the optimal trajectory, which maximizes the terminal fitness function $\varphi$ for that $X_T$. We may call such a trajectory a locally optimal trajectory for $X_T$. There may be more than one locally optimal trajectory for a given $X_T$.

2) Then we select from that set of locally optimal trajectories for all values of $X_T$ which are possible under the constraints of the state space, the one trajectory which leads to the highest value of the terminal fitness function $\varphi$ over the whole state space. We may call this trajectory the globally optimal trajectory for all $X_T$. Again, there may be more than one globally optimal trajectory for all $X_T$, several distinct sequences of reproduction decisions may be equally globally optimal.

While the second half of the task does not pose specific problems, the first one requires stochastic dynamic programming, a working backwards in the state dynamics, as defined in eq. (5).

We introduce a new function

$$F(x, t, T) := \max E\{\varphi(X_T)) \mid X_t = x\} \quad (5)$$

F is the function, which at the end of [T, T] maximizes expected lifetime fitness of the state variable $X_T$, under the condition that the state variable X at time t equals x. In order to find a general method of calculating F, we write

$$F(x, T, T) := \max E\{\varphi((X_T(1-m_T) + 1) b_T) + \varphi((X_T(1-m_T))(1 - b_T))\} \quad (6)$$

The right hand side of this equation gives the expected value of the expected lifetime fitness at the end of the terminal year for any $X_T$ depending on

- the mortality in T, itself a function of $X_T$,
- the fitness function $\varphi$, which also is a function of $X_T$ and $R_T$, the latter at least being bound by $X_T$;
- and the action "reproduction", taken with probability $b_T$ and avoided with probability $(1 - b_T)$.

Finding $F(x, T, T)$ means determining the value of $b_T$, which maximizes the right hand side of eq.(6).

After we have found $F(x, T, T)$, we want to find $F(x, T-1, T)$.

Let $x'_t := [(X_{t-1})(1-m_{t-1}) + 1]$

and $x''_t := [(X_{t-1})(1-m_{t-1})]$

Then, by the total probability formula, we have

$$F(x, T-1, T) = \max \{F(x, T, T) \mid X_{t-1} = x\}$$
$$= \{F(x', T, T)b_{T-1} + F(x'', T, T)(1 - b_{T-1})\} \quad (7)$$

Again, we solve this equation by an appropriate choice of $b_{T-1}$, which together with $b_T$ gives $F(x, T-1, T)$. Applying the same algorithm, we obtain $F(x, T-2, T)$, and all the way backwards to $F(x, t_0, T)$ for any given $X_t$.

Since we want to keep this model as simple as possible, we set child mortality equal at all ages. First we consider the *no-care-necessary* situation when no child reproduces as long as the parents are alive, but starts to do so as soon as they are dead, never mind how old the child is. We also disregard adult mortality among children.

For the simple model presented here, inspection of eq.(7) shows that, in the *no-care-necessary* situation $b_T$ must equal one, and so must $b_{T-1}$, and so forth, down to some t, such that the optimal trajectory = sequence of reproduction decisions has the following general form:

$$b_0 = b_1 = ... = b_{t-1} = 0, \quad \text{and} \quad b_t = ... = b_{T-1} = b_T = 1$$

Once reproduction has begun, it is not advisable to take a break.

Imagine that the female has achieved the optimal number of births, the one which maximizes survival probability of her lineage. In this situation the best last move for the female must have been to place this last birth in the last year of her life, because any other choice would unnecessarily expose the last child to additional years with the risk to die before commencing reproduction.

The best move before this last best move again is to give birth to a child the year immediately before and so on backwards. Put it in forward perspective: as soon as the female has started reproduction, she should get a child every year until death.

Thus, if the optimal number of births is 1,2,3 ... , we know the optimal timing of births. In order to find the number of births, which actually maximizes lineage survival chances, we first calculate the expected number of children alive at the death of their parents and then the lineage survival probability from this number and from the size of the maternal inheritance (her mother's savings) bequeathed to them.

Next we may wish to consider the *care-necessary* situation: no child may be able to survive the first two years without the ongoing support of the mother. That means, the mother should give birth to her last child not immediately before her death. But from that time backwards, by force of the same argument already applied, the female, from the onset of her reproduction on, should have a baby each year. And again, in order to find the optimal number of births, we first calculate the expected number of children alive at the death of their mother and then the lineage survival probability from this number and from the size of the inheritance left to them.

In the *care-necessary* situation $b_T$ must be zero, and so must $b_{T-1}$, but from there on $b_{T-2} = b_{T-3}$ ... = 1. Here the optimal trajectory = sequence of reproduction decisions has the following general form:

$$b_0 = b_1 = ... = b_{t-1} = 0, \quad b_t = ... = b_{T-3} = b_{T-2} = 1 \text{ and } \quad b_{T-1} = b_T = 0$$

In the last step, the maximal fitness value of the various locally optimal trajectories has to be found which identifies the globally optimal trajectory.

We consider three types of environments,
- one "rough" with child mortality at .15 and childlessness chances at .40,
- one "moderate" with child mortality at .10 per year and childlessness chances at .30,
- one "rich" with child mortality at .05 per year and a .20 chance of an adult child to remain childless.

Figures 1-6 show for both situations (*no-care-necessary* and *care-necessary*) and for all three environments (rough, moderate, and rich) the optimal life course in terms of number and timing of births.

In a rough environment, in the *no-care-necessary* situation, if children can be on their own immediately after birth, the mother should wait three years, have four children and then die immediately after the birth of her last child. In the *care-necessary* situation, if children need two years before they can be on their own, the female should wait three years, have two children without a break, and then care for these children during her last two years.

In a moderate environment, in the *no-care-necessary* situation, the mother should wait three years, have four children and then die immediately after the birth of her last child. In the *care-necessary* situation, the female should wait two years, have three children without a break, and then care for these children during her last two years.

In a rich environment, in the *no-care-necessary* situation, the mother should wait two years after maturity, have five children and then die immediately after the birth of her last child. In the *care-necessary* situation, the female should wait one year, have four children without a break, and then care for these children during her last two years.

Figure 1: Rough environment, without care    Figure 2: Rough environment, with care

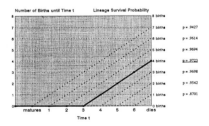
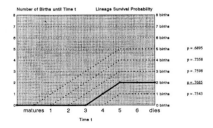

Figure 3: Moderate environment, without care

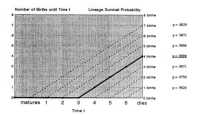

Figure 4: Moderate environment, with care

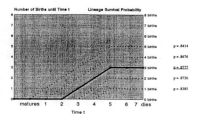

Figure 5: Rich environment, without care

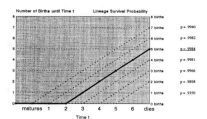

Figure 6: Rich environment, with care

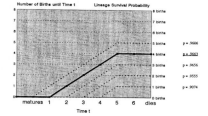

Further model refinements, in order to make it more realistic, are easily conceivable. We could vary child mortality by age of child. We could allow children start reproducing with their parents still alive, we could make the time of inheritance more flexible (allow for dowries) and so on. The next step would then be fitting the model to real data in order to see how close the distribution of empirical life courses in a population matches the optimum predicted by the model. For this, the two tradeoff functions probably would have to be re-specified.

On the other hand, very simple models can have considerable predictive power. For example, the relatively inflexible spacing of the optimal number of children which was not included in the assumptions of the model, fairly well reflects the empirical findings. In subsistence societies like the hunter-gatherers of the Kalahari, the optimal spacing is about 4 years (Blurton Jones 1986, 1987). In modern societies, made possible by modern medicine and improved nutrition, optimal spacing, can be somewhat shorter (Yamaguchi and Ferguson 1995): but apparently not less than three years.

But also in modern societies, with a much lower number of births per women, leaving much more freedom of choice for the timing of births, adaptation to environment fluctuations occurs by varying the onset of reproduction and - possibly - the total number of children born, but not by varying the spacing between births. Figure 6 shows the intervals between marriage and birth of first child, between first and second child and so forth, on the one side, the age at first marriage for women in West Germany 1964-94. Age at first marriage varied between 22.7 and 26.9, more than 4 years. The crude birth rate varied between 17.4 and 9.9 per 1000. The spacing between births, however, was remarkably stable: changes of one year most. There seems to be a large evolutionary premium on having the optimal number of births in the shortest possible period in life, once reproduction has begun. In estimating the effects of covariates on the extent of eventual deviations, some techniques analogous to semiparametric transition rate models may be useful. The general procedure could be as follows:

Figure 7: Age at First Marriage and Intervals before Birth 1 - 5
German Women 1964-1994 / Legitimate Births only

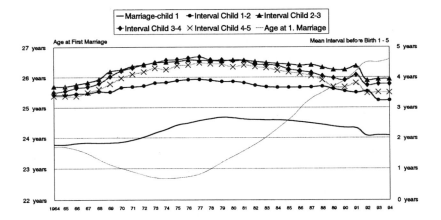

Mean age at first marriage and intervals before birth 1-5, German Women 1964-1994 (Federal Statistical Office, own computations)

1) Determine trade-off functions from empirical data;
2) Derive the optimal transition probabilities, and, hence, the optimal life course in this environment;
3) Link the variation in the covariates with the variation in the observed transition probabilities. Standard linking models from life event analysis (proportional and linear hazard models; accelerated failure time models) may possibly be too simple. Imagine that one deviation may be a condensation in time (have your first child later, your last one earlier), the other deviation a stretching of events (have your first child earlier, your last one later). Better might be just determining the degree of suboptimality of deviations, and identifying the contribution of single transitions to this differential. This could be done analogous to determining the elasticity

of the intrinstic growth rate with respect to changes in age specific vital rates. It has been shown also for industrial societies that changes in the optimal age class have the greatest impact on the overall growth rate, as predicted (Caswell 1989, 133).

4) If there are several fitness maxima, measuring the degree of suboptimality may require additional assumptions. Whether stable polymorphism as compared to varying degrees of suboptimality of life courses in human populations is a frequent situation, must be decided empirically.

**References**

Anderson, D.J. (1990), On the Evolution of Human Brood Size, Evolution 44, 438-440.

Blurton Jones, N. (1986), Bushman Birth Spacing: a Test for Optimal Interbirth Intervals, Ethology and Sociobiology 7, 91-105.

Blurton Jones, N. (1987), Bushman Birth Spacing: Direct Tests of some Simple Predictions, Ethology and Sociobiology 8, 183-203.

Caswell, H. (1989), Matrix Population Models. Sunderland MA: Sinauer Associates.

Clark, C.W. (1991), Modeling Behavioral Adaptations. Behavioral and Brain Sciences 14, 85-117

Haukioja, E.; Lemmetyinen, R.; Pikkola, M. (1989), Why are twins so rare in Homo sapiens, American Naturalist 133, 572-577.

Houston, A.; Clark, C.; McNamara, J.; Mangel, M. (1988), Dynamic Models in Behavioural and Evolutionary Ecology, Nature 332, 29-34

Kelly, E.J.; Kennedy, P.L. (1993), A Dynamic Stochastic Model of Mate Desertation, Ecology 74, 351-366.

Luenberger, D.G. (1979), Introduction to Dynamic Systems. Theory, Models and Applications. New York.

McNamara, J.M.; Mace, R.H.; Houston, A.I. (1987), Optimal daily routines of singing and foraging in a bird singing to attract a mate, Behavioural Ecology and Sociobiology 20, 399-405.

Mangel, M. (1987), Oviposition Site selection and clutch size in insects, Journal of Mathematical Biology 25, 1-22.

Mangel, M.; Clark, C. W. (1988), Dynamic Modeling in Behavioral Ecology. Princeton.

Mueller, U. (1992), Is there a Stabilizing Evolution around Average Fecundity in Modern Human Populations ? Findings from Two Samples of US Military Men, in: Abstracts of the Fourth International Behavioral Ecology Congress, Princeton.

Mueller, U. (1993), Social Status and Sex, Nature 363, 490.

Puterman, M.L. (1994), Markov Decision Processes. Discrete Stochastic Dynamic Programming. New York.

Schmid, K. (1994), Ehe und Familiengröße von Karrierefrauen: am Beispiel deutscher Hochschullehrerinnen, Unpublished Ph. D. Thesis, Department of Sociology, University of Marburg.

Yamaguchi, K.; Ferguson, L.R. (1995), The Stopping and Spacing of Childbirths and Their Birth-History Predictors: Rational Choice Theory and Event History Analysis, American Sociological Review 60, 272-298.

Prof. Dr. Dr. Ulrich Mueller, Institut für Medizinische Soziologie, Klinikum der Universität Marburg, Bunsenstraße 2, D-35033 Marburg

## 3. Zyklische soziale Mobilität beim Hochschulzugang: Lehrermangel ab dem Jahr 2000?

*Volker Müller-Benedict*

*1. Einleitung*

Bildungsabschlüsse sind für die soziale Mobilität heute notwendiger denn je. Die Auswirkungen dieser Möglichkeit sozialer Mobilität durch Bildungsprozesse sind bisher wenig beachtet worden. Die These dieses Beitrags ist, daß sich der Hochschulbesuch, genauer die Veränderung der Zahl der Studierenden, leichter erklären und prognostizieren läßt, wenn dazu Modelle benutzt werden, die diesem Umstand der sozialen Mobilität Rechnung tragen. Das bedeutet, daß die soziale Zusammensetzung der Studierenden in irgendeiner Weise in ein solches Modell Eingang finden muß, was bei keinem der augenblicklich in der Bildungspolitik angewendeten Modelle der Fall ist (KMK 1993a, 1993b).

Zunächst werde ich die historische Dynamik des langfristigen Hochschulbesuchs analysieren. Anschließend sollen daraus Hypothesen über die funktionellen Zusammenhänge dieser Dynamik abgeleitet werden. Dann sollen diese Hypothesen in ein theoretisches Modell einfließen und die Konsequenzen des Modells in einer Simulation hergeleitet werden. Soweit kann das Modell als erklärendes Modell dazu dienen, diese Prozesse besser zu verstehen. Als letztes möchte ich dann versuchen, dieses Modell so zu modifizieren, daß es auf die neueste Entwicklung angewendet werden kann, und mit seiner Hilfe eine kleine Teilprognose für den Lehrerarbeitsmarkt wagen.

*2. Das empirische Erscheinungsbild*

Die Daten, auf die ich jetzt zurückgreife, sind Ergebnisse eines Forschungsprojekts über Universitäten in Deutschland bis 1945. Im „Datenhandbuch zur Deutschen Bildungsgeschichte" ist die langfristige Entwicklung des Hochschulbereichs dokumentiert (Titze 1987, 1995). In ausnahmslos allen dieser Zeitreihen gibt es Zyklen zunächst schwer feststellbarer Länge und verschiedener Intensität. Hinter den „Gipfeln" der Zyklen verbergen sich teilweise dramatische Überfüllungszeiten mit vielen arbeitslosen Akademikern. Dabei sind die Zyklen verschiedener Fächer generell nicht synchron. Sind sie zu speziellen Zeitpunkten synchron, wird dann auch politisch und öffentlich eine allgemeine Überfüllungs- oder Mangelsituation thematisiert. So entstand z.B. in der Überfüllungskrise um 1930 das Schlagwort „Lebensraum für geistige Arbeiter" (Schairer 1932), oder in der Mangelsituation in den 1960er Jahren wurde u.a. gefordert: „Bildung ist Bürgerrecht" (Dahrendorf 1965, Picht 1964).

Aus den empirischen Untersuchungen des Datenbestands ergibt sich weiter, daß die einzelnen Studienfächer sozial unterschiedlich zusammengesetzt waren. Vergleicht man beispielsweise im Jahre 1911 die Studiengänge Jura und Höheres Lehramt, so beträgt der Anteil der Studenten mit Vätern aus der Kategorie „Höhere Beamte" im Fach Jura 21% und in den philologischen Fächern, den Lehrerausbildungsfächern, 10,7%. Dagegen beträgt der Anteil der Studenten mit Vätern aus der „mittleren und unteren" Beamtenschaft in Jura 17%, in den Philologien dagegen

39%. Es studieren also jeweils doppelt so viele aus der höheren Beamtenschaft Jura gegenüber Lehramt und doppelt so viele aus der unteren Lehramt gegenüber Jura. Ein zweiter wichtiger sozialer Unterschied liegt in der zeitlichen Veränderung dieser Anteile. Die Söhne aus den höheren Schichten (z.B. von höheren Beamten und Anwälten), betreiben bei der Wahl ihres Studienfachs eine im Zeitverlauf relativ stabile Aufteilung; die Söhne aus unteren Schichten, z.B.von Volksschullehrern, zeigen dagegen im Zeitverlauf stark schwankende Präferenzen für die verschiedenen Fächer (Titze 1991: 126ff.). Diese Änderungen in der Fachwahl der unteren Schichten waren natürlich vornehmlich durch die wechselnden Berufsaussichten bedingt.

Es zeigt sich also, daß die zeitliche Dynamik der Studentenströme von der sozialen Zusammensetzung der Studierenden abhängt. Dieser Zusammenhang läßt sich ebenfalls bei einer anderen Art sozialer Zusammensetzung, der Differenzierung nach Geschlecht, finden. Der Wissenschaftsrat hatte 1964, in einer Phase des sog. „Bildungsnotstands", eine nach Geschlecht differenzierte Prognose über das erhoffte Studentwachstum aufgestellt. Diese Prognose hat die Entwicklung nur für die Männer jedenfalls am Ende des Prognosezeitraumes, dem Jahr 1980, getroffen. Unterschätzt hat sie jedoch trotz der optimistischen Annahmen die stark überproportionale Zunahme der Frauen (Müller-Benedict 1991:93). Diese Unterschätzung der Mobilisierungsmöglichkeiten der Frauen hat damit zum großen Teil zum Scheitern der Prognose geführt. In beiden hier gezeigten Fällen haben sich damit die Mobilisierungsmöglichkeiten verschiedener sozialer Gruppen als unterschiedlich erwiesen.

## 3. Hypothesen

Folgende Hypothesen möchte ich aus diesen hier nur sehr verkürzt darstellbaren empirischen Ergebnissen ableiten (s.a. Herrlitz/Titze 1976, Müller-Benedict 1991, Titze u.a. 1985):
(1) Die unteren sozialen Schichten sind instabiler in ihren Anspruchslagen. Sie lassen sich in Zeiten, in denen eine Karriere als überfüllt gilt, schneller und zahlreicher vom Studium abschrekken, ebenso werden sie in Mangellagen schneller und zahlreicher mobilisiert.
(2) Die Studienfächer sind sozial unterschiedlich zusammengesetzt. Die Bandbreite geht von sozial exklusiven Studiengängen wie Jura zu sozial offenen Studiengängen, die er von bisher weniger an der Universität repräsentierten Gruppen gewählt werden. Es gibt dadurch spezielle „Aufsteigerkarrieren", denen sich die Erstakademiker viel stärker zuwenden als den anderen Karrieren: Das war vom Kaiserreich bis Ende der 70er Jahre z.B. das Lehramt an Gymnasien.
(3) Als Folgerung aus den ersten beiden Hypothesen ergibt sich, daß die verschiedenen Studienfächer unterschiedlich stark durch die instabile Anspruchlage der mittleren und unteren Herkunftsgruppen beeinflußt werden. Sie „pulsieren" im Zeitverlauf um so heftiger, je mehr sozial offen sie sind.

## 4. Modellentwicklung

Nach der Annahme der letzten Hypothesen läßt sich jedem Studiengang ein sog. „Mobilisierungskoeffizient" zuordnen, der mißt, wie groß der Zulauf in diese Karriere ist, wenn hier ein bestimmter Bedarf vermutet wird, bzw. wie schnell die Zahlen der Studierenden wieder sinken, wenn die Bedarfsaussichten wieder fallen. Damit lassen sich die Hypothesen so formalisieren:

(1)     $Y(t+1) = Y(t) + a_f * (N(t) - A(t))$;     mit  $Y(t)$ = Studierende,
                                                        $N(t)$ = offene Stellen,
                                                        $A(t)$ = Absolventen

wobei $a_f$ der Mobilisierungskoeffizient des Fachs f sei. Diese Gleichung besagt nichts weiter, als daß offener Bedarf in einem Beruf den zugehörigen Studentenbestand um diesen offenen Bedarf, multipliziert mit dem Mobilisierungskoeffizienten, erhöht.

Hypothese (1) läßt sich nach Einführung weiterer Parameter, deren Bedeutung und Zusammenhang mit den bisherigen sich von selbst ergibt, äquivalent umformen zur Differenzgleichung:

(2)     $S(t) = a * N(t) - \alpha * S(t-d-1)$,     mit  $\alpha = b * a - 1$,
                                                        a = Mobilisierungskoeff.
                                                        b = Erfolgsquote,
                                                        d = Studiendauer
                                                        $S(t)$ = Erstsemester.

Wenn man N zunächst konstant setzt, ist (2) eine inhomogene Differenzengleichung. Im Zeitverlauf schwingt dieses System mit der Frequenz $2(d+1)$ um den Gleichgewichtspunkt $N / (1+\alpha)$ (Cadzow 1973). Diese Schwingungen verlaufen langfristig divergent, wenn $\alpha > 1$ ist, und gedämpft, wenn $\alpha < 1$ ist.

Aus diesem Ergebnis folgt also zunächst, daß die Studentenzeitreihen eine zyklische Komponente von etwas mehr als der doppelten Studiendauer enthalten. Hier ist eine erster Hinweis für Zyklen einer Länge, die auch in den tatsächlichen Zeitreihen feststellbar ist. Die unterschiedliche Studiendauerlänge ergibt eine Erklärung für die Unterschiede im zyklischen Erscheinungsbild der Fächer.

Die Abhängigkeit von den Größen a und b, dem Mobilisierungskoeffizient und der Erfolgsquote im Studium, führt weiter auch zu einer unterschiedlichen Intensität der Zyklen. Je größer der Mobilisierungskoeffizient und die Erfolgsquote, desto wahrscheinlicher sind stärkere Schwingungen. Das bedeutet, daß die sozial offenen Fächer, die nach den Hypothesen größere Mobilisierungskoeffizienten besitzen, stärkere Überfüllungs- und Mangelkrisen haben werden als die sozial elitäreren Fächer, ein Ergebnis, das ebenfalls zum empirischen Erscheinungsbild gehörte.

Im Modell noch zu spezifizieren bleibt die „Nachfrage" der Karriere, d.h. die Anzahl der unbesetzten Stellen, die Größe $N(t)$. Hier sind verschiedene Einflüsse zu berücksichtigen, die sich grob in Erweiterungs- und Ersatzbedarf gliedern lassen. Dabei unterliegt der Erweiterungsbedarf, der für das Wachstum der Karrieren verantwortlich ist, eher unregelmäßigen externen Einflüssen, z.B. aus der politischen Ebene. Das Wachstum soll aber in diesem Modell herausgelassen werden. Kann beim Ersatzbedarf mit einer vorhersehbaren Regelmäßigkeit gerechnet werden? Ohne Wachstum ist der Ersatzbedarf vor allem von der Altersstruktur der Stelleninhaber abhängig, und zwar um so mehr, als Berufswechsel in den mittleren Lebensjahren unwahrscheinlich ist. Die Altersverteilung aller Stelleninhaber ist dann im Zeitverlauf stabil. Sie verschiebt sich also im

Rhythmus einer Berufsdauerlänge einmal von den jüngeren zu den älteren. Wenn sie dann noch schiefgipflig ist (Bild 6), ergibt sich ein charakteristisches „Durchwandern" der schiefen Altersstrukturwellen durch die Zeit bis zur Pensionierung (Titze u.a. 1990).

Für das Modell folgt daraus, daß sich die Nachfragekomponente als Zyklus implementieren läßt:

(3)     $S(t) = a \sin( 2 \pi f ) + \alpha S (t - d - 1)$,     mit $1/f$ = Berufsdauerlänge.

Dieses System habe ich mit einem Programm simuliert. Je nach Größe des Mobilisierungskoeffizienten, also des Parameters, der die sozialen Unterschiede beinhaltet, ergeben sich Wellen in den Studentenzeitreihen, die entweder von den kurzen Zyklen des Angebots von doppelter Studiendauerlänge oder von den langen Zyklen des Bedarfs dominiert sind (Bilder 1 und 2). Soweit kann das Modell als Erklärung für eine mögliche unterschiedliche zyklische Entwicklung der verschiedenen Studienfächer dienen, wie sie in den empirisch vorfindbaren Zeitreihen existiert.

Bild 1: Mobilkoef. 2.3  S=Stud./Dauer  E=Erstsem.  N=Bedarf

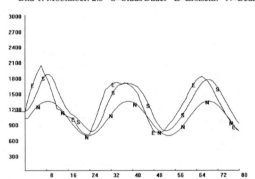

Bild 2: Mobilkoef. 2.3  S=Stud./Dauer  E=Erstsem.  N=Bedarf

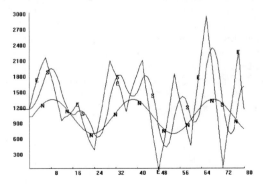

## 5. Bestätigung des Modells und Schätzung der Parameter

Im folgenden soll das Modell auch als Prognosemodell eingesetzt werden. Schon in diesem minimalen Rahmen kann das Modell Ergebnisse liefern, die weiter führen als bekannte Prognosen.

Als Studienfach, auf das ich die Prognose anwenden will, wurde das Lehramt gewählt. Der wichtigste Grund ist, daß hier der Erweiterungsbedarf, also das Wachstum, im fraglichen Zeitraum der Prognose, also heute - 10 und + 20 Jahre, noch am ehesten von allen Karrieren einzuschätzen ist: er ist in diesem Zeitraum nicht vorhanden. Seit 1980 stagniert die Zahl der hauptamtlichen Lehrer bei etwa 500000, und auch aus der neuesten politischen Diskussion lassen sich keinerlei Anzeichen für eine nennenswerte Steigerung dieses Bestands im nächsten Jahrzehnt erkennen, vor allem auch deshalb, weil die demographische Entwicklung stagnieren wird.

Zunächst müssen für einen Einsatz als Prognose die Komponenten und Parameter des Modells in der tatsächlichen Entwicklung isoliert werden. Der hohe Grad an Unsicherheit bei den Schätzungen von Parametern[1] läßt sich dadurch ausgleichen, daß hier ein Simulationsmodell vorliegt, in dem man leicht die Robustheit der Parameter testen kann, indem man den Verlauf mit von den Schätzungen abweichenden Werten simuliert und die Ergebnisse vergleicht. Die Erstsemester, Studenten und die bestandenen Prüfungen stehen direkt in Statistiken (BMBW). Den Verlauf dieser Indikatoren in den letzten 10 Jahren zeigt Bild 3.[2] Die Kurve der Prüfungen folgt den Erstsemestern um etwa 6 Jahre zeitversetzt, mit einer Erfolgsquote von im Durchschnitt 0.75. Weiter ist zu sehen, daß sich die Erstsemester tatsächlich, wie es die Hypothese formuliert hat, an der Differenz von Einstellungen und Prüfungen orientieren: an den Wendepunkten dieser Differenz wendet sich auch die Erstsemesterkurve. Das ist besser zu sehen am folgenden Bild 4: Hier sind die Größen aus der ersten Hypothesengleichung (1) direkt aufgetragen: die Bestandsveränderung der Lehramtsstudenten und die Größe Bedarf minus Prüfungen, wobei ersatzweise der Bedarf hier durch die tatsächlichen Einstellungen repräsentiert wird. Selbstverständlich ist der Bedarf eine nur explizit politischen Wertungen zu bestimmende Größe: Durch Erhöhen der Schüler-Lehrer-Relation kann der staatliche Arbeitgeber eine Situation zum Normalbetrieb umdefinieren, die von Eltern als eklatanter Lehrermangel bezeichnet wird. Tatsächliche Einstellungen stellen deshalb eine Untergrenze eines „öffentlichen" Bedarfs dar. Es zeigt sich jedoch hier, daß die Hypothese an der Realität eine Korrektur erfahren muß: die Differenz Einstellungen minus Prüfungen wird nur selten positiv. Der wichtigste Grund dafür ist, daß die tatsächlichen Einstellungen nur bei genug vorhandenen Kandidaten eine Schätzung für den Bedarf ergeben. In einer Mangelzeit, wenn nicht genügend oder gar keine Kandidaten vorhanden sind und eingestellt werden können, um den Bedarf zu decken, liegen die Einstellungen schon definitionsgemäß tiefer als der tatsächliche Bedarf. Eine positive Differenz bedeutet zweitens auch, daß über die in diesem Jahr Geprüften hinaus noch weitere eingestellt werden können, daß also ein Rückgriff auf schon länger wartende Kandidaten problemlos möglich ist.

Aus beiden Gründen folgt, daß die Hypothese am besten dadurch modifiziert wird, daß ein Faktor c vor der Größe des Bedarfs N(t) eingefügt wird:

(1)     $Y(t+1) = Y(t) + a\,(\,c\,N(t) - A\,(t)),\ c \approx 1.5,$

der hier so gewählt ist, daß die Hypothese numerisch mit der Vorlaufzeit vereinbar wird; die Kurve „Einstellungen - Prüfungen" verschiebt sich daduch in eine mittlere Lage um die Nulllinie. Nach dieser Änderung der Hypothese läßt sich dann der Mobilisierungskoeffizient direkt ablesen aus dem Faktor, der die Höhe der Ausschläge der beiden Kurven in Bild 4 ineinander transformiert; er beträgt hier im Durchschnitt 1.75.

Zur Vorausschätzung des Bedarfs wird die vorhandene Altersstruktur fortgeschrieben und mit der Annahme einer 30-jährigen Berufsdauer die Zahl der jährlich Pensionierten geschätzt. Die Differenz, die in den Anfangswerten ab 1990 zu der tatsächlichen Einstellungspraxis existiert, beträgt etwa 3-4 Jahre (Bild 5). Dafür sind vor allem zwei Gründe verantwortlich: es ist teilweise eine vorgeschobene Einstellungpraxis praktiziert worden („Korridor"), und es haben mehr Lehrer als angenommen von der Möglichkeit einer Frühpensionierung Gebrauch gemacht, was insgesamt zu einer Verkürzung der Berufsdauer führt (Sommer 1986). Für die Modellierung wird deshalb die antizipierte Bedarfskurve um 3 Jahre nach vorne verschoben.

Damit ist in der Bedarfsschätzung ein Minimum angenommen. Die dramatische Steigerung des Ersatzbedarfs auf Grund des Ausscheidens der überalterten Lehrerschaft ab Ende der 90er Jahre ist auf Bild 5 zu erkennen. Noch augenfälliger wird sie, wenn - was eigentlich für die Prognose nötig wäre - auch nach Schultypen getrennt wird. In der Gymnasiallehrerschaft z.B. ist die Altersstruktur noch schiefer, wie auf Bild 6 (eig. Berechnungen, Stat. Bundesamt) zu sehen.

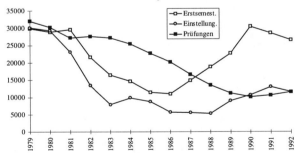

Bild 3: Entwicklung 1972-1992

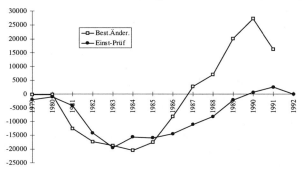

Bild 4: Entwicklung 1972-1992

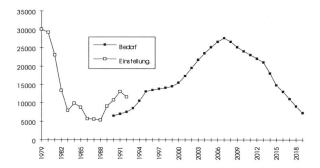

Bild 5: Nach Alterstruktur geschätzter Lehrerbedarf

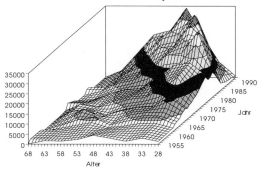

Bild 6: Die Alterstruktur der deutschen Gymnasiallehrer 1955 1992

## 6. Test und Prognose

In den nun folgenden Prognosen kann nur das Gebiet der alten Bundesländer betrachtet werden, da die Daten des Vorlaufzeitraums aus diesem Gebiet stammen. Um den Einfluß der neuen Länder einzuschätzen, ist festzustellen, daß er zahlenmäßig nur ca. ¼ des Westniveaus ausmacht. Weiter kann man vermuten, daß in den neuen Bundeländern wegen der Entlassungen eher erhöhter Bedarf besteht und daß das Lehramtsstudium dort eher weniger in der Lage ist, rasch viele Absolventen zu produzieren. Insgesamt bedeuten diese Abschätzungen, daß das hier Prognostizierte durch Hinzunahme der neuen Länder nur verschärft werden kann.

Als Testlauf wird vom Modell bisher Bekanntes vorhergesagt (Bild 7), nämlich die Entwicklung von 1983 bis 1993 wie im früheren Bild 3. Die tatsächliche Entwicklung ist prinzipiell getroffen, einschließlich Wendepunkten, was immerhin in gängigen Prognosen selten der Fall ist.

Bild 8 zeigt die aktuelle Prognose ab 1993 mit den neuesten Daten als Vorlauf: Die Studienanfängerzahlen werden in den nächsten 2-3 Jahren weiter fallen, um dann aufgrund der einerseits wieder zurückgehenden Prüfungszahlen, andrerseits gleichzeitig zunehmenden Ersatzbedarfszahlen kräftig wieder zu steigen. Dennoch wird ein Lehrermangel, den man an der Differenz zwischen Bedarf und Prüfungen ablesen kann, ab Ende der 90er Jahre für einige Jahre auftreten und nicht mehr aufzuhalten sein. Der Grund ist, daß Anfang der 90er Jahre zu wenig Studenten ins Lehramtsstudium gegangen sind, um den starken Ersatzbedarf ab der Jahrtausendwende ersetzen zu können. Danach könnte sich wieder eine drastische Überfüllungssituation im Lehramtsstudium aufbauen.

Diese Einschätzung bleibt im übrigen stabil, wenn man die Parameter des Modells, vor allem die fragliche Erfolgsquote und den Mobilisierungskoeffizienten, in einem Bereich um die geschätzten Werte variiert. Die Einschätzung wird dagegen verschärft, wenn man von der hier verwendeten Minimalannahme des Bedarfs abgeht. Legt man z.B. die schiefere Altersstruktur der Sek II bzw. Gymnasiallehrer zugrunde, so wird der Lehrermangel an den Gymnasien und Sekundarstufen erheblich größer ausfallen.

Bild 7: Prognose ab 1984: E=Erstsem. N=Bedarf P=Prüfungen

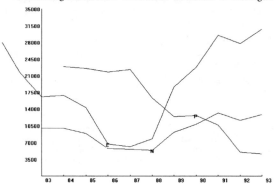

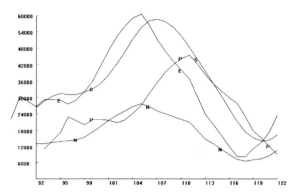

Bild 8: Prognose ab 1992: E=Erstsem. N=Bedarf P=Prüfungen

## 7. Einschätzung der Ergebnisse

Die Ergebnisse dieser Prognose unterscheiden sich aus zwei Gründen von anderen Prognosen: erstens werden im Modell nicht bisherige Trends - wie in ökonometrischen, erfahrungsblinden Modellen - fortgesetzt, sondern auf Grund empirisch fundierter Hypothesen die Möglichkeit zweier sich überlagernder Zyklen angelegt. Der zweite tiefere Grund ist aber der, daß in dieses einfache Modell soziale Ursachen einfließen. Die selbstverständliche Tatsache, daß sich die Studienanfänger in ihrer Fächerwahl auch nach den Berufsaussichten richten, wird hier sozialschichtspezifisch ausdifferenziert. Durch diese zusätzliche Berücksichtigung sozialer Mobilität ergeben sich andere Zyklen als durch eine reine Bedarfsorientierung.

Die hier untersuchte zyklische soziale Mobilität beim Hochschulzugang existiert schon seit 150 Jahren. Ihre Stabilität läßt sich nur durch ihre Funktionalität erklären. Sie mobilisiert einerseits die unteren, bisher hochschulfernen sozialen Schichten in Mangelphasen in akademische Ausbildungen hinein, schreckt sie aber genauso in Überfüllungsphasen verstärkt ab. Durch diesen Mechanismus wird letztlich die soziale Zusammensetzung der Studentenschaft auf lange Sicht stabilisiert, auf Aufstiege in akademische Kreise folgen in der nächsten Generation Abstiege, Exklusivität wird wieder hergestellt. Die zyklische soziale Mobilität in die akademischen Berufe erfüllt so eine spezielle Funktion für die Gesellschaft, nämlich die Erhaltung ausreichenden sozialen Gefälles von akademischen zu anderen Bildungsabschlüssen (Titze 1991).

**Anmerkungen**
1) In der Vergangenheit führten langfristige Erfolgsquotenberechnungen (Lorenz 1943, Hitpass und Trosien 1987) immer zu sehr unterschiedlichen und fragwürdigen Ergebnissen. Es wurde sogar nachgewiesen, daß die Erfolgsquoten systematisch schwanken mit den Überfüllungs- und Mangelphasen (Titze u.a. 1990).
2) Es handelt sich in den folgenden Bildern immer um die Anzahl der Lehramtskandidaten insgesamt.

## Literatur

BMBW (Bundesminister Bildung und Wissenschaft) (1975-1993), Grund- und Strukturdaten, Bonn.
Cadzow, J.A. (1973), Discrete Time Systems, Englewood Cliffs.
Dahrendorf, R. (1965), Bildung ist Bürgerrecht. Plädoyer für eine aktive Bildungspolitik, Hamburg.
Herrlitz, H.G., Titze, H. (1978), Überfüllung als bildungspolitische Strategie, in: Die Deutsche Schule: 348-370.
Hitpass, J., Trosien, J. (1987), Leistungsbeurteilung in Hochschulabschlußprüfungen innerhalb von drei Jahrzehnten, Bad Honnef.
KMK (Kultusministerkonferenz) (1993a), Prognose der Studienanfänger, Studierenden und Hochschulabsolventen bis 2010 (Stat. Ver. 124), Bonn.
KMK (1993b), Fächerspezifische Prognose der deutschen Hochschulabsolventen (Stat. Ver. 125), Bonn.
Lorenz, C. (Bearb.) (1943), Zehnjahresstatistik des Hochschulbesuchs und der Abschlußprüfungen. II. Bd.: Abschlußprüfungen mit einer synoptischen Übersicht der fachlichen Studien- und Prüfungsbedingungen, Berlin.
Müller-Benedict, V. (1991), Akademikerprognosen und die Dynamik des Hochschulsystems, Frankfurt
Picht, G. (1964), Die deutsche Bildungskatastrophe, Freiburg.
Schairer (1932), Die akademische Berufsnot, Jena.
Sommer, M. (1986), Darf man schon wieder zum Lehramtsstudium auffordern?, in: Döring, P.A. u.a. (Hg.): Bildung in sozioökonomischer Sicht, Köln 1986: 275-310.
Statistisches Bundesamt (1986-1993), Fachserie 11: Bildung und Kultur, Reihe 1: Allgemeinbildende Schulen.
Titze, H. (1991), Der Akademikerzyklus, Göttingen.
Titze, H., unter Mitarbeit von H.-G. Herrlitz, A. Nath, V. Müller-Benedict (1987), Datenhandbuch zur Deutschen Bildungsgeschichte, Teil I: Hochschulen, Band 1: Das Hochschulstudium in Preußen und Deutschland 1820-1944, Göttingen.
Titze, H. unter Mitarbeit von H.-G. Herrlitz, A.Nath. V. Müller-Benedict (1995), Datenhandbuch zur Deutschen Bildungsgeschichte, Teil I: Hochschulen, Band 2: Universitäten, Göttingen.
Titze, H., Lührs, W., Müller-Benedict, V., Nath, A. (1990), Prüfungsauslese und akademischer Berufszugang. In: Lösche, P. (Hg.), Göttinger Sozialwissenschaften heute, Göttingen 1990: 181-251.
Titze, H., Nath, A., Müller-Benedict, V. (1985), Der Lehrerzyklus. Zur Wiederkehr von Überfüllung und Mangel im höheren Lehramt in Preußen, in: Zeitschrift für Pädagogik 31: 97-126.
Wissenschaftsrat (1964), Abiturienten und Studenten. Entwicklung und Voraussätzung der Zahlen 1950 bis 1980, Tübingen.

Dr. Volker Müller-Benedict, Georg-August-Universität, Soziologisches Seminar, Platz der Göttinger Sieben 3, D-37073 Göttingen

## 4. Lehrerinnen und Lehrer an Gymnasien: Empirische Ergebnisse aus Rheinland-Pfalz und Resultate einer Simulationsstudie

*Margret Kraul, Klaus G. Troitzsch, Rita Wirrer*

### 1 Projektzusammenhang

Im Rahmen des DFG-Projekts "Einführung und Auswirkung der Koedukation. Eine Untersuchung an ausgewählten Gymnasien des Landes Rheinland-Pfalz" (Kraul/Wirrer 1993) wurden unter anderem alle verfügbaren Daten zur Entwicklung der Zahlen der Schülerinnen und Schüler sowie der Lehrerinnen und Lehrer an sämtlichen Gymnasien des Landes Rheinland-Pfalz erhoben.

Im Kontext des Projekts lag dieser Datenaufnahme die These zugrunde, daß mit zunehmender Durchsetzung der Koedukation die Anzahl der Lehrerinnen an ehemaligen Mädchengymnasien zurückgehen, an ehemaligen Jungengymnasien aber nicht im gleichen Ausmaß steigen würde.

Zur Untersuchung dieser These wird im folgenden die Entwicklung des Lehrerinnenanteils an den Lehrkörpern der Gymnasien - auch getrennt nach Schulen, die ursprünglich Mädchengymnasien oder Knabengymnasien waren oder die von Anfang an koedukativ gegründet wurden - nachgezeichnet. Weiter wird der Frage nachgegangen, wie sich die beobachtete empirische Entwicklung mit einem möglichst einfachen Modell erklären läßt.

### 2 Datenlage

Die folgende Auswertung beruht auf den jährlichen Angaben über die Zahlen der Schülerinnen, Schüler, Lehrerinnen und Lehrer an den Gymnasien und Gesamtschulen des Landes Rheinland-Pfalz vom Schuljahr 1950/51 bis 1988/89 (die Daten für das Schuljahr 1989/90 liegen noch nicht vollständig vor).[1] Benutzt worden sind die Daten gemäß folgender Tabelle:

| Reg.-Bez. | Schulen | darunter jetzt koedukative, gegründet als | | |
| --- | --- | --- | --- | --- |
| | | Jungengymnasien | Mädchengymnasien | koedukativ |
| Koblenz | 46 | 21 | 8 | 13 |
| Montabaur | 12 | 6 | 1 | 4 |
| Trier | 24 | 10 | 4 | 6 |
| Rheinhessen | 22 | 11 | 3 | 2 |
| Pfalz | 54 | 25 | 12 | 10 |
| zusammen | 158 | 73 | 28 | 35 |

### 3 Empirische Ergebnisse

Alle Schulen wurden für jedes Schuljahr sowohl nach dem Geschlechteranteil bei den Schülern als auch nach dem Geschlechteranteil bei den Lehrern in eine von 40 Klassen (0 % bis 2.5 % Schülerinnen bzw. Lehrerinnen, ..., 97.5 % bis 100 % Schülerinnen bzw. Lehrerinnen) eingeteilt. Dabei wurde eine Glättung über sieben Klassen vorgenommen, um die Häufigkeitsverteilung über

die Klassen besser sichtbar zu machen. Zur Ermittlung der Häufigkeitsverteilung wurden die Schulen mit den jeweiligen Schüler- bzw. Lehrerzahlen gewichtet.
Die Entwicklung der Häufigkeitsverteilungen ist in Abb. 1 und im linken Teil von Abb. 2 dargestellt.
Die Graphik für die Schülerinnen und Schüler zeigt deutlich, daß auch in den ersten Jahren ein großer Teil schon koedukative Schulen (mit einem Mädchenanteil von ca. 40 %) besucht hat. Anfang der siebziger Jahre stieg dieser Anteil dann stark an, wobei der Übergang bei den Knabenschulen eher fließend, bei den Mädchenschulen eher abrupt war.

Abbildung 1: Entwicklung der Häufigkeitsverteilung des Schülerinnenanteils 1950-1990, alle Schulen

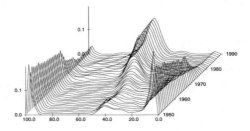

Abbildung 2: Entwicklung der Häufigkeitsverteilung des Lehrerinnenanteils 1950-1990, alle Schulen

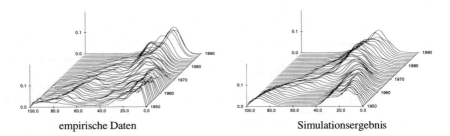

empirische Daten            Simulationsergebnis

Ganz anders sieht das Bild beim Lehrpersonal aus: Hier gab es 1950 zwei etwa gleich bedeutende Gruppen von Schulen. In der einen - dies ist die Gruppe der als Mädchenschulen gegründeten und mittlerweile koedukativen Gymnasien, vgl. auch Abb. 6, links - betrug der Lehrerinnenanteil typischerweise etwa 80 %, in der anderen - dies ist die Gruppe der als Knabenschulen gegründeten und mittlerweile koedukativen Gymnasien, vgl. auch Abb. 4, links - typischerweise etwa 10 %. Während in der ersten Gruppe der Lehrerinnenanteil bis zum Schuljahr 1973/74 auf etwa 55 % sank, stieg er in der anderen - vor allem zwischen 1967 und 1970 - auf etwa 25 %. Ab dem Schuljahr 1975/76 läßt sich die Gruppeneinteilung nicht mehr darstellen: die Häufigkeitsverteilung ist jetzt eingipflig geworden, Mitte der achtziger Jahre mit einem Maximum (Modus) bei rund 30 %. In den letzten beiden Jahren ist der Modus weiter auf unter 20 % abgesunken.

## 4 Simulation

Es stellt sich nun die Frage, ob sich die empirischen Ergebnisse mit einfachen Annahmen rekonstruieren lassen. Daß der Frauenanteil in den Lehrerkollegien bei etwa einem Drittel stagniert, obwohl seit Jahren etwa gleich viele Frauen und Männer in den Schuldienst eintreten, könnte an der im allgemeinen geringeren Verweildauer der Frauen liegen - dies wird also eine zentrale Annahme sein.

Der Simulation (und damit Abb. 2, rechts) liegen folgende Annahmen zugrunde:
- Simuliert wurden 150 Schulen mit jeweils 20 bis 40 Lehrern, 30 % "Mädchenschulen" mit zu Anfang - d.h. im Jahre 1950 - ca. 88 % Lehrerinnen, 30 % "gemischte Schulen" mit ca. 22 % Lehrerinnen, 40 % "Knabenschulen" mit ca. 8 % Lehrerinnen. Dies entspricht ungefähr der empirischen Ausgangslage.
- Ausscheidende Lehrer werden je etwa zur Hälfte[2] durch männliche Lehrer und durch Lehrerinnen ersetzt, die bei Eintritt in den Schuldienst 25 bis 30 Jahre alt sind. Das Wachstum der Lehrerzahlen wurde nicht berücksichtigt.
- Die Verweildauer im Schuldienst ist normalverteilt, bei den Männern mit Mittelwert 30 Jahre, bei den Frauen mit Mittelwert 15 Jahre und bei beiden mit Standardabweichung 5 Jahre; 65-jährige scheiden stets aus.
- Die Zuweisung von Lehrern und von Lehrerinnen zu Schulen erfolgt nach dem an einer Schule herrschenden Zahlenverhältnis $\xi$, und zwar nach der Formel

$$P(W|\xi) = \upsilon(t)\exp(\kappa\xi)$$

Dabei ist $P(W|\xi)$ die Wahrscheinlichkeit, daß an einer Schule mit demGeschlechterverhältnis $\xi$ eine Frau als Ersatz für einen ausscheidenden (männlichen oder weiblichen) Lehrer eingestellt wird. Der Parameter $\upsilon(t)$ stellt dabei sicher, daß P(W) über alle Schulen in jedem einzelnen Jahr t gerade 0.5 ist (es ist also zu erwarten, daß auch im Simulationsmodell jedes Jahr gleich viele Männer und Frauen neu in den Schuldienst eintreten).

Für $\kappa > 0$ bedeutet die Formel, daß die Wahrscheinlichkeit, daß ein ausscheidender (männlicher oder weiblicher) Lehrer durch eine Frau ersetzt wird, umso höher ist, je höher der Frauenanteil ($0 \leq \xi \leq 1$) im jeweiligen Lehrerkollegium bereits ist.

In dem in Abb. 2 rechts dargestellten Simulationslauf betrug $\kappa = 0.5$. Damit ist an Schulen mit rein männlichem Kollegium die Wahrscheinlichkeit, daß ein pensionierter Lehrer durch eine Frau ersetzt wird, gerade $\upsilon(t)$, an Schulen mit rein weiblichem Kollegium ist sie $\upsilon(t)\exp(0.5)$, also ungefähr $1.65\upsilon$.

Für $\kappa \gg 1$ gibt es nach einiger Zeit nur noch rein weibliche und rein männliche Lehrerkollegien. Je kleiner $\kappa$ ist, desto schneller vollzieht sich die Mischung der Lehrerkollegien. Für $\kappa = 0$ ist natürlich die Wahrscheinlichkeit, daß eine Frau eingestellt wird, unabhängig vom bisherigen Geschlechterverhältnis an einer Schule.

Die Ähnlichkeit zwischen den beiden Graphiken in Abb. 2 ist verblüffend.

## 5 Ergebnisse für die verschiedenen Schultypen

Führt man die Auswertung getrennt für verschiedene Typen von Schulen aus, so ergibt sich ein differenzierteres Bild; auch hier stimmen die Ergebnisse der Simulation recht gut mit den empirisch beobachteten Verteilungen überein.

### 5.1 Ehemalige Jungengymnasien

Für die 73 Schulen, die ursprünglich Jungengymnasien waren, zeigt sich das folgende Bild: Die Entwicklung des Schülerinnenanteils ähnelt stark dem Bild, das für alle Gymnasien gezeigt wurde; immerhin geht es hier um fast die Hälfte aller Schulen, so daß die Ähnlichkeit dieser Teilgruppe mit der Gesamtheit nicht verwunderlich ist.

Abbildung 3: Entwicklung der Häufigkeitsverteilung des Schülerinnenanteils 1950-1990, ehemalige Jungengymnasien

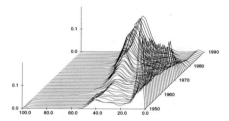

Abbildung 4: Entwicklung der Häufigkeitsverteilung des Lehrerinnenanteils 1950-1990, ehemalige Jungengymnasien (links: empirische Daten, rechts: Simulationsergebnis)

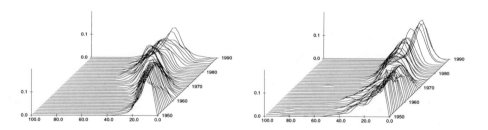

Auch hinsichtlich des Lehrerinnenanteils ist diese Gruppe von Schulen der Gesamtheit ziemlich ähnlich. Der Lehrerinnenanteil, der zunächst meist fünf bis zehn Prozent betrug, stieg auch hier Anfang der siebziger Jahre an und liegt jetzt um 20 %. Abbildung 4 gibt rechts wiederum die Ergebnisse der Simulation wieder; allerdings ist hier nur die Häufigkeitsverteilung über diejenigen Schulen dargestellt, die in der Simulation mit ca. 8 % Lehrerinnen initialisiert wurden.

### 5.2 Ehemalige Mädchengymnasien

Für die 28 Schulen, die ursprünglich Mädchengymnasien waren, zeigt sich das folgende Bild: Bei der Umstellung dieser Schulen auf Koedukation scheint es drei Wellen gegeben zu haben, zwei kleine in den frühen fünfziger Jahren und eine größere, die Anfang der siebziger Jahre einsetzt. Jeweils innerhalb von etwa sechs bis acht Jahren ist der Schülerinnenanteil von 100 % auf etwa 50 % gesunken. In der ersten Welle ist er interessanterweise sogar auf ca. 20 % gesunken und danach wieder angestiegen.

Abbildung 5: Entwicklung der Häufigkeitsverteilung des Schülerinnenanteils 1950-1990, ehemalige Mädchenymnasien

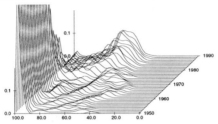

Abbildung 6: Entwicklung der Häufigkeitsverteilung des Lehrerinnenanteils 1950-1990, ehemalige Mädchenymnasien (links: empirische Daten, rechts: Simulationsergebnis)

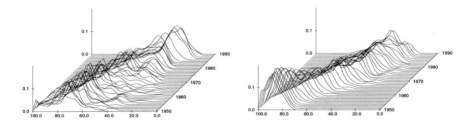

Der Lehrerinnenanteil in dieser Gruppe von Schulen lag zunächst bei etwa 70 % und ist dann ziemlich gleichmäßig auf ca. 25 % abgesunken.

Abbildung 6 gibt rechts wiederum die Ergebnisse der Simulation wieder; allerdings ist hier nur die Häufigkeitsverteilung über diejenigen Schulen dargestellt, die in der Simulation mit ca. 88 % Lehrerinnen initialisiert wurden.

### 5.3 Koedukativ gegründete Gymnasien

Für die 35 Schulen, die von Anfang an koedukativ waren, zeigt sich das folgende Bild (Abb. 7): Der Schülerinnenanteil ist von anfangs 20 bis 40 % bis in die späten siebziger Jahre auf das heute normale Maß von knapp über 50 % angestiegen.

Abbildung 7: Entwicklung der Häufigkeitsverteilung des Schülerinnenanteils 1950-1990, koedukativ gegründete Gymnasien

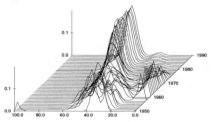

Abbildung 8: Entwicklung der Häufigkeitsverteilung des Lehrerinnenanteils 1950-1990, koedukativ gegründete Gymnasien (links: empirische Daten, rechts: Simulationsergebnis)

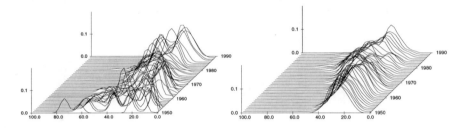

Beim Lehrerinnenanteil zeigt sich ein ziemlich uneinheitliches Bild (Abb. 8 links); mehrheitlich weibliche Kollegien hat es in dieser Gruppe praktisch nicht gegeben, der Lehrerinnenanteil liegt zwar höher als an ursprünglichen Jungengymnasien, auch heute noch ist er aber niedriger als an ehemaligen Mädchengymnasien. Abbildung 8 gibt rechts wiederum die Ergebnisse der Simulation wieder; allerdings ist hier nur die Häufigkeitsverteilung über diejenigen Schulen dargestellt, die in der Simulation mit ca. 22 % Lehrerinnen initialisiert wurden. Die Simulation beginnt deshalb mit einem einheitlicheren Bild, als es der Wirklichkeit entspricht.

## 6. Zusammenfassung

Zusammenfassend läßt sich feststellen, daß sich die Entwicklung der Anteile der Lehrerinnen in den Kollegien von Gymnasien in Rheinland-Pfalz mit einem verblüffend einfachen Modell fast quantitativ nachzeichnen läßt: Mit der offenbar früh einsetzenden Einebnung der Barriere zwischen reinen Mädchengymnasien und reinen Knabengymnasien konnten Lehrerinnen und Lehrer in die bisherigen Domänen des jeweils anderen Geschlechts eindringen; der Prozeß der Homogenisierung der Kollegien dauerte wie in der Realität etwa 20 Jahre - dann war der Lehrerinnenanteil in allen Schulen im wesentlichen gleich. Obwohl mindestens seit diesem Zeitpunkt - in der Simulation sogar von Anfang an - etwa gleich viele Männer und Frauen in den Schuldienst an rheinland-pfälzischen Gymnasien eintraten, liegt der Lehrerinnenanteil nach wie vor nur bei etwa 25 bis 30 %, was nach den Ergebnissen der Simulationsstudie allein auf die durchschnittliche längere Verweildauer der männlichen Lehrer zurückgeführt werden kann.

**Anmerkungen**
1) Soweit die Daten nicht für alle Jahre vorhanden waren, wurde linear interpoliert, so daß für alle Schulen alle Daten vom ersten Jahr mit Daten bis zum letzten Jahr mit Daten lückenlos rekonstruiert sind. Soweit später jetzt noch fehlende Daten in die Eingabetabellen eingetragen werden, wird das bei künftigen Auswertungen automatisch berücksichtigt.
2) Dies entspricht nicht ganz den empirischen Gegebenheiten, denn bei den in den Vorbereitungsdienst Eingestellten stieg in der Realität der Frauenanteil von 31 % im Jahre 1965/66 auf über 60 % seit dem Schuljahr 1988/89. Ältere Zahlen liegen nicht vor.

**Literatur**
Kraul, Margret und Wirrer, Rita (1993), Einführung der Koedukation - Bildungspolitische oder programmatische Entscheidung?, in: Die Deutsche Schule 85: 84-97.

Prof. Dr. Margret Kraul, Rita Wirrer: Seminar Pädagogik; Prof. Dr. Klaus G. Troitzsch: Institut für Sozialwissenschaftliche Informatik; alle: Universität Koblenz-Landau, Rheinau 1, D-56075 Koblenz,
e-mail: kgt@mailhost.uni-koblenz.de

# XIII. Sektion Rechtssoziologie
*Leitung: Doris Lucke*

## Transformationen des Rechts in postkommunistischen Gesellschaften

### 1. Einleitung

*Doris Lucke*

Bessere Rahmenbedingungen für ihre Veranstaltung als auf dem Soziologiekongreß in Halle hätte die Rechtssoziologie in der Tat nicht vorfinden können: Eine Eröffnungsrede von Frau Prof. Dr. Jutta Limbach, die auch als Präsidentin des Bundesverfassungsgerichts ihre rechtssoziologische Herkunft nicht leugnet und, wenn auch nicht unkritisch, an ihre unmittelbar einschlägige rechtssoziologische Forschungs- und Lehrtätigkeit anknüpft; einen Ministerpräsidenten, der, wie Dr. Reinhard Höppner, den Plural im Generalthema des Kongresses: "*Gesellschaften im Umbruch*", dem ersten, der auf dem Boden der ehemaligen DDR stattfindet, eigens hervorhebt und die darin zum Ausdruck gebrachte Zweiseitigkeit deutsch-deutschen Wandels als soziologisch weitsichtig lobt; einen Rektor, Prof. Dr. Dr. Gunnar Berg, der sich über so viel Empirie im Kongreßprogramm freut; und nicht zuletzt mit Prof. Dr. Wolfhard Kohte einen Dekan der Juristischen Fakultät dieser Universität, der im Anschluß an diese Sektionsveranstaltung im "neuen theater" hoch über den Dächern von Halle einen Empfang für die hier anwesenden Rechtssoziologinnen und Rechtssoziologen geben wird.

"*Transformationen*" - mit Betonung des Plurals auch hier - "*des Rechts*" sind das Programm, das sich die Sektion für diesen Kongreß vorgenommen hat. Transformationen des Rechts und derer, die Recht setzen, interpretieren, anwenden und reformieren sowie derer, die von Recht betroffen sind und als juristische Laien mit Recht - keineswegs immer unprofessionell - umgehen, bilden den Kristallisationskern, um den sich die nachfolgenden Referate gruppieren und dieses Programm einlösen. Dies geschieht in fast allen Fällen auf der Basis aktueller empirischer Untersuchungen und anhand von Beispielen und Fallstudien, wie Konfliktkommissionen, Kommunalverwaltungen, Wohnungsbau und Mietrecht. Dabei werden auch historische Erfahrungen aus der Rechtswirklichkeit und Gerechtigkeitsideologie der DDR aufgearbeitet und mit der Rechtskultur und Rechtspraxis Westdeutschlands bzw. dem Westen Berlins kontrastiert.

Wenn dabei die Empirie stärker als die Theorie in den Vordergrund tritt, auch die anwaltliche und richterliche Praxis zu Wort kommen und das Thema insgesamt auf den deutsch-deutschen Vergleich fokussiert wird, so ist dies - im relativierenden Kontext einiger mehr theoretisch oder stärker europäisch ausgerichteter Veranstaltungen der rechtssoziologischen Sektion - kein Nachteil, sondern willkommenes Resultat einer mit diesem Soziologiekongreß begonnenen Ausschreibungspraxis. Diese gibt - wie die gehaltenen Vorträge zeigen - neben Praktiker/inne/n insbesondere auch jüngeren Wissenschaftler/inne/n die Möglichkeit, eigene rechtssoziologische Forschungen vorzustellen und im Kreise einer interessierten Sektionsöffentlichkeit zu diskutieren. Ich wünsche der Veranstaltung einen guten Verlauf und danke meiner Vorstandskollegin Konstanze Plett für die Übernahme der Diskussionsleitung im zweiten Teil der Vorträge.

PD Dr. Doris Lucke, Universität Bonn, Seminar für Soziologie, Adenauerallee 98a, D-53113 Bonn

## 2. Konfliktkommissionen in der DDR - Historische Erfahrungen als Impulse für aktuelle Diskussionen?

*Wolfhard Kohte*

In der ehemaligen DDR gehörten die in den Betrieben tätigen Konfliktkommissionen (KK) zu den gesellschaftlichen Gerichten, die als gleichwertiges Organ der Rechtspflege galten. Im Regelfall war den Betroffenen der Zugang zum Kreisgericht erst eröffnet, wenn das Verfahren vor der KK durchlaufen war.

Die KK war nicht nur für die Beilegung von arbeitsrechtlichen Streitigkeiten, sondern in bestimmten Fällen auch bei strafrechtlich relevanten Delikten, Verletzung der Schulpflicht und einfachen zivilrechtlichen Streitigkeiten zuständig. Nach der amtlichen Justizstatistik prägte die Bearbeitung von Arbeitsrechtsstreitigkeiten, die ca. 75 % aller Fälle ausmachten, die Tätigkeit der KK.

Das Gesetz vom 29.6.1990 über die Errichtung und das Verfahren der Schiedsstellen für Arbeitsrecht beendete die Arbeit der KK und ordnete an, daß Schiedsstellen für Arbeitsrecht zu bilden seien. Diese Schiedsstellen wurden nur in einem Teil der Betriebe errichtet; bereits 18 Monate später wurde das Gesetz ersatzlos aufgehoben. Obgleich zahlreiche Stimmen die Erfahrungen der KK bzw. Schiedsstellen zumindest überwiegend als postiv gewertet hatten, wurden beide Instrumente einer außergerichtlichen Konfliktlösung 1990/91 schnell aufgegeben.

Mit unserer Untersuchung, die auf Aktenanalysen und Interviews basiert, sind wir dem Widerspruch zwischen positiver Prognose und dem schnellen Ende der KK bzw. Schiedsstellen nachgegangen. Für den empirischen Teil der Arbeit haben wir insgesamt 225 Protokolle bzw. Beschlüsse von Konfliktkommissionen aus Bau, Urproduktion, Handel und Hochschule ausgewertet und parallel dazu qualitative Interviews mit ehemaligen KK- und Schiedsstellenvorsitzenden vor allem aus Chemie, Gesundheitswesen und Hochschule geführt.

*1. Bildung und Arbeitsweise der Konfliktkommissionen*

Die Mitglieder der KK wurden von den Beschäftigten in geheimer Wahl bestimmt. Berichte über intensive Regulierungen oder gar Eingriffe in den Wahlvorgang sind selten, während die Zusammensetzung der Betriebsgewerkschaftsleitung (BGL) typischerweise der Regulierung durch die jeweilige Parteieinheit unterlag. Auch in der organisatorischen Stellung waren deutliche Unterschiede zwischen KK und BGL auszumachen. Im System der DDR kam der KK eine gewisse eigenständige Position zu, die eher selten einer intensiven Kontrolle unterzogen wurde. Während die BGL relativ strikt in das hierarchische Gefüge eingebunden war, hatte die KK innerbetrieblich das letzte Wort. Mit dem Kreisgericht war eine externe und im Verhältnis zu anderen Institutionen weniger abhängige Instanz zuständig, die zudem eine gewisse Öffentlichkeit und Offenheit der Konfliktaustragung garantierte.

Ein besonders wichtiges Merkmal des Verfahrens war die vollständige Öffentlichkeit der Verhandlungen, Beratungen und Abstimmungen der Kommissionen. Es sollte nach § 3 KKO darauf hingewirkt werden, daß insbesondere das Arbeitskollektiv der Betroffenen an den Beratungen teilnimmt. Diese Öffentlichkeit erwies sich als besonders problematisch bei den ordnungs- und deliktsrechtlichen Verfahren. Hier zeigte sich eine deutliche "Prangerwirkung" (Pleyer 1983, S. 556). Diese Wirkung war von dem der KKO zugrundeliegenden Erziehungsmodell beabsichtigt. Aus der Praxis wurde uns berichtet, daß gerade bei kleineren Delikten den Betroffenen die Verhandlung im Betrieb peinlicher war als ein Verfahren vor dem Kreisgericht. Diese "Peinlichkeit" wurde verstärkt durch Aushänge bzw. Veröffentlichungen der Rügen im Betrieb. Unter dem Gesichtspunkt einer Entkriminalisierung war diese Verfahrensweise kontraproduktiv. Unter dem Gesichtspunkt einer autoritären Ordnungserziehung war sie folgerichtig.

## 2. Der Doppelcharakter der Konfliktkommissionen

Wir sind von der Hypothese ausgegangen, daß den KK ein Doppelcharakter zukam, nämlich daß sie sowohl Interessenwahrnehmung durch Repräsentanten der Werktätigen als auch "Erziehung und Selbsterziehung der Werktätigen" (so die offizielle Definition 1961) bewirken sollten. Diese Hypothese hat sich aus unserer Sicht bestätigt.

Beispiele für die Interessenwahrnehmung durch die KK fanden sich vor allem in den Verfahren über arbeitsrechtliche Streitigkeiten, in denen einzelne Werktätige als Antragsteller fungierten. In solchen Verfahren ging es z.B. um Entgeltfragen, Eingruppierungen, Beurteilungen und Einsprüche gegen Disziplinarmaßnahmen. Hier verstanden sich nicht wenige Mitglieder der KK als Interessenvertreter der Beschäftigten.

Eine entgegengesetzte Funktion der Tätigkeit der KK fanden wir vor allem in den Verfahren, die durch Übergabeverfügungen der Polizei oder der Staatsanwaltschaft eingeleitet wurden. Hier ging es um kleinere Delikte, die nicht selten außerhalb des Betriebes und ohne betrieblichen Bezug begangen worden waren. Die KK trat hier als Sanktionsorgan auf. Sie verhängte aber nicht nur Buße oder Rügen, sondern verstand sich in der Regel auch als ein Organ, das im Rahmen eines Ordnungserziehungsmodells einen festen Platz einnahm. Auch wenn in einzelnen Fällen nur eine geringfügige Strafe ausgesprochen bzw. ganz von einem Strafausspruch abgesehen wurde, lag darin doch keine Distanz zum Ordnungsmodell, sondern nur spezifische Ausprägung des jeweiligen Erziehungsgedankens. Diese Rahmenbedingungen wurden auch von denjenigen Akteuren in der KK akzeptiert, die anderen Regelungen im Alltag der DDR mit großer Skepsis gegenüberstanden.

Zwischen diesen Polen rangieren aus unsere Sicht Disziplinarverfahren und Verfahren zur materiellen Verantwortlichkeit - also diejenigen arbeitsrechtlichen Streitigkeiten, in denen typischerweise die Betriebsleitungen als Antragsteller fungierten. In diesen Verfahren ging es um private Erziehung und Strafmaßnahmen; auch wenn die KK einzelne Anträge der Betriebsleitung ablehnte oder zumindest "mildernde Umstände" zuerkannte bzw. der Betriebsleitung Empfehlungen nach § 15 KKO zur Korrektur betrieblicher Mißstände gab, lag darin keine prinzipielle Distanz zum Sanktionsdenken. Zu dieser Schnittmenge zwischen Interessenwahrnehmung und Ordnungserziehung gehört die Schlichtung von deliktischen Streitigkeiten zwischen den Werktätigen. Bemerkenswert waren vor allem Verfahren um angebliche oder reale Beleidigungen zwischen den Werktätigen. Es ging dabei einerseits um kollegiale Schlichtung, wonach solche Konflikte zwischen den Werktätigen für die Zukunft unterbunden werden sollten. Andererseits endeten diese Verfahren in der Regel mit einer förmlichen oder informellen Sanktion, die dem "Schuldigen" zur Lehre gereichen sollte und ihn meistens zu einer öffentlichen Entschuldigung verpflichtete.

## 3. Uniformität und Pluralität

Ein für uns wichtiges Ergebnis der Untersuchung ist die Erkenntnis der Vielfalt der Verhaltensweisen der unterschiedlichen Kommissionen. Trotz einheitlicher Vorgaben waren diese nicht so einheitlich, wie gerade außenstehende westliche Beobachter denken mögen.

Ein wichtiges objektives Differenzierungsmerkmal waren die unterschiedlichen Produktionsbedingungen. In Betrieben mit Kfz-Einsatz dominierten Fälle der materiellen Verantwortlichkeit, während im Handel Mankoprobleme im Vordergrund standen. Im Hochschulbereich gab es insgesamt relativ wenige arbeitsrechtliche Streitigkeiten, so daß der in allen Betrieben vorhandene Sockel von Übergabeverfügungen der Polizei und Staatsanwaltschaft hier eine überdurchschnittliche Bedeutung erlangt hatte. Insoweit lassen sich Parallelen zu den Konflikten in den jeweiligen vergleichbaren Betriebstypen in der Bundesrepublik herstellen.

Als wichtiges subjektives Differenzierungsmerkmal stellte sich uns die Person des jeweiligen KK-Vorsitzenden dar. Dieser konnte aufgrund seiner verfahrensrechtlichen Stellung einen beachtlichen Einfluß auf die Arbeit der KK nehmen. Sowohl das Vorverständnis für den Einsatz der jeweiligen Sanktion als auch Konfliktbereitschaft und -fähigkeit der jeweiligen Vorsitzenden, Differenzen mit der Betriebsleitung auszutragen, unterschieden sich deutlich. Zwischen Fällen, in denen die KK als verlängerter Arm der Betriebsleitung erschien und solchen, in denen die KK auch in politisch sensiblen Fällen (Ausreiseanträge, politische Zensur) der Leitung widersprachen, spannte sich ein weiter Bogen.

## 4. Der Umbruch 1990 und die Konfliktkommission

Von unserer These des Doppelcharakters der KK ausgehend ergibt sich eine eindeutige Erklärung, warum bereits im Winter 1989/90 in den meisten Betrieben die Tätigkeit der KK eingestellt wurde. Für die Ordnungserziehung durch die KK war mit der politischen Wende erfreulicherweise kein Raum mehr. Der Wunsch der Mehrheit bestand gerade darin, sich von einer solchen paternalistischen Ordnung freizumachen (auch wenn die Einzelnen sicher sehr unterschiedliche Vorstellungen über neue Freiheiten und neue Ordnungen hatten und haben). Der Raum der Interessenwahrnehmung wurde schnell wahrgenommen durch die neu gewählten Betriebsräte, die diese Aufgabe auch wesentlich besser und mit dafür geeigneten Instrumenten übernehmen konnten. Es war also für beide Funktionen der KK kein Raum mehr, so daß ihr Ende folgerichtig war.

## 5. Die Schiedsstellen

Auf den ersten Blick erschienen die Schiedsstellen als eine Fortsetzung der KK für die besondere Situation in der Umbruchszeit. Dennoch muß trotz beachtlicher personeller Identitäten die Schiedsstelle funktional als die Institutionalisierung eines neuartigen betrieblichen Schlichtungsverfahrens qualifiziert werden. Die Schiedsstellen waren außergerichtliche Schlichtungsinstrumente, die betriebsnahe Verhandlungen und Lösungen ermöglichten. Auffällig ist besonders die intensive Filterwirkung, die viele Abfindungs- und Eingruppierungsfälle plausibel schlichtete, während die Hinnahme rechtsfehlerhafter betriebsbedingter Kündigungen zu rechtspolitischer Kritik Anlaß gab. Die Betriebsnähe erwies sich bei der Konfliktlösungssuche dabei einerseits als Chance, andererseits aber auch als Risiko, da die Unabhängigkeit der Mitglieder nicht effektiv gesichert war.

Insgesamt ergab sich damit die Funktion der Schiedsstellen 1990 vor allem aus der desolaten Situation der Justiz. Die Kreisgerichte waren noch nicht erneuert, sachlich und ideell verunsichert sowie von der Quantität und Qualität der neuen Probleme überfordert. Demgegenüber gaben die Schiedsstellen die Möglichkeit einer dezentralen Berufung und Fortbildung neuer Akteure im Arbeitsrecht. Diese Aufgabe wurde mit der Installierung der neuen Arbeitsgerichte beendet.

## 6. Perspektiven

Eine Schaffung neuer Institutionen am Reißbrett, die sich nicht aus der Praxis entwickelt haben, erscheint perspektivisch wenig sinnvoll und erfolgversprechend. Der Weg müßte vielmehr im Ausbau und der Funktionserweiterung bestehender Institutionen bestehen.

Perspektiven können daher nicht in der Fortschreibung der Schiedsstellen bestehen, da diese in einer spezifischen historischen Situation geschaffen worden sind, und sie können erst recht nicht in einer Fortsetzung der Konfliktkommissionen bestehen, da deren Erziehungs- und Ordnungsmodell sich prinzipiell überlebt hat und Interessenwahrnehmung heute dem Betriebsrat zugeordnet wird.

Ein Bedarf besteht somit allenfalls an außergerichtlicher Schlichtung. Die Arbeitsgerichte sind überdurchschnittlich belastet; zahlreichen Parteien stellt sich das Arbeitsrecht als rätselhaft und undurchdringlich dar. Besonders in Ostdeutschland entstehen durch den noch wenig erfahrenen Rechtsstab nachhaltig Zugangsbarrieren und Rechtsverwirklichungshindernisse. Rechtlich komplexe Verfahren, z. B. Bestandsschutzstreitigkeiten, eignen sich schlecht für die notwendigerweise stärker informelle Verfahrenskultur der Schlichtung. Dagegen sind bei anderen Streitgegenständen die Betriebsnähe und Informalität der Schlichtung von Vorteil. So sind z. B. Eingruppierungen besser in tariflichen oder betrieblichen Schlichtungsstellen nach §§ 76 Abs. 8 bzw. 88 BetrVG zu erörtern, in denen die Beteiligten die Arbeitsplätze kennen oder sich zumindest die betrieblichen Abläufe gut vorstellen können.

Als geeignetes Instrument sehen wir auch die Schlichtungsausschüsse nach § 111 ArbGG an, die für Konflikte von Auszubildenden errichtet worden sind. Es ist vorstellbar, deren Zuständigkeit über den Ausbildungsbereich hinaus zu erweitern; gerade im betriebsratslosen Handwerks- und Dienstleistungsbereich besteht ein nicht unerheblicher Bedarf an außergerichtlicher Schlichtung.

Ein weiterer Bereich sind der Gesundheitsschutz und die Gesundheitsförderung. Die vom EU-Recht angestrebte Aktivierung der einzelnen Beschäftigten findet bisher in Deutschland kaum statt. Möglich wäre, daß im Rahmen der Gesundheitsförderung nach § 20 SGB V die Krankenkassen Schlichtungs- und Beratungsgremien schaffen, in denen Arbeitgeber und Beschäftigte z. B. Fragen des Gefahrstoff- und Gesundheitsrechts thematisieren.

**Literatur**

Beck, Torsten/Rosendahl, Hans/ Schuster, Norbert (1992), Die Schiedsstellen für Arbeitsrecht in den fünf neuen Bundesländern - Nekrolog auf eine umstrittene Institution, in: Festschrift für Albert Gnade, S. 545 ff.

Falke, Josef/Gessner, Volkmar (1982), Konfliktnähe als Maßstab für gerichtliche und außergerichtliche Streitbehandlung, in: Alternativen in der Ziviljustiz, S. 289 ff.

Fischer, Bertram, Die Schiedsstellen für Arbeitsrecht in den neuen Bundesländern: Rechtliche und empirische Analyse eines Übergangsphänomens, ZERP-Diskussionspapier 2/92

Niederländer, Loni (1990), Ehemalige Konfliktkommissionen der DDR als konfliktvorbeugende und konfliktregelnde Institutionen außerhalb der staatlichen Gerichte - eine Problemfeldstudie, in: Zeitschrift für Rechtssoziologie 11 (1990), Heft 2, S. 305 ff.

Otte, Stefan/Kusior, Siegfried/Rösler, Heinz (1978), Die Konfliktkommission, Arbeitsmaterialien für die Tätigkeit der gesellschaftlichen Gerichte in den Betrieben

Pleyer, Klemens (1983), Betriebsgerichte für Arbeitsstreitigkeiten? In: Festschrift fr Ulrich Klug, S. 551 ff.

Röhl, Klaus F. (1993), Verfahrensgerechtigkeit (Procedural Justice), in: Zeitschrift für Rechtssoziologie 14, S. 1 ff.

Sieber, W. (1986), Die Aufgaben und Arbeitsweise der Konfliktkommissionen, in: Lehrbuch Arbeitsrecht der DDR, Autorenkollektiv unter der Leitung von Frithjof Kunz und Wera Thiel

Thau, Jens-Thomas (1992), Die Schiedsstelle für Arbeitsrecht.

Vogler, Theo (1976), Betriebsjustiz und Strafrechtspflege, in: Betriebsjustiz, Untersuchung über die soziale Kontrolle abweichenden Verhaltens in Industriebetrieben.

Prof. Dr. Wolfhard Kohte, Universität Halle-Wittenberg, Juristische Fakultät, D-06099 Halle/Saale

## 3. Ostdeutsche Kommunalverwaltungen im Transformationsprozeß

*Petra Hiller*

*1.*

Definiert man Verwaltungstransformation als Übernahme westdeutscher Rechts- und Verwaltungsstrukturen in den lokalen administrativen Apparat der ehemaligen DDR, dann bedeutet dies in einem normativen Sinne: Durchsetzung formaler Rationalität auf den Ebenen von Personal-, Programm- und Organisationsstruktur.

Auf der Grundlage empirischer Erhebungen untersuche ich die Herausbildung von Organisationsstrukturen und von Entscheidungsrationalitäten im Prozeß der Transformation ostdeutscher Kommunalverwaltungen. Im Rahmen dieser kurzen Darstellung lassen sich zwei kontrastierende Typen charakterisieren, die signifikante Unterschiede im Aufbau der Organisationsstruktur und argumentativer Begründungen des Verwaltungshandelns aufweisen.

Die beiden Typen können als *"affirmative"* vs. *"distanzierende"* Form der Bewältigung der Verwaltungstransformation bezeichnet werden. Sie unterscheiden sich dadurch, daß erstere eher eine Annäherung, letztere eher eine Abgrenzung gegenüber dem westdeutschen Institutionensystem kennzeichnet. Die interessierende Frage ist, unter welchen Bedingungen sich die eine oder die andere Form der Verwaltungstransformation durchsetzt. Zunächst möchte ich die beiden Typen grob skizzieren, indem ich anhand empirischer Illustrationen gegensätzliche Ausprägungen in der zeitlichen, sachlichen und sozialen Dimension gegenüberstelle.

In *zeitlicher* Hinsicht ist die "affirmative" Verwaltung zukunftsorientiert. Sie löst sich von der DDR-Vergangenheit und interpretiert die Situation der Verwaltungstransformation als Chance zur Neugestaltung des administrativen Systems. Wesentliche Elemente neuer Steuerungsmodelle, die in den alten Bundesländern gegenwärtig unter dem Stichwort "Verwaltungsmodernisierung" diskutiert werden, greift sie auf und setzt sie um. Anders hingegen die "distanzierende" Verwaltung: hier wird versucht, im Kontext der Umgestaltung zunächst die Folgen der Vergangenheit zu bewältigen. Die Umsetzung westlicher professioneller Normen (z.B. KGSt-Empfehlungen) hält sie für ebenso inadäquat wie neue Steuerungsmodelle. Mit Verweis auf die besondere historische Situation der Verwaltung in den neuen Ländern reklamiert sie, eigene Lösungen entwerfen zu müssen und koppelt sich damit ab von den Standards ihrer professionellen Umwelt. In *sachlicher* Hinsicht gilt für die "distanzierende" Verwaltung die Angemessenheit als Kriterium "richtigen" Entscheidens. Entscheidungen werden als "richtig" angesehen, wenn sie inhaltlich der besonderen historischen Situation angemessen sind. Dieses Richtigkeitskriterium bezieht sich direkt auf die Klientel, die als ehemalige DDR-Bürger mit besonderen Erfahrungen und Erwartungen der Verwaltung gegenübertreten. Aneignung von Recht als Voraussetzung rechtsstaatlichen Verwaltungshandelns (z.B. durch systematische Schulung des Personals) wird hier nicht als vordringlich angesehen, weil es nicht in erster Linie darum geht, Rechts- und Verwaltungsförmigkeit auszubilden. Vielmehr wird die Auffassung vertreten, daß unmittelbar nach der Wende andere Kompetenzen bedeutsamer sind, um situationsangemessene Lösungen zu finden, nämlich

Improvisationsgeschick und "gesunder Menschenverstand". In der *Sozialdimension* zeigt sich, daß Entscheidungsergebnisse der "distanzierenden" Verwaltung vorzugsweise ausgehandelt und Kompromißlösungen gesucht werden. Gegebenenfalls werden sie vertagt, jedenfalls nicht einseitig durchgesetzt. Die tendenzielle Form- und Regelferne zeigt sich hier in der Präferenz für mündliche statt schriftlicher Kommunikation. Im Gegensatz hierzu ist der Entscheidungsstil der "affirmativen" Verwaltung weniger kontextbezogen. "Rechtmäßigkeit" gilt als Kriterium richtigen Entscheidens. Systematische Schulungen mit formalen Abschlußprüfungen des Verwaltungspersonals haben daher eine hohe Priorität. Das Verhältnis zum Publikum ist geprägt von einem professionellen Dienstleistungsverständnis, das wesentliche Anstöße von der aktuellen Diskussion um Verwaltungsmodernisierung erhalten hat.

## 2.

Diese Befunde weisen darauf hin, daß den skizzierten Transformationsmodellen *unterschiedliche Interpretationen der Nachwendesituation* unterliegen. Die "affirmative" Verwaltung deutet die Situation als historische Chance, den Anschluß an das westliche Institutionensystem zu finden oder sich sogar an die Spitze der dortigen Bemühungen um Reformierung des öffentlichen Dienstes zu setzen. Als Problemlösungen zur Organisierung der Verwaltung werden nur solche Vorschläge akzeptiert, die den Standards der fortschrittlichen Verwaltungspraxis in den alten Ländern genügen. Die "distanzierende" Transformationsform dagegen setzt auf Abgrenzung zum westlichen Institutionensystem. Das korrespondierende Verwaltungsmodell bezieht seine Identität aus der DDR-Vergangenheit. Im Verwaltungshandeln transportiert es die Geschichte der DDR, wohingegen die "affirmative" Verwaltung eher auf Diskontinuität setzt gegenüber der DDR-Gesellschaft.

Eine vergleichende Bewertung im Hinblick auf die Bewältigung der Verwaltungstransformation würde sicherlich der "affirmativen" Verwaltung ein positiveres Attest ausstellen, weil diese die "effizientere", die "leistungsfähigere" Kommunalverwaltung repräsentiert. Sie entspricht in weitaus stärkerem Maße der oben gegebenen Umschreibung von Verwaltungstransformation als Durchsetzung von Recht auf den Ebenen von Personal-, Organisations- und Programmstruktur.

## 3.

Das "affirmative" Transformationsmodell läßt sich als eine Form von Organisationswandel rekonstruieren, die in der Organisationssoziologie als "Isomorphie" bezeichnet wird. Damit ist gemeint, daß *Organisationen* in institutionalisierten Umwelten dazu tendieren, externe Verhaltenserwartungen zu inkorporieren, d.h. sich durch Abbildung und Imitation rationalisierter Institutionen ihren relevanten Umwelt anzupassen (vgl. Meyer/Rowan 1977). Für *organisatorisches Handeln* heißt dies, daß Entscheidungsprämissen inkorpoiert werden, die ihre Anerkennung in erster Linie aus externer Legitimation statt über interne Effizienznachweise beziehen. Die Übernahme extern legitimierter formaler Strukturen erhöht die Akzeptanz und Folgebereitschaft sowohl der Beschäftigten wie auch der Klientel. Diese Form der Adaption reduziert Unsicherheit, welche die Implementation eigener Strukturentscheidungen und Effizienzmaße mit sich bringen würde. Der Gewinn liegt in der Stabilität der Organisation gegenüber ihrer Umwelt.

In dieser Sichtweise gilt als Kriterium einer erfolgreichen Transformation der Kommunalverwaltungen in den neuen Ländern: die Fähigkeit, externe Verhaltenserwartungen in der Formalstruktur abzubilden. Auf eine bestimmte Art von Effizienz des Verwaltungshandelns kommt es nicht an.

Effizienzbeschreibungen können als Selbstbeschreibungen angesehen werden, mit denen Organisationen versuchen, ihre *Identität* zu bestimmen (vgl. Luhmann 1984). Sie unterstellen das Bild der rationalen Organisation, die als einheitlicher Akteur auf die Realisierung eines gemeinsamen Gesamtzieles ausgerichtet ist. Die Organisation selber wird als Zweck/Mittel-Schema begriffen, als Bürokratiemodell im Weberschen Sinne. Dieser Mythos verdrängt schon die fundamentale Einsicht, daß Organisationen keine einheitlichen Ziele verfolgen. Organisationen agieren nicht als einheitliche Akteure, sondern als Multireferenten, deren Handlungs- und Effizienzziele sich allenfalls über die Verfolgung lokaler Rationalitäten beschreiben lassen. Auf dieses Problem reagieren formale Organisationen, indem sie eine *Doppelstruktur* ausbilden: Der *symbolische* Kontext, der auf die Pflege und den Aufbau rationalisierter Mythen ausgerichtet ist, wird weitgehend entkoppelt vom *materiellen* Kontext, in dem es um Effizienz der Leistungserstellung geht. Die symbolische Ebene dient der Legitimationserzeugung und der Ressourcensicherung. Sie soll die operative Ebene des faktischen Organisationsgeschehens abschirmen gegen Einsichtnahme und Evaluationsversuche von außen (vgl. Türk 1989).

*4.*

Mit den vorstehenden Ausführungen soll nicht behauptet werden, daß isomorphe und lose gekoppelte Organisationen tatsächlich effizienter sind als andere. Sie halten lediglich Symbole bereit, die eine bestimmte Wahrnehmung von effizienter Organisation vermitteln (vgl. Meyer/ Rowan 1977). Für die vorgestellten Verwaltungsmodelle würde das bedeuten, daß die "affirmative", in ihrer Formalstruktur als rationale Verwaltung erscheinende Transformationsform es sich zur Aufgabe gemacht hat, eine symbolische Struktur aufzubauen, die nicht notwendig mit dem tatsächlichen Verwaltungshandeln einhergehen muß. Der entscheidende Unterschied beider Typen besteht dann darin, daß "affirmative" Verwaltungen erhebliche Anstrengungen darauf verwenden, symbolische Rationalisierungen in ihre Organisationsstruktur zu inkorporieren, die unabhängig von tatsächlichen Rechtsanwendungsprozessen sind. Dies ermöglicht es ihnen, sich selbst wie auch externen Beobachtern zu verdeutlichen, formale Rationalität im Verwaltungshandeln durchgesetzt und somit den Prozeß der Rechtsangleichung erfolgreich bewältigt zu haben.

Interessant ist nun, daß die "distanzierende" Verwaltung offenbar keine Anstrengungen unternimmt, ihren praktisch ablaufenden Handlungsprozessen in ähnlicher Weise symbolische Rationalisierungen zu unterlegen. Deshalb stellt sich hier die Frage: warum wenden einige Organisationen diese Technik der Inkorporation externer Verhaltenserwartungen an, andere nicht oder nur verzögert und unter externem Druck? Meine These hierzu ist, daß die kulturellen Orientierungen der für die Organisierung maßgeblichen Akteure dafür verantwortlich sind, welche Transformationsformen mobilisiert werden.

In Anlehnung an das von Mary Douglas entwickelte "grid/group-Schema" will ich diesen Gedanken kurz andeuten. Die zentralen kulturellen Deutungssysteme, die individuelle Wahrnehmungen strukturieren, sind kollektivistische vs. individualistische Orientierungen mit denАуsprägungen von Markt und Hierarchie (dazu Douglas/Wildavsky 1982). Diese gesellschaftlichen Institutionen stellen abstrakte Verhaltenserwartungen dar, die Handeln anleiten. Durch sie werden normative Bewertungen an Ereignisse herangetragen, die dadurch erst mit Bedeutungen und Relevanzen ausgestattet werden. Ihre Klassifizierungsleistungen strukturieren vor, was sich als Problem stellt und welche Lösungsalternativen in den Blick geraten. *Individualistische* Kulturen sind dadurch charakterisiert, daß sie im Wettbewerb den idealen Steuerungsmechanismus sehen. Sie weisen eine geringe Vernetzung auf und unterwerfen sich der Funktionslogik des Marktes. Als individuell erfolgreiche Strategien gelten Innovation und "timing". Fehler und Erfolge schreibt der kompetente Akteur sich selber zu. Die Zukunft gilt als offen und gestaltbar durch den Entwurf operationaler Handlungsziele. *Hierarchische* Kulturmuster, wie sie die DDR-Gesellschaft repräsentiert hat, zeichnen sich gegenüber ihren Mitgliedern durch eine starke Einbindung in soziale Netzwerke aus, die Selbstverantwortlichkeit des Einzelnen ist gering. Situationen von hoher Unsicherheit werden durch Rückgriff auf Routinen zu bewältigen versucht. Fehler werden extern zugeschrieben, die Lernfähigkeit des Systems ist entsprechend niedrig. Zukunftserwartungen basieren auf vergangenen Erfahrungen, die von großen Ereignissen geprägt sind.

Wenn man dies auf unsere beiden Transformationsformen bezieht, wird ersichtlich, daß sich das "distanzierende" Modell der hierarchischen Subkultur mit den daraus hervorgehenden Weltdeutungen und Präferenzen zuordnen läßt. Gut nachvollziehbar wird dies anhand der zeitlichen Dimension, die deutlich auf DDR-Vergangenheit bezogen ist. Das "affirmative" Transformationsmodell ist demgegenüber individualistisch-marktlichen Werthaltungen der zentralen "Organisierer" geschuldet, die in ihren Problemdefinitionen und Handlungsentwürfen dem Gesellschaftsmodell der alten BRD nahe sind. Insofern kann man mit Mary Douglas sagen, daß die Wahl einer bestimmten Problemlösung (einer bestimmten Transformationsform) vermittelt ist über die Präferenz für eine bestimmte Institution (Douglas 1991). Die präferierten Institutionen bestimmen, was in der jeweiligen Situation als akzeptable Lösung gilt, welche Legitimationsmuster anerkannt werden und woher Legitimation bezogen wird.

**Literatur**
Douglas, Mary (1991), Wie Institutionen denken. Frankfurt/M.
Douglas Mary/Aaron Wildavsky (1982), Risk and Culture. An Essay on the Selection of Technical and Environmental Dangers. Berkeley et al.
Luhmann, Niklas (1984), Staat und Politik. Zur Semantik der Selbstbeschreibung politischer Systeme, in: Udo Bermbach (Hg.): Politische Theoriengeschichte - Probleme einer Teildisziplin in der Politischen Wissenschaft. Opladen: 99-125.
Meyer, John W./Brian Rowan (1977), Institutionalized Organizations: Formal Structure as Myth and Ceremony, in: American Journal of Sociology 83: 340-363.
Türk, Klaus (1989), Neuere Entwicklungen in der Organisationsforschung. Stuttgart.

Dr. Petra Hiller, Universität Bielefeld, Fakultät für Soziologie, Postfach 100131, D-33501 Bielefeld

## 4. Legitimität kraft Legalität

*Agnes Zsidai*

### 1. Begrifflich-theoretische Klärung der Problematik des Systemwandels in Ungarn

Die soziologische Analyse des Systemwandels in Ungarn fällt, trotz der zunehmenden historischen Distanz, immer noch den normativen Geltungsansprüchen politischer Kräfte zum Opfer. Das zeigt sich besonders klar durch das verwendete Begriffsinstrumentarium der wissenschaftlichen Beobachter, die teils als Protagonisten der politischen Prozesse, teils als "unabhängige" Experten parteipolitisch engagiert sind. Eben deshalb versuchen sie, die Transformation nur aus normativer Perspektive, z.B. in der Begriffsalternative von Diktatur und Demokratie, illegitimer und legitimer Herrschaft zu erklären, oder variieren unermüdlich die Attribute, die das Wesensmerkmal der Revolution ausdrücken sollen: stille, unblutige, konsensuale, friedliche, samtige, melancholische, sogar revolutionswidrige Revolution. Ich bin der Meinung, daß all diese Deutungsversuche, die mit Begriffen normativen Inhalts arbeiten, für die wissenschaftliche Beschreibung des Übergangsprozesses völlig ungeeignet sind.

Es ist allgemein bekannt, daß die politisch-verfassungsrechtlichen Vorbedingungen des Systemwandels in Ungarn im Rahmen eines gewaltlosen, nach demokratischen Prinzipien geregelten politischen Diskurses geschaffen wurde. Da muß aber gefragt werden: Wie war das möglich? Wie konnten diejenigen Vorbedingungen in einem angeblich noch totalitären System zustandekommen, die den Systemwandel durch konsensual begründete Reformen ermöglichten?

Im Zusammenhang mit dieser Problemstellung möchte ich zwei Thesen formulieren:

I. Unter den historischen und soziologischen Voraussetzungen spielte das Rechtssystem eine ausschlaggebende Rolle, das in der Kádár-Ära zunehmend rational gestaltet und infolgedessen aufgrund seiner relativen funktionalen Autonomie immer weiter ausgebaut wurde, und immer besser funktionierte.
II. Das Verhältnis zwischen der Rationalisierung des Rechts und der Legitimität der politischen Herrschaft kann nur in Form einer Paradoxie interpretiert werden.
  1. Die relative funktionale Autonomie des Rechts schafft – natürlich nicht allein – Legitimität.[1] Ich behaupte, daß die monopolistische Machtausübung in der Kádár-Ära durch das Recht immer mehr legalisiert wurde und fast alle wesentlichen Merkmale einer legalen bürokratischen Herrschaft annahm. Demzufolge trugen die Vorstellungen über die legale Ausübung der Herrschaft – neben anderen ideologischen Faktoren und effizienten Systemleistungen (Konsumsozialismus) – zu ihrer Legitimation faktisch bei.
  2. Gleichzeitig verkörpert diese spezifische Legalität sinngemäß ein delegitimierendes Potential, weil ihre Anerkennung als selbständige Legitimitätsgrundlage notwendig die Forderung des Rechtsstaates nach sich zieht. Dies konnte aber explizit nur im Endstadium des Kádár-Regimes geschehen.[2] Zusammengefaßt könnte man auf keineswegs populäre und revolutionäre Weise behaupten: Die Grundlage der Legitimität des Neuen beruht auf der spezifischen Legalität des Alten.

Um meine Thesen zu beweisen, muß ich kurz die Epoche des sog. existierenden Sozialismus überblicken.

## 2. Die charakteristischen Perioden des existierenden Sozialismus

### 2.1. Die Instrumentalisierung des Rechts (Rákosi-Ära)

In formalem Sinne zeigte die Verfassung von 1949 die wichtigsten Institutionen einer bürgerlichen politischen Etablierung auf. Jedoch war die Wirklichkeit des politischen Systems aus der Verfassung nicht abzuleiten oder zu modellieren. Die Organisierung und Legitimierung der monopolistischen Herrschaftsausübung vollzog sich aufgrund des Theorems der Macheinheit. Die totale Unterwerfung und ideologisch-bürokratische Kontrolle der Gesellschaft wurde durch die der Parteiverwaltung untergeordnete öffentliche (Staats-)Verwaltung mit realisiert. Die beiden Verwaltungssphären waren aber organisatorisch unabhängig, ihre Verschmelzung fand nur im funktionalen Sinne statt. Die Partei verwirklichte ihre ideologisch-politischen Absichten in Richtung der Gesellschaftssphären durch die öffentliche Verwaltung, die innerhalb der Staatsorganisation eine ausschlaggebenden Rolle spielte (Exekutive). Die Parteiverwaltung besaß absolute Anweisungs- und Kontrollkompetenz, aufgrund derer die politischen Normen in rechtlicher Form erzwingbar wurden. Weil das unmittelbare, primäre Objekt der Parteiverwaltung die mit der Befugnis zu legitimer Gewaltanwendung ausgestattete öffentliche Verwaltung war, kann dieses eigenartige Herrschaftsphänomen auch Verwaltung der Verwaltung genannt werden.

In diesem Zusammenhang ist die Instrumentalisierung des Rechts zu erklären. Das bedeutete, daß einerseits die Herrschaft die totale ideologische und politische Erorberung der anderen Teilsysteme durch das Recht verwirklichen wollte, andererseits wurde die funktionale Autonomie des Rechts genauso abgeschafft wie die der anderen Gesellschaftssphären. Das Recht galt nicht einmal als Schranke der Politik, sondern umgekehrt: das Recht wurde die wichtigste Erscheinungsform einer den staatlichen Eingriff beanspruchenden Politik.[3]

### 2.2. Die Herausbildung der funktionalen Autonomie des Rechts (Kádár-Ära)

Die Revolution 1956 hat für die Machthaber eindeutig gemacht, daß die totalitäre Herrschaftsausübung notwendigerweise an einem gewaltigen Legitimationsdefizit leidet. Um der ständigen Legitimitätsgefährdung zu entkommen, mußten also die Prinzipien und die Praxis der herrschaftstechnischen Rationalität pragmatisch, d.h. zweckrational umgedeutet werden. Die Politik konnte nicht mehr mit bloßer Verwaltung der Gesellschaft identifiziert werden, vielmehr bedeutete sie: 1. einen eigenartigen Pluralismus bürokratischer Sonderinteressen, deren Konkurrenzkampf durch politische Sachrationalität geregelt und ausballanciert werden sollte, 2. die Ausschaltung und Entleerung der vorhandenen insitutionellen Bahnen einer möglichen demokratischen Willensbildung, (statt dessen) 3. den Einsatz funktional äquivalenter Mechanismen der Legitimitätsbeschaffung durch Leistungen und neue Argumente des sog. Konsumsozialismus.

Diese pragmatische Umdeutung – also die Durchsetzung der regulativen Leistungen einer immanenten politischen Sachrationalität – stellt ein anders strukturiertes Herrschaftsverhältnis zwischen Parteiverwaltung und öffentlicher Verwaltung, zwischen Politik und Gesellschaftssphären dar. Nachdem in der öffentlichen Verwaltung eine legal-rationale Verfahrensordnung formalrechtlich geschaffen worden war, konnte die operative Parteilenkung nicht mehr in Form direkter

Anweisungsgebung erscheinen, weil sich direkte Eingriffe in legale, formal-rechtlich geregelte Entscheidungsprozesse in konkreten Einzelfällen als rechtswidrig erwiesen. Und wenn politische Eingriffe trotzdem vorkommen, wie es natürlich oft geschehen ist, dann müssen sie im legalen Verfahren als rechtmäßig und als richtig rational begründet oder auf irgendeine Weise in der Sphäre der informellen Verflechtungen verborgen werden.

Nun, die relative funktionale Autonomie des Rechts konnte sich eben deshalb herausbilden, weil das Verhältnis zwischen der Parteiverwaltung und den gesteuerten gesellschaftlichen Sphären im Interesse der Herrschaftsstabilität im Rahmen legaler Verfahren berechenbar und übersehbar gemacht werden sollte. Das Recht mußte also als spezifisches Herrschaftsinstrument eine doppelte Rolle spielen; auf diese Weise konnte es zur Selbständigkeit der Teilsysteme und zur Selbstbeschränkung des Partei-Staates beitragen. Im Zusammenhang damit begann in den 60-er Jahren eine enorme gesetzgebende Tätigkeit. Einerseits wurden die wichtigsten Verhältnisse der Produktion und des Handelsverkehrs, andererseits die Verhältnisse zwischen dem Staat und den Staatsbürgern geregelt.[4] Die doppelte Leistung des sich zunehmend rationalisierenden Rechts zeigte sich auch darin, daß das Recht immer mehr fähig wird, die Bedingungen seiner Geltung selbst zu schaffen.

Die funktionale Autonomie des Recht liegt aber nicht nur in seiner Positivierung, in der Entwicklung der Rechtsdogmatik und des rechtlichen Garantiensystems, sondern auch in der Bildung und veränderten Einstellung des Juristenstandes und darin, daß eine spezifisch juristische Denkweise und das Sachverständnis immer markanter wurden. Weiterhin bewiesen einige rechts- und herrschaftssoziologische Untersuchungen in Ungarn, daß sich die Legalitätsvorstellungen entwickelten und verstärkten.[5]

## 3. Der Prozeß des Ausbaus des Verfassungstaates

Die Funktionsveränderung des Rechts im Kádárismus bedeutete natürlich nicht für alle das Engagament für eine repräsentative bürgerliche Demokratie und den Verfassungsstaat. Die politischen Prozesse wurden aber vom Recht auf Zwangsbahnen gestellt, deren Stationen die das politische System völlig umgestaltenden Gesetze bezeichneten.[6] Meines Erachtens liegt die Eigenart des ungarischen Systemwandels eben darin, daß die neue Machtelite die rechtlichen Voraussetzungen, die einen Rechtsstaat zustandebringen, nicht ex nihilo neu anfangen, sondern nur fortsetzen und erfüllen mußte.

Der Gang der Rationalisierung des Rechts ist aber in den letzten Jahren gebrochen, seine funktionale Autonomie hat einen Bruch erlitten. Der Grund dafür liegt in erster Linie in der Reinstrumentalisierung des Rechts. Die Gesetzgebung zwischen 1990-1994 wurde von der Seite der konservativen Regierungsparteien sehr stark durchideologisiert und durchpolitisiert. Sie handelten in ihren wichtigsten, beispielgebenden Maßnahmen, als ob Systemwandel nur die Redistribution bzw. Neuverteilung des gesellschaftlichen Vermögens und der Positionen und die politische Abrechnung bedeuten würde. Die "Weiterentwicklung" des Rechts und der Ausbau der neuen öffentlichen Verwaltung hat im Grunde genommen im Zeichen dieser Bestrebungen angefangen.[7]

Eine eigenartige Instrumentalisierung des Rechts zeigt sich anderseits in der Regelung bzw. Nicht-Regelung der Gesellschaftssphären.[8] Die Lückenhaftigkeit und Unklarheit sind oft politisch absichtsvoll aufrechterhalten, weil sie im Interesse bestimmter mit wirtschaftlichen Kreisen verflochteter politischer Eliten liegen. Infolgedessen kann aber ein Delegitimationspotential entstehen und frei werden. Die Frage drängt sich berechtigterweise auf: Durch das Recht?

Hoffentlich ist aber der Einsatz des Rechts als bloßes Machtinstrument und sein Prestigeverlust nur eine vorübergehende Erscheinung und bedeutet nicht die Bezweifelung des Wesens der Rechtsstaatlichkeit. Der junge ungarische Rechtsstaat konnte nämlich mehrmals die Probe bestehen und der Forderungen einer demokratischen Konsensfindung nachkommen.[9] Vielleicht dürfen wir hoffen, daß unsere Legalitätsvorstellungen zur Befestigung des Rechtsstaats auch in Zukunft beitragen werden.

### Anmerkungen

1) In diesem Vortrag möchte ich mit Hilfe des Weberschen empirischen Legitimätsparadigmas vorgehen, nach der bekannten Weberschen Definition: "Legitime Geltung kann einer Ordnung von den Handelnden zugeschrieben werden: kraft positiver Satzung, an deren Legalität geglaubt wird. Diese Legalität kann (den Beteiligten) als legitim gelten, a) kraft Vereinbarung der Interessenten für diese; b) kraft Oktroyierung (auf Grund einer als legitim geltenden Herrschaft von Menschen über Menschen) und Fügsamkeit" (Weber 1972 § 7: 19). Es kann also nicht ausgeschlossen werden, daß die Vorstellungen über die Legalität der oktroyierten Ordnung neben dem Gehorsam aus Angst oder zweckrationalen Motiven in der Herstellung der Legitimität ebenfalls mitwirken.
2) "In Ungarn ist die weitere wirtschaftliche Entwicklung innerhalb eines totalitären Systems unmöglich"– sagte der Justizminister am 10. Januar 1989 im ungarischen Parlament. "Unser politisches System ist einfach ungeeignet, mit den politischen Spannungen im Prozeß der Modernisation umzugehen. Ungarn braucht eine neue Verfassung, ein Verfassungsgericht, unabhängige Gerichte, Gewaltenteilung, Rule of Law, die Sicherung der Bürgerrechte und die Ausfüllung anderer Mängel unseres Rechtssystems."
3) Die Erfüllung der sog. Transmissionsrolle des Rechts geschah mit verschiedenen juristischen Techniken: Z.B wurden die gegenseitigen Kontrollmechanismen der Gesetzgebung, der Verwaltung und der Rechtssprechung aufgrund des Theorems der Machteinheit abgeschafft; die Gesetze hatten nur Rahmencharakter, der mit Anordnungen der öffentlichen Verwaltung ausgefüllt wurde; der teleologische Inhalt (Sollen) der ideologischpolitischen Prinzipien und Normen wurde direkt in die Disposition der rechtlichen Norm eingebaut; die Grenzen zwischen den verschiedenen Rechtszweigen verflossen.
4) Bürgerliches Gesetzbuch; Kodizes für verschiedene Verwaltungsgebiete (Bergbau, Post-und Fernmeldewesen, Bauwesen); Arbeitsgesetzbuch; Genossenschaftsgesetz; Verwaltungsgesetz; drittes Ratsgesetz; Strafprozeßordnung.
5) In den 70-er Jahren nahmen viel mehr Bürger die zweite oder dritte Instanz in Anspruch als früher; 82% der Befragten (423) meinen, daß sie ihr Recht in juristischen Rahmen finden (Sajó 1980: 314).
6) Zwischen 1983 und 1990 wurden die Gesetze über Wahlrecht, Rechtsschöpfung, Vereins- und Versammlungsrecht, Streikrecht, Volksabstimmung, Verfassungsgericht, Republik, Religions- und Gewissenfreiheit, Parteien usw. verabschiedet.
7) Das wurde einerseits durch die in den Parlamentsitzungen die meiste Zeit in Anspruch nehmenden Thematiken - die sog. Justitia-Entwurf, die rechtliche Einschätzung von 1956, das Entschädigungsgesetz, die Rolle der Kirche im Unterrichtswesen, das Mediengesetz - bewiesen. Andererseits hat die neue Regierung die politische Loyalität des alten Staatsverbandes gefordert. Infolgedessen haben die die Rationalität tragenden Fachleute, die Technokraten, ihr Amt verlassen; so ist die Effektivität in der Verwaltung erheblich gesunken.
8) Die Regelung der kompetitiven Marktwirtschaft ist konzeptionslos, die rechtlichen Normen der Privatisierung, der staatlichen Kreditierung den Unternehmer geben Möglichkeiten für die Umgehung des Gesetzes und für Korruption, es fehlt an unternehmenfreudlichen Maßnahmen, Institutionen der Kontrolle der Schattenwirtschaft, Besteuerung von unsichtbarem Vermögen, sozialer Gesetzgebung.
9) Man muß nur in Erinnerung rufen, daß die das ganze Land lähmende Blockade von Taxifahrern durch Verhandlungen gelöst werden konnte, die Aktionen gegen das Verfassungsgericht erfolglos waren, die Theorie und die Praxis einer politischen Justiz in Ungarn nicht verwirklicht werden konnten usw.

## Literatur
Weber, Max (1972), Wirtschaft und Gesellschaft. J.C.Mohr. Tübingen.
Sajó, András (1980), Jogkövetés és társadalmi magatartás. Budapest.

Dr. Agnes Zsidai, Eötvös-Lorand-Universität, Juristische Fakultät, LS Staats- und Rechtstheorie, Egyetem ter 1-3, H-1364 Budapest

## 5. Ergebnisse einer Fallstudie zur richterlichen Unabhängigkeit

*Andrea Baer*

Der Einsatz von Richter/innen, die bereits in der DDR als solche tätig waren, im bundesrepublikanischen Justizsystem bietet interessante Forschungsperspektiven, auch im Hinblick auf die Bundesrepublik. Dargestellt wird hier - raumbedingt nur auszugsweise -, wie sich die Praxis richterlicher Unabhängigkeit in der Bundesrepublik für die 'übernommenen Richter' vor dem Hintergrund ihrer Erfahrungen in der DDR darstellt.

Grundlage der Ausführungen sind 26 von September '92 bis Juni '94 geführte zwei- bis fünfstündige Gespräche mit übernommenen Richter/innen und Staatsanwält/innen und ehemaligen Richter/innen, die nicht übernommen wurden. Hierbei ging es um die alltägliche Justiz in der DDR und der Bundesrepublik, nicht um politisch brisante Fälle.[1]

Bei der praktischen Umsetzung der Garantie richterlicher Unabhängigkeit kann man Mechanismen der Konformitätssicherung[2] und Absicherungen der Unabhängigkeit unterscheiden.

### I. Mechanismen der Konformitätssicherung

#### 1. Justizinterne Einbindung

Konformitätsfördernd wirkt zunächst die justizinterne Einbindung, das heißt die Einbindung in einen Spruchkörper, in den Kollegenkreis, in einen Instanzenzug und in ein - wenn auch begrenztes - Unterstellungsverhältnis gegenüber dem Gerichtsdirektor oder -präsidenten.

In der DDR wurde der Instanzenzug als Leitungszusammenhang begriffen, ergänzt durch die vorgesehene 'Anleitung und Kontrolle' des Justizministeriums und weitreichende Kompetenzen der Gerichtsdirektoren.[3]

Umgesetzt wurde dieser Leitungsanspruch nicht nur dadurch, daß die - nur in geringem Umfang veröffentlichte - höchstrichterliche Rechtsprechung grundsätzlich verbindlich war. Daneben wurde von übergeordneten Gerichten (größtenteils nicht veröffentlichtes) schriftliches Anleitungsmaterial verfaßt, das zwar nicht rechtlich, aber faktisch weitgehend verbindlich war.[4]

Ergänzt wurden diese schriftlichen Vorgaben durch mündliche Anleitung.[5] Gelegenheit hierzu bestand bei den regelmäßigen Zusammenkünften, an denen man teilnehmen mußte: Fachrichtertagungen mit Richtern übergeordneter Instanzen, Dienstbesprechungen und wöchentliche Rapporte mit dem Direktor.

Leitung hieß auch, daß sich sowohl übergeordnete Richter als auch Gerichtsdirektoren für die Rechtsprechung 'ihrer' Gerichte bzw. der ihnen nachgeordneten Gerichte verantwortlich fühlten. Dies kommt z.B. in folgender Formulierung eines Richters zum Ausdruck: "Da habe ich, wenn jemand nach meiner Auffassung wiederholt falsch entschieden hat, mal angerufen - ich kannte die Leute auch, wir waren ja ein kleiner Haufen, ich kannte im Grunde genommen alle ... Da habe ich dann angerufen und gesagt, das kann doch nicht wahr sein, zum dritten Mal ... und darauf hingewiesen, das und das mußt du beachten." Solche Hinweise wurden auch weniger freundlich erteilt, es konnte sein, daß man wegen einer Entscheidung "herzitiert und 'runtergeputzt" wurde.

In der Bundesrepublik ist keine Leitung der Rechtsprechung und eine Dienstaufsicht nur in sehr beschränkten Umfang vorgesehen. Dies schließt nicht aus, daß eine gewisse Konformität erwünscht ist und durch justizinterne Zusammenhänge gefördert wird.

Die in großem Umfang veröffentlichten und zugänglichen obergerichtlichen Entscheidungen werden zwar nicht bedingungslos, aber weitgehend als verbindlich behandelt. Daneben stehen teilweise auf Gerichte zurückgehende veröffentlichte Tabellen z.B. zur Berechnung des Kindesunterhaltes etc., an denen man sich gerne orientiert: "man ist ja froh, wenn man einen Anhaltspunkt hat."

Neben solchen schriftlichen Materialien existieren Gerichtsgebräuche, wie beispielsweise gerichtsinterne "Preislisten" im Strafrecht. Eine Staatsanwältin bemerkte hierzu: "Das ist fast wie ein verschlüsselter Code, den man beherrschen muß, damit man da arbeitet und keine Schwierigkeiten bekommt."

Persönliche Kontakte sind in der Bundesrepublik in großem Maße dem Zufall überlassen und werden im Vergleich zur DDR - wohl auch wegen der fehlenden festen Arbeitszeit - nur sehr beschränkt gepflegt. Zusammenkünfte mit Teilnahmepflicht sind die seltene Ausnahme. Dies wurde als ein ganz wesentlicher Unterschied empfunden.

Entsprechend dem fehlenden Leitungsanspruch fühlt sich auch keiner für die Rechtsprechung anderer Richter verantwortlich, jedenfalls nicht in dem Maße, wie das in der DDR der Fall war. Wie eine Richterin formulierte: "Wenn ich dort [in der DDR] meine vorgesetzen Richter hatte und man kannte sich, dann war ich diejenige. Hier weiß ich gar nicht, wer über uns sitzt, interessiert mich auch gar nicht. In der DDR wurde man auch persönlich angesprochen, und dadurch war der Druck schon größer, weil die Anonymität nicht so groß war. Hier werden die Berufungsinstanzen schon ihre Leute kennen, aber das ist kein persönliches Verhältnis." Zu Anrufen, wie sie in der DDR üblich waren, wurde geäußert: "Das wäre hier ein Unding, wenn so ein Anruf käme. Die Richter, die ich bis jetzt kennengelernt habe, die würden fragen, ob etwas nicht stimmt, wenn sie so einen Anruf kriegen, egal von wem, ob das nun der Präsident des Landgerichts wäre, die wären hoch empört."

Innerhalb einer Kammer sieht es allerdings anders aus, der Vorsitzende Richter fühlt sich verantwortlich für die Rechtsprechung seiner Kammer und nimmt entsprechend Einfluß: Man "macht seinen Entscheidungsvorschlag, der nicht falsch ist, aber die Kammer macht das immer ganz anders. Man diskutiert dann darüber, hat aber kaum Chancen, etwas anders zu machen. Vielleicht hat man da auch nicht genug Ahnung."

## 2. Einbindung in andere als justizinterne Zusammenhänge: Politische Partei(en)

Die justizinterne Einbindung wurde in der DDR durch eine ebenfalls umfassende Einbindung in Parteiaktivitäten ergänzt, parteiliche und dienstliche Belange konnten nahtlos ineinander übergehen.[6]

In der Bundesrepublik ist dagegen in der Alltagsjustiz von Politik und Parteien nach Auskunft der Richter nichts zu hören. Dies entspricht alltäglicher Selbstverständlichkeit, die Richter stellten erst auf die Nachfrage hin erstaunt fest, daß - anders als in der DDR - von Politik nie die Rede ist: "daß hier überhaupt eine Partei eine Rolle spielt im täglichen Justizleben habe ich überhaupt nicht mitbekommen." - "Das war in der DDR anders, da wurden politische Meinungen - das klingt jetzt vielleicht falsch, wenn ich das jetzt sage - viel offener dargelegt."

Es ist - anders als vor allem beim Bundesverfassungsgericht und bei Obersten Gerichtshöfen - schon unklar, wieviele Richter in Parteien organisiert sind. Sollte ein Richter Mitglied einer Partei sein, so weiß man das normalerweise nicht, "da offenbart sich in der Regel auch keiner."

## II. Absicherungen richterlicher Unabhängigkeit

### 1. Gesetzlicher Richter und persönliche Unabhängigkeit

Diese klassischen Absicherungen richterlicher Unabhängigkeit waren in der DDR nicht (so die persönliche Unabhängigkeit) bzw. in höchst eingeschränkter Form (so der gesetzliche Richter) vorgesehen.

In der Bundesrepublik ist der gesetzliche Richter, d.h. die abstrakte Festlegung des zuständigen Richters im voraus durch einen Geschäftsverteilungsplan nach diesen Auskünften gewährleistet[7], wobei die befragten Richter/innen Einblick nur in die Umsetzung hatten, nicht in die Erstellung des Geschäftsverteilungsplanes, bei der eher gezielte Zuordnungen möglich sind.[8]

Persönliche Unabhängigkeit muß in der Bundesrepublik erst durch eine drei- bis fünfjährige Proberichterzeit 'verdient' werden; erst wer nach dieser Zeit auf Lebenszeit berufen wird, kann dann gegen seinen Willen grundsätzlich nicht versetzt oder entlassen werden. Zum Zeitpunkt der Gespräche war noch keiner der Richter/innen auf Lebenszeit berufen, so daß Erfahrungen mit diesem 'Sicherheitsgefühl' nicht vorlagen. Vielmehr wurde geäußert, daß man gerade als übernommener Richter - anders als ein Richter auf Probe aus der alten Bundesrepublik - durchaus damit rechnen müsse, die Probezeit nicht zu überstehen.[9]

### 2. Keine einheitliche Rechtsprechung

Eine weitere 'Absicherung' bzw. Voraussetzung richterlicher Unabhängigkeit stellt die Bereitschaft dar, auf eine einheitliche Rechtsprechung zu verzichten.

Diese war in der DDR nicht gegeben, vielmehr stellte die Einheitlichkeit der Rechtsprechung einen zentralen und vielzitierten Wert dar und war gleichzeitig eine akzeptierte Rechtfertigung für Vorgaben und die Notwendigkeit, sich an diese zu halten. "Wenn man eine andere Rechtsauffassung hatte, hieß es immer, wir wollen eine einheitliche Rechtsprechung von Rostock bis Zittau".[10]

Dagegen stellten sämtliche Interviewpartner mit Erstaunen die Uneinheitlichkeit und den fehlenden Willen zur Einheitlichkeit fest: "Gerade im Mietrecht ist die totale Unabhängigkeit der

Richter, die soweit geht, daß man nicht gewillt oder geneigt ist, sich irgendeiner herrschenden Meinung anzuschließen oder irgendwie einen Konsens zu finden, für die Parteien problematisch."

Das war in der DDR anders: "Wenn es bei uns in der Kammer einen Fall gäbe, der nicht eindeutig geregelt ist, dann könnten drei verschiedene Entscheidungen herauskommen. Diese Chance hätte es in der DDR nicht so gegeben. Die Leute haben prinzipiell nicht so vehement verschiedene Auffassungen vertreten."

Eine ehemalige Richterin sieht das kritisch: "Hier gibt es in dem ganzen Rechtsprechungschaos gar keine Richtung mehr, insofern bleibt dem Richter gar nichts anderes übrig, als unabhängig seine eigene Entscheidung zu verfolgen."

*3. Akzeptanz der juristischen Argumentation*

Die Interviewpartner machten die Erfahrung einer wesentlich größeren Bedeutung der juristischen Argumentation: In der Bundesrepublik muß man sich "eine bestimmte Art und Weise genau aneignen, da war man in der DDR großzügiger, es gab zwar auch Ordnungsprinzipien, aber ..." - "Wir hatten sicher auch komplizierte Sachverhalte, aber ob es im Ergebnis - grob gesagt, ganz so stimmt's nicht - ein Diebstahl oder ein Betrug war, war letztlich egal, wenn man wußte, den gilt es zu bestrafen. Das war dogmatisch längst nicht so sauber."

Dies bedeutet einerseits einen größeren richterlichen Freiraum, der durch diese Argumentation 'kritikfest' gemacht werden kann, andererseits aber auch sozusagen eine striktere Gesetzesbindung: So stellte eine Staatsanwältin fest: "Und wenn ich zum Beispiel mal wieder einen milden Antrag stelle, dann kann ich das so formulieren, daß mich hinterher keiner mehr fragt, das habe ich inzwischen auch gelernt. Man könnte sich auch angreifbar machen, aber das muß nicht sein." Das heißt aber auch: Durch die "sehr viel formalisiertere Herangehensweise kann man auch nicht aus dem Rahmen fallen." - "Durch das Handwerkszeug, das man an die Hand bekommt, wie man sauber durchprüft und subsumiert, sind doch schwere Fehler ausgeschlossen, wenn man sich dran hält. So streng war's in der DDR nicht."

*III. Selbstverständnis des Richters / Rolle der Justiz*

Abschließend ist festzustellen, daß die Unterschiede ihren Ausdruck auch in einem anderen richterlichen Selbstverständnis fanden: "In der DDR wurde die Unabhängigkeit des Richters nicht thematisiert. In der Ausbildung wurde uns auch dieses Selbstverständnis unabhängiger Richter überhaupt nicht vermittelt, für meine Begriffe. Das ist auch ein großer Unterschied, hier habe ich den Eindruck, daß die Richter hier sehr großen Wert darauf legen, unabhängig zu sein, und das wird auch besprochen und thematisiert, und das war bei uns überhaupt kein Thema."

Dies sei aber vor dem Hintergrund einer anderen Funktion der Justiz zu sehen, die entsprechend andere Anforderungen die Richterrolle bedeutet: In der DDR "war man mehr dazu da, zu helfen, zu schlichten, die Probleme aus der Welt zu schaffen, und jetzt ist man dazu da, zu entscheiden, und nicht, die Probleme aus der Welt zu schaffen."

**Anmerkungen**
1) S. hierzu für die DDR Werkentin (1994), (im folgenden zit: Steuerung der Justiz) m.w.N.. Vergleichbare Untersuchungen sind für die Bundesrepublik mangels Zugänglichkeit der Archive nicht möglich - es bleibt also nur zu hoffen, daß keine 'Leichen im Keller versteckt' sind.

2) Inwieweit diese mit der jeweiligen Rechtslage vereinbar waren bzw. sind, kann hier aus Raumgründen nicht erörtert werden. S. hierzu für die Bundesrepublik z.B. Kissel (1994), Kommentierung zu § 1 Gerichtsverfassungsgesetz, m.w.N. und für die DDR Baer (1994).
3) S. hierzu ausführlich Rottleuthner (1994).
4) Vgl. die Zusammenstellung dieser Materialien bei Gängel (1994). Dieses Material war angesichts der äußerst spärlichen Ausstattung mit Literatur häufig eine willkommene Hilfe.
5) Diese Hinweise wurden säuberlich notiert: Markovits (1993 S. 47), beschreibt den Zettelkasten einer Richterin voller mündlich weitergegebener Anweisungen.
6) Dieser wichtige Aspekt der DDR-Justiz kann hier nicht vertieft werden. S. hierzu Rottleuthner (1994).
7) Laufende Verstöße gegen dieses Prinzip wurden dagegen am Bundesgerichtshof und am Bundesfinanzgericht publik, s. hierzu Wiebel (1992).
8) Zu der fragwürdigen Festlegung des zuständigen Richters im Fall Honecker s. Der Spiegel 33/1992, S. 30f.
9) In Berlin wurden mittlerweile von den 33 übernommenen Richtern 23 auf Lebenszeit berufen, 2 sind noch als Richter auf Probe tätig. D.h. acht Richter sind ausgeschieden, wobei nicht bekannt ist, ob die Entlassung gegen ihren Willen erfolgte (Auskunft der Berliner Senatsverwaltung für Justiz im April 1995).
10) S. hierzu die Untersuchung von Peinelt-Jordan (1995).

**Literatur**

Baer, Andrea (1994), Rechtsquellen der DDR - Steuerung auf der normativ-symbolischen Ebene, in: Werkentin (1994), S. 67-92

Gängel, Andreas (1994), Leitungsmaterialien, in: Werkentin (1994), S. 619-632.

Kissel, Otto Rudolf (1994), Gerichtsverfassungsgesetz, 2. Auflage. München.

Markovits, Inga (1993), Die Abwicklung. Ein Tagebuch zum Ende der DDR-Justiz. München.

Peinelt-Jordan, Klaus (1995), "Einheitlichkeit der Rechtsprechung" - Zur Gleichmäßigkeit der Strafzumessung in der DDR, erscheint in: Zeitschrift für Rechtssoziologie 1995.

Rottleuthner, Hubert (1994), Zur Steuerung der Justiz in der DDR, in: Werkentin (1994), S. 9-66.

Werkentin, Falco (1994), Strafjustiz im politischen System der DDR: Fundstücke zur Steuerungs- und Eingriffspraxis des zentralen Parteiapparates der SED, in: Bundesministerium der Justiz (Hrsg): Steuerung der Justiz in der DDR. Einflußnahme der Politik auf Richter, Staatsanwälte und Rechtsanwälte. Köln.

Wiebel, Markus (1992), Die senatsinterne Geschäftsverteilung beim Bundesgerichtshof (Zivilsenate), in: Betriebsberater, S. 573-575.

Andrea Baer, Freie Universität Berlin, Institut für Rechtssoziologie und Rechtstatsachenforschung, Brunnenstraße 115, D-13355 Berlin

# XIV. Sektion Soziale Probleme und Soziale Kontrolle
*Leitung: Helge Peters*

# Wandel von Abweichung und Kontrolle im vereinigten Deutschland

## 1. Einleitung

*Helge Peters*

Das umwerfend originelle Thema dieser Veranstaltung entsprach der Absicht des Vorstands, die zentrale Thematik, mit der sich die Sektion zu befassen hat, ins Verhältnis zu setzen zur Vereinigung Deutschlands. Es ging um Bestandsaufnahmen. Wer Bestände aufnehmen will, sinnt nicht auf Themapointen. Mit umstürzlerischen Thesen ist nicht zu rechnen, wo es Althergebrachtes noch nicht gibt. Zu erwarten sind Entdeckungen.

Die devianz- und kontrolltheoretische Tendenz der Referate dieser Sektionssitzung hängt natürlich mit ihrem besonderen Gegenstand zusammen: Der Abbau des alten und der Aufbau eines neuen Kontrollapparats in den neuen Bundesländern erschwert theoretische Kontinuität; die in der alten Bundesrepublik Deutschland seit Jahrzehnten erkennbare Instanzenorientiertheit sowohl der Soziologie abweichenden Verhaltens wie auch der Soziologie sozialer Kontrolle tritt in den Hintergrund.

So ist denn *ein* Befund eindeutig: Geht es um Abweichung im vereinigten Deutschland, dominieren ätiologische Fragestellungen. Definitionstheoretische Ansätze, die zum Beispiel die Sektionssitzungen der vergangenen Soziologentage beherrschten, spielen in den Referaten, die in dieser Veranstaltung gehalten wurden, keine Rolle. Im Rahmen ätiologischen Denkens ist allerdings eine Verlagerung der Schwerpunkte zu erkennen. Kaum beachtet werden die traditionellen Deprivationsannahmen und das mit ihnen herkömmlicherweise verbundene "normative Paradigma". Es gilt wohl auch für den Objektbereich der Soziologie abweichenden Verhaltens, daß sich das "Soziale" verflüssigt, feste Strukturen sich auflösen, Strukturen an Determinationskraft verlieren (vgl. B. Peters 1993: 15).

In den Vordergrund drängen sich statt dessen zwei Annahmen: Das ist zum einen die - präzise schwer zu fassende - Annahme, derzufolge Devianz das Ergebnis sozialer *Desintegration* sei. Die Auflösung informeller sozialer Netze und berufliche Desintegration verursachen nach Klaus Boers einen gewissen Teil der Kriminalität in den neuen Bundesländern. Ralf Bohnsack erkennt dort eine Suche nach habitueller Übereinstimmung, wo die Integration in derartige Übereinstimmungen der milieuspezifischen Alltagspraxis nicht bruchlos gegeben ist. Diese Suche vollziehe sich auf dem Weg kollektiver Aktionismen. Ihr Erfolg variiere mit dem Grad der Organisiertheit der Gruppen, auf die der Suchende stoße. Hooligans seien in diesem Sinne Suchende. Der "fight" diene ihnen als eine Art integratives Medium. "Der 'fight' hat primär die Funktion der Verstrikkung in die Handlungszwänge eines 'situativen Aktionismus'", heißt es bei Bohnsack. Peter Franz stellt fest, daß die gesellschaftlichen Halt bietenden Gegenwelten der DDR in der neuen Bundesrepublik funktionslos geworden seien. Dies werde häufig als Verlust und weniger als Freiheitsgewinn erlebt.

Der Defizitannahme "Desintegration" stehen Vorstellungen der Normalisierung von Devianz gegenüber. Sie wird meist nicht als inferiores Verhalten gesehen. Sie ist Bohnsack zufolge die Suche nach einem neuen adäquaten Habitus. Für Kornelia Hahn und Klaus Boers ist Kriminalität in den neuen Bundesländern großenteils Anpassung an die neuen Lebensbedingungen. Hier ist Kriminalität normal; allenfalls - auch angesichts der Zunahme von Gelegenheiten - Modernisierungsrisiko.

Das andere Thema dieser Veranstaltung war soziale Kontrolle. Sie wird überwiegend als Mechanismus verstanden, der in das Alltagsleben eingebaut ist. Kontrollvorstellungen, wie sie Durkheim, Ross, aber auch Homans hatten, werden wieder aktuell. Franz verweist auf Zygmunt Baumans These, nach der das Verbraucherverhalten in modernen Gesellschaften zu einem sozialintegrativen Faktor werde (vgl. Bauman 1992: 331f.). Hahn sieht soziale Kontrolle im Zusammenhang mit den Individualisierungs- und Differenzierungstendenzen moderner Gesellschaften eher als Leistung des einzelnen Subjekts. Das Subjekt unterliege nicht passiv der Kontrolle. Vielmehr werde es in der Absicht, nicht als deviant zu gelten, zum Produzenten von Kontrolleistungen, die darin bestünden, die in abstrakter Form bestehenden institutionellen Vorgegebenheiten situationell auszulegen. Auf die Dominanz institutioneller Vorgegebenheiten verweist auch Gunhild Korfes' Analyse der Kontrolleinstellungen bei ehemaligen DDR-Juristen und -Polizisten. Die Kontrolle und Steuerung dieser Kontrolleure muß mit Widerständen kaum rechnen. Die für sie neuen institutionellen Vorgegebenheiten werden im wesentlichen akzeptiert.

Als soziale Kontrolle werden in den Referaten dieser Veranstaltungen also Vorgänge verstanden, die soziale Ordnung herstellen. Dieser Kontrollbegriff unterscheidet sich wesentlich von dem, den die neuere Theorieentwicklung bestimmte. Der Bezug zu Devianz bleibt zwar erhalten, soziale Kontrolle bleibt deren "Gegner". Aber die Gegnerschaft ist nicht absichtlich und sie ist auch nicht organisationell gebunden.

**Literatur**
Bauman, Zygmunt (1992), Moderne und Ambivalenz. Das Ende der Eindeutigkeit. Hamburg.
Peters, Bernhard (1993), Die Integration moderner Gesellschaften. Frankfurt a.M.

Prof. Dr. Helge Peters, Institut für Soziologie, FB3, Universität Oldenburg, Postfach 2503, D-26111 Oldenburg

## 2. Abweichung und soziale Kontrolle unter Individualisierungstendenzen

*Kornelia Hahn*

In Bezug auf veröffentlichte Meinungsbilder fällt auf, wie unbestimmt Fragen der sozialen Kontrolle bzw. auch: von Handlungsrestriktionen oder Einschränkungen in der individuellen Wahl der Lebensführung nach der „Wende" behandelt werden.

Seit dem Zusammenbruch der DDR und dem Beitritt zur Bundesrepublik gelten nun für die Ostdeutschen nahezu dieselben institutionellen Vorgaben und objektiven Lebensbedingungen wie in Westdeutschland - und zu diesem Zeitpunkt schwenkt die Einstellung gerade zu der bis dahin vielleicht schon mythisch überhöhten Kardinalfrage der "Freiheit" schlagartig um.

Die Ostdeutschen kommen anscheinend mit dieser ersehnten "Freiheit" nicht zurecht; in einer - wenn auch mittlerweile nostalgischen - Verklärung reift die Erkenntnis, daß die Kontrolle der kollektiven Lebensbedingungen in der DDR auch wieder ihre guten Seiten hatte. Diese betreffen zunächst vor allem die materielle Sicherheit; aber auch die Organisation der Arbeit im Kollektiv, die ja eigentlich ein Nährboden für ganz traditionelle Kontrollformen darstellen könnte, erscheint rückblickend als positiv.

Ebenfalls *kontrastiv* wird derzeit jedoch auch in der westdeutschen Soziologie mit dem Thema der sozialen Kontrollen operiert. Nachdem man sich einmal auf die These einer zunehmenden Individualisierung eingeschworen hat, wird als ein *Charakteristikum* dieser Gesellschaftsform die Abnahme sozialer Kontrolle beschrieben und dieses Faktum meist begrüßt oder manchmal sogar bedauert.

Diese Konstatierung des Bedeutungsverlusts sozialer Kontrollen in der individualisierten Gesellschaft erscheint mir jedoch vorschnell, und es läßt sich m. E. zeigen, welche Aussagen sich gerade aufgrund des Umstands, daß in Ostdeutschland die Zufriedenheit über die gewonnene Freiheit wider Erwarten zu wünschen übrig läßt, über moderne Kontrolle ableiten lassen.

In bezug auf die Untersuchung neuer Tendenzen von Abweichung und sozialer Kontrolle ist es jedoch sinnvoll, die These einer zunehmenden Individualisierung als dem neuen Vergesellschaftungsmodus aufzugreifen, und *hiervon* ausgehend zu fragen, wie sich soziale Kontrolle ihrer Form nach geändert haben könnte und welche Implikationen dies für die Bestimmung abweichenden Handelns nach sich zieht.

Betrachtet man die Kennzeichen, die gemeinhin den Individualisierungsschub in Westdeutschland charakterisieren, so zeigt sich im Grunde eine *formale* Nähe zu den sozialstrukturellen Merkmalen des Transformationsprozesses in Ostdeutschland:

Versteht man nämlich unter "Individualisierung" das Brüchigwerden von Normalbiographien und die Herausbildung individueller Lebensverlaufsmuster, die zeitliche Flexibilisierung der Berufskarriere, Lösung aus Gemeinschaftsformen, Funktionsverlust traditioneller Solidargruppen sowie die verstärkte Abhängigkeit von sozialpolitischen Verteilungsmaßnahmen und personenbezogenen Rechtsansprüchen (vgl. vor allem Beck 1986), so sind diese Kriterien gerade auch zur Beschreibung des Wandels in Ostdeutschland maßgeblich.

Es gibt demnach zwar graduelle, aber keine kategorialen Unterschiede in den Lebensbedingungen in Ost und West, was sich schon daran aufweisen ließe, das ja Individualisierung meist mit bezug auf ihre "*Freisetzungs*-Dimension" thematisiert wird.

Darüber hinaus wird im Zuge dieser "Freisetzung" oft konstatiert, daß es sich hier um einen ambivalenten Prozeß handelt, der sowohl als *Autonomisierung* als auch *Anomisierung* betrachtet werden kann. Hiermit werden jedoch wieder Begriffe in die Diskussion eingeführt, die ehemals auch im Kontext von Prozessen der sozialen Kontrolle verwendet worden sind. Dabei ist es interessant, daß "Autonomie" und "Anomie" als scheinbare Gegenpole zur Bezeichnung der positiven und negativen Aspekte des Freisetzungsprozesses benutzt werden, diesem jedoch als komplementärem Phänomen kein Moment der Bindung oder Kontrolle entgegengesetzt wird.

Befindet man jedoch im Anschluß an Georges Gurvitch, daß *alle* sozialen Strukturen in "einer kontinuierlichen Bewegung der Strukturierung und Entstrukturierung" (1965: 244) verhaftet sind, so wird deutlich, daß dieses formale Moment der Strukturierung und Entstrukturierung noch nicht zur *inhaltlichen* Erfassung der aktuellen sozialstrukturellen Entwicklung genutzt werden kann.

Es ist jedoch unbestritten, daß sich im gegenwärtigen Transformationsprozeß Tendenzen der Autonomisierung und Anomisierung aufweisen lassen:

So läßt sich etwa die Aufgabe des staatlichen Dirigismus, der alle Lebensbereiche in der DDR durchdrungen hatte, als kollektiver Autonomiegewinn interpretieren, an den ursprünglich vielleicht auch ganz persönliche Erwartungen geknüpft wurden. Bereits Simmel hat darauf verwiesen, daß in Zeiten des Wechsels von Herrschaftsverhältnissen zunächst immer einmal der Fortfall des alten Drucks als „Befreiung" wahrgenommen wird (vgl. 1989: 375ff.).

Daneben läßt sich der Umbruch in Ostdeutschland jedoch auch als Anomisierung sehen, auf die zum Beispiel die nach der Wende kurzzeitig gestiegene Selbstmordrate, ein klassischer Indikator für den anomischen Gesellschaftszustand, hindeutet (vgl. auch die Untersuchung von sog. Anomiesymptome (Landua et al. 1993: 97); vgl. auch Landua et al. 1991: 23).

Interessant ist auch der Tatbestand, daß aus subjektzentrierter Perspektive die Bewertung von abweichenden und konformen Handlungsmustern nicht mehr eindeutig ist.

So tauchen nach der Wende bisher seltene Formen von Abweichungen auf, etwa Abweichung von der elterlichen Fürsorge durch plötzliches Verlassen der Kinder, die als Anpassung an die neuen Lebensbedingungen, insofern als subjektiv rationales und konformes Verhalten interpretiert werden könnten. Ähnlich kann auch kriminelles Verhalten im Anschluß an Blinkert als ein systemimmanenter Modernisierungsfaktor angesehen werden, der die Auswirkungen individualisierter Lebensführung widerspiegelt (vgl. Blinkert 1988).

Ebenfalls als "Abweichung" wird auch häufig die neue "Ellenbogenmentalität" beklagt, die zwar nicht offiziell sanktioniert, von vielen aber als Verlust von Lebensqualität empfunden wird (vgl. Gillwald 1992: 43).

Probleme und Anpassungsschwierigkeiten gibt es jedoch auch bei den Kontrollinstanzen, wie an der Kritik über *fehlerhafte* Kontrollausübung durch die ostdeutsche Polizei offensichtlich geworden ist. Ein Polizeiinspekteur in Sachsen führt dies darauf zurück, daß die Polizei "mit den neuen, auf mehr Eigenverantwortung zielenden Befehlsstrukturen nicht zurechtkomm(e)" (zit. nach Die Zeit 32/1994, S. 4).

Diese beispielhaft angeführten Phänomene können jedoch nicht nur als Beleg dafür stehen, daß sich im Zuge eines sozialstrukturellen Transformationsprozesses auch die Kontrollstrategien im Wandel befinden, sondern - und dies erscheint mir die interessantere Blickrichtung - die bereits schlagwortartig als "Individualisierungsschub" charakterisierte Entwicklung aufgrund einer veränderten Kontrollstrategie erst zustande kommen kann.

Zur Stützung dieser These kann man auch einige klassische Theorien anführen (vgl. ausführlich Hahn 1995).

Die zunehmende Individualisierung geht somit gerade mit einer Verstärkung sozialer Kontrollen einher. Kontrolliert wird im Grunde das Spannungsverhältnis zwischen Individuum und Gesellschaft, das sich jedoch mit dem Wandel der sozialen Struktur seiner Form nach stetig ändert, wie man auch in Anlehnung an Norbert Elias (1976) formulieren könnte.

In den spezifischen Theorien zur sozialen Kontrolle läßt sich ebenfalls eine Verknüpfung mit sozialstrukturellen Faktoren und vor allem auch: mit den Individualisierungstendenzen moderner Gesellschaften feststellen. Dies gilt sogar in relativer Unabhängigkeit von der paradigmatischen Ausrichtung dieser Theorien, wie sich beispielhaft an der normativen Theorie von Edward Ross, der Anomietheorie von Robert Merton oder der Interaktionstheorie von Howard Becker zeigen läßt.

Gurvitch formuliert noch einen weiteren Bezug zur sozialstrukturellen Entwicklung, der den phasenweisen Wechsel zwischen stärkerer und schwächerer sozialer Kontrolle betrifft, der insgesamt betrachtet jedoch den gesellschaftlichen Konstitutionsprozeß fördert (vgl. 1945: 291). Diese Diskontinuität sozialer Kontrollen ist also für das Kontrollsystem insofern funktional, als die Lockerung der sozialen Kontrolle und die Kreation neuer Handlungsregeln die *Voraussetzung* für eine problemadäquate Neuformierung sozialer Kontrollen bildet.

Die temporäre Lockerung wird ja auch im Kontext der ursprünglichen Anomietheorie thematisiert. *Mangelnde* soziale Integration und Solidarität kann danach zwar zu gesellschaftlicher Anomie führen, jedoch führt nicht jede Veränderung der sozialen Struktur in diesen Zustand von Regellosigkeit. Ein gewisser Grad an Regellosigkeit ist vielmehr zum Aufbau angepaßter Strukturen, veränderter Formen der Integration und Solidarität und damit neuen Formen der sozialen Kontrolle notwendig.

Diese kurzen Anmerkungen zeigen, daß sich Individualisierung und soziale Kontrolle im gesellschaftlichen Konstitutionsprozeß nicht nur nicht ausschließen, sondern aufeinander bezogen betrachtet werden können.

Gerade moderne, komplexe Gesellschaften sind auf ein gewisses Maß an Autonomisierung zur Ordungsbildung angewiesen, ohne daß dies gleichzeitig das Ende sozialer Kontrollen bedeutet. Im Gegenteil: Man kann eher von einem wechselseitigen *Steigerungsprozeß* von Individualisierung und sozialer Kontrolle ausgehen, der das Charakteristikum einer *modernen* Ordnungsbildung darstellt.

Diese basiert damit jedoch sozusagen auf einer "Kontrolle zweiter Ordnung".

"Individualität" wird in genau dem Maß und der Form *zugelassen*, in der sie zur Reproduktion einer komplexen sozialen Struktur, in der eine alle gesellschaftlichen Regelungsbereiche umfassende institutionelle Kontrolle lediglich angestrebt werden kann, notwendig wird. Umgekehrt formuliert, ergibt sich "Individualisierung" als Resultat eines modernen Kontrollmusters, das durch eine *Ambivalenz* von Freisetzung und Bindung gekennzeichnet ist. Die sich aus diesem sozialen Ordnungsmuster ergebenden Anforderungen werden einerseits aus der Teilnehmerperspektive als "Verwirklichung des eigenen Lebensstils" umgedeutet. Andererseits stellt sich aus der Beobachterperspektive die daraus resultierende Heterogenität der Lebensstile wiederum als sozialstrukturelle Pluralisierung dar.

Ein Vergesellschaftungsmodus "Individualisierung" bezeichnet danach keinen Widerspruch in sich, sondern wird durch die gleichzeitig zunehmende Möglichkeit der sozialstrukturellen Differenzierung und Integrierung bestimmt: Erst die Befreiung des Einzelnen aus festen Normvorgaben, Rollenzuschreibungen und biographischen Festlegungen ist Voraussetzung dafür, daß komplexe soziale Ordnungsmuster gebildet werden können.

Danach könnte man zwei Schlußfolgerungen in bezug auf den Wandel der sozialen Kontrollformen ziehen:
1. Soziale Kontrolle hat für den Konstitutionsprozeß von Gesellschaft dadurch, daß die Individualisierung keine Abhängigkeit mehr von bestimmten Bezugsgruppen und Handlungsnormen erzwingt, nicht an Bedeutung verloren.
2. Die mit ihr einhergehende "Kontrolle zweiter Ordnung" bezeichnet vielmehr den sozialen Zwang, die hohen Anforderungen an eine konsistente Gestaltung des Lebensverlaufs zu erfüllen, um nicht als "deviant" deklassiert zu werden.

Dies impliziert jedoch, daß das Subjekt nicht passiv der Kontrolle unterliegt, sondern eher als - wenn eben auch unfreiwilliger - Produzent von Kontrolleistung angesehen werden kann, in dem Sinne, daß ein individueller Modus der Lebensführung entwickelt werden muß, der die nur in abstrakter Form bestehenden Handlungsanforderungen in der tatsächlichen Handlungspraxis umsetzt.

Dies kann man am Beispiel ostdeutscher Manager illustrieren.

Nach Marz liegt *ein* Problem bei ostdeutschen Managern in den eingeschliffenen Handlungsmustern, die nicht auf Eigeninitiative ausgerichtet sind. Die Situation nach der Wende, die Marz - durchaus kompatibel mit der Idee einer Kontrolle zweiter Ordnung - als "(k)onkretes Chaos und abstrakte Chance" (1991: 114) kennzeichnet, wird dadurch prekär, daß "das Netz der vielfältigen sozialen Fremdzwänge, in das der Leiter bisher verstrickt war und aus dem befreit zu werden er sich so lange erträumte, plötzlich tatsächlich brüchig wurde, zerriß und zerfiel ... (und sich offenbarte), daß diese sozialen Fremdzwänge längst in psychische Selbstzwänge umgeschlagen waren, die die Denk- und Verhaltensweisen wirklich in die alte Richtung steuerten)." (Marz 1991: 115f.)

Neben einem solchen von Marz sogenannten Typus des "prämodernen Übergangsmanagers", der sich in den neuen Strukturen nicht zurechtfinden kann, kristallisiert sich meiner Meinung nach jedoch auch ein Typus des - wenn man so will - "postmodernen Kontingenzmanagers" heraus: Es fällt auf, daß erfolgreich agierende ostdeutsche Unternehmer in Interviews besondere Persönlichkeitsmerkmale anführen:
– Ich "hatte schon immer den Traum, selbständig zu arbeiten" (Die Zeit 50/1994, S. 27);
– "Ich wollte immer mehr als die graue Masse sein ... Ich wollte führen" (Geschäftsführer; Die Zeit 46/1994, S. 23);
– "Mein eigener Herr zu sein, das ist mein Ziel seit eh und je" (vgl. Weihrich 1993: 226).

So kommt auch eine empirische Untersuchung, die fünf Verhaltensmuster, mit den veränderten Lebensumständen in Ostdeutschland umzugehen, unterscheidet, zu dem Ergebnis, daß sich im Falle des Karriere- und aufstiegsorientierten Verhaltenstypus eine spezifische Disposition zum

"Machen", auch „für andere Verantwortung zu übernehmen", herauslesen läßt, die in der DDR blockiert worden war (vgl. Schweigel et al. 1992: 60).

In unserem Zusammenhang ist jedoch der Fall noch interessanter, in dem nicht nur bisher *schlummernde* Managerqualitäten, sondern auch Handlungsstrategien, die auf keinem eingelebten Erfahrungswissen, sondern auf der Anwendung neu erworbenen expliziten Regelwissens basieren, zum persönlichen Erfolg führen.

Die bei diesem Handlungstypus zu beobachtende Übernahme der Spielregeln einer marktorientierten, rationalen Ökonomie ist jedoch wiederum vergleichbar mit einer Form der sozialen Kontrolle, wie sie von Alfred Schütz beschrieben worden ist. Diese wird wirksam, indem dem Akteur Relevanzen mittels institutionalisierter Gesetze, Regeln und Rituale (Schütz 1971: 22) auferlegt werden, er also durch den Rückgriff auf bestimmte Handlungsstandards kontrolliert wird. Im aktuellen Bezug liegt das - im Prinzip soziologische - Paradox nun darin, daß gerade die Kontrolle durch eine institutionalisierte Vermittlung alltagsrelevanten Wissens das Autonomiebewußtsein zu unterstützen vermag.

### Literatur
Beck, Ulrich (1986), Auf dem Weg in eine andere Moderne. Frankfurt a. M.
Blinkert, Baldo (1988), Kriminalität als Modernisierungsrisiko, in: Soziale Welt 39: 397 - 412.
Elias, Norbert (1976), Über den Prozeß der Zivilisation, 2 Bde. Frankfurt (1936).
Gillwald, Katrin (1992), Hoffnungsträger Ost, WZB Paper 92 - 103.
Gurvitch, Georges (1945), Social Control, in: Gurvitch, G./Moore, W. E. (Hg.):Twentieth Century Sociology. New York.
Gurvitch, Georges (1965), Dialektik und Soziologie. Neuwied/Berlin (Paris 1962).
Hahn, Kornelia (1995), Soziale Kontrolle und Individualisierung. Zur Theorie moderner Ordnungsbildung. Opladen.
Landua, Detlef et al. (1991), Der lange Weg zur Einheit - Unterschiedliche Lebensqualität in den "alten" und "neuen" Bundesländern, WZB Paper 91 - 101. Berlin.
Landua, Detlef et al. (1993), "... im Westen noch beständig, im Osten etwas freundlicher" Lebensbedingungen und subjektives Wohlbefinden drei Jahre nach der Wiedervereinigung, WZB Paper 93 - 108. Berlin.
Marz, Lutz (1991), Der prämoderne Übergangsmanager. Die Ohnmacht des "real sozialistischen" Wirtschaftskaders, in: Deppe, R./Dubiel, H./Rödel, R. (Hg.): Demokratischer Umbruch in Osteuropa. Frankfurt a. M.
Schütz, Alfred (1971), Collected Papers II, The Hague.
Schweigel, Kerstin/Segert, Astrid/Zierke, Irene (1992), Leben im Umbruch. Erste Ergebnisse einer regionalspezifischen Milieuerkundung, in: Aus Politik und Zeitgeschichte B. 29-30: 55-61.
Simmel, Georg (1989), Philosophie des Geldes. Frankfurt (1900).
Weihrich, Margit (1993), Lebensführung im Wartestand. Veränderung und Stabilität im ostdeutschen Alltag, in: Jurczyk, Karin/Rerrich, Maria S. (Hg.): Die Arbeit des Alltags. Beiträge zu einer Soziologie der alltäglichen Lebensführung. Freiburg.

Dr. Kornelia Hahn, Seminar für Soziolgie, Universität Bonn, Adenauerallee 98a, D-53113 Bonn

## 3. Vom Überwachungsstaat in die Beliebigkeit der Konsumgesellschaft? Transformationsprobleme sozialer Kontrolle im Prozeß der deutschen Vereinigung

*Peter Franz*

*1. Einleitung*

Zur Erinnerung: In der ersten freien und zugleich letzten Wahl zur Volkskammer der DDR vor fünf Jahren im März 1990 erteilte die Mehrheit der Wähler den Politikern der damaligen „Allianz für Deutschland" den Auftrag, den demontierten DDR-Staat in das Gehäuse der Bundesrepublik Deutschland zu überführen.

Fünf Jahre später muß man konstatieren, daß die institutionelle Inkorporation der fünf neuen Bundesländer erstaunlich schnell und ohne größere Friktionen erfolgt ist: Die *Systemintegration* ist praktisch erfolgreich abgeschlossen.

Den Indikatoren gelungener Systemintegration stehen jedoch vielfältige Anzeichen einer noch nicht befriedigend verlaufenden *Sozialintegration* gegenüber. Darauf deuten hin:
a) die rückblickende Aufwertung des sozialen Netzes und des solidarischen Umgangs der Menschen in der DDR,
b) die zunehmend kritischere Beurteilung der marktwirtschaftlichen Rahmenbedingungen im neuen Deutschland,
c) das anhaltend geringe Selbstwertgefühl der Neubürger im Vergleich zu den Alt-Bundesbürgern und
d) die neu entstandenen Existenzängste im Hinblick auf drohende Arbeitslosigkeit und bedrohliche Kriminalität.

Diese offensichtliche „Ost-algie" muß denjenigen erstaunlich erscheinen, die in der vergangenen DDR das SED- und Stasi-Regime als Inbegriff des bevormundenden „Überwachungsstaates" erblicken, dem zu entrinnen man nur froh sein konnte.

Die soeben angesprochenen empirischen Befunde deuten aber darauf hin, daß die Formel „Raus aus dem Überwachungsstaat - rein in die freiheitlich-demokratische Grundordnung" zu einfach ist, um dem komplexen Ablauf vereinigungsbedingter Umorientierungsprozesse gerecht zu werden. Im folgenden soll am Fall der Veränderungen *sozialer Kontrolle* aufgezeigt werden, welche Orientierungsprobleme und Unsicherheiten die „institutionelle Inkorporation" der Ostdeutschen nach sich gezogen hat.

*2. Theoretische Perspektiven zur Erfassung des Systems sozialer Kontrolle in der DDR*

Um die Transformationsprobleme sozialer Kontrolle analysieren zu können, ist es einerseits wichtig, den Kontrollstrukturen und -mechanismen in der DDR-Gesellschaft nachzugehen. Andererseits müssen diese Eigenheiten mit den in der westdeutschen Gesellschaft praktizierten Arten und Weisen sozialer Kontrolle kontrastiert werden, um die Schwierigkeiten beim Übergang verständlich zu machen.

*a) Die DDR-Gesellschaft als totale Institution*
Vergegenwärtigt man sich die DDR als nahezu reine Form des „Überwachungsstaats", so liegt es nahe, sie als „totale Institution" im Sinn von Goffman (1973) aufzufassen. Goffman selbst rechnete Staaten und Gesellschaftssysteme zwar nicht zu den totalen Institutionen, doch passen viele seiner Definitionskriterien erstaunlich gut für den Fall der DDR. Als eines der zentralen Merkmale totaler Institutionen nennt Goffman ihren allumfassenden Charakter, der sich darin äußert, daß für ihre Insassen der Kontakt zur Außenwelt durch „verschlossene Tore, hohe Mauern, Stacheldraht" (1973, S. 16) minimiert ist. Außerdem ist darin enthalten, daß alle Lebensbereiche ohne Ausnahme durch Autoritätsprinzipien von außen determiniert sind.

Als weiteres Kennzeichen nennt Goffman, daß „die verschiedenen erzwungenen Tätigkeiten.... in einem einzigen rationalen Plan vereinigt (werden, P.F.), der angeblich dazu dient, die offiziellen Ziele der Institution zu erreichen" (1973, S. 17), was mit der planwirtschaftlichen Ausrichtung der DDR übereinstimmt. Ziel totaler Institutionen ist laut Goffman die Überwachung der Menschen, „wobei darauf geachtet wird, daß jeder das tut, was ihm klar und deutlich befohlen wurde, und zwar unter Bedingungen, unter denen ein Verstoß des einzelnen sich deutlich gegen die sichtbare, jederzeit überprüfbare Willfährigkeit der anderen abhebt" (1973, S. 18).

Totale Institutionen zeichnen sich nach Goffman weiterhin dadurch aus, daß zwischen den kontrollierten Insassen und dem kontrollierenden Personal eine fundamentale Trennlinie verläuft: „Das Personal hält sich für überlegen und glaubt das Recht auf seiner Seite, während die Insassen sich - zumindest in gewissem Sinn - unterlegen, schwach, tadelnswert und schuldig fühlen" (1973, S. 19). Ganz ähnliche Persönlichkeitsmerkmale wurden von Maaz (1990) aus psychoanalytischer Sicht für die DDR-Bevölkerung im Vereinigungsjahr 1990 diagnostiziert, und die bis heute anhaltenden Selbstwert-Defizite der Ostdeutschen gegenüber den Westdeutschen scheinen ebenfalls die Sichtweise von Goffman zu stützen.

Trotz dieser auffälligen Entsprechungen erweist sich die Übertragung des Goffmanschen Konzepts auf die gesamte Gesellschaft der DDR als zu eindimensional. Es bleibt unberücksichtigt, daß große Teile der Bevölkerung die Kaderherrschaft aktiv mitgetragen und sich in Form territorial und betrieblich organisierter Konflikt- und Schiedskommissionen an Kontrollaktivitäten beteiligt haben.

Aber auch unterhalb der mittleren Ebene der Konflikt- und Schiedskommissionen hatten sich Kontrollformen herausgebildet, an denen sich auch Personen ohne größere politische Macht sowohl formell - wie beim Führen der häufig erwähnten Hausbücher - als auch informell beteiligten. Informelle Sozialkontrolle war vor allem im beruflichen Umfeld üblich, wo z.B. Betriebsangehörige Kollegen aufsuchten, die ohne Grund von der Arbeit fernblieben.

*b) Die DDR als „disziplinierte Gesellschaft" im Sinn von Pizzorno*
Unter Verwendung des individualistischen Ansatzes von Pizzorno (1991) versucht K. U. Mayer das DDR-spezifische Profil sozialer Kontrolle herauszuarbeiten. Für die Herrschaftssicherung in der DDR erscheint typisch eine Kombination aus einer positive Anreize setzenden Wertebindung für die Kader und Parteimitglieder und aus einer Disziplinierung der breiten Masse der Bevölkerung. Zu dieser Strategie der Disziplinierung trat aber häufig (in der Spätphase der DDR

zunehmend öfter) die Steuerung über finanzielle Anreize hinzu (z.B. in der Familienpolitik), um gesellschaftliche Ordnungsvorstellungen durchzusetzen. Hierbei kam den Betrieben eine zentrale Rolle zu, den sozialen Zusammenhalt in Form von Arbeitskollektiven und Brigaden zu stärken und angepaßtes Verhalten durch die Vergabe materieller und immaterieller Gratifikationen zu belohnen. Über diese fast paternalistische Fürsorge der Betriebe für ihre Mitarbeiter liefen wichtige Prozesse sozialer Kontrolle in der DDR.

*c) Die Rolle „solidarischen Handelns"*

In vielen Untersuchungen, in denen DDR-Bürger selbst zu Wort kommen, wird regelmäßig auf die frühere Erfahrung zwischenmenschlicher Solidarität Bezug genommen. Diese aus heutiger Sicht als Verlust wahrgenommene Solidarität hatte mehrere Wurzeln:

Die Herrschaftstechnik der Disziplinierung bedingte die Verlagerung weiter Teile der Sozialisation von der Familie auf öffentliche Einrichtungen. Dies bewirkte, daß die Heranwachsenden einen großen Teil ihrer Tageszeit in peer groups verbrachten - eine notwendige Voraussetzung für das Erlernen des solidarischen Umgangs miteinander, der sich vor allem in den täglichen Interaktionen in den Brigaden und Kollektiven der Betriebe fortsetzte. In der DDR hatten die Kontakte zu den Arbeitskollegen insgesamt einen weit höheren Stellenwert als in Westdeutschland, und selbst das Verhältnis zu Vorgesetzten war vertrauensvoller als im Westen.

Solidarische Beziehungen entstanden aber - abweichend von der Maxime sozialistischer Solidarität - auch im täglichen Kampf mit der planwirtschaftlichen Unfähigkeit, Güter nachfragegerecht zu produzieren und zu verteilen.

Aus den bisher vorgestellten einzelnen Bausteinen sozialer Kontrollpraktiken läßt sich folgendes Gesamtbild zusammenfügen:

Ein relativ kleiner Politkader erzwingt - zunächst auf die dahinterstehende Besatzungsmacht und später zunehmend auf den selbst geschaffenen geheimdienstlich agierenden Stasi-Überwachungsapparat gestützt - systemkonformes Verhalten der Bevölkerung. Mit zunehmender Lebensdauer der DDR steigt der Anteil an selbstdiszipliniert agierenden Personen, nachdem immer größere Teile der Bevölkerung die eigens geschaffenen Sozialisationsagenturen des Systems durchlaufen haben. Direkt sanktionierende Eingriffe der Judikative können deshalb im Vergleich zu Westdeutschland zahlenmäßig gering bleiben, sehr viele Konflikte werden informell oder halbformell geregelt, sanktioniert wird unterhalb der strafrechtlichen Ebene. Gleichzeitig entstehen als Reaktion auf den sich auf sämtliche Lebensbereiche ausdehnenden sozialistischen Herrschaftsanspruch und noch mehr auf die systembedingte Knappheit an Konsumgütern abgeschirmte „Gegenwelten" in Form privater Nischen und einer Tauschökonomie. Diese „Gegenwelten" bleiben weitgehend frei von formellen Sanktionen und werden von Normen gesteuert, die am Reziprozitätsprinzip orientiert sind. Die Beteiligten erleben diesen von oben ungesteuerten Umgang miteinander als solidarisch und als entlastend im Vergleich zu den Interaktionen in staatlich kontrollierten Bereichen. Die meisten Bürger der DDR erwerben das Geschick, problemlos zwischen diesen beiden Welten zu wechseln.

*3. Die Auswirkungen der Vereinigung auf die Strukturen sozialer Kontrolle in Ostdeutschland*

Die vereinigungsbedingten Veränderungen von Strukturen und Praktiken sozialer Kontrolle entstehen in einer Wechselwirkung: aus dem Zusammenbruch des Herrschafts- und Kontrollsystems der DDR auf der einen Seite und aus den Friktionen und Schwierigkeiten bei der Übernahme westdeutscher Kontrollpraktiken und -strukturen auf der anderen Seite.

*a) Der Einsturz der alten Welten*

Die im Herbst 1989 lawinenartig anwachsende Wende-Bewegung richtete ihre Angriffe nach dem Sturz der wichtigsten politischen Machthaber sehr schnell darauf aus, den verhaßten Überwachungsapparat der Stasi zu zerschlagen. Noch Ende des gleichen Jahres war dieses Ziel praktisch erreicht. Was den Betroffenen erst nach und nach im weiteren Verlauf des Vereinigungsprozesses zu Bewußtsein kam, war der Sachverhalt, daß mit dem Verschwinden des ungeliebten Überwachungsstaates auch die als Reflex darauf entstandenen und ungleich positiver bewerteten „Gegenwelten" ihre Funktion verloren. „Tauschbeziehungen werden in dem Moment überflüssig, wo die Warenfülle der Einkaufszentren und Baumärkte als Alternative bereitsteht. Über Jahre mit dem Ziel aufgebaute Beziehungen, bestimmte Güter zu organisieren, werden über Nacht funktionslos. Mit diesen Beziehungen entfallen dann auch stets die damit verbundenen Unterhaltungen und Gespräche." Nach der nur kurz vorherrschenden Freude über die stark verbesserte Güterversorgung wurde dieser Wegfall sehr bald als Verlust erlebt. „Man könnte auch sagen: Die Wärme der der Not gehorchenden gemeinschaftlichen Beziehungen in der DDR wird abgelöst durch die Kälte der durchkapitalisierten Beziehungen der BRD-Gesellschaft" (Franz 1994, S. 321). Dieser Wegfall stellte vor allem jene Personen vor Probleme, die mit dem Aufbau und der Pflege ihrer Nischen auch ein Stück Lebenssinn verbunden hatten.

*b) Orientierungsunsicherheiten in der neuen Welt*

Während zentrale Kontrollinstitutionen des DDR-Staats fast über Nacht von der Bildfläche verschwanden, konnten viele der DDR-Bürger ihre im Sozialisationsverlauf eingeübte und auf die Autoritätsstrukturen des DDR-Staats ausgerichtete Disziplinierung nicht so schnell abstreifen. In der westdeutschen Gesellschaft stellen Gehorsam und Unterordnung Erziehungsziele dar, die immer seltener als erstrebenswert und wichtig angesehen werden, während Fertigkeiten für autonomere Verhaltensweisen einen hohen Stellenwert einnehmen. Somit war eine Phase der Desorientierung der DDR-Bürger vorprogrammiert, die ihr ansozialisiertes „mentales Gepäck" ja nicht über Nacht ablegen konnten. Dabei waren jene Personen am stärksten von Desorientierung und Unsicherheit gegenüber den neuen gesellschaftlichen Verhältnissen betroffen, die direkt in die Disziplinierungsagenturen der DDR (Schulen, Militär, Polizei) involviert waren. Das häufig beklagte „Verschwinden" der Polizei und ihr Autoritätsverlust nach der Vereinigung sind neben organisatorischen Gründen auch mit auf diese individuelle Verunsicherung des Kontrollpersonals zurückzuführen

Die verringerte Präsenz staatlicher „Ordnungshüter", die devianzhervorhebende Berichterstattung in den Medien, die ungewohnten und z.T. betrügerischen Geschäftspraktiken westdeutscher Firmenvertreter, das neuartige kollektive und eigenwillige Auftreten von Jugendlichen im öffentlichen Raum und die persönliche Unsicherheit über den Wertekanon der neuen Gesellschaft bildeten zusammengenommen einen Nährboden für ansteigende Furcht vor Kriminalität, die weit schneller stieg als die Häufigkeit krimineller Delikte. Eine Konsequenz daraus ist, daß der Kontrollstil der zu DDR-Zeiten gefürchteten und zur Wendezeit stark kritisierten Polizei heute im Rückblick wieder wesentlich positiver eingeschätzt wird.

## 4. Kontrollmechanismen der Konsumgesellschaft

An diesem Punkt angelangt, muß man sich mit der Frage auseinandersetzen, wie die Kontrollstrukturen jener Gesellschaft beschaffen sind, in die die Bewohner Ostdeutschlands inkorporiert worden sind. Aus der Sicht der normativ verunsicherten Ostdeutschen erscheint vor allem die Frage drängend, welches Wertesystem, welche normative Ordnung ihrer neuen Gesellschaft zugrundeliegt. Der Ostberliner Soziologe Reißig schreibt: „Wie historische Erfahrungen belegen, erhält für das Gelingen eines nationalstaatlichen Integrations- und Fusionsprozesses das Problem einer gemeinsamen normativen Ordnung einen zentralen Stellenwert" (1993, S. 18). Dies aber genau ist die Crux im deutschen Vereinigungsprozeß: Während sich die Ostdeutschen über 40 Jahre lang in einer Gesellschaft bewegt haben, in der von der Kinderkrippe bis zum Feierabendheim gemeinsame sozialistische Werte eingeübt, oktroyiert, indoktriniert und z.T. sicherlich auch internalisiert wurden, hat sich in Westdeutschland im Verlauf der gesellschaftlichen Nachkriegsentwicklung ein gemeinsames Wertesystem als Integrationsmodus verflüchtigt.

Welche Faktoren haben aber dann die Stabilisierung der westdeutschen Gesellschaft übernommen? Zur Beantwortung dieser Frage möchte ich zum einen zurückgreifen auf Pizzorno: Er hebt hervor, daß in modernen Gesellschaften mit hohem Individualisierungsgrad die Ordnungswirkung des Marktes immer dominanter wird, während 'Disziplin' und 'Wertebindung' an Bedeutung verlieren. Die CDU/FDP-Koalition setzte im Jahr 1990 auf die gesellschaftsintegrierende Wirkung der Marktkräfte, indem sie mit den Modalitäten der Währungsunion die Voraussetzungen für die sofortige und kaum eingeschränkte Teilnahme der Bewohner Ostdeutschlands am Warenkonsum auf westdeutschem Niveau schuf. Die gewählte Wechselkursrelation zwischen Mark der DDR und DM beinhaltete praktisch die Entscheidung, die Ostdeutschen über den Konsum und nicht über den theoretisch möglichen Weg der Erhaltung der Arbeitsplätze zu integrieren. Mit Hilfe der nach der Währungsunion sehr schnell ansteigenden Transferzahlungen der öffentlichen Hand wurde die Kaufkraft der ostdeutschen Bevölkerung dauerhaft gesichert.

Diese Entscheidung der Bundesregierung entspricht genau der Hypothese des polnischen Soziologen Zygmunt Bauman (1988), daß der Konsumbereich und das Verbraucherverhalten in heutigen modernen Gesellschaften unter kognitiven und moralischen Gesichtspunkten ständig stärker in den Mittelpunkt rücken und zu einem integrativen Faktor heranwachsen. Gleichzeitig verliert die Teilnahme am Arbeitsleben ihren zentralen Stellenwert für gesellschaftliche Integration.

Aus einer etwas umfassenderen Perspektive betrachtet, zählt der Konsumbereich mit seinem Angebot an Waren, seinen Geschäften und Einkaufsmöglichkeiten zur materiellen Kultur einer Gesellschaft, derer wir uns im alltäglichen Leben bedienen, um private Zwecke realisieren zu können. In entwickelten Industriegesellschaften mit einer ausgeprägten materiellen Kultur wird diese alltägliche Lebensführung selbst immer stärker zu einem Integrationsfaktor und die Gesellschaftsmitglieder sind „in wesentlich geringerem Umfang auf kulturellen Konsens oder auf ein von allen geteiltes Wertesystem angewiesen als vorindustrielle Gesellschaften oder Industriegesellschaften, die noch in der Entwicklungsphase stecken" (Brock 1993, S. 181).

Während also für die einen Deutschen in einem jahrzehntelangen Prozeß parallel zur wachsenden Fülle und Ausstattung ihrer materiellen Umwelt Werte und normative Gesichtspunkte als

Integrationsfaktoren zurückgetreten sind, sind die anderen Deutschen in einer Gesellschaft groß geworden, in der das Wertesystem als zentraler Integrationsfaktor stark betont wurde. Somit ist das Defizit-Erleben der Ostdeutschen bei ihrer Suche nach den zentralen Werten und Normen der neuen Gesellschaft, in die sie inkorporiert worden sind, fast vorprogrammiert.

Auch die formellen Instanzen sozialer Kontrolle bleiben nicht unbeeinflußt von dieser Entwicklung: Das Rechtswesen verliert immer mehr seinen abgehobenen Charakter hoheitlicher Rechtsprechung und wird im privatrechtlichen Bereich zu einem zunehmend häufiger genutzten und zunehmend alltäglichen Teilsystem der Konfliktregelung - mit Vorteilen für diejenigen, die sich seiner am geschicktesten zu bedienen wissen.

## 5. Schluß

Die auch heute noch vorhandenen Integrationsprobleme der Bewohner der neuen Bundesländer rühren daher, daß mit der DDR nicht nur ein ungeliebter „Überwachungsstaat" zu Ende gegangen ist, sondern gleichzeitig die dort entstandenen Gegenwelten funktionslos geworden sind, die viele gemeinschaftlichen Elemente enthielten. Gerade das Verschwinden dieser gemeinschaftlichen Elemente wird als ein Verlust erlebt, zumal sich in der stärker inidividualisierten westdeutschen Gesellschaft kein Ersatz hierfür findet.

Ungewohnt ist für die über Jahrzehnte mit sozialistischen Werten konfrontierten Ostdeutschen ebenfalls, daß sich in der neuen Gesellschaft eine Fülle materieller und immaterieller Gelegenheiten zum Gebrauch anbieten, daß darüber hinaus aber keine kohärenten Werte und Normen angeboten werden, die in dieser angebotenen Fülle Orientierungsrichtungen und -sicherheit vermitteln würden. Aufgrund des abrupten gesellschaftlichen Umbruchs sind die Bewohner der neuen Bundesländer für diese Sinn- und Werte-Defizite der „Konsumgesellschaft" besonders sensibel. Aus heutiger Sicht läßt sich vorhersagen, daß diese Integrationsprobleme zumindest für die vor 1960 Geborenen auch mit fortschreitender Zeit anhalten werden.

**Literatur**
Bauman, Z. (1988), Sociology and postmodernity, in: Sociological Review, 36. Jg., S. 790-813.
Brock, D. (1993), Wiederkehr der Klassen? Über Mechanismen der Integration und der Ausgrenzung in entwickelten Industriegesellschaften, in: Soziale Welt, 44. Jg., S. 178 - 198.
Franz, P. (1994), Typische Verarbeitungsweisen des gesellschaftlichen Umbruchs, in: U. Herlyn/L. Bertels (Hg.), Stadt im Umbruch: Gotha. Wende und Wandel in Ostdeutschland. Opladen, S. 310 - 339.
Goffman, E. (1973), Asyle. Über die soziale Situation psychiatrischer Patienten und anderer Insassen. Frankfurt/M.
Mayer, K.U. (1994), Wiedervereinigung, soziale Kontrolle und Generationen. Elemente einer Transformationstheorie, in: L. Bertels (Hg.), Gesellschaft, Stadt und Lebensverläufe im Umbruch. Bad Bentheim, S. 49 - 66.
Pizzorno, A. (1991), On the individualistic theory of social order, in: P. Bourdieu/J.S. Coleman (Hg.), Social theory for a changing society. New York, S. 209 - 234.
Reißig, R. (1993), Transformationsprozeß Ostdeutschlands - empirische Wahrnehmungen und theoretische Erklärungen, WZB Discussion Paper P93-001. Berlin.

Dr. Peter Franz, Institut für Wirtschaftsforschung Halle, Postfach 16 02 07, D-06038 Halle an der Saale

## 4. Sozialer Umbruch und Kriminalität in Deutschland

*Klaus Boers*

*1. Kriminalität als Modernisierungsrisiko*

Der soziale Umbruch hat in Ostdeutschland nicht nur zur Desintegration der Gesellschaft und Desorganisation staatlicher und wirtschaftlicher Einrichtungen beigetragen, sondern gleichzeitig auch neue Freiheiten sowie die Modernisierung von Staat und Gesellschaft ermöglicht. Dies bedeutet mithin die "freie" Teilhabe an den Chancen und Risiken der nur partiell steuerbaren Entwicklungsdynamik einer modernen Gesellschaft. Kriminalität und Kriminalitätsfurcht gehören zu solchen Modernisierungsrisiken (vgl. schon Blinkert 1988) ebenso wie Arbeitslosigkeit, Umweltzerstörung, Armut oder Krankheit. Man kann dem wohl nicht mit normativen Vorstellungen, etwa einer armuts- oder kriminalitätsfreien Gesellschaft und entsprechenden Bekämpfungsprogrammen, begegnen. Ausdifferenzierte Gesellschaften erlauben allenfalls eine Kontrolle bestimmter als besonders problematisch empfundener Entwicklungen und können damit ein gewisses Maß an Integration einzelner sozialer Systeme sicherstellen, jedoch immer mit dem Risiko der gleichzeitigen Desintegration anderer Bereiche der Gesellschaft. Kriminalität ist insofern nicht ausschließlich ein Ausdruck sozialer Desorganisation, sondern zunächst einmal eine strukturell bedingte Begleiterscheinung des Modernisierungsprozesses, die nicht notwendigerweise im Widerspruch zur sozialen Integration stehen muß. So können für die Reproduktion des wirtschaftlichen Systems erforderliche hohe Konsumanreize nur in eingeschränktem Maße mit polizeilicher sozialer Kontrolle einhergehen. Oder ein freier Warenverkehr kann insbesondere mit Blick auf die osteuropäischen Märkte nicht bei wie ehedem geschlossenen Grenzen erfolgen; angesichts des Wohlstandsgefälles zwischen der Bundesrepublik und ihren östlichen Nachbarn bringen offene Grenzen aber auch Migrationskriminalität mit sich.

Faßt man die bislang wesentlichen empirischen Ergebnisse über die Kriminalitätsentwicklung seit der Wende vorweg zusammen, dann war in Dunkelfelduntersuchungen (Opfer- oder Täterbefragungen)[1] schon bald nach der Wende bis etwa zum Frühjahr 1991, also unerwartet rasch, eine weitgehende Angleichung der ostdeutschen an die westdeutschen Kriminalitätsraten und zwischen 1991 und 1993 deren Stabilisierung zu beobachten (vgl. auch Kury et al. 1992; Boers 1994). Bedingt durch die Reorganisation der Polizei und ihres Meldesystems in den neuen Bundesländern sind solche Trends etwas verspätet auch der polizeilichen Kriminalstatistik ab 1993 zu entnehmen (vgl. Bundeskriminalamt 1994).

Strukturell typische Formen delinquenten Verhaltens können anhand der verschiedenen Ebenen des Transformationsprozesses beschrieben werden, nämlich den Ebenen des wirtschaftlichen, sozialen und politischen Umbruchs.

## 2. Wirtschaftlicher Umbruch

Der wirtschaftliche Umbruch korrespondiert vornehmlich mit der Massen- und Bagatellkriminalität sowie mit Erscheinungen der Wirtschaftskriminalität (vor allem im Zusammenhang mit der "Abwicklung" des ehemals "volkseigenen Vermögens" durch die Treuhandanstalt).

Spätestens mit der im Sommer 1990 eingeführten Wirtschafts- und Währungsunion waren die entscheidenden Bedingungen für die Entwicklung einer modernen Massenkriminalität gesetzt: Ein enorm erweitertes und von starken Konsumanreizen begleitetes Warenangebot und eine allgemein konvertierbare Währung. Die Bedeutung von Tatgelegenheiten zeigte sich in Ostdeutschland insbesondere in der Zunahme von Delikten im Zusammenhang mit Fahrzeugen und beim Ladendiebstahl und umgekehrt im Rückgang beim Arbeitsplatzdiebstahl, also einer Deliktsform, die angesichts der schnell funktionierenden marktorientierten Warendistribution im Gefolge der Währungsunion weniger relevant wurde. Solche Delikte machen sowohl in der polizeilichen Kriminalstatistik als auch in Dunkelfelduntersuchungen mehr als zwei Drittel aller Delikte aus. 1991 und 1993 berichteten 19% der Befragten in den neuen und 1993 16% in den alten Bundesländern, in den vorangegangenen 18 Monaten Opfer eines Eigentumsdeliktes geworden zu sein; die Gesamtopferrate betrug im Osten 28% bzw. 25% und im Westen 23%.

Eine der für den wirtschaftlichen Umbruch wohl bezeichnendsten Formen delinquenten Verhaltens ist die in Zusammenhang mit der Privatisierung und Abwicklung der ehemaligen volkseigenen DDR-Betriebe stehende Wirtschaftskriminalität. Auch hier dürften allein schon die Gelegenheitsstrukturen (Milliarden für staatliche Transferleistungen und Subventionen, enorme Immobilienwerte usw.) den "Pioniergeist" moderner Glücksritter und Spekulanten geweckt haben. Wissenschaftlich ist dieser Bereich bislang noch kaum untersucht worden. Unsere Kenntnisse beruhen im wesentlichen auf journalistischen Recherchen und bekanntgewordenen Strafverfahren.

Die Treuhandanstalt (1994) leitete durch ihre "Stabsstelle für besondere Aufgaben" von Februar 1991 bis Oktober 1994 in 615 Fällen gegen "Externe" und in 134 Fällen gegen "Interne" strafrechtliche Ermittlungsverfahren ein (von letzteren wurden bislang 54 eingestellt). Der letztlich festgestellte wirtschaftliche Schaden betrug DM 350 Millionen, wovon über ein Drittel im Zusammenhang mit Parteivermögen, Transferrubel-Geschäften sowie Aktivitäten des MfS oder der kommerziellen Koordinierung stand.

## 3. Sozialer Umbruch

Mit dem sozialen Umbruch dürften zunächst Formen der sogenannten klassischen Kriminalität, also Gewalt- und schwere Eigentumsdelikte (z.B. Wohnungseinbruch und Raub), korrespondieren, des weiteren die Drogenkriminalität. Auch hier haben sich in Ostdeutschland die Täter- und Opferraten seit der Wende recht schnell dem westlichen Niveau angeglichen, so daß bereits im Frühjahr 1991 keine wesentlichen Unterschiede mehr bestanden. Solche Delikte kommen bekanntlich nur selten vor: 1993 gaben im Osten 4,6% und im Westen 3,7% der Befragten an, in den vorangegangenen 18 Monaten Opfer einer Körperverletzung oder eines Raubes, 1,8% bzw. 1,3% Opfer eines Wohnungseinbruchs geworden zu sein; 0,5% bzw. 0,1% der befragten Frauen waren sexuell genötigt oder vergewaltigt worden.[2]

Diese Delikte können freilich mit größeren finanziellen Verlusten sowie schweren Eingriffen in die körperliche und psychische Integrität der Opfer einhergehen. Sie sind deshalb im kriminalpolitischen Diskurs sowie für das Sicherheitsempfinden der Bevölkerung von erheblicher Bedeutung, offenbaren aber auch eine problematische Lebenssituation der Täter.

Solche Delikte werden bekanntlich nicht von jedermann begangen. Sie korrespondieren mit Erosionen der Sozialstruktur und der Destabilisierung familiärer, beruflicher und anderer sozialer Netze. Junge Menschen, die von diesen Defiziten betroffen sind, können wahrscheinlicher als andere Altersgenossen einem subkulturellen Bewältigungs- und Überlebensmuster folgen, das zumindest vorübergehend auch delinquentes Verhalten einschließt, sich jedoch spätestens mit einer wiederholten strafrechtlichen Verfolgung und der damit einhergehenden Beschränkung legaler Gratifikationschancen zu einer sogenannten "kriminellen Karriere" verdichten kann. Die gegenwärtige Umbruchssituation erhöht zweifellos das Risiko des Abgleitens in potentiell deviante Lebensmilieus. Neuere, auf Theorien sozialer Milieus (vgl. Hradil 1992) beruhende sozialstrukturelle Untersuchungen haben ergeben, daß rund ein Fünftel der ostdeutschen Bevölkerung zu sozialen Milieus meist jüngerer Leute mit einfachen Berufen und niedrigen Einkommen sowie einem hohen Anteil von Ausbildungsabbrechern und Arbeitslosen gehört. Angehörige dieser Milieus verdrängen die Zukunft und haben vielfältige, aber unerfüllte Konsumwünsche und werden als Verlierer des sozialen Umbruchs bezeichnet (Becker et al. 1992, S. 84, 98 ff.); nach Heitmeyer et. al. (1995, S. 206 ff., 234) gehörten 1993 zwei Fünftel der 15-22jährigen Ostdeutschen zu traditionslosen bzw. hedonistischen Arbeiter- oder subkulturellen Milieus, deren Mitglieder häufiger als andere die Begehung von Gewalttaten berichteten.

Im Sommer 1993 zeigten sich bei 16-34jährigen ostdeutschen Großstädtern signifikante Zusammenhänge zwischen selbstberichteter Gewalt-, gelegentlich auch Eigentumsdelinquenz und sozialer Lage (z.B. finanzielle, schulische Probleme; niedriger Sozial- und Bildungsstatus), Wertorientierung (resignative, einen gesellschaftlichen Ausstieg bejahende, anomische sowie autoritative Einstellungen) sowie Lebensstil (Peer-Group-Orientierung; Schwächung familiärer Kontakte; Auseinandersetzungen in der Elternfamilie; Akzeptanz von Suchtmitteln sowie non-konventioneller politischer Partizipation).

Sozialstrukturelle Defizite, aber auch die gesellschaftliche Auseinandersetzung um die Definition abweichenden Verhaltens kulminieren derzeit besonders in Phänomenen, die, eingebettet in einen Gewaltdiskurs, unter den Schlagworten "Sicherheit auf den Straßen" und "Kriminalitätsfurcht", diskutiert werden: Delinquenz von Migranten, Drogen- sowie rechtsextremistisch motivierte Kriminalität.

Ein nicht unerheblicher Teil des sozialen Abweichungspotentials steht im Zusammenhang mit den Migrationsbewegungen aus ärmeren osteuropäischen Ländern. Von einer "Ausländerkriminalität" kann man dennoch nicht sprechen, weil bei einer Berücksichtigung sozialstruktureller Merkmale nicht "die Ausländer" höhere Kriminalitätsraten aufweisen, sondern die in dieser Bevölkerungsgruppe stärker als unter Deutschen vertretenen sozial und ökonomisch Marginalisierten (Sessar 1993).

Einzig beim Drogenkonsum konnte eine Verhaltensangleichung zwischen Ost- und Westdeutschen (noch) nicht beobachtet werden: 1993 berichteten 25% der westdeutschen, jedoch nur 6% der ostdeutschen 16- bis 29jährigen Befragten, jemals Cannabisprodukte konsumiert zu haben; 1991 waren es in Ostdeutschland 3% (der Konsum härterer Drogen war von niemandem angegeben worden). Und während 1993 im Westen 121.080 Drogendelikte polizeilich registriert wurden, waren es im Osten nur 1.160 Drogendelikte (400 mehr als im Vorjahr; Bundeskriminalamt 1994, S. 214).

Man mag aufgrund dieser Differenz annehmen, daß sich im "realen Sozialismus" Wertorientierungen und Lebensstile herausgebildet haben, die zumindest gegenüber der Verelendung durch den Drogenkonsum zu einer gewissen Resistenz verhalfen. Für eine letzte Gruppe delinquenten Verhaltens, bei der man angesichts des politischen und historischen Anspruchs in der DDR "Resistenz" hätte eher erwarten können, trifft dies freilich nicht zu: die im Zusammenhang mit dem politischen Umbruch stehenden neonazistischen (Gewalt-) Aktivitäten.

*4. Politischer Umbruch*

Spätestens seit den Brandanschlägen in den westdeutschen Städten Mölln und Solingen darf man davon ausgehen, daß der Rechtsextremismus kein ostdeutsches, sondern ein gesamtdeutsches Problem ist, das sich sowohl in Ost- als auch in Westdeutschland seit der Wende sprunghaft entwickelt hat. Die Zahl der offiziell registrierten rechtsextremistischen Gewalttaten ist bekanntlich 1993 und 1994, nachdem 1992 mit 2.600 Fällen der vorläufige Höhepunkt erreicht wurde, etwas zurückgegangen. 1992 und 1993 waren 24 Menschen von Neonazis getötet worden.

Betrachtet man des weiteren rechtsextremistische Einstellungssyndrome, dann sind Westdeutsche sogar etwas ausländerfeindlicher, nationalistischer sowie stärker antisemitisch als Ostdeutsche, sie wählen auch häufiger rechtsextreme Parteien. Offenbar als Folge des 45jährigen autoritären DDR-Regimes ist die ostdeutsche Bevölkerung allerdings etwas autoritärer als die westdeutsche eingestellt. Insgesamt lehnte im Sommer 1993 rund die Hälfte der deutschen Bevölkerung den Zuzug von Asylsuchenden ab, zwischen 25% und 50% befürworteten ethnozentrische oder autoritative Statements.

Rund drei Viertel der Tatverdächtigen rechtsextremistischer Straftaten sind Jugendliche oder Heranwachsende. Zumindest mit Blick auf die Akteure handelt es sich also um ein Jugendphänomen. Man kann sich hinsichtlich der Erklärung des jugendlichen Rechtsextremismus nicht allein (und wohl auch nicht überwiegend) auf sozialstrukturelle Annahmen beschränken, z.B. daß hierin durch die Auflösung traditioneller Lebenszusammenhänge sowie durch soziale oder ökonomische Ohnmachts- und Individualisierungserfahrungen ausgelöste Desintegrationsprozesse zum Ausdruck kommen. Es ist nämlich weiter zu fragen, warum sich ein Teil der jugendlichen Modernisierungsverlierer ausgerechnet eine rechte Identität zulegt, warum verhalten sie sich nicht links oder unpolitisch? Rechtsextremistische Täter sind häufig jedenfalls nicht sozial oder beruflich desintegriert. Sie gehören zwar eher zur unteren Hälfte der Gesellschaft, haben aber in der Regel einen Bildungsabschluß, einfache Facharbeiter- oder Handwerkerberufe sowie einen Arbeitsplatz und kommen, zumindest in Westdeutschland, auch aus aufstiegsorientierten sozialen Milieus. Der jugendliche Rechtsextremismus ist also schon unter sozialen Gesichtspunkten nicht unbedingt eine Randerscheinung; er dürfte darüber hinaus, darauf weist bereits die Verbreitung nationalistischer und autoritärer Einstellungen hin, feste Wurzeln in politischen Mentalitätsbeständen der Erwachsenenkultur, mithin in der Mitte der Gesellschaft haben (Willems et al. 1993, S. 132 ff.; Pfahl-Traughber 1993, S. 217 ff.; Heitmeyer 1994, S. 36 ff.). Insbesondere die Debatte über die Asyl- und Einwanderungspolitik hat bis in die großen Parteien hinein zu bedenklichen nationalistischen Orientierungen des öffentlichen Diskurses geführt. Dabei geht es wohl auch darum, den "Nationalismus", angesichts des nach dem Zusammenbruch des "realen Sozialismus" entstandenen politisch-ideologischen Vakuums sowie in Anbetracht der immer offensichtlicher gewordenen ökonomischen und sozialen Probleme als ein Medium für die soziale Integration Gesamtdeutschlands zu funktionalisieren (Offe 1993).

## 5. Zusammenfassung

Zusammenfassend handelt es sich bei den verschiedenen Delinquenzformen im sozialen Umbruch zum einen um Erscheinungen, die als Modernisierungsrisiko eine zeitlich stabile Angleichung an westliche Kriminalitätsstrukturen darstellen. In diesem Zusammenhang ist die Massen- und Bagatellkriminalität eher eine typische Begleiterscheinung einer hochentwickelten Industrie- und Konsumgesellschaft. Demgegenüber verweist die schwerere Eigentums- und Gewaltkriminalität auf sozialstrukturelle Integrationsdefizite, die sich angesichts des Wohlstandsgefälles vor allem zu den Ländern Ost- und Südosteuropas noch vergrößern dürften. Schließlich handelt es sich um Delinquenzphänomene, die zwar als problematisch und desintegrativ anzusehen sind, sich jedoch als typische Erscheinungen der Umbruchssituation mit der politischen, ökonomischen und sozialen Reorganisation in Ostdeutschland verringern dürften. Dazu gehört sicherlich die mit der Abwicklung des ehemaligen DDR-Vermögens im Zusammenhang stehende Wirtschaftskriminalität. Man kann vorsichtig vermuten, daß dies - zumindest im Moment - auch für exzessive neonazistische Gewalttaten, nicht jedoch für den Rechtsextremismus als solchen zutreffen wird.

**Anmerkungen**
1) Die hier berichteten empirischen Befunde beruhen auf repräsentativen Bevölkerungsbefragungen, die 1991 in den neuen (n=2011) sowie 1993 in den neuen (n=4001) und alten (n=2034) Bundesländern von Kriminologen der Humboldt-Universität zu Berlin sowie der Universitäten Hamburg und Tübingen in einem von der DFG geförderten Kooperationsprojekt durchgeführt wurden.
2) Nach der Polizeilichen Kriminalstatistik betrug 1993 der Anteil der Gewaltdelikte an allen 6,7 Mio. registrierten Straftaten 2,4% (Bundeskriminalamt 1994).

**Literatur**
Becker, U. et al. (1992), Zwischen Angst und Aufbruch. Das Lebensgefühl der Deutschen in Ost und West nach der Wiedervereinigung. Düsseldorf.
Blinkert, B. (1988), Kriminalität als Modernisierungsrisiko?, in: Soziale Welt 39, 397-412.
Boers, K. (1994), Kriminalität und Kriminalitätsfurcht im sozialen Umbruch. In: Neue Kriminalpolitik 6, Heft 2, 27-31.
Bundeskriminalamt (1994), Polizeiliche Kriminalstatistik 1993. Wiesbaden.
Heitmeyer, W. (1994), Das Desintegrations-Theorem. Ein Erklärungsansatz zu fremdenfeindlich motivierter, rechtsextremistischer Gewalt und zur Lähmung gesellschaftlicher Institutionen. In: Heitmeyer, W. (Hrsg.), Das Gewalt-Dilemma. Frankfurt, 29-72.
Heitmeyer, W. et al. (1995), Gewalt. Schattenseiten der Individualisierung bei Jugendlichen aus unterschiedlichen Milieus. Weinheim.
Hradil, S. (1992), Alte Begriffe und neue Strukturen. Die Milieu-, Subkultur- und Lebensstilforschung der 80er Jahre, in: ders. (Hg.), Zwischen Bewußtsein und Sein. Opladen, 15-56.
Kury, H., et al. (1992), Opfererfahrungen und Meinungen zur inneren Sicherheit in Deutschland. Wiesbaden.

Offe, C. (1993), Wohlstand, Nation, Republik. Aspekte des deutschen Sonderweges vom Sozialismus zum Kapitalismus, in: Joas, H., Kohli, M. (Hg.): Der Zusammenbruch der DDR. Frankfurt/M., 282-301.
Pfahl-Traughber, A. (1993), Rechtsextremismus. Eine kritische Bestandsaufnahme nach der Wiedervereinigung. Bonn.
Sessar, K. (1993), Kriminalität von und an Ausländern, in: Schweizerische Arbeitsgruppe für Kriminologie (Hg.). Ausländer, Kriminalität und Strafrechtspflege. Chur, 187-217.
Treuhandanstalt. (1994), Die Stabsstelle für besondere Aufgaben im Direktorat Recht. Berlin, unveröffentlicht.
Willems, H., et al. (1993), Fremdenfeindliche Gewalt: Eine Analyse von Täterstrukturen und Eskalationsprozessen. Bonn.

Dr. Klaus Boers, Institut für Kriminologie, Universität Tübingen, Corrensstraße 34, D-72076 Tübingen

## 5. Episodale Schicksalsgemeinschaft und Jugendgewalt: Hooligan-Gruppen in intensiver Fallanalyse

*Ralf Bohnsack*

Der *episodale Charakter* von Jugendkriminalität, also deren Bindung an und Beschränkung auf die Lebensphase Jugend, ist in der Kriminologie bzw. Kriminalsoziologie eine seit langem kaum bestrittene Erkenntnis. Gleichwohl hat der "Erkenntnisstand zur Erklärung von Episodenhaftigkeit ... das Niveau von Alltagstheorien kaum verlassen".[1] Dies ist vor allem darauf zurückzuführen, daß die spezifischen Probleme der Adoleszenzentwicklung bei denjenigen, die in der Kriminalstatistik vor allem in Erscheinung treten, nämlich bei Lehrlingen, bisher kaum Berücksichtigung gefunden haben. Auch die Bedeutung der peer-group in diesem Zusammenhang ist empirisch belegt[2], theoretisch aber wenig durchleuchtet.

In einer von der DFG finanzierten Untersuchung über jugendliche Banden und Cliquen aus unterschiedlichen Stadtvierteln im Ost- und Westteil der Stadt Berlin arbeiten wir mit intensiven Fallanalysen auf der Grundlage von Gruppendiskussionen, biographischen Interviews und teilnehmender Beobachtung mit bisher über 60 Gruppen. Die hier referierten Ergebnisse beziehen sich im wesentlichen auf vier Gruppen aus der Berliner Hooligan-Szene, die einer komparativen Analyse unterzogen wurden: Eine Gruppe, die zum Kern, und eine andere, die zum Randbereich dieser Szene gehört sowie eine weitere Gruppe aus dem Westteil der Stadt. Die Kerngruppe aus einer Trabantenstadt im Osten, mit deren Freundinnen wir ebenfalls eine Diskussion durchgeführt haben, wurde ihrerseits mit anderen Lehrlingsgruppen aus demselben Viertel verglichen: mit Musikgruppen, unauffälligen Jugendlichen und einer linken gewaltbereiten Gruppe.[3]

Auf eine Explikation der theoretischen und methodologischen Hintergründe dieser Studie, wie sie in der Chicagoer Schule, dem labeling-approach und der Mannheimschen Wissenssoziologie, vor allem der *dokumentarischen Methode der Interpretation*, verankert sind[4], verzichte ich zugunsten der Ergebnisdarstellung.

Vorab jedoch einige *generelle Bemerkungen* zur Adoleszenzentwicklung bei Lehrlingen, mit denen ich auch an die Ergebnisse einer früheren Studie anknüpfe[5]: Mit dem Übergang von der

Schule zum Beruf und den ersten Erfahrungen des Arbeitsalltages stellen sich - nicht zum ersten Mal, aber nun unausweichlich - Orientierungs- und Sinnprobleme, durch die die Jugendlichen in eine mehr oder weniger ausgeprägte Krisenphase hineingeraten. Dies vor allem auch deshalb, weil sie nur wenig darauf vorbereitet sind. Um dies zu verstehen, bedarf es genauerer Einblicke in die spezifische Struktur und Zeitlichkeit der biographischen Orientierungen und Lebensperspektiven bei Lehrlingen. Diese sind nur wenig geprägt durch eine zweckrationale Orientierung an institutionalisierten Ablaufmustern der Ausbildungs- und Berufskarriere. Vielmehr steht eine Orientierung an den nahweltlichen milieuspezifischen Lebenszusammenhängen der Nachbarschaft, des Viertels, der Verwandtschaft mit ihren Erfahrungsräumen einer gemeinsamen Lebenspraxis und ihren zyklischen Ereignisabläufen im Vordergrund.

Überall dort, wo eine Integration in Gemeinsamkeiten, in derartige *habituelle Übereinstimmungen* der milieuspezifischen Alltagspraxis nicht bruchlos gegeben ist, begegnet uns eine *probehafte* Suche nach habitueller Übereinstimmung. Diese Suche ist nicht primär eine theoretisch-reflexive, sondern vollzieht sich - und dies ist für deren Verständnis entscheidend - aus der Spontaneität der Handlungspraxis heraus, d.h. auf dem Wege von Aktionismen. Dort, wo Gemeinsamkeiten sozialisationsgeschichtlich nur bruchstückhaft gegeben sind, werden diese also gleichsam *inszeniert*. Die derart inszenierte gemeinsame Praxis - sei es des Musik-Machens, sei es diejenige des Kampfes - verbindet allein schon deshalb, weil sie ihre eigene - wenn auch episodale - Sozialisationsgeschichte entfaltet; dies aufgrund gemeinsamer Erfahrungen des Aufeinander-Angewiesen-Seins, der Euphorie, der Bewältigung von Gefahren auf dem Wege kollektiver Aktionismen.

Für einen spezifischen Typus kollektiver Aktionismen stehen die von uns untersuchten Musik-Gruppen, auf die ich zunächst eingehe, um dann zu den Hooligans zu kommen. Bei den Musikgruppen kann man von einem *ästhetisch-kommunikativen Aktionismus* sprechen: Die hier - teilweise mit einem Minimum an musikalisch-technischer Ausbildung betriebene - probehafte Entfaltung kollektiver Stilelemente ist kein intentionales, aus theoretischen Vorstellungen und Entwürfen resultierendes Produkt. Fragen nach einer derartigen theoretisch-reflexiven Selbstverortung der eigenen Musikproduktion werden von den Jugendlichen dezidiert abgewiesen bzw. ironisierend behandelt.

*Habituelle Übereinstimmung* resultiert aus dem Prozeß des "Machens" selbst und führt - wenn ihre Emergenz nicht befriedigend gelingt - auch zu einer Neukonstellation der Clique oder zu einem Cliquenwechsel. Insofern ist auch der Cliquenwechsel nicht zufällig und chaotisch, sondern folgt der Eigengesetzlichkeit probehafter Entfaltung und Ausdifferenzierung des kollektiven Habitus. Der kollektive Aktionismus ist das Medium, innerhalb dessen erprobt werden kann, inwieweit und in welcher Hinsicht die persönlichen Stilelemente sich zu kollektiven Stilen verdichten und steigern lassen. Dies schafft einen Orientierungsrahmen und damit eine Sicherheit der Wahl im Bereich von Lebensorientierungen - so z.B. bei der Partnersuche. Diese milieuspezifische Art der Bewältigung der Adoleszenzproblematik erscheint also - wenn auch rituell inszeniert und somit weit entfernt von jeder Zweckrationalität - als immanent "rational" und kann nicht als z.B. "magische" Lösung charakterisiert werden.[6]

Der kollektive Aktionismus der Musikproduktion als Medium der Suche nach ästhetisch-stilistischer Selbstverortung setzt ein vergleichsweise hohes Niveau an Organisation und kommunikativer Abstimmung voraus - auf der Grundlage vertrauensvoller Perspektivenübernahme oder Perspektivenreziprozität.

Dies jedoch erscheint in jenen anderen Gruppen prekär, denen wir uns in unserer Analyse in besonders intensiver Weise zugewandt haben: den *Hooligans*. Der hier zu beobachtende kollektive Aktionismus setzt sozusagen im Voraussetzungslosen an, d.h. nicht z.B. bei einer Organisationsform wie der Band, sondern beim "Mob", wie die Jugendlichen dies selbst nennen, für dessen Mobilisierung die Fußballrandale paradigmatisch steht. Die Aktivitäten des "Mob" werden durch bekannte und "kampferprobte" Identifikationsfiguren rudimentär und hierarchisch organisiert - immer auf der Suche nach dem "fight", welcher vorzugsweise mit anderen Gruppen von Hooligans gesucht wird. Der "fight" hat primär die Funktion einer Verstrickung in die Handlungszwänge eines *"situativen Aktionismus"*. Es ist gerade die verlaufskurvenförmig sich verselbständigende, nicht antizipierbare Dramaturgie in der Situation des Kampfes und der Randale und das daraus resultierende Aufeinander-Angewiesen-Sein, welche eine elementar ansetzende Kollektivität konstituiert: eine *episodale Schicksalsgemeinschaft*. Ähnliches finden wir - wenn auch unter anderen Vorzeichen - im Sport oder in der Schicksalsgemeinschaft von Kriegsteilnehmern an der Front.

Die persönliche Identität der einzelnen einschließlich ihrer Basis körperlicher Unversehrtheit tritt hinter die Focussierung des kollektiven Aktionismus zurück, wird durch diesen und die damit verbundene episodale Schicksalsgemeinschaft auch gruppenspezifisch neu konstituiert. Die Eigendynamik des Prozesses, die sich zweckrationaler Steuerung entzieht, erzeugt sekundäre Motive.[7]

Die Unterordnung persönlicher Identität und deren gruppenspezifische Neuinszenierung verweisen auf den prekären Charakter bisheriger Biographie und Identität.

Dabei geht es zugleich auch darum, den Bezug zur Alltagsexistenz abzuschneiden, sich aus ihr und dem Arbeitsalltag - zumindest am Wochenende - gleichsam herauszukatapultieren: "Vom Leben abschalten", "aus dem Rhythmus rauskommen" lauten die entsprechenden Metaphern der Jugendlichen für das, was wir als *episodale Negation der Alltagsexistenz* bezeichnet haben. Der Aktionismus des Kampfes gewinnt seine Funktion also aus der Emergenz einer episodalen Schicksalsgemeinschaft und zugleich der episodalen Negation der Alltagsexistenz. Eine zweckrationale Orientierung am Sieg über den Gegner oder gar an dessen Vernichtung tritt weit dahinter zurück. Vielmehr wird auch hier, zumindest in der Auseinandersetzung mit den Hooligans untereinander - so paradox dies zunächst klingen mag - eine im "fight", im "Sich-Klatschen" mit einem respektablen Gegner sich allmählich konstituierende und bewährende "Freundschaftsbereitschaft" angestrebt. Auf dieser Basis werden dann auch Regeln der Fairness (des "fairen fight"), also Regeln der Reziprozität allmählich konstituiert. Sie werden in Erzählungen und Beschreibungen ausgearbeitet und schließlich begrifflich formuliert. Neben der Kampferprobtheit und der auf dieser Basis sich konstituierenden "Kameradschaft" sind es diese Regeln der Fairness, durch die die Mitglieder der Clique sich vom "Mob" abgrenzen und ihren Führungsanspruch ihm gegenüber begründen. Hierin liegt die Bedeutung auch dieser peer-group für die Initiierung von Lernprozessen. Außerhalb der Begegnung der Hooligans untereinander bleibt die Regelreziprozität allerdings prekär. In der Begegnung mit anderen Gruppen - z.B. den "Linken" - werden Regeln der Fairness kaum eingehalten. Diese Diskrepanz ist den Jugendlichen gleichwohl bewußt.

Der prekäre Charakter der Perspektivenreziprozität zeigt sich aus der Perspektive der Freundinnen der Hooligans.

Sozialisationsgeschichtliche Hintergründe einer derartigen Kommunikationsstruktur läßt die Analyse der biographischen Interviews sichtbar werden. So zunächst im Bereich der Familie: Die sozialisationsgeschichtliche Problematik besteht nicht darin, daß die Familien - äußerlich betrachtet - nicht mehr "intakt" sind. Derartige Probleme sind nicht nur bei den Hooligans, sondern auch bei anderen Gruppen zu beobachten. Nicht z.B. der Selbstmord des Vaters oder die Scheidung der Eltern für sich genommen stellen das eigentliche Problem dar. Vielmehr dokumentiert sich dieses Problem im *Schweigen* über den Tod des Vaters oder im *Ver*schweigen einer bereits vollzogenen Scheidung der Eltern. Dort, wo die Kontinuität des Familienalltages - zumeist im Zusammenhang mit dem Verlust milieuspezifischer habitueller Sicherheiten - brüchig geworden ist, bedarf es der reflexiven Kontinuitätssicherung auf der Ebene einer kommunikativen Verständigung vor allem über die familienbezogene Kindheitsgeschichte der einzelnen. Typischerweise fehlen darauf bezogene Erzählungen in den biographischen Interviews mit den Hooligans. Eine derartige *Eliminierung der familienbezogenen Kindheitsgeschichte* wird in der komprativen Analyse mit den Musikgruppen besonders deutlich. - Der Verlust kommunikativer Verständigung begegnet uns nicht allein unter Bedingungen zwangsautoritärer familialer Beziehungen ("der totale Druck"), sondern auch im Sozialisationsmodus einer bedingungslosen Permissivität ("Mutter hat mir immer alles in nen Arsch gesteckt"). In beiden Fällen vermögen sich keine Erfahrungsräume im Sinne eines kommunikativen Aushandelns von Prinzipien und Grenzen zu entfalten.

Die nicht-offene Kommunikation ist es, die den Jugendlichen zum Problem geworden ist. Und Erfahrungen einer nicht-offenen Kommunikation sind es, auf die die Jugendlichen in der öffentlichen Begegnung mit Provokation reagieren. Provokation ist darauf gerichtet, auszuloten, welche (moralischen) Prinzipien und Grenzen dem Handeln der anderen "eigentlich" oder "wirklich" zugrundeliegen. Dies vollzieht sich allerdings eben nicht nach Art einer Verständigung über diese Regeln und Prinzipien, sondern die Stellungnahme des Anderen soll aktionistisch erzwungen werden. Es geht um einen "character contest" (vgl. Goffman 1971).

Auch die Wahl von Emblemen und stilistischen Präsentationen wird durch deren provokativen Charakter bestimmt. Beispielsweise haben sich die Jugendlichen zu DDR-Zeiten als Anhänger des als "Stasi-Verein" etikettierten Berliner BFC ausgegeben, um die Stasi-Gegner zu provozieren. Zugleich aber haben sie sich hierbei das Outfit der Skinheads zugelegt, um die wirklichen Anhänger dieses Vereins bzw. die "Stasi" selbst zu "schocken", wie sie sagen.

Die Provokation der Jugendlichen aus dem Ostteil der Stadt war also zu DDR-Zeiten darauf gerichtet, diejenigen zu testen, denen eine spezifische Doppelmoral zugeschrieben wurde: die "Spießer" und "Schichtler". Hier besteht die Doppelmoral u.a. darin, daß politische Moral sich hinter sachlich-leistungsbezogenen und disziplinarischen Ansprüchen und Maßstäben verschanzt. Dies ist wesentliches Element des von den Jugendlichen erfahrenen "totalen Drucks". Gesellschaft erscheint als totale Institution: "Gesellschaft ist wie die Army" heißt es in der Gruppendiskussion.

Die provokative Reaktion der Jugendlichen auf die Doppelmoral und den "totalen Druck" schlägt mit eben dieser Doppelmoral auf sie zurück. Die Provokation wurde nicht nur disziplinarisch stigmatisiert und kriminalisiert, sondern zugleich in einer für sie selbst zunächst kaum durchschaubaren Weise in einen politischen Rahmen gestellt, so daß sie verschärft in einen Prozeß der Fremdbestimmung und Verlaufskurvenentwicklung hineingeraten. So wird *Arno*, einer der Kerncharaktere der Ost-Berliner Hooligan-Szene, in Folge einer Dorfschlägerei nicht nur mit 16 Jahren zum "kriminellen jugendlichen Schläger", sondern zusätzlich als in seiner "Einstellung gegen den Staat" gerichtet etikettiert und nicht in die Jugendstrafanstalt, sondern in den "schweren Vollzug" eingewiesen. Im Zuge weiterer provokativer Auseinandersetzungen mit den Kontrollinstanzen wird die Fremdetikettierung als "rechts" und schließlich als "Nazi" als Selbststilisierung übernommen. So heißt es im biographischen Interview: "spätestens bei der zweeten Gerichtsverhandlung sagt man sich denn na bitte ihr nennt mich Nazi ich bin einer, was wollt ihr denn? Um-um einfach die ganzen Leute da abzuschocken wie se da gesessen haben".

An einem bestimmten Punkt der Fremdbestimmung erscheint die Inszenierung einer provokativen Selbstbezichtigung als der einzig noch verbleibende Weg, Elemente von Autonomie und Selbstbestimmung und damit auch von Würde zu bewahren, wie dies bereits David Matza (1964) erkannt hatte.

Für diese Gruppen gewinnt die "Wende" nicht den Stellenwert eines Auslösers von Orientierungskrisen, sondern sie eröffnete Potentiale der *Enaktierung* (der handlungsmäßigen Umsetzung) bereits gegebener Orientierungskrisen; dies im Zusammenhang mit der vorübergehenden Lähmung der Kontrollinstanzen, dem "Kontrolloch", und der neuen rechtlichen Situation.

Die situativen Aktionismen und Provokationen der Hooligans sind kaum zu verstehen im Rahmen politischer Überzeugungen, Ideologien oder Theorien. Vielmehr stehen - wie wir gesehen haben - politische Selbststilisierungen und Embleme im Dienste der Provokation und des situativen Aktionismus sowie der auf diesem Wege konstituierten episodalen Schicksalsgemeinschaft. Das bedeutet, daß dann, wenn der situative Aktionismus entwicklungsbedingt seine Funktion verliert, es plötzlich "völlig sinnlos" erscheint, ein "rechter Idiot" gewesen zu sein. So äußern sich die Jugendlichen der zum Randbereich der Hooligans gehörenden Gruppe mit 19 Jahren - am Ende jener krisenhaften Phase der Adoleszenzentwicklung, die wir in unterschiedlicher Ausprägung in allen Lehrlingsgruppen beobachtet und als *Negationsphase* bezeichnet haben. Demgegenüber haben die Angehörigen der Kerngruppe der Hooligans - obschon älter - diese Phase noch nicht hinter sich gelassen. Die Gründe dafür werden deutlich, wenn wir die beiden Gruppen hinsichtlich der Sozialisationsgeschichte ihrer Angehörigen miteinander vergleichen. Trotz vergleichbarer selbstberichteter Delinquenzbelastung in beiden Gruppen verfügen lediglich die Angehörigen der Kerngruppe über Erfahrungen im Strafvollzug. In der Gruppendiskussion werden diese Erfahrungen als extremer Verlust persönlicher Integrität und Identität vor allem auch im Hinblick auf den erlittenen Zwang zu sexuellen Dienstleistungen, also sexuelle Nötigung, detailliert geschildert. Sie gewinnen sozialisationsgeschichtlich eine doppelte Bedeutung: Sie verfestigen jene Haltung, für die die Bewährung im Kampf Grundlage von Sozialität und Zugehörigkeit darstellt und nicht die Kommunikation auf der Grundlage der Anerkennung der Perspektive, der persönlichen Identität und Einzigartigkeit des anderen. Zugleich wird der Strafvollzug damit zur zentralen Bewährungsprobe, zu einer privilegierenden Erfahrung, mit der die Kerncharaktere der Hooligan-Szene dann auch explizit in der Gruppendiskussion ihre Führungsfunktion begründen. All dies bindet sie an die Hooligan-Karriere.

Es sind also sowohl die offiziellen Stigmatisierungen wie sie dann provokativ im Sinne einer stereotypisierenden Selbstidentifizierung (als "rechts" oder als "Nazi") übernommen werden, wie auch die Konsequenzen der Inhaftierung, die sich nicht nur für die Intensität der Hooligan-

Karriere, sondern auch für die Be- oder Verhinderung des Ausstiegs als ausschlaggebend erweisen.

## Anmerkungen
1) So Mariak und Schumann 1992
2) So z.B. Willems u.a. 1993: 93,8 % fremdenfeindlicher Straf- und Gewalttaten wurden als Gruppentaten eingestuft.
3) Zur umfassenden Darstellung der Ergebnisse s. Bohnsack u.a. 1995
4) siehe dazu u.a.: Mannheim 1964, Bohnsack 1993 u. 1995.
5) Zur Untersuchung über jugendliche Cliquen in Kleinstadt und Dorf: Bohnsack 1989
6) Insoweit grenzt sich diese wissenssoziologische Analyse von derjenigen der Birmingham School (CCCS) ab.
7) Vgl. dazu Neidhardt (1981) über die Eigendynamik "absurder Prozesse" am Beispiel einer terroristischen Gruppe.

## Literatur
Bohnsack, Ralf (1989), Generation, Milieu und Geschlecht - Ergebnisse aus Gruppendiskussionen mit Jugendlichen. Opladen.
Ders. (1993), Rekonstruktive Sozialforschung - Einführung in Methodologie und Praxis qualitativer Forschung. Opladen (2. Auflage).
Ders. (1995), Auf der Suche nach habitueller Übereinstimmung - Peer-groups: Cliquen, Hooligans und Rockgruppen als Gegenstand rekonstruktiver Sozialforschung, in: Krüger/Marotzki (Hg.), Erziehungswissenschaftliche Biographieforschung. Opladen.
Ders., Peter Loos, Burkhard Schäffer, Klaus Städtler, Bodo Wild (1995), Die Suche nach Gemeinsamkeit und die Gewalt der Gruppe - Hooligans, Musikgruppen und andere Jugendcliquen. Opladen (erscheint).
Goffman, Erving (1971), Interaktionsrituale - Über Verhalten in direkter Kommunikation.
Mannheim, Karl (1964), Beiträge zur Theorie der Weltanschauungsinterpretation, in: Ders., Wissenssoziologie. Neuwied u. Berlin.
Mariak, Volker, Karl F. Schumann (1992), Zur Episodenhaftigkeit von Kriminalität im Jugendalter, in: Ewald/ Woweries (Hg.), Entwicklungsperspektiven von Kriminalität und Strafrecht - Festschrift für John Lekschas. Bonn.
Matza, David (1964), Delinquency and Drift. New York-London-Sydney.
Neidhardt, Friedhelm (1981), Über Zufall, Eigendynamik und Institutionalisierbarkeit absurder Prozesse, in: v. Akmann u. Thurn (Hg.), Soziologie in weltbürgerlicher Absicht - Festschrift für René König. Opladen.
Willems, Helmut u.a. (1993), Fremdenfeindliche Gewalt. Opladen.

Prof. Dr. Ralf Bohnsack, FU Berlin, FB Erziehungswissenschaft, Institut für Schulpädagogik und Bildungssoziologie, Arnimallee 11, D-14195 Berlin

## 6. Veränderung von Kontrolleinstellungen bei ehemaligen DDR-Juristen und -Polizisten

*Gunhild Korfes*

Der Wandel von Kontrolleinstellungen ehemaliger DDR-Juristen und -Polizisten wird im Kontext der Einführung bundesdeutschen Rechts in den neuen Bundesländern und der Umstrukturierung der Kontrollinstanzen betrachtet. Im Bereich der strafrechtlichen Kontrolle sind in bezug auf Wertorientierungen und Einstellungen Konflikte vorstellbar, die sowohl mit politischen Überzeugungen als auch mit Unterschieden zwischen eigenen (DDR-spezifischen?) punitiven Orientierungen und der Kontrollpraxis in der BRD zusammenhängen können.

Der Beitrag wertet 20 Interviews mit JuristInnen und KriminalistInnen aus, die ehemals in der DDR und zum Zeitpunkt der Befragung (1993/94) als Beamte auf Probe in den Kontrollinstanzen der neuen Bundesländer tätig waren."[1] Die Unterschiede, die im Wandel von Einstellungen und Berufsmotivation zwischen beiden Berufsgruppen deutlich werden, stehen mit den jeweiligen strukturellen und normativen Gegebenheiten in Zusammenhang.

*1. Empirische Ergebnisse*

Die im Bereich der Polizei geführten Interviews lassen die Schlußfolgerung zu, daß 1993 eine pragmatische Anpassung an die neuen Verhältnisse dominierte, wobei zwar die alten Einstellungen relativ unberührt blieben, sich aber eine neue Motivation ausbildete. Die Kriminalisten erleben die neuen rechtlichen, strukturellen und politischen Bedingungen als Beeinträchtigung kriminalpolizeilicher Effektivität. Dazu zählt die Beschränkung polizeilicher Rechte und der Verlust einer Elitestellung. Besonders deutlich wurde das an der Einordnung als *Hilfsermittlungsbeamter* und der damit de facto vollzogenen (de jure existierte sie auch in der DDR) Unterstellung unter die Staatsanwaltschaft und ihre Entscheidungen (Wegfall des Anzeigenprüfungsstadiums). Dagegen erfuhr der Abbau der militärischen Strukturen und des "Berichtswesens nach oben" als Zuwachs an Effizienz und Autonomie aber eine positive Bewertung.

Die institutionelle und personelle Reorganisation im Bereich der Justiz war mit wesentlich gravierenderen Veränderungen verbunden. Die Überprüfung war 1993 vorüber, und die Entscheidung der Richterwahlausschüsse lag vor[2], doch die Verbeamtung stand noch aus, und neue Ängste bezüglich der eigenen Berufschancen griffen bereits um sich.[3]

Möglicherweise schilderten die Richter und Staatsanwälte die erlebten Brüche, Konflikte und Umorientierungen deshalb ungleich zurückhaltender als die Kriminalisten. Im Unterschied zu diesen verwiesen sie vor allem auf die Kontinuität ihres Berufsbildes und ihrer Berufsmotivation. Die Hervorhebung der Kontinuität verdeckt zugleich die erlebten Brüche und Unterschiede. Denn es werden auch Kontroll- und Sanktionseinstellungen deutlich, die eben auf dem Hintergrund einer anderen Rechtspraxis gewachsen sind.

Doch trotz der noch andauernden Unsicherheiten begannen die ostdeutschen Juristen, die in die Justiz übernommen wurden, sich der neuen amtlichen Würden bewußt zu werden. Das trifft auf die Staatsanwälten in besonderem Maße zu, erlebten sie sich doch nun als wirkliche "Herren" des Ermittlungsverfahrens. Damit wuchs zwar die Arbeitsbelastung enorm, denn der Staatsanwalt muß auch bei jeder Bagatelle über Einstellung oder Anklage entscheiden (in der DDR hatte die Polizei bei Nichtigkeit des Vergehens gar kein Anzeige aufgenommen oder bei geringer Tatschwere den Vorgang an gesellschaftliche Gerichte umgeleitet), aber die Entscheidungsmacht erhöhte die dienstliche Autorität. Bei den Richtern scheint es mehr das Erleben der richterlichen Unabhängigkeit zu sein, die - selbst wenn man in der DDR persönlich keine negativen Erfahrungen machte - auch im subjektiven Empfinden eine andere Qualität hat als das Verständnis der Unabhängigkeit im Richterstand der DDR.

## 2. Resümee

Insgesamt zeigt sich bei der Veränderung der Kontrolleinstellungen, daß normative und institutionelle Faktoren gegenüber subjektiven Faktoren klar dominieren. Sie erklären letztlich, warum sich die Berufsgruppen der Polizisten, Richter und Staatsanwälte in unterschiedlichem Maße als Gewinner und Verlierer der institutionellen Reorganisation erleben. Zwar schildern auch die JuristInnen Verluste in bezug auf Kollegialität, Einbußen an sozial-fürsorgerischem Auftrag zugunsten einer formal-rechtlichen Konfliktregulierung u.a.m.. Doch der Gewinn im Hinblick auf den dienstlichen und sozialen Status, der Zuwachs an Entscheidungsautonomie, Selbständigkeit und amtlicher Autorität war unübersehbar. Das bildet wohl den Hintergrund dafür, daß die Richter und Staatsanwälte mehr die Kontinuität des beruflichem Selbstverständnisses hervorheben, die Polizisten aber mehr seine Beeinträchtigung.

Betrachtet man jedoch die Kontrolleinstellungen selber, so scheinen sowohl bei den Polizisten als auch den Staatsanwälten Kontinuitäten unübersehbar. Dieser Sachverhalt ist bei den RichterInnen ungleich schwieriger zu bewerten. Denn die von uns interviewten übernommenen RichterInnen waren vor der Wende häufig in anderen Zweigen der Rechtsprechung (Zivil- und Familienrecht) tätig. Der Wandel der strafrechtlichen Sanktionseinstellungen war deshalb nicht Gegenstand der Schilderung der Befragten.

Welche Relevanz allerdings diese Einstellungen haben, ist unklar. Denn unabhängig von konsistenten Einstellungen und unterschiedlichen Bewertungen der Veränderungen scheint das Resultat in allen drei Berufsgruppen das gleiche: vom Tag der Vereinigung und damit der Gültigkeit bundesdeutschen Rechts an waren Polizisten und Juristen bemüht, dem Gesetz entsprechend zu handeln und zu entscheiden. Eigene Vorstellungen oder Zweifel hatten offenbar keine Relevanz. Juristische Fehlentscheidungen waren nicht auf andere Kontrolleinstellungen zurückzuführen, sondern auf noch defizitäre Rechtskenntnisse und geringe fachliche Kompetenz.

Auf der Grundlage der bisherigen Erhebung spricht viel dafür, daß normative, institutionelle und interaktive Bedingungen bei der Entwicklung von Kontrolleinstellung und Berufsmotivation letzlich dominieren.

**Anmerkungen**
1) Diese Untersuchung ist Teil eines von der DFG geförderten Projektes "Sozialer Umbruch und Kriminalitätsentwicklung in der ehemaligen DDR mit Berücksichtigung der Auswirkungen auf Deutschland als Ganzes", das von der Kriminologischen Forschungsstelle Berlin am Kriminalwissenschaftlichen Institut der Humboldt-Universität zu Berlin, dem Seminar für Jugendrecht und Jugendhilfe der Universität Hamburg und dem Kriminologischen Institut der Universität Tübingen getragen wird.

2) Während in der Polizei eigentlich nur die höchsten Leitungspositionen (Polizeidirektor, -präsident) durch westliche Fachkräfte besetzt wurden, sind an den Gerichten - instanzliche und regionale Unterschiede einmal vernachlässigt - durchschnittlich zu ca. 50%, in den Staatsanwaltschaften zu ca. 30% Juristen aus den alten Bundesländern tätig. In der Regel nehmen sie die leitenden Funktionen vom Direktor über den Abteilungsleiter bis zum Dezernenten ein. Damit hat sich zumindest für die nähere Zukunft eine West-Ost-Hierarchie herausgebildet.

3) Die allmählich auftauchende erste Generation junger Ost-Juristen, die bereist mit dem zweiten Staatsexamen in den Dienst tritt, die Beförderungsansprüche der jungen Juristen, die aus den alten Bundesländern in den Osten gewechselt waren - all das bedrohte bereits die eigene Perspektive und schuf neue Ängste und Unsicherheiten. Auch hier scheint nach zwei Jahren eine Nachuntersuchung sinnvoll, um die 1993 bemerkten Entwicklungen, Brüche und Neuorientierungen bewerten zu können.

Dr. Gunhild Korfes, Kriminologische Forschungsstelle Berlin am Kriminalwissenschaftlichen Institut der Humboldt-Universität zu Berlin, Prenzlauer Promenade 149-152, D-13189 Berlin

# XV. Sektion Soziale Ungleichheit und Sozialstrukturanalyse
*Leitung: Stefan Hradil*

## Lebensbedingungen und Lebensweisen im Umbruch

### 1. Chancengleichheit durch die Bildungsexpansion

*Ursula Henz und Ineke Maas*

Die Frage nach der Angleichung der Bildungschancen durch die Bildungsexpansion konnte bislang nicht befriedigend beantwortet werden. Einerseits kann man aufgrund des Schulausbaus und der größeren Durchlässigkeit des Schulsystems einen Abbau von Bildungsbarrieren erwarten. Andererseits spricht der Beitrag des Bildungssystems zu der Reproduktion der Klassenstruktur für eine Fortdauer sozialer Ungleichheiten im Bildungssystem. Im folgenden wird eine neue empirische Untersuchung zu den Veränderungen der Chancengleichheit im Bildungssystem der (alten) Bundesrepublik vorgestellt. Sie beruht auf den Daten der Lebensverlaufsstudie am Max-Planck-Institut für Bildungsforschung in Berlin für die Geburtskohorten 1919-21, 1929-31, 1939-41, 1949-51, 1954-56 und 1959-61.

*1. Forschungsstand*

Erst seit die am stärksten von der Bildungsexpansion betroffenen Geburtsjahrgänge ihre schulische Ausbildung beendet haben, können aussagekräftige empirische Analysen zu den Folgen der Bildungsexpansion für die Chancengleichheit im Bildungswesen durchgeführt werden. Es liegen nur zwei detaillierte Untersuchungen vor, in denen der Wandel der Bildungschancen in der (alten) Bundesrepublik unter Einschluß der Geburtskohorten um 1960 oder jünger analysiert wurde. Blossfeld fand in seiner Analyse der Daten des Sozio-ökonomischen Panels keinerlei signifikante Kohortenunterschiede in der Wirkung der sozialen Herkunft auf die Bildungsabschlüsse (Blossfeld 1993). Müller und Haun stellten dagegen bei ihren Analysen des Mikrozensus, des Sozio-ökonomischen Panels und des Allbus einen Abbau der ungleichen Selektion beim Übergang vom Hauptschulabschluß zur mittleren Reife seit den Geburtsjahrgängen nach 1920 fest. Bei dem Übergang von der mittleren Reife zum Abitur beobachteten sie eine Abnahme der Herkunftseffekte für die zwischen 1920 und 1950 Geborenen und eine anschließende erneute Zunahme der sozialen Ungleichheit (Müller und Haun 1994).

*2. Erfassung der Bildungslaufbahn*

Die empirischen Analysen knüpfen an den Vorschlag von Robert Mare an, anstelle der Bildungsabschlüsse die einzelnen Entscheidungen im Bildungssystem zu modellieren (Mare 1980,

Mare 1981). Die Daten der Lebensverlaufsstudie bieten die Möglichkeit, die Bildungsverläufe der Befragten exakt zu rekonstruieren. Es ist bekannt, welchen Schultyp die Befragten nach der Grundschule besuchten. Darüber hinaus sind die Zeitpunkte weiterer Wechsel des Schultyps bekannt, die jeweils neuen Schultypen, sowie der Zeitpunkt und die Art des Schulabschlusses. Mit Hilfe dieser Informationen können die realen Entscheidungen analysiert werden. Es werden vier Entscheidungen modelliert (Henz 1994):
– der Übergang auf eine weiterführende Schule,
– die Entscheidung zwischen Realschule und Gymnasium für die Kinder, die auf eine weiterführende Schule wechseln,
– der Abschluß des nach der Grundschule gewählten Schultyps,
– der Abschluß einer beruflichen Ausbildung für die Haupt- und Realschulabsolventen.[1]

Mit dieser Spezifikation der Entscheidungen im Bildungssystem unterscheiden sich die folgenden Analysen von den genannten Untersuchungen von Blossfeld und von Müller und Haun, die lediglich auf den Bildungsabschlüssen der Personen beruhen. Die hier gewählte Zerlegung der Bildungslaufbahn erlaubt dagegen eine tiefere Einsicht in den Mechanismus der Herkunftseinflüsse, weil die einzelnen Phasen im Bildungssystem genauer abgebildet werden. Insbesondere ist eine Unterscheidung zwischen Herkunftseinflüssen auf die Wahl des Schultyps und Herkunftseinflüssen auf den Abschluß des eingeschlagenen Bildungsweges möglich. Letztere sind nicht zuletzt abhängig von dem Ausmaß weiterer Wechsel des Schultyps, die es in den jüngeren Kohorten immer häufiger gegeben hat. Die gewählte Modellierung der Wahl der Schulart verhindert, daß die unterschiedlichen Inhalte, Chancen, Berechtigungen und Abschlüsse der parallelen Bildungsgänge gleichgesetzt werden.

## 3. Modelle und Variablen

Der Einfluß verschiedener Indikatoren der sozialen Herkunft auf die Entscheidungen im Bildungssystem wird mit Hilfe von Logit-Modellen geschätzt. Dies geschieht getrennt für die vier genannten Entscheidungen und für Jungen und Mädchen.

In allen Modellen werden drei Gruppen erklärender Variablen verwendet. Sie beziehen sich auf die historische Lagerung, die soziale Herkunft und den geographischen Ort. Die historische Zeit wird mit Hilfe von Dummyvariablen für die verschiedenen Geburtskohorten abgebildet. Es werden vier verschiedene Aspekte der sozialen Herkunft berücksichtigt: der berufliche Status des Vaters, die Schulbildung der Eltern, die berufliche Ausbildung der Eltern und die Zahl der Geschwister. Zusätzlich werden zwei geographische Unterschiede in den Analysen berücksichtigt. Dabei handelt es sich zum einen um die Größe des Wohnorts, in dem das Kind zum Zeitpunkt des jeweiligen Überganges lebt.[2] Eine weitere wichtige strukturelle Determinante des Schulbesuchs sollte aufgrund der föderalen Struktur des Bildungswesens im Deutschen Reich und in der Bundesrepublik das Bundesland sein, in dem das Kind im Alter von 10 Jahren lebte. Die Mittel- bzw. Realschulen waren in den süddeutschen Ländern vor dem Zweiten Weltkrieg nicht bekannt oder nur schwach ausgebaut. Erst in den siebziger Jahren hat sich das Realschulangebot zwischen den Bundesländern angeglichen. Für die Messung des Einflusses der Bundesländer nehmen wir einen Vorschlag von Köhler auf und erfassen die historisch bedingten Unterschiede durch eine Dreiteilung der Bundesrepublik in Norddeutschland (einschließlich der Stadtstaaten), Süddeutschland und Nordrhein-Westfalen/Hessen (Köhler 1992: 71). Durch die Berücksichtigung entsprechender Interaktionseffekte kann geprüft werden, ob sich der Einfluß der sozialen Herkunft oder der geographischen Lage zwischen den Kohorten verändert hat.

## 4. Ergebnisse

### 4.a Änderungen der regionalen Unterschiede

Die Analysen lassen erhebliche Unterschiede in den Bildungsentscheidungen zwischen Stadt und Land sowie zwischen dem Norden, der Mitte und dem Süden der Bundesrepublik erkennen. Die Berücksichtigung dieser Aspekte in den Modellen verändert jedoch nicht die geschätzten Effekte des Status des Vaters, der allgemeinen und der beruflichen Bildung der Eltern und der Geschwisterzahl auf die verschiedenen Übergänge im Bildungssystem.

Je größer der Wohnort ist, desto größer ist die Wahrscheinlichkeit für den Besuch einer weiterführenden Schule bzw. des Gymnasiums. Dies gilt für Jungen und Mädchen. Allerdings hat sich das Stadt/Land-Gefälle im Laufe der Zeit verringert, so daß in den jüngsten Kohorten bei einzelnen Entscheidungen keine Unterschiede mehr auftreten. Bei der beruflichen Ausbildung scheint sich das Stadt/Land-Gefälle umgekehrt zu haben. Es sind eher die Mädchen aus der Großstadt, die in den jüngsten Kohorten ohne berufliche Ausbildung bleiben.

Der Vergleich zwischen Nord- und Süddeutschland läßt weitgehend den unterschiedlichen Ausbau der Realschule erkennen, wodurch im Norden mehr Kinder auf die beiden weiterführenden Schulen Realschule und Gymnasium wechseln. Von den Kindern, die auf weiterführende Schulen gehen, wechseln im Süden weniger Kinder auf die Realschule und mehr auf das Gymnasium als im Norden. Dabei zeigen sich keine Tendenzen der Annäherung zwischen Nord und Süd; vielmehr vergrößert sich der Unterschied sogar bei dem Wechsel von Jungen auf weiterführende Schulen. Eine Verringerung des Nord/Süd-Gefälles zeigt sich dagegen bei dem Abschluß der gewählten Schulart (Jungen) und bei der beruflichen Ausbildung (Mädchen).

### 4.b Änderungen der Herkunftseinflüsse

Die Schätzungen der Logit-Modelle bestätigen nicht nur, daß die Bildungsentscheidungen von dem Status des Vaters, der Bildung der Eltern, der Zahl der Geschwister und der beruflichen Bildung der Eltern beeinflußt werden. Man erkennt außerdem, daß dies in unterschiedlicher Weise für die verschiedenen Übergänge und für die verschiedenen untersuchten Geburtskohorten geschah. Insbesondere zeigt sich eine deutliche Abnahme der Herkunftseffekte auf die Entscheidung für den Besuch einer weiterführenden Schule (unmittelbar nach der Grundschule), und zwar bei Mädchen und Jungen. Bei den Mädchen verringern sich zusätzlich die Herkunftseinflüsse auf die berufliche Ausbildung. Dagegen bleiben die Herkunftseinflüsse auf die Entscheidung zwischen den beiden Arten weiterführender Schulen und auf den Abschluß der gewählten Schulart unverändert. Diese Ergebnisse stimmen eher mit den von Müller und Haun vorgelegten Analysen überein als mit Blossfelds Beobachtung einer unveränderten Ungleichheit.

Die Verringerung der Herkunftseffekte verläuft nicht völlig gleichmäßig. Es zeigt sich, daß verschiedene Indikatoren der sozialen Herkunft in der Kohorte 1929-31 (und teilweise auch in der Kohorte 1939-41) die Übergangsentscheidungen stärker beeinflußt haben als in der Kohorte 1919-21. Dies gilt nicht erst bei der Entscheidung für eine berufliche Ausbildung, sondern bereits bei der Wahl der weiterführenden Schule besonders bei Jungen. Die Geburtsjahrgänge um 1930 hatten nicht nur schlechte Bildungschancen als Folge der Wirren der Nachkriegssituation (Blossfeld 1989: 71). Vielmehr war auch die Wahl der weiterführenden Schule, die für diese Kohorte schon um 1940 herum stattfand, stärker von der sozialen Herkunft abhängig als in den älteren und den jüngeren Geburtskohorten.

Die Veränderungen der Herkunftseffekte fanden bei der Entscheidung zwischen der Volksschule und den weiterführenden Schulen sowie bei dem Abschluß einer beruflichen Ausbildung von Mädchen statt. Bei der Entscheidung zwischen den beiden Arten weiterführender Schulen haben sich, abgesehen von wenigen vorübergehenden Veränderungen, die Herkunftseinflüsse nicht verändert. Dies gilt sowohl für Jungen als auch für Mädchen. Dies stützt die von Baumert vertretene Interpretation der Bildungsexpansion als ein Zusammentreffen der demographischen Entwicklung mit einem allmählichen Ansteigen des Niveaus der bürgerlichen Mindestbildung auf einen mittleren Abschluß (Baumert 1991). Allerdings wurde diese Öffnung der weiterführenden Schulen nicht mit einer stärkeren Selektion zwischen Realschule und Gymnasium oder innerhalb der Schularten beantwortet. Insofern haben auch die Chancen für das Erreichen des Abiturs für Kinder mit geringeren Herkunftsressourcen zugenommen.

Die Verringerung der Herkunftseinflüsse auf die Bildungsentscheidungen beschränkt sich nicht auf die beiden jüngsten Kohorten, sondern sie setzt früher ein. Davon gibt es nur eine Ausnahme. Der Einfluß des Berufsstatus des Vaters auf die Entscheidung der Mädchen für eine weiterführende Schule hat sich erst in den Kohorten 1954-56 und 1959-61 abgeschwächt. Ansonsten gab es eine relativ gleichmäßige Abnahme, die in den jüngeren Kohorten in einigen Fällen sogar stagnierte. Die Bildungsreformen können daher nicht als die entscheidende Ursache für die Abnahme der Herkunftseinflüsse angesehen werden. Vielmehr weisen die Ergebnisse darauf hin, daß andere langfristige Entwicklungen die Änderungen der Herkunftseinflüsse verursacht haben. Die Bestimmung dieser Mechanismen bleibt eine Aufgabe der weiteren Forschung.

**Anmerkungen**
1) "Berufliche Ausbildung" umfaßt in diesem Zusammenhang Anlernungen und Lehren sowie den Abschluß von Fachschulen und Hochschulen.
2) Unterschieden wird zwischen Kleinstädten (höchstens 30000 Einwohner), Mittelstädten (zwischen 30000 und 100000 Einwohnern) und Großstädten (mindestens 100000 Einwohnern).

**Literatur**
Baumert, Jürgen (1991), Das allgemeinbildende Schulwesen der Bundesrepublik nach dem Zweiten Weltkrieg und Grundzüge der Bildungsexpansion. In: Leo Roth (Hg.): Pädagogik. Handbuch für Studium und Praxis. München.
Blossfeld, Hans-Peter (1989), Kohortendifferenzierung und Karriereprozeß. Eine Längsschnittstudie über die Veränderung der Bildungs- und Berufschancen im Lebenslauf. Frankfurt/New York.
Blossfeld, Hans-Peter (1993), Changes in educational opportunities in the Federal Republic of Germany. A longitudinal study of cohorts born between 1916 and 1965. In: Yossi Shavit/Hans-Peter Blossfeld (Hg.): Persistent Inequality. Bolder/San Francisco/Oxford.
Henz, Ursula (1994), Intergenerationale Mobilität. Methodische und empirische Analysen. Dissertation. Berlin.

Köhler, Helmut (1992), Bildungsbeteiligung und Sozialstruktur in der Bundesrepublik. Zu Stabilität und Wandel der Ungleichheit von Bildungschancen. Berlin.
Mare, Robert D. (1980), Social background and school continuation decisions, in: Journal of the American Statistical Association 75: 295-305.
Mare, Robert D. (1981), Change and stability in educational stratification, in: American Sociological Review 46: 72-87.
Müller, Walter, und Dietmar Haun (1994), Bildungsungleichheit im sozialen Wandel, in: Kölner Zeitschrift für Soziologie und Sozialpsychologie 46: 1-41.

Ursula Henz, Dr. Ineke Maas, Max-Planck-Institut für Bildungsforschung, Lentzeallee 94, D-14195 Berlin

## 2. Transformatorische Sozialisationsprozesse

*Erika M. Hoerning*

*1. Systemtransformation und Sozialisation: die Forschungsfrage*

Die jetzt vorliegenden Befunde über die Systemtransformation der DDR in das Institutionengefüge Deutschlands zeigen, daß die Berufskarrieren weitgehend in 'neue' Bahnen gelenkt worden sind. Diese neuen Bahnen reichen von der Weiterbeschäftigung im alten Beruf und in der alten, jetzt gewandelten DDR-Institution, der Beschäftigung in einer neu gegründeten Institution (zum Beispiel in Universitäten, Kliniken, Behörden, Betrieben, Medien) bis hin zur Arbeitslosigkeit, Frühverrentung oder zu fristgemäßem Austritt aus dem Erwerbsleben. In diesem Prozeß wird das Erfahrungswissen mehr oder minder entwertet, Investitionen in Um-, Weiter- oder Neuqualifikationen werden häufig aufgrund des Lebensalters, gemessen an bundesrepublikanischen Verhältnissen, für entbehrlich gehalten, oder teilweise geraten erreichte berufliche Positionen in der DDR in Mißkredit (Systemloyalität), was für den einzelnen das Ende einer Laufbahn bedeuten kann.

Die Forschungsfrage lautet: Was passiert, wenn ein gesellschaftliches System so transformiert wird, daß die vormals wirksamen Laufbahnen im sozialen Raum an Bedeutung verlieren und wegbrechen und keine antizipatorischen Sozialisationsprozesse zur Vorbereitung und (auch) Begleitung des Prozesses zur Verfügung stehen?

*2. Theoretische Überlegungen*

Die Auswirkungen eines Lebensereignisses werden dadurch deutlich, daß bisherige Erfahrungsregeln ihre Anwendungskraft verlieren, einbüßen oder überflüssig werden. Diese Erfahrungen müssen für die Gegenwart 'neu' bearbeitet werden, um als Handlungsmittel fungieren zu können. Jedoch ist festzuhalten, daß in der 'neuen' Gestalt des Lebenslaufs die biographischen Ablagerungen (Vergangenheit) erkennbar sind und daß jeder biographische Gestaltungsprozeß von der Selbstbindung (commitment) an die individuelle Biographie beeinflußt wird. So gesehen stellen Erfahrungen und das daraus gewonnene biographische Wissen die Verbindung zwischen Vergangenheit und Zukunft der Lebensgeschichte her. Im lebensgeschichtlichen Verlauf haben Erfahrungen zwei Funktionen: Sie strukturieren die biographische Zukunft vor, aber gleichzeitig sind sie Investitionen und Handlungsmittel, welche zur Ausgestaltung der biographischen Zukunft verwendet werden können.

Bei radikalen Systemtransformationen werden die objektiven und subjektiven Wirklichkeiten ausgetauscht (Berger/Luckmann 1971: 167). Radikale Systemtransformationen erzeugen eine doppelte Dynamik, denn nicht nur die Individuen bewegen sich von Position zu Position, sondern "... das gesamte Positionsgefüge ... (ist) in Bewegung und veränder(t) laufend seine Struktur" (vgl. Vester et al. 1993: 270). Auf der individuellen Ebene finden 'Resozialisationsprozesse' statt, die mit primären Sozialisationsprozessen vergleichbar sind. Wenn die unerwartete, ungeplante oder unfreiwillige Veränderung eines biographischen Verlaufs, verursacht durch eine Systemtransformation, als diskontinuierlich zur Vergangenheit erscheint, wird die Re-Definition der Biographie vermutlich sehr aufwendig, wenn nicht sogar unmöglich sein.

## 3. Die Untersuchungsgruppe

Empirischer Ausgangspunkt einer solchen Betrachtung ist eine von 1991 bis 1994 durchgeführte Langzeitstudie, in der in jährlichen unstrukturierten Gesprächen mit Frauen und Männern der Intelligenz der Jahrgänge 1919 bis 1960 retrospektiv und prospektiv über ihr Leben diskutiert wurde.

Historisch rekrutierte sich die Schicht der Intelligenz nach der Brechung des bürgerlichen Bildungsprivilegs aus zwei Gruppen, aus 'resozialisierten Bildungsbürgern' und sekundär sozialisierten Abkömmlingen aus der Kleinbürger-, Arbeiter- und Bauernschicht. Definitorisch für die Untersuchungsgruppe (N = 31) sind Bildungsbürger Personen, die aus Familien stammen, die dieser Schicht vor 1945 angehörten (N = 7); 'soziale Aufsteiger' der Intelligenz sind diejenigen, die nach 1945 die erste familiale Generation sind, die der 'gebildeten Schicht' zugerechnet werden (N = 24). Ausgewählt wurden zwei Personen aus der Gründergeneration, die vor 1930 geboren wurden, die Jahrgänge 1930 bis 1938, die Aufbaugeneration (N = 9), die Zwischengeneration der 1939 bis 1949 Geborenen (N = 8) und die Jahrgänge 1950 bis 1960, die Postaufbau-Generation (N = 12). 1994 waren von dieser Personengruppe neun Personen geplant, freiwillig oder unfreiwillig verrentet, vier Personen waren arbeitslos, und achtzehn Personen gingen einer Beschäftigung nach.

## 4. Ergebnisse: Transformation und Sozialisation über den Lebenslauf und im Intergenerationsprozeß

Die Gründer der DDR galten als die Erfahrenen, aber noch mehr als die Berechtigten (Antifaschisten, Ostemigranten). Die persönliche Bindung an die Gründer, besonders jedoch an deren antifaschistische Vergangenheit, hat bei der Intelligenz "... bis zum Ende der DDR Legitimationsglauben gestiftet und gefestigt" (Meuschel 1992, 29).

Für die Aufbauintelligenz der DDR, das sind die zwischen 1930 und 1938 Geborenen dieser Studie, gibt es in den 1950er Jahren drei Wege des Zugangs zum Projekt der neuen Wirklichkeit der sozialistischen Gesellschaft: die historische Kontinuität der Familiengeschichte, das 'Erweckungserlebnis' oder das 'Bekenntnis'.

Die heterogene Herkunft der bürgerlichen und nicht-bürgerlichen Intelligenz der 1950er Jahre wurde mit einer mehr oder minder 'gewaltsamen' auf die Zukunft gerichteten Re- und primären Sozialisation von den Gründern, das sind die vor 1930 Geborenen, überdeckt. Die aufsteigende Intelligenz der Jahrgänge 1930 bis 1938 wurde von den Gründern väterlich und mentorenhaft begleitet, ein Prozeß, der die Aufbauer an die Gründer, nahezu wie in einem Vater-Sohn-Verhältnis, band. Gleichzeitig jedoch flossen in den ersten Transformationsprozeß bürgerliche Traditionsbestände (Reproduktion der sozialen Schicht, Bildungsaufstieg, Umgang mit kulturellem Kapital) ein.

Der lebensbegleitende sekundäre Sozialisationsprozeß durch die Gründer, gepaart mit Belohnungen, Verachtungen und auch Bestrafungen, begleitete nicht nur die Aufbaugeneration, sondern alle folgenden Generationen bis zum Ende der DDR.

Im biographischen Verlauf und im Prozeß der Intergenerationsmobilität avancierten die Aufbauer gegenüber der nächsten Generation zu 'Wächtern der Idee'/'gatekeepers' (vgl. Behrens und Rabe-Kleberg 1992). Sie übernahmen die Funktion, Kritik und Veränderungsvorstellungen so zu kanalisieren, daß das politische System und die Gründergeneration, die die politische Spitze bildeten, nicht erschüttert wurden und ihre exponierten Vertreter nicht unter Beschuß gerieten.

**Literatur**
Behrens, Johann, and Rabe-Kleberg, Ursula (1992), "Gatekeeping in Life Course: A Pragmatic Typology". In: Heinze, Walter, ed., Institutions and Gatekeeping in the Life Course. Weinheim, 237-260.
Berger, Peter L., und Luckmann, Thomas (1971), Die gesellschaftliche Konstruktion der Wirklichkeit. Frankfurt/M. (Erstausgabe: The Social Construction of Reality. New York: Doubleday).
Meuschel, Sigrid (1992), Legitimation und Parteiherrschaft. Zum Paradox von Stabilität und Revolution in der DDR. 1945-1989. Frankfurt/M.
Vester, Michael et al. (1993), Soziale Milieus im gesellschaftlichen Strukturwandel. Zwischen Integration und Ausgrenzung. Köln.

PD Dr. Erika M. Hoerning, Max-Planck-Institut für Bildungsforschung, Lentzeallee 94, D-14195 Berlin

## 3. Statusinkonsistenz und soziale Mobilität im Lebensverlauf

*Rolf Becker*

In der Sozialstrukturanalyse wird mit dem Konzept der Statusinkonsistenz (SI) das Auseinanderfallen unterschiedlicher sozialer Rangpositionen eines Individuums erfaßt. Nach kontroversen Debatten in den 60er und 70er Jahren wird diesem Phänomen heute kaum noch die damalige Aufmerksamkeit beigemessen (Zimmermann 1980; Kreckel 1985). Durch zunehmende Abstraktion hat der Begriff der SI an Erklärungskraft und Reichweite eingebüßt. In der empirischen Forschung führte die damit verbundene Begriffsverwirrung und Konzeptionslosigkeit der Statusinkonsistenzforschung sowohl zu Problemen der Operationalisierung und Überprüfung als auch zu widersprüchlichen Befunden. Vehemente, größtenteils theoretisch wie empirisch unfruchtbare, Kritiken trugen zu einer breiten Palette oft diffuser Statusinkonsistenzansätze und zur Verunsicherung in der Empirie bei. Daß die Theoriebildung über Statuskonsistenz mehr versprochen hat, als schließlich empirisch eingelöst werden konnte, ist eine weitere mögliche Erklärung für die Marginalisierung der Statusinkonsistenzforschung (Kreckel 1985: 29). Konsequenterweise gerieten damit das ursprünglich von Lenski (1954) entwickelte theoretische Konzept der "Statuskristallisation" aus dem engeren Blickpunkt der Sozialstrukturanalyse und die empirische Forschung in eine Sackgasse. Schließlich trug die von Blalock (1966) ausgelöste Debatte über das Identifikationsproblem langfristig zum Stillstand der Statusinkonsistenzforschung bei und schließlich wurde Ende der 70er Jahre vorgeschlagen, das Konzept der Statusinkonsistenz endgültig beiseite zu legen (Blocker/Riedesel 1978).

Die empirische Längsschnittuntersuchung des Zusammentreffens oder Auseinanderfallens von Statuslagen aus der Sicht von Lebensverläufen unterschiedlicher Geburtskohorten bietet Möglichkeiten zur Revidierung und "Revitalisierung" der Inkonsistenzforschung. Sozialbiographische Überlegungen (Meulemann 1985), strukturell-individualistische Ansätze (Opp/Wippler 1990) und insbesondere das Forschungsprogramm der Lebensverlaufs- und Kohortenanalyse (Mayer 1990) gestatten das Aufdecken wichtiger Mechanismen der Zuschreibung status(in)konsistenter Lebenslagen und liefert neben Hinweisen zu Ausmaß und Verteilung auch Informationen über die zeitliche Dauer und Stetigkeit von SI. Aus dieser dynamischen Perspektive wird unterstellt, daß Statuslagen und SI als Teil von Bildungs- und Berufsverläufen temporäre und zeitabhängige Phänomene sind und die Handlungsrelevanz von SI u.a. auch von der Verweildauer in statusinkonsistenten Lagen abhängt (vgl. Mayer/Blossfeld 1990). In dieser Hinsicht wird SI als Kumulation sozialer Ungleichheit auf verschiedenen Statusdimensionen im Verlauf des Lebens von Individuen verstanden. Status(in)konsistenz unterliegt der Dynamik des Lebensverlaufs. Alter, Erwerbsdauer, vorhergehende Erfahrungen und Ereignisse sowie historische Bedingungen sind also auch Strukturmerkmale und Strukturierungsprinzipien von Status(in)konsistenz.

In der Statusinkonsistenzforschung wird angenommen, daß SI über Streßsymptome auch zur erhöhten Mobilitätsbereitschaft führt (Jackson/Curtis 1972). Personen, die gemessen an ihrer Bildungsausstattung unerwartete Status- oder Einkommensverluste hinnehmen mußten, sind bestrebt, diese Verluste über berufliche Wechsel auszugleichen. Insbesondere dürfte hierfür die Bildungsausstattung ein wichtiger "Motor" für die Minderung dieser negativen Statusinkonsistenz sein (Tuma 1985). Personen mit positiver Statusinkonsistenz, also Individuen, die gemessen an ihrer Bildung unerwartete Status- oder Einkommensgewinne erzielen konnten, werden dagegen eher bestrebt sein, diese Gratifikationen durch ausgeprägte Immobilität zu sichern. Für die Analyse des Zusammenhangs von Statusinkonsistenz und daraus resultierendem Handeln von Individuen, wie z.b. soziale Mobilität, bedarf es einer expliziten Längschnittanalyse. Denn theoretisch ist es unwahrscheinlich, daß Statusinkonsistenz notwendigerweise zeitlich zu unmittelbaren Handlungskonsequenzen führt. Vielmehr wird eher eine bestimmte Zeit vergehen, bis sich Auswirkungen von Statusinkonsistenz in Form von erhöhter Mobilitsbereitschaft oder Verhinderung von erzwungener Mobilität zeigen.

Für die empirische Analyse greifen wir auf retrospektive Verlaufsdaten der am Berliner Max-Planck-Institut für Bildungsforschung durchgeführten Lebensverlaufsstudie zurück. Hierbei stehen uns detaillierte Informationen zu Bildungs- und Berufsverläufen von 2171 deutschen Männern und Frauen in den Geburtskohorten 1929-31, 1939-41 und 1949-51 zur Verfügung. Insbesondere erlauben die Längsschnittdaten die genaue Unterscheidung zwischen negativer und positiver Statusinkonsistenz, die Analyse des zeitlichen Verbleibs in statusinkonsistenten Lagen und die dynamische Modellierung des Einflußes von SI auf Mobilitätsprozesse.

Anhand von Konkordanzkoeffizienten für soziale Herkunft, Prestige, Netto-Stundenverdienst und Bildung können wir anhand der kollektiven Entwicklung von Einstufungen in unterschiedliche Statushierarchien für Männer und Frauen in unterschiedlichen Kohorten zeigen, daß im Lebensverlauf die Verortung in einer Statushierarchie zunehmend mit adäquaten Plazierungen in anderen Statusdimensionen übereinstimmt. Über den Berufsverlauf hinweg werden diese Übereinstimmungen immer deutlicher. Zudem hat sich dieser Zusammenhang in der Abfolge von Kohorten verstärkt.

Ferner befinden sich über den Lebensverlauf hinweg eher Frauen als Männer in ungünstigen statusinkonsistenten Lagen. Trotz der Bildungsexpansion sind Frauen kaum in der Lage, Bildungszuwächse in entsprechende Statusgewinne (in Form von beruflichem Prestige oder Einkommen) umzusetzen. Frauen verweilen auch länger in Statuslagen, die nicht ihrer Bildung angemessen ist. Neben der beruflichen Segregation zeigt sich die geschlechtsspezifische Ungleichheit zuungunsten von Frauen auch zum einen darin, daß sich Frauen im Vergleich zu Männern eher in negativ statusinkonsistenten Lagen befinden, und zum anderen verbleiben Frauen länger im Zustand negativer Statusinkonsistenz.

Mit Hilfe eines ereignisanalytischen Schätzverfahrens (Gompertz-Modell; siehe Blossfeld/Hamerle/Mayer 1986) können wir für Berufsverläufe von Männern belegen, daß Statusinkonsistenz deutliche Auswirkungen auf die Richtung sozialer Mobilität und das Ausmaß von Mobilitätsraten hat. Eine ungünstige Statuslage "erzwingt" Mobilität, wenn, gemessen an der Bildung, unerwartete Statusverluste ausgeglichen werden sollen. Männern mit unerwarteten Statusgewinnen (positive SI) neigen weniger dazu, Arbeitsplätze zu wechseln, als Männer, die gemessen an ihrer Bildung unerwartete Statusverluste (negative SI) hatten. Dagegen haben positiv statusinkonsistente Männer geringere Aufstiegschancen als negativ statusinkonsistente Männer, die bestrebt waren, über Arbeitsplatzwechsel unerwartete Statusverluste auszugleichen. Männer mit unerwarteten Statusgewinnen versuchen, ihre vorteilhafte Statuslage abzusichern, und sind daher eher immobil. Durch die Mobilisierung von Bildungsressourcen gelingt es Männern mit unerwarteten Statusverlusten, diese über verstärkte und rasche Mobilität auszugleichen.

Insgesamt konnten wir u.E. zeigen, daß die SI-Forschung aus sozialbiographischer und strukturell-individualistischer Perspektive aus naheliegenden Gründen der Ergänzung durch das Forschungsprogramm der quantitativen Lebensverlaufs- und Kohortenanalyse bedarf. Jedoch müssen auch solche Längsschnittdaten verfügbar sein, die neben strukturellen und objektiven Merkmalen auch zeitbezogene Informationen über subjektive Reaktionen (Streß) und kognitive Verarbeitungsprozesse (Schemata, Scripts und Habits) einschließen.

**Literatur**
Blalock, Hubert M. Jr. (1966), The Identification Problem and Theory Building: The Case of Status Inconsistency, in: American Sociological Review 31: 52-61.
Blocker, T.J./Riedesel, P.L. (1978), The Nonconsequences of Objective and Subjective Status Inconsistency: Requiem for a Moribund Concept, in: Sociological Quarterly 12: 332-339.
Blossfeld, Hans-Peter/Alfred Hamerle/Karl Ulrich Mayer (1986), Ereignisanalyse. Frankfurt/M.
Jackson, E./Curtis, R.F. (1972), Effects of Vertical Social Mobility and Status Inconsistency: A Body of Negative Evidence, in: American Sociological Review 37: 701-713.
Kreckel, Reinhard (1985), Statusinkonsistenz und Statusdefizienz in gesellschaftlicher Perspektive. In: Stefan Hradil (Hg.): Sozialstruktur im Umbruch. Opladen.
Lenski, Gerhard (1954), Status Crystallization: A Non-Vertical Dimension of Social Status, in: American Sociological Review 19: 405-413.
Mayer, Karl Ulrich (1990), Lebensverläufe und sozialer Wandel. In: Karl Ulrich Mayer (Hg.): Lebensverläufe und sozialer Wandel. Opladen.
Mayer, Karl Ulrich/Hans-Peter Blossfeld (1990), Die gesellschaftliche Konstruktion sozialer Ungleichheit im Lebensverlauf. In: Peter A. Berger/Stefan Hradil (Hrsg.), Lebenslagen-Lebensläufe-Lebensstile. Göttingen.
Meulemann, Heiner (1985), Statusinkonsistenz und Sozialbiographie: Eine Forschungsperspektive für die Analyse der Mehrdimensionalität moderner Sozialstrukturen. Kölner Zeitschrift für Soziologie und Sozialpsychologie 37: 461-477.
Opp, Karl Dieter/Reinhard Wippler (Hg.)(1990), Empirischer Theorienvergleich. Opladen.
Tuma, Nancy B. (1985), Effects of labor market structures on job shift patterns. In: James J. Heckman/Burton Singer (Hg.), Longitudinal analysis of labor market data. Cambridge.
Zimmermann, Ekkart (1980),Statusinkonsistenz in der Bundesrepublik Deutschland: Ein Stiefkind sozialstruktureller Analyse?, in: Kölner Zeitschrift für Soziologie und Sozialpsychologie 32: 325-338.

Dr. Rolf Becker, TU Dresden, Institut für Soziologie, Helmholtzstraße 6, D-01062 Dresden

## 4. Armut in der entwickelten modernen Gesellschaft

*Peter Herrmann*

*Vorbemerkung*

Zentral für die Armutsdiskussion ist zweifellos die Frage der materiellen Not - für die Betroffenen immer auch eine Existenzfrage.

Dem widerspricht nicht die Einführung einer partizipationsorientierten Ausrichtung der Armutsdikussion, um einige zusätzliche oder doch für die bundesdeutsche Diskussion eher neue Gesichtspunkte herauszustellen, die in bestimmten gesellschaftlichen Etappen besonders hervortreten, 'umbruchspezifisch' sind.

Ich gehe auf einen Aspekt ein, der in der Diskussion um Großgruppenkonzepte, Lebensweise etc. häufig vernachlässigt oder aber wenig reflektiert und unterschwellig mitgeführt wird.

Zunächst stelle ich die Linien der westeuropäischen Armutsdiskussion dar (1). Ich diskutiere den Zusammenhang von sozialen Rechten, Partizipation, Armut und Multidimensionalität, m.a.W. von Armut und Handlungsmacht (2), um den Blick auf Armut als Problem multidimensioneller Des- bzw. Fehlintegration zu lenken (3). Anschließend nenne ich als Hintergrund den Zusammenhang von Armut und Europäischer Integration (4), um schließlich auf offene Fragen und Grenzen einer partizipationstheoretisch orientierten Armutsdiskussion hinzuweisen (5).

*1. Grundlinien der Armutsdiskussion*

Die Problematisierung von Armut in Theorieentwicklung und politischer Praxis läßt sich in wesentlich zwei Stränge gliedern:

Auf der einen Seite findet sich die Sicht auf Armut einzig als Einkommens- resp. Versorgungsproblem. So betont Townsend zwar den relativen Charakter von Armut und bezieht so einen wichtigen gesellschaftlich-sozialen Aspekt ein, er geht aber ansonsten von der individuellen Lage des Individuums aus und bleibt letztlich auf dieser Ebene stehen: „People are relatively deprived if they cannot obtain, at all or sufficiently, the conditions of life ... which allow them to play the roles, participate in the relationships and follow the customary behaviour which is expected of them by virtue of their membership of society. If they lack or are denied resources to obtain access to these conditions of life and so fulfil membership of society they may be said to be in poverty." (Townsend 1993: 36)

Demgegenüber stellt eine andere Denkrichtung Armut von vornherein in einen gesellschaftlichen und sozialen Zusammenhang und knüpft Armut an den Mechanismus der sozialen Ausgrenzung. Hiernach geht es nicht um das Herausfallen, sondern um das Herausgestoßen-Werden aus dem normalen gesellschaftlichen Integrations- und Reproduktionszusammenhang. Vor allem wird die Macht der Individuen über ihre eigene Situation in die Betrachtung einbezogen. Auch hier steht die individuelle Situation im Zentrum, wichtig ist aber, daß diese durch den Bezug auf Macht wesentlich in ihrem gesellschaftlichen und sozialen Konstitutionzusammenhang interpretiert wird und zugleich die Handlungsmöglichkeiten des Individuums in diesem sozialen und gesellschaftlichen Feld verortet werden.

Zwar erfolgt auch hier die Definition über die vorhandenen bzw. verfügbaren Ressourcen, zwar steht auch hier ein Haushalt als ökonomische Einheit im Mittelpunkt; bei den Ressourcen handelt es sich aber nicht um 'Versorgungsgüter', sondern um solche, die auf die Konstituierung von Handlungsmöglichkeiten und -räumen zielen.

Das gegenseitige Unverständnis in den Diskussionen um die Europäische Sozial- und Armutsprogrammpolitik vor allem zwischen den Vertretern Englands und Frankreichs „hob die große Unterschiedlichkeit der beiden Denkrichtungen der Analyse von Armut einerseits und der Ausgrenzung andererseits hervor. Die Vorstellung von Armut bezieht sich vornehmlich auf Verteilungsgesichtspunkte: den Mangel von Ressourcen, die einem Individuum oder einem Haushalt zur Verfügung stehen. Im Gegensatz dazu beziehen sich Vorstellungen von sozialer Ausgrenzung vornehmlich auf die Beziehungsebene: mit anderen Worten: unangemessene soziale Partizipation, fehlende soziale Integration und fehlende Macht." (Room 1995)

Obwohl von entscheidender Bedeutung, kann hier nicht auf die unterschiedlichen ordnungstheoretischen Hintergründe eingegangen werden, wie sie sich mit einer herrschaftsorientierten Rationalismuskonzeption einerseits, einer romantisch-aufklärerischen Tradition andererseits verbinden. Pointiert läßt sich diesbezüglich von einem Gesellschaftsmodell der Rechte und Aktivierung einerseits, von einem solchen der Pflichten und Passivierung andererseits sprechen.

## 2. Soziale Rechte, Partizipation, Armut und Multidimensionalität

Die jeweiligen ordnungstheoretischen Vorstellungen bilden einen Rahmen für die skizzierten Armutstheorien. Die französische Schule knüpft an jene Vorstellungen gesellschaftlicher Entwicklung an, die auf die Durchsetzung resp. Ausweitung von Rechten zielt, während die englische Definition von Armut an die Vorstellungen eines Pflichtenmodells anschließt.

Ich knüpfe an den französischen Ansatz an und stelle damit Armut als originär gesellschaftliches, sozialstrukturell begründetes Problem dar.

Als Ausgangspunkt verweise ich auf die Darstellung der Entwicklung der civil, political und social rights, für die zunächst gilt, daß „in early times these three strands were wound into a single thread. The rights were blended because the institutions were amalgamated." (Marshall 1950: 8) Die folgende gesellschaftliche Differenzierung führt zur zunehmenden gesellschaftlichen Inklusion durch die Geltung bestimmter, in sich differenzierter Rechte und zur gesellschaftlichen Allokation nach der realen Geltung, der real vorhandenen Möglichkeit der Ausschöpfung dieser Rechte.

Diese Rechte sind nicht schlicht Folge von Versorgungsstufen, obgleich diese i.S. materieller Sicherung und Fundierung die zentrale Rolle spielen. Wesentlicher ist, daß diese Rechte nicht einfach Konsumangebote waren oder Konsummöglichkeiten schufen. Damit einhergehend und wesentlich darüber hinausreichend sind es Partizipationsrechte im zweifachen Sinn, demjenigen
1. der Teilnahme als aktiver (Mit-)Gestaltung des eigenen Lebens;
2. der Teilnahme als Einbeziehung der ganzen Persönlichkeit in den gesellschaftlichen Prozeß, der wesentlich Gestaltungsprozeß ist.

Umgekehrt: Armut bedeutet nicht einfach fehlende resp. vorenthaltene materielle Ressourcen; vielmehr ist sie selbst Ausdruck eines Prozesses der fehlenden resp. vorenthaltenen Partizipationsrechte. Von Multidimensionalität im Zusammenhang mit Armut zu sprechen, kann sich also nicht darauf begrenzen, eine Kumulation von Benachteiligungen und Mangellagen festzustellen, sondern muß erkennbar machen, daß die Kumulation negativer Partizipationsrechte - Ausschluß von Arbeit, Bildung, individuellen und sozialen Konsummöglichkeiten, schließlich von sozialen Kommunikationsprozessen - die Armut erst begründet.

Wir können gleichsam eine 'Modernisierung von Armut' feststellen. Hierzu greife ich auf den Aspekt der subjektiven Modernisierung bei Hradil (1992: 13) zurück. Zentral ist die zunehmende Rolle zumindest des Anspruchs auf a) die aktive Gestaltung der sozialen und gesellschaftlichen Prozesse sowie b) die Berücksichtigung kleinräumiger, auch individuell-sozialer Faktoren, bei denen es um die Einbeziehung der Ressourcen und ebenso der Wirkungen auf diesen Ebenen in die Kalkulation geht. „Diesen Wandel der Sozialstruktur hin zu 'subjektiven' Freiräumen und Pluralisierungen kann man in der Tat als eine neue Stufe der Modernisierung bezeichnen" (ebd.). Ich verbinde dies mit einem Hinweis von Münch, der auf den Widerspruch zwischen zunehmender Verdinglichung sowie zunehmender Aufteilung von Handlungsanforderungen in unterschiedliche Rollenmuster einerseits und zunehmender Interpenetration der unterschiedlichen Lebensbereiche andererseits hinweist. Mit dieser evolutionär zunehmenden Interpenetration „steht nicht die Aufhebung der subjektiven Empfindungen in kultureller Rationalität und sozialer Konsensbildung im Zentrum der Betrachtungen, sondern ihre Integration unter Erweiterung von Möglichkeiten ihrer gleichzeitigen Entfaltung." (Münch 1984: 121)

Unter bestimmten Bedingungen - und dies stellt eben einen bedeutenden Aspekt von 'moderner' Armut dar - kommt es zum Bruch zwischen den Handlungsanforderungen und den gegebenen Handlungsmöglichkeiten.

Bei der Armutsanalyse in der modernen Gesellschaft ist also zu fragen, ob die individuellen Kommunikationsmöglichkeiten mit den Kommunikationsanforderungen des Sozial- bzw. Gesellschaftssystems kompatibel sind. Kommunikationsmöglichkeiten sind dabei nicht nur an das Medium Geld gebunden. Dies stellt zwar nach wie vor die zentrale Instanz dar, über die die gesellschaftliche Allokation erfolgt, aber zur Bestimmung der gesellschaftlichen Teilhabemöglichkeiten ist der Bezug insgesamt auf generalisierte Medien in einem zunächst sehr weiten Sinn herzustellen.

Blickt man von hier auf die Eigentumskategorie, wird aus soziologischer Sicht zunächst das unmittelbare Verhältnis des Menschen zu seiner - materiellen und sozialen - Umwelt angesprochen, welches erst später in juristischer Weise kodifiziert und so 'verdinglicht' wurde. Es handelt sich um das Zueigenmachen, darum, daß das Angeeignete zum Teil des Eigners wird, über das vermittelt er selbst zum Teilnehmer der Umwelt wird, aus der dieses Angeeignete stammt. Armut ist vor diesem Hintergrund dann gleichsam durch das Auseinanderfallen von 2 Ebenen gekennzeichnet: Zwischen den gesellschaftlichen und individuellen Handlungs- und Gestaltungsmöglichkeiten existiert für die Betroffenen eine kaum zu überbrückende Schranke, eben eine Machtschranke.

Die 50-%-Einkommensgrenze der empirischen Bestimmung der Armut ist dann als Armutsgrenze in dem Sinn relevant, als sie den Betreffenden weniger als 50 % der Möglichkeiten bietet, über ihr Leben zu verfügen: Sie haben zwar - wenn auch nicht zwingend - zu Essen, aber sie haben keine Kontrolle über dessen Qualität; eine Wohnung, so sie vorhanden ist, ist ein 'Dach über dem Kopf', aber kein 'Lebensraum'.

## 3. Armut als Problem multidimensionaler Des-/Fehlintegration

Nicht zuletzt ergibt sich hieraus eine neue analytische Perspektive, die Ausgrenzungsprozesse daran festmacht, daß sich ein Bruch in der Lebensperspektive der Individuuen bzw. bestimmter sozialer Gruppen in und/oder zwischen vier Bereichen gesellschaftlicher Inklusion findet. Ich bezeichne diese Bereiche als psychologische, sozio-institutionelle, gesellschaftlich-institutionelle und schließlich materielle Ebene mit jeweils folgenden Zuordnungen: 1: Sozialisationserfahrungen über die Identitätsbildung im gesellschaftlichen Kontext einschließlich Orientierung an gesellschaftlichen/sozialen Symbolen und Institutionen; 2: Arbeit als Sinngebung und gesellschaftliche Anerkennung; 3: soziale, politische und materielle Rechte; 4: Reproduktionssicherung über Erwerbseinkommen, abgeleitete Einkommen und Transfereinkommen.

Soweit zwischen diesen Bereichen keine Abstimmung erfolgt bzw. eine solche nicht (mehr) möglich ist, können wir in einem partizipationstheoretischen Sinn von Armut sprechen. Auch hier findet sich das alte armutstypische Lebensmuster des circulus vitiosus, ist aber entschieden anders begründet: Armut ist nicht Ausdruck einer individuellen Problemkonstellation oder schlicht Resultat der gesellschaftlichen Umstände; es handelt sich vielmehr um ein Problem der 'Passung' zwischen

1. den unterschiedlichen individuellen Ebenen,
2. den unterschiedlichen sozialen resp. gesellschaftlichen Ebenen, schließlich
3. der individuellen und der sozialen/gesellschaftlichen Ebene.

Der Blick ist auf die gegenseitige Abstimmung unterschiedlicher Realitätsebenen gerichtet; unterschiedlich zum einen bezüglich der verschiedenen Aggregationsebenen, zum anderen in bezug auf die verschiedenen Erfahrungs- und Handlungshorizonte.

Damit sind freilich nicht erst die Folgen oder die Wirkungen von Armut 'multidimensional', sondern schon die Ursachen: In dem Maß, wie Institutionen eine Zusammenfassung unterschiedlicher gesellschaftlicher Ebenen sowie sozialer (Re-)Produktionsbereiche repräsentieren, brechen in ihnen beim 'Versagen' der Passung' die Ausgrenzungsmechanismen auf.

## 4. Armut und Europäische Integration - zum Hintergrund der Thesen

Ich komme auf den Europäischen Zusammenhang zu sprechen.

Neben dem pragmatischen Aspekt, daß sich die Überlegungen auf Arbeiten im Rahmen der Analyse der Armutsprogrammpolitik stützen, besteht dieser in der Erwartung, daß durch den Integrationsprozeß das Armutsproblem erheblich zunehmen wird. Dies gilt auch, weil durch die Zusammenführung unterschiedlicher gesellschaftlicher Muster (subjektiver und objektiver Aspekt der Lebensweise sowie bezüglich der politischen Kultur und Struktur) unterschiedliche Modernisierungsmuster aufeinandertreffen. Damit wird nicht zuletzt das Verhältnis von objektiver und subjektiver Modernisierung mehrfach gebrochen. Gefordert ist nicht einfach eine 'Niveauangleichung', sondern eine qualitative Integration unterschiedlicher Vergesellschaftungsmodi. D.h. aber auch, daß neue Solidaritätsmuster, neue Muster der gesellschaftlichen Teilhabe zu entwickeln sind (s. z.B. Andersen/Larsen 1995).

Es handelt sich somit bei dem Prozeß der Europäischen Integration um ein Musterbeispiel für einen gesellschaftlichen Umbruchprozeß, bei dem die objektive und die subjektive Modernisierung zu einer neuen Einheit zu verschmelzen sind. Verbunden ist damit nicht zuletzt die politische Aufgabe der Neubestimmung von Integrationsprozessen, umgekehrt: der Verhinderung massenhafter sozialer Ausgrenzungs- resp. Verarmungsprozesse.

## 5. Offene Fragen und Grenzen einer partizipationstheoretischen Armutsdiskussion

Ich komme zum Schluß:
- Auch wenn es keine einheitliche, umfassende Armutsuntersuchung für die EG/EU gibt, gibt es doch glaubhafte emprische Hinweise auf Armut als Problem von nach wie vor mehr oder weniger stabilen Armutskarrieren.
- In dem Maß, wie den Individuen die Möglichkeit fehlt, formal vorhandene Rechte in ihrer realen Lebenspraxis umzusetzen, entwickeln sich diese Karrieren als gesellschaftliche Verläufe, die mit einer Individualisierung wenig zu tun haben: Es geht um gesellschaftliche Teilhaberechte und nicht allein um Versorgungsrechte.
- Der Hinweis auf Individualisierung in diesem Zusammenhang hat aber eine Rechtfertigung, soweit die gesamte Lebenssituation der Betroffenen als analytischer Referenzpunkt heranzuziehen ist.

Für die weitere Arbeit an einem partizipationstheoretisch orientierten Ansatz bezüglich der Armutsanalyse halte ich zumindest vier Fragen für wichtig:

Genau zu diskutieren ist, in welchem Sinn in der modernen Gesellschaft Partizipation möglich ist, was Partizipation genau bedeutet.

Dies bezieht sich nicht zuletzt darauf, ob bzw. wie die Verdinglichungen, in deren Rahmen das Individuum agiert, aufzubrechen sind.

Nützlich ist, den Bezug für die Armutsanalyse zu erweitern: die vordem als eindeutig anzunehmende Orientierung auf die materielle Versorgung, insbesondere das verfügbare Einkommen als mehr oder weniger einziger Armutsdeterminante kann für die derzeitigen gesellschaftlichen Bedingungen nicht fraglos Geltung beanspruchen. Eine Orientierungshilfe für die weitere Theoriediskussion ist vielleicht das Konzept der generalisierten Medien; damit wird eben der Vielfalt von Tauschprozessen unter den modernen Bedingungen genüge geleistet sowie gerade auch die Vielschichtigkeit von Verarmung in Umbruchprozessen besser erfaßbar.

Schließlich muß aber darauf hingewiesen werden, daß mit einer solchen Weiterung des Blicks die Gefahr verbunden ist, daß das Problem der Armut subjektiviert wird und allein die Interpretation durch das betroffene Individuum eingesetzt wird. Dagegen gilt: Auch die Handlungsmächtigkeit ist - als gesellschaftlicher Tatbestand - ein Objektivum.

**Literatur**
Andersen, J./Larsen, J.E. (1995), Solidarität in der nachindustriellen Gesellschaft - Zukünftige Handlungsanforderungen und Lehren aus Armut 3. in: Herrmann (Hrsg.), 1995.
Herrmann, P. (Hrsg.) (1995), Europäische Integration und Politik der Armutsprogramme - Auf dem Weg zu einem integrierten Sozialpolitikansatz? Rheinfelden/Berlin (i.E.).

Hradil, S. (1992), Die 'objektive' und die 'subjektive' Modernisierung. Der Wandel der westdeutschen Sozialstruktur und die Wiedervereinigung; in: Aus Politik und Zeitgeschichte. Heft 29-30/92. Bonn: 3 ff.
Marshall, T.H. (1950), Citizenship and Social Class. in: Marshall/Bottomore, 1992: 1 ff.
Marshall, T.H./Bottomore, T. (1992), Citizenship and Social Class. London.
Münch, R. (1984), Die Struktur der Moderne. Grundmuster und differentielle Gestaltung des institutionellen Aufbaus der modernen Gesellschaft. Frankfurt/M.
Room, G. (1995), Armut in Europa: Konkurrierende Analyseansätze. in: Herrmann (Hrsg.), 1995.
Townsend, P. (1993), The international analysis of poverty. New York u.a..

Dr. Peter Herrmann, Am Westerfeld 17, D-28832 Achim

## 5. Lebensbedingungen und soziale Lagen in der Bundesrepublik Deutschland

*Otto G. Schwenk*

Der Beitrag betont die besondere theoretische Relevanz und die empirischen Möglichkeiten des Konzeptes der "sozialen Lage". Gleichzeitig wird dessen Stellenwert innerhalb der Sozialstrukturanalyse hervorgehoben. Hierfür wird zuerst ein - notgedrungen stark verkürztes und damit immer auch unfaires - Resümee über gängige Theorien und Modellvorstellungen gezogen.

*1. Klassische Ansätze*

Ursprünglich als Konkurrenz oder Alternative zu Klassentheorien entwickelt, teilen Schichttheorien viele Schwachpunkte der Klassentheorien - und verfügen über zusätzliche Defizite. Im Gegensatz zu den Klassenmodellen verschweigen sie meist ihre zentrale Grundannahme. Die Grundannahme ist die, daß die berufliche Position eines Gesellschaftsmitgliedes dieses eindeutig und vollständig charakterisiert und weitgehend auch determiniert. Das Resultat dieser Annahme, das hieraus entstehende Gesellschaftsbild, ist das Bild einer "Arbeitsgesellschaft", genau genommen das Bild einer "bezahlten Arbeitsgesellschaft" wie es Kreckel (1992) treffend ausgedrückt hat.

Daß die berufliche Stellung allein kaum geeignet ist, den Individuen eine sinnvolle gesellschaftliche Position zuzuschreiben, war einer der Kritikpunkte an klassentheoretischen Vorstellungen. Genau aus dieser Kritik entstand die klassische Triade der Schichtungsforschung (Beruf bzw. Berufsprestige, Bildung und Einkommen). Die eben erwähnte Grundannahme wird durch solch eine Herangehensweise zwar differenzierter, sie ändert sich aber nicht: nach wie vor bleibt die Analyse dem Bereich des Erwerbssystems verhaftet und nach wie vor determinieren die hieraus vom Forscher zu definierenden, ausschließlich vertikalen Schichten alle anderen Lebensbereiche. Hinzu kommt also noch eine weitere - meist implizite - Annahme, nämlich die "klarer Verhältnisse" im Sinne von statuskonsistenten Positionen der Gesellschaftsmitglieder auf den einzelnen Teildimensionen. Das heißt, ein bestimmter Bildungsabschluß führt relativ eindeutig zu einer entsprechenden Berufsposition und natürlich auch zu einem adäquaten Einkommen; und dies das ganze (Erwerbs-)Leben lang.

Empirisch führen diese Grundannahmen dazu, daß weite Bevölkerungsteile aus der Betrachtung ausgeschlossen werden. Bei Auswertungen (Schwenk 1995a) der repräsentativen KSPW-Mehrthemenumfrage (1993) ergab sich, daß für 63,7% der befragten Ostdeutschen zu mindestens einer der drei relevanten Variablen (monatliches Nettoeinkommen, höchster allgemeinbildender Schulabschluß und Berufsprestige-Skala nach Treimann) keine Angaben vorlagen und diese Befragten somit nicht eindeutig in eine Schichthierarchie zu ordnen waren. Zur Ermittlung der Schichtposition wurden die drei Variablen in jeweils gleich große Kategorien trichotomisiert. Es zeigte sich, daß die Zahl der inkonsistenten Fälle (27,5%), die nach der Logik des Modells bestenfalls eine Ausnahmeerscheinung darstellen sollten, die Zahl der konsistenten Fälle (8,8%) deutlich überstieg.

Hinzu kommt: Je feingliedriger das Schichtmodell angelegt wird, desto willkürlicher wird die Bildung der Kategorien innerhalb der einzelnen Bildungs-, Berufs- bzw. Einkommensvariablen und desto größer wird das Problem, begründete Grenzlinien zwischen den einzelnen, endgültigen Schichten zu identifizieren oder auch nur zu definieren - ungeachtet der Schwierigkeiten, Konvertierungsregeln zu finden, um die Einzeldimensionen zu dieser gemeinsamen Schichtvariablen zusammenzuführen. Schließlich greifen Schichtmodelle schlichtweg zu kurz, denn eine ganze Reihe objektiv meßbarer Dimensionen findet hier keinen Platz. Ebenso bleiben die individuellen Bewertungen bzw. Bewältigungsstrategien der Akteure unberücksichtigt.

## 2. Individualisierungsdiskussion

Die eben angerissenen Kritikpunkte sind wohl bekannt und zwar nicht zuletzt aus der Diskussion um die Individualisierungsthese, wie sie ebenso pronounciert wie populär vor allem von Ulrich Beck (1986) vertreten wird. So hilfreich die dort konzentrierte Argumentation gegen die althergebrachte Vorgehensweise ist: aus der Individualisierungsthese selbst wird, zu Ende gedacht, zu leicht ein Isolationssyndrom. Die Individualisierungsdiskussion erweitert das Blickfeld: Man sieht nun, über die Welt der Arbeit hinaus, auf weitere buchstäblich lebenswichtige Bereiche: Gesundheit, Ernährung, Familie, Partnerschaft, psychosoziale Befindlichkeit, politisches Verhalten und anderes. Leider wächst mit dieser theoretischen Öffnung die empirische Datenbasis nicht in gleicher Weise.

Bei Aussagen über "neue" Vergesellschaftungsformen orientieren sich Individualisierungsannahmen meist an einer sehr spezifischen - aber auch sehr kleinen - Bevölkerungsgruppe. Es ist die Gruppe der jüngeren, hochgebildeten westdeutschen Großstädter. Selbst bei eher großzügiger Definition der Kriterien (z.B. 20-40jährige mit mindestens Fachhochschulreife, die in westdeutschen Gemeinden mit mehr als 100.000 Einwohnern leben), ist die Schnittmenge der Teilpopulationen rein quantitativ bedeutungslos. Nach einer Auswertung des Sozio-Ökonomischen Panels (1993) wären 4,5% der Bevölkerung potentielle Träger individualisierter Lebensformen.

## 3. Lebensstilforschung

Einen fruchtbaren Lösungsweg aus dem eben skizzierten Dilemma von Erwerbszentriertheit versus "ganz normalem Chaos" mit "riskanten Freiheiten" (Beck/Beck-Gernsheim 1990; 1994) bietet seit geraumer Zeit die Lebensstilforschung (Schwenk 1995b) - vor allem die Ansätze, in denen das Erwerbssystem nur mehr einen, wenn auch einen gewichtigen unter mehreren Parametern darstellt. Anstatt die gesellschaftliche Position des Individuums nur aus dessen ökonomischer Position abzuleiten, wird hier versucht, eine Vielzahl von Dimensionen direkt - also aktiv typenbildend - in die Analyse einzubeziehen.

Hradil (1990) hat auf Ähnlichkeiten zwischen den Studien von Sinus (1983) und Gluchowski (1987) hingewiesen. Verschiedene andere bekannte Typologien (z.B. Bourdieu 1982; Lüdtke 1990) lassen sich ebenfalls in eine ökonomische und eine im weiteren Sinne kulturelle Dimension umsetzen. Die Achsen dieses Koordinatenkreuzes differenzieren die Gesellschaft vertikal nach materiellen Gesichtspunkten und horizontal nach Werten, Orientierungen oder Bildung. Vergleicht man die verschiedenen Befunde, so erkennt man, daß die Anzahl der jeweils vorgefundenen Lebensstilgruppen, ihre inhaltliche Bestimmung, die Lage im Koordinatenkreuz und die Größenverhältnisse der Gruppen innerhalb der einzelnen Typiken oft überraschend ähnlich sind. Neben den bereits erwähnten, finden sich - trotz teilweise schillernder Heterogenität - grundsätzliche Gemeinsamkeiten in praktisch allen Lebensstilansätzen: z.B. die Hervorhebung der aktiven Leistung des Individuums bei der Herstellung und Ausfüllung eines Lebensstils, das tendenziell breitere Spektrum möglicher Lebensformen (und zwar sowohl gesellschaftlich als auch individuell), die Wandelbarkeit des gelebten Stils im Lebensverlauf, die Verwendung komplexer empirischer Verfahren und einiges mehr.

*4. Soziale Lagen*

Das Konzept der sozialen Lage (Hradil 1987) basiert u.a. auf der Erkenntnis, daß die komplexe Struktur der bundesdeutschen Gesellschaft nicht (mehr) mit schichtungssoziologischen Instrumenten erfaßt werden kann. Die weiter oben nicht ausgeführten Argumente der Individualisierungsdebatte (beispielsweise Bildungsexpansion oder sinkende Wochen-, Jahres-, Lebensarbeitzeit bei steigenden Arbeitslosenquoten und häufiger werdenden Berufswechslern; kurz immer geringere Integration in das Erwerbsleben für immer größere Bevölkerungskreise), verdeutlichen die Vielzahl der Entwicklungen, die es zu berücksichtigen gilt. Die Lebensstilsoziologie zeigt dabei - vor allen Dingen methodologisch - einen erfolgversprechenden Weg, für die Entwicklung der Realität angemessener Modelle.

Der Begriff der "sozialen Lage" erfreut sich anhaltender Beliebtheit. Es gibt kaum eine Veröffentlichung (auch über die genannten Bereiche hinaus), die sich dieses Begriffes nicht bedienen würde. Allerdings wird darunter höchst unterschiedliches verstanden. Der Begriff fungiert, um mit Hradils Worten zu sprechen, als "Passepartout". Wollte man einen Minimalkonsens festhalten, dann wohl am ehesten folgenden: "Soziale Lagen" repräsentieren ein Variablensyndrom, also das Zusammenwirken mehrerer Eigenschaften und Merkmalsausprägungen. Dabei gehen weit mehr als nur ökonomische oder gar berufsspezifische Positionen in die Analyse ein. Untersuchungseinheiten sind dabei Personen und/oder Haushalte. Schließlich berücksichtigen "soziale Lagen" immer auch die Ausstattung ihres "Untersuchungsobjektes".

Nur kurz kann hier der Versuch einer Systematik von Müller (1992) angesprochen werden. Müller gliedert den nur scheinbar feststehenden Begriff der "Sozialstrukturanalyse" in "gesamtgesellschaftliche Analysen" und "Analysen sozialer Ungleichheiten". Gleichzeitig verweist er auf das Struktur-Handlungs-Chisma der theoretischen Diskussion, das zu einer einseitigen Orientierung auf die strukturelle Makroebene führt. Diese Orientierung wiederum läßt die kulturelle Bedeutsamkeit sozialer Unterschiede vergessen. Ähnlich wie Müller einen "materiellen" und einen "kulturellen Pol" definiert, kann man zumindest analytisch auch zwei grundlegende Modelltypen oder -konstruktionen sozialer Lagen unterscheiden.

"Soziale Lagen" stellen ein Variablensyndrom dar. Welche Variablen in dieses Set eingehen, ist natürlich von der Fragestellung bzw. dem Erkenntnisinteresse abhängig. Die Arbeitszufriedenheit der Befragten wird beispielweise von Bedeutung sein, wenn spezifische Problemgruppen - oder auch inhaltliche Problemkreise - des Beschäftigungssystems aufgefunden werden sollen. Die Frage nach den sozialstrukturellen Möglichkeiten und Voraussetzungen einer Person oder eines Haushalts, also die Frage nach den Lebensbedingungen, wird naturgemäß zu einer anderen Variablenauswahl (und damit in der Folge meist auch zur Betrachtung einer anderen Bevölkerungsgruppe) führen, als die Frage nach Bewertungen und Bewältigungsstrategien der Individuen, also die Frage nach Orientierungen und Handlungsmustern. Idealtypisch kann entsprechend zwischen einem Determinantenmodell und einem dimensionalen Modell "sozialer Lagen" unterschieden werden.

Beim Determinantenmodell wird sich die Analyse vor allem auf Ressourcen konzentrieren. Diese Variante "sozialer Lagen" steht also tendenziell näher bei den herkömmlichen Schichten, ist aber keineswegs mit diesen identisch. Sie ist ihnen ähnlich, im Sinne einer "Eindimensionalität" der besseren oder schlechteren Ausstattung, der positiven oder negativen Ausgangsbedingungen. Zu berücksichtigen sind hier beispielsweise Arbeits-, Freizeit-, Wohn-, Infrastruktur- oder Umweltbedingungen. Dabei bietet auch die Arbeitswelt, neben der Schichtungstriade, durchaus zusätzliche klassifikatorische Informationen: relevant sind hierbei unter anderem Arbeitsmarktlage, Arbeitsinhalte oder Arbeitsbedingungen.

Eine dimensionale Modellierung "sozialer Lagen" ist gefragt, wenn die Aufgabenstellung die Berücksichtigung von Umsetzungsstrategien oder Handlungsmustern erfordert. Eine solche - mehrdimensionale - Konzeption entfernt sich entsprechend weit von herkömmlichen ("schichtähnlichen") Ansätzen und nähert sich - zumindest von der Forschungslogik her - den beschriebenen Lebensstilforschungen an, selbstverständlich ohne dem dort gesetzten "expressiven" oder "ästhetischen" Schwerpunkt. Die dimensionale Variante des Lagenmodells ist dadurch charakterisiert, daß zu der vertikalen Verortung der (materiellen) Ungleichheit zunehmend der horizontale Aspekt des Umgangs, der Umsetzung und der Bewertung dieser Ungleichheit durch die Betroffenen tritt.

Das hier präferierte Konzept sozialer Lagen verbindet die sozialstrukturelle Verortung der Gesellschaftsmitglieder mit evaluativen und kognitiven Elementen. Die empirische Vermittlung von "objektiver" Ressourcenausstattung mit der jeweiligen "subjektiven" Betroffenheit ermöglicht die realistischere Abbildung der tatsächlichen Handlungsspielräume verschiedener Bevölkerungsgruppen. Die vielfältigen Lebensbedingungen der Menschen in der vereinten Bundesrepublik und die mit ihnen einhergehenden komplexen Erscheinungen sozialer Ungleichheit lassen sich nur darstellen, wenn die materiellen Bedingungen in Zusammenhang mit den jeweiligen Wahrnehmungs- und Umsetzungsformen betrachtet werden.

**Literatur**

Beck, Ulrich (1986), Risikogesellschaft. Auf dem Weg in eine andere Moderne. Frankfurt am Main.

Beck, Ulrich / Beck-Gernsheim, Elisabeth (1990), Das ganz normale Chaos der Liebe. Frankfurt am Main.

Beck, Ulrich / Beck-Gernsheim, Elisabeth (Hg.) (1994), Riskante Freiheiten. Individualisierung in modernen Gesellschaften. Frankfurt am Main.

Bourdieu, Pierre (1982), Die feinen Unterschiede. Kritik der gesellschaftlichen Urteilskraft. Frankfurt.

Gluchowski, Peter (1987), Lebensstile und Wandel der Wählerschaft in der Bundesrepublik Deutschland. Aus Politik und Zeitgeschichte. Beilage zur Wochenzeitung Das Parlament vom 21.03.1987: 18-32.

Hradil, Stefan (1987), Sozialstrukturanalyse in einer fortgeschrittenen Gesellschaft. Von Klassen und Schichten zu Lagen und Milieus. Opladen.

Hradil, Stefan (1990), Postmoderne Sozialstruktur? Zur empirischen Relevanz einer "modernen" Theorie sozialen Wandels. In: Peter A. Berger / Stefan Hradil (Hg.), Lebenslagen, Lebensläufe, Lebensstile. Soziale Welt, Sonderband 7. Göttingen: 125-152.

Kreckel, Reinhard (1992), Politische Soziologie der sozialen Ungleichheit (Theorie und Gesellschaft. Band 25). Frankfurt am Main.

Lüdtke, Hartmut (1990), Lebensstile als Dimension handlungsproduzierter Ungleichheit. Eine Anwendung des Rational-Choice-Ansatzes. In: Peter A. Berger / Stefan Hradil (Hg.): Lebenslagen, Lebensläufe, Lebensstile. Soziale Welt, Sonderband 7. Göttingen: 433-454.

Müller, Hans-Peter (1992), Sozialstruktur und Lebensstile. Zur Neuorientierung der Sozialstrukturforschung. In: Stefan Hradil (Hg.): Zwischen Bewußtsein und Sein. (Sozialstrukturanalyse Band 1). Opladen: 57-66.

Schwenk, Otto G. (1995a), Lebensbedingungen und Bausteine für die Konstruktion sozialer Lagen in Ostdeutschland - Werkstattbericht. In: Hans Bertram (Hg.), Ostdeutschland im Wandel: Lebensverhältnisse - politische Einstellungen (Schriftenreihe der Kommission für die Erforschung des sozialen und politischen Wandels in den neuen Bundesländern e.V. KSPW: Transformationsprozesse Band 7). Opladen: 3-30

Schwenk, Otto G. (Hg.) (1995b), Lebensstil zwischen Sozialstrukturanalyse und Kultursoziologie. (Sozialstrukturanalyse Band 7). Opladen.

Otto G. Schwenk, Universität Mainz, Institut für Soziologie, Kleinmann-Weg 2, D-55099 Mainz

## 6. Die neuen Gewänder der Klassen. Klassifikationsstrategien in einer ästhetisierten Gesellschaft

*Andrea Dederichs und Hermann Strasser*

Der Wandel, der in den letzten Jahrzehnten die modernen Industriegesellschaften erfaßt hat, kann als zunehmende Individualisierung und Differenzierung interpretiert werden. Die diagnostizierte Wohlfahrtsvermehrung, das enorme Freizeitangebot und die steigende Bedeutung der Alltagskultur, verbunden mit Bildungsexpansion, medialer Omnipräsenz und dem Ausbau des Dienstleistungssektors, lassen leicht den Eindruck einer enttraditionalisierten und entstrukturierten Gesellschaft entstehen. Wenn Pluralisierung und Egalisierung tendenziell gleichgesetzt werden, liegt es nahe, Zugehörigkeit zu Statusgruppen als Produkt der individuellen Durchsetzungskraft zu erklären.

Trennt man aber die parallelen Prozesse der Steigerung der gesellschaftlichen Komplexität und der Ästhetisierung der Lebenswelt, dann ergibt sich eine andere Logik. Die strukturelle Komplexität, die Voraussetzung und Folge jeder Differenzierung ist, ergibt sich zum einen durch die Entstehung sozialer Gruppierungen und zum anderen durch eine Aktivierung bestehender Ungleichheitsstrukturen mit Hilfe ihrer expressiven Transformation. In diesem Sinne kann nicht von einer Destrukturierung, sondern muß von einer Restrukturierung der Klassengesellschaft gesprochen werden. Wir vertreten die These, daß heute andere Mechanismen für die Strukturierung sozialer Ungleichheit ausschlaggebend sind.

Die Unterscheidung zwischen den Menschen und die Reproduktion der Klassenidentität finden heute auf einem kulturellen Fundament der Gesellschaft statt. Kultur liefert die Kriterien zur Klassifikation von sozialer Realität und fungiert als Kapital. Dementsprechend wird Ungleichheit als ungleiche Verteilung des Zugangs zu kulturellen Klassifikationsstandards und die sie stützenden ökonomischen Ressourcen und sozialen Netzwerke begriffen, d.h. der Grad der kulturellen Fertigkeiten und Kompetenzen sichert soziale Ein- und Ausschlüsse. Die kulturellen Techniken und ästhetischen Feinheiten müssen in einem langwierigen Prozeß über Sozialisationsinstanzen vermittelt werden, wobei Schulen und Hochschulen neben Familie und Freundeskreis natürlich eine ausschlaggebende Bedeutung zukommt.

Die Entwicklung des Bildungssystems hat nicht zur erhofften Nivellierung der hierarchischen Strukturen beigetragen, sondern die sozialen Unterschiede eher vertieft, wie jüngste Studien zeigen (vgl. Geißler 1992: 226; Rodax 1995: 21). Zusätzlich tritt ein anderes Gut vermehrt in den Vordergrund: das soziale Kapital. Nur wer in der Lage ist, nicht nur sein vorhandenes Bildungskapital zu erhöhen, sondern auch ökonomisches und/oder soziales Kapital in kulturelles Kapital umzuwandeln, kann die Sprossen der Statusleiter erklimmen. Die Standards, die als kulturelle Kompetenzen verinnerlicht werden, waren schon immer die Standards der Herrschenden. Sie werden als Klassifikationsvorgaben in Familie, Beruf und Freizeit reproduziert und schließen jene aus, denen die entsprechende Kulturtechnik fehlt. Soziale Ungleichheit ist in den westlichen Industriegesellschaften nach wie vor manifest, wenngleich komplexer und subtiler als in vergangenen Epochen. Anknüpfend an Bourdieu (1983, 1989) muß die Frage daher lauten: Wer benutzt welche Strategien, um durch Klassifikation Wirklichkeit zu definieren und Unterschiede unter den welche Strategien, um durch Klassifikation Wirklichkeit zu definieren und Unterschiede unter den Menschen zu (re)produzieren?

Jedes Mitglied der Gesellschaft benutzt, auf verschiedene Weise und mit unterschiedlichem Erfolg, Strategien zur Klassifikation und Deklassifikation seines sozialen Umfeldes. Der Kampf um die richtigen Werte und die legitimen Standards - die Elemente der erfolgträchtigen Strategien - wird symbolisch über Lebensstile geführt. Die ungleiche Ausstattung mit Ressourcen führt zu ungleichen Wahrnehmungsweisen, die im Alltag als verinnerlichte Klassifikationsfähigkeit wirken. Die Klassifikation erscheint als Geschmacksurteil, d.h. die Kapitalstruktur wird in ästhetisch definierte und gesellschaftlich präferierte Lebensstile übersetzt. Diese symbolische Transformation bewirkt gesellschaftlich die Zugehörigkeit zu einem bestimmten Lebensstil und individuell eine distinguierte Persönlichkeit.

Diese an Bourdieu angelehnte Darstellung der erworbenen ästhetischen Urteilskraft findet aber nur unzureichende Erklärungen für die beobachtbare vielschichtige und plurale Kultur, wie sie beispielsweise von Gerhard Schulze (1993) und Hans-Peter Müller (1992) beschrieben wird.

Schulzes Konzept der Alltagsästhetik vermag Bourdieus Vorstellung von einer sozial hierarchisierten Ästhetik dahingehend zu erweitern, daß allen Menschen und Gruppen eine ästhetische Orientierung zugesprochen wird. Bourdieu billigte nur den höheren Schichten ästhetische Kompetenz zu und machte alle anderen Gruppen zu Epigonen dieser Ästhetik. Müller dynamisiert den Raum der Lebensstile, indem er ihm eine kulturelle Eigenständigkeit zuweist. Die kulturelle Sphäre wird deutlich in den vier Dimensionen, in denen sich Lebensstile äußern: Neben eine kognitive Dimension treten expressives, interaktives und evaluatives Verhalten, d.h. Bourdieus kognitiver Ansatz wird um eine subjektzentrierte Perspektive ergänzt.

Der Alltag wird durch seine Ästhetisierung zum eigentlichen Ort, an dem Kultur gelebt wird und in Handlungen zum Ausdruck kommt, wo scheinbar zufällige Kräfte neben Routine und Ritual wirken. Lebensstile bieten eine mikroskopische Perspektive auf die Gesellschaft als Eindrucksmanagement. Gleichzeitig erlaubt die kulturelle Handlungskompetenz den Blick auf zugrundeliegende Distinktionsstrategien und kollektive Verhaltensvorgaben.

Wie wir versucht haben aufzuzeigen, ist in der Logik der Klassenbildung und des Klassenkampfes ein grundlegender Wandel zu verzeichnen. Nicht länger sind Einkommen und Besitz die grundlegenden Ausstatter der Klassenkultur. Vielmehr möchten wir Bourdieus Gedanken weiterführen mit der These, daß kulturelle Handlungskompetenz distinguierende Strategien der Selbstdarstellung ermöglicht, die sich als Stil in einer Geschmacksklasse verdichten. Die Kultur entpuppt sich somit als der eigentliche soziale Raum: als Kultur-Raum, in dem sich Menschen durch die Zugehörigkeit zu Geschmacks- oder Kulturklassen unterscheiden. Dieses Kultur-Raum-Konzept überdacht die differenzierten Kraftfelder der modernen Gesellschaft und ermöglicht Sub- und Protokulturen sowie lebensstiltypische Gruppenmitgliedschaften.

Im Kultur-Raum sind Distinktionsstrategien von Statusgruppen wirksam, die zur Bildung von Geschmacksklassen führen. Dort trennt Bildung "reale" Klassen von Menschen aufgrund ihrer Fähigkeit, die Legitimität ihrer eigenen Kultur zu propagieren. Kulturelle Kompetenz bündelt Geschmack, Intelligenz und Moral, die Menschen kontinuierlich vertikal klassifiziert. So sehr Ungleichheit eine soziale Tatsache ist, so sehr sind Klassen kulturelle Repräsentationen von sozialen Fakten. Indem der Geschmack Klassen kultiviert, reproduziert er Kulturklassen.

In diesem Sinne spielen sich nachindustrielle Klassenkämpfe nicht zwischen "realen" Klassen im Marxschen Sinne ab. Sie sind vielmehr das Resultat der unterschiedlichen Fähigkeit, angemessene Werthaltungen zu vertreten, legitimen Standards zu folgen und distinktive Lebensstile zu inszenieren. Wir verstehen Klasse als eine Gruppe von Individuen, die mit ähnlichen Handlungsressourcen ausgestattet ist, mit ähnlichen Klassifikationsstrategien operiert und einen gewissen Grad an demographischer Identität aufweist. Diese neuen Konturen der klassenspezifischen Vielfalt werden durch die strukturelle Konversion der verschiedenen Kapitalsorten und der normativen Kraft ästhetischen Ausdrucks erkennbar. Soziale Unterschiede mögen heute weniger wichtig sein, verschwunden sind sie keineswegs. Um so auffälliger sind ihre äußeren Erscheinungen wie Lebensstile. Wir haben es mit einer Klassengesellschaft insofern zu tun, als Gruppen von Individuen in unterschiedlichem Maße über gesellschaftlich anerkannte Ressourcen verfügen, die wiederum eine unterschiedliche Teilnahme am gesellschaftlichen Leben bewirken. Das Ergebnis ist soziale Ausschließung und soziale Distanzierung, die in eine hierarchische Anordnung dieser Gruppierungen und eine Differenzierung ihrer Lebensstile mündet.

Ob Klasse noch die Antwort ist, hängt von der Fragestellung ab. Wenn Klassen sich auf der Grundlage struktureller Unterschiede durch gemeinsame Vorstellungen in der Lebensführung, d.h. "(...) als empirische Bündelung von Ähnlichkeiten und deren Beziehung zueinander (...)"(Klocke 1993: 79) ausbilden, dann ist der Klassenbegriff nicht mehr substanziell, sondern als permanente Relation zu denken. Die Frage ist dann auch nicht mehr, welche Spuren der makrosoziologische Klassenbegriff in der mikrosozialen Wirklichkeit individueller Handlungen hinterläßt. Vielmehr ist die entscheidende Frage, wie unterschiedliche Handlungskompetenzen in Distinktionsstrategien übersetzt werden und wie die daraus entstehenden Kulturklassen sich als soziale Strukturen bemerkbar machen.

In diesem Sinne verheißt der Titel des Beitrags, was sich in der Wirklichkeit abspielt: Daß wir hinter das doppelte Mäntelchen der Individualität schauen müssen, um die alten Prinzipien der Strukturierung sozialer Ungleichheit zu erkennen.

**Literatur**

Bourdieu, Pierre (1983), Ökonomisches Kapital, kulturelles Kapital, soziales Kapital, in: Reinhard Kreckel (Hg.): Soziale Ungleichheiten. Sonderband 2, Soziale Welt. Göttingen.
Bourdieu, Pierre (1989), Die feinen Unterschiede. Kritik der gesellschaftlichen Urteilskraft. 3. Aufl. Frankfurt/M.
Geißler, Rainer (1992), Die Sozialstruktur Deutschlands. Opladen.
Klocke, Andreas (1993), Sozialer Wandel, Sozialstruktur und Lebensstile in der Bundesrepublik Deutschland. Frankfurt/M.
Müller, Hans-Peter (1992), Sozialstruktur und Lebensstile. Der neuere theoretische Diskurs über soziale Ungleichheit. Frankfurt/M.
Rodax, Klaus (1995), Soziale Ungleichheit und Instabilität durch Bildung in der Bundesrepublik Deutschland, in: Österreichische Zeitschrift für Soziologie 1: 3-27.
Schulze, Gerhard (1993), Die Erlebnisgesellschaft. Kultursoziologie der Gegenwart. Frankfurt/M.

Andrea Dederichs, Prof. Dr. Hermann Strasser, Universität GHS Duisburg, Lotharstraße 65, D-47057 Duisburg

## 7. Dimensionen sozialer Umstrukturierung in Ostdeutschland

*Astrid Segert und Irene Zierke*

Seit der deutschen Vereinigung überlagern sich im sozialen Gefüge unterschiedliche Prozesse. Dazu im folgenden einige Thesen.

1. Die soziologische Transformationsdebatte verlief seit ihrem Beginn im wesentlichen zwischen den Polen: nachholende Modernisierung oder ostdeutscher Sonderweg. Der Dissens lag vorrangig in der Anerkennung bzw. Abwertung spezieller, historisch gewachsener endogener Potentiale für prinzipiell anerkannte Grundprozesse gesellschaftlicher Modernisierung. Das bestimmende Modell der nachholenden Modernisierung setzt das Ziel der Transformation in seinen Grundzügen (Markt, Massenkonsum, Wohlfahrtsstaat und Demokratie) als gegeben voraus. Gleichzeitig damit wird eine Angleichung an die im Westen legitimierten Formen sozialer Ungleichheit erwartet. Ostdeutsche Handlungspotentiale werden folgerichtig vorrangig danach untersucht und bewertet, inwieweit sie sich auf den Aufbau und die Kontrolle dieser bekannten Strukturen richten.

2. Auf der Grundlage des bisher vorgelegten empirischen Materials unterscheiden wir drei widersprüchliche Haupttendenzen des sozialstrukturellen Wandels in Ostdeutschland:

*Die erste Tendenz* ist die allgemein prognostizierte soziale Angleichung an das westliche Modell. Sie ist jedoch aus unserer Sicht als widersprüchlicher Prozeß zu charakterisieren. Sie vollzieht sich zunächst als allgemeiner Wohlfahrtsgewinn. Damit geht der Abbau anachronistischer Disproportionen einher, der Chancen und Zwänge für soziale Differenzierungen freisetzt. DDR-spezifische soziale Ungleichheiten werden abgebaut. Die Angleichung an den Weststandard beinhaltet aber durchaus auch den Abbau entwickelterer Strukturen, durch den neue soziale Ungleichheiten entstehen, die sich mit alten Problemen überlagern.

*Die zweite Tendenz* kann als "problematische Normalisierung" bezeichnet werden. Der sozialstrukturelle Wandel im Osten vollzieht sich nicht auf ein widerspruchsfreies Idealziel hin. Die westliche Gesellschaft selbst befindet sich in einer Strukturkrise. Dadurch führt der Übergang Ostdeutschlands zur effektiveren Teilhabe an den modernen gesellschaftlichen Grundmodi zwar zum Abbau von Transformationsproblemen; dies wird allgemein als "Normalisierung" widergespiegelt. Der gleiche Prozeß erzeugt selbst aber neue Strukturprobleme, deren Kern nicht mehr ursächlich aus der Transformation erklärt werden kann. Neben der Öffnung von Handlungsräumen durch den politischen Wechsel und durch soziale Ausdifferenzierungen wächst gegenwärtig durch gesellschaftliche Marginalisierungen relativ großer und teilweise bisher nicht betroffener Gruppen das soziale Gefälle innerhalb der ostdeutschen Bevölkerung. Darüber hinaus erweisen sich die neuen Lebensbedingungen vielfach als sozial instabil. Die "problematische Normalisierung" der ostdeutschen Sozialstruktur trägt insgesamt die Züge einer sozialstaatlich gedämpften Peripherisierung sozialer Gruppen nach je unterschiedlichen Kriterien sowie einer allgemeinen Destabilisierung von Lebenslagen bei gleichzeitigem allgemeinem Modernisierungsgewinn. Die aktuelle ostdeutsche Problemsituation unterscheidet sich insofern von der allgemeinen Entwicklung nur noch durch Überlagerung solcher grundlegender Strukturprobleme durch überkommene Altlasten sowie durch die Kosten des speziellen deutschen Transformationsweges. Die ostdeutsche Ungleichheitsstatistik kann so als zugespitzter Ausdruck allgemeiner Strukturprobleme der westlichen Gesellschaft gelesen werden.

*Eine dritte Tendenz* findet aus unserer Sicht noch zu wenig Beachtung. Sie beinhaltet regionalspezifische innovative Ansätze zur Lösung sozialer Teilprobleme. Hervorzuheben wären hier die Aktivitäten im Rahmen lokaler bzw. betrieblicher Arbeitsbeschaffungsgesellschaften, die sich an den Bedürfnissen und Handlungskompetenzen der Betroffenen sowie an den konkreten örtlichen Ressourcen orientieren. Zu nennen wären darüber hinaus einzelne Ansätze für die flexible betriebsinterne bzw. regionale Zusammenarbeit zwischen Industrie, Arbeitnehmervertretungen und Kommunen, die über die tradierten westdeutschen Formen hinausgreifen. Die Effizienz derartiger Entwicklungen wird jedoch durch mangelnde institutionelle Vernetzungen begrenzt.

3. Bisher wird den ostdeutschen Disparitäten die Spitze genommen, indem Sozialstaatsleistungen, die für individuelle Härtefälle konzipiert waren, unter dem Druck der Probleme auf ganze soziale Gruppen erweitert werden. Der enorme Ressourcentransfer führt zu deutlichen sozialen Entlastungen, nicht aber zu einem selbsttragenden ökonomischen Wirtschaftswachstum. Die Situation in Ostdeutschland zeigt dadurch eher und schärfer als im Westen, daß es für die moderne Gesellschaft unter den bisherigen Prämissen problematisch wird, alle Leistungsfähigen und -motivierten am Erwerbsprozeß zu beteiligen. Ihr zentraler und bisher allgemein legitimierter Maßstab für soziale Positionierung und Wohlfahrt liegt jedoch nach wie vor in meßbaren Leistungen im Erwerbsprozeß. Probleme hier sind nicht mehr ohne weiteres im Interesse der Leistungsmehrheit auf Kosten von sozialdemographischen oder regionalen "Randgruppen" lösbar. Neben diesen wird nun auch zunehmend die Lebenssituation des Kerns der modernen Gesellschaft verunsichert, der auf der Basis ökonomischen Wachstums und persönlicher Erwerbsleistungen die mehrheitliche Gruppe der Modernisierungsgewinner (in West und Ost) bildet.

4. In unserer Arbeit lassen wir uns von einem Mehr-Ebenen-Ansatz leiten. Das schließt eine systematische Analyse objektiver und subjektiver Ungleichheiten, ihrer Bedingungen, Verschiebungen und Disparitäten ein. Ein solcher Ansatz ermöglicht einen sensiblen Zugang zu komplexen institutionellen und lebensweltlichen Veränderungen.

5. Seit den 70er Jahren vollzogen sich in der BRD sozialstrukturelle Modernisierungen, die v.a. durch eine Pluralisierung und Individualisierung der Lebensformen, eine partielle Abkoppelung der Lebensstile von den strukturellen Bedingungen gekennzeichnet sind. Seit der Vereinigung erscheint ein geradliniges Weiterdenken dieser Trends in Deutschland eher fragwürdig. Die neuartigen krisenhaften Prozesse führen dazu, daß sich bisher vorherrschende Trends mit gegenläufigen Tendenzen stärker überlagern. Individualisierungen im Sinne von erweiterten Optionen für selbstbestimmtes Entscheidungshandeln sind bei unterschiedlichen sozialen Gruppen in einem unterscheidbaren Maß mit Begrenzungen für soziales Handeln verbunden. Neben der Erfahrung von Optionserweiterungen verstärken sich Ausgrenzungserfahrungen quer über verschiedene Lebensbereiche und Lebensformen. Soziale Positionen werden zunehmend durch askriptive Merkmale sowie die Zugehörigkeit zu bestimmten Gruppen beeinflußt. Sie bleiben in bestimmten Konstellationen relativ unabhängig von individuellen Handlungsressourcen und -kompetenzen. Die in der Nachkriegszeit in modernen Gesellschaften gewachsene Akzeptanz von Ungleichheitsverhältnissen beginnt zu erodieren.

6. Diese widersprüchliche gesellschaftliche Konstellation läßt die Frage nach der Bedeutung von Denk- und Verhaltensmustern für die Reproduktion sozialer Strukturen in neuem Licht er-

scheinen. Wir gehen davon aus, daß subjektive Momente auf der Mikro-, Meso- und Makroebene relativ eigenständig wirken. Für uns bedeutet dies in der gegenwärtigen Umstrukturierung, die relative Unabhängigkeit aktueller Deutungs- und Handlungsmuster in der ostdeutschen Bevölkerung von den strukturellen Bedingungen anzuerkennen und sie gleichzeitig als wesentliche strukturbildende Momente zu behandeln. Die Sozialisierung und je konkrete Biographien schließen einen spezifischen Fundus an verschiedenen Handlungsressourcen, an Erfahrungen und Handlungskompetenzen ein, der konkretes Handeln beeinflußt. In Verbindung mit neuen strukturellen Problemlagen können daher bisherige Entwicklungsrichtungen nicht nur aufgehalten, sondern andere, sogar gegenläufige Entwicklungsrichtungen bestärkt werden. Aus diesem Grunde sind längerfristige Trends nicht eindeutig vorhersagbar.

7. Im folgenden sollen zwei ausgewählte Beispiele benannt werden, die auf die widersprüchliche Bedeutung subjektiven Handelns für soziale Restrukturierungen verweisen.

*Erstes Beispiel:* Eine relativ große Gruppe quer durch alle sozialen Milieus hat relativ raschen Anschluß an leistungs- und wettbewerbsorientierte Verhaltensmuster gefunden. Dies belegen nicht nur die zahlreichen Übersiedler und Arbeitspendler, die sich erfolgreich in die westliche Erwerbswelt eingliederten. Auch der relativ reibungslose Institutionentransfer wurde durch die Leistungsbereitschaft jener Ostdeutschen praktisch mitgetragen, die auf sozialen Aufstieg oder auf Repositionierung durch berufliche Kompetenzen setzen. Damit verbundene Lernleistungen wurzeln in der DDR-typischen arbeitszentrierten Lebensweise breiter Teile der ostdeutschen Bevölkerung. Aus ihr heraus macht für viele nicht nur eine verstärkte Orientierung auf die Wettbewerbsfähigkeit ihrer Arbeitsleistungen Sinn.

Die positive biographische Wirkung dieser Verhaltenstendenz zeigt sich darin, daß es ihren Trägern häufiger gelingt, persönliche Krisen zu überwinden. Sie schaffen die existentielle Basis für Ausdifferenzierungen sozialer Positionen und Lebensweisen. Unsere Interviews verweisen allerdings bereits auf ein neuentstehendes Problem. Empirisch läßt sich eine starke Intensivierung der Erwerbsarbeit, teilweise auch deren absolute Ausdehnung auf Kosten privater Lebensbereiche feststellen. Beides wird bisher unter dem starken Konkurrenzdruck auf dem Arbeitsmarkt in der Hoffnung auf soziale Sicherheit weitgehend toleriert. Insofern diese Haltung ihren Charakter als zeitlich begrenzte Transformationskosten verliert und zur Dauererscheinung gerät, werden jedoch die persönlichen und sozialen Folgen für derartig leistungszentrierte Lebensformen zunehmend thematisiert. Gleichzeitig wird für viele Ostdeutsche deutlicher, daß überdurchschnittliche Leistungsbereitschaft und -kompetenz nicht automatisch zur angestrebten dauerhaften sozialen Sicherung führt. Diese Erfahrungen befördern die Relativierung der transformationstypischen unbedingten Leistungsorientierung.

Auch die strukturelle Wirkung dieses Verhaltensmusters ist nicht widerspruchsfrei. Einerseits trägt es in nicht geringem Maße zur Etablierung und Festigung moderner sozial-ökonomischer Strukturen bei. Gerade dadurch verstärkt es jedoch objektiv das Maß sozialer Ungleichheiten, die auf der Ausgrenzung anderer Lebensweisen oder bestimmter marginalisierter Personengruppen beruhen.

*Zweites Beispiel:* Nachweisbar ist auch eine Abwartehaltung innerhalb der ostdeutschen Bevölkerung, die auf individuelle Aktivitäten in bestimmten Lebensbereichen mindestens zeitweilig verzichtet. Sie wird allgemein als überholtes DDR-Verhalten gewertet. Nach unseren Untersuchungen speist sie sich aus verschieden pointierten DDR-Erfahrungen und gewinnt daher auch in der Gegenwart unterschiedliche soziale Gestalten, die wiederum im Zusammenhang mit den gesellschaftlichen Rahmenbedingungen zu werten sind. So ist beispielsweise zu unterscheiden, ob es sich um einen biographisch anhaltenden oder einen zeitweiligen Handlungsverzicht zur Sicherung von Orientierungsleistungen handelt, der anschließend gezielte Handlungen ermöglicht. Auch die über diesen Zeitraum hinausreichenden Abstinenzen beispielsweise gegenüber wettbewerbsorientierten Verhaltensmustern verweisen auf unterschiedliche Erfahrungshorizonte. Sie können sowohl auf einen freiwilligen Handlungsverzicht zugunsten anerkannter Autoriäten deuten; er wurzelt in der DDR-Erfahrung, daß eigenständige Aktivitäten eher zu Problemen führten als zurückhaltende Unterordnung. Sie können aber auch in mangelnden personalen und sozialen Ressourcen liegen, die individuelle Handlungskompetenzen derart begrenzen, daß die Personen auf strukturelle Brücken in die Marktgesellschaft dauerhaft angewiesen bleiben.

In der institutionellen Transformationsphase wurden diese Verhaltensmuster konfrontiert mit extrem risikobehafteten Handlungsbedingungen, die teilweise in die Gegenwart fortwirken. Unter diesen Bedingungen verstärken subjektive Muster einerseits die gesellschaftlich angelegten Polarisierungstendenzen. Problematisch sind insbesondere soziale Abwärtsspiralen, die durch Langzeitarbeitslosigkeit oder gar den Verlust der eigenen Wohnung eröffnet werden, und aus denen sich die Betroffenen aufgrund ihrer spezifischen Handlungsdispositionen nicht allein befreien können. Andererseits erscheint eine auf Dauer gestellte Abwartehaltung für Ausgegrenzte unter bestimmten Bedingungen biographisch funktional. Dies gilt beispielsweise für Vorruheständler oder aber alleinerziehende Sozialhilfeempfängerinnen, wenn die Zurückhaltung in gesellschaftsrelevanten Lebensbereichen dazu dient, Aktivitätsfelder im sozialen Nahbereich freizuhalten. Unter diesen Bedingungen gewinnt ein derartiger Rückzug in die gesellschaftlich bereitgestellten Nischen Kompensationsfunktion für außenbestimmte Risiken des Modernisierungsprozesses.

Beide Beispiele zeigen, daß ostdeutsche Verhaltensmuster sich nicht in widerspruchsfreier Weise als strukturadäquat versus strukturinadäquat, d.h. überholungsbedürftig bewerten lassen. Tendenzen überreagierender individueller Anpassung an einzelne westliche Lebensformen werden so auch längerfristig neben vielfältigen Mischformen sowie neben Enklaven traditioneller Lebensweisen bestehen bleiben. Sie setzen sich teilweise wechselseitig voraus, teilweise behindern sie sich untereinander.

Dr. Astrid Segert, Universität Potsdam, KAI e.V./WIP, Krausnickstraße 24, D-10115 Berlin
Dr. sc. Irene Zierke, Ehrlichstraße 64, D-10318 Berlin

# XVI. Sektion Sozialindikatoren
*Leitung: Wolfgang Glatzer*

## Existenzsicherung und Lebensverhältnisse in den osteuropäischen Ländern

### 1. Einleitung

*Wolfgang Glatzer*

Die Lebensverhältnisse in Osteuropa sind im Gefolge der Neustrukturierung Europas in den neunziger Jahren zu einem spannenden Thema geworden. Demokratische und marktwirtschaftliche Transformationsprozesse verlaufen in den ehemals sozialistischen Ländern zeitgleich und sich wechselseitig beinflussend ab. Wohin sich die einzelnen osteuropäischen Länder auf längere Sicht entwickeln werden, ob sie in wesentlichen Teilen dem westeuropäischen Muster folgen oder ob sie in eine langfristige gesellschaftliche und ökonomische Stagnations- und Krisenphase geraten, erscheint offen. Dabei können die osteuropäischen Länder nicht als Einheit betrachtet werden: erstens knüpfen die Transformationsprozesse an unterschiedliche vorsozialistische kulturelle Traditionen an, die durch den Sozialismus nicht eliminiert worden sind; zweitens gab es in den einzelnen Ländern unterschiedliche Realisierungen der sozialistischen Gesellschaftsidee; drittens sind je nach Land die Modernisierungsschritte im Anschluß an die Überwindung des sozialistischen Herrschaftssystems unterschiedlich tiefgreifend und umfassend erfolgt. Die Ausgangsbedingungen für die Existenzsicherung und die Wohlstandsentwicklung der breiten Bevölkerung sind somit ziemlich verschieden. Es ist von regionalen Besonderheiten und der nationalen Eigenständigkeit der Transformationsprozesse auszugehen.

In der Sozialindikatorenforschung stellt Sozialberichterstattung über Länder und Problembereiche ein vorrangiges Erkenntnisziel dar. Sie wird mit der Absicht vorgenommen, durch Aufklärung über gesellschaftliche Sachverhalte das Problemverständnis fördern und zu einer besseren Problembewältigung beitragen zu können. Die hier vorliegenden Analysen befassen sich mit den Lebensverhältnissen der osteuropäischen Völker, die der nachhaltigen Herausforderung durch weitreichende Modernisierungsprozesse ausgesetzt sind. Der thematische Schwerpunkt liegt dabei auf der Existenzsicherung der privaten Haushalte, ihren Lebensstilen und Überlebensstrategien. Es geht um die Fragen, wie die Bürger in den nachsozialistischen Gesellschaften den Alltag bewältigen, auf welchen Wegen sie das notwendige Einkommen erzielen, wie sie mit den Einnahmen haushalten, wie sie mit Arbeitslosigkeit und Armut umgehen, wie sie sich vor Unsicherheit schützen, insbesondere vor krimineller Beeinträchtigung. Zu beachten sind dabei sowohl objektive Aspekte der Lebensverhältnisse wie subjektive Wahrnehmungen und Bewertungen. Dabei werden in den einzelnen Beiträgen unterschiedliche Schwerpunkte gesetzt, in denen die Virulenz bestimmter Probleme im jeweiligen Land zum Ausdruck kommt.

Die osteuropäischen Länder sind verstärkt zum Gegenstand der Untersuchung von deutschen bzw. westlichen Soziologen geworden. Mit Vorliebe werden Vergleiche mehrerer Länder vorgenommen, die sich inzwischen öfter auf repräsentative Umfragen stützen. In den osteuropäischen Ländern selbst sind ebenfalls soziologische Forschungseinrichtungen etabliert worden, die Analysen der Lebensverhältnisse vornehmen. Sie entwickeln eigenständige Problemperspektiven, die die westlichen Ansätze ergänzen und erweitern. An den hier vorliegenden Analysen Osteuropas haben sich Autoren aus beiden Forschungszusammenhängen beteiligt. Der Tagungsort Halle bot sich ganz besonders dafür an, die Kommunikation zwischen westdeutschen, ostdeutschen und osteuropäischen Sozialwissenschaftlern zu verstärken.

Gesellschaftspolitisch ist die Frage, wie sich die Lebensverhältnisse in der nachsozialistischen Transformationsphase entwickeln, nicht nur aus der Sicht der betroffenen Bürger von Interesse. Es spricht vieles für die Hypothese, daß sich eine Verbesserung der Lebensverhältnisse auch in der Legimität des Gesellschaftssystems niederschlägt. Die Einführung demokratischer Institutionen in den osteuropäischen Ländern scheint keine Garantie für eine längerfristige demokratische Verfassung darzustellen. Die Absicherung durch eine Verbesserung der Lebensverhältnisse erschiene wichtig, aber sie ist ebenfalls unsicher. Die Doppelaufgabe der marktwirtschaftlichen und der demokratischen Transformation erscheint am ehesten lösbar, wenn sich beide Bereiche synergetisch verstärken würden.

Aus der Sicht der Modernisierungstheorien hat der Untergang der staatssozialistischen Systeme die Frage geklärt, daß das westliche Modernisierungmodell sich bis auf weiteres als überlegen erwiesen hat. Ob die anschließende Doppelanforderung von martwirtschaftlichen und demokratischen Reformen in allen osteuropäischen Ländern erfolgreich bewältigt werden kann, steht auf der historischen Tagesordnung. Auch wenn die osteuropäische Modernisierung in den Grundzügen dem westlichen Modell nachfolgt, so hat es doch den Anschein, daß den Variationen von Modernisierungsmodellen, die es ohnehin gibt, in Osteuropa weitere wesentliche Ausprägungen hinzugefügt werden. In der Modernisierung der Lebensverhältnisse zeichnet sich dies ab.

**Literatur**
Brock, Lothar/Hauchler, Ingomar (Hg.) (1993), Entwicklung in Mittel- und Osteuropa. Bonn.
Bundesinstitut für ostwissenschaftliche und internationale Studien (1993), Aufbruch im Osten Europas. München, Wien.
Elvert, Jürgen/Salewski, Michael (Hg.) (1993), Der Umbruch in Osteuropa. Stuttgart
Plasser, Fritz/Ulram, Peter A. (Hg.) (1993), Transformation oder Stagnation - Aktuelle politische Trends in Osteuropa. Wien.
Sterbling, Anton (1993), Strukturfragen und Modernisierungsprobleme südosteuropäischer Gesellschaften. Hamburg.

Prof. Dr. Wolfgang Glatzer, Universität Frankfurt, FB Gesellschaftswissenschaften, PF 111 932, D-60054 Frankfurt/M.

## 2. Subjektive Bewertungen der Lebensverhältnisse in Osteuropa und Ostdeutschland[1]

*Wolfgang Seifert*

*Einleitung*

Mit dem 1989 einsetzenden Prozeß der wirtschaftlichen, politischen und sozialen Veränderungen verband die Bevölkerung der ehemals sozialistischen Staaten die Hoffnung auf eine Erhöhung ihres Lebensstandards (Matzner et al. 1992: 13). Gegenwärtig lebt die Mehrzahl der Osteuropäer unter wirtschaftlich schlechteren Bedingungen als während der Planwirtschaft. Die Hoffnungen der Mehrheit der Osteuropäer auf bessere Lebensbedingungen wurden zunächst enttäuscht.

Die politischen Veränderungen entsprachen hingegen eher den Erwartungen der Bevölkerung. Demokratische Grundrechte und parlamentarische Institutionen wurden in fast allen ehemals sozialistischen Ländern implementiert. Doch aufgrund der hohen Erwartungen und des wachsenden Problemdrucks sind die politischen Eliten der ersten Stunde rasch verschlissen. Hier stellt sich die Frage, in welchem Maße die demokratischen Systeme in der Transformationsphase die Unterstützung der Bevölkerung finden.

Im folgenden wird auf der Basis von Mikroanalysen in gesellschaftsvergleichender Perspektive untersucht, wie sich die Lebensbedingungen aus der Sicht der betroffenen Bevölkerung in den Transformationsstaaten verändert hat und wie die globalen Veränderungen bewertet werden. Die verwendeten Indikatoren sollen sowohl die wahrgenommenen Veränderungen der individuellen Wohlfahrt widerspiegeln aus auch eine Evaluation der globalen gesellschaftlichen Veränderungen aus der Perspektive der Bevölkerung in den osteuropäischen Staaten darstellen. Individuell wahrgenommene Wohlfahrt und positive Bewertungen der Systemveränderung werden dabei als Indikator für Systemintegration und Unterstützung des Transformationsprozesses durch die Bevölkerung angesehen.

Im einzelnen wird aufgezeigt, wie die individuelle materielle Wohlfahrt im Verlauf des Transformationsprozesses bewertet wird und welche Niveauunterschiede zwischen den einzelnen Staaten bestehen. Außerdem wird dargestellt, wie das politischen System im Transformationsprozeß im Vergleich zum ehemaligen sozialistischen System bewertet wird.

*Datenbasis*

Die Analysen beruhen auf Daten des New Democracies Barometer II und III, die Anfang 1993 bzw. 1994 von der Paul-Lazarsfeld-Gesellschaft, Wien, in 10 osteuropäischen Staaten erhoben wurden. Die Untersuchung in beiden Teilen Deutschlands wurden gemeinsam von der Abteilung Sozialberichterstattung und Sozialstruktur des Wischaftszentrums Berlin und Richard Rose, Centre for the Study of Public Policy, Glasgow, in Auftrag gegeben. Ausgewählte Fragen dieses Surveys wurden 1994 erneut erhoben. Für Polen, die Tschechische und Slowakische Republik, Ungarn, Bulgarien, Rumänien, Slowenien, Kroatien, Weißrußland, die Ukraine sowie Ost- und

Westdeutschland liegen vergleichbare Daten vor. Die Samples sind bevölkerungsrepräsentativ und umfassen jeweils rund 1000 Befragte (Rose und Haerpfer 1993, 1994; Seifert und Rose 1994).

*Die Bewertung der wirtschaftlichen Situation von Privathaushalten*

Zunächst wird dargestellt, wie die wirtschaftliche Situation der privaten Haushalte im Vergleich zum sozialistischen System bewertet wird und dann aufgezeigt, inwiefern die gegenwärtige individuelle wirtschaftliche Situation als befriedigend empfunden wird.

Die wirtschaftliche Situation des eigenen Haushalts im Vergleich zu vor fünf Jahren wird vom überwiegenden Teil der Osteuropäer als schlechter wahrgenommen. Eine Verbesserung geben in Weißrußland, Ungarn und der Ukraine jeweils weniger als 10% an. Noch am häufigsten werden Verbesserungen in der Tschechischen Republik, Rumänien und der Slowakischen Republik wahrgenommen. Allerdings liegt der Anteil derer, die die gegenwärtige Situation besser bewerten, nur um die 20%.

Die Mehrheit der Ostdeutschen dagegen nimmt eine Verbesserung der individuellen ökonomischen Situation wahr. Westdeutsche nehmen kaum eine Veränderung ihrer individuellen wirtschaftlichen Situation wahr. Insgesamt entspricht die Bewertung der eigenen wirtschaftlichen Situation des Jahres 1994 weitgehend der von 1993. In Weißrußland und der Ukraine jedoch wird die eigene wirtschaftliche Situation nochmals deutlich schlechter beurteilt. Allerdings ist das Niveau des Lebensstandards in den untersuchten Ländern jeweils verschieden.

Die unterschiedlichen materiellen Lebensbedingungen in den Transformationsstaaten werden mittels der Zufriedenheit mit der wirtschaftlichen Situation des Haushalts abgebildet. Hier spiegelt sich in Westdeutschland ein relativ hohes Wohlstandsniveau wider. 80% geben an, mit der wirtschaftlichen Situation ihres Haushalts zufrieden zu sein. Auch in Ostdeutschland äußern 70% Zufriedenheit. Derartig hohe Zufriedenheitsgrade zeigen sich in keinem anderen osteuropäischen Land, lediglich in der Tschechischen Republik und Slowenien gibt rund die Hälfte der Bevölkerung an, zufrieden zu sein. Die geringste Zufriedenheit zeigt sich in Polen, der Ukraine und Ungarn. Hier ist weniger als ein Viertel der Bevölkerung mit der eigenen wirtschaftlichen Situation zufrieden.

Allgemein reflektieren die subjektiven Bewertungen der wirtschaftlichen Situation auf der Mikroebene die globalen ökonomischen Schwierigkeiten der Transformationsstaaten deutlich: Die wirtschaftliche Situation der Privathaushalte Osteuropas hat sich deutlich verschlechtert und wird von großen Teilen der Bevölkerung als unbefriedigend empfunden. Lediglich in Ostdeutschland war die Entwicklung entgegengesetzt: Durch die Vereinigung verbesserten sich die Verhältnisse für die Mehrheit der Bevölkerung.

Abbildung 1: Die Bewertung der wirtschaftlichen Situation des Haushaltes im Vergleich zu vor fünf Jahren

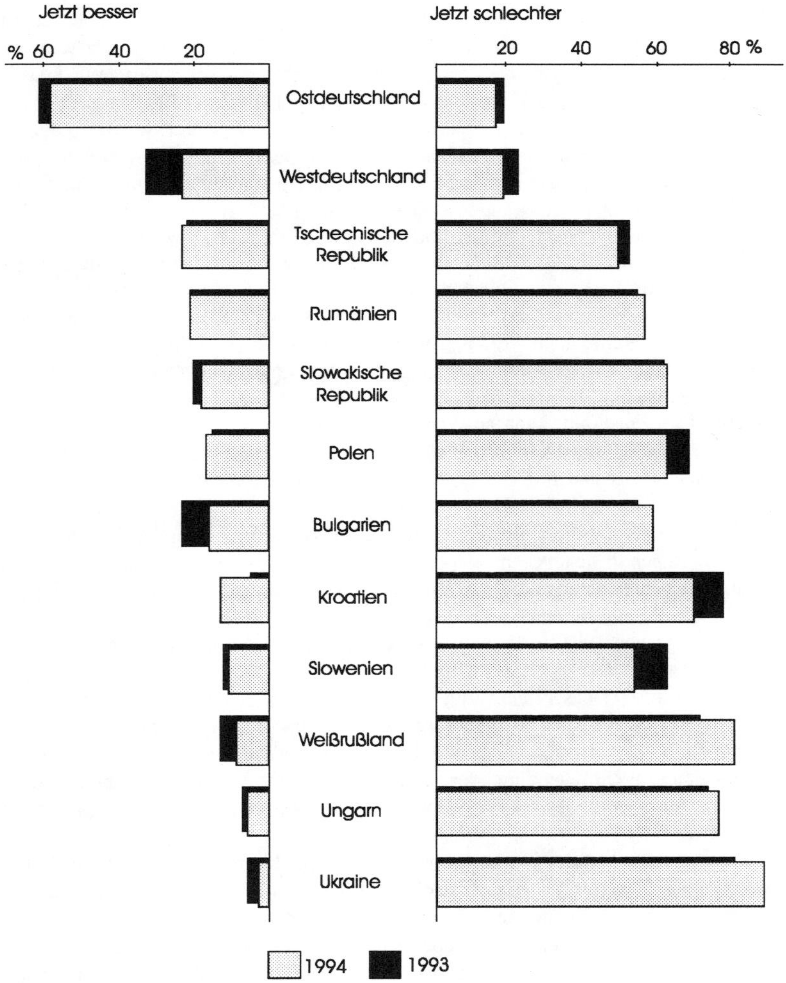

Datenbasis: Ökopol 1993, Buseinschaltung 1994, NDB-Barometer II und III

## Die Bewertung des politischen Systems

Im folgenden wird dargestellt, wie das politische System gegenwärtig im Vergleich zum sozialistischen System bewertet wird, und welche Zukunftsperspektiven hinsichtlich der weiteren Entwicklung des politischen Systems bestehen. Das sozialistische, das gegenwärtige und das in fünf Jahren erwartete politische System waren auf einer Skala von -100 bis +100 zu bewerten.

Westdeutsche geben eine deutlich niedrigere Bewertung für das gegenwärtige politische System im Vergleich zu vor fünf Jahren ab. Das System vor der Vereinigung wird durchschnittlich sehr hoch bewertet. Da das parlamentarische System der Bundesrepublik unverändert blieb, ja nicht einmal ein Regierungswechsel stattgefunden hat, ist diese Entwicklung überraschend. Unzufriedenheit mit der politischen Gestaltung des deutschen Einigungsprozesses oder ein gewisser Nostalgieeffekt sind mögliche Erklärungen hierfür. Eine Wiederherstellung zufriedenstellender Strukturen innerhalb der nächsten fünf Jahre wird in Westdeutschland kaum erwartet.

Die Ostdeutschen bewerten das DDR-System durchschnittlich ablehnend, aber auch das bundesdeutsche System wurde noch 1993 negativ bewertet. Zu diesem Zeitpunkt wurden kaum positive Veränderungen wahrgenommen. 1994 zeigt sich ein günstigeres Bild: Der Abstand zwischen dem DDR-System, das jetzt schlechter bewertet wird, und dem bundesdeutschen System ist stark angewachsen. Somit kann angenommen werden, daß die in Ostdeutschland 1993 erkennbare Enttäuschung oder Desillusionierung in bezug auf das politische System der Bundesrepublik weitgehend überwunden ist und Ostdeutsche sich mittlerweile besser in den westdeutschen politischen Strukturen zurechtfinden.

Die höchste durchschnittliche Bewertung für das gegenwärtige politische System wird in der Tschechischen Republik abgegeben. 1994 bewerten die Tschechen das sozialistische System rückblickend schlechter als noch 1993. In Bulgarien, Rumänen und Slowenien wird eine positive Entwicklung seltener angenommen, und auch die Bewertung für das Transformationssystem liegt 1994 niedriger als noch 1993, insbesondere in Slowenien sind deutliche Unterschiede zu erkennen.

In Ungarn wird 1994 das gegenwärtige politische System positiv bewertet, wenn auch auf niedrigem Niveau. Im Vergleich zu 1993 wird das sozialistische System niedriger und das in fünf Jahren erwartete höher bewertet. Die größte Unzufriedenheit mit dem gegenwärtigen politischen System zeigt sich in Weißrußland und der Ukraine. Dabei wird das Transformationssystem 1994 deutlich schlechter bewertet als noch 1993, und auch für das sowjetische System werden höhere Wertungen abgegeben.

Es kann festgehalten werden, daß Ostdeutsche das politische System der Bundesrepublik mittlerweile höher bewerten als Westdeutsche. Auch in den meisten untersuchten osteuropäischen Staaten werden die politischen Veränderungen positiv beurteilt. In den ehemaligen Sowjetstaaten Ukraine und Weißrußland jedoch sind die Transformationssysteme nicht gefestigt. Das sozialistische System wird hier als bessere Alternative angesehen. In allen osteuropäischen Ländern besteht ein großer Optimismus bezüglich der Weiterentwicklung des politischen und ökonomischen Systems innerhalb der nächsten fünf Jahre.

Existenzsicherung und Lebensverhältnisse in den osteuropäischen Ländern 423

Abbildung 2: Die Bewertung des politischen Systems: Vergangenheit - Gegenwart - Zukunft

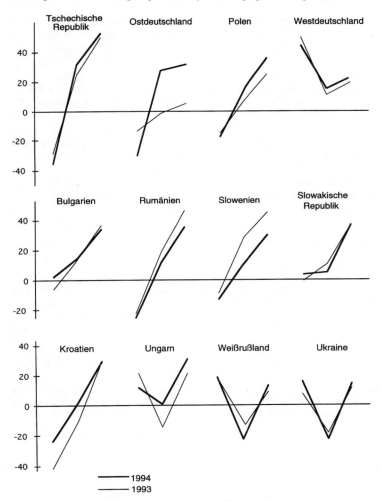

Datenbasis: Ökopol 1993, Buseinschaltung 1994, NDB- Barometer II und III

*Resümee*

Es kann festgehalten werden, daß hinsichtlich der Bewertung der materiellen Lebensverhältnisse und der globalen politischen Veränderungen Ostdeutschland im Vergleich zu den anderen Transformationsstaaten eine Sonderrolle zukommt. Infolge der deutschen Vereinigung hat sich für die Mehrzahl der Ostdeutschen im Gegensatz zu anderen osteuropäischen Ländern die wirtschaftliche Situation verbessert. Akzeptanzprobleme der neuen politischen und ökonomischen Ordnung, wie sie anfänglich erkennbar waren, werden im Zeitverlauf geringer, und auch Westdeutsche setzen den Vereinigungsprozeß nicht mehr mit einer politischen und ökonomischen Krise gleich.

Die weitere Entwicklung Osteuropas in Richtung auf Marktwirtschaft und Demokratie in westlicher Prägung wird in nicht unerheblichem Maße von der Haltung der Bevölkerung gegenüber Prinzipien und Institutionen von Marktwirtschaft und Demokratie abhängen. Werden die bestehenden Hoffnungen, insbesondere auf eine Anhebung des Lebensstandards, langfristig enttäuscht, ist auch die Entwicklung hin zu demokratischen Strukturen gefährdet. Die Entwicklung in den Staaten Osteuropas wird jedoch nicht einheitlich verlaufen. Bereits jetzt zeichnen sich unterschiedliche Entwicklungsrichtungen und -geschwindigkeiten ab.

**Anmerkung**
1) Ich möchte mich bei Richard Rose, Glasgow, bedanken, der mir die NDB-Daten zur Verfügung gestellt hat.

**Literatur**
Matzner, Egon; Kregel, Jan; Grabher, Gernot (1992), Der Markt-Schock. Eine AGENDA für den wirtschaftlichen und gesellschaftlichen Wiederaufbau in Zentral- und Osteuropa. Berlin.
Rose, Richard; Haerpfer, Christian (1993), Adapting to Transformation in Eastern Europe. New Democracies Barometer II, Studies in Public Policy, Working-Paper 212, Centre of the Study of Public Policy, Glasgow.
Rose, Richard; Haerpfer, Christian (1994), New Democracies Barometer III: Learning from What is Happening. Studies in Public Policy, Working-Paper 230, Centre of the Study of Public Policy, Glasgow.
Seifert, Wolfgang; Rose, Richard (1994), Lebensbedingungen und politische Einstellungen im Transformationsprozeß. Ostdeutschland und Osteuropa im Vergleich. Wissenschaftszentrum Berlin für Sozialforschung, Arbeitsgruppe Sozialberichterstattung, Arbeitspapier P94 - 104.

Dr. Wolfgang Seifert, Humboldt-Universität zu Berlin, Phil. Fak., LS Bevölkerungswissenschaft, Unter den Linden 6, D-10099 Berlin

## 3. Informelle Netzwerkhilfe und Strategien der Wirtschaftsaktivität in Bulgarien[1]

*Tanja Chavdarova*

Seit 1989, als in Bulgarien radikale soziale Transformationsprozesse begannen, erleben wir die dritte Umstellung der Wirtschaftsverhältnisse in der neueren Geschichte des Landes. Dadurch werden auch die Wirtschaftsbeziehungen der Haushalte zu den informellen Kreisen (Verwandten und Freunden) einerseits und zum Staat andererseits umgestellt. Der vorliegende Aufsatz stellt sich die Aufgabe, die Veränderungen in den erwähnten zwei Typen von Verhältnissen in den letzten beiden Jahren zu verfolgen. Das Interesse ist hauptsächlich auf die Wirtschaftsunterstützung gerichtet, welche die Haushalte mit ihren Verwandten, Freunden und Kollegen austauschen. Die Hauptfrage lautet: In welchen Situationen wird eine solche Unterstützung geleistet und wie ist sie mit den Haushaltsstrategien der Wirtschaftsaktivität verbunden? Dabei wird methodologisch von der Überzeugung ausgegangen, daß die Analyse dieser Problematik nicht nur auf empirischen Resultaten basiert werden muß, sondern auch auf einer vergleichenden historischen Übersicht dieser Verhältnisse.

*Die historischen Veränderungen im wirtschaftlichen Inhalt der Verwandtschaftsbeziehungen*

In der neueren Geschichte Bulgariens gab es zwei weitere Perioden revolutionären sozialen Wandels: Die Befreiung von der osmanischen Herrschaft im Jahre 1878 und die Herstellung des Staatssozialismus im Jahre 1944. In der traditionellen Gesellschaft, die in den Jahren vor der Befreiung existierte, waren die ökonomischen Netzwerkhilfen in Rahmen der "erweiterten Kernfamilie" eine Existenzweise, ein sittlicher Imperativ. Als *Ziel für sich selbst* lassen sie sich nicht als eine Wirtschaftsstrategie oder als Moment einer solchen interpretieren. Mit der Entwicklung der Marktbeziehungen in den Jahren unmittelbar vor der Befreiung wurden die traditionellen Verwandtschaftsbeziehungen vielmehr aktiver im ökonomischen Plan.

Die Befreiung und die Entstehung eines neuen Staatswesens im Jahre 1887 brachen den gleichmäßigen Gestaltungsprozeß der Marktwirtschaft ab und trennten ihn in widersprüchliche Entwicklungsrichtungen. Auf der einen Seite wurde er so forciert, daß man begann, mit Geld "sogar dies, das keinen Wert hat", zu messen (Hadgijski 1974: 417). Als Resultat begannen die Haushalte sich von den traditionellen Werten abzuwenden und als einzelne Wirtschaftsgemeinschaften zu isolieren. Nach Hadgijski erfolgte dies zuallererst "auf dem Weg des verletzten Ehrgefühls aufgrund ungleichmäßiger Bereicherung" (Hadgijski 1974: 419). Damit verlor diese Form gegenseitiger Unterstützung den Charakter der Hilfe und wurde zu einem Mittel, auf das sich der Haushalt verlassen kann (oder auch nicht). Die Zueignung von Arbeit und Geld blieb als Unterstützungsform bestehen, jetzt aber wurde sie in die Haushaltsüberlebens- bzw. Wohlstandsstrategie eingeflochten.

Gleichzeitig, unter den Bedingungen der wirtschaftlichen Rückständigkeit, entstand eine neue Unterstützungsform - die Einbindung in gewisse soziale Netzwerke durch die Nutzung persönlicher Kontakte, und zwar nicht so sehr mit dem Ziel, soziales Prestige zu erlangen, sondern vielmehr eine einträgliche Arbeit oder ein Nebeneinkommen zu finden. Natürlich ist solche Unterstützungsart früher auch gewährt worden, aber jetzt etabliert sie die Entstehung eines Arbeitsmarktes bei äußerster Wirtschaftsrückständigkeit als soziales Phänomen. Die Nutzung informeller Kontakte, um die Wirtschaftsmöglichkeiten zu bereichern, wurde von Hadgijski als Transformation der Verwandtschaftsunterstützung von einer *"Überlebensstrategie"* zu einer *"Wohlstandsstrategie"* definiert.

In der zweiten Periode postulierte die sozialistische Wirtschaft die Umverteilung der ungenügenden Ressourcen als Wirtschaftsgesetz. Im breiten Verwandtenkreis verwirklichte sich "eine selbsttätige sekundäre Umverteilung der vorhandenen Lebensbedingungen" (Radoeva 1988: 44). Sie diente hauptsächlich dazu, den Lebensstandard der Familien unterschiedlicher Generationen oder von verschiedenem sozialen Stand auszugleichen. Von diesem Gesichtspunkt aus sind die gegenseitigen Hilfeleistungen eher dem Gleichgewicht, der *Stabilisierungsstrategie* untergeordnet. Erst an letzter Stelle könnte man für die Zeit des Sozialismus von Unterstützung mit einem Überlebenszweck sprechen, soweit alle "gleichgestellt in der Armut" waren. Ändern sich die Prioritäten der informellen ökonomischen Hilfeleistungen in der dritten, postsozialistischen Periode, und wie ändern sie sich?

*Die Untersuchung*

Diese Frage war eines der wichtigsten Probleme der empirischen Untersuchung "Strategien der wirtschaftlichen Aktivität". Sie hat zwar keinen repräsentativen Charakter, sondern basiert auf einer typologischen Stichprobe von 70 Haushalten in der Hauptstadt Sofia, in einer Großstadt (Montana), in einer Kleinstadt (Kalofer) sowie in einem Dorf (Merdanja). Die Interviews wurden in den Jahren 1993 und 1994 in diesen Siedlungen in vergleichbaren Haushalten durchgeführt. Einbezogen wurden alle ihre Mitglieder im Alter von 16 bis 70 Jahren.

Im Untersuchungsprojekt wird die Strategie der Wirtschaftsaktivität als ein Plan für die Verwirklichung wirtschaftlicher Tätigkeiten aufgrund der faktischen ökonomischen Haushaltslage definiert. Ein theoretisches Modell der drei Strategietypen, welches den objektiven Möglichkeiten und subjektiven Einstellungen der Haushalte entspricht, wurde ausgearbeitet. Es umfaßt: (1) Überlebensstrategie, (2) Stabilisierungsstrategie, und (3) Ausbreitungsstrategie. Die objektiven Möglichkeiten wurden anhand der Einkommenshöhe und der -quellen untersucht. Die subjektiven Einstellungen wurden durch die Handlungsbereitschaft in extremen Situationen (maximal günstig und äußerst ungünstig) sowie durch die Lebensperspektive überprüft. Das waren die Indikatoren, nach denen die Haushalte zu einer oder der anderen Strategie zugeordnet wurden.[2] Die Untersuchung hatte das Ziel, "die ökonomische Macht" der informellen Netzwerke in den folgenden, als Bedingung vorgegebenen Situationen zu überprüfen: (1) In einer Notsituation, wenn es wörtlich um das Haushaltsüberleben geht; (2) in einer Situation, wenn der Haushalt die Entscheidung, ein eigenes Geschäft zu unternehmen, trifft; (3) wenn er sich für eine Erweiterung des schon gut begonnenen Unternehmens entschließt. Die untersuchten Haushalte wurden um eine Beurteilung gebeten, auf wen sie sich in den gegebenen drei Situationen verlassen könnten.

*Informelle Hilfsquellen für den Haushalt in den verschiedenen Wirtschaftssituationen*

Die Resultate belegen, daß die von informellen Kreisen kommenden Haupthilfsquellen in allen Situationen unverändert bleiben. In allen untersuchten Siedlungen sind in beiden Jahren an erster Stelle die Verwandten und an zweiter Stelle die Freunde als Hauptunterstützungsquellen aufgezeigt (vgl. Tabelle 1). Die Verwandtschaftsunterstützung verstärkt sich mit der Verschärfung der finanziellen Lage des Haushalts in allen untersuchten Ortschaften. In den beiden Großstädten ist sie in den Jahren 1993 und 1994 in einer Überlebenssituation etwa um das Zweifache stärker als in Situationen, in denen der Haushalt sein eigenes Geschäft aufzubauen oder zu erweitern versucht. In den kleineren Ortschaften, wo dieser Zusammenhang im Jahre 1993 nicht so stark ausgeprägt war, wird er im Jahre 1994 sogar stärker als in den Großstädten.

In Hinsicht auf den Freundeskreis aber findet man einen gleichstarken Zusammenhang, jedoch in umgekehrter Richtung: Mit der Verbesserung der Finanzsituation des Haushaltes verstärkt sich die Freundeshilfe. Im Jahre 1993 bezog sich dies vor allem auf Sofia und die Großstadt, aber im Jahre 1994 wird es auch für die anderen Siedlungen gültig. Es hat sich herausgestellt: Wenn die Leute ein eigenes Unternehmen anfangen, verlassen sie sich am meisten auf Freunde, weil es sich in dieser Situation nicht nur um eine finanzielle und moralische Unterstützung handelt, sondern sehr oft um ein gemeinsames Unternehmen mit Vereinigung des Kapitals, der beruflichen Fähigkeiten und der Arbeitskraft. Außerdem ist unter den heutigen Bedingungen des gesetzlichen Chaos das absolute Vertrauen zwischen den Geschäftspartnern vielleicht die wichtigste Anforderung. Dies sind zweifellos die Gründe dafür, daß der Unternehmensanfang und seine Entfaltung in die schon existierenden informellen Freundschaftsnetzwerke eingebunden ist.

Tabelle 1.

| Informelle und formelle Unterstützungsquellen für den Haushalt in den verschiedenen vorgegebenen Situationen 1 - Überlebenssituation; 2 - beim Start in ein eigenes Unternehmen; 3 - bei der Unternehmensausweitung ||||||||||||
|---|---|---|---|---|---|---|---|---|---|---|---|
| Hauptstadt ||| Großstadt ||| Kleinstadt ||| Dorf |||
| 1 | 2 | 3 | 1 | 2 | 3 | 1 | 2 | 3 | 1 | 2 | 3 |
| Verwandte ||||||||||||
| 93 | 57.8 | 31.6 | 26.8 | 58.7 | 16.0 | 21.2 | 57.6 | 48.4 | 42.2 | 46.4 | 15.5 | 13.8 |
| 94 | 69.5 | 34.6 | 30.6 | 53.8 | 30.8 | 26.5 | 39.1 | 2.9 | 2.9 | 66.7 | 7.9 | 8.1 |
| Freunde ||||||||||||
| 93 | 18.8 | 29.8 | 37.5 | 4.8 | 7.8 | 9.6 | 7.6 | 3.4 | 10.9 | 4.3 | - | 3.4 |
| 94 | 18.6 | 38.5 | 26.5 | 12.3 | 23.1 | 16.3 | 4.3 | 8.7 | 4.3 | 7.6 | 9.5 | 6.5 |
| Kollegen ||||||||||||
| 93 | 3.1 | 5.3 | 5.4 | - | - | 5.8 | - | 1.6 | 3.1 | - | - | - |
| 94 | 1.7 | 5.8 | 16.3 | 1.5 | - | 4.1 | - | - | - | - | 3.2 | - |
| Der Haushalt kann sich auf niemanden verlassen ||||||||||||
| 93 | 14.1 | 26.3 | 28.6 | 19.0 | 46.0 | 48.1 | 33.3 | 42.2 | 42.7 | 24.6 | 70.7 | 72.4 |
| 94 | 8.5 | 17.3 | 20.4 | 24.6 | 36.5 | 38.8 | 56.5 | 88.4 | 92.8 | 21.2 | 9.5 | 9.7 |
| Anmerkung: Abweichungen in der Summierung zu 100% erklären sich aus Antworten, die nicht in der Tabelle enthalten sind ||||||||||||

Hilfeleistungen von Verwandten und auch von Freunden zeigten sich beträchtlich stärker in den Städten als im Dorf. Diese Gesetzmäßigkeit erweist sich als unabhängig von der wirtschaftlichen Haushaltslage. Dies könnte man vor allem mit dem "sterbenden Leben" im Dorf erklären:

Der überwiegende Teil der Einwohner dort ist über 65 Jahre alt. Und dieses Dorf ist keine Ausnahme für Bulgarien.

Wenn die für den Haushalt potentiellen Unterstützungsquellen hinsichtlich seiner realen Wirtschaftslage differenziert betrachtet werden, zeichnen sich andere Gesetzmäßigkeiten schärfer ab. Es wurde in den beiden Jahren bestätigt, daß die Haushalte, die verschiedene Wirtschaftsstrategien verfolgen, die Unterstützungsbereitschaft ihrer Verwandten und Freunde unterschiedlich einschätzten. Je weiter der Haushalt von der Überlebensbedrohung entfernt ist, desto mehr neigt er zu der Meinung, daß ihm die Verwandten und Freunde in einer derartigen, im Moment für ihn nicht realistischen Situation Hilfe leisten würden.

Der Kollegenkreis hat ein minimales Gewicht. Er wurde öfter in den Städten erwähnt, und zwar für Situationen der Geschäftserweiterung. In dieser Hinsicht traten in dem Jahr zwischen unseren beiden Befragungen wesentliche Veränderungen ein. So hatte sich zum Beispiel 1993 noch keiner der befragten Haushalte in den Städten bei einer Geschäftserweiterung auf seine Kollegen verlassen. Im Jahre 1994 verlassen sich schon 37,5% der Sofioter Haushalte und 25% der Haushalte in der Großstadt, die die Ausbreitungsstrategie verfolgen, auf Kollegen. Man sollte annehmen, daß sich die Kollegenunterstützung, viel mehr als diejenige durch Freunde, in einer Vereinigung des Kapitals, der beruflichen Fähigkeiten und der Arbeitskraft mit dem Zweck einer Entfaltung eines gemeinsamen Unternehmens ausdrückt.

## *Die ökonomische Rolle des Staates*

Die Bedeutung des formellen Milieus (auf Mikroebene: die Firmenverwaltung und auf Makroebene: der Staat) als ein Faktor, der auf die Wirtschaftsstrategie des Haushalts Einfluß ausübt, ist *vernachlässigenswert schwach*. In letzter Zeit wird wegen des Zusammenbruchs eines gewaltigen Teils der staatlichen Betriebe sogar die regelmäßige Auszahlung der Löhne und Gehälter unmöglich. Damit läßt sich erklären, warum während der beiden Jahre die Arbeitgeber sogar in Notsituationen von den Befragten nicht als Unterstützungsquelle betrachtet wurden.

Unterstützung wird vom Staat in höherem Maß erwartet. Im Jahre 1993 war der Anteil derjenigen, die staatliche Unterstützung erwarteten, und zwar hauptsächlich zur Sicherung der Überlebensmöglichkeit, am höchsten in der Großstadt (jeder zehnte Haushalt), während dieser Anteil in den anderen Siedlungen vernachlässigbar klein war. Im Jahre 1994 ist das, was man vom Staat erwartet, noch weniger geworden. Gleichzeitig wird der Akzent der erwarteten Staatshilfen auf die Situationen der Unternehmensausbreitung verschoben, und zwar nur in den Großstädten. Im Jahre 1994 erhofften, im Unterschied zu 1993, 6,1% der Hauptstadthaushalte und 12,2% derjenigen in Montana, Hilfe vom Staat zu bekommen, falls sie sich entscheiden zu expandieren.

In diesen Resultaten sind zwei Tendenzen verkörpert: (1) Die Entfremdung der Bürger vom Staat vertieft sich. Der geringe Anteil der Befragten, die die Staatsinstitutionen als Unterstützungsquelle betrachten, steht im Gegensatz zu dem tief verwurzelten, in einer Reihe von Untersuchungen nachgewiesenen Glauben, daß der Staat den minimalen Lebensstandard der Bevölkerung sichern muß. Dies sollte man nicht so sehr als Nachlassen der paternalistischen Einstellungen interpretieren, sondern vielmehr als eine nüchterne Bewertung der Staatsunfähigkeit, den Bürgerbedürfnissen heutzutage nachzukommen, die schon an Verzweiflung grenzt. (2) Die verlorenen Hoffnungen der Mehrheit auf staatliche Protektion für die sozial schwache Bevölkerung wird von den Hoffnungen einer noch kleinen Gruppe der neuen Reichen auf staatliche Protektion für ihre Privatunternehmen in Form von Krediten und Steuervergünstigungen ersetzt. Auch bei den letzteren jedoch werden die informellen Quellen für weit zuverlässiger als die offiziellen Quellen gehalten.

*Die Veränderungen der informellen Beziehungen: ein neuer Typ ihrer Mobilisierung*

Eines der beunruhigendsten Untersuchungsergebnisse aus dem Jahre 1993 betrifft den großen Teil der Haushalte, die glauben, daß man sich auf niemanden verlassen kann und daß jeder sie ins Unglück stürzen will. Abhängig von der Situation, bewegten sich solche Meinungen im Rahmen von einem Fünftel bis zur Hälfte der Befragten in den verschiedenen Ortschaften. In den beiden Jahren befindet sich die Antwort 'der Verzweiflung' in umgekehrtem Zusammenhang mit dem Umfang des Verwandten- und Freundeskreises, der im Dorf und in der Kleinstadt im Prinzip kleiner ist. In der Kleinstadt und im Dorf sind die Arbeitslosen am pessimistischsten eingestellt und in den Großstädten sind es die Rentner.

Die große Verbreitung des Pessimismus im Jahre 1993 spricht dafür, daß die informellen Beziehungen ernste Erschütterungen in einer zerrissenen Zeit erleiden. Ihre Neueinschätzung setzt sich von außen durch, verquickt mit den sich schnell ändernden Umständen, und läuft nicht so sehr als Prozeß mit eigenen inneren Gesetzmäßigkeiten ab. Dies rief zuerst ein Zurückziehen und danach eine maximale "Verdichtung" der informellen Beziehungen hervor. Diese Verdichtung drückt sich im 1994 einsetzenden Prozeß des Rückgangs des Pessimismus aus. Überall und im Bezug auf alle untersuchten Situationen nimmt der Anteil derer, die glauben, daß der Haushalt sich auf niemanden verlassen kann, durchschnittlich um 6-10% ab.[3]

Die Haushalte erwachen aus einer Art Betäubungszustand. Der Anteil derjenigen, die sich ganz subjektiv zu den Stabilisierungs- und Ausbreitungsstrategien verhalten, steigt an, obwohl die objektiven Indikatoren eine Überlebensstrategie zeigen. Zusammen mit der Wiederherstellung des Vertrauens in die eigenen Kräfte wächst die Hoffnung auf Hilfe aus den informellen Netzwerken. Mit anderen Worten: Der Rückgang des Pessimismus erfolgt nach der Logik des Sprichwortes: "Hilf dir selbst, dann hilft dir Gott!" Es ist bemerkenswert, daß man bei den Haushalten, die Ausbreitungsstrategien verfolgen, keine negativen Einstellungen entdeckt, unabhängig davon, nach welcher Bedingung gefragt wird. Dies betrifft auch die sich stabilisierenden Haushalte und ist am stärksten bei denjenigen Haushalten verbreitet, die in Wirklichkeit ums Überleben kämpfen. So folgt der zeitweiligen Trennung von den informellen Beziehungen eine neue Art der Selbstmobilisierung und dadurch auch der erneuten Mobilisierung informeller Kontakte.

*Schlußbemerkungen*

Die informellen Netzwerke spielen eine wesentliche Rolle für die Realisierung einer bestimmten Wirtschaftsstrategie des Haushalts. In den Städten ist die Verwandtschafts- und Freundeshilfe viel stärker ausgeprägt als im Dorf. Mit der Verschärfung der finanziellen Probleme vergrößert sich überall die Verwandtschaftshilfe, dagegen aber wird die Freundeshilfe schwächer. Mit der Entfaltung der Wirtschaftsaktivitäten beginnt der Haushalt, sich immer mehr auf Freundeshilfe und immer weniger auf Verwandtschaftshilfe zu verlassen. Dies gilt sowohl für die reale Situation der Wirtschaftsaktivität als auch für die entsprechende potentielle Situation. Kurz gesagt, die

folgenden Verbindungen sind am stärksten: Überleben - Verwandtschaftshilfe, Stabilisierung - Freundeshilfe, Ausbreitung - Kollegenhilfe.
Die Analyse bestätigt die Idee von M. Draganov, daß in der neueren Geschichte Bulgariens, nach dem raschen Sterben der traditionellen Gesellschaftswerte, die soziale und ökonomische Bedeutung der Verwandtschaft unabhängig von den radikalen Transformationsprozessen bewahrt wurde (Draganov 1985). Das, was sich änderte, ist der Inhalt der Verwandtschaftsbeziehungen. Die ökonomischen und kulturellen Besonderheiten verstärken oder schwächen die wirtschaftliche Bedeutung des Verwandtschaftsnetzes auf jeder Etappe der gesellschaftlichen Entwicklung. Trotzdem wird die vielleicht wichtigste Funktion der informellen Netzwerke bewahrt. Sie kompensieren die permanente Zerrissenheit der gesellschaftlichen Entwicklung Bulgariens, wo sich die soziale Ordnung etwa aller 50 Jahre radikal verändert. Genau die Fähigkeit der informellen Beziehungen, eine Kontinuität innerhalb der gesellschaftlichen Zerrissenheit zu gewährleisten, verleiht ihnen Bedeutung.

**Anmerkungen**
1) Der Aufsatz ist Teil des Forschungsprojekts "Strategien der wirtschaftlichen Aktivität", welches mit finanzieller Unterstützung des Fonds für wissenschaftliche Studien beim Bildungs- und Wissenschaftsministerium zustandekam. Die Untersuchung wurde von einer Forschungsgruppe des Instituts für Soziologie an der Akademie der Wissenschaften unter der Leitung von S. Todorova vorbereitet, zu der auch die Autorin dieses Aufsatzes gehörte.
2) Für ausführlichere Informationen über das Strategienmodell vgl.: Todorova Sasha et al. (1993)
3) Die rapide Verringerung im Dorf im Bezug auf die Situationen "Anfang und Ausbreitung des Privatunternehmens" sollte man jedoch nicht als eine tatsächliche Bereicherung der Unterstützungsquelle interpretieren. Dieser Abstieg läßt sich mit der Tatsache erklären, daß sich solche Situationen auf zwei Drittel der Befragten dort, deren Meinung nach, nicht beziehen.

**Literatur**
Todorova Sasha, Tanja Chavdarova, Silvija Dilova, Maja Kelijan, Temenuga Rakadgijska und Marija Zhelijaskova (1993), Strategii sa ikomicheska aktivnost (Strategien der Wirtschaftsaktivität), Bulgarische Akademie der Wissenschaften - Institut für Soziologie. Sofia.
Draganov, Mincho (1985), Rodninskite wraski - wazhen element na choveschkoto obstuwane (Die Verwandtschaftsbeziehungen - ein wichtiges Element des menschlichen Umgangs), in: Soziologicheski pregled (Soziologische Rundschau), 1: 9-11.
Hadgijski, Ivan (1974), Bit i duschewnist na nascija narod. (Sein und Gemütsleben unseres Volks) Band 2, Bulgarski Pisatel Verlag. Sofia.
Radoeva, Detelina (1988), Rodninskite otnoschenija na sawremennija balgarin. (Die Verwandtschaftsbeziehungen des gegenwärtigen Bulgarien), in: Soziologicheski problemi (Soziologische Probleme), 2: 37-51.

Dr. Tanja Chavdarova, Studenski Grad Bl.58/A-411, BG-1100 Sofia

## 4. Aktivitäten ostdeutscher und ungarischer Haushalte in der Transformation

*Eckhard Priller und Annett Schultz*

### 1. Zielstellung

In unserem Beitrag wollen wir Aspekte der sozialen Lage und Aktivitätsunterschiede ostdeutscher und ungarischer Haushalte in ausgewählten Bereichen vergleichen. Es stellt sich die Frage, ob bestimmte Gemeinsamkeiten gesellschaftlicher Strukturen, wie sie vor 1990 vorhanden waren, nachwirken. Gleichzeitig soll untersucht werden, welche Aktivitäten ostdeutsche und ungarische Haushalte zur Sicherung und Verbesserung ihrer sozialen Lage wählen, um auf die tiefgreifenden gesellschaftlichen Umbruchprozesse zu reagieren. Uns interessiert dabei besonders, ob einzelne Haushaltstypen in Ostdeutschland und Ungarn unterschiedlich agieren (Typenbildung vgl. Berger/Hinrichs/Priller/Schultz 1994). Bei der Betrachtung von Aktivitätsfeldern findet vor allem eine Konzentration auf jene Bereiche statt, die mit der wirtschaftlichen Situation der Haushalte in engem Zusammenhang stehen. Dabei werden demographische Veränderungen, die Erwerbs- und Nebenerwerbstätigkeit, verschiedene Formen der Eigenarbeit, die Bereitschaft, sich selbständig zu machen, sowie die Umzugsbereitschaft zwecks Arbeitsaufnahme untersucht. Als Datenbasis verwenden wir Daten der amtlichen Statistik und jeweils für Ostdeutschland und Ungarn 1993 repräsentative Erhebungen. Für Ungarn steht uns hierbei das ungarische Haushaltspanel zur Verfügung. Die ostdeutschen Daten beruhen auf dem Sozio-ökonomischen Panel.

### 2. Haushaltsstrukturen und demographische Veränderung

Ein Vergleich der Haushaltsstrukturen und wesentlicher demographischer Kennziffern in beiden Ländern zeigt weitgehende Ähnlichkeiten:
- Partner-Haushalte mit Kindern machen jeweils mehr als ein Drittel aller Haushalte aus,
- der Anteil von Alleinerziehenden-Haushalten ist relativ hoch (Ostdtl. 6%, Ungarn 8%),
- der Anteil Alleinlebender bzw. von Singles ist dagegen vergleichsweise gering (27% bzw. 21%), und es handelt sich dabei zumeist um alleinstehende ältere Frauen.

Gleichzeitig, und darin besteht ein wesentlicher Unterschied, ist der Anteil von Mehrgenerationen-Haushalten und anderen Haushaltskonstellationen in Ungarn mit 16% mehr als dreimal so hoch wie in Ostdeutschland. Ebenfalls beiden Ländern gemeinsam waren die im Lebenszyklus frühen Heiraten und Geburten. In Ungarn und Ostdeutschland lag 1989 die Geburtenziffer trotz der seit den 70er Jahren zunehmenden Erwerbsbeteiligung der Frauen mit etwa 12 Lebendgeborenen je 1000 der Bevölkerung höher als in anderen vergleichbaren Industrieländern. Beide Länder hatten ferner ähnlich hohe Scheidungsraten. 1989 lagen die Scheidungen in Ostdeutschland bei 3 und in Ungarn bei 2,4 je 1000 der Bevölkerung (Statistisches Bundesamt 1994; Központi Statisztikai Hivatal 1994).

Die Transformationsprozesse haben jeweils zu unterschiedlichen demographischen Konsequenzen geführt. In Ostdeutschland kam es zu enormen demographischen Einbrüchen. Auf die veränderten gesellschaftlichen Bedingungen und erweiterten Möglichkeiten individueller Lebensgestaltung einerseits sowie auf die hohe Arbeitslosigkeit, die Unübersichtlichkeit und verringerte Planbarkeit des Lebens andererseits reagierten die Menschen nach dem Systemzusammenbruch mit einer Veränderung ihres demographischen Verhaltens. Infolgedessen werden seit der Vereinigung sehr viel weniger Kinder und in einer späteren Lebensphase der Eltern geboren, aber auch weniger Ehen geschlossen und geschieden (Rückgänge der Geburten und Eheschließungen von 1989 bis 1993 um 65%, der Scheidungen um 80%). Durch die Zurückhaltung in der Haushalts- und Familiengründung wird versucht, die aktuellen Belastungs- und Bedürfniskonstellationen der Haushalte nicht zu verschieben. Mit einer Erhaltung des Status quo in der Haushaltstruktur versucht man nicht nur, den Veränderungen der gesellschaftlichen Rahmenbedingungen besser bzw. unbelasteter zu begegnen, sondern zugleich die neuen Chancen zur Verbesserung der sozialen Lage zu nutzen. Obwohl auch in Ungarn nach 1990 umfangreiche Veränderungen der gesellschaftlichen Rahmenbedingungen zu verzeichnen sind, lassen sich dort keine solchen demographischen Einbrüche nachweisen. Zwar sank auch in Ungarn die Geburtenzahl, nahmen Eheschließungen und Scheidungen ab, doch eher in einem moderaten Maße. So ist der Geburtenrückgang auf 11,4 Geburten je 1000 der Bevölkerung eher als Fortsetzung eines bereits Mitte der 80er Jahre einsetzenden Trends zu erklären (Központi Statisztikai Hivatal 1994). In Ostdeutschland fallen somit die Reaktionen viel extremer aus, obwohl eher in Ungarn eine Verschlechterung des Lebensniveaus eingetreten ist.

## 3. Zur sozialen Lage ungarischer und ostdeutscher Haushalte

Den ostdeutschen Haushalten stand in den Umbrüchen durch die Übernahme des westdeutschen Sozialsystems allerdings ein soziales Sicherungsnetz zur Verfügung, welches in Ungarn erst schrittweise geschaffen werden muß. Zu den unterschiedlichen Rahmenbedingungen gehört ebenfalls, daß den ungarischen Haushalten marktwirtschaftliches Handeln infolge der bereits in den 60er Jahren begonnenen Reformpolitik eher als den ostdeutschen vertraut war. Gleichwohl stehen die Haushalte heute sowohl in Ostdeutschland als auch in Ungarn vor der Aufgabe, ihre soziale Lage im Prozeß des sozialen Wandels eigenständig zu gestalten. Unterschiede in der sozialen Lage ostdeutscher und ungarischer Haushalte sollen an einigen ausgewählten Indikatoren gezeigt werden (vgl. Tab. 1).

Ein deutlicher Unterschied besteht hinsichtlich des Wohneigentums. Verfügen in Ostdeutschland drei von zehn Haushalten über Wohneigentum, so sind es in Ungarn acht von zehn. Der Vergleich zeigt weiterhin, daß die Unterschiede im Wohneigentum nicht nur für einzelne, sondern für alle Haushaltstypen gleichermaßen zutreffen. Ein-Personen- und Alleinerziehenden-Haushalte liegen zwar erwartungsgemäß sowohl in Ungarn als auch in Ostdeutschland in ihren Anteilen unter dem Durchschnitt. Die Differenzen fallen aber in Ostdeutschland viel stärker aus. Überdurchschnittlich häufig verfügen in Ostdeutschland Mehrgenerationen-Haushalte über Wohneigentum. Die auf den ersten Blick günstige Ausgangslage ungarischer Haushalte bezüglich des Wohneigentums läßt sich nicht auf den Wohnstandard übertragen. Als Indikator des Wohnstandards sind hier die Anteile der Haushalte angeführt, deren Wohnungen mit einem Bad oder einer Dusche, einem IWC und einer Sammelheizung ausgestattet sind, und in denen darüber hinaus mindestens ein Raum pro Person zur Verfügung steht. Der Wohnstandard ungarischer Haushalte ist insgesamt niedriger als der ostdeutscher Haushalte. Bei einem Vergleich zwischen den Haushaltstypen zeigen sich hingegen auffällige Besonderheiten. Während in Partner-Haushalten ohne

Kinder sogar für mehr Haushalte als in Ostdeutschland von einem höheren Wohnstandard gesprochen werden kann, liegt dieser Anteil bei Partner-Haushalten mit Kindern sowie bei Mehrgenerationen- und anderen Haushaltskonstellationen weit unter dem Durchschnitt. Das ist vor allem darauf zurückzuführen, daß diese Haushalte häufig nur relativ kleine Wohnungen haben. Bezüglich des Wohnstandards zeigt sich in Ostdeutschland eine eher ausgeglichene Verteilung für die einzelnen Haushaltstypen.

Tab. 1: Soziale Lage ostdeutscher und ungarischer Haushalte 1993

| | Wohneigentum | | Wohnstandard[1] | | Haushaltsausstattung | | | |
| | | | | | Farbfernseher | | Auto | |
| | Ostdeutschland | Ungarn | Ostdeutschland | Ungarn | Ostdeutschland | Ungarn | Ostdeutschland | Ungarn |
|---|---|---|---|---|---|---|---|---|
| | in Prozent | | | | | | | |
| Haushalte insg. | 28 | 79 | 45 | 36 | 94 | 61 | 59 | 38 |
| Ein-Personen-HH | 12 | 71 | 41 | 45 | 87 | 36 | 20 | 7 |
| - Rentner-HH | 16 | 74 | 40 | 41 | 87 | 30 | 3 | 3 |
| - Erwerbstätigen-HH | 5 | 67 | 45 | 62 | 86 | 56 | 49 | 18 |
| Alleinerziehenden-HH | 18 | 74 | 48 | 46 | 97 | 53 | 60 | 20 |
| - Erwerbstätigen-HH | 12 | 68 | 50 | 60 | 100 | 65 | 63 | 26 |
| Partner-HH ohne Kinder | 28 | 83 | 49 | 54 | 98 | 63 | 63 | 34 |
| - 2-Rentner-HH | 34 | 85 | 37 | 48 | 97 | 59 | 41 | 24 |
| - 2-Erwerbstätigen-HH | 21 | 83 | 66 | 77 | 99 | 75 | 77 | 66 |
| Partner-HH mit Kindern | 33 | 83 | 46 | 25 | 98 | 74 | 85 | 59 |
| - 2-Erwerbstätigen-HH | 35 | 81 | 47 | 28 | 98 | 84 | 91 | 72 |
| - HH mit 1 Erwerbstätigen u. 1 Arbeitslosen | 26 | 90 | 40 | 23 | 96 | 64 | 83 | 40 |
| Mehrgenerationen- u.a. HH-Konstellationen | 40 | 80 | 40 | 22 | 96 | 68 | 66 | 47 |

1) Ausstattung mit Bad/Dusche, IWC, Sammelheizung und mindestens 1 Raum/Person
Datenbasis: SOEP-Ost 1993, ungarisches Haushalts-Panel 1993.

Für die Haushaltsausstattung, hier betrachtet am Vorhandensein eines Farbfernsehgerätes bzw. eines Autos, findet sich hinsichtlich des Differenzierungsniveaus zwischen den Haushaltstypen ein vergleichbares Bild. Ostdeutsche Haushalte konnten insbesondere seit der Vereinigung ihre Ausstattung stark verbessern. 1993 verfügen fast alle Haushalte über ein Farbfernsehgerät. Nur Ein-Personen-Haushalte liegen etwas unter dem Durchschnitt. In Ungarn dagegen weist dieser Indikator wiederum auf größere Unterschiede hin. Vor allem in Ein-Personen-Haushalten verfügt nur etwas mehr als ein Drittel über ein Farbfernsehgerät. Alleinerziehende bleiben ebenfalls mit ihren Anteilen unter dem Durchschnitt. Gleichfalls deutlich höher ist die Ausstattung ostdeutscher Haushalte mit Autos. Zwischen den Haushaltstypen lassen sich hingegen bei diesem Indikator in beiden Ländern ähnliche Unterschiede ausmachen. Ein-Personen- und Alleinerziehenden-Haushalte verfügen weniger häufig über ein Auto. In Partner-Haushalten mit Kindern ist dagegen häufiger ein Auto vorhanden. Besser ausgestattet sind jeweils die Erwerbstätigen-Haushalte, insbesondere gegenüber Rentner-Haushalten.

Insgesamt zeigen sich für 1993 deutliche Unterschiede im sozialen Lageniveau in Ostdeutschland und Ungarn. Die Situation ist - mit Ausnahme der Anteile an Wohneigentum - für ostdeutsche Haushalte im Durchschnitt nachhaltig besser als für ungarische. Gemeinsam ist jedoch, daß Ein-Personen-Haushalte und Alleinerziehenden-Haushalte, gemessen am jeweiligen Durchschnitt, oft in einer eher benachteiligten sozialen Lage sind.

## 4. Wirtschaftliche Aktivitäten ostdeutscher und ungarischer Haushalte

### 4.1 Erwerbsbeteiligung und Nebenerwerbstätigkeit

Die Erwerbsbeteiligung war in der DDR und Ungarn gleichermaßen Hauptquelle des wirtschaftlichen Unterhalts der Haushalte. Die ausgeprägte Erwerbsneigung besteht weiterhin. Die Erwerbsbeteiligung ist durch die Einbrüche auf dem Arbeitsmarkt erheblich zurückgegangen. 1993 waren nur noch in 62% der ostdeutschen Haushalte Personen erwerbstätig (1990 74%). In ungarischen Haushalten lag der Anteil 1993 bei 66%. In Ostdeutschland ist ein Rückgang der Erwerbsbeteiligung in allen Haushaltsstrukturtypen festzustellen. Durch die Arbeitslosigkeit wurde der DDR-typische Zweiverdiener-Haushalt zunehmend aufgelöst. Gleichzeitig sind reine Arbeitslosen-Haushalte auch 1993 selten. In Ungarn zeigt sich einerseits die noch frühere Verrentung in den hohen Anteilen von Rentner-Haushalten. Andererseits sind in Ungarn die Anteile der Nichterwerbstätigen in den Haushalten größer, was sich aus dem höheren Anteil an Hausfrauen und Frauen im Mutterschaftsurlaub sowie einem größeren Anteil von nichtregistrierten Arbeitslosen erklären läßt.

Nebenerwerb war in Ungarn wesentlich stärker als in der DDR eine Unterhaltsquelle der Haushalte. So weist Spéder (1994: 84) für 1987 bei ungarischen Haushalten eine Beteiligung von fast 34% für Nebenarbeit und Gelegenheitsarbeit aus. In Ostdeutschland traf dies 1990 für 13% der befragten Personen zu. Nebenerwerbstätigkeiten findet man 1993 gleichermaßen nur noch in einem geringen Teil der ostdeutschen und ungarischen Haushalte. Lediglich von jeweils 5% der Befragten werden Nebenerwerbstätigkeiten durchgeführt. Die Ursachen für das geringe Nebenerwerbsniveau sind sicher im gesamten Systemwechsel zu suchen. Neben dem verbesserten Angebot an Dienstleistungen und Waren sowie der Zunahme von Gestaltungsoptionen für den Alltag hat vor allem die Arbeitsmarktsituation Einfluß. Die Einbrüche auf dem Arbeitsmarkt haben offenbar dazu geführt, daß sich nicht nur die Haupterwerbstätigkeit verringerte, sondern daß ebenfalls die Möglichkeiten für Nebenerwerbstätigkeiten zurückgingen.

### 4.2 Eigenarbeiten und private Hauswirtschaft

In den Haushalten der ost- und mitteleuropäischen Länder hatten vor 1990 Eigenarbeiten stets einen hohen Stellenwert. Eigenarbeiten wurden durchgeführt, um der durch Mangelwirtschaft und einen unzureichenden Ausbau von Dienstleistungen hervorgerufenen Knappheit von Gütern und Leistungen durch entsprechende Aktivitäten zu begegnen. Als Substitute für den Kauf von Waren oder die Bezahlung von Leistungen erbrachten sie zudem finanzielle Ersparnisse. Eigenarbeiten wurden außerdem durchgeführt, um ein zusätzliches Einkommen durch die Vermarktung der im Haushalt hergestellten Produkte und erbrachten Leistungen zu erzielen. In den meisten ehemaligen sozialistischen Ländern hat sich der hohe Stellenwert von Eigenarbeiten nach 1990 trotz Einführung der Marktwirtschaft und der Beseitigung der Waren- und Dienstleistungsknappheit erhalten (vgl. Seifert/ Rose 1994, S. 9).

Tab. 2: Eigenarbeiten ostdeutscher und ungarischer Haushalte 1993

|  | Handarbeiten | | Reparatur Haus/Wohnung | | Obst-/ Gemüseanbau | | Private Hauswirtsch. in Ungarn | |
|---|---|---|---|---|---|---|---|---|
|  | Ostdeutschland | Ungarn | Ostdeutschland | Ungarn | Ostdeutschland | Ungarn | Tierhaltung | Ackerbau |
|  | in Prozent | | | | | | | |
| Haushalte insgesamt | 64 | 60 | 62 | 54 | 48 | 48 | 36 | 48 |
| Ein-Personen-HH | 41 | 42 | 23 | 13 | 20 | 31 | 20 | 33 |
| dar.: Rentner-HH | 44 | 44 | 6 | 10 | 21 | 35 | 24 | 35 |
| Alleinerziehenden-HH | 69 | 56 | 40 | 37 | 30 | 36 | 24 | 38 |
| Partner-HH ohne Kinder | 77 | 59 | 73 | 54 | 64 | 54 | 44 | 54 |
| dar.: Rentner-HH | 76 | 63 | 59 | 50 | 66 | 58 | 50 | 57 |
| Partner-HH mit Kindern | 74 | 69 | 86 | 80 | 58 | 52 | 38 | 53 |
| Mehrgenerationen- u.a. HH-Konstellationen | 63 | 68 | 76 | 62 | 62 | 59 | 48 | 57 |

1) Datenbasis: SOEP-Ost 1993, ungarisches Haushalts-Panel 1993.

Fast identische Werte erreichen Aktivitäten in ostdeutschen und ungarischen Haushalten bei Handarbeiten und Obst- bzw. Gemüseanbau. Hingegen werden Reparaturen am Haus bzw. in der Wohnung von Ostdeutschen in stärkerem Umfang durchgeführt. Dies erscheint angesichts der günstigeren wirtschaftlichen Situation ostdeutscher Haushalte durchaus erklärbar, da Eigenarbeiten in diesem Bereich höhere Kosten verursachen. Eine Modifizierung haben die Gründe für die Durchführung von Eigenarbeiten erfahren. So ist der Stellenwert finanzieller Beweggründe angestiegen. In Ungarn hat neben den bereits berücksichtigten Formen der Haushaltsproduktion die "kleine Hauswirtschaft", die vor 1990 zumeist als "zweite Wirtschaft" funktionierte und in den 80er Jahren die ungarische Gesellschaft vor dem Absinken des Lebensniveaus bewahrte, weiterhin einen große Bedeutung. In der Regel handelt es sich dabei um landwirtschaftliche Kleinproduzenten, die für den Verkauf und die Versorgung des eigenen Haushalts produzieren. Jeder dritte ungarische Haushalt beschäftigte sich 1993 mit Tierhaltung, fast jeder zweite mit Ackerbau. Offensichtlich nutzen in Ungarn einkommensschwache Schichten, wie z.B. Rentner-Haushalte, weiterhin die private Hauswirtschaft erfolgreich, um ihre Einkommenssituation zu verbessern. Von alleinlebenden Rentnern hat 1993 jeder vierte Viehzucht und jeder dritte Ackerbau betrieben. Bei den 2-Personen-Rentner-Haushalten hatte sogar jeder zweite bzw. mehr als jeder zweite eine private landwirtschaftliche Hauswirtschaft. Die verhältnismäßig hohe Aktivität der ungarischen Rentner-Haushalte in diesem Bereich könnte dazu beitragen, daß diese unterdurchschnittlich von Armut betroffen sind (vgl. Andorka 1994: 504). Die private Hauswirtschaft der ostdeutschen Haushalte ist nach 1990 durch den Wegfall von Erzeugersubventionen und den größtenteils staatlichen Aufkauf der Produkte weitgehend zusammengebrochen.

*4.3 Bereitschaft zur Selbständigkeit und zum Umzug*

Beträchtliche Unterschiede bestehen in Ostdeutschland und Ungarn hinsichtlich einer eventuellen wirtschaftlichen Selbständigkeit. Bei etwas mehr als 25% der Ungarn spielt diese Überlegung eine Rolle. Der Anteil der Ostdeutschen liegt hingegen mit 3% weit unter diesem Wert. Während in Ostdeutschland zwischen den Personen nach einzelnen Haushaltstypen nur geringe Unterschiede bestehen, fallen diese in Ungarn beträchtlich höher aus. Besonders bei Personen in Mehrgenerationen-Haushalten und in Partner-Haushalten mit Kindern ist die Bereitschaft zur wirtschaftlichen Selbständigkeit überdurchschnittlich präsent.

Der Umzug nach Westdeutschland zur Aufnahme einer Erwerbstätigkeit war in den letzten fünf Jahren für viele ostdeutsche Haushalte ein gangbarer Weg, um ihre soziale Lage zu verbessern. Da sich die Arbeitsmarktsituation in Westdeutschland gegenüber der in Ostdeutschland 1993 noch deutlich günstiger darstellte, war weiterhin ein hohes Niveau in der Umzugsbereitschaft zu erwarten. Dieses unterscheidet sich überraschenderweise nicht wesentlich vom Niveau der Umzugsbereitschaft der Ungarn ins Ausland. Sind 1993 4% der Ostdeutschen bereit, für die Arbeitsaufnahme nach Westdeutschland zu ziehen, sind es 3% der Ungarn, die bereit sind, für die Arbeitsaufnahme im Ausland zu wohnen.

*5. Zusammenfassung*

Der Vergleich von Lagepositionen und Aktivitätsniveaus ostdeutscher und ungarischer Haushalte zeigt, daß neben zum Teil erwarteten Unterschieden eine Reihe von eher unverhofften Gemeinsamkeiten bestehen. Diese sind nicht nur transformationsbedingt erklärbar. Wenn sich Gemeinsamkeiten zeigen, wirken häufig traditionell begründete Aktivitätsmuster und andere langfristige Entwicklungen nach. Sie verändern sich offenbar nicht kurzfristig. Dies erklärt zum Beispiel die hohe Übereinstimmung bei der Durchführung von Eigenarbeiten in ostdeutschen und ungarischen Haushalten. Unterschiede in Aktivitätsniveaus hängen von verschiedenen Faktoren ab. Unmittelbaren Einfluß hat die wirtschaftliche Lage der Haushalte. So führt der hohe Anteil von privatem Wohneigentum in Ungarn nicht automatisch dazu, daß die Aktivitäten im Wohnbereich höher sind als in Ostdeutschland. Die ungarischen Haushalte müssen offensichtlich mit einer angespannteren wirtschaftlichen Situation zurechtkommen, so daß in diesem Bereich gespart werden muß. Bedeutende Einflüsse gehen von den Transformationsprozessen auf verschiedene Aktivitätsbereiche aus. Die Einbrüche auf dem Arbeitsmarkt haben zu einem deutlichen Rückgang der Erwerbsbeteiligung in den Haushalten geführt. Gleichzeitig hat vor allem die ungünstige Arbeitsmarktsituation Nebenerwerbstätigkeiten, die bislang eine bedeutende Einkommensquelle darstellten, in Ostdeutschland und Ungarn auf ein gleiches Niveau reduziert. Gemeinsam ist ebenso, daß sich die angespannte wirtschaftliche Situation von Haushalten mit hohen Versorgungsbelastungen und geringen Ressourcen durch transformationsbedingte Einflüsse weiter verschärft.

## Literatur

Andorka, Rudolf (1994), Ungarn - der nächste Anlauf zur Modernisierung, in: Berliner Journal für Soziologie 4: 501 - 512.

Berger, Horst/ Hinrichs, Wilhelm/ Priller, Eckhard/ Schultz, Annett (1994), Ostdeutsche Haushalte und ihre Aktivitäten im Transformationsprozeß. In: Glatzer, Wolfgang/ Noll, Herbert (Hg.): Getrennt vereint. Soziale Indikatoren XVIII, Frankfurt/Main, New York.

Központi Statisztikai Hivatal (1994), Magyar statisztikai évkönyv - Statistical Yearbook of Hungary 1993. Budapest.

Seifert, Wolfgang/ Rose, Richard (1994), Lebensbedingungen und politische Einstellungen im Transformationsprozeß. Paper P 94-104, Wissenschaftszentrum Berlin für Sozialforschung, Arbeitsgruppe Sozialberichterstattung, Berlin.

Spéder, Zsolt (1994), Versorgungsstrategien der ungarischen Haushalte in der gesellschaftlichen Transformation. In: Berger, Horst/ Habich, Roland (Hg.): Lebenslagen im Umbruch. Paper P 93-101, Wissenschaftszentrum Berlin für Sozialforschung, Arbeitsgruppe Sozialberichterstattung: 84 - 88, Berlin.

Statistisches Bundesamt (1994), Statistisches Jahrbuch 1994. Wiesbaden.

Dr. Eckhard Priller und Annett Schultz, Wissenschaftszentrum Berlin, Reichpietschufer 50, D-10785 Berlin

## 5. Regionale und soziale Ungleichheiten im Sozialismus und beim Übergang zur Marktwirtschaft - Das Beispiel Ungarn

*Peter Meusburger*

### 1. Einführung in die Problemstellung

Die Ansicht, daß soziale Ungleichheiten vor allem eine Folge der kapitalistischen Produktionsweise seien und in den kommunistischen Ländern nicht vorkommen oder auf jeden Fall geringer seien als in der marktwirtschaftlichen Wettbewerbsgesellschaft, gehörte zu den wichtigsten Dogmen der marxistischen Ideologie. Aufgrund des hohen ideologischen und propagandistischen Stellenwertes des Begriffes „Gleichheit" haben die kommunistischen Systeme die politisch sensiblen, sozialen und wirtschaftlichen Ungleichheiten bis in ihre Endphase durch Informationsbarrieren, Forschungs- und Publikationsverbote zu verschleiern versucht (vgl. Bleek und Mertens 1994). Leider hat auch die Mehrzahl der westlichen Sozial- und Wirtschaftswissenschaftler die geschönte „Selbstdarstellung" der kommunistischen Länder nicht kritisch hinterfragt oder einen methodischen Ansatz verwendet, der das Ausmaß der Ungleichheit nicht erfassen konnte. In dieser Arbeit wird die These vertreten, daß man mit kleinen Stichproben oder einzelnen Fallstudien das Ausmaß der sozialen Ungleichheit in den ehemals kommunistischen Ländern nicht ausreichend beschreiben und erklären kann. Das Schlagwort „place matters" hatte in den sozialistischen Ländern wegen des Machtmonopols der Nomenklatura, der betriebszentrierten Sozialpolitik, der sehr geringen politischen Autonomie der Kommunen, der schlechten Versorgung der ländlichen

Gebiete mit Infrastruktur und öffentlichen Verkehrsmitteln, des sehr niedrigen Motorisierungsgrades der privaten Haushalte sowie der Bevorzugung der Schwerindustrie und der „neuen sozialistischen Städte" bei der Vergabe von Investitionsmitteln eine noch größere Bedeutung als in den marktwirtschaftlichen Systemen. Auf der regionalen Meso- und Makroebene hingen soziale Chancen, berufliche Alternativen, Privilegien und Benachteiligungen in starkem Maße vom Wohnort der Menschen ab, und auf der Mikroebene hat sich die soziale Schichtung der kommunistischen Gesellschaft, ähnlich wie in marktwirtschaftlichen Systemen, in einer hohen sozialen Segregation manifestiert. Deshalb gewinnt man in sozialistischen Ländern mit einem raumwissenschaftlichen Ansatz eher Zugang zur sozialen Ungleichheit als mit „raumblinden" Theorien.

## 2. Regionale und soziale Ungleichheiten in den kommunistischen Systemen

Die in den ehemals kommunistischen Ländern existierenden Ungleichheiten können in drei Kategorien eingeteilt werden.

– Ungleichheiten, die auf der funktionalen Arbeitsteilung, der sozialen Segregation oder auf epochalen räumlichen Diffusionsprozessen (z.B. Industrialisierung, Modernisierung) beruhen und von den kommunistischen Ländern gleichsam als „historisches Erbe" übernommen wurden. Diese Kategorie von Ungleichheiten hat eine hohe zeitliche Persistenz und wird von einem Wechsel des politischen Systems nur geringfügig beeinflußt.

– Ungleichheiten, die auf die Politik der kommunistischen Länder zurückgehen, aber nicht unbedingt mit der marxistischen Ideologie oder dem Wesen der zentralistischen, sozialistischen Planwirtschaft begründet werden können (z.B. Errichtung des Eisernen Vorhanges, diverse Maßnahmen der Familien- und Wohnbaupolitik etc.).

– Ungleichheiten, die für die marxistische Ideologie und/oder die zentralistische, sozialistische Planwirtschaft gleichsam systemimmanent sind. Diese dritte Kategorie von Ungleichheiten ist in der Literatur noch kaum registriert worden, so daß sie im folgenden an einem Beispiel diskutiert wird.

### 2.1. Zur räumlichen Zentralisierung der Entscheidungsbefugnisse und der Arbeitsplätze für Hochqualifizierte in der sozialistischen Planwirtschaft

Eine räumliche Konzentration von „Wissen und Macht" gibt es aus organisationstheoretischen Gründen (vgl. Meusburger 1995a: 69-90) zwar in allen politischen Systemen, aber in der kommunistischen Planwirtschaft wurde die wirtschaftliche, politische und kulturelle Macht durch eine sehr kleine Führungsschicht der kommunistischen Nomenklatura monopolisiert, so daß die Arbeitsplätze der wichtigsten politischen, wirtschaftlichen und kulturellen Entscheidungsträger außerordentlich stark auf die Hauptstadt und einige wenige Großstädte konzentriert waren. In funktionierenden Marktwirtschaften (in denen verstaatlichte Unternehmen keine oder nur eine unbedeutende Rolle spielen) ist die politische, wirtschaftliche und kulturelle Macht stärker fragmentiert bzw. auf verschiedene und z.T. miteinander konkurrierende Eliten und Interessengruppen aufgeteilt. Hier stehen unzählige Unternehmen, aber auch Regionen in einem Wettbewerb zueinander und sind zumindest die wirtschaftlichen Entscheidungsträger räumlich viel stärker dezentralisiert. In sozialistischen Planwirtschaften sind die wichtigen Entscheidungsträger in fast allen Bereichen (selbst in der Landwirtschaft und im Bergbau) zu einem außerordentlich hohen Anteil auf die Hauptstadt konzentriert, in Marktwirtschaften trifft dies nur für ausgewählte Branchen zu. In marktwirtschaftlichen Systemen bestimmt in erster Linie das unterschiedliche Ausmaß der „Unsicherheit des Umfeldes" bzw. die Intensität des marktwirtschaftlichen Wettbewerbs, ob für den Erfolg eines sozialen Systems (Unternehmens) ständige persönliche Kontakte mit anderen Top-Managern, Finanzexperten, spezialisierten Dienstleistungen, Politikern, Medien etc. erforderlich sind oder nicht bzw. ob die Unternehmensleitung hohe oder niedrige Ansprüche an das Kontaktpotential des Standortes hat (vgl. Meusburger 1995a).

In der sozialistischen Planwirtschaft gab es zumindest nach der reinen Lehre keinen Wettbewerb zwischen konkurrierenden Systemen, die zentrale Planungsbehörde hat nicht nur die strategischen Ziele und Pläne für alle Staatsunternehmen formuliert, sondern auch die Ressourcen verteilt. Nach der Machtergreifung der Kommunisten und der Einführung der zentralistischen Planwirtschaft bestand eine der ersten Maßnahmen darin, den Direktoren der Staatsunternehmen und Genossenschaften die wichtigen strategischen Entscheidungsbefugnisse wegzunehmen und diese Entscheidungen in den Institutionen der staatlichen Wirtschaftslenkung (Ministerien, zentrale Planungsbehörde) zu konzentrieren. Die Direktoren der Staatsunternehmen hatten also nur noch eine „ausführende Verantwortung", von ihnen wurde vorwiegend Loyalität zur kommunistischen Partei und proletarische Herkunft verlangt, während von den Führungskräften der staatlichen Wirtschaftslenkung sowohl Loyalität zur Partei als auch fachliche Kompetenzen erwartet wurden (vgl. auch Lengyel 1995: 251-255). In jenen Fällen, wo besondere Kompetenzen gefragt waren, wurden trotz der Warnung Stalins, daß „der am besten ausgebildete Teil der alten technischen Intelligenz am meisten von der Krankheit der Schadenstiftung befallen sei" (zitiert bei Lengyel 1995: 255), sogar „unverzichtbare Reaktionäre" als Experten weiter beschäftigt. Die dramatische „Dequalifizierung" der Unternehmensleiter und die überproportionale Konzentration der „Fachkompetenz" in den zentralen Planungsbehörden zeigt sich u.a. darin, daß in der Anfangsphase der sozialistischen Planwirtschaft in Ungarn zwei Drittel der neu ernannten Unternehmensleiter nur sechs oder weniger Klassen einer Grundschule abgeschlossen hatten, während von den Führungskräften im Bereich der staatlichen Wirtschaftslenkung 45% vor ihrer Tätigkeit in den Ministerien einen „intellektuellen Beruf" und 22% einen „white collar" Beruf ausgeübt haben (Lengyel 1995: 251-252).

In einem System, dessen Führungsschicht zu einem großen Anteil nach dem Prinzip der unbedingten Loyalität zur kommunistischen Partei rekrutiert wird, sind enge persönliche Kontakte mit den entscheidenden Kadern der Nomenklatura und den Experten der zentralen Planungsbehörde das wichtigste Mittel, um ideologische Linientreue zu beweisen, die eigene Machtposition zu festigen, Privilegien zu genießen und in der sozialistischen Mangelwirtschaft für das eigene Unternehmen die notwendige Zuteilung von Rohstoffen, Finanzmitteln, qualifiziertem Personal und Ersatzteilen etc. abzusichern. Die Nähe zur politischen Macht war also in marxistischen Systemen für Führungskräfte der Wirtschaft noch wesentlich wichtiger als in marktwirtschaftlichen Systemen, wo auch solche Unternehmen prosperieren können, die in Opposition zur Regierung und in räumlicher Distanz zur politischen Macht stehen, und wo Abhängigkeit z. T. durch wirtschaftlichen Erfolg vermindert werden kann.

Die zentral-peripheren Disparitäten der Qualifikationsstruktur der Arbeitsbevölkerung wurden noch dadurch verschärft, daß auch mehrere Leitbilder der kommunistischen Industrie- und Wohnbaupolitik die Disparitäten zwischen den Ballungsräumen und der ländlichen Peripherie verschärft bzw. dazu beigetragen haben, daß die finanziellen Ressourcen überproportional in die städtischen Agglomerationen (besonders in die „neuen sozialistischen Städte") geflossen sind, während den kleinen ländlichen Gemeinden notwendige Investitionen vorenthalten und kommunale Infrastruktur (z.B. Grundschulen, Versorgungseinrichtungen) und politische Selbstverwaltung durch gezielte Maßnamen entzogen wurden.

Das Ausbildungs- und Qualifikationsniveau der Arbeitsbevölkerung (= am Arbeitsort wohnhafte Erwerbstätige plus erwerbstätige Einpendler minus erwerbstätige Auspendler) steht selbstverständlich auch in marktwirtschaftlichen Systemen in einer engen Wechselbeziehung mit der Hierarchie des Siedlungssystems (vgl. Meusburger 1980, 1993). In kommunistischen Systemen war jedoch die räumliche Konzentration der hochqualifizierten Arbeitsbevölkerung viel größer und anders geartet. Während im Jahre 1980 die Arbeitsplätze der ungarischen Pflichtschulabsolventen und der Absolventen einer Berufsschule nur zu rd. 20% in Budapest konzentriert waren, waren die von Universitätsabsolventen besetzten Arbeitsplätze fast zu 50% in Budapest situiert, die Arbeitsplätze, die von Universitätsabsolventen der Branchen Außenhandel, Telekommunikation, Transport, Bankwesen und öffentliche Verwaltung angehörten, konzentrierten sich zu 60-80 % auf Budapest und die Arbeitplätze für Kaufleute mit Universitätsausbildung, für Universitätsabsolventen der „Organe der Staatsmacht", der Forschung, des Verlagswesens (inkl. Journalismus) und der Kunst waren zu 80 - 100% in der Hauptstadt konzentriert. Andererseits stellten die ländliche Peripherie bzw. die vielen kleinen Gemeinden unter 5000 Einwohnern hinsichtlich der Entscheidungsbefugnisse und Qualifikationen der Arbeitsbevölkerung geradezu eine „Wüste" dar. Diese räumlichen Disparitäten des Arbeitsplatzangebotes, der Qualifikationsstruktur und der Machtbefugnisse hatten eine große Zahl von weiteren Ungleichheiten zur Folge.

## 2.2. Regionale und soziale Unterschiede der Frauenerwerbstätigkeit

Zu den ideologischen Dogmen, die in den kommunistischen Staaten einen besonders hohen politischen Stellenwert hatten und auch im Westen kaum hinterfragt wurden, gehörte die Chancengleichheit der Geschlechter im Erwerbsleben. Erst nach dem Systemwechsel konnte der Nachweis erbracht werden, daß dieser ideologische Anspruch im kommunistischen Ungarn nur in der Hauptstadtregion und unter den Hochqualifizierten annähernd erreicht worden ist (Meusburger 1995b). In Budapest betrugen im Jahre 1980 die Erwerbstätigenquoten der 15- bis 55-jährigen Frauen fast 80%, während sie in den im Osten Ungarns liegenden Arbeitsamtsbezirken z.T. nur 45-49% erreichten.

Die in kleinen Gemeinden bzw. in ländlichen Gebieten wohnhaften Frauen hatten auch im kommunistischen System eine niedrigere Bildungsbeteiligung, sie haben durchschnittlich früher mit einer Erwerbstätigkeit begonnen, früher geheiratet und mehr Kinder bekommen als die in Budapest oder den anderen Großstädten wohnenden Frauen. Während in Budapest am Höhepunkt der Kleinkinderphase (25-jährige Frauen) nur 19,4% der Frauen ihre Erwerbstätigkeit unterbrochen und Kinderpflegegeld bezogen haben, haben in der Gemeindegrößenklasse unter 500 Einwohnern über 40% der gleich alten Frauen Kinderpflegegeld in Anspruch genommen. In den kleinen Gemeindegrößenklassen war der Anteil jener Frauen, die nicht erwerbstätig waren und weder Kindergeld noch eine Pension erhalten haben, also ein eventuelles Einkommen nur aus der Schattenwirtschaft bezogen haben, je nach Altersgruppe zwei- bis dreimal so hoch als in Budapest.

Abb. 1 Regionale Unterschiede der Erwerbstätigenquoten der 15- bis 55-jährigen Frauen im Jahre 1980 (Quelle: Meusburger 1995b: 146)

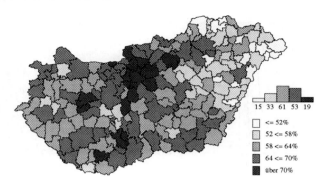

Abb. 2 Erwerbstätigenquoten der ungarischen Frauen im Jahre 1980 nach Alter und Gemeindegröße des Wohnortes (Quelle: Meusburger 1995b: 146)

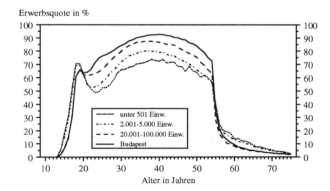

Auch der enge Zusammenhang zwischen Erwerbstätigenquote und Ausbildungsniveau der Frauen entsprach nicht dem ideologischen Anspruch der geschlechtsspezifischen und der sozialen Gleichheit. Die Erwerbstätigenquoten der 22- bis 50-jährigen Universitätsabsolventinnen lagen im Jahre 1980 um 14-26% über jenen der gleich alten Pflichtschulabsolventinnen und um 32-44% über den Erwerbstätigenquoten jener Frauen, die keine Schule abgeschlossen hatten.

Abb. 3  Die Erwerbstätigenquote der ungarischen Frauen im Jahre 1980 nach Alter und Ausbildungsniveau
(Quelle: Meusburger 1995b)

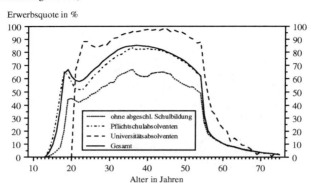

## 3. Die Entwicklung der regionalen und sozialen Ungleichheit in den ersten Jahren des Transformationsprozesses

Die bei der Systemwende häufig geäußerte These, daß die Einführung der Marktwirtschaft die soziale Ungleichheit in den ehemals sozialistischen Ländern generell vergrößern werde, ist nicht aufrecht zu erhalten. Im Rahmen dieses wirtschaftlichen Strukturwandels sind sehr gegenläufige Tendenzen festzustellen. Bei einigen Branchen (z.B. Finanz- und Versicherungswesen) nimmt die räumliche Konzentration der Arbeitsplätze für Hochqualifizierte zu, bei anderen nimmt sie ab, und einige für eine sozialistische Planwirtschaft typische Branchen (z.B. Massenorganisationen, Außenhandel) gibt es in der offiziellen Statistik gar nicht mehr, weil die Funktionen (z. B. der Außenhandel) nun nicht mehr vom Staat, sondern von den einzelnen Unternehmen selbst durchgeführt werden. Einige der schon im Kommunismus bestehenden Ungleichheiten haben sich schon in den ersten 5 Jahren des Transformationsprozesses vergrößert (z.B. Einkommensunterschiede), andere oder wurden verringert (in Ungarn z.B. geschlechtsspezifische Disparitäten der Erwerbstätigenquote). In diesem Zusammenhang muß allerdings davor gewarnt werden, die Vergrößerung oder Verringerung von sozialer oder regionaler Ungleichheit von vornehrein mit einem Werturteil zu versehen. Eine Vergrößerung der Ungleichheit kann z. B. das Resultat einer sehr positiven Entwicklung sein, während die Verringerung von bestehender Ungleichheit auf Prozesse zurückgehen kann, die von allen als negativ bewertet werden.

Der Transformationsprozeß von der Planwirtschaft zur Marktwirtschaft besteht aus zwei gegenläufigen Prozessen, einerseits aus einem Abbau oder Zerfall von alten, nicht mehr erwünschten oder nicht mehr wettbewerbsfähigen Strukturen und Wertsystemen und andererseits aus dem Aufbau von neuen Strukturen und Institutionen (Einführung von Marktmechanismen, Ausbau des Bankenwesens, Privatisierung des staatlichen Sektors, Joint Ventures, Gründung neuer Unternehmen, Aufbau neuer privatwirtschaftlicher Organisationsformen etc.) und Verhaltensweisen.

Beide Prozesse beginnen nicht überall gleichzeitig und gleich intensiv, sondern starten in jenen räumlichen Einheiten, in denen bestimmte Konstellationen von Einflußfaktoren zusammentreffen, und diffundieren dann im Raum, wobei die Diffusion gewisser Prozesse auf einzelne Regionen oder Hierarchieebenen des Siedlungssystems beschränkt bleibt bzw. einzelne Regionen oder Gemeindetypen nie oder erst sehr spät erreicht. Der Transformationsprozeß trägt zu einer *Veränderung der regionalen Disparitäten* bei, in der Marktwirtschaft werden die Karten hinsichtlich der regionalen Entwicklungspotentiale bzw. der Standortvor- und nachteile räumlicher Einheiten „neu gemischt". Bisher „tote Grenzen" wurden plötzlich zu neuen Impulsgebern und wichtigen Standortfaktoren. Andererseits wurden Regionen, die vom alten System bevorzugt wurden und in denen Prestigeprojekte der kommunistischen Partei den Arbeitsmarkt einseitig dominiert hatten, auf Jahre hinaus zu wirtschaftlichen Problemgebieten. Nicht zuletzt ist es nach dem Systemwechsel auch zu einer Renaissance des Regionalismus und zu einem Wettbewerb der Städte und Regionen um Investoren gekommen.

Von der ersten Phase des Transformationsprozesses haben die Hauptstadtregion und die westlichen Grenzgebiete Ungarns wohl am meisten profitiert. Budapest war bei der Einführung der Marktwirtschaft gleichsam das Innovationszentrum für den Aufbau neuer Strukturen und Organisationsformen (GmbH, Aktiengesellschaften etc.), hier waren die meisten hochqualifizierten Entscheidungsträger des alten Systems mit ihren nationalen und internationalen Netzwerken und die meisten neuen potentiellen Unternehmer mit marktwirtschaftlichen Erfahrungen sowie ein Großteil der Finanzexperten, Wissenschaftler und Außenhandelsexperten etc. konzentriert. Deshalb zog die Hauptstadtregion anfangs den Großteil der Joint Ventures (Aschauer 1995), der ausländischen Banken und spezialisierten Dienstleistungen an sich, wodurch sich der Primate-City-Effekt verstärkt hat (Berényi 1995; Cséfalvay 1995b; Kiss 1995; Faßmann und Lichtenberger 1995; Probáld 1995). Die westlichen Regionen Ungarns haben wegen des Kaufkraft- und Lohngefälles zum westlichen Ausland sowie des Vorhandenseins qualifizierter Arbeitskräfte (z.B. Székesfehérvár, Györ) enorme wirtschaftliche Impulse aus dem benachbarten Ausland erhalten. Andererseits wurde Nordostungarn, das schon in der Endphase des Sozialismus aufgrund seiner nicht wettbewerbsfähigen Staatsunternehmen eine Krisenregion war, vom Niedergang der sozialistischen Planwirtschaft besonders hart getroffen (vgl. Cséfalvay 1995: 86; Dövényi: 1995). Die historisch bekannten West-Ost-Disparitäten Ungarns haben sich also in der Anfangsphase des Transformationsprozesses wieder verschärft. Die weitere Entwicklung der regionalen Disparitäten wird nicht zuletzt davon abhängen, welches der von Z. Cséfalvay (1995: 95-96) geschilderten Szenarien eintreten wird.

**Literatur**

Aschauer, Wolfgang (1995), Bedeutung und regionale Verteilung von Joint Ventures in Ungarn. In: Peter Meusburger/Ándras Klinger (Hg.): Von der Planwirtschaft zur Marktwirtschaft. Eine Untersuchung am Beispiel Ungarns. Heidelberg, 62-79.

Bleek, Wilhelm/Mertens Lothar (1994), DDR-Dissertationen. Promotionspraxis und Geheimhaltung von Doktorarbeiten im SED-Staat. Opladen.

Berényi, István (1995), Einige Probleme des wirtschaftlichen Strukturwandels in Ungarn. In: Peter Meusburger/Ándras Klinger (Hg.): Von der Planwirtschaft zur Marktwirtschaft. Eine Untersuchung am Beispiel Ungarns. Heidelberg, 99-113.

Cséfalvay, Zoltán (1995), Raum und Gesellschaft Ungarns in der Übergangsphase zur Marktwirtschaft. In: Peter Meusburger/Ándras Klinger (Hg.): Von der Planwirtschaft zur Marktwirtschaft. Eine Untersuchung am Beispiel Ungarns. Heidelberg, 80-98.

Dövényi, Zoltán (1995), Die strukturellen und territorialen Besonderheiten der Arbeitslosigkeit in Ungarn. In: Peter Meusburger/Ándras Klinger (Hg.): Von der Planwirtschaft zur Marktwirtschaft. Eine Untersuchung am Beispiel Ungarns. Heidelberg, 114-129.

Faßmann, Heinz und Lichtenberger Elisabeth (Hg.) (1995), Märkte in Bewegung. Metropolen und Regionen in Ostmitteleuropa. Wien.

Kiss, Éva (1995), Die organisatorische Erneuerung der ungarischen Industrie am Beispiel der Budapester Region. In: Peter Meusburger/Ándras Klinger (Hg.): Von der Planwirtschaft zur Marktwirtschaft. Eine Untersuchung am Beispiel Ungarns. Heidelberg, 209-228.

Lengyel, György (1995), Kader und Manager. Unterschiedliche Muster der Rekrutierung von Führungskräften in der Planwirtschaft. In: Peter Meusburger/Ándras Klinger (Hg.): Von der Planwirtschaft zur Marktwirtschaft. Eine Untersuchung am Beispiel Ungarns. Heidelberg, 249-269.

Meusburger, Peter (1980), Beiträge zur Geographie des Bildungs- und Qualifikationswesens. Regionale und soziale Unterschiede des Ausbildungsniveaus der österreichischen Bevölkerung. Innsbrucker Geographische Studien 7, Innsbruck.

Meusburger, Peter (1993), The relationship between city size of the place of work and the qualification structure of jobs in cities of western and eastern Europe. In: Trends and prospects of world urbanization. Proceedings of the Nihon University International Symposium "Trends and Prospects of World Urbanization 1992". Tokyo, 147 - 177.

Meusburger, Peter (1995a), Wissenschaftliche Fragestellungen und theoretische Grundlagen der Geographie des Bildungs- und Qualifikationswesens. In: Beiträge zur regionalen Bildungsforschung. Münchener Geographische Hefte 72, 53-95.

Meusburger, Peter (1995b), Zur Veränderung der Frauenerwerbstätigkeit in Ungarn beim Übergang von der sozialistischen Planwirtschaft zur Marktwirtschaft. In: Peter Meusburger/Ándras Klinger (Hg.): Von der Planwirtschaft zur Marktwirtschaft. Eine Untersuchung am Beispiel Ungarns. Heidelberg, 130-181.

Probáld, Ferenc (1995), Regionale Strukturen des Arbeitsplatzangebotes in der Agglomeration von Budapest. In: Peter Meusburger/Ándras Klinger (Hg.): Von der Planwirtschaft zur Marktwirtschaft. Eine Untersuchung am Beispiel Ungarns. Heidelberg, 182-208.

Prof. Dr. Peter Meusburger, Universität Heidelberg, Geographisches Institut, Im Neuenheimer Feld 348, D-69120 Heidelberg

## 6. Furcht vor Kriminalität

*Janina Czapska*

*1.*

Die Transformationsprozesse in Polen wurden nach dem Paradigma analysiert, daß in der Gesellschaft eine Art "Transition to democracy" bestehe und daß die Sozialwissenschaften erforschen sollten, wie sich die Gesellschaft diesem Ziel nähert. Die teleologische Annahme, es existiere ein Muster für die Transformation, ist nicht begründet (Stark 1992). Statt dessen ist die Analyse der Übergangsphase selbst gefordert, ohne vorauszusetzen, wohin der Übergang führt. Die Übergangsphase zur Demokratie ist nicht als Chaos zu betrachten. Die Transformationsprozesse bilden deswegen eine neue Qualität der gesellschaftlichen Ereignisse (Rychard 1993: 6ff), wo sich das kommunistische Erbe und die Elemente der neuen Ordnung verbinden; der Postkommunismus verfügt zum Teil über eigene Reproduktions- und Entwicklungsmechanismen (Rychard 1993: 7). Mein Interesse richtet sich auf die in diesem Kontext seltener untersuchten Probleme des Kriminalitätsanstiegs und seiner Konsequenzen im Bewußtsein und Verhalten der Bürger. Auch wenn Kriminalität und Kriminalitätsfurcht allgemeine Erscheinungen sind, so wird die prompte Zunahme der Kriminalität zu den Transformationskosten gezählt.

Unser Wissen zum Thema "Kriminalitätsfurcht in Polen" stützt sich auf die Ergebnisse repräsentativer Bevölkerungsumfragen der polnischen Institute für Meinungsforschung (CBOS, OBOP), internationale Viktimisierungsuntersuchungen von 1992 (van Dijk und Mayhew 1992), und vergleichende Untersuchungen in 7 Hauptstädten Osteuropas von 1993 (Bieńkowska und Wociechowska 1993). Einige Erscheinungen, wie z.B. nachbarschaftliche Selbsthilfe, wurden noch nicht systematisch untersucht. Deshalb auch müssen quantitative Ergebnisse empirischer Untersuchungen durch eine qualitative Analyse der Experteninterviews ergänzt werden.

*2.*

Laut Polizeistatistiken stieg die Verbrechensrate in den letzten dreißig Jahren in fast allen Industrieländern an (van Dijk und Mayhew 1992: 1). Im Vergleich zu vielen Ländern bildet der Kriminalitätsanstieg nach der Wende 1989 in Polen doch eine spezifische Qualität. Mit dem Zeitraum 1985-88 verglichen, wurden 1990-1993 nahezu doppel so viele festgestellte Straftaten registriert (Gaberle 1994). Wichtiger als bloßer Zahlenanstieg aber scheint für die Furcht vor Kriminalität die veränderte Kriminalitätsqualität - mehr Gewaltverbrechen, bisher unbekannte oder sehr seltene Formen, wie terroristische Anschläge, Verbrechen mit Waffenanwendung, Entführung für Lösegeld u.a. - solche Kriminalitätsformen also, die in besonderer Art auf das Bewußtsein der Bürger wirken und die Verbrechensfurcht stark prägen.

Der Zusammenhang zwischen der Kriminalitätsfurcht und der Kriminalität ist keineswegs direkt; objektive Kriminalitätsbedrohung und subjektive Reaktionen sind nicht notwendig miteinander verknüpft. Durch die Pressefreiheit sind die Bürger jetzt weit besser über die Kriminalität informiert, da entsprechende Informationen nicht mehr streng reglementiert werden, wie es früher oft aus politischen Gründen geschah. Die Massenmedien können also die Kriminalitätsfurcht stark beeinflussen. Verstärkend wirkt sich auch die allgemeine Verunsicherung aus - mit der sozialen Bedrohung im Hintergrund. Die Frage, inwieweit sich in der Kriminalitätsfurcht der Kriminalitätsanstieg widerspiegelt, läßt sich nicht mit Sicherheit beantworten. Die Antwort erübrigt sich, soweit wir vom Thomas-Theorem ausgehen, d.h. annehmen, daß die Situation, die als real definiert wird, in ihren Konsequenzen auch real ist. 1994 waren 88% polnischer Bürger der Meinung, daß in Polen jetzt mehr Verbrechen begangen werden als noch vor einigen Jahren. 1977 waren es nur 35% (Malec 1980: 7ff).

Empirische Untersuchungen und Meinungsumfragen vor 1989 wiesen ein relativ niedriges Niveau der Furcht vor Kriminalität in der polnischen Gesellschaft auf. Dies gilt sowohl für die allgemeine Beurteilung der Sicherheit, als auch für die Beurteilung der persönlichen Bedrohung, wie z.B. das wahrgenommene Viktimisierungsrisiko oder die wichtigsten Ursachen, unter denen 1988 vor allem die Sorgen des Alltags genannt wurden - Verschlechterung der materiellen Situation, Preiserhöhungen, Gesundheitsprobleme etc. Bei einer ähnlichen Umfrage von 1994 nahm die Furcht vor Kriminalität den dritten Platz ein, hinter der Angst vor Armut; An erster Stelle stand die Angst, die ärztliche Behandlung nicht bezahlen zu können (CBOS 1994).

Bei der sogenannten Standardfrage der internationalen Viktimisierungsuntersuchungen (Wie sicher fühlen Sie sich, wenn Sie bei Dunkelheit allein auf der Straße sind), erwiesen sich die Polen als die unsicherste Nation: 45,5% fühlten sich eher unsicher oder sehr unsicher (van Dijk und Mayhew 1992: 38). Bei der Wiederholung der Frage im Jahre 1994 gaben 55% der Polen die gleiche Antwort (OBOP Nr.24, 1994: 4).

Die These über den Anstieg der Kriminalitätsfurcht nach der Wende muß relativiert werden, weil die wahrgenommene Kriminalitätsbedrohung je nach der Größe des in Frage kommenden Gebiets zunahm. Die Einschätzung der Sicherheit im Nahbereich (eigene Wohnung, Wohnviertel, Dorf) unterschied sich deutlich von der Beurteilung der Sicherheit im ganzen Land. Diese Schätzung hat sich am deutlichsten geändert (CBOS; Bieńkowska und Wojciechowska, 1993: S.32). Aufgrund der Ergebnisse empirischer Untersuchungen kann festgestellt werden, daß sich heutzutage, mit der Zeit der Volksrepublik Polen verglichen, weniger Bürger sicher fühlen, und die Überzeugung, daß sich die Sicherheitslage generell verschlechtert hat, weiter verbreitet ist als das persönliche Gefühl des Sicherheitsmangels.

*3.*

Das Schutzbedürfnis der Bürger findet seinen Ausdruck in der Bewertung der Polizeiarbeit. Der internationale Forschungsstand bestätigt, daß das Polizeibild in der Meinung der Bürger aus verschiedenen Ländern weitgehend positiv ist (van Dijk und Mayhew 1992: 41ff). Die polnischen Respondenten haben die Polizeiarbeit in ihrer Gegend generell als nicht zufriedenstellend bewertet. Mit 26,8% derjenigen, die mit der Wirksamkeit der Polizei bei der Kriminalitätsbekämpfung zufrieden waren, fanden sie sich auf dem vorletzten Platz.

Wie aus den internationalen Viktimisationsuntersuchungen ersichtlich, werden viele Aspekte der Polizeiarbeit in Polen - wie Wirksamkeit, Effizienz im konkreten Fall, Präsenz auf der Straße - deutlich kritischer bewertet als in vielen anderen Ländern (van Dijk und Mayhew 1992: 41ff), was auf ihre Unwirksamkeit und zum Teil auf frühere schlechte Erfahrungen mit der Bürgermiliz zurückzuführen ist. In den Augen der Bevölkerung aber ist das Bild der Polizei weit komplizierter. Spätere Untersuchungen haben bestätigt, daß konkrete Aspekte der Polizeiarbeit zwar oft kritisch bewertet werden (Bieńkowska und Wojciechowska 1993: 36; CBOS 1994, Nr. 4: 67ff), die allgemeinen Einstellungen zur Polizei aber überraschend positiv waren. Im November 1993 deklarierten 48,2% der Bewohner Warschaus Sympathie der Polizei gegenüber (Bieńkowska und Wojciechowska 1993: 36), im März 1994 vertrauten 70% der Polen persönlich der Polizei (OBOP 1994). In den seit 1992 regelmäßig durchgeführten Umfragen über polnische Institutionen hat die Polizei zusammen mit der Armee jeweils die höchsten Positionen eingenommen (CBOS).

Die polnischen Meinungen hierzu ähneln denen in den neuen Bundesländern, wo die Einstellung der Bürger zur Polizei in einer Repräsentativumfrage "zwischen Schutzbedürfnis und Mißtrauen" plaziert wird (Murck 1992: 16ff). Einerseits empfinden die Bürger Unsicherheit, weswegen sie auf die Polizei als Schutzorgan in besonderer Weise angewiesen sind, zum anderen aber läßt sich die Rolle der Volkspolizei aus der Zeit vor der Wende nicht so einfach vergessen. In Polen spielen auch andere Faktoren eine große Rolle, u.a. etwas, was man als »gesellschaftliche Solidarität in der Armut« bezeichnen könnte. Die Position der Polizei ist nach der Wende grundsätzlich anders geworden. Sie gehört nicht mehr der privilegierten Machtstruktur an, die Polizisten sind jetzt Staatsbeamte, die einerseits kontrollierbar sind, andererseits Probleme haben, wie sie auch "normale Bürger" zu bewältigen haben (schlechte Bezahlung, mangelnde Ausstattung, Aggressivität der Verbrecher).

Als die dritte Ursache für die Einstellungsänderung kann die "Verdrossenheit über die neue Ordnung" genannt werden. Seit 1989 wurde regelmäßig eine repräsentative Bevölkerungsumfrage zum Thema "Die wichtigsten gesellschaftlichen Institutionen" durchgeführt (CBOS), die danach bewertet werden, ob und wie gut sie der Gesellschaft dienen. Seit 1989 bis Juni 1990 konnte bei der Antwort auf diese Frage eine deutliche Verteilung der zu beurteilenden Subjekte auf zwei Kategorien festgestellt werden: in die erstere wurden Personen und Institutionen aufgenommen, die mit dem Parlament (Sejm, Senat), der neuen Regierung, der Kirche und der Gewerkschaft Solidarność verbunden waren. In der zweiten fanden sich Personen und Institutionen der alten Ordnung: u.a. die Armee und die Miliz. Seit 1990 geht die Billigung für Institutionen der neuen Ordnung in Polen ständig zurück. Dafür wird die Polizei (bis Juni 1990 - Miliz) immer positiver empfunden, wozu auch die Umbenennung deutlich beitrug. Seit Oktober 1992 gehörten Armee und Polizei zu den höchst geschätzten Institutionen in Polen (vor der Kirche, dem Parlament und der Regierung). Die Akzeptanz der Polizei ging mit der Unzufriedenheit wegen der zu großen politischen Bedeutung solcher Institutionen wie der Kirche einher.

*4.*

Bei dem wahrgenommenen Viktimisierungsrisiko kommt das Vermeidungsverhalten als Abwehrstrategie oft vor: wegen der Kriminalitätsbedrohung werden leere Straßen oder Plätze gemieden. Im internationalen Vergleich von 1992 gehörten die Polen zu den drei Nationen (35%, hinter Italien und der Tschechoslowakei), wo solche Sicherheitsvorkehrungen am häufigsten getroffen wurden (van Dijk und Mayhew 1992: 38).

Im Vergleich mit anderen Ländern war es um technische Sicherheitsvorkehrungen in Polen nicht gut bestellt, besonders wenn dies großen Geldaufwand verlangte (van Dijk und Mayhew 1992: 49ff). Es wäre sehr interessant zu wissen, welche Schutzmöglichkeiten die Menschen wählen würden, wenn sie dabei keine faktischen Beschränkungen mitzuberücksichtigen bräuchten. In einer Briefumfrage 1989, wo die Quotenstichprobe benutzt wurde (Kaszycki 1991: 57ff), hätten entsprechend 78,5% bis 83,3% passive Abwehrmöglichkeiten, wie Alarmanlagen, besondere Tür- und Fenstersicherungen benutzt, weniger Respondenten wählten aggressivere Formen, wie Verteidigungshunde (61,8%) oder einen privaten Sicherheitsdienst (52,9%). Zu den am seltensten gewählten Abwehrstrategien gehörten die Gründung einer Bürgerwehr (13,7%), Benutzung von Tränengas (15,7%) oder Waffe (11,7%). Die positive Bewertung des privaten Sicherheitsdietes im Jahre 1989 kann überraschen, weil solche Firmen erst ab 1989 tätig sein durften, die Respondenten hatten also wahrscheinlich keine direkten Erfahrungen. Solche Firmen garantierten es, die Sicherheit außerhalb der staatlichen Institutionen finden zu können. Sie konnten auch als Ausdruck der neuen Ordnung betrachtet werden.

Ungefähr zwei Jahre nach der erwähnten Untersuchung wurden zuerst spontan, dann auch mit polizeilicher Unterstützung nachbarschaftliche Selbsthilfegruppen gegründet. Die Bürger überwachten regelmäßig Parkplätze, Wohnviertel und Straßen. Viele Gruppen blieben aber außer polizeilicher Kontrolle, und wenn überhaupt, beanspruchte man ihre Hilfe nur im Notfall. Bislang fehlen statistische Angaben über ihre Aktivität und Wirksamkeit. Es ist nur bekannt, daß solche Gruppen in zwei Wojewodschaften (von insgesamt 49) in Polen noch aktiv sind. Nach den ersten, von den Bürgern initiierten Experimenten werden in diesem Jahr systematisch nachbarschaftliche Selbsthilfegruppen nach dem Vorbild "neighbourhood watch" durch die Polizei eingeführt (vgl. Benett 1989).

Das Phänomen der nachbarschaftlichen Selbsthilfegruppen ist auch sehr interessant wegen ihrer gesellschaftlichen Voraussetzungen und Folgen. Sie waren nicht gegen den Staat gerichtet (Zusammenarbeit im nötigsten Umfang mit der Polizei), sondern nur als eine Ergänzung gemeint, aber ohne Zusammenarbeit mit den lokalen Verwaltungsstrukturen. Es bedarf einer Antwort auf die Frage, inwieweit die Teilnahme an solchen Gruppen die Aktivität der Bürger in der öffentlichen Sphäre widerspiegelt und inwieweit dies nur der bloßen Angst und Interessenabwehr der Bürger zuzuschreiben ist oder einen Versuch bedeutet, die Sache in eigene Hand zu nehmen (ein Stichwort, das zur Ideologie nach der Wende gehörte).

Wenn gewisse Bevölkerungsgruppen private Initiative zum Schutz vor Verbrechen ergreifen, kann ein Übergang zur Selbstjustiz fließend sein. Die Vermutung, daß solche Tendenzen auch der polnischen Gesellschaft nicht fremd sind, wird durch die empirischen Untersuchungen des Gallup-Instituts bestätigt. Die Meinungen über die zulässigen Methoden der Kriminalitätsbewältigung spiegeln die Einstellungen gegenüber dem Staat wider (Chećko und Pawłowski 1994). In den Ergebnissen kam ein grundsätzlicher Widerspruch zum Vorschein: einerseits war es die Achtung des Rechts, andererseits die Sehnsucht nach der Gerechtigkeit aus dem »wilden Westen«. Nach Meinung der befragten Polen hat jeder das Recht auf Selbsthilfe - diese Meinung äußerten 76,9% der Respondenten. Wenn die staatliche Justiz unwirksam ist, darf man die Gerechtigkeit selbst bestimmen, z.B. mit Hilfe eines privaten Sicherheitsdienstes (59,8% bejahende und 30,2% verneinende Antworten). Vom rechtswidrigen Verhalten der Miliz in der Vergangenheit abgesehen, glauben die Polen, daß der Polizist vor allem wirksam sein soll, selbst wenn er dabei gegen die

Vorschriften verstoßen müßte (59,5%, 32,8% waren dagegen). In derselben Umfrage hob die Mehrheit der Befragten hervor, daß das Recht für alle gleich sein soll, auch für den Präsidenten (87,4%), daß jeder die Verfolgungsorgane über das Verbrechen zu informieren hat (53,0%), daß eine Falschaussage vor Gericht nicht erlaubt ist. Mit solchen Meinungen gehen Forderungen nach einer größeren Punitivität einher, z.B. Aufrechterhaltung der Todesstrafe (64,6%), strengere Urteile. Dies sind Beispiele für eine stets wachsende Punitivität der Gesellschaft, die in Polen ohnehin schon groß war.

Die gesellschaftlichen Meinungen drohen sich also zwischen dem Ruf nach Recht und Ordnung einerseits und der Zustimmung für die Selbstjustiz andererseits zu spalten.

**Literatur**
Benett,Trevor (1989), Evaluating Neighbourhood Watch. London.
Bieńkowska, Ewa und Wojciechowska, Janina (1993), Przestępczość i inne problemy społeczne w świetle własnych doświadczeń i poglądów mieszkańców Warszawy. in: Studia Prawnicze 4(118):15-46.
CBOS (Centrum Badania Opinii Społecznej) (1990-1994), Serwis Informacyjny.
Chećko, Aleksander und Pawłowski,Witold (1994), Prawa żądni. In: Polityka 51.
van Dijk, Jan J.M. und Mayhew, Patricia (1992), Criminal Victimization in the industrialized World. Directorate for Crime Prevention, Ministry of Justice, The Nederlands.
Gaberle, Andrzej (1994), Die Entwicklung der Kriminalität in Polen seit dem Zusammenbruch des realen Sozialismus. Unveröffentlichtes Referat, Polnisch-Deutsches Strafrechtskolloquium, Halle 11.-15. Mai 1994.
Kaszycki, Roman (1991), Społeczne poczucie zagrożenia przestępczością. In: Problemy Praworządności 3: 57-64.
Malec, Jerzy (1980), Poglądy społeczeństwa polskiego na przestępczość. Wynikibadań. Warszawa.
Murck, Manfred (1992), Zwischen Schutzbedürfnis und Mißtrauen - Einstellungen zur Polizei in den neuen Bundesländern. In: Die Polizei 1: 16 - 18.
OBOP (Ośrodek Badania Opinii Publicznej) (1994), Czy policja skutecznie broni nas przed przestępcami. Raport z badań. Warszawa.
Rychard, Andrzej (1993), Społeczeństwo w transformacji: koncepcja i próba syntezy. In: Rychard, Andrzej, Federowicz,Michał /Hg./: Społeczeństwo w transformacji. Warszawa 1993: 5 - 23.
Stark, David (1992), Od systemowej tożsamości do organizacyjnej różnorodności. Przyczynek do analizy zmiany społecznej w Europie Wschodniej. In: Studia Socjologiczne 3-4: 53-63.

Dr. Janina Czapska, ul. Rozrywka 22/72, PL-31-419 Krakow

# XVII. Sektion Sozialpolitik
*Leitung: Barbara Riedmüller*

## Veränderte gesellschaftliche Anforderungen an die Sozialpolitik

### 1. Von Dienstleistungen zu Geldleistungen? Neue Ansätze des sozialpolitischen Umgangs mit häuslicher Hilfe und Pflege im internationalen Vergleich

*Adalbert Evers*

Bei der Diskussion des deutschen Pflegeversicherungsgesetzes galt das Hauptaugenmerk der Öffentlichkeit der Frage nach der Art der Verteilung der finanziellen Lasten. Weitgehend unbeachtet (auch in der wissenschaftlichen Sozialpolitikdebatte) blieb bislang die Tatsache, daß mit dem Gesetz in Deutschland erstmals ein neues Instrument auf breiterer Basis zur Anwendung gekommen ist: Geldleistungen als Alternative zu Dienstleistungen. Über 80% haben sich für diese Alternative entschieden. Geldleistungen im weiteren Sinne enthält das neue Pflegegesetz übrigens auch, insofern es für in der Regel der Familie angehörige Pflegepersonen Beiträge zur Renten- und Unfallversicherung, sowie einmal jährlich die Übernahme der Kosten einer Pflegekraft vorsieht. Entwicklungen in Richtung auf diese zwei Formen von Pflegegeld - Gelder, die an die Betroffenen gezahlt werden und solche, die pflegenden Angehörigen oder anderen Pflegepersonen aus dem Umkreis der betreffenden Person ausgezahlt werden - sind in der letzten Zeit in verschiedenen international vergleichenden Untersuchungen empirisch aufgearbeitet und problematisiert worden (Evers/Leichsenring/Pruckner 1993; Glendinning/McLaughlin 1993). Die folgende Bestandsaufnahme stützt sich insbesondere auf die Ergebnisse eines internationalen Forschungsnetzwerks, das "Payments for Care" in 16 Ländern Europas und Nordamerikas analysierte (Evers/Pijl/Ungerson 1994).

*International verschiedene Formen von Pflegegeldregelungen.*

Nur für die postsozialistischen Staaten unter den 16 Ländern, die in der gerade erwähnten Studie untersucht wurden (Ungarn, Slowenien und Tschechien) gilt, daß Pflegegelder, in welcher Form auch immer, dort nicht existieren. In den Niederlanden gibt es keine entsprechenden gesetzlichen Regelungen, aber, wie noch zu zeigen sein wird, wichtige Modellexperimente. Eine nur sehr geringe Bedeutung haben Pflegegelder in Frankreich, Belgien und Israel. Was die Mehrzahl der (in unsere Untersuchung nicht einbezogenen) südeuropäischen Länder (Portugal, Spanien, Griechenland) angeht, so hängt das Fehlen von nationalen Regelungen damit zusammen, daß insgesamt im Pflegebereich Leistungen und Einrichtungen wenig ausgebaut sind. In einer Reihe von anderen Ländern, den USA, Canada, sowie Italien, zeigte sich die geringe Bedeutung von Pflegepolitik etwa im Vergleich zur Gesundheitspolitik in der Tatsache, daß die Verantwortung vor allem von der regionalen Ebene und einzelnen Bundesstaaten wahrgenommen wird. Vier Regionen weisen deutlichere eigenständige Profile auf (zu allen folgenden Angaben vgl. die entsprechenden Länderstudien in Evers/Pijl/Ungerson 1994).

Die nordischen Länder (Finnland, Norwegen, Schweden und mit Einschränkungen auch Dänemark) sind die einzige Region, wo allgemeine Pflegegeldregelungen, verstanden als monetäre Entgelte für die Pflegeleistungen von Laienpersonen (in der Regel Angehörige und überwiegend Frauen), durchgesetzt worden sind. Lediglich in England und der Republik Irland gibt es vergleichbare Regelungen. Insgesamt liegen die Vergütungen innerhalb der nordischen Staaten in Schweden eindeutig am höchsten. Die meisten von ihnen reichen jedoch nicht aus, um eine eigene Existenz zu bestreiten. Im Rahmen der herkömmlichen Strategie einer universellen vollen Versorgung mit professionellen Dienstleistungen sollten ältere Geldregelungen nur als stellenweiser Ersatz und zweitbeste Lösung dienen. Heute überlagern sich bei der Begründung von Pflegegeldern zwei Argumentationsstränge (dazu ausführlicher: Sipilä 1994). Man erhofft sich durch die monetäre Stützung ambulanter und familialer Pflege Kosteneinsparungen im professionellen und insbesondere im stationären Bereich, wo der Ausbau- und Kostenstand der skandinavischen Staaten international gesehen in der Spitzengruppe liegt. Daß das Pflegegeld nur in den skandinavischen Ländern in erster Linie als Vergütung für Pflegeleistende konzipiert ist, verweist auf ein zweites Motiv, nämlich die "frauenfreundliche" Grundausrichtung nordischer Sozialpolitik.

Die eben angesprochenen Punkte markieren einen wesentlichen Unterschied zu England und der Irischen Republik, den beiden einzigen Ländern, die sonst noch per Gesetz Geldleistungen für pflegende Angehörige vorsehen (ausführlicher dazu: Glendinning/McLaughlin 1993). Die in England erhältliche Invalid Care Allowance ist mit gleichzeitiger Berufstätigkeit unvereinbar und wird im Unterschied etwa zur finnischen Regelung an Personen im Pensionsalter nicht ausgezahlt. In der Konstruktion der englischen und irischen Regelungen spielt ganz offensichtlich das Bemühen eine große Rolle, die Verwendung von Geldern auf die Fälle einzugrenzen, wo es eines Anstoßes bedarf, um die Aufgabe von Berufstätigkeit zugunsten einer Pflegetätigkeit zu erreichen.

Konservative familienpolitische Orientierungen haben auch die meisten der durch Untersuchungen bekannten und näher beschriebenen Pflegegeldregelungen in Staaten der USA, wie etwa das Modell in Michigan (dazu: Keigher 1991) geprägt. Hier sind z.B. Eltern (von behinderten Kindern) oder Ehegatten von jeglichen finanziellen Entgelten für Pflegeleistungen ausgeschlossen. Jede Person, die den Job der Hilfe und Pflege macht, kann ohne weitere Prüfung ihrer sonstigen Aktivitäten (z.B. des Ausmaßes von Erwerbsarbeitsverpflichtungen) das Pflegegeld erhalten. Die Programme sind allerdings "means tested", d.h. sie stehen nur armen Haushalten offen.

Regelungen, in deren Rahmen Gelder direkt an Pflegebedürftige selbst ausgezahlt werden, finden wir seit neuestem in Österreich seit Erlaß des Pflegegesetzes von 1993 und auch in Deutschland mit dem Pflegeversicherungsgesetz von 1994 (dazu: Evers 1995). Dadurch, daß hier Pflegegeldleistungen als wichtigstes Mittel der Sicherung von sozialen Rechten Betroffener festgeschrieben werden, nehmen Österreich und Deutschland im gesamten Bereich der hochindustrialisierten Länder eine Sonderstellung ein. Nirgends sonst sind soziale Anrechte im Pflegebereich in einem derartig hohen Grad als finanzielle Anrechte (cash-based) statt als Anrechte auf Dienste (service based) konzipiert. Neben den Gemeinsamkeiten gibt es jedoch auch deutliche Unterschiede zwischen der österreichischen und der deutschen Lösung. Die Tatsache, daß Österreich nur die Geldleistung kennt, hat zu anderen Problemen bezüglich der Bedeutungszuschreibungen geführt als in Deutschland, wo Geld auf die Anerkennung und Absicherung familialer Pflegeleistungen zielt. In Östereich stellte sich nämlich von Anfang an die Frage, welche Arten der Geldverwendung gewollt und legitim sind: darf oder soll damit das familiale Hilfesystem gestützt werden, ist die einzig legitime Verwendung der Einkauf von professionellen Diensten, oder sollte überhaupt völlige Verwendungsoffenheit herrschen?

Ein Kapitel für sich bilden Geldregelungen, die speziell für Behinderte geschaffen werden. Die Logik der Entwicklung folgt hier weniger direkt nationalen Besonderheiten, sondern sie hängt in der Regel mit der wirksamen Öffentlichkeitsarbeit einer international als Independent Living Movement organisierten Behindertenbewegung zusammen. Erfolge erzielte sie nicht nur in Österreich, sondern auch in England (Morris 1993) sowie vor allem in Schweden. Geldleistungen statt kommunal zugewiesener Dienstleistungen und HelferInnen, die bisher nur ausnahmsweise möglich waren, sind seit kurzem zur Regelleistung für Behinderte geworden. Die Betroffenen können sich dann mit diesem Geld ihr Arrangement persönlicher Assistenz selbst zusammenstellen.

*Mit Pflegegeldern zum König Kunden im Bereich der sozialen Dienstleistungen?*

Die Chancen des Konsumentenstatus und damit auch von Geldleistungssystemen betonen Aktivisten der Behindertenbewegung ebenso wie konservative Politiker, aber auch Verfechter eines radikalen Marktliberalismus. Gegen die Vermarktungsperspektive wird argumentiert, daß der Konsumentenstatus sich nur mit eindeutig negativen Folgen auf die meist weitgehend hilflosen pflegebedürftigen Menschen übertragen lasse und dem besonderen Charakter von Hilfe- und Pflegeleistungen nicht gerecht werde. Die Auseinandersetzung um Pflegegeldleistungen als Teil eines Markt/ Konsumentenparadigmas kann mittlerweile stärker erfahrungsgestützt geführt werden. In England haben zwei kleinere empirische Untersuchungen (Kestenbaum 1992, Zarb u.a. 1994) ergeben, daß behinderte Menschen mit Geldleistungen im Vergleich zu denen, die von kommunalen Hilfen und Diensten abhängig sind, nicht nur subjektiv zufriedener waren, sondern auch ein zumindestens vergleichbares Versorgungsniveau erreichten. Informativ sind auch die Ergebnisse eines groß angelegten mehrjährigen und sorgfältig evaluierten Projektes in den Niederlanden, wo zwischen zwei etwa 300 Personen umfassenden Gruppen Vergleiche angestellt wurden. Die eine Gruppe wurde im Rahmen der herkömmlichen Angebote und Praktiken versorgt; die Mitglieder der anderen Gruppe erhielten ein eigenes Klientenbudget, also eine Geldsumme, von der sie beliebig Gebrauch machen konnten. Hier ergab sich nicht nur eine hohe subjektive Zufriedenheit bei den Betroffenen (Selbstwertgefühl und Unabhängigkeit als Geldgeber, Verhandlungsmöglichkeiten, die Wertschätzung der Möglichkeit, sich mit Geld eine größere Breite von Hilfen erschließen zu können). Es erwies sich auch, daß die Pflegequalität bei den Budgetklienten nicht unter der Versorgungsqualität in einer traditionell betreuten Vergleichsgruppe lag, während bei den sonstigen Hilfen und Unterstützungsleistungen die Budgetklienten zweckmäßigere und flexiblere Arrangements treffen konnten. Ein Mißbrauch des Pflegegeldes beschränkte sich auf wenige Einzelfälle (Miltenburg 1995).

Zusammenfassend könnte man sagen, daß eine prinzipielle Befürwortung von mehr Konsumentensouveränität im Hilfe- und Pflegebereich und von Geldleistungsgarantien für Hilfe- und Pflegebedürftige nicht so sehr als ein Endpunkt, sondern eher als ein Ausgangspunkt von Kontroversen begriffen werden sollte. Libertäre Konzepte, die sich ganz auf die Markt/Geldlösung konzentrieren, Forderungen nach der Kombination von Geldlösungen mit ausgeweiteten öffentlichen Beratungsangeboten (Information, Lotsen- und Anwaltsdienste eines case management angesichts unübersichtlicher Pflegemärkte), aber auch Konzepte, wo eine starke rahmensetzende Rolle der öffentlichen Hand im Vordergrund bleibt, konkurrieren hier.

*Verfestigung oder Verringerung der Benachteiligung von Frauen?*

Einerseits streben Frauen mit Blick auf die Überwindung einer "halbierten Moderne" an, sich von persönlichen Hilfe- und Pflegeverpflichtungen so frei zu machen, wie es die Männer schon immer waren. Ein hohes Dienstleistungsniveau, wie es vor allem die nordischen Länder erreicht haben, verspricht ja, daß Pflege in der Familie nicht mehr unter dem Druck äußerer Verhältnisse geleistet werden muß, sondern frei gewählt werden kann. In dieser Perspektive erscheinen Pflegegelder grundsätzlich als Teil rückwärts gewandter Strategien der Refamilialisierung. Andererseits hat sich jedoch in den Frauenbewegungen auch eine Orientierung herausgebildet, die die Grenzen der Verberuflichung und Auslagerung von Pflege unterstreicht und eine Art Resozialisierung und Aufwertung von Hilfe- und Pflegeverpflichtungen fordert. Ein solches "Plädoyer für andere Formen der Solidarität" (Beck-Gernsheim), bei dem es um eine andere Aufteilung, aber auch um eine Aufwertung traditionell von Frauen getragener familien- und haushaltsbezogener Leistungen geht, mißt sozialpolitische Regelungen daran, inwieweit sie die Bewältigung von Mehrfachverpflichtungen in Gesellschaft, Beruf und Familie erleichtern.

Für die Bundesrepublik wird erst noch untersucht werden müssen, inwieweit die hiesigen Pflegegeldregelungen tatsächlich als Teil einer Refamiliarisierungsstrategie einen Anreiz dazu bieten, in der Familie zu pflegen. Umso interessanter sind deshalb in diesem Zusammenhang Untersuchungsergebnisse aus Finnland. Sie belegen, daß sich wegen der Pflegegeldzahlungen (die dort durchschnittlich bei etwa 50% der Durchschnittspension liegen) kaum jemand zur häuslichen Pflege entschieden hat (Sipilä 1994). Das Pflegegeld funktioniert dort nicht als Anreizmechanismus, der zusätzliche Bereitschaften zur Familienpflege schafft. Es ist vielmehr eine nachträgliche begrenzte Anerkennung und Erleichterung im Rahmen von Pflegeverpflichtungen, die die Betreffenden (Frauen) z.T. schon vor langen Jahren eingegangen sind. Zu berücksichtigen ist aber auch, daß Geldregelungen je nach Standard der Dienstleistungen und Pflegekultur unterschiedlich wirken. Geldregelungen wirken in Finnland ja nur vor dem Hintergrund eines vergleichsweise großzügig ausgebauten Dienstleistungssystems als zusätzliche Entlastung und Erweiterung von Optionen. Betrachtet man dagegen das österreichische Bespiel, ein Land mit vergleichsweise gering ausgebauten Pflegedienstnetzen, so wird deutlich, daß das Pflegegeld hier lediglich eine verbreitete Zwangslage (familiale Pflege aufgrund fehlender oder schlechter Pflegedienste) etwas erträglicher macht, solange nicht ergänzend durch den Ausbau professioneller Dienste mehr Wahlmöglichkeiten bzgl. des public/private-mix im jeweiligen Pflegearrangement geschaffen werden.

*Careless oder caring society? Pflegegelder als Teil eines Mix von Ressourcen.*

Der analytische und politikbezogene Zugang, für den hier abschließend plädiert werden soll ließe sich kurzgefaßt vielleicht mit den Stichworten Ressourcenorientierung, Ressourcenmix sowie Lebenslauforientierung umschreiben. Eine Betrachtung unter diesen Gesichtspunkten macht mit Blick auf die Betroffenen, Pflegende wie Pflegebedürftige, besonders deutlich, in welchem Maße die Bedeutung einer einzelnen Regelung - hier des Pflegegeldes - im Zusammenhang anderer Bereiche und Sachverhalte gesehen werden muß. Bezeichnenderweise hieß es in einer Stellungnahme einer niederländischen Frauenorganisation zu der Frage, was sie von Pflegegeld halte, ganz lakonisch: "Es kommt darauf an. Was zählt, ist die Summe der verfügbaren Unterstützungsleistungen". Jenseits von Geld und Diensten geht es noch um eine ganze Reihe anderer Ressourcen:

– Arbeitsmarktregelungen (Pflegefreistellungsmöglichkeiten);
– Regelungen in Sachen sozialer Sicherheit (für Pflegebedürftige und Helfende);
– neuartige Dienste zur Unterstützung helfender Angehöriger, wie z.B. zeitweise Entlastung;
– Beratung bei der Beschaffung und Bündelung von Ressourcen (case management);
– ein förderliches und Hilfe gebendes Umfeld (Wohnungsadaption, Nachbarschaftshilfe).

Dementsprechend sollte auch Pflegepolitik jenseits von Geld und Diensten darauf achten, gesellschaftliche Lebens- und Politikbereiche stärker "caring" und "care friendly" zu gestalten. Von Regelungen und Erfolgen in diesen Bereichen hängt es nämlich ab, ob Pflegegeldleistungen zum Bestandteil realer Schritte in Richtung auf eine "caring society" werden, oder ob sie vor allem die Tendenz spiegeln, sich mit Geld von lästigen sozialen Verpflichtungen und Reformaufgaben freizukaufen.

**Literatur**
Evers, A. (1995), Die Pflegeversicherung. Ein mixtum compositum im Prozeß der politischen Umsetzung, in: Sozialer Fortschritt, Heft 2.
Evers, A./Leichsenring, K./Pruckner, B. (1993), Pflegegeldregelungen in ausgewählten europäischen Ländern. Wien, Bundesministerium für Arbeit und Soziales, Reihe Soziales Europa.
Evers, A./ Pijl, M./Ungerson, C. (Hg.) (1994), Payments for Care. A Comparative Overview. Avebury.
Glendinnng, C./ McLaughlin, E. (1993), Paying for Care: Lessons from Europe. HMSO, London.
Keigher, S.M. (1991), Wages or Welfare? Differing approaches to compensating relatives who care for kin in two conservative welfare states, in: Journal of Aging and Social Policy, No. 3.
Kestenbaum, A. (1992), Cash for Care. The experience of Independent Living Fund clients, research report published by the Independent Living Fund, London.
Miltenburg, T. (1995), Qualität durch Selbstauswahl. In: Evers, A./Leichsenring, K./Strümpel, Ch. (Hg.): Klientenrechte. Sozialpolitische Steuerung der Qualität von Hilfe und Pflege für Senioren. Wien, Bundesministerium für Arbeit und Soziales, Reihe Soziales Europa.
Morris, J. (1993), Community Care or Independent Living? Joseph Rowntree Foundation, York.
Sipilä, J. (1994), Why do the Scandinavian Governments Compensate Family Members Who Care for Elderly Kin? in: Care in Place No. 3.
Zarb, G. u.a. (1994), Direct Payments for Personal Assistance. Summary of a research report; edited by the Policy Studies Institute, London.

Prof. Dr. Adalbert Evers, Universität Gießen, Vergleichende Gesundheits- und Sozialpolitik, FB 19 Institut für Wirtschaftlehre des Haushalts und Verbrauchsforschung, Bismarckstraße 37, D-35390 Gießen.

## 2. Neue Wege in der Wohnungspolitik

*Volker Eichener und Rolf G. Heinze*

*1. Neue Wohnungsnot - neue Wohnungspolitik?*

Als die Bundesrepublik nach dem zweiten Weltkrieg das System des sozialen Wohnungsbaus - einen „fast genial zu nennenden Kompromiß" zwischen Marktwirtschaft und Staatsintervention (Riege 1974: 87) - entwickelte, ging man davon aus, daß sich der Staat wieder aus der Wohnungsbauförderung zurückziehen könnte, wenn erst der kriegsbedingte Wohnungsmangel beseitigt wäre. Tatsächlich war die Entwicklung der Wohnungsbaupolitik seitdem von einer schrittweisen, aber stetigen Liberalisierung geprägt, bis schließlich Mitte der achtziger Jahre die ersten Leerstände auftraten und die Bundesregierung entschied, die Förderung des sozialen Wohnungsbaus zum 1.1.1986 endgültig einzustellen. Das Resultat war, daß die Fertigstellungszahlen im Wohnungsbau unter den Erneuerungsbedarf absanken. 1989/90 wurde wieder von einer "neuen Wohnungsnot" gesprochen, und die Bundesregierung sah sich genötigt, die Wohnungsbauförderung wieder aufzunehmen. Der Markt hatte das Entstehen der "neuen Wohnungsnot" nicht verhindern können.

Seitdem stiegen die Fertigstellungszahlen zwar kontinuierlich an, konnten aber erst 1993 den Schwellenwert von ca. 450.000 Einheiten pro Jahr erreichen, der z.Zt. als nötig erscheint, damit sich die Versorgungslage nicht weiter verschlechtert. Für Anfang 1994 veranschlagte das ifo-Institut das Versorgungsdefizit auf 1,75 Mio. Wohneinheiten, ein Fehlbestand, der sich auch angesichts eines zyklischen Bauleistungsrekordes im Jahr 1994 nur sehr langsam verringern dürfte, da der Nettozugang selbst bei einer Fertigstellungszahl von rund 570.000 Wohnungen in 1994 nur rund 150.000 Einheiten betragen hat (vgl. Görhely/Rußig 1994).

Die seit Anfang der 90er Jahre aufgetretene "neue Wohnungsnot" hat deutlich gemacht, daß sich der Staat aus seiner sozialpolitischen Verantwortung, für eine ausreichende Wohnungsversorgung zu sorgen, auf Dauer nicht zurückziehen kann. Die Wohnungsversorgung gehört zu den Grundelementen der Daseinsvorsorge, weil es sich beim Wohnen um ein existentielles Grundbedürfnis handelt. Offensichtlich kann der Markt eine angemessene Wohnungsversorgung für alle Bevölkerungsgruppen, insbesondere für die einkommensschwächeren und die Bevölkerungsgruppen, die sozialen Diskriminierungen ausgesetzt sind, nicht gewährleisten. Diese durch die tatsächliche Entwicklung auf den Wohnungsmärkten genährte These steht in krassem Gegensatz zum marktliberalen Credo der neoklassischen Ökonomie, weil der Wohnungsmarkt kein idealer Markt ist:

– Wegen der langen Reaktionszeiten dauert es mehrere Jahre, bis ein Angebotsdefizit durch höhere Neubauleistungen ausgeglichen werden kann.
– Wegen des großen Risikos nimmt die Investitionstätigkeit bereits lange, bevor ein Ausgleich von Angebot und Nachfrage erreicht ist, ab.

- Selbst wenn ein Angebotsdefizit existiert, wird vielfach nicht investiert, weil selbst in einer Situation hoher Wohnungsnot eine auch nur annähernd kostendeckende Vermietbarkeit von Neubauwohnungen nicht gesichert ist.
- Auch wenn ein ausreichendes Wohnungsangebot zur Verfügung steht, kann es aufgrund von Kaufkraftmangel und Diskriminierungen zur Unterversorgung bestimmter Bevölkerungsgruppen kommen.

Die Folge ist, daß der Wohnungsmangel eher die Regel als die Ausnahme darstellt. Zwar werden die Perioden, in denen Nachfrageüberhänge vorherrschen, immer wieder einmal von Phasen mit Angebotsüberhängen unterbrochen; diese sind jedoch von wesentlich kürzerer Dauer.

Die Theorie der Besonderheiten des Wohnungsmarktes scheint durch die Wirklichkeit der Wohnungsmärkte bestätigt zu werden: Der Markt allein vermag keine ausreichende Wohnungsversorgung zu gewährleisten. Da der Sozialstaat in der Verantwortung steht, für eine menschenwürdige Wohnungsversorgung aller Bevölkerungsschichten zu sorgen, muß er die folgenden Probleme lösen:

1. Das quantitative Versorgungsproblem, d.h. der Staat muß gewährleisten, daß eine ausreichende Zahl von Wohneinheiten zur Verfügung steht.
2. Das qualitative Versorgungsproblem, d.h. der Staat muß sicherstellen, daß die angebotenen Wohnungen auch gesellschaftlich definierte Mindestanforderungen an eine menschenwürdige Unterbringung erfüllen.
3. Das Kostenproblem, d.h. der Staat muß dafür sorgen, daß auch einkommensschwache Haushalte eine angemessene Wohnung bewohnen können.
4. Das Zugangsproblem, d.h. der Staat muß auch den Bevölkerungsgruppen, die Diskriminierungen am Wohnungsmarkt ausgesetzt sind, den Zugang zu angemessenem Wohnraum ermöglichen.
5. Das Verteilungsproblem, d.h. der Staat soll auch mit seinen wohnungspolitischen Maßnahmen zu einer gerechten Einkommens- und Vermögensverteilung beitragen.
6. Das Effizienzproblem, d.h. die knappen öffentlichen Mittel sollen so eingesetzt werden, daß mit geringstem Mittelaufwand ein maximaler sozialpolitischer Nutzen entsteht.

Diese sechs Ziele staatlicher Wohnungspolitik stehen untereinander im Spannungsverhältnis. Das Dilemma der sozialen Wohnungspolitik besteht darin, daß sich alle sechs Ziele nicht gleichermaßen erreichen lassen, sondern daß stets - wie man sich auch entscheidet - einige Ziele zugunsten anderer geopfert werden müssen, da die öffentlichen Mittel begrenzt sind - heute mehr denn je zuvor (vgl. dazu ausführlich Eichener und Heinze 1994b).

*2. Wohnungsbaupolitische Instrumente in der Diskussion*

Auch wenn das grundsätzliche Zielsystem vorgegeben ist, stehen der Wohnungspolitik zwei unterschiedliche Strategien zur Verfügung, die Subjektförderung (Individualförderung) und die Objektförderung, die verschiedenen ordnungspolitischen Philosophien entsprechen und sich stark hinsichtlich ihrer wohnungspolitischen Effizienz sowie ihrer sozialpolitischen Effektivität unterscheiden. Die Wohnungspolitik der Bundesrepublik folgt dabei keiner dezidierten Strategie, sondern stellt mit ihren vielfältigen Instrumenten eine Mischung aus beiden Strategieelementen dar.

Die *Subjektförderung* zielt darauf ab, die individuelle Zahlungsfähigkeit zu steigern, ohne direkt in den Wohnungsmarkt einzugreifen. Die wichtigsten Instrumente der Subjektförderung sind das Wohngeld, mit dem die Mietzahlungsfähigkeit der Haushalte gesteigert wird, bzw. der Lastenzuschuß im Eigentumsbereich sowie die Bausparförderung, die darauf abzielt, die Eigenkapitalbasis zu erhöhen.

Bei der *Objektförderung* wird dagegen die Herstellung, der Erwerb, die Bewirtschaftung oder die Modernisierung der Wohneinheiten gefördert, um die Miete bzw. Belastungen zu verringern. Die bedeutendsten Instrumente der Objektförderung sind der öffentlich geförderte soziale Wohnungsbau, bei dem der Staat dem Bauherrn zinsgünstige Darlehen gewährt, um die Miete heruntersubventionieren, sowie die verschiedenen Steuererleichterungen - von den erhöhten Abschreibungen nach § 7 Abs. 5 (für den Mietwohnungsbau) oder § 10e EStG (für Selbstnutzer) über die Einheitsbewertung von Immobilien bis hin zur Steuerfreiheit von Veräußerungsgewinnen bei privaten Investoren. Durch die Gewährung der verschiedenen Steuervorteile wird praktisch *jede* in Deutschland gebaute Wohnung gefördert - auch die sogenannten „freifinanzierten" Wohnungen.[1]

Das System der Wohnungsbauförderung steht bereits seit langem in der kritischen Diskussion. Im wesentlichen wird kritisiert, daß die Wohnungsbaupolitik finanzpolitisch ineffizient und sozialpolitisch ineffektiv sei, weil das Fördersystem zur Fehlsubventionierung und damit zur Vergeudung knapper öffentlicher Mittel führe (z.B. Eekhoff 1993). Insbesondere konzentriert sich die Kritik auf folgende systembedingte Mängel:

- Der soziale Wohnungsbau ist ineffizient, weil ausgerechnet die teuersten Wohnungen, nämlich die Neubauwohnungen mit hohem Ausstattungsniveau, zur Versorgung der einkommensschwachen Haushalte eingesetzt werden. Dies führt zum einen dazu, daß der Subventionsaufwand pro Wohnung extrem hoch ist, so daß insgesamt zu wenig Sozialwohnungen gebaut werden können, und zum anderen dazu, daß selbst die mit hohem Mitteleinsatz heruntersubventionierten Sozialmieten immer noch so hoch sind, daß die wirklich Einkommensschwachen sie nicht mehr aufbringen können.
- Der soziale Wohnungsbau führt zur Fehlsubventionierung durch Fehlbelegung und Unterbelegung. Fehlbelegung entsteht, wenn Wohnberechtigte nach ihrem Einzug in höhere Einkommensklassen vordringen, aber dennoch in der öffentlich geförderten Wohnung bleiben. Unterbelegung entsteht, wenn sich die Haushaltsgröße verringert, insbesondere durch den Auszug erwachsener Kinder, und dann ein Ein- oder Zweipersonenhaushalt nach wie vor in einer großen Sozialwohnung lebt, die dringend zur Versorgung kinderreicher Haushalte benötigt würde. Fehlbelegung und Unterbelegung sind beim System der Objektförderung, bei dem die Wohnberechtigung lediglich zum Zeitpunkt des Einzugs überprüft wird, unvermeidbar. Die Fehlbelegungsabgabe mag zwar einen - je nach Bundesland - mehr oder minder großen Teil der Fehlsubvention abschöpfen, beseitigt aber nicht das Problem, daß die Wohnung für die Versorgung der bedürftigen Haushalte blockiert ist. Noch schwieriger ist das Problem der Unterbelegung, insbesondere im Bereich der Eigentumsförderung, zu lösen.
- Die gegenwärtige Wohnungsbauförderung ist jedoch nicht nur teuer und ineffizient, sie ist auch verteilungspolitisch ungerecht. Insbesondere die steuerliche Förderung, bei der die Subventionsbeträge mit dem Steuersatz wachsen, und die Eigentumsförderung begünstigen die höheren Einkommensschichten. Selbst der soziale Wohnungsbau, vor allem der zweite und der

dritte Förderweg, kommt ebenfalls nicht primär den Einkommensschwächsten zugute, sondern den mittleren Einkommensgruppen (Ulbrich 1992). Das Dilemma zwischen der Höhe des Subventionsaufwands und der verteilungspolitischen Gerechtigkeit wird auch durch die generelle Entlastungswirkung auf dem Wohnungsmarkt, den sogenannten „Sickereffekt", dessen Größenordnung nicht überschätzt werden darf (vgl. Eichener und Heinze 1994b: 29-36), nur teilweise entschärft.

*3. Die Reform der Wohnungsbauförderung 1994. Die "einkommensorientierte Förderung" als Lösung des förderpolitischen Dilemmas?*

Anfang der neunziger Jahre ist das wohnungsbaupolitische Dilemma endgültig deutlich geworden. Weder kann man die Wohnungsversorgung allein dem Markt überlassen, noch erscheint das heutige System der Wohnungsbauförderung wohnungspolitisch effizient, sozialpolitisch effektiv und finanzierbar. Der Mitte der achtziger Jahre erfolgte Rückzug des Staates - vor allem des Bundes - aus der Wohnungsbauförderung wird heute als kaum noch wiedergutzumachender Fehler eingeschätzt. Aber auch die inkrementalen Anpassungs- und Reparaturmaßnahmen zur Wohnungsbauförderung scheinen nicht mehr auszureichen, um die systembedingten Probleme zu beseitigen (Schnurr 1994).

Mitte der neunziger Jahre wird - von allen im Bundestag vertretenen Fraktionen - über eine grundlegende Reform der Wohnungsbauförderung nachgedacht, die nicht auf eine Einschränkung, sondern auf eine Effektivierung des staatlichen Engagements hinauslaufen soll. So ist für die kommende Legislaturperiode ein ganzes Bündel wohnungspolitischer Reformen, insbesondere aber - fast 40 Jahre nach Inkrafttreten des Zweiten Wohnungsbaugesetzes - die Verabschiedung eines Dritten Wohnungsbaugesetzes geplant.

Mit dem Wohnungsbauförderungsgesetz 1994 sind erste Schritte auf dem Weg zu einer grundlegenden Reform des sozialen Wohnungsbaus unternommen worden. Den Kern der Reform machen vor allem folgende drei Maßnahmen aus (vgl. dazu Schnurr 1994):
1. Die - erhebliche - Anhebung der Einkommensgrenzen im sozialen Wohnungsbau und die stärkere Orientierung am Nettoeinkommen.
2. Der Erwerb von Belegungsrechten im Bestand durch die öffentliche Hand über die Modernisierungsförderung.
3. Die Einführung der einkommensorientierten Förderung als zusätzlicher, optionaler Förderweg.

Die *Anhebung der Einkommensgrenzen* stellt eine Rückkehr zum Prinzip der mittelschichtsorientierten Förderung dar. Sie zielt darauf ab, wieder eine soziale Mischung im Sozialwohnungsbestand zu ermöglichen und Arbeitnehmerhaushalte wieder in den Kreis der Wohnberechtigten aufzunehmen. Zwar reduziert die Anhebung der Einkommensgrenzen die sozialpolitische Zielgenauigkeit des sozialen Wohnungsbaus; immerhin haben jedoch hohe Einkommensgrenzen und auch die Fehlbelegung dazu beigetragen, daß die deutschen Städte einen vergleichsweise niedrigen Grad der sozialen Segregation aufweisen (Häußermann und Siebel 1993: 20f.).

Mit der Förderung des *Erwerbs von Belegungsrechten* soll das Auslaufen der öffentlichen Bindungen für große Teile des älteren Sozialwohnungsbestands kompensiert werden, da die Neubauförderung allein nicht ausreicht, um den Bestand an sozial gebundenen Wohnungen zu erhalten.

Die einkommensorientierte Förderung bricht erstmals mit dem seit langem als disfunktional kritisierten Prinzip der Kostenmiete. Die Sozialmiete orientiert sich nicht mehr am Objekt, sondern wird, flexibel am jeweiligen Einkommen der Bewohner orientiert, heruntersubventioniert, indem der Staat zusätzlich zur Grundförderung, mit der Belegungsrechte bei einer bestimmten Höchstmiete (zumeist der ortsüblichen Vergleichsmiete) erworben werden, eine Zusatzförderung gewährt, die sich nach dem Einkommen des Mieters richtet. Damit stellt die einkommensorientierte Förderung eine Mischung aus Objektförderung (in Gestalt der Grundförderung) und Subjektförderung (in Gestalt der Zusatzförderung) dar. Ob die einkommensorientierte Förderung zum neuen Standardmodell des sozialen Wohnungsbaus wird, ist allerdings derzeit noch unklar - weniger aufgrund sozial- und wohnungspolitischer Vorbehalte als aufgrund ihrer Auswirkungen auf den Finanzausgleich zwischen Bund und Ländern.

## 4. Neue Wege in der Wohnungspolitik

*Daß* in der Wohnungspolitik neue Wege beschritten werden müssen, die über inkrementale Anpassungen hinausgehen, wird heute von der Mehrzahl der Akteure und Experten anerkannt; *wie* diese neuen Konzepte aussehen sollen, ist dagegen umso heftiger umstritten. So hat die Expertenkommission Wohnungspolitik (1994a, b) die Defizite der gegenwärtigen Wohnungspolitik mit beispielloser analytischer Schärfe aufgezeigt und gleichzeitig eine Fülle von detaillierten Vorschlägen zur Steigerung der Baulandausweisung, zur Deregulierung des Mietrechts, zur Wohnungsbaufinanzierung, zum Steuerrecht und zu speziellen wohnungspolitischen Problemen in den neuen Bundesländern präsentiert, die, kaum daß der Presse eine Vorfassung zugespielt war, eine extrem heftige öffentliche Kritik erfuhren. Auch wenn dem Expertengutachten an einigen Passagen die Optik der neoklassischen Ökonomie allzu eindeutig anzumerken ist, hat es doch die Agenda für die wohnungspolitische Diskussion der nächsten Jahre definiert.

Der wohl grundlegendste Vorschlag der Expertenkommission besteht darin, das Gewicht der Fördermaßnahmen von der Objektförderung zur sozialpolitisch zielgenaueren (und marktkonformeren) Subjektförderung zu verlagern. Gleichwohl geht die Kommission nicht so weit, die völlige Einstellung des sozialen Wohnungsbaus zu fordern; sie erkennt an, daß eine begrenzte Objektförderung notwendig bleibt, vor allem, um über ein Instrument zur Steuerung städtebaulicher Entwicklungen zu verfügen und um Segregationstendenzen entgegenwirken zu können (Expertenkommission Wohnungspolitik 1994a: Ziff. 62xx). Vor allem aber wird anerkannt, daß es notwendig bleibt, daß die Kommunen über *Belegungsrechte* verfügen, um die sozial diskriminierten Haushalte mit angemessenem Wohnraum versorgen zu können. Neu ist, daß der Erwerb der Belegungsrechte von der Objektförderung abgetrennt werden soll, d.h. daß die Belegungsrechte im vorhandenen Wohnungsbestand angekauft werden sollen, so daß auch preisgünstige Altbauwohnungen zur Versorgung wirtschaftlich und sozial schwacher Haushalte eingesetzt werden können. Die Wohnkostensubvention würde dann zielgenau und flexibel durch ein verbessertes Wohngeld erfolgen können.

Für den sogenannten „freifinanzierten" Wohnungsbau schlägt die Expertenkommission eine grundlegende Reform der steuerlichen Förderung vor. Um die Benachteiligung von Wohnungsunternehmen, die ein Mietobjekt langfristig halten wollen, gegenüber Investoren, die auf kurzfristige Abschöpfung von Steuervorteilen und Wertsteigerungen spekulieren, zu beseitigen, wird empfohlen, die degressive Abschreibung nach § 7 Abs. 5 abzuschaffen und durch eine lineare Abschreibung von 4 % über einen Zeitraum von 25 Jahren zu ersetzen (Ziff. 8144). Dies würde vor allem den ehemals gemeinnützigen Wohnungsunternehmen entgegenkommen, die bei dem gegenwärtigen System die erhöhten Abschreibungen vielfach nicht ausnutzen können.

Für das selbstgenutzte Wohneigentum wird empfohlen, die bisherige degressive Abschreibung nach § 10e abzuschaffen und durch einen auf 60 % begrenzten Abzug der Schuldzinsen sowie ein verdoppeltes Baukindergeld zu ersetzen (Ziff. 9302). Dieser Vorschlag war allerdings innerhalb der Expertenkommission selber nicht unumstritten: Eine Minderheit der Kommission forderte stattdessen einen progressionsunabhängigen Abzug von der Steuerschuld, um die einkommensschwächeren Bauherrn („Schwellenhaushalte") stärker fördern zu können und die soziale Ungerechtigkeit zu beseitigen, die darin liegt, daß der Subventionsbetrag mit dem Einkommen wächst (Ziff. 9308). Tatsächlich hat sich die Mehrheit der Expertenkommission hier einzig von dem steuersystematischen, aber praktisch wenig relevanten Ziel leiten lassen, Investitionen für Vermieter und Selbstnutzer steuerlich gleichzustellen, während verteilungspolitische Kriterien (die auch Effizienzkriterien sind, da mit wachsendem Einkommen auch die Mitnahmeeffekte zunehmen) genauso ausgeblendet worden sind wie das Problem, daß ein Schuldzinsenabzug höhere Verschuldungsgrade bei der Finanzierung selbstgenutzten Wohneigentums belohnen und die „solide" Finanzierung bestrafen würde.

Zu den interessantesten Vorschlägen der Expertenkommission gehören ihre Überlegungen, die Finanzierung von Wohnungsbauinvestitionen für Vermieter und Selbstnutzer zu optimieren. Wohnungsbauinvestitionen sind deshalb so schwierig zu finanzieren, weil die - durch Tilgung im Zeitablauf sinkenden - Belastungen durch den Kapitaldienst und die - inflationsbedingt steigenden - Erträge durch eingenommene oder eingesparte Miete gegensätzlich verlaufen, d.h. in den ersten Jahren sehr hohen Belastungen nur geringe Erträge gegenüberstehen. Um eine gleichmäßigere zeitliche Verteilung der Belastung zu erreichen, schlägt die Expertenkommission einen an das „Schweizer Modell" der Wohnungsbauförderung (vgl. dazu Nigg 1995) angelehnten *dynamischen Kapitaldienst* vor, der sich durch steigende Tilgungsraten auszeichnet, die in den ersten Jahren sogar negativ sind und deshalb zu einer temporär höheren Verschuldung führen, die durch staatliche Bürgschaften abgesichert werden müßte (Expertenkommission Wohnungspolitik 1994a: Ziff. 73xx, 6210; vgl. dazu auch die Modellrechnungen der Unabhängigen Arbeitsgruppe 1994).

Auch wenn es an dem „Schweizer Modell" oder „Bürgschaftsmodell", wie es auch genannt wird, noch eine Reihe offener Fragen gibt - beispielsweise: Was geschieht, wenn die Bürgschaft in Anspruch genommen werden muß? -, besteht das Faszinierende darin, daß es ohne jede Objektsubvention[2] auskommt - der Staat gewährt lediglich Bürgschaften, die eine billige Art der Förderung darstellen, weil sie nur in Ausnahmefällen in Anspruch genommen werden, aber zu einer erheblichen Kostensenkung beitragen, indem sie günstigere (erststellige) Kreditzinsen ermöglichen.

Die Finanzierung stellt aber noch in anderer Hinsicht einen Ansatzpunkt für neue Modelle der Wohnungsbauförderung dar: In krassem Gegensatz zur notorischen Finanzschwäche der öffentlichen Haushalte steht das wachsende Geldvermögen der privaten Haushalte. Die staatliche Wohnungsbauförderung könnte dadurch entlastet werden, daß man Modelle zwischen Miete und Eigentum entwickelt, die es ermöglichen, mehr privates Kapital in den Wohnungssektor zu lenken, beispielsweise Mieterdarlehen, Mietkauf oder eine Revitalisierung der bereits in den siebziger Jahren entwickelten Wohnbesitzmodelle (siehe auch Eichener und Heinze 1994a). Schließlich wäre auch die Nutzung des vorhandenen Wohnungsbestands zu optimieren. Rein rechnerisch stehen in Westdeutschland pro Kopf der Bevölkerung 36,8 qm Wohnfläche zur Verfügung. Gleichzeitig herrscht Wohnungsnot - vor allem für Familien mit niedrigem Einkommen. Das InWIS untersucht zur Zeit im Rahmen eines von der Schader-Stiftung und dem Bundesbauministerium in Auftrag gegebenen Forschungsprojekts, ob es nicht sinnvoll sein kann, die Förderung des sozialen Wohnungsbaus teilweise auf den Bau kleinerer, altersgerechter Wohnungen zu verlagern, alten Menschen dadurch eine bedürfnisgerechtere Wohnsituation zu bieten, die eine selbständige Lebensführung unterstützt, und gleichzeitig für den freiwerdenden Wohnraum Belegungsrechte zu erwerben, die für die Versorgung von Familien genutzt werden können.

All diese Modelle bedürfen freilich noch gründlicher wissenschaftlicher Analyse. Sie zeigen auf, daß die wohnungspolitische Diskussion längst über die ordnungspolitische Dichotomie „Markt versus Staat" hinausgewachsen ist (vgl. auch Holtmann und Killisch 1993: 7). Einfache Lösungen sind nicht mehr geeignet, um die Dilemmata der sozialen Wohnungspolitik zu bewältigen. Die Reform der Wohnungspolitik benötigt in erster Linie Phantasie.

**Anmerkungen**
1) In den meisten Fällen werden Investitionen im Mietwohnungsbau überhaupt erst durch die Kumulierung verschiedener Steuervorteile wirtschaftlich interessant. Zu den attraktivsten Varianten gehört, in den ersten zehn Jahren die erhöhten Abschreibungen in Anspruch zu nehmen, um durch Verluste aus Vermietung und Verpachtung den marginalen Steuersatz zu senken, und das Objekt anschließend zu veräußern und die Wertsteigerung steuerfrei zu vereinnahmen, wobei die Abschreibungsbasis für den Erwerber (der allerdings erhöhte Abschreibungen dann nicht mehr in Anspruch nehmen kann) wieder aufgefrischt wird („Durchhandeln", vgl. dazu Expertenkommission Wohnungspolitik 1994a, Ziff. 81xx).
2) Nach dem Schweizer Wohnbau- und Eigentumsförderungsgesetz erhält der Investor vom Staat lediglich ein Darlehen, mit dem in den ersten Jahren die Miete reduziert wird und das nach ca. 15 Jahren aus den steigenden Mieteinnahmen heraus getilgt wird. Einkommensschwache Mieter kommen über dies „Grundverbilligung" hinaus in den Genuß einer „Zusatzverbilligung", die mit der einkommensabhängigen Förderung zu vergleichen ist.

**Literatur**
Eekhoff, J. (1993), Wohnungspolitik. Tübingen.
Eichener, Volker / Heinze, Rolf G. (1994a), Alternativen zur Privatisierung. Sozial und städtebaulich verträgliche Eigentums- und Wohnbesitzmodelle zwischen Markt, Staat und Genossenschaft. In: Neumann, L.F. (Hg.), Wohnungsmarkt in der Krise. Köln, S. 178-206.
Eichener, Volker / Heinze, Rolf G. (1994b), Dilemmata der sozialen Wohnungspolitik. InWIS-Bericht Nr. 4/94. Bochum.
Expertenkommission Wohnungspolitik (1994a), Wohnungspolitik auf dem Prüfstand. Bonn.
Expertenkommission Wohnungspolitik (1994b), Wohnungspolitik für die neuen Länder. Bonn.
Görhely, T.; Rußig, V. (1994), Wohnungsversorgung bis 2000: Nur langsamer Abbau des Defizits. IFO Schnelldienst Nr. 9/94, S. 9-15.
Häußermann, H.; Siebel, W. (1993), Das Ende des goldenen Zeitalters im Sozialen Wohnungsbau. In: Bärsch J.; Brech, J. (Hg.), Das Ende der Normalität im Wohnungs- und Städtebau? Darmstadt, S. 9-31.

Holtmann, E.; Killisch, W. (1993), Wohnungspolitik im geeinten Deutschland. Problemlagen und Entwicklungsperspektiven. Aus Politik und Zeitgeschichte, Nr. B 8-9/93 vom 19.2.1993, S. 3-15.
Nigg, F. (1995), Finanzierung des Wohnungsbaus mit Hilfe staatlicher Bürgschaften: Erfahrungen in der Schweiz. Vortragsmanuskript, Führungsakademie der Wohnungs- und Immobilienwirtschaft. Bochum.
Riege, M. (1974), Staatliche Wohnungsbaupolitik in der BRD. In: Korte, H. (Hg), Soziologie der Stadt. München, S. 77-109.
Schnurr, J. (1994), Die einkommensorientierte Förderung als Lösung? In: IFS (Hg.), Die Kosten des Wohnens: Zwischen Fiktion und Realität. Schriftenreihe des IFS Bd. 53. Bonn, S. 42-51.
Ulbrich, R. (1992), Verteilungswirkungen wohnungspolitischer Instrumente. Institut Wohnen und Umwelt. Darmstadt.
Unabhängige Arbeitsgruppe „Wohnungsbauförderung" 1994, Das Bürgschaftsmodell. Reform der Wohnungsbaufinanzierung und -förderung. Manuskript, Volksheimstättenwerk. Bonn.

Dr. Volker Eichener und Prof. Dr. Rolf G. Heinze, Ruhr Universität Bochum, Lehrstuhl für Soziologie, InWIS - Institut für Wohnungswesen, Immobilienwirtschaft, Stadt- und Regionalentwicklung, Universitätsstraße 140, D-44799 Bochum

## 3. Wohlfahrtsstaatliche Variationen. Nichtintendierter institutioneller Wandel durch die deutsche Einigung am Beispiel der Arbeitsmarktpolitik

*Michael Weck*

### 1. Das wohlfahrtsstaatliche Regime Deutschlands

Dieser Text fragt nach den Erfahrungen und den institutionellen Folgen der Erfahrungen, die die Akteure des arbeitsmarktpolitischen Feldes während der Einigung Deutschlands machten. Wie im übrigen Osten Europas wurde die Systemtransformation auf dem Gebiet der ehemaligen DDR vor allem durch die Prozesse der Entinstitutionalisierung und des Neuaufbaus institutioneller Strukturen bestimmt. Im Unterschied zu den Staaten Osteuropas geschah dies jedoch mit dem Ziel, die Gesellschaft in das politisch-administrative System eines angrenzenden Staates, der Bundesrepublik Deutschland, zu integriert. Die Integration der ehemaligen DDR in das System der Bundesrepublik Deutschland wurde als globaler Transfer institutioneller Strukturen von West- nach Ostdeutschland durchgeführt (Lehmbruch 1992). Nachdem die Phase des Institutionentransfers mittlerweile als abgeschlossen betrachtet werden kann, stellt sich nunmehr die Frage nach den transformativen Rückwirkungen der Einigung auf das System der vergrößerten Bundesrepublik Deutschland. Konnte das System der alten Bundesrepublik seine institutionelle Integrität bewahren oder befinden wir uns etwa auf Schleichwegen in eine „Dritte Republik" (vgl. Seibel 1992; Czada 1994). Wenn wir uns tatsächlich auf dem Wege in eine neue, „Dritte Republik" befinden, so schließt sich die Frage nach deren Gestalt und Verhältnis zur alten Bundesrepublik an. Wie gravierend ist die Abweichung vom Entwicklungspfad der Bonner Republik? Kann man von einer neuen institutionellen Logik der Berliner Republik sprechen?

Im folgenden möchte ich mich auf einen Sektor der Einigung Deutschlands, auf das arbeitsmarktpolitische Feld, konzentrieren. Ich stütze mich dabei auf eine Reihe von Interviews, die ich seit 1993 im Rahmen eines laufenden Forschungsprojektes[1] mit arbeitsmarktpolitischen Entscheidern aus den für dieses Politikfeld maßgeblichen Organisationen führte. Meine Interviewpartner trafen ihre Entscheidungen auf der Grundlage von institutionellen Strukturen, wie sie vor der Vereinigung bestanden. Für die Akteure des politisch-administrativen Systems waren dies die politischen Institutionen der Bundesrepublik im Sinne von „... *Regelsystemen der Herstellung und Durchführung verbindlicher, gesamtgesellschaftlich relevanter Entscheidungen und Instanzen der symbolischen Darstellung von Orientierungsleistungen einer Gesellschaft* (Hervorhebung im Original)" (Göhler 1994: 39). Als Regelsysteme steuern Institutionen die Entscheidungsfindung politischer Akteure und als symbolische Instanzen dienen sie der sozialen Integration. Dies geschieht in der Form von gemeinsamen Identitäten. Das „Wir-Bewußtsein" stellt den Akteuren ein Set gemeinsam geteilter Annahmen über die Gesellschaft zur Verfügung, die ihr Handeln begrenzen. Auch diese Dimension politischer Institutionen dient also der Steuerung politischen Handelns.

Zu den institutionellen Strukturen Deutschlands gehört ein wohlfahrtsstaatliches Regime, das man mit Gøsta Esping-Andersens Typologie als "konservatives" Modell der kontinentaleuropäischen Länder bezeichnen kann. Der konservative Wohlfahrtsstaat zeichnet sich dadurch aus, daß er zwar die Abhängigkeit der Arbeitskraft von marktlichen Zwängen mildert, doch dabei traditionelle Statushierarchien zu konservieren trachtet. Besonders in Westdeutschland wurde anhaltenden Ungleichgewichten auf dem Arbeitsmarkt nicht auf dem Wege der staatlich betriebenen Integration in den Arbeitsmarkt, wie etwa in Schweden, begegnet, sondern durch die "Regulierung der Nicht-Erwerbstätigkeit" (vgl. Blanke u.a. 1987). In der deutschen Variante des kontinentaleuropäischen Typs wohlfahrtsstaatlicher Regulierung werden immer wieder erhebliche Teile des Arbeitskräfteangebotes aus dem Arbeitsmarkt herausgenommen und in staatlich subventionierte arbeitsmarktexterne Institutionen, wie die Rentenversicherung (vgl. Wolf 1991), überführt.

Feldmann und March (1990) machten die Beobachtung, daß ein Großteil der Informationen in Organisationen nicht dazu dienen, der Entscheidungsfindung eine rationale Grundlage zu geben, sondern daß sie der Konstruktion von Geschichten dienen, die die Welt verständlich machen sollen, in der sich das Personal der Organisation befindet. Stellt sich der Organisation ein Problem, so sucht ihr Personal nach Lösungen, die durch die Konstruktion von Interpretationen der Wirklichkeit gefunden werden. In den Netzwerken zur Implementierung der Vereinigungspolitik stießen nun herkömmliche Wahrnehmungsmuster der Akteure und institutionalisierte Problemlösungen auf neue Problemlagen, die sich aus den besonderen Bedingungen der Systemtransformation in Ostdeutschland ergaben. Die sozialpolitischen Eliten Westdeutschlands machten während der Einigung Deutschlands Erfahrungen, die tradierte Lösungsmuster und Annahmen über die gesellschaftliche Umwelt ihrer Organisationen obsolet werden ließen. Die neuen Erfahrungen führten zur Anpassung der Interpretationsschemata für die organisationellen Umwelten, die „Probleme des Aufbaues-Ost (haben sich) zu neuen, situationsgerechteren Wirklichkeitsbildern verdichtet" (Czada 1994: 267).

Die Interpretation von Interviews, die mit Entscheidern des arbeitsmarktpolitischen Feldes geführt wurden, lassen die Vermutung zu, das die Konstruktion „situationsgerechterer Wirklichkeitsbilder" folgenreich für die Logik der deutschen Sozialpolitik sein wird, denn sozialpolitische

Strukturen werden in der Praxis durch individuelle Akteure prozessiert. Auf der Handlungsebene werden institutionelle Strukturen von individuellen Akteuren interpretiert und in Handlungen überführt. Wenn sich nun an dieser Schnittstelle von Struktur und Handlung durch die Veränderung der Wirklichkeitskonstruktionen der Akteure Variationen ergeben, dann hat dies möglicherweise eine Variation der sozialpolitischen Strukturen selber zur Folge. Die sich daraus ergebende Frage ist die nach der Reichweite der Veränderungen. Handelt es sich lediglich um eine Variation, die sich weiterhin im Rahmen des tradierten wohlfahrtsstaatlichen Regimes Deutschlands bewegt? Oder handelt es sich um einen Strukturbruch, um eine qualitative Veränderung der informellen sozialpolitischen Institutionen Deutschlands, die einen neuen wohlfahrtsstaatlichen Regimetyp herbeiführt?

Die Frage nach dem institutionellen Wandel, den die deutsche Einigung möglicherweise zur Folge hat, führte uns zu den Akteuren des Einigungsprozesses. Die Frage nach „Trägern" oder „Träger"-Gruppen politischer Institutionen fand in der Institutionenforschung nur selten Berücksichtigung. Wenn das Forschungsinteresse vor allem auf die funktionelle Bedeutung institutioneller Strukturen gerichtet ist, auf den funktionalen Stellenwert einer politischen Institution im politisch-administrativen System, dann geraten eher die Strukturen selber ins Blickfeld und weniger ihre „Träger", die Akteure, die sie prozessieren und reproduzieren. Der Wandel politischer Institutionen bringt dagegen die Akteure institutionalisierter Regimetypen ins Spiel, denn insitutioneller Wandel wird auf der Praxisebene eingeleitet, und dort handeln Menschen, keine Strukturen.

Bevor ich die Reflexionen auf der makrostrukturellen Ebene fortsetze, möchte ich mich daher auf die Arbeitsmarktpolitik nach der Vereinigung und die Erfahrungen konzentrieren, die die Akteure in diesem Politikfeld machten. Nach dem ich in einem zweiten Schritt dem formell-institutionellen Niederschlag dieser Erfahrungen in der Form gesetzlicher Regelungen nachgehe, komme ich auf die oben gestellte Frage nach der Reichweite der Variationen des wohlfahrtsstaatlichen Regimes in Deutschland zurück.

## 2. Erfahrungsgeleitete Variationen

Anders als in den übrigen osteuropäischen Staaten wurde die Systemtransformation der ehemaligen DDR von externen politischen Eliten gesteuert. Die westdeutschen Akteure verfolgten die Strategie eines umfassenden Institutionentransfers, um Ostdeutschland in das politische und wirtschaftliche System der Bundesrepublik zu integrieren. Es sollten transformative Rückwirkungen auf westdeutsche Strukturen verhindert werden, um damit verbundene verteilungspolitische Kompromisse der korporativen Akteure nicht in Frage zu stellen. Die strategischen Entscheidungen westdeutscher Akteure setzten eine "Transformationsdynamik" in Gang, die zu eigentümlichen sektoralen Variationen der Folgen des Transformationsprozesses führte (vgl. Lehmbruch 1994).

Im arbeitsmarktpolitischen Feld fand ein vollständiger Transfer der westdeutschen Strukturen statt. Die Arbeitsmarktpolitik hatte die Aufgabe, den wirtschaftspolitischen Institutionentransfer sozialpolitisch abzufedern. Die ostdeutsche Bevölkerung sollte nicht unmittelbar den Härten einer Arbeitslosigkeit ausgesetzt werden, die mit der Übertragung der marktwirtschaftlichen Institutionen auftrat. Man befürchtete, dies könne die Integration der Ostdeutschen in das politische System der Bundesrepublik und damit den gesamten Transformationsprozeß gefährden. Dies zwang die christlich-liberale Regierungskoalition zu einer "sozialdemokratischen" aktiven Arbeitsmarktpolitik auf unerwartet hohem Niveau (Weck 1994). Klaus von Beyme sprach an dieser Stelle von einem "Vereinigungskeynesianismus wider Willen", den die christdemokratisch-liberale Regierung in der Vereinigung sektoral entwickelte (von Beyme 1994).

Die Aussagen des im folgenden vorgestellten arbeitsmarktpolitischen Akteurs scheinen mir unter dem Blickwinkel der oben ausgeführten Fragestellung bedeutsam, weil sie auf Lernprozesse sozialpolitischer Entscheider hinweisen, die möglicherweise makrotheoretische Relevanz besitzen. Der interviewte Akteur ist Spitzenbeamter der Regierungsadministration in Bonn und gilt als einer der Vordenker der christlich-liberalen Politik. Dies zeigt sich darin, daß er in den vergangenen Jahren erheblichen Einfluß auf die arbeitsmarktpolitische Diskussion und Gesetzgebung der Bonner Regierungskoalition nehmen konnte.

"Also, ich halte es für unerträglich, wenn man aus einem zentral gesteuerten System, wie wir es ja in Ostdeutschland hatten, mit unglaublich vielen Härten und Zwängen für die Menschen, in ein freiheitliches System geht, und nun feststellen muß, daß dieses System für einen Teil der Arbeitnehmer auch unmenschliche Seiten, ja, Wirkungen hat, die eigentlich auch nicht akzeptabel sind. Das liegt nicht am System. Das liegt daran, daß wir nicht zulassen, daß diejenigen, die aus dem Arbeitsmarkt rausfallen, sich tatsächlich im Wettbewerb mit anderen wieder beteiligen dürfen."

Das Interviewzitat macht die bei allen arbeitsmarktpolitischen Entscheidern der Vereinigung feststellbare Befürchtung deutlich, eine zu hohe Arbeitslosigkeit in Ostdeutschland könne die deutsche Vereinigung gefährden. Daher wurde unter Anwendung einer "sozialdemokratischen" aktiven Arbeitsmarktpolitik die Höhe der Arbeitslosigkeit erheblich gesenkt (vgl. Weck 1994). Die Ziellogik der Politik im arbeitsmarktpolitischen Feld war die sozialpolitische Sicherung der Vereinigung. Auch die Auswertung der übrigen Interviews stützt die Annahme, daß die deutsche Vereinigung von den arbeitsmarktpolitischen Akteuren als Entscheidungssituation des Systemwettbewerbs zwischen östlicher Planwirtschaft und westlicher Marktwirtschaft interpretiert wurde. In dieser Situation erkannte ein Teil von ihnen, daß die Mechanismen des Marktes die auftretende Arbeitslosigkeit in absehbarer Zeit nicht würden beseitigen können. Offenbar setzte die Vereinigung und ihre Probleme einen Reflexionsprozeß innerhalb der westdeutschen Eliten in Gang, welches die wesentlichen Merkmale der marktwirtschaftlichen Produktionsweise sind und wie das mit dieser Produktionsweise verbundene Problem der Arbeitslosigkeit zu behandeln ist. Dabei wurden die Strukturen des wohlfahrtsstaatlichen Regimes Deutschlands einem erneuten Interpretationsprozeß unterworfen.

In der ersten Phase der Vereinigung verhielten sich die Akteure des deutschen Wohlfahrtsstaates insoweit erwartungsgemäß, als von ihnen soziale Notstände und ihre politischen Folgen traditionell als Gefahren für die politische Stabilität angesehen wurden. Schon im 19. Jahrhundert entwickelte sich die vom Liberalismus abweichende Auffassung, "... daß eine staatliche Verantwortung für die Lösung sozialer Probleme gegeben sei" (Zöllner 1981: 124). In der deutschen Variante wohlfahrtsstaatlicher Krisenregulierung entwickelte sich daraus der bereits erwähnte Modus der "Regulierung der Nicht-Erwerbstätigkeit". Dieser Modus zielt darauf ab, ein standardisiertes "Normalarbeitsverhältnis" möglichst allgemein zu erhalten, und Arbeitslosigkeit durch Ausgliederung von Arbeitsuchenden aus dem Arbeitsmarkt und deren sozialpolitische Versorgung zu regulieren. Eben dieser Modus wohlfahrtsstaatlicher Regulierung scheint in der deutschen Vereinigung in dem Moment an seine finanziellen Grenzen gestoßen zu sein, als deutlich wurde, daß ein vereinigungsbedingtes Wirtschaftswunder für den Osten Deutschlands ausbleiben würde. Im Gegenteil wurde etwa ab 1991 erkenntlich, daß langfristig mit einer hohen Arbeitslosigkeit zu rechnen sei. Zugleich wurde das Problem erkannt, daß dauerhaft hohe Arbeitslosigkeit in Ostdeutschland die deutsche Vereinigung gefährden könne. In der deutschen Vereinigung wurde also eine Bruchstelle des deutschen Wohlfahrtsregimes manifest, die von Esping-Andersen (1990: 224) als die latente Achilles-Ferse des deutschen Weges bezeichnet wurde.

Die Schlußfolgerungen, die der oben zitierte Akteur aus seiner Interpretation der institutionellen Grundlagen des deutschen Sozialstaates und der gewandelten organisationellen Umgebung der Regierungsadministration zog, wären ohne die besonderen Bedingungen der deutschen Vereinigung und die antizipierten Ansprüche der ostdeutschen Bevölkerung sicher anders ausgefallen. Nach der Vereinigung bedeutet für ihn Arbeitslosigkeit eine Bedrohung der demokratischen Grundlagen Deutschlands, da sie die Freiheit des einzelnen "massiv" einschränke. Das wohlfahrtsstaatliche Regime Deutschlands, das den Arbeitsmarkt durch die Überführung überzähliger Arbeitskräfte in sozialpolitische Institutionen reguliert, hält er für falsch, da es nicht mehr zu finanzieren sei. Das dadurch zu beobachtende Wachstum ohne Ausweitung des Arbeitsplatzangebotes hält er für verfehlt. Als der Interviewer in fragt:

"Wie nehmen Sie das so wahr in Ihrem Arbeitsumfeld, mit den verschiedenen Akteuren, mit denen Sie zusammenarbeiten, mit denen Sie reden. Sehen die das Problem auch so, wie Sie es gerade geschildert haben oder wie sehen die das Problem?",

antwortet er:

"Ja, das ist sehr schwer zu beurteilen. Man hat selbstverständlich auch immer wieder Leute, die gehen da ziemlich robust drüber weg, weil sie auch nicht lange drüber nachgedacht haben, weil sie selber nicht betroffen sind, weil sie die Interessen derjenigen vertreten, die ein Unternehmen haben und sagen: 'Wir haben unsere Arbeitnehmer, was sollen wir uns darum lang kümmern'. Aber es gibt schon zunehmend Leute auch hier im Hause, die sich sehr ernsthaft darum kümmern. Für mich ist das schon erstaunlich, auch in der Diskussion, hier zu sehen, daß dort doch ein starkes Umdenken auch in diesem Ministerium stattfindet. Also eben auch aus der Sicht der Systemzusammenhänge heraus. Ja, man hatte das zu lange isoliert betrachtet, man hatte ja nur auf so ein Indikatorenraster geschaut. Für mich ist Wachstum ein Ergebnis, kein Ziel.... Aber das ist für mich kein wirtschaftliches Ziel, Wachstum zu haben, sondern das Ziel ist, Wachstum in dem Sinne zu haben, daß die Leute, die arbeiten möchten, auch arbeiten können."

An diesem Zitat scheint mir zweierlei interessant. Zum einen erfahren wir, daß die Erfahrungen im Prozeß der Vereinigung nicht nur unseren Interviewpartner zu Lernprozessen angehalten haben, sondern daß ein Wandel des sozial- und wirtschaftspolitischen Denkens auch bei anderen Akteuren seiner organisationellen Umgebung stattgefunden hat. Zum anderen stellt dieser Wandel des Denkens die bisherige Logik des deutschen Wohlfahrtsregimes in Frage. Nicht mehr nominelles Wachstum einer hochproduktiven und mit immer weniger Arbeit auskommenden Wirtschaft ist diesen Akteuren wichtig, sondern wichtig ist ihnen, daß möglichst viele Menschen arbeiten können. In das Zentrum des Denkens rückte die Funktion der Marktwirtschaft, Arbeitsplätze zur Verfügung zu stellen, und diese Funktion erfüllt der Markt ungenügend. Daher fordert unser Informant den Staat als regulierenden Akteur, der die Organisation der Arbeit solange übernimmt, wie der Markt diese Aufgabe nur unzureichend erfüllt. Um die Unzulänglichkeit des Marktes zu beheben, schlägt er das Konzept der "Gemeinschaftsarbeit" vor, das sich an Regelungen des vor dem Arbeitsförderungsgesetz bestehenden Gesetzes für die Arbeitsvermittlung und Arbeitslosenversicherung (AVAVG) anlehnt. Unser Interviewpartner wendet sich ausdrücklich gegen das Zusätzlichkeitskriterium, das arbeitsplatzschaffenden Instrumenten der herkömmlichen aktiven Arbeitsmarktpolitik zugrundeliegt. In einem sozialrechtlichen Sektor soll gesellschaftlich nützliche Arbeit zu einem deutlich geringeren Lohn verrichtet werden als in der regulären Wirtschaft. Das wichtige an diesem Konzept liegt in der Verantwortlichkeit des Staates, gesellschaftliche Arbeit zu organisieren, weil der Markt diese Aufgabe nur unzureichend erfüllt. Damit durchbricht das Konzept die Logik des spezifisch deutschen Weges des konservativen Modells wohlfahrtsstaatlicher Regulierung. Nicht mehr ein um jeden Preis zu stabilisierendes "Normalarbeitsverhältnis" und die sozialpolitische Alimentierung überzähliger Arbeitskräfte steht im Mittelpunkt dieser Gedankenführung, sondern die Organisation gesellschaftlicher Arbeit durch den Staat.

*3. Institutioneller Wandel*

Die Frage des Textes ist die nach einer Variation der institutionellen Grundlagen des deutschen Modells wohlfahrtsstaatlicher Regulierung im Verlauf der deutschen Vereinigung. Die Aussagen der analysierten Interviews stützen die Vermutung, daß zumindest innerhalb des Akteurskreises der Bonner Regierungsadministration ein Wandel der sozial- und wirtschaftspolitischen Ansichten stattgefunden hat. Doch lassen die geschilderten Erfahrungen und Lernprozesse auf der Akteursebene Schlüsse hinsichtlich des Wandels der institutionellen Grundlagen wohlfahrtsstaatlicher Politik in Deutschland zu?

Meiner Meinung nach ist dies aus zwei Gründen möglich. Erstens wurden und werden die arbeitsmarktpolitischen Instrumente des Arbeitsförderungsgesetzes auf dem ostdeutschen Arbeitsmarkt in einer Weise und in einem Ausmaß eingesetzt, die ihrer eigentlichen gesetzlichen Intention zuwiderlaufen. Statt den Zugang zu den regulären Arbeitsmarkt zu erleichtern, erfüllen sie die Funktion, die Arbeitslosigkeit in Ostdeutschland möglichst gering zu halten. Dies geschieht weiterhin auf einem hohem, vor der Vereinigung nicht gekannten Niveau. Eine konservativ-liberale Bundesregierung betreibt also weiterhin und paradoxerweise eine sozialdemokratische Arbeitsmarktpolitik. Zweitens finden sich im Beschäftigungsförderungsgesetz vom 26. Juli 1994 (Bundesarbeitsblatt 19/1994: 76ff) Regelungen, die den Vorstellungen unseres Interviewpartners entsprechen. In der Form von "Kann"-Bestimmungen wird Arbeitslosenhilfeempfängern dort die Möglichkeit eröffnet, "Gemeinschaftsarbeiten" ohne Verlust ihrer Sozialleistungsansprüche zu verrichten. Die Bundesregierung hatte bereits in den Gesetzesentwürfen für ein Spar-, Konsolidierungs- und Wachstumsprogramm von 1993 gefordert, daß die Kommunen arbeitslosen Sozialhilfeempfängern Arbeitsgelegenheiten in der Form von "Gemeinschaftsarbeiten" zur Verfügung stellen sollten. In den Verhandlungen zwischen Bundestag und Bundesrat um die durch die Länderkammer zustimmungspflichtigen Teile des Gesetzespaketes wurde auf Drängen der Kommunen die "Muß"-Bestimmung des ursprünglichen Textes in eine "Kann"-Bestimmung geändert, da sich die Kommunen von der Regelung finanziell überfordert fühlten. Bei den Regelungen des

Beschäftigungsförderungsgesetzes hinsichtlich der staatlichen Organisation von "Gemeinschaftsarbeiten" für Arbeitslosenhilfeempfänger könnte es sich um den institutionellen Niederschlag eines erfahrungsgeleiteten gedanklichen Wandels wichtiger sozialpolitischer Akteure handeln, der einen allgemeinen Wandel des wohlfahrtsstaatlichen Regimes in Deutschland einleitet. Möglicherweise werden die institutionellen Keime des neuen Wohlfahrtsregimes, das eher auf die Regulierung der Arbeit als auf die Regulierung der „Nicht-Erwerbstätigkeit" konzentriert ist, in zukünftigen Krisenperioden ausgebaut. Dies hätte die Etablierung eines eigenständigen Sektors staatlich organisierter Arbeit zur Folge. Es würde bedeuten, daß die "Regulierung der Nicht-Erwerbstätigkeit" in die Regulierung von Niedriglohn-Erwerbstätigkeit gewandelt würde.

Die vorgestellte Analyse unterstützt die Vermutung, daß sich der deutsche Wohlfahrtsstaat in einer Transformationsphase befindet, die durch die deutsche Vereinigung angestoßen wurde und deren Dynamik in die Richtung einer stärkeren Verantwortung des Staates für die Organisation gesellschaftlicher Arbeit gerichtet ist. Ob die institutionellen Variationen zu einem Bruch mit dem "konservativen" Modell wohlfahrtsstaatlicher Regulierung führen oder lediglich zu Veränderungen innerhalb seines institutionellen Rahmens, hängt von zukünftigen Entwicklungen ab. Bevor von einem Bruch mit dem "konservativen" Wohlfahrtsregime gesprochen werden kann, scheint mir erst die Erfüllung zweier Bedingungen notwendig. Erstens muß jedem Arbeitslosen die Möglichkeit offenstehen, staatlich organisierte "Gemeinschaftsarbeit" zu verrichten. Und dies muß zweitens zu Löhnen geschehen, die gewerkschaftlich ausgehandelt sind und einen dauerhaften Verbleib in diesem Arbeitssektor ermöglichen. Zwar widerspricht die letzte Bedingung den Intentionen der Befürworter des Konzeptes der "Gemeinschaftsarbeit", doch scheint ihre Erfüllung bei entsprechendem gewerkschaftlichem Engagement und einer sozialdemokratischen Bundesregierung nicht unmöglich. Dann könnte man in der Terminologie Esping-Andersens von der einigungsbedingten "Sozialdemokratisierung" des "konservativen" Wohlfahrtsstaates Deutschlands sprechen.

### Anmerkung
1) Das Forschungsprojekt „Arbeitsmarktpolitik nach der Vereinigung" wird von Hubert Heinelt geleitet und ist dem DFG-Forschungsschwerpunkt „Sozialer und politischer Wandel im Zuge der Integration der DDR-Gesellschaft" zugeordnet.

### Literatur
von Beyme, Klaus (1994), Verfehlte Vereinigung - verpaßte Reformen? Zur Problematik der Evaluation der Vereinigungspolitik in Deutschland seit 1989, in: Journal für Sozialforschung 3: 249-269.
Blanke, Bernhard/ Heinelt, Hubert/ Macke, C.-Wilhelm/ Rüb, Friedbert W. (1987), Staatliche Sozialpolitik und die Regulierung der Nichterwerbstätigkeit, in: Abromeit, Heidrun/ Blanke, Bernhard (Hg.): Arbeitsmarkt, Arbeitsbeziehungen und Politik in den 80er Jahren, Leviathan-Sonderheft 8. Opladen: 296-314.
Czada, Roland (1994), Schleichwege in die „Dritte Republik". Politik der Vereinigung und politischer Wandel in Deutschland, in: Politische Vierteljahresschrift 2: 245-270.
Göhler, Gerhard (1994), Politische Institutionen und ihr Kontext. Begriffliche und konzeptionelle Überlegungen zur Theorie politischer Institutionen, in: ders. (Hg.): Die Eigenart der Institutionen. Zum Profil politischer Institutionentheorie. Baden-Baden: 19-46.

Hirschmann, Albert O. (1992), Denken gegen die Zukunft. Die Rhetorik der Reaktion. München u.a..
Esping-Andersen, Gøsta (1990), The Three Worlds of Welfare Capitalism. Princeton.
Feldmann, M. S./ March, J. G.(1990), Information in Organisationen als Signal und Symbol, in: March, J. G. (Hg.): Entscheidung und Organisationen, Wiesbaden: 455-477.
Lehmbruch, Gerhard (1992), Institutionentransfer im Prozeß der Vereinigung. Zur Logik der Verwaltungsintegration in Deutschland, in: Seibel, W./Benz, A./Mäding, H. (Hg.): Verwaltungsreform und Verwaltungspolitik im Prozeß der deutschen Einigung. Baden-Baden.
Lehmbruch, Gerhard (1994), Institutionen, Interessen und sektorale Variationen in der Transformationsdynamik der politischen Ökonomie Ostdeutschlands, in: Journal für Sozialforschung 1: 21-44.
Mückenberger, Ulrich (1990), Normalarbeitsverhältnis: Lohnarbeit als normativer Horizont sozialer Sicherheit? In: Sachße, Chr./Engelhardt, H.T. (Hg.): Sicherheit und Freiheit. Zur Ethik des Wohlfahrtsstaates. Frankfurt/M.: 158-178.
Seibel, Wolfgang (1992), Notwendige Illusionen: Der Wandel des Regierungssystems im vereinten Deutschland, in: Journal für Sozialforschung 32: 337-362.
Weck, Michael (1994), Staat, Markt und Arbeitslosigkeit. Rekonstruktion des arbeitsmarktpolitischen Entscheidungsprozesses nach der Vereinigung (Diskussionspapiere und Materialien aus der Abteilung Sozialpolitik und Public Policy, Universität Hannover 3). Hannover.
Wolf, Jürgen (1991), Die Vergesellschaftungslücke. Der Vorruhestand in den neuen Bundesländern, in: Zeitschrift für Sozialreform 37: 217-236.
Zöllner, Detlev (1981), Ein Jahrhundert Sozialversicherung in Deutschland. Berlin.

Dr. Michael Weck, Universität Hannover, Institut für Politische Wissenschaft, Abteilung Sozialpolitik und Public Policy, Schneiderberg 50, D-30167 Hannover.

## 4. Strukturreform der Alterssicherung. Sozialpolitische Folgerungen aus einer international vergleichenden Analyse

*Jürgen Kohl*

### I.

Ich möchte hier berichten über die Ergebnisse einer vergleichenden Analyse der Alterssicherungssysteme von vier westeuropäischen Ländern (vgl. Kohl 1994) und diskutieren, welche sozialpolitischen Folgerungen für die Reform bzw. den Umbau des deutschen Alterssicherungssystems sich daraus ableiten lassen. Meine These ist, daß hier nach wie vor erheblicher Reformbedarf besteht und das Thema einer wirklichen Strukturreform mit der Rentenreform 1992 noch keineswegs erledigt ist.

Mein Ausgangspunkt ist die Frage: Wie müßte ein Alterssicherungssystem institutionell ausgestaltet sein, das den zentralen Zielsetzungen der Alterssicherungspolitik gleichermaßen Rechnung trägt? Forschungsmethodisch geht es also um die Verbindung von Institutionen- und Wirkungsanalyse. Zu diesem Zweck wurden Alterssicherungssysteme ausgewählt, die sich in ihren institutionellen Strukturen und Regelungen in charakteristischer Weise voneinander unterscheiden

– nämlich Deutschland (vor der Vereinigung), Großbritannien, Schweden und die Schweiz -, um diese daraufhin zu untersuchen, welche Wirkungen sie im Hinblick auf die soziale Lage, insbesondere die Einkommenslage der älteren Bevölkerung entfalten. Genauer: auf der Basis repräsentativer Einkommenssurveys der 'Luxembourg Income Study' wurden zunächst die Muster von Ungleichheit und Armut innerhalb der älteren Bevölkerung und im Verhältnis zur Gesamtbevölkerung untersucht und in einem zweiten Schritt versucht, die gefundenen Muster in Zusammenhang zu bringen - in diesem Sinne zu erklären - mit den besonderen Merkmalen der Alterssicherungssysteme in den betreffenden Ländern.

„Alterssicherung" wird dabei umfassend als gesellschaftliches Problem verstanden, für dessen „Lösung" neben den staatlichen Rentensystemen auch die beruflich-betriebliche Altersversorgung und Formen der privaten Vorsorge in Betracht kommen. Je nach Land können diese Komponenten natürlich unterschiedliches Gewicht im „income package" der älteren Bevölkerung haben. In der Perspektive des internationalen Vergleichs werden somit Art und Grad der politischen Intervention zu Variablen, die zu unterschiedlichen Resultaten in bezug auf die soziale und ökonomische Lage der älteren Bevölkerung führen.

*II.*

Eine Evaluation der Wirkungen setzt eine Bestimmung der Zieldimensionen voraus, in denen die Wirkungen untersucht werden sollen. Im Rahmen einer Zielanalyse können - in Anlehnung an eine Reihe weiterer Autoren (vgl. Schmähl 1977, 1981; Krupp 1981; Zacher 1991)- drei grundlegende verteilungspolitische Zielsetzungen unterschieden werden, die je für sich einen gewissen Konsens beanspruchen können:
– die Vermeidung von Armut im Alter,
– die Sicherung der Kontinuität des Lebensstandards und
– die Verringerung von Einkommens- und Versorgungsungleichheiten.

Diese Zielsetzungen stehen in einem Spannungsverhältnis zueinander in dem Sinne, daß sie nicht aufeinander reduzierbar sind und mit der Verfolgung eines Ziels nicht zugleich und automatisch auch die anderen erreicht werden. Die sozialpolitische Aufgabe besteht darum nicht in einer einseitigen Maximierung der Zielerreichung eines dieser Ziele, sondern gerade darin, im Sinne einer Optimierung institutionelle Lösungen zu finden, um die verschiedenen Ziele miteinander kompatibel zu machen. Die genannten Zielsetzungen können aber nicht nur analytisch unterschieden werden; es gibt - wie zu zeigen ist - auch empirisch signifikante Variationen zwischen ihnen.

Es soll damit nicht behauptet werden, daß diese die alleinigen Ziele von Alterssicherungssystemen seien, sondern nur, daß die verteilungspolitischen Zielsetzungen die primären sind und weitere Ziele, etwa das der eigenständigen sozialen Sicherung der Frau, weitgehend darunter subsumiert werden können. Es wird auch nicht behauptet, daß diese Ziele in allen untersuchten Ländern die gleiche Priorität haben, sondern lediglich (quasi negativ), daß in der politischen Praxis keines von ihnen völlig ignoriert bzw. vernachlässigt werden kann. Zumindest sind mir keine programmatischen Äußerungen bekannt, die etwa das Ziel der Vermeidung von Armut im Alter für irrelevant erklären oder es für unbedenklich halten, wenn etwa die Ungleichheit im Alter größer wäre als während des Erwerbslebens. Ein wichtiger Gesichtspunkt ist ferner, daß diese Ziele als Ziele des „gesellschaftlichen Alterssicherungssystems" (im oben erläuterten Sinne), nicht nur des staatlichen Rentensystems interpretiert werden. Das hat methodisch zur Folge, daß die Einkommens- und Versorgungslagen insgesamt, wie sie durch das Zusammenwirken der verschiedenen Komponenten der Alterssicherung geprägt werden, zu untersuchen sind - und nicht nur die Struktur und Verteilung der staatlichen Renten.

*III.*

Im Rahmen dieses kurzen Referats können natürlich weder die nationalen Alterssicherungssysteme noch die empirischen Ergebnisse der Verteilungsanalysen differenziert dargestellt werden. Dies kann hier nur in sehr geraffter Form geschehen, aber doch möglichst systematisch (vgl. Schaubild 1). In diesem Schaubild sind für jede Zieldimension Indikatoren definiert, mit deren Hilfe der Grad der Zielerreichung gemessen wird. Als Basis der folgenden Berechnungen wird jeweils das verfügbare Haushaltseinkommen verwendet, modifiziert entsprechend der Haushaltsgröße, also - technisch gesprochen - das Netto-Äquivalenz-Einkommen, das als Maß für das Wohlstandsniveau der einzelnen Haushaltsmitglieder gelten kann und so unmittelbar Wohlstandsvergleiche zwischen Personen bzw. sozialen Gruppen ermöglicht.

a) Die Effektivität der Armutsvermeidung wird mit Hilfe von Armutsquoten gemessen, die einheitlich definiert sind als 50% des Median-Äquivalenz-Einkommens in der jeweiligen Gesellschaft. Es ergibt sich mit frappierender Deutlichkeit, daß Armut unter den älteren Haushalten eindeutig am geringsten in Schweden und am häufigsten in Großbritannien auftritt; Deutschland und die Schweiz nehmen hier mittlere Positionen ein. Ein Vergleich mit den Armutsquoten in der Gesamtbevölkerung zeigt weiterhin, daß in Deutschland und in Großbritannien die ältere Bevölkerung ein weit überproportionales Armutsrisiko hat, in Schweden dagegen bemerkenswerterweise ein deutlich unterproportionales Risiko.

b) Zur Messung der Sicherung des Lebensstandards wird das relative Wohlstandsniveau von Haushalten mit einem Haushaltsvorstand unter 60 Jahren (typischerweise Erwerbstätigen-Haushalte) mit dem von Haushalten mit einem Haushaltsvorstand von 60 Jahren und mehr (als Annäherung für Rentner-Haushalte) verglichen. Ergänzend wird in der zweiten Gruppe noch nach 5-Jahres-Altersgruppen differenziert, um die Entwicklung des Lebensstandards während der Altersphase genauer verfolgen zu können. Hier zeigt sich zunächst, daß die relative Position der älteren Haushalte wiederum am schlechtesten in Großbritannien ist und überraschenderweise am besten in der Schweiz zu sein scheint. Dies ist aber zumindest teilweise darauf zurückzuführen, daß sich in der Altersgruppe der 60-64-Jährigen in der Schweiz (infolge der dortigen starren Altersgrenze) noch überwiegend gut situierte Haushalte von Erwerbstätigen befinden. Aber auch in den übrigen Altersgruppen ist das durchschnittliche Wohlstandsniveau in der Schweiz bemerkenswert hoch. In Deutschland ist es dagegen nach Großbritannien am zweitschlechtesten, deutlich schlechter auch als in Schweden. Mit zunehmendem Alter fällt der Lebensstandard der Rentner-Haushalte in allen Ländern deutlich ab, am stärksten wiederum in Großbritannien, gefolgt von Deutschland. In Schweden und der Schweiz bleibt zumindest das Wohlstandsniveau der unter 70-jährigen Rentner-Haushalte noch über dem gesellschaftlichen Durchschnitt.

c) Man kann diese Unterschiede im Lebensstandard von Erwerbstätigen- und Rentner-Haushalten bereits als einen Aspekt, eine Dimension von sozialer Ungleichheit sehen, nämlich als intergenerationale Verteilungsungleichheit. Man kann bzw. sollte jedoch eine zweite Dimension der Ungleichheit unterscheiden, nämlich die Ungleichheit innerhalb der Rentnerpopulation selber, d.h. zwischen relativ gut und weniger gut situierten Rentnern. Diese Art der Ungleichheit bzw. die Streuung der individuellen Wohlstandspositionen kann man mit dem Gini-Index messen (Wertebereich von 0 bis 1), wobei hohe Werte eine hohe Einkommenskonzentration und niedrige Werte eine relative Gleichverteilung anzeigen. Wie wichtig diese Unterscheidung zwischen den zwei Dimensionen der Ungleichheit ist, zeigen die empirischen Ergebnisse. Obwohl die relative Lage der älteren Haushalte in der Schweiz im Durchschnitt am günstigsten zu sein scheint, ist die Ungleichheit zwischen diesen Haushalten extrem hoch. In Schweden ist dagegen die Verteilung der Wohlstandspositionen relativ egalitär. Deutschland und Großbritannien liegen hier auf einem mittleren Niveau. Man könnte nun vermuten, daß die Ungleichheit unter den älteren Haushalten lediglich ein Reflex, ein Spiegelbild der Ungleichheitsstrukturen in der Gesamtgesellschaft sei. Aufschlußreich ist deshalb ein Vergleich mit den Gini-Indizes für alle Haushalte. Hierbei zeigt sich nun ein interessantes Muster: in zwei Ländern, der Schweiz und Großbritannien, ist das Ausmaß der Ungleichheit (bzw. der Einkommenskonzentration) unter den älteren Haushalten größer als in der Gesamtgesellschaft; in den beiden übrigen Ländern, Deutschland und Schweden, verhält es sich umgekehrt. Ich werde auf diesen Befund noch zurückkommen.

*Zusammenfassend läßt sich bis hierher dreierlei festhalten:*
1) In bezug auf die drei unterschiedenen Zieldimensionen der Alterssicherung ergibt sich jeweils eine andere Reihenfolge in der Bewertung, was den Sinn und die Notwendigkeit der getroffenen analytischen Unterscheidungen unterstreicht.
2) Die Unterschiedlichkeit der Ergebnisse - bei den Armutsquoten, beim durchschnittlichen Lebensstandard der älteren Haushalte, besonders aber die gegenläufigen Tendenzen in bezug auf die Ungleichheit unter den älteren Haushalten - deuten darauf hin, daß der Gestaltung der „gesellschaftlichen Alterssicherungssysteme" eine wesentliche Rolle zukommt, daß also der politische Gestaltungsspielraum erheblich ist. Zu klären bleibt, welche Gestaltungselemente hierbei am wichtigsten sind.
3) Die Position der Bundesrepublik Deutschland ist in diesem internationalen Vergleich keineswegs so hervorragend und beneidenswert, wie unsere Politiker es uns gern glauben machen wollen. In keiner der drei Dimensionen nimmt Deutschland eine Spitzenposition ein. Relativ günstig erscheint noch die Bilanz bezüglich (der Verringerung) der Ungleichheit im Alter. Am deutlichsten treten die Mängel bei der Absicherung gegen Armut im Alter zutage. In allen drei Dimensionen gibt es ein Land, das besser abschneidet als die Bundesrepublik, nämlich Schweden. Dies wirft die Frage auf, durch welche Merkmale sich das schwedische Alterssicherungssystem auszeichnet, die zu den günstigen Ergebnissen in allen drei Zieldimensionen führen und es dem deutschen System überlegen machen.

*IV.*

Ein möglicherweise naheliegender Grund, ein höheres Ausgabenniveau, kann von vornherein ausgeschlossen werden: die gesamten staatlichen Aufwendungen für die Alterssicherung (in % des BSP) sind in Schweden nicht höher als in Deutschland, trotz einer vergleichbaren Altersstruktur (vgl. OECD 1988: 138-143, Tables C.1 und C.2). Das schwedische Alterssicherungssystem ist also nicht teurer, aber effektiver als das deutsche - was auf die zentrale Bedeutung der institutionellen Struktur verweist.

In aller gebotenen Kürze läßt sich das schwedische Alterssicherungssystem durch folgende Merkmale kennzeichnen:
Bei der staatlichen Alterssicherung handelt es sich um ein duales System, bestehend aus
– dem steuerfinanzierten Volkspensionssystem (AFP) mit einkommensunabhängigen, aber nach Familienstand differenzierten Leistungen, und
– einem durch Arbeitgeberbeiträge finanzierten Zusatzrentensystem für alle Erwerbstätigen (ATP) mit einkommensbezogenen Leistungen.

Die strukturelle Differenzierung (der Leistungssysteme) entspricht also der funktionalen Differenzierung (im Hinblick auf die Zielsetzungen):
– das Volkspensionssystem gewährleistet eine bedarfsorientierte Grundsicherung für alle Staatsbürger auf einem bemerkenswert hohen Niveau,
– das Zusatzrentensystem stellt - aufbauend auf der Volkspension - die Aufrechterhaltung des gewohnten Lebensstandards sicher.

Durch die erste Komponente (sowie durch Pensionszuschüsse für diejenigen, die keine oder nur niedrige Ansprüche im Zusatzrentensystem haben) wird ein Absicherungsniveau erreicht, das etwa bei 50% des Median-Einkommens in der Gesellschaft liegt und deshalb Armut im Alter recht zuverlässig verhindert. Durch die zweite Komponente wird eine Einkommensdifferenzierung oberhalb des Mindestsicherungsniveaus bewirkt, wobei die familienstandsbezogene Differenzierung erhalten bleibt. Im Bereich der Durchschnittseinkommen wird so eine im internationalen Vergleich ungewöhnlich hohe Einkommensersatzquote (brutto) von ca. 65% für Alleinstehende und von über 80% für Ehepaare (mit 1 Verdiener) erreicht.

Diese Einkommensdifferenzierung wird aber durch drei Elemente in Grenzen gehalten:
– durch eine Kappung im oberen Einkommensbereich (Leistungsbemessungsgrenze ca. beim 1,5-fachen des Durchschnittseinkommens),
– durch gewisse Umverteilungselemente (Abweichungen von der Beitragsäquivalenz, z.B. 'Regel der 15 besten Jahre') sowie
– vor allem durch die Einbeziehung der Renten in die progressive Besteuerung (wie sonstiges Einkommen). Die durchschnittliche steuerliche Belastung der Rentner-Haushalte beträgt in Schweden ca. 25 - 30%.

Weiterhin zeichnet sich das schwedische „gesellschaftliche" Alterssicherungssystem - ebenso wie das deutsche - dadurch aus, daß die staatlichen Leistungen einen relativ hohen Anteil der gesamten Alterseinkommen ausmachen. Demgegenüber tragen in der Schweiz und in Großbritannien betriebliche und private Altersvorsorge, aber auch fortgesetzte Erwerbstätigkeit vergleichsweise stärker zum Alterseinkommen bei. Dies ist wahrscheinlich die entscheidende Ursache für den oben erwähnten Befund der größeren Ungleichheit unter der älteren Bevölkerung in den beiden letztgenannten Ländern. Denn es läßt sich zeigen, daß betriebliche Pensionen und private Vermögenseinkommen (z.B. Lebensversicherungen) vor allem in den oberen Einkommensgruppen konzentriert sind und deshalb ungleichheitsverstärkend wirken. Je höher der Anteil dieser Einkommensarten an den gesamten gesellschaftlichen Aufwendungen für die Alterssicherung, um so stärker also dieser Effekt. Auf der anderen Seite erscheint es ebenso bemerkenswert, daß ein hoher Anteil staatlicher Alterssicherungsleistungen dazu tendiert, die im Erwerbsleben (d.h. unter den Erwerbstätigen-Haushalten) vorhandene Ungleichheit in der Altersphase zu reduzieren - selbst wenn es sich dabei im Prinzip um einkommensbezogene Leistungen handelt (was sowohl für Deutschland wie für Schweden zutrifft).

## V.

Als sozialpolitisches Fazit ergeben sich die günstigsten Verteilungsergebnisse in bezug auf die beiden genannten Zielsetzungen dann, wenn das staatliche Alterssicherungssystem als duales System konzipiert ist, in dem die Komponenten „Grundsicherung" und „Lebensstandardsicherung" auch strukturell ausdifferenziert sind. Joakim Palme (1990: 86f.) hat in seiner Typologie von Modellen der Alterssicherung vorgeschlagen, nur in diesem Fall von einem „institutionellen Modell" der Alterssicherung zu sprechen (vgl. Schaubild 2). Mit diesem Schema wird zugleich eine Einordnung der Analyse des sozialpolitischen Teilsystems „Alterssicherung" in allgemeinere Typologien wohlfahrtsstaatlicher Regime vorgenommen (Titmuss 1974; Esping-Andersen 1990). Dieses einfache Modell legt zwei sozialpolitische Schlußfolgerungen nahe:
1) Das - gerade auch für Deutschland typische - kontinentaleuropäische Sozialversicherungs-Modell verfehlt systematisch das Ziel der Armutsvermeidung, und zwar um so mehr, je niedriger die durchschnittliche Einkommensersatzquote ist. Diese verteilungspolitische Konsequenz ist insbesondere zu bedenken, wenn in einem solchen System - zur Behebung von Finanzierungsproblemen - an eine lineare Absenkung des Rentenniveaus gedacht wird, was zu einer gravierenden Verschärfung des Armutsproblems führen könnte.
2) Aber auch die Umstellung auf ein reines Grundsicherungs-Modell (etwa im Sinne der Vorstellungen von Miegel und Wahl 1985) verspricht keine befriedigende Lösung. Selbst wenn das Grundsicherungsniveau ausreichend bemessen wäre (und Einkommensarmut somit vermieden würde), würde bei einem solchen Systemwechsel die Ungleichheit unter den Rentnern - selbst verglichen mit dem gegenwärtigen System - noch steigen.

## VI.

Die international vergleichende Analyse liefert so eine Reihe von Hinweisen darauf, in welche Richtung das deutsche Alterssicherungssystem zu verändern wäre, um seine Effektivität im Hinblick auf die explizierten Zielsetzungen zu verbessern. Umgekehrt liefert sie aber auch Anhaltspunkte dafür, welche Verteilungsfolgen zu erwarten, besser: zu befürchten wären, wenn sich der Trend bzw. die Strategie zur stärkeren „Privatisierung" der Alterssicherung (Reduzierung des staatlichen Rentenniveaus, Verlagerung zugunsten betrieblicher und privater Altersvorsorge) fort- und durchsetzen sollte.

Schaubild 1: Vergleich der Alterssicherungssysteme in 3 Zieldimensionen

| *Zieldimension /* Indikator | Deutschland | Großbritannien | Schweden | Schweiz |
|---|---|---|---|---|
| *Vermeidung von Armut:* Armutsquote (50% des Median-Äquivalenz-Einkommens) | | | | |
| - der Haushalte über 60 Jahre | 8,4% | 15,6% | 1,1% | 7,8% |
| - aller Haushalte | 5,5% | 8,8% | 5,1% | 8,3% |
| *Sicherung des Lebensstandards:* Relatives Wohlstandsniveau (nationaler Durchschnitt = 100) | | | | |
| - Haushalte unter 60 Jahre | 104 | 105 | 102 | 98 |
| - Haushalte über 60 Jahre | 86 | 82 | 95 | 108 |
| davon: | | | | |
| - Haushalte 60 - 64 Jahre | 94 | 109 | 113 | 130 |
| - Haushalte 65 - 69 Jahre | 94 | 81 | 102 | 115 |
| - Haushalte 70 - 74 Jahre | 78 | 70 | 91 | 98 |
| - Haushalte 75 u.m. Jahre | 81 | 67 | 78 | 91 |
| *Verringerung von Ungleichheit:* Gini-Index der Einkommenskonzentration | 0.273 | 0.287 | 0.176 | 0.380 |
| - Haushalte über 60 Jahre - alle Haushalte | 0.338 | 0.273 | 0.205 | 0.303 |

Schaubild 2: Modelle der Alterssicherung

|  |  | Grundsicherung | |
|---|---|---|---|
|  |  | Nein | Ja |
| Einkommens- (bzw. Lebensstandard-) sicherung | Nein | Residuales Modell | Grundsicherungs-Modell |
|  | Ja | Einkommens- sicherungsmodell | Institutionelles Modell |

Quelle: Palme (1990: 87)

## Literatur

Esping-Andersen, Gøsta (1990), The Three Worlds of Welfare Capitalism. Princeton, N.J.
Kohl, Jürgen (1994), Alterssicherung im internationalen Vergleich. Analysen zu Strukturen und Wirkungen der Alterssicherungssysteme in fünf westeuropäischen Ländern, unveröff. Habilitationsschrift. Bielefeld.
Krupp, Hans-Jürgen (1981), Grundlagen einer zielorientierten und integrierten Alterssicherungspolitik, in: Gutachten des Sozialbeirats zu langfristigen Problemen der Alterssicherung in der Bundesrepublik Deutschland, BT-Drs. 9/632 vom 3.7.1981, S. 95-142.
Miegel, Meinhard / Wahl, Stefanie (1985), Gesetzliche Grundsicherung - Private Vorsorge. Der Weg aus der Rentenkrise. Stuttgart.
OECD (1988), Reforming Public Pensions. Paris, Tables C.1. u. C.2., S. 138-143.
Palme, Joakim (1990), Pension Rights in Welfare Capitalism. Stockholm, S. 86f.
Schmähl, Winfried (1977), Alterssicherung und Einkommensverteilung. Tübingen.
Ders. (1981), Soziale Sicherung im Alter, in: Handwörterbuch der Wirtschaftswissenschaften (HdWW), Bd. 9. Stuttgart, S. 645-661.
Titmuss, Richard M. (1974), Social Policy. An Introduction. London.
Zacher, Hans F. (1991), Ziele der Alterssicherung und Formen ihrer Verwirklichung, in: ders. (Hrsg.), Alterssicherung im Rechtsvergleich. Baden-Baden, S. 25-113.

PD Dr. Jürgen Kohl, Mannheimer Zentrum für Europäische Sozialforschung, Universität Mannheim, D-68131 Mannheim

# XVIII. Sektion Sportsoziologie
*Leitung:* Günther Lüschen

## Ideologie und sozialer Wandel im ost- und westdeutschen Sport

### 1. Ideelle Strömungen im westdeutschen Sport zwischen gesellschaftlichen Kontinuitäten und Umbrüchen

*Bero Rigauer*

*1. Ideologie (Zusammenfassung)*

Im hier nicht wiedergegebenen ersten Teil meines Referates beschäftige ich mich mit dem Ideologiebegriff: Ideologie ist einerseits als eine urspüngliche philosphische Disziplin (Destutt de Tracy: Éléments d' ideologie, 1801; vgl. Barth 1961) mit der wissenschaftlichen Erforschung menschlicher Ideen (gesellschaftliche Entstehungen, Wirkungen, Wandlungen etc.) - zunehmend mit deren kritisch-soziologischer Analyse (Ideologiekritik) befaßt; andererseits wird der Ideologiebegriff in die Alltagssprache - bes. die politische - übernommen und semantisch reduziert auf sog. unwahre, rechtfertigende, dogmatische, intolerante Weltanschauungen (vgl. Horkheimer / Adorno 1956: 166 ff; Barth 1961: 13-31). Auf der Basis dieser beiden Begriffsbildungen und ihrer theoretischen Implikationen untersuche ich das o.g. Thema.

*2. Ideelle Strömungen im westdeutschen Sport (BRD) - eine ideologische und soziologische Analyse*

In der westdeutschen soziologischen Sport-Diskussion taucht spätestens seit Ende der 60er Jahre eine Kontroverse auf, die vom „Ideologievorwurf" bis hin zur „Ideologieentlastung" des Sports reicht. Bevor ich mich jedoch damit auseinandersetze, werden einige ideentheoretische und ideengeschichtliche Grundlagen skizziert.

*2.1 Ideen - im und über den Sport*

Was kennzeichnet Ideen im und über den Sport? Wer bringt sie hervor? Auf was beziehen sie sich? Im Kern referieren sie Vorstellungen eines spezifisch europäischen Körpermodells - genauer: eines Verhaltensideals funktionalen und technischen Bewegens, mit dessen praktischer Umsetzung motorische Aufgaben gelöst, in ihren Ergebnissen gemessen, verglichen und bewertet werden. Die Lösungen solcher Bewegungsaufgaben unterliegen fortschreitenden Ausdifferenzierungen und erfordern gesellschaftliche Praxisformen. Im ideellen Zentrum steht die sporttechnische Steigerung körperlicher Leistungs- und Kommunikationsfähigkeit (vgl. Eichberg 1973, bes. 29-38, 109-140; Stichweh 1990), wobei jedoch zunehmend in dieses Zentrum politische und ökonomische Interessen eingreifen, die den Sport von außen ideell vergesellschaften (vgl. Rigauer 1972, 1992 a, 1992 b).

*2.2 Zur ideengeschichtlichen Ausgangssituation der westdeutschen Sportentwicklung (BRD)*
Historisch ist die ideelle Begründung des westdeutschen Sports in die militärische Niederlage des NS-Faschismus und die darauf eintretende gesellschaftliche Reorganisation Nachkriegsdeutschlands eingebunden. Die deutsche Sportbewegung hatte sich seit 1933 mehrheitlich mit ihrem bürgerlichen Flügel - im Gegensatz zur Arbeitersportbewegung - NS-faschistischen Ideen und deren organisatorischen Umsetzungen angeschlossen: Rassismus, Nationalismus, Militarismus, Führerprinzip usw. Mit dem Kriegsende 1945 lösen die alliierten Siegermächte den organisierten Sport auf und verbieten nahezu jegliche Sportaktivitäten (Kontrollratsdirektive 23 vom 17. 12. 1945). „Das Erziehungswesen in Deutschland muß so überwacht werden, daß die nazistischen und militaristischen Lehren völlig entfernt werden und eine erfolgreiche Entwicklung der demokratischen Ideen möglich gemacht wird." (Potsdamer Abkommen vom 2. 8. 1945; vgl. Wonneberger u.a. 1967: 22, 23). Es sind die Alliierten, welche die Idee der Demokratie wieder in den deutschen Sport einführen - nicht die Deutschen selbst! Im Kontext dieses ideengeschichtlichen Tatbestands steht zudem die Idee des politisch ungebundenen Sports, die jedoch Ende der 40er Jahre in der „Ostzone" und den „Westzonen" eine unterschiedliche ideenpolitische Ausprägung erfährt: Parteilichkeit versus Überparteilichkeit. Mit der Gründung der BRD (1949) und im Sportbereich des DSB (1950) beginnt eine Entwicklung, innerhalb deren ideelle Rückgriffe auf den bürgerlichen Sport der Weimarer Republik vorgenommen werden, während die Idee politischer Parteilichkeit, wie sie von der Arbeitersportbewegung praktiziert wurde, abgelehnt wird. An ihre Stelle tritt das Modell pluralistischer Sportideen. Halten wir fest: Ein folgenreicher ideengeschichtlicher Ausgangspunkt in der Reorganisation des westdeutschen Sports liegt im Zusammenbruch des NS-Faschismus, in der durch die Alliierten betriebenen Wiedereinführung demokratischer Ideen und in der Rückbesinnung auf turnerische und sportliche Ideentraditionen der Weimarer und vor-Weimarer Zeit. Reste NS-faschistischer Sportideen überleben unterirdisch, bedingt durch die Reaktivierung ehemaliger NS-Sportfunktionäre.

*2.3 Sportideen im gesellschaftlichen Entwicklungsprozeß der BRD*
*2.3.1 Sport - ein integratives Symbol*
Ich gehe von der soziologischen These aus, daß integrative Symbole die gesellschaftliche Konstitution des westdeutschen Sports mitbeeinflußt haben. Es handelt sich dabei um Werte wie Demokratie, Freiheit, Pluralismus im sozial-strukturellen Kontext von Konsensfindung und Einheitsstiftung. „Die Zukunft des Sports ist in der Einheit zu suchen" und nur unter Verzicht auf spezifisch „eigene (Wert-)vorstellungen" und im Tätigsein „zum Wohle des Ganzen im deutschen Sportbund" zu erreichen. Ein solches Ziel ist nur über ein integratives Symbol, wie „der Sport" es darstellt, vermittelbar. Hier beginnt nach Winkler u.a. (1985) im Entstehungs- und Entwicklungsverlauf des westdeutschen Sports „ein Prozeß der Entideologisierung". (Winkler u.a. 1985: 177). Konflikte gelten eher als zu vermeidende Ausnahme und werden negativ bewertet. „Konflikte passen (...) nicht in die Landschaft des Sports" (Winkler u.a. 1985: 178). Es ist typisch, daß einerseits nach ideellen Formeln gesucht wird, die konsensfähig sind oder scheinen, andererseits mittels dieser Strategie die Vielfalt von Sportideen nicht nur reduziert, sondern auch

als mögliches Konfliktpotential ausgegrenzt wird. Eine politische Orientierung des westdeutschen Sports war und ist jene der Konfliktminimierung und zugleich des Hochstilisierens eines Harmonie-Ideals.

### 2.3.2 Der Sportbegriff: zwischen Einheit und Vielfalt

An der zunehmenden institutionellen Ausdifferenzierung des westdeutschen Sports läßt sich eine ideelle Dynamik erkennen und verdeutlichen. In der Phase der Reorganisation zwischen 1946 und 1950 setzt sich die Idee der „Einheitssportbewegung" organisatorisch durch. Dementsprechend ist die Rede von dem „einen Sport", in dem alle sportlichen Verzweigungen symbolisch repräsentiert sind. 1950 kommt es zur Gründung des „Deutschen Sportbundes" (DSB). Die „Charta des Deutschen Sports", 1966 vom DSB beschlossen, zeigt eine beginnende Diffundierung des Sportbegriffs auf, wobei einerseits mit den Begriffen „Turnen", „Leibesübungen", „Leibeserziehung" auf historisch-weltanschauliche Traditionen der deutschen Körperkultur zurückgegriffen wird, andererseits erfährt der Sportbegriff eine Zweiteilung: „Breitensport" und „Leistungssport". Diese symbolische Trennung referiert eine beginnende gedankliche und institutionelle Differenzierung in zwei Ebenen, deren Wechselbeziehungen jedoch im Modell der sogenannten „Sportpyramide" - „Breitensport" als Basis, „Spitzensport" als Überbau - postuliert wird. Die weitere Entwicklung repräsentiert permanente ideelle und institutionelle Ausdifferenzierungen, die sich semantisch niederschlagen; auf der Ebene des Breitensports: „Zweiter Weg" (1959), „Sport für alle" (1969), „Aktion Trimm dich durch Sport" (1970), „Freizeitsport" (1974/76, vgl. Winkler u.a. 1985: 81f); auf der Ebene des Leistungssports: „Hochleistungssport" und „Spitzensport". Während im letzteren Fall das Ideal der Leistung eindeutig kommuniziert wird, verschwindet es im ersten Fall in einer mehrdimensionalen Auflösung des Breitensportbegriffs. Das Leistungsideal tritt semantisch verschlüsselt auf: ein „zweiter Weg" neben dem primären des Leistungssports, gleichsam ein anderer Leistungssport für jedermann/jederfrau, deutlicher in der Wortschöpfung des Trimmens - ein sich durch Sporttreiben körperlich leistungsfähig Machen.

Seit Ende der 70er und mit Beginn der 80er Jahre läßt sich ein struktureller Innovationsschub beobachten: Das Ideal des „Amateurs", der „Amateurin" verschwindet im Leistungssport. Sport transformiert sich zur Profession, zur Show, zu einem industriellen Wirtschaftszweig und massenmedialen Produkt. Der „wahre Wert" des Sports verwandelt sich in einen „Warenwert" (vgl. Rigauer 1992a). Dies findet ebenfalls seine Ausdrucksformen in Bereich des Breitensports: „Fitness-", „Gesundheits-", „Erlebnis-", „Risiko-Sport" usw., als individueller Lebensstil kreiert und propagiert, in dem der menschliche Körper zu einer Funktion kollektiven Kapitals („Volksgesundheit") mutiert. Immer neue Zielgruppen werden ge- und erfunden: ältere Menschen, Kranke, Behinderte, GefängnisinsassInnen, AusländerInnen u.a.m. Kurzum: zwischen „Kult und Kommerz" (vgl. Horak und Penz 1992), Be- und Entgrenzung, Innen- und Außenbezügen, weltanschaulichen Traditionen und Innovationen löst sich die institutionelle und begriffliche Einheit des Sports in einem Pluralismus von Interaktionsritualen und Lebensstilen auf, um zugleich als ein integratives Symbol in der Alltagspraxis gesellschaftlich zu wirken.

### 2.3.3 Ideen - als Systemkonkurrenz: DDR- und BRD-Sport

In der westdeutschen Sportentwicklung wirkte sich die staatliche Teilung zwischen 1949 und 1991 gesellschaftlich aus. Nach einigen gescheiterten Versuchen organisatorischer und politischer

Kompromisse (1946 - 1961) brachen weltanschauliche Konflikte zwischen dem DDR- und BRD-Sport aus. Verschärft wurde diese Auseinandersetzung durch zwei widerstreitende Staatskonzepte: Die DDR vertrat die Position einer deutschen Zweistaatlichkeit, die BRD jene der deutschen Einstaatlichkeit. Letzterer Standpunkt findet sich in der DSB-Satzung wieder: „Der DSB vertritt die Einigkeit im deutschen Sport" (§ 3 DSB-Satzung; vgl. DSB 1982: 45). Gleichwohl ließ sich der westdeutsche Sport innerhalb eines politischen Strategienspiels beider deutscher Staaten instrumentalisieren, das - so schien es damals - einer Wiedervereinigung der Kontrahenten zuwiderlaufen würde. Er verfolgte auf dem Hintergrund der Systemkonkurrenz zwischen Sozialismus und Kapitalismus eine mit der bundesrepublikanischen Politik korrespondierende Sportpolitik. Am Beispiel des westdeutschen Leistungssports dokumentiert: Er „wurde intensiviert, um die 'Herausforderung der DDR' (...) anzunehmen und den Leistungssport bis zu den Olympischen Spielen in München 1972 gegenüber der DDR konkurrenzfähig zu machen. Willi Daume spricht von einer 'Olympischen Aufrüstung' (...). Der Bund spielt dabei als 'Investor' von Mitteln und Motiven eine entscheidende Rolle." (Winkler u.a. 1985: 74). Beide Sportsysteme des ehemals geteilten Deutschlands haben sich ideell wie materiell in das jeweils bestehende ost- und westdeutsche Gesellschaftssystem eingefügt und die sich darin anbietenden politischen und wirtschaftlichen Vorteile institutionell für ihre sportimmanenten Interessenlagen zunutzegemacht. Dafür haben sie sich weltanschaulich auf unterschiedliche Weise angepaßt, d.h. systemkonform und -stabilisierend gewirkt.

*2.3.4 Ideentypen und -funktionen im westdeutschen Sport (BRD)*
Im folgenden Schritt stelle ich drei Ideentypen dar, die aus dem erreichten Untersuchungsstand abgeleitet werden.

*Autonomie- und Abgrenzungsideen:*
Sie gründen auf Alltagstheorien über den Sport. Die „Idee des Sports" (BRD) repräsentiert Sport als eine spezifische selbstzweckhafte Form körperlichen Bewegungsverhaltens im Rahmen „sportlich" definierter Praxis. Sie referiert Autonomie, Freiwilligkeit und ein eigenständiges Feld individueller und sozialer Entfaltungsmöglichkeiten. Sport wird als eine „Eigenwelt" konstituiert, die von anderen gesellschaftlichen Lebenswelten abgrenzbar ist. Der Sinn des Sports ruht in ihm selbst (vgl. DSB 1982: 62-64).

*Integrationsideen*:
Sie repräsentieren den westdeutschen Sport als eine gesellschaftliche und kulturelle Integrationsfunktion. „Der Sport erfüllt in der modernen Gesellschaft wichtige biologische, pädagogische und soziale Funktionen:" Er fördert „die Gesundheit des einzelnen", stärkt „die vitale Kraft des Volkes", trägt „zur Entfaltung der Persönlichkeit bei", bietet „Übungs- und Gesellungsformen" als Hilfe „für das Zusammenleben in der Gemeinschaft" an, ermöglicht eine „sinn- und freudvolle" Freizeitgestaltung ( vgl. DSB 1982: 62). Sportideen malen in dieser Semantik eine multifunktionale gesellschaftliche Integration aus, eine intersystemische Kommunikation, die das soziale Potential des Sports überschätzt und eine sich selbstüberfordernde Versportung des gesellschaftlichen Alltags intendiert.

*Vergesellschaftungsideen*:
Sie werden von außen an den westdeutschen Sport (BRD) herangetragen und verzwecken ihn ideell und in der Folge zunehmend institutionell sowie materiell. Politik, Wirtschaft, Massenmedi-

en und Gesundheitssystem instrumentalisieren Inhalte und Funktionen des Sports im Rahmen eigener. Eingeschlossen sind darin sportexterne Legitimationsstrategien und zugleich eine zunehmende Vergesellschaftung des westdeutschen Sports. Die „Idee des Sports" erfährt eine symbolische Transformation auf die Ebene eines gesellschaftlichen Superzeichens.

### 2.3.5 Sportideen zwischen Kontinuität und Umbruch

Gesellschaftliche Kontinuitäten und Umbrüche sind nicht zu trennen. Sie sind auf einem sozialen Kontinuum verortet. Entsprechend weist die westdeutsche Sportentwicklung ein Kontinuität-Umbruch-Kontinuum auf. Diesen Tatbestand will ich mit einigen Beispielen belegen.

Die traditionelle Idee des organisierten Sports konkurriert mit der innovativen Idee eines offenen Sports. Beide Vorstellungen werden in einer koexistierenden gesellschaftlichen Praxis verwirklicht, obwohl der DSB programmatisch gegen die zunehmende Tendenz des informellen und privaten Sports agiert, zugleich aber auch versucht, sie in seine Organisationsformen zu integrieren.

Der klassischen Idee der Gemeinschaft als einer konstitutiven Assoziationsform des Sports steht die zeitgenössische Idee des individualistischen Sports gegenüber, die mit Verhaltensorientierungen wie Lebensstil, Erlebnis, Fitness usw. verbunden wird. Im ersten Fall handelt es sich um eine Sozialisationsform, die auf Geselligkeit, Wir-Gefühl und Solidarität basiert; im zweiten Fall um eine Individuationsform, die konsumzentriert ist. Beide Ideenrichtungen kommunizieren und ergänzen sich gegenseitig.

Der (west-) deutsche Sport folgt bis in die Gegenwart hinein der Idee des Männlichen. Sie steht symbolisch abgrenzend für Männerreservat. Seit den 70er Jahren hat sich jedoch die Sportwelt mit der Idee des Weiblichen auseinanderzusetzen. Die bundesrepublikanische Frauenbewegung wirkt in die Sportpraxis und ihre Organisationen hinein, indem sie die männliche Konstruktion des Sports infragestellt und kritisiert. Das Männermonopol wird aufgebrochen und mit feministischen Sportideen konfrontiert (vgl. Palzkill! u.a. 1991, Rose 1992).

Dem traditionellen Sportbegriff steht jener der „neuen Sportivität" entgegen. Eine Besonderheit fällt allerdings im Vergleich dieser beiden ideellen Konzepte auf: Sie schöpfen beide ihr weltanschauliches Potential aus der zentralen Thematisierung des menschlichen Körpers im Sport und dessen Kommunikation im symbolischen Kontext von körperlicher Leistungsfähigkeit, Interaktion sowie einem damit korrespondierenden Versprechen personaler und sozialer Identitätsstiftung. Der sportiv modellierte Körper scheint Lebenssinn erzeugen zu können. In einer technisch-wissenschaftlichen Zivilisation, deren kapitalistischen Vermarktungen, bietet das Konstrukt des sportiven Körpers als verbliebenes Moment menschlicher „Restnatur" eine Überlebenschance an. Kontinuität und Umbruch in einem: dem individuellen und gesellschaftlichem Sportkörper!

In der westdeutschen Sportentwicklung bildet sich eine immer intensiver werdende Wechselbeziehung zwischen symbolischen Formen idealistischer und materialistischer Körperkultur ab. Dieser Prozeß vollzieht sich innerhalb eines gesellschaftlichen Kontinuität-Umbruch-Kontinuums.

### 2.4."Ideologie des Sports" (BRD)

Zur „Ideologie des Sports" und ihrer westdeutschen Entwicklungstypik lassen sich zwei Ebenen, eine alltagssprachliche und -theoretische sowie eine wissenschaftliche, ausmachen. Mit beiden befasse ich mich abschließend, um daraus ein Programm sportideologischer Forschung und Theoriebildung abzuleiten.

### 2.4.1 Alltagsideologie des Sports

Alle reden über den Sport. Sie verfügen über Sporterfahrungen und -wissen. So erzeugt und sammelt sich ein subjektives und allgemeines Sportwissen an, das in Sportberichten, Sportprogrammen und vielen anderen verschrifteten und visualisierten Formen zutagetritt und gespeichert wird. Darin bilden sich Meinungen, Wertungen, Vorstellungen und Alltagstheorien ab, in denen Sport beschrieben, untersucht und idealisiert wird. Die gesellschaftliche Funktion derartiger ideeller Auseinandersetzungen und Manifestationen besteht darin, die immer komplexer werdende Sportwelt in weltanschaulichen Gedankengebäuden zusammenzufassen, Orientierungs- und Ordnungsmodelle zum Sport zu schaffen. In diesem Sinn- und Funktionszusammenhang haben weder der westdeutsche Sport noch seine gesellschaftlichen Umfelder eine einheitliche, in sich schlüssige Alltagsideologie des Sports hervorgebracht, mit Ausnahme einiger programmatischer Aussagen wie z.B. der „Charta des Deutschen Sports" (DSB 1982: 62-64), im Gegenteil: ein Merkmal der hier vertretenen ideellen Positionen drückt sich in unterschiedlichen Wert- und Normenrichtungen aus, die jeweils mit spezifischen gesellschaftlichen und sportimmanenten Interessen verbunden sind. Gleichwohl läßt sich ein ideelles Zentrum entdecken: „der Sport" als ein integratives Symbol verbindet bei allen weltanschaulichen Differenzen die verschiedenen Sportkonzepte, zugleich aber zeichnet sich mit dem ständig zunehmenden Einfluß der Massenmedien eine alltagsideologische Uniformierung dahingehend ab, daß die westdeutsche Sportentwicklung ideell, sprachlich und bildlich immer folgenreicher auf der Grundlage Show- und konsumästhetischer Kriterien umgeformt und darin in ihrer Vielfalt reduziert wird. Wenn es eine „Alltagsideologie des Sports" (BRD) gibt, dann eine eher massenmediale.

### 2.4.2 Ansätze einer wissenschaftlichen „Ideologie des Sports"

Ein Kern der „Ideologie des Sports" (BRD) findet sich in der wissenschaftlichen Analyse des Sports. Ende der 60er / Anfang der 70er Jahre revoltiert ein Teil der westdeutschen Jugend, zusammengeschlossen in der Studenten/innenbewegung, gegen autoritäre Verhaltens- und Systemstrukturen, gegen die zunehmende Restauration des Kapitalismus, aber auch gegen Mütter und Väter, denen vorgehalten wird, die NS-Herrschaft und deren Folgen nicht selbst-kritisch aufgearbeitet, sondern verdrängt zu haben. Die hier freiwerdenden ideellen Kräfte dringen aus den Universitäten in viele gesellschaftliche Lebensbereiche, ebenso in den Sport und die gerade sich konstituierende Sportwissenschaft. Ein wesentlicher Denkanstoß kommt aus der „Frankfurter Schule" der Soziologie, die sich erkenntnistheoretisch und methodologisch an einer weitergeführten und geöffneten marxistischen Gesellschaftstheorie orientiert. In der „Frankfurter Schule" entstehen die ersten ideologiekritischen Untersuchungen zum westdeutschen Sport (Rigauer 1969, Vinnai 1970, Prokop 1971), gefolgt von ideologiekritischen Analysen einer dogmatischen marxistischen Denkrichtung (Böhme u.a. 1971, Güldenpfennig u.a. 1974). Im Mittelpunkt stehen soziologische und polit-ökonomische Analysen des westdeutschen Sports, eingebunden in eine kapitalismuskritische Methodologie. Sportkritik erfährt eine Erweiterung zur Gesellschaftskritik. Die Untersuchungsergebnisse laufen auf folgende These hinaus: Obwohl der westdeutsche Sport sich selbst als eine relativ autonome, harmonische, politik-unabhängige, ökonomisch zweckfreie und pädagogisch „heile Welt" begreift und das auch programmatisch postuliert, ist er ein integratives Funktionssystem kapitalistisch organisierter Gersellschaft (BRD). Autoritäre, arbeitskonforme, politisch und ökonomisch reproduktive Verhaltens- und Systemmuster kennzeichnen und formulieren ihn. In diesem Widerspruch entdecken die Kritiker ideologische Denkweisen im Sinne „falschen" Bewußtseins, das der westdeutsche Sport innerhalb seiner Selbstreflexion sowie gesellschaftlichen Legimationskonzeption entwickelt hat. Der Sport verkörpert eine spezifische Form der herrschenden Ideologie (Kapitalismus). Darin wirkt er anti-emanzipatorisch, d.h. richtet sich ideell und institutionell gegen utopisch-gesellschaftliche Entwicklungsansätze, die zu einer vom Kapitalismus befreiten Gesellschaftsordnung führen wollen. Diese Ideologiekritik bleibt nicht unwidersprochen. Lenk (1972) und Krockow (1972) argumentieren im Kern sozialphilosophisch und -anthropologisch gegen den erhobenen Ideologievorwurf: Sport bietet, wenn auch gesellschaftlich integriert und beeinflußt, Freiheitsräume, in denen sporttreibende Menschen Sinnbegründungen und Identitätsentfaltungen erfahren können. Beide Autoren entziehen sich jedoch einer konstruktiven Fortsetzung des sportideologischen Diskurses. Das holt Rütten (1988) in einer Untersuchung nach: Er greift die Diskussion der 70er Jahre auf und führt sie über eine Rezeption ästhetischer Denkansätze in der „Kritischen Theorie der Gesellschaft" (besonders durch Adorno) aus der soziologischen und ideologischen Verengung auf eine Kritik des bürgerlichen Sports heraus hin zu einer Analyse des kulturindustriellen Sports und dessen immanente emanzipatorischen Potentiale. Hier müßte eine Wiederaufnahme sportideologischer Forschung ansetzen.

*3. Dialektik der Sport-Aufklärung*

Eine Ideologie des Sports hätte das bislang nur zögerlich begonnene Projekt einer Untersuchung sportkultureller Entwicklungen im Rahmen alltagskultureller Ausdifferenzierungen und deren gesellschaftlichen Grundlagen fortzuführen. Diese Aufgabe kann jedoch nur mit Hilfe interdisziplinärer Forschung und Theoriebildung angegangen werden, mitgetragen von empirischer Ideologieforschung. Profitieren würde sowohl die Soziologie des Sports als auch „die Sportbewegung selbst, die ein kritisches Selbstbewußtsein braucht, um auf die vielfältigen Versuche der ökonomischen und politischen Indienstnahme und die damit verbundenen Gefahren angemessen reagieren zu können." (Rütten 1988: VIII) Die gesellschaftliche Realität des Sports (BRD) ist jedoch von einem solchen 'kritischen Selbstbewußtsein' noch weit entfernt. Wie soll sie auch, wenn es nach wie vor in der Sportwissenschaft ebenfalls daran fehlt? Eine wissenschaftliche „Ideologie des Sports" ist vonnöten.

**Literatur**
Barth, H.(1961), Wahrheit und Ideologie. Erlenbach - Zürich.
Böhme, J. - O. u.a. (1971), Sport im Spätkapitalismus. Frankfurt/M.
DSB (Hg.) (1982), Deutscher Sportbund 1978 - 1982. Bericht des Präsidiums. Frankfurt/M.
Eichberg, H. (1973), Der Weg des Sports in die industrielle Zivilisation. Baden-Baden.
Güldenpfennig, S. / Volpert, W. / Weinberg, P. (1974), Sensumotorisches Lernen und Sport als Reproduktion der Arbeitskraft. Köln.
Horak, R. / Penz, O. (Hg.) (1992), Sport: Kult und Kommerz. Wien.

Horkheimer, M. / Adorno, Th. W. (1956), Ideologie. In: Soziologische Exkurse: 162-181. Frankfurt/M.
v. Krockow, C. (1972), Sport und Industriegesellschaft. München.
Lenk, H. (1972), Leistungssport: Ideologie oder Mythos? Stuttgart.
Palzkill, B. / Scheffel, H. / Sobiech, G. (Hg.) (1991), Bewegungs(t)räume. Frauen - Körper - Sport. München.
Prokop, U. (1971), Soziologie der Olympischen Spiele. Sport und Kapitalismus. München.
Rigauer, B. (1969), Sport und Arbeit. Soziologische Zusammenhänge und ideologische Implikationen. Frankfurt/M.
Rigauer, B. (1972), Der programmierte Sport. Seine ideologischen Wert- und Normenprobleme. In: Natan, A. (Hg.), Sport - kritisch: 28-49. Bern / Stuttgart.
Rigauer, B. (1992a), The „True Value" of Sport is its Commidity Value: A Critical Discourse of Ideology. (Dt. Titel: Der „wahre Wert" des Sports ist sein „Warenwert". Ein ideologiekritischer Diskurs.), in: Innovation in Social Research (4): 63-69.
Rigauer, B. (1992b), Sportindustrie. Soziologische Betrachtungen über das Verschwinden des Sports in der Markt- und Warenwelt. In: Horak, R. / Penz, O. (Hg.), Sport und Kommerz.: 185-201. Wien.
Rose, L. (1992), Sportwissenschaften und feministische Körper-Debatte, in: Sportwissenschaft 1: 46-59.
Rütten, A. (1988), Sport - Ideologie - Kritische Theorie. Etappen einer unglücklichen Liebe. Frankfurt/M.
Stichweh, R. (1990), Sport - Ausdifferenzierung, Funktion, Code, in: Sportwissenschaft (4): 337-389.
Vinnai, G. (1970), Fußballsport als Ideologie. Frankfurt/M.
Winkler, J. / Karhausen, R. - / Meier, R. (1985), Verbände im Sport. Eine empirische Analyse des Deutschen Sportbundes und ausgewählter Mitgliedsorganisationen. Schorndorf.
Wonneberger, G. u.a. (1967), Die Körperkultur in Deutschland von 1945 bis 1961. Berlin.

Prof. Dr. Gero Rigauer, Universität Oldenburg, FB 5 - Sportsoziologie, Uhlhornweg, PF 2503, D-26111 Oldenburg

## 2. Sport und Ideologie in der DDR am Beispiel des Sportunterrichts

*Klaus Rohrberg*

Die Auseinandersetzung mit dem Thema "Sport und Ideologie" unter aktueller und historischer Persektive halte ich für ein notwendiges Vorhaben, zu dem auch eine objektive Untersuchung des Verhältnisses von Sport und Ideologie in der DDR gehört. Dazu möchte ich als Beteiligter einen Beitrag leisten und mich dabei auf den Schulsport begrenzen. "Ideologie" soll in meinem Beitrag als Komplex interessengeleitet ausgewählter und eingesetzter Anschauungen zum Zwecke der Herrschaftserringung bzw. -sicherung aufgefaßt werden. Ideologien können sowohl wahre Aussagen enthalten (historisch bestätigte oder empirisch prüfbare), als auch unwahre (Dogmen, Mythen, Lügen). Ideologien, die allzuweit in Widerspruch mit der Realität geraten, verlieren ihre erwünschte Wirksamkeit, wie das Beispiel "sozialistischen Ideologie" gezeigt hat. Andererseits liegt gerade in dieser Vermischung von evidenten Wahrheiten mit postulierten Unwahrheiten das Verführerische von Ideologien. Aufgrund ihrer Verwurzelung in der Gesellschaft ist keine Sozialwissenschaft gegen Ideologien gefeit (Mannheim, b. Mikl-Horke 1992: 329). Ideologiekritik bedeutet daher zuerst ständige Überprüfung der eigenen Aussagen anhand der sozialen Realität und Freimachen von Irrtümern, Dogmen und Mythen - ein Grundsatz, der leider in den Sozialwissenschaften und auch in der Sportsoziologie der DDR zu wenig beachtet wurde. In vulgärmarxistischer Art wurde die "bürgerliche Ideologie" pauschal als unwahr und apologetisch dargestellt und dagegen die "sozialistische Ideologie" als unbestreitbar wissenschaftlich und wahrhaftig postuliert. Wenn Marx sich in seiner Schrift "Die deutsche Ideologie" kritisch mit der damaligen Philosophie und Nationalökonomie auseinandersetzt, so kann daraus nicht abgeleitet werden, er habe den Ideologiebegriff ausschließlich zur Kennzeichnung "falschen Bewußtseins" verwendet, vielmehr bestand sein Anliegen darin, die Irrtümer und Apologien innerhalb der "bürgerlichen Ideologie" aufzuzeigen, die dahinterliegenden ökonomischen und politischen Interessen aufzudecken und ihre materiellen Grundlagen zu analysieren (Marx/Engels 1981). Die hier praktizierte Methode halte ich auch für die wissenschaftliche Kritik von Ideologien im Sport und über den Sport für nachahmenswert, und ich gehe davon aus, daß Sport und Sportwissenschaft in beiden deutschen Staaten nicht frei von Ideologie waren. In der DDR sollte auch im Sport die "marxistisch-leninistische Weltanschauung als Ideologie der Arbeiterklasse" die Richtschnur für die Erziehung und für das Handeln der Sportler bilden. Die hier ansetzende wissenschaftliche Kritik hat dabei allerdings zu unterscheiden zwischen den gewollten und erreichten Zielen, den fremdgesetzten und den selbst gewonnenen Überzeugungen und Wertorientierungen, zwischen den gestellten Erziehungszielen und den realen Sozialisationseffekten, denn letzere waren ja keineswegs umfassend planbar und kontrollierbar und standen teilweise den gewollten Erziehungszielen entgegen. Eine weitere Differenzierung des Themas "Sport und Ideologie" ergibt sich aus der erforderlichen gesonderten Betrachtung der ausdifferenzierten Bereiche des Sports, wie Leistungssport, Breitensport und Schulsport, die meiner Ansicht nach in unterschiedlichem Maße und in unterschiedlicher Art und Weise ideologischen Einflüssen unterlagen. Meine Ausführungen werden sich auf den Bereich des Schulsports konzentrieren, nicht zuletzt auch deshalb, weil die Sportsoziologie der DDR nicht in die Leistungssportforschung einbezogen war und ihre Forschungen sich auf den Schul- und Freizeitsport konzentrierten. In meinen Erörterungen zum Thema Ideologie im Schulsport werde ich zunächst darstellen, welche ideologierelevanten Ziele im Sportunterricht verwirklicht werden sollten, werde diese ideologiekritisch zu bewerten bemüht sein und schließlich Aussagen darüber zu treffen versuchen, welche Rolle Ideologie in der Praxis des Schulsports tatsächlich spielte.

In den ab 1966 schrittweise geltenden Lehrplänen für die Klassen 5-10 lassen sich neben den dominierenden Aufgabenstellungen zur körperlichen Vervollkommnung und neben "neutralen" Erziehungszielen (z.B. Fairneß oder Gemeinschaft) auch ideologierelevante Erziehungsziele ausmachen (Lehrplan 1974: 5-12). Diese ideologierelevanten Erziehungsziele beziehen sich auf die Bereiche "Erziehung sozialistischer Persönlichkeiten", Beitrag des Sportunterrichts zur "Lebensvorbereitung" und die Rolle der Leistung im Sportunterricht. Dieser sollte einen Beitrag zur "Herausbildung sozialistischer Persönlichkeiten" leisten. "Das Hauptanliegen des Sportunterrichts" ist die physische Vervollkommnung der Kinder und Jugendlichen, die darauf gerichtet ist, "die körperliche Leistungsfähigkeit systematisch zu entwickeln, die Gesundheit zu fördern und die Herausbildung sozialistischer Persönlichkeiten zu unterstützen." (Lehrplan 1974: 5) Dieser

Auftrag an den Sportunterricht resultierte aus der grundlegenden gesellschaftspolitischen Zielstellung der Entwicklung sozialistischer Persönlichkeiten, in deren Zentrum zwar sozialistische Überzeugungen und Wertorientierungen stehen sollten. Jedoch umfaßte das Erziehungsideal einen umfassenden Kodex allgemeiner menschlicher Einstellungen, Eigenschaften und Fähigkeiten (Neuner 1975). Das "sozialistische Menschenbild", zu verschiedenen Zeiten von unterschiedlichen Autoren unterschiedlich formuliert, fußte auf bürgerlich-humanistischen Traditionen, berief sich auf Marx' Ausführungen zur Entwicklung des Menschen in der kommunistischen Gesellschaft, beruhte auf proletarischen Erziehungsvorstellungen und wurde beeinflußt von den Zielvorstellungen des 1961 beschlossenen Parteiprogramms der KPdSU zur Erziehung eines "neuen Menschen", insbesondere auch von dem formulierten Moralkodex (Programm 1961: 113). Für die Sportwissenschaft erschien jene Formulierung in diesem Programm besonders bedeutsam, die "geistigen Reichtum, moralische Sauberkeit und körperliche Vollkommenheit" als Merkmale des neuen Menschen hervorhob (ebd.114 ) und mit dieser Einbeziehung der körperlichen Vollkommenheit in das Erziehungsideal an Marx' Vorstellungen über die Einheit von Unterricht, polytechnischer Ausbildung und Gymnastik anknüpfte und somit eine Aufwertung der körperlichen Erziehung bedeutete. Das Verhältnis von körperlicher Vervollkommnung und Persönlichkeitsentwicklung war auch Gegenstand verschiedener eigener Publikationen (Rohrberg 1977, 1979, 1986), in denen ich ausgehend von den Besonderheiten sportlicher Tätigkeit (sportlichen Handelns) versuchte, dieses Verhältnis differenzierter darzustellen und von pauschalisierenden Aussagen wegzukommen. Meine darin verfochtene These, daß der sporttreibende Mensch sich in der sportlichen Tätigkeit zugleich auch stets mehr oder weniger gesellschaftliche Verhältnisse aneigne (Marx), finde ich durch den Transformationsprozeß im Osten anschaulich bestätigt. Der Beitrag des Sportunterrichts zur Persönlichkeitsentwicklung wird in der Literatur teilweise kontrovers diskutiert, und weder die Befürworter noch die Ablehner können auf beweiskräftige empirische Belege für ihre Positionen verweisen. Mit Sicherheit hängt der Einfluß des Sports auf die Persönlichkeitsentwicklung von der Zeitdauer, der Intensität, dem Zeitumfang, der Art und der Zwecksetzung des Sporttreibens ab. In Anbetracht dessen sollte man die Möglichkeiten von zwei bis drei Sportstunden wöchentlich wirklich nicht überbewerten. Jedoch haben meine Erfahrungen bei der Förderung leistungsschwacher Schülerinnen bestätigt, daß der Sportunterricht in Abhängigkeit von der pädagogischen Führung, der sozialen Situation in der Schulklasse und der individuellen Situation der betreffenden Schüler die Persönlichkeitsentwicklung sehr wohl beeinträchtigen oder fördern kann (Rohrberg 1965). Ob aber der Sportunterricht in der DDR wie gewünscht zur sozialistischen Persönlichkeitsentwicklung im engeren Sinne, also zur Herausbildung politischer Überzeugungen und Wertorientierungen beigetragen hat, halte ich für sehr fraglich.

Der Sportuntericht in der DDR sollte zur Vorbereitung auf das Leben in der sozialistischen Gesellschaft beitragen. "Stellung und Funktion des Sportunterrichts im System der Allgemeinbildung werden durch die Erfordernisse der sozialistischen Gesellschaft bestimmt." (Lehrplan 1974: 5) Konkret werden als Anforderungen genannt: Die Veränderungen in der Lebensweise, der Wandel im Charakter der Arbeit, die Landesverteidigung und die wachsenden kulturellen Bedürfnisse der Menschen. Mit der Funktion der "Lebensvorbereitung" durch den Sportunterricht wird einerseits die Frage seiner Instrumentalisierung und andererseits seiner Legitimierung berührt. In beiderlei Hinsicht spielte hier historisch betrachtet Ideologie stets eine Rolle, einmal indem seitens "der Gesellschaft" bestimmte Erwartungen an den Sportunterricht ausgesprochen wurden, die teils tatsächlich eine Instrumentalisierung darstellten, teils aber auch illusionären Charakter trugen, wie am Beispiel "Herausbildung sozialistischer Persönlichkeiten" gezeigt, zum anderen, indem die Lehrplangestalter selbst nicht selten in der Absicht, das Fach aufzuwerten, unrealistische und unkontrollierbare Zielstellungen einbrachten. In den DDR-Sportlehrplänen wurden politische Zielstellungen für den Sportunterricht, wie bereits aufgezeigt, unverhüllt ausgesprochen. Besonders hervorgehoben wurde die Arbeit mit dem ideellen Gehalt des Sportabzeichens "Bereit zur Arbeit und zur Verteidigung". Folgt nun daraus, daß solche Erwartungen in den Lehrplänen der Bundesrepublik nicht ausgesprochen werden, daß eine politische Instrumentalisierung des Sportunterrichts damit ausgeschlossen ist? Gibt es wirklich keine ökonomischen und politischen Interessen bezüglich der körperlichen Erziehung der Jugend? Stellen nicht selbst solche ideologiefreien sozialisatorischen Ziele, wie sie z.B. der neue Lehrplan für das Land Bayern formuliert, und gegen die absolut nichts einzuwenden ist, wie "Gesundheits-, Umwelt- und Sozialerziehung" auch immer Vorbereitung für das Leben in einer bestimmten Gesellschaft dar? Schule und Sportunterricht sind stets Bestandteil einer konkreten Gesellschaft und erfüllen damit stets Ziele dieser Gesellschaft bzw. der machtausübenden politischen Klasse. In den DDR-Sportlehrplänen der oberen Klassen wurde auch ein spezieller Beitrag des Sportunterrichts zur Verteidigungsbereitschaft verlangt (Lehrplan 1974: 126; 1989: 31). Hierin kommt die politische Instrumentalisierung am deutlichsten zum Ausdruck. Dieser Aufgabe diente auch die Einführung entsprechender Übungen, wie das Werfen mit einer Übungshandgranate (Jungen) anstelle des herkömmlichen Schlagballes, oder der spezielle Komplex "Ordnungsübungen", die, insofern sie mehr bezweckten, als notwendige Voraussetzungen für einen effektiven Unterricht zu sein, überzogen waren und, sofern von Sportlehrern ernst genommen, in Exerzieren ausarten konnten (Lehrplan 1974: 111; 1989: 29).

Eine begründete Einschätzung des auf diesem Gebiet tatsächlich Erreichten ist nur bedingt möglich, abgesehen von der physischen Ausbildung, über die die Untersuchungen der Forschungsgruppe Crassel (1986) detailliert Auskunft geben können. Inwieweit politische Erziehungsziele in die Motive der Schüler Eingang gefunden haben, darüber sagen die vorliegenden empirischen Untersuchungen nur wenig aus. In der Studie "Jugend und Sport" (Gras 1978) wurden 10 Motivindikatoren verwendet, die sich auf die Sinnbereiche Fitness, Leistung, Ansehen, Wettkämpfe, Gemeinschaft, Selbstvertrauen, Figur, Entspannung und Bewegung bezogen. Die von den Jugendlichen am häufigsten betonten Motive waren Fitness, Leistung, Bewegung und Gemeinschaft, also keine anderen, als bei Befragungen in der BRD (Brettschneider und Bräutigam 1990). In einer von mir in Zusammenarbeit mit der Forschungsgruppe Crassel an der DHfK durchgeführten Befragung zum Sporttreiben war im Komplex "Wertorientierungen" ein Indikator enthalten, der lautete: "Den Wert regelmäßigen Sporttreibens sehe ich für mich darin, daß es dazu beiträgt, mich auf die Anforderungen im Beruf, Studium und Armee vorzubereiten". In den Ergebnissen nahm dieser Indikator den 10. Rangplatz (bei 11 Indikatoren) ein, fand also neben dem "Wettkampfmotiv" seitens der Schüler die geringste Wertschätzung (Rohrberg 1989: 8). Auch andere vorliegende Befragungsergebnisse lassen aufgrund der verwendeten Indikatoren kaum Rückschlüsse auf das Vorhandensein politisch ausgerichteter Motive zu. Wurden sie in Ausnahmefällen aufgenommen (Ilg 1985: 333), so erwiesen sie sich als wenig bedeutsam und verhaltensrelevant. Wir haben hier die erstaunliche Tatsache, daß die Sportsoziologie in der DDR, nach Voigt (1992: 77) ein "Instrument der Parteiführung", es sich leisten konnte, bei ihren

Analysen zu Motiven und Wertorientierungen nahezu (Buggel und Erbach 1967, Voß 1982, Rohrberg und Lehnigk 1985, Gras 1987, Rohrberg 1989) ohne Ausnahme politisch indifferente Indikatoren zu verwenden und die Ergebnisse auch noch zu publizieren! Aufgrund der schwachen empirischen Beweislage vermag ich lediglich als Hypothese zu formulieren, daß eine Politisierung des Sportunterrichts, soweit sie beabsichtigt war, kaum gelungen ist - auch deswegen nicht, weil die Mehrzahl der Sportlehrer Vorbehalte gegenüber politisch erzieherischer Einflußnahme im Sportunterricht hatte und die Schüler sie ablehnten. Nicht zuletzt die Ereignisse des Jahres 1989 sprechen für diese Hypothese.

Der Sportunterricht sollte gemeinschaftliches Leistungsstreben fördern und das erworbene Können sollte sich in guten sportlichen Leistungen äußern (Lehrplan 1974: 6/7). Eine ausgeprägte Leistungsorientierung, wie sie dem Sportunterricht in der DDR teilweise nachgesagt wird, war vom Lehrplan her keineswegs angelegt. Vielmehr wird darin gefordert, "besonders auch den sportschwachen Schülern zu helfen und sie für regelmäßiges Sporttreiben zu begeistern" (ebd. 8). Auch der letzte Lehrplan von 1989 orientiert lediglich auf ein individuell möglichst hohes Niveau der konditionellen und koordinativen Fähigkeiten (ebd. 5). Allerdings hat ein Teil der Sportlehrer, vor allem jene, die selbst Leistungssportler waren oder außerunterrichtlich als Trainer im Nachwuchssport arbeiteten, dem Sportunterricht dennoch einen leistungsbetonten Charakter gegeben. Weit verbreitet war auch ein gewisser Zensurenfetischismus, verbunden mit häufigen Leistungskontrollen, der nicht gerade dazu beitrug, die Beliebtheit des Faches zu fördern, vor allem nicht bei den Leistungsschwächeren. Innerhalb der Motivation der Schüler nahm das Leistungsstreben nach vorliegenden empirischen Untersuchungen zumeist einen vorderen Rangplatz ein(Voß 1981, Rohrberg und Lehnigk 1985, Gras 1987, Rohrberg 1989, Rohrberg 1992, Saß 1993). Allen Erhebungen zufolge geht aber die Bedeutung des Leistungsmotivs mit zunehmendem Lebensalter deutlich zurück. Vergleichbare Untersuchungen aus dem Westen zeigen etwa die gleiche Tendenz (Brettschneider und Bräutigam 1990). Der unter den Schülern populäre Leistungsgedanke war verbunden mit einer engen Sportauffassung, wonach Sport vor allem leistungs- und wettkampfmäßig betriebenes Sporttreiben bedeutet. Diese Auffassung wurde durch das existierende schulische und außerschulische Wettkampfsystem und das verbreitete hohe öffentliche Ansehen des Leistungssports in der DDR gefördert. Große Teile der Kinder und Jugendlichen und ihrer Eltern standen einer leistungssportlichen Laufbahn durchaus aufgeschlossen gegenüber. Seit 1989 hat sich ein Wandel in der Einstellung zur Leistung im Schulsport vollzogen, teils als berechtigte Abkehr von vorhandenen Überhöhungen, teils in beflissener Anpassung an den Westen, unterstützt durch unsachliche Mediendarstellungen zum Sport in der DDR. Die rigorose Ablehnung jeglicher Leistung im Sportunterricht, gewissermaßen eine Ablösung der "Leistungsideologie" durch "Spaßideologie", stellt nicht nur bisherige Legitimationen des Faches in Frage (Gesundheits-, Leistungs- und Haltungsförderung), sondern stellt mit einer als "Öffnung" deklarierten Anpassung an Tendenzen des Freizeitsports seine Berechtigung als Unterrichtsfach überhaupt zur Disposition(Türk u.a. 1995).

Mein Beitrag zum Thema der Sektionsveranstaltung "Sport und Ideologie" konzentrierte sich auf das Beispiel Sportunterricht und erörterte drei ideologierelevante Aufgabenstellungen: Den Beitrag zur Entwicklung sozialistischer Persönlichkeiten und zur Vorbereitung auf das Leben in der Gesellschaft sowie die Rolle des Leistungsgedankens. Hinsichtlich der ersten beiden Zielstellungen dürfte eine politische Instrumentalisierung des Sportunterrichts im Sinne ideologischer

Erziehung weniger stattgefunden haben, als nach dem Studium entsprechender Dokumente und der Literatur angenommen werden kann. In der Realität stärker ausgeprägt war indes eine gewisse Leistungsideologie, obwohl in den Lehrplänen nicht gefordert.

**Literatur**
Buggel, Edelfried/Erbach, Günter (1967), Körperkultur und Sport im Freizeitverhalten der DDR-Bevölkerung. Bericht über die sportsoziologische DDR-Erhebung 1965. Berlin.
Brettschneider, Wolf-Dietrich/Bräutigam, Michael (1990), Sport in der Alltagswelt von Jugendlichen. Forschungsbericht. Frechen.
Crasselt, Wolfram (1988), Physische Entwicklung der jungen Generation. 13. Forschungsbericht. Leipzig.
Gras, Friedrich-Wilhelm (1987), Jugend und Sport. Berlin.
Ilg, Hubert (1985), Motivation im Sportunterricht, in: Sportunterricht 35: 323-344.
Hurrelmann, Klaus (1986), Einführung in die Sozialisationstheorie. Weinheim/Basel
Lehrplan Sport (1974), Klassen 5-10. Berlin.
Lehrplan Sport (1989), Klassen 4-10. Berlin.
Marx, Karl/Engels, Friedrich (1981), Die deutsche Ideologie, in: Ausgewählte Werke Bd. 1: 201-277.
Mikl-Horke, Gertraude (1992), Soziologie. München/Wien.
Neuner, Gerhard (1975), Sozialistische Persönlichkeit, ihr Werden, ihre Erziehung, Berlin, Programm und Statut der KPdSU (1961). Berlin.
Rohrberg, Klaus (1965), Leistungsschwache Schüler im Sportunterricht und ihre Förderung. Potsdam.
Rohrberg, Klaus/Lehnigk, Sylvia (1985), Motive des Leistungsverhaltens der Schüler in der Oberstufe, in:Körpererziehung 35: 335-344.
Rohrberg, Klaus (1989), Zur Ausprägung sportbezogener Wertorientierungen von Schülern der Klassen 8 und 10 an 12 ausgewählten Schulen des Kreises Zwickau/Land. Zwickau.
Rohrberg, Klaus (1992), Wertewandel im Freizeitsport der Schüler? In: E.Gräßler (Hg.): Ich oder Wir? Wir und Ich! Freizeitkultur zwischen Individualisierung, Regionalisierung und Globalisierung. Zwickau.
Saß, Ingemarie (1993), Sportunterricht und Freizeitsport im Erleben von Schülerinnen und Schülern, in: Jürgen Dieckert u.a. (Hg.), Sportwissenschaft im Dialog. Aachen.
Voß, Peter (1981), Die Freizeit der Jugend. Berlin.

Prof. Dr. Klaus Rohrberg, Kurt-Eisner-Str. 21a, D-08058 Zwickau

## 3. Sport als Zivilreligion? Ideologische Unterschiede und Gemeinsamkeiten in Ost und West

*Kurt Weis*

Dieser Text bringt mit Sport und Religion Begriffe zusammen, die in der wissenschaftlichen Bearbeitung und alltäglichen Betrachtung selten Berührung finden. Oft scheint das Interesse für den einen Bereich eine Beschäftigung mit dem anderen zu verhindern. Dabei gibt es viel Gemeinsames. Religion und Sport sind soziale Institutionen mit hoch ritualisierten Handlungselementen. Sie schaffen "Aus-Zeiten" aus der Alltagshektik. Sie können Staaten und Gesellschaften als Staatsreligion und Volksreligion, als Staatssport und Volkssport dienen. Sie können sich in ihren Funktionen ablösen, ergänzen oder überlagern.

*Religion*

Religionen zeigen sich in menschlichem sozialem symbolischem Handeln. Ihren Anhängern helfen sie bei der Interpretation der Welt, der Sinnfindung und Sinnzuschreibung des Lebens und dem Versuch der Kontaktaufnahme zu einer anderen, nicht sichtbaren Welt. Aus dem weiten Feld vielfältiger Funktionen von Religionen seien fünf besonders erwähnt, auf die am Schluß zurückzukommen ist: Religionen sind (1) Kulturträger. Sie führen zu Religionskulturen, welche dann die gesellschaftlichen Kulturen beeinflussen und prägen. Als wesentlichen Inhalt ihrer Lehre haben Religionen (2) eine Doktrin oder Theologie. Sie beschäftigen sich (3) mit Fragen der Ethik und Moral und machen dazu wesentliche Aussagen. Sie einen Menschen (4) und dienen ihnen zur Gruppenidentifikation. Soweit Religionen lebendig sind - das wird in unserer großenteils nachchristlichen Kultur oft vergessen - werden sie gelebt und erlebt und führen auch (5) zu religiösen Erlebnissen.

*Sport*

Sport ist körperlich erlebtes soziales Handeln mit symbolischer Bedeutung, das in spielerischer Form inhaltlich zumeist als Wettkampf zwischen zwei oder mehr Teilnehmern oder gegen die Natur nach bestimmten Regeln betrieben wird. Dabei ist nicht die körperliche Bewegung oder Anstrengung als solche entscheidend, sondern die ihr zugewiesene symbolische Bedeutung, die auch zwischen Spiel und Arbeit trennt. Die Aufgaben des Sports sind vielfältig. Sie reichen von der Förderung der Gesundheit bis zum internationalen Leistungsvergleich.

Sport in der Form internationalen sportlichen Erfolges kann unter dem Aspekt seiner innen- und außenpolitischen Nebenwirkungen zum vorrangigen Staatsziel erklärt werden. Das war der Fall in der ehemaligen DDR, der es um das Gewinnen möglichst zahlreicher Medaillen bei Olympischen Spielen und Weltmeisterschaften ging. Sport kann andererseits, wie etwa schon im früheren bundesrepublikanischen Westdeutschland, sich zumindest zum Verdeutlichungsagenten der Gesellschaft und ihrer Utopien entwickeln. Hier wird im Sport nicht nur Sinn produziert, hier wird auch Komplexität reduziert und deutlicher als anderswo eine Idealwelt von Leistung und Belohnung vorgeführt.

Neben den alten Basisinstitutionen der Familie, Religion, Wirtschaftsform und Staatsform ist Sport zu einer modernen sozialen Institution mit zunehmendem Einfluß geworden. Institutionen lassen sich anhand von sechs typischen, besonders wichtigen Elementen (*Bedürfnisbefriedigung*, dafür *Verhaltensordnung*, dazu *soziale Rollen*, damit *soziale Kontrolle*, dabei *Zusammenspiel*, dadurch *Gesellschaftsprägung*) beschreiben und verstehen. Das Beispiel des Sports zeigt es hier:

a) Sport befriedigt u.a. das Bedürfnis nach Bewegung, nach Spiel und Wettkampf, Unterhaltung, Austoben und Leistungsvergleich.

b) Für diese Befriedigung wird eine im organisierten Sport besonders deutliche Reglementierung von Verhaltensweisen vorgeschrieben. Zeit und Ort des Sporttreibens sind festgelegt. Für Wettkämpfe und das Messen von Leistungen gibt es einheitliche Regeln.

c) Im Sport wie in anderen sozialen Institutionen ist das Verhalten in sozialen Rollen organisiert. Die Träger dieser Rollen empfinden das als "Pflicht" oder "Amt": Sportler, Trainer, Sportlehrer, Manager, die ehren"amt"lichen Mitarbeiter in Vereinen und Verbänden, nationale und internationale Funktionäre und Präsidenten von Sportbünden und Olympischen Komitees.

d) Angesichts dieser Reglementierung erfüllt Sport mit anderen Institutionen in der Gesamtgesellschaft eine Stabilisierungsfunktion und spielt deswegen auch eine zunehmend wichtige Rolle bei der sozialen Kontrolle. Im Sport wird Konformität gefördert.

e) Die Institutionen einer Gesellschaft einschließlich des Sports spielen bis zu einem gewissen Grad zusammen und stützen sich gegenseitig. Die Übertragung wichtiger Funktionen von einer Institution auf eine andere deutet gesellschaftlichen Wandel und eine gewisse Umstrukturierung dieser Gesellschaft an. Dem Sport werden allenthalben (auch von anderen Institutionen einschließlich Parteien und Kirchen) wie einem universellen Allheilmittel für die Mängel und Schäden unserer Gesellschaft heute (im Rahmen einer "funktionellen Überlastung" teilweise unzutreffend) gesundheitliche, sozialerzieherische und charakterbildende Wirkungen unterstellt, die früher eher von anderen Institutionen (Familie, Schule, Kirche) wahrgenommen werden sollten. Das durch die Werbung veranschaulichte Vor- und Idealbild scheint der gesunde, leistungsbereite, glückliche Konformist zu sein. Der übliche sportsoziologische Themenkatalog, das Wechselspiel zwischen Sport und Wirtschaft, Politik, Religion, Massenmedien, Erziehungswesen usw. verdeutlicht die für diese genannten Bereiche zunehmend wichtige Rolle des Sports und die sich verdichtenden Zusammenhänge und Abhängigkeiten.

f) Sport befriedigt als Institution wichtige Bedürfnisse von Individuen und Gruppen, wird aber von anderen Institutionen mitgeprägt. Kürzer: Die Gesellschaft prägt den Sport.

Besonders aus den drei zuletzt genannten Punkten, hier vor allem wegen der unter (e) angesprochenen "funktionellen Überlastbarkeit", zeigt sich Sport für alle möglichen Gesellschaftsordnungen vom rechten bis zum linken Extrem besonders ideologieanfällig.

Bislang fehlen weitgehend Versuche, unter dem gemeinsamen Dach einer Gesellschaftswissenschaft oder Kultursoziologie Funktionen des Sports, die im Rahmen sportsoziologischen Denkens erarbeitet wurden, und Funktionen von Religionen, die aus religionssoziologischer Erkenntnis stammen, näher zusammenzuführen. Hier mag für einen Brückenschlag eine Analyse des Sports als Zivilreligion hilfreich sein. Dann müßte sich auch die mitteleuropäische Religionssoziologie stärker den außereuropäischen Trends anschließen und aufhören, sich in traditioneller Einschränkung mit Vorliebe einer Kirchensoziologie zu widmen oder sich mit abgebremsten Säkularisierungsprozessen zu beschäftigen. Entsprechend müßte die Betrachtung des Sports von den sportinternen Scheuklappen und der entsprechenden Sichtverengung befreit werden. Die Vortragsthemen und der bisherige Verlauf der Diskussion in dieser heutigen Sitzung der Sektion Sportsoziologie zeigen ja energische Schritte in diese Richtung.

*Ideologie*

Wir finden Ideologien unter vielfältigen Schattierungen von individueller und kollektiver Selbsttäuschung bis zur Inszenierung von Herrschaftsinteressen. Mit Hilfe der Ideologie und der Ideologie-Kritik wird gern, nicht nur bei und von Marx, anderen "falsches Bewußtsein" attestiert. So werden auch Mythologie und Religion und Sport kritisiert. Nach der kritischen Theorie ist Ideologie alles das, was die reibungslose Anpassung an die herrschenden Strukturen der Gesellschaft befördert und die Reflexion über die bestehenden Verhältnisse behindert. Hier werden wir leicht an den Sport im Rahmen seiner konformitätsfördernden Ausprägung erinnert. Wendet man mit Lenin den Ideologiebegriff von Marx ins Positive und nutzt ihn zu Agitation und Propaganda, dann kann Ideologie im Sport auch als Mittel der Motivation eingesetzt werden. Dies haben besonders einige kommunistische Staaten erfolgreich im Rahmen des von ihnen propagierten "Wettkampfs der Systeme" betrieben. Bei diesem "Wettkampf" wird die schon erwähnte Ideologieanfälligkeit des Sports deutlich. Neben sozialer Institutionalisierung und hochgradiger Ritualisierung stellt nämlich ideologische Instrumentalisierbarkeit eine weitere Gemeinsamkeit von Sport und Religion dar.

*Zivilreligion*

Das Konzept der Zivilreligion wurde 1967 von Robert N. Bellah durch seinen provokanten Essay über *"Civil Religion in America"* in der Zeitschrift *Daedalus* in die amerikanische Diskussion eingeführt. Wie Bellah damals (1967: 8) ausführte, ist *civil religion* (deutsch genauer: "Bürgerreligion") "eine Sammlung von Glaubensvorstellungen, Symbolen und Ritualen mit Bezug auf heilige Dinge, die in einem Kollektiv institutionalisiert wurden." Diese "Zivilreligion wurde vor leerem Formalismus bewahrt und diente den Amerikanern als ein einzigartiges Vehikel des nationalreligiösen Selbstverständnisses." Inzwischen sinkt der Stern der Zivilreligion (Weis 1995a, 1995b).

Phillip Hammond, einer der engagiertesten und treuesten Befürworter des Konzepts der Zivilreligion und häufiger Mitautor und Mitherausgeber von Bellah, faßte die Ideologie, die der Vereinigung von Politik und Religion zugrundeliegt, wie folgt zusammen:
(1) Es gibt einen Gott,
(2) dessen Wille durch demokratische Verfahren erkannt werden kann; deswegen
(3) ist das demokratische Amerika Gottes vorrangiger Agent in der Geschichte und
(4) für Amerikaner ist die Nation zu ihrer hauptsächlichen Identitätsquelle geworden (Hammond 1980: 41f.)

Andernorts erläuterte er ausführlicher die geistigen Strömungen, die das Entstehen der amerikanischen Zivilreligion beherrschten: *Die Amerikaner sind das auserwählte Volk.* Derartige Einstellungen mögen im Bereich gesellschaftlicher Selbstwahrnehmung und sportlicher Wunschvorstellungen sehr weit, möglicherweise fast flächendeckend verbreitet gewesen sein. In Mitteleuropa, nach zwei verlorenen Weltkriegen, klingen sie für viele heute seltsam, fast unverständlich. Gelegentlich vermischt sich evangelikaler Schwung mit zivilreligiösem Stil. Ich erinnere an typische Äußerungen bekannter amerikanischer Sportstars. Walter Payton von den Chicago Bears meinte, er habe während seines zweiten Jahres erlebt, wie seine guten Leistungen und sein Auftreten als professioneller Footballspieler die Kinder zu ihm aufschauen ließen: "Gott befähigte mich, mit ihnen in Kontakt zu treten. Ich erkannte, daß Christus auf diesem Weg durch mich sein Evangelium verbreiten wollte. Meine berufliche Leistung ist Gottes Weg, mich zu gebrauchen, um diese Kinder zu erreichen und sie zu Christus zu bringen." Nachdem die Cowboys 1972 im Superbowl Miami geschlagen hatten, erklärte Roger Staubach: "Ich hatte gelobt, es würde zu Gottes Ruhm und Ehre sein, egal ob wir gewinnen oder verlieren. Natürlich war der Ruhm für Gott und für mich größer, da wir gewannen ... " (Hoffman 1992: 121)

Liest man die Fülle entsprechender Zitate, so bleiben doch einige Fragen: Ist mein Footballclub der auserwählte? Ist der allmächtige Gott ein Privatagent von Sportvereinen? Wurde aus Jesus von Nazareth ein überzeugter Sportfan, gar ein edler Quarterback? Ist der Gott des Sports ein naturalisierter Amerikaner? Ist er (oder sie, mögen einige derzeit vielleicht schon fragen) derselbe wie der Gott des Krieges oder des Geldes (von dem die Amerikaner auf all ihren Münzen und Geldscheinen seit dem Kalten Krieg ja drucken: *In God we trust*)?

*Sport als Leute-Religion*

Vor einiger Zeit schlug James A. Mathisen vor, Sport nicht mehr als *civil religion*, sondern als *folk religion* anzusehen. Er schreibt nun: "Als die Kraft der kürzlichen Episode der Zivilreligion im Schwinden war, begann der Sport dieses Vakuum zu füllen und den *american way of life* zu verkörpern und zu bestätigen, für eine wachsende Anzahl unter uns. Mit seiner Neuordnung unserer Mythen und Werte, unserer kultischen Gepflogenheiten und unseres Sinnes für Geschichte und Tradition, besetzt der Sport jetzt einen beherrschenden Platz in der gemeinsamen amerikanischen Erfahrung ... " (Mathisen 1992: 30). Er faßt zusammen, Sport sei als *civil religion* im Abstieg und als *folk religion* im Aufstieg (Mathisen 1992: 18), und empfiehlt folgende Unterscheidung:
- *Civil religion* ist größer und umfassender als *folk religion*.
- *Civil religion* ist für die Eliten, *folk religion* für die einfachen Leute.
- *Civil religion* ist differenzierter und institutionalisiert; *folk religion* ist weniger bestimmt und für die praktizierenden Anhänger weniger leicht erkennbar.
- *Civil religion* ist eher episodenhaft mit oft kürzerer Lebensspanne, während *folk religion* unter der Oberfläche fortlebt als ein untrennbarer Bestandteil der Vorstellungen, welche die Menschen vom Funktionieren der Welt haben (vgl. a.a.O.)

Angesichts des weiten Mißbrauchs des Begriffs "Volk" während der Nazi-Diktatur mag ich für die deutsche Sprache das Wort "Volksreligion" nur ungern übernehmen. *Folk Religion* entspricht ohnehin mehr einem Begriff wie "Leute-Religion".

Warnende Klarstellungen bleiben nötig: "Sport ähnelt auf vielerlei Weise der Religion, wie er auf manch andere Weise dem Krieg ähnelt, aber er darf weder mit Religion noch mit Krieg gleichgesetzt werden" (Higgs 1992: 90). Sport und Religion, Zivilreligion, Volksreligion ersetzen sich nicht gegenseitig. Sie können sich ergänzen, gegenseitig verstärken, unterstützen und durchdringen. Sie haben manche ähnlich gelagerten Strukturen und Funktionen. Möglicherweise ist Sport der Bereich, in dem Zivil-, Volks- und Leute-Religion in ihrer ausdrücklichsten und pervertiertesten Form überleben. Solange andere Religionen existieren, sind *civil religion* und *folk religion* im vorgenannten Sinne keine eigenständige Religion. In einigen offiziell oder vermutlich atheistischen Gesellschaften wie der früheren Sowjetunion und einigen ihrer Satelliten diente Sport mit all seinen nationalistischen Ritualen dazu, religiöse Funktionen ganz im Sinne von Dürkheims "Kollektivbewußtsein" zu erfüllen. Das sowjetische Imperium fiel zusammen. Die nationalistischen und chauvinistischen Rituale haben wir behalten. Sind wir jetzt im Sport die wirklichen Atheisten oder schon Neu-Religiöse?

*Sport als neu-heidnische Religion*

Die modernen Olympischen Spiele wurden vor hundert Jahren von Pierre Baron de Coubertin ausdrücklich in Form einer Religion, einer am alten Griechentum angebundenen neu-heidnischen Religion, ins Leben gerufen. Das Christentum hatte seinerzeit das alte Heidentum überwunden und daher auch die alten Olympischen Spiele 394 n. Chr. verboten. Nach der Französischen Revolution 1789 und dem Ende eines lebensweltfüllenden christlichen Kultes suchte Coubertin dieses auch in der Erziehung spürbare Vakuum mit etwas Neuem zu füllen. Das Ergebnis des neuen Olympismus ist uns bekannt. Gegen das humanistisch-athletische Neuheidentum begehrte das Christentum auf seinen Rückzugsgefechten nicht mehr auf, die traditionell christlichen Teile der Erde fördern vielmehr mit ihren politischen und geistlichen Führern den neuen Olympischen Sport. Coubertin war erfolgreich. Allerdings sei der laufende Austausch von Zielen und Mitteln, der Coubertins Absicht bis zur Unkenntlichkeit verdrehte, in seinem vielstufigen Weg noch einmal zusammengefaßt:

(1) Ursprüngliches Ziel Coubertins: Verbesserung der Jugend und der Menschheit:
  - das Mittel: erneuerte Sozialisation
(2) Um diese Sozialisation zu erreichen und zu verbessern:
  - das neue Mittel: Sport
(3) Um Sport zu erreichen und zu verbessern:
  - das neue Mittel: die Form einer Religion
(4) Um die religiöse Form zu erreichen und zu propagieren:
  - das neue Mittel: moderne Olympische Spiele
(5) Um die Olympischen Spiele zu erreichen und zu etablieren:
  - das neue Mittel: der Kult der Nation
(6) Um den Kult der Nation zu erreichen und dauerhaft zu halten:
  - das neue Mittel (und das endgültige Ziel): wirtschaftlicher Erfolg.

In unserer am wirtschaftlichen Gewinn orientierten Welt erreichte diese Entwicklung erst sicheren Boden, als sie nicht nur politischen, sondern auch wirtschaftlichen Gewinn abwarf. Dies geschah durch Übertragungen und Werbeeinblendungen im Fernsehen. Die Zahlen zeigen die Entwicklung. Um die Olympischen Sommerspiele senden zu dürfen, zahlten Fernsehsender dem Internationalen Olympischen Komitee:

| | |
|---|---|
| München 1972: | 17,7 Millionen US-Dollar |
| Los Angeles 1984: | Über 200 Millionen US-Dollar |
| Seoul 1988: | Über 400 Millionen US-Dollar |
| Barcelona 1992: | Über 600 Millionen US-Dollar. |

Der sozialistische Sport hat zumindest mit seinen Bildern vom sozialistischen Menschen und der sozialistisch entwickelten Persönlichkeit und der dazugehörigen Rhetorik Coubertins Ideale viel häufiger als der Westen zitiert und propagiert. Im Osten war der Sport als neu-heidnischer Religionsersatz erfolgreich geworden. Er sollte gleichzeitig die fünf eingangs erwähnten gesellschaftlichen und kulturellen Funktionen der Religion erfüllen: Er sollte als Kulturträger dienen; seine Doktrin wurde immer weiter ausgefeilt; er wurde für Moral und Ethik herangezogen; er sollte die Menschen identitätsfördernd einen und ihnen schließlich richtige Erlebnisse schenken. Dazu war der Sport in der ehemaligen DDR vorrangiges Staatsziel geworden, um für die Bürger ein DDR-Nationalgefühl, einen Nationalstolz und ein neues Selbstbewußtsein zu schaffen. Sportlicher Medaillenerfolg diente als internationaler und nationaler Vorzeige-Bereich, dem alles andere nachgeordnet wurde. Er entwickelte sich tatsächlich zur Durchbruchstelle für die internationale politische Anerkennung. Immer weitere Enthüllungen über Doping und damit zusammenhängende Menschenversuche verdeutlichen, wie sehr dies gelegentlich ohne Rücksicht auf finanzielle und menschliche Kosten geschah.

Im pluralistischen Westen etablierte sich Sport als soziale Institution und als Teilbereich der Gesellschaft. Er wurde zum Repräsentanten dieser Gesellschaft, von allen anderen Institutionen und eben der Gesellschaft selbst geprägt.

Bürger in Ost und West hofften und wollten, daß ihr Sport sie selbst und die besten Seiten ihres Systems repräsentiere. So zeigte er zum einen in Ost und West ganz normale und viele liebenswerte Menschen. Zum anderen repräsentierte er für Ost und West die jeweiligen politischen, wirtschaftlichen und gesellschaftlichen Systeme mit all ihren Vorteilen und Exzessen. Da gab es die graduellen, aber weltentrennenden Unterschiede. Nach sozialistisch-kommunistischer Auffassung ist der Bürger und der Sportler für den Staat und die Gesellschaft da. Nach westlich-bürgerlicher Auffassung sind Staat und Gesellschaft für den Bürger und den Sportler da. Natürlich waren die Alltagssituationen keineswegs in allen Fällen so widersprüchlich extrem und voneinander entfernt. Scheitern und gefördert werden konnte man in beiden Systemen.

Aber auf der einen Seite waren Sport und sportlicher (Welt-)Erfolg als Zivil-Religion zur Staatsreligion erhoben, an deren identitätsstiftendem Erfolg sich alle Bürger freuen sollten, die das große sozialistische Staatsgefängnis nicht verlassen durften. Auf der anderen Seite waren Sport und sportlicher Erfolg eine von vielen zivilreligiösen Nebenerscheinungen auf dem bunten Markt des westlichen Pluralismus.

**Literatur**
Hammond, Phillip E. (1980), The Conditions for Civil Religion: A Comparison of the United States and Mexico, in: Robert N. Bellah / Phillip E. Hammond, Varieties of Civil Religion, San Francisco, 40-85

Higgs, Hal (1992), Muscular Christianity, Holy Play, and Spiritual Exercises: Confusion about Christ in Sport and Religion, in: Shirl J. Hoffman (ed.), Sport and Religion. Champaign, Ill., Human Kinetics, 89-103

Hoffman, Shirl J. (1992), Evangelicalism and the Revitalization of Religious Ritual in Sport, in: Shirl J. Hoffman (ed.), Sport and Religion. Champaign, Ill., Human Kinetics, 111-125

Mathisen, James A. (1992), From Civil Religion to Folk Religion: The Case of American Sport, in: Shirl J. Hoffman (ed.): Sport and Religion. Champaign, Ill.: Human Kinetics, 17-33

Weis, Kurt (1995a), Cults and Bodies: On the Cultivation and Use of the Body in Religion, Sport and Society, in: Karl-Heinrich Bette / Alfred Rütten (eds.), International Sociology of Sport, Contemporary Issues, Festschrift in Honor of Günther Lüschen, Stuttgart, pp. 303-320.

Weis, Kurt (1995b), Sport als soziale Institution zwischen Zivilreligion und Religionsersatz, in: Joachim Winkler und Kurt Weis (Hg.), Soziologie des Sports, Opladen, S. 73 ff.

Prof. Dr. Kurt Weis, Technische Universität München, Institut f. Sozialwissenschaften,
Lothstr. 17, D-80335 München

# XIX. Sektion Soziologische Theorie
*Leitung: Johannes Berger*

## Modernisierungstheorie und sozialer Wandel in Europa

### 1. Einleitung

*Johannes Berger*

Das ausgehende zwanzigste Jahrhundert stellt sich dem aufmerksamen Beobachter als eine Zeit beschleunigten und intensivierten sozialen Wandels dar. Für diese Sicht der Dinge sprechen nicht nur die gewaltigen gesellschaftlichen Umbrüche in den Staaten Osteuropas, sondern auch eine Reihe tiefgreifender Änderungen in den westlichen Demokratien. Stichworte für den Wandel in den „alten" Ländern des Westens sind Globalisierung, Informationsgesellschaft, Wertewandel, Individualisierung, Flexibilisierung, die „Verflüssigung" und „Semantisierung" des Sozialen etc. So umfassend nun der globale Wandel auch sein mag, er hat, wie es scheint, keine neuen theoretischen Anstrengungen ausgelöst. Das einzige fachimmanente Angebot zum Begreifen gesellschaftsweiter Transformationsprozesse ist die „gute alte" Modernisierungstheorie. Ohne sie stünde unsere Disziplin mit leeren Händen da. Das Nächstliegende, was die Sektion „Soziologische Theorien" angesichts dieser Sachlage tun kann, ist, in eine Prüfung des Theoriebestands einzutreten.

Nun setzt die Wiederaufnahme des Themas offensichtlich voraus, daß es so etwas wie *die* Modernisierungstheorie überhaupt gibt. Auch das ist verschiedentlich bestritten worden. Um Theorie zu sein, ist ein Mindestmaß an Konsistenz erforderlich. Dieses scheint der Modernisierungstheorie zu fehlen. Für ihre Kritiker ist sie kaum mehr als ein Sammelname für in Anlage und Aufbau sehr heterogene Forschungsrichtungen, die nur in einem losen Sinn zusammengehören. An dieser Kritik ist m.E. soviel richtig, daß es *die* Modernisierungstheorie nicht gibt - wenn darunter eine kanonische Fassung, die in Lehrbuchform existiert,- vergleichbar etwa der mikroökonomischen Theorie der Haushaltsnachfrage - verstanden wird. Aber es gibt sehr wohl einen Kanon gemeinsam geteilter Grundüberzeugungen, der es erlaubt, die verschiedenen Versionen der Modernisierungstheorie unter dem Dach einer gemeinsamen Bezeichnung zu versammeln.

Für Zwecke der Sichtung des Theoriebestands ist es m.E. hilfreich, zwei Forschungsströmungen zu unterscheiden. Die Modernisierungstheorie ist (a) eine „Theorie des Westens". In dieser Form ist sie ganz eng mit der Entstehung der Soziologie verbunden. Ihre zentrale Aufgabe besteht in der Erklärung der „großen Transformation", also jenes Durchbruchs zur industriellen Gesellschaft, der originär -so die Behauptung - nur ein einziges Mal vor ca. 200 Jahren in einem abgrenzbaren geographischen Gebiet Westeuropas stattgefunden hat. Erklärung heißt in diesem Fall: die nachträgliche Rekonstruktion eines singulären Ereignisses. Im Anschluß an die Erklärung der Heraufkunft des Westens stellt sich der Modernisierungstheorie die *weitere* Aufgabe, die Strukturen und Entwicklungen auf dem Boden westlicher Gesellschaften zu analysieren.

Davon unterscheiden möchte ich (b) die Modernisierungstheorie als Theorie der Entwicklungsländer - Entwicklungsländer in dem ganz weiten Sinn verstanden, der alle nicht-westlichen oder alle Nachzügler-Gesellschaften umfaßt. Als Theorie der „nachholenden" Entwicklung beansprucht die Modernisierungstheorie einen Bezugsrahmen für Forschungen über alle die Länder abzugeben, die in Modernisierung begriffen sind. Besonders diese Version der Theorie ist es, die das Kreuzfeuer der Kritik auf sich gezogen hat. Zwei Grundüberzeugungen kennzeichnen die Modernisierungstheorie als Theorie sich entwickelnder Gesellschaften: erstens, die Transformation, die die westlichen Länder zuerst durchlaufen haben, ist wiederholbar. Die Modernisierungstheorie behauptet nicht die Unausweichlichkeit und Gleichförmigkeit dieses Prozesses, sondern analysiert die Bedingungen der Möglichkeit der Transformation, so wie die ökonomische Wachstumstheorie auch nicht das Versprechen abgibt, daß kapitalistische Wirtschaften immer wachsen, sondern die Bedingungen klärt, die gegeben sein müssen, damit sie dies tun können. Die Überzeugung von der Wiederholbarkeit der Transformation gewinnt ihre Spitze aber erst durch die ergänzende Behauptung, daß die Nachzügler in ihrer Entwicklung durch die Vorläufer nicht behindert werden. In dieser Überzeugung kommt der unerschütterliche Optimismus der Modernisierungstheorie zum Vorschein. Heute wird er durch die Entdeckung ökologischer Grenzen des Wachstums auf eine harte Probe gestellt.

Zweitens einigt die verschieden Forschungsrichtungen der Modernisierungstheorie eine sog. Kompatibilitätsannahme. Die Modernisierungstheorie hat den Prozeß der Modernisierung immer als einen multidimensionalen Vorgang angesehen. Verschiedene Aspekte - Industrialisierung, Demokratisierung, Säkularisierung fügen sich zu einem umfassenden Wandlungsprozeß zusammen. Die Modernisierungstheorie nimmt an, daß die verschiedenen Komponenten des Prozesses einander nicht im Wege stehen, sondern sich wechselseitig ergänzen und unterstützen. Die bekannteste, auch empirisch wiederholt getestete Version dieser Annahme ist die sog. Lipset-These: "Democracy is related to the state of economic development. The more well-to-do a nation, the greater the chances that it will sustain democracy" (Lipset 1960: 31). Wenn ich recht sehe, darf diese Annahme heute im wesentlichen als bestätigt gelten.

Ein Wort noch zur Kritik an der Modernisierungstheorie. Sie ist auf auf heftige ideologiekritische, methodologische und empirische Kritik gestoßen. *Ideologiekritisch* ist immer wieder eingewandt worden, daß sie euro- oder ethnozentrisch sei, auf die Werte des Westens fixiert sei, schlimmer noch: „an american idea, developed by american social scientists" (Tipps). Die Beliebtheit dieser Kritik unter Intellektuellen steht in scharfem Kontrast zu der „Abstimmung mit den Füßen" seitens auswanderungswilliger Migranten. In *methodologischer* Hinsicht sind wichtige Grundbegriffe der Modernisierungstheorie einer kritischen Überprüfung unterzogen worden, so z.B. ihre offene oder versteckte Bindung an Nationalgesellschaften, der mangelnde Akteursbezug der Theorie oder die Ausblendung negativer Sachverhalte wie Krieg und Gewalt.

*Empirisch* ist vor allem die Kluft zwischen dem abstrakten Schema eines Übergangs von der Tradition zur Moderne und der gesellschaftlichen Realität bemängelt worden. Im Anschluß an Bendix ist wiederholt gesagt worden, daß moderne Gesellschaften einerseits viel traditionaler sind als die Theorie dies wahrhaben will und daß andererseits traditionale Gesellschaften viel moderner sind als man gemeinhin geglaubt. Sodann ist gegen das Schema der Transformation (zwei disjunkte Endpunkte, ein Übergang) geltend gemacht worden, daß es eine Vielfalt von Pfaden der Modernisierung gibt. Es gibt nicht einen Weg, sondern viele Wege in die Moderne.

Prof. Dr. Johannes Berger, Universität Mannheim, Lehrstuhl für Soziologie III, Seminargebäude A 5, D-68159 Mannheim

## 2. Alternative Pfade der gesellschaftlichen Entwicklung

*Wolfgang Zapf*

*I.*

Für einen kurzen historischen Augenblick - um die Wende 1989 - schien die Frage nach der gesellschaftlichen Entwicklungsrichtung entschieden zu sein. Der Zusammenbruch der sozialistischen Regime wurde zusammen mit den vielerorts zu beobachtenden Übergängen autoritärer Gesellschaften zu demokratischen Systemen als der Sieg der westlichen liberalen Demokratien interpretiert: zwar nicht im Sinne des Endes von Knappheit und Konflikten, aber doch im Sinne des Endes großer konfligierender Entwicklungsalternativen. Es schien sich zu erfüllen, was in der evolutionären Entwicklungstheorie des Strukturfunktionalismus als die langfristige Dominanz und Durchsetzung bestimmter Basisinstitutionen beschrieben worden ist: von Talcott Parsons (1964; 1971) als die Entwicklung evolutionärer Universalien in einem Prozeß der Differenzierung, Statusanhebung, Wertegeneralisierung und Inklusion.

Die klassische Definition der Modernisierung von Reinhard Bendix erfuhr offenbar eine Bestätigung: "Unter Modernisierung verstehe ich einen Typus des sozialen Wandels, der seinen Ursprung in der englischen Industriellen Revolution und in der politischen Französischen Revolution hat..... Er besteht im wirtschaftlichen und politischen Fortschritt einiger Pioniergesellschaften und den darauf folgenden Wandlungsprozessen der Nachzügler" (Bendix 1969: 506, 510). Die Bendixsche Diffusions- und Aufholtheorie erklärt in einem Zug die Schichtung der internationalen Gesellschaft, die Konkurrenz bei der Verteidigung von Vorsprüngen und im Wettmachen von Rückständen sowie die langfristigen Verschiebungen in der Rangfolge von Pionieren und Nachfolgern. Wirtschafts- und gesellschaftspolitisch entsprach diesen Vorstellungen in der Wendephase 1989/90 die Überzeugung, nach der Beseitigung von Kommandowirtschaft und Diktatur würden universelle Innovationskräfte freigelegt, bisher verhinderte Prozesse der Institutionenbildung beschleunigt und soviele endogene Wandlungskräfte mobilisiert, daß mit raschen Erfolgen des wirtschaftlichen Wachstums und der politischen Demokratisierung gerechnet werden könnte. Damit sollten auch die Opfer eines zwar schmerzhaften, aber kurzen Übergangs befriedigt werden.

Weniger als fünf Jahre nach diesen dramatischen Ereignissen sehen wir, daß die Transformation nicht nur viel mühseliger ist als erwartet, sondern daß sie in vielen Ländern überhaupt in Frage gestellt ist. "Breakdowns of modernization" (Eisenstadt 1964) sind zwar in zahlreichen Traktaten der Modernisierungstheorie beschrieben worden und aus der Entwicklungsgeschichte seit dem 19. Jahrhundert, zumal für Südamerika, gut belegt; für die Transformationsgesellschaften der postkommunistischen Ära hat man aber mit solchen Zusammenbrüchen und Regressionen, die selbst die Stadien der Staaten- und Nationenbildung in Frage stellen, nicht gerechnet. Inzwischen können wir wenigstens einige der Theoriefehler identifizieren, die 1989/1990 gemacht worden sind und die man nicht wiederholen darf, wenn man erneut über alternative Pfade der gesellschaftlichen Entwicklung nachdenkt.

Zu diesen Theoriefehlern gehörte erstens die genannte Unterschätzung der Möglichkeit der Regression in Fällen, in denen unter dem alten Regime die Staaten- und Nationenbildung offenbar nur durch Gewalt erzwungen war. Zweitens war die grundlegende Einsicht in Vergessenheit geraten, daß Innovationen immer nur gegen den Widerstand von Trägheit, Neuerungsangst und etablierten Interessen durchgesetzt werden können. Das heißt mit anderen Worten, daß es auch in den postkommunistischen Gesellschaften mehr oder minder große Bevölkerungsteile, mehr oder minder starke gesellschaftliche Gruppen geben wird, die sich gegen eine rasche Demokratisierung und marktwirtschaftliche Umstellung wehren. Drittens lernen wir in jüngsten nationalökonomischen Ansätzen (Albach 1993), wie prekär die Netzwerkstrukturen, d. h. die Beziehungsgeflechte von Kapital, Know-how und Innovationen, sind und wie ein Systemwechsel zwar nachhaltig bestehende Netzwerke zerreißen kann, selber aber keine oder nur geringe endogene Kräfte entwickelt, schnell neue Netzwerke aufzubauen. Viertens ist auf das Prinzip der "moving targets" (Rose 1992) hinzuweisen, d. h. auf die turbulente Umwelt, in der die Transformationsgesellschaften neue Konkurrenten bekommen, die ihnen keine Zeit zur Entwicklung lassen und in der sich der Abstand zu den Vorbildern nicht verringert, sondern größer wird. Das Prinzip der "moving targets" bedeutet auch, daß die Vorbildgesellschaften ihre Sicherheiten, die sie z.B. im System des Kalten Krieges gehabt haben, verlieren können und damit in Rückwirkung auf den Zusammenbruch des Sozialismus eigene Krisensymptome entwickeln.

*II.*

Wenn wir den Versuch unternehmen, die Transformationsprozesse der letzten Jahrzehnte zu gruppieren und die osteuropäischen Entwicklungen davon abzuheben, dann ergeben sich die folgenden Fallgruppen (vgl. Reißig 1993):

1. Westdeutschland, Japan, Italien nach 1945. In diesen Fällen erfolgt der Übergang zu Demokratie und Marktwirtschaft sozusagen unter Aufsicht, unter der Regie und mit materieller Unterstützung der Siegermächte. Es ist dies (vgl. Karl and Schmitter 1990) "imposition", d. h. ein von oben und außen erzwungener Übergang. Die Transformation stellt zwar beide Aufgaben gleichzeitig - Demokratie und Marktwirtschaft - , aber ohne Zeitdruck, mit bescheidenen, erst langsam steigenden Erwartungen, aus einer Niederlagesituation heraus, in der die alten Eliten weitgehend eliminiert wurden.

2. Spanien, Portugal und Griechenland nach 1974. In diesen Fällen handelt es sich um die Beseitigung politischer Diktaturen in Gesellschaften, die Demokratie und Marktwirtschaft bereits gekannt hatten. Es erfolgt eine "transition by pact" (Karl and Schmitter), d. h. ein Kompromiß zwischen alten und neuen Eliten über die Modalitäten der Machtübergabe. Daß dieser Transformationsprozeß in Spanien und Portugal bis zur Phase der Konsolidierung fast zehn Jahre gedauert hat, hätte eigentlich als Lektion von Akteuren und Beobachtern der heutigen Transformationsprozesse gelernt werden sollen.

3. Die Transformationsprozesse in Lateinamerika können hier nicht näher betrachtet werden. Bemerkenswert ist jedoch die hohe Zahl von abgebrochenen Transformationen, von mehrfachen Wechseln zwischen Diktatur und Demokratie sowie von Regressionen auch nach längeren wirtschaftlichen Wachstumsperioden. Aus der Literatur (vgl. Rueschemeyer et al. 1990) haben wir Hinweise darauf, daß eine der Erfolgsbedingungen der Demokratisierung in Lateinamerika die Statusgarantie für die bisher dominierenden Mittelschichten in einer künftig von den Unterschichten majorisierten Gesellschaft ist. Dieses Muster ist in gewisser Weise ebenfalls eine "transition by pact".

4. Die Entwicklung in einer Reihe von asiatischen Staaten widerlegt zunächst die These der Dependencia-Schule von der "Entwicklung der Unterentwicklung", d. h. von der Verursachung der Unterentwicklung durch kapitalistische Durchdringung. Die "vier kleinen Tiger" (Südkorea, Taiwan, Hongkong, Singapur) haben gezeigt, wie eine eigenständige Entwicklung im kapitalistischen Weltsystem möglich ist. Heute gehören Thailand, Malaysia und Indonesien, und selbst Pakistan und Indien, zu den Wachstumsländern. Gemeinsam ist ihnen, daß sie ihre Bevölkerungen bis vor kurzem in extremer Armut belassen haben und daß die demokratischen Reformen, von wenigen Ausnahmen abgesehen, später und langsamer in Gang kamen als die wirtschaftliche Entwicklung.

5. Im Weltmaßstab gibt es nur zwei Alternativen zur Transformation in Richtung auf Demokratie und Marktwirtschaft. Da ist einmal die "sozialistische Marktwirtschaft" der Volksrepublik China. China ist das erste kommunistische Land, das aktiv kapitalistische Investitionen anwirbt und das ihnen große Entfaltungsspielräume gibt: mit dem Ergebnis hoher Wachstumsraten. Gleichzeitig aber hält die Einheitspartei die politische Kontrolle strikt aufrecht und unterdrückt alle Demokratisierungs- und Partizipationsbemühungen. Dadurch und zusammen mit den rigorosen Trennungslinien in der Gesellschaft, z.B. zwischen Nomenklatura und Bevölkerung, auch zwischen Stadt und Land, baut sich meines Erachtens ein gewaltiges Konfliktpotential auf, das sich in Fraktionskämpfen und in Sezessionsversuchen entladen wird, wenn es nicht doch noch durch Demokratisierung abgefangen wird. Die zweite Alternative bilden die Länder des islamischen Fundamentalismus, die entweder eine kulturelle Eigenständigkeit mit politischen Expansionsversuchen verfolgen oder - wie die reichen Ölstaaten - die westliche Zivilisation ihrer armen und unmündig gehaltenen Bevölkerung lediglich aufsetzen.

6. Vergleicht man die osteuropäischen Transformationsgesellschaften mit den genannten Fallgruppen, so zeigt sich einmal, daß ihnen der äußere Zwang, gepaart mit materieller Hilfe, wie sie die Besatzungsmächte nach 1945 boten, fehlt. Es zeigt sich des weiteren, daß die Gleichzeitigkeit der Forderung nach Demokratie, Wachstum und Wohlstand die Kapazitäten bei weitem überfordert (vgl. Offe 1994) und daß die endemische Kapital- und Zeitknappheit die Entstehung einheimischer Eliten und Unternehmer erschwert bzw. alte Kader und mafiose Strukturen begünstigt. In den kritischsten Fällen, wie im ehemaligen Jugoslawien, aber auch in Teilen der früheren Sowjetunion, wird selbst die nationale Einheit in Frage gestellt: es drohen Regressionen anstelle von Wachstumsimpulsen, wie sie z.B. die südamerikanischen und die südostasiatischen Staaten inzwischen aus ihrer staatlichen Stabilität beziehen.

7. Wie schwierig der Tansformationsprozeß ist, kann sehr gut an dem eigentlich "günstigsten Fall", nämlich Ostdeutschland, studiert werden. Hier ist ein sozialistisches System in eine funktionierende Demokratie und Marktwirtschaft übernommen worden, in einen "ready made state"

(Rose et al. 1993), der enorme Kapital- und Wissenstransfers organisiert hat. Und dennoch gibt es schwere Übergangsprobleme, weil viele Netzwerke der früheren DDR zerstört sind, erhebliche Bevölkerungsgruppen einschneidende Statusverluste und Arbeitslosigkeit hinnehmen mußten und der Beitritt zur Bundesrepublik häufig als Fremdbestimmung und Ohnmacht wahrgenommen wird (vgl. Zapf 1994).

Zusammenfassend können wir sagen, Transformationsprozessen ist gemeinsam, daß die Entwicklungsziele bekannt sind: Demokratie, Wachstum und Wohlfahrt. Sie werden zu erreichen versucht durch unterschiedliche Adaptationen der Basisinstitutionen der Vorbildgesellschaften: Konkurrenzdemokratie, Marktwirtschaft, Wohlfahrtsstaat und Massenkonsum. Demgegenüber ist Modernisierung im weiteren Sinn ein Suchprozeß, dessen Ergebnis nicht bekannt ist. Wie die OECD-Gesellschaften ihre neuen Probleme der ökologischen Belastung, der Anpassung der Erwerbsstruktur, der sozialen Integration usw. lösen werden, dafür gibt es nur Versuch und Irrtum von Reform und Innovation. Wir verstehen Transformation also als eine Teilmenge "nachholender" Modernisierungsprozesse innerhalb der Gesamtheit der prinzipiell offenen "weitergehenden Modernisierung" (vgl. Zapf 1991). Wir haben aber gleichzeitig gesehen, daß es nicht nur einen, gar linear-progressiven Weg zur modernen Gesellschaft und nicht nur einen erfolgreichen Weg der Transformation von Nachzüglern gibt.

*III.*

Das Problem alternativer Pfade der gesellschaftlichen Entwicklung hat von den soziologischen Klassikern am eindringlichsten Max Weber formuliert. Hingegen sind - bei allen sonstigen Unterschieden - Spencer und Durkheim wie auch Marx von einer linearen Progression ausgegangen. Webers Frage war bekanntlich die des "okzidentellen Sonderwegs", also die Frage, warum es nur im Westen eine kapitalistische Entwicklung und eine Rationalisierung in allen Sphären von Gesellschaft, Staat und Kultur gegeben hat.

Die Sonderwegstheorie ist heute aus mehreren Gründen wieder aktuell. Claus Offe (1993) geht soweit zu behaupten, die OECD-Welt sei ein historisches Unikat, das in seinen Strukturen und Ergebnissen nicht universalisierbar ist. Als Begründung nennen die Vertreter dieser These vor allem immanente Wachstumsgrenzen, die eine weltweite Ausdehnung der westlichen Produktionsweise, ihres Ressourcenverbrauchs und ihrer Umweltbelastung schon aus ökologischen Gründen definitiv nicht zulassen. Als weitere Limitationen werden die politischen Belastungen genannt, die sich aus nationalen Zerfallsprozessen, ethnischen Konflikten und den daraus folgenden massenhaften Wanderungen ergeben. Sie lassen erfolgreiche Transformationsprozesse eher als die Ausnahme erscheinen, obwohl jeder einzelne Erfolgsfall beweist, daß das Ziel erreichbar ist.

Ein zweiter theoretischer Ansatz könnte das "Modell der Scheidewege" (vgl. Verba 1971) genannt werden, d. h. einer Verzweigung der gesellschaftlichen Entwicklung an kritischen Wendepunkten. Solche Vorstellungen werden meistens in Begriffen strategischer Koalitionen formuliert, die sich in Aufschwung- oder Krisensituationen bilden und die für eine beträchtliche Zeitspanne die weitere Entwicklung bestimmen. Klassische Beispiele in der Literatur der 1960er Jahre (vgl. Flora 1974) finden sich bei Walt W. Rostow (1960), Barrington Moore (1968) und Stein Rokkan (1970).

Auch den Zusammenbruch der sozialistischen Regimes kann man als eine kritische Scheidewegsituation ansehen, mit den alternativen Möglichkeiten der Regression, der Stagnation und der Transformation.

In einer eindringlichen Analyse der Situation in der Sowjetunion hat Klaus Müller (1992) die Modernisierungsblockaden benannt, die in Rußland Stagnation, ja sogar Regression, wahrscheinlicher machen als einen zügigen Transformationsprozeß. Entgegen den Erwartungen der Modernisierungstheorie entstand in der Sowjetunion keine allgemein anerkannte Elite mit einem klaren Modernisierungsziel, sondern es bildeten sich nach dem Zerfall der Einheitspartei rivalisierende Gruppierungen, die sich nicht auf eine Richtung einigen konnten. Dieses hat sich in der Gesellschaft als Gruppenegoismus der verschiedenen Bevölkerungsteile wiederholt und die Ausbildung eines Sozialkontrakts erschwert. Und schließlich haben sich Nationalitätenkonflikte vor die Ziele einer einheitlichen und koordinierten Transformation geschoben und zu Zerfall und Stagnation geführt.

Ein dritter theoretischer Ansatz ist eine Variante des zweiten und kann hier durch ein wichtiges Buch charakterisiert werden, nämlich "The Three Worlds of Welfare Capitalism" von Gösta Esping-Andersen (1990). In ihm werden innerhalb eines Korridors gesellschaftlicher Entwicklungen, die allesamt auf Demokratie, Wachstum und Wohlfahrt ausgerichtet sind (und die allesamt politisch durch die Bevölkerungen legitimiert sind), drei dennoch verschiedene Entwicklungswege aufgezeigt. Esping-Andersen spricht von alternativen Regimes und meint damit alternative Gestaltungsformen in Politik, Wirtschaft und Kultur für gleichartige Probleme aufgrund unterschiedlicher Anfangskonstellationen bzw. Großkoalitionen. Der erste Weg ist der des liberalen und residualen Wohlfahrtsstaats bzw. Wohlfahrtskapitalismus, wie er durch die angelsächsischen Demokratien, insbesondere die Vereinigten Staaten, repräsentiert wird. Das zweite Regime ist der korporative konservative Wohlfahrtsstaat Deutschlands, Frankreichs und anderer kontinentaleuropäischer Länder. Davon abgehoben ist als drittes Regime der sozialdemokratische Wohlfahrtsstaat der skandinavischen Länder. Als Erklärung für diese Gabelung werden nun gerade nicht die mehr oder weniger gleichartigen Probleme der Industrialisierung, des Wirtschaftswachstums und der Demokratisierung angeführt, sondern die unterschiedlichen Formen der Klassenmobilisierung, der politischen Klassenkoalitionen und der daraus folgenden Traditionen und Politikstile.

Ein vierter und heute besonders aktueller Ansatz kommt aus der institutionellen Ökonomie und wurde von Nobelpreisträger Douglass C. North besonders klar formuliert: "Ich wende mich nun zwei grundlegenden Fragen des gesellschaftlichen, politischen und wirtschaftlichen Wandels zu. Erstens: was bestimmt die unterschiedlichen Muster der Evolution von Gesellschaften, politischen Regimes und Volkswirtschaften im Zeitverlauf? Und zweitens: wie erklären wir das Überleben von Wirtschaftssystemen, die über lange Zeiträume ständig große Leistungsdefizite aufweisen?" (North 1990: 92). Die erste Frage gilt also den Bestimmungsgründen unterschiedlicher Entwicklungspfade, die zweite Frage der Erklärung, warum nicht die evolutionäre Selektion ineffiziente (nicht-wachstumsfähige) Wirtschafts- und Gesellschaftssysssteme im Laufe der Zeit eliminiert hat. Beide Fragen werden mit einem theoretischen Modell behandelt, das zunächst im Bereich technischer Innovationen entwickelt worden ist. Das immer wieder zitierte Beispiel ist die erfolgreiche Durchsetzung der QWERTY-Schreibmaschinentastatur, d.h. der seit mehr als hundert Jahren festgelegten Anordnung der Buchstaben auf dieser Tastatur, von der Techniker behaupten, daß es inzwischen viel effektivere Anordnungen gäbe.

Die Ökonomen erklären die Tatsache, daß sich eine Technik erfolgreich behaupten kann, die unter Effizienzkriterien suboptimal ist, mit dem Prinzip der "Pfadabhängigkeit". Aufgrund ihres durchaus zufälligen Anfangsvorsprungs kann die suboptimale Technik weiterhin wachsende Erträge liefern und deshalb von den Konkurrenten nicht mehr eingeholt werden.

Die Frage ist nun, ob sich dieses Prinzip der Pfadabhängigkeit, wonach sich die Entwicklungsrichtung aus inkrementalen Veränderungen ergibt, die von einem gewissen Punkt an den weiteren Gang der Dinge determinieren ("lock-in"), auf wirtschaftliche und gesellschaftliche Entwicklungen verallgemeinern läßt. Diese Frage wird im wesentlichen bejaht. "Es gibt zwei Kräfte, die den Pfad des institutionellen Wandels bestimmen: wachsende Erträge und unvollständige Märkte mit hohen Transaktionskosten" (North 1990: 95). Bei steigenden Erträgen können sich Organisationen und Institutionen selbst dann behaupten, wenn es überlegene Alternativen gibt. Bei unvollständigen Märkten, begrenzter Informationsrückkoppelung und hohen Transaktionskosten wird eine evolutionäre Selektion verhindert, und es setzen sich die subjektiven Vorstellungen der Akteure unter erheblichem Einfluß ideologischer Vorentscheidungen durch.

*IV.*

Abschließend möchte ich fragen, welche theoretischen Lehren wir aus den Erfahrungen von Modernisierung und Transformation und aus der genannten theoretischen Ansätzen ziehen können (vgl. Rose 1993). Nach meiner Auffassung gibt es inzwischen genügend Bausteine für Erklärungen, die Theoreme der Evolution und der Diffusion mit Theoremen alternativer Entwicklungspfade zu verknüpfen erlauben.

Im globalen Maßstab müssen wir von einer stark geschichteten Weltgesellschaft ausgehen. Die OECD-Länder bilden darin die Oberschicht als moderne Gesellschaften mit Konkurrenzdemokratie, Marktwirtschaft, Wohlfahrtsstaat und Massenkonsum. Sie sind die dominanten Gesellschaften im Sinne der Evolutionstheorie, sie sind die Vorbildgesellschaften im Sinne der Diffusions- und Aufholtheorie. Innerhalb dieser Schicht von modernen Gesellschaften gibt es jedoch markante Unterschiede, die nach den Kriterien der Pfadabhängigkeit als alternative Regimes verstanden werden können. Dies bedeutet für die Nachfolgegesellschaften eine Auswahl an Vorbildern und die zumindest theoretische Möglichkeit, durch Rekombination von Elementen eigene Wege zu finden, die mit ihren institutionellen Kapazitäten übereinstimmen.

In der Gruppe der Transformationsgesellschaften beobachten wir ebenfalls alternative Wege zur Moderne. Die bedeutendste Alternative der westlichen Modernisierung, die kommunistische Revolution und sozialistische Entwicklung, hat allerdings nach 70 Jahren ihre Kraft verloren und ist als Resultat eines fulminanten internationalen Wettbewerbs aufgrund einer Überspannung ihrer Möglichkeiten vorerst ausgeschieden. Die struktur-funktionalistischen Voraussagen, etwa von Talcott Parsons (1964), haben sich hier als sehr hellsichtig erwiesen.

Die dritte und größte Gruppe in der heutigen Weltgesellschaft sind die unterentwickelten Länder, die noch darum kämpfen, Zivilisationsminima und elementare Grundbedürfnisse der Ernährung, Gesundheit, Bildung usw. ihrer Bevölkerungen zu befriedigen. Dies geschieht heute ebenfalls in dichter internationaler Verflechtung und unter konkurrierender Einflußnahme von Vorbildgesellschaften und von internationalen Großorganisationen. Neben diesen drei Schichten haben wir, wie gezeigt, den Sonderfall China und den Sonderfall des islamischen Fundamentalismus. Diese beiden Gesellschaftsformationen könnten theoretisch Ausgangspunkt für Alternativen zur demokratischen und marktwirtschaftlichen Transformation werden. Aus bereits genannten Gründen halte ich dies aber nicht für wahrscheinlich.

Auf allen Ebenen einer derart geschichteten Weltgesellschaft finden wir immer wieder Scheidewegsituationen. Auch moderne Gesellschaften müssen zwischen alternativen Lösungsversuchen für ihre neuen inneren und äußeren Probleme wählen, d.h. sie werden verschiedene Wege ausprobieren, gleichzeitig aber immer auch prüfen, welche Lehren aus andernorts erfolgreichen Lösungen zu ziehen und welche Übernahmen möglich sind (vgl. Rose 1993).

Und dieses Bild wird immer wieder kompliziert durch die Möglichkeiten von Zusammenbrüchen und Regressionen, z.B. nationale Zersplitterung, Bürgerkrieg, Massenflucht, Hungersnöte und Naturkatastrophen. Insgesamt aber können wir von einer Vereinfachung ausgehen. Nach dem Ende des kalten Krieges ist die Welt nicht mehr länger in zwei feindliche Lager gespalten, die um die Vorherrschaft konkurrieren. Nach wie vor gibt es Variation und Selektion, Erfolge und Fehlschläge, Konkurrenz und Konflikt. Zur Zeit aber beobachten wir eher unterschiedliche Entwicklungspfade in Richtung auf ähnliche Ziele als fundamental alternative Ziele für fundamental alternative Zukunftsentwürfe.

**Literatur**

Albach, Horst, 1993: Zerrissene Netze. Eine Netzwerkanalyse des ostdeutschen Transformationsprozesses. Berlin: Sigma.
Bendix, Reinhard, 1969: Modernisierung in internationaler Perspektive, in: W. Zapf (Hg.), Theorien des sozialen Wandels, Köln-Berlin: Kiepenheuer, S. 505-512.
Eisenstadt, Shmuel N., 1964: Breakdowns of Modernization, Economic Development and Cultural Change 12: 345-367.
Esping-Andersen, Gösta, 1990: The Three Worlds of Welfare Capitalism. Oxford: Blackwell.
Flora, Peter, 1974: Modernisierungsforschung. Opladen: Westdeutscher Verlag.
Karl, Terry L. and Philippe C. Schmitter, 1990: Modes of Transition in South and Central America, Southern Europe and Eastern Europe. Paper, Stanford University.
Moore, Barrington, Jr., 1968: Social Origins of Dictatorship and Democracy. Boston: Beacon Press.
Müller, Klaus, 1992: 'Modernizing Eastern Europe'. Theoretical Problems and Dilemmas, European Journal of Sociology 33: 109-150.
North, Douglass C., 1990: Institutions, Institutional Change and Economic Performance. Cambridge, University Press.
Offe, Claus, 1993: Die Integration nachkommunistischer Gesellschaften: Die ehemalige DDR im Vergleich zu ihren osteuropäischen Nachbarn, in: B. Schäfers (Hg.), Lebensverhältnisse und soziale Konflikte im neuen Europa. Frankfurt: Campus, S. 806-817.
Offe, Claus, 1994: Der Tunnel am Ende des Lichts. Frankfurt: Campus
Parsons, Talcott, 1964: Evolutionary Universals in Society, American Sociological Review 29: 339-357.
Parsons, Talcott, 1971: The System of Modern Societies, Englewood Cliffs: Prentice Hall.
Reißig, Rolf, 1993: Ostdeutscher Transformations- und deutscher Integrationsprozess. Neue Probleme und Erklärungsversuche. BISS Public. Nr. 12, S. 5-31.

Rose, Richard, 1992: Making Progress and Catching-up. Studies in Public Policy 208, University of Strathclyde.
Rose, Richard, 1993: Lesson-Drawing in Public Policy. Chatham, N.J.: Chatham House.
Rose, Richard et al., 1993: Germans in Comparative Perspective. Studies in Public Policy 218, University of Strathclyd.
Rostow, Walt W., 1960: The Stages of Economic Growth. Cambridge: University Press.
Rueschemeyer, Dietrich, Evelin Huber-Stephens and John D. Stephens, 1992: Capitalist Development and Democracy. Oxford: Polity Press.
Verba, Sidney, 1971: Sequences and Development, in: Leonard Binder u.a., Crises and Sequences in Political Development, Princeton: University Press, S. 283-316.
Zapf, Wolfgang (Hg.), 1991: Die Modernisierung moderner Gesellschaften. Frankfurt: Campus.
Zapf, Wolfgang, 1994: Einige Materialien zu Gesellschaft und Demokratie im vereinten Deutschland, in: H. Peisert/W. Zapf (Hg.), Gesellschaft, Demokratie und Lebenschancen. Festschrift für Ralf Dahrendorf. Stuttgart: Deutsche Verlagsanstalt, S. 291-312.

Prof. Dr. Wolfgang Zapf, Wissenschaftszentrum Berlin, Reichpietschufer 50, D-10785 Berlin

## 3. Modernisierung - was bleibt?

*Karl Otto Hondrich*

*I.*

Die Frage lädt zu Mißverständnissen ein. Sie soll nicht als Frage nach Modernisierungs*theorien* aufgefaßt werden. Ich frage also nicht kritisch: Was bleibt von den einschlägigen Theorien? Die Themenfrage soll auch nicht heißen: Was bleibt *noch* zu modernisieren, was ist noch zu tun? So zu fragen enthält selbst ein modernes Lebensgefühl von Gestaltbarkeit und Steigerungsfähigkeit. Ulrich Beck (1986: 118) hat es in der griffigen Formel von der "industriegesellschaftlich halbierten Moderne" zum Ausdruck gebracht; sie besagt, die Industriegesellschaft habe ihr Modernisierungsprogramm zur Freiheit und Gleichheit erst zur Hälfte eingelöst und sei in selbstausgebildeten Traditionsbindungen steckengeblieben.

Daß Modernisierung Freiheiten und Gleichheiten produziert, daß sie überhaupt ein gewaltiger Produktionsprozeß ist, wird im folgenden genauso vorausgesetzt wie der destruktive Charakter desselben Prozesses. Ich werde deshalb auch nicht fragen, was *von* der Modernisierung selbst übrigbleibt, wenn sie vieles zerstört hat, möglicherweise sogar ihre eigenen Grundlagen, wie es eine seit Max Weber in der Soziologie beliebte Denkfigur nahelegt. Das Interesse der folgenden Überlegungen gilt nicht den häufig erörterten produktiven und destruktiven Aspekten von Modernisierung, sondern den *reproduktiven*. Was bleibt im Wandel, wenn sich soziale Beziehungen, Bindungen, Verbindungen, Zusammenhänge - genauer: Vorstellungen davon differenzieren?

*Differenzierung* ist für das folgende ein Schlüsselwort. Aus einem diffusen Beziehungsdickicht heraus, so der Grundgedanke der Differenzierungstheorie, werden soziale Beziehungen als spezifische wahrgenommen, also unterscheidbar.

Für die Zwecke der folgenden Analyse treffe ich vier Unterscheidungen.¹ Erstens: *Manifestation* und *Latenz*. Soziale Beziehungen können bewußt und sichtbar oder unbewußt und unbemerkt sein. Manifestationen von Sozialität stellen immer nur einen kleinen Ausschnitt des sozialen Lebens dar, dessen übergroßer und wachsender Teil sich in der Latenz befindet. Ich vermute, daß unter allen vergessenen oder vernachlässigten soziologischen Kategorien die der Latenz die wichtigste ist.²

Zweitens: *Rationalisierung und Emotionalität*. Im Anschluß an Max Webers populäre Klassifikation von zweckrationalem, wertrationalem und affektuellem Handeln wurde den vernünftig durchdachten und reflektierten Sozialbeziehungen soziologisch viel mehr Aufmerksamkeit gezollt als den gefühlhaften. Indessen verlangen auch "affektiv neutralisierte" Sozialbeziehungen zu ihrer Neutralisierung einen hohen Grad an emotionaler Energie. Das zeigt sich, ex negativo, am Grad der Empörung oder der Angst, von der wir ergriffen werden, wenn Affektkontrolle brüchig wird und Aggression und Gewalt hervortreten.

Drittens: *Individualisierung und Kollektivität*. Soziale Beziehungen werden einerseits immer eigenartiger und einzigartiger, vom Individuum aus gesehen mit immer weniger anderen Personen geteilt, also individualisiert im Sinne von *ungeteilt*; andererseits werden Vorstellungs- oder Beziehungsnetze von einigen, vielen oder immer mehr Personen geteilt, also *kollektive* Vorstellungen. Merkwürdigerweise bewegt sich die heutige "Individualisierungsdebatte" in den Sozialwissenschaften weniger in dieser Dimension von ungeteilten bis vielfach geteilten Vorstellungen, sondern in der Dimension von selbstgewählten versus vorgegebenen Sozialbindungen.

Die Unterscheidung von *Eligibilität* und *Non-Eligibilität* ist deshalb die vierte, die mir fruchtbar erscheint, um die theoretische Diskussion weiterzuführen. Eligibilität kann dabei fast gleichgesetzt werden mit Intentionalität bzw. Gestaltbarkeit und Zukunftsorientierung von Sozialbeziehungen. Auf das Spannungsfeld von selbstgewählten und vorgegebenen, intentionalen und nichtintentionalen, zukunftsorientierten und herkunftsbezogenen Sozialbindungen werden sich die folgenden Überlegungen besonders konzentrieren.

*II.*

Modernisierung, soziologisch gesprochen, soll heißen: Soziale Beziehungsvorstellungen oder Zusammenhänge werden immer mehr bewußt reflektiert, vernünftig konzipiert, als ungeteilteinzigartige individualisiert sowie frei wähl- und gestaltbar. Mit anderen Worten: sozialer Wandel als Modernisierung bedeutet eine Zunahme an manifester Reflexion, Rationalität, Individualität und Freiräumen zur Selbstbestimmung von sozialen Bindungen. Zweifel an der empirischen Realität dieses Weges in die Freiheit - "Mit Freiheit betrügt man sich unter Menschen allzuoft. Und so wie die Freiheit zu den erhabensten Gefühlen zählt, so auch die entsprechende Täuschung zu den erhabensten" sagt Kafkas fabulöser Affenmensch in seinem "Bericht für eine Akademie" - sollen hier nicht zum Zuge kommen. Die Frage, die stattdessen zu stellen ist, lautet: Was wird aus den sozialen Beziehungen, die zurückbleiben, wenn sich ihr moderner Teil als reflexiver, rationaler, individualisierter und eligibler ausdifferenziert hat?

Es gibt auf diese Frage zwei mögliche Antworten. Die erste kann man als *Substitutions-* oder *Destruktionshypothese* bezeichnen. Sie nimmt an, daß soziale Zusammenhänge ihren unreflektierten, emotionalen, kollektiven und non-intentionalen Charakter zunehmend verlieren. Wie in einem

Nullsummenspiel tritt das Bewußte an die Stelle des Unbewußten, besetzt die Vernunft das Feld der Leidenschaften, breiten sich individuell einzigartige Beziehungskonstellationen auf Kosten von kollektiv geteilten aus, ersetzen selbstgewählte, zukunftsgerichtete Beziehungen vorgegebene Herkunftsbindungen.

Gegen diese sowohl in sozialwissenschaftlichen Evolutionstheorien als auch im alltäglichen Diskurs vorherrschenden Vorstellungen ist kontrovers eine *Komplementaritäts-* oder *Reproduktionshypothese* zu setzen. Soziale Beziehungen, insbesondere institutionalisierte Beziehungsmuster, auch wenn sie verändert oder "abgewählt" werden, verschwinden nicht einfach, sondern dauern weiter. Sie mögen hintangestellt, nur noch geahnt, verlagert, vergessen, wiederaufgerufen, unterdrückt, verdrängt, mit Bedacht im Hintergrund gehalten, sorgfältig aufbewahrt werden: in jedem Falle sind sie noch da, bestimmen das soziale Leben untergründig mit, können sich bei voraussehbaren Gelegenheiten ritualisiert oder aber völlig unerwartet manifestieren. Wir mögen auf solche Manifestationen angewiesen sein, um sie zu erkennen, aber ihre Bedeutung liegt gerade nicht in der Manifestation, sondern in der *Latenz*. Das Universum der Latenz, obwohl wir es mit unseren Forschungen nur gelegentlich streifen, ist als der soziologisch umfassendere und bedeutungsvollere Tatbestand anzusehen, als die Stichproben, die die alltäglich Handelnden ihm entnehmen und die noch kleineren Ausschnitte, die wir in der soziologischen Forschung sichtbar, also manifest machen. Dies muß als Andeutung genügen, um meine Auffassung zu stützen, daß dem Begriff der Latenz als einem theoretischen Konzept eine ungleich größere Aufmerksamkeit gebührt als ihm bisher zuteil wurde. Die emotionalen, kollektiven, non-intentionalen Anteile sozialer Beziehungen, die in Modernisierungs- bzw. Differenzierungsprozessen gewöhnlich zurücktreten und sich unserer Aufmerksamkeit entziehen, ergänzen aus der Latenz heraus die rationalen, individualisierten und intentionalen Strukturen, ja sie nützen deren Defizienzen, um sich zu reproduzieren und möglicherweise an Relevanz noch zu gewinnen. Dies ist die Vermutung, die in der Komplementaritäts- oder Reproduktionshypothese zum Ausdruck kommt.

*III.*

Destruktions- und Reproduktionsthese können hier nicht methodologisch strikt, wohl aber auf ihre Plausibilität geprüft werden; zunächst mikrosoziologisch, phänomenologisch-beschreibend; später makroskopisch, mithilfe eines funktionalistischen Denkansatzes.

Zunächst eine Fallbeschreibung. Das europäische Hochschulinstitut, in einem Klostergebäude in den Hügeln der Toskana mit Blick auf Florenz gelegen, verkörpert trotz eines geschichtsgesättigten Äußeren wie kaum eine andere Organisation den Prozeß der Modernisierung. Finanziert wird es nicht im lokalen oder nationalen Rahmen, sondern von den Staaten der europäischen Gemeinschaft. Als Einrichtung für höhere Bildung und Forschung ist es nicht nur international, sondern auch interdisziplinär mit Schwerpunkt auf die Sozial-, Wirtschafts- und juristischen Wissenschaften angelegt. Seine Mitglieder als graduierte Studenten, Lehrkräfte und Forscher stammen aus verschiedenen Ländern. Um zu verhindern, daß sie sich "einsitzen", werden sie für 1 bis 7 Jahre rekrutiert. Geht ein Wissenschaftler nach Florenz, können wir annehmen, daß er die Wahl für sein neues Beziehungsfeld nach allen Regeln der Modernität getroffen hat: bewußt reflektierend, rational, als Individuum aus freien Stücken, als Angehöriger der scientific community universalistischen Gleichheitsidealen und der Wahrheitssuche und nicht Herkunftsbindungen verpflichtet.

Der Niederländer Niko Wilterdink (1993: 153) hat unter den in Florenz ansässigen Wissenschaftlern, in denen wir uns gut und gern wiedererkennnen können, eine Untersuchung gemacht. Von ihrem normativen Selbstverständnis her, so kann er bestätigen, entsprechen sie ganz dem Typus des Kosmopoliten: offen für fremde Kulturen, Vorurteile und Provinzialismus ablehnend, Beziehungswahlen unabhängig von Herkunftsbindungen treffend. Die besten Voraussetzungen also, daß diese Avantgarde eines modernen transnationalen Habitus alle nationalen Fesseln abstreift. Aber siehe da, empirisch stellte Wilterding fest, daß nationales Bewußtsein durch die Erfahrung innerhalb der internationalen Organisation nicht abgeschwächt, sondern "sogar häufig ausgeprägter" war. "Die Bildung von Gruppen, Beziehungsnetzen und informellen Kontakten wurde z.T. von der Nationalität bestimmt, oder genauer: von den Graden national-kultureller Ähnlichkeiten und Verschiedenheiten (wie Sprache, Freizeitgewohnheiten, Verhaltensstile)."

Werden wir Soziologen einmal selbst *Objekte* der Forschung, dann genügt offenbar schon eine schlichte empirische Untersuchung, um latente Relevanzen von Herkunftsbindungen ans Licht zu holen, die wir mittels tadelloser universalistischer Ich-Ideale überdecken.

Natürlich kann eine Zeitpunktuntersuchung wie die hier angeführte Verläufe in der Zeit nicht sichtbar machen. Man kann annehmen, daß Wissenschaftler, die in Italien bleiben, sich im Laufe der Zeit nicht mehr nur als Deutsche und Europäer, sondern auch mehr und mehr als Italiener fühlen. Dies wird erst recht für ihre Kinder und Kindeskinder gelten. Eine zusätzliche italienische Identität, für die Eltern noch das Ergebnis eines Wahlaktes, ist für die Kinder bereits eine ungewählte und nicht mehr wählbare, allenfalls abwählbare Herkunftsbindung. Dem Reproduktionszirkel von Herkunftsbindungen können wir auch durch Verlagerung in andere Kontexte und durch vorübergehende Mehrfach-Herkünfte kaum entkommen.

Oder doch? Versuchen wir es, indem wir in einer etwas angestrengten Konstruktion die einmal gewählten Bindungen regelmäßig und immer schneller durch neue Wahlen ablösen: Lassen wir einen Muster-Wissenschaftler nach 5 Jahren von Florenz an die Universität Florida, von dort nach 3 Jahren nach Sidney, von dort nach 2 Jahren nach Akkra weiterziehen. Die so potenzierte Modernität des Abwählens von Herkunftsbindungen durch Zuwahl von immer neuen Zukunftsbindungen führt dazu, daß diese sich gegenseitig entwerten. Sie akkumulieren sich zu einer Vielzahl von Herkünften, die aber jeweils keine Zeit haben, prägend zu werden. Insgesamt kann man sich als Ergebnis durchaus den "global citizen" vorstellen, der durch ein vielfältig zusammengesetztes kosmopolitisches Bindegewebe charakterisiert ist. Es ist durchaus denkbar, daß die Loyalität eines solchen Kosmopoliten gegenüber der Weltkultur als einer Vorstellung universaler Gleichwertigkeit und Gleichberechtigung aller Menschen größer und bestimmender wird als die Loyalität gegenüber einer partikularen Gruppe oder Kultur.

Halten wir uns nicht lange mit der zweifelnden Frage auf, wieviele Menschen die Chance haben, durch ständige freiwillige Wanderungen und Abwanderungen die soziologische Grundlage für einen solchen Kosmopolitismus zu legen. Diejenigen, die als Eingeborene der modernsten Sektoren der Welt das Privileg des freien Bindungs-Wählens genießen, können damit allerdings erst anfangen, nachdem sie vorher bis zum Erwachsenwerden rund 20 Jahre lang in Mikro- und Makrokosmen von *ungewählten* Bindungen gelebt haben: in Familien, Nachbarschaften, Sprachgemeinschaft, Kultgemeinde, ökonomisch fundierten Interessenmilieus und einem Staat, der in der modernen Welt gewöhnlich Nationalstaat ist. Es ist eine empirisch interessante Frage, ob ein Kosmopolitismus, der auf kurzzeitig gewählten und abgewählten und sich damit gegenseitig entwertenden Bindungen beruht, nicht ungewollt schon allein dadurch das relative Gewicht der länger dauernden nichtwählbaren Herkunftsbindungen vergrößert.[3]

Theoretisch-systematisch lassen sich mindestens fünf Eigenschaften von nichtwählbaren Herkunftsbindungen angeben, die ihre Bedeutung relativ zu der von Wahlbindungen bestimmen: Sie begleiten die Menschen in der Regel *länger* als die selbstgewählten Bindungen, sogar über die individuelle Lebensspanne hinaus zurück in die Bindungswelten der Eltern und der umgebenden Kultur, in die hinein man sozialisiert wird. Sie sind *früher* da, *bevor* wir mit dem Wählen anfangen. Sie ergreifen die Menschen auf eine diffuse Weise, *umfassender*. Sie enthalten *leib-seelische Gefühle* - positiv und negativ - für bestimmte Personen, während relativ abstrakte Zukunftsorientierungen solcher festen Gefühlsstützen ermangeln. Sie sind, schließlich, *unverlierbar*, weil nicht wählbar und deshalb auch nicht - oder nur scheinbar - abwählbar. Sie können den Menschen durch die Wahlakte anderer nicht weggenommen werden. Wird dies doch versucht - durch Vertreibung, Aberkennung der Staatsbürgerschaft, Verbot der Muttersprache -, so ist die Empörung über diese Verletzung von Herkunftsidentitäten in der Regel heftiger als die über die Verletzung von Interessen.

Die Wählbarkeit von sozialen Bindungen schafft Freiheitsgrade, die durch erhöhte Risiken des Abgewählt- oder Verlassenwerdens, also durch einen Verlust an elementarer sozialer Sicherheit erkauft werden. Sicherheitsspendend werfen sich nichtgewählte Herkunftsbindungen in die Bresche: Wer von seinem Lebenspartner abgewählt wurde, sucht, so zeigen die empirischen Untersuchungen, wieder Halt bei Eltern, Geschwistern, alten Freunden - und kämpft, sofern er Kinder hat, meist erbittert darum, die in die Zukunft sich fortspinnenden Herkunftsbindungen zu ihnen zu erhalten; den selbstgewählten Partner geben moderne Menschen freiwillig oder notgedrungen auf, die Kinder so gut wie nie. Es zeigt sich, daß in ein und demselben Nukleus, der modernen individualisierten Familie, der Konflikt zwischen Wahl- und Herkunftsbindungen oft zugunsten der letzteren entschieden wird, ja daß diese gestärkt aus dem Konflikt hervorgehen können.

Als hier und heute in den verschiedensten Lebenssphären empirisch überprüfbare These ist deshalb zu formulieren:

*Modernisierung als Vervielfältigung von gewählten Zukunftsbindungen führt nicht nur zu deren Verwandlung in gewählte Herkunftsbindungen, sondern auch zu Reproduktion und gesteigerter Relevanz von nichtwählbaren Herkunftsbindungen.*

Die These, die einem weit geteilten und daher fest verankerten Vorverständnis von Entwicklungslinien moderner Gesellschaft widerspricht, prognostiziert weder ein Ende von Modernisierung (als Bewußtmachen, Vernünftigmachen, Individualisieren und Wählbarmachen von sozialen Beziehungen) noch enthält sie, normativ, eine Abwertung dieser Art von Modernität. Sie weist lediglich auf die ausgeblendete oder als "Gegenmodernisierung" herabgesetzte andere Seite des Fortschritts, auf seine Widersprüchlichkeit hin. Sucht man ein Kürzel dafür, dann mag man von der *Januskopfthese* der Modernisierung sprechen. Sie lenkt unsere Aufmerksamkeit darauf, daß im Modernisierungsprozeß auch scheinbar unmoderne Muster sozialer Beziehungen, nämlich unbewußte, gefühlhafte, von vielen geteilte und herkunftsbezogene Bindungen mitwachsen. Da sie nur gelegentlich aus dem Wartestand hervortreten, wird *Latenz* zum Schlüsselbegriff, um das moderne Sozialleben in seiner Reichhaltigkeit und Widersprüchlichkeit zu verstehen.

Neben bleibenden Bindungen und Institutionen gibt es auch solche, die vergehen. Welche bleiben länger, welche nur kurze Zeit? Die Frage gehört zu denen, die sich die soziologische Theorie meines Wissens nicht gestellt hat. Dazu andeutungsweise und in fast unzulässiger Kürze zwei auf Beobachtungen gestützte Thesen.

*Je länger soziale Bindungen schon bestehen oder institutionalisiert sind, desto größer die Wahrscheinlichkeit, daß sie noch länger dauern.*

Mangels soziologischer Begriffe nenne ich diese These vorläufig *Methusalems Gesetz.* Es widerspricht vollständig unseren modernen Vorstellungen vom sozialen, technischen oder ökonomischen Wandel, wonach eine Sache, die schon lange besteht, veralte und durch etwas Neues ersetzt werde. Beobachtungen, denen bislang wenig Aufmerksamkeit geschenkt wurde, sprechen dafür, daß soziologisch das Gegenteil gilt: Die Lebenserwartung von Freundschaften, Ehen, Arbeitsverhältnissen, Wirtschaftsordnungen, Konkurrenzdemokratien etc. ist insgesamt umso länger, je länger die betreffenden Bindungen und Institutionen schon bestehen!

Aber nicht nur die *Zeit, die sie schon hinter sich haben,* erlaubt relative Prognosen zur Langlebigkeit von sozialen Bindungen, sondern auch die *Zahl der Menschen, die die jeweilige Bindung teilt,* sie also kollektiv trägt.

Die einzelne, individuelle Ehe wird nur von zwei Menschen getragen und hat ein hohes Risiko der Kurzlebigkeit. Die Ehe als Bindungs*idee* aber wird von Millionen Menschen geteilt - und ist fast unverwüstlich. Was wir heute, in modernen Zeiten, als Scheidungsverhalten beobachten, kann so interpretiert werden: Eher lassen wir individuelle Ehen oder Partnerschaften fahren als die Ehe-*Idee* von einem liebevollen Zusammensein - sei diese nun partnerschaftlich-egalitär oder patriarchalisch getönt - an die groben Enttäuschungen des Ehealltags anzupassen. Scheidung bedeutet, so gesehen, das Selbst-Opfer einer individuellen Beziehung auf dem Altar einer kollektiven Institution. Sucht man diesen vermuteten Zusammenhang zwischen der Stabilität kollektiver Institutionen und der Zerstörung individueller Bindungen in eine empirisch faßbare Thesenform zu bringen, so kann man als "*Abrahams Gesetz*" (mit archaisierendem Anklang an ein nonintentionales Opfer) formulieren:

*Je mehr Bindungen sich individualisieren und als individuelle auflösen, desto länger bleiben kollektive Bindungen und Institutionen erhalten.*

Muß ich hinzufügen, daß diese Überlegungen nicht die Schwere weltanschaulicher Axiome haben, sondern allenfalls zu einem anderen Anschauen der soziale Welt und zum Überprüfen eingefahrener Wahrnehmungs- und Theorieschablonen anregen sollen.

*IV.*

Makrosoziologisch-funktionalistisch stellt sich die Frage nach dem Verbleib unbewußter, gefühlhafter, geteilter, nicht gewählter Bindungen wie folgt: Kann die Integration von sechs Milliarden und mehr Menschen auch ohne solche kollektiven Herkunftsbindungen, oder sie zurückdrängend, vollzogen werden? Es ist dies die Frage nach funktionalen Alternativen insbesondere für ethnische und nationalstaatliche Orientierungsrahmen.

Drei Alternativen sind denkbar: Integration über Weltmarkt, Weltmoral und Weltstaat. Alle drei sind rationale Konstruktionen, Vorstellungen von einem weltweiten Bindungsnetz qua Interessen, universalen Werten oder monopolisierter Gewalt, die sich aus einem urwüchsigen Kampffeld der Leidenschaften, partikularen Ideologien und Partialgewalten ausdifferenzieren. Pessimistisch kann man sagen, daß der Weg dahin unendlich weit ist, optimistisch, daß Fortschritte in den letzten Jahrzehnten ins Auge fallen und ermutigen.

Integration qua *Interessen* über Märkte, Unternehmen, Berufsvereinigungen etc. übt einen vergesellschaftenden Sog aus, in den immer mehr Menschen oft unentrinnbar hineingezogen werden. Andererseits aber ziehen Märkte und Organisationen auch unerbittliche Grenzen, schließen nicht nur ein, sondern aus, funktionieren über Abwanderungen und Abwahlen; wer heute noch drin ist, wie die Rohstoffproduzenten der armen Länder, fällt morgen heraus. Die Unsicherheiten und Ungleichheiten, die dieser Integrationsmodus hervorbringt, schafften womöglich mehr Integrationsprobleme als er löst. Er verweist sie zur Lösung an den Sozialstaat, an Verwandte, an ethnische Gruppen (die sich im Zuge internationaler Migration unweigerlich bilden) - und stärkt so die Herkunftsbindungen, statt sie zu ersetzen!

*Wert*rationale Welt-Integration über eine universalistische Moral, so weit und vielversprechend sie schon vorgedrungen ist, wird doch drei Handicaps nicht los: Auch der Universalismus hat eine partikulare Herkunft und stößt sich an anderen partikularen Moralen und deren Universalitätsansprüchen. Zum andern bedürfen seine abstrakt-vernünftigen Postulate, wenn sie in engagiertes Handeln umgesetzt werden sollen, einer emotionalen Antriebskraft. Wo anders als in den Sozialisationsinstanzen kleinräumiger Herkunftsbindungen kann Solidarität als Wir-Gefühl erfahren, gebildet und auf weltweite Wir-Gedanken gerichtet werden? Gelingt dies, dann droht den Wir-Gefühlen doch, wie es schon Freud gesehen hat, in der Universalisierung die Verflüchtigung (1974: 239).

Kollektive Gefühle, auch universalistische, brauchen einen engeren Herkunfts-Rahmen, an dem sie Halt finden, in dem sie sich formen und über den sie hinausweisen können. Der französische Nationalstaat war von anfang an eine solche Konstruktion: weiter gefaßt als die ethnischen Wir-Gefühle, die er einzuschmelzen versuchte, aber enger gefaßt als die universalen Wir-Gefühle von Freiheit, Gleichheit und Brüderlichkeit, die er, über sich selbst hinausweisend, propagierte.

Auch Integration qua Welt-*Gewaltmonopol*, wenn sie denn die einzelstaatlichen Gewaltmonopole aufheben könnte, wäre ohne eine entsprechende Weltgefühlszustimmung, einen Verfassungs*patriotismus* im übernationalen Rahmen, nur ein illegitimer Gewaltmoloch oder eine unwirksame Worthülse. Insofern haben Weltstaat und Weltmoral dasselbe Grundproblem gemeinsam: Als höchstmoderne universalistische Institutionen können sie nicht gedacht werden ohne die Stützen von universalen Wir-Gefühlen, die ihrerseits nicht anders als in partikularen Herkunftsrahmen wachsend und durch sie vermittelt gedacht werden können.

So führt auch die funktionalistische Analyse, nicht anders als die phänomenologische, zu der Einsicht, daß sich verwirklichende Zukunftsentwürfe nicht nur neue Bindungen produzieren, sondern im gleichen Zuge auch die Herkunftsbindungen reproduzieren, von denen ein messianischer Modernismus Erlösung verspricht.

Ein systemtheoretischer Funktionalismus legt noch einen andern Blick auf die Dinge nahe: Angesichts der schwindelerregenden Aufgabe, das durch Bevölkerungs- und Kapitalexplosion expandierende Weltsystem zu integrieren, werden *alle Integrationsmodi* und *alle* Rahmenwerke für Herkunftsbindungen - von Familien bis Weltreligionsgemeinschaften - als vermittelnde Instanzen gebraucht. Aus dieser "architecture of complexity" (Herbert A. Simon) bestimmte, etwa nationalstaatliche Rahmen herausbrechen zu wollen, weil sie auch gefährliche Konflikt- und Aggressionspotentiale enthalten, zeugt von einem merkwürdig kurzschlüssigen Voluntarismus. Es verkennt überdies, daß die Konflikte der Weltgesellschaft latent in allen Rahmen vorhanden sind und auch zwischen Regionen, Volksgruppen, religiösen Gemeinschaften, Wirtschaftsimperien und Kulturkreisen ausbrechen können.

Eine andere Frage ist die, ob gewisse Herkunftsrahmen, zum Beispiel Nationalstaaten, aus der Soziologik der Vergesellschaftung heraus nicht ohnehin ihre Aufgaben in andere Rahmen, etwa die Europäische Union verlagern. Da, wie wir annehmen können, kollektive Gefühle kollektiven Aufgaben in die Rahmen folgen, in denen sie gelöst werden, würden sich nationale Herkunftsgefühle wie von selbst in europäische transformieren. Die Frage ist eine empirische. Einerseits, etwa in der Verteidigungs- und Wirtschaftspolitik, läßt sich eine Ausweitung der Gemeinschaftsaufgaben beobachten, andererseits fordern auch Anti-Nationalisten zahlreiche Aufgaben im nationalstaatlichen Rahmen ein, weil anders sie gar nicht durchzusetzen wären, etwa Mitbestimmung, Schadstoffminderung oder Pflegeversicherung. Letztere bietet übrigens ein Beispiel dafür, daß der Versuch, familiale Herkunftsbindungen von einer Aufgabe zu entlasten (mehr als vier Fünftel aller Pflegebedürftigen werden in Familien versorgt), ungewollt zu einer Stärkung der Herkunftsorientierung im nationalstaatlichen Rahmen führen kann - ohne daß Familienbindungen dadurch geschwächt würden.

Nehmen wir an, daß Europa mehr und mehr den relevanten Rahmen bildet, in dem kollektive Aufgaben erfüllt und Ängste abgewehrt werden und daß dadurch innere Grenzen - auch als Gefühls- und nationale Grenzen - aufgeweicht werden; liegt es nicht in der Sozio-Logik des Prozesses, daß Europäer äußere Grenzen und Bedrohungen dann stärker empfinden, daß ein Europa-Partikularismus in Konflikt zu anderen Partikularismen und zu einem Welt-Universalismus tritt?

Der Gedanke braucht nicht zu erschrecken. Zwar gibt es keine Garantie dagegen, daß sich Widersprüche in Kulturkämpfen entladen, aber berechtigte Hoffnungen, daß sie in der Schwebe gehalten werden können.

Modernisierungsprozesse bringen die ungleichen Teile der Welt näher zusammen, schwächen Grenzen ab, verstärken andere und vervielfältigen das Geflecht der Grenzen und Konflikte insgesamt. Es wäre einfältig, daraus ein Argument gegen Modernisierung machen zu wollen. Denn für einzelne und Gesellschaften gibt es keinen Ausstieg aus einer Dynamik, die längst gebieterisch und universal geworden ist. Und Konflikte sind, wie wir von Georg Simmel gelernt haben, in ihrer Vielfalt weniger zerstörerisch als integrierend.

Eine Eloge für oder eine Klage gegen Modernisierung ergibt sich daraus nicht. Was ich kritisiere, ist nicht Modernisierung, sondern ein "halbiertes" Verständnis von Modernisierungsprozessen, das von ihren Steigerungen an Reflexivität, Rationalität, Individualität, Universalität und Eligibilität geblendet ist und nicht sieht, was bleibt und mitwächst, also die andere Hälfte von Modernisierung ausmacht: Latenz, Emotionalität, Kollektivität und Non-Intentionalität von Herkunftsbindungen. Durch alle Veränderungen hindurch bleiben auch die elementaren soziologischen Prozesse die gleichen: Reziprozität und Machtbildung, Präferenz und Diskriminierung, Tabuisierungen und Konflikte. In immer moderneren Erscheinungsformen und immer größeren

Rahmen entdecken wir: das Gleichbleibende. Liegt nicht auch darin eine Faszination der Soziologie?

**Anmerkungen**
1) Es lassen sich viele andere Unterscheidungen denken, z.b. die "Pattern Alternatives of Value-Orientation" Parsons (1964).
2) Als theoretische Kategorien wurden Latenz und latente Funktionen von den modernen Klassikern der Soziologie eingeführt. Vgl. Parsons u.a. (1953). Ich versuche daran anzuknüpfen: Hondrich (1996); ferner: Ders. (1987).
3) Die soziologisch ganz unübliche "primitive" Theorie-Perspektive auf quantitative Zeit-Relationen verdanke ich Peter M. Blau (1977), der einen anregenden entsprechenden Ansatz für Zahlen-Relationen entwickelt hat.

**Literatur**
Beck, Ulrich (1986), Risikogesellschaft. Auf dem Weg in eine andere Moderne. Frankfurt am Main.
Blau, Peter (1977), Inequality and Heterogeneity. A Primitive Theorie of Social Structure. New York/London.
Freud, Sigmund (1974), Das Unbehagen in der Kultur. In: Kulturtheoretische Schriften. Frankfurt am Main.
Hondrich, Karl Otto (1987), Oberwelten und Unterwelten der Sozialität. In: Ernst-Joachim Lampe (Hg.): Persönlichkeit, Familie, Eigentum. Grundrechte aus der Sicht der Sozial- und Verhaltenswissenschaften. Opladen: 136-157.
Hondrich, Karl Otto (1996), Latente und manifeste Sozialität. In: Peter Kutter (Hg.): Psychoanalyse Interdisziplinär. Frankfurt.
Merton, Robert K. (1957), Social Theory and Social Structure. 2. Aufl., Glencoe.
Parsons, Talcott (1964), The Social System. Glencoe/London.
Parsons, Talcott /Robert F. Bales/Edward A. Shils (1953), Working Papers in the Theory of Action. New York/London
Wilterdink, Nico (1993), Nationalitäten im alltäglichen Gegen- und Miteinander. Nationale Identität in einer internationalen Organisation. In: Reinhard Blomert/Helmut Kuzmics/ Annette Treibel, Transformationen des Wir-Gefühls. Frankfurt am Main.

Prof. Dr. Karl Otto Hondrich, Universität Frankfurt, FB Gesellschaftswissenschaften, Robert-Mayer-Str. 5, D-60054 Frankfurt/Main

## 4. Die Modernität des Krieges. Die Modernisierungstheorie und das Problem der Gewalt

*Hans Joas*

Krieg und Gewalt sind Teil der Moderne und nicht nur ihrer Vorgeschichte. Ich möchte in diesem Beitrag die Tatsache des Krieges in der Moderne und die intellektuelle Verarbeitung dieser Tatsache als eine Sonde benutzen, um die Eignung der Modernisierungstheorie für ein Verständnis der gesellschaftlichen Entwicklungen der Gegenwart zu untersuchen. Andere Themen als der Krieg stehen in den gegenwärtigen Debatten meist im Vordergrund, wenn es um die Überprüfung der Modernisierungstheorie als des ehrgeizigsten und einflußreichsten Projekts einer makrosoziologischen Theorie gesellschaftlicher Entwicklung geht. Der Zusammenbruch des "real existierenden Sozialismus" hat zumindest vorübergehend der Modernisierungstheorie neuen Auftrieb gegeben und eine Deutung der sowjetischen oder sowjetisch bestimmten Entwicklungswege in Begriffen einer verfehlten oder nur fingierten Modernisierung nahegelegt, auf die jetzt eine "nachholende Modernisierung" und eine Schließung des zivilisatorischen Rückstands folgen müsse und werde (Alexander 1994; Joas und Kohli 1993). Die ökologischen Folgeprobleme erfolgreicher Modernisierungsprozesse machen andererseits den Gedanken einer reflexiven Brechung des Selbstlaufs von Wachstum und Differenzierung attraktiv, wie dieser etwa von Ulrich Beck mit seiner Diagnose und seinem Programm einer "reflexiven Modernisierung" in aufsehenerregender Weise vorgetragen wird. Das neue Selbstbewußtsein der Modernisierungstheorie und das intensivierte ökologische Krisenbewußtsein stoßen unter diesen Umständen - etwa auf dem Frankfurter Soziologentag von 1990 - unvermittelt aufeinander und nehmen nur noch polemisch aufeinander Bezug (Zapf 1990). Die Beschäftigung mit dem Thema Krieg in der Moderne könnte geeignet sein, aus einer solchen Sackgasse der Debatte herauszuführen. Ein idyllisches und rundum positives Bild von der Moderne läßt sich nicht erwarten, wenn man sich auf die Tatsache des Krieges ernsthaft einläßt - doch gilt dies ebenso für das Bild vormoderner Gesellschaften, so daß die Frage nach der Friedensfähigkeit von Gesellschaften und Staaten die Reflexion in Richtung positiver Bedeutungsgehalte von Modernisierung zurückzwingt. Umgekehrt gesteht aus dieser Perspektive die Theorie der reflexiven Modernisierung der üblichen Modernisierungstheorie eher zu viel als zu wenig zu, insofern sie diese nur für historisch überholt, für ungültig seit der Ausbreitung ökologischer Folgeschäden industriellen Wirtschaftens erklärt, ohne sie bereits in ihrem Kernbereich radikal in Frage zu stellen.

Die Modernisierungstheorie geht zunächst aus von der Annahme einer gewaltfreien Moderne. Der Übergang vom gewalttätigen Austrag innergesellschaftlicher Konflikte zu gewaltfreien Prozeduren der Konfliktregelung gehört geradezu zu den definitorischen Bestandteilen moderner Gesellschaften. Aber nicht nur die Lösung von Großkonflikten in politischen Verfahren ohne Gewalt gilt als modern; auch für die individuelle Kriminalität wird ein Formwandel des Verbrechens von der spontanen Gewalttat zur affektiv kontrollierten Eigentumskriminalität behauptet. Elias' Zivilisationstheorie mit ihrer These einer steigenden Affektkontrolle bei komplexeren Verflechtungen der Gesellschaftsmitglieder paßt hier genau ins Bild. Was die Rolle der Gewalt in der zwischenstaatlichen Dimension betrifft, so sind viele modernisierungstheoretische Beiträge eher stumm. Wenn es aber gestattet ist, die Modernisierungstheorie in eine Kontinuität nicht nur mit den soziologischen Klassikern, sondern sogar mit den klassischen Traditionen des Liberalismus in der Sozialphilosophie zu stellen, dann läßt sich behaupten, daß der Traum von der gewaltfreien Moderne von ihr weitergeträumt wird (Joas 1994). Im Weltbild des Liberalismus mußten Kriege und gewaltsam ausgetragene Konflikte als Teil der *Vor*geschichte der zivilisierten Menschheit erscheinen und, sofern sie weiterhin vorkamen, als Relikte einer untergehenden Epoche gedeutet werden, die noch nicht vom Licht der Aufklärung erhellt war, oder als Ausdruck einer Konfrontation der Zivilisation mit der Barbarei. Der frühe Liberalismus betrachtete die zeitgenössischen Kriege als Folge aristokratischen Kriegergeistes oder der unkontrollierten Launenhaftigkeit von Despoten. Aristokratischer Kriegergeist und Despotismus galten dabei selbst als Überbleibsel primitiver Entwicklungsphasen der Menschheit; das *zivilisierte* Leben sollte auch ein *ziviles* sein, in dem kriegerische Eigenschaften und Bedürfnisse nicht durch Religion und Moral bloß untersagt, sondern gemildert und auf sportlichen oder wirtschaftlichen Wettstreit ("le doux commerce") umgeleitet werden könnten. Wenngleich das Zeitalter der Gewaltlosigkeit damit zwar noch nicht völlig erreicht sein mochte, so schien man als aufgeklärter Liberaler doch den weiteren Weg und die Schritte zur Perfektionierung einer vernünftigen Ordnung zu kennen. Mit unterschiedlichen Gewichtungen wurden freier Handel, bürgerliche Mitbestimmung in der Außenpolitik, Rechtsstaatlichkeit und Vertragsförmigkeit zwischenstaatlicher Beziehungen als liberale Friedenskonzeptionen formuliert. Wie die Folter und öffentlich zelebrierte Marter aus dem Bereich der Strafjustiz verschwinden müßten, so auch der Krieg und jegliche Gewalt gegen Personen und Sachen aus der modernen, d.h. bürgerlichen Gesellschaft. Mit scharfer Ablehnung der Gewalt geht in diesem Weltbild damit eine gewisse Bagatellisierung ihrer Präsenz einher. Ein nach vorne gerichteter, zukunftsoptimistischer Blick betrachtet das aussterbende schlechte Alte mit Ungeduld und ohne echtes Interesse.

Wie wirkungsmächtig diese Denktradition war und wie wichtig sie für unsere Vorstellungen über Modernisierung ist, läßt sich gewissermaßen ex negativo erschließen, nämlich aus der Verarbeitung des Ersten Weltkriegs unter den genannten liberalen Prämissen (Joas 1995). Am ungebrochensten waren diese zu Beginn unseres Jahrhunderts unter den amerikanischen Intellektuellen verbreitet, und deshalb sind bei ihnen die Folgen des Krieges für das liberale Weltbild am klarsten zu beobachten. Der Weltkrieg provozierte die frühen Versionen von Modernisierungsdenken nicht zu einer Infragestellung der Annahme einer gewaltfreien Moderne; die "Exotisierung" (Lepsius) bestimmter nationaler Entwicklungswege, v.a. des deutschen, erlaubte vielmehr eine weitgehende Immunisierung gegenüber dem welthistorischen Geschehen (Collins 1995).

Einen Schritt über das klassisch-liberale Weltbild hinaus geht die Theorie der "defensiven Modernisierung". Diese nimmt Abschied von der Vorstellung eines bloßen Nebeneinanders der Entwicklung entlang gleicher Entwicklungspfade. Reinhard Bendix' historisch gesättigte Arbeiten etwa (1980) machen Ernst mit der Einsicht, daß nur die erste sich auf den Modernisierungsweg begebende Nation die Chance zur Kontinuität ihrer Entwicklung ohne fremdgesetzten Zeitdruck hat. Jede weitere Nation steht dagegen in einem Kraftfeld, das sich aus dem Wettbewerb von Vorreitern und Nachzüglern ergibt. Dieser Wettbewerb könnte zunächst ökonomisch und technisch gemeint sein. Die Theorie der defensiven Modernisierung zielt aber vornehmlich auf politische und militärische Machtgefälle. Das schockhafte Erlebnis einer militärischen Niederlage, manchmal auch die Einsicht herrschender Eliten in die Gefahr eines solchen Rückschlags, gelten als Auslöser forcierter Modernisierungsprozesse in der Wirtschaftspolitik sowie in der steuerlichen Finanzierung und inneren Organisation des Militärs. Schon die Frühphasen der westeuropäischen Modernisierung stellten etwa das russische und das osmanische Reich unter einen Druck, dem die Modernisierung von Armee und Bürokratie entgegenwirken sollte. Der für Deutschland wichtigste Prozeß defensiver Modernisierung spielte sich im Gefolge der vernichtenden Niederlage Preußens 1806 gegen Napoleon ab; die Reformen Steins und Hardenbergs und die Veränderung der Strukturen des alten Reiches dienten dazu, die Schmach der Niederlage zu überwinden und ihre Wiederholung zu vermeiden. Entscheidend in unserem Zusammenhang ist, daß die Theorie der defensiven Modernisierung die einzelstaatlichen Entwicklungen miteinander verknüpft, Beschleunigungen von Modernisierungsprozessen für möglich erklärt und eine Wechselwirkung von internationaler Machtposition und innerer Modernität annimmt. Sie tut dies alles freilich nur bis zu dem Punkt, an dem die Frage berührt würde, ob denn die ökonomisch-politisch-militärische Konkurrenz zwischen den Staaten auch zu anderen Resultaten als einer Modernisierung führen kann. Ein Phänomen wie die machtgestützte *Befestigung* von Entwicklungsungleichheit wird in ihr nicht zum Thema.

Denn - so muß man über die Theorie der "defensiven Modernisierung" hinaus fragen - was geschieht, wenn diese ausbleibt oder scheitert? Die Antwort gibt meines Erachtens die amerikanische Soziologin Theda Skocpol mit ihrer Theorie der Revolution (1979). Skocpol geht nicht von der typischen Modernisierungstheorie aus, sondern von Barrington Moores marxistisch beeinflußten Forschungen über die sozialen Ursprünge von Demokratie und Diktatur (1974). In diesen Arbeiten ihres Lehrers war die Rolle der Gewalt in den Umwälzungen des Agrarsektors und bei der sogenannten ursprünglichen Akkumulation ebenso wie bei der Umformung des Staatsapparats deutlicher geworden als in der konventionellen Modernisierungstheorie. Aber bei aller Abhängigkeit von Moores Sicht auf die ländliche Klassenstruktur und die blockierende Rolle der landbesitzenden Oberschicht argumentiert sie gegen Moore ebenso wie gegen die Modernisierungstheorie mit demselben Ziel: einen "gestalt switch", wie sie sagt, vorzuschlagen, der von der Betrachtung des Nebeneinanders, vielleicht noch der Verknüpfung im wesentlichen endogener Entwicklungsprozesse zu einer von vornherein zwischengesellschaftlichen Betrachtungsweise führt, die allerdings nicht wie die Weltsystemtheorie Wallersteins einem ökonomistischen Reduktionismus unterliegt. Eine solche Umstellung relativiert die langfristige Determinationskraft innerer Voraussetzungen von Gesellschaften und schwächt die Annahme eines deutschen oder japanischen Sonderwegs beträchtlich. Der Wechsel der Blickrichtung konzentriert die Aufmerksamkeit auf solche Krisenkonstellationen, die von Staaten auch durch forcierte Modernisierungsanstrengungen nicht bewältigt werden können. Solche liegen in Kriegen vor, da diese auf jeden Fall, vor allem aber im Fall der drohenden oder eintretenden Niederlage eine tiefe Erschütterung der Legitimität der politischen Ordnung *und* eine Schwächung der staatlichen Zwangsapparate mit sich bringen. Skocpol erklärt Revolutionen entsprechend nicht aus den Absichten revolutionärer Eliten oder Massen als eine Art höchster Stufe von deren Mobilisierung, sondern aus der Verknüpfung von Modernisierungskrisen mit kriegerischen Konstellationen. Der Systemwandel durch die Revolution erscheint weniger als die Realisierung einer ideologischen Weltverbesserungsabsicht und mehr als die verzweifelte Fortsetzung eines Prozesses der defensiven Modernisierung - mit anderen Mitteln als denen der Konkurrenten und mit anderen Folgen in Richtung extremer Zentralisierung staatlicher Macht und völliger Zerstörung der traditionellen Sozialstruktur. Aber der

Begriff der Modernisierung wird eben in dieser Verwendung zweideutig. Die Modernisierungskonkurrenz produzierte in den Revolutionen des 20. Jahrhunderts gewissermaßen den Gegensatz zum Modernisierungsvorbild mit. Und diese Zweideutigkeit kommt mit dem Zusammenbruch dieses Entwicklungsweges unverhüllt zum Vorschein. War die sowjetische Entwicklung nun selbst eine nachholende Modernisierung oder bedarf es dieser nachholenden Modernisierung nach dem Zusammenbruch des sowjetischen Modells? Hat eine nachholende Modernisierung nun freie Bahn oder wiederholt sich die Konstellation, aus der einst die revolutionäre Überbietung der defensiven Modernisierung hervorging? Mit der Verbindung von Modernisierung, Krieg und Revolution gerät die Vorstellung ins Wanken, der Druck zu defensiver Modernisierung führe mit Gewißheit zu einer mehr oder minder erfolgreichen nachholenden Modernisierung. Vielmehr wird nun die Möglichkeit einer Konstitution neuer sozialer Ordnungen als mögliche Folge von Modernisierungskrisen und Kriegen deutlich.

Die Konstitution einer neuen Ordnung wird noch deutlicher, wenn wir die Geburt des Faschismus aus dem Geiste des Krieges mitbedenken. Auch unter führenden deutschen Intellektuellen der Weltkriegszeit - etwa bei Max Scheler und Georg Simmel - war die Hoffnung auf eine revitalisierende Wirkung des Krieges verbreitet. Dies können wir nur angemessen verstehen, wenn wir hierin nicht eine Fortsetzung eines altertümlichen Bellizismus oder des Sozialdarwinismus vermuten, sondern begreifen, daß hier eine höchst moderne Suche nach einer anderen Moderne am Werke war. Der Krieg konnte von all diesen Suchenden wie die Offenbarung der gesuchten Lösung erlebt werden. Plötzlich schien sich die Genese neuer Werte und Bindungen unter den Augen der Beteiligten abzuspielen, und deshalb wurde der Krieg mit den größten kulturellen Umbrüchen der europäischen Erinnerung wie der Reformation oder der Französischen Revolution gleichgesetzt. Innerhalb des Modernisierungsprozesses schien das Steuer grundlegend herumgeworfen worden zu sein.

Unter den deutschen Intellektuellen folgte dem rauschhaften Jubel über den Anbruch einer anderen Moderne bald nichts als Katerstimmung. Mussolini und führende italienische Intellektuelle dagegen erklärten den Krieg selbst zur Revolution - nicht, wie die Bolschewiki zur günstigen Voraussetzung für die Revolution, und nicht, wie die deutschen existentiellen Bellizisten, zur einmaligen inneren Verwandlung der Menschen. Schon den russisch-japanischen Krieg von 1905, der die erste russische Revolution auslöste, erklärten einige von ihnen begeistert zum Beweis für "die Modernität des Krieges" (Enrico Corradini). Gabriele d'Annunzio steigerte Nietzsches Lobpreisung der Gewalttat als herrlicher Entfaltung des dionysischen Menschen und setzte in kriegerische Abenteuer um, was bei Nietzsche die papierene Phantastik eines Philosophen geblieben war. Für Mussolini wird der Weltkrieg zum Anlaß, mit der Liberalismus und Sozialismus gemeinsamen Vision einer friedlichen Welt zu brechen und den Menschen als das "kriegerischste Lebewesen der ganzen Zoologie" wiederzuentdecken. Organisatorisch und institutionell versuchte der italienische Faschismus, den Krieg auf Dauer zu stellen. Die faschistische Bewegung schloß sich organisatorisch dem Vorbild eines Kriegerbundes an. Terroristische Gewalt gegen den innenpolitischen Gegner wurde von den faschistischen Sturmabteilungen nicht nur in unerhörter Offenheit und Systematik praktiziert, sondern auch dort gerechtfertigt, wo ihr kein instrumenteller Zweck zugrundelag. Entlassene Offiziere und Elitesoldaten sowie Schüler und Studenten prägten zunächst das Bild. Die Kampfgruppen wurden dann in die faschistische Miliz verwandelt, die als Staatsorgan der Partei verantwortlich war. Die Kriegswirtschaft mit der enormen Koordination und Anspannung aller gesellschaftlichen Kräfte gab dem charismatischen Führer die Vision einer neuen Ordnung - des korporativen Staates, in dem alle Kräfte einem Willen folgen und die Bevölkerung eine einzige gehorchende Masse darstellte (Sternhell 1994).

Wenn wir die radikale Kontingenz des Untergangs des Faschismus zu denken bereit sind und damit den Sieg der westlichen Gesellschaften über ihre Gegner im 20. Jahrhundert nicht mit einer geschichtsphilosophischen Garantieerklärung versehen, dann liegt es nahe, auch die Entstehung der Moderne nicht länger in evolutionistischen Begriffen, sondern als Resultat einer kontingenten historischen Konstellation zu deuten. Den deutschen Klassikern der Soziologie, etwa Max Weber und Werner Sombart, war diese Betrachtungsweise keineswegs völlig fremd. Vor allem in der neueren britischen Soziologie - bei Michael Mann, John Hall und auch Anthony Giddens - hat dieser Gedanke der Klassiker jüngst eine breite Renaissance erfahren. Wesentlich differenzierter als bei Sombart wird dort das Mißlingen einer Großreichbildung in Europa und die daraus sich ergebende Permanenz kriegerischer Verwicklungen zu einem Motor des Modernisierungsprozesses erklärt. Die Gemeinsamkeit der christlichen Kultur verhinderte zusätzlich den Umschlag dieser Konkurrenz in einen allseitigen Vernichtungskampf. Als die militärische Revolution durch neue Waffen die ritterliche Kriegführung mehr und mehr obsolet machte, änderte sich das ganze Geflecht Staat-Militär-Wirtschaft radikal.

Eine solche Erklärung will nicht weit zurückreichende Traditionen von Kultur und Staatlichkeit ignorieren oder ökonomische und technische Entwicklungen bagatellisieren; sie zielt allerdings darauf, die Entstehung der Moderne zwar nicht als einmaliges und unwiederholbares Ereignis, aber doch als kontingente Konstellation zu denken. In dieser Konstellation kultureller, ökonomischer, politischer und militärischer Entwicklungen spielte die militärische Revolution zwischen 1560 und 1660 (Parker 1990) und die Geschichte der Kriege und Bürgerkriege eine wesentliche, in der Soziologie praktisch ignorierte Rolle. Aber diese Formulierung ist noch zu harmlos, weil sie nur der Tatsache Ausdruck gibt, daß die Kriege an der Entstehung der Moderne beteiligt waren. Den Kern trifft erst der Gedankengang Stephen Toulmins in seinem Buch "Cosmopolis" (1990): daß Krieg und Bürgerkrieg die Moderne, wie wir sie kennen, in ihrem innersten Wesen geprägt haben. Nicht das unerträglich selbstgefällige und protestantisch-parteiliche Geschichtsbild eines sich aus Renaissance und Reformation ergebenden linearen Aufschwungs des Handels, der Städte, des Buchdrucks, der Philosophie, der Naturwissenschaft, der nationalen Souveränität erfaßt die frühe Neuzeit, welche vielmehr eine Zeit größter Wirren, des religiösen Fanatismus und der "Gegen-Renaissance" war, sondern der Gedanke mehrerer Varianten möglicher Modernisierung, von denen nur eine zum Zuge kam. Wesentliche Züge der frühen kulturellen Modernisierung der Renaissance wie die Betonung von Rhetorik und Sinnlichkeit, der Zeit- und Ortsgebundenheit allen Denkens kamen im gesellschaftlichen Modernisierungsprozeß gerade nicht zur Geltung. Die humanistischen Ideen über eine gesamteuropäische Friedensordnung fielen der rationalistischen Konstruktion Hobbes' zum Opfer, welcher der Vorstellung einer aus souveränen Nationalstaaten sich zusammensetzenden Welt vor deren historischer Realisierung klassischen Ausdruck verlieh. Descartes' Suche nach Gewißheit, welche in den philosophischen Moderne-Rekonstruktionen seit je den Beginn der Neuzeit markiert, ist in Toulmins Sicht ein Versuch, sich am eigenen Schopf aus der unerträglich gewaltsam gewordenen Konfrontation der nachmittelalterlichen Zerfallsprodukte zu ziehen. Die Verklärung der Rationalität entsteht nicht

aus ihrer selbstverständlichen Geltung, sondern drückt das Maß aus, in dem sich die Hoffnung Verzweifelnder auf sie richtet.
Ich ziehe aus diesen Überlegungen vier Konsequenzen für die Relativierung der Modernisierungstheorie. Zum einen wird am Thema Krieg anschaulich, wie wenig Modernisierung als ein homogenes Ganzes mit gleichläufigen Entwicklungen der Kultur, der Wirtschaft und der Politik zu denken ist. Die enge Verknüpfung gesellschaftlicher Teilsysteme in der Modernisierungstheorie hat sich von einer Leistung zu einer Belastung gewandelt. Die Betonung kultureller Variabilität und die Beobachtung sehr verschiedener Verknüpfungen von politischer und ökonomischer Ordnung haben die Aufmerksamkeit ebenso auf die lockere Kopplung gesellschaftlicher Teilbereiche gelenkt wie es aus innertheoretischen Gründen immer mehr als problematische Gemeinsamkeit von Marxismus und Modernisierungstheorie erscheint, hier enge Verknüpfungen zu unterstellen (Joas 1992). Wir müssen entsprechend verschiedene Dimensionen von Modernisierung voneinander trennen und zwischen diesen Dimensionen variable Verhältnisse zulassen. Komplizierte Diskrepanzen zwischen gesellschaftlichen Teilbereichen, Rückwirkungen von Modernitätsverlusten und die Verteidigung alter Ordnungen mit modernen Mitteln sind dann zu konstatieren. Zweitens erhöht der hier vorgetragene Gedankengang den Druck auf die Rechtfertigung der normativen Prämissen, die der Modernisierungstheorie zugrundeliegen. Wenn die Modernisierungstheorie die Ansprüche von Linearität und Teleologie, den Ton historischer Unvermeidlichkeit fahren läßt, dann können sich normative Ziele wie das der Demokratisierung nicht mehr aus funktionalen Leistungen rechtfertigen. Dies schließt den Gedanken funktionaler Vorzüge der Demokratie zwar nicht aus. Aber bekanntlich werden funktionale Vorzüge keineswegs immer realisiert, und das Problem der normativen Begründung ist nicht identisch mit dem Nachweis funktionaler Leistungen. Wir brauchen also ein klares Bewußtsein der normativen Gründe, die die Demokratie zum Maßstab für Fortschritt machen, ohne dabei eine geschichtliche Garantie dieses Fortschritts zu besitzen. Drittens zeigt die Untersuchung der Bedeutung des Krieges für den sozialen Wandel unübersehbar die Wirkung internationaler Konstellationen auf die Chancen von Modernisierungsprozessen auf. Der Rückfall in eine aufs Endogene begrenzte Debatte ist hier gewissermaßen der Geburtsfehler der Soziologie, sei diese eher kulturell oder eher materiell orientiert. Und viertens schließlich erinnert uns die kulturelle Verarbeitung der Kriege an die innere Zwiespältigkeit der modernen Kultur. Steigerung von Rationalität kann sehr Verschiedenes bedeuten, und die möglichen Gegenbegriffe zur Rationalität sind vielfältig. Die Abstraktionsleistungen der soziologischen Theorie bedürfen eben der Verbindung mit der Sachintimität der Geschichtsschreibung und der Erschütterungssensibilität kultureller Zeitströmungen, wenn aus dem Angebot der Modernisierungstheorie ein angemessenes Bild unserer Zeit und ihrer Vorgeschichte entwickelt werden soll.

**Literatur**
Alexander, Jeffrey (1994), Modern, Anti, Post and Neo: How Social Theories Have Tried to Understand the 'New World' of 'Our Time'. In: Zeitschrift für Soziologie 23: 165-197.
Bendix, Reinhard (1980), Könige oder Volk. Machtausübung und Herrschaftsmandat. Frankfurt/Main.
Collins, Randall (1995), German-Bashing and the Theory of Democratic Modernization. In: Zeitschrift für Soziologie 24: 3-21.

Giddens, Anthony (1985), The Nation-State and Violence. Cambridge.
Hall, John A. (1985), Powers and Liberties. The Causes and Consequences of the Rise of the West. Oxford.
Joas, Hans (1992), Die Kreativität des Handelns. Frankfurt/Main.
Joas, Hans (1994), Der Traum von der gewaltfreien Moderne. In: Sinn und Form 46: 309-318.
Joas, Hans (1995), Die Sozialwissenschaften und der Erste Weltkrieg- Eine vergleichende Analyse. In: Wolfgang Mommsen (Hg.): Kultur und Krieg. Stuttgart.
Joas, Hans/Kohli, Martin (1993), Einleitung zu dies. (Hg.), Der Zusammenbruch der DDR. Soziologische Analysen. Frankfurt/Main.
Knöbl, Wolfgang (1993), Nationalstaat und Gesellschaftstheorie. In: Zeitschrift für Soziologie 22: 221-235.
Mann, Michael (1991), Geschichte der Macht. Bd. 2. Frankfurt/Main.
Moore, Barrington (1974), Soziale Ursprünge von Diktatur und Demokratie. Frankfurt/Main.
Parker, Geoffrey (1990), Die militärische Revolution. Die Kriegskunst und der Aufstieg des Westens 1500-1800. Frankfurt/Main.
Skocpol, Theda (1979), States and Social Revolutions. A Comparative Analysis of France, Russia, and China. Cambridge.
Sternhell, Zeev (1994), The Birth of Fascist Ideology. From Cultural Rebellion to Political Revolution. Princeton, N.J.
Toulmin, Stephen (1990), Cosmopolis. The Hidden Agenda of Modernity. New York.
Zapf, Wolfgang (1990) (Hg.), Die Modernisierung moderner Gesellschaften. Frankfurt/Main.

Prof. Dr. Hans Joas, John F. Kennedy-Institut f. Nordamerikastudien, Abt. f. Soz., Freie Universität Berlin, Lansstr. 5-9, 14195 Berlin

# XX. Sektion Sprachsoziologie
*Leitung: Jörg Bergmann*

## Institutioneller Wandel und Alltagserfahrung

### 1. Personalreferenz und soziale Kategorisierung am Beispiel deutsch-deutscher Selbst- und Fremdbezeichnungen nach der Wiedervereinigung

*Heiko Hausendorf*

*1. Einführung*

Die Wiedervereinigung ist eine gesamtgesellschaftliche Umbruchsituation, die in besonderer Weise dazu anregt, Mitgliedschaft bzw. Zugehörigkeit zu sozialen Gruppen in der Interaktion unter Anwesenden relevant zu setzen. Im folgenden soll gezeigt werden, daß und wie bestimmte Verfahren der Bezugnahme auf Personen gleichzeitig als Mittel der Demonstration von Mitgliedschaft zu sozialen Gruppen eingesetzt werden.

Mein Thema steht so gesehen im Schnittpunkt eines soziologischen und linguistischen Interesses: Aus linguistischer Perspektive interessieren sprachliche Formen und konversationelle Gesetzmäßigkeiten der Personalreferenz. Aus soziologischer Perspektive interessiert das Phänomen der sozialen Kategorisierung als ein komplexes Kommunikationsproblem. Diese Zweiteilung von Personalreferenz und sozialer Kategorisierung spiegelt sich auch in zwei frühen konversationsanalytischen Forschungsinteressen, dem Interesse an allgemeinen *Präferenzen für die Bezugnahme auf Personen* (Sacks/Schegloff 1978) und dem Interesse am Mechanismus der sogenannten *Mitgliedschaftskategorisierungen* (Sacks 1992:40ff.;236ff.).

Die Anregung und viele konkrete Hinweise zu diesem Thema gehen darauf zurück, daß ich die Gelegenheit hatte, am *Zentrum für interdisziplinäre Forschung* der Universität Bielefeld in der Forschungsgruppe "Nationale Selbst- und Fremdbilder in den osteuropäischen Staaten" mitzuarbeiten (vgl. dazu Czyżewski u.a., i.Dr.).

Die Daten, auf die ich mich beziehen werde, stammen aus Gruppengesprächen, die ich in Sachsen mit Teilnehmern von Umschulungskursen, hauptsächlich langzeitarbeitslosen Frauen, über das Thema "Wiedervereinigung" geführt habe. Diese Gespräche wurden von mir als einem an der Lebenssituation in den neuen Bundesländern interessierten Forscher initiiert und mit dem Interesse begründet, etwas "vor Ort" darüber zu erfahren, wie unter Betroffenen, oftmals in vielerlei Hinsicht *Ge*troffenen, die Situation einige Jahre nach der Einheit eingeschätzt wird.

Ich gehe im folgenden anhand jeweils kleinerer Gesprächsausschnitte vor und werde diese Ausschnitte in drei Schüben unter jeweils leicht verändertem Blickwinkel thematisieren:

Zunächst soll veranschaulicht werden, in welcher Weise in und durch Personenreferenzen Personen sozialen Gruppen *zugeordnet* werden können; in einem zweiten Schritt will ich mich mit einer Steigerung dieses Verhältnisses von Referenz und Kategorisierung befassen: mit Fällen, in denen eine erfolgte Zuordnung durch bestimmte Mittel als eine bereits *verfestigte*, stabile Zuordnung präsentiert wird; die Fokussierung auf die Verfestigung hebt schließlich eine Art der Referenz in besonderer Weise hervor: den Akt der *Namengebung* als Beispiel dafür, wie mit den Bordmitteln der Angesichtsinteraktion Zuordnungen auch ad hoc verfestigt werden können.

## 2. Zuordnung

Das folgende Fragment zeigt einen nicht untypischen Ausschnitt aus den Daten der Gruppengespräche und bezieht sich auf Aspekte der Altersversorgung in Ost und West:
(Es handelt sich hier und im folgenden um Grobtranskriptionen mit Außerkraftsetzung der Schriftorthographie und -interpunktion. Die Ziffern bedeuten die SprecherInnen. In den durch eine geschweifte Klammer verbundenen Zeilen werden die untereinander stehenden Beiträge gleichzeitig gesprochen. Verwendete Transkriptionszeichen: "<EA>" = hörbares Einatmen; Versalien = besondere Betonung; ".";"..";"..." = kurze, mittlere und längere Pause ; "<mit Nachdruck> ...+" = Kommentar mit Geltungsbereich; "daß::" = Dehnung; " ' " = Heben der Stimme; "," = Senken der Stimme; "&" = auffällig schneller Anschluß; "in=nen" = Zusammenziehen zweier Worte)

(1) 1 es ist ja status . in der bundesrepublik Al:t' daß jeder . der fleißisch und angesehen ist' . AUch sein Alter in entsprechender weise vorbereitet, <EA> dUrch seine berufstätigkeit,
(...)
wir hatten in der vergangenen zeit kEIne möglichkeiten . ordentliche lebensversicherung abzuschließen, <EA> wir hatten keine möglichkeiten fest . gelder, .. äuf sporkassen und banken zu installieren die (?wer uns mühselig ersport habm), . so uns <mit Nachdruck> blEIbt nUr+ als EInzige säule des EInkommen,
(O-W-K I,1,1,a, Z.177-189)

Die Sprecherin spricht über sich selbst und andere im Sinne von Mitgliedern einer größeren Gruppe. "wir" wird dabei nicht im Sinne einer Fokussierung auf den unmittelbaren Wahrnehmungsraum, sondern im Sinne eines Verweises auf einen sozialen Wahrnehmungsraum gebraucht. Dabei etabliert die Sprecherin zuvor einen speziellen Hintergrund ("es ist ja status . in der bundesrepublik alt"), auf dem die eigene Gruppe dann anschließend wie auf einer Kontrastfolie trennscharf hervortreten kann. Personen werden damit hinsichtlich ihrer Gruppenzugehörigkeit und -mitgliedschaft kontrastiert: "wir" vs. *die*.

Das Verfahren der *Gegenüberstellung* kommt auch in dem folgenden Fragment zum Ausdruck, das eine besondere Verbundenheit mit dem eigenen Staat, ein spezifisches "Ethos" (Bateson), manifestiert:

(2) 2    daß:: wir genAU so n gewisses <EA> ddRstolz - <tiefer> wolln wer
{        schon=mal so nenn+ & AUfgebaut
    3           ja:,
    2    habn' . wie ebn: . der . bundesdeutsche bürger in=en
         Altbundesländern . SEInen . brd, . aber dieser STOLZ' . is ja auf GAnz
         verschiedne dinge gerichtet, ja'
{   4    hm,
    3    hm:h,
    2    wOrauf BIN ich denn nun stOlz, . <tiefer> is ja die frage,+ . worauf
         ER' worauf ICH' . stolz auf mein hÄUschen stolz auf mein . <EA>
         spAr.buch' stolz auf dAs' <tiefer,leiser> ich sag s jetz (?bloß) mal,+ .
{        STOLZ: daß wir hier nich diese kriminalität hattn' & stOlz daß wir in
    3         ja,
    2    rUhe . in dn wAld gehen konntn'
(O-W-K I,1,1,b, Z.19-27)

Dieses Fragment zeigt in rhetorisch besonders ausgestalteter Weise die Gegenüberstellung zweier Gruppen mithilfe *prosodischer, lexikalischer und syntaktischer* Mittel ("worauf ER worauf ICH").

Ich betrachte das Verfahren der *Gegenüberstellung* als ein Mittel zur Bearbeitung einer speziellen Teilaufgabe im Rahmen sozialer Kategorisierungen, der Aufgabe der *Zuordnung*: Die Teilnehmer ordnen sich und andere einer sozialen Gruppe zu.

## 3. Verfestigung

Eine weitere Aufgabe, die die *Zuordnung* überlagern kann, ist die *Verfestigung*. Drei Mittel der Bearbeitung dieser Aufgabe werden im folgenden besprochen: Verfahren, die die fraglichen Zuordnungen

(1) *als allgemeingültig* (Verallgemeinerung),
(2) *als typisch* (Unterordnung) und/oder
(3) *als bekannt* einführen (Rückverweisung).

### 3.1 Verallgemeinerung

Das folgende Fragment zeigt wieder eine Bezugnahme auf Personen als Mitglieder sozialer Gruppen und darüber hinausgehend eine durch die generische Verwendung der Anredeform "du" bewirkte Verallgemeinerung in der Bezugnahme auf Personen:

(3) 1    aba bei uns wenn du jetz ne arbeit annimmst wieder du kanns disch ja nit finanziell
         verschleschtern du mußt ja mindestens so viel geld habn daß du wie du vorher
         geld hattest wenn du weniger annimmst und der (haut dich) wieder hinaus biste ja
         gleich n SOZIALfall also
{   2                                                                                  mhm
{   1    so wars zumindest bei mir
    2            mhm
(O-W-K I, 2,1, Z. 138-145)

Das Besondere an diesem Beispiel liegt darin, daß die Sprecherin zum Ende ihres Beitrages ein *account* liefert für die vorgenommene Generalisierung, indem sie ihre vorausgegangene Darstellung durch den Verweis auf ihre persönliche Erfahrung relativiert und erklärt ("also so wars zumindest bei mir") - und damit natürlich das Vorausgehende als eine Verallgemeinerung kenntlich macht.

*3.2 Unterordnung*

Ich komme jetzt zu einem mit der Verallgemeinerung eng zusammenhängenden Verfahren in der Bezugnahme auf Personen. Kehren wir dazu noch einmal zu Fragment (2) zurück:

(Aus (2))   wie ebn der bundesdeutsche bürger inen altbundesländern

Auf Personen wird hier nicht nur in ihrer Eigenschaft als Mitglieder einer Gruppe Bezug genommen, sondern in besonderer Weise in ihrer Eigenschaft als Mitglieder bzw. Angehörige einer bestimmten *Gattung*, eines bestimmten *Typs*: Personen als "bürger". Diese Unterordnung von Personen unter eine Kategorie wird sprachlich manifestiert durch die Verwendung einer zumindest tendenziell *formelhaften Wendung*, die einen für die fragliche Kategorisierung unspezifischen Kategorien- bzw. Gattungsnamen ("bürger") enthält. Dieser Gattungsname wird dann genauer spezifiziert durch ein Epitheton ("bundesdeutsch") und eine wiederum komplexe topographische Angabe ("inen altbundesländern").

*3.3 Rückverweisung*

Die fragliche Bezugnahme auf Personen ("der bundesdeutsche bürger inen altbundesländern") manifestiert in ihrer Formelhaftigkeit auch eine Darstellung von Bekanntheit und insofern eine *Rückverweisung* auf Vorwissen. Ähnlich wie ein Name ermöglicht eine formelhafte Wendung, an Bekanntheit und Schon-Eingeführtheit zu appellieren: Man hat *davon* schon gehört, gelesen...

In diesem Fall erinnert vor allem die topographische Angabe an den offiziellen Sprachgebrauch nach der Wiedervereinigung, an die *politisch korrekte* Regelung der Bezugnahme auf Personen. Die dargestellte Bekanntheit ist hier die Bekanntheit eines charakteristischen Formulierungsaufwandes, der sich dadurch ergibt, daß die fragliche Personengruppe umschrieben und nicht unmittelbar mit Namen genannt wird. Insofern stellt diese Referenz auch eine Art markiertes Fehlen eines passenden Namens dar, das durch die formelhafte Wendung gewissermaßen kompensiert wird.

Ich möchte die angesprochenen Verfahren der Verallgemeinerung, Unterordnung und Rückverweisung zusammenfassend als Mittel der Bearbeitung der *Verfestigung* betrachten, die über die Aufgabe der *Zuordnung* hinausgeht, empirisch aber häufig in einem Zug damit auftritt. Innerhalb dieser Aufgabe wird eine erfolgte bzw. in einem Zug gleichzeitig erfolgende Zuordnung durch spezielle Verfahren hervorgehoben und verstärkt, d.h. als eine verfestigte Zuordnung präsentiert.

Wie unter Anwesenden damit umgegangen wird, wenn Zuordnungen und Beschreibungen noch nicht als verfestigte zur Verfügung stehen, sondern in der Interaktion ad hoc erst noch verfestigt werden müssen, soll zum Abschluß illustriert werden.

## 4. Namengebung

Ich greife noch einmal auf Fragment (2) zurück, das den Prozeß einer solchen *ad hoc* Verfestigung ausschnitthaft dokumentiert, allerdings nicht unter dem Aspekt der Bezugnahme auf Personen, sondern unter dem Aspekt der Bezugnahme auf Merkmale bzw. Eigenschaften von Personen:

(Aus (2))  2  daß:: wir genAU so n gewisses <EA> ddRstolz - <tiefer>
{          wolln wer schon=mal so nenn+ & Aufgebaut habn
           3                                      ja:,

(O-W-K I,1,1,b, Z.19ff.)

Hier haben wir den Fall der Bezugnahme auf ein bestimmtes Merkmal von Personen mithilfe einer Wortbildung ("ddrstolz"), die als eine ad hoc erzeugte deutlich erkennbar markiert wird (kurze Pause mit Luftholen, qualifizierende Ankündigung, explizites *account*). Im Gegensatz zu einer wiedererkennbaren Referenzform suggeriert diese Wortbildung gerade nicht Bekanntheit und Schon-Eingeführtheit, sondern umgekehrt Explikationsbedarf: Das, wofür man einen neuen Namen bilden muß, kann noch nicht als sicher eingeführt gelten, sondern muß umgekehrt erst noch als eine bekannte Größe etabliert werden.

Möglicherweise zeigen sich hier Präferenzen für formulierungsaufwendige und neue, (noch) unbekannte Referenzformen, aus denen ein spezifischer Zugzwang erwächst: ein Zugzwang zum "drüber reden", zur Beschreibung von Personen als Mitgliedern sozialer Gruppen.

Ein solcher Zugzwang ist vielleicht nicht untypisch in einer Situation, in der vorhandene Namen problematisch werden, wenn nicht entwertet sind, und in der der Akt der Namengebung in die gerade andauernde Interaktion von Angesicht zu Angesicht selbst verlegt wird. Diese Akte von Namengebung manifestieren sich in einer Flut von Wortschöpfungen wie "ddrStolz", "ddrverdrossenheit", "ddrnostalgie", "ddrromantik"... Man könnte darin vielleicht eine Strategie entdecken, Zuordnungen und Beschreibungen *ad hoc* zu verfestigen - in Bereichen, in denen es an starren Verfestigungen (noch) zu mangeln scheint.

**Literatur**

Czyżewski, Marek/Gülich, Elisabeth/Hausendorf, Heiko/Kastner, Maria (Hg.) (i.Dr.), Nationale Selbst- und Fremdbilder im Gespräch. Kommunikative Prozesse nach der Wiedervereinigung Deutschlands und dem Systemwandel in Mittelosteuropa. Opladen.

Sacks, Harvey (1992), Lectures on Conversation. Vol. I und II. Oxford/Cambridge.

Sacks, Harvey/Schegloff, Emanuel (1978), Zwei Präferenzen in der Organisation personaler Referenz in der Konversation und ihre Wechselwirkung. In: Uta Quasthoff (Hg.): Sprachstruktur - Sozialstruktur. Zur linguistischen Theoriebildung. Königstein/Ts.

Dr. Heiko Hausendorf, Universität Bielefeld, Fakultät für Linguistik und Literaturwissenschaft, Postfach 100 131, D-33501 Bielefeld

## 2. Selbstverortung und Ost-Ost-Kontrolle: Zwei strukturelle Paradoxien des Ost-West-Diskurses

*Ricarda Wolf*

*1. Einleitung*

Der Beitrag faßt einige Ergebnisse der Beobachtung einer Initiative zusammen, die man als Modellversuch einer "guten" deutsch-deutschen Vereinigung auffassen kann. Es handelt sich um einen (frauenpolitischen) Verein mit parteiübergreifender Orientierung und einer hierarchischen Organisationsstruktur, deren regionale Gruppen überregional vernetzt sind. Seine wichtigste Aufgabe besteht darin, die Verständigung zwischen Ost- und Westdeutschen zu befördern und zum Abbau von Vorurteilen beizutragen. Zu diesem Zweck organisiert der Verein regelmäßig Veranstaltungen, bei denen sich Frauen aus den alten und neuen deutschen Bundesländern treffen, um ihre jeweiligen Lebensumstände kennenzulernen. Zentrale Organisationsform dieser Treffen sind kleinere Gesprächskreise zu ausgewählten Themen, die die unterschiedliche Vergangenheit oder gemeinsame Gegenwart *als Frauen* betreffen. Die Themen dieser Gesprächskreise werden in der Regel vom Vorstand des Vereins vorgeschlagen.

Gegenstand meines Beitrages sind einige Besonderheiten der Selbstdarstellung der *ostdeutschen* Frauen in diesen Gesprächen und deren Bedingtheit durch den institutionellen und historisch-politischen Kontext. Diese Selbstdarstellungsphänomene verweisen auf die Faktoren, die den Modellversuch behindern.

Die angedeuteten Zusammenhänge sind das Ergebnis exemplarischer Analysen eines Gesprächs und der sukzessiven Validierung der gewonnenen Befunde durch kontinuierliche teilnehmende Beobachtung und Dokumentation weiterer Interaktionsereignisse in diesem Feld. Dieses Gespräch, an dem fünf Frauen aus den alten Bundesländern und sieben Frauen aus den neuen Bundesländern teilnahmen, stand unter dem Motto "Wie wir wurden, was wir sind". Es verlief weitgehend ungelenkt; jede Teilnehmerin konnte spontan Themen initiieren und Fragen stellen, soweit sie mit dem übergeordneten Thema in Verbindung standen. Die Analyse- und Beobachtungsergebnisse können hier nur sehr verkürzt dargestellt werden.[1]

*2. Zur institutionellen Vorprägung der Selbstdarstellung*[2]

*2.1. Die Relevantsetzung des Kategorienpaares "Ost-West"*

Die durch die historische Umbruchsituation auferlegte Relevanz der Kategorien "Ostdeutsche(r)/Westdeutsche(r)" strukturiert auch die Gespräche zwischen den Frauen. Denn aufgrund der Konzeption des Vereins macht ihre Interaktion nur Sinn, wenn sie *als Ost- und Westdeutsche* agieren und sich diese Identitäten wechselseitig zugänglich machen. Dies wird immer dann noch verstärkt, wenn - wie in unserem Gespräch - die *Vergangenheit* zum Thema gemacht wird. Denn um die Äußerungen über die vergangenen und durch die Vergangenheit geprägten Lebensumstände der jeweils anderen zu verstehen, muß man wissen, wer spricht: Ost-

oder Westfrau. Zugespitzt formuliert: Der "organisierte" Versuch, Differenzen zu überwinden, erfordert zunächst die Aufrechterhaltung der Differenzen. Die Teilnehmerinnen liefern gelegentlich Hinweise darauf, daß sie die Paradoxie ihrer Aufgabenstellung zumindest erahnen: So versuchen sie zunächst, explizite Kategorienbezeichnungen zu vermeiden, später entschuldigen sie sich für entsprechende "Ausrutscher", und irgendwann gestehen sie sich doch ein, daß es ohne diese Kategorien und Referenzen nicht geht.

Unter der Voraussetzung von Ost-West-Relevanz werden aber leichter entsprechende Stereotypen aktiviert und konstruiert als abgebaut. Denn an den Kategorien "hängen" Netze von "category-bound activities" (vgl. Sacks 1992); und unter bestimmten Bedingungen fordern sie geradezu heraus, diese Netze weiterzuknüpfen. In unserem Gespräch wird ein solcher Prozeß - entgegen der institutionellen Zielsetzung (!) - durch verschiedene Faktoren gefördert: unter anderem durch die wiederum institutionell bedingte *Erwartung*, daß die Vertreter der jeweils anderen Gruppe Vorurteile gegenüber der eigenen Gruppe haben und im Gespräch auch äußern.

## 2.2. Relevantsetzung der Vergangenheit und Selbstdarstellungsmöglichkeiten

Durch das Motto „Wie wir wurden, was wir sind" sind die Frauen in diesem Gespräch vor die Aufgabe gestellt, ihre Vergangenheit zu thematisieren, und zwar *als Ost- oder Westdeutsche*. Dies führt aber zu Asymmetrien zwischen den Ost- und Westfrauen hinsichtlich der Anforderungen an die Selbstdarstellung bzw. Möglichkeiten zu positiver Selbstdarstellung:

So müssen die Ostfrauen eine Identität präsentieren, die im Kontext *untergegangener* sozioökonomischer Verhältnisse geprägt wurde, während sich für die westdeutschen Frauen die prägenden Gesellschaftsstrukturen nicht in dieser Qualität verändert haben. Daraus ergeben sich für die ostdeutschen Frauen größere Schwierigkeiten, die eigene Lebensrealität für andere mitteilbar zu machen. Außerdem bringt die Thematisierung der Biographien für die ostdeutschen Frauen die Bearbeitung von Identitätsbrüchen mit sich, bei der zuweilen moralische Vorwüfe gegenüber dem Westen durchscheinen, die die Westfrauen ihrerseits mit vorwurfsvollen Nachfragen "beantworten".

Weiter ist generell davon auszugehen, daß das Selbstbild als Resultat von zurechnungsfähigen Selbstäußerungen stets durch einen Zusammenhang charakterisiert ist, in den Wertvorstellungen und Relevanzkriterien der umgebenden Gesellschaft eingehen (Hahn 1987). Was die Selbstthematisierung in Ost-West-Gesprächen betrifft, so ist die umgebende Gesellschaft (die Bundesrepublik Deutschland seit dem 3. Oktober 1990) noch geteilt, zumindest was die damit verbundenen Wertvorstellungen und Wirklichkeitsauffassungen betrifft. Zugleich haben sich für die meisten Westdeutschen wesentliche Wertvorstellungen der anderen umgebenden Gesellschaft ("Ost") qua ihres Unterganges selbst diskreditiert. Durch die Relevantsetzung des Ost-West-Schemas und die Aktivierung entsprechender ideologischer Perspektiven bzw. öffentlicher Diskurse holt die Initiative genau diese unterschiedlichen Wertvorstellungen in ihre Gespräche hinein. Grundlage und zugleich Konsequenz dieses Prozesses ist, daß die ostdeutschen Teilnehmerinnen in ihren Beiträgen immer mindestens zwei Perspektiven berücksichtigen und entsprechende Doppelorientierungen anzeigen. Denn sie sind darauf angewiesen, in die andere der beiden "umgebenden Gesellschaften" aufgenommen zu werden und zugleich Konsistenz hinsichtlich *der* Identität herzustellen, die in der *Vergangenheit* geprägt wurde. Die Westfrauen hingegen können sich auf der Grundlage einer prinzipiellen Konstanz ihrer alten Wertvorstellungen am Gespräch beteiligen.

Damit läßt sich erklären, daß die westdeutschen Frauen sich besser über berufliche Erfolgsgeschichten darstellen können als die ostdeutschen Frauen. Letztere können solche kaum erzählen, ohne Gefahr zu laufen, auf der Grundlage des westdeutschen Stereotyps "Berufliche Erfolge waren mit Protektionen durch die SED oder gar durch die Staatssicherheit verbunden" in eine bestimmte Schublade eingeordnet zu werden. Den ostdeutschen Teilnehmerinnen gelingen "Erfolgsstorys" eher dann, wenn sie ihre Aufmüpfigkeit gegenüber Vertretern des Staates fokussieren (können).

Es gibt zwei eng miteinander verbundene Phänomene ostdeutscher Selbstdarstellung, in denen sich die eben angedeutete Doppelorientierung am deutlichsten manifestiert, und die ich im folgenden etwas ausführlicher beschreibe: *Selbstverortung und (Antizipation von) Ost-Ost-Kontrolle*.

a) *Merkmale der Selbstverortung*

(1) Die ostdeutschen Teilnehmerinnen verorten sich politisch, und zwar in bezug auf den Staat, in dem sie leben oder gelebt haben[3]. Die Selbstverortungen als "Gewinnerin", "sorgenvolle Gewinnerin", "aufmüpfige Verliererin", "aufmüpfige Unentschiedene"[4] lassen sich in ein Kontinuum zwischen den Polen "pro DDR" ("contra Einheits-Deutschland") und "pro Einheits-Deutschland" ("contra DDR") einordnen.

(2) Selbstverortung erfolgt in der Regel in den Einleitungen der jeweils ersten längeren Redebeiträge einer Teilnehmerin. Sie gehört nicht unmittelbar zum gerade etablierten Thema, ist also mit Fokusverschiebungen verbunden. Diese werden aber nicht deutlich als solche markiert, was in vielen Fällen zu undurchschaubaren Äußerungsstrukturen führt und das Verstehen erschwert.

(3) Formulierungstechnisch äußert sich Selbstverortung in "Verfahren des Zu-Viel", in einem Formulierungsaufwand, der über die lokalen und thematisch definierten Grundanforderungen der Äußerungskonstitution hinausgeht.

(4) Weniger klar zeigen die Äußerungsstrukturen, was diese Selbstverortung motiviert. In vielen Fällen ist es plausibel, daß sich die Teilnehmerinnen damit als "glaubwürdige Gesprächspartnerinnen" legitimieren. So zum Beispiel verorten sich Sprecherinnen oft als Vertreterin einer "Pro-Vereinigungs-Position", bevor sie eine positive Aussage über ihr Leben in der DDR machen. Dies allein "rechtfertigt" jedoch selten den dabei betriebenen Aufwand. Nebenher scheint die Selbstverortung Ausdruck einer "mit sich selbst geführten Auseinandersetzung" zu sein, in der frühere eigene Perspektiven mit einer anderen, neuen eigenen oder (noch) fremden Perspektive in Widerstreit geraten, die jetzt als "auferlegte Relevanz" den Redebeitrag mitstrukturiert.

Selbstverortung kann in diesem Sinn auch Ausdruck von Ost-Ost-Kontrolle sein. Beide Konzepte beschreiben aber keine identischen Phänomenbereiche.

b) *Ost-Ost-Kontrolle*

Mit Ost-Ost-Kontrolle ist gemeint, daß die ostdeutschen Teilnehmerinnen ihre Äußerungen über die DDR und über spezifisch ostdeutsche Belange nach der Wiedervereinigung gegenseitig kontrollieren, diese Kontrolle auch antizipieren und ihre Selbstdarstellung darauf einstellen. Sie ist Ausdruck historisch entstandener DDR-interner Auseinandersetzungen, die nun den Ost-West-Diskurs auf spezifische Weise mitstrukturieren. Die häufigste und formulierungstechnisch einfachste Manifestation der Antizipation von Ost-Ost-Kontrolle sind Äußerungen vom Typ *Ich muß das so sagen; Ich kann das nur so sagen.* Wenn zum Beispiel eine ostdeutsche Lehrerin ihren ehemaligen Schuldirektor als jemanden charakterisiert, der *"aus der kommunistischen Bewegung als Historiker hervorgegangen ist, als absoluter Diktator"*, so berücksichtigt sie mit einer der o. g. "Modalisierungen des Gezwungen-Seins" eine Perspektive, aus der kommunistisch geprägte Historiker nicht zwangsläufig auch Diktatoren sind. Damit ist plausibel, daß die Modalisierung in diesem Fall eher an bestimmte ostdeutsche Teilnehmerinnen adressiert ist, also Ost-Ost-Kontrolle antizipiert.

Die gegenseitige gruppeninterne Kontrolle - vor allem bei der Thematisierung von Sachverhalten, die die durch die Gruppe geprägte Identität betreffen - ist kein spezifisch ostdeutsches Phänomen[5]. Nur ist in vielen Ost-West-Gesprächen Ost-Ost-Kontrolle viel höher frequent als etwa West-West-Kontrolle. Das ist auf den engen Zusammenhang von Selbstverortung und Ost-Ost-Kontrolle zurückzuführen: Zum einen ist (Antizipation von) Ost-Ost-Kontrolle oft Bestandteil der Selbstverortung. Zum anderen führen die Selbstverortungen zuweilen dazu, daß über weite Strecken nur noch die vergangenen und gegenwärtigen Lebensumstände der *Ostdeutschen* thematisiert werden. Insofern kommt es zwangsläufig zu Aushandlungsprozessen zwischen den Ost-Frauen über die soziale Gültigkeit der dargestellten Sachverhalte. Anlässe für West-West-Kontrolle hingegen entstehen kaum.

Die komplexe Struktur und Wirkungsweise von Selbstverortung und Ost-Ost-Kontrolle als Ausdruck permanenter Doppelorientierung zeigt sich im Extremfall darin, daß sich ostdeutsche Sprecherinnen manchmal a) einleitend als Vertreterinnen einer „Pro-Vereinigungsposition" verorten, um eine anschließende positive Aussage über die DDR zu legitimieren, und b) innerhalb der Selbstverortung eine (antizipierte) spezifisch ostdeutsche Perspektive berücksichtigen, um die Selbstverortung wiederum vor den „anderen" ostdeutschen Teilnehmerinnen zu legitimieren. Da sowohl Selbstverortung als auch antizipierte Ost-Ost-Kontrolle mit unmarkierten Fokusverschiebungen verbunden sind und größere thematische Abschnitte innerhalb eines Redebeitrages beanspruchen können, erscheinen viele Beiträge der ostdeutschen Sprecherinnen auf den ersten Blick sehr unstrukturiert. Die Folge sind Verstehensschwierigkeiten, Ermüdung oder Gereiztheit vor allem auf westdeutscher Seite, zumal die westdeutschen Interaktanten selten etwas mit den internen Ost-Ost-Diskursen anfangen können.[6]

## 3. Konsequenzen

Die angedeuteten Asymmetrien hinsichtlich der Selbstdarstellungsmöglichkeiten führen in der Mitte des Gesprächs zur Verschärfung von „Grenzen" zwischen den ost- und westdeutschen Teilnehmerinnen. Dies zeigt sich am Höhepunkt einer konfliktären Phase nicht nur in einem wechselseitigen „Zugeständnis", daß die Westdeutschen die Ostdeutschen eben nicht verstehen können, sondern auch in der interaktiven Konstruktion eines stereotypenverdächtigen Urteils („Die Ostdeutschen waren weniger kreativ.").

Die vorliegende Analyse deckt einige der institutionell bedingten Faktoren auf, die den Modellversuch einer "guten" deutsch-deutschen Vereinigung erschweren. Dabei handelt es sich jedoch weniger um Paradoxien dieser konkreten Institution, sondern um die Schwierigkeiten eines jeden mehr oder weniger geplanten und organisierten Versuchs, das Verstehen zwischen Ost- und Westdeutschen mittels Thematisierung der Vergangenheit zu befördern. Denn die sind in erster

Linie durch die historischen und aktuellen ökonomischen und ideologischen Gegebenheiten bedingt.

### Anmerkungen
1) Die einzelnen Analysen können in Wolf (1993) und Wolf (1995) nachgelesen werden.
2) Ich folge hier einem interaktionstheoretischen Konzept von institutionell geprägter Selbstthematisierung, wie es Hahn (1987) vorgestellt hat.
3) Der Begriff "Selbstverortung" ist dadurch motiviert, daß die "ideologische" Positionierung mit der territorialen Verortung (aufgewachsen/ wohnhaft auf dem Territorium der ehemaligen DDR) verbunden ist.
4) Dies sind keine von den Teilnehmerinnen selbst verwendeten Bezeichnungen.
5) Sie ist Ausdruck eines ganz allgemeinen Mechanismus von sozialer Identitätskonstitution: Die Vertreter der Gruppe, in der man in der Vergangenheit seine Identität erworben hat, sind in der Gegenwart zumindest als "unsichtbare Akteure" mit auf der Bühne und beeinflussen die Handlungen des jeweiligen "Hauptdarstellers" (vgl. Strauss 1974). In allen Ost-West-Gesprächen mit mehr als einem ostdeutschen und mehr als einem westdeutschen Teilnehmer sind diese beeinflussenden Akteure sichtbar.
6) Dies führt bei den Westfrauen manchmal zu dem Eindruck, als gäbe es eher einen Ost-Ost-, als einen Ost-West-Konflikt. Darüber hinaus weist das Phänomen der Ost-Ost-Kontrolle auf die ideologischen Hindernisse der internen Aufarbeitung der DDR-Vergangenheit hin.

### Literatur
Hahn, Alois (1987), Identität und Selbstthematisierung. In: Alois Hahn/ Volker Kapp (Hg.): Selbstthematisierung und Selbstzeugnis: Bekenntnis und Geständnis. Frankfurt am Main.
Sacks, Harvey (1992), "We"; category-bound activities, "stereotypes". In: Ders., Lectures on conversation, Vol.I. Oxford.
Strauss, Anselm (1974), Spiegel und Masken. Die Suche nach Identität. Frankfurt a. M.
Wolf, Ricarda (1993), Beobachtungen zur Selbstdarstellung und Bearbeitung von Stereotypen in einem Gespräch zwischen ost- und westdeutschen Frauen. Report 7/93 der Forschungsgruppe Nationale Selbst- und Fremdbilder in osteuropäischen Staaten - Manifestationen im Diskurs. Bielefeld.
Wolf, Ricarda (1995): Interaktive Fallen auf dem Weg zum vorurteilsfreien Dialog. Ein deutsch-deutscher Versuch. In: Marek Czyzewski/ Elisabeth Gülich/ Heiko Hausendorf (Hg.): Selbst- und Fremdbilder im Gespräch. Studien zu kommunikativen Prozessen nach der Wiedervereinigung Deutschlands und dem Systemwandel in Mittel- und Osteuropa. Wiesbaden.

Dr. Ricarda Wolf, Benckiser Str. 67, D-67059 Ludwigshafen

## 3. Bewerbungsgespräche: Anmerkungen zur sprachlichen Konstruktion eines westlichen Aktivitätstyps in Ostdeutschland

*Karin Birkner*

Der gesellschaftliche Umbruch in der ehemaligen DDR hinterläßt tiefe Spuren in allen Lebensbereichen der sogenannten neuen Bundesländer. In der Sprache spiegelt sich dies auf vielfache Weise wider: Nicht nur, daß neue Realitäten neue Begrifflichkeiten verlangen, sondern die Veränderungsprozesse lassen sich auch an Brüchen, Widersprüchen und Konflikten auf der Ebene des sprachlichen Handelns ablesen. Die Menschen müssen sich nunmehr für die existentielle Lebensbewältigung in neuen sprachlichen Handlungen bewähren, die sie nicht mit der kulturellen Sozialisation erworben haben. Dazu gehört beispielsweise das Bewerbungsgespräch (BwG). Es ist nicht nur fremd und unbekannt, sondern sein Verlauf kann auch folgenreich für die Biographie sein.

Das Projekt "*Alltagsrhetorik in Ost- und Westdeutschland*" (Kurztitel)[1] untersucht Unterschiede zwischen ost- und westdeutschen Bewerberinnen und Bewerbern in BwGs. Die vergleichende Untersuchung von Selbstdarstellungsstrategien anhand der Analyse des Sprachverhaltens, stilistischer Merkmale, wie u.a. Formalität, Indirektheit und Vagheit, und die Rekonstruktion zugrundliegender kommunikativer Normen von Ost- und Westdeutschen verspricht Einblicke in interkulturelle Prozesse. Da die Personalchefs in aller Regel Westdeutsche sind, kann man von einer interkulturellen Kontaktsituation sprechen. Bei einem BwG handelt es sich um eine typische "gate-keeping" Situation, wie sie von der Forschung zur Institutionellen Kommunikation in diversen Bereichen untersucht wurde. BwGs sind halböffentlich, asymmetrisch, formell und durch starke Routinen gekennzeichnet. Wir gehen davon aus, daß in den BwGs unterschiedliche kommunikative Normen und Erfahrungen aufeinandertreffen. Höflichkeit und Formalität sind nach ostdeutschen Erfahrungen viel stärker durch Distanz und Zurückhaltung geprägt, während die westdeutsche Idealform eines BwG durch eine gewisse "Natürlichkeit" und "selbstbewußte Souveränität" geprägt ist. Dabei führt das allmähliche Zusammenwachsen der beiden Teile Deutschlands bzw. die zunehmende Durchsetzung der Westnorm zu Vermischungen von westlichen und östlichen Elementen, die als Stadien von pragmatischem Sprachwandel zu beschreiben sind.

*Der Datenkorpus*

Unser Datenkorpus setzt sich aus Simulationen von BwGs in Rollenspielen und aus authentischen BwGs zusammen: Dabei treffen ostdeutsche wie westdeutsche Bewerbende sowohl auf ost- als auch westdeutsche Einstellende. Die im folgenden dargestellten Ergebnisse stammen aus der Analyse von 18 durch das Arbeitsamt Rostock im Rahmen eines Bewerbungstrainings durchgeführten Rollenspielen; Rollenspiele mit Westdeutschen einerseits und authentische BwGs andererseits dienen dabei als Vergleichsfolie, auf die hier aufgrund der vorgegebenen Kürze aber nicht eingegangen wird.

*Erste Ergebnisse*[2]

1) Der *Stil* der untersuchten ostdeutschen Sprecherinnen und Sprecher präsentiert sich als hochgradig formell, distanziert und unpersönlich[3]. Er ist gekennzeichnet durch:
- syntaktisch hochkomplexe Satzstrukturen, die eher der Schriftsprache entsprechen: *...das heißt also aufbauend auf den Fähigkeiten und Kenntnissen die ich besitze, die (nun auch) vorliegen, das heißt Kundengespräche, Arbeitsorganisation, Bankgeschäfte, [...] daß ich dahingehend die Unterstützung habe...*
- Nominalisierungen: *...Ausführungen dazu kann ich machen...*
- Vermeidung einfacher Verben: *...an Sonnabenden bei uns hier wirksam werden könnten...*
- Entpersonalisierung (u.a Vermeidung des expliziten "Ich" in Agensfunktion): *...Bereitschaft dazu besteht meinerseits...*
- Indirektheit/Vagheit: *... innerhalb von Arbeitsteams gewisse Aufgaben lösen müssen...*
- Stilbrüche; es kommt zu abrupten Stilwechseln, die über ein erwartbares Maß an Variation hinausgehen und gerade im Kontrast zu dem hohen Grad an Formalität als Stil*brüche* erscheinen: *...prüfen, daß das lukrativ ist, daß wir nicht unser Geld in'n Sand setzen* oder *den Ärzten Pflegeverträge aus, ich sag mal, aus dem Kreuz zu leiern...*

2) Eine zentrale Aufgabe in einem BwG ist die offensive *Präsentation von Fähigkeiten, Erfahrungen, Kompetenzen*. Auf die Frage nach Fremdsprachenkenntnissen ist ein wiederkehrendes rhetorisches Muster in den ostdeutschen Daten die Affirmation mit anschließender Einschränkung (Kreßin 1995). In der Regel wird dann die Bereitschaft betont, an einem Kursus teilzunehmen. Sehr ähnlich verhält es sich bei der Frage nach der Bereitschaft, Verantwortung in einer leitenden Funktion zu übernehmen, deren Bejahung an die Kondition einer Einarbeitungszeit oder Fortbildung geknüpft wird.

*...Da kann ich ihnen erst mal ein grundsätzliches "ja" auf ihre Frage entgegenhalten, natürlich, ich habe Russischkenntnisse, die aber vervollständigt werden müssen, weil ich momentan meines Erachtens nach nicht in der Lage bin, mich fließend in Russisch zu verständigen, meine Bereitschaft natürlich sofort signalisiere, an einem Kurs teilzunehmen...*

Sind nun die ostdeutschen Bewerberinnen und Bewerber so wenig von ihren Sprachkenntnissen oder Führungsqualitäten überzeugt, oder könnte ein anderer Grund für diese ambivalente Haltung verantwortlich sein? Wir interpretieren die beschriebenen Phänomene als Indiz für das Aufeinanderprallen von west- und ostdeutschen kommunikativen Normen. Die Anforderung des BwGs, Kompetenz und Erfahrungen explizit und ohne Einschränkung zu präsentieren, kollidiert mit der ostdeutschen Norm von Zurückhaltung und Indirektheit. In der Terminologie positiver sozialer Werte entspricht dieser Norm der Begriff *Bescheidenheit*, der bereits seit längerem in der Dichotomie "bescheidene Ossis" vs. "arrogante Wessis" durch den ost/westdeutschen Stereotypendschungel geistert.

Ostdeutsche Bewerberinnen und Bewerber liegen in der Gehaltserwartung häufig deutlich unter den üblichen Tarifen; in diesem Zusammenhang wird "Bescheidenheit" von den ostdeutschen Beteiligten in Rollenspielen thematisiert.

*...Sie machen auch einen etwas eher bescheidenen Eindruck, allein ihre Gehaltsvorstellungen, sicher ist das auch für sie Neuland, bescheiden ist trotzdem bescheiden [...] das zeugt von Ihrer Bescheidenheit, und das ist sicherlich eine gute Tugend...*

Mit der Zuschreibung von Bescheidenheit als Motiv für die zu niedrige Gehaltsforderung vollzieht hier der (ostdeutsche) Interviewer eine Aufwertung. Er räumt zwar ein, daß auch die Unkenntnis der üblichen Gehälter an der Fehleinschätzung beteiligt sein könnte, wendet aber die potentielle Facebedrohung ab, indem er der Bescheidenheit den dominanten Anteil zuweist. Aufschlußreich ist dabei die explizite Bezeichnung von Bescheidenheit als "gute Tugend". Bescheidenheit gehört zwar auch im Westen zu den Tugenden, allerdings sicherlich nicht zu den Schlüsselqualifikationen bei einer Stellenbesetzung. Hier deutet sich zum einen eine unterschiedliche Hierarchie von Werten, vielleicht sogar deren unterschiedliche inhaltliche Füllung an. Was im Osten als Bescheidenheit positiv besetzt ist, wird im Westen - zumindestens im Kontext BwG - als Inkompetenz, niedriges Aspirationsniveau und mangelnde Durchsetzungsfähigkeit wahrgenommen. So läßt sich annehmen, daß auch das Phänomen der selbstinitiierten Dekonstruktion von Kompetenz (wie bei den Sprachkenntnissen und der Karrierebereitschaft) in Zusammenhang steht mit dem hohen Stellenwert von "Bescheidenheit".

3) Die *Lexik* ist der bislang am ausführlichsten untersuchte linguistische Bereich zu ost/ westdeutschen Unterschieden. Im folgenden werden einige Lexeme im Verwendungszusammenhang dargestellt. "Verräterisch" hinsichtlich Ost- bzw. Westherkunft sind vor allem solche Lexeme, die mehr oder weniger eindeutig den DDR-Lebenswelten zuzuordnen sind. Im ostdeutschen Datenmaterial lassen sich zum einen Lexeme unterscheiden, die Sachverhalte bezeichnen, die seit der Wende keine Gültigkeit mehr haben, wie z.B. die Bildungen mit *"-kader"*. In anderen Fällen dagegen kommt es zu Konkurrenz zwischen alten und neuen Bezeichnungen. Die folgenden Beispiele offenbaren ein ganzes Feld von Bezeichnungsdilemmata. In BwGs wird in verschiedenen Zusammenhängen auf eine im Arbeitsalltag wesentliche strukturelle Einheit Bezug genommen, die im Arbeitsalltag der DDR als "die Brigade" und "das Kollektiv" bezeichnet wurde. Diese finden eine annähernde Entsprechung im Westen mit "Team" oder "Arbeitsgruppe". Sowohl "Kollektiv" als auch "Brigade" tauchen in den ostdeutschen Rollenspielen auf, und zwar nicht nur in Berichten über Vorwendezeiten, sondern auch bezogen auf den bundesrepublikanischen Arbeitsalltag.

*...sie trauen sich also schon zu, mal 'n Team dort anzuleiten, weil es is also da nich nur die Sprache, sondern man muß auch mal in der Bauleitung da mit tätig werden, also sie ham dann auch mal 'ne Brigade mit anzuleiten oder anzuschubsen ...*

Es kommt auch vor, daß der "neue" Begriff in die Domäne des "alten" auftritt, wie in dem folgenden Beispiel, wo "Team" in die Arbeitszusammenhängen der DDR transferiert wird. Die Selbstkorrektur zeugt von der Kontrolle des Wortgebrauches durch den Sprecher. Offensichtlich hält er den Begriff "Kollektiv", obwohl er sich auf die Zeit als Berufsoffizier in der DDR bezieht, für unangemessen und ersetzt ihn durch "Team". Dieser Versuch, Begriffe der alten Lebenswelten in Begriffe der neuen zu übersetzen, schlägt doppelt fehl, denn weder früher in der NVA noch in der Bundeswehr ist der Begriff "Team" adäquat.

*...Ausbildung von jungen Wehrpflichtigen, eh Führung von Kollekt-, eh Teams, ja, und diese Teams zum Erfolg führen ...*

Die "Arbeitsgruppe" wird ebenfalls häufig zur Vermeidung von "Kollektiv/ Brigade" verwendet. Bei der Bildung "Arbeitsteams" scheint es sich um einen lexikalischen Zwitter zu handeln, der aus dem Austausch von "Kollektiv" durch "Team" in der Wortzusammensetzung "Arbeitskollektiv" entstanden sein könnte. (Übrigens ist es ein weiteres Beispiel für die Übergeneralisierung von "Team" auf den Bereich Militär.)

*... Ich war Kommandant, habe dann im späteren innerhalb von Arbeitsteams gewisse Aufgaben lösen müssen, war entweder Mitarbeiter in diesen Arbeitsteams, zeitweise aber auch über mehrere Jahre als Leiter dieser Arbeitsteams eingesetzt ...*

Die Umstrukturierung von Wortfeldern konnte hier nur an wenigen Beispielen illustriert werden. Wir haben lexikalische Brüche beobachtet, die sich in Konkurrenzen zwischen alten und neuen Begriffen oder sogar in Verstößen gegen lexikalische Kookkurrenzrestriktionen zeigen. Das Ersetzen von Begriffen auch in Äußerungen, die sich auf DDR-Lebenswelten beziehen, durch neue, westdeutsche Lexeme zeugt u.a. von der starken Tendenz zur Selbstkontrolle der ostdeutschen Sprecherinnen und Sprecher bezüglich einzelner Lexeme.

*Schlußbemerkungen*

Die Beispiele aus drei sehr unterschiedlichen linguistischen Perspektiven Stil, rhetorischer Aufbau und Lexik spiegeln Konflikte zwischen ostdeutschen und westdeutschen kommunikativen Normen und Stilpräferenzen. Dabei kommt es zur Vermischung von westlichen und östlichen Elementen, wie sie exemplarisch an der Konkurrenz zwischen den Lexemen "Brigade", "Kollektiv", "Team" und "Arbeitsgruppe" gezeigt wurde. Dabei deuten sich hier drei Auswege aus dem Dilemma konfligierender Anforderungen an: i) Beibehaltung des Alten, ii) Ersetzung durch das Neue und iii) Mischformen.

Darüberhinaus zeugen die beschriebenen Phänomene in eklatanter Weise von der Verunsicherung, die mit dem gesellschaftlichen Umbruch einhergeht. Die widersprüchlichen Anforderungen des (westdeutschen) Aktivitätstyps BwG nach offensiver Kompetenzdarstellung einerseits und (ostdeutschen) Normen von Zurückhaltung und Indirektheit andererseits führen zu Inkongruenzen, die die gelingende Selbstdarstellung von ostdeutschen Bewerberinnen und Bewerbern - gemessen an der westdeutschen Norm für diesen Aktivitätstyp - konterkarieren. Die Stilmerkmale für Formalität decken sich darüber hinaus in fataler Weise mit den Merkmalen eines Bürokratendeutsch und enttäuschen die westlichen Erwartungen hinsichtlich Informalität und Verbindlichkeit.

Diese Auswahl vorläufiger Ergebnisse sollte zeigen, daß man allenfalls von sich überschneidenden Normen für angemessene Selbstdarstellung bei ost- und westdeutschen Bewerberinnen und Bewerbern ausgehen kann. Veränderte gesellschaftliche Verhältnisse bedingen veränderte Kommunikationsformen. Im Umbau des kommunikativen Haushalts fungieren Institutionen wie das Arbeitsamt oder die zahlreichen privaten Weiterbildungseinrichtungen als Agenten, und die Untersuchung der Rollenspiele gibt uns die Gelegenheit, den Vollzug der Instruktion der Menschen in den neuen Bundesländern in neue Handlungsformen zu beobachten. Die Instruktionen sind eindeutig an westlichen Normen orientiert und verlangen Gehorsam: Denn ein Bewerbungsgespräch kennt nur Gewinner oder Verlierer.

## Anmerkungen

1) Die hier vorgestellten Ergebnisse stammen aus dem DFG-Projekt "Fremdheit in der Muttersprache: Sprachgebrauchswandel in den neuen Bundesländern am Beispiel alltagsrhetorischer Strategien in Bewerbungsgesprächen" (Universität Hamburg, Leitung Prof. Peter Auer). Unter dem Obertitel "Fremdheit in der Muttersprache" exisitiert ein Projektverbund, an dem außerdem das Projekt "Wissenstransfer und Wertewandel als Kommunikationsproblem" (Universität Halle, Leitung Prof. Gerd Antos) und zwei Teilprojekte zu "Sprachbiographien" und "Ritualität im Wandel" (Universtät Leipzig, Leitung Prof. Ulla Fix) beteiligt sind.
2) Aufgrund der vorgegebenen Kürze des Beitrags verzichte ich auf die Wiedergabe der Beispiele in Transskriptionsform.
3) Für eine ausführlichere Darstellung vgl. Auer (in Vorbereitung).

## Literatur

Adelswärd, Viveka (1988), Styles of success. On Impression Managament as Collaborative Action in Job Interviews. Linköping University, Schweden.

Auer, Peter (in Vorbereitung), Intercultural Discourse without Intercultural Communication: A Preliminary Investigation of Role-Played Job Interviews in East-Germany. In: Aldo di Luzio (Hg.): Akten des Deutsch/Italienischen Kolloquiums zu Interkultureller Kommunikation, Villa Vigoni, Herbst '94.

Kreßin, Julia (1995), Strategien sprachlicher Selbstdarstellung in Ost- und Westdeutschland. Magisterarbeit am Gemanischen Seminar der Universität Hamburg.

Karin Birkner, Germanisches Seminar, Von-Melle-Park 6, D-20146 Hamburg

## 4. Zur integrativen Funktion von Ost-West-Vergleichen in ostdeutschen Familientischgesprächen

*Verena Grötsch*

Mit ihrem Votum für die deutsche Einheit begaben sich die Menschen in Ostdeutschland auf unbekanntes Terrain, *obwohl* sie an Ort und Stelle verblieben. Plötzlich standen auch im Alltag Werte und Überzeugungen zur Disposition, die nicht oder nur marginal hinterfragt wurden, solange man 'unter sich' war. Ob *'heute'* noch stimmt, was *'damals'* galt, wird zur Kardinalfrage - der ich mich in diesem Beitrag anhand des Beispiels einer thüringischen Familie widmen möchte. Ich werde zeigen, daß spezielle kommunikative Strategien angewendet werden, um den Erfordernissen der Umbruchssituation gerecht zu werden und somit die Verbindung von Vergangenem und Gegenwärtigem herstellen zu können.

### 1. Kommunikative Manifestation der Umbruchserfahrungen

Der Kern der Familie besteht aus dem Elternpaar V und M sowie deren erwachsener Tochter C, die mit ihrem Ehemann R in einem Vorort derselben Großstadt wohnt. Bei einigen Aufnahmen sind auch R's Eltern E und H anwesend. Das Material besteht aus Tonaufzeichnungen von Familienfeiern und Spieleabenden, die Tochter C seit 1992 kontinuierlich aufnimmt.[1]

Schon bei der ersten Durchsicht des Materials fiel auf, daß permanent der Vergleich mit dem Westen gesucht wird, und zwar weitgehend unabhängig von den jeweils behandelten Themen. Immer wieder erfolgt in den Familiengesprächen ein Abgleichen 'östlicher' und 'westlicher' Kategorien über Kontrastpaare wie "früher/heute", "wir/die" oder "hier/drüben". Diese auffallende Häufung kontrastiver indexikaler Elemente, die das gesamte Material durchzieht, ermöglicht eine Qualifizierung von 'alten' und 'neuen' Erfahrungen, die miteinander verglichen werden. Dabei werden auf verschiedenen Ebenen Vergleiche gezogen, und zwar auf personaler, lokaler und temporaler Ebene.

So wird beispielsweise einmal während eines Gesprächs über Wurst behauptet, daß die westdeutsche Wurst nichts tauge. R sagt: *"Heude haste oft, daß Wurst gar ned mehr richdg schmeckt. Von drüben schmeckt nich die die Wurst."* An anderer Stelle wird über die unterschiedlichen Nacktbadegewohnheiten geredet, und R findet: *"Die sind drüben viel viel verklemmter ne als wir".* In beiden Fällen wird somit auf lokaler Ebene getrennt, im letzten Fall allerdings auch auf personaler. Ein Beispiel für die temporale Ebene wäre folgender Vergleich: *"In der DDR warn alle Salze jodiert, des is im Westen nich".*

Mittels deiktischer Kontrastierungen wie "hier/drüben" oder "wir/die" wird ein Vergleichsmaßstab angelegt, der eine Verortung des 'Ostdeutschen' nur in Abgrenzung zum 'Westdeutschen' ermöglicht. Die ostdeutsche Perspektive nimmt also den "Nullpunkt" ein, von dem ausgehend das Verhalten bzw. die Maßstäbe von "denen da drüben" bewertet werden. Relevant ist dabei nicht etwa die Tatsache des Vergleichens zwischen "hüben" und "drüben", die auch für 40 Jahre DDR konstitutiv war, sondern die heutige veränderte Bedeutung dieser Koordinaten.

## 2. Moralisierung durch Ost-West-Vergleiche

Immer wieder zeigt sich, daß geradezu eine *moralische Trennlinie* zwischen Ost und West gezogen wird. Dabei finden sich selten graduelle Vergleichselemente im Sinne von 'im Westen ist dies und jenes anders als im Osten', sondern sehr viel häufiger *tendenziell kategorische Vergleiche*, die eine höhere moralische Qualität haben. Dies soll im folgenden anhand zweier - zunächst ähnlich wirkender - Vergleichsformen erläutert werden.

Die erste Vergleichsform beinhaltet einen im Material eher seltenen graduellen Vergleich und kommt damit der herkömmlichen Vergleichsdefinition am nächsten, da beide Seiten konkret formuliert werden:

R: *"Die sind drüben vie:l vie:l verklemmter (ne als wir)".*

R fällt ein moralisches Urteil, indem er ausgehend von der eigenen Situation das Verhalten anderer als 'verfehlt' einordnet - in diesem Fall das ihm unbekannte Nacktbadeverhalten der Westdeutschen, die sich nicht an ostdeutsche FKK-Maßstäbe halten und demzufolge als "verklemmt" eingestuft werden. Das Pendant zu den 'Verklemmten' bleibt unausgesprochen, es ist in der Bewertung "verklemmter (ne als wir)" enthalten. Somit ergibt sich ein Vergleich in pronominalisierter Form, der zwar beide Seiten benennt ("die/wir"), den Analogieschluß von der "Verklemmtheit" der Westdeutschen auf die "Freizügigkeit" der Ostdeutschen jedoch dem Zuhörer überläßt. Da beide Seiten des Vergleichs verbalisiert werden - also ein *gradueller Vergleich* gezogen wird -, ist dessen kategorische Qualität trotz der eindeutig moralischen Aussage relativ gering.

Das zweite Beispiel behandelt abermals das Thema "Nacktbaden". Auch hier wird ein Ost-West-Vergleich gezogen, der die Westdeutschen als "verklemmt" hinstellt, sich jedoch hinsichtlich Form und Gehalt fundamental vom vorherigen Fall unterscheidet:

V: *"°Das=wird°=das=wird ihnen die Bundesrepublik abgewöhnen= _die sind doch da drüben zu verklemmt".*

Wiederum geht es nicht um Nacktheit generell, die als verwerflich angesehen wird, sondern um die Unkontrolliertheit der Nacktheit. Diesmal sind vermutlich ostdeutsche Nacktbadende, die sich an westdeutsche Nacktbadegewohnheiten anlehnen, das Entrüstungsobjekt. V formuliert die Zukunftsprognose, daß die Bundesrepublik als kollektiver Akteur das nicht weiter zulassen werde: "Das=wird=das=wird ihnen die Bundesrepublik abgewöhnen=_die sind doch da drüben zu verklemmt". Er stellt somit diejenigen als "verklemmt" dar, die den zuvor angeprangerten Zustand, den Mangel an 'ordentlicher Freizügigkeit', wiederherstellen wollen.

Da die zweite Seite des Kontrastpaares (also die Gruppe derer, die nicht "verklemmt" sind) unausgesprochen bleibt, entsteht ein (nach herkömmlicher Definition) unvollständiger Vergleich, wobei die Vergleichsebene "wir hier/die da" trotzdem präsent ist. Diese 'unvollständige' Vergleichsform weist keinerlei graduelle Elemente mehr auf. Im ersten Beispiel ist, wie erwähnt, eine graduelle Vergleichsebene enthalten ("verklemmter ne als wir"), die hier jedoch fehlt: "_die sind doch da drüben zu verklemmt" beläßt einen Äußerungsteil implizit und stellt somit einen *kategorischen Vergleich* dar, der den Westdeutschen "Verklemmtsein" als *category bound activity* (Sacks) zuschreibt.

## 3. Ost-West-Vergleiche als identitätsstiftende Medien

Die Gegenüberstellung der beiden zunächst so ähnlich wirkenden Vergleichsformen zeigt also, daß *eine tendenziell implizite Vergleichsform ein höheres Maß an kategorischer Qualität beinhaltet* und damit einen *höheren moralischen Gehalt* erhält. Diese 'moralische Kontamination' der Vergleiche erklärt sich durch deren *doppelte integrative Funktion*:

Sie nehmen Bezug auf gemeinsames Wissen, auf die gemeinsame Vergangenheit, und festigen mittels der Abgrenzung von "denen da drüben" die Gemeinschaft heute. Die Familienmitglieder nehmen auf die gemeinsame Vergangenheit und deren in Jahrzehnten ausgebildete Normen und Werte Bezug. Sie setzen 'Gewohntes' in Kontrast zu 'Ungewohntem', indem sie ihr Wissen aus DDR-Zeiten *situativ* aktivieren und mit den neu zu erlernenden Maßstäben der bundesrepublikanischen Gesellschaft vergleichen; die gemeinsame Vergangenheit bzw. deren 'Fundus' äußert sich also in Form einer *Appellation an gemeinsames Vorwissen*. Die Unterstellung von Gleichgesinntheit ebnet den Boden für den Ost-West-Vergleich. Jeder Vergleichsproduzent kann die Mitwisserschaft seiner Zuhörer voraussetzen und ihnen ein einmütiges moralisches Urteil unterstellen: Da sie alle Mitglieder der gleichen Gemeinschaft sind, werden sie die Bewertungsebene nicht nur nachvollziehen können, sondern teilen. Demzufolge können die Bewertungen relativ ungeschützt ausgesprochen und generalisiert vorgebracht werden ("die sind doch da drüben zu verklemmt").

Die Vergleiche zwischen Ost und West dienen demnach als Relationierungselemente, die zu *Solidarisierungsträgern* werden, indem sie Gleichgesinntheit transportieren. Der Rückgriff auf Altes, Bewährtes dient also der Versicherung von Gemeinsamkeit in Zeiten wachsender Irritation. Um die vielschichtigen Veränderungen wahrnehmen und aufgreifen zu können, muß Neues und Altes miteinander konfrontiert werden; das Alte darf nicht zugunsten des Neuen eliminiert werden.

Die Profilierung des 'Ostens' durch Kontrastierung mit dem 'Westen' hat zudem eine angenehme Nebenwirkung: sie verschleiert die *Nicht-Benennbarkeit des eigenen Status*. Die Problematik einer solchen 'Leerstelle' wird quer durch das gesamte Material deutlich, nicht nur, wenn Vergleiche gezogen werden. So bezeichnen sich die einzelnen Familienmitglieder entweder als "DDR-Bürger", wenn von der Vergangenheit die Rede ist, oder sie sprechen - die Gegenwart betreffend - in Kategorien von "wir" oder "unser", niemals jedoch in Verbindung mit Land oder Region (die Formulierung "wir Thüringer" oder "wir Ostler" fällt nicht).

Eine ausgesprochen politisch angebundene Verwendung des Ost-West-Vergleichs ist - das mag überraschen - im "Thüringen"-Material der Ausnahmefall. Dies könnte als Indiz dafür gelten, daß gerade die alltagsweltlichen Veränderungen problematisch bzw. thematisierungswürdig sind, denn im Gegensatz zum politisch-institutionellen Bereich ist im Alltag die Übernahme eines bundesdeutschen 'Regelkataloges' nicht möglich und auch nicht zwingend notwendig: Alte, bewährte Strategien können also im neuen Anwendungsbereich getestet und mit diesem verglichen werden.

Die Familienmitglieder definieren sich über ihre ostdeutsche Herkunft, deren Denk- und Handlungsschemata zu wichtigen Ressourcen im Umgang mit neuen Wissensbeständen werden. Die Analyse des Materials legt nahe, daß die notwendige Aneignung des Neuen nicht über eine Substituierung oder passive Delegitimierung des bisherigen Wissensbestandes erfolgt, sondern mittels einer *Kontrastierung und Inbezugsetzung neuer Werte bzw. Erfahrungen*. Es zeichnen sich Festhaltetendenzen ab, die die 'mitgebrachten' Werte und Überzeugungen als 'kulturelle Immobilien' erscheinen lassen, die gerade *wegen* der Zunahme fremder Einflüsse unbezweifelbar werden und zumindest zeitweise nur marginale Veränderungen ertragen.[2]

Die permanente Präsenz des Ost-West-Vergleichs, der mit routinisierter Selbstverständlichkeit bemüht wird, kann als Symptom einer *Übergangsmoral* gelten: Da die alte Ost-Moral keine Gültigkeit mehr besitzt und es keine verbindliche bundesrepublikanische Moral gibt, offenbarte sich eine Leerstelle, die mittels okkasioneller Übernahme althergebrachter Werte und Normen immer dann mit 'Ost-Moral' aufgefüllt wird, wenn das Fremde (also die BRD) in seiner Eigenart erfaßt werden muß.

Das Beispiel der thüringischen Familie zeigt, daß moralisch aufgeladene Vergleiche als *identitätsstiftende Medien* eingesetzt werden, um sich selbst eines Status zu versichern, der in der angemahnten Form nicht mehr existiert. Das kontextübergreifende Vorhandensein der Ost-West-Vergleiche offenbart den hohen Nutzen ihrer Anwendung, zumal bislang noch kein Etikett gefunden werden konnte, das den neuen Status der Ostdeutschen als Teil der Bundesrepublikaner ausreichend definierte. In Ermangelung dieses gegenwärtigen Pendants kommen die 'mitgebrachten' Deutungsschemata zur Anwendung, da deren implizites moralisches Wissen in der schwierigen Phase des Übergangs eine verwertbare Leitlinie bildet und somit als "wirkungsvolles ordnungsgenerierendes Medium" dienen kann.

**Anmerkungen**

1) Die Aufnahmen entstanden im Rahmen des seit 1992 laufenden DFG-Projektes "Formen der kommunikativen Konstruktion von Moral", das Prof. Bergmann in Gießen und Prof. Luckmann in Konstanz leiten.
2) Dies steht in bemerkenswertem Kontrast u.a. zu den Schützschen Darlegungen (1972) zum "Fremden": "... das ganze bisher unbefragte Auslegungsschema, das ihm in seiner Heimatgruppe geläufig war,..." - wird eben nicht durchgestrichen, es kann trotz der vermeintlichen Unanwendbarkeit als "Orientierungsschema" in der "neuen Welt" dienen!

**Literatur**

Anderson, Benedict (1988), Imagined Communities. London.
Bergmann, Jörg R. (1987), Klatsch. Zur Sozialform der diskreten Indiskretion. De Gruyter.
Hoggart, Richard (1957), The Uses of Literacy. Chapter 3: 'Them' and 'Us'. Middlesex/Victoria.
Koch, Thomas (1993), Die Ostdeutschen zwischen Einheitsschock und 'doppeltem Zukunftshorizont' - Deutungs- und Handlungsmuster sozialer Akteure im Transformationsprozeß. In: Reissig, Rolf (Hg.), Rückweg in die Zukunft: Über den schwierigen Transformationsprozeß in Osteuropa. Frankfurt/New York.
Sacks, Harvey (1992), The MIR Membership Categorisation Device. In: ders., Lectures on Conversation. Oxford.
Sacks, Harvey (1992), Category-Bound-Activities: "The Baby Cried". In: ders., Lectures on Conversation. Oxford.
Schneider, Wolfgang L. (1994), Zur Konstruktion kollektiver Identität. Habil.-Vortrag an der Universität Gießen.
Schütz, Alfred (1972), Der Fremde. In: ders., Gesammelte Werke. Frankfurt.
Schwitalla, Johannes (1988), Erzählen als die gemeinsame Versicherung sozialer Identität. In: Raible, Wolfgang, Zwischen Festtag und Alltag. Tübingen

Verena Grötsch, Karl-Glöckner-Str. 21E, D-35394 Gießen

## 5. Überhebliche Wessis - (n)ostalgische Ossis.
## Strukturelle Prämissen kollektiver Devianzzuschreibungen in der Beziehung zwischen Ost- und Westdeutschen

*Wolfgang Ludwig Schneider*

*I.*

Nach der Beendigung der deutschen Teilung im Oktober 1990 machte sehr schnell eine Ersatzbezeichnung für die verschwundene Differenz Karriere: die Unterscheidung von "Ossis" und "Wessis". Die Ostdeutschen als die neuen Ostfriesen, als prämoderne Witzfiguren der Westdeutschen, und beide Gruppen als Angehörige verschiedener Stämme porträtiert, dies bedeutete - wie ironisch gebrochen auch immer - einen Affront gegen die öffentlich beschworene Einheitsprojektion. - Um diese Unterscheidung auch für die Ostdeutschen verwendungsfähig zu machen, bedurfte es zunächst einer Resymmetrisierung: Die in "Ossi" anklingende Zuschreibung von Rückständigkeit, der Unkenntnis moderner Lebensverhältnisse und der Unfähigkeit, sich darin zurecht zu finden, mußte durch eine komplementäre Invektive an die Adresse der Wessis ausbalanciert werden. Sie fand ihren verdichteten Ausdruck in der Rede vom "Besserwessi" (1991 zum "Wort des Jahres" gekürt), die in den Medien sofort aufgegriffen und von ostdeutschen Politikern in ihr Repertoire zur Charakterisierung mißliebiger 'westlicher' Positionen eingegliedert wurde. Das Etikett des Besserwessis richtet sich (was hier leider aus Platzgründen nicht durch Material belegt werden kann), gegen die einseitige Anforderung des Lernen-Müssens, der sich die Ostdeutschen als Folge der Rekonstruktion Ostdeutschlands nach bundesrepublikanischem Muster ausgesetzt sahen. Die Einseitigkeit des 'Lernen Müssens' - so meine Ausgangsthese - umschreibt das Kernmotiv, das den meisten Zuschreibungen zugrunde liegt, die mit der Ossi/Wessi-Unterscheidung verknüpft sind.

*II.*

Meine zweite These versucht zu erklären, warum gerade dieser Sachverhalt zu einem Kernmotiv für die semantische Projektion einer schismatischen kollektiven Identität werden konnte. Sie bringt das Problem der Asymmetrie des Lernens mit einer wesentlich allgemeineren Unterscheidung in Verbindung, der Unterscheidung von Einheimischen und Fremden. Wer sich selbst als 'Einheimischer' und seinen Interaktionspartner als 'Fremden' verbuchen kann, der muß eventuelle Enttäuschungen seiner Normalitätserwartungen durch den anderen nicht zwangsläufig als intentionale Regelverletzung zurechnen oder sie zum Anlaß für die Revision seiner Erwartungen nehmen. Er hat statt dessen die Möglichkeit, sie auf die mangelnde Vertrautheit des anderen mit den lokalen Gepflogenheiten zurückzuführen. Aufklärung des Fremden über die lokalen Üblichkeiten ist dann die adäquate Reaktion. Sie setzt zugleich voraus, daß der andere sich lernbereit zu verhalten hat und divergierende Erwartungs- und Verhaltensmuster in Übereinstimmung mit den lokalen Anforderungen zu bringen sucht. 'Einheimisch' zu sein bedeutet demnach, gegenüber Fremden, die sich abweichend verhalten, gegebenenfalls die Rolle des Belehrenden übernehmen zu können und von diesen zu erwarten, daß sie die Rolle des Lernenden akzeptieren. Dem Fremden wird damit gleichsam die Rolle des Novizen in Relation zur lokalen Gemeinschaft zugewiesen, die letztlich - freilich um den Preis seiner Assimilation an die etablierten Standards - auf dessen Inklusion zielt. Gesichert wird auf diese Weise das Geltungsprivileg der je lokalen Ordnung gegenüber Abweichungserfahrungen in der Interaktion mit anderen, die als 'Fremde' kategorisiert werden können. In Situationen, in denen die Lernkapazitäten der Individuen durch das Tempo sozialen Wandels überlastet zu werden drohen, kann die Unterscheidung von Einheimischen und Fremden, zwischen Alteingesessenen und Neuankömmlingen sozial forciert und so als Instrument der Dämpfung von Änderungszumutungen eingesetzt werden.

Der interaktive Gebrauch der Figur Einheimische/Fremde ist an bestimmte situative Angemessenheitsbedingungen geknüpft. Sie funktioniert problemlos, wenn Interaktionsteilnehmer sich wechselseitig auf übereinstimmende Weise den beiden Seiten der Unterscheidung zuordnen - so etwa bei Urlaubsreisen im Ausland, bei denen die Selbstkategorisierung als Fremder geeignet ist, eine Lern- und Anpassungsbereitschaft gegenüber den Erwartungen der Einheimischen zu mobilisieren, die u.U. beträchtlich kontrastiert mit der Anpassungsunwilligkeit an fremde Sitten und Umgangsformen, sobald sie im heimischen Alltag erlebt werden. Und noch die Rolle des Gastes, z.B. in einem in Frankfurt gelegenen chinesischen Restaurant, ist geeignet, deutsche Besucher zu ungeschickten und etwas verschämten Versuchen im Umgang mit Stäbchen zu motivieren, deren Verwendung beim Mittagessen in der Kantine am Arbeitsplatz sie wahrscheinlich energisch zurückweisen würden. - Scheinbare Inkonsistenzen dieser Art werden oft kritisch vermerkt. Wenn ausländische Restaurants gerne besucht, ausländische Kollegen oder Mitbewohner eines Miethauses dagegen eher unwillig akzeptiert und zur Anpassung an die üblichen Verhaltensstandards aufgefordert werden, dann kann dies jedoch auf einfache Weise durch die situativ unterschiedliche Handhabung der Unterscheidung von 'Einheimischen' und 'Fremden' erklärt werden. So gesehen könnte "Fremdenfeindlichkeit" in vielen Fällen nichts anderes bedeuten als die Anwahl dieses Kategorisierungsschemas in Situationen, in denen es aus der Perspektive der kritisierenden Beobachter inadäquat erscheint.

Sich als 'Einheimischer' zu kategorisieren bedeutet zunächst, im Unterschied zu 'Fremden', sich nicht an deren Vorstellungen des Üblichen und Richtigen anpassen, d.h. von ihnen lernen zu müssen, sondern selbst die Rolle des Lehrenden gegenüber den Fremden übernehmen zu können. Diese Rollenverteilung wird in ihr Gegenteil verkehrt, wenn Fremde als Lehrmeister auftreten und Einheimische zu Unterrichtungsbedürftigen werden, von denen Anpassungs- und Lernbereitschaft verlangt wird. Mit der generellen Darstellung der eingelebten Verhaltensorientierungen als defizitär und korrekturbedürftig im Sinne fremder Muster, mit dieser Umkehrung des Geltungsvorranges zugunsten importierter Maßstäbe, geraten die Einheimischen gleichsam in die Position von Fremden im eigenen Land.

Diese Situation entspricht im wesentlichen der Lage in den neuen Bundesländern. Die Notwendigkeit des Umlernens, von der kaum ein Lebensbereich verschont geblieben ist, produziert ständige Fremdheitserfahrungen in einem Umfange, wie er aus westdeutscher Perspektive nur schwer nachzuvollziehen ist. Die Westdeutschen werden in ihrer Rolle als Agenten des Wandels als Personifizierung fremder Verhaltensmuster und bedrohlicher Anpassungsforderungen erlebt. Im Kontakt mit ihnen erscheint das reguläre Beziehungsmuster zwischen Einheimischen und Fremden daher pervertiert. Auch für Situationen einer solchen Umkehrung gibt es freilich paradigmatische Fälle, auf die das Erleben der Ostdeutschen als Deutungshintergrund zurückgreifen kann: Situationen der Eroberung durch eine fremde Macht, der Kolonisierung, aber auch der fremden Unterstützung in der Form von 'Entwicklungshilfe'. Und von Eroberung, Kolonisierung oder der Behandlung der neuen Länder als Entwicklungsland ist denn auch häufig die Rede, wenn das Verhalten der Westdeutschen kritisiert wird. Diese Charakterisierungen haben hier den Status von pragmatischen Metaphern, mit denen die Struktur einer sozialen Beziehung beschrieben und bewertet wird. Ihnen ist gemeinsam, daß sie eine asymmetrische Beziehungsstruktur projizieren, in der die Plätze zwischen den Einheimischen und den Fremden vertauscht sind und die lokal eingelebte Ordnung ihr Geltungsprivileg an die von den Fremden importierte Ordnung abgetreten hat.

*III.*

Warum aber erscheint eine solche Situation, die aus ostdeutscher Perspektive als krisenhafte Umkehrung fundamentaler Normalitätserwartungen erlebt wird, für Westdeutsche in Ostdeutschland keineswegs so? - Meine These dazu: Die Ursache liegt im Ausfallen der Selbstdefinition als fremd. Was damit gemeint ist, veranschaulicht der folgende Text. Darin beschreibt ein Westdeutscher, nicht ohne selbstironische Distanz, wie er den ostdeutschen Straßenverkehr erlebt:
"Seit über zwei Jahren lebe ich im Osten, in Schwerin, und allein die Nerverei auf den Straßen hat mich sicher ein Jahr meines Lebens gekostet. Ein Volk von Führerscheinneulingen! Da gibt es eine Minderheit, die sich im neuen Auto hoffnungslos überschätzt, gefährlich überholt und mit Tempo 100 innerorts die Ausfallstraße entlangrast. Und eine Mehrheit, die vor sich hindrömelt und gefährlich rücksichtsvoll agiert: Unzählige Male wäre ich fast aufgefahren, weil ein Ossi vor mir stark abbremste, nur um einen Linksabbieger vorbeizulassen, obwohl hinter mir alles frei war" (Spengler 1993, S.23).
Die zitierte Passage demonstriert zunächst vor allem eines (und dies ist nicht moralisch gemeint!), die völlige Anpassungsunwilligkeit des Autors. Die monierten Besonderheiten der örtlichen Fahrweise werden umstandslos als Fehlverhalten verbucht und auf Fähigkeitsmängel zurückgeführt, die denen von Führerscheinneulingen entsprechen. Die Rücksichtnahme gegenüber dem Linksabbieger erscheint, gemessen an den Anforderungen der Situation, inadäquat. Sie wird wahrgenommen als Verkehrsgefährdung, die zudem überflüssig ist, verschafft sie doch dem dadurch Begünstigten keinen nennenswerten Vorteil. - Jedoch: "gefährlich rücksichtsvoll" ist das Vorbeilassen von Linksabbiegern nur dann, wenn die Hinterherfahrenden diese Möglichkeit (wie anscheinend der zitierte Autor trotz einschlägiger Erfahrung) nicht antizipieren und zu wenig Abstand halten, um gefahrlos bremsen zu können. Als nutzlos erscheint es nur, wenn höfliche Zuvorkommenheit im Verkehr dem Ziel schnellen Fortkommens wie selbstverständlich untergeordnet wird. Und so können Ostdeutsche im Gegenzug die Drängelei westdeutscher Autofahrer, ihre Ellenbogenmentalität und Rücksichtslosigkeit kritisieren.

Unterschiedliche Fahrstile - und ich denke, daß sich dieser Befund auch auf andere Verhaltensbereiche übertragen läßt - produzieren so nicht nur ein Koordinationsproblem, sie liefern darüber hinaus die Beobachtungsprämissen für die Registrierung von Abweichungen und die Formulierung von Abweichungserklärungen. Sie etablieren gemeinsame Beobachtungsvoraussetzungen zwischen Akteuren, die diesen Fahrstil habitualisiert haben, prägen auch die präferierte Definition der Situation, nach deren Bedingungen die Angemessenheit dieses Stils beurteilt wird, und ermöglichen deshalb einen schnellen Konsens über Bewertungen und Zuschreibungen. Über die Grenzen solcher "communities" hinweg eine rasche Übereinstimmung darüber zu erzielen, welcher Stil nun der 'richtige' sei und wer sein Verhalten infolgedessen ändern muß, erscheint jedoch illusorisch. Um einen solchen Konsens zu blockieren, bedarf es weder besonderer strategischer Motive noch pathologischer Wahrnehmungsbeeinträchtigungen. Es genügt der alltägliche Egozentrismus, der dem routinisierten Gebrauch kollektiv praktizierter Beobachtungs- und Verhaltensschemata entspringt. Der Status dieser Schemata ist der von normativen Erwartungen. Werden normative Erwartungen in der Interaktion verletzt, dann wird das verletzende Verhalten als abweichend und fehlerhaft registriert. Nicht die zugrunde gelegten Erwartungen, sondern das abweichende Verhalten erscheint damit korrekturbedürftig. Sein Urheber gilt als verantwortlich für die erlebte Störung. Die einfachste Erklärung für sein Verhalten läßt sich durch die Projektion der Abweichung auf seine Person gewinnen: Unkenntnis der Verhaltensstandards, Unfähigkeit oder auch Unwilligkeit zu ihrer Erfüllung sind die daraus ableitbaren Zuschreibungen. Die zugrundegelegten Erwartungen werden so auf zirkuläre Weise bestätigt. Dadurch erübrigt sich eine Korrektur der Prämissen eigenen Erlebens. Was bleibt ist der wechselseitig erhobene Anspruch, die anderen sollten gefälligst umlernen.

Analoge Reaktionen auf 'abweichendes Verhalten' im Straßenverkehr kennt jeder Autofahrer von sich selbst. Ob "drömelnde" Schweriner oder amerikanische Autofahrer, die im 90 Meilentempo die mittlere oder gar linke Spur der Autobahn besetzt halten, in beiden Fällen fühlen sich viele (West-)Deutsche "genervt". Eigentümlicherweise stellt sich dieses Erleben jedoch kaum ein, wenn man als Deutscher auf einer amerikanischen Autobahn fährt. Die abweichende Fahrweise wird hier als Teil der ortsüblichen Gepflogenheiten wahrgenommen, an die man sich als Fremder anzupassen hat. Die Selbstkategorisierung als Fremder impliziert dabei die Anerkennung des Geltungsprivilegs der lokalen Ordnung. Dadurch wird hier die Lernbereitschaft aktiviert, die ein Westdeutscher in Schwerin nicht ohne weiteres aufbringen kann. Was Lernbereitschaft dort blockiert, ist vermutlich das Ausfallen der Selbstkategorisierung als Fremder. Gerade weil man sich - in Kategorien nationaler Zugehörigkeit - auch in Schwerin zu Hause fühlen kann, wird normatives und d.h. lernunwilliges Erwarten ermutigt.

Meine Schlußfolgerung daraus lautet: Nicht eine präexistierende Barriere in terms unterschiedlicher kategorialer Mitgliedschaften, sondern gerade deren Fehlen erleichtert die Umarbeitung von Abweichungserfahrungen der beschriebenen Art in Defizitzuschreibungen. Diese Zuschreibungen benötigen freilich eine Adresse. Die Subkategorisierung der Deutschen in "Ossis" und "Wessis" stellt diese Adresse bereit. Sie erlaubt die Wiedereinführung von Fremdheit auf einer sekundären Attributionsebene und ermöglicht so die einfache Bewältigung alltäglicher Irritationen unter der Prämisse einer gemeinsamen kategorialen Zugehörigkeit. In dieser Funktion erscheint sie gegenwärtig und auf absehbare Zeit kaum zu ersetzen.

**Literatur**
Spengler, Jochen (1993), Zuneigung, Ratlosigkeit, Zorn. Ein Wessi bei den Ossis. In: Rainer Busch (Hg.): Gemischte Gefühle, Einheitsalltag in Mecklenburg-Vorpommern. Bonn.

PD Dr. Wolfgang Schneider, Justus-Liebig-Universität, Institut für Soziologie, Karl-Glöckner-Str. 21, Haus E, D-35394 Gießen

## 6. Normalität im Übergang.
## Politische Ordnungskonzepte im ostdeutschen Alltagsbewußtsein

*Sighard Neckel*

Die Politik ist einer jener Lebensbereiche in Ostdeutschland, in dem nach dem Sturz der Herrschaft einer Partei die gewohnten Routinen nachhaltig unterbrochen wurden. Politik ist weiterhin dadurch bestimmt, verbindliche Ordnungsmodelle in einer Gesellschaft etablieren zu wollen, was sie für Normalitätserwartungen besonders anziehend macht. Dies wirft die Frage auf, welche Normalitätserwartungen an Politik im ostdeutschen Alltagsverstand vorfindbar sind, nachdem sie keine staatssozialistische Routine mehr ist, zur demokratischen Gewohnheit aber erst werden muß. Hierzu wird in Deutung qualitativen Materials eine Taxonomie jener Ordnungsvorstellungen präsentiert, die ostdeutsche Akteure durch die neuen demokratischen Institutionen selbstverständlich gewährleistet sehen wollen. Das Material dieser Analyse entstammt einer Gemeindestudie, die von 1990 bis 1993 in einer brandenburgischen Stadt durchgeführt wurde. Protagonisten der Untersuchung sind die Angehörigen der politischen Funktionselite der Stadt. Sie sind nicht nur bedeutsame Träger der gesellschaftlichen Wandlungsprozesse, sondern haben auch eine wichtige Orientierungsfunktion: Von ihren öffentlich dokumentierten Überzeugungen und Handlungsweisen gehen Signalwirkungen aus, die die Ordnungskonzepte von Demokratie im ganzen beeinflussen, sei es in Gestalt von "Erwartungsmodellen" oder als Anlaß kognitiver Dissonanz.

Methodisch wird in der folgenden Analyse derart verfahren, daß eine natürliche Situation lokaler Politik zum Ausgangspunkt der Interpretation genommen wird: eine öffentliche Veranstaltung, auf der sich die vier Kandidaten präsentieren, die sich bei den folgenden Kommunalwahlen um das Amt des Bürgermeisters bewerben. Eine hermeneutische Rekonstruktion der Reden der Kandidaten ergibt, daß insgesamt vier Ordnungsmuster praktisch wirksam im öffentlichen Bewußtsein sind, die grundlegende Prinzipien in der Wahrnehmung und Bewertung von Demokratie in Ostdeutschland repräsentieren. Sie können grundsätzlich von allen Akteuren geteilt werden, prägen sich jedoch bei den politischen Fraktionen in unterschiedlicher Stärke aus. Insgesamt ergeben sie ein Tableau der basalen Ordnungskonzepte von Demokratie im Bewußtsein der Angehörigen einer lokalen Machtgruppe, die als exemplarischer ostdeutscher Fall dienen kann.

Im einzelnen sind die Ordnungsmuster von Demokratie von vier Prinzipien bestimmt: Dem Erwartungsmodell der Redistribution liegt eine Ausrichtung an klientelistischen Nützlichkeitserwägungen zugrunde. Der pragmatische Materialismus ist am sichtbaren Ertrag einer Demokratie interessiert und ordnet sich hierfür exekutiver Führerschaft unter. Dem Ordnungskonzept der Gegenkultur ist ein Elitismus eigen, der Demokratie nur durch eine moralische Minderheit gewährleistet sieht. Konkordanz schließlich versteht noch die Interessenvertretung als Dienst an einer Gemeinschaft unpolitischer Bürger.

Unbestreitbar ist, daß in diesem Tableau Elemente entdeckt werden können, die nicht spezifisch ostdeutsch sind. Und doch gibt es Merkmale, die als eigentümlich für die ostdeutsche Gesellschaft und ihre Geschichte erscheinen. Sie liegen weniger im Inhalt bestimmter Ordnungskonzepte begründet, als vielmehr in deren Verhältnis untereinander, in der Gesamtform der Taxonomie selbst. Auffällig ist ihre Dichte, das Fehlen starker Diskrepanzen. Alle Elemente kommen im jeweils anderen vor, was auch eine Erklärung dafür sein kann, daß über Fraktionsgrenzen hinweg ein ostdeutsches Kollektivbewußtsein in allen Akteuren jederzeit abrufbar ist. Diese Kollektivität allerdings ist nicht substantiell, sondern relational begründet. Sie erklärt sich aus der gemeinsamen Grenze, die das ostdeutsche Bewußtsein gegenüber dem Westen empfindet.

Dr. Sighard Neckel, Freie Universität Berlin, Institut für Soziologie, Babelsberger Str. 14-16, D-10715 Berlin

## 7. An den Rändern der Hauptstadt: Verflechtungsmilieus im Fusionsprozeß

*Ulf Matthiesen*

### 1. Peripherie

Die knappe Skizze einer größeren 'regionalkulturellen' Stadtrand-Untersuchung läßt sich vielleicht am besten mit dem Verweis auf einen 'stadtsoziologischen' sowie einen eher 'ästhetiktheoretischen' Problemkontext einleiten:
a) Die meisten städtisch-metropolitanen Peripherien Europas sind durch ausgeprägte Wachstumsdynamiken geprägt. Mit der Erosion der alten Zentrumsstrukturen haben die Stadtränder damit einmal ihr strukturelles Gegenüber verloren. Andererseits scheinen sie auch selber von Auflösung bedroht: Der globalisierende Trend einer Vernetzung der Funktionssysteme, der funktionale 'flow' zwischen Zentren, Peripherien und Regionen also würde danach alle Differenzen magmatisch in eine diffus über alle Stadtrandformen hinwegschwappende Agglomerationensuppe hineinsaugen.
b) Andererseits scheint das Peripheriethema dauerhaft mit der Lasur eines schwarz-romantischen Ästhetikdiskurses überzogen. Noch die 'chaostheoretischen' Beschreibungsversuche 'fraktaler' Wucherungsprozesse belegen das. Pasolinis "ragazzi di vita" an der Peripherie Roms, die "Accatones" in der Borgate, im Dickicht ihrer ungeplanten Auswülstungen, ihrer Autokultur, mit ihren Ehrencodizes und ihrer Bindungslosigkeit, den Lastern und Begierden sind dafür das kaum zu überbietende, typisch schwarz-weiße Vorbild.

Wie immer komplex aber der notwendigerweise globalisierende Peripheriediskurs auch seine strukturellen Homologie zurüstet: Für den 'Fall Berlin', also für die neu/alte (und einzige?) deutsche Metropole, deren Peripherie und das Umland hat er nur mäßig erhellende Funktionen. Berlin ist bekanntermaßen ein in mehreren Hinsichten singulärer Metropolen-Fall, gerahmt von weltgeschichtlichen Sonderbedingungen und ihren 'epochalen' Folgen. Zumindest zwei dieser 'Besonderungen' sollen hier erwähnt werden:

1. Zur Normalgestalt heutiger Metropolen gehört es, daß sich die personalen, räumlichen und funktionalen Wechselwirkungen, die formellen wie informellen Bezüge auch zwischen sehr großem zentralem Ort und dessen Umland derart intensiviert haben, daß beide sich im Weichbild ihrer Verflechtungsräume kaum noch unterscheiden lassen. Dagegen besaß Berlin bis 1989 eine *hyperkritische Stadtgrenze*, die den Stand der Stadterweiterungen der 20iger Jahre im wahrsten Sinne petrifizierte. Auch heute noch zeigen sich rund um Berlin klar ausgeprägte Stadtkanten; die alten Hemisphärengrenzen lassen sich mancherorts weiter als prägnant-abrupter Übergang von hochverdichteter Metropole zu dünn besiedeltem landschaftlichem Raum, von Asphalt zu unversiegelten Sandflächen erleben.

2. Andererseits finden im engsten Verflechtungsraum von 'Mark und Metropole' an Tempo zulegende, partienweise schon sich überschlagende Nachholentwicklungen statt. Zum Teil nur werden diese Prozesse von dem Fachterminus "Suburbanisierung" getroffen: zwischen angestrengt großdimensionierten Rahmenplanungen, kaum abgebremsten Siedlungswucherungen in den brandenburgischen Anrainergemeinden und Prozessen der 'Selbstorganisation der Systemränder' zeigt der metropolitane Verflechtungsraum inzwischen alle Züge eines ungewollten soziokulturellen Großexperiments: Raffketum, Goldgräberstimmung und soziale Polarisierungsprozesse, ökologisch hochriskante 'Wachstums'-Entwicklungen im Flächenverbrauch und eine hypertroph ungesteuerte Verkehrsentwicklung, nicht abgestimmte Flächennutzungs-, Wohnungs- und Gewerbebauplanungen[1], existentielle Marginalisierungen unter den Verlierern der Vereinigungskrise sowie - insbesondere im Süden und Westen - ein an Fahrt gewinnender *realer Aufschwung-Ost* im 'Speckgürtel' schießen hier ineinander: mit unklaren, z. T. gegenläufigen Folgen für die *Sozialmilieus* und ihre *informellen Strukturen*. Deren 'implizit fungierende' Bindungskräfte und Belastungsgrenzen müssen ja dieses mal brodelnde, mal bloß mehr köchelnde Gemisch aus Geplantem, Unintendiertem, Gehofftem und Unplanbarem auffangen, absaugen oder zu neuen Gestalten verbinden. Insofern auch trifft Detlef Ipsens Diktum zu, daß "die Stadtränder .... immer von den aktuellsten, noch ungefestigten Prozessen der gesamten Stadt (erzählen)"(vgl. Ipsen 1989: 6ff.). Es bleibt schließlich anzumerken, daß die im Expansionsgestrüpp von Berliner Metropole und Peripherie sich überschlagenden Verflechtungsprozesse dringend immer auch der systematischen Gegenperspektive bedürfen, also vom sandigen, flachen, dünn besiedelt-märkischen Land aus mitangeschaut werden wollen. Die Rasanz der nachholenden Suburbanisierungsprozesse jedenfalls legte es nahe, genau hinzusehen, wie exemplarische Mikromilieus dieser metropolitanen Peripherie die Umbrüche in falltypischen Arrangements von formellen und *informellen* Strukturierungsprozessen ordnen. Soweit ganz knapp zu einigen Rahmungsmotiven unserer "Ränder der Hauptstadt"-Untersuchung am IRS. Wir sind ganz am Anfang (Projektbeginn 01/95), so daß noch nicht mit ausformulierten Ergebnissen aufzuwarten ist. Statt dessen möchte ich in einem gerafften Mittelteil[2] knapp die von uns bislang ausgewählten Verflechtungsmilieus skizzieren, in denen erste sondierende Feldforschungen gemacht wurden. Schließlich sollen einige eher methodologisch-konzeptuelle Zwischenergebnisse - und sei es in Frageform - skizziert werden.

## 2. Untersuchungsanlage und Verflechtungsmilieus

Auf der Spur der "Verflechtungsmilieus" haben wir nach kleinen kontrastiv arrangierten Lebensmilieus gesucht, in denen sich in besonders prägnanter Weise die nur teilweise planbaren Umbruchprozesse der faktischen Verflechtung von "Mark und Metropole" ausdrücken. Eine wichtige Ausgangsbeobachtung war dabei folgende: Mikromilieus des engsten Verflechtungsraumes beiderseits der Stadtgrenzen bilden mit ihren Interaktionsnetzen und Weltbildern einen entscheidenden mesosozialen und *'informellen' Resonanzboden* für die faktischen Strukturverflechtungen von 'Berlin und Brandenburg'. Deren 'Eigenschwingungen' können die rasanten Transformationsbewegungen an den Rändern der Metropole abfedern, aufschaukeln, in einen bedächtigeren oder bestandskritischen Takt bringen. Verflechtungsmilieus bilden insofern auch wichtige potentielle Adressaten für die gleichwohl bislang typischerweise milieufrei operierenden

Siedlungs- und Regionalraumplanungen; dort, wo derartige Milieus fallbedeutsame Niveaus interner Konsistenz und Vernetzung erreichen, können sie sich also zu einem abfedernden oder problemverschärfenden Akzeptanz- oder Resistenzpotential auswachsen, und zwar gegenüber einem als Ganzem wohl zunehmend unplanbar werdenden metropolitanen Entwicklungsprozeß. Sie bilden insofern auch 'problematische'[3] Identitätskonturen aus, in denen interne, vornehmlich informelle Identifikationsprozesse, Fremdzuschreibungen sowie zunehmend mediatisierte Identitätsplanungen eine komplexe, aber typische Mischung bilden.

Allgemeines Ziel bei der Auswahl der Verflechtungsmilieus war es, daß sie unterschiedliche Erfolgsspuren des schnellen Strukturwandels im 'Fusionslaboratorium' von Berlin mit Brandenburg zu einer soziokulturellen Ausdrucksgestalt bringen sollten. Neben einer boomtown-artigen Speckgürtel-Gemeinde haben wir daher nach einem relativen 'Verlierer'-Quartier sowie nach einem Verflechtungsmilieu mit 'schwebender' Chancenlage im Strukturumbruch gesucht.

Die ausgewählten Sozialräume sollten daneben jeweils eine exemplarische Problemkonstellation im umbrechenden Verflechtungsprozeß abbilden, nämlich

– einmal das Restitutionsproblem und damit die - ganze Landstriche bewegende - Grund- und Wohnungsproblematik;
– dann das Zentralthema neuer und alter Gewerbe- und Industrieansiedlungen im Verflechtungsraum;
– schließlich die Ebene kommunaler Selbstorganisationsformen und gemeinwesenorientierter Resistenzpraktiken.

Zunächst noch vorläufig haben wir uns danach für drei Verflechtungsmilieus entschieden: eines im Westen, eines im Osten und eines im südlichen Umland.

## 3. Erste Zwischenergebnisse und Anschlußfragen

Neben Siedlungs- und Sozialstruktur-Analysen sowie ethnographischen Felderkundungen operieren wir *innerhalb* der drei Verflechtungsmilieus mit einem analytischen Zangenbesteck:

– *einerseits* konzentrieren wir uns auf Deutungsmusteranalysen, die mit ihren nur 'implizit gewußten' Angemessenheitsurteilen eine zentrale Strukturebene der Mentalitäten und Weltbilder sowie der *informellen Zusammenhangsformen* auf der Mikro-Milieu-Ebene ordnen;
– *andererseits* unternehmen wir Lebensstil-Untersuchungen, wobei Lebensstile - anders als in der inzwischen üblichen quantitativen Lebensstilforschung - eher als 'holistisch geordnete' Spürhunde für das Aufdecken von *spannenden* soziokulturellen Milieukonfigurationen eingesetzt werden.

Vorläufiges Ziel ist es, die Konturen von mesosozialen *Zwischen-Identitäten* im rasanten Transformationsprozeß an den Rändern der Hauptstadt zu rekonstruieren und typologisch zu ordnen. So weit sind wir noch nicht. Statt dessen also fünf kurze Anmerkungen zu demjenigen 'informellen' Strukturniveau, das wir mit Untersuchungen dieses Typus hauptsächlich anpeilen: zu *sozialräumlich lokalisierbaren, mesosozialen Lebensmilieus* mit je typisch unterschiedlicher Konsistenz.

1. Nicht-dezisionistische, supra-individuelle Begriffsfügungen wie das Milieukonzept müssen immer mindestens einen dreifachen Strukturierungsverlauf in Rechnung stellen: *Interne Konsistenzbildungen* auf der einen Seite lassen sich gar nicht ablösen von der Ebene *externer Zu-*

*schreibungspraktiken.* Ohne ihr jeweiliges Gegenüber wären beide nichts. Zugleich ist unübersehbar, daß es jetzt auch auf lokaler Ebene vermehrt zu so etwas wie *Identitätsplanungen und mediatisiertem Identitätsmanagement* kommt, die bis in die Mikromilieus hineinreichen, die aber ohne deren vorgängige oder parallel laufende interne Konsistenzstrukturierung relativ 'haltlos' und 'flüchtig' bleiben.

2. *'Unscharfe Grenzen'* sind für Milieus ohnehin beinahe konstitutiv; das gilt erst recht für Milieus an der Peripherie. Allerdings müssen bestandskritische "clear cases" angebbar sein, über die sich der Zusammenhalt eines Milieus kontinuiert oder - falls das verfehlt wird - in einen Erosions- oder Resynthetisierungsprozeß hineingezogen wird. Eine so verstandene *materiale* Unschärfe der Milieus scheint uns auch ein hinreichendes Gegenargument gegen die immer mal wieder aufgelegten *prinzipiellen* Unklarheitsvermutungen gegenüber dem Milieukonzept zu sein: Die *clear cases*, welche jeweils an die Milieukerne angelagert sind, müssen sich material in ihrer Bildungssequentialität rekonstruieren lassen, mit den dazugehörigen fallspezifischen oder globaleren 'Unschärferelationen'.

3. Lokale Milieus und ihre *Geschichtlichkeit* bilden den Resonanz- und Akzeptanzboden gerade auch für *baulich-siedlungsstrukturelle Planungsvorhaben und deren Realisierungen.* Nur wo historisch sedimentierte milieutypische Soziokulturen die Erregungsschwelle von lokalen *Protesten* bis *sozialen Bewegungen* erreichen, geraten sie normalerweise und ungebeten (und also immer auch gewissermaßen 'zu spät') in den öffentlichen Blick. Ansonsten aber fungieren sie *implizit,* bleiben damit auch zu großen Teilen *'unthematisch'* - wie die Sozialphänomenologen sagen würden. Deshalb auch haben sie beinahe prinzipiell keine Lobby; zugleich eignet ihnen ein spezifischer, schlecht beplanbarer Wirklichkeitsmodus.Das macht es nicht eben leichter, den Planungswissenschaften und Planungsinstanzen deren gleichwohl *prozedurale Relevanz* vor Augen zu führen; nur dort, wo Planungsvorhaben schon gegen die Wand öffentlicher Erregung und Proteste gerauscht oder sonstwie gescheitert sind, wird es leichter. Schwierig - wie üblich - ist der Normalfall des 'impliziten', unaufgeregten Fungierens lokaler Milieukohäsionen und ihrer Bildungsbewegungen.

4. Ich halte es theoretisch für aussichtsreich, mit den Mitteln der empirischen Milieuanalyse John Searles "Minimal-Geographie des Hintergrundes"(1983), das berühmte berüchtigte background knowledge, strukturtypisch weiter durchzubilden. Bekanntlich kennt Searle bislang nur den 'tiefen Hintergrund' von gewissermaßen gattungskonstitutiven Fähigkeiten und Wissensbeständen einerseits sowie einen 'lokalen Hintergrund' mit lokalen Kulturtechniken etc. Insbesondere das letztere Konzept ist bislang nicht viel mehr als ein Verlegenheitsbegriff für das implizit gewußte Möglichkeitsfeld von Fähigkeiten und Kulturtechniken, die zur notwendigen *informellen* Infrastruktur auch der lokalen Mikromilieus gehören. Hier also liegt ein auch theoretisch weites Areal brach - wenn man denn will, ein auch theoretisch *peripherer* Raum, der allerdings an sozialer Brisanz gewinnen wird.

5. Die gerade auch für das Berlin-Brandenburgische Verflechtungsgebiet typische Ausgangslage von langanhaltender Kontinuierung der sozialmoralischen Formationen bis 1989, dann einer kataraktförmigen Beschleunigung gerade auch der soziokulturellen Veränderungsprozesse machen den *Milieubegriff* als Instrument der Analyse für die gleichsam weltgeschichtlich aufgezwungenen 'Selbstorganisationsprozesse der Systemränder' von Stadtstaat und Flächenstaat besonders erfolgversprechend. Die *dramatischen Kontinuitätsabrisse* in den Verflechtungsmilieus

haben nämlich ganz offenkundig mehrere strukturelle Ausgänge:Rigidisierung, Erosion, Anamnesen, Aufschaukeln von Irritabilitäten, 'Käseglocke' der Bestandserhaltung oder des sozialverträglichen Milieuschutzes, die Bildung von Renitenzen und Resitenzen und - nicht zu vergessen - *neue emergierende Lebensform- und Weltbild-Synthesen* an den Rändern einer spannenden Metropole, die Hauptstadt werden will. Ob sie es aber schafft, wird ganz wesentlich hier an der Peripherie und in ihrem 'Umland' mitentschieden!

## Anmerkungen

1) Das zumindest soll in Zukunft, genauer ab dem 01.01.1996, mit der Gründung einer gemeinsamen Landesplanungsabteilung für Berlin und Brandenburg anders werden.
2) Eine Kurzcharakteristik der ausgewählten Verflechtungsmilieus sowie die Langfassung des Soziologentags-Vortrages sind über das IRS Berlin zu beziehen.
3) in einem an Alfred Schütz orientierten Sinne von 'problematisch', vgl. Schütz 1973.

## Literatur

Ipsen, D. (1989), Am Rande der Städte.
Schütz, A. (1973), Das Problem der Relevanz. Frankfurt.
Searle, John (1983), Intentionalität. Frankfurt.

Dr. Ulf Matthiesen, Institut für Regionalentwicklung und Strukturplanung, Wallstraße 27, D-10179 Berlin

# XXI. Sektion Stadt- und Regionalsoziologie
*Leitung: Klaus Schmals*

## Berlin-Brandenburg - Transformationsprozesse in Ost und West

### 1. Sozialräumlicher Wandel in Berlin

*Hartmut Häußermann*

Nach dem radikalen politischen Umbruch von 1989 und seit der Vereinigung der beiden Städte im Jahre 1990 findet ein nachhaltiger ökonomischer, sozialer und sozialräumlicher Wandel statt. Von diesem Wandel sind beide Hälften der Stadt betroffen. Stärker betroffen ist jedoch der östliche Teil, in dem sich nahezu alle Bedingungen für die Stadtentwicklung verändert haben: Neue Eigentumsverhältnisse, neues Planungsrecht, neue Akteure, neue Investoren (private Investoren, der Bund, das Land, die Bezirksverwaltungen und Bürgerbewegungen), neue Planungskonzepte: Die Altbaugebiete, die während der DDR-Zeiten weitgehend ignoriert oder beseitigt worden waren, stehen nun im Zentrum von Sanierung und Modernisierung. Außerdem wird die Mitte der Stadt, die im ehemals östlichen Teil liegt, teilweise neu bebaut.

Der Wandel in *Ost-Berlin* kann insgesamt mit dem Begriff der „Vermarktung" gekennzeichnet werden - das Gegenteil dessen, was die Entwicklung der östlichen Stadthälfte von 1950 - 1989 prägte: „Entmarktung", ein Begriff, der am präzisesten den grundlegenden Wandel beim Übergang vom Kapitalismus zum Sozialismus kennzeichnet. Die Entwicklung Ost-Berlins kann nur teilweise als Entfaltung einer „sozialistischen Stadt" beschrieben werden, da der Aufbau der „Hauptstadt der DDR" auf dem Boden und auf den Strukturen der alten kapitalistischen Stadt sich vollzog. Es ist also richtiger, von der „Stadt im Sozialismus" zu sprechen, denn in ihren Strukturen mischten sich kapitalistische und neue sozialistische Strukturen. Der Prozeß der Entmarktung wurde durch eine zentralistische Planung gesteuert, die eine repräsentative Stadtgestaltung einerseits, die Voraussetzungen für eine sozialistische Lebensweise andererseits anstrebte. Nun wurde wieder Privateigentum und Marktwirtschaft eingeführt, und dies bedeutet einen radikalen Wandel in der Verfügung über die Stadt. Stadtteile werden neu bewertet. Von der „Wende" ist natürlich auch das Beschäftigungssystem betroffen: der Osten ist von einem radikalen Arbeitsplatzabbau (in der Industrie und in der öffentlichen Verwaltung) erfaßt worden, industrielle Brachflächen breiten sich aus.

Wandel in *West-Berlin* heißt zunächst auch eine Neubewertung des Bodens, aus der sich mittelfristig auch neue Nutzungsstrukturen ergeben werden. Sprunghaft gestiegen sind nach der Vereinigung sofort die Bodenpreise, die Mietpreise für Neuvermietungen. Über den westlichen Teil der Stadt brach, nachdem beschlossen worden war, daß Berlin wieder der Sitz der Bundesregierung werden solle, ein Boom an Immobilieninvestitionen herein, der vor allem auf die neue Hauptstadtfunktion spekulierte. Gleichzeitig setzte ein ökonomischer Strukturwandel ein, der in sehr kurzer Zeit diejenigen Veränderungen in der städtischen Ökonomie nachholte, die die westlichen Städte im Verlauf der letzten 20 Jahre durchgemacht hatten. Der Westteil leidet außerdem unter der neuen finanziellen Basis für die Stadtpolitik, da alle Subventionen, die an seine Funktion als „Vorposten der freien Welt" gebunden waren, in kurzer Zeit wegfielen. Subventionen für die Industrie sowie für die öffentliche Verwaltung führten in der Folge zu einem raschen Abbau einer großen Zahl von Arbeitsplätzen.

In der folgenden Darstellung des sozialräumlichen Wandels in Berlin wird zunächst die Ausgangssituation in beiden Stadthälften skizziert, um dann auf die Tendenzen des Wandels der sozialräumlichen Struktur (vor allem die soziale Segregation) einzugehen. In einem dritten Abschnitt wird die Veränderung der Eigentumsverhältnisse, die Restitution des Privateigentums behandelt, in deren Verlauf neue Akteure der Stadtentwicklung aktiv werden. Den letzten Abschnitt bildet die Frage nach dem Management des Wandels.

## 1. Die Stadtstruktur und die Verteilung der Funktionen

Während der 40-jährigen Teilung der Stadt mußten beide Stadthälften die vollständigen Funktionen einer Großstadt ausbilden: Westberlin hatte nahezu 2 Mio. Einwohner, Ostberlin etwa - 1,5 Mio. Das Zentrum der Stadt gehörte nach der Teilung zum östlichen Teil, so daß im Westen der Stadt die zentralen Einrichtungen für die Regierung einer Stadt neu plaziert werden mußten.

### Ostteil

Das alte Zentrum der Reichshauptstadt Berlin bildete das Gelände, in dem die repräsentativen Gestaltungen für die neue sozialistische Hauptstadt errichtet wurden. Das grundlegende Konzept der neuen Stadtmitte bestand in einer Demonstration von politischer Macht über den strukturbildenden Kapitalverwertungsprozeß. Daher wurden neuen Stadtgrundrisse verwirklicht, neue Straßenzüge gebaut und neue Gebäude errichtet, die als Dominanten weithin sichtbar den Sieg des Sozialismus demonstrieren sollten.

Funktional nahm das Zentrum wie zuvor die zentralen Verwaltungen von Politik und Ökonomie auf sowie hochwertige Handelseinrichtungen. Je höher die Zentralität einer Einrichtung, desto zentraler und demonstrativer sollte ihre Plazierung in der Stadt sein.

Entgegen der Tendenz in kapitalistischen Städten, die Wohnfunktionen aus dem Zentrum und den anliegenden Quartieren durch die Expansion tertiärer Nutzungen zu vertreiben, wurde in der sozialistischen Stadt bewußt der Wohnungsbau im Zentrum und in den angrenzenden Gebieten betrieben. Die neu errichteten zentral gelegenen Wohnungen wurden freilich den hohen Funktionären vorbehalten.

Während sich die Neubauinvestitionen auf repräsentative Gebäude von Politik und Ökonomie sowie auf die Errichtung von Wohngebieten in bestimmten Teilen der Innenstadt sowie besonders am Rande der Stadt konzentrierten, verfielen die Altbaugebiete. Die Parallelität von Neubauquartieren großen Stils und Vernachlässigung der Altbaugebiete ist ein Spezifikum der sozialistischen Stadtpolitik. Suburbanisierung durch Einfamilienhausbau - wie sie typisch für die westlichen Städte war und ist - gab es in der sozialistischen Stadt nicht, weil die Neubaugebiete in mehrgeschossigen, kompakten Siedlungen am Rande der Stadt errichtet wurden. Durch diese Art der Stadterweiterung sank auch die hohe Dichte in den Innenstädten (von 1950 - 1988 von

179 Einwohner pro Hektar auf 111). Die Wohndichte in den äußeren Bezirken stieg von 17 auf 20, in den Neubaugebieten erreichte sie Werte von 43.

*Westteil*

In Westberlin mußte sich nach der Teilung eine neue City herausbilden, die Westberliner Struktur blieb jedoch bzw. wurde bewußt dezentral entwickelt. Im Gebiet um den Bahnhof Zoo und den Kurfürstendamm entstanden neue Cityfunktionen, jedoch blieb die Stadtstruktur ohne ein klares Zentrum. Der Stadtgrundriß wurde ohne große Veränderungen nach dem 2. Weltkrieg, nachdem die Stadt sehr stark zerstört war, rekonstruiert. Zwar gab es im Zuge der Flächensanierungen während der 60er Jahre einige Veränderungen an den Straßenführungen und an der Baustruktur, jedoch wurde bald auf die erhaltende Erneuerung durch Sanierung und Modernisierung der Altbauten umgesteuert.

Auch in West-Berlin gab es logischerweise keine Suburbanisierung in der für westliche Städte typischen Form, da der westliche Teil durch eine geschlossene Mauer eingegrenzt war. Wohnungsneubau wurde auch im Westen durch die Errichtung von neuen Großsiedlungen betrieben, die in kompakter Form auf den noch freien Flächen am Rande der Stadt errichtet wurden. Man kann sagen, daß die Großsiedlungen in ihrer für den modernen Städtebau typischen Form einer aufgelockerten Stadtform, die typische Form der Suburbanisierung für Berlin waren. Bis heute ist die große Stadt Berlin daher durch eine relativ klare Stadtgrenze vom umgebenden, dünn besiedelten Land abgegrenzt. Aber mit der Vereinigung hat nun die Suburbanisierung in Form des Einfamilienhaus-Baus begonnen.

*2. Die sozialräumliche Struktur*

In welche Richtung wird sich die sozialräumliche Struktur verändern? Werden Ost- und Westberlin zwei Städte bleiben? Bildet sich eine neue gesamtstädtische Struktur heraus?

In den 20er Jahren gab es eine relativ deutliche Teilung der Stadt in einem proletarischen und einem bürgerlichen Teil. Der Westen war bürgerlich, der Osten überwiegend proletarisch und kleinbürgerlich. Diese Struktur konnte sich nur in gesamträumlichen Austausch- und Segregationsprozessen herausbilden, deshalb mußte sie sich, nachdem beide Hälften als ganze Städte sich organisieren mußten, verändern. Sowohl der Westteil wie der Ostteil beinhalteten für einige Zeit das gesamte Spektrum sozialer Schichten, das in einer Stadt üblicherweise zu finden ist. Eine der interessantesten Fragen der Restrukturierung nach der Wiedervereinigung ist die, ob sich die alten sozialräumlichen Muster aus der Vorkriegszeit nach der 50jährigen Teilung wiederherstellen werden.

Die bedeutendsten Veränderungen nach 1945 im Westen bestanden in der Zuwanderung von Ausländern, die in die innenstadtnahen Altbaugebiete einsickerten. In den nördlichen und südlichen Randgebieten des Stadtzentrums, die im 19. Jh. als Arbeiterquartiere errichtet wurden, bildeten sich Ausländerkonzentrationen heraus. Diese Gebiete wurden zu Sanierungsgebieten erklärt, weshalb nach und nach die deutsche Bevölkerung im Zuge der Fertigstellung der Neubaugebiete am Stadtrand auszog. Die Arbeiterquartiere im Norden und die kleinbürgerlichen Gebiete im Süden (Kreuzberg), die zugleich die Quartiere mit den schlechtesten Wohnbedingungen waren, nahmen die neue Unterschicht, die die ausländischen Gastarbeiter bildeten, auf. In den Neubaugebieten am Stadtrand fand sich am ehesten jene soziale Mischung, die für die Sozialstruktur der Nachkriegsgesellschaft typisch war: untere und obere Mittelschicht, große Anteile von öffentlich Bediensteten. Im östlichen Teil verliefen die Segregationsprozesse anders: Die ehemals bürgerlichen Villengebiete, die es auch im Osten gab, wurden von der Nomenklatura der Staatsführung und der Partei besetzt. Die Belegung der Neubaugebiete erfolgte nach einem staatlich gesteuerten Verteilungssystem und bevorzugte junge Familien. Das Einkommen spielte für die Zuweisung von Neubauwohnungen keine Rolle, weshalb sich in diesen Gebieten eine ungewöhnliche soziale Mischung bildete, die bis heute noch besteht. Die Neubaugebiete sind am ehesten nach dem Alter der Bewohner segregiert: Mit der Fertigstellung der Wohnungen rückten jüngere Familien ein und wurden mit den Siedlungen älter. In den Altbaugebieten blieben entweder diejenigen zurück, die bei der Verteilung von Neubauwohnungen benachteiligt wurden, oder diejenigen, die bewußt die Lebensweise und die Lebensbedingungen meiden wollten, die durch die neuen Siedlungen repräsentiert wurden. Marginalisierte Gruppen und politische Opposition bzw. kulturelle Dissidenten waren also typische Bewohner der Altbaugebiete. Die sozialräumliche Segregation im östlichen Teil war weit geringer als im westlichen, weil die Wohnungen und die Qualitäten der Quartiere weit weniger unterschiedlich waren, aber auch deshalb, weil die sozialistische Gesellschaft eine wenig differenzierte Gesellschaft war.

Wie entwickelt sich die sozialräumliche Struktur heute und in der Zukunft? Die sozialräumliche Differenzierung hängt von verschiedenen Entwicklungen ab: von der Einkommensentwicklung und den Mietpreisen, von den Möglichkeiten, den Wohnstandort frei zu wählen, also vom Angebot an zusätzlichen Wohnungen; entscheidend ist aber mittelfristig die Einkommensdifferenzierung, die im östlichen Teil mit seinem hohen Anteil von Arbeitslosen rasche Fortschritte macht. Erst in zweiter Linie werden dann Lebensstile und die dafür geeigneten Wohngegenden wirksam werden. Die Frage nach der sozialräumlichen Differenzierung ist also die Frage nach den Umzugsbewegungen, nach den Verdrängungen durch neue Investitionen und die Frage nach der Selbstselektion der Bewohner in verschiedenen Milieus.

A) Die typische Form der innerstädtischen Mobilität zwischen Ost und West ist bis heute das Pendeln. Nach Westberlin, das bis 1990 keinerlei Pendelbewegung über die Grenze der Stadt kannte, pendeln inzwischen etwa 150 000 Bewohner täglich ein. Diese kommen überwiegend aus dem östlichen Teil der Stadt, aber auch aus den umliegenden Gemeinden. Die Umzugsbewegungen zwischen Ost und West sind hingegen noch sehr gering. Es ist, als ob die Mauer weiterhin wirksam sei.

B) Da aus den genannten Gründen weder der östliche noch der westliche Teil der Stadt Suburbanisierungsbewegungen nach bekanntem westlichen Muster zu verzeichnen hatte, gibt es einen „Stau", der sich in Umzügen ins Umland entladen wird. Tatsächlich kommt die Suburbanisierung in gang, sowohl aus dem westlichen Teil der Stadt wie aus dem östlichen.

C) Die Altbaugebiete im Osten, die - wie bereits gesagt - von der sozialistischen Stadtpolitik stark vernachlässigt worden waren und sich 1990 in einem furchtbaren Zustand befanden, erfahren jetzt nachhaltige Veränderungen: Der Restitutionsprozeß beschleunigt und bremst die Modernisierung von Altbauten gleichzeitig. Zudem gibt es Sanierungsprogramme, die den großen Bestand der kommunalen Wohnungsbaugesellschaften erfassen. Die Immobilienbesitzer spekulieren auf den Prozeß der Gentrification, für den bisher jedoch einerseits noch die Nachfrage zu schwach ist und der anderseits gebremst wird durch die Regelungen für die Sanierung.

Angereizt wird die Gentrification durch spekulative Erwartungen, die sich an das Wachstum und an die neue Bedeutung der Stadt knüpfen; gebremst wird der Prozeß durch den Versuch der östlichen Bezirksregierungen, die Kontrolle über den Wohnraum zu behalten.

Sozialer Wandel ist auch zu erwarten in den Plattenbausiedlungen am Rande der Stadt. Diese waren sehr attraktiv während der DDR-Zeit, es gab lange Warteschlangen für die Zuteilung von Wohnraum, und dieser wurde nach Dringlichkeitslisten verteilt. Die Neubauwohnungen zeichneten sich durch einen guten baulichen Standard sowie eine moderne Haustechnik (Warmwasserversorgung, Bad und WC, Zentralheizung) aus. Da für die Zuteilung einer Wohnung das Einkommen keine Rolle spielte, ist die soziale Struktur dieser Gebiete sehr heterogen. Wird sich dies verändern? Das ist vor allem eine Frage der Alternativen und der Entwicklung der Einkommen. Die Entwicklung von Einkommensniveau und Einkommensstruktur wird natürlich weitgehend von der Arbeitsmarktentwicklung bestimmt. Die Entscheidung darüber, was aus den großen Neubausiedlungen aus der DDR-Zeit wird, fällt daher voraussichtlich nicht in diesen Siedlungen selbst, sondern in den Neubaugebieten im Umland und in den Altbaugebieten.

## 3. Die Wirkungen der Restitutionsregelung

In der DDR wurde der Boden verstaatlicht. Obwohl die privaten Eigentümer nicht durchweg enteignet wurden, wurde das private Eigentum unter staatliche Verwaltung gestellt. Mit der Vereinigung der beiden Staaten wurde vereinbart, daß die früheren privaten Eigentümer wieder in ihre Rechte eingesetzt werden. Neben dem ordnungspolitischen Ziel, die sozialistischen revolutionären Veränderungen rückgängig zu machen und die alten Eigentumsverhältnisse wiederherzustellen, war damit auch die Absicht verbunden, daß die Opfer von Faschismus und Stalinismus rehabilitiert würden.

Die Restitution des Privateigentums führt aber nicht zu einer Reetablierung dieser jüdischen Kultur, sondern zu einem gigantischen Eigentumstransfer. Die inzwischen sehr alt gewordenen Überlebenden des Holocaust oder deren Erben geben in der Regel ihr wiedergewonnenes Eigentum sofort zum Verkauf frei, weil sie entweder keine Beziehung zu Berlin mehr haben oder mit Deutschland nichts mehr zu tun haben wollen. Wenn keine Erben mehr leben oder auffindbar sind, kann die Jewish-Claims-Conference den Restitutionsantrag stellen. Sie muß bei Erfolg das Grundstück bzw. das Haus dann sofort verkaufen, um das Geld einem Fonds für die Opfer des Holocaust zuzuführen. Die Restitutionsregelung hat also vor allem eine Mobilisierung von Grundeigentum zur Folge, die zwei einschneidende Veränderungen für die Stadtentwicklung mit sich bringt:

A) Zum einen ändert sich die Sozialtruktur der Grundeigentümer. Vor dem Faschismus war das Einzeleigentum an Grundstücken breit gestreut und bildete eine materielle Basis für den sogenannten Mittelstand. Häufig waren Gewerbetreibende und Hauseigentümer identisch, was zur Vielfalt von Nutzungen beitrug und auch nicht-ökonomische Motive in der Stadtstruktur wirksam werden ließ. Die Vermarktung dieses Eigentums bewirkt eine neue Eigentümerstruktur, denn nun sind Investoren, internationale Gesellschaften und andere solche Käufer die neuen Besitzer, die vor allem an den Steuerersparnissen und an der Kapitalverwertung interessiert sind. Hohe Investitionen verteuern die Mieten und führen zu einem weitgehenden Austausch der Bewohner. Die Macht der lokalen Behörden, ökonomisch schwache Mieter zu schützen, ist äußerst begrenzt.

B) Restitutionsansprüche können nicht durchgesetzt werden, wenn kapialkräftige Investoren, die Grundstücke in der inner city kaufen wollen, ein Investitions- und Nutzungskonzept vorlegen, das von der städtischen Administration bevorzugt wird. Das „Investitionsvorranggesetz" erlaubt es dann den politischen Instanzen, das Grundstück diesen Investoren zuzuweisen und die früheren Eigentümer lediglich zu entschädigen. Kritiker sprechen von einer „zweiten Enteignung". Dieser Vorgang ist mit einem Neuzuschnitt der Grundstücksgrößen verbunden. Dies kommt einerseits dadurch zustande, daß kapitalstarke Investoren die auf den Markt gekommenen Grundstücke aufkaufen, andererseits dadurch, daß neue Investoren durch das Investitionsvorranggesetz die Wiedereinsetzung der alten Eigentümerrechte verhindern können. Sie legen ein Konzept für ein Areal vor, das mehrere Grundstücke umfaßt und bekommen dann die Kaufrechte zugeteilt. So bilden sich im Zentrum der großen Städte (Berlin, Leipzig, Dresden) große Investitionsflächen, die nun von multinationalen oder nationalen Kapitalgesellschaften verwertet werden. Sie bauen in der Regel Bürogebäude (häufig mit Einzelhandel im Erdgeschoß). So entsteht eine gleichförmige Struktur von gigantischen Ausmaßen in der neuen Mitte von Berlin.

Wohnungen und Grundstücke waren in der DDR auf unterschiedliche Eigentumsformen verteilt: einerseits gab es das Staatsvermögen für die Gebäude mit öffentlichen Funktionen; daneben gab es das Volkseigentum, das insbesondere die neugebauten Wohnungen umfaßte; ökonomische Einrichtungen und Betriebe waren im Eigentum der Kombinate; ein Teil der Wohnungen gehörte den Arbeiterwohnungsgenossenschaften (AWG). Dieses Vermögen wurde nun auf neue Eigentümer übertragen: Den Kommunen wurden die Wohnungsbestände zugewiesen, das Staatsvermögen wurde auf Bund und Land verteilt, das Betriebsvermögen wurde von der Treuhandgesellschaft vermarktet - in der Regel zu Höchstpreisen.

Mit diesem Prozeß des Vermögenstransfers und der Neubildung von Grundeigentum bildeten sich auch neue Akteure für die Stadtentwicklung heraus. Zum ersten Mal spielt in Deutschland das Immobilienkapital in der Stadtentwicklung eine entscheidende Rolle. Großinvestitionen von multinationalen Kapitalgesellschaften haben sich durch das Investitionsvorranggesetz die wichtigsten Standorte sichern können. Anonyme Immobilienfonds sind wichtige Investoren im Bürobereich und im Wohnungsbau. Insgesamt werden die zentralen und hochwertigen Bereiche in den ostdeutschen Städten nun von westdeutschen und westeuropäischen Investitionsgesellschaften besetzt. Die Innenstadtbereiche der ostdeutschen Städte werden an westliche Kapitalgesellschaften verkauft. Ein ähnliches Ergebnis ist bei der Privatisierung von Wohnungen zu beobachten, die im Rahmen des Altschuldenhilfegesetzes von den Wohnungsbaugesellschaften durchgeführt werden muß.

Die neue Struktur der Innenstadt unterscheidet sich von der „alten europäischen Stadt" in signifikanter Weise: Investor und Nutzer sind nicht mehr identisch, großflächig entsteht eine neutrale und variabel verwendbare Baustruktur. Die Immobilieninvestitionen sind - im Gegensatz zu früher - reine Kapitalverwertungsprozesse, was sich in einem häufigen Eigentümerwechsel während der Planungs- und Bauprozesse äußert. Der Anreiz für Investitionen ist durch hohe Abschreibungsgewinne gegeben, die dazu führen, daß es letztlich egal ist, was da gebaut wird - Hauptsache man macht Verluste.

In den Altbaugebieten finden zum Teil chaotische Prozesse statt, wobei Desinvestition und Modernisierungsinvestition räumlich eng beieinander liegen. Restitutionsprozesse und Neuinvestitionen führen zu großer Unsicherheit bei den Bewohnern. Es gibt weiterhin verfallene Bestände und leerstehende Wohnungen, weil die Wohnungsbaugesellschaften die Altbauten nur noch hinlänglich verwalten, wenn ein Restitutionsanspruch gestellt ist. In manchen Gebieten finden allerdings auch nachhaltige Modernisierungs- und Instandsetzungsinvestitionen statt, bisher aber bleiben diese inselhaft. Diese Ungleichheit und Ungleichzeitigkeit rührt vor allem von der unterschiedlichen Geschwindigkeit der Entscheidung über die Restitutionsanträge. Außerdem führt der Mangel von öffentlichen Subventionen für die Wohnungsbaugesellschaften dazu, daß die Investitionen von Privateigentümern inzwischen zehnmal so hoch sind wie in den Wohnungen von öffentlichen Eigentümern.

*4. Noch besteht Berlin aus zwei Städten*

Die sozialräumliche Restrukturierung erfolgt bis jetzt innerhalb der jeweiligen Stadthälften und nicht zwischen ihnen. Man kann also beobachten, daß die aus der Stadtforschung bekannten Faktoren für die sozialräumliche Struktur der gesamten Stadt noch nicht wirksam sind: Entgegen den bekannten Faktoren Einkommen, Haushaltsstruktur, Lebensstil, wirken bei der Entwicklung der sozialräumlichen Struktur von Berlin noch kulturelle Faktoren, die mit der jeweils unterschiedlichen Vergangenheit zu tun haben. Wer im Westen lebt, möchte dort auch bleiben; wer im Osten aufgewachsen ist, hat große Vorbehalte, in „den Westen" zu ziehen. Deshalb ist eine Wiederherstellung der alten sozialräumlichen Struktur von vor 1933 in absehbarer Zeit nicht zu erwarten.

Prof. Dr. Hartmut Häußermann, Humboldt-Universität zu Berlin, Institut für Soziologie, Unter den Linden 6, D-10099 Berlin

## 2. Brüche in der demographischen Struktur des Raumes Berlin-Brandenburg

*Siegfried Grundmann*

In gewisser Beziehung war die Jahreswende 1989/1990 *eine Fortsetzung* der bisherigen Entwicklung, andererseits jedoch *ein Bruch. Eine Fortsetzung:* die Schrumpfung der Bevölkerung ging weiter. *Ein Bruch:* die Bevölkerung hat sich in viel schnellerem Tempo verringert als vor dem Fall von Mauer und restriktiven Reisebestimmungen (d.h. vor dem Ende der DDR; denn das war schon das Ende: der Fall der Mauer in Berlin). Ein *Bruch* auch darum, weil nun auch Ostberlin Bevölkerungsverluste hatte - wenngleich diese im Saldo nur gering gewesen sind. Beträchtlich waren nun auch die Bevölkerungsverluste auf dem Gebiet des Landes Brandenburg.

Es verdient aber auch hervorgehoben zu werden, daß die Bevölkerungsentwicklung im Raum Berlin-Brandenburg nach 1989 viel günstiger verlaufen ist als in den übrigen Ländern auf dem Gebiet der früheren DDR.

Demographisch kommen für den Bevölkerungsrückgang nur zwei Ursachen in Frage: 1. die räumliche Bevölkerungsbewegung (Wanderungen) und 2. die natürliche Bevölkerungsbewegung (also Geburtenentwicklung etc.). Wegen der Langzeitwirkung von Wanderungen und Geburtenentwicklung müßten sich eben darin - im Verlauf der *Wanderungen* sowie in der *Geborenenentwicklung* - die Brüche in der demographischen Entwicklung des Raumes Berlin-Brandenburg viel drastischer äußern als in der vorher beschriebenen Veränderung der Bevölkerungszahl.

Die Veränderungen in der *Bevölkerungszahl* der neuen Bundesländer sind in letzten 5 Jahren vor allem auf Wanderungsprozesse zurückzuführen. Das gilt vor allem für Brandenburg, in geringerem Maße für Sachsen (wegen der dort früher überdurchschnittlich hohen Binnenwanderungsverluste und demzufolge auch stärker vorangeschrittenen Alterung der Wohnbevölkerung). Verglichen mit den übrigen ostdeutschen Kreisen (darunter Stadtkreisen) und ostdeutschen Ländern waren die Wanderungsverluste von Ost-Berlin und Brandenburg seit Herstellung der Einheit Deutschlands sehr bald gering. Die Pendelwanderung wurde zu einer massenhaft gewählten Alternative zur Migration. Seit dem Jahre 1991 können Ostberlin und zunehmend auch die Kreise im Umland von Ostberlin gegenüber den alten Bundesländern Wanderungsgewinne verzeichnen. Auch das ist ein Grund dafür, daß die demographische Bilanz des Raumes Berlin-Brandenburg insgesamt günstiger ausfällt als die der übrigen Gebiete Ostdeutschlands.

Der Bruch bleibt trotzdem und zeigt sich besonders in der *natürlichen* Bevölkerungsbewegung. Symptomatisch dafür ist vor allem die *Geburtenentwicklung*. Aus Diagramm 1 ist deutlich erkennbar, daß 1989/1990 eine demographischen Katastrophe in Ostdeutschland beginnt, wobei kaum Unterschiede auszumachen sind zwischen Ostberlin, Brandenburg und anderen Ländern Ostdeutschlands. In der alten Bundesrepublik und Westberlin dagegen läuft alles wie bisher - als wäre nichts geschehen.

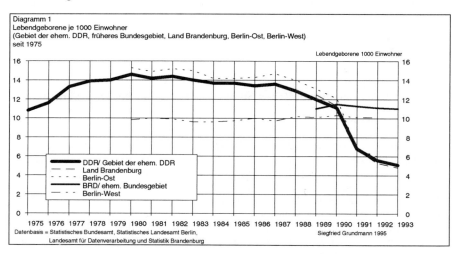

Andererseits ist zu beobachten, daß keine oder kaum eine Annäherung stattgefunden hat, weil frühere Differenzierungen ganz oder weitgehend *reproduziert* wurden. So sind im Osten - abgesehen von den turbulenten Jahren 1989 und 1990 - die Muster im Wanderungsverhalten der

Westberliner und der Ostberliner wiederhergestellt (Diagramm 2). Gewiß, es ziehen allmählich mehr Westberliner ins Umland der Stadt wie überhaupt auf das Gebiet der früheren DDR (hier: ohne Ostberlin), generell jedoch gilt wie ehedem: Wenn Westberliner die Stadt verlassen, dann vor allem in Richtung alte Bundesrepublik. Im Falle von Ostberlin ist der Drang zum Wegzug in die alten Bundesländer (ohne Westberlin) zwar nach wie vor sehr groß (ausführlicher dazu Grundmann 1993), trotzdem ziehen prozentual viel mehr Ostberliner als Westberliner in Richtung des Gebiets der ehemaligen DDR. Und umgekehrt: das dominierende Quellgebiet der Wanderung nach Westberlin sind wie ehedem die alten Bundesländer; Quellgebiet der Zuwanderung nach Ostberlin sind wie ehedem die Gebiete der früheren DDR. Also: Obwohl eine zaghafte Annäherung erkennbar ist, kann von einer Verwischung der Unterschiede keine Rede sein.

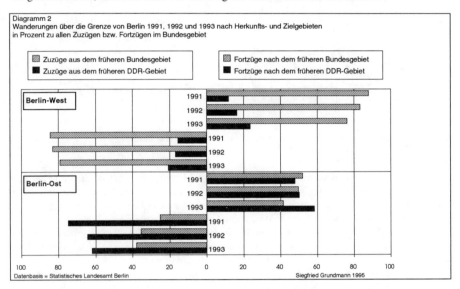

Diagramm 2
Wanderungen über die Grenze von Berlin 1991, 1992 und 1993 nach Herkunfts- und Zielgebieten in Prozent zu allen Zuzügen bzw. Fortzügen im Bundesgebiet

Betrachten wir die *innerstädtischen Wanderungen*, so bestätigt sich dies in besonderem Maße. Innerstädtische Umzüge von *Westberlinern* sind weiterhin auf *Westberlin* orientiert, innerstädtische Umzüge von *Ostberlinern* auf *Ostberlin*. Ostberliner ziehen kaum nach Westberlin und Westberliner nur in geringer Zahl nach Ostberlin (Diagramm 3). 1993 ist die Zäsur zwar nicht mehr ganz so scharf wie 1991, aber immer noch deutlich erkennbar. Die räumliche Nähe von Stadtbezirken - z.B. von Prenzlauer Berg und Wedding, Treptow und Neukölln hat zwar einen gewissen, aber keinen überragenden Einfluß auf die Zielgebiete der innerstädtischen Wanderung. Man zieht viel lieber vom Wedding in das benachbarte Reinickendorf als in den benachbarten Prenzlauer Berg und aus dem Bezirk Prenzlauer Berg viel lieber nach dem benachbarten Bezirk Friedrichshain als in den Bezirk Wedding nebenan. Herr Schäuble hat wohl Recht, wenn er meint: "Es muß nachdenklich stimmen, wenn trotz Wohnungsnot nur 9 % der Wohnungssuchenden im

Osten und nur 7 % im Westen bereit sind, in die jeweils andere Stadthälfte umzuziehen."
(Schäuble 1995: 25)

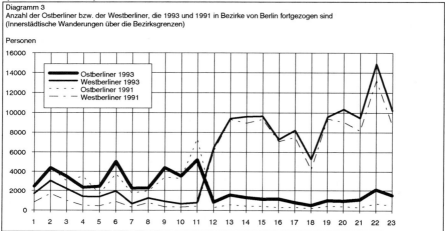

Diagramm 3
Anzahl der Ostberliner bzw. der Westberliner, die 1993 und 1991 in Bezirke von Berlin fortgezogen sind
(Innerstädtische Wanderungen über die Bezirksgrenzen)

Bezirke von Berlin (1 bis 11 = Ostberliner Bezirke, 12 bis 23 = Westberliner Bezirke)
Reihenfolge der Bezirke siehe Anmerkung 1
Datenbasis: Statistisches Landesamt Berlin

Es sei weiterhin darauf verwiesen, daß die räumliche Mobilität der Ostberliner wie früher insgesamt geringer ist als die der Westberliner. Es ist kaum damit zu rechnen, daß sich demnächst daran etwas ändern wird. *Steigende Mieten* sind ein hinreichender Grund, dort zu bleiben wo man ist - allemal dann, wenn sich steigende Mieten mit *Arbeitslosigkeit* paaren.

Das Leben der früheren Westberliner und früheren DDR-Bürger ist offenbar immer noch und wohl für lange Zeit weitgehend an die *traditionellen Räume* gebunden, und vieles deutet sogar darauf hin, daß diese Bindung nicht schwächer, sondern stärker wird.

Also lautet das Fazit meines Vortrages: Frühere Differenzen im demographischen Verhalten haben sich ins Gegenteil verkehrt, andere wurden ("einfach") reproduziert. Von einer klar erkennbaren West-Ost-Annäherung (oder, was meistens damit gemeint ist: der Annäherung des Ostens an den Westen) kann zumindestens auf demographischen Gebiet nicht die Rede sein. Berlin ist heute eine hochgradig segregierte Stadt; wo die politische Grenze - die Mauer - war, verläuft heute eine soziale Trennungslinie. Wann die Ost-West-Konvergenz stattfinden wird, sei dahingestellt. Jedenfalls haben sich alle bisherigen Annahmen zum Tempo dieser Annäherung als Irrtum erwiesen. Es hat keinen Sinn, zeitlich präzise Prognosen zu wagen, weil die Prognose der demographischen Entwicklung zwangsläufig (was aber oft verschwiegen wird) auch eine Prognose der sozialen und ökonomischen Entwicklung impliziert und heute niemand mit Bestimmtheit sagen kann, wann konkret in Ostdeutschland und Westdeutschland, in Ost- und Westberlin gleichwertige Lebensbedingungen geschaffen sind. Wolfgang Schäuble (1995) hat Berlin ein

"Symbol deutschen Miteinanders" genannt. Wenn er Recht hat, dann allerdings ist es noch weit bis zur Herstellung der sozialen und mentalen Einheit der Deutschen.

**Anmerkung**
1) Reihenfolge der Bezirke von Berlin im Diagramm 5

| Ostberlin | | | Westberlin | | | | |
|---|---|---|---|---|---|---|---|
| 1 | Mitte | 7 | Weißensee | 12 | Tiergarten | 18 | Zehlendorf |
| 2 | Prenzlauer Berg | 8 | Pankow | 13 | Wedding | 19 | Schöneberg |
| 3 | Friedrichshain | 9 | Marzahn | 14 | Kreuzberg | 20 | Steglitz |
| 4 | Treptow | 10 | Hohenschönhausen | 15 | Charlottenburg | 21 | Tempelhof |
| 5 | Köpenick | 11 | Hellersdorf | 16 | Spandau | 22 | Neuköln |
| 6 | Lichtenberg | | | 17 | Wilmersdorf | 23 | Reinickendorf |

**Literatur**
Grundmann, Siegfried (1993), Migration und Wohnortbindung im Urteil der Bevölkerung von Ost-Berlin. (Mitarbeit: Winfried Hansch). Berlin, April 1993. BISS-Forschungshefte. Studien und Forschungsberichte aus dem Berliner Institut für Sozialwissenschaftliche Studien, Heft 4, Berlin 1993. Herausgegeben vom Berliner Institut für Sozialwissenschaftliche Studien. Charlottenstraße 52, O-1080 Berlin.
Schäuble, Wolfgang (1995), Veränderungen ertragen, Veränderungen bewältigen. Berlin als Symbol des deutschen Miteinanders. In: Süß, Werner (Hrsg.): Hauptstadt Berlin. Bd. I. Nationale Hauptstadt, europäische Metropole. 2. Auflage. Berlin.

Prof. Dr. Siegfried Grundmann, Weichselstraße 1, D-10247 Berlin

## 3. Hauptstadtplanung für das Zentrum Berlins: Ost-West-Vermittlung oder Westdurchmarsch?

*Harald Bodenschatz*

Vakuum und Leere sind Begriffe, die die Verhältnisse im Zentrum von Berlin auf den Punkt bringen sollen: eine Situation, die Berlin von anderen Hauptstädten Europas radikal unterscheidet, die nach Strategien zur Füllung dieser Leere ruft. Doch was verbirgt sich hinter diesem schillernden Begriff der Leere?

*Das räumliche Vakuum*

Zuallererst zieht die räumliche Leere die veröffentlichte Aufmerksamkeit auf sich, die in westlichen Zentren ungewohnte Weite von Plätzen, ja von gar nicht mehr richtig definierbaren Freiräumen. Ich erinnere in erster Linie an den großen Freiraum zwischen Palast der Republik und Fernsehturm, dann an den weiten Alexanderplatz und den ebenfalls weiten Marx-Engels-Platz, heute Schloßplatz genannt. Diese räumliche Leere hat etwas mit dem realsozialistischen Verständnis von Stadtzentrum zu tun, aber auch mit den Unzulänglichkeiten des DDR-Planungssystems und den Schwierigkeiten der Operationalisierung der Planungen. Diese Leere war kein Produkt der "Wende", sondern des DDR-Städtebaus. Für westliche Augen waren die "leeren" Räume nach 1989 in erster Linie potentielle Baugebiete, in zweiter Linie aber auch potentielle ökologische Nischen oder grüne Erholungsräume. Ein Versuch, die Gründe für diese räumliche Leere wissenschaftlich zu klären, ist bisher nicht gewagt worden, ebensowenig eine Bestandsaufnahme der sozialräumlichen Realität, also der Nutzung dieser angeblich leeren Räume in der DDR-Zeit und heute. Fachleute und Stadtbürger des Ostteils der Stadt wurden gar nicht erst ernsthaft gefragt. Ein typisches Beispiel dieser Unterlassung ist der Berliner Alexanderplatz, der oft schlicht als städtebauliche Wüste bezeichnet wird.

*Das funktionale Vakuum*

Das Zentrum der Hauptstadt der DDR war der Sitz der Kommandofunktionen von Politik und Verwaltung, von Wirtschaft, Kultur und Wissenschaft. Diese Funktionen gingen zusammen mit der DDR unter. Ein erheblicher Baubestand wurde leergeräumt, nicht mehr genutzt oder untergenutzt. Ost-Berlin verlor sein funktionales Zentrum, Akteure aus West-Berlin und den alten Bundesländern konnten dieses Zentrum nicht sofort besetzen. Dafür gab es viele Gründe, vor allem die notwendige Klärung der Eigentumsverhältnisse, dann die Klärung der künftigen Nutzung und der möglichen Investitionen. Die funktionale Leere prägte die alltägliche westliche Wahrnehmung des Zentrums von Berlin vor allem nach 1989, eine Leere, die sich besonders eindringlich in den verödeten Erdgeschoßzonen der DDR-Gebäude ausdrückte. Auch hier war der Alexanderplatz ein Schlüsselbeispiel.

Doch das funktionale Vakuum erfordert noch weitere Überlegungen, vor allem eine Auseinandersetzung mit der historisch überlieferten Struktur des Berliner Zentrums. Bis 1945 nämlich hatte das Berliner Zentrum eine eindeutig duale Struktur: Zum einen gab es eine erstklassige City im westlichen Bereich mit der Leipziger Straße, der Friedrichstraße und der Straße Unter den Linden. Dieser eigentlichen City stand zum anderen ein zweitklassiges Zentrum auf dem Boden des mittelalterlichen Berlin gegenüber, die sog. Altstadt, dessen Lagewerte deutlich unter dem der City lagen. Dieser Gegensatz hatte zahlreiche Gründe, etwa die historische Orientierung des Berliner Stadtschlosses nach Westen, die Entwicklung von bürgerlichen Wohngebieten im Westen und von Arbeiterwohngebieten im Osten, und nicht zuletzt die Verortung der wichtigsten Berliner Bahnhöfe im Westen. Der Gegensatz von Potsdamer Platz, dem Platz des Westens, und Alexanderplatz, dem Platz des Ostens, symbolisierte diesen strukturellen Gegensatz. In der DDR-Zeit wurde dieser Gegensatz radikal umgedreht: Die ehemalige Altstadt wurde stadträumlich beseitigt, an ihre Stelle trat das Zentrumsband von Ost-Berlin, und der Bereich der ehemaligen City wurde weitgehend einem Dornröschenschlaf überlassen. Der Alexanderplatz wurde zum wichtigsten Platz der DDR schlechthin. Nach dem Fall der Mauer wurden diese Verhältnisse wieder revidiert. Die mythischen Orte Berlins vor 1945 wurden von neuem beschworen, ihnen galt das Interesse der Planer und Investoren - vor allem dem Potsdamer Platz und der Friedrichstraße. Dagegen blieb das östliche Zentrum bis heute im Schatten der öffentlichen Aufmerksamkeit und der Investorentätigkeit - mit Ausnahme des Alexanderplatzes. Aber gerade die Planungen am Alexanderplatz waren der sichtbarste Ausdruck der absoluten Verkennung des sozialräumlichen Standortes dieses Platzes: Statt den klassischen Platz des Ostens weiterzuentwickeln, wurde ein Brückenkopf des Westens geplant.

Die Planung des Alexanderplatzes hat aber ein prinzipielles Problem offengelegt: Vor 1945 hatten die Teilräume des historischen Zentrums eine mehr oder minder klare Bedeutung, die sich aus der vorherrschenden Nutzung ergab: Universitätsviertel, Zeitungsviertel, Bahnhofsviertel, Hotelviertel, Bankenviertel, Konfektionsviertel, Vergnügungsviertel, Einkaufsviertel, Regierungsviertel usw. Dieses ganze Nutzungsspektrum hat sich nach 1945 weitgehend verflüchtigt, und eine Wiederauferstehung dieser Nutzungsvielfalt heute ist illusorisch.

Die Frage nach dem funktionalen Vakuum impliziert schließlich die Frage nach der europäischen Rolle des künftigen Berlin. Kurz nach der Wende schien diese Rolle, nämlich Brücke zwischen West und Ost zu sein, geklärt. Inzwischen ist es aber um diese Brückenfunktion seltsam still geworden. Faktisch endet der Wahrnehmungsraum der westlichen Strategen bestenfalls in Frankfurt an der Oder, in der Regel aber bereits in Marzahn, bei einer gar nicht kleinen Minderheit aber schon am Alexanderplatz.

*Das Leitbildvakuum*

Im Rahmen welcher städtebaulichen Leitbildvorstellungen werden die Projekte zur Rekonstruktion des Berliner historischen Zentrums entwickelt? Meine These ist, daß die Investitionen im Zentrum wesentlich von einem soziokulturellen städtebaulichen Werterahmen geprägt werden, der bestimmte Aktivitäten a priori legitimiert und andere Aktivitäten von einem ungeheuren Legitimationsaufwand abhängig macht. Ein solcher soziokultureller städtebaulicher Wertungsrahmen, der nur zu einem Teil in Planungsrecht gerinnt, war nach 1989 für das Berliner Zentrum nicht vorhanden. Das Ost-Berliner Zentrumsverständnis hatte ausgedient, der West-Berliner Apparat der Leitbildproduktion, der Planung und Legitimation war auf die neue Situation nicht vorbereitet. Östliches Planungsrecht war außer Kraft gesetzt, ein westlicher Flächennutzungsplan nicht auf die Schnelle nachschiebbar. Da eine Klärung des künftigen Straßensystems und damit der Baufluchten aber eine conditio sine qua non jeder Investition im Zentrum war, stieg der Druck auf eine schnelle Klärung und auf eine schnelle Produktion des Leitbildes ins Unermeßliche.

*Strategien zur Füllung der Vakua*

Zu fragen ist nicht nur nach den Inhalten, sondern auch: Wer sind die Subjekte dieser Strategien, die Akteure? Zu unterscheiden sind zumindest zwei Haupttypen - staatliche Institutionen zum einen und private Immobilienentwicklungsgesellschaften zum anderen. Beide Akteure sind ausschließlich westlicher Provenienz, zumeist ohne Berlinbezug und Berlinerfahrung. Beide Haupttypen sind angesichts der komplexen Leere durch eine außerordentliche Handlungsunsicherheit gekennzeichnet.

Die privaten Investoren tappen buchstäblich im Dunkeln - in der Ungewißheit der künftigen Standorthierarchie des Zentrums und in der Ungewißheit der künftigen Nutzungsstruktur des Zentrums. Sie klammern sich an Orte mit bedeutendem, bekanntem Namen, mit bedeutender Geschichte, die längst erloschen ist. Die Bevorzugung der Friedrichstraße durch private Investoren ist ein Beispiel dieses Verhaltens. Die Unsicherheit der Investoren angesichts der räumlichen und funktionalen Leere drückt sich in einer kaum mehr übersehbaren Flut von Standortstudien aus, in Versuchen also, die unscharfen Lagen in eindeutige Standorte zu verwandeln. Der Bund als Investor ist prinzipiell in der gleichen Lage, obwohl er ja durch die ihm mit dem Vereinigungsvertrag zugefallenen Immobilien standortmäßig gebunden ist. Die Unsicherheit über angemessene Standorte ist hier noch offensichtlicher. Erinnert sei nur an die planerische Standortodyssee des Bundesaußenministers.

Die Orientierungslosigkeit in der komplexen Leere des historischen Zentrums von Berlin bewegt aber auch noch andere Akteure, gesellschaftliche Initiativen und Parteien. Bekanntes Beispiel westlich dominierter Sehnsucht ist der Ruf nach dem verschwundenen Schloß, dem die Mehrheit der Ost-Berliner offenbar weiterhin hartnäckig ihre Stellungnahme für den Palast der Republik entgegensetzt. Dann der Versuch, wenigstens mit Straßen- und Platznamen eine Orientierung zu erleichtern, mit Namen, die an Sozialräume erinnern, die nicht mehr wiederherstellbar sind: Der Schloßplatz, zu dem der Marx-Engels-Platz umbenannt wurde, ist das bedeutendste Beispiel in dieser Hinsicht.

Auf die verbreitete Unsicherheit antwortete vor allem die Senatsbauverwaltung mit der Schnellproduktion eines doppelten Leitbildes: der kritischen Rekonstruktion der Stadt und der Berlinischen Architektur. Beide Leitbilder wurden nicht in einem stadtweiten Streit erarbeitet, sondern durch Gutachten oder Tagungen skizziert und dann von oben verkündet. Entsprechend schwach waren diese Leitbilder - sie waren nicht durch einen politischen Beschluß des Senats legitimiert, und sie wurden in der Fachöffentlichkeit und in der veröffentlichten Meinung massiv attackiert. Kurz: Sie hatten keine Legitimation, die etwa der Legitimation der Kahlschlagsanierung in den 60er Jahren vergleichbar ist. Wichtig ist weiterhin, daß die Schnellproduktion der Leitbilder ausschließlich aus westlichen Denktraditionen gespeist wurde, DDR-Erfahrungen ausklammerte und DDR-Fachleute ausschloß.

Doch nicht die Leitbilder an sich, sondern erst ihre Umsetzung verspricht, allen Unsicherheiten ein Ende zu bereiten. Damit ist eine weitere Gruppe von Akteuren gefordert: die Architekten. Ihre in Gutachterverfahren, Wettbewerben oder Verhandlungen entstandenen Bilder des künftigen Zentrums suggerieren eine Sicherheit, auf die viele hereinfallen, sie tragen zugleich mit dazu bei, das Bild einer aufstrebenden Metropole in der Welt zu verbreiten. Der Prozeß, der nach der Bildproduktion kommt, bleibt außerhalb des Wahrnehmungsfeldes der Öffentlichkeit. Und die unglaubliche Eintönigkeit, die die versprochenen Funktionen hinter den gezeichneten Fassaden erwarten lassen, verbirgt sich hinter dem bunten Glanz der Bilder. Tatsächlich werden ja vor allem Büroräume geplant, Büroräume für fremde, noch nicht bekannte Nutzer, Büroräume mit hohem Standard, aber im wesentlichen gleich, vom Potsdamer bis zum Alexanderplatz, garniert mit Cafés, einigen Luxuswohnungen und schicken Läden. Das ist eine durch Fördermittel und einen kollektiven Spekulationsrausch angeheizte Angebotsplanung, die keine klare Nachfrage gegenübersteht.

*Zusammenfassung*

Trotz aller Anstrengungen ist noch immer in vielen Fällen unklar, ob die großen Freiräume wieder bebaut werden sollen, und wenn ja, in welchem Umfang, mit welcher städtebaulichen Figur und Dichte, mit welchen Nutzungen. Unklar ist oft noch immer, welche neuen Nutzungen anstelle der verschwundenen DDR-Nutzungen in bestehenden Gebäuden treten sollen. Unklar ist die Hierarchie der Lagen im Zentrum, der Ausgang der Konkurrenz zwischen dem historischen

Zentrum und der Charlottenburger City, dann zwischen der ehemaligen City und der ehemaligen Altstadt, zwischen den neuen, künstlichen Zentren etwa am Potsdamer Platz und am Lehrter Bahnhof auf der einen und den historischen Toplagen etwa an der Friedrichstraße auf der anderen Seite. Unklar ist vor allem, wer die neuen Immobilien mieten oder kaufen wird, wer sie nutzen und nachfragen wird. Die Unsicherheit, ob Berlin überhaupt so viele Zentrumsflächen benötigen wird, wie heute geplant und zum Teil im Bau sind, überlagert, ja potenziert alle anderen Unsicherheiten.

Das immer deutlicher werdende Nachfragevakuum steht vor allem für die dritte Phase der Zentrumsentwicklung nach 1989, für die Phase der großen Unsicherheit hinsichtlich der Zukunft Berlins, die spätestens nach dem kläglichen Scheitern der Olympiabewerbung die Stadt erfaßt hat, die Phase des Katzenjammers. Vorhergegangen war zum einen die erste Phase des "Interregnums" (Werner Sewing), die Phase der Unklarheiten hinsichtlich Zielsetzung und Organisation, der Anpassung an die neuen Verhältnisse, des Streits, wie diese Anpassung zu erfolgen hat, eine Phase, in der die Ost-West-Kooperation schrittweise durch ein westliches Kommandosystem ersetzt wurde, und die mit den heftigen Auseinandersetzungen um den Potsdamer Platz ihren Abschluß fand. Die zweite Phase schließlich war die Phase des kollektiven Rausches, des Wahns, in kurzer Zeit Hauptstadt, Olympiastadt und europäische Metropole neben Paris und London zu werden. Die Fokussierung der öffentlichen Aufmerksamkeit auf die räumliche und funktionale Leere war Ausdruck dieser Phase, und in dieser Phase wurde das städtebauliche Leitbild entwickelt, das sich für die aktuelle Phase der Ernüchterung zunehmend als ungeeignet erweist.

Eine Stadtsoziologie, so mein Plädoyer, darf sich in dieser Situation nicht darauf beschränken, die Verhältnisse passiv zu analysieren, sie muß sich aktiv einmischen, um diese Verhältnisse zu ändern. Nicht nur und nicht erst bei einzelnen Projekten, sondern auch und vor allem beim Ringen um einen neuen soziokulturellen Wertungsrahmen für die Entwicklung der Stadt, im Ringen um die Definitionsmacht dessen, was Leere ist und wie dieser Leere begegnet werden soll. Das entspricht sicher nicht dem dominanten Zunftrahmen unserer Disziplin. Im Vordergrund stehen hier die Analysen der Folgen konkreter Projekte. Gerade der soziokulturelle Hintergrund solcher Projekte wird zumeist erst gar nicht wahrgenommen. Sofern er wahrgenommen wird, wird die Auseinandersetzung mit diesem Rahmen anderen Disziplinen zugewiesen. Doch wer sollte diese Auseinandersetzung führen? Die Disziplin Architektur? Die Wirtschaftswissenschaften? Die Planungswissenschaften? Der soziokulturelle Rahmen wird von diesen Disziplinen in der Regel nicht thematisiert. Hier ist das soziologische Denken gefordert.

Prof. Dr. Harald Bodenschatz, Schmidt-Ott-Straße 20, D 12165 Berlin

## 4. Die Entwicklung der Spandauer Vorstadt im Zentrum Ostberlins seit der Wi(e)dervereinigung beider deutscher Staaten aus stadtsoziologischer Sicht

*Karin Baumert*

*Was und wer wird transformiert und welche Rolle spielt die Stadtsoziologie?*

Die Spandauer Vorstadt, ein Gebiet im Herzen Ostberlins, widerspiegelt wie kaum ein anderer Ort in Berlin die Geschichte der Stadt seit dem 17. Jahrhundert. Als Vorstadt vor den Toren Berlins seinerzeit entstanden, dokumentiert das Gebiet noch heute diesen Vorstadtcharakter in seinem Straßenraster und in einzelnen Baudenkmälern. Dem aufmerksamen Betrachter erschließt sich die Stadtentwicklung Berlins in städtebaulich-architektonischer Gestalt genauso wie über die vielen Details, die nicht zuletzt die jüdische Tradition und das Großstadtflair Berlins in den 20er Jahren erahnen lassen.

Aber auch in der Gegenwart lebt dieses Gebiet als Einheit von städtebaulich-räumlicher Vielfalt und städtischer Urbanität. Soziologen können es nur schwer definieren, hier kann man es erleben. Die Literatur ist voll von der Trauer über den Untergang der Städte, Stadtsoziologen beschwören Urbanität, die Architekten glauben, über Gestaltung und Form städtisches Leben organisieren zu können. Wo immer man neue Stadtqualitäten schaffen will, hier muß man sie "nur" bewahren. Zur Zeit besitzt die Spandauer Vorstadt noch die Einmaligkeit, die Identität eines städtischen Raumes, der sich in der Vielfalt von kleinteilig städtebaulich-räumlichen Arealen in Abhängigkeit von der konkreten vielfältigen Nutzung entfaltet. Heterogene Bewohnerstrukturen mit all den positiven Folgeerscheinungen, wie enge Nachbarschaftsbeziehungen, Toleranz und Solidarität, eine starke Identität mit dem Gebiet aufgrund von Einmaligkeit und Nutzungsvielfalt lassen den Besucher gegenwärtig noch den Hauch eines fast schon vergessenen Stadtmilieus erahnen. Die Entwicklung des Gebietes zur Zeit der DDR zu einem fast vergessenen Areal, die Wende und die Illusionen der Bewohner, nun die Entwicklung ihres Gebietes mitbestimmen zu können, die Neubewertung des Gebietes von außen und die Entwicklungen über Kunst, Kultur und Commerz sowie die Gefahren des langsamen Untergangs eines Stadtraumes lassen sich in der Spandauer Vorstadt wie in einem Regentropfen beobachten. Die großen Stadtentwicklungskonzepte um den Potsdamer Platz, am Alexanderplatz, im Regierungsviertel werden in der Spandauer Vorstadt kaum wahr genommen, und doch wird dieser Entwicklungsdruck nicht ohne Folgen für dieses Gebiet bleiben.

Das Gebiet wird gegenwärtig durch zwei Veränderungspotentiale beeinflußt, die Neugestaltung des gesamten Innenstadtraumes als City der Hauptstadt Deutschlands und die Polarisierung der Bewohner von einer ehemals relativ homogenen sozialen Gemeinschaft in eine auf Konkurrenz und Entsolidarisierung basierende Summe von Anwohnern.

Wer transformiert hier welche Errungenschaften des Sozialstaates Bundesrepublik für wen? Welche Möglichkeiten der sozialverträglichen Stadterneuerung bietet das bundesdeutsche Rechtsinstrumentarium und welche Rolle hat Stadtsoziologie in diesem Veränderungsprozeß, will sie nicht nur als Beobachter die Entwicklung dokumentieren? Gibt es noch eine aktive gesellschaftsgestaltende Funktion der Stadtsoziologie? Wer wird zum Subjekt der Stadtentwicklung? Wer hat in dieser Gesellschaft welche Chancen, seine Lebensbedingungen zu gestalten? Von wem wird die Stadt als Ausdruck stadträumlicher Veränderungen, als Ausdruck des Umgangs mit Geschichte, als Ausdruck des Umgangs mit dem Gebrauchswert "Stadt" entwickelt und beeinflußt?

Ausgangspunkt dieser Betrachtung ist die These, daß Stadtsoziologie das Verhältnis gesellschaftsgestaltender Subjekte zum sozialen Raum Stadt beschreibt.

Drei Ebenen sind es, in denen die gesellschaftsgestaltenden Subjekte differenziert betrachtet werden sollen:

1. Die Ebene allgemein gesellschaftlicher Regulative, d.h. die gesellschaftlich gesetzten Rahmenbedingungen durch die Eigentumsverhältnisse an Grund und Boden (Restitution vor Entschädigung, Steuersonderabschreibungen und staatlich verordnete Mietenentwicklung, die Novellierung des Altschuldenhilfegesetzes usw.), insbesondere also die Konstituierung der Marktwirtschaft in diesem städtischen Raum und ihre Wirkungen als allgemeinstes Verhältnis, dem sich alle weiteren Subjektebenen strukturierend unterordnen.

2. Die kommunale Ebene; der Kommune kommt als originäres Gemeinwesen eine selbständige Handlungsebene zu, die in den Grenzen der allgemeinen gesellschaftlichen Rahmenbedingungen eine relative Eigenständigkeit besitzt. Die Veränderungen der kommunalen Selbständigkeit sowie ihre Grenzen können an der Entwicklung der Modernisierungs- und Instandsetzungs-Richtlinie in Berlin seit 1990 und den Möglichkeiten der kommunalen Selbstverwaltung in den Bezirken Berlins seit der Einführung des Globalhaushaltes beobachtet werden.

3. Die individuelle Ebene der Betroffenen, insbesondere der Bewohner. Die Veränderungen der Stadtentwicklung gestalten sich für den Bewohner in dem Maße, wie er seine Wohn- und Lebensbedingungen gestalten kann; allgemeine Rahmenbedingungen der Stadtentwicklung werden für ihn zur Chance oder Grenze seines Grundrechtes auf Wohnen. Die Grundrechte der Bundesrepublik stehen auf dem Prüfstand, die Veränderungen des Gebietes aus der Sicht der Betroffenen können als Parameter des Sozialstaates und seiner "bürgerlichen Demokratie" gemessen werden.

Der soziale Raum "Stadt" wird mit diesem theoretischen Ansatz nicht nur als die Summe privat investierender Einzeleigentümer bzw. Immobilienfirmen und -fonds betrachtet, der Interessen der Prosperität von Kapital, sondern auch unter dem Aspekt des ehemaligen Gemeinwesens "Stadt", über deren kommunale Selbstverwaltung und deren sozialdifferenzierte Ausgestaltung unter Beteiligung der Bewohner und Betroffenen. Mit diesem analytischen Ansatz, der in der Realität als einheitlicher Prozeß erscheint, kann auch die Funktion der Stadtsoziologie als gesellschaftsgestaltende Wissenschaft gefaßt werden. Die Analyse eines realen Prozesses sowie deren Bewertung schließt dann auch die Möglichkeiten der Beeinflussung dieses Prozesses ein. Stadtsoziologie muß sich auf die kritische Analyse der Stadtentwicklung einlassen, um die Möglichkeiten der Veränderbarkeit wahrzunehmen.

Die Spandauer Vorstadt war in der DDR ein typisches Altbaugebiet mit einem geringen gesellschaftspolitischen Image und darum durch zunehmenden Verfall gekennzeichnet. Dennoch haben sich gerade hier, abseits von den Schauplätzen der Verwirklichung der Einheit von Wirtschafts- und Sozialpolitik, die Bewohner ihren eigenen Lebensraum erhalten. Das Gebiet besaß und besitzt, wie empirisch in einer repräsentativen Untersuchung 1992 vom Büro *Mieterstadt* nachgewiesen, die für DDR-Verhältnisse typische heterogene Bevölkerungsstruktur hinsichtlich

Alter, Familienstand, Bildungsstruktur und Erwerbstätigkeit, die sich auch im Detail im Nebeneinander und Miteinander unterschiedlichster sozialer Gruppen äußerte. Die Nachbarschaftsbeziehungen der Bewohner stehen im Kontrast zu der gesamtstädtischen Funktion, die der Spandauer Vorstadt durch die neue Zentrumslage aufgedrängt wird. Zunehmend bildet sich ein Spannungsfeld zwischen der durch private Beziehungen geprägten Struktur des Kiezes und der City-Öffentlichkeit aus. Dieses Spannungsverhältnis ist eine besondere Qualität eines innerstädtischen Quartiers. Die Bewohner erhalten das Gebiet, weil sie es nicht kurzsichtigen Verwertungsinteressen preisgeben wollen. Der Austausch bzw. die Verdrängung der gebietsansässigen Bewohnerschaft würde nicht nur der Zerstörung einer Lebensperspektive von vielen gleichkommen, sondern würde auch einen Verlust für die Stadt darstellen.

Zum gegenwärtigen Zeitpunkt ist noch kein Wandel in der Bewohnerstruktur zu erkennen. Aber in der ungleichen Stellung der verschiedenen Nutzergruppen liegt die ungleiche Chance ihrer Partizipationsmöglichkeiten am gesellschaftlichen Fortschritt, an den Früchten der Wi(e)dervereinigung. Hinzugekommen ist die stärkere Differenzierung der Bewohner hinsichtlich ihrer persönlichen Perspektiven, in den neuen Wertmaßstäben der bundesdeutschen Gesellschaft einen Platz einzunehmen, der ihnen auch langfristig ein selbstbestimmtes Leben ermöglicht. Ein Teil kann seine Möglichkeiten neu entwickeln und ausschöpfen, andere geraten in eine Spirale des gesellschaftlichen und persönlichen Abstiegs und bangen um existentielle Lebensbedingungen. In dieser Situation ist der Erhalt der Wohnung in diesem Gebiet von besonderer Bedeutung. Welche Möglichkeiten die unterschiedlichen Nutzergruppen und speziell die Bewohner bei der zukünftigen Planung des Gebietes haben, wird in hohem Maße von der Ausgestaltung des Regel- und Förderrahmens der Städtebauförderung abhängen. Eine am Markt orientierte Stadtentwicklung wird für Bewohner bald keinen Raum der Mitbestimmung lassen.

Das durchgreifende Moment der Veränderung ist die Auflösung des Stadtraumes in eine Summe von Einzelinteressen von Eigentümern und Investoren. Aufgrund der außerordentlich guten Lage im Stadtraum sind die Verwertungsbedingungen von Kapital in diesem Gebiet besonders hoch. Unterstützt von Steuersonderabschreibungsmöglichkeiten fließt westdeutsches Kapital in einen Stadtraum, der, wie beschrieben, bis vor kurzem die Vision von Stadtsoziologen hütete.

Die zur Zeit der Enstehung des Gebietes aus den gesellschaftlichen Strukturen heraus spontan gebildete und als solche dann auch städtebaulich geplante Mischung von Gewerbe, Wohnen, Gastronomie und Kultur - am Beispiel der Hackeschen Höfe sehr gut nachvollziehbar - hatte in der Geschichte des Gebietes vielfältige Formen. Sofern diese Mischung ein gewisses Gleichgewicht besaß, kam eine gegenseitige Akzeptanz unterschiedlicher Nutzungen zustande, die einander belebten und das spezielle großstädtische Flair ausstrahlten. Derartige Synthesen multifunktionaler Nutzungen als positiver städtischer Erlebniswert sind in der späteren Entwicklung der Städte nicht mehr spontan entstanden. Die Geschichte und der Zustand des Gebietes sind Ausdruck dieser Tatsache: Die Spandauer Vorstadt überliefert uns städtebauliche Strukturen, die diese multifunktionale Nutzung ermöglichen. Dieser Nutzungsprozeß stellt sich jedoch in der heutigen gesellschaftlichen Struktur nicht mehr spontan her, sondern muß geplant und gesteuert werden. Wird der Prozeß der Neunutzung nicht bewußt gestaltet, besteht die Gefahr, daß die Nutzergruppen, die die größeren Marktchancen haben, letztlich auch die größere Chance der Durchsetzung ihrer Interessen haben werden. Dann werden spontan die Entwicklungen eintreten, die sich heute bereits abzeichnen.

Wie wirken die sozialen Regulative des Sozialstaates Bundesrepublik, wird auch der Sozialstaat transformiert? Gibt es noch eine sozialverträgliche Stadterneuerung ?
Die Erhaltung der Spandauer Vorstadt ist mit der Ausweisung des Gebietes als Sanierungsgebiet durch die 9. VO des Senates politisch beschlossen worden. Der Erhalt der städtebaulichen Substanz und der Schutz der Bewohner vor Verdrängung sind als Ziel der behutsamen, sozialverträglichen Stadterneuerung politischer Konsens. Die Festlegung der Spandauer Vorstadt als Sanierungsgebiet ist die einmalige Chance, ein Gebiet, das in seiner städtebaulichen Struktur historisch gewachsen ist und in seiner Sozialstruktur kaum Segregation aufweist, behutsam zu erneuern. Zur Konkretisierung dieser Sanierungsziele erarbeitete das Büro *Mieterstadt* im Auftrag des Bezirksamts Mitte ein soziales Konzept. Das wesentliche Anliegen dieser Arbeit bestand darin, konzeptionelle Vorstellungen für die Anwendung des Sanierungsrechtes bei ausbleibenden Städtebaufördermitteln für die Spandauer Vorstadt zu erarbeiten. Die sozialen Zielsetzungen der Sanierung werden im Vergleich zur Vergangenheit aufgrund der angespannten Haushaltssituation von Bund und Land nur noch punktuell durch Städtebaufördermittel verwirklicht. Soziale Ziele der Stadterneuerung müssen heute vielmehr auch mit privaten Eigentümern und Investoren durchgesetzt werden. Das soziale Konzept für die Spandauer Vorstadt ist der Versuch, mangels Städtebauförderungsgeldern, die Schere zwischen einer Sanierung über private Investoren und einer sozialverträgliche Stadterneuerung nicht zu groß werden zu lassen.

Auch die im Baugesetzbuch über den § 180 festgeschriebenen Möglichkeiten der Einbeziehung von Bewohnerinteressen in den Sanierungsprozeß, speziell die Vermeidung nachteiliger Auswirkungen - im Sozialplanverfahren von Berlin als Ausführungsvorschrift geregelt - stellen infolge der knappen Kassen der Bezirke eine äußerst schwache Brücke der Bürgerbeteiligung bei Sanierungsmaßnahmen dar. Die Gratwanderung zwischen Sanierung und sozialverträglicher Stadterneuerung, der gleichzeitige Abbau von Sozialleistungen und Bürgerbeteiligungsrechten bei Sanierungsmaßnahmen - hier wird eine Marktwirtschaft transformiert, die in diesem Prozeß der Kolonialisierung neuer Gebiete die Ausdehnung, die extensive Erweiterung eines Wirtschaftssystems auf Kosten der Rücktransformation eines Sozialstaates Bundesrepublik verfolgt. Eine solche Wi(e)dervereinigung wird Folgen für diesen Sozialstaat und damit für alle Betroffenen haben.

Karin Baumert, Gipsstraße 23, D-10119 Berlin

## 5. Politik der Profession: Das Leitbild der Berlinischen Architektur

*Werner Sewing*

In weniger als fünf Jahren sind die städtebaulichen und die meisten architektonischen Weichen für die Hauptstadtentwicklung gestellt. Eine klare architekturpolitische Linie ist erkennbar: die Orientierung an den Konventionen der *Europäischen Stadt* ( Rossi 1984), wie etwa Traufhöhen, Fluchtlinien, einer klaren Blockstruktur und einer Hierarchie von öffentlichen und privaten Räumen (Burg 1995).

Allerdings verrät die Preisgabe der Parzelle als Basis der Stadtstruktur, daß die soziale und funktionale Vielfalt, die mit der Rede von der europäischen Stadt beschworen wird, kaum zu erwarten ist. Das bautypologische Leitbild für die Innenstadt ist vielmehr das Bürogebäude der zwanziger und dreißiger Jahre, das als monolithischer Block die Feinstruktur der Parzellen nivelliert. Berlin-Mitte, das alte Zentrum, ersteht so auf dem alten Stadtgrundriß neu in Gestalt massiver Großblöcke von ca. acht Geschossen und vier Kellergeschossen. Ein von der Verwaltung durchgesetzter Wohnungsanteil von 20 Prozent soll die Tertiärisierung der Innenstadt kaschieren. Die Traufhöhenverordnung des Kaiserreiches von 22 Metern wird nun mit zurückgestaffelten Dachgeschossen mit einer Firsthöhe von ca. 30 Metern überschritten. Die Beschwörung der Geschichte unter der alten Devise der IBA, *Kritische Rekonstruktion*, wird dabei durch den großzügigen Abriß historischer Bausubstanz dementiert. Hinter dem Bild der alten Stadt des 19. Jahrhunderts entsteht eine neue Monostruktur, die kommerzielle *City*. Dabei kann auf Hochhäuser, mit Ausnahme am Alexanderplatz, weitgehend verzichtet werden.

Über städtebauliche Regeln hinaus konnte in wesentlichen Bereichen sogar die Sprache der Architektur kanonisiert werden. Eine rationale, steinerne, einem modernisierten Klassizismus verpflichtete „harte" Tektonik soll die preußische Tradition im Bürobau wiederbeleben (Burg (Hg.) 1994). Abgeschwächt konnte diese Linie sogar im Wohnungsbau in den neuen „Vorstädten" durchgesetzt werden (Senatsverwaltung für Bau- und Wohnungswesen (Hg.) 1995). An dieser Verengung des Leitbildes auf eine eher rückwärtsgewandte Stadtidee der konservativen Moderne hat sich 1994 der" Berliner Architekturstreit" entzündet (ARCH⁺122, 1994). Insbesondere Heinrich Klotz, der Gründer des deutschen Architekturmuseums in Frankfurt, aber auch der Berliner Landeskonservator Helmut Engel sahen eine bedenkliche Nähe dieser Programmatik zur NS-Tradition. Dieser Verdacht wurde durch einen Beitrag des Berliner Architekturtheoretikers Neumeyer genährt, der als Verfechter der Berlinischen Architektur die Tradition des *Preußischen Stils* beschwor, einer Konstruktion Moeller van den Brucks von 1916, die im Dritten Reich als Legitimation neoklassizistischer Monumentalarchitektur verwendet wurde (Neumeyer 1994). Hinter den Polemiken des Architekturstreits, der nach Abschluß der meisten Planungsverfahren begann, stand vordergründig ein Kampf um die professionelle Legitimation stadtpolitischer Entscheidungen. Er verwies aber symptomatisch auf den fehlenden Konsens in der Stadtöffentlichkeit, an der vorbei in einem System großer Wettbewerbsverfahren die Konturen der Stadt neu bestimmt worden waren. Der verantwortliche Senatsbaudirektor Stimmann, der vor allem die unklare Rechtslage in der Berliner Mitte, vormals Ostberlin, genutzt hatte, die Investoren in Einzelfallentscheidungen auf die Berlinische Linie der von ihm organisierten Wettbewerbe festzulegen, sprach nachträglich von „administrativer Anmaßung".

Die Verengung dieser Kontroverse über die urbane Vision der Stadt auf einen Architekturdisput machte - zu spät - deutlich, daß die kulturelle Definition der Stadt von Architekten und Planern erfolgreich monopolisiert worden war. Ihnen war es in der Nachwendezeit bis 1991 gelungen, ihre innerprofessionelle Leitbildkontroverse zum Medium der Identitätskonstruktion des neuen Berlin werden zu lassen (Sewing 1994a, b). Die Kompetenz der Profession, die Übersetzung der unterschiedlichen Interessen und Nutzungsansprüche in Raumprogramme und bildhafte Stadtvisionen erwies sich im Zusammenspiel mit den Strategien weniger Entscheidungsträger in den Fachverwaltungen als entscheidendes symbolisches Kapital der Architekten gegenüber Politik und Ökonomie.

Die erfolgreiche Lancierung des Leitbildes der *Europäischen Stadt,* das bereits 1991 als Sieger aus der innerprofessionellen Konkurrenz von Schulen und Generationen hervorgegangen war, relativiert die gängige stadtsoziologische Annahme vom Primat der Ökonomie des Raumes. Den Investoren wurde von den beiden Fachverwaltungen, sogar ohne Anwendung des Instrumentariums der Gestaltungssatzung, allein durch Wettbewerbe ein Leitbildkorsett vorgegeben, innerhalb dessen zwar maximale Ausnutzung möglich war, eine City nach dem Modell Frankfurts oder gar Londons aber ausgeschlossen blieb (Goldberger 1995). Der Handlungsspielraum und die Durchsetzungsfähigkeit der Verwaltung, die ohne städtebauliche Vorgaben des politischen Senats handelte, hat sich, trotz gestiegener Abhängigkeit von privaten *developers*, als größer erwiesen als theoretisch erwartet. Hinsichtlich der Nutzungsvorgaben wurden viele Möglichkeiten nicht einmal ausgeschöpft.

Als heteronomes Machtzentrum gegenüber der administrativ-professionellen Seite in der Planung Berlins hat sich dagegen vor allem die Treuhand erwiesen, die als Verwalterin der großflächigen Grundstücksbestände der DDR die Tendenz zur maximalen Verwertung großer Areale durch große Investoren und Bauträger forciert hat. Damit entsprach sie den politischen Vorgaben der Bundesregierung. Gleichwohl kann diese Politik nicht, wie häufig behauptet, als Ursache der städtebaulichen Favorisierung des Großblocks gedeutet werden. Dieser hatte sich bereits in den achtziger Jahren als anerkanntes Leitbild des Urbanitätsdiskurses der Architekten (*Großform*) durchgesetzt. Die Treuhandpolitik bewegte sich also durchaus im Rahmen des städtebaulichen Konsenses der Architekten. Kritik kam allerdings von einigen Vertretern der Stadtplanung in der Tradition der behutsamen Stadterneuerung, prononciert aber nur von Dietrich Hoffmann-Axthelm. Als Beleg für die ökonomistische Stadttheorie eignet sich die Treuhandpolitik ohnehin nur sehr bedingt, da sie eine zentralistische politische Institution, wenn auch mit marktwirtschaftlicher Zielvorgabe, darstellte.

Gegenüber den herkömmlichen deterministischen oder reduktionistischen Ansätzen in der Stadtsoziologie kann somit eine akteursorientierte Fallanalyse einen komplexen Planungsvorgang als Konstruktionsleistung kollektiver und individueller Akteure unter restringierenden Rahmenbedingungen, als *negotiated order* (Strauss 1978) rekonstruieren. Dabei erweisen sich Kollektive wie *Staat* (*lokaler Staat*) oder *Wirtschaft*, aber selbst *Profession* weniger als Handlungseinheiten denn als Referenzpunkte, die in einer Interaktionsanalyse durch Netzwerke von Akteuren ersetzt werden können, für die sie wiederum Ressourcen, etwa als Rechtstitel, Handlungsermächtigungen und -legitimationen darstellen. Die hochgradige funktionale Differenzierung der Subsysteme eröffnet gerade im Bereich der politischen Entscheidungen Schlüsselpersonen wie dem Baudirektor und seinen professionellen Beratern wie den Architekten Kleihues und Kollhoff Einfluß und Macht. Nicht die offiziellen Standesorganisationen der Profession, wie die Architektenkammer oder der Interessenverband BDA erweisen sich als die relevanten Akteure, sondern die informellen *Peer-Groups* der Profession, die den Außenkontakt zu Verwaltung, Politik, Öffentlichkeit und den Investoren bestimmen. Ihre Zugehörigkeit zu systemübergreifenden Netzwerken bereichsspezifischer Eliten, unabhängig von den offiziellen politischen Gremien und Institutionen, ermöglicht diesen Personen, die notwendigen Transfer- und Entscheidungsleistungen zu erbringen. Diese überschaubare Gruppe von *Intersystemvirtuosen*, die durch eine temporäre Interessenkonvergenz konstituiert wird, rekrutiert sich überwiegend aus der Profession.

Die treuhänderische Funktion der Profession, die als öffentlichen Körperschaft (Kammer) dem Gemeinwohl verpflichtet ist, hat sich somit über das fachliche symbolische Kapital hinaus in reales politisches Kapital verwandelt. Stadt ist, wie die neueren Ausstellungen der Senatsverwaltungen zeigen, somit nur als mediale Inszenierung öffentlich, nicht aber als Entscheidungsprozeß einer Bürgerschaft, die ihre kollektive Selbstdefinition und deren räumliche Gestalt als *res publica* aushandelt. In letzterem Sinne hatte Edgar Salin in seiner bekannten Rede von 1960 Urbanität verstanden (Salin 1960). So gesehen steht das städtebauliche Leitbild der Berlinischen Architektur politisch für das Fehlen von Urbanität und die Erschöpfung der sozialen, städtischen Bewegungen der achtziger Jahre. In dieser Apathie der Öffentlichkeit besteht eine wesentliche Erfolgsbedingung der Berliner Baupolitik.

Die Analyse der Leitbildformierung der Hauptstadt verweist auf eine Blindstelle der soziologischen Forschung zur Stadt. Sowohl den ökonomischen Ansätzen als auch der sozialökologischen Tradition fehlt ein politischer Begriff von Stadt. Auch in den jüngeren Studien zu *gentrification* oder städtischen Lebensstilen, die immerhin der kulturellen Dimension näher kommen, scheint die Auflösung von Stadt als politischem Gemeinwesen eine nicht mehr problematische Prämisse zu sein. Die Aufgabe dieses politiktheoretischen Problemhorizontes, ohne den die europäische Stadt als *Freie Einung* (Ebel) in ihrer Entwicklung nicht begreifbar ist, hat in der Soziologie zu einer fraglosen Sachzwangideologie geführt, die die Usurpation des politischen Begriffs von Bürgerschaft durch die Kollegialitätsnorm eines Berufsstandes gar nicht mehr wahrnimmt. Bezeichnenderweise enthält der sozialwissenschaftliche Begriff von Urbanität ebenso wie dessen architekturtheoretische Verwendung keine politischen Dimensionen. Dies ist angesichts der inflationären Verwendung des Topos der *civil society* in den letzten Jahren um so unverständlicher. Die Rezeption der neueren Kommunitarismusforschung ist in der Stadtsoziologie ein Desiderat, und sei es nur, um über diesen Umweg wieder die verschütteten republikanischen Potentiale der europäischen Stadt freizulegen (Sewing 1993). In dieser Sicht könnte die Berliner Baupolitik in einem nichttrivialen, also nichtjuristischen Sinne als Korruption thematisiert werden.

**Literatur**
ARCH [+] 122 (1994), Von Berlin nach Neuteutonia.
Burg, Annegret, Hg.(1994), Neue Berlinische Architektur: Eine Debatte. Berlin/Basel/Boston.
Burg, Annegret (1995), Berlin Mitte. Die Entstehung einer urbanen Architektur. Hg.v.Hans Stimmann. Berlin/Basel/Boston.
Goldberger, Paul (1995), Reimagining Berlin, in: The New York Times Magazine, Februar 5, 1995, S. 45-54.
Neumeyer, Fritz (1994), Auf dem Weg zu einer neuen Berlinischen Architektur. In: Burg, Annegret, Hg. (1994), S. 17-22.
Rossi, Aldo (1984), The Architecture of the City. Cambrige, Mass./London.
Salin, Edgar (1960), Urbanität., in: Der Städtetag, Juli 1960, S. 323-332.
Senatsverwaltung für Bau- und Wohnungswesen, Hg. (1995), Stadt, Haus, Wohnung. Wohnungsbau der 90er Jahre in Berlin. Berlin.
Sewing, Werner (1993), J. G. A. Pocock und die Wiederentdeckung der republikanischen Tradition. In: Pocock, John G. A., Die andere Bürgergesellschaft. Frankfurt/M., S. 7-32.
Sewing, Werner (1994a), Großstadtarchitektur. Zur Rolle der Architekten bei der Berliner Imagebildung, in: Jahrbuch Stadterneuerung 1994, S. 193-204. Berlin.
Sewing, Werner (1994b), Berlinische Architektur, in: Arch[+] 122, Juni 1994, S. 60-69.
Strauss, Anselm (1978), Negotiations. San Francisco/Washington/London.

Dr. Werner Sewing, HAB Weimar, Marienstraße 5, D 99423 Weimar

## 6. Veränderungen des Städtesystems in der Region Berlin-Brandenburg

*Karl-Dieter Keim*

Der Begriff "Städtesystem", wie er seit Anfang der 80er Jahre in Theorien der Stadtökonomie entwickelt worden ist, bezeichnet vor allem wechselseitige funktionale Beziehungen und Interdependenzen. Sie entstehen etwa aus der gemeinsamen Konkurrenz um Standortvorteile (wobei die Bedingungen der Konkurrenz großräumig, zunehmend global definiert werden). Oder es geht um Auswirkungen eines sog. Dominations-Effekts, d. h. um strategische Entscheidungen großer Wirtschaftseinheiten, die einen größeren Kreis von Städten als gemeinsames Handlungsfeld definieren. In ähnlicher Weise kann ein Dominations-Effekt aus der Sicht öffentlicher Investitionen verstanden werden; auch hier geht es um strategische Entscheidungen, die sich auf eine größere Anzahl von Städten erstrecken und deren relative Position in einem räumlichen Zusammenhang mitbestimmen. Schließlich sind auch die direkten wechselseitigen Beziehungen der Städte einer Region untereinander gemeint, die durch Transportströme, Pendlerbeziehungen oder Freizeitaktivitäten ausgelöst werden (Krätke 1994, Dunn 1980).

In dieser Betrachtung unterliegt das Städtesystem Berlin-Brandenburg gegenwärtig einem tiefgreifenden Umstrukturierungsprozeß. Er entstammt einmal den Folgen der europaweiten, teilweise globalen wirtschaftlichen Restrukturierungen, zum anderen den Transformationsprozessen, die die ostdeutschen Landschaften nach Produktivität und beruflichem Erwerb kräftig umstülpen. Beide Prozesse, Globalisierung und Transformation, treten verschränkt auf.

*1. Brandenburgische Städte als Zentren ökonomischer Aktivitäten*

Brandenburgs Städte sind gemeinsam geschwächt *und* im Aufbruch, mehr Leistungsempfänger als Akteure. Die großräumige Konkurrenz um Standortvorteile richtet sich in steigendem Maße nach der regionsorientierten Politik der Europäischen Union. Deren Fördermittel sind in der Bundesrepublik überwiegend mittels des Instrumentariums der traditionellen Gemeinschaftsaufgabe "Verbesserung der regionalen Wirtschaftsstruktur", ohne Hervorhebung einzelner Zentren, zugeteilt worden (ein Umstand, der übrigens inzwischen auf EU-Ebene scharf kritisiert wird). Die regional wirksamen EU-Förderungen werden flankiert durch die Zuweisungen im Rahmen des öffentlichen Finanzausgleichs, durch Mittel der Städtebauförderung sowie durch die Tätigkeiten der Wirtschaftsförderungsgesellschaft Brandenburg sowie der Landesentwicklungsgesellschaft Brandenburg. Die Differenzierung der Fördergebiete nach vier Klassen zeigt, daß auch die Mittelverteilung durch das Wirtschaftsministerium nach einer Anfangsphase die schwächeren Regionen in Brandenburg mit höheren Fördersätzen unterstützt als die Umlandregion von Berlin. Alle größeren Städte des Landes (mit Ausnahme von Potsdam und Brandenburg/Havel) werden danach überdurchschnittlich gefördert. Demgegenüber fallen die Finanzierungen durch privates Kapital weniger ins Gewicht (z. B. Investitionen großer Handelsketten).

Eine gemeinsame Konkurrenzsituation der brandenburgischen Städte entsteht zusätzlich dadurch, daß das Land eine Grenzregion an den Außengrenzen des Binnenmarktes bildet.

Die Datenlage für funktionale Beziehungen der Städte untereinander und zu Berlin ist insgesamt prekär. Ich gebe einige erste Hinweise über die sechs regionalen Entwicklungszentren (Frankfurt/O., Cottbus, Jüterbog/Luckenwalde, Brandenburg/Havel, Neuruppin, Eberswalde-Finow); sie können auf keinen Fall als empirische Überprüfung der raum- und wirtschaftstheoretischen Aussagen gelten.

Ein zuverlässiger Indikator ist die Angebotsstruktur und die Inanspruchnahme der Verkehrswege zwischen den regionalen Zentren und Berlin sowie der Zentren untereinander. Danach ist die jeweilige Zuordnung zu Berlin deutlicher ausgeprägt als der Zusammenhalt zwischen den Städten. Doch gerade hierin besteht eine Gemeinsamkeit: die jeweilige Bindung an Berlin konstituiert eine spezifische wirtschaftsräumliche Position, die in Relation zu der jeweiligen Position der anderen Entwicklungszentren gestellt werden muß. Quantifizierbare Aussagen lassen sich dazu im Moment nicht treffen.

Ein weiterer Indikator ergibt sich aus der Allokation der öffentlichen Investitionsmittel nach Schwerpunkten. Daraus resultieren stadträumliche und stadtökonomische Chancen für verbesserte, partiell durch Bündelung verstärkte Entwicklungen. Insbesondere sind hierbei, betrachtet nach Standorten, Größe und Investitionsvolumen, zu nennen: Universitäten und Fachhochschulen (explizit als Mittel der Strukturpolitik eingesetzt), größere Einrichtungen der technischen Infrastruktur (Ver- und Entsorgung, z.B. gemeinsame Energieversorgung), Umnutzung ehemaliger Militärflächen (in allen größeren Städten vorhanden), überlokale Gesundheits-, Bildungs- und Sozialeinrichtungen (z.B. Spezialkliniken, Berufsschulen), größere Behördenzentren (z.B. Landesanstalten). Diese bedeutsamen Strukturverbesserungen sind bisher lediglich im Hochschulbereich erfolgreich begonnen; im technischen Bereich und bei der Flächenkonversion besteht ein enormer Modernisierungsbedarf.

Beispielhaft ein kurzes Profil des regionalen Entwicklungszentrums Neuruppin (ca. 34.000 Einwohner): Seit 1989 hat dort die Bevölkerung um etwa 3 % abgenommen (etwas günstiger als im Landesdurchschnitt Brandenburgs). Die Arbeitslosigkeit im Arbeitsamtsbezirk Neuruppin lag im Herbst 1993 bei 18 %, die zweithöchste Rate im Land Brandenburg (Durchschnitt 15,4 %). Frühere strukturbestimmende Betriebe sind liquidiert worden oder arbeiten mit stark verringerter Belegschaft. Die wichtigsten Betriebe beschäftigten 1989 noch 6870 Personen, Ende 1993 waren es 720 Erwerbstätige. Auch die Beschäftigtenstruktur insgesamt hat sich deutlich verschoben: Industrie und produzierendes Handwerk sind in ihrem relativen Anteil von 32 % (1989) auf 8,6 % (Ende 1992) gesunken. Auch der Anteil der Land- und Forstwirtschaft hat sich auf die Hälfte reduziert. Zugenommen haben dagegen der Handel und insbesondere die Dienstleistungen, deren Anteil sich auf mehr als 50 % erhöht hat. Das Arbeitsplatzangebot staatlicher bzw. kommunaler Einrichtungen gilt bereits heute als das wichtigste Stabilisierungselement innerhalb des regionalen Arbeitsmarktes. Die Stadt erhofft sich, Sitz weiterer überörtlicher Behörden zu werden und eine Fachhochschule zu erhalten. Die Option für Forschung und Ausbildung wird unterstrichen durch ein Technologie- und Gründerzentrum. Dagegen soll die Traditionslinie als Garnisonstadt (mehr als 250 Jahre) nicht fortgeführt werden. Die zeitliche Entfernung zum Flughafen Berlin-Tegel beträgt 50 Auto-Minuten; durch eine (angestrebte) Einbindung Neuruppins in das künftige Regionalbahnsystem wäre Berlin-Mitte in ca. 35 Minuten zu erreichen. Als Stärken Neuruppins werden von lokalen Akteuren angesehen: ein hochwertiges Naturraumpotential, eine gute Qualifikationsstruktur, deren Ausrichtung jedoch nur noch teilweise mit den künftigen Entwicklungschancen übereinstimmt, eine hohe Wohnortverbundenheit der Menschen, eine überdurchschnittlich junge Bevölkerung. Die Schwächen liegen in einigen Defiziten der Infrastrukturausstattung sowie im Fehlen zukunftsorientierter Wirtschaftsbereiche.

## 2. Politische Steuerung: Landes- und Regionalplanung

Seit Dezember 1992 haben sich das Land Brandenburg und das Land Berlin darauf verständigt, daß die Region nach dem Leitbild der sog. Dezentralen Konzentration räumlich entwickelt werden soll. Die einzelnen Ministerien verpflichteten sich, ihre ressortspezifischen Leitlinien auf dieses raumordnerische Leitbild auszurichten und es bei Fachplanungen und bei der Fördermittelvergabe zu berücksichtigen. Im kürzlich abgeschlossenen Staatsvertrag zwischen Berlin und Brandenburg wurde die landesplanerische Linie bestätigt.

Mit dem genannten Konzept steht nicht eine bloße Wachstumspolitik im Vordergrund, vielmehr das Ziel, bei einer ausbalancierten Verbesserung der wirtschaftlichen Leistungsfähigkeit in der Region die ökologischen Ressourcen zu entlasten und ebenso eine Ausgleichsfunktion für den Agglomerationsraum Berlin zu schaffen. Die politische Steuerung versucht also eine polyzentrale Landesentwicklung, die in spürbarem Umfang die herkömmlichen räumlichen Prozesse der Suburbanisierung und der ressourcenverbrauchenden Siedlungsstrukturen vermeiden will. Im Mittelpunkt stehen die sechs regionalen Entwicklungszentren. Durch eine Bündelung von Investitionen und Förderungen in diesen Zentren und ihren umliegenden Gemeinden soll eine Stabilisierungs- und Entwicklungsfunktion begünstigt werden, gleichzeitig eine Scharnierfunktion zwischen Berlin und den außerhalb Brandenburgs gelegenen Zentren und Wirtschaftsräumen. Es leuchtet unmittelbar ein, daß durch diese Konzeption in den öffentlich gelenkten Entwicklungsstrategien eine Gemeinsamkeit unter den sechs Städten Brandenburgs hergestellt wird.

Von Anfang an war die Frage in der politischen und wissenschaftlichen Diskussion umstritten, ob dieses Konzept der Dezentralen Konzentration praktisch durchsetzbar sei. Mehrere Gutachten versuchten aufzuzeigen, daß sich die wirtschaftliche Entwicklung der Region zwangsläufig auf die nähere Umgebung Berlins konzentriere. Richtig ist, daß ein leistungsfähiges brandenburgisches Städtesystem nur dann schrittweise realisiert werden kann, wenn es gelingt, die Entwicklung in Berlin selbst und im näheren Berliner Umland sinnvoll zu begrenzen. Beides geschieht bisher kaum: Berlin fühlt sich wegen der eigenen wirtschaftlichen Schwächung aufgefordert, alle verfügbaren Flächen für gewerbliche Ansiedlungen und für Wohnungsneubau zu mobilisieren. Die brandenburgischen Ministerialabteilungen haben seither Flächenansprüche im engeren Verflechtungsraum mit Berlin relativ großzügig genehmigt und dadurch die planerischen Vorstellungen konterkariert. Die Städte Brandenburgs können bisher (mit Ausnahme von Cottbus und Potsdam) die Erwartungen, Träger einer wirtschaftlichen und sozialkulturellen Entwicklung in einem dünnbesiedelten Raum zu sein, nicht erfüllen.

All dies sagt jedoch nichts Definitives über den Wert der angestrebten polyzentralen Landesentwicklung aus; denn diese rechnet mit einem Zeithorizont von 25 bis 30 Jahren und kann nicht an der Realität von 3 Jahren gemessen werden. Empirische Evaluierungen stehen noch aus. Erkennen läßt sich, daß die eher einem top-down-Modell verpflichteten landesplanerischen Konkretisierungsschritte (über verschiedene, mit Berlin abgestimmte Entwicklungsprogramme derzeit ein allmähliches Gegengewicht erlangen durch die Mitwirkung auf der kommunalen Ebene. Solche bottom-up-Aktivitäten scheinen sich weniger über die Organe der Regionalplanung auszubilden (die mit großem Zeit- und Abstimmungsaufwand, mehr standardisiert als projektbezogen vorgehen) als durch eine Mobilisierung der größeren Städte. Der Blick der örtlichen PolitikerInnen und PlanerInnen beginnt sich, über die eigene Situation hinaus, auf die Perspektiven der Gesamtregion und auf mögliche Gemeinsamkeiten mit anderen Städten zu richten. Das scheinbare Entweder-oder von Konkurrenz und Kooperation ist einem vorsichtigen Sowohl-als-auch gewichen; die gemeinsame Betroffenheit durch Strukturbrüche und wirtschaftlichen Niedergang führte zu der Bereitschaft, nach Handlungsfeldern zu suchen, die auch in begrenztem Umfang eine überlokale Politik ermöglichen. Als ein solches horizontales Verhandlungssystem hat sich vor kurzem eine "Arbeitsgemeinschaft der Regionalen Entwicklungszentren" gebildet. Sie möchte versuchen, die verschiedenen Fördermittel, möglichst gebündelt, stärker in ihre Städte zu lenken, Gegentendenzen im Land politisch abzuwehren und für einige Themen im Sinne einer interurbanen Kooperation gemeinsame Handlungsprogramme zu entwickeln. Über unterschiedliche Vernetzungen soll ein System flexibler, die Gesamtregion stärkender und deutlich "von unten" bestimmter Strategien erreicht werden. Gelingt dies nach und nach, werden die größeren Städte Brandenburgs auch auf neue Weise ihre wechselseitigen Beziehungen zu Berlin definieren können. Denn das ist klar: sie sind und bleiben den zentripetalen wie den zentrifugalen Kräften der Metropole ausgesetzt.

*3. Diskussion*

Trotz der noch spärlichen empirischen Basis ist deutlich geworden, daß sich die Figur des Städtesystems weniger aus den wirtschaftlichen Aktivitäten oder den engen sozialen Beziehungen erschließen läßt als vielmehr aus einer in mehrfacher Hinsicht gemeinsam geteilten Lage mit hohem Anpassungsdruck und mit der Rolle des Empfängers von Transferleistungen, allerdings auch aus ersten Schritten zu einer gemeinsamen politischen Steuerung. Der Dominations-Effekt durch die Strategien der wirtschaftlichen Akteure und durch die staatlichen top-down-Planungen scheint sich langsam hin zu partiell selbstdefinierten Strategien zu wandeln. Ob dies tragfähig gelingt, wird insbesondere abhängen von der Unterstützung der Bewohnerschaft und von einer geschickten, ausbalancierten Politik der lokalen Akteure. Hilfreich sind Orientierungen, die scheinbar Widersprüchliches aufeinander zu beziehen vermögen: Kommunen sind nicht nur Vollzugsorgane, sie sind auch die örtliche Ebene der Vergesellschaftung, und sie sind Entwicklungsagenturen. So schälen sich, Berlin inbegriffen, die Umrisse eines regionstypischen, aktiven Städtesystems heraus.

Wenn die Stadt- und Regionalsoziologie solche Prozesse analysiert, so sollte sie in diesen Zeiten das radikalen Umbruchs mit ihrem Fachwissen an den Diskursen um die künftige Entwicklung mitwirken. Heute werden Strukturentscheidungen mit langfristigen Effekten getroffen. Die westdeutschen Erfahrungen lehren, rechtzeitig Handlungsvorschläge und reflexives Wissen anzubieten, um zu vermeiden, daß wir zehn Jahre später wiederum die problematischen Folgen einer Stadtentwicklung beklagen, mit der wir nichts zu tun haben wollten. Wir sind längst Teil der Handlungsyteme, ob wir unser Wissen explizieren oder nicht.

**Literatur**
Berger, Hartwig (1993), Wachsende Stadt im schrumpfenden Hinterland. In: Kommune, Heft 9, S. 9-11.
Dunn, Edgar S. (1980), The Development of the U.S. Urban System. Baltimore.
Hennings, Gerd/Jessen, Bernd/Kunzmann, Klaus R. (1981), The Promotion of Relief Poles. In: Applied Geography and Development, Vol. 18, S. 7-29.
Keim, Karl-Dieter (1993), Stadt- und Siedlungserweiterungen in der Umgebung von Metropolen. In: REGIO Nr. 2, hg. vom Institut für Regionalentwicklung und Strukturplanung. Berlin, S. 7-50.
Krätke, Stefan (1994), Stadtsystem im internationalen Kontext und Vergleich. In: Roth, Roland/Wollmann, Hellmut (Hg.), Kommunalpolitik. Opladen, S. 176-193.

Prof. Dr. Karl-Dieter Keim, Institut für Regionalentwicklung und Strukturplanung, Wallstraße 27, D-10179 Berlin

# XXII. Sektion Wirtschaftssoziologie
*Leitung: Karl-Heinz Hillmann*

## Wirtschaftssysteme im Umbruch

### 1. Nationale Innovationssysteme und Transformation

*Birgit Blättel-Mink*

Die Globalisierung und Internationalisierung wirtschaftlichen Handelns verändert die Bedingungen von Wettbewerbsfähigkeit auf der nationalen und der regionalen Ebene von Wirtschaftssystemen in hohem Maße. Gilt dies für hochindustrialisierte Gesellschaften, in welchem Maße sind dann erst ost- und mitteleuropäische Wirtschaftsysteme im Umbruch betroffen? Der Transformationsprozeß vom Staatssozialismus hin zu einer demokratischen Marktwirtschaft macht nicht vor den internationalen Beziehungen der jeweiligen Gesellschaft halt. Neben den Problemen, die sich aus der interdependenten Gleichzeitigkeit der Transformation (vgl. Offe 1994) von wirtschaftlichem, politischem und sozialem System ergeben, ist die Gesellschaft im Umbruch mit disparaten internationalen Umwelten (hier vor allem dem System der internationalen Arbeitsteilung) konfrontiert, die den Transformationsprozeß bzw. den Systemwechsel (von Beyme 1994) sowohl hemmen als auch fördern können.

Ein nationales Wirtschaftssystem ist dann international wettbewerbsfähig, wenn wirtschaftliche und technologische, aber auch ökologische und soziale Wettbewerbsfaktoren und Standortvorteile in einem leistungsfähigen Konzept vereint sind. Systemwechsel ist somit, zumindest aus dieser Perspektive, nicht abgeschlossen, wenn die Wirtschaft weitgehend privatisiert ist, wenn die staatliche Planung einer marktwirtschaftlichen Selbststeuerung gewichen ist und industriepolitische Konzepte der Wirtschaftsförderung zu greifen beginnen, sondern erst dann, wenn auch politische und soziale Institutionen entstanden sind, die die Nachteile des Marktes zu kompensieren imstande sind. Darüberhinaus bedarf es einer Institution, die diese Wettbewerbsfähigkeit zu erhalten bzw. auszubauen in der Lage ist. Wir wollen diese Institution das "Nationale Innovationssystem" nennen, d.h. das Insgesamt an, auf die Produktion, Anwendung und Diffusion von neuem und nutzvollem Wissen (Lundvall 1992) angelegte, intra- und extrawirtschaftlichen Interaktionen, das die Innovativität einer Volkswirtschaft determiniert.

Im folgenden werden Erklärungsfaktoren für das unterschiedliche Innovationspotential von Gesellschaften angeführt (1), um sodann in einem zweiten Teil Schlußfolgerungen bezüglich der Innovationspotentiale und der Elemente des Innovationssystemes von Transformationsgesellschaften in Mittel- und Osteuropa zu ziehen (2).

## 1. Nationale Innovationssysteme

Die Unterschiede in der internationalen Wettbewerbsfähigkeit nationaler Wirtschaftssysteme können durch unterschiedliche interdependente Bedingungskonstellationen erklärt werden (Porter 1990), die diese Systeme auszeichnen. Porter spricht hier von "clustern", die bestimmte Konstellationen aufweisen (strukturelle Faktoren, Nachfrage, Netzwerke, Unternehmensstrategien und Wettbewerb), die es einem Wirtschaftssystem ermöglichen, relative Innovationsraten zu reproduzieren. Ein umfassenderes Konzept entwickelten die Vertreter der "evolutionären Ökonomik", die strukturelle Faktoren und das jeweilige institutionelle Setting für die Innovativität einer Volkswirtschaft verantwortlich machen. Das Produktionssystem bildet die Grundlage für das Innovationssystem. Innovation findet nicht länger als diskontinuierliches, außeralltägliches Ereignis statt (Joseph A. Schumpeter), sondern wird veralltäglicht. Die Grundeinheit eines nationalen Innovationssystems stellt Lernen durch intra- und extrawirtschaftliche Kooperation dar. Diese Lernprozesse verändern nicht nur die Handlungsorientierungen der beteiligten Akteure, sondern auch die wirtschaftlichen und sozialen Institutionen. Dieses Konzept geht über den Bereich technologischer Führerschaft hinaus. Es thematisiert vielmehr die Bedingungen effektiver Wettbewerbsfähigkeit in einem dynamischen Kontext (Nelson 1993).

Elemente dieses Innovationssystems sind die einzelnen Unternehmen mit ihren jeweiligen Forschungs- und Entwicklungsabteilungen, das (öffentliche und halböffentliche) System der Forschungsorganisationen, das politische System der Forschungs- und Entwicklungsförderung sowie das Kreditsystem. Unterstützende bzw. hemmende Umwelten dieses Innovationssystems bilden die Wirtschafts- und Industriepolitik eines Landes, seine Handels-, Steuer- und Währungspolitik, das Bildungs- und Ausbildungswesen, das System der industriellen Beziehungen sowie die soziale Gemeinschaft.

Auch hier wird die Gleichzeitigkeit mehrerer Prozesse deutlich. Innovativität muß sich auf mehreren gesellschaftlichen Ebenen durchsetzen, damit von einem starken nationalen Innovationssystem die Rede sein kann.

Aus einer vergleichenden Analyse mehr oder weniger erfolgreicher Nationaler Innovationssysteme konnten folgende Faktoren extrahiert werden, die die jeweiligen Besonderheiten zu erklären vermögen (vgl. Blättel-Mink 1995): Je höher die nationale Ausstattung mit natürlichen Ressourcen, desto eher kann eine Volkswirtschaft externes Wissen und externe Produkte importieren. Die Investitionen in einheimische Bildung sind dann nicht notwendig hoch. Je geringer die Ausstattung mit natürlichen Ressourcen, desto eher muß eine Volkswirtschaft auf Export setzen, um die internationale Kaufkraft zu erhöhen, damit notwendige Importe getätigt werden können, und desto wichtiger ist die Investition in einheimische Humanressourcen (vgl. auch Nelson 1993). Einen zweiten Erklärungsfaktor stellen die spezifischen nationalen Institutionen und wirtschaftlichen Strukturen (Pfadabhängigkeit) dar. Diese lenken die Innovationskraft einer Volkswirtschaft. Institutionelle Kontinuität ist ein wichtiges Erfolgskriterium für den Aufbau eines starken nationalen Innovationssystems (vgl. auch Nelson 1993). Das Modell der wirtschaftlichen Koordination ist ein dritter und wesentlicher Faktor. Je stärker die Wirtschaft koordiniert ist (über Unternehmensgruppen oder über Arbeitgeberverbände), desto wahrscheinlicher ist zwischenbetriebliche Kooperation mit dem Ziel der Produktion, Anwendung und Diffusion von nutzvollem Wissen.

Die Veralltäglichung von Innovation bzw. die Wahrscheinlichkeit, daß der Produktionsprozeß Innovationen hervorbringt, steigt mit zunehmender Koordination. Liberale Volkswirtschaften weisen eher Basisinnovationen oder radikale Innovationen auf, die den Produktionsprozeß revolutionieren. Die hohe Individualisierung beinhaltet jedoch auch Innovationsschwächen auf der Unternehmensebene (vgl. auch Soskice 1994). Als vierte Faktor ist das nationale Ordnungsmodell zu nennen. Je korporatistischer eine Gesellschaft, desto höher die privaten und öffentlichen Bildungsausgaben, desto größer die Vernetzung innerhalb als auch außerhalb der Wirtschaft, desto stärker das System industrieller Beziehungen, desto leichter der Zugang zu Informations- und Kommunikationsnetzwerken für diejenigen, die am öffentlichen Leben teilnehmen, d.h. desto eher wird bestimmten Gruppen die Teilnahme an IuK-Netzen vorenthalten. Je liberaler und marktgesteuerter ein Gesellschaftssystem, desto ungleichmäßiger ist der Zugang zu Innovations- und Kommunikationsstrukturen auch innerhalb des öffentlichen Lebens verteilt, desto höher muß die indvduelle Leistungsbereitschaft sein, sowie die Entscheidungsbereitschaft und die Bereitschaft der Gesellschaftsmitglieder, sich auf eigene Faust Informationen zu beschaffen (vgl. auch Lash 1993).

Es ergeben sich zwei Modelle, die sich auf einem Kontinuum Korporatismus - Liberalismus verorten lassen. Das japanische Modell auf der einen Seite mit geringen natürlichen Ressourcen, hoher institutioneller Kontinuität, hoher Koordination innerhalb der Industrie (vertikal und horizontal) sowie einem zentralistischen Ordnungsmodell, in dem der Staat eine außerordentlich wichtige Rolle spielt. Die japanische Industriepolitik gilt über Jahrzehnte als der "prime mover" des Fortschritts. Japan verfügt über ein nationales Innovationssystem, das hohe Lernpotentiale durch Kooperation mit schnellem Reaktionsvermögen und damit kurzen Implementationszeiten verbindet. Das Innovationssystem ist strukturell hoch (Branchen, Märkte, Unternehmensformen) und institutionell gering differenziert (Industriepolitik und Unternehmen). Die USA nehmen den Platz auf der anderen Seite des Kontinuums ein: ein riesiger Wirtschaftsraum, der sich idealen Marktbedingungen nähert. Das Vorkommen an natürlichen Ressourcen ist riesig und Chancen für öffentlich geförderte Forschung und Entwicklung finden sich in den Industrien, die mit diesen natürlichen Ressourcen arbeiten und ihre Produkte exportieren. Des weiteren weist das amerikanische System vor allem im Bildungssystem sowie in den öffentlichen Forschungs- und Entwicklungsausgaben institutionelle Kontinuitäten auf. In den USA findet sich noch der klassische Schumpetersche Unternehmer. Wirtschaftliche Koordination ist nicht im gleichen Maße institutionalisiert wie beispielsweise in Japan oder Deutschland. Spin-offs ermöglichen es auch kleinen und mittleren Unternehmen, innovativ zu sein. Die Ordnungsstrukturen weisen liberale Traditionen auf, die dem einzelnen ein Mehr an Entscheidungsbefugnissen zuweisen, jedoch auch eine höhere Risikobereitschaft voraussetzen. Die großen Basisinnovationen geschehen in den USA. Sie stehen an erster Stelle des Patentaufkommens, ihre Implementationsschwellen sind niedrig. Inwieweit Deutschland einen Sonderfall darstellt, ein drittes Modell, oder auf dem Korporatismus-Liberalismus-Kontinuum in der Nähe Japans verortet werden kann, ist hier nicht abschließend zu entscheiden. Deutschland ist Sonderfall durch die Wiedervereinigung von 1989, durch die extrem hohe Exportorientierung und die instituionellen Innovationen im Bildungssektor. Deutschland ist ein drittes Modell insofern, als es dezentralisierte föderative Strukturen verbindet mit mehr oder weniger rigiden korporatistischen Institutionen. Als Innovationssystem kann es jedoch sehr wohl als eine Variation des japanischen Systems betrachtet werden insofern, als es auch nur über eine geringe natürliche Ressourcenausstattung verfügt, als es institutionelle Kontinuitäten im Bereich der Wirtschaftspolitik und des Bildungswesens aufweist, die in der aktuellen Situation ob ihrer Kontinuität eher Probleme aufweisen, und einen industriellen Sektor, der über Branchen koordiniert ist und eher horizontale denn vertikale Strukturen aufweist. Nationale Innovativität spielt eine nicht so große Rolle wie in Japan oder in den USA. Wesentliche Akteure des Innovationssystems und damit wesentliche Innovationsimpulse werden gestellt von den - wie auch immer intern organisierten - Wirtschafts-, Bildungs-, Wissenschafts-, Forschungs-, und Technologieministerien. Die Schwächen des deutschen Innovationssystems liegen in den langen Implementationsphasen sowie in historischen Technologie-Versäumnissen.

## 2. Transformationsprozesse und Innovation

Die Gleichzeitigkeit mehrerer Prozesse und die Beteiligung ganz unterschiedlicher Akteure, die sich für den Bereich institutionalisierter Innovation finden läßt, stellt auch den Kern systemischer Transformationsprozesse dar, in deren Verlauf ein staatssozialistisches System in eine demokratische Marktwirtschaft überführt wird. Hierbei spielt die Vergangenheit eine große Rolle. Wir haben es somit weder allein mit dem Problem (der Chance) einer ökonomischen tabula rasa, noch mit der politischen Desorientierung sämtlicher beteiligter Akteure, sondern mit einer Vielfalt tradierter, gewachsener institutioneller Formen und Arrangements zu tun, die den Transformationsprozeß weitgehend determinieren (vgl. Stark 1992). Zusammengefaßt können wir die Ausgangssituation der mittel- und osteuropäischen Transformationsländer (RGW-Länder) - im Sinne eines kleinsten gemeinsamen Nenners - folgendermaßen beschreiben: geringe natürliche Ressourcen (außer UDSSR), Planwirtschaft, hohe Spezialisierung als Folge internationaler Arbeitsteilung auf RGW-Ebene, Dominanz des industriellen Sektors, geringe Produktivität, relativ elaborierte Bildungs- und Ausbildungssysteme, F&E-Ausgaben auf westlichem Niveau, aber wenig Patentanmeldungen, große Wirtschaftseinheiten mit hoher Zentralisierung, geringe institutionelle Differenzierung, Profitmaximierung ist kein dominantes Handlungskalkül des Unternehmenssektors, die Kontrolle innerhalb der Industrie ist relativ gering, wichtig ist die Erfüllung des Plansolls, industrielle Beziehungen: monolithisches Entscheidungssystem, erzwungene Solidarität, Annahme der Interessenübereinstimmung, monistisch-monopolartige Strukturen, Aufgabe der Gewerkschaften: Transmissionsriemen, geringe Arbeitslosigkeit, System der sozialen Sicherung, informelle (IuK-) Netzwerke innerhalb und außerhalb der Wirtschaft.

Verglichen mit den aufgeführten nationalen Innovationssystemen scheint der Ausgangspunkt der Transformation eher ein System der Koordination (Staat, Netzwerke) und der Korporation (Rolle der Gewerkschaften, Freistellung des Individuums von den Strukturen ("sozialistischer Wohlfahrtsstaat"), denn ein liberales System zu sein. "In den Dimensionen Bildungsniveau, Säkularisierung, Entideologisierung und der Ausbildung moderner Großorganisationen hat der Staatssozialismus "klassische" Modernisierungsleistungen erbracht" (Lutz 1994: 561).

### Probleme mit F&E und Innovation

Obwohl der Innovationsinput, d.h. Ausgaben für Forschung und Entwicklung, in den ehemaligen RGW-Ländern durchaus mit dem westlichen Niveau vergleichbar ist und auch im Bereich von Bildung und Ausbildung (Humankapital) durchaus vergleichbare Niveaus anzusetzen sind, liegt der Anteil an Patenten doch erheblich unter dem Niveau entwickelter Marktwirtschaften.

Welche Gründe gibt es hierfür? F&E wird häufig externalisiert,und bei den wirtschaftlichen Akteuren finden sich nur mangelnde Innovationsanreize. Ihr oberstes Ziel ist die Erfüllung des Plansolls. Internationaler Wettbewerb ist nicht handlungsrelevant. Die Bereitschaft zu Risiko wird nicht positiv sanktioniert. Die mngelnde Autonomie der Unternehmen beschneidet ihre Wahl der externen Beziehungen. Aber auch umgekehrt scheiden unproduktive Unternehmen nicht notwendig aus der Produktion aus. Die Strategie realsozialistischer Systeme, Forschung und Entwicklung von der Produktion zu trennen, führt zu einer Fragmentierung des Innovationsprozesses. Außerwirtschaftliche F&E-Organisationen müssen die Innovationen produzieren. Ob sie implementiert werden, darüber entscheiden Planer. Hier treffen die konservativen Grundhaltungen der Unternehmen und die ambivalente Grundhaltung der Ministerien aufeinander. "Die Innovation in der Planwirtschaft ist eine Innovation auf Befehl, auf Anordnung. Naturgemäß wird sich der Planer bevorzugt mit diskreten Schritten befassen. Für den Innovationsprozeß, die kontinuierliche Steigerung der Produktivität sind demgegenüber die kumulativen Effekte marginaler Veränderungen entscheidend, die der einzelne Produzent laufend als Produkt- und Prozeßverbesserungen anbringt" (Wagener 1995: 72f.).

Innovationsentscheidungen laufen immer unter extremer Ungewißheit im Hinblick auf die Kosten ab. Es geht in den Unternehmen jedoch um die Verfügbarkeit von Ressourcen ("rent seeking") und nicht um die Kostenkalkulation. Es handelt sich im allgemeinen um einen angebotsorientierten Innovationsprozeß, d.h. alles, was angeboten wird, wird auch konsumiert. Des weiteren weisen die RGW-Länder eine geringe Exportorientierung auf bzw. eine Konzentration auf Comecon-Länder. Das nationale Kaufkraftvolumen ist jedoch gering.

*Integration im System internationaler Arbeitsteilung*

Die Exporttätigkeit der RGW-Ökonomien ist keineswegs unbedeutend. Hier einge Zahlen für das Jahr 1986: Bulgarien - 42 Prozent; Ungarn - 58 Prozent; Polen - 33 Prozent; CSFR - 32 Prozent, UDSSR - 8 Prozent. Allerdings ist hierbei eine Blockautarkie zu konstatieren, insofern als der Großteil der Exporte innerhalb der RGW-Länder abgewickelt wird, wobei die Sowjetunion sowohl import- als auch exportseitig der wichtigste Handelspartner ist (vgl. Hübner 1993: 552f.). Kennzeichen dieser Blockautarkie sind: bilaterale Fünf-Jahres-Verträge (Fixierung der Import- und Exportmengen) und hohe Inter-Branchen-Spezialisierung (Polen: Schiffsbau und Eisenbahnbau; Bulgarien: elektrische Straßenfahrzeuge und Aufzüge; CSFR: Schwermaschinen, Motorräder, Textilmaschinen und Schuhe; Ungarn: medizinische und pharmazeutische Ausrüstungsgüter, Busse und medizinische Endprodukte; Rumänien: Ausrüstungen zur Erdölverarbeitung). Diese Politik des "managed trade" hat, so Hübner, dazu beigetragen, "... die in den einzelnen Ökonomien jeweils bestehenden technischen Produktionsbedingungen zu konservieren" (Hübner 1993: 553). Die Importkonkurrenz seitens der entwickelten kapitalistischen Länder mußte beschränkt werden.

Für den Transformationsprozeß bedeutet dies, daß die angestrebte Liberalisierung des internationalen Handels auf wenig wettbewerbsfähige Strukturen in den RGW-Ländern stößt. Hübner nennt ein weiteres Problem, die Abhängigkeit der kleineren osteuropäischen Ökonomien von sowjetischem Erdöl und anderen Rohstoffen.

*Die Anfänge der Transformation als Innovationsprozeß*

Die Komplexität und Widersprüchlichkeit der Transformationsaufgaben führt dazu, daß die in Südeuropa beobachtete Sequenzierung der Phasen Liberalisierung, Demokratisierung, Konsolidierung in Ost- und Mitteleuropa nicht zu finden ist. Des weiteren differiert diese Sequenzierung von Land zu Land. Immer mehr Autoren gehen jedoch davon aus, daß die "erste allen gemeinsame Phase" ihrem Ende zugeht. Hiermit ist die Strategie der Geldwertstabilität gemeint. "Davon zeugen stärkere Auseinandersetzungen über die Geld- und Fiskalpolitik nicht nur unter den wirtschaftspolitisch Verantwortlichen in den Ländern, sondern auch mit dem IWF; es kündigen sich Kurskorrekturen in der Budget-, Fiskal- und Wechselkurspolitik an" (Gabrisch 1993: 24). Inwieweit sich hieraus eine Strategie der Wachstumsorientierung ergibt, bleibt noch offen. Einige Studien belegen die F&E-Schwäche der Transformationsgesellschaften. Von vorrangiger Bedeutung sind hier die rückläufigen F&E-Zahlen im privaten Sektor. Meske (1994) spricht z.B. für den Osten Deutschlands von einer drohenden Peripherisierung. Für das internationale Patentaufkommen ergeben sich folgende Zahlen: Von vierunddreißig Ländern (USA 1 (97442), Japan 2 (92100), BRD 3 (46520) liegt Polen auf Platz 20 (3851), Ungarn auf Platz 26 (2112), Rumänien 27 (2100), CSFR 29 (1751), Bulgarien 34 (394) (Industrial Property Statistics 1992) Ein Ergebnis der vergleichenden Analyse nationaler Innovationssysteme bestand in der Erkenntnis, daß die wirtschaftlichen Unternehmen den Kern des Innovationssystems darstellen. Daraus ergibt sich für die Transformationsländer die Notwendigkeit, Privatisierungsstrategien zu erarbeiten (vgl. z.B. Heidenreich 1994), die ein nationales Innovationssystem befördern können und in einem nächsten Schritt die Frage der Handlungsautonomie der einzelnen Akteure zu lösen. Dies verweist auf die herausragende Rolle, die dem Staat im Prozeß der Transformation zukommt. Wittkowsky erwartet von den relevanten Akteuren in den "erfolgreicheren" Transformationsländern die Erkenntnis, "... daß der Aufbau einer dynamischen Wirtschaft bestimmte Strukturmerkale aufweist, an denen sich nationalstaatliches Handeln orientieren kann. Hierzu gehören über einen leistungsfähigen Agrarsektor hinaus - zu dem Preisreform und Privatisierung mit Sicherheit beitragen können - eine breitenwirksame Binnenmarkterschließung, eine hohe Verflechtung der Wirtschaft, die Angleichung der Produktivitätsniveaus aller Wirtschaftssektoren und die Zunahme der Branchen mit hohem Verarbeitungsgrad. Dementsprechend ist im Rahmen einer nationalökonomischen Entwicklung - ... - eine selektive, weltmarktorientierte Industriepolitik gerechtfertigt, die zwar kurzfristig zu einer suboptimalen Ressourcenallokation führen mag, aber durch den Schutz junger Industrien (infant industries) den Aufbau eines nationalen Innovations- und Wissenspotentials - und somit das mittel- und langfristige Überleben auf dem Weltmarkt - zumindest in den Bereich des Möglichen zu rücken" (Wittkowsky 1992: 592). Eine derartige Strategie impliziert, daß das bislang dominante Ziel der Geldwertstabilität dem Ziel der Wachstumssteigerung weicht (vgl. Gabrisch 1993). So verweist Wittkowsky darauf, daß auch im Hinblick auf die Sequenzierung bestimmte Strategien von Vorteil wären: Binnenmarktliberalisierung vor Öffnung nach außen; Liberalisierung der Gütermärkte vor Liberalisierung der Geldmärkte (insb. internationaler Kapitalverkehr) und regulative Begrenzung.

*Ausblick*

Die folgenden Aussagen gelten im wesentlichen für die vier bzw. fünf relativ erfolgreichen Transformationsländer, die sich bereits in starkem Maße am westlichen Modernisierungsmodell orientieren: Ungarn, Polen, Tschechien und Slowakei sowie die ehemalige DDR. Meine These lautet, daß für die zweite Phase der Transformation, die Phase der Wachstumsorientierung, die korporatistischen Innovationsmodelle Japans und Deutschlands adäquatere Orientierungsmodelle darstellen denn der Liberalismus amerikanischer Provenienz. Ausgehend von der Tatsache, daß der Großteil der Transformationsländer über eine lediglich geringe Ausstattung mit natürlichen Ressourcen verfügt und durch den Zusammenbruch des realen Sozialismus in Europa den Zugang zu den sowjetischen Ressourcen weitgehend verloren hat, scheint es für die Gesellschaften im Umbruch nahezuliegen, eine Förderung der Humanressourcen zu betreiben sowie eine Stärkung der Exporttätigkeit anzustreben, um über ausreichende Mittel zur verfügen, externes Wissen vor allem im Bereich neuer Technologien zu importieren. Des weiteren findet sich ein weitgehender Zusammenbruch existierender Institutionen, die jedoch sehr wohl ihre Spuren im Alltagshandeln der Individuen hinterlassen. Um wirtschaftliche und soziale Innovationen zu institutionalisieren, scheint es angebracht, sich eher an den japanischen bzw. deutschen Institutionen denn an den amerikanischen zu orientieren; dies nicht allein deshalb, weil die Nationen, die letzteres taten - wie Großbritannien und Irland - große Probleme haben im Hinblick auf die Genese eines nationalen Innovationssystems. Korporatismus als Steuerungsmodell scheint den ehemaligen sozialistischen Gesellschaften näher zu liegen als Liberalismus. Die Aufgabe des Staates als Förderer von Wissenschaft und Technologie wird allseits betont, und das Muster der amerikanischen "spin-offs" scheint nicht auf den Osten zu passen. Abzuwägen wäre hier zwischen dem zentralistischen Modell Japans und der in Deutschland auf Länderebene durchgesetzten Dezentralisierung weiter Politikfelder. Die zunehmende Bedeutung der Region ist gerade auch im Hinblick auf Innovativität und Wettbewerbsfähigkeit zu beachten. Der hohe Anteil von Großunternehmen scheint ein Modell industrieller Koordination nahezulegen, das sich weniger über Branchen denn über Unternehmensgruppen generiert. Unvollkommener Wettbewerb wird, schon allein wegen der Ausgangssituation der Transformation, über lange Zeit die Märkte in Mittel- und Osteuropa beherrschen.

**Literatur**
Blättel-Mink, Hg. (1995), Nationale Innovationssysteme. Vergleichende Fallstudien. Studentische Arbeiten Nr. 1, Abteilung für Soziologie, Universität Stuttgart.
Gabrisch, Hubert (1993), Im Zeichen westlicher Rezession: die Wirtschaftslage der post-sozialistischen Länder im ersten Quartal 1993 und Ausblick 1993/94. Wien: WIIW.
Heidenreich, Martin (1994), Die mitteleuropäische Großindustrie im Transformationsprozeß. In: ZfS 23, Nr. 1, S. 3-21.
Herr, Hansjörg und Westphal, A. (1990), Die Transformation von Planwirtschaften in Geldwirtschaften. Ökonomische Kohärenz, Mindestschwelle der Transformation, außerwirtschaftliche Strategie. WZB FSI 90-9. Berlin.

Hübner, Kurt (1993), Osteuropa als neuer "Hinterhof" Westeuropas? In: Jakobeit, C./Yenal, A. (Hg.): Gesamteuropa. Analysen, Probleme und Entwicklungsperspektiven. Opladen. S. 541-563.
Lash, Scott (1993), Reflexive Rigiditäten. In: Schäfers, B. (Hg.): Lebensverhältnisse und soziale Konflikte im neuen Europa. Verhandlungen des 26. deutschen Soziologientages. Frankfurt am Main, S. 194-202.
Levcik, Friedrich (1989), Der technologische Rückstand in den RGW-Ländern - fehlende Anreize. Wien: WIIW.
Lundvall, Bengt-Ake (1992), Introduction: In: ders. (Hg.): National systems of innovation. Towards a theory of innovation and interactive learning. London, S. 1-19.
Lutz, Burkart (1994), Institutionen und Interessen - Erste Thesen und Überlegungen zum Prozeß der System-Transformation. In: Berliner Journal für Soziologie, Nr. 3, S. 365-379.
Meske, Werner (1994), Veränderungen in den Verbindungen zwischen Wissenschaft und Produktion in Ostdeutschland. WZB P94-402. Berlin.
Nelson, Richard E. (1993), A retrospective. In: ders. (Hg.): National innovation systems. A comparative analysis. Oxford, S. 505-523.
Offe, Claus (1994), Der Tunnel am Ende des Lichts. Erkundungen der politischen Transformation im Neuen Osten. Frankfurt am Main.
Porter, Michael E. (1990), The competitive advantage of nations. New York.
Riese, Hajo (1992), Transformationsprozeß und Stabilisierungspolitik. In: Gahlen, B. u.a. (Hg.): Von der Plan- zur Marktwirtschaft. Eine Zwischenbilanz. Tübingen.
Soskice, David (1994), Innovation strategies of companies: A comparative institutional approach of some cross-country differences. In: Zapf, W. und Dierkes, M. (Hg.): Institutionenvergleich und Institutionendynamik. WZB-Jahrbuch 1994. Berlin, S. 271-289.
Stark, David (1992), From System Identity to organizational diversity: Analyzing social change in Eastern Europe. In: Contemporary Sociology 21, S. 299-306.
von Beyme, Klaus (1994), Systemwechsel in Osteuropa. Frankfurt am Main.
Wagener, Hans-Jürgen (1995), Anlage oder Umwelt? Überlegungen zur Innovationsschwäche der DDR-Wirtschaft. In: Berliner Debatte INITIAL, Nr. 1, S. 67-82.
Wittkowsky, Andreas (1992), Alternativen zu Schocktherapie und Verschuldung, In: PROKLA 89, S. 592ff.

Dr. Birgit Blättel-Mink, Universität Stuttgart, Institut für Sozialforschung, Abt. f. Soziologie, Kronenstr. 36, D-70174 Stuttgart

## 2. Beruf als institutioneller Hyperzyklus

*Michael Corsten*

### 1. Einzelgesellschaftliche Institutionen und globale Regulationsprozesse

In der Soziologie ist es stiller um das Thema 'Beruf' geworden. Dies hängt wohl damit zusammen, daß seit Ende der siebziger und vor allem der achtziger Jahre aus unterschiedlichen Perspektiven Prognosen der Entberuflichung (Lutz 1989) betont wurden und die Beobachter/innen der Gesellschaft sich stärker spezifischen Berufs- und Arbeits-Milieus (Dienstleistungsberufe,

Techniker) zuwandten und diese als professionskulturelle Sachverhalte deuteten (Gerhards 1988). Aktuell wird die allgemeine Berufsthematik wieder stärker in der Berufspädagogik diskutiert (Arnold 1993, Greinert 1994), allerdings auch hier vor dem Hintergrund von Krisen- und Verfallsdiagnosen. So fragen selbst nüchterne Soziologen wie Karl Ulrich Mayer (1995a): "Das duale System der beruflichen Ausbildung - Ultrastabilität oder Auflösung?"

Ganz unabhängig davon entwickelte sich ebenfalls seit Ende der siebziger Jahre die Thematik der "Neuen Internationalen Arbeitsteilung" (Fröbel u.a. 1977), die Ende der Achtziger durch die Verkopplung mit dem allumfassenden Globalisierungsthema (z.B. Sassen 1994) an Popularität unter Sozialwissenschaftler/innen gewonnen hat. Die Globalisierungssemantik (die Art, wie Gesellschaftsanalytiker/innen das Thema formulieren) legt nahe, daß die Betrachtung nationalwirtschaftlicher Kuriosa - wie etwa das spezifische bundesdeutsche System der Verberuflichung der Erwerbsarbeit - zur Vergangenheit gehören (Zündorf 1994). Eine weltgesellschaftstheoretische Perspektive unterschätzt die Bedeutung spezifisch nationalstaatlicher Institutionen, generell partikular-konstituierter sozialer Einheiten, wenn die Etablierung globaler Regulationsmechanismen ausschließlich als Zurückdrängung partikularer sozialer Strukturen oder umgekehrt partikulare soziale Einheiten ausschließlich als Hemmnis für Globalisierungsdynamiken betrachtet werden. Ich sehe dagegen - durchaus in Übereinstimmung mit bestimmten Globalisierungsdiagnosen (Sassen 1994, Korff 1995) - eine gegenseitige Stützung von sozial-partikularen Konstitutionsprozessen und universellen Austauschbeziehungen und werde dies an der Verberuflichung des bundesdeutschen Arbeitsmarktes exemplifizieren.

*2. Beruf und Arbeitsmarkt - Einige Charakteristika des deutschen Berufssystems*

*a) Die berufliche Strukturierung der Erwerbsarbeit - theoretische Perspektiven*

Berufe werden soziologisch traditionellerweise (Weber 1920) als spezifische Ausformung von Arbeitsqualifikation aufgefaßt. In der neueren Soziologie gilt die präzise Trennung von Arbeit, Beruf und Profession (Hartmann 1968). Demnach ist Beruf mehr als 'rohe Arbeit', weniger als Professionalität (siehe dazu Parsons 1939, Oevermann 1978). Im bundesrepublikanischen System ist Beruf eine Form der Bildungsqualifikation, die in einem abgegrenzten System der Bildung, nämlich dem sogenannten System der dualen Berufsausbildung erworben wird. Berufe sind im Kern die "staatlich anerkannten Ausbildungsberufe" und demnach Bildungszertifikate, die durch besondere soziale Anerkennungsmechanismen (rechtlich fixierte Ausbildungsverfahren, Prüfungskontrollen) abgestützt werden (Parsons 1975).

Im Fall des Berufs ist die Wirkungsweise der über Zertifikate geregelten Anerkennungs- und Berechtigungsmechanismen mit Koordinationsleistungen in verschiedenen gesellschaftlichen Teilbereichen verkoppelt. Ich möche dies an der Kennzeichnung von drei grundlegenden Funktionen des Berufes veranschaulichen:
– dersozialintegrativen Funktion des Berufes (Abschnitt 2.b);
– der sachlich systematisierenden Bedeutung des Berufs (Abschnitt 2.c) und
– der ökonomischen Funktion des Berufes (Abschnitt 2.d).

Erst die Rekapitulation der Gesamtkoordination auf diesen verschiedenen Ebenen macht deutlich, warum es sinnvoll ist, Beruf als institutionellen Hyperzyklus aufzufassen.

*b) Sozialintegrative Funktion des Berufs*
Von gesamtgesellschaftlicher Bedeutung ist die sozialintegrative Funktion des Berufs. Der Beruf verstärkt die Absicherung von Übergängen im Leben, insbesondere die Übergänge von der Schule in die Berufsausbildung und von dort in die 'eigentliche' Erwerbstätigkeit (als ausgebildete Kraft). Empirische Zahlen dazu sind nach wie vor imposant. Das durchschnittliche Alter eines Auszubildenden liegt seit 1990 bei 19 Jahren. Nimmt man die Gruppe der 18-20jährigen als Bezug, so befanden sich 1992 73% der Männer und 55% der Frauen dieser Alterklassen in einer praktischen Berufsausbildung (Berechnung nach Grund- und Strukturdaten). Bemerkenswert ist zudem die traditionell günstige Arbeitsmarktsituation von Jugendlichen in der BRD. Die Arbeitslosenquoten der unter 25-jährigen liegen nicht nur unter der allgemeinen Quote in Deutschland, sondern sind vor allem niedriger als in den meisten anderen westlichen Industrienationen (Allmendinger 1989). Hier schließen Länder mit ausschließlich schulischer bzw. ausschließlich innerbetrieblicher Ausbildung erheblich schlechter ab.

Die berufliche Ausbildung sichert auch den einmal erworbenen Berufsstatus ab und damit das Kernelement der "endogenen Strukturierung" der Erwerbs- und Lebensverläufe. Die Lebensverlaufsanalysen des MPI für Bildungsforschung (Blossfeld 1990; Mayer 1995b) belegen, daß die berufliche Erstplazierung - d.h. der Übergang von der Lehre in die Beschäftigung als ausgebildete Fachkraft - von erwerbsbiographisch prägender Wirkung ist.

Die sozialintegrative Funktion des Berufs zeigt sich auch gegenwärtig in der Bedeutung beruflicher Qualifikation für die Transformation des Erwerbssystems speziell in Deutschland (vgl. dazu die Arbeiten von Diewald und Solga 1995, Sackmann und Wingens 1995, Wolfinger 1993).

Für die sozialintegrative Funktion ist die Verknüpfung des Berufs mit dem Tarifsystem, aber auch mit weiteren sozialstaatlichen Elementen, z.B. dem Arbeits- und Sozialrecht, bedeutsam. So betonen Hesse und Filthuth (1993) erneut die Relevanz der Berufskategorie im Fall von Berufsunfähigkeit auf. Demnach sind die einschlägigen arbeits- und rentenrechtlichen Regulierungen nicht an "roher Arbeitskraft", sondern an der Kategorie des Berufs orientiert, was sich aus dem Art. 12 GG ableiten lasse.

Der Vergleich von bisherigem Beruf und zumutbarem Verweisungsberuf ähnelt der Bedeutung, die der Beruf im Arbeitsvertragsrecht erlangt. Dabei ist von besonderer Bedeutung, ob in einer Stellenausschreibung bzw. in einem Arbeitsvertrag der Beruf als Stellenvoraussetzung genannt wurde. Diese Voraussetzung ist dann verbindlich, wenn eine Person als beruflich qualifizierte Arbeitskraft und damit für eine *bestimmte Tätigkeit* eingestellt wurde und deshalb nur begrenzt innerhalb des Betriebes versetzt werden kann (vgl. Bundesarbeitsgericht, Urteil vom 20.12.1984, DB 1985, S. 2689).

*c) Sachliche und systematisierende Bedeutung des Berufs - Orientierungsfunktion*
Dieser Aspekt ist in der berufssoziologischen Forschung unterbelichtet. Lediglich eine ältere Studie von Hans Geser (1981) befaßt sich in "funktional-morphologischer" Hinsicht mit Berufsqualifikationen. Entscheidend ist, daß man die Analyse von Geser benutzen kann, um die formale Rationalisierung der beruflichen Bildung durch ein spezifisch ausdifferenziertes Berufsbildungssystem zu begreifen. Dabei wird der Gesamtbestand von Wissen (über berufliche Qualifikation und damit verbundene Fertigkeiten, sowie deren Kompatibilität mit bestimmten Produktionsfor-

men, Techniken, Produktionsmitteln, usf.) nicht einfach in Form von klassisch-schulischen didaktischen Vermittlungsprozessen 'theoretisch' bzw. allgemein modellhaft und systematisch vermittelt, sondern durch eine Mischung von systematischen und kasuistischen (in spezifisch praktischen Handlungsprozessen erworbenen) Lernprozessen tradiert. Diese spezifische Funktionsleistung - die Verbindung der Vermittlung systematischen und kasuistischen Wissens - stellt das Rationalitätskriterium berufliche Ausbildung (Lempert 1995) dar, und genau in dieser Hinsicht wird die Kultivierung beruflicher Kompetenzen rationalisiert.

Auf einer konkreteren Ebene wird die Verwendbarkeit der beruflichen Qualifikationen für Nachfragende aus der Gesellschaft gesteigert. Dies läßt sich anhand verschiedener, hier eher kurz skizzierter, Merkmale charakterisieren.

Enge Kontrolle und hoher Standardisierungsgrad der Ausbildung schaffen ein hohes Niveau an Qualifikationen, die dem Markt bzw. den Betrieben zur Verfügung stehen. Durch die partielle Verlagerung der Ausbildung in die betriebliche Sphäre werden Synergieeffekte erzeugt (Aneignung neuen Wissens durch Ausbilder, nebenberufliche Weiterqualifikation von Meistern). Die duale Ausbildung ist zwar um spezifisch fachliche Kompetenzen zentriert, jedoch werden dabei generellere "Schlüsselqualifikationen" und "Jedermann-Qualifikationen" en passant mit erworben. Spezifische Ausbildungen müssen nicht (und tun dies in der Regel auch nicht) zu borniertem Spezialistentum führen, sondern stellen eine flexible Ausgangsbasis für berufliche Weiterbildung dar (Becker 1991, Staudt 1995). Deutlich wird zudem der hohe Grad, mit dem die sachliche Differenzierung der Qualifikationsprofile einzelner Berufe innerhalb der bundesdeutschen Klassifikation bis in curriculare Bestimmungen (Ausbildungs- und Prüfungsordnungen, vgl. dazu Reetz/Seyd 1995) eingegangen ist. Vor allem berufspädagogisch werden stetig Reflexions- und Selbstkontrollschleifen in die Gesamtbewertung des Berufsbildungssystem eingewoben.

*d) Ökonomische Relevanz des Berufs*

Formal betrachtet handelt es sich beim Beruf um ein Bildungszertifikat mit gesellschaftlich weitreichender Anerkennung. Der Besitzer dieses Zertifikats ist berechtigt, sich auf Stellen zu bewerben, die auf Personen beschränkt sind, die die durch den Berufstitel bescheinigte Qualifikation besitzen. Erwerbstätige bieten dementsprechend keine rohe Arbeitskraft an, sondern zertifizierte Qualifikationen. Unternehmen bzw. betriebliche Organisationen können sich darauf einstellen und Kompetenzbescheinigungen zur Einstellungsvoraussetzung machen. Insofern zerfällt der Arbeitsmarkt in eine Vielzahl kleinerer vornehmlich beruflich konstituierter Märkte.

Dabei sind Berufe und Arbeitsmarkt noch mit verschiedenen institutionellen Rahmungsprozessen verkoppelt, insbesondere mit dem Tarifsystem. Nicht nur, daß auf der einen Seite Vertreter von Unternehmen und Gewerkschaften eine Reihe von berufsbildungsrelevanten Einrichtungen paritätisch besetzen, die Ausbildungs- und Prüfungsordnungen der Berufe (Streeck u.a. 1987, Streeck 1992) mitgestalten; das Tarifsystem generell berücksichtigt in hohem Maße berufliche Differenzierungen.

Auf der makroökonomischen Ebene erfüllt der Beruf somit mindestens zwei Funktionen:
(1) die Allokation von Arbeitsqualifikationen (Humankapital) für die Märkte verschiedener Berufe und die Regulierung der Selektions- und Statusdistribution, d.h. des Zugangs zu den unterschiedlich dotierten Berufen und Berufspositionen.

(2) Die Orientierung an Berufsbildern kann Informations- und Orientierungs- sowie Kontrollprozesse erleichtern. Dies hängt mit der tendenziellen Unterbestimmtheit des Arbeitsvertrags zusammen, der Risiken der "hidden action" und "hidden information" (Arrow 1986) hervorruft. Der Beruf enthält somit das Potential, Transaktionskosten, die mit allgemeinen Formen des Beschäftigungs/Arbeitsvertrages entstehen würden, zu minimieren.

Wenn man also danach fragt, aus welchen Gründen für ein dezentral reguliertes ökonomisches System der Beruf derart wichtige Funktionen übernehmen kann/soll, ist auf die Einsparung von Such-, Informations- und Entwicklungskosten hinzuweisen, die für die Anbieter und Nachfrager von Arbeitskraft entstehen, wenn sie berufliche Bildung an Institutionen delegieren und sich an Berufszertifikaten orientieren.

## 3. Beruf als institutioneller Hyperzyklus

Ich möchte nun den Beruf bzw. Verberuflichung als institutionellen Hyperzyklus betrachten.

*Institutionen* möchte ich hier als Komplex von Regelungen bestimmen, die durch allgemeinverbindliche (zumindest innerhalb einer sozialen Ordnung) Verfahren abgesichert sind. Diese Absicherung beinhaltet zumindest drei folgende Merkmale:
1. die Eindeutigkeit der institutionellen Geltung,
2. die Bekanntheit des allgemeinverbindlichen Charakers und
3. die Kopplung an Sanktionsmechanismen, die zur Einhaltung der Regelungen motivieren sollen.

Hyperzyklus-Modelle (Teubner 1987) unterstellen eine Gleichzeitigkeit verschiedener gesellschaftlich produzierter Systemkomponenten.

Vereinfacht gesprochen bedeutet *hyperzyklische Verkettung* die systemische Koordination von Handlungen und/oder Handlungsketten über bestimmte Effekte der miteinander verbundenen Handlungsketten, die erst im Zusammenhang ein bestimmtes Ordnungsniveau erzeugen. D.h. die Verbindung der Resultate miteinander verknüpfter Handlungskomplexe bringt erst das Handlungsschema hervor, das als eigenständige, abgrenzbare Ordnung gilt.

Als *institutionellen Hyperzyklus* bezeichne ich einen Komplex von Regelungen, die in unterschiedlichen gesellschaftlichen Bereichen verbindlich sind und zugleich durch den Gebrauch in diesen gesellschaftlichen Bereichen die sanktionierende Kraft der Regelungen in anderen gesellschaftlichen Bereichen stärken.

Mir scheint dieser *hyperzyklische Verknüpfungsmodus im Fall der Institution Beruf* gegeben zu sein. Der Beruf ist ein institutioneller Hyperzyklus, der die Möglichkeit wahrscheinlicher macht, daß spezifische Aspekte der Erwerbstätigkeit und der Erwerbsbiographie in verschiedenartig konstituierten sozialen Handlungssphären (Bildung, Arbeits- und Sozialrecht, Tarifsystem, Arbeitsmarkt, Sozialstaat, Unternehmen) auf gleichartige Weise aufgegriffen werden können und damit erst zu einem relevanten und behandelbaren Fall für dieses Handlungsfeld werden. Dies gelingt dabei unter Zuhilfenahme des sozialen Wissens, das über Berufsbilder konstituiert und sozial festgeschrieben ist (Berufsskript) festgeschrieben, aber auch in den genannten Bereichen jeweils in spezifischen Subsphären prozessiert (weitergegeben) wird.

## 4. Der institutionelle Hyperzyklus Beruf als Standortfaktor

### a) Krisenbefürchtungen - Duales System am Scheideweg?

Abgesehen von der noch zu behandelnden Standortproblematik wird die Bedeutung des Berufs für den Arbeitsmarkt und die Gesellschaft zunehmend skeptisch betrachtet. Dafür werden in der Diskussion (Arnold 1993, Tessaring 1993, Greinert 1994, Mayer 1995a) viele Gründe genannt, ich möchte hier wenigstens zwei sehr bedeutsame nennen.

a) die Steigerung des allgemeinen Bildungsniveaus bei der jüngeren Bevölkerung, kurz auch als "Bildungsexpansion" betrachtet;

b) der Anreizverlust von Ausbildungsinvestitionen für Betriebe; wobei in beiden Fällen wenig Klarheit - eher Mutmaßung - über die strukturellen Ursachen dieser Tendenzen herrscht.

Selbst wenn beide Tendenzen stimmen - und sich womöglich miteinander verbinden -, bedeutet dies noch nicht unbedingt eine abnehmende Relevanz des Berufs. Hochschulabsolventen mit zusätzlicher praktischer Berufsausbildung könnten für Unternehmen ein Kompetenzprofil mit unschätzbarem Wert sein; der Besitz des Abiturs schließt empirisch offenbar nicht aus, daß Personen mit diesem Bildungsabschluß eine praktische Berufsausbildung beginnen. Der Anteil dieser Personen liegt seit Mitte der achtziger Jahre bei 14-15 % aller Auszubildenden (vgl. BmBW; Grund- und Strukturdaten 1990/91ff.) Der Anteil von Personen mit Hauptschulabschluß unter den Auszubildenden ist leicht rückläufig, die Gruppe der jenigen mit Mittlerer Reife steigt relativ leicht (vor allem bei Frauen) an.

### b) Hohe berufliche Qualifikation als Standortfaktor

Ein möglicher externer Grund dafür, daß die Kosten des bundesdeutschen Berufssystems zu einem entscheidenden Standort-Problem werden (Wolff 1994, Schmidt 1995), könnten Globalisierungstendenzen von transnationalen Konzernen sein. Die Zunahme internationaler Handlungskoordinationen könnte bedeuten, daß nationalstaatliche Strukturen wie die Institution des Berufs an Funktionen verlieren.

Derartige Vorstellungen geraten aber schon bei der Analyse ganz zentraler Globalisierungsarenen - wie des Weltmarkts - in Schwierigkeiten. Die Dynamik weltmarktlicher Koordinationsprozesse beruht oftmals sogar auf national und/oder regional konstituierten Disparitäten, die 'freien Außenhandel' zu einer sinnvollen Maxierungsstrategie machen. Diese Einschätzung ist zudem eine Denk- und Handlungsvoraussetzungen der klassischen politischen Ökonomie und gilt demnach seit der Frühzeit kapitalistischer Ökonomien (und ebenso für Zentralverwaltungswirtschaften). Eine Reihe von Globalisierungsphänomenen setzen also geradezu voraus, daß regional und/oder national konstituierte Differenzen vorliegen - wenn es überall auf der Welt gleich wäre und aussähe, bräuchte man weder zu verreisen noch mit Fremden zu tauschen. Insofern können institutionell begründete einzelgesellschaftliche Sonderwege zu Disparitäten zu anderen Gesellschaften führen, die einer Globalisierung förderlich sind.

Ein beruflich strukturierter Arbeitsmarkt bewirkt einen 'Standort-Vorteil', wenn er einen hohen Qualifikationsstand der Erwerbspersonen verstärkt und dies die Produktion innovativer Hochtechnologien ermöglicht. Dies würde die Außenhandelsposition dieser nationalstaatlich begrenzten Gesellschaft und damit deren Wirtschaftswachstum verbessern. Die durch die Ermöglichung eines Handels mit qualitativ hochwertigen Gütern entstehenden Zugewinne müßten mit den Kosten dieser spezifischen Institutionalisierung eines Arbeitsmarktes verrechnet werden.

5. *Szenarien der Kombination einzelgesellschaftlicher Institutionen mit globalen Regulationsprozessen*

Daraus läßt sich die These entnehmen, daß auch ein institutionell aufwendiges Erwerbssystem spezifische Wettbewerbsvorteile (Marktführerschaft in technisch exklusiven Konsum- und Investitionsgütermärkten) besitzen kann.

Allerdings liegt darin auch das entscheidende Problem - makroökonomisch wie mikroökonomisch (betriebswirtschaftlich). Die Bundesrepublik wird sicherlich weiterhin Standort einer "Hochtechnologie-Ökonomie" bleiben. Allerdings bindet sie sich sowie ihre Wirtschaftsakteure (Unternehmen, Erwerbspersonen, Haushalte) an eine spezifische Risikostruktur, die man in Anlehnung an Deal und Kennedy (1984) als "bet-your-Company-Style" bezeichnen kann. Vor allem Unternehmen (aber auch Erwerbstätige in Bezug auf allgemeine und berufliche Bildung) sind zu enormen Investitionen (und Abgaben an den Staat, die - wie hier bei der Berufsbildung - partiell investive Funktion haben) gezwungen und gehen dabei das Risiko ein, den Investitionsbogen zu überspannen. Einzelwirtschaftlich wird die Abfederung dieses Risikos rational - z.B. durch Internationalisierung des Firmenkapitals, Auslagerung von Teilproduktion. Prognostisch vorauszusagen, auf welche Mischung die bundesdeutsche Ökonomie im nächsten Jahrtausend zusteuert, wird ausgesprochen schwer - verschiedene Entwicklungsszenarien deuten sich an:

(1) *Die Europäisierung des Arbeitsmarktes*

Hier wird es um die Frage gehen, ob sich Berufsklassifikationen als gesamteuropäische Institution implementieren lassen. Dabei könnten bestimmte bestehende nationale Modelle (wie z.B. das duale System) für Europa dominant oder zumindest regulativ relevant werden oder lockere institutionelle Kopplungen (z.B. gegenseitige Anerkennung der Berufsabschlüsse der EG-Länder) sich durchsetzen (vgl. Piehl und Sellin 1995). Allzu gravierende Folgen wären zudem von der letzteren Variante kaum zu erwarten.

(2) *Arbeitsmigration aus und Kapitalwanderung in osteuropäische/n Länder*

Von gewisser Attraktivität könnten Arbeitsmigranten aus und Standortverlagerungen in osteuropäische Länder für Unternehmen, vor allem transnational operierende Konzerne sein. Zumindest in einigen dieser Nationen werden hoch qualifizierte Arbeitskräfte (Faßmann und Münz 1993) vermutet, so daß auch die Übertragung von Hochtechnologie-Produktion in diese Länder bzw. die Nutzung von Arbeitsmigranten am 'Binnenstandort' möglich erscheint. Die daraus resultierenden Strategieoptionen führen jedoch nicht immer zu Optimierungen (aus der Sicht von Arbeitskräftenachfragern).

Die Anstellung von Migranten stößt auf Grenzen des Arbeitsrechts und der Tarifgesetzgebung. Die Standortverlagerung in osteuropäische Regionen trifft mindestens auf zwei gravierende Probleme, die Investitionen darin nicht reizvoller macht: (a) Zwar mögen in Bezug auf eine Reihe von fachlichen Qualifikationen osteuropäische Arbeiter ein vergleichsweise hohes Niveau aufweisen, es ist jedoch selten erwartbar, daß die Kombination von Fachkompetenzen, die für eine Organisation effizient wäre, genau vorgefunden werden würde. Das bedeutet, daß eine Reihe von Qualifikationen doch wieder aus der Herkunftsländern dieser Firmen mitgebracht werden muß, damit Technologie-Park und organisationales Leben in Gang kommen. (b) Und selbst wenn diese Barrieren noch überwindbar sind, bleibt die Frage nach der Standortqualität der Region, des "Distrikts", in der man ansiedeln will, bestehen. Wie etwa werden sich Beziehungen zu Zulieferern gestalten, welche Transport-, Informations- und Kommunikationswege sind 'zügig befahrbar', damit die Produktion nicht ins Stocken gerät.

(3) *Verlagerung von Produktionsstätten in Schwellenländer*
Auch diese Option erweist sich bei näherer Betrachtung als limitiert. Zum einen beziehen sich die 'bestechenden' Beispiele dieser Art von Kapitalwanderung nach wie vor auf ganz bestimmte Industriezweige, deren Produktionsstruktur zudem als proto- bis frühindustriell gekennzeichnet werden könnte. Es handelt sich somit um Branchen, die sich im Zuge der Technisierung der Ökonomie als wenig innovativ erwiesen haben. Zum anderen verfahren neu aufkommende Ökonomien oftmals wesentlich 'protektionistischer' gegenüber Wirtschaftsakteuren aus dem Ausland, als dies umgekehrt der Fall ist.

Das Schicksal entwickelter (nationaler) Ökonomien wird die Verlangsamung oder gar Stagnation ihrer wirtschaftlichen Produktivität sein. Auch zukünftig werden sie neidisch und ängstlich zugleich aufholende Regionen belauern, die enorme Wachstumsraten aufweisen werden. Die Wertschöpfung entwickelter Ökonomien wird sich dagegen graduell nur geringfügig und qualitativ in manchen Bereichen innovativ (z.B. Ökologie, Genbiologie/-technologie) verändern. Die ökonomische Orientierung entfernt sich dann von instrumentellen Orientierungen an quantifizierbaren Wachstumszielen zu konsumatorischen Kriterien, die die Prozeßqualität des Wachstums, der Produktion gesellschaftlichen Reichtums reflektieren.

Die Nachfrage nach Beruf wird sich dann in Richtung "postindustrieller" Tätigkeits- und vor allem Dienstleistungskompetenzen (s. dazu auch Esping-Andersen 1991:197ff.) entwickeln, zunehmend werden technisch-wissenschaftliche Serviceleistungen für Produzenten, soziale Aufgaben für die institutionell begrenzte Gesellschaft und "Fun Services", die Unterhaltung und Rekreation ("leisure, eating, drinking, and lodging", Esping-Anderson 1991: 199) anbieten.

**Literatur**
Allmendinger, Jutta (1989), Career mobility dynamics. A comparative analysis of the United States, Norway, and West Germany. Studien und Berichte, Bd. 49. Berlin.
Arnold, Rolf (1993), Das duale System der Berufsausbildung hat eine Zukufunt. Leviathan 21: 89-102.
Arrow, Kenneth J. (1986), Agency and the market. In: Arrow, Kenneth J./Intriligator, Michael D. (Hg.), Handbook of Mathematical Economics, Bd. III.
Becker, Rolf (1991), Berufliche Weiterbildung und Berufsverlauf. Eine Längsschnittuntersuchung von drei Geburtskohorten. In: Mitteilungen aus der Arbeitsmarkt- und Berufsforschung 2: 351-364.
Blossfeld, Hans-Peter (1990), Berufsverläufe und Arbeitsmarktprozesse. Ergebnisse sozialstruktureller Längsschnittuntersuchungen. In: Lebensverläufe und sozialer Wandel. Kölner Zeitschrift für Soziologie und Sozialpsychologie, Sonderheft 31: 118-145.
Deal, Terrence E. and Kennedy, Allan A. (1984), Corporate cultures. The rites and rituals of corporate life. London.
Diewald, Martin und Solga, Heike (1995), Ordnung im Umbruch? Strukturwandel, berufliche Mobilität und Stabilität im Transformationsprozeß. In: Clausen, Lars (Hg.): Gesellschaften im

Umbruch. Verhandlungen des 27. Kongresses der Deutschen Gesellschaft für Soziologie in Halle an der Saale. Frankfurt am Main/New York. (im Druck)

Esping-Andersen, Gøsta (1991), The three worlds of welfare capitalism. Princeton, New Jersey.

Faßmann, Heinz/Münz, Rainer (1993), Europäische Migration und die Internationalisierung des Arbeitsmarktes. In: Strümpel, Burkhard/Dierkes, Meinolf (Hg.): Innovation und Beharrung in der Arbeitspolitik. Stuttgart.

Fröbel, Folker, Heinrichs, Jürgen und Kreye, Otto (1977), Neue internationale Arbeitsteilung. Strukturelle Arbeitslosigkeit in den Industrieländern und die Industrialisierung der Entwicklungsländer. Reinbek.

Gerhards, Jürgen (1988), Emotionsarbeit. Zur Kommerzialisierung von Gefühlen. In: Soziale Welt 39: 47-65.

Geser, Hans (1981), Eine funktional-morphologische Theorie der Berufsqualifikationen. In: Schweizerische Zeitschrift für Soziologie 7: 399-434.

Greinert, Wolf-Dietrich (1994), Berufsausbildung und sozio-ökonomischer Wandel. Ursachen der "Krise des dualen Systems" der Berufsausbildung. In: Zeitschrift für Pädagogik 40: 357-372.

Hartmann, Heinz (1968), Arbeit, Beruf, Profession. In: Soziale Welt 19: 193-216.

Hesse, Hans Albrecht/Filthuth, Holger (1993), Beruf und Verweisbarkeit in der gesetzlichen Rentenversicherung und in der privaten Berufsunfähigkeitsversicherung. In: Mitteilungen aus der Arbeitsmarkt- und Berufsforschung 26: 529-540.

Korff, Rüdiger (1995), Globale Integration und lokale Fragmentierung. Das Konfliktpotential von Globalisierungsprozessen. In: Clausen, Lars (Hg.): Gesellschaften im Umbruch. Verhandlungen des 27. Kongresses der Deutschen Gesellschaft für Soziologie in Halle an der Saale. Frankfurt am Main/New York. (im Druck)

Lempert, Wolfgang (1995), Moralisches Lernen im Beruf. Zur Relevanz der lebensweltlichen Komponente des dualen "Systems". In: van Buer, J./Jungkunz, D. (Hg.): Berufsbildung in den neunziger Jahren. Weinheim (im Druck).

Lutz, Burkart (1989), Das Ende des Facharbeiters. In: Sonderforschungsbereich 333 der Universität München: Entwicklungsperspektiven von Arbeit, Mitteilungen 1.

Mayer, Karl Ulrich (1995a): Das duale System der beruflichen Ausbildung - Ultrastabilität oder Auflösung? In: Hoff, Ernst-H./Lappe, Lothar (Hg.): Verantwortung im Arbeitsleben. Heidelberg.

Mayer, Karl Ulrich (1995b), Gesellschaftlicher Wandel, Kohortenungleichheit und Lebensverläufe. In: Berger, Peter A./Sopp, Peter (Hg.): Sozialstruktur und Lebenslauf. Opladen.

Oevermann, Ulrich (1978), Probleme der Professionalisierung in der berufsmäßigen Anwendung sozialwissenschaftlicher Kompetenz: Einige Überlegungen zu Folgeproblemen der Einrichtung berufsorientierender Studiengänge für Soziologen und Politologen. Berlin (hektographiertes Manuskript).

Parsons, Talcott (1939), The professions and social structure. In: Social Forces 17: 457-467.

Parsons, Talcott (1975), Social structure and the symbolic media of interchange. In: Blau, Peter Michael: Approaches to the study of social structure. New York.

Piehl, Ernst und Sellin, Burkart (1995), Berufliche Aus- und Weiterbildung in Europa. In: Arnold, Rolf und Lipsmeier, Antonius (Hg.), Handbuch der Berufsbildung. Opladen.

Reetz, Lothar und Seyd, Wolfgang (1995), Curriculare Strukturen beruflicher Bildung. In: Arnold, Rolf und Lipsmeier, Antonius (Hg.), Handbuch der Berufsbildung. Opladen.

Sackmann, Reinhold/Wingens, Matthias (1995), Individuelle und gesellschaftliche Strukturierung beruflicher Diskontinuität. In: Hoerning, Erika M. /Corsten, Michael (Hg.): Institution und Biographie. Die Ordnung des Lebens. Pfaffenweiler.

Sassen, Saskia (1994), The mobility of labor and capital. A study in international investment and labor flow. Newcastle.

Schmidt, Hermann (1995), Die Zukunft des dualen Systems der Berufsausbildung am Wirtschaftsstandort Deutschland. In: Gewerkschaftliche Bildungspolitik: 9-12.

Staudt, Erich (1995), Integration von Personal- und Organisationsentwicklung in der beruflichen Weiterbildung. In: Arnold, Rolf/Lipsmeier, Antonius (Hg.) Handbuch der Berufsbildung. Opladen.

Streeck, Wolfgang (1992), Social Institutions and Economic Performance. Studies of Industrial Relations in Advanced Capitalist Economies. London.

Streeck, Wolfgang, Hilpert, Josef, van Kevelaer, Karl-Heinz, Maier, Friederike, und Weber, Hajo (1987), Steuerung und Regulierung der beruflichen Bildung. Berlin.

Tessaring, Manfred (1993), Das duale System der Berufsausbildung in Deutschland: Attraktivität und Beschäftigungsperspektiven. Ein Beitrag zur gegenwärtigen Diskussion. In: Mitteilungen aus der Arbeitsmarkt- und Berufsforschung 26: 131-161.

Teubner, Gunther (1987), Hyperzyklus in Recht und Organisation. Zum Verhältnis von Selbstbeobachtung, Selbstkonstitution und Autopoiese. In: Haferkamp, Hans/Schmid, Michael (Hg.): Sinn, Kommunikation und soziale Differenzierung. Frankfurt/M.

Weber, Max (1920), Wirtschaft und Gesellschaft. Grundriß der verstehenden Soziologie. Tübingen.

Wolff, Heimfrid (1994), Standort Europa - auch in Zukunft konkurrenzfähig? In: Beiträge zur Arbeitsmarkt- und Berufsforschung 181. Nürnberg: Institut für Arbeitsmarkt- und Berufsforschung der Bundesanstalt für Arbeit.

Wolfinger, Claudia (1993), Der schwierige Weg ins duale System. Fallstudien zur Ausbildungsbereitschaft ostdeutscher Betriebe. In: Mitteilungen aus der Arbeitsmarkt- und Berufsforschung 26: 176-191.

Zündorf, Lutz (1994), Weltwirtschaftliche Vergesellschaftungen - Perspektiven für eine globale Wirtschaftssoziologie. In: Lange, Elmar (Hg.): Der Wandel der Wirtschaft. Berlin.

Dr. Michael Corsten, Max-Planck-Institut für Bildungsforschung, Lentzeallee 94, D-14195 Berlin

## 3. Die Notwendigkeit ohne lebensdienliche Alternative: Der Durchbruch zum ökologisch angepaßten Wirtschaftsleben

*Karl-Heinz Hillmann*

*I. Das Streben nach grenzenloser Mehrung als Ursache der gegenwärtigen Überlebenskrise*

Die Menschheit befindet sich gegenwärtig in der geschichtlich einmaligen Situation, in der es um die Entscheidung geht, ob sie überleben oder untergehen wird. Infolge der Umweltkrise - die inzwischen bereits die Dimension einer Überlebenskrise angenommen hat - vergrößert sich die Gefahr der Zerstörung der Grundlagen für die Überlebensmöglichkeiten höherentwickelter Arten und somit auch des Menschen.

Die Umwelt- und Überlebenskrise ist die unbeabsichtigte Folge des auf Lebensbewältigung oder sogar Lebensgenuß ausgerichteten Handelns einer sich explosionsartig vergrößernden Zahl von Menschen, die mit dem stark beschleunigten technischen Fortschritt gewaltige Möglichkeiten der Naturbeherrschung und -gestaltung erlangt haben. Im Kontext dieser in mehrfacher Hinsicht lawinenartig angeschwollenen Dynamik liegt die entscheidende Krisenursache in der Entfesselung und strukturellen Verfestigung eines auf grenzenlose Mehrung ausgerichteten Wirtschaftslebens.

Die externen Effekte des modernen Wirtschaftslebens beinhalten Auswirkungen, die auf verschiedenen Ebenen das Überleben des Menschen zunehmend gefährden: Zerstörung von Ökosystemen, Veränderung des Klimas, Verknappung von Süßwasser und Nahrungsmitteln, kumulative toxische Belastung des Menschen, entsprechend fortschreitende Ruinierung der Gesundheit und der generativen Reproduktionsfähigkeit. Hinzu kommen soziale Folgen: Umweltflüchtlinge bis hin zum Ausmaß von Völkerwanderungen, ethnische Spannungen, Verteilungskonflikte, soziale Entwurzelung, zunehmende Kriminalität, Zusammenbruch staatlicher Ordnungssysteme, Bürgerkriege und Kriege.

Angesichts der negativen Auswirkungen des modernen Wirtschaftslebens auf die Überlebensmöglichkeiten kann nicht mehr in unbekümmerter Weise von einer hochentwickelten Gesellschaft gesprochen werden. Vielmehr entpuppt sich diese immer mehr als eine fehlentwickelte Gesellschaft, die die Menschheit um so schneller in den Untergang hineintreiben läßt, je länger sie als Modernisierungsleitbild für Entwicklungs- und Schwellenländer gilt und eine hinreichend wirkungsvolle Kurskorrektur verzögert oder vereitelt wird.

Die Überwindung der Umwelt- und Überlebenskrise zugunsten einer längerfristigen Zukunftssicherung der menschlichen Gesellschaft kann nur gelingen, wenn das Wirtschaftsleben dauerhaft in eine ökologisch bestimmte Entwicklungsrichtung gelenkt wird. Demgemäß ist der Durchbruch zu einem ökologisch angepaßten Wirtschaftsleben eine existentielle Notwendigkeit ohne Alternative - es sei denn, der Glaube an eine Überwindbarkeit der Umweltkrise ginge verloren und die fatalistische Erwartung eines (angeblich) unabwendbaren Unterganges setzte sich durch.

Allerdings ist der beim Menschen psychosomatisch tiefgreifend verankerte Drang nach Überleben keineswegs eine ausreichende Garantie dafür, daß gleichsam instinktiv oder aufgrund von

Wissen, Betroffenheit, Einsicht und Verantwortung genug getan wird, um die lebensbedrohlich gewordene Umweltkrise zu überwinden:

(1) Zu stark sind jene Kräfte und zu fest jene Strukturen der modernen Gesellschaft, die die Fehlentwicklung in Richtung Untergang hervorgebracht haben und weiterhin aufrechterhalten, insbesondere das in dynamischen Unternehmungen und Volkswirtschaften institutionell abgestützte und angetriebene Streben nach unbegrenzter Mehrung.

(2) Machtvolle Widerstände gegen notwendige Schritte zur Krisenbewältigung seitens der auf Souveränität pochenden Nationalstaaten und infolge des "Egoismus" der relativ wohlhabenden Industriegesellschaften.

(3) Hinzu kommt eine Vielzahl von Barrieren für krisenüberwindendes Handeln, die menschlichen Eigenarten entspringen und kulturspezifisch erheblich verstärkt werden können, z.B. der Hang zur Bequemlichkeit, Gewohnheitsbildung, psychische Abwehrmechanismen, z.B. die Neigung zum Ungeschehenmachen, zur Ignoranz, zur Verdrängung.

Je mehr der einzelne Mensch gegenwartsbezogen und naturfern in einer blendenden, perfektionistisch anmutenden Wohlstandskultur lebt, von alltäglichen Arbeiten, Besorgungen, Problemen und Freuden vereinnahmt wird, um so weniger ist er dazu bereit oder in der Lage, sich von Prognosen eventueller künftiger Umweltschäden und -katastrophen persönlich beeindrucken zu lassen und den zahlreichen Hiobsbotschaften über die zunehmende Gefährdung der Lebensgrundlagen Glauben zu schenken.

## II. Die Bewältigung der Überlebenskrise als Herausforderung für die Soziologie

Da das Überleben der Menschheit nur noch die Alternative einer erfolgreichen Bewältigung der aus soziokulturellen und insbesondere wirtschaftlichen Ursachen entstandenen Umweltkrise offenläßt, bildet diese Aufgabe zugleich eine Herausforderung und Bewährungsprobe für die Soziologie im allgemeinen und für die Wirtschaftssoziologie im speziellen. Bis heute hat aber die Soziologie diese Bewährungsprobe nicht bestanden, sich vor dieser Herausforderung weitgehend gedrückt. So ist z.B. auffällig, daß bisher in Deutschland kein Soziologentag bzw. Soziologiekongreß der Umweltkrise gewidmet wurde. Die wenigen und eher zaghaften Ansätze umweltsoziologischer Forschung stehen in einem krassen Mißverhältnis zum drängenden Problem der Überlebenskrise.

Will die Soziologie hinsichtlich der notwendigen Überwindung der Umweltkrise doch noch die Bewährungsprobe bestehen, dann muß sie sich wesentlich stärker als bisher mit dem Fragenkomplex auseinandersetzen, auf welche Ziele sie ausgerichtet sein sollte, welchen Zwecken sie zu dienen hat, worin ihr lebenspraktischer Nutzen liegt. Es reicht nicht mehr, unterschwellig davon auszugehen, daß die Soziologie als eine vermeintlich "wertfreie" Seinswissenschaft nur zu erforschen hat, was empirisch gegeben ist, daß sie nur dem reinen Wahrheits- bzw. Erkenntnisstreben zu dienen habe. Die Vernachlässigung oder gar Ignorierung der Frage, was mit den Forschungsergebnissen jenseits der wissenschaftlichen Subkultur geschieht, begünstigt die interessengeleitete Ausschöpfung der Erkenntnisse durch zahlungskräftige Eliten und Wirtschaftskreise, die als Repräsentanten des Strebens nach unbegrenzter Mehrung die weitere Verschlimmerung der Umweltkrise in Kauf nehmen.

Angesichts der noch immer expandierenden Umweltkrise ist die Aufrechterhaltung der Gesellschaft keine Selbstverständlichkeit mehr. Je mehr die Soziologie weiterhin die Erforschung der soziokulturellen Aspekte der Umweltkrise vernachlässigt, um so mehr trägt sie indirekt dazu bei, daß die Lebensgrundlagen der Gesellschaft verschwinden, daß sie - die Soziologie - damit auch ihr Objekt verliert und selbst überflüssig wird.

Da die Umwelt- und Überlebenskrise bestimmten soziokulturellen Konstellationen und Prozessen entspringt, da die Bewältigung dieser Krise bestimmte soziokulturelle Wandlungen voraussetzt, kann die Soziologie sogar wie kaum eine andere Wissenschaft durch Erforschung jener Aspekte zur Überlebens- und Zukunftssicherung der Gesellschaft grundlegend beitragen.

Die erfolgreiche Krisenbewältigung hängt von der Berücksichtigung der Krisenursachen ab. In dieser Hinsicht kann die Soziologie nützliche Aufklärungsarbeit leisten. Es geht vor allem darum, zu erforschen, wie sich im Zusammenhang mit bestimmten weltanschaulichen Orientierungen, Wertvorstellungen, Verhaltensmustern, Institutionen, sozialen Strukturen, Herrschaftsverhältnissen und Sozialisationsmechanismen das so machtvolle und naturbeherrschende Streben nach unbegrenzter Mehrung herauskristallisieren konnte.

Sodann geht es darum, daß die Soziologie in Kooperation mit anderen Sozialwissenschaften - insbesondere mit der Sozialpsychologie, Kommunikationswissenschaft, Politologie und Pädagogik - erforscht, welche soziokulturellen Wandlungen ablaufen müssen, damit die Umweltkrise zugunsten einer dauerhaften Sicherung der Gesellschaft überwunden werden kann. Diese notwendigen Wandlungen können hier nur stichwortartig, vorläufig und unvollständig angedeutet werden:

(1) Herausbildung einer ökologisch kompetenten und engagierten Gegenelite, die zugleich als Wertelite aufklärerisch, überzeugend und mobilisierend wirkt.
(2) Produktion und Ausbreitung ökologisch relevanten Wissens.
(3) Im Zusammenhang mit der lebenslangen Sozialisation Ausbau der Umwelterziehung; fortwährende Qualifizierung der hierfür erforderlichen Sozialisatoren und Multiplikatoren.
(4) Erzeugung subjektiver Betroffenheit, so daß diese weitestgehend die objektive Betroffenheit durch Umweltprobleme widerspiegelt.
(5) Wertwandel und Einstellungsänderung zugunsten der Herausbildung und gesellschaftlichen Ausbreitung ökologisch ausgerichteter Wertdominanzen und Einstellungen.
(6) Entfaltung einer sich aus allen Gesellschaftsbereichen rekrutierenden, international vernetzten und politisch möglichst einflußstarken Ökologie- bzw. Umweltschutzbewegung.
(7) Wandel sozialer Rollen und Institutionen durch Einbau ökologischer Verantwortung.
(8) Herausbildung und gesellschaftliche Ausbreitung ökologisch verantwortungsbewußter Handlungsweisen.
(9) Ausweitung der Möglichkeiten für interessierte und insbesondere betroffene Bürger, bei umweltrelevanten Planungen und Entscheidungen mitwirken zu können.
(10) Zunehmender Druck in Richtung auf eine wirkungsvolle Umweltpolitik zugunsten der gesellschaftlichen Durchsetzung ökologisch ausgerichteter Wertvorstellungen, Einstellungen, Rollenerwartungen und Handlungsweisen.
(11) Zustandekommen eines internationalen Umweltrechts als allgemein verbindlicher Rahmen für ein hinreichend umweltgerechtes Handeln.

(12) Auf- und Ausbau von Institutionen und Sanktionsmechanismen zur Durchsetzung eines internationalen Umweltrechts.

(13) Möglichkeiten der Überwindung von Hindernissen, die der Durchsetzung einer wirkungsvollen Umweltpolitik und insbesondere eines umweltgerechten Handelns im Wege stehen: Mehrungsdenken, entsprechende Wertvorstellungen, Interessenfixierungen, Egoismen und Handlungsmuster, institutionelle Zersplitterung von Verantwortung, verkürzte Zeitperspektive, Überbewertung nationalstaatlicher Souveränität, problemverdrängender Optimismus oder aber handlungslähmender Pessimismus, gepaart mit einem negativen Menschenbild, mit Resignation, Fatalismus und Endzeiterwartungen.

(14) Zur Abwehr ethno- und insbesondere eurozentristischer Tendenzen die Untersuchung von Möglichkeiten der Herausbildung von Umweltschutzaktivitäten in verschiedenen Kulturkreisen und in unterschiedlich entwickelten Gesellschaften, und zwar unter angemessener Berücksichtigung jeweiliger kulturspezifischer Gegebenheiten.

Die Teilhabe der Soziologie an der Bewältigung der Umweltkrise und an der Zukunftssicherung beinhaltet auch Mut zu Visionen, zum Entwurf notwendiger Utopien, zur konstruktiven Erarbeitung einer "Überlebensgesellschaft".

*III. Die Krisenbewältigung als Herausforderung für die Wirtschaftssoziologie*

Da die Umweltkrise unmittelbar ökonomisch verursacht ist, die Wirtschaft aber dem soziokulturellen Verflechtungszusammenhang angehört, bilden Fragen der Entstehung und Überwindung der Umweltkrise insbesondere eine Herausforderung für die Wirtschaftssoziologie. Diese kann aber die Herausforderung nur bestehen, wenn sie ihrem ursprünglichen soziologisch-ganzheitlichen Forschungsansatz treu bleibt und sich nicht zum Anhängsel einer ökonomistischen Betrachtungsweise degradieren läßt, die nur von einem Erklärungskonzept der individualistisch-ökonomischen Rationalität ausgeht. Im Gegensatz zu solchen reduktionistischen Tendenzen liegt eine Hauptaufgabe der Wirtschaftssoziologie gerade darin, die Einbettung des Wirtschaftslebens und des wirtschaftlichen Handelns in den soziokulturellen Lebenszusammenhang zu erforschen.

Infolge des beschleunigten wissenschaftlich-technischen Fortschritts und der wirtschaftlichen Entwicklung sind die Folgen des Handelns so existenzbedrohend geworden, daß die Überlebenssicherung eine möglichst umfangreiche und zukunftsorientierte Aufklärung über Handlungsfolgen verlangt. Dementsprechend ist jedem Akteur verständlich zu machen, daß er durch eine einseitig interessenfixierte Handlungsweise zu einer Verschlimmerung der Umweltkrise beiträgt und damit zunehmend die Möglichkeit gefährdet, daß er selber, seine Mitmenschen und vor allem spätere Generationen überhaupt noch existieren können.

Erfahrungsgemäß werden Aufklärungsbemühungen und die Vermittlung von Einsicht nicht dazu ausreichen, um schnell genug möglichst viele oder gar alle Akteure zu einer Rationalität des Handelns bewegen zu können, die zugunsten der Überlebenssicherung eine hinreichende gesellschaftlich-ökologische Verantwortung beinhaltet. Es müssen dann Anreize geschaffen werden, die es dem Akteur vernünftig und lohnenswert erscheinen lassen, einen angemessenen Beitrag für das Kollektivgut einer möglichst intakten und gesunden Umwelt zu leisten.

Wirkungsvolle Anreize für eine den Umweltschutz angemessen berücksichtigende Rationalität des Handelns können durch mehrere umweltpolitische Instrumente geschaffen werden:

(1) Durch eine sozialverträgliche, ökologische Abgaben- und Steuerreform.
(2) Durch Veränderung der Subventionspolitik: Abbau ökologisch schädlicher Subventionen, dagegen Förderung möglichst umweltschonender Wirtschaftsbereiche und Produktionsweisen.
(3) Durch Einführung von Emissionszertifikaten.

Notfalls müssen die Akteure sogar durch einen rigiden Handlungsrahmen dazu gezwungen werden, auch in gesellschaftlich-ökologischer Hinsicht rational zu handeln. Instrumente hierfür sind Verbote, Auflagen und das Umwelthaftungsrecht.

Gegenwärtig besteht zwischen der immer noch expandierenden Umweltkrise einerseits und den Bemühungen um eine Krisenbewältigung andererseits gleichsam ein Wettlauf. Da die Bemühungen bisher unzureichend und die Widerstände sowie Trägheitsmomente zu stark waren, besteht in naher Zukunft die Gefahr, daß der Wettlauf zu Lasten der angestrebten Überlebenssicherung verloren geht. Der Schwerpunkt der Bemühungen hat bisher zu sehr auf der Ebene bloßer ethischer Forderungen, moralischer Appelle, Absichtserklärungen und Willensbekundungen gelegen. Erkenntnisse, Einsichten, Betroffenheitsgefühle, Bewußtseinwandel und Umwertungen sind zwar für tatsächliche Veränderungen grundlegend wichtig, aber nicht ausreichend. Entscheidend ist letztlich eine hinreichende und rechtzeitige Veränderung von Verhaltensweisen, Gewohnheiten, sozialen Normen, Institutionen und Strukturen.

Wenn der Wettlauf mit der Umweltkrise doch noch gewonnen werden soll, dann ist im Sinne eines Durchbruchs die möglichst schnelle Herausbildung eines ökologisch angepaßten Wirtschaftslebens notwendig. Es reicht nicht mehr, ein solches umweltverträgliches Wirtschaftsleben behutsam, allmählich, auf evolutionärem Wege anzustreben. Es geht um die existentielle Notwendigkeit einer möglichst schnellen, tiefgreifenden, umfassenden, insofern revolutionären Umlenkung und Umgestaltung nicht nur der Wirtschaftsordnung, des Wirtschaftssystems, einzelner Teile oder Aspekte der Wirtschaft, sondern des gesamten Wirtschaftslebens, gerade auch des Handelns aller Wirtschaftssubjekte.

Da eine genuin soziologisch arbeitende Wirtschaftssoziologie die Wirtschaft eben nicht als ein vermeintlich geschlossenes System auffassen kann, ist sie ganz besonders dazu herausgefordert, die Voraussetzungen, Möglichkeiten und Probleme des - in umfassendere soziokulturelle Prozesse eingelagerten - notwendigen Durchbruchs zu einem ökologisch angepaßten Wirtschaftsleben zu untersuchen.

Nachdem sich die Marktwirtschaft gegenüber der Zentralverwaltungswirtschaft als effizienter und zukunftsträchtiger erwiesen hat, kommt dem Verbraucher aufgrund seiner potentiellen Macht eine strategische Position zu: Er kann mit seiner Nachfrage den Unternehmer dazu zwingen, weitestgehend umweltschonend zu produzieren und entsprechende Güter herzustellen. Problematisch ist allerdings, inwieweit die Verbraucher möglichst zahlreich und schnell ausreichend starke ökologische Präferenzen entwickeln. Es besteht die Gefahr, daß auf diesem Wege der Wettlauf mit der Umweltkrise nicht gewonnen werden kann.

In einer weitaus schwächeren Position befinden sich Arbeitnehmer bzw. unselbständig Beschäftigte, die gemeinhin dazu gezwungen sind, sich gegenüber ihrem Arbeitgeber loyal zu verhalten, wenn sie ihren Arbeitsplatz behalten oder sogar Karriere machen wollen.

Am schnellsten könnte die Umweltkrise bewältigt werden, wenn die Unternehmer von sich aus, ohne äußeren Zwang, möglichst schnell zu einem hinreichend ökologisch angepaßten Handeln umschwenken würden. Etliche Unternehmer, die als Pioniere eines ökologisch engagierten Unternehmertums in dieser Hinsicht schon eine Vorreiterrolle ausüben, stimmen hoffnungsfroh, sind aber keineswegs ausreichend.

Verstärkt durch Wettbewerbsdruck sind Unternehmer in ihrem Handeln besonders auf das Gedeihen und auf die Zukunft ihrer Unternehmung ausgerichtet und dementsprechend vom mikroökonomischen Denken beherrscht. Andererseits treten aber immer mehr vor allem jüngere Unternehmer hervor, die die Abhängigkeit der Zukunftssicherung der eigenen Unternehmung von der allgemeinen Überlebenssicherung erkennen, die ferner Gewinn- und Zukunftschancen durch ökologisch orientiertes Unternehmertum wittern, weil die ökologische Ausrichtung des Wirtschaftslebens zu einer weltweiten Notwendigkeit wird.

Die Ausbreitung eines ökologisch orientierten Unternehmertums kann durch eine entsprechende Aus- und Weiterbildung von Unternehmern und wirtschaftlichen Führungskräften beschleunigt werden - eine bisher im Hochschulbereich vernachlässigte Aufgabe für Vertreter der Wirtschaftswissenschaften und gerade auch der Wirtschaftssoziologie.

Bei realistischer Einschätzung muß insgesamt festgestellt werden, daß die Herausbildung eines ökologisch orientierten Unternehmertums keineswegs schnell genug abläuft, um den Wettlauf mit der Umweltkrise gewinnen zu können.

*IV. Die Notwendigkeit einer politisch einflußstarken Umweltschutzbewegung*

Die sozialwissenschaftliche Auseinandersetzung des Autors dieses Beitrages mit der Umweltkrise haben immer wieder zu folgenden Schlußfolgerungen geführt:
(1) Der Durchbruch zu einem ökologisch angepaßten Wirtschaftsleben kann nur gelingen, wenn insbesondere die Verbraucher und Unternehmer auf politisch-staatlichem Wege zu entsprechend erforderlichen Umwertungen und Verhaltensänderungen gezwungen werden.
(2) Die politisch-staatlichen Rahmenbedingungen (Verbote, Auflagen, Abgaben, Zertifikate, Subventionen, Haftungsrecht) für solche Veränderungen des wirtschaftlichen Handelns können in einer freiheitlichen Gesellschaft nur durch ausreichenden Druck einer möglichst breiten, international vernetzten und politisch einflußstarken Umweltschutz- bzw. Ökologiebewegung zustandekommen.
(3) Der notwendige Motor für eine ausreichend große und einflußstarke Umweltschutzbewegung ist eine ökologisch engagierte Wertelite, die in ihrem Einsatz für die "Ehrfurcht vor dem Leben" (Albert Schweitzer), für Überlebenssicherung, Menschenwürde, Freiheit, Verantwortung und Gerechtigkeit pausenlos Aufklärung betreibt, Betroffenheit erzeugt und kollektives Handeln für den Umweltschutz mobilisiert.

*Schlußbemerkung*

In diesem Beitrag - der als überarbeitetes Vortragsmanuskript von vornherein durch einen kleinen Rahmen eingeengt wird - konnte das problemgeladene und inhaltsschwere Thema nur in groben Zügen entfaltet werden. Somit mußte auch auf eine gründliche theoretische Untersuchung weitgehend verzichtet werden.

Hier muß zugleich gefragt werden, inwieweit es hinsichtlich der komplexen Problemstellung überhaupt vertretbar wäre, nur einen bestimmten theoretischen Ansatz zum Zuge kommen zu lassen. Eine solche Vorgehensweise würde zwar den Eindruck eines geschlossenen theoretischen Konzepts erwecken, aber zugleich auch die Gefahr beinhalten, daß infolge theoretischer Einseitigkeit die in der Problemstellung enthaltenen Fragen nicht ausreichend beantwortet werden können. Die Erarbeitung von Schlußfolgerungen, Lösungsmöglichkeiten und Handlungsempfehlungen wäre dann entsprechend einseitig, eingeengt und vielleicht auch unbefriedigend. So ist es ratsam, bei der weiteren Behandlung des hier gestellten Themas eher theorienpluralistisch zu verfahren.

Das vollständige Manuskript kann beim Verfasser angefordert werden.

**Literatur**
Gore, Al (1992), Wege zum Gleichgewicht. Ein Marshallplan für die Erde, Frankfurt a. M.
Hillmann, Karl-Heinz (1986), Umweltkrise und Wertwandel. Die Umwertung der Werte als Strategie des Überlebens, 2. Aufl. Würzburg.
Hillmann, Karl-Heinz (1993), Die "Überlebensgesellschaft" als Konstruktionsaufgabe einer visionären Soziologie, in: ÖZS 18: Heft 2, 88-98.
Meadows, Donella H. u. Dennis, Jorgen Randers (1992), Die neuen Grenzen des Wachstums. Die Lage der Menschheit: Bedrohung und Zukunftschancen. Stuttgart.
von Weizsäcker, Ernst Ulrich (1994), Erdpolitik. Ökologische Realpolitik an der Schwelle zum Jahrhundert der Umwelt, 4. Aufl. Darmstadt.

Prof. Dr. Dr. Karl-Heinz Hillmann, An den Röthen 20, D-97080 Würzburg

## 4. Kultursoziologische Aspekte im Transformationsprozeß südostasiatischer Schwellenländer. Das Beispiel Vietnam

*Gerd Mutz*

Vietnam ist die jüngste Nation in Südostasien, in der ein wirtschaftlicher Take-off zu beobachten ist. Dieser ist in mehrfacher Hinsicht interessant. *Erstens* beruht diese Entwicklung auf zwei Transformationsprozessen. Unmittelbar nach dem Ende des Vietnamkrieges 1975 begann die Kollektivierung der Wirtschaft und der Aufbau eines relativ leistungsfähigen Sozialsektors. Dieser Transformationsprozeß führte bekanntlich trotz der hohen Transferzahlungen aus der Sowjetunion zu einer Unterversorgung, die stärker war als während des Vietnamkrieges. Auf dem 6. Parteitag 1986 leitete die Parteiführung deshalb einen sog. Erneuerungsprozeß ein - 'Doi Moi' -, der durch eine sukzessive Rücknahme der Kollektivierungen und die Zulassung von Marktstrukturen gekennzeichnet ist. Seit dieser Zeit sind die ökonomischen Wachstumsraten positiv, und es können bereits einige Waren ins Ausland exportiert werden. *Zweitens* ist interessant, daß der erste Transformationsprozeß verknüpft war mit der Vereinigung von Süd- und Nordvietnam und daß auch der zweite Transformationsprozeß nach wie vor von diesem Spannungsverhältnis beeinflußt wird.

Die erste These in bezug auf den jüngsten Transformationsprozeß ist, daß der ökonomische Take-off in Vietnam strukturell und kulturell ähnlich verläuft wie in den übrigen Tiger-countries.

Ziel der 'Erneuerung' in Vietnam ist ein 'besseres Leben', wobei man sowohl den Lebensstandard im westlichen Ausland als auch in den übrigen südostasiatischen Ländern im Auge hat. Regierung bzw. Parteiführung setzen überwiegend auf die *ökonomische* Entwicklung, wobei die bestehende Balance zwischen Tradition und Moderne nicht zerstört werden soll. In bezug auf dieses Vorhaben geht meine zweite These dahin, daß die bestehenden *kulturellen* Traditionen - wie in den übrigen Tiger-countries - privat-marktwirtschaftliches Handeln *nicht* hemmen, sondern begünstigen. Auch in absehbarer Zeit werden die kulturellen Voraussetzungen des Transformationsprozesses nicht erodieren, man wird vielmehr sehr viel häufiger und intensiver auf kulturelle Traditionen zurückgreifen.

Es soll mit dieser These nicht die Struktur-Kultur-Debatte in den bekannten Bahnen fortgeführt werden, in denen es um den Streit geht, ob nun politische, wirtschaftliche, soziale oder kulturelle Momente zur Erklärung der ökonomischen Modernisierungsprozesse in Südostasien wichtiger sind. In der Regel werden hier die Elemente politischer Autokratismus, freie Marktwirtschaft, Sekundärtugenden (Fleiß) und Konfuzianismus genannt und gegeneinander ausgespielt. Ich möchte diese Diskussion versachlichen, indem ich sowohl auf die strukturellen als auch auf die kulturellen Indikatoren eingehe. Eine kultursoziologische Analyse, wie ich sie verstehe, umfaßt auch die Analyse der politischen, wirtschaftlichen und sozialen Daten. Ich werde folglich in einem ersten Schritt von den Strukturdaten sprechen und aufzeigen, daß diese Indikatoren durchaus vergleichbar sind mit den Entstehungsbedingungen der übrigen Tiger-Staaten. Sie werden als notwendige, nicht aber als hinreichende Indikatoren für den wirtschaftlichen Modernisierungsprozeß verstanden. In einem zweiten Schritt werde ich die kulturellen Dimensionen des Transformationsprozesses in Vietnam präzisieren und dann ausführlich darstellen. Mit diesen beiden Argumentationslinien kann ich meine Thesen freilich nicht umfassend 'belegen', sie aber anhand von ausgewählten Beispielen plausibilisieren.

In bezug auf die *politischen* Voraussetzungen der ökonomischen Modernisierung in Vietnam ist an erster Stelle zu erwähnen, daß feudalistische Strukturen, die eine Entfaltung marktwirtschaftlicher Elemente hätten hemmen können, relativ früh durch das Kolonialsystem (der Franzosen) überwunden wurden; dies gilt ebenso für fast alle anderen Tiger-countries (Ausnahme: Thailand). Damit entstand ein politisches Macht- und Elitevakuum, das im Falle von Vietnam 1975 durch die Parteiführung ausgefüllt werden konnte. Dieses politische Vakuum bedeutete auch, daß andere organisierte Interessengruppen - insbesondere Gewerkschaften im westlichen Sinne - fehlen. Die Parteiführung, die sich als Gestalterin des Doi-Moi-Prozesses versteht, leitete eine 'autoritäre Entwicklungsdiktatur' ein, wie sie beispielsweise auch für Südkorea oder Singapur beschrieben wird.

Aus *wirtschaftlicher* Perspektive ist von Bedeutung, daß marktwirtschaftliche Strukturen mit verhältnismäßig freien Zugangsbedingungen entstanden sind; sukzessive entwickelte sich auch ein Arbeitsmarkt für relativ billige Arbeitskräfte. Schließlich wurde teilweise privates Eigentum zugelassen, was das Investitionsklima nochmals begünstigte. Seit Beginn der 90er Jahre verlagerten Japan - der Drache - und die übrigen Tiger-countries arbeitsintensive Produktionszweige nach Vietnam. Vietnam hat eine Reihe von natürlichen Ressourcen, die es erlauben, einen durchschnittlichen Lebensstandard abzusichern. Eine derzeit hohe Konsumneigung sichert den heimischen Absatzmarkt.

Für die *soziale* Situation ist charakteristisch, daß die Reformbemühungen und der angestrebte wirtschaftliche Wandel einen starken Rückhalt in der Bevölkerung haben. Die Reformen und Öffnungen geben nun vielen Vietnamesen die Gelegenheit, sich durch erfolgreiches ökonomisches Handeln im sozialen Gefüge neu zu verorten. Nicht zu unterschätzen ist auch die Existenz von mehr als 1 Mio chinesisch-stämmigen Vietnamesen. Sie hatten vor 1975 (in weitaus größerer Anzahl) nahezu alle wirtschaftlichen Schlüsselpositionen in Vietnam inne, und auch heute stellen sie die größte Gruppe unter den einheimischen Investoren. Viele der chinesisch-stämmigen vietnamesischen Exilanten kehren nun mit einem relativ hohen finanziellen Startkapital zurück.

Die genannten politischen, ökonomischen und sozialen Bedingungen sind durchaus wichtig, wenn man den ökonomischen Take-off Vietnams (oder anderer Länder) erklären will. Ebenso wichtig sind aber die kulturellen Voraussetzungen, die den Entwicklungsprozeß gleichsam *tragen*. Kultur soll im folgenden als ein System kollektiver Sinnkonstruktionen verstanden werden, mit denen Menschen die Wirklichkeit definieren, also Vorstellungen zwischen wichtig und unwichtig, wahr und falsch, gut und böse sowie schön und häßlich; Kultur ist in diesem Sinne die Summe der Selbstverständlichkeiten in einem Gesellschaftssystem. Kulturelle Praktiken sind mithin struktur*bildend* und struktur*abhängig* zugleich, Kultur ist ebenso wichtig wie die Strukturdimension. Kultur ist jedoch, wie viele Studien in der Ethnologie oder in den jüngeren Forschungen der Soziologie gezeigt haben, ein schwer zu greifendes, kaum systematisiertes Phänomen, das häufig sehr beliebig gehandhabt wird. Bei meinen bisherigen kultursoziologischen Studien habe ich deshalb aus den empirischen Materialien ein wissenssoziologisches Instrumentarium entwickelt, das es erlaubt, die Vielzahl der empirischen Phänomene zu strukturieren und zu beschreiben. Ich unterscheide verschiedene Formen des kulturellen Deutungswissens, das Angehörige eines bestimmten Kulturraums verwenden, um die Strukturen, in denen sie leben, interpretativ zu erfassen. Im folgenden skizziere ich das Erfahrungswissen, das Regel- und Normwissen, das ethische und moralische Wissen sowie das religiöse Deutungswissen. Grundlage für die Rekonstruktion eines solchen Beschreibungssystems sind zwei Feldstudien in Vietnam - 1993 und 1994/95 -, bei denen Beobachtungsdaten festgehalten und Experten- sowie 'Laien'gespräche durchgeführt wurden.

Vietnams größtes kulturelles Kapital im ökonomischen Modernisierungsprozeß besteht darin, daß sich in der Vergangenheit ein *Erfahrungs-, Regel-* und *Normwissen* in bezug auf privatmarktwirtschaftliche Prozesse entwickeln konnte. Es gilt die Besonderheit, daß die jahrhundertelange chinesische Fremdherrschaft, dann die französische und amerikanische Präsenz zu dem Kollektivbewußtsein geführt haben, ein besonderes Volk im Widerstand zu und im Wettbewerb mit anderen zu sein. Die französische und amerikanische Besatzung in Vietnam begünstigten eine produktive Auseinandersetzung mit dem westlichen marktbezogenen Deutungswissen: Ältere und mittlere Jahrgangskohorten der vietnamesischen Bevölkerung - insbesondere des Südens - verfügen über ein interkulturell gültiges Erfahrungs-, Regel- und Normwissen, das ungebrochen und habituell verfügbar ist und sich seit Öffnung der Märkte Ende der 80er Jahre umstandslos auf die neuen marktwirtschaftlichen Prozesse beziehen läßt. Salopp formuliert: sie haben gelernt, wie Märkte funktionieren und wie man sich in diesem Gefüge bewegen kann. Trotz politisch bedingter Anfangsschwierigkeiten (Behinderung durch die eigene politische Führung, Korruption, amerikanisches Handelsembargo) kann dieses marktbezogene Deutungswissen in ökonomisches Kapital umgewandelt werden.

Dieses marktbezogene Deutungswissen wurde während der mehr als 10 Jahre andauernden Kollektivierungsphase nicht vergessen, sondern insbesondere im Familienkreis 'aufbewahrt'. Durch inoffiziell zugelassene 'begrenzte Regelverletzungen' insbesondere zu Beginn der 80er Jahre - sprich: Tauschhandel in der Schattenwirtschaft - verfestigte sich dieses Know how, das durch Doi Moi nur noch öffentlich werden mußte. Dies führte dazu, daß Ende der 80er und verstärkt Anfang der 90er Jahre eine Vielzahl von klein- und mittelgroßen Familienbetrieben in der Landwirtschaft und in der 'einfachen' Industrie gegründet wurden. Sie sind Träger und Garant der wirtschaftlichen Entwicklung. Als ein 'verspätetes' Tiger-Land kann Vietnam das eigene Kollektivwissen von marktwirtschaftlichen Strukturen durch zusätzliche Lernprozesse ergänzen, die in den übrigen südostasiatischen Ländern bereits gemacht wurden. Da es sich um eine *geplante* Liberalisierung der Märkte handelt, können die Erfahrungen anderer Länder auch bei der Steuerung der eigenen Entwicklung berücksichtigt werden.

Auf der Ebene des *moralischen* und *ethischen* Deutungswissens ist zu beobachten, daß auch die traditionsgebundenen Verhaltensmuster moderne Entwicklungslinien begünstigen. In der gleichen Form, wie die okzidentale protestantische Ethik die Entwicklung privatkapitalistischer Marktwirtschaften gestützt hat, begünstigen einzelne Aspekte des konfuzianischen Ordnungssystems privat-marktwirtschaftliches Handeln. Der Konfuzianismus ist als ein moralisch-ethischer 'Ratgeber' und als ein Ideengebäude über die Ordnung der Gesellschaft zu verstehen. In Vietnam hat der Konfuzianismus seit dem 13. Jh. neben dem animistischen Volksglauben und dem Buddhismus den Status einer Religion, obwohl er eine *dies*seitige Orientierung hat. Für den Konfuzianismus ist ein pragmatischer, praktischer Realismus zentral, der das Alltagsleben und mithin auch das ökonomische Handeln der Vietnamesen bestimmt. An weiteren Elementen sind zu nennen: Zentralität der Familie, Ahnenverehrung, Vorstellung einer vertikal strukturierten sozialen und politischen Ordnung, Kontinuitätsidee (die Gegenwart baut auf der Vergangenheit auf), Wichtigkeit des Weltverstehens, d.h. des permanenten Lernens (um sich in den Weltverlauf harmonisch einzufügen).

In den üblichen Diskussionen zur Frage nach den kulturellen Bedingungen der wirtschaftlichen Entwicklung in Südostasien wird meist nur der eine Aspekt des Konfuzianismus, die Vorstellung einer vertikal strukturierten sozialen und politischen Ordnung, hervorgehoben, um die autokratischen Systeme und das gleichzeitige 'Stillhalten' der Bevölkerung zu begründen. Dies ist eine verkürzte Rezeption konfuzianischer Schriften, während im Alltag ein sehr facettenreicher Konfuzianismus gelebt wird.

Als 'praktischer Konfuzianismus' wird beispielsweise ein Ahnenkult gelebt, aus dem sich wiederum gesellschaftliche Ordnungsvorstellungen ableiten; gemäß diesen Ordnungsvorstellungen ('Weltgesetz') kommen "Reichtum und Ansehen vom Himmel". Verknüpft mit der sozialen Idee einer vertikal flexiblen Gesellschaft bekommen wirtschaftliches Handeln und 'Lernen' eine sehr hohe Bedeutung, wenn es der Mehrung des Reichtums nutzt. Das Streben nach einem 'besseren Leben' und nach entsprechenden (westlichen) Statussymbolen ist moralisch-ethisch durchaus gerechtfertigt und in keiner Weise verpönt (wenn auch politisch nicht ganz erwünscht). Die öffentliche Demonstration von Reichtum und Ansehen ist deshalb Ausdruck einer gelebten konfuzianischen Ordnung und nicht individuelle Angeberei. Im Alltag ist ebenfalls zu beobachten, daß die Familie einen hohen Stellenwert hat, weshalb sie auch als eine ökonomische Einheit am Markt auftritt; Zentralität der Familie heißt auch, daß möglichst sämtliche Familienmitglieder in den Arbeitsprozeß mit einbezogen sind. Familienbezogenheit des ökonomischen Handelns bedeutet jedoch nicht, daß solidarisch-kollektive Verhaltensweisen dominieren.

Werden diese Einzelelemente der gelebten konfuzianischen Ethik und Moral in dem Gesamtgefüge der oben genannten politischen, wirtschaftlichen und sozialen Strukturen betrachtet, dann wird deutlich, daß es sich um traditionelles Deutungswissen handelt, das den wirtschaftlichen Entwicklungsprozeß durchaus begünstigt - zumindest keinesfalls behindert. Auf der anderen Seite ist jedoch auch, wie beispielsweise in Singapur, eine parteigelenkte Konfuzianisierung des Modernisierungsprozesses zu beobachten. Sie zielt darauf ab, sich von dem befürchteten Einsickern der westlichen Ethik und Moral abzugrenzen und die parteipolitische bzw. staatliche Machtkonzentration abzusichern. Konfuzianisierung 'von oben' harmonisiert soziale Ungleichheit, sichert politische Loyalität und soziale Disziplin, appelliert an Solidarität und Verantwortung, ist also eine Form der informellen sozialen Kontrolle. Konfuzianismus ist somit aus soziologischer Perspektive im wesentlichen ein immer präsentes Deutungsmuster, das einen Rahmen abgibt für gesellschaftliche Diskurse, die sich auf das Politische, das Soziale und das Ökonomische beziehen. Der Konfuzianismus bietet eine Folie zur Reinterpretation des eigenen Selbstverständnisses und zur Versicherung der eigenen Identität.

In bezug auf das *religiöse* Wissen ist hervorzuheben, daß in Vietnam 70 - 80% der Bevölkerung Buddhisten i.S. von 'Nicht-Christen' und 'Nicht-Moslems' sind, die *zugleich* animistische Praktiken pflegen, weshalb auch von einem 'Volksbuddhismus' gesprochen wird. Grundlegend ist ein Ahnen- und 'Geister'-Kult: Es gibt Heilige, Schutzgeister, Götter und Nationalhelden, die mit Anbetungen, Opferhandlungen, Riten und Zeremonien bei wiederkehrenden Festlichkeiten oder Wallfahrten verehrt werden; es gibt in fast allen Orten Tempel, die auch als Gemeindezentren dienen. Bei den animistischen Praktiken ist zentral, daß die von irdischen Wesen undurchschaubaren Erscheinungen und Strukturen vermenschlicht werden, um sie handhabbarer zu machen.

Diese Form des Animismus verknüpft sich sowohl mit den o.g. konfuzianischen Praktiken als auch mit dem Mahayana-Buddhismus, der als 'flexibler' Buddhismus gilt. Der Buddhismus regelt das unbekannte Nicht-Diesseitige und wird in Vietnam deshalb auch als eine 'Ergänzung' des Konfuzianismus betrachtet. Die Toleranz und Anpassungsfähigkeit des Buddhismus begünstigt eine Verknüpfung mit dem Konfuzianismus und den Bräuchen des Volksglaubens. Es besteht die Vorstellung eines 'Äquivalententauschs': Man opfert (zahlt) für einen One-time-service - etwa: für einen anstehenden Geschäftsabschluß, der gut gelingen möge, und *erwartet*, daß die Dinge zurechtgerückt werden, also das Geschäft gewinnbringend sein wird. Religiöse Praktiken werden folglich unmittelbar eingesetzt, um in der ökonomischen Sphäre wirksamer handeln zu können.

Wie wird es in Vietnam weitergehen? Das moderne sowie das traditions- und brauchtumsgebundene Deutungswissen bleiben in Vietnam eng miteinander verknüpft, weil nur durch diese besondere Konstellation die politischen, wirtschaftlichen und sozialen Entwicklungen begünstigt werden. Zu beachten ist jedoch, daß die genannten Wissensbestände unterschiedlich verteilt sind; daraus folgt, daß es Regionen und Personengruppen gibt, die die kulturellen Wissensbestände 'besser' kapitalisieren können als andere. Ähnlich wie in den übrigen südostasiatischen Schwellenländern wird der weitere Transformationsprozeß einhergehen mit einer zunehmenden funktionalen Gesellschaftsdifferenzierung; die ökonomischen, sozialen und räumlichen Disparitäten werden zunehmen und die soziale Ungleichheit wird sich verschärfen. Eine Ungleichzeitigkeit ist jedoch besonders auffallend: Obwohl die Vereinigung von Nord- und Südvietnam nun bald 20 Jahre zurückliegt, sind die stärksten strukturellen und kulturellen Unterschiede zwischen Nord- und Südvietnam zu beobachten. In Südvietnam ist der politische Einfluß des autokratischen Parteiensystems am weitesten zurückgedrängt; dort boomt die Wirtschaft bei einem gleichzeitig sehr hohen Versorgungsniveau; dort ist das Wissen über privat-kapitalistisches Handeln am stärksten ausgeprägt; schließlich leben die meisten chinesisch-stämmigen Vietnamesen, die das hier skizzierte moralisch-ethische und religiöse Wissen am intensivsten pflegen, in Südvietnam. Auch die sozialen Ungleichheiten sind allerdings in Südvietnam am gravierendsten. Wenn in der aktuellen Situation Konfliktlinien zu beobachten sind, dann sind es die zwischen Nord- und Südvietnamesen.

Dr. Gerd Mutz, MPS Münchner Projektgruppe für Sozialforschung e.V., Dachauer Straße 189 /III, D-80637 München

# XXIII. Sektion Wissenschafts- und Technikforschung
*Leitung: Werner Rammert*

## Wissenschafts- und Technikstandort Deutschland

### 1. Intermediäre Kooperation zwischen akademischer Forschung und Industrie - ein innovationssoziologischer Ansatz[1]

*Ingo Schulz-Schaeffer, Michael Jonas und Thomas Malsch*

Viele der derzeit diagnostizierten Probleme insbesondere bei weitreichenden Innovationsvorhaben lassen sich als Probleme der Kooperation heterogener Akteure unter der Bedingung von Erwartungsunsicherheit interpretieren. In Auseinandersetzung mit der neueren innovationsökonomischen Diskussion untersuchen wir am Beispiel der Kooperation zwischen akademischer Forschung und innovierenden Unternehmen, welche Merkmale Kooperationsbeziehungen aufweisen, die unter solchen Bedingungen dennoch entstehen.

*1. Das Problem der Innovation als Problem der Etablierung intermediärer Kooperation*

Allgemein gesprochen besteht, so Freeman, das Problem der Innovation darin, "Information aus unterschiedlichen Quellen zu nützlichem Wissen über Gestaltung, Herstellung und Verkauf neuer Produkte und Prozesse zu verarbeiten und umzuwandeln" (Freeman 1991: 501; Übers. d. Verf.). Geht man von dieser Problembestimmung aus, so kann man die Diskussion über den Forschungsstandort Deutschland zumindest in einigen ihrer wesentlichen Aspekte reformulieren als Frage nach den Bedingungen und Möglichkeiten des innovationsbezogenen Transfers wissenschaftlich-technologischen Wissens und damit einhergehend als Frage nach den Bedingungen und Möglichkeiten der Kooperation zwischen den Trägern und den potentiellen Nutzern dieses Wissens. Aus dieser Perspektive liegt es nahe, in der Diskrepanz zwischen dem vermuteten Bedarf und der Realisierung innovationsbezogener Kooperationen eine wesentliche Ursache nationaler Innovationsschwäche zu sehen.

Allerdings haben innovierende Unternehmen durchaus gute Gründe, nicht zu kooperieren. Als zentrales Kooperationshemmnis erweist sich dabei die Schwierigkeit, kooperative Arrangements hinsichtlich der von den Kooperationspartnern beizusteuernden Innovationsbeiträge und deren Kosten bzw. Nutzen präzise zu definieren und sie gegen opportunistischen Mißbrauch oder unerwünschte Mitnahmeeffekte wirkungsvoll abzusichern. Diese Unsicherheiten sind zu einem wesentlichen Teil darauf zurückzuführen, daß Kooperationsbeziehungen insbesondere bei weitreichenden Innovationsvorhaben nur unzureichend an die bestehenden institutionell verankerten und sanktionsfähigen Austauschmechanismen des Marktes oder organisationaler Hierarchien rückgebunden werden können (vgl. Teece 1988: 258ff; Häusler et al. 1994: 49ff).

Kooperationsbeziehungen, die unter solchen Bedingungen dennoch entstehen, bezeichnen wir als Formen intermediärer Kooperation. Intermediäre Kooperation läßt sich durch die folgenden drei Merkmale charakterisieren: Es handelt sich erstens um Beziehungen zwischen heterogenen (individuellen oder kollektiven) Akteuren, also zwischen Akteuren mit jeweils eigenständigen und möglicherweise divergierenden Interessen, Zielen und Orientierungsmustern. Es handelt sich zweitens um Beziehungen, die in doppelter Hinsicht grundlegend durch Erwartungsunsicherheit gekennzeichnet sind, zum einen hinsichtlich des zukünftigen Nutzens der ausgetauschten Innovationsbeiträge, zum anderen hinsichtlich des zukünftigen Verhaltens der Kooperationspartner. Sie können deshalb drittens beschrieben werden als Interaktionsprozesse, die zumindest partiell darauf angewiesen sind, sich über die Grenzen vorfindlicher Formen der sozialen Organisation von Austauschzusammenhängen hinweg eigenständig zu organisieren (vgl. Kowol und Krohn 1995: 89).

## 2. Kooperationsbeziehungen zwischen akademischer Forschung und innovierenden Unternehmen als Formen intermediärer Kooperation

Die Innovationsökonomie sieht Kooperationserfordernisse zwischen akademischer Forschung und innovierenden Unternehmen vor allem dort, wo neues, akademisch erzeugtes Grundlagenwissen ein wesentlicher Innovationsfaktor ist. Analytisch lassen sich zwei Hauptfunktionen entsprechender Kooperationsbeziehungen unterscheiden: eine allgemeine Informationsfunktion und eine spezifische Unterstützungsfunktion bei der Adaption neuen generischen Wissens. Innovierende Unternehmen in wissensbasierten Sektoren halten den Kontakt zur akademischen Forschung nicht zuletzt deshalb aufrecht, weil sie daran interessiert sind, über den aktuellen Stand der Forschung informiert zu bleiben (vgl. Feller 1990: 337). Auch dann, wenn sie in die Technikentwicklung nicht einfließt, ist die Kenntnis der neuesten wissenschaftlichen Entwicklungen häufig unabdingbar, um Entscheidungen über Art und Richtung der produktbezogenen Forschung treffen und deren Ergebnisse und Implikationen abschätzen zu können (vgl. Rosenberg 1990: 113).

Weiterreichende Kooperationserfordernisse entstehen in den Frühphasen grundlegend neuer technischer Entwicklungslinien unter den folgenden Bedingungen: Wenn erstens die Erzeugung und Adaption neuen generischen Wissens, d.h. generalisierten Wissens über neue technische Funktionszusammenhänge (vgl. Nelson 1988: 314), von zentraler Bedeutung für die Dynamik des technischen Wandels in einem Industriesektor ist; wenn zweitens das akademisch erzeugte Grundlagenwissen in diesem Sektor als generisches Wissen potentiell innovationsrelevant ist; und wenn dieses Wissen drittens zu derart tiefgreifenden technologischen Diskontinuitäten führt, daß die unternehmenseigenen Forschungsabteilungen zunächst nicht über genügend eigene Fähigkeiten verfügen, um es rezipieren und anwendungsspezifisch ausnutzen zu können (vgl. Feller 1990: 337; Teece 1988: 266). Dies ist in der Vergangenheit etwa in der synthetischen Chemie, der Biochemie oder der Halbleitertechnologie der Fall gewesen und wiederholt sich heute für Bereiche wie Informationstechnologie, Biotechnologie oder neue Materialien (vgl. Nelson 1988: 320f).

Kooperationsbeziehungen, die diesen beiden Funktionen dienen, sind selten einfache Prozesse des Transfers und der Diffusion von Information. Schon der Zugang zu neuem wissenschaftlich-technologischem Wissen ist in aller Regel ein voraussetzungsreicher Prozeß. Häufig bedarf es beträchtlicher Forschungskapazitäten, "um Wissen, das öffentlich zugänglich gemacht worden ist, verstehen, interpretieren und abschätzen zu können" (Rosenberg 1990: 171; Übers. d. Verf.). In der Regel "ist dazu eine Gruppe hausinterner Wissenschaftler erforderlich, die diese Dinge tun können. Und um eine solche Gruppe aufrechterhalten zu können, muß die Firma bereit sein, sie Grundlagenforschung durchführen zu lassen" (ebd.). Auf der Basis eigener grundlagenbezogener Forschungskapazitäten Kooperationen mit akademischer Forschung einzugehen, ist für Unternehmen deshalb eine langfristige Investition mit indirekten und höchst unsicheren Rückflüssen (vgl. ebd.: 173), entsprechende Austauschbeziehungen weisen mithin die benannten Merkmale intermediärer Kooperation auf.

Noch deutlicher zeigt sich die Bedeutung, aber auch die Problematik intermediärer Kooperation bei der Adaption neuen generischen Wissens. Kooperationsbeziehungen dieser Art sind, insbesondere dann, wenn die entsprechenden Innovationsvorhaben von hoher strategischer Bedeutung sind, aus der Unternehmensperspektive durch ein grundlegendes Dilemma gekennzeichnet: Einerseits sind innovierende Unternehmen stets bestrebt, die für sie strategisch wichtigsten Bereiche der Forschung und Entwicklung hausintern durchzuführen (vgl. Freeman 1991: 501; Häusler et al. 1994: 49). Andererseits aber besteht bei hoher technologischer Dynamik häufig ein außerordentlicher Zeitdruck, der es ihnen kaum erlaubt, die fehlenden Forschungskompetenzen eigenständig zu erwerben. In solchen Situationen tendieren innovierende Unternehmen dazu, zunächst in kooperative Arrangements einzutreten und diese zu nutzen, um eigene Forschungskompetenzen aufzubauen, dann aber die Abhängigkeit von externer Forschung möglichst schnell wieder zu reduzieren. Entsprechend zeigt sich in den frühen Phasen der Entwicklung neuer wissensbasierter Technologien zumeist eine hohe Angewiesenheit auf akademische Forschung, die aber im Laufe ihrer Etablierung deutlich zurückgeht (vgl. Feller 1990: 338; Nelson 1988: 320f; Teece 1988: 276ff). Auch hier liegt eine Situation hoher Erwartungsunsicherheit vor, die durch die Beschränkung der Kooperation auf eine Übergangsphase zeitlich eingegrenzt wird, während dieser Phase aber nur durch intermediäre Kooperation bewältigbar ist.

*3. Strukturmerkmale intermediärer Kooperation*

Welche Strukturmerkmale weist intermediäre Kooperation auf, um trotz Erwartungsunsicherheit funktionsfähig zu sein? Die neuere Innovationsforschung hebt in diesem Zusammenhang vier Mechanismen der Stabilisierung von Handlungserwartungen und der Absicherung gegen Enttäuschung als besonders bedeutsam hervor: Informalität, Personengebundenheit, Vertrauensbasiertheit und Reziprozität. Geht man davon aus, daß intermediäre Kooperation jeweils dort entsteht, wo formal abgesicherte Strukturen der Handlungskoordination nicht greifen, so ist intermediäre Kooperation geradezu per definitionem informell. In gewissem Sinne ist Informalität ein Resultat der informationalen Intransparenz beim Austausch innovationsbezogener F&E-Beiträge. Angesichts der skizzierten Probleme bei der Rezeption und Adaption innovationsrelevanten Wissens stehen potentielle Kooperationspartner vor dem Dilemma, daß einerseits die Etablierung von Kooperationsbeziehungen die Voraussetzung dafür ist, um überhaupt erst Zugang zu dem fraglichen Wissen zu erlangen, daß sie andererseits aber Evaluationskriterien brauchen, um Kooperationsentscheidungen treffen zu können. Hier helfen informelle Arrangements weiter, insbesondere solche, die auf persönlicher Bekanntschaft basieren. Häufig wird in Ermangelung anderer Suchkriterien bereits der Prozeß der Partneridentifikation durch persönliche Kontakte strukturiert. Persönliche Beziehungen gehören zu den wertvollsten Ressourcen eines Unternehmens: Sie sind "nicht allein ein Resultat von Zusammenarbeit, sondern ein Schlüsselfaktor ihres Erfolgs. Zusammenarbeit erzeugt Verpflichtung und Reziprozität - wodurch eine Beziehung etabliert wird, auf die zurückgegriffen werden kann, wenn der Bedarf danach entsteht" (Lawton Smith et al. 1991: 466). Persönliche Kontakte sind deshalb oft die Basis, auf der Vertrauens- und Reziprozitätsbeziehungen entstehen.

Zumindest in der vorkontraktuellen Phase sind die späteren Kooperationspartner zur Abstimmung der jeweiligen Innovationsbeiträge gezwungen, Informationen preiszugeben. Weitreichende Innovationsprozesse, die eine Einbeziehung neuen generischen Wissens erfordern, lassen sich jedoch insgesamt nur unzureichend vertraglich absichern (vgl. Teece 1988: 259f). Das Problem der mißbräuchlichen Nutzung in der Kooperation gewonnen Wissens begleitet hier dementsprechend den gesamten Innovationsprozeß. Unter diesen Bedingungen kann "nur Interaktion auf der Basis wechselseitigen Vertrauens ... Unsicherheit in Innovationsprozessen ausreichend reduzieren, um einen freien Informationsfluß zu erlauben und gleichzeitig opportunistisches Verhalten zu begrenzen" (Häusler et al. 1994: 48; Übers. d. Verf.). Dies ist kein 'blindes', sondern 'wachsames' Vertrauen, also eine Form wechselseitiger Handlungserwartungen, deren Erfüllung zwar kaum direkt einklagbar ist, die aber dennoch so gut irgend möglich gegen Enttäuschung abgesichert wird. Innovationsbezogene Vertrauensbeziehungen verfügen in der Regel über eine Reihe von Merkmalen, die dieser Absicherung dienen bzw. sie unterstützen: Sie werden nach Möglichkeit unter Rückgriff auf frühere Erfahrungen aufgebaut, die eine Einschätzung der Vertrauenswürdigkeit des Partners erleichtern; sie werden durch das Phänomen des 'lock-in' stabilisiert, d.h. dadurch, daß die bereits investierten Ressourcen an Zeit, Kosten und Wissen die Kooperationspartner aneinander binden; und sie werden laufend anhand der Reziprozität des Austausches überprüft (vgl. Häusler et al. 1994: 59; Kowol und Krohn 1995: 88, 89f).

Für die Überprüfung von Vertrauensbeziehungen wie für die Funktionsfähigkeit des informellen Austauschs von Innovationsbeiträgen insgesamt ist Reziprozität ohne Zweifel ein ausgesprochen wichtiger Regulationsmechanismus. Die in Kooperationsbeziehungen zwangsläufig auftretenden Effekte des Zugangs zu fremdem Wissen werden wesentlich durch Reziprozitätsvereinbarungen gemeistert (vgl. Cohendet et al. 1993). Unter der Bedingung hoher Erwartungsunsicherheit, scheint die Reziprozitätsregel der einzige wirkungsvolle Mechanismus zu sein, um ein wenn auch labiles Gleichgewicht des Austauschs sicherzustellen (vgl. Häusler et al. 1994: 50). Allgemein gesprochen funktioniert Reziprozität als ein Verhältnis wechselseitiger Verpflichtung, das durch Vorleistungen und Gegenleistungen konstituiert wird. Sofern die Kooperationspartner in der Wahrnehmung übereinstimmen, daß sich die jeweiligen Leistungen im Durchschnitt ausgleichen, entsteht ein stabiles Reziprozitätsverhältnis.

## 4. Die Orientierungsfunktion von Leitvorstellungen und Prototypen bei der Sicherung reziproken Austausches

Der Erfolg reziproken Austauschs hängt davon ab, daß die Kooperationspartner zu einer übereinstimmenden Einschätzung des wechselseitigen Nutzens der ausgetauschten Leistungen gelangen, um auf dieser Basis kompatible wechselseitige Erwartungen formulieren zu können.

Das aber erweist sich als um so schwieriger je unsicherer die potentielle Bedeutung von Innovationsbeiträgen ist, besonders schwierig also im Fall neuen generischen Wissens, dessen Wert selbst ex post kaum zuverlässig abschätzbar ist (vgl. Rosenberg 1990: 168f). Die Aushandlung übereinstimmender Bedeutungszuweisungen stellt bei entsprechenden Kooperationsbeziehungen zwischen akademischer Forschung und innovierenden Unternehmen deshalb zweifellos ein besonderes Problem dar. Zudem muß mit kognitiven Diskrepanzen gerechnet werden, die die Verständigung weiter erschweren: Dem zumeist langfristigen Horizont akademischer Forschung steht eine vorwiegend kurz- bis mittelfristige produktorientierte Perspektive industrieller Forschung gegenüber, dem akademischen Ziel der Erlangung neuer und verallgemeinerungsfähiger wissenschaftlicher Aussagen das der anwendungsspezifischen Entwicklung und Nutzung technologischen Wissens in industriellen F&E-Zusammenhängen. Abschließend soll deshalb nach Mechanismen gefragt werden, die den Prozeß der Aushandlung kompatibler Erwartungen unterstützen.

Angesichts von Erwartungsunsicherheit, so stellen einige innovationstheoretische Ansätze heraus, können Leitbilder die Rolle "funktionale(r) Äquivalente für noch nicht existierende diskursive Regelsysteme" (Dierkes et al. 1992: 49) übernehmen und Zukunftsvisionen dazu dienen, "Ressourcen zu mobilisieren, Schwierigkeiten und Engpässe aufzudecken und vor allem die Partizipanten zu motivieren, Konsens zu sichern und Aufmerksamkeit zu erhöhen" (Freeman 1988: 344; Übers. d. Verf.). Leitvorstellungen sind um so bedeutsamer, je größer die kognitiven Diskrepanzen zwischen den Kooperationspartnern sind. Sie dürften bei der Aushandlung übereinstimmender Bedeutungszuweisungen zwischen akademischer Forschung und innovierenden Unternehmen dann von besonderer Bedeutung sein. Einige Indizien für die Wirksamkeit dieses Zusammenhanges lassen sich finden, wenn man die Rolle von Prototypen untersucht. U. E. spricht einiges dafür, daß Prototypen auf einer konkreteren Ebene eine ähnliche Orientierungsfunktion übernehmen wie Leitvorstellungen und somit eine wichtige Funktion bei der Sicherstellung der Reziprozität des Austauschs.

Kooperative Forschungsprojekte, die der produktbezogenen Umsetzung neuen generischen Wissens dienen, sind häufig auf die Erstellung von Prototypen ausgerichtet. Prototypen sind in dem Sinne intermediäre Produkte, als sie sowohl der akademischen wie auch der industriellen Forschungsorientierung bestimmte Spielräume offenlassen. Einerseits bezieht die Prototypenentwicklung noch nicht den vollen Umfang der Variablen ein, der für die endgültige Produktreife erforderlich ist, und trägt damit dem akademischen Forschungsinteresse an den grundlegenderen Funktionszusammenhängen einer neuen Technologie Rechnung. Andererseits aber muß die Entwicklung hinreichend viele Parameter berücksichtigen, so daß es möglich wird, zukünftige Anwendungspotentiale abzuschätzen und zumindest ein grobkörniges Bild der Anforderungen an die weitere Produktentwicklung zu erlangen. Auch in der zeitlichen Dimension ermöglichen Prototypen es, die unterschiedlichen Horizonte akademischer und industrieller Forschung aufeinander zu beziehen. Denn Prototypen bieten nicht nur den Ansatzpunkt für das Bestreben innovierender Unternehmen, möglichst schnell zur Anwendungsreife neuer Produkte zu gelangen, sie dienen auch der akademischen Forschung bei der Validierung von Zwischenschritten in langfristig angelegten Forschungszusammenhängen.

Man kann deshalb sagen, daß Prototypen in Kooperationsbeziehungen zwischen akademischer Forschung und innovierenden Unternehmen zugleich als konkretisierte Konzepte und als abstrakte Produkte fungieren. Dadurch eröffnen sie sowohl dem akademischen wie dem industriellen

Partner die Möglichkeit, die Kooperation auf der Basis der jeweils eigenen Forschungsorientierung zu bewerten. Dies aber ist die Voraussetzung dafür, hinsichtlich der zur Diskussion stehenden Innovationsbeiträge zu übereinstimmenden Bedeutungszuweisungen zu gelangen, und damit die Voraussetzung intermediärer Kooperation auf der Basis reziproken Austauschs.

**Anmerkung**
1) Eine erweiterte Fassung dieses Beitrags erscheint voraussichtlich in: Werner Rammert et al. (Hg.) (1996), Technik und Gesellschaft. Jahrbuch 9. Frankfurt/M.

**Literatur**
Cohendet, Patrick/ Jean-Alain Héraud/ Ehud Zuscovitch (1993), Technological Learning, Economic Networks and Innovation Appropriability, in: Dominique Foray/ Christopher Freeman (Hg.), Technology and the Wealth of Nations. The Dynamics of Constructed Advantage. London u.a., 335-348.
Dierkes, Meinolf/ Ute Hoffmann/ Lutz Marz (1992), Leitbild und Technik. Zur Entstehung und Steuerung technischer Innovationen, Berlin.
Dosi, Giovanni/ Christopher Freeman/ Richard R. Nelson/ Gerald Silverberg/ Luc Soete (Hg.) (1988), Technical Change and Economic Theory, London u.a.
Feller, Irwin (1990), Universities as Engines of R&D-based Economic Growth: They Think They Can, in: Research Policy 19, 335-348.
Freeman, Christopher (1988), Japan: A New National System of Innovation? In: Giovanni Dosi et al. (Hg.), a.a.O., 330-348.
Freeman, Christopher (1991), Networks of Innovators: A Synthesis of Research Issues, in: Research Policy 20: 499-514.
Häusler, Jürgen/ Hans-Willy Hohn/ Susanne Lütz (1994), Contingencies of Innovative Networks: A Case Study of Successful Interfirm R&D Collaboration, in: Research Policy 23: 47-66.
Kowol, Uli/ Wolfgang Krohn (1995), Innovationsnetzwerke. Ein Modell der Technikgenese. In: Jost Halfmann/ Gotthard Bechmann/ Werner Rammert (Hg.): Technik und Gesellschaft. Jahrbuch 8. Frankfurt/M., 77-105.
Lawton Smith, Helen/ Keith Dickson/ Stephan Lloyd Smith (1991), "There are Two Sides to Every Story": Innovation and Collaboration within Networks of Large and Small Firms, in: Research Policy 20, 457-468.
Nelson, Richard R. (1988), Institutions Supporting Technical Change in the United States, in: Giovanni Dosi et al. (Hg.), a.a.O., 312-329.
Rosenberg, Nathan (1990), Why Do Firms Do Basic Research (With Their Own Money)?, in: Research Policy 19, 165-174.
Teece, David J. (1988), Technological Change and the Nature of the Firm. In: Giovanni Dosi et al. (Hg.): a.a.O., 256ff.

Prof. Dr. Thomas Malsch und Ingo Schulz-Schaeffer, Universität Dortmund, Lehrstuhl Technik und Gesellschaft, D-44221 Dortmund
Dr. Michael Thomas, TU Dresden, Institut für Soziologie, Mommsenstraße 13, D-01069 Dresden

## 2. Die blinden Flecken (innovationsbezogener) betriebswirtschaftlicher Unternehmenskonzepte

*Christiane Bender*

In der gegenwärtigen Diskussion über betriebliche Innovationsförderung und Restrukturierungsmaßnahmen formuliert die Betriebswirtschaftslehre einflußreiche Leitbegriffe und Handlungskonzepte. Die Aufgabe der Betriebswirtschaftslehre besteht darin, die wesentlichen Faktor- und Strukturzusammenhänge betrieblicher Prozesse in einer Theorie des Betriebs zusammenzufassen. Ihrem Selbstverständnis nach ist die Betriebswirtschaftslehre auf die Deskription empirischer Prozesse angelegt. Die betriebswirtschaftlichen Ansätze, insbesondere die derzeit diskutierten Konzepte, konzentrieren sich mit ihren Vorschlägen auf das Management als strukturgenerierende und -determinierende soziale Gruppe. In der Tradition des Scientific Management wird ausschließlich das leitende Management als innovative und kreative soziale Akteurgruppe im Unternehmen gedacht, die auf der Grundlage des betriebswirtschaftlichen Wissens ihre soziale Rolle im betrieblichen Gefüge erkennt und ihre Handlungsansätze zum Ausbau ihrer Handlungsmacht mit Hilfe der Betriebswirtschaft konzipiert und legitimiert. Auch von den kommunikations- und kooperationsorientierten Unternehmenskulturkonzepten wird der auf die betriebliche Machtstellung des Managements ausgerichtete Ansatz der Betriebswirtschaftslehre nicht aufgegeben. Im Gegenteil: Der Aufgabenbereich des Managements wird auf Motivations-, Symbol-, Leitbild- und Kultursetzung erweitert. In Hinblick auf die derzeit unter dem Stichwort Deregulierung initiierten Veränderungen des Gefüges der industriellen Beziehungen zeigt sich zudem, daß die in den 80er Jahren getroffenen Maßnahmen zur Förderung der Unternehmenskultur in den Betrieben nicht dazu geführt haben, Partizipationschancen für die betrieblichen Akteure institutionell zu sichern und betriebliche Interaktionsbeziehungen dauerhaft zu modernisieren und zu innovieren. Es fehlt eine wissenssoziologische und verwendungssoziologische Analyse der Bedeutung der Betriebswirtschaftslehre für die soziale und betriebliche Konstitution des Managements als soziale Akteurgruppe. Gerade in den aktuellen Debatten über Lösungsansätze, die aus der Krise führen sollen, wird das Fehlen einer Soziologie, die die wissenschaftlich generierten Orientierungsmuster als Grundlage der Politik des Managements analysiert, offenkundig. Der öffentliche Diskurs über die Bedeutung der Unternehmensführungskompetenz im Modernisierungsprozeß der Industriegesellschaft wird von einer populären aber wenig stichhaltigen, personifizierten Managementberichterstattung dominiert, die entweder einzelne Vertreter des Managements heroisiert oder zu "Nieten in Nadelstreifen" erklärt. Eine Aufgabe einer Soziologie des Managements, die über die betriebswirtschaftlichen Ansätze hinausweist, besteht darin, die konzeptionellen Orientierungen, die vor allem das Management marktmächtiger Unternehmen seiner Politik zugrundelegt, herauszuarbeiten. Die Herausarbeitung solcher konzeptioneller Orientierungen sprengt den Rahmen funktionalistischer Erklärungsansätze, in denen die Politik des Managements als Funktion der Kapitalerhaltung beschrieben und als Reflex der kapitalistischen Verwertungslogik begriffen wird. Funktionalistische Erklärungen übersehen, daß die Reproduktion der kapitalistischen Verwertungslogiken durch Wahrnehmungen und Deutungen erfolgt. Die Betriebswirtschaftslehre hat erheblichen Anteil daran, die Deutungen des Managements zu beeinfluße, und sie gewinnt ihr Selbstverständnis, nämlich unmittelbar praxisrelevantes ökonomisch verwertbares Wissen zu generieren, aus den von ihr produzierten und konstruierten Funktionslogiken. Der Preis dafür ist, daß die Betriebswirtschaftslehre ihre eigenen kulturellen und sozialen Bedingungen weitgehend ausblendet. Im folgenden werde ich deutungs- und handlungsrelevante Konzepte vorstellen und deren Beitrag für den Umbau der Betriebe unter dem Gesichtspunkt der Innovationsförderung diskutieren. Seit den 80er Jahren bestimmen aggressive technikzentrierte Konzepte der Betriebswirtschaftslehre die Auseinandersetzung über die Regelungen industrieller Beziehungen, der Arbeitsgestaltung und der Unternehmenspolitik. In diesen Konzepten geht es vorrangig darum, die neuen Techniken und Technologien, die mikroelektronischen Steuerungs- und Kommunikationstechnologien, zur Entwicklung der Organisation zu nutzen. In Anlehnung an ein japanisches Produktionsideal wird Kostensenkung und Innovationsförderung als Zielorientierung formuliert. Es handelt sich dabei um Konzepte, die zeitlich aufeinanderfolgend diskutiert und betrieblich umgesetzt wurden. Eine Rekonstruktion der Etappen des keineswegs abgeschlossenen Prozesses betrieblicher Reorganisation auf der Grundlage dieser "technizistischen" Konzepte belegt die These eines zeitlich fortschreitenden Abbaus innovativer Potentiale zugunsten der Zuwächse betrieblicher Steuerungskapazitäten des Managements. Die Zusammenstellung dieser Konzepte verdeutlicht die Grenze der industriesoziologischen Debatten über die Rationalisierungsgewinne an "ganzheitlichen" Arbeitstätigkeiten, einmal weil zu beobachten ist, daß die nicht institutionell abgesicherten "Gewinne" durch die folgenden Rationalisierungsmaßnahmen wieder obsolet werden, zum anderen weil der theoretische Ansatz die gesellschaftlichen Folgen der Einführung privilegierter Konzepte für die Arbeitseliten nicht erfaßt.

1. Das Konzept der zentralen Steuerung der Arbeit durch Technologie (CIM): Unter dem Leitbild einer technisch steuerbaren vollautomatisierten Fabrik wurde ein Schritt zur Prozeßinnovierung vollzogen, welcher die betriebliche Aufgabengliederung weitgehend unangetastet läßt und sich im wesentlichen auf die Optimierung der Ablauforganisation bezieht: Das Ziel besteht darin, eine funktionale und friktionslose Ablauforganisation durch Vernetzung und zentrale Steuerung der betrieblichen Faktoren aufgrund eines vereinheitlichten Datenniveaus zu erreichen, welches die Kontrolle der Abläufe ermöglicht und erhöht und damit die dezentralen Autonomiespielräume in der Produktion abbaut. Ein wesentliches Versprechen, das "Computer Integrated Manufacturing" als eine rationale betriebswirtschaftliche Strategie ausweist, besteht darin, nichtberechenbare und nicht vollständig planbare Faktoren tendenziell auszuschalten. In der modernisierten und rationalisierten Fabrik von morgen sollte Arbeit nicht mehr Konstituens sein, sondern als potentieller Risiko- und Störfaktor marginalisiert werden. Dieser Innovationsbegriff orientiert sich am Einsatz eines bereits erreichten Stands der Technik (Produktionstechnologien). Der Technikeinsatz auf der Folie von CIM bezieht sich vor allem auf die technische Rationalisierung der Produktions- und Fertigungsprozesse, aber bereits in den 80er Jahren werden Ansätze eines sozialen Strukturwandels in Unternehmen ersichtlich, der sich im Laufe der Durchführung anschließender Modernisierungsprojekte durchhält: Die sogenannte strukturkonservative Lösung der Modernisierung betrieblicher Prozesse durch den Einsatz von neuen Techniken und Technologien führt zu einer allmählichen Asymmetrierung, zum Verlust von Kompetenzen und Partizipationschancen betrieblicher Akteure, der Produktionsintelligenz, die somit als Mitinitiatoren zukünftiger Innovationsspiralen nicht mehr in Frage kommen. Damit verschwinden allerdings auch die betrieblichen Akteure als Vertreter des produkt- und produktionsspezifischen Erfah-

rungswissens und als Kommunikationspartner derjenigen sozialen Akteure, wie beispielsweise Ingenieure, die im Betrieb wissenschaftliche Wissensbestände repräsentieren und an der Entwicklung von neuen Produkten und Produktionsverfahren arbeiten. Auch die in dieser Phase neu entstandenen Handlungs- und Kompetenzgewinne der sozialen Akteure sind nicht in dem Maße verberuflicht und damit für die Akteure gesichert worden wie dies in früheren Rationalisierungsphasen der Fall war. Das heißt, die neu erworbenen Qualifikationsbestände konnten von den betroffenen Akteuren rechtlich und institutionell nur unzureichend abgesichert werden. Dies wird in der Analyse des Konzepts von Lean Management und Lean Production noch deutlicher, in dem die Steigerung der Einsatzflexibilität der Mitarbeiter Programm wurde.

2. Das Konzept der Strukturstraffung (Lean Management): Lean Management und Lean Production setzen den allmählichen Umbau der Betriebe entlang der vernetzten technischen Informations- und Kommunikationssysteme fort. Insbesondere die Lean-Konzepte formulieren die schon genannte Zielsetzung, sowohl Kosten einzusparen als auch Innovationen freizulegen und zu fördern. Die zentrale Lean-Politik der Unternehmen besteht jedoch im wesentlichen darin, Kostenreduktion aufgrund der Einsparung von Personal vorzunehmen, die durch die Verwendung der Informations- und Kommunikationstechnologien möglich werden. Dadurch wird eine Straffung von Organisationswegen, Verflachung von Hierarchien, eine Überlappung von Aufgabenzuweisungen und Steigerung der Einsatzflexibilität der Mitarbeiter erreicht. Von diesen Maßnahmen sind nun auch die Ingenieure betroffen, die betriebliche Akteurgruppe, die aufgrund ihrer theoretisch reflektierten Erfahrung als Träger von innovativen Produktions- und Produktansätzen prädestiniert waren. Die besonderen Interaktionsformen, die Knorr-Cetina (1984) und die Autoren der Laboratory-Studies für die Genese wissenschaftlichen Wissens in Forschungslaboratorien herausgearbeitet haben, wie Shop Talk, kommunikatives Assoziieren, experimentelle Trial- and Error-Strategien, geben in ähnlicher Weise auch Aktivitäten von Ingenieuren in Forschungs-, Entwicklungs- und Konstruktionsabteilungen wieder. Solche Arbeitsbeziehungen sind vor allem den Rationalisierungsmaßnahmen durch die Einführung von Lean-Konzepten zum Opfer gefallen. Damit werden Autonomiespielräume für die Entwicklung innovativer Ideen, welche die paradigmatisch gebundenen Konsolidierungskonsense und -kontexte, die in den Firmen die Wissens- und Handlungsströme steuern, allmählich transzendieren, tendenziell eliminiert. Dennoch haben die Lean-Konzepte mit Begriffen wie Teamarbeit, Kooperation, permanentes Lernen, Dienstleistungsorientierungen soziokulturelle Erwartungen mobilisiert, die bei den Interessenverbänden der Beschäftigten Anklänge an die Vision einer gegen den Taylorismus gerichteten Humanisierung der Arbeitswelt hervorrufen und daher deren Zustimmung und Mitwirkung bei der Installierung von Gruppenarbeit motivieren. Jedoch erweisen sich die sogenannten Teams bei näherem Hinsehen als sozialtechnologisch raffiniertere Umsetzungen tayloristischer Arbeitskonzepte: Die implizite Gruppenverantwortung garantiert die Abarbeitung von Quantitäts- und Qualitätsvorgaben, die der Disposition der Gruppe entzogen sind. Entscheidende Sozialtechnik ist die Überantwortung der personalen Führungs- und Disziplinaraufgaben, aber auch von Anlern- und Einarbeitungsaufgaben auf die Gruppe. Das bedeutet, daß diese neuen, unter der Bezeichnung "Gruppe" firmierenden Betriebseinheiten der fraktalen Fabrik in ihren Optimierungsstrategien auf einen eng determinierten Bereich ausgerichtet werden und damit den Blick für grundsätzliche Strukturveränderungen der Produktion und der Organisation verlieren. Damit werden zwar betriebliche Prozesse gemäß des Stands der systemischen Produktionstechnologien rationalisiert, aber es werden

Handlungsspielräume für Innovationen eher beseitigt als neu geschaffen. Grundsätzliche Modernisierungsbestrebungen können innerhalb der Lean-Konzepte strukturell nur von den Mitarbeitern im Unternehmen erarbeitet werden, die die materiellen, technologischen Strukturen determinieren: den Managern. Auf deren Grundlage müssen dann strikt tayloristisch die Gruppen ihre Lernkurven durch soziale Mechanismen wie Gruppenharmonie, Überstunden oder Druck auf einzelne Mitarbeiter optimieren, um die ihnen vorgegebenen qualitativen und quantitativen Leistungsziele zu erfüllen. Das wahre Gesicht dieser Gruppenarbeitskonzeption tritt offen zutage: Die Mitarbeitergruppen, die an der Planung selbst keinen Anteil haben, werden mit Hilfe dieses Gruppenarbeitskonzepts weiter aus dem kreativen Produktionsplanungs- und Produktionssteuerungsprozeß externalisiert. Diese Mitarbeitergruppe dezimiert sich durch das den Produktionsgruppen aufgezwungene forcierte gruppeninterne Lernkurvenmanagement selbst. Am Beispiel der Politik der Automobilkonzerne gegenüber den Zulieferern wird deutlich, daß "Lean Management" nicht nur als innerbetriebliche Produktionsstrategie eingeführt wird, sondern zu einem allgemeinen Konzept der Regulierung bzw. Deregulierung der industriellen Beziehungen avanciert ist, welches zumindest mittelfristig auch den Zulieferbetrieben die innovativen Handlungsspielräume abschneidet. Der Beitrag, den "Lean Management" zur Gestaltung der Arbeit vorsieht, betont nicht die schöpferische und innovative Bedeutung der Arbeit, sondern es wird im Gegenteil die strikte und kritiklose Anpassung und Einpassung des Menschen an Vorgaben der Organisation und des Betriebs gefordert. Diese Strategie zielt auf eine machtvolle Gestaltung der industriellen Beziehungen durch das Management. Der mit moderner Datenverarbeitungstechnik unterfütterte Mitarbeiter soll in eine Betriebsorganisation eingebaut und damit entmachtet werden. Gruppenarbeitskonzepte werden als Sozialtechnik gezielt eingesetzt, um die Defizite bisheriger tayloristischer Strategien zu kompensieren.

3. Das Konzept der Beherrschung des Betriebs als "Modul": Einen weiteren Schritt des Umbaus von Betrieben fordern die Organisationspäpste des Buisiness Reengineering Michael Hammer und James Champy (1994). Die Autoren kritisieren, daß die bisherigen Rationalisierungskonzepte tradierte Organisationsstrukturen unangetastet lassen, ohne die in den neuen Technologien angelegten Innovationschancen zu erkennen. Dem Management wird vorgeworfen, konservativ zu sein und nicht schöpferisch genug, um Strukturen aufzubrechen und zu verändern. Diese Aufgabe sollen Reengineering Teams von außen erfüllen: Nicht überkommene Strukturen von Unternehmen sollen verschlankt und damit im klassischen Sinne rationalisiert werden, sondern das gesamte Unternehmensgeschäft soll radikal umgestellt werden: Prozeßredesign. Es entspricht dem tiefen Mißtrauen gegenüber eingeübten und erfahrungsgesättigten betrieblichen Vorgängen und Mitarbeitern, das Reengineering Management außerhalb der eigenen Unternehmung zu lokalisieren und das Redesign nicht auf der Basis betriebsinterner Parameter vorzunehmen. Den Erfahrungen und Kompetenzen der Mitarbeiter ist aus verschiedenen Gründen nicht zu trauen. Sie werden als Agenten der tradierten defizitären Strukturen zum Beobachtungsobjekt des Reengineering-Teams. Den verbalen Aussagen dieser Agenten ist mit Vorsicht zu begegnen. Geeignete Analyseverfahren sollen latente nützliche Bedeutungsgehalte aus diesen diffusen Äußerungen herausfiltern. Um die betrieblichen Prozesse "zu verstehen" werden "neue" Methoden der industriellen Diagnostik vorgeschlagen. Eine solche neue Methode ist die teilnehmende Beobachtung durch ein vom Management beauftragtes Reengineering-Team, das autoritär neue Prozesse entwickeln und institutionalisieren soll. Die gegenwärtige Praxis der großen Automobilkonzerne

zeigt bereits erste Auswirkungen dieser Management- und Rationalisierungsvorstellung. Beobachtungs- und Rationalisierungsobjekt der in dieser Industrie agierenden Reengineering-Teams sind nun auch Vertreter des sogenannten mittleren Managements, die als Funktionsagenten veralteter Organisationsstrukturen identifiziert werden. Das dieser Akteursgruppe Einfluß und Identität verschaffende spezifische Produktions- und Erfahrungswissen soll aufgebrochen und überflüssig werden. Als Mitgestalter zukünftiger Organisationsstrukturen werden die Mitglieder des mittleren Managements nicht vorgesehen, da sie in der vorgestellten Modellwelt zur Objektumwelt der Reengineering-Teams erklärt werden.

Ich fasse zusammen: Die neuen Technologien sind eingeführt und Teil der Alltagswelt geworden. Arbeits-Teams konkurrieren betriebsintern und -extern. Mit dem Lean Management-Konzept wurde ein organisationales Defizit taylorisierter Produktion gelöst und weitere Teile noch autonomer Produktionsintelligenz innerhalb der Organisationsarchitektur subsumiert. Alternative innovative Unternehmenskonzepte, die beispielsweise von der "intelligenten" Produktion von "intelligenten" Produkten sprechen, werden konterkariert. Das Business Reengineering setzt zum Sturm auf die traditionellen "Funktionseliten" an und zwar unter dem Motto, den betrieblichen Prozeß insgesamt und nicht mehr lediglich die Funktion als zentralen Bezug der Orientierung und Entscheidung für das Mangement und seine Berater zu betrachten. Der Begriff "Prozeß" wird als ideologische Metapher ("Deregulierung") gegen institutionalisierte Konzepte und deren soziale Träger gesetzt. Innovationen werden in diesem Konzept nicht von betrieblichen Akteuren erwartet, sondern "eingekauft" entsprechend der Feststellung bestimmter, mit dem Unternehmen verbundener marktförmiger Nachfrage. Damit wird deutlich, daß sich im Zuge der Durchsetzung und Implementation der neuen betriebswirtschaftlichen Konzepte über den Bereich der unmittelbaren Organisation der Arbeit hinaus das Gefüge der industriellen Beziehungen, der betrieblichen und gesellschaftlichen Herrschafts- und Machtstukturen, verändert.

Prof. Dr. Christiane Bender, Universität Heidelberg, Institut für Soziologie, Sandgasse 9, D-69117 Heidelberg

## 3. Zur Anwendungsorientierung von Grundlagenforschung: Erfahrungen der AdW der DDR

*Jochen Gläser*

*1. "Anwendungsorientierte Grundlagenforschung" für den "Standort Deutschland"*

In der forschungspolitischen Diskussion der letzten Jahre spielt der Begriff der "Anwendungsorientierten Grundlagenforschung" eine immer größere Rolle. Mit ihm sollen Veränderungen im Gefüge natur- und technikwissenschaftlicher Forschungen erfaßt werden, die sich dem analytischen Zugriff der bislang gebräuchlichen Dichotomie Grundlagenforschung (GF) - Anwendungsforschung (AF) anscheinend entziehen. Mit dieser Diskussion (Mittelstraß 1992, Wissenschaftsrat 1994, Bundesbericht Forschung 1993) wird natürlich die Wissenschaftsforschung herausgefordert, die sich der Frage stellen muß, ob die neue Begriffsbildung die nie überwundenen Schwierigkeiten der alten bewältigen kann. Die Konjunktur des neuen Begriffs hat aber im Zusammenhang mit der Standortdebatte auch eine erhebliche forschungspolitische Relevanz gewonnen. Die deutsche Forschungspolitik möchte nämlich mit dem Konzept einer verstärkten Förderung der "anwendungsorientierten Grundlagenforschung" (Bundesbericht Forschung 1993: 7-10) dem Dilemma begegnen, bei knapper werdenden Mitteln die GF nicht lassen zu wollen und ihr zugleich den größtmöglichen Beitrag zu wirtschaftlichen Innovationen abverlangen zu können. Die Diskussion über die anwendungsorientierte GF hat hier eine besondere Nuance: die Frage, ob man GF auf Anwendungen orientieren könne.

In der langen Tradition der forschungspolitischen Steuerungsversuche zur Anwendungsorientierung der Wissenschaft und speziell ihrer GF stehend, wirft die aktuelle Diskussion auch die alten Fragen wieder auf: Wie, unter welchen Bedingungen und in welchem Ausmaß ist eine solche Anwendungsorientierung möglich ? Und mit welchem Spektrum an intendierten und nichtintendierten Wirkungen haben solche Steuerungsversuche zu rechnen ? Während sich die Forschungspolitik ihrer Natur gemäß vor allem auf die Frage nach dem "Wie" konzentrierte, hat sich die Wissenschaftsforschung in den letzten Jahrzehnten aus unterschiedlichen Perspektiven allen drei Fragen genähert (z.B: van den Daele/ Krohn/ Weingart 1979, Schimank 1994). Hier sollen nun Ergebnisse einer empirischen Untersuchung zur Steuerung der außeruniversitären Forschung in der DDR in die Diskussion eingebracht werden. Gegenstand des im folgenden kurz vorgestellten Projekts (2.) war der Versuch der Forschungspolitik der DDR, das Problem der Anwendungsorientierung durch die Institutionalisierung einer Integration von GF und AF zu lösen. Die Ergebnisse gestatten differenzierende Aussagen zum Phänomen der "anwendungsorientierten GF" (3.) und auch Thesen über mögliche Implikationen einer Forschungspolitik, die mit der Konzentration auf "anwendungsorientierte GF" den "Standort Deutschland" zu verbessern sucht (4.).

## 2. Integration von Grundlagen- und Anwendungsforschung als forschungspolitischer Versuch

Die Akademie der Wissenschaften (AdW) war mit ca. 24 000 Mitarbeitern (1989) das größte Forschungspotential der DDR außerhalb der Industrie. Ihr zentraler politischer Auftrag bestand darin, Forschungsleistungen zu erbringen, die durch die Wirtschaft in Innovationen umgesetzt werden konnten. Der GF wurde durch die Forschungspolitik der DDR lediglich als direkte oder indirekte Voraussetzung für AF Bedeutung beigemessen. Ihre Entwicklung war deshalb eine Aufgabe geringerer Priorität, die die AdW in eigener Verantwortung und unter Nutzung der ihr gewährten Freiräume zu erfüllen hatte. Die Lösung dieses Problems wurde seitens der Forschungspolitik der DDR, seitens der AdW-Leitung und auch seitens vieler Wissenschaftler darin gesehen, GF und AF zu *integrieren*. Die Integration von GF und AF sollte dabei nicht schlechthin eine Kopräsenz und parallele Bearbeitung von Themen der GF und der AF bedeuten, sondern eine *funktionelle Integration* sein, deren Synergieeffekte die Leistungsfähigkeit sowohl der GF als auch der AF steigerten.

Angesichts der durch die Wissenschaftssoziologie konstatierten Verschiedenartigkeit der beiden Forschungstypen hinsichtlich der Forschungsziele und Handlungslogiken, des Gutcharakters der Resultate, der sozialen Bezugsgruppen und deren Handlungsnormen (vgl. Jansen 1995) scheint es aber zweifelhaft, daß die beiden Handlungstypen in einer formalen Organisation (einem Forschungsinstitut) überhaupt integriert werden können. Angesichts der Verschiedenartigkeit sind erstens intraorganisatorische Konflikte wahrscheinlich, die die Handlungsfähigkeit der Or-

ganisation beeinträchtigen. Zweitens ist die Organisation ständig widersprüchlichen Impulsen ausgesetzt, die auf eine Ausweitung der beiden um die Ressourcen der Organisation konkurrierenden Handlungssysteme gerichtet sind. Anknüpfend an Überlegungen von Braun und Schimank (Braun/ Schimank 1992, Schimank 1994) könnte man formulieren, daß
- aus der organisationsinternen Konkurrenz um Ressourcen ein wechselseitiger Verdrängungsdruck der beiden Handlungssysteme,
- aus dem unterschiedlichen normativen Hintergrund der Organisationsmitglieder Orientierungskonflikte und
- aus den unterschiedlichen Bezugsgruppen in der Institutsumwelt ein Vereinnahmungsdruck der jeweiligen Adressaten

folgen. Deshalb wäre eigentlich eine Verselbständigung des Forschungsinstituts in Richtung auf reine GF oder reine AF wahrscheinlicher als eine Integration beider Forschungstypen.

Ausgehend von diesen Überlegungen wurde eine retrospektive empirische Untersuchung in neun ehemaligen AdW-Instituten industrierelevanter Disziplinen (Physik, Mathematik/ Informatik, Chemie, Biowissenschaften) durchgeführt (Gläser/ Meske 1995), die zwei Fragen beantworten sollte. Erstens war zu klären, ob es in den industrierelevanten Disziplinen der AdW-Forschung eine Integration von GF und AF gab. Wenn das der Fall war, so sollte aufgeklärt werden, wie diese Integration unter den forschungspolitischen Bedingungen der DDR realisiert wurde.

### 3. "Anwendungsorientierte GF" als Ergebnis einer Integration von GF und AF

Es ist nicht möglich, die Ergebnisse der empirischen Untersuchung hier in wenigen Sätzen zusammenzufassen. Als ein wichtiges Resultat soll hier aber doch festgehalten werden, daß es in den industrierelevanten Disziplinen an der AdW eine Integration von GF und AF tatsächlich gab und daß sie nicht nur eine Randerscheinung war, sondern den Kern der Forschung charakterisierte. Die Integration wies dabei vielfältige Variationen auf, die vom Verfolgen der in einer international renommierten GF entstandenen High-Tech-Anwendungen bis zu den Bemühungen von Wissenschaftlern um die publikationsfähige Verallgemeinerungen in einer oktroyierten reinen AF reichten. Für die Frage nach der "anwendungsorientierten GF" sind weniger die forschungspolitischen Bedingungen und ihr Einfluß auf die spezifischen Varianten der Integration von Bedeutung, sondern eventuelle Spezifika der in solche Integrationszusammenhänge eingebundenen GF. Solche Spezifika wiesen sowohl die im Rahmen industriegebundener Projekte betriebene GF (1) als auch die GF im wissenschaftlichen Umfeld industriegebundener Projekte (2) auf.

(1) Der überwiegende Teil der im Rahmen industriegebundener Projekte bearbeiteten Grundlagenprobleme bezog sich auf die "wissenschaftliche Durchdringung" der Arbeiten im Projekt und hierbei vor allem auf die Suche nach den Gründen für das Funktionieren im Projekt entwickelter technologischer Lösungen. Dabei wurden Grundlagenprobleme erfolgreicher Lösungen wesentlich häufiger bearbeitet als Grundlagenprobleme von Mißerfolgen. Die Gründe dafür lagen in den klar anwendungsorientierten Projektzielen, die kaum "Abschweifungen" zuließen. An den Charakterisierungen "wissenschaftliche Durchdringung von Anwendungsarbeiten" und "Grundlagenprobleme technisch erfolgreicher Lösungen" wird die orientierende Wirkung der industriegebundenen Forschung deutlich. Die in den Projekten durchgeführte GF war thematisch eng mit der AF

verbunden und wurde in ihrem Abstraktionsgrad und ihrer internationalen Anschlußfähigkeit durch die Inhalte dieser AF bestimmt. Sie wurde meist nur an den experimentellen Systemen ausgeführt, die auch für den Industriepartner bearbeitet wurden. Dadurch ergaben sich eine unmittelbare thematische Fokussierung der GF auf den engeren wissenschaftlichen Hintergrund der Arbeiten für die Industrie, die eine erhebliche *kognitive Beschränkung der GF* bedeuten konnte.

(2) Auch das wissenschaftliche Umfeld der industriegebundenen Projekte, d.h. die Arbeitszusammenhänge der auf dem selben Gebiet arbeitenden Wissenschaftler, wurde durch die Arbeiten für die Industrie inhaltlich orientiert. Die empirischen Befunde zeigten eine *kognitive Orientierung* in Form eines Trends zu Problemen, Untersuchungsobjekten und -methoden, die einen "Außenbezug", d.h. einen Bezug auf Anwendungsfelder, aufwiesen. Solche Bezüge konnten sich z.B. darin äußern, daß

– chemische Untersuchungen an schwieriger zu handhabenden, aber praktisch relevanten Substanzen statt an den international üblichen Modellsubstanzen durchgeführt wurden (anwendungsrelevante Untersuchungsobjekte),
– die Charakterisierung von neuen Stoffen mit dem Ziel erfolgte, therapeutisch nutzbare Eigenschaften aufzufinden (anwendungsrelevante Probleme),
– Geräte entwickelt wurden, die zugleich Forschungsgeräte für die GF waren und einen speziellen Bedarf außerwissenschaftlicher Anwender befriedigten (anwendungsrelevante Methoden).

Eine GF, die solche Bezüge aufwies oder vermuten ließ, hatte in der Selektion von Forschungsproblemen, Untersuchungsobjekten und -methoden erhebliche Konkurrenzvorteile gegenüber anwendungsfernen GF: Sie ließ sich unter dem Integrationsaspekt leichter legitimieren, sie gestattete häufiger den Rückgriff auf in der industrieorientierten Forschung gesammelte Erfahrungen, und sie begünstigte überall dort Synergieeffekte, wo durch die Industrie finanzierte Arbeiten z.B. an dem anwendungsrelevanten Untersuchungsobjekt durchgeführt wurden. Die in solchen Integrationszusammenhängen betriebene GF war nicht notwendig stärker anwendungsorientiert als "reine" GF, sondern lediglich thematisch auf solche Forschungsfelder orientiert, die einen der beschriebenen Bezüge zu Anwendungen aufwiesen. Sie bewegte sich zwar gelegentlich in Nischen und war mit einem höheren Aufwand verbunden, unterschied sich aber hinsichtlich des Abstraktionsgrades und der theoretischen Reichweite nicht unbedingt von GF. Allerdings implizierten die beschriebenen Selektionen mitunter verringerte Erfolgschancen der GF, da sie an ungeeigneten experimentellen Systemen bearbeitet wurden.

Die kognitiven Beschränkungen und Orientierungen der integrierten GF verweisen auf die inhaltliche Sogwirkung, die die im Hintergrund befindlichen Praxisfelder vermittelt über die AF auf die mit dieser integrierten GF ausüben. Das Ausmaß, in dem die Praxisfelder bereits "verwissenschaftlicht" sind, beeinflußt die Möglichkeiten für eine integrierte GF. Die Verwissenschaftlichung ließ sich z.B. daran ablesen, inwieweit produktionsvorbereitende Arbeiten für die Industrie, die ihrer *Funktion* im Innovationsprozeß zufolge Entwicklungsarbeiten sind, ihrem Inhalt nach Forschungsprozesse, d.h. wissenschaftliche Arbeit waren.

Betrachtet man nun angesichts dieser differenzierten empirischen Befunde - die ja nicht spezifisch für ein sozialistisches Wissenschaftssystem sind - den Begriff "anwendungsorientierte GF", dann wird deutlich, daß er verschiedene komplexe Veränderungen in der GF selbst und in den Beziehungen zwischen Wissenschaft und Praxis zusammenfaßt, die hier nur thesenartig angedeutet werden können:

- Die Verwissenschaftlichung der Produktion führt dazu, daß Produktionsprozesse immer häufiger Arbeiten beinhalten, die den Charakter experimenteller Routinen tragen, und Entwicklungsarbeit den Charakter naturwissenschaftlicher Forschung annimmt. Auf der Grundlage eines linearen Innovationsmodells erscheinen dann diese "moderne" Entwicklung als AF und die ihr vorgelagerte AF als "anwendungsorientierte GF".
- Mit der wachsenden Komplexität von Anwendungen wächst der Anteil langfristiger AF, d.h. von AF (oder sogar Entwicklung), die sich in früher nur der GF eigenen Zeithorizonten bewegt. Diese "anwendungsorientierte GF" ist eigentlich keine, da für ihre Charakterisierung ein ganz anderes und eher untergeordnetes Merkmal benutzt wird.
- Mit der fortschreitenden Verwissenschaftlichung der Technik und dem sich weiter ausdehnenden Wissen über die Natur weisen immer größere Bereiche der GF einen "natürlichen" Bezug zu praktisch relevanten Problemen auf. Für immer mehr Forschungen existieren von ihrem Beginn an Anwendungsbezüge. Diese "anwendungsorientierte GF" unterscheidet sich nicht unbedingt durch ihre größere Anwendungsnähe von der "reinen" (erkenntnisorientierten) GF, sondern in erster Linie dadurch, daß sie aufgrund ihrer Thematik, d.h. durch die spezifische Wahl von Forschungsproblemen, Untersuchungsobjekten und -methoden, anwendungsrelevant ist.

## 4. Implikationen für die Forschungspolitik

Abschließend sollen zwei für die Standortdebatte interessante Aspekte der Untersuchung festgehalten werden. Erstens legt der Begriff "anwendungsorientierte GF" eine Reihung nahe, in der die "anwendungsorientierte GF" zwischen der reinen GF und der AF plaziert ist. Das muß aber nicht der Fall sein. Wie oben ausgeführt wurde, unterscheidet sich GF mit Anwendungsbezügen häufig nur thematisch, nicht aber in solchen Merkmalen wie der theoretischen Reichweite und dem Abstraktionsgrad von "erkenntnisorientierter" GF und steht damit neben ihr. Das bedeutet umgekehrt, daß es offensichtlich Themenfelder der GF gibt, die von der durch eine Integration von GF und AF bevorzugt entwickelten GF mit Anwendungsbezügen nicht besetzt werden können. Zwingt man einer rein erkenntnisorientierten Forschungsgruppe eine Integration mit AF oder eine Anwendungsorientierung auf, so ist zu erwarten, daß sie dem Druck folgt, allmählich die reine GF aufgibt und sich auf GF mit Anwendungsbezügen orientiert. Hier liegt eine spezifische Gefahr des Versuchs, unterschiedslos von jeder GF einen Beitrag zu Anwendungen zu erwarten: er würde eine Bewegung der gesamten GF hin zu solchen Themen initiieren, die einen Anschluß von AF prinzipiell ermöglichen. Das hätte schwer überschaubare kognitive Rückwirkungen zur Folge, denn eine auf diese Art und Weise "anwendungsorientierte GF" ist eben thematisch nicht mehr die GF, die man vorher hatte.

Diese mögliche Folge spricht eher für eine funktional differenzierte Institutionalisierung im Sinne einer eigenständigen Institutionalisierung reiner GF und AF, wie sie das bundesdeutsche Wissenschaftssystem aufweist. Allerdings erweist sich auch die Integration von GF und AF als eine spezifische, die funktionale Differenzierung immer wieder partiell aufhebende eigenständige Funktion im Wissenschaftssystem, für deren Förderung eine eigene Institutionalisierung ebenso zweckmäßig scheint wie bei den anderen Funktionen. Den Keim einer solchen Institutionalisierung könnten die Institute der "Blauen Liste" sein, die ja gerade durch zahlreiche in der Nachfolge der AdW gegründete Institute eine wesentliche Verstärkung, eine Ausweitung ihres Profils (Mayntz 1994) und einen deutlichen Impuls in Richtung auf eine Integration von GF und AF erfahren hat.

**Literatur**

Braun, Dietmar/ Uwe Schimank (1992), Organisatorische Koexistenz des Forschungssystems mit anderen gesellschaftlichen Teilsystemen: Die prekäre Autonomie wissenschaftlicher Forschung, in: Journal für Sozialforschung 32, 319-336.

Bundesbericht Forschung (1993), Herausgegeben vom Bundesministerium für Forschung und Technologie, Bonn.

van den Daele, Wolfgang/ Wolfgang Krohn/ Peter Weingart (Hg.) (1979), Geplante Forschung. Vergleichende Studien über den Einfluß politischer Programme auf die Wissenschaftsentwicklung, Frankfurt am Main.

Gläser, Jochen/ Werner Meske (1995), Anwendungsorientierung von Grundlagenforschung? Erfahrungen der AdW der DDR. Manuskript. Wissenschaftszentrum Berlin für Sozialforschung.

Jansen, Dorothea (1995), Convergence of Basic and Applied Research ? Research Orientations in German High-Temperature Superconductor Research, in: Science, Technology & Human Values Vol. 29, No. 2, Spring 1995, 197-233 (forthcoming).

Mayntz, Renate (1994), Deutsche Forschung im Einigungsprozeß. Die Transformation der Akademie der Wissenschaften der DDR 1989 bis 1992. Frankfurt/ New York.

Meske, Werner (1993), Die Integration von ostdeutschen Blaue-Liste-Instituten in die deutsche Wissenschaftslandschaft. DFG-Projektantrag, unveröffentlicht. Wissenschaftszentrum Berlin für Sozialforschung.

Mittelstraß, Jürgen (1992), Leonardo-Welt. Über Wissenschaft, Forschung und Verantwortung. Frankfurt.

Schimank, Uwe (1994): Politische Steuerung und Selbstregulation des Systems organisierter Forschung. Manuskript, Max-Planck-Institut für Gesellschaftsforschung. Köln.

Wissenschaftsrat (1994), Empfehlungen zu einer Prospektion für die Forschung, Drs. 1645/94. Berlin.

Dr. Jochen Gläser, Wissenschaftszentrum Berlin, FG Wissenschaftsstatistik, Schiffbauerdamm 19, D-10117 Berlin

## 4. Technikgenese in partizipativen Prozessen - Perspektiven einer neuen Forschungs- und Technologiepolitik

*Johannes Weyer, Johannes Schmidt und Ulrich Kirchner*

*1. Einleitung: Die Krise der Forschungspolitik*

Das Paradigma der interventionistischen Forschungs- und Technologiepolitik befindet sich in einer Krise. Die Großprojekte, die die Identität des Politikfeldes in den 40er Jahren schufen und den Stil der F&T-Politik bis weit in die 70er Jahre prägten, sind gescheitert: Sowohl in der Atomkraft als auch in der Raumfahrt häuften sich die Fehlschläge; die F&T-Politik geriet dadurch zusehends in Rechtfertigungszwänge. Die Sicherheitsprobleme und die langfristigen gesellschaftlichen Folgekosten führten darüber hinaus zu einem Legitimationsverlust staatlicher Politik, der sich in Technikkritik und Technikkontroversen niederschlug.

Diese Legitimationskrise konnte auch dadurch nicht überwunden werden, daß sich in den 70er Jahren in Form der Förderung zivilindustrieller Zukunftstechnologien ein eigenständiger zweiter Entwicklungspfad der F&T-Politik entwickelte, der neben die Förderung der Staatstechnik trat. Denn die Orientierung auf weltmarktfähige Hochtechnologien führte notwendigerweise zu einer "Zurücknahme ... (des) politischen Gestaltungsanspruchs" (Rilling 1994: 63), da die Möglichkeiten des Staates, Einfluß auf die Erzeugung marktfähiger Technologien in global operierenden Unternehmen zu nehmen, notwendigerweise begrenzt sind.

Die gegenwärtige Orientierungskrise der staatlichen F&T-Politik kann also auf das Scheitern der Staatstechnik einerseits, die offensichtlichen Probleme einer staatlichen Steuerung privatwirtschaftlicher Technikentwicklung andererseits zurückgeführt werden. Trotz einer hektischen Suche nach neuen Zukunftsperspektiven gibt es momentan wenig klare Antworten auf die Frage, wie die Rolle des Staates in der Technikförderung neu zu bestimmen sei. Wir vermuten, daß die Antworten deshalb unbefriedigend sind, weil die Fragen falsch gestellt werden. Denn die bislang vorherrschenden f&t-politischen Konzeptionen sind zumeist von einer Technology-push-Orientierung geprägt, wobei dem Staat die Rolle des Initiators von Innovationen zugeschrieben wird.

Dieser Konzeption von F&T-Politik liegt unseres Erachtens ein problematisches Verständnis von Technikgenese zugrunde, das die soziale Logik des technischen Wandels unzureichend berücksichtigt und daher auch nicht in der Lage ist, zukunftsweisende Perspektiven zu entwickeln. Will man Alternativen wie etwa die einer dezentralen, partizipativen F&T-Politik entwickeln, so bedarf es einer systematischen Fundierung durch die Techniksoziologie. Wir schlagen daher einen Perspektivwechsel vor, indem wir Technikgenese als einen mehrstufigen Prozeß der sozialen Konstruktion von Technik betrachten, der von wechselnden Akteurkonstellationen getragen wird. Die sozialen Netzwerke, die Träger und Motor der Technikentwicklung sind, stehen im Mittelpunkt dieser Konzeption, mit deren Hilfe wir Ansatzpunkte für alternative Strategien der Technikgestaltung identifizieren wollen.

## 2. Technikgenese als mehrstufiger Prozeß der sozialen Konstruktion von Technik - ein Phasenmodell

### 2.1 Einbettung in die techniksoziologische Diskussion

Die Technikgeneseforschung war mit dem dezidierten Anspruch angetreten, durch eine soziologische Analyse des Innovationsprozesses einen Beitrag zur praktischen Politik zu leisten (vgl. Nelson und Winter 1977, Dierkes 1989). Es wurde unterstellt, daß bereits in der Frühphase einer Technik Schlüsselentscheidungen fallen, die den gesamten Prozeß der Technikentwicklung irreversivel prägen (vgl. Knie und Hård 1993, Knie 1994).

Im Gegensatz zu diesem Ansatz gehen wir davon aus, daß die Schließung sozialer Aushandlungsprozesse über Technik kein einmaliger Akt ist, durch den bereits in frühen Phasen der Charakter einer Technik sowie deren Folgewirkungen ein für allemal festgeschrieben werden. Indem wir Technikgenese als einen mehrstufigen Prozeß der sozialen Konstruktion von Technik betrachten, setzen wir vielmehr voraus, daß die Akteurkonstellationen, die eine technische Innovation tragen, wie auch die Nutzungsvisionen im Laufe der Entwicklung mehrfach wechseln. Man kann diesen Prozeß als eine Abfolge sozialer Schließungen beschreiben, der sich grob und idealtypisch in die drei Phasen "Entstehung", "Stabilisierung" und "Durchsetzung" untergliedern läßt. Wir unterstellen damit, daß Technikprojekte in den verschiedenen Phasen von unterschiedlichen sozialen Netzwerken getragen werden, in denen Akteure mit unterschiedlichen Motiven und Nutzungsvisionen agieren und interagieren - und so soziale Schließungen erreichen, die für die Technikgenese folgenreich sind. Erst diese Sequenz von Konstruktionsleistungen und prägenden Entscheidungen macht den Verlauf einer technischen Innovation nachvollziehbar und erklärbar.

In den einzelnen Phasen werden spezifische Leistungen erbracht, die a) aneinander anknüpfen und b) einen "Fluchtpunkt" besitzen, nämlich die Erzeugung kontextfrei funktionierender technischer Artefakte bzw. sozio-technischer Systeme, die genutzt (und rekombiniert) werden können, ohne daß die soziale Erzeugungslogik stets von neuem nachvollzogen werden muß. Eine technische Innovation, die dieses Stadium der Dekontextualisierung nicht erreicht, bezeichnen wir als unvollständige Innovation.

### 2.2 Phasen der Technikgenese

*a) Entstehungsphase*

Innovationen entstehen nur selten als Reaktion auf bestehende Nachfragen; in der Regel werden sie von Außenseitern hervorgebracht, die abseits der etablierten Strukturen operieren und (meist durch intelligente Rekombinationen) Neues schaffen. Als "neu" im Sinne von nicht-inkremental bezeichnen wir innovative Konzepte oder Visionen, die ein sozio-technisches System begründen, welches ein bestehendes System herausfordern oder gar verdrängen kann (vgl. u.a. Hughes 1987, Tushman und Rosenkopf 1992, Hellige 1993). Die Erzeugung einer Innovation ist ein zufallssensibler und von außen kaum beeinflußbarer Vorgang. Beispielsweise stieß der chronisch geldknappe Computerbastler Steve Wozniak, der sich einen Intel-Mikroprozessor nicht leisten konnte, 1976 zufällig auf einer Computermesse auf ein Sonderangebot von MOS-Tech, das ihm die Konstruktion des ersten Apple-Prototyps erlaubte - ein höchst folgenreicher Zufall.

Private Bastler- und Erfindergemeinschaften in subkulturellen Nischen spielen in dieser Phase oftmals eine bedeutende Rolle, da sie einen Informationsaustausch zwischen den Anhängern der neuen Vision ermöglichen (Beispiele: Raketenflugplatz Berlin, Homebrew Computerclub). Die Akteurkonstellation dieser Frühphase ist meist unstrukturiert, die Kommunikation informell und zufällig, die Teilnehmerschaft wechselnd, die Verpflichtungsfähigkeit der Akteure gering.

Die Leistung, die diese Phase erbringt, besteht in der *Generierung des sozio-technischen Kerns*, der die Identität der technischen Innovation begründet und über wechselnde Ausprägungen (in konkreten Technikprojekten) hinweg erhält. Der sozio-technische Kern stellt ein allgemeines Orientierungsmuster für die Such- und Problemlösungsstrategien der Technikkonstrukteure dar, das ihre konkreten Entscheidungen und Alternativwahlen beeinflußt, keinesfalls aber deterministisch festlegt. Obwohl in der Frühphase der Technikgenese die Weichen für den weiteren Verlauf der Entwicklung gestellt werden, ist der Prozeß der Technikkonstruktion zu diesem Zeitpunkt also noch keineswegs abgeschlossen. Es folgen vielmehr weitere Phasen, in denen wiederum prägende Entscheidungen getroffen werden.

*b) Stabilisierungsphase*

Für den Übergang vom amateuerhaften Bastlerstadium zur Phase der systematischen Exploration einer neuen Technik ist ausschlaggebend, ob ein soziales Netzwerk geschaffen werden kann, welches das visionäre Projekt über eine gewisse "Durststrecke" hinweg stützt und so die Entwicklung von Prototypen ermöglicht. Soziale Netzwerke entstehen durch die Kopplung der Handlungsprogramme heterogener Akteure, die trotz unterschiedlicher Orientierungen ein gemeinsames Interesse entwickeln. Ein prominentes Beispiel ist das Arrangement, das die Gruppe um Wernher von Braun 1932 mit dem deutschen Heereswaffenamt schloß, aus dem schließlich die V 2-Rakete hervorging. Die Interessen beider Akteure ließen sich derart ineinander übersetzen, daß ein exklusives Netzwerk entstand, welches eine enorme Leistungssteigerung ermöglichte und beiden Partnern "Gewinne" brachte, die sie allein nicht hätten erzielen können. Auch andere Beispiele illustrieren diesen Mechanismus der *Stabilisierung technischer Innovationen durch soziale Vernetzung*.

In dieser Phase findet eine Rekombination sowohl der technisch-apparativen als auch der sozialen Komponenten statt, während der sozio-technische Kern erhalten bleibt. Im Unterschied zur eher diffusen Akteurkonstellation der Entstehungsphase entsteht nun ein soziales Netzwerk, in dem eine exklusive Zahl strategiefähiger Akteure miteinander interagiert und kooperiert. Die *operationale und soziale Schließung des Netzwerks* reduziert die Unsicherheit, schafft Erwartungssicherheit und erlaubt so eine Konzentration auf Schlüsselprobleme, was eine enorme Leistungssteigerung ermöglicht. Zugleich verringert sich die informationale Offenheit, und das Netzwerk immunisiert sich per rekursiver Schließung gegenüber externen Störungen. Ferner findet eine Auswahl aus dem großen Pool der möglichen Alternativoptionen statt.

Im Gegensatz zum Closure-Modell, das den Prozeß der Technikgenese an diesem Punkt enden läßt, gehen wir davon aus, daß der Stabilisierung einer Technik weitere Schritte der sozialen Konstruktion folgen müssen, bis ein Zustand erreicht ist, an dem die neue Technik auch außerhalb des Trägernetzwerkes funktioniert. Denn nur dann hat eine Innovation eine längerfristige Durchsetzungschance.

*c) Durchsetzungsphase*

Was traditionellerweise als Prozeß der Diffusion "fertiger" Technik bezeichnet wird, betrachten wir als einen weiteren Prozeß der netzwerkgestützten Technikerzeugung, dessen Funktion es ist, die Märkte zu schaffen, um die sich die Technikkonstrukteure in der Stabilisierungsphase oftmals nicht gekümmert hatten. Die "Konstruktion von Verwendungskontexten" (Krohn 1995) wird häufig von anderen Netzwerken vollzogen als denen der Stabilisierungsphase. Zwar wird an die Leistungen der vorangegangenen Phasen angeknüpft und insbesondere der sozio-technische Kern bewahrt; die Entwicklung des dominanten Designs, die Dekontextualisierung der Technik sowie die Produktion von Nachfragestrukturen ist jedoch ein eigenständiger Innovationsakt, der erst die Voraussetzungen für eine eigendynamische, inkrementale Technikentwicklung schafft. Im Falle des Airbus wurden beispielsweise die Luftverkehrsgesellschaften stärker in das Netzwerk mit einbezogen; beim Transrapid kamen die Länder und die Bahn als neue Mitspieler hinzu.

Auch in der Durchsetzungsphase erfüllen soziale Netzwerke die Funktion, durch soziale Schließung eine Situation der Unsicherheit zu bewältigen. Die spezifische Leistung dieser Phase besteht darin, den Kreis der Akteure zu erweitern, indem beispielsweise Betroffene oder Nutzer mit einbezogen werden. Die operationale Schließung "weiter" Netzwerke ist kein trivialer Prozeß, da meist eine Reihe widersprüchlicher Interessen integriert werden müssen. Wenn diese Schließung jedoch gelingt, kann dies zum "take-off" der Innovation beitragen, weil nun Bedarfsstrukturen und Märkte entstehen. Die neue Technik wird damit kontextfrei verfügbar und entwickelt sich nach einer Logik, die von den Initialakteuren nicht mehr kontrolliert werden kann.

Unser Fazit lautet: Von erfolgreichen Innovationen sollte dann gesprochen werden, wenn in einem mehrstufigen Prozeß der sozialen Konstruktion von Technik gesellschaftliche Lernprozesse angestoßen werden, die über die sozialen Netzwerke hinausreichen, welche Träger und Motor der Technikentwicklung sind. Der Prozeß der Technikgenese ist mit einer einmaligen Schließung in der Frühphase einer Technik nicht beendet; es folgen vielmehr eine Reihe weiterer Konstruktionsakte, deren "Fluchtpunkt" die Dekontextualisierung einer innovativen Technik ist.

*3. Perspektiven einer neuen F&T-Politik*

Das Phasenmodell soll dazu dienen, die Mängel der bisherigen F&T-Politik zu erklären und Ansatzpunkte für eine alternative Konzeption der sozialen Gestaltung technischer Innovationen zu entwickeln. Der Fehler der traditionellen, push-orientierten F&T-Politik besteht darin, die Förderpolitik weitgehend auf den Übergang von Phase 1 zu Phase 2 zu konzentrieren.

Die Grenzen dieser Politik werden jedoch immer deutlicher; Neuansätze wie die Idee einer partizipativen Technikgestaltung gewinnen daher zunehmend an Resonanz. Das zentrale Charakteristikum des neuen Paradigmas ist die Offenheit der Planung, die durch die Einbeziehung von Nutzern und Betroffenen in den Aushandlungsprozeß erreicht wird - mit dem Ziel, Lösungen zu finden, die sich auf einen breiten Konsens stützen können und längerfristig stabil sind (vgl. u.a. Schimank 1991, Herbold und Wienken 1993, Weyer 1994).

Wenn unser Phasenmodell ein logisches Entwicklungsschema von Technikgenese beschreibt, so erscheint es im Sinne einer alternativen F&T-Politik plausibel, den Akzent stärker auf Phase 3 zu legen, den Innovationsprozeß also "von hinten" aufzurollen: Im Mittelpunkt stände dann nicht mehr die Erzeugung von Technikangeboten, sondern die soziale Gestaltung von Innovationen in partizipativen Prozessen, die ihren Ausgangspunkt bei gesellschaftlichen Problemformulierungen und nicht bei technischen Problemlösungen hätte. Die praktische Umsetzung einer derart konzipierten alternativen F&T-Politik müßte über Pilotvorhaben und Demonstrationsprojekte erfolgen, beispielsweise in Form der Umstellung einer mittelgroßen Stadt auf erneuerbare Energien.

Zusammenfassend läßt sich also festhalten: Mit dem Phasenmodell, das Technikgenese als einen mehrstufigen Prozeß der sozialen Konstruktion von Technik versteht, lassen sich die Möglichkeiten von Technikgestaltung und steuernden Eingriffen in den Prozeß der Technikentwicklung präziser bestimmen. Technikgestaltung vollzieht sich unserer Auffassung nach nicht als normative Steuerung derart, daß ein übergeordneter Akteur ("der Staat") autoritativ Ziele formuliert, die von anderen Akteuren befolgt werden müssen. Technikgestaltung findet vielmehr in sozialen Netzwerken statt, in denen die Akteure durch Aushandlung und wechselseitige Abstimmung Resultate erzeugen, die für den Verlauf der Technikentwicklung folgenreich sind. Alternativen können sich folglich nur durch eine Veränderung oder Erweiterung der sozialen Netzwerke ergeben, also durch das Hinzutreten weiterer Spieler, die andere Interessen verfolgen. Der Erfolg von Alternativstrategien hängt jedoch ebenfalls davon ab, ob es gelingt, eine operationale und soziale Schließung eines alternativen Netzwerks zu erreichen.

**Literatur**
Dierkes, Meinolf (1989), Technikgenese in organisatorischen Kontexten, WZB-paper FS II 89-104.
Hellige, Hans Dieter (1993), Von der programmatischen zur empirischen Technikgeneseforschung, in: Technikgeschichte 60, 186-223.
Herbold, Ralf/Wienken, Ralf (1993), Experimentelle Technikgestaltung und offene Planung, Bielefeld.
Hughes, Thomas P. (1987), The Evolution of Large Technological Systems, in: The Social Construction of Technological Systems, Cambridge/Mass., 51-82.
Knie, Andreas (1994), Der Fall des Wankel-Motors, in: WZB-Mitteilungen, H. 66: 33-36.
Knie, Andreas/Hård, Michael (1993), Die Dinge gegen den Strich bürsten, in: Technikgeschichte 60, 224-242.
König, Wolfgang, (1993), Technik, Macht und Markt, in: Technikgeschichte 60, 243-266.
Krohn, Wolfgang (1995), Innovationschancen partizipatorischer Technikgestaltung und diskursiver Konfliktregulierung, Bielefeld (Ms.).
Nelson, Richard R./Winter, Sidney G. (1977), In search of useful theory of innovation, in: Research Policy 6: 36-76.
Rilling, Rainer (1994), Forschungs- und Technologiepolitik im Umbruch, in: Memorandum Forschungs- und Technologiepolitik 1994/95, Marburg, 44-105.
Schimank, Uwe (1991), Etatistische Praxis und Adressatenmodell, in: Forum Wissenschaft 8, H. 1, 51-56.
Tushman, Michael L./Rosenkopf, Lori (1992), Organizational determinants of technological change, in: Research in Organizational Behavior 14, 311-347.
Weyer, Johannes (1994), Perspektiven der sozialwissenschaftlichen Technikfolgenabschätzung, in: Soziologie 4/1994, 36-49.

PD Dr. Johannes Weyer, Johannes Schmidt und Ulrich Kirchner, Universität Bielefeld, Fakultät für Soziologie, PF 100131, D-33501 Bielefeld, e-mail: johannes.weyer@post.uni-bielefeld.de

# XXIV. AG Ost- und Ostmitteleuropasoziologie
*Leitung: Anton Sterbling*

## Umbruch in Ost-Mittel-Europa - Institutioneller Wandel und historische Kontinuitäten

### 1. Einleitung

*Anton Sterbling*

Der "Umbruch in Ost-Mittel-Europa" wurde anfangs sowohl von prominenten Sozialwissenschaftlern (Dahrendorf 1990) wie selbstverständlich auch von vielen Akteuren als "Revolution" begriffen. Tatsächlich haben die Geschehnisse 1989/1990, die den Niedergang der kommunistischen Alleinherrschaft in Osteuropa unerwartet schnell herbeiführten, tiefgreifende Wandlungsprozesse ausgelöst und weitreichende Veränderungen bewirkt. Dennoch ist man heute, nach über fünfjähriger Erfahrung und Beobachtung der postkommunistischen Entwicklungen, darin weitaus zurückhaltender, den "Systemwechsel" in Osteuropa als "Revolution" im Sinne klassischer Revolutionstheorien zu interpretieren (von Beyme 1994).

Diese Zurückhaltung hängt nicht nur mit der zumindest auf den ersten Blick erstaunlichen Tatsache zusammen, daß die kommunistischen Nachfolgeparteien in vielen Staaten Ost- und Südosteuropas großen Einfluß behalten haben oder - nach einer zeitweiligen Marginalisierung - erneut zu starken politischen Kräften avanciert sind, so daß sie heute in vielen Fällen Regierungsverantwortung tragen oder mittragen (Sterbling 1993; von Beyme 1994). Auch unter anderen wichtigen Betrachtungsgesichtspunkten ergibt sich ein uneinheitliches und facettenreiches Erscheinungsbild der postkommunistischen Gesellschaftsrealität: Einerseits ist nahezu überall ein tiefgreifender, komplexer und folgenreicher Prozeß des institutionellen und strukturellen Wandels in Gang gekommen, der sich mehr oder weniger entschieden an demokratischen, marktwirtschaftlichen, rechtsstaatlichen und pluralistischen Ordnungsvorstellungen orientiert und mit umfassenden Modernisierungsbestrebungen verbunden erscheint. Andererseits wird dieser Prozeß von vielfältigen Widerständen und Widersprüchen, von weit verbreiteten Mißverständnissen und Enttäuschungen, von Obstruktionen und Retardierungstendenzen begleitet und geprägt, in denen Auswirkungen der Jahrzehnte kommunistischer Herrschaft ebenso wie langfristig wirksame historische Traditionen und entsprechende Kontinuitätsmomente zum Tragen kommen.

Zum Prozeß des institutionellen Wandels und den grundsätzlichen Schwierigkeiten, die diesen begleiten, hat Lepsius sehr aufschlußreich festgestellt: "Institutionenpolitik ist kompliziert, insbesondere durch die wenig erforschten Interdependenzen, Wirkungen und Kontingenzen, die ein Institutionensystem charakterisieren" (Lepsius 1993: 37). Die Institutionenpolitik in Osteuropa befindet sich auf Grund der weitgespannten Modernisierungsziele, die sich damit verbinden, unter einem besonderen "Effizienzdruck", sie steht aber auch angesichts ausgeprägter, langfristig wirksamer antidemokratischer, etatistischer und nationalistischer Traditionen unter einem außerordentlichen Zwang der "Legitimitätsbewährung" (Sterbling 1994a). Je zögerlicher sich Modernisierungserfolge im Sinne deutlicher Wohlstands- und Wohlfahrtssteigerungen, aber auch persönlicher Freiheiten und Sicherheiten einstellen oder je unwahrscheinlicher solche Entwicklungen aus der subjektiven Sicht verschiedener sozialer Gruppen erscheinen, umso nachdrücklicher leben langfristige Traditionen und Wertorientierungen auf und durchkreuzen den in Gang gekommenen Prozeß modernisierungsorientierter institutioneller Innovationen (Balla/Sterbling 1995).

Entsprechende Widersprüche und Auseinandersetzungen lassen sich auf allen wichtigen Gebieten des sozialen Lebens erkennen. Ob man die Strukturen sozialer Ungleichheit oder die Muster ethnischer Differenzierung, ob man grundlegende Aspekte der politischen Kultur oder dominante wirtschaftliche Verhaltensweisen und Organisationsformen, ob man den wissenschaftlichen Forschungsbetrieb oder das intellektuelle Geschehen näher in den Blick nimmt, überall läßt sich ein folgenreiches Spannungsverhältnis zwischen der Dynamik des Wandels und mächtigen Beharrungskräften feststellen (Sterbling 1994b).

Wohl mehr noch als andere Sozial- und Kulturwissenschaften sollte es die Soziologie daher als ihre ausdrückliche Aufgabe verstehen, zu einer möglichst realitätsnahen und differenzierten Auffassung über das tatsächliche Ausmaß und die Möglichkeiten wie auch über die Restriktionen und Grenzen des politischen, sozialen und ökonomischen Wandels in den Gesellschaften Ost- und Ostmitteleuropas beizutragen. Dies zumal, da die Soziologie über einen beachtlichen theoretischen Wissensvorrat, über ausgebildete Forschungserfahrungen und über geeignete empirische Analyseinstrumente verfügt, um zu wesentlichen Einsichten und differenzierten Wirklichkeitsurteilen über komplexe soziale Wandlungsprozesse zu gelangen (Sterbling 1993).

**Literatur**
Balla, Bálint/Sterbling, Anton (1995) (Hg.): Soziologie und Geschichte - Geschichte der Soziologie. Beiträge zur Osteuropaforschung. Hamburg.
von Beyme, Klaus (1994), Systemwechsel in Osteuropa. Frankfurt/M.
Dahrendorf, Ralf (1990), Betrachtungen über die Revolution in Europa. Stuttgart.
Lepsius, M. Rainer (1993), Europa nach dem Ende zweier Diktaturen. In: Schäfers, Bernhard (Hg.), Lebensverhältnisse und soziale Konflikte im neuen Europa. Frankfurt/M.-New York.
Sterbling, Anton (1993), Strukturfragen und Modernisierungsprobleme südosteuropäischer Gesellschaften. Hamburg.
Sterbling, Anton (1994a), Modernisierungstheorie und die Entwicklungsproblematik Osteuropas. In: Balla, Bálint/Geier, Wolfgang (Hg.): Zu einer Soziologie des Postkommunismus. Münster-Hamburg.
Sterbling, Anton (1994b), Gegen die Macht der Illusionen. Zu einem Europa im Wandel. Hamburg.

PD Dr. Anton Sterbling, Universität der Bundeswehr, FB Pädagogik, Holstenhofweg 85, D-22043 Hamburg

## 2. Alte und neue Ungleichheiten in der DDR/ Ostdeutschland und Polen

*Helmut Fehr*

In meinem Beitrag werde ich am Beispiel der DDR/ Ostdeutschlands und Polens zwei Länder untersuchen, in denen die Dynamik der sozialstrukturellen Entwicklung seit 1988/89 besondere Parallelen und Unterschiede aufweist. Die Parallelen betreffen die Rahmenbedingungen der "staatssozialistischen" Gesellschaftsordnungen: Die kommunistischen Macht-Eliten betonten gleichermaßen, daß sie an der Bildung einer "mehr gerechteren" Gesellschaft interessiert seien. Die Unterschiede liegen in den ökonomischen und politischen Pfaden des Übergangsprozesses seit 1989 und betreffen die Frage nach der Legitimierung von sozialen Ungleichheiten.

*1. Einkommens-Ungleichheit*

Die Einkommensentwicklung unterlag in Polen seit 1989 einem radikalen Wandel (vgl. Beskid u.a. 1994: 72).[1] Als ein Ergebnis der veränderten Rahmenbedingungen der wirtschaftlichen Entwicklung ist die erste Periode des Systemwandels durch Schwankungen des ökonomischen Sicherheitsgefühls unter der Mehrheit der Haushalts-Gruppen geprägt. Der Fall der realen Einkommen verursachte ein verbreitetes Gefühl, daß die Befriedigung der Basisbedürfnisse gefährdet ist.

Ein neue sozioökonomische Kategorie von Haushalten bildete sich seit 1990 heraus: Solche Haushalte, in denen Vergütungen aus der Arbeitslosenunterstützung die hauptsächliche Einnahmensquelle darstellten (im April 1992 war dies ein Anteil von 2% aller Haushalte; ein auf den ersten Blick geringer Anteil, wenn man den Prozentanteil der Arbeitslosen an der Erwerbs-Bevölkerung zum Vergleich heranzieht (ca. 16%). Eine andere Gruppe, die sich nach 1989 in Polen herausbildete und das Ausmaß der Einkommens-Ungleichheit markiert, sind "alte" und "displaced" Personen. Ihre Lebenssituation ist durch Einschränkungen geprägt, die bis zur extremen Armut reichen (Beskid u.a. 1994).

*Wirtschaftliche Lage, Einkommensunterschiede und soziale Ungleichheit in der DDR/ Ostdeutschland*

Im Rückblick auf die letzten Jahre der DDR resümieren G.Winkler u.a. (1990: 120) im "Sozialreport '90": "Die Einkommensentwicklung in der DDR hat sich wesentlich stabiler vollzogen als in anderen sozialistischen Ländern". Ausführungen über Einkommens-Unterschiede (nicht Einkommens-Ungleichheit!) finden sich nicht. Der Maßstab des Vergleichs zur Bundesrepublik wird an der allgemeinen Erfahrung subjektiver (Un-) Zufriedenheit mit der "nichtleistungsgerechten Entlohnung" (ebd.: 113) festgemacht.

Für die neuen ostdeutschen Bundesländer liegen Studien zur Einkommensentwicklung vor, die sich vor allem im Hinblick auf die Bewertung des Ausmaßes von Einkommens-Ungleichheit unterscheiden. Dabei führt die gewählte Vergleichsperspektive zu den Einkommen in den westdeutschen Bundesländern häufig zu neuen Problemen, wie sich in der Frage nach einem gesamtdeutschen Durchschnitt aller Haushalte in Ost und West, in der Anlegung eines "Weststandards" oder in der Annahme einer Armutsschwelle für Ost- und Westdeutschland mit besonderen Bezugsgrößen zeigt (Hanesch u.a. 1994: 132). Ein Problem der Bestimmung des Haushaltseinkommens liegt auch in dem Sachverhalt, daß in Ostdeutschland das Einkommen des überwiegenden Teils der Haushalte durch mehrere Verdiener erbracht wird; in zwei Dritteln der Haushalte von zwei Personen (Becker u.a. 1992: 66).

Einige Autoren (Landua, Zapf u.a.) vermeiden es wiederum, das Ausmaß der nach 1990 aufgetretenen Einkommens-Ungleichheit zu behandeln. Sie wählen eine aus dem westlichen Modell der Modernisierung übernommene Vorstellung von sozialer Differenzierung als Grundannahme für die Interpretation der sozialstrukturellen Entwicklung in Ostdeutschland und gelangen auf der Basis von Meinungsbefragungen zu Überlegungen wie der folgenden: "Hat sich also das Ausmaß an Einkommensungleichheit (und damit an sozialer Ungleichheit) in Ostdeutschland zwischen 1990 und 1992 bereits drastisch erhöht? Die bisher vorgestellten Ergebnisse lassen hierauf keine schlüssige Antwort zu" (Landua 1993: 16).

Die Differenzierungsannahme wird jedoch in einzelnen Untersuchungen direkter mit Problemen der Ungleichheit in Verbindung gebracht; nämlich mit der Frage nach "Gewinnern" und "Verlierern" des Transformationsprozesses.

So stellen M.Häder und S. Häder (1995: 336) in einer neueren Untersuchung keine eindeutigen Unterschiede zwischen "Gewinnern" und "Verlierern" nach den objektiven Lebensbedingungen fest, im subjektiven Wohlbefinden gleichwohl (ebd.: 325, 331). Die "Verlierer" des Transformationsprozesses fühlen sich im subjektiven Wohlbefinden so stark beeinträchtigt, daß sich daraus auch die begründete Annahme einer geringeren "Lebensqualität" ergibt: 1) Einbuße an Lebensqualität und 2) darin mit Polen vergleichbar (trotz eines zahlenmäßig anderen Ausmaßes) Tendenzen der Polarisierung der Gesellschaft.

*2. Ungleiche Lebenslagen und Armutsrisiken*

In Polen entstehen seit 1990 neue Populationen und Regionen, die dem Risiko der Verarmung in hohem Maße ausgesetzt sind: Die Verarmung der Bevölkerung in Kleinstädten und Dörfern nimmt teilweise ein Ausmaß an, daß von Tendenzen einer "zivilisatorischen Degradierung ganzer Landstriche" (E. Heller) ausgegangen wird: "Während die großen Städte bunter und reicher werden, ist das ländliche Polen von dieser Entwicklung abgekoppelt, die häufig mit den Begriffen 'Polen A' und 'Polen B' charakterisiert wird" (Heller 1995: 6). Diese Entwicklung fällt um so stärker ins Gewicht, weil so Momente wiederkehren, die 1988 in der Bestandsaufnahme einer polnischen Soziologin als Gefahr der zivilisatorischen Degradation aufgewiesen worden sind (Marody 1988). Parallelen zu abgekoppelten ländlichen Regionen in den ostdeutschen Bundesländern (Mecklenburg-Vorpommern z.B.) liegen auf der Hand, obwohl sich die objektiven Lebensbedingungen in beiden ehemaligen "realsozialistischen" Gesellschaften unterscheiden.

*3. Arbeitmarkt und regionale Ungleichheiten*

Um eine Vorstellung vom Ausmaß der innergesellschaftlichen Unterschiede zu gewinnen, ist ein Blick auf Rahmenbedingungen des Arbeitsmarkts wichtig:
1. Es gibt regional unterschiedlich verteilte Erwerbschancen in der Bundesrepublik, die sich seit Anfang der achtziger Jahre in der alten Bundesrepublik zunehmend verstärkt haben und die heute den Unterschied zwischen den west- und ostdeutschen Ländern prägen.

2. Die regional ungleich verteilten Erwerbschancen sind für die Untersuchung der Ursachen neuer Armut und sozialer Ungleichheit wesentlich. In den ostdeutschen Bundesländern werden diese gebündelt mit Problemen der rapiden Abwertung erworbener beruflicher Qualifikationen.
3. In Polen kristallisieren sich seit 1989 erst schrittweise regionale Unterschiede für Erwerbschancen und Arbeitsmarkt heraus. Erkennbar sind allerdings regionale Unterschiede zwischen einzelnen großstädtischen Regionen (Warschau, Posen, Breslau zum Beispiel) und ländlichen Regionen (wie das Ermland, Süd-Ost-Polen). Die regionalen Unterschiede sind Ergebnis der Ausdifferenzierungsprozesse, die sich auf dem Arbeitsmarkt u.a. abzeichen. Es entstehen hierbei auch Konturen einer "ländlichen" Gesellschaft, die in einzelnen Regionen auf eine Wiederkehr von traditionellen Sozialformen und kulturellen Traditionen aus der vorkommunistischen Phase hinausläuft. Jan Kubik hat in Feldstudien über die Wojewodschaft Bielsko-Biala nachgewiesen, wie stark in dieser sich dynamisch entwickelnden ländlichen Region Einflüsse des Protestantismus und/ vs. Katholizismus nachwirken (vgl. Kubik 1994). Für die Region Posen gibt es ebenfalls Anhaltspunkte, die darauf hin deuten, daß alte kulturelle Traditionsbestände für die wirtschaftliche Entwicklung eine Rolle spielen. Worauf Sozialwissenschaftler in Polen nach den ersten Wahlen im Juni 1989 bereits hingewiesen haben, scheint sich zu bestätigen: Für die politischen Einstellungen und die ökonomischen Verhaltensmuster lassen sich in einzelnen Regionen Polens Einflüsse nachweisen, die auf alte Unterschiede zwischen den österreichisch, deutsch und russisch besetzten Regionen aus früheren Phasen der Teilung Polens verweisen.

### 4. "Egalitarismus" und soziale Ungleichheit

In beiden Ländern gab es seit 1989 und insbesondere Anfang 1990 ein unterschiedliches Ausmaß an moderaten und optimistischen Vorstellungen der Zukunft (vgl. dazu Beskid u.a. 1994: 86). Zugleich verändern sich die Sichtweisen von Gleichheit und Ungleichheit. Untersuchungen für den Zeitraum vom Oktober 1989 bis 1992 zeigen, daß ein "moderater Optimismus" für alle gesellschaftlichen und beruflichen Gruppen (in Städten mit einer Bevölkerung von über 20000 Einwohnern) typisch war, soweit es um Erwartungen an den individuellen Lebensstandard ging. Diese Grundstimmung veränderte sich bis zum April 1992: In der Phase des Niedergangs der Olszowski-Regierung verstärkten sich pessimistische Gefühle über die zu erwartenden Wandlungen des individuellen Lebensstandards. In einer Umfrage des Zentrums zur Erforschung gesellschaftlicher Meinungen (CBOS), wurde die Schlußfolgerung gezogen, daß die Polen in ihrer Mehrheit für 1994 sich selbst in niedrigen Einkommens-Gruppen verorten.
1. In der öffentlichen Wahrnehmung und in den Urteilen der einzelnen Bürger verbinden sich Probleme der Ungleichheit und Gleichheit mit Urteilen über "moderne" Institutionen, wie dem Staat, vermischen sich häufig "alte" und "neue" Wahrnehmungsmuster von Sozialstrukturen.
2. Es gibt ein Nebeneinander von modernen und traditionalen Sozialformen - und zwar innerhalb der alten und der neuen Bundesländer und Polens.
3. Es zeichnen sich neue Formen von sozialen Ungleichheiten ab, die nicht mehr nach Maßstäben vertikaler Ungleichheit unterschieden werden können: Ungleichheiten nach Lebenslagen (wie Alter), Geschlecht und Regionen (ostdeutsche Länder, ländliche und städtische Regionen in Polen).

4. Die Erfahrung der Benachteiligung als politische Bürger "zweiter Klasse" verstärkt sich in Ostdeutschland: Benachteiligungen in der Entlohnung, den Möglichkeiten der politischen Einflußnahme bzw. politischen Beteiligung und den Chancen auf gleiche Lebenslagen.

5. In Polen entsteht nach 1989 eine Situation, in der sich unterschiedliche Modelle von Klassenstrukturen und sozialer Ungleichheiten vermischen: Es treten soziale Ungleichheiten auf, die aus der "vor-kommunistischen" Phase nachwirken, auf die kommunistische Periode zurückgehen oder postkommunistische Elemente sind (Wesolowski und Wnuk-Lipinski 1992: 86).

6. Für die empirische Analyse von Verarmungsprozessen in Übergangsgesellschaften wie Ostdeutschland und Polen läßt sich aus den bisherigen Ausführungen eine Schlußfolgerung ziehen: Es ist eine Begriffsbestimmung sinnvoll, wonach Armut als Relationsbegriff aufgefaßt wird - relativ im geschichtlichen Vergleich und im Verhältnis von "arm" und "reich" in beiden Gesellschaften. Damit werden Fragen nach einem erweiterten Armutsbegriff aufgeworfen, der die Lebenslage von Einzelnen und sozialen Gruppen beleuchtet (Lompe 1987: 243).

7. In der Gegenwart hat das Schichtungssystem in Polen noch keine Transition zur Mittelklassen-Gesellschaft erfahren, obwohl einige Wandlungen in diese Richtung deutlich erkennbar sind (Domanski 1994a: 152; 1994b: 254ff). Es bilden sich zum Beispiel Orientierungsmuster heraus, die typisch für Mittelklassen sind: Individualismus, Traditionalismus, ökonomischer Liberalismus und anti-egalitäre Haltungen (Domanski 1994b: 254ff). Wenig eindeutig fällt die Ausdifferenzierung sozialer Lagen aus, die für Mittelschichten kennzeichnend wären.

8. In Ostdeutschland lassen sich seit 1989/90 Anzeichen für die Herausbildung neuer soziokultureller Teil-Milieus finden, die für beide angesprochenen Probleme kennzeichnend sind: Für neue Ungleichheiten im Lebensstil und die Ausdifferenzierung neuer Mentalitäten (Becker u.a. 1992: 88). Die genauere Bestimmung von Wertorientierungen und sozialen Lagen neuer Mittelschichten bereitet jedoch Schwierigkeiten. Die empirische Forschung zu diesem Feld befindet sich noch im Anfang (M. Vester u.a.; M. Thomas).

9. Beide ehemals "real-sozialistische" Länder hatten unterschiedliche Rahmenbedingungen nach 1989: Das eine ging den Weg der Angleichung an die Lebensbedingungen einer anderen Gesellschaftsordnung, der mit politisch stimulierten Erwartungen auf die Einlösung gesellschaftlicher Gleichheit verbunden war (DDR/ Ostdeutschland). Das andere machte den Versuch einer eigenständigen Lösung der blockierten ökonomischen und gesellschaftlichen Entwicklung ohne Versprechen auf eine rasche Verbesserung der individuellen Lebensbedingungen (Polen). Die soziale Zustimmung zu einem zeitweisen Fall des Lebensstandards ergab sich 1990 in Polen direkt aus der Erwartungshaltung, daß das neue ökonomische Programm auch zu Verbesserungen der individuellen Lebenssituation führen wird - obwohl die Mazowieki-Regierung öffentlich vor solchen Erwartungen gewarnt hatte.

10. Gleichheit und Gerechtigkeit - Wertorientierungen der "alten" Solidarnosc - wurden mit der Regierungsübernahme von 1989 zu Anti-Werten. Von den neuen Eliten (Balcerowicz!) wurden Haltungen der Ungleichheit propagiert, nicht der Gleichheit. Auf den ersten Blick nicht vergleichbar erscheint dagegen die Situation in Ostdeutschland: In der Sichtweise von zahlreichen Ostdeutschen erscheint der westdeutsche Sozialstaat nicht als Modell, das dem DDR-Staat mit seinen offiziell deklarierten Leitbildern der sozialen Gerechtigkeit völlig entgegengesetzt war, "sondern vornehmlich als der 'modernere' Nachfolger des realsozialistischen Staates - ein prinzipiell ähnlich und lediglich 'besser' gebautes staatliches Gebilde, das entsprechend die gleichen

Wohlfahrtsleistungen und sozialen Garantien auf höherem und komfortablerem Niveau produziert" (Becker u.a. 1992: 120).

*Schlußbemerkungen*

Die unterschiedlichen Pfade des politischen und sozialen Wandels in Ostdeutschland und Polen weisen gleichwohl im Hinblick auf Grundprobleme des Transformationsprozesses auch Parallelen auf. Hierzu zählt die Frage nach Erscheinungsformen und der politischen Auseinandersetzung über Ursachen von Ungleichheiten. Das aus der "real-sozialistischen" Phase in Polen und der DDR bekannte Problem der Legitimierung sozialer Ungleichheiten kehrt als ein Grundproblem in der postkommunistischen Entwicklungsphase wieder.

Die Veränderungen in der Lebenslage der Ostdeutschen seit 1990 beinträchtigen die deklarierten Legitimationsgrundlagen der Einigungspolitik: Sie bestanden in der normativen Setzung gleicher Lebensbedingungen in den ost- und westdeutschen Bundesländern. Solche politisch bestärkten normativen Erwartungen an den Transformationsprozeß im Sinn von "mehr Gerechtigkeit und Gleichheit" gab es in Polen nicht. In Polen haben die Veränderungen in der ökonomischen und sozialen Lebenssitution sich gleichwohl in einem Vertrauensverlust gegenüber den neuen politischen Eliten aus der Solidarnosc niedergeschlagen. Ein verbreitetes Stereotyp unter alten Menschen und Bürgern aus benachteiligten ländlichen Regionen in Polen lautet: Vor 1989 gab es noch sichere Renten, die Altersarmut verhinderten. Heute werden Renten und soziale Sicherungen, wie Kuraufenthalte, Krankenversicherungsleistungen von seiten des Staates abgebaut. Ferienheime werden geschlossen; Kulturhäuser in Kleinstädten ebenfalls. Diese politischen Stimmungsbilder lassen sich auch unter Gruppen der ostdeutschen Bevölkerung feststellen. Alle angeführten enttäuschten Erwartungen der einzelnen Bürger an den Transformationsprozeß deuten auf soziale und politische Folgeprobleme, die nicht "rational" erscheinen: Sie kumulieren in Ostdeutschland heute in Anzeichen der politischen Apathie und des Mißtrauens in öffentliche Institutionen, die mit den in Polen und anderen ost-mitteleuropäischen Ländern aufgetreten Ausdrucksformen von Transformationskrisen vergleichbar sind. Einzelne Sozialwissenschaftler sprechen von einer "Vereinigungskrise" für Deutschland, andere von "Anomie" für Polen, die tschechische Republik und Ungarn. Das ist eine Problemsicht, die im Kontrast zu den optimistischen Prognosen von Vertretern der "weiterführenden Modernisierungspolitik" steht, die noch 1989 in der wissenschaftsinternen und politischen Öffentlichkeit Deutschlands dominierten, in Polen jedoch unter Sozialwissenschaftlern auf Skepsis stießen.

**Anmerkung**
1) Siehe ferner: B. Cicomski/ Z. Sawinski u.a. 1993: 261-274

**Literatur**
Becker, U. u.a (1992), Zwischen Angst und Aufbruch. Das Lebensgefühl der Deutschen in Ost und West nach der Wiedervereinigung. Düsseldorf.
Beskid, L. u.a. (1994), The Effects of Economic Transformation on Household Situation, in: Sisyphus, Vol. 2 (IX) 1993. Warsaw.
Cicomski B./ Sawinski Z. u.a. (1992), Poglady Polakow, PGSS, Institute for Social Studies, October 1993: University of Warsaw (Appendix J)

Domanski, H. (1994a), "New" Mechanisms of Social Stratification?, in: Sisyphus - Transformation-Processes and Actors, Vol. 2 (IX). Warszawa.
Domanski, H. (1994b), Spoleczenstwaklasy sredniej. Warszawa.
Häder, M. und Häder, S. (1995), Turbulenzen im Transformationsprozeß. Opladen.
Hanesch u.a. (1994), Armut in Deutschland. Reinbeck.
Heller, E. (1995), Die Freundin und der Steinmetz haben einen anderen, in: Frankfurter Rundschau vom 31.3.1995
Kubik, J. (1994), The Role of Decentralization and Cultural Revival in Post-Communist Transformations, in: Communist and Post-Communist Studies, Vol. 27, November 1994.
Landua, D. (1993), Stabilisierung trotz Differenzierung?. Sozialstrukturelle Entwicklungen und wahrgenommene Lebensqualität in Ostdeutschland 1990-1992, Berlin: WZB Paper P 93-107, August 1993
Lompe, K. (1987), Sozialstaat und Krise. Frankfurt/M..
Marody, M. (1988), Der Bewußtseinsstand der polnischen Bevölkerung, in: Polens Gegenwart, 21. Jg., Nr.6. Warszawa.
Wesolowski, W. und Wnuk-Lipinski, Edm. (1992), Transformation of Social Order and Legitimization of Inequalities, in: W.D.Connor/ P.Ploszajski (eds.), Esacape From Socialism - The Polish Route. Warszawa.
Winkler u.a. (1990), Sozialreport '90 - Daten und Fakten zur sozialen Lage in der DDR. Berlin.

PD Dr. Helmut Fehr, Zentrum für Zeithistorische Studien, Am Kanal 4/4a, D-14467 Potsdam

## 3. Ethnische Differenzierung in russischen Großstädten

*Ingrid Oswald*

Der Rekurs auf die eigene Ethnizität stellt zweifellos ein wichtiges Identifikationsangebot dar und eignet sich zur politischen Mobilisierung während der gegenwärtig stattfindenden Transformation der osteuropäischen Gesellschaften. Offen ist jedoch, ob diese Strategienwahl im urbanen Kontext taugt: was in den zum großen Teil agrarisch geprägten oder industriell nur wenig oder ungleichmäßig entwickelten Regionen Südosteuropas, im Kaukasus oder im sowjetischen Mittelasien geschieht, muß nicht auf Prozesse ethnischer oder "nationaler" (Re-)Orientierung in russischen Großstädten zutreffen.

Aufbauend auf einer Interview-Reihe[1] zur Bildung von ethnisch-religiösen Gemeinden sollen im folgenden Überlegungen dargestellt werden, inwieweit "Ethnizität" als Mobilisierungsinstrument in Osteuropa diskutiert werden kann und wie sie sich als Moment der Ausdifferenzierung postsozialistischer Gesellschaften in den konkreten Beispielen der neugebildeten ethnisch-religiösen Gemeinden in russischen Großstädten manifestiert.

*Ethnische Prozesse im urbanen Kontext*

Modernisierungstheoretisch ist es interessant, ob der einerseits Integrations-, andererseits Ausdifferenzierungsvorsprung auch russischer Großstädte genügend groß ist, um ein signifikant anderes Spannungsverhältnis zwischen verschiedenen Differenzierungsprozessen zu bedingen als es etwa die weniger entwickelten Randgebiete aufweisen, oder ob es Anzeichen für prinzipiell geringer "moderne" Urbanitätsmuster als in westeuropäischen Großstädten gibt. Gemeint sind Phänomene ethnischer Segregation, sozio-kultureller Abgrenzung, die andere - ökonomische und professionelle - Ausdifferenzierungen dominieren.

In Rußland haben sich im Zuge der spezifisch sowjetischen Industrialisierung hochkomplexe poly-ethnische Agglomerate gebildet, die allerdings die in westlichen Großstädten beobachtbare ethnisch-räumliche Segregation - bislang - nicht aufweisen (Kogan 1985; Starovojtova 1987; Garabcov 1991).

Aufgrund der sehr ungleichmäßigen und mit auffälligen Disproportionalitäten behafteten infrastrukturellen Entwicklung Rußlands sind erste Transformationserfolge vor allem in den Großstädten - allen voran Moskau und St. Petersburg - zu beobachten. Doch auch dort lassen sich Orientierungsverlust und Mangel an "Authentizitätsgefühl" konstatieren; eine Gegenstrategie könnte durchaus - als Hypothese formuliert - dazu dienen, bestimmte ethnische Gruppen nach außen zu schließen, etwa zum Zwecke der Ressourcensicherung und der Informationsbeschaffung oder um im Binnenraum hochwirksame Solidaritätsbeziehungen zu schaffen. Der Einsatz von Fremd- und Feindbildern könnte auch dazu genutzt werden, die Mobilisierung zu steuern, Opportunitätschancen zu strukturieren und unter Umständen sogar den Zugang zu Märkten zu regeln.

Auf der Ebene des staatlichen Handelns könnten diese ethnischen Abgrenzungen instrumentalisiert und somit weiter verstärkt werden. Tatsächlich scheinen sich Belege für eine Relevanz ethnischer "cleavages" im Gegensatz zu sozio-ökonomischen Konfliktlinien auch für die Großstädte beibringen zu lassen. Stichworte sind etwa: Zunahme von Antisemitismus und Fremdenfeindlichkeit, Popularitätszuwachs nationalistischer Propaganda, zunehmende Kontrolle von Märkten durch die - meist ethnisch organisierte - Mafia.

Allerdings ist bislang noch wenig untersucht, ob sich die ethnischen Konfliktlinien, die sich auf staatlich-föderativer Ebene und in den Regionen ausgebildet haben, in den Städten wiederholen (können). Zu fragen ist, ob die groben Feindbilder und Abgrenzungen, mit denen auf der staatlichen Ebene operiert werden kann, auf der kommunalen Ebene einsetzbar sind, und wie sich ethnische Konkurrenz- und Verdrängungsformen im urbanen postsowjetischen Kontext äußern. Grundsätzlich lassen sich zwei Ansätze unterscheiden, die politische Mobilisierung aufgrund ethnischer Wettbewerbsbeziehungen thematisieren (von Beyme 1994: 137ff): Während die Separationsbewegungen, die zum Zerfall der Sowjetunion beitrugen, nicht von den "Armenhäusern der Föderation" ausgingen, es also um die Reservierung von Surplus-Ressourcen durch relativ reichere Sowjetrepubliken ging, könnten ethnische Spannungen in den Städten im Gegenteil gerade wegen des Wettbewerbs um knappe Ressourcen, also Jobs, Wohnungen, Heiratschancen auftreten.

Im letzteren Fall, der Überlagerung und gegenseitigen Verstärkung ethnischer und sozialer Konflikte, sind mindestens zwei Deutungen zu verfolgen. Entweder werden ethnische Kriterien in der Auseinandersetzung um die Nutzung knapper Ressourcen als "neues Kampfmittel" eingesetzt und entsprechend aufgewertet, was der von Offe (1994) entwickelten "Ethnifizierungs"these entspräche. Es könnte sich aber auch um Formen überkommener ethnisch konnotierter Statusdifferenzierung handeln, also um Anzeichen für ethnische Unterschichtungen, die im sowjetischen Kontext nicht offen ausbrechen konnten.

Tatsächlich sind die ethnischen Selbst- und Fremdzuschreibungen im gegenwärtigen Umorientierungsprozeß mehrdeutig und oft in sich widersprüchlich. Mit der Interview-Serie, in deren Verlauf die wichtigsten Funktionäre und eine Vielzahl von Mitgliedern von ethnisch-religiösen Gemeinden sowie von Angehörigen der betreffen ethnischen Gruppen (konkret: der jüdischen, der armenischen und der burjatischen) befragt wurden, sollte den oben angerissenen Fragen nachgegangen werden. Im folgenden sollen einige vorläufige Hypothesen, die eine erste Durchsicht der Interviews ergeben hat, vorgestellt werden. Dabei steht das Beispiel der jüdischen Gemeinde im Vordergrund, da sie - als numerisch größte ethnische Gemeinde - über eine relativ gut funktionierende Organisations- und Infrastruktur verfügt und über sie ausreichend Literatur vorliegt; daher konnten die sie betreffenden Interviews schneller durchgeführt und effektiver ausgewertet werden.

Da es sich bei diesen Interviews um gering standardisierte qualitative Interviews - zum Teil mehrstündige Gespräche - handelt, bietet sich für Vergleichszwecke eine erst jüngst erschienene Studie von Robert Brym (1994) an. In dieser großangelegten empirischen Untersuchung, die Anspruch auf Repräsentativität erhebt, wurden die jüdischen Gemeinden der Städte Moskau, Kiew und Minsk dargestellt und die Motivationsstrukturen und Perspektiven der jüdischen Bevölkerung erfragt.

Aufschlußreich ist, daß Aussagen allgemeinerer Art durch unsere Untersuchungen, die keine Repräsentativität beanspruchen können, bestätigt werden. Die qualitativen Interviews, die für unsere Zwecke durchgeführt wurden, können aber Aussagen zu solchen komplexen Fragen wie Identitätsbildung, Perspektivenwechsel oder Wahrnehmungsmuster von Fremdenfeindlichkeit und insbesondere Antisemitismus besser beleuchten. Perspektivisch gesehen läßt sich sicherlich eine Tiefenstruktur dieser Problemkomplexe herausarbeiten, die nicht nur für empirische Arbeiten, sondern auch für die theoretische Annäherung nützlich ist.

Einerseit wird deutlich, wie innerhalb eines ethnisch-kulturellen Bezugsrahmens, den zum Beispiel die neuen Gemeindebildungen liefern, die Suche nach einer eindeutigen, "authentischen" Identität erfolgt, die wichtiger und normativ zwingender als andere Bindungen vorgestellt wird. Die Suche nach den "eigenen Wurzeln" wird zu einer steten kognitiven Beschäftigung, der auch aktiv (Ahnenforschung, Versicherung der Familienbande, Suche nach berühmten Angehörigen der eigenen Ethnie) nachgegangen wird.

Dennoch lassen sich keine reduktionistischen Vorstellungen feststellen - also, daß nun durchaus vorhandene "ethnische Grenzen" im Sinne von Barth (1969) als die normativ und faktisch wichtigsten angesehen werden, zu aggressiven Abschottungsversuchen führen oder als Segregationskriterium genutzt werden.

Es ist jedoch unschwer zu erkennen, daß die sowjetische Homogenisierungspolitik ihre Spuren hinterlassen hat, insofern die Kenntnis der ursprünglichen Kulturen meist nur noch rudimentär vorhanden ist und diese auch nicht mehr im Sinne der oft beschworenen "Wiedergeburt" als spezifisch ethnische Werte wiederbelebt werden können. Es dominieren Gefühle von Verlust und Resignation, was auch durchaus tragische Züge hat. Dies wird dadurch verstärkt, daß eigentlich nur bei Gemeinde-Funkionären und bei einigen sehr engagierten Mitgliedern die Hoffnung auf ein Wiedererstarken eines spezifischen kulturell-religiösen jüdischen Lebens genährt wird. Bei den anderen überwiegen sehr realistische Einschätzungen über den Traditionsverlust - unwiederbringlich für den Fall Rußland und nur notdürftig, behelfsmäßig rückgängig zu machen im Falle einer

Emigration, sei es in gut organisierte Diaspora-Gemeinden in den USA zum Beispiel oder aber nach Israel.

Die hier referierten forschungsleitenden Fragen waren auch Gegenstand der Interviews; sie entsprechen außerdem einer Reihe von Fragen der Brymschen Studie. Insgesamt umkreisen sie etwas, das als "Defensiv-Aspekt" bezeichnet werden kann, denn es werden Menschen befragt, die sich in einer Marginalposition befinden, sich befunden haben oder denen zumindest unterstellt wird, daß es sich bei ihrem Status zumindest in weiten Strecken um einen nicht ganz gesicherten handelt. Es geht um die Fragen der reaktiven Einschätzung der Position, der Befindlichkeit, und um gewisse, aber eingeschränkte Möglichkeiten, sich dem zu entziehen: die Emigration als Beendigung einer als mehr oder weniger unerträglich empfundenen Situation, als Flucht - aber nicht als positiv besetztes Agieren. Eine unproblematische und selbstbewußte Form des Aufbaus einer neuen Gemeinde wird nur selten als wahrscheinlich angesehen.

Die folgende vorläufige Ergebnisliste stellt die referierten Resultate bei Brym (1994: 99ff) in Kontrast zu Befunden der St. Petersburger Interview-Serie.

1. Aufgrund von Hochrechnungen beziffert Brym die Anzahl von Juden, die 1993 in der ehemaligen Sowjetunion lebten, auf 1.144.000. Doch schon die Auswahlkriterien sind problematisch, da neben Selbstbezeichnung, Paß und Elternteil der - patrilinear weitergegebene - Familiennamen Hauptzuordnungskriterium war.

2. Bestätigen läßt sich der Befund Bryms, daß zwar fast alle Befragten für eine Wiederbelebung der jüdischen Kultur ("im Prinzip"/ "generell") sind, doch die wenigsten sich auch bereit zeigen, dafür etwas zu tun.

3. Ebenso läßt sich bestätigen, daß ein Zugehörigkeitsgefühl desto eher entwickelt ist, je mehr eine Einzelperson schon in die Gemeindestrukturen eingebunden ist. Dies gilt nach Brym auch für Personen, die nicht in Hauptstädten, insbesondere in Moskau, leben, wo die Assimilationsraten am höchsten sind.

4. Brym konstatiert ein relativ hohes Niveau an antisemitischen Feindseligkeiten (am geringsten in Moskau). Der Vergleich, den er mit den USA anstellt, scheint aber wenig schlüssig.

5.-10. Nach Brym neigen besonders Ältere, Geringverdienende und Nicht-Russen zu Antisemitismus. Bei starken lokalen Unterschieden gebe es stärkere antisemitische Feindseligkeiten in Weißrußland, weniger in Rußland oder der Ukraine. 90 Prozent der Befragten gingen davon aus, daß Antisemitismus in ihrem Land existiert, wenn sich auch lediglich ein Drittel persönlich bedroht fühle, insbesondere Frauen, Menschen mit stark ausgeprägter jüdischer Identität, mit geringem Glauben in die Zukunft und im Alter zwischen 30 und 50 Jahren. Solche Angaben können mit qualitativen Interviews kaum gemacht werden.

11./ 12. Den Hochrechnungen Bryms zufolge werden zwischen 1994 und 1999 rund eine halbe Million Juden aus den sowjetischen Nachfolgestaaten auswandern: 60 Prozent aus ökonomischen Gründen, ein Drittel wegen politischer und ethnischer Konflikte und weniger als 10 Prozent aus Gründen der Familienzusammenführung. Nennung und Diskussion von Emigrationsmotiven in unserer Interview-Serie lassen ähnliche Proportionen vermuten.

13./ 14. Sehr viele Befragte der Brymschen Studie äußerten eine enge Verbundenheit mit ihrem Heimatland (Rußland, Weißrußland, Ukraine). Israel bezeichneten nur wenige als Wunschziel für eine Emigration.

Tatsächlich sind keine grundlegenden inhaltlichen Unterschiede zwischen den Resultaten der Brymschen Studie und den vorläufigen Ergebnisse der St. Petersburger Interview-Serie zu erkennen. Der Mangel an empirischer Genauigkeit der letzteren wird aber sicherlich durch die größere Tiefenschärfe bei der Erfassung von Identitätsproblematiken und Problemen beim Perspektivenwechsel aufgewogen.

*Ethnizität als Mobilisierungsinstrument*

Ethnische Differenzierung weist nicht nur den Aspekt der Gemeindebildung auf, sondern kann auch Segregation nach ethnischen Merkmalen, ethnische Unterschichtung usw. bedeuten - ideale Ansatzpunkte, Ethnizität als politisches Mobilisierungsinstrument einzusetzen. Zwei Problemkomplexe stehen dabei im Vordergrund: erstens, inwieweit die ethnische Ausdifferenzierung in Gemeinden eine Grundlage oder ein Hindernis für die Sozialintegration der städtischen Bevölkerung darstellt; zweitens, welcher Orientierungsrahmen durch die Ausbildung ethnischer "kollektiver Identitäten" abgesteckt wird und welche Reichweite daraus abgeleitete Handlungsstrategien haben.

Eine solche allgemein gestellte Forschungsfrage umfaßt allerdings eine sehr große Bandbreite möglicher Verhaltensweisen: einerseits meint der Begriff "kollektive Identität" doch mehr als einen allgemeinen Orientierungsrahmen mit Normen gemäßigter Verbindlichkeit. Doch welcher Bindungsgrad im Einzelfall erreicht werden kann, ist auch abhängig von sozialer Zusammensetzung, gesellschaftlicher Positionierung der Betroffenen (Assmann 1993) sowie von der inneren Kohäsion der Milieus.

Man kann sich diesem Problem folgendermaßen nähern: Die sich beschleunigende politische und wirtschaftliche Desintegration während und nach dem Zerfall der Sowjetunion war und ist von ethnisch konnotierten (Befreiungs-) Bewegungen begleitet. Vor diesem Hintergrund wurden zahlreiche "ethnische Gemeinden" in den Großstädten (zum Teil wieder-) gegründet, die der Demonstration kultureller Eigenständigkeit, aber auch der Organisation verschiedenster Hilfs- und Dienstleistungen dienen.

Schon anhand dieser kurzen Darstellung lassen sich wichtige Probleme aufzeigen, die diesen Transformationsaspekt und seine Erforschung begleiten. Denn ein Problemaufriß dieser Art ist zwar theoretisch wahrscheinlich, aber problematisch, solang nicht klar ist, ob zwei historisch parallel verlaufende Prozesse tatsächlich ursächlich aufeinander bezogen sind. Die hier aufgezeigten Zusammenhänge - gefaßt als gleichmäßige Popularisierung nationalistischer Propaganda, "Ethnifizierung" von Politik auf allen Ebenen - werden in der einschlägigen Literatur zumindest hypothetisch unterstellt (Offe 1994; von Beyme 1994). Eines der überraschendsten Zwischenergebnisse bisher besteht jedoch darin, daß zumindest von den Respondenten der Interview-Serien keine Bezüge hergestellt werden: die städtischen Milieus werden von den Desintegrationserscheinungen am Rande des alten Imperiums nicht erfaßt.

Die Bindekräfte des Sowjetimperiums haben versagt und können auch durch aggressive Großmachtdemonstrationen nicht einfach wiederhergestellt werden; im Gegenteil scheinen sich die Versuche einer Re-Etablierung des Imperiums in vielen Segmenten der Gesellschaft eher kontraproduktiv auszuwirken, da ihnen symbolisch-expressive Tiefenwirkung abgeht, sie Desintegrationserscheinungen und zentrifugale Kräfte jedoch stärken. Die Beobachtungen lassen eher vermuten, daß es sich bei der Bildung ethnischer Gemeinden um einen chancenreichen Versuch der sich erweiternden Sozialintegration handelt und weniger um eine weitere Variation der sozialen Fragmentierung; soziale Bindungen werden aufgebaut, ohne daß alte (und bewährte) abgebrochen werden.

In einem handlungstheoretischen Ansatz müßte untersucht werden, inwieweit "Ethnizität" im Sinne von Barth (1969) und Blaschke (1984) als Ausdruck sozialer Interaktion in konkreten Kontexten verstanden wird. Die Abgrenzung von verschiedenen Erfahrungs- und Lebenswelten mittels verbindlicher Symbolformationen, die entsprechende Fremd- und Feindbilder einschließen, sowie der Aufbau von Organisationsnetzen nach ethnischen Kriterien kann unter Umständen die Suche nach Entscheidungsmustern in krisenhaften Situationen des städtischen Lebens erleichtern. Bei der Orientierung in einer sich neu strukturierenden Umwelt spielen einerseits Sozialisations"überhänge" eine Rolle, andererseits Formen von sozialem Handeln, in denen die Orientierung an kurzfristigen und mehrgleisigen Optionen und Strategien vorherrscht.

Darauf aufbauend sollte eine Überprüfung von Theorie-Modellen der ethnischen Mobilisierung erfolgen, die lediglich dann Aussicht auf Erfolg haben kann, wenn die Institutionalisierung der Gemeinden und die Festigung ihrer formalen Organisationsstruktur schon relativ weit fortgeschritten sind.

"Ethnischer Wettbewerb" hat kaum etwas mit individueller Konkurrenz, dafür aber mit der organisierten Vergleichung kollektiver Akteure zu tun, weshalb auf dieser Ebene die Eigenarten der symbolischen Repräsentation untersucht werden sollten sowie die besonderen politischen und ökonomischen Opportunitäten einzelner ethnischer Gruppen. Außerdem müßte die Binnenkohäsion dieser Gemeinden kritisch beleuchtet werden, eine Aufgabe, die in quantitativen Befragungen nicht angegangen wird.

Drei Arbeitshypothesen sollen vor diesem Hintergrund und nach den ersten Durchsichten der Interviews formuliert werden:

1. Die Bildung ethnischer Gemeinden trägt zu einer sozialen Integration der Gemeindemitglieder in die städtische Umwelt bei. Dabei sind zwei positive Funktionen hervorzuheben: die Orientierungshilfe und, da soziale Sicherungssysteme weitgehend fehlen, eine für die Alltagsbewältigung wichtige Entlastung durch die Bildung ethnischer "Netze". Die ethnischen, "askriptiven" Merkmale werden zwar wichtig genug genommen, um als Ansporn für entschlossenes kollektives Handeln zu taugen; als Ansatzpunkt für politische Mobilisierung sind sie jedoch nur gering tauglich.

2. Die Sicherung ethnischer Grenzen wird in sehr ambivalenter Weise vorgenommen; zwar wird mit dem Rekurs auf ethnische - oft vormodern verstandene - Kulturen eine möglichst scharfe Abgrenzung und kategorische Selbstzuordnung verlangt, doch wird die Existenz und auch Dominanz anderer (ökonomischer/ professioneller) Differenzierungskriterien akzeptiert. Die Wohnsegregation nach ethnischen Kriterien oder die ethnische Besetzung von Marktnischen ist nicht völlig auszuschließen und wird im Einzelfall auch versuchsweise vorgenommen, doch Loyalitäten - und entsprechende Feindbilder - sind nur teilweise ethnisch konnotiert, sondern gründen auf anderen Überzeugungen, beispielsweise auf noch gültigen sozialistischen Gleichheits-Ideologemen.

3. Für die Funktion der stellvertretenden Umweltdeutung und einer angemessenen Interessenvertretung sind die Gemeinden - noch - wenig gerüstet, der Organisationsgrad ist zu gering. Tat-

sächliche und potentielle xenophobische Strömungen könnten jedoch maßgebliche Konstituierungsfaktoren sein, wenngleich die Interpretation sehr widersprüchlich ist. Auch zeigt sich, daß Strategien einer "ethnifizierten" Politik auf der Republiksebene eine nicht unwichtige Rolle spielen, auf regionaler oder kommunaler Ebene jedoch untergeordnet sind.

**Anmerkung**
1) Die Interviews wurden von März 1994 bis Februar 1995 in St. Petersburg am "Centre for Independent Social Research" mithilfe von Sondermitteln der Deutschen Forschungsgemeinschaft durchgeführt.

**Literatur**
Assmann, Aleida (1993), Zum Problem der Identität aus kulturwissenschaftlicher Sicht. In: Leviathan, Nr. 2/, S.238-253.
Barth, Fredrik (Hg.) (1969), Ethnic Groups and Boundaries. The Social Organization of Culture Difference. Bergen/ Oslo.
von Beyme, Klaus (1994), Systemwechsel in Osteuropa. Frankfurt/M.
Blaschke, Jochen (1984), Volk, Nation, Interner Kolonialismus, Ethnizität. Konzepte zur politischen Soziologie regionalistischer Bewegungen in Westeuropa. Berlin.
Brym, Robert J. (1994), The Jews of Moscow, Kiev and Minsk. Identity, Antisemitism, Emigration. London.
Garabcov, V.V. (1991), Migracija naselenija v krupnom gorode: tendencii i puti regulirovanija. St. Petersburg.
Kogan, M.E. (1985), Etnokul'turnye orientacii inonacional'nogo naselenija bol'sogo goroda. Leningrad.
Offe, Claus (1994), Der Tunnel am Ende des Lichts. Erkundungen der politischen Transformation im Neuen Osten. Frankfurt/M., New York.
Starovojtova, Galina V. (1987), Etniceskaja gruppa v sovremennom sovetskom gorode. Leningrad.

Dr. Ingrid Oswald, FU Berlin, Osteuropa-Institut, Abt. Soziologie und Philosophie, Garystraße 55, D-14195 Berlin

## 4. Politische Kulturen - Chancen oder Hindernisse für eine demokratische Entwicklung in Osteuropa?

*Katrin Mattusch*

*1. Einführung: Vom Nutzen kultureller Erklärungen*

Die gegenwärtigen Umbruchsprozesse in Osteuropa können als Prozesse nachholender Nationalstaatenbildung betrachtet werden. In den damit verbundenen Prozessen politischer Modernisierung erweist sich Demokratie als zentrales, positiv gewertetes Ideal, das jedoch nicht per se eine geradlinige "Transition zu liberalen Demokratien" garantiert. Das wirft die nüchterne Frage nach den Demokratisierungs*chancen* in verschiedenen Ländern Osteuropas auf.

Die Ausprägung demokratischer Orientierungen in Osteuropa ist wesentlich von den politischen Kulturen abhängig, die der Zusammenbruch des Sozialismus hinterlassen hat. Obwohl es materielle und ideelle Interessen sind, die das menschliche Handeln motivieren, sind es Ideen, die sich zu Weltbildern ausformen, die als Weichensteller für den Wandel der ökonomischen Strukturen und politischen Institutionen in Osteuropa wirken, weil sie dem Handeln der Menschen die Richtung weisen (Weber 1978).

Spätestens hier wird verständlich, warum Osteuropa als homogene Einheit eine Fiktion bleiben muß. Gegenstand des vorliegenden Beitrages ist es daher aufzudecken, inwieweit sich mit der kulturellen Vielfalt Osteuropas auch unterschiedliche Chancen und Hindernisse für eine demokratische Entwicklung einzelner Länder verbinden.

*2. Ein dynamisches, sozialisationstheoretisch begründetes Modell politischer Kultur*

Ein Ausgangspunkt für die Einbeziehung der fehlenden historischen Perspektive in das übliche, relativ statische Konzept politischer Kultur findet sich bereits bei seinen "Vätern" Almond und Verba (1963). Sie weisen darauf hin, daß politische Kulturen immer in Mischformen auftreten. Das könnte so interpretiert werden, daß in politischen Kulturen Elemente koexistieren, die durch verschiedene Perioden politischer Entwicklung und die mit ihnen verbundenen Sozialisationsprozesse geprägt sind.

Damit kann die Vorstellung des Entweder-Oder demokratischer und sozialistischer Orientierungen in Osteuropa durch die Idee ihres historisch längerfristigen, widersprüchlichen und interaktiven Nebeneinanders in mehrdimensionalen politischen Kulturen ersetzt werden.

Eine Erklärung für die Koexistenz solcher widersprüchlichen Dimensionen in einer politischen Kultur kann mit Hilfe der Sozialisationstheorie gefunden werden. Politische Kulturen werden durch einen zweifachen Sozialisationsprozeß übermittelt. Politische Orientierungen werden in

Prozessen politischer Sozialisation in das politische System gelernt. Andererseits werden politische Kulturen auch durch die nichtpolitischen Prozesse der Sozialisation in die allgemeine Kultur, wo traditionelle Grundwerte einer Kultur übermittelt werden, geformt (Pye 1968).

Bevor diese Prozesse für Osteuropa näher betrachtet werden können, ist auf zwei Besonderheiten des hier verwendeten Sozialisationsansatzes hinzuweisen. Es handelt sich erstens um einen lerntheoretischen Ansatz, wonach politische Sozialisation lebenslange gruppenspezifische Lernprozesse umfaßt. Für Osteuropa bedeutet das: Die Lernfähigkeit einer Bevölkerung ist eine Bedingung für den allmählichen Wandel politischer Kulturen unter dem Einfluß der neuen institutionellen Strukturen.

Der Sozialisationsansatz ist zweitens ein generationstheoretischer. In einer politisch formativen Lebensphase prägen sozio-historische Schlüsselereignisse die grundlegenden politischen Orientierungen von Alterskohorten und somit die Verarbeitung späterer Erfahrungen. Diese Generationsunterschiede sind für die Frage des Wandels politischer Kulturen in Osteuropa und ihre Träger von Bedeutung.

*2.1 Sozialisation in die allgemeine Kultur*

Die unterschiedlichen nationalen kulturellen Werte, die im Prozeß der Sozialisation in die allgemeine Kultur übermittelt werden, führen zu Unterschieden in der politischen Verarbeitung der an sich ähnlichen Transformationsprozesse in den osteuropäischen Ländern. Einen idealtypischen Rahmen zur Erklärung des unterschiedlichen kulturellen Hintergrundes der osteuropäischen Länder stellt die Gegenüberstellung der Werte Individualismus und Kollektivismus dar. Sie können als konkurrierende Werte betrachtet werden, zwischen denen in Abhängigkeit von der kulturellen Prägung ein Gleichgewicht gefunden werden muß. Die Dominanz des einen oder anderen Wertmusters hat historisch die Entstehung von Despotien bzw. totalitären Systemen auf der einen und Demokratien auf der anderen Seite gefördert. Bezogen auf Osteuropa ergibt sich die Vermutung, daß stärker kollektivistisch geprägte Länder einen fruchtbareren Boden für die Internalisierung sozialistischer Orientierungen darstellten, während stärker individualistisch geprägte Länder schwerer zu beeinflussen waren.

*2.2 Sozialistische Sozialisation*

Im Ergebnis sozialistischer Sozialisationsprozesse gelang es dem real existierende Sozialismus trotz des unterschiedlichen kulturellen Hintergrundes, folgende widersprüchliche Orientierungen mehr oder weniger allen nationalen politischen Kulturen hinzuzufügen:

(1) einige sowjetisierte Traditionen russischer politischer Kultur, z. B. die Personalisierung von Politik,
(2) einige verinnerlichte wohlfahrtsstaatlicher Elemente der offiziellen Moral, wie einen hoher Stellenwert sozialistischer Wirtschaftsordnung, sozialer Gleichheit und Gerechtigkeit sowie die Priorität kollektiver vor individuellen Interessen,

(3) Angst, Verschlossenheit, Mißtrauen und Unwissenheit als Folgen des Massenterrors,
(4) eine Doppelmoral, in der sich der Widerspruch zwischen Ideologie und Wirklichkeit manifestiert hat.

## 2.3 Politische Sozialisation nach den Zusammenbrüchen

Alle politischen Generationen in Osteuropa sind nach dem Zusammenbruch des Sozialismus mit einer neuen Rolle konfrontiert, deren erfolgreiche Ausübung politische Lernprozesse erfordert: die Bürgerrolle.

Empirische Untersuchungen haben für alle Länder Osteuropas eine überraschend hohe Unterstützung demokratischer Orientierungen und der neuen politischen Systeme gezeigt. Diese positive Bewertung ist aber der Tatsache zuzuschreiben, daß das alte, sozialistische Regime als negative Referenzkategorie für die Bewertung der neuen Ordnung dient und so alle gegenwärtigen Probleme den Folgen des alten Systems zugeschrieben werden können. Die tatsächliche Verinnerlichung demokratischer Werte bezieht sich auf eine relativ abstrakte Vorstellung von Demokratie.

Von den kulturellen Voraussetzungen für die Unterstützung des liberalen Demokratiemodells nach Dahl (1989) sind in den meisten osteuropäischen Ländern vorhanden: das Bewußtsein kollektiver, vor allem nationaler Präferenzen, eine Widerspiegelung von Interessenkonflikten in der Präferenz für bestimmte politische Parteien, eine relativ große politische Aufgeschlossenheit, ein allgemeines Vertrauen in die neue politische Ordnung als Alternative zum vorangegangenen System. Für einige Länder, insbesondere in Mittel- und Nord-Osteuropa, kann außerdem das Vorhandensein eines relativ gut entwickelten Rechtsbewußtseins angenommen werden.

Als kulturelle Restriktionen für die Entwicklung liberaler Demokratien können in Osteuropa bisher das mangelnde Vertrauen in menschliche Beziehungen, die fehlende Legitimation von Konflikten, die geringe politische Toleranz sowie der mögliche Widerspruch zwischen öffentlicher und privater Unterstützung demokratischer Werte gelten.

Folgende Hypothesen sollen empirisch überprüft werden:
1. Politische Kulturen bestehen aus politisch relevanten grundlegenden Orientierungen der allgemeinen Kultur und spezifischeren politischen Orientierungen.
2. Die kulturellen Grundlagen eines Landes beeinflussen die politischen Orientierungen.
3. Der Grad an Individualismus und Kollektivismus einer Kultur beeinflußt die Unterstützung demokratischer Orientierungen.
4. Osteuropa ist kein homogenes Ganzes. Nach Konrád und Szelényi (1979) ist mindestens eine Zweiteilung Osteuropas in einen eher westlichen und einen eher orthodoxen Teil mit unterschiedlichen Demokratisierungschancen zu erwarten.

## 3. Die Vielfalt der osteuropäischen Wirklichkeit: Kulturelle und politische Unterschiede zwischen 12 Ländern Osteuropas

### 3.1 Ein empirisches Modell politischer Kultur in Osteuropa

Abb. 1: Operationalisierung: ein empirisches Modell politischer Kultur in Osteuropa

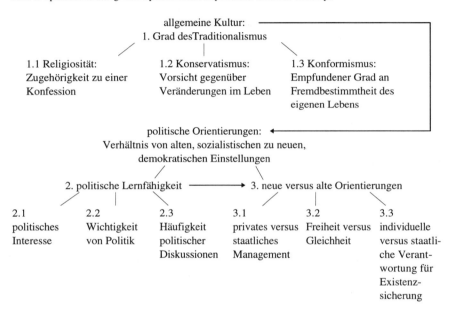

Für die Analyse des Zusammenhanges zwischen kulturellen Unterschieden und der Unterstützung demokratischer Orientierungen stehen die Daten des World Values Survey 1990 für Ostdeutschland, Tschechien, die Slowakei, Polen, Ungarn, Estland, Lettland, Litauen, Bulgarien, Slowenien, Rußland und Weißrußland zur Verfügung.

Das empirische Modell in Abbildung 1 beschreibt auf der Grundlage tatsächlich verfügbarer Indikatoren so etwas wie eine *"Grundausstattung"* politischer Kultur in Osteuropa, die es erlaubt, die vorgefundenen politischen Orientierungen systematisch zu ordnen.

Eine explanatorische Faktorenanalyse gab Aufschluß über die tatsächlich hinter den neun Variablen des empirischen Modells liegende Struktur. Sie bestätigte die *erste Hypothese*: das Grundmuster politischer Kulturen in Osteuropa kann tatsächlich ausreichend über traditionelle Orientierungen als Ausdruck der allgemeinen Kultur einerseits und politische Orientierungen, bestehend aus der politischen Lernfähigkeit und potentiell demokratischen Orientierungen, andererseits beschrieben werden.

### 3.2 Der Einfluß des kulturellen Hintergrundes auf die politischen Orientierungen

Wie beeinflußt die kulturelle Prägung eines Landes die politischen Orientierungen der Bevölkerung? Eine multiple Regressionsanalyse konnte darüber Aufschluß geben und die *zweite Hypothese* bestätigen. Wer stark religiös ist, Veränderungen im Leben ablehnend gegenüber steht und das Empfinden hat, wenig Kontrolle über sein Leben zu haben, ist auch weniger politisch aufgeschlossen. Die politische Lernfähigkeit wiederum hat zusammen mit den traditionellen Werten der allgemeinen Kultur eine Wirkung auf die Offenheit gegenüber den neuen Orientierungen. Wer wenig religiös ist, Veränderungen im Leben begrüßt, das Empfinden hat, über sein Leben selbst entscheiden zu können, und bereit ist, neue politische Normen zu lernen, unterstützt die Werte, die die Konsolidierung der neuen Systeme befördern, auch in größerem Maße.

Wie unterscheiden sich die zwölf osteuropäischen Länder hinsichtlich ihrer Grundausstattung politischer Kultur? Die Verteilung des Factorscores zeigt, daß zu den am stärksten traditionalistischen Ländern die Tschechen, Slowaken, Slowenen, Bulgaren und Russen zählen. Am wenigsten traditionalistisch sind die Ostdeutschen und die Esten. Was die Bereitschaft zum Lernen neuer Werte durch politische Beteiligung betrifft, so geben sich die Ostdeutschen, Tschechen, Slowaken, Letten und Litauern sehr lernfähig, während die Slowenen, Ungarn, Polen und Russen sehr verschlossen erscheinen.

Die Verteilung der potentiell demokratischen Werte ergibt ein klares, wenn auch in einigen Fällen überraschendes Bild, das die Länder eindeutig voneinander trennt. Am stärksten von den für die Konsolidierung demokratischer Systeme förderlichen Werten werden die Ostdeutschen, die Tschechen, die Esten und Litauer angezogen. Sozialistische Werte wurden dagegen am stärksten von den Russen und Weißrussen verinnerlicht. Die dazwischen liegenden Länder gehören nach der Klassifikation von Konrád und Szelény sowohl zum westlichen als auch zum orthodoxen Teil Osteuropas und weisen ein widersprüchliches Mischungsverhältnis alter sozialistischer und neuer, potentiell demokratischer Orientierungen auf.

Die Unterschiede zwischen den Ländern enthalten eine scheinbare Inkonsistenz. Wenn der Traditionalismus einer Kultur einen negativen Effekt auf die Unterstützung demokratischer Orientierungen ausübt, wieso sind dann in einigen Ländern wie der Tschechischen Republik und Polen trotz eines hohen Grades an Traditionalismus demokratische Orientierungen stärker verbreitet als in Ländern mit einem ebenso hohen Grad an Traditionalismus wie Rußland und Bulgarien? Die wahrscheinlichste Erklärung scheint die *dritte Hypothese* zu bestätigen. Demokratische Werte sind individualistische, rationalistische Werte. In stärker individualistisch geprägten Ländern wie der Tschechischen Republik, Ungarn und Polen sind die Weichen für die Entwicklung der politischen Systeme daher eindeutiger in eine demokratische Richtung gestellt als in kollektivistisch geprägten Ländern wie Rußland und Weißrußland.

## 4. Wer ist mit wem verwandt? Eine Typologie der 12 osteuropäischen Länder nach ihrer politischen Kultur

Als Hauptkriterien für die Klassifikation der 12 osteuropäischen Länder sollen die Unterstützung der für die Konsolidierung der neuen politischen und ökonomischen Systeme förderlichen Orientierungen und der vermutete Grad an Individualismus oder Kollektivismus der jeweiligen Kultur dienen.

Da die Typologie aber reale Aussagen über Hindernisse und Chancen demokratischer Entwicklung ermöglichen soll, sind die mikroskopischen Kriterien um makroskopische Kriterien zu ergänzen, die die Wirkung von Strukturen auf Kulturen abbilden. Hier sind einerseits die möglichen politisch-kulturellen Konflikte zu berücksichtigen, die aus einer starken ethnisch heterogenen Zusammensetzung der Bevölkerung erwachsen können. Andererseits ist der tatsächliche Stand der Konsolidierung der neuen politischen Systeme mitzudenken.

Auf der Grundlage dieser Minimalkriterien zerfällt, wie Abbildung 2 zeigt, Osteuropa in 5 Teile. Um mehr Aufschluß über die Gültigkeit der hier entwickelten vorläufigen Typologie zu erhalten, sind aber Daten notwendig, die ein größeres Spektrum kultureller und politischer Orientierungen zu mehreren Zeitpunkten erfassen.

Abb. 2: Eine Typologie von 12 osteuropäischen Ländern nach ihren politischen Kulturen

| Gruppe | 1 | 2 | 3 | 4 | 5 |
|---|---|---|---|---|---|
| Unterstützung neuer demokr. Orientierungen | hoch | hoch | mittelhoch | mittel | niedrig |
| individualist. oder kollektivist. Prägung | individualistisch | individualistisch | eher individualistisch | eher kollektivistisch | kollektivistisch |
| ethnische Heterogenität | sehr gering | sehr hoch | sehr gering | mittel | hoch |
| Grad der konsolidierung des neuen Systems | ziemlich groß | mittelgering | mittel | mittelgering | sehr gering |
| Länder | Ostdtl. Tschechien | Estland Lettland Litauen | Ungarn Polen | Slowenien Slowakei Bulgarien | Rußland Belorußland |

## 5. Fazit: Die Begrenzung von Demokratisierungschancen durch politische Kulturen

Politische Kulturen wirken in Demokratisierungsprozessen als "mind set", das die Anzahl möglicher Demokratievarianten auf die kulturell geförderten beschränkt (Elkins und Simeon 1979). Angewandt auf Osteuropa impliziert diese Aussage, daß im Ergebnis der Demokratisierungsprozesse nicht zwangsläufig klassische liberale Demokratien entstehen müssen.

Die Extrempunkte des mögliche Entwicklungspfade für Osteuropa aufzeigenden Spektrums von Demokratiemodellen bilden Elitismus und Egalitarismus (Putnam 1973). Nimmt man das Vorhandensein oder Nichtvorhandensein der "kulturellen Voraussetzungen liberaler Demokratie" als Maßstab, so scheint ein liberales Design von Demokratie in Ostdeutschland und Tschechien am wahrscheinlichsten. Eine autoritäre Konfiguration dagegen ist am wahrscheinlichsten in Rußland und Weißrußland. Die anderen Länder scheinen gegenwärtig eher für ein polyarchisches Modell prädisponiert zu sein, in dem die Regierung große Freiräume genießt. Allerdings führt im Baltikum ein Nord-Süd-Gefälle politischer Kultur auch zu einem Nord-Süd-Gefälle gegenwärtig kulturell unterstützter Demokratiemodelle. Die besten Ausgangsbedingungen für eine baldige liberale Gestaltung von Demokratie scheinen in Estland gegeben. Hinderlich könnten sich hier die ethnischen Konflikte auswirken. Für Ungarn und Polen ist langfristig das liberale Modell wahrscheinlich, wobei hier das relativ geringe politische Engagement hinderlich sein könnte. Slowenien, die Slowakei und Bulgarien könnten in späteren Klassifizierungsversuchen zu verschiedenen Gruppen gehören, denn hier sind sowohl liberale als auch autoritäre Entwicklungsrichtungen für die Zukunft denkbar.

Das wahrscheinlichste Szenario der Entwicklung in Osteuropa ist jedoch das eines *"trial and error"* (Rose 1992). Es handelt sich um eine Fülle widersprüchlicher und nicht geradliniger Versuchsprozesse, in denen Strukturen, Orientierungen und Verhaltensweisen genutzt, umgeformt und durch neue ergänzt werden. Dabei haben einige der osteuropäischen Länder kulturelle Ressourcen zur Verfügung, die sich anlegen und vermehren lassen, während andere mit "schwierigen" kulturellen Ressourcen leben müssen.

**Literatur**
Weber, Max (1978), Gesammelte Aufsätze zur Religionssoziologie. 6. Aufl. Hrsg. von Johannes Winckelmann. Tübingen.
Almond, Gabriel A./Verba, Sidney (1963), The Civic Culture. Princeton.
Pye, Lucian W. (1968), Political Culture. In: David L. Sills (Hrsg.): International Encyclopedia of the Social Sciences. Bd. 11. New York.
Dahl, Robert (1989), Democracy and its Critics. New Haven.
Konrád, George/Szelényi, Ivan (1979), The Intellectuals on the Road to Class Power. New York.
Elkins, David J./Simeon, Richard E.B. (1979), A Cause in Search for its Effect, or What does Political Culture Explain, in: Comparative Politics 11: 127-145.
Putnam, Robert (1973), The Beliefs of Politicians. New Haven.
Rose, Richard (1992), Escaping from Absolute Dissatisfaction: A Trial-and-Error Model of Change in Eastern Europe, in: Journal of Theoretical Politics 4: 371-393.

Dr. Katrin Mattusch, Hallandstr. 10, D-13189 Berlin

## 5. Betriebliche Transformation beim Übergang zur Marktwirtschaft: Polen, Ungarn und Bulgarien (Thesen)

*Christo Stojanov*

### I.

Die sozialwissenschaftliche Fachdiskussion über die Transformation der postsozialistischen Gesellschaften ist in der Regel auf die funktionalen Erfordernisse der Etablierung marktwirtschaftlicher und demokratischer Strukturen nach westlichem Muster konzentriert. Die Vernachlässigung der Lebenswelt läßt sich als ein wesentliches Defizit der sozialwissenschaftlichen Auseinandersetzung mit der postsozialistischen Transformation kennzeichnen: Der Schwerpunkt der Analyse wird in der Regel auf den Systemwandel gelegt. Die ordnungspolitischen Rahmenbedingungen, die vom Staat neugestaltet werden, bedürfen einer Interpretation und Akzeptanz seitens der handelnden Akteure, um wirksam zu werden, d.h. um die intendierten Ziele der Veränderungen erreichen zu können. Andererseits lenkt die Akzentuierung auf die 'Imperative des Systemwandels' die Aufmerksamkeit der Forschung von der Wirksamkeit der vom Staatssozialismus 'geerbten' Handlungslogiken und Akteurskonstellationen ab. Aus dieser Perspektive stellt m.E. die Eigenart der Verknüpfung zwischen System und Lebenswelt eines der zentralen Probleme der soziologischen Analyse der Transformation dar.

In einer von der Volkswagen-Stiftung geförderten empirischen Studie haben wir den Schwerpunkt auf die analytische Rekonstruktion der betrieblichen Transformationsmuster in Polen, Ungarn und Bulgarien gelegt. Diese wurden im Zusammenhang mit den Beziehungen der Unternehmen zu ihrer relevanten Umwelt erfaßt. Interviewt wurden in zwei Wellen (1993 und 1994) über 100 Vertreter der Unternehmensleitungen und der Interessenvertretungen der Beschäftigten.

### II.

Den neoliberalistischen Konzepten zufolge, die als theoretische Begründung der wirtschaftlichen Reformpolitik fungieren, stellt die allumfassende Privatisierung ein zentrales Erfolgskriterium dar. Die Fragen nach den möglichen Quellen des für diesen Zweck notwendigen Kapitals sowie nach der Rolle vorhandener Interessenlagen in den Unternehmen bleiben außer Acht.

Der tatsächliche Verlauf der Transformation hat diese Implikationen in Frage gestellt. Trotz der beachtlichen graduellen Unterschiede zwischen den einzelnen postsozialistischen Gesellschaften im Hinblick auf die offizielle Umgestaltung der Eigentumsverhältnisse kann man davon ausgehen, daß der private Sektor bislang keine dominierende Rolle errungen hat. Andererseits haben sich die Anpassungspotentiale der alten wirtschaftlichen Eliten und der großen staatlichen Unternehmen als viel größer herausgestellt als angenommen. Die in den 80er Jahren durchgeführten Reformen der staatssozialistischen Ökonomien haben wesentliche Handlungsspielräume für die Unternehmen geschaffen und die Position ihrer Manager gestärkt. Die Transformation im Wirtschaftsbereich läßt sich nicht angemessen analytisch rekonstruieren, wenn die Kontinuität dieser Entwicklungen nicht berücksichtigt wird. Es ist dennoch nachvollziehbar, daß die Belegschaften sowie die Manager unter den gegenwärtigen Bedingungen eine Privatisierung erst dann zulassen werden, wenn ihre Interessen abgesichert werden.

Nicht die offizielle Übertragung der Eigentumsrechte ist als der ausschlaggebende Mechanismus der Umwandlung der Gesellschafts- und Wirtschaftsordnung zu sehen, sondern die *schleichende Diffusion* der einzelnen Eigentumsformen. Die ideologisch legitimierte passive Haltung des Staates begünstigt diesen Prozeß: In Folge der Abschaffung der zentralen Planung hat er auf sein Eigentum nicht verzichtet, jedoch die Möglichkeit verloren, eine effiziente Kontrolle über das wirtschaftliche Geschehen im Bereich seiner Eigentumsgewalt auszuüben. In der Tat ist die Verwaltung des staatlichen Eigentums einzelnen Gruppen überlassen worden. Infolge dessen läßt sich von einer *'Privatisierung der Verfügungsgewalt über das staatliche Eigentum'* sprechen, die das ausschlaggebende Muster der Transformation der Eigentumsverhältnisse darstellt, die durch die Konversion von politischem und sozialem Kapital ins ökonomische erfolgt. Dieser Prozeß ließe sich als eine *postsozialistische 'Revolution der Manager'* kennzeichnen.

Die organisatorische Form dieses Prozesses ist die Entstehung von Koalitionen zwischen den amtierenden Managern, Vertretern des privaten Kapitals (dessen Herkunft in der Regel nicht nachweisbar ist) und Beamten staatlicher Instanzen, die über relevante Entscheidungsgewalt verfügen. In dieser Hinsicht ist es besonders charakteristisch, daß sie an den Aufsichtsräten von den zu Aktiengesellschaften umgewandelten Unternehmen beteiligt sind. Deshalb stellt die Zusammensetzung dieser Gremien ein Indiz für die Mitgliedschaft der einzelnen Gruppierungen dar. Derartige Koalitionen lassen sich als 'Relais' zwischen den Unternehmen und dem Staat charakterisieren und vermitteln den Managern Möglichkeiten, auf die staatliche Reformpolitik Einfluß zu nehmen.

Die ausschlaggebende *Quelle* der primären Akkumulation des Kapitals in den postsozialistischen Gesellschaften ist vor allem der Transfer von Mehrwert, der in staatlichen Unternehmen hergestellt worden ist, in den privaten Sektor. Da das private Kapital überwiegend als Handelskapital fungiert, erfolgt dieser Prozeß in erster Linie durch die 'Kolonisierung' der Beziehungen der Unternehmen zu der relevanten Umwelt (Lieferungen, Kreditierung, Absatz usw.). Man kann die Hypothese aufstellen, daß eine bedeutsame Rolle bei derartigen Prozessen den sog. parastaatlichen und/oder parallelen Strukturen zukommen, die unter der Kontrolle von Leuten sind, die vor der Wende relevante Beziehungen und einflußreiche Positionen in der jeweiligen Branche inne gehabt (soziales Kapital akkumuliert) haben sollten.

*III.*

Infolge der Abschaffung von zentraler Planung gewinnen die Unternehmen bzw. die betrieblichen Akteure neue Handlungsfreiräume, die ihnen die Möglichkeit vermitteln, sich an der Umverteilung des staatlichen Eigentums zu beteiligen. Die Eigenart der Transformation der wirtschaftlichen Organisationen läßt sich als *Muster des Umgangs mit der neugewonnenen Freiheit* interpretieren. Die stellen ihrerseits spezifische Antworten auf folgende *Probleme* bzw. *Herausforderungen* der Situation dar:

– Einführung von Demokratie als Merkmal des gesamtgesellschaftlichen und des betrieblichen Geschehens, woraus der *Partizipationsanspruch* der einzelnen Akteursgruppen im Unternehmen resultiert;

– Senkung des Lebensstandards der Bevölkerung, Abschaffung vieler gesetzlich garantierter Existenzsicherheiten und wesentliche Reduzierung staatlicher Sozialleistungen, die die Begründung eines *Schutzanspruchs* seitens der Beschäftigten gegenüber den einzelnen Unternehmen darstellen;
– Abschaffung der zentralen Planung und der direkten Einmischung staatlicher Instanzen sowie die Entfaltung des Geltungsbereichs marktwirtschaftlicher Struktur- und Funktionsprinzipien, denen zufolge die Aufrechterhaltung der einzelnen Unternehmen von ihrem Umgang mit den personellen und materiellen Ressourcen abhängt. In diesem Sinne sind die betrieblichen Akteure mit dem *Rationalisierungsproblem* unternehmerischer Aktivitäten konfrontiert;
– Gestaltung der innerorganisatorischen Kooperationsverhältnisse zwecks Gewährleistung der Funktionsfähigkeit des Unternehmens *(Integrationsproblem)*. Andererseits entsteht daraus der Bedarf, die Geltung des Autoritätsanspruchs von Managern in der neuen Situation zu begründen *(Legitimationsproblem)*;
– Umverteilung von Marktpositionen (Absatz- und Lieferverhältnisse), woraus die Notwendigkeit resultiert, das mangelnde ökonomische Kapital durch andere Kapitalarten (soziales, kulturelles, symbolisches) zu substituieren *(Mobilisierungsproblem)*.

## IV.

Die Wahrnehmungs- und Handlungsmuster des gehobenen Managements stellen das Herzstück betrieblicher Transformationsstrategien dar. Das *Spektrum von Umgangsmustern* mit der neu gewonnenen Freiheit in der Zeit des Übergangs zur Marktwirtschaft läßt sich durch *zwei polare Optionen* beschreiben, die die Grenzen eines Kontinuums bilden und mit denen jeweils spezifische Gestaltungsmuster im Hinblick auf die Beziehungen zur relevanten Umwelt und innerhalb der Organisation korrespondieren:
A) Die eine polare Alternative besteht in der Entwertung des Unternehmens, um es zu einem möglichst billigen Verkaufsgegenstand zu verwandeln;
B) Der zweite Pol des Kontinuums läßt sich durch das Leitmotiv unternehmerischer Aktivitäten kennzeichnen, seinen Preis durch Sanierungsmaßnahmen zu erhöhen, um es attraktiv für eventuelle Interessenten zu machen und dadurch die Positionen der betrieblichen Akteure (insbesondere des Managements) zu stärken.

*Ad. A):* Die innerbetriebliche Integration basiert auf der Anwendung von formaler Macht (Formalisierung der Organisationsstruktur), Druck auf die Beschäftigten bzw. Gestaltung ihres Verhältnisses zum Unternehmen ausschließlich auf der Basis *systemischer Steuerungsmedien* (Geld und Recht). Die rationalisierungsbedingten Restriktionen beziehen sich in der Regel auf die Produktionskapazitäten und auf die Entwicklungspotentiale des Unternehmens.

Die Rekrutierung des gehobenen Managements erfolgt überwiegend aus unternehmensexternen Quellen (überwiegend aus den Kreisen der staatlichen Bürokratie). Die Entscheidungkompetenzen sind in hohem Ausmaß beim gehobenen Management konzentriert (zentralisiert). Die Anwendung dieses Integrationsmusters führt (notwendigerweise) zur Unterdrückung von unternehmensinternen Verständigungsprozessen und zu einer streng hierarchisch geordneten Kommunikation (u.a. zur Verdrängung der Legitimationsproblematik). Sie geht mit einer mangelnden Akzeptanz des Autoritätsanspruchs der Unternehmensleitung und mit einer daraus resultierenden Fragilität der organisatorischen Anpassung und Unterentwicklung von Organisationskulturen einher. Diese oberflächliche Integration der Beschäftigten im Unternehmen führt zu einer hohen Fluktuation, wodurch die Grundlage für die Entwicklung und Stabilisierung von Organisationskultur zerbricht.

Die Ignoranz gegenüber den lebensweltlichen Integrationsmedien (der Kultur) führt zur 'Minimal-Integration' und massiven Legitimations- und Personalproblemen. Diese Problematik wird durch die Tatsache verstärkt, daß die Anwendung eines derartigen Integrationsmusters auf systemischen Medien (aus der gesellschaftlichen Umwelt) basiert, die selbst keinesfalls routinisiert und lückenlos entwickelt, sondern eher durch Anomie gekennzeichnet sind. Die Anwendung dieses Integrationsmusters ist in der Regel mit einer weitgehenden Öffnung des Unternehmens gegenüber der relevanten gesellschaftlichen Umwelt verbunden (Kolonisierung des Unternehmens durch die relevante Umwelt): passive (wenn auch möglicherweise kritische, jedoch ohne Handlungskonsequenzen) Haltung gegenüber dem Staat und seiner Politik, Erwartungshaltung gegenüber dem Einsatz von ausländischem Kapital als dem möglichen 'Retter des Unternehmens', Lohnveredelung als überwiegende Quelle der Produktionsaufträge für das Unternehmen und ein damit verbundener Verzicht auf die eigene Firmenmarke, 'Delegierung' von Absatz- und Lieferungsaktivitäten an andere (häufig ausländische) Unternehmen.

Die mangelnde Organisationskultur wird in der Regel zum Gegenstand kritischer Äußerungen des mittleren Managements, der Beschäftigten und ihrer Interessenvertretungen, die durch die Politik des gehobenen Managements zurückgeführt werden. Auf der Seite des gehobenen Managements wird dieses - seiner Form nach klassische 'Kapital-Lohn-Verhältnis' - durch marktwirtschaftliche Argumente begründet, die u.a. die Kritik an den Beschäftigten beinhalten, wonach ihnen der Sinn des Übergangs und die aus ihm folgenden Konsequenzen bezüglich ihrer Stellung im Unternehmen noch nicht bewußt geworden seien. Mit Hilfe derartiger Argumente wird u.a. die Notwendigkeit der Verstärkung des Druckes (des Ausbaus von formalen Reglementierungen und Kontrolle in allen möglichen Aspekten der Tätigkeit des Unternehmens sowie der Anwendung finanzieller Sanktionen und Entlassungen als Disziplinierungsmittel) begründet. Mit anderen Worten: Dieses Muster der Integration in der Organisation ist durch das *Spannungsverhältnis* zwischen den demokratischen Werten einerseits und den marktwirtschaftlichen andererseits und daraus folgenden Handlungsmustern und -logiken gekennzeichnet, deren Vertreter jeweils als entgegengesetzten Seiten des Arbeitnehmer-Arbeitgeber-Verhältnisses personifiziert werden können. Dieses Muster läßt sich als *ideologiekonform* bezeichnen.

*Ad. B):* Die innenbetriebliche Integration basiert überwiegend auf *lebensweltlichen* Medien: Ausbau von Vertrauensbeziehungen, Vergemeinschaftung, Legitimation der Entscheidungen 'im Namen der Belegschaft' und der 'Rettung des Unternehmens', Pflege der Identifikation mit der Firmenmarke, betonte paternalistische Orientierung der betrieblichen Sozialpolitik (das Unternehmen als Schutzschild und Stabilisierungsinstitution für die Beschäftigten). In diesem Sinne werden die restriktiven Maßnahmen begründet und die Belegschaft in die konkreten Entscheidungsprozesse einbezogen. Die personalpolitischen Entscheidungen sind durch die Akzentsetzung auf die Förderung unternehmens-'eigener' Fachleute und betriebs- bzw. branchenspezifischer Qualifikation gekennzeichnet. Sie verfügen über eine Stammbelegschaft, die Träger der

Organisationskultur ist. Die Organisationsstruktur wird in hohem Ausmaß entbürokratisiert und gemeinschaftlich gestaltet: Verantwortung wird delegiert und die individuellen Handlungsfreiräume in der Organisation werden respektiert, die Entscheidungsprozesse erfolgen teamartig, die Kontrolle wird auf die einzelnen Arbeitsgruppen übertragen.

Das gehobene Management genießt weitgehend das Vertrauen der anderen Akteursgruppen (des mittleren Managements, der Belegschaft und ihrer Interessenvertretungen). Diese Akteursgruppen setzen ihr soziales und/oder symbolisches Kapital für gemeinschaftliche Zwecke ein. Insbesondere die Gewerkschaften verwandeln ihr Rollenverständnis und werden zu Partnern des Managements. Hierbei ist es charakteristisch, daß die Anwendung dieses Integrationsmusters ein Entwicklungsprodukt darstellt - das gehobene Management setzt sich anfänglich anhand eines fachspezifischen Einflusses durch (symbolisches Kapital, Anerkennung der notwendigen Fachkompetenz), auf dessen Basis eine paternalistisch orientierte betriebliche Personal- und Sozialpolitik aufgebaut wird.

Die Anwendung dieses Integrationsmusters geht in der Regel mit ziemlich klaren Autonomisierungsstrategien - sowohl in organisatorischer als auch in kommunikativ-symbolischer Hinsicht - gegenüber der gesellschaftlichen Umwelt einher. Diese wird als Bedrohung für die Gemeinschaft bzw. für das Unternehmen gedeutet, woraus organisatorische Lösungen resultieren, die sich als Kolonisierung der relevanten Umwelt durch das Unternehmen charakterisieren lassen. So wird z.B. die staatliche Politik (u.a. wegen der übermäßigen Öffnung gegenüber dem westlichen Ausland) kritisiert und man versucht, sie durch Lobbys zu beeinflußen. Die Absatz- und Lieferungsbeziehungen werden in zunehmendem Maße vom Unternehmen selbst übernommen (was mit dem Auf- und Ausbau entsprechender organisatorischer Einheiten verbunden ist). In diesem Zusammenhang ist es von besonderer Bedeutung, daß die am häufigsten thematisierte Bedrohung für das Unternehmen die Konkurrenz westlicher Firmen darstellt. Ihr entgegen werden die Unternehmensmarke und seine Traditionen als Vorteile dargestellt, moralisch und nationalistisch begründet und eingesetzt. Bestimmte Abhängigkeiten von Handelsunternehmen mit etablierter Marktposition (die in der Regel aus den monopolistischen staatlichen Handelszentralen hervorgegangen sind und nach der Wende in selbständige Unternehmen verwandelt wurden) werden zeitweise vor dem Konkurrenzdruck westlicher Fimen bevorzugt. Bei der Gestaltung der Beziehungen - sowohl in der Organisation selbst als auch zu Lieferanten, Kooperationspartnern und Abnehmern - spielen das Vertrauen und die persönlichen Kontakte eine ausschlaggebende Rolle.

Mit anderen Worten: Dieses Muster der Integration in der Organisation wird durch die *Koalition* zwischen den einzelnen Akteursgruppen im Unternehmen gekennzeichnet, die sowohl die demokratisch-gemeinschaftlichen als auch marktwirtschaftliche Werte und die daraus folgenden Handlungsmuster und -logiken vertreten: die ersten in Bezug auf das organisationsinterne Geschehen und die Geschäftspartner, die zweiten gegenüber der restlichen gesellschaftlichen Umwelt (M. Weber: doppelte Moral). Dieses Muster läßt sich als *traditionskonform* bezeichnen.

## V.

Die bereits geschilderten betrieblichen Transformationsmuster sind Gegensätze nicht nur im Hinblick auf die ihnen zugrunde liegenden Optionen bezüglich des Weges zur Umgestaltung der Eigentumsverhältnisse. Der Vergleich zwischen den beiden Integrationsmustern provoziert generelle Fragen, die für die sozialwissenschaftliche Fachdiskussion über die postsozialistische

Transformation relevant sind. Sie betreffen u.a. die Möglichkeiten der Soziologie, eine korrigierende Rolle in Bezug auf die ökonomisch begründete Reformpolitik zu spielen.

Die empirischen Ergebnisse über die betriebliche Transformation zeigen, daß bei beiden polaren Mustern in irgendeiner Form eine *Entdifferenzierung* (Verflechtung) zwischen Politik und Wirtschaft stattfindet, wodurch auch auf dieser Ebene die Bezeichnung 'politischer Kapitalismus' als ausschlaggebender Mechanismus des Übergangs bzw. der Umgestaltung von Eigentums- und Herrschaftsverhältnissen ihre Berechtigung findet.

Das ideologiekonforme Muster der betrieblichen Transformation nach den Vorgaben des etablierten ökonomischen Dogmas, demzufolge die Beziehungen des Unternehmens nach innen und nach außen ausschließlich auf systemischen Medien (rechtliche Normen und Geld) basieren sollen, scheint nicht erfolgversprechend zu sein - es zerstört die Verständigungsbasis im Unternehmen und seine Entwicklungspotentiale. Aus der Sicht dieser Ergebnisse geraten in den Mittelpunkt des Interesses die gesellschaftspolitischen Implikationen der ökonomisch begründeten Reformempfehlungen, insbesondere im Hinblick auf das Muster des Umgangs mit der zu transformierenden Gesellschaft.

In diesem Zusammenhang gerät die Frage nach der Kontinuität bzw. Diskontinuität des Wandels ins Zentrum der theoriebezogenen Fachdiskussion. Hierbei handelt es sich insbesondere um die Rolle der bestehenden Wirtschafts- und Organisationskultur für den erfolgreichen betrieblichen Übergang zur Marktwirtschaft. Ihre Zerstörung im Falle des o.a. Musters hat sich weitgehend als kontraproduktiv erwiesen.

Die Gewährleistung der Kontinuität stellt eher eine Voraussetzung für den erfolgreichen Übergang in die Marktwirtschaft dar. Lediglich die Mobilisierung der in der bestehenden Gesellschaft liegenden Potentiale vermittelt dem Unternehmen Entwicklungschancen. Das auf der bestehenden Tradition basierende Transformationsmuster beinhaltet einerseits viele Ähnlichkeiten zum 'japanischen Organisationstypus', dessen Rezeption bereits grundsätzliche Fragen an die Modernisierungs- und Organisationstheorie aufgeworfen hat. Andererseits beinhaltet es eine Kontinuität gegenüber dem 'geerbten' Muster der Organisation gesellschaftlicher Arbeit.

Im Kontext der empirischen Ergebnisse läßt sich der universalistische Geltungsanspruch des sogenannten Modells der bürokratischen Organisation hinterfragen. Konkreter handelt es sich hierbei um die Potentiale des Systems und der Lebenswelt als 'Generatoren' von Integrationsmedien im Hinblick auf die Organisation der Zusammenarbeit und Kommunikation, der Gestaltung von Autoritätsverhältnissen sowie der Beziehungen zur relevanten Umwelt. Des weiteren ist die Relation zwischen dem Erfolg des Unternehmens unter den neuen Bedingungen und der Wahrnehmung seiner Rolle als (Re-)Sozialisations- und Reproduktionsinstanz und den damit verbundenen Loyalitätsbeziehungen zwischen Unternehmen und Individuum von besonderer Bedeutung.

Die vergleichende Analyse der Muster betrieblicher Transformation bilden u.a. in den postsozialistischen Gesellschaften eine Grundlage für die Diskussion über die Chancen dessen, was als 'japanisches Organisationsmodell' bezeichnet wird. Weitere Forschungen, die diese Frage empirisch ausarbeiten würden, können von paradigmatischer Bedeutung für die organisationssoziologische Transformationsforschung sein.

PD Dr. Christo Stojanov, Universität Bonn, Seminar für Soziologie, Adenauerallee 98a, D-53113 Bonn

# XXV. AG Religionssoziologie
*Leitung: Detlef Pollack*

# Zum Wandel religiöser Orientierungen in Ostdeutschland

## 1. Einführung

*Detlef Pollack*

Überblickt man die Forschungen zur Entwicklung von Religion und Kirche in Ostdeutschland, die in den letzten Jahren angestellt wurden, so kann man eine starke Konzentration auf die Analyse des Staat/Kirche-Verhältnisses in der früheren DDR feststellen. Die religiösen Großinstitutionen, insbesondere die evangelischen Kirchen, stehen im Mittelpunkt des Interesses. Und: Es dominiert die politikwissenschaftliche, um nicht zu sagen: die politische Betrachtungsweise, die vor allem eine Frage ins Zentrum rückt: die Frage nach dem Grad der politischen Anpassung der Kirchen an die Erwartungen des SED-Regimes. Dabei wird die Kirche in dem Maße, wie man die DDR als eine politisch-ideologisch homogenisierte Repressionsgesellschaft begreift, als systemstabilisierender Faktor wahrgenommen. Die Argumentation hat sich seit 1989 geradezu umgekehrt. Galt die Kirche vor der Wende als die einzige nicht gleichgeschaltete Institution in einer politisch durchorganisierten Gesellschaft, so kommt sie nun auf der Seite der angepaßten Adjutanten des Systems zu stehen. Und wahrscheinlich bezieht die Argumentation genau aus dieser Umkehrung ihre Plausibilität.

Zu kurz kommen bei einer solchen politischen Beurteilung der Kirchen aber Analysen ihrer rechtlichen Situation, ihrer ökonomischen Handlungsbedingungen, ihrer theologischen Orientierungen und vor allem ihres soziokulturellen Umfeldes. Christoph Kleßmann war einer der ersten, der durch die Benutzung des Milieubegriffes einen wichtigen Schritt in Richtung auf eine stärker sozialgeschichtlich ausgerichtete Erfassung der Lage der Kirchen in der DDR unternahm. Er untersuchte die Kennzeichen eines von ihm im Umfeld von Pfarrhäusern, theologischen Ausbildungsstätten, diakonischen Einrichtungen, Jungen Gemeinden und kirchlich geprägten Traditionsschulen vermuteten protestantischen Milieus. Andere folgten ihm. Sighard Neckel behandelte die Frage, welche impliziten Handlungs- und Wertmuster den Lebensweg und die politische Haltung von Pfarrern prägten. Winfried Gebhardt und Georg Kamphausen studierten in einem breit angelegten Vergleich zwischen zwei Gemeinden in Ost- und Westdeutschland die Stabilität volkskirchlicher Milieus auf dem Land.

Gerade wenn es darum geht, den Grad der politischen Anpassung der Kirchen zu prüfen, wird es unumgänglich sein, nach der Resistenz traditioneller Milieus, an denen sich der politische Anspruch der Machthaber brach, zu fragen. Das kirchliche und religiös motivierte Handeln bewegte sich nicht nur in der Alternative zwischen Anpassung oder Widerstand, sondern reichte vom demonstrativen Protest bis zur partiellen Verweigerung und umschloß auch Formen des geschickten

Taktierens, des gewitzten Unterlaufens, des absichtlichen Mißverstehens oder des instrumentalisierenden Sich-Anschmiegens. Wie in der Forschung zum Dritten Reich, so müssen auch in der Analyse der DDR-Geschichte, auch wenn man beide Systeme nicht auf eine Ebene stellen will, die Begriffe Anpassung und Widerstand ausgefächert werden. Das heißt auch, daß die Entwicklung von Religion und Kirche nicht nur mit politischen Kategorien erfaßt werden kann, sondern daß soziologische, sozialgeschichtliche, sozialpsychologische und theologische Gesichtspunkte hinzutreten müssen.

Es ist gewiß nicht unzutreffend, wenn man die Entwicklung von Religion und Kirche in der DDR mit dem Begriff des Traditionsabbruchs belegt. Der dramatische Traditionsabbruch, der sich in der DDR vollzog - 1949 gehörten noch über 90 Prozent der Bevölkerung einer der großen Kirchen an, 40 Jahre später waren noch etwa 30 Prozent Mitglied in einer Kirche -, läßt sich eben gerade nicht ausschließlich politisch erklären. Die Wirksamkeit von Schichtzugehörigkeiten, von überkommenen Milieus, von theologischen Traditionen, von Wertmustern und Mentalitäten spielt ebenfalls mit hinein. Ein Beispiel für die Widerständigkeit des ländlichen Milieus wird in dem Beitrag von Winfried Gebhardt und Georg Kamphausen vorgeführt. Aber auch die spezifischen Merkmale der kirchlich-religiösen Entwicklung in Mitteldeutschland haben einen Einfluß auf den kirchlichen Traditionsabbruch. Schon im 19. Jahrhundert bildete sich auf dem Territorium der nachmaligen DDR in weiten Bevölkerungsteilen eine Christ-sein-ohne-Kirche-Mentalität heraus. Um die Darstellung des Zusammenhangs zwischen der Geschichte des mitteldeutschen Protestantismus und den Entkirchlichungsprozessen in der späteren DDR geht es in dem Beitrag von Kurt Nowak. Ausmaß und Verlauf der Entkirchlichung wurden aber natürlich auch geprägt von Prozessen der Modernisierung, der Rationalisierung, der Industrialisierung und Urbanisierung. Die DDR war nicht nur eine paternalistische Repressionsgesellschaft, sondern auch eine moderne Industriegesellschaft. Um den Einfluß von Modernisierungsprozessen und politischen Faktoren erfassen und gewichten zu können, sind komparatistische Arbeiten in das Programm mitaufgenommen worden. Die Beiträge von Mislav Kukoc, Nikola Skledar und Gert Pickel sollen durch die Heranziehung von Vergleichsdaten aus Westeuropa und Osteuropa noch einmal ein Licht auf die besondere Situation von Religion und Kirche in der DDR als einer semimodernen Mischgesellschaft werfen. Eine leitende Fragestellung der folgenden Beiträge lautet also: Worin bestanden wichtige Faktoren, die den Prozeß der Entkirchlichung und Säkularisierung vorantrieben oder auch hemmten?

Ein zweiter Problemkreis bezieht sich auf die Frage, ob an die Stelle von religiösen Überzeugungen und Praktiken andere weltanschauliche Orientierungen getreten sind, nichtchristliche religiös alternative oder auch sozialistische Vorstellungen, in welchem Verhältnis diese unterschiedlichen Werthaltungen zueinander stehen und ob es nach dem Zusammenbruch des Sozialismus, der ja auch ein Weltanschauungssystem war, zu einem neuen Aufschwung christlicher Orientierungen gekommen ist oder ob sich vielmehr umgekehrt in dem Bedeutungsverlust der Kirchen ein umfassender Säkularisierungsprozeß ankündigt, der möglicherweise auch den Westen Deutschlands zunehmend erfaßt. Diesen Fragestellungen sind vor allem die Beiträge von Johannes Weiß und Michael Terwey gewidmet.

Prof. Dr. Detlef Pollack, Universität Leipzig, Theologische Fakultät, Emil-Fuchs-Straße 1, D-04105 Leipzig

## 2. Historische Wurzeln der Entkirchlichung in der DDR

*Kurt Nowak*

Der drastischen Formulierung Ehrhart Neuberts zufolge erlebten die evangelischen Landeskirchen in der vierzigjährigen Geschichte der DDR einen "religiösen Super-GAU". Betrug der Anteil der evangelischen Kirchenmitglieder an der Gesamtbevölkerung im Jahr 1950 noch 80,5 %, so war er im Jahr 1964 auf 59,4 % gesunken. Im Jahr 1989 lag der Anteil bei 24 %. Am höchsten war die Verlustrate in der zweiten Hälfte der fünfziger Jahre. 1958 schnellte die Austrittsziffer von bis dahin durchschnittlich 0,5 bis 1,2 % auf 2,5 % empor. Immerhin glichen sich seit der Mitte der siebziger Jahre die Zahlen der Aus- und Eintritte auf dem inzwischen erreichten Niedrigniveau an. Die allmähliche Angleichung der Aus- und Eintrittszahlen in den letzten anderthalb Jahrzehnten der DDR und die in die beiden großen Austrittswellen der fünfziger Jahre und der Jahre zwischen 1967 und 1975 eingelagerte Phase der relativen Beruhigung der Mitgliedschaftsentwicklung lassen es nicht zu, von durchgängigem Rückgang zu sprechen. Die Differenzierung der Kirchenmitgliedschaftsentwicklung in einigen chronologischen und sachlichen Details ändert freilich am Gesamtbefund wenig. Das Gebiet der ehemaligen DDR gehört zu den am stärksten entkirchlichten und religiös desozialisierten Regionen Europas. Hinreichend verläßliche statistische Daten für diesen Befund konnten erst in jüngster Zeit gewonnen werden, insbesondere durch die Untersuchungen von Detlef Pollack(1994: 373-445).

Zur Deutung des kirchlichen Mitgliederschwunds bediente sich die Forschung lange Zeit der Theorie der "Doppelsäkularisierung". Mittlerweile ist diese Theorie in die kritische Diskussion geraten. Der Säkularisierungsprozeß in den entwickelten Industrienationen ist nicht eindeutig. Hugh McLeod und andere Autoren haben gezeigt, wie verwickelt das Verhältnis zwischen Kirche, Religion, Urbanisierung und Industrialisierung tatsächlich ist, beispielsweise in großstädtischen Ballungsräumen wie London oder New York. Die zumindest partielle Infragestellung der vertrauten Deutungsmuster eröffnet einen neuen, allerdings recht schwierigen Fragenkreis. War der "religiöse Super-GAU" ein relativ kurzfristiger Prozeß im Zeitraum 1949/50 bis 1989/90, oder liegt eine Entwicklung von längerer Dauer vor, die unter den Verhältnissen der DDR lediglich eine besondere Zuspitzung erfuhr?

*1.*

In historischer Perspektive lassen sich viele Zahlen und Daten beibringen, die eine Entkirchlichung der evangelischen Bevölkerung bereits seit dem 19. Jahrhundert nahezulegen scheinen. Für die mitteldeutschen Regionen, mithin das Gebiet der nachmaligen DDR, sollen einige Zahlen genannt werden. In den 1890er Jahren lag die Abendmahlsfrequenz in Görlitz bei 5 - 6 %, in Dresden bei 3 - 4 %, in Berlin bei 13 - 14 %. Im Zeitraum von 1861 bis 1913 sank in Sachsen die Abendmahlsziffer von 72 auf 35 %. Die Zahlen des im Jahresdurchschnitt berechneten Gottesdienstbesuchs waren ebenfalls niedrig. In Thüringen lagen sie 1908 bei 10 - 15 % (in Gera bei 3,5 %), an Festtagen bei 23 - 30 %. Ähnlich lauteten die Ergebnisse für Sachsen. In Berlin betrug der Gottesdienstbesuch schon im Jahr 1872 nur noch circa 2 %. Für Sachsen sind in den Jahren vor 1914 starke Differenzierungen beim Gottesdienstbesuch bekannt. In Dörfern lag die Ziffer zwischen 20 und 40 %, in den Industriegemeinden zwischen 2,5 und 8 %, in den typischen Arbeitervororten bei einem Prozent. Die Taufrate blieb nach wie vor hoch; sie belegte scheinbar beste volkskirchliche Verhältnisse. Oskar Pank, von der Berliner Dreifaltigkeitskirche zunächst als Pfarrer nach St. Nikolai, dann als Pfarrer und Superintendent an die Thomaskirche zu Leipzig berufen, beklagte allerdings in den 1880er Jahren den Widerspruch zwischen den intakten Taufziffern und der aktiven Kirchenmitgliedschaft. Nach seinen Schätzungen besuchten 1882/83, alle Kirchen Leipzigs zusammengenommen, lediglich 8 % der lutherischen Bevölkerung bzw. 16 % der Erwachsenen den Gottesdienst und nahmen an kirchlichen Veranstaltungen teil(Sievers 1995: 149f).

Die flächendeckende statistische Erfassung der aktiven Kirchlichkeit steht für das 19. und das erste Drittel des 20. Jahrhunderts vielfach noch aus. Lediglich für vereinzelte Gebiete liegen feinkörnige Untersuchungen vor. Viele Beobachtungen passen nicht ins landläufige Bild. Der Rückgang der Kirchlichkeit setzte beispielsweise in Sachsen nicht erst mit dem Industrialisierungsschub des 19. Jahrhunderts ein, sondern war bereits im 18. Jahrhundert ein sorgenvoll beobachtetes Phänomen. Andererseits gab es gegen Ende des 19. Jahrhunderts in den Großstädten Schübe an neuer Kirchlichkeit.

Die Aussagekraft der Zahlen ist ambivalent. Was beweisen sie und was beweisen sie nicht? Offenbar müssen zu den Zahlen erst Deutungsangebote hinzutreten. Je nach Interessenlage können sie höchst unterschiedlich ausfallen.

2.

Die Entkirchlichung der DDR-Bevölkerung ist mit der Errichtung hermeneutischer Warntafeln nicht ungeschehen zu machen. Ihre Deutung fordert zu einer engeren Verbindung von Makro-, Meso- und Mikrostruktur auf. Unter Makrostruktur verstehe ich das konfessionsgeschichtliche Gesamtbild des überwiegend protestantischen Mitteldeutschland seit dem Zeitalter der Reformation, unter Mesostruktur den näheren historischen Einzugsbereich des Entkirchlichungsproblems, d. h. die erste Hälfte des 20. Jahrhunderts, und unter Mikrostruktur die Verhältnisse der DDR. Aus verschiedenen Gründen legt sich die Konzentration auf die Mesostruktur nahe, mithin auf die Jahrzehnte von etwa 1900 bis 1950.

Für die Zeit des Deutschen Kaiserreichs und für die Jahre der ersten deutschen Republik halten sich all jene Entwicklungen, die als etwaige Vorläuferphänomene für die Entkirchlichung der DDR-Bevölkerung betrachtet werden könnten, in Grenzen. Die protestantische Kirchenkultur mutet im großen und ganzen als stabil an. In Berlin sprach der Generalsuperintendent der Kurmark, Otto Dibelius, im Jahre 1926 vom "Jahrhundert der Kirche". Er rechnete sich nach dem Wegfall der staatskirchlichen Bindungen große kirchliche Zukunftsmöglichkeiten aus. Auch die Kirchenstatistiker - jene, die zwischen der Sprache der Zahlen und den Weltanschauungsorakeln einen Unterschied zu machen wußten -, meldeten nichts fundamental Besorgniserregendes über Taufen, Gottesdienstbesuch, Abendmahlsbeteiligung. Stark in Anspruch genommen wurden die diakonischen Angebote der Kirche. Die Stabilität der Kirchenkultur ließ freilich über innere Erosionen nicht hinwegsehen. Kirchensoziologen im Umkreis des "Evangelisch-sozialen Kongresses" und der Bewegung des "Religiösen Sozialismus" wiesen dringlich auf die fortschreitende Entfremdung breiter Schichten von der Kirchenkultur hin, wenn auch nicht schon von der Religion generell. Nach dem "Jahrhundert der Kirche" erschien in unmittelbarer zeitlicher Nachbarschaft das Buch des Pfarrers Lic. Paul Piechowski über die religiöse Gedankenwelt des Proletariats. Piechowskis Untersuchungen belegten für Berlin eine erhebliche kirchliche und religiöse Indifferenz. Indes war Berlin als Sonderfall nicht verallgemeinerungsfähig (Nowak 1988).

Im Jahr 1933 schien sich die Uneindeutigkeit der kirchlich-religiösen Lage in einen neuen Aufbruch des Christentums zu verwandeln - dies unter nationalen und sozialen Vorzeichen. Tatsächlich handelte es sich um einen Scheinfrühling. Der von der NS-Parteispitze im Frühjahr und Frühsommer 1933 forcierte Massenandrang in die Kirchen - z. B. durch Gruppentrauungen von SA-Leuten - gehörte im Herbst 1933 schon wieder der Vergangenheit an. Von diesem Zeitpunkt an war das Verhältnis der tonangebenden Schichten im NS-Führungs- und z. T. auch im Staatsapparat zu den Kirchen gespannt. Trotz der in großem Umfang betriebenen Forschungen zu den Kirchen und Religionsgemeinschaften im Dritten Reich liegen befriedigende Angaben über die kirchlichen und religiösen Konturen der deutschen Gesellschaft in der NS-Ära bislang nur in fragmentarischen Formen vor. Für einige Bereiche lassen sich gleichwohl hinreichend konkrete Aussagen machen. Sie führen zu dem Schluß, daß trotz der insgesamt wenig zielstrebigen und vielfach improvisierenden nationalsozialistischen Religions- und Kirchenpolitik eine deutliche Absenkung des Niveaus der Konfessionskultur und der Kirchenbindung gelang, namentlich im protestantischen Bevölkerungsteil. Diese Beobachtung ist von Gewicht. Allem Anschein nach waren die Jahre des Dritten Reiches der diktaturstaatliche Auftakt zu jener Entwicklung, die unter veränderten macht- und ideologiepolitischen Vorzeichen zum kirchlichen Dammbruch der 1950er Jahre führte. Die Schwächung der kirchlichen Strukturen des Protestantismus und seiner konfessionellen Kultur zeigte sich besonders deutlich in Bereichen, die alsbald auch zu den Problemzonen der Kirchen in der DDR gehörten: Schule, Vereinsleben, Theologennachwuchs.

Die *Schule* war in Deutschland traditionell ein privilegierter Ort der religiösen Sozialisation. Die Verfassung des religionsneutralen Weimarer Staates vom 11. August 1919 hatte daran nichts Grundlegendes geändert. Nach Art. 149 war Religionsunterricht an allen Schulen - mit Ausnahme der rein weltlichen (atheistischen) Schulen - ordentliches Lehrfach in Übereinstimmung mit den Grundsätzen der betreffenden "Religionsgesellschaft". Ergänzend zum Normaltypus der für alle Bekenntnisse gemeinsamen Schule konnten auf Antrag der Erziehungsberechtigten Schulen ihres Bekenntnisses eingerichtet werden. Evangelische, katholische, jüdische Schulen existierten neben dem Normaltypus, der Simultanschule. Ein Reichsschulgesetz, das die Rahmenbestimmungen der Weimarer Verfassung qualifizierte, kam freilich nicht zustande. Diese Verfassungslage ermöglichte es den Schulpolitikern der NS-Partei nach 1933 um so eher, die Bekenntnisschulen zugunsten der sog. Gemeinschaftsschule zurückzudrängen. Zusätzlich erfolgte in den Gemeinschaftsschulen ein Zugriff auf den Religionsunterricht. Seit 1935/36 verstärkte sich der Druck auf die Eltern, ihre Kinder nur noch in Gemeinschaftsschulen einschulen zu lassen. Am 20. März 1940 ordnete der Reichserziehungsminister an, Schüler und Schülerinnen höherer Lehranstalten sollten mit Beendigung des 14. Lebensjahres keinen Religionsunterricht mehr erhalten. In den Klassen 1-3 war der Religionsunterricht auf zwei Wochenstunden zu begrenzen, in Klasse 4 auf eine Wochenstunde. Die gewonnene Zeit sollte für wehrwichtige Unterrichtsgebiete der Mathematik und der Naturwissenschaften gewonnen werden. 1942 trat die Überführung der 14jährigen Jungen und Mädchen vom Jungvolk und der Jungmädelschaft in die HJ und den BDM in gewollte Konkurrenz zur Konfirmation und den kirchlichen Schulentlassungsfeiern. Die nationalsozialistischen Feiern und die Konfirmation bieten Bilder, die in manchen Zügen die Auseinandersetzungen der 1950er Jahre um Jugendweihe und Konfirmation vorwegnahmen (Boberach 1971: 415, 508f).

Einen Einbruch erlebte in den Jahren des Dritten Reiches die protestantische *Vereinskultur*. In der NS-Ära sahen sich die konfessionellen Vereine dem Konkurrenzdruck verwandter Organisationen der NSDAP ausgesetzt. Teilweise wurden evangelische Organisationen in NS-Organisationen "eingegliedert" (z. B. das "Evangelische Jugendwerk" mit fast 800 000 Jugendlichen in die HJ am 19. Dezember 1933), teilweise durch Schikanen eingeschüchtert und behindert. Da das Vereinsleben eine wichtige Kompensation für die Abnahme der traditionellen Formen der Kirchenbindung bot, mußte sich die Aushöhlung der Vereinsstrukturen negativ auf das Gesamtniveau der Kirchenbindung und Konfessionskultur auswirken. Am Ende des Dritten Reiches standen viele Vereinsaktivitäten nur noch auf dem Papier. Die unübersichtlichen Verhältnisse der Kriegszeit hatten zusätzlich zum Niedergang des Vereinslebens beigetragen. Zaghafte Versuche der östlichen Kirchenführer in den Jahren 1945/46, die protestantische Vereinskultur zu revitalisieren, stießen auf den Widerstand der SMAD. Konfessionelle Vereine, Gruppen und Bünde sollten nur soweit zugelassen werden, wie sie als Tätigkeitsbereiche der Kirche erkennbar waren. Wie eng dabei der Begriff Kirche ausgelegt wurde, ist an den nachmaligen Auseinandersetzungen um die "Junge Gemeinde" zu sehen. Kurz, zur Vorgeschichte der Entkirchlichung der DDR-Bevölkerung gehört auch der Niedergang der protestantischen Vereinskultur im Dritten Reich und in der unmittelbaren Nachkriegszeit.

Ein Indikator für die allgemeine Absenkung des Kirchlichkeitsniveaus war die *Frequenz des Studiums der evangelischen Theologie*. Seit der zweiten Hälfte der 1930er Jahre arbeiteten die NS-Hochschulpolitiker an der Behinderung der Funktionsfähigkeit und der Attraktivität der theologischen Fakultäten. Von 1933 bis 1939 sank die Gesamtzahl der Studierenden: "Bei den Theologen war der Rückgang aber um ein Vielfaches stärker. Hatten im Wintersemester 1932/33 etwa 6800 Studenten an den deutschen Universitäten Theologie studiert, so waren es 1935/36 nur etwa 4100 und im Sommersemester 1939 lediglich 1300, davon 39 Erstsemester - in acht Fakultäten hatten sich überhaupt keine Studienanfänger eingeschrieben"(Wolgast 1993: 65). Nebenher sei vermerkt, daß bei den Katholiken die Entwicklung in umgekehrter Richtung verlief. Die Zahl der katholischen Theologiestudenten stieg stark an.

Der Trend zur numerischen Ausblutung des Theologennachwuchses im Dritten Reich setzte sich in der DDR nicht ungebrochen fort. Jedoch steht die Zahl der Theologiestudierenden zwischen 1950 und 1988 in Korrelation zur Kirchlichkeitskurve. Anders gesagt: die Entkirchlichung schlug auf die Studentenfrequenzen durch. Die im Dritten Reich sichtbare akademische und gesellschaftliche Ächtung des Theologiestudiums dürfte einen Beitrag mit mentaler Langzeitwirkung im Blick auf die Attraktivität dieses Studiums ausgeübt haben. Da die Kirchlichkeit der Bevölkerung mit der Qualität und Quantität des akademischen Personals der Kirche in Zusammenhang steht, ist die Geschichte des Studiums der evangelischen Theologie, die Geschichte der Theologischen Fakultäten überhaupt, ein nicht unwichtiger Anhaltspunkt für die historisch-zeitgeschichtliche Analyse der Entkirchlichung in der DDR-Bevölkerung.

## 3.

Insgesamt ergibt sich durch Einbeziehung der Mesoebene die Erkenntnis, daß es wahrscheinlich fruchtbarer ist, die Theorie der "Doppelsäkularisierung" oder auch die Theorie der DDR-spezifischen Entkirchlichung durch die Theorie von der diktaturstaatlichen Doppelschädigung der mitteldeutschen Kirchen zu ersetzen. Sie begrenzt die spekulativen Elemente, die der neuzeitlich-modernen Säkularisierungsoptik innewohnen, und sie verzichtet darauf, sich auf die historisch in aller Regel unwahrscheinliche Kategorie des "Abrupten" zu stützen. Was auf der Mikroebene (DDR-Geschichte) wie ein "Blackout" aussieht, stellt sich auf der Mesoebene differenzierter dar. Zur Deutung der so tiefgreifenden Entkirchlichung der mitteldeutschen Bevölkerung scheint es notwendig, die geläufigen politischen Zäsuren (1933 - 1945 - 1949 - 1953 usf.) zu durchbrechen. Das Vierteljahrhundert von 1933 bis zum Gipfelpunkt der ersten großen Entkirchlichungswelle im Jahr 1958 könnte unter kirchenhistorischem und religionssoziologischem Blickwinkel durchaus als eigener Zeitraum betrachtet werden.

**Literatur**
Pollack, Detlef (1994), Kirche in der Organisationsgesellschaft. Zum Wandel der gesellschaftlichen Lage der evangelischen Kirchen in der DDR. Stuttgart/Berlin/Köln.
Sievers, Jürgen (1995), Der Leipziger Superintendent Oscar Pank (Manuskript).
Nowak, Kurt (19882), Evangelische Kirche und Weimarer Republik. Weimar und Göttingen.
Boberach, Heinz (1971) (Bearb.), Berichte des SD und der Gestapo über Kirchen und Kirchenvolk in Deutschland 1934-1944. Mainz.
Wolgast, Eike (1993), Nationalsozialistische Hochschulpolitik und die theologischen Fakultäten. In: Leonore Siegele-Wenschkewitz/Carsten Nicolaisen (Hg.): Theologische Fakultäten im Nationalsozialismus. Göttingen.

Prof. Dr. Kurt Nowak, Universität Leipzig, Theologische Fakultät, Emil-Fuchs-Str. 1, D-04105 Leipzig

## 3. »... und eine kommode Religion«. Formen gelebter Religiosität in zwei Landgemeinden Ost- und Westdeutschlands

*Winfried Gebhardt und Georg Kamphausen*

Die christliche Religion ist in der Defensive. Gleich ob man diese Entwicklung als Ergebnis einer vor allem politisch verursachten Entkirchlichung wie in den neuen Bundesländern oder als Resultat eines Säkularisierungsschubs - ausgelöst durch Wertwandelsprozesse - wie in den alten Bundesländern interpretiert, in diesem Befund sind sich offizielle Kirchenvertreter beider Konfessionen, Theologen, Religionssoziologen wie auch die öffentliche Meinung weitgehend einig. Wir wollen hier über zwei ländliche Gemeinden - eine im bayerischen, die andere im sächsischen Vogtland - berichten, die durch die Existenz von stabilen volkskirchlichen Milieus gekennzeichnet sind, für die also die Diagnose einer zunehmenden Entchristlichung oder Entkirchlichung nicht zuzutreffen scheint (vgl. Gebhardt/Kamphausen 1994). Wenn wir von volkskirchlichen Milieus sprechen, dann lassen wir alle theologischen Konnotationen des Volkskirchenbegriffes beiseite und orientieren uns zum einen an der Definition von Gerhard Schmidtchen: »Volkskirche ist solange gegeben, wie die große Mehrheit der Bevölkerung sich als christlich empfindet und am kirchlichen Leben wenigstens an den hohen Festtagen oder an den Wendepunkten des Lebens teilhat« (Schmidtchen 1979:196), zum anderen an der Unterscheidung Max Webers zwischen »der Virtuosenreligiosität Höchstbegabter und der Massenreligiosität« (Weber 1981:310). In einem ersten Schritt wollen wir die Formen einer solchen gelebten »Massenreligiosität« darstellen und analysieren. Dabei stehen folgende Fragen im Mittelpunkt des Interesses: Wie sind diese im Alltagshandeln und in den alltäglichen Vergemeinschaftungsformen verankert? Welche Funktion und Bedeutung wird Religion zugesprochen? Gibt es signifikante Unterschiede zwischen Ost und West? In einem zweiten Schritt wollen wir dann auf die Frage eingehen, wie sich die relative Stabilität solcher volkskirchlicher Milieus in den beiden Gemeinden erklären läßt: Gibt es trotz unterschiedlicher sozialer und politischer Ausgangsbedingungen in beiden Gemeinden Gemeinsamkeiten, die die Konstanz volkskirchlicher Orientierungen verständlich werden läßt?

*I.*

Kirche und Religion, und das heißt im folgenden immer lutherische Kirche und lutherische Religion, spielen in beiden Gemeinden noch eine zentrale Rolle. Dies zeigen allein die Kirchenmitgliedszahlen. In der westdeutschen Gemeinde liegt die Kirchenmitgliedschaft bei 100%, in der ostdeutschen Gemeinde - für die ehemalige DDR eine beträchtliche Zahl - bei etwa 75%. Der sonntägliche Gottesdienstbesuch liegt bei etwa 11% - also eindeutig über dem jeweiligen Landesdurchschnitt. An den kirchlichen Festtagen, Weihnachten, Ostern und auch noch Pfingsten, nähert er sich der 100% Marke, in der ostdeutschen Gemeinde gingen selbst einige derjenigen zur Kirche, die offiziell aus ihr ausgetreten waren: »*Weihnachten, da waren selbst die größten Genossen in der Kirche. Da hat sich alles getroffen*«. Der regelmäßige sonntägliche Gottesdienstbesuch ist freilich kein Indikator für die Selbstdefinition als »religiös«. Auch die weitaus größte Anzahl der nicht regelmäßigen Gottesdienstbesucher versteht sich als evangelische Christen. In beiden Dörfern sind wir immer wieder Aussagen wie den folgenden begegnet: »*Man kann auch Christ sein, ohne jeden Sonntag in die Kirche zu gehen*« oder »*Unser Pfarrer schimpft immer, daß wir keine Christen sind, weil wir nicht in die Kirche gehen. Aber deswegen kann man doch seine Kinder christlich erziehen, und das ist auf dem Dorf eh normal*«. Geradezu typisch für beide Dörfer ist eine Aussage, die wir in der ostdeutschen Gemeinde erhalten haben: »*Wir glauben an Gott und unsere Kinder sind getauft. Wir rammeln nicht jeden Sonntag rein in die Kirche. Wie das halt so ist ... Ostern, Weihnachten und Pfingsten. Aber wir beten abends mit unseren Kindern. Und da könnte ich nie auf den Gedanken kommen, daß da ein Kind drüber lacht, daß man in die Kirche geht*«.

Die Selbstzuschreibung als »religiös« hängt also weder von der regelmäßigen Teilnahme am sonntäglichen Gottesdienst ab, und noch weniger von der Mitarbeit in der Kirchengemeinde - auch wenn dies von der Amtskirche, vertreten durch den jeweiligen Ortspfarrer, in der Regel anders beurteilt wird. Als »religiös« schätzt sich auch derjenige ein - und wird von den anderen auch so eingeschätzt -, der seine eigene Lebensgeschichte in den institutionellen Kontext amtskirchlicher Kasualangebote und in das Milieu einer weitgehend traditional bestimmten Volksfrömmigkeit einbettet. Für beide Gemeinden gilt weitgehend die These von Joachim Matthes, daß die amtskirchliche Ritualpraxis vor allem dazu benutzt wird, die eigene Lebensgeschichte als ein sinnvolles und der sozialen Norm der jeweiligen Dorfgemeinschaft entsprechendes Ganzes zu begreifen (vgl. Matthes 1975) und daß sich in der Wahrnehmung der kirchlichen Ritualpraxis für die meisten Menschen der »Sinn« von Religion erschöpft.

*II.*

Welche Bedeutung wird Kirche und Religion nun im einzelnen zugesprochen? In beiden Gemeinden lassen sich deutlich drei unterschiedliche Bedeutungsebenen erkennen, die zwar vielfältig miteinander verknüpft sind, analytisch aber getrennt werden können:

(1) Religion und Kirche, besser: kirchliche Feste und Kasualien, dienen dazu, dem eigenen, unaufhaltsam dahinfließenden Leben Konstanz, Erwartbarkeit und damit »Sinn« zu verleihen. Eines der wesentlichsten Hilfsmittel, mit dem Menschen versuchen, den Lauf der Zeit zu ordnen, ist die Einteilung der sozialen Zeit wie auch der eigenen Lebenszeit in Abschnitte. In beiden Gemeinden ist es die institutionalisierte Religion mit ihrer Festkultur und ihren Kasualangeboten, die diese notwendigen Markierungen setzt. Neben einer Orientierung am Kichenjahr und der damit verbundenen Festkultur ist in beiden Gemeinden eine durchgängige, unhinterfragte, rein traditional bestimmte Inanspruchnahme der kirchlichen Kasualangebote festzustellen, deren Bedeutung man insbesondere auch an die eigenen Kinder weiterzugeben gewillt ist. Daß man die Kinder taufen läßt, daß sie zur Konfirmation gehen, daß man kirchlich heiratet und daß man sich kirchlich bestatten läßt, gilt als selbstverständliches Gut.

(2) Neben der allgemeinen Verortung des eigenen Lebenslaufs im institutionellen Kontext von Kirche und Religion gewinnt diese eine besondere Bedeutung, wenn es um die Verarbeitung individueller Krisen geht: Tod eines Familienmitglieds, Unglücksfälle, teilweise auch Ehe- und Familienprobleme. Allerdings schlägt der »normale« religiöse Habitus sofort wieder durch, sobald die »Krise« überwunden scheint. Religion und Kirche wird in beiden Gemeinden weitgehend die Funktion eines Notankers für die Fährnisse des Lebens zugesprochen. Da man aber glaubt, zu wenig Zeit zu haben, nimmt man das tröstende Angebot nur in wirklichen Krisenfällen wahr. Diese Einstellung, die die Kirche als krisenbewältigende Instanz sieht, zeigt sich auch in den Einstellungen zum Religionsunterricht: »*Religionsunterricht gehört zur Allgemeinbildung. Finde ich. Wenn die das Alter haben, 5. oder 6. Klasse, was weiß ich, warum denn nicht. Fremdsprachen lernen sie auch. Können sie auch Religion lernen. Warum sollen sie das nicht mitkriegen, meiner Meinung nach. Es kann nicht schaden, und wer weiß, vielleicht kann man es ja mal gebrauchen*«.

(3) In beiden Gemeinden sind es die traditionellen religiösen Institutionen, Sitten und Gebräuche, weniger der Amtskirche als vielmehr der Dorfgemeinschaft, die den individuellen Lebenslauf bestimmen. Wer sich weigert, seine Biographie gemäß diesen Standards als Gemeinschaftsbiographie organisieren zu lassen, schwebt in der Gefahr, am Ende ohne eine solche dazustehen, d.h. aus der Gemeinschaft als Sonderling herauszufallen. Diese Art der sozialen Verankerung von Religiosität in der Dorfgemeinschaft - Religiosität als gemeinschaftliche Norm und Verpflichtung - ist in beiden Gemeinden zu beobachten. Die individuelle Selbstdefinition als »religiös« ist weniger das Ergebnis subjektiver Auseinandersetzung mit dem Phänomen Reli-

gion, als das Resultat eines sozialen Zwangs, sich selbst - wenigstens in Grenzen - als »religiös« definieren zu müssen, um nicht aus der Dorfgemeinschaft herauszufallen. Es existiert zwar kein direkter äußerer Zwang, sich der lebenszyklisch-orientierten Gewohnheitsreligiosität zu unterwerfen, es ist eher ein »innerer Wille« zur Konformität zu beobachten. Begründet wird die Inanspruchnahme kirchlicher Dienste aber nicht theologisch, sondern mit dem Traditionsargument: weil es sich so gehört, weil man es halt so macht, weil es schon immer so war, weil es im Dorf so üblich ist und weil man, wenn man sich ihnen entzieht, im Dorf schief angesehen wird. In den meisten Befragungen trat das Argument des »sozialen Zwangs« deutlich in Erscheinung. Der »soziale Zwang«, zur Kirche gehören zu müssen, um nicht als Außenseiter zu gelten, zeigt sich in der westdeutschen Gemeinde auch in dem Tatbestand, daß sich die meisten der ehemaligen DDR-Bürger, die sich nach der Wende hier niederließen - soweit sie Nichtkirchenmitglieder waren - sofort taufen ließen, um in die Gemeinde integriert zu werden.

### III.

Allgemein läßt sich für beide Dörfer konstatieren, daß die kirchlichen Kasualien von fast allen Befragten in Anspruch genommen werden: entweder aus Überzeugung oder aus Tradition oder aufgrund »sozialen Drucks«. Die Inanspruchnahme kirchlicher Kasualien ist elementarer Bestandteil des Familienlebens und der Familienbiographie. Und oftmals sind es gerade die Initiationsriten wie die Taufe der eigenen Kinder, in der latente Religiosität wieder manifest wird, beziehungsweise in der »religiöse Fragen« wenigstens ansatzweise gestellt und problematisiert werden. Irgendeine Form des Nachdenkens über den Sinn des »Christseins« ist in beiden Gemeinden nur anläßlich individueller Schlüsselereignisse sowie anläßlich des Weihnachtsfestes erkennbar. Zudem wird in beiden Gemeinden der Religion kein »Wert an sich« zugesprochen, sondern fast ausschließlich auf die eigene Familie bezogen. Auch Familien, die sich selbst als religös indifferent einschätzen, halten eine »*christliche Erziehung wenigstens nicht für schädlich*«. Religion ist in beiden Dörfern integraler Bestandteil der Kindererziehung. Die Kinder, so die allgemeine Überzeugung in beiden Dörfern, sollen christlich (und für die meisten heißt dies auch kirchlich) erzogen werden. Will man diese Haltung auf einen kurzen Nenner bringen, so ließe sich formulieren: Religion und Kirche werden für die Eltern nur durch ihre Kinder zum Thema und die Kinder sind die Garantie für die Kirchenmitgliedschaft der Eltern. Religion wird als »Erziehungshilfe« gesehen, die die Bindung der Kinder an die eigenen Wertvorstellungen und die eigene als sinnvoll erachtete Lebensgeschichte stärken soll. Folglich ist es die in der Soziologie populärer Religiosität beobachtete »Familialisierung der Religion«, die das »religiöse Leben« in beiden Gemeinden bestimmt: »Familie ist nicht nur Mitträger, sondern primärer Träger von Religiosität« (Ebertz/Schultheis 1986: 32).

Hinzu tritt als typische Vorstellung: Religion sei etwas, das man mit der Taufe und der Konfirmation erworben habe (man könnte, nimmt man die Äußerungen über die Kirchensteuer hinzu, schon fast sagen: gekauft habe), nun besitzt und das einer »Pflege« und »Erneuerung« (durch Teilnahme am Gottesdienst und der Bibelarbeit) nicht mehr bedürfe. Aufforderungen seitens offizieller Kirchenvertreter, seinen »Glauben« zu erneuern, werden folgerichtig als »Überforderungen«, ja als »Zumutungen« abgelehnt und bilden die Basis für Kritik an der Amtskirche. Die Religion wird als eine besondere Form von Dienstleistung betrachtet, auf die man ab und zu gerne zurückgreift, und die Amtskirche als Dienstleistungsunternehmen, das seine Leistungen zu - moralisch - überteuerten Preisen verkauft. Gewünscht wird, um mit Georg Büchner zu sprechen, eine »kommode Religion«. Unterschiede zwischen den Gemeinden sind in dieser Grundhaltung kaum zu beobachten.

## IV.

Soweit die Darstellung der volkskirchlichen Milieus in beiden Gemeinden, die sich, wie gesagt, nicht signifikant unterscheiden. Wie läßt sich nun deren relative Stabilität erklären. Dazu zwei abschließende Bemerkungen:

(1) Gelebte Religion ist im Kern lebenszyklisch orientierte Gewohnheitsreligiosität. Was die Studie zeigt, ist, daß diese vor allem durch die Verankerung in einer »überschaubaren« Dorfgemeinschaft erhalten wird, die traditionale Vorstellungen religiösen Selbstverständnisses als bindende Normen vorschreibt und dementsprechendes Verhalten durch Vergabe von »Identität« und »biographischer Stringenz« prämiiert. Sie kann sogar so stark sein, daß sie sich, wie in der ostdeutschen Gemeinde, direkter politischer Einflußnahme widersetzt. Zwar geschieht dies in der Regel nicht offen in einem bewußt vollzogenen Widerstandsakt, vielmehr wird nach einem »stillschweigenden« Kompromiß gesucht, mit dem beide Seiten leben können. Die Anforderungen des politischen Systems werden so uminterpretiert, daß sie - wenigstens auf der Ebene des alltäglichen Handelns - mit der Tradition vereinbar bleiben. Wenn das Wort Kollektiv erwünscht ist, dann sagt man halt Kollektiv und nicht Gemeinschaft. Die Sache aber bleibt die gleiche. Für die Aufrechterhaltung »volkskirchlicher Milieus« sind also weder die institutionelle Verfaßtheit der Amtskirche noch ein überzeugendes theologisches Sinnangebot ausschlaggebend, sondern vielmehr der normative Zwang zur Tradition, den die Dorfgemeinschaft als institutionelles Ensemble ausübt.

(2) Wenn diese Annahme richtig ist, läßt sich die These wagen, daß Säkularisierung und Entkirchlichung weder das Ergebnis einer gleichwie verstandenen Emanzipation des Subjekts oder zunehmender subjektiver Reflexivität noch direkter politischer Einflußnahme sind, sondern vielmehr Resultat der Entstrukturierung von Gesellschaft, hier: der Auflösung der traditionalen Dorfgemeinschaft. Da sich Entstrukturierungsprozesse und Individualisierungsbestrebungen in beiden Gemeinden - aus unterschiedlichen Gründen in der ostdeutschen Gemeinde etwas mehr, in der westdeutschen Gemeinde etwas weniger - in Grenzen hielten, konnte das volkskirchliche Milieu seine normative und sozialintegrative Funktion weitgehend behaupten. Die Frage wird sein, ob und wenn ja, wie schnell die in der westdeutschen Gemeinde schon länger vorhandenen, allerdings durch den »Willen zur Gemeinschaft« gebremsten, in der ostdeutschen Gemeinde jetzt massiv auftretenden Individualisierungsbestrebungen das religiöse Alltagsverhalten in beiden Gemeinden langfristig verändern werden. Ob sich mit dem Abbau von »Gemeinschaft« das diffuse religiöse Bedürfnis der Menschen, ähnlich wie in den Städten, andere, offenere Wege sucht (vgl. Luckmann 1991), wird allein die Zukunft zeigen.

Auch wenn diese Studie nicht repräsentativ für das kirchliche Leben im wiedervereinigten Deutschland ist, so weist sie doch auf die Existenz stabiler volkskirchlicher Milieus - auch in Ostdeutschland - hin. Angesichts der Tatsache, daß es noch mehrere solcher Gemeinden, wie die von uns untersuchten, geben dürfte, wirft diese Studie die Frage auf, ob das allgemein gezeichnete Bild der Säkularisierung - wenigstens für ländliche Gegenden der alten Bundesrepublik, aber auch der ehemaligen DDR - so pauschal gilt. In der Sozialstrukturanalyse, die vor ähnlichen Problemen steht, was die Generalisierungsfähigkeit des Lebensstilskonzepts betrifft, wird inzwischen die Forderungen akzeptiert, regionale und sozio-kulturelle Differenzierungen stärker zu berücksichtigen (vgl. Bertram 1992). Auch in der Religionssoziologie sollte sich die Einsicht durchsetzen, daß es innerhalb der bundesrepublikanischen Gesellschaft nicht nur erhebliche regionale Unterschiede gibt, sondern daß der Grad der Entkirchlichung oder Entchristlichung sehr verschieden ausfällt, je nachdem ob man urbane Zentren, klassische Industrierevier oder ländliche Gebiete untersucht.

**Literatur**
Bertram, Hans (1992), Regionale Disparitäten, soziale Lage und Lebensführungen, in: Stefan Hradil (Hrsg.), Zwischen Bewußtsein und Sein, Opladen: 123-150.
Ebertz, Michael/Schultheis, Franz (1986), Einleitung: Populare Religiosität, in: Dies. (Hrsg.), Volksfrömmigkeit in Europa. Beiträge zur Soziologie popularer Religiosität aus 14 Ländern, München: 11-52
Gebhardt, Winfried/Kamphausen, Georg (1994), Zwei Dörfer in Deutschland. Mentalitätsunterschiede nach der Wiedervereinigung, Opladen 1994.
Luckmann, Thomas (1991): Die unsichtbare Religion, Frankfurt/M.
Matthes, Joachim (1975), Volkskirchliche Amtshandlungen, in: Ders. (Hrsg.), Erneuerung der Kirche, Gelnhausen: 83-112.
Schmidtchen, Gerhard (1979), Was den Deutschen heilig ist, München.
Weber, Max (1981), Wirtschaftsgeschichte, 4.Aufl., Berlin.

PD Dr. Winfried Gebhardt und Dr. Georg Kamphausen, Universität Bayreuth, LS für Politische Soziologie und Erwachsenenbildung, Amerika-Forschungsstelle, Postfach 10 12 51, D 95440 Bayreuth

## 4. Weltanschauliche Selbstbestimmung und Einstellung zu sozialer Ungleichheit: Unterschiede im Deutschen Post-Sozialismus?

*Michael Terwey*

Obgleich post-moderne Sekten, technische Sagen, Para-Glauben und selbst gregorianische Choräle auf CD in Mode sind, belegen verschiedene Statistiken für Europa eine erhebliche Verdrängung des vorwiegend akzeptierten religiösen Traditionsguts. Soziologisch eingeordnet werden diese Prozesse u.a. in die Ablösung von *"Gemeinschaft"* durch *"Gesellschaft"* und in die *"Entzauberung"* der Welt (vgl. Tönnies und Weber). Die aktuelle Kirchenkrise in den alten Bundesländern (ABL) Deutschlands wird aber von einer noch kritischeren Lage in den neuen Bundesländern (NBL) übertroffen (Pollack 1994; McCutcheon/ Terwey 1994; Terwey 1994). Sind in den ABL 1994 infolge einer als normal angenommenen Säkularisierung noch 81% der Gesamtbevölkerung konfessionsgebunden (43% Katholiken, 38% Protestanten), so sind es in den NBL nach "Nationalsozialismus" und "Sozialismus" nur noch 33% (6% Katholiken, 27% Protestanten

(EKD 1994)). Bereits die simple Tatsache, daß Kirchenmitgliedschaft in Deutschland an Steuern gebunden ist, mag teilweise die besondere deutsche Lage erklären. An den historischen Beispielen der bürgerlich-nationalen und sozialistischen Revolutionen ist zu sehen, daß "religioide" Alternativen im säkularen Bereich entstanden sind. Spätestens seit der Formation der politischen "Cleavages" Europas werden weltanschauliche Positionen oft in der *Links-Rechts-Dimension* eingeordnet. Sozialistische Positionen äußern sich z.B. in Ablehnung von marktwirtschaftlich bedingter Ungleichheit, Distanz zu traditioneller Religiosität und Etablierung diesseitsorientierter religioider Systeme. Ronald Inglehart führte später als weitere Anschauungsdimension die Unterscheidung von *"Materialismus-Postmaterialismus"* ein. Personen, die aufgrund einer prägenden Erfahrung eigenen Wohlstands dessen Erhaltung als gesichert ansehen, wenden sich daraufhin anderen Zielen zu. Im einfachsten Fall des aus vier Items gebildeten Inglehart-Index sind dies die Prioritäten *Einfluß auf Regierungsentscheidungen* und *Schutz des Rechts auf freie Meinungsäußerung* gegenüber den "materialistischen" Zielen der *Inflationsbekämpfung* sowie der Aufrechterhaltung von *"Ruhe und Ordnung"*. Es war in der lebhaften Diskussion dieser Thesen nicht immer präsent, daß Postmaterialismus i.d.R. solide materielle Sicherheit zur Voraussetzung hat. Angesichts einer durch die deutsche Einheit verschärften Etatkrise ist bemerkenswert, daß der Postmaterialisten-Anteil in den ABL seit 1990 von 32% über 30% (1991) auf 1994 22% fiel (NBL 1991 15%, 1994 11%; ALLBUS). Die inhaltliche Interpretation des relativ hohen Materialisten-Anteils in den NBL ist unter Experten noch umstritten. Das politische Klima der DDR-Zeit hat immerhin nicht dazu geführt, daß dort heute Ziele wie Schutz der Meinungsfreiheit und Einfluß auf die Regierung allgemein höchste politische Priorität hätten. Wie bereits angedeutet, handelt es sich beim Postmaterialismus jedoch zunächst nicht um Non-Materialismus im Sinne einer Abkehr von Wohlstand und Wachstum. In diesem Zusammenhang ist zu ergänzen, daß im Postmaterialismus-Index *ökologische Prioritäten* explizit unberücksichtigt bleiben.

Schaubild 1: Postmaterialisten (ABL; ALLBUS)

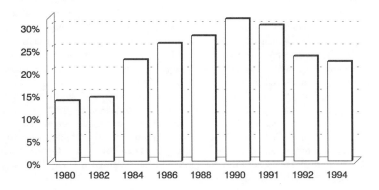

Selbst Religionssoziologen haben, den Spuren (a-)theistischer westlicher Traditionen folgend, ökologische Ideen und Panentheismus oft marginalisiert. Gemäß der von White (1967) ausgelösten Kontroverse sind unterschiedliche Ansichten dazu jedoch schon im Buch Genesis angelegt. Zur Basisidentifikation ökologischen Bewußtseins in Deutschland wird nachfolgend die *Sympathie für "Bündnis 90-Die Grünen"* verwendet.

Schaubild 2: Sympathisantenanteile für „Bündnis 90/Die Grünen" (ALLBUS1994)

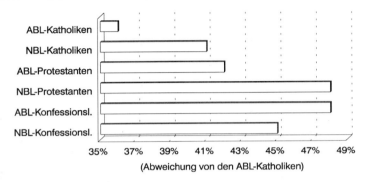

Die Tatsache, daß in anderen Ländern vergleichbare Parteien weniger hervortreten, sollte u.a. wegen Unterschieden im Wahlrecht nicht überbewertet werden. So zeigen Dunlap und Scarce (1991) ein beachtlich steigendes ökologisches Bewußtsein für die USA. In Deutschland machen Sympathisanten für die Grünen bereits 41% der Bevölkerung aus (NBL 45%; ABL 40%; ALLBUS 1994, wobei sich neben den Konfessionslosen insbesondere die NBL-Christen durch etwas größere Sympathisantenanteile auszeichnen.

Allgemeine Weltanschauungen und Kirchlichkeit sollen nachfolgend auf dem Hintergrund untersucht werden, inwieweit *soziale Unterschiede in Deutschland als gerecht* verstanden werden. (Kriteriumsvariable in Tabelle 1 ist ein Summenindex aus den Items: "Die Rangunterschiede sind akzeptabel, weil sie im wesentlichen ausdrücken, was man aus den Chancen, die man hatte, gemacht hat." und "Ich finde die sozialen Unterschiede in unserem Land im großen und ganzen gerecht.") Zunächst werden in Tabelle 1 demographische Merkmale untersucht. Die Wahrscheinlichkeit, daß die bestehenden sozialen Unterschiede als angemessen interpretiert werden, ist bei Männern bivariat ($r = -.09$) und auch multivariat ($beta = -.04$; $t = -2.02$) höher als bei Frauen. Gleichgerichtet und stärker ist der Alterseffekt. Ältere Menschen tendieren auch in dieser Hinsicht eher zur Akzeptanz. Wohnortsgröße als Indikator lokaler Urbanisierung besitzt auf unser Einstellungskriterium keinen signifikanten Einfluß. Signifikant sind demgegenüber die Akzeptanzsteigerungen, die für höhere Einkommen und für Befragte in den ABL errechnet werden. Allerdings wird ein beträchtlicher Teil der im Haupteffekt geschätzten Ost-West-Differenz durch Interaktionseffekte im Bereich politischer Einstellungen modifiziert. Menschen in den NBL sind bisher gemäß Inglehart noch relativ häufig materialistisch eingestellt (s.o.). Der Materialismus geht jedoch nur in den ABL mit einer Tendenz zur Ungleichheitsakzeptanz einher (vgl. den geringen Haupteffekt für Postmaterialismus und den viel stärkeren Interaktionseffekt ABL*Postmaterialismus). Unter der Bedingung, daß sich Materialisten in den NBL noch relativ depriviert sehen, haben sie wenig Grund, die z.Z. bestehenden Unterschiede zu begrüßen. Die Links-Rechts-Selbsteinstufung als umfassendes Ausdrucksmedium politischer Grundhaltungen behauptet sich auch multivariat relativ gut. Die bundesrepublikanischen Disparitäten werden unter den politisch Linken erwartungsgemäß öfter abgelehnt und nicht als Ausdruck einer gerechten *Meritokratie* interpretiert, wobei dieser Befund im Westen etwas abgeschwächt wird, wenn wir einen Interaktionseffekt (t = 1.4) zulassen. Es folgt als Prädiktor zunächst die Sympathie für "Bündnis 90-Die Grünen". Im Osten steht sie multivariat in keiner relevanten Beziehung zur Ungleichheitsbewertung. Im Westen steigt dagegen mit der Sympathie auch die Bereitschaft zu weiterer Gesellschaftskritik, die in gebietsspezifisch getrennten Regressionen noch an Signifikanz gewinnt.

Tabelle 1: Akzeptanz sozialer Ungleichheit in Deutschland (ALLBUS 1994)
(- entspricht Akzeptanz; religiöse Referenzgruppe: Konfessionslose)

|  | r | b | beta | t | p |
|---|---|---|---|---|---|
| Geschlecht (Mann = 1) | -.09 | -0.12 | -.04 | -2,02 | .0431 |
| Alter | -.16 | -0.01 | -.11 | -5.66 | .0000 |
| Ortsgröße (7 = >500.000) | -.03 | -0.00 | -.01 | -0.46 | .6491 |
| Persönliches Einkommen / 1000 | -.17 | -0.10 | -.11 | -5.47 | .0000 |
| Ost-West-Split (ABL = 1) | -.30 | -1.68 | -.45 | -3.15 | .0017 |
| Postmaterialismus (1=Postmat.) | -.08 | 0.08 | .05 | 1.21 | .2263 |
| ABL*Postmaterialismus | -.32 | -0.21 | -.18 | -2.87 | .0041 |
| Links-Rechts (10 = rechts) | -.18 | -0.13 | -.14 | -3.13 | .0018 |
| ABL*Links-Rechts-Selbsteinstufung | -.32 | 0.06 | .11 | 1.40 | .1614 |
| Sympathie: Grüne (11 = hoch) | .15 | -0.00 | -.00 | -0.11 | .9153 |
| ABL*Grüne-Sympathie | -.11 | 0.05 | .10 | 1.65 | .0982 |
| Kirchgangshäufigkeit (6 = nie) | .17 | -0.13 | -.11 | -1.81 | .0700 |
| ABL*Kirchgangshäufigkeit | -.20 | 0.14 | .19 | 1.92 | .0544 |
| Protestant*Vertrauen (7 = hoch) | -.10 | -0.07 | -.10 | -3.91 | .0001 |
| Katholik*Vertrauen (7 = hoch) | -.15 | -0.05 | -.07 | -2.56 | .0106 |
| Konstante |  | 8.02 |  | 15.42 | .0000 |

Multiples R = 0.41    Multiples R² = 0.17

Abkehr von den Kirchen und ihren moralischen Lehren wird heute kaum im Zusammenhang mit dem Übergang zu einem anspruchsvollen Humanismus (etwa im Sinne von Humboldt) gesehen, sondern oft in Verbindung mit einer profan individuellen Nutzenmaximierung. Daraufhin mag die Vermutung naheliegen, daß die verbliebenen Kirchenmitglieder Ansprüchen genügen, die sich aus der Bibel ableiten lassen (z.B. Nächstenliebe und Engagement für Notleidende). Es liegt aber auch zumindest prima facie in Deutschland ein Konservativismus kirchlicher Milieus vor. Wir können hier fragen, ob dieser Konservativismus u.U. allein durch höheres Alter oder politisch-ideologische Differenzen vermittelt ist. Bivariat gesehen, stehen seltene Kirchgänger den sozialen Unterschieden häufig kritischer gegenüber. Diese beachtliche Relation scheint multivariat einige Modifikationen zu erfahren, die sich aber wechselseitig teilweise aufheben (vgl. Haupteffekt und Interaktion). Zusätzliche getrennte Regressionen für ABL und NBL zeigen, daß Kirchgangshäufigkeit dann bei sonst gleicher Modellspezifikation multivariat vernachlässigt werden kann. Sicher gibt es unter den häufigen Kirchgängern auch sozialkritische Christen, sie stellen z.Z. aber offenbar nicht die Mehrheit dar. Konfessionsspezifische Kirchennähe wird darüber hinaus in unserer Regressionsanalyse nicht allein über die formale Konfessionsmitgliedschaft festgestellt, sondern diese wird mit der Frage gewichtet bzw. qualifiziert, wie sehr die Konfessionsmitglieder jeweils ihrer eigenen Kirche vertrauen (Interaktionseffekte: Protestant*Vertrauen in die evangelische Kirche; Katholik*Vertrauen in die katholische Kirche). An den negativen Vorzeichen in Tabelle 1 ist ablesbar, daß Konfessionsmitglieder mit hohem Kirchenvertrauen häufig zum sozialen Konservativismus neigen. Katholiken und Protestanten unterscheiden sich nach multivariater Kontrolle wenig. Die Hintergründe der konfessionsspezifischen Konservativismen mögen aber verschieden sein. Es ist die These formuliert worden, daß die evangelische Akzeptanz sozialer Ungleichheit stärker auf einem Bewährungsmythos im Kontext von Prädestination und "protestantischer Ethik" (Weber) beruht. Die von Greeley (1995) betonten Unterschiede zwischen *"Analogical Imagination"* (katholisch; gemeinschaftsbetonend; Welt als Abglanz des Himmelsreichs) und *"Dialectical Imagination"* (protestantisch; individualisierend; Welt ist vorwiegend sündig und gottlos) mögen weiter bestehen. Sie wirken sich jedoch in Deutschland nicht, wie von Greeley allgemein angenommen, dahingehend aus, daß die Katholiken für gewöhnlich zu den eher "progressiven" Einstellungen neigen. Warum die entsprechenden Einstellungsrelationen anders sind als im englischsprachigen Raum (vgl. auch Greeley 1995), bedarf noch weiterer Klärung. Vertrauensbasierte Konfessionsmitgliedschaft steht in Deutschland - entgegen mancher Deklarationen - oft gerade nicht in Verbindung mit einer kritischen Haltung zu sozialer Ungleichheit und "Progressivität" in anderen sozialen Fragen wie *Fremdenfeindlichkeit* oder *Erwerbsbeteiligung von Frauen*. Ohne konservative oder meritokratische Einstellungen hier grundsätzlich abwerten zu wollen (!), ist nach den bisher vorwiegenden Ergebnissen fraglich, welche Leute es waren, die im Herbst 1989 protestierend die Kirchen füllten und ob nicht bereits ein erneuter Konservativismus-Schub eingesetzt hat. Es sind in beiden Volkskirchen eher die distanzierten Mitglieder, die bezüglich dieser sozialen Einstellungen den Konfessionslosen ähneln und so vermutlich ein Reservoir weiterer Innovation oder Entkirchlichung bilden. In den NBL behaupten sich hinsichtlich der Ungleichheitsbewertung bislang stark die Links-Rechts-Positionen, während in den ABL Postmaterialismus und grüne Orientierung ebenfalls nennenswerte Prädiktoren sind. Demgegenüber liegen bei den offenbar noch bestehenden Einflüssen kirchlicher Religiosität zumindest multivariat weniger nuancierte Ost-West-Differenzen vor.

**Literatur**
Dunlap, Riley/ Rik Scarce (1991), Environmental Problems and Protection: Public Opinion Quarterly 55/4: 651 - 672.

EKD (1994), Kirchenzugehörigkeit in Deutschland - Was hat sich verändert?, Hannover.
Greeley, Andrew M. (1995), Religion as Poetry: An Empirical Model, New Brunswick, NJ.
McCutcheon, Allan L./ Michael Terwey (1994), Wiara i praktyka religijna w zjednoczonym Niemczech, in: Nomos: Kwartalnik Religioznawczy 7/8: 131 - 154.
Pollack, Detlef (1994), Kirche in der Organisationsgesellschaft. Zum Wandel der gesellschaftlichen Lage der evangelischen Kirche in der DDR, Stuttgart.
Terwey, Michael (1994), Stadt, "Socialismus" und Entzauberung. Lebensauffassungen und Mythen in der pluralistischen Gesellschaft, in: Jens S. Dangschat/ Jörg Blasius (Hg.), Lebensstile in den Städten, Opladen: 104 - 121.
White, Lynn, Jr. (1967), The Historical Roots of Our Ecological Crisis. Science 155: 1203-1207.

Dr. Michael Terwey, Universität Köln, Zentralarchiv für Empirische Sozialforschung, Bachemer Straße 40, D-50931 Köln-Lindenthal

## 5. Religiöse Orientierungen und kirchliche Integration. Neuere Entwicklungen im Spiegel europäischer Vergleichsdaten

*Gert Pickel*

### 1. Einleitung und Fragestellung

Durch den Umbruch und den ihm folgenden Transformationsprozeß in den osteuropäischen Nachbarstaaten entsteht eine interessante Möglichkeit der Erweiterung des Vergleichs religiöser Orientierungen für ganz Europa. Die in Westeuropa in den letzten Jahren vieldiskutierten Thesen, z.B. einer Säkularisierung, Entkirchlichung oder gar eines Endes der Religion, sind nun im Kontext der Entwicklung religiöser Orientierungen und kirchlicher Integration in früher antireligiös orientierten politischen Systemen und traditionell religiös geprägten Staaten vergleichbar. Auf der einen Seite gilt es, sich die Unterscheidungen in Westeuropa über die Herausarbeitung kulturell homogener oder heterogener Kulturregionen zu veranschaulichen (Zulehner und Denz 1993), auf der anderen Seite die Deutung der dort auffindbaren Entwicklungen mit der Situation und Dynamik in Osteuropa zu verknüpfen. Dies eröffnet die Chance einer umfassenden Beschreibung und Prognose der Entwicklung von Religiosität und kirchlicher Integration in Europa.

Ein möglicher Zugang ist es, unter Nutzung komparativer empirischer Umfragedaten schablonenhaft einen Blick auf die Vielfalt der kulturell-religiösen Muster in Europa zu werfen. Diese geben erste vergleichbare Auskünfte über Tendenzen der Religiosität und der kirchlichen Integration zwischen einer größeren Zahl europäischer Staaten. Dabei kann eine Klärung der interkulturell unterschiedlichen inhaltlichen Bestimmung von Religion, Religiosität und Kirchlichkeit (vgl. auch Stark und Bainbridge 1987) in einer makrostrukturell ausgerichteten Betrachtung genausowenig geleistet werden wie die Berücksichtigung von Tendenzen der Individualisierung von Religiosität, oder der These vom Rückzug der Religiosität ins Private (Gabriel 1992). Was geleistet werden kann, ist ein genereller Überblick über Situation und Entwicklung in *ganz* Europa.

## 2. Kulturelle Muster der Religiosität und Kirchlichkeit in Europa

Einen Anhaltspunkt für Überlegungen über die gesellschaftlich religiöse Aufteilung Europas gibt die Länderaufteilung Hallers (1988). Er unterscheidet eine ethnisch-konfessionelle Trennlinie, welche eher protestantische von katholischen Kulturkreisen unterscheidet, eine sozioökonomische Trennlinie zwischen hochindustrialisierten und niedriger industrialisierten Staaten, die Divergenzen im Modernisierungsstand abbildet, und eine politisch-gesellschaftliche Trennung in (ex)sozialistische und kapitalistische Gesellschaftssysteme mit einer staatspolitisch unterschiedlichen Vergangenheit. Diese Typologie repräsentiert zwar die kulturell bedeutsamen Konfliktlinien in Europa, ist für die hier aufgeworfene Fragestellung, aufgrund der starken politisch-gesellschaftlichen Veränderung der Landschaft in Osteuropa seit 1990, noch nicht vollständig erschöpfend. Konzentriert man sich auf die zentrale Fragestellung der ethnisch-konfessionellen Differenzierung, so lassen sich für die kirchliche Integration und konfessionelle Zugehörigkeit der Bürger dieser Staaten zwei räumliche Differenzierungslinien für Europa feststellen: Eine durch die sozialistische Sozialisation bedingte *Ost-West-Schiene*, welche sich mit der ehemaligen politisch-gesellschaftlichen Kulturlinie deckt und aufgrund der Sozialisationserfahrungen in den betroffenen Gebieten immer noch höchst wirksam ist, und eine durch die sozioökonomische Modernisierung bedingte *Nord-Süd-Schiene*.

Zusammen mit einer historisch bedingten Konfessions- oder Glaubenstradition in den verschiedenen Ländern führt dies zu einer relativ eindeutigen Gruppierung der europäischen Nationen. Die rein konfessionsgebundene Aufteilung wird durch die Ausprägung der kirchlichen Integration in den betrachteten Nationen nicht nur bestätigt, sondern um eine weitere Komponente, die Bindungskraft der Konfessionen, ergänzt.

Sechs konfessionell geprägte Kulturregionen sind in Europa festzustellen:
(1) Die überwiegend katholisch geprägten Staaten Westeuropas, wie Belgien, Frankreich und Österreich: Ihre Kirchgangshäufigkeit ist etwas schwächer als die in den auch zu dieser Gruppe zählenden, weniger stark modernisierten südeuropäischen Ländern Spanien, Italien und Portugal. Die letztgenannten Staaten sind nicht nur traditionell besonders stark katholisch geprägt, sondern auch für westeuropäische Verhältnisse auf einem relativ niedrigen Level der sozioökonomischen Modernisierung. Die kirchliche Integration liegt in ihnen in ganz Europa am höchsten (Ausnahme Nordirland und Polen). Besonders stark ist die kirchliche Bindung wie auch religiöse Überzeugung in Irland. Dort führt eine Begründung des politischen Konflikts mit religiösen Unterschieden zu einer hohen Aktualität von Religion und Kirche in der gesellschaftlichen Diskussion.
(2) Die hochindustrialisierten gemischt-konfessionellen Staaten Mitteleuropas (Bundesrepublik Deutschland, Niederlande, Schweiz, Großbritannien und Nordirland) mit einer mittleren kirchlichen Bindekraft: Hier führt eine teilweise katholische Prägung im Konflikt mit modernisierungsbedingten Entkirchlichungstendenzen zu einer auch nur durchschnittlichen (für Gesamteuropa) Kirchgangshäufigkeit. Auch hier ist Nordirland, geprägt durch den politisch-religiösen Konflikt, ein Sonderfall (Kirchgang im Durchschnitt 30 mal im Jahr).
(3) Die skandinavischen Nationen besitzen, mit einem durchschnittlichen Kirchgang von ca. 5 mal im Jahr die geringste kirchliche Integration in Westeuropa. Sie weisen nicht nur einen hohen

Modernisierungsgrad auf, sondern sind auch überwiegend protestantisch bevölkert. Der Entkirchlichungsprozeß ist in diesen Ländern bereits am weitesten vorangeschritten.
(4) Osteuropäische Nationen mit katholischem Hintergrund bzw. katholischer Tradition, wie Ungarn, Tschechien und Polen, aber auch Litauen und Slowenien geben ein weit widersprüchlicheres Bild. Ihre konfessionell starke Bindekraft (überwiegend katholische Bevölkerung) gekoppelt mit einem eher niedrigen Modernisierungsstand, wird in Ungarn und Tschechien durch die sozialistische Sozialisation konterkarriert (möglicherweise auch durch das relativ zu den anderen osteuropäischen Staaten höhere sozioökonomische Niveau). Länder, wie die Slovakei, Slowenien und insbesondere Litauen und Polen weisen dagegen eine hohe konfessionelle (Zugehörigkeit zu einer Konfession) und kirchliche (kirchliche Praxis) Bindekraft auf. In Polen und Litauen ist auch eine starke Verzahnung kirchlicher Interessen und der Politik zu bemerken, welche möglicherweise zu einer Aktivierung kirchlicher Bindung führen könnte. Der überwiegend katholische Charakter dieser Länder hat sich dabei auch über die sozialistische Zeit hinweg als einflußreich erhalten.
(5) In osteuropäische Nationen mit überwiegend orthodoxer Bevölkerung (insbesondere Balkanstaaten oder Staaten der postsowjetischen Region - Weißrußland, Ukraine, Georgien, aber auch Bulgarien, Rumänien und Moldavien), besteht eine mittlere Bindung der Bevölkerung an die Kirche. Dabei gilt es zu bedenken, daß die orthodoxe Kirche in vielen dieser Länder eng mit dem Staatssozialismus verknüpft war. Die schlechte wirtschaftliche Situation wirkt sich wahrscheinlich auch eher förderlich für die Wiederbelebung religiöser Orientierungen und die Hinwendung zur Kirche aus.
(6) Die gemischt konfessionell bevölkerten nordosteuropäische Länder incl. den neuen Bundesländern der Bundesrepublik Deutschland sind die Nationen mit der eindeutig geringsten kirchlichen Integration ihrer Bürger. Sie besitzen einen sehr starken protestantischen Bevölkerungsanteil, ein für postsozialistische Nachfolgestaaten relativ gutes sozioökonomisches Entwicklungsniveau und die Vergangenheit einer antireligiösen Staatspolitik. All diese Gründe zusammen führen zu der geringsten Kirchlichkeit in Europa und einer besonders erfolgreichen Zurückdrängung der religiösen Orientierungen in diesen Ländern, was auch die relativ hohe Zahl an nicht in einer Konfession befindlichen Bürger in diesen Ländern zeigt (Bsp. Neue Bundesländer der Bundesrepublik Deutschland ca. 65 %).

Weist die kirchliche Integration über die Kirchgangshäufigkeit noch auf eine Mischung aus kirchlicher Gläubigkeit und subjektiver Religiosität hin, so reflektiert die Frage nach dem *Vertrauen in die Kirche* die Komponente des Verhältnisses zum institutionellen Teil von Kirchlichkeit. Für Europa existiert ein relativ ausgeglichenes Kirchenvertrauen, welches wieder deutliche kulturspezifische Ausprägungen in den Nationengruppen aufweist. In den nichtkatholischen westeuropäischen Staaten besitzen mehr Personen kein Vertrauen in die Institution Kirche. Umgekehrtes gilt für die katholische Region. Interessant ist, daß in Osteuropa ein recht hohes Maß an Vertrauen in die Kirche besteht (abgesehen von Slowenien und Tschechien). Dies läßt sich nur mit positiven Erfahrungen mit dieser Institution im Umbruchprozeß begründen und deutet auf den positiven Effekt der politischen Involvierung der Kirche hin.

Auch die *subjektive Zuschreibung von Religiosität* und die Bekenntnis zu Glaubensgrundsätzen, also eher die persönliche Seite der Religion (vgl. Felling u.a. 1987) folgt dem vorgestellten Muster. Die mitteleuropäischen Staaten, wie Belgien, Frankreich, Bundesrepublik und die Niederlande weisen, ähnlich wie Finnland und Norwegen aus dem skandinavischen Raum, einen mittleren Wert auf. Das Ergebnis in den angesprochenen skandinavischen Staaten weist nicht unbedingt auf eine einheitliche Perzeption von Glauben und Kirche hin. Eher in das verwendete Schema paßt die höhere Zustimmung zu Glaubenskomponenten in Südeuropa (mit einem geringeren Modernisierungsgrad) und die niedrigeren Werte in Schweden und Dänemark (mit höherem Modernisierungsgrad). Klarer ist das Bild in Osteuropa: Während die katholisch geprägten Nationen eine etwas stärkere Glaubensbindung aufweisen, sinkt diese in den anderen Staaten ab. Lettland und die neuen Bundesländer der Bundesrepublik liegen dabei ganz am Ende. Die drei "Ausnahmenationen" Irland, Nordirland und Polen besitzen wiederum die am stärksten gläubige Bevölkerung aller europäischen Nationen.

Ein höherer *sozioökonomischer Entwicklungsstand* fördert die Zurückdrängung religiöser Überzeugungen. Dieses Merkmal für Modernisierung wirkt sich dabei negativ auf die Stärke kirchlicher Bindekraft und das Bekenntnis zu christlicher Religiosität aus. In den postsozialistischen Ländern bestand eher die Schwelle des Bekenntnisses zur Kirche, also eine Verhaltensnorm der Unkirchlichkeit seitens des Staates. Trotz der (unterschiedlich starken) Bemühungen des *Staatssozialismus* ist es einigen ex-"sozialistischen" Staaten demnach relativ gut gelungen, mit dieser Situation zurechtzukommen. Sie weisen auch jetzt noch einen sehr hohen Anteil an Konfessionsgebundenen, wie auch an regelmäßigen Kirchgängern auf (z.B. Polen, Litauen). Die Effekte der *Integrationsstärke einzelner Konfessionen* sind über alle betrachteten Länder zu sehen. Protestantismus und ein sozioökonomisch hoher Entwicklungsstand führen dabei meist zu einer geringeren kirchlichen Integration des Einzelnen. Dabei besitzt die katholische Glaubensrichtung eine eindeutig höhere Bindungskraft für ihre Mitglieder als die evangelische oder orthodoxe Konfession, wobei die stärkere Bindung an die katholische Kirche auf die größere Verbindlichkeit der Kirchenregularien zurückgeführt werden kann.

Folglich lassen sich über Modernisierungsstand, kulturell-konfessionelle Prägung und sozialistisch-nichtsozialistische Sozialisation *relativ einheitliche Kulturkreise* in West- und in Osteuropa feststellen. Die *Kombination* von sozialistischer Sozialisation, Modernisierung und „nicht"-katholischer Prägung führt zu einer besonders niedrigen Ausprägung an religiösen Orientierungen und kirchlicher Integration. Die Überschneidung der Kulturlinien bedingt eine Kummulation der „antireligiösen" Wirkungen, während bei gegensätzlicher Wirksamkeit eine Abschwächung dieses Effektes - oder besser gesagt: eine Hemmung der kirchlichen Desintegration - zu erwarten ist. Als *Ausnahmen* zeigen sich Irland, Nordirland und Polen. Irland wie auch Nordirland ist durch die „Verreligiösung" des politischen Konfliktes in dieser Region belastet. Auch in Polen ist die starke Involvierung der Kirche in den politischen Alltag ein Grund für deren starke Prägekraft, daneben haben sich hier traditionale religiöse Verankerungen auch über die sozialistische Ära erhalten.

*3. Trends der Religiosität und Kirchlichkeit*

Will man die kirchliche Integration und die religiösen Orientierungen in Europa deuten, so ist es wichtig, die zeitliche Entwicklung zu berücksichtigen. Eine längerfristige Betrachtung der Kirchgangshäufigkeit zeigt in nahezu allen EU-Staaten einen deutlichen Trend zu einer wachsenden kirchlichen Desintegration (siehe auch Jagodzinski und Dobbleare 1993). Dieser gilt interessanterweise auch für die besonders stark integrierten Bevölkerungen der Länder Irland, Nordirland und Polen. Einzig für Italien ist kein stabiler Trend der kirchlichen Desintegration festzustellen. Ähnliches gilt für einen deutlich kürzeren Zeitraum für die osteuropäischen Staaten: Auch bei ihrer Bevölkerung ist derzeit kaum ein Rückgang der Kirchenbindung festzustellen, wobei sie oftmals einen periodischen Anstieg zum Umbruchszeitpunkt, welcher ein höheres Niveau an kirchlicher Integration erbrachte, erlebt haben. Seit dem Zeitpunkt des Umbruchs ist die Entwicklung in den osteuropäischen Staaten damit stabiler als dies in den westeuropäischen Staaten der Fall ist. Für nahezu alle westeuropäischen Staaten sind auf der einen Seite die Bindekraft der Kirche und das Vertrauen in die Institution der Kirche rückläufig, auf der Gegenseite die persönliche Komponente des Glaubens oder der subjektiven Religiosität höchst stabil oder gar ansteigend. Dies verweist auf eine Diskrepanz zwischen persönlicher Religiosität und kirchlicher Bindekraft und bestätigt in gewisser Weise die These vom Rückzug der Religiosität ins Private. Dabei ist diese Tendenz einheitlich in allen untersuchten westeuropäischen Kulturregionen aufzufinden. Daneben bestätigt der ruckhafte Anstieg der Kirchlichkeit und Religiosität in Ungarn den „Umbruchseffekt" in Osteuropa. Verbunden mit den neuen Freiheiten (auch der Freiheit, sich wieder zu Kirche und Religion zu bekennen) wirkt die konfessionelle Bindung wieder stärker als zur sozialistischen Zeit. Die positive Rolle der Kirchen während des Umbruchs und eine generelle Verknüpfung von Kirche und Politik mit der Etablierung christlicher Parteien sind sicherlich Gründe für diese Entwicklung. Ein Indiz hierfür ist auch, daß die Glaubenskomponete dort unverändert geblieben ist und seit 1981 nicht den rasanten Zuwachs wie die anderen Indikatoren genommen hat.

## 4. Zusammenfassung

Wie sich zeigt, sind die europäischen Kulturkreise gut zu ähnlichen Staatengruppen zusammenzufassen, wobei Staaten mit einer vergleichbaren Kombination an konfessioneller Bevölkerung, sozioökonomischem Entwicklungsstand und sozialistisch/nichtsozialistischer Vergangenheit im Grad der kirchlichen Integration vergleichbare Ausprägungen besitzen. Dabei existieren in Westeuropa wie auch in Osteuropa noch hochintegrierte Länder, wie Polen, Irland und Nordirland, in denen die Kirche und der Glauben nicht nur sehr hohe Wertschätzung genießen, sondern auch der Einfluß religiöser Themen auf die Politik noch besonders stark ausgeprägt ist. Die neuen Bundesländer der Bundesrepublik Deutschland und die baltischen Staaten sind die Länder, welche am stärksten durch den Kommunismus "entkirchlicht" wurden. Allerdings hat die dort schwächere Präge- oder Bindungskraft der protestantischen oder orthodoxen Kirche diese Entwicklung unterstützt, was die recht respektablen Kirchgangsfrequenzen in Ungarn, Tschechien, Rumänien und gar Polen zeigen. In Westeuropa ist ein eindeutiger Trend des Rückgangs traditional geprägter Religiosität festzustellen. Dies trifft bisher auf die Staaten in Osteuropa nur eingeschränkt zu. Hier muß nach dem Umbruch noch ein längerer Zeitraum abgewartet werden, um eine sinnvolle Aussage treffen zu können.

**Literatur**
Felling, Albert/ Peters, Jan/ Schreuder, Osmund (1987), Religion im Vergleich: Bundesrepublik Deutschland und Niederlande. Frankfurt a.M.

Gabriel, Karl (1992), Christentum zwischen Tradition und Postmoderne. Freiburg.
Haller, Max (1988), Grenzen und Variationen gesellschaftlicher Entwicklung in Europa - eine Herausforderung und Aufgabe für die vergleichende Soziologie. Österreichische Zeitschrift für Soziologie 13/4, S. 5-19.
Jagodzinski, Wolfgang/ Dobbelaere, Karel (1993), Der Wandel kirchlicher Religiosität in Westeuropa. in: Bergmann, Jörg/ Hahn, Alois/ Luckmann, Thomas: Religion und Kultur. Sonderheft der Kölner Zeitschrift für Soziologie und Sozialpsychologie. Opladen, S. 69-91.
Stark, Rodney/ Bainbridge, William S. (1987), A Theory of Religion. New York.
Zulehner, Paul M./ Denz, Hermann (1993), Wie Europa lebt und glaubt. Europäische Wertstudie. Düsseldorf.

Dipl. Soz. Gert Pickel, Universität Bamberg, Sozialwissenschaftliche Forschungsstelle, Feldkirchenstraße 21, D-96045 Bamberg

## 6. Postkommunismus und religiöse Veränderungen in Kroatien

*Nikola Skledar*

In diesem Text sind mit dem Begriff "Postkommunismus" die gesellschaftliche Wirklichkeit, die sozialen Veränderungen und Prozesse gedacht, die nach dem wirtschaftlichen und politischen Zerfall jener geschichtlich-gesellschaftlichen Realität auftreten, welche in den Ländern Osteuropas und im ehemaligen Jugoslawien als "realer" oder auch "selbstverwaltender" Sozialismus bezeichnet wurde. Diese Veränderungen sind immer noch nicht vollends bestimmt worden, genannte Prozesse sind widersprüchlich und weisen noch recht zahlreiche Elemente der alten Gesellschaft auf, doch zeigen sie freilich eine Tendenz der Bewegung von der monistischen, autoritären, etatistischen, bürokratischen Gesellschaft zur neuen demokratischen, pluralistischen, zivilen, ökonomisch und sozial wirksamen Gesellschaft, in der es zur Verwirklichung der Rechte und Freiheiten des Menschen (als eines Subjekts) kommt. Als solche ist diese Gesellschaft das theoretische Paradigma der Entwicklung.

Innerhalb dieses geschichtlich-gesellschaftlichen Kontextes möchte ich versuchen, bedeutende religiöse Veränderungen in Kroatien unter sozialem und kulturellem Aspekt zu beleuchten.

Wegen der angedeuteten unauflösbaren strukturellen Verbundenheit des gesamten soziokulturellen Gefüges mit seinen Bestandteilen, von denen auch die Religion nicht wegzudenken ist, stehen die Entwicklung der geschichtlich-gesellschaftlichen Struktur und religiöse Veränderungen in engem Bezug.

Gesellschaftlicher Wandel wiederum und gesellschaftliche Entwicklung als komplexe Kategorien der sozialen Dynamik werden allgemein als Gesellschaftsprozesse (schnelle und langsamere) bestimmt, die zu Veränderungen in den innergesellschaftlichen Beziehungen sowie in der Gesellschaftsstruktur und -organisation, zu kulturellem Wandeln sowie Änderungen von Symbolen und Werten führen.

Allerneuestes Beispiel solch soziokulturellen Wandels ist die infolge allgemeiner Unzufriedenheit und im Zuge von Massenunruhen verwirklichte Destruktion des verschlissenen "kommunistischen" (stalinistischen!) Paradigmas, das der Humanismusidee und authentischen menschlichen

Bedürfnissen unangemessen ist - d.h. die Transformierung von Eigentum, die Veränderung der gesellschaftlichen Organisation und ihrer Beziehungen, Werte und Symbole.

Im Rahmen des politischen und gesellschaftlichen Wandels in Osteuropa, in Ex-Jugoslavien und Kroatien, d.h. mit dem Zerfall des monistischen, parteistaatlichen, sozialistischen ("realen" und "selbstverwaltenden") Paradigmas kommt es auch zu gesellschaftlich relevanten religiösen Veränderungen. Ihre Grundlagen liegen auch in formalrechtlichen, gesetzlichen Regulative, in Verfassungsänderungen. Gemäß den vormals geltenden Verfassungsrichtlinien war das Bekenntnis des Glaubens die Privatangelegenheit eines jedes einzelnen, während Glaubensgemeinschaften ihre Riten und andere konfessionelle Tätigkeiten wie etwa die Gründung von Glaubensschulen (die jedoch nur für Priester zugelassen waren) frei ausüben konnten. Konfessionelle Aktivitäten zu politischen Zwecken wiederum waren verfassungswidrig.

In der Praxis wurden Religion und Glaubensanhänger gesellschaftlich und politisch negativ bewertet. Die Freiheit der Ausübung konfessioneller Tätigkeiten von seiten der Glaubensgemeinschaften wurde äußerst stritting interpretiert. Im allgemeinen wurden öffentliche Glaubensakte (Einsegnung verschiedener Objekte, Gebete für etwas usw.) als Mißbrauch konfessioneller Tätigkeiten zu politischen Zwecken abgestempelt.

Mit Erscheinen erwähnter gesellschaftlich-politischer Veränderungen in Osteuropa und auch bei uns wurde, im Namen von Demokratie und Pluralismus, von Rechten und Freiheiten des Menschen und seines Gewissens, auch formal-rechtlich die völlige Glaubensfreiheit proklamiert. Dies schließt die Freiheit öffentlicher Glaubensausübung ein, doch steht die Trennung von Kirche bzw. Glaubensgemeinschaften und Staat als demokratische Errungenschaft und eine der Voraussetzungen demokratischen, politischen und gesellschaftlichen Lebens außer Frage.[1]

Das Resultat, aber auch die Komponenten all dessen sind betonte (und in den Medien hervorgehobene) öffentliche Glaubenskundgebungen: Gottesdienste im Freien, in Krankenhäusern, Einsegnungen gesellschaftlich bedeutender Objekte, die Teilnahme von Politikern an Gottesdiensten, die Bestimmung traditioneller religiöser Feste zu öffentlichen Feiertagen usw. Dadurch werden in großem Maße unterdrückte religiöse Gefühle freigesetzt, die auch mit den nationalen in Verbindung gebracht werden. Es geht also, um es einmal so zu formulieren, um eine Art Desäkularisierung die einer bestimmten manifesten soziokulturellen und national-politischen Identifizierung nicht bar ist. Nun drängt sich notwendig folgende Frage auf: Geht es hier denn nicht erneut um den bekannten "Mißbrauch des Glaubens zu politischen Zwecken" bzw. um eine neue "Ehe" von Staat und Kirche, mit einem Wort - um Klerikalismus?

Bestimmen wir Klerikalismus einmal als das Streben konfessioneller Organisationen nach Erlangung oder zumindest nach bedeutender Teilnahme an der Staatsgewalt, oder aber als deren Monopol in bestimmten Bereichen gesellschaftlichen Lebens (bekannt unter dem Namen "konfessioneller Staat" oder etwa "Staatsreligion"). Insofern ist im Rahmen einer Antwort auf die gestellte Frage der Standpunkt einiger kritischer Theologen durchaus akzeptabel, die meinen, daß bislang eher ein auf aktuelle politische Bedürfnisse abgestimmter Gebrauch erwähnter befreiter religiöser Gefühle, verbunden mit gestärktem Nationalbewußtsein, am Werk sei und man von einer Klerikalisierung der Politik und Gesellschaft im ganzen nicht sprechen könne, da nämlich die Kirche trotz allem keinen überwiegenden Einfluß habe.[2]

Dasselbe wird auch von der offiziellen kirchlichen (katholischen) Lehrerschaft und der Kirchenhierarchie betont.[3]

Von ihrer Seite wird wiederholt daran erinnert, daß Sinn und Mission des Glaubens und der Kirche die Vermittlung von transzendenten Werten, Liebe und Frieden unter den Menschen und Völkern sei. Und gerade auf diese Art und Weise sowie durch ihre moralische Autorität und die Unterstützung gesellschaftlich wertvoller Handlungen und Ideen, ferner durch die Wahrung des kulturellen Erbes stehen sie im wesentlichen Dienste von Mensch und Gesellschaft, im Dienste ihrer Wertintegrität und ihres Fortschritts allgemein.

**Anmerkungen**
1) Vgl. Artikel 40 und 41 der Verfassung der Republik Kroatien. Der Artikel 40 z.B. lautet: "Garantiert werden die Freiheit des Gewissens und des Glaubensbekenntnisses sowie die freie und öffentliche Bekennung des Glaubens oder einer anderen Überzeugung".
2) Vgl. Interview mit Dr. P. Kuzmić im Wochenblatt *Danas*, Heft 465 vom 15.01.1991, Zagreb.
3) Dies hoben in ihren Weihnachtsbotschaften Papst Johannes Paul II. und der kroatische Kardinal Franjo Kuharić, letzterer fernerhin auch in Zeitungs- und Fernsehinterviews, hervor.

Prof. Dr. Nikola Skledar, Institute for Applied Social Research Zagreb, Marulicev trg 19/1, 41000 Zagreb, Croatia

## 7. Konfessionen und Kriegsgeschehen im ehemaligen Jugoslawien

*Mislav Kukoc*

Der Krieg auf dem Gebiet des ehemaligen Jugoslawien wird oft als Bürger- und Religionskrieg interpretiert. Ein solches Urteil tragen mit Vorliebe seine Entfacher vor, um die wahre Ursache und das wahre Ziel dieses Krieges in den Hintergrund zu stellen und um vergessen zu lassen, daß er als großserbische Aggression gegen einzelne ehemalige jugoslawische Teilrepubliken: zunächst Slowenien, dann Kroatien und schließlich Bosnien-Herzegowina, begonnen hatte. In diesem Zusammenhang darf man auch die Unterdrückung der Albaner in Kosovo, die etwa zehn Jahre vor dem Krieg eingesetzt hat und bis auf den heutigen Tag andauert, nicht aus den Augen verlieren.

Wenn sie auch nicht die Primärursache des Konflikts darstellen, so dürfen die religiösen Unterschiede zwischen den Angehörigen der verschiedenen Nationen und Konfessionen nicht unterschätzt werden als grundlegende Identifikationsfaktoren für die nationalen und kulturellzivilisatorischen Eigenheiten, welche denn auch unweigerlich zum Zerfall Jugoslawiens als multinationaler und multikonfessioneller Gemeinschaft geführt haben.

Die angeführten Unterschiede können anhand erfahrungsmäßig bestätigter soziologischer Untersuchungen überzeugend nachgewiesen werden. Am deutlichsten sichtbar sind sie in Bosnien-Herzegowina, wo vor dem aktuellen Kriegsgeschehen Angehörige aller drei Nationen bzw. Konfessionen, oder noch breiter betrachtet, die Angehörigen dreier verschiedener Zivilisationskomplexe untereinander vermischt lebten (Cimic 1994: 622-627).

*Die katholischen Kroaten* sind noch am wenigsten von dem Säkularisierungsprozeß erfaßt worden. Ein großes Verdienst dafür kommt der intellektuellen Elite der Priesterschaft zu. Daher überrascht es nicht, daß auf der hierarchischen und wertmäßigen Rangliste bei den Kroaten an erster Stelle der Priester als intellektuelle und moralische Autorität steht.

In ihren Wertvorstellungen sind *Moslems* und *Katholiken* ähnlich, doch besteht ein wesentlicher Unterschied. Die niedrige Einschätzung des Status des islamischen *Hodscha* zeugt vom erwähnten fortgeschrittenen Säkularisierungsprozeß einerseits und dem niedrigen theologischen und intellektuellen Niveau der islamischen Priester andererseits, die zumeist angelernt worden waren und keine bedeutendere theologische Ausbildung hatten, was sie auch am meisten in den Augen ihrer Gemeinde degradierte.

*Serbische Orthodoxie* ist ein typisches Beispiel für die Einschmelzung des Religiösen im Nationalen. Darauf ist auch der Umstand zurückzuführen, daß zwischen den Wertvorstellungen der rechtgläubigen Serben einerseits und denen der katholischen Kroaten sowie moslemischen Bosniaken andererseits ein wesentlicherer Unterschied besteht. Der am höchsten rangierte Status des *Kriegers*, des *Mythenhelden*, der bei den anderen Gruppen gar nicht auftaucht, zeigt den in der serbischen rechtgläubigen Tradition gegenwärtigen Heroenkult an. Dem Helden kommt die Rolle zu, neue Territorien zu erobern und auf diese Weise den Volksstamm zu stärken.

Die Serbische orthodoxe Kirche ist völlig instrumentalisiert und der Verwirklichung sämtlicher Ziele der großserbischen Eroberungspolitik durch die kriegerische Aggression untergeordnet worden, wobei auf die zahlreichen schweren und massenhaften Verbrechen, die damit einhergehen, keinerlei Rücksicht genommen wird. Darauf verweisen nicht nur die Schlüsse der erwähnten Untersuchung, sondern auch die jüngsten Veröffentlichungen serbischer Theoretiker und orthodoxer Theologen (Djordjevic und Milosevic 1994: 73ff; Jevtic 1994: 86ff).

Bei ihrer Suche nach Argumenten für die Rechtfertigung des von den Serben geführten Krieges berufen sich die serbischen orthodoxen Theologen statt auf das Evangelium sehr viel öfter auf das Alte Testament, wo »gleich dem Mord auch der Krieg gutgeheißen wird« (Djordjevic und Milosevic 1994: 73). Die Verschwörung der ganzen Welt gegen Serbien und seine »gerechte« Aggression gegen die Nachbarstaaten wird von den serbischen orthodoxen Theologen als der »satanische« Rationalismus und »gottlose Materialismus« der zeitgenössichen abendländischen Zivilisation gedeutet. Zugunsten der angeführten Typologie von Wertvorstellungen der orthodoxen Serben spricht auch die große Aufmerksamkeit, die die Serbische orthodoxe Kirche der Pflege serbischer Militärtradition zuwendet (Milosevic 1994: 73ff).

Aufgrund der verfügbaren Erkenntnisse und Analysen drängt sich der unzweideutige Schluß auf, daß man den Konflikt im ehemaligen Jugoslawien nicht als Glaubenskrieg charakterisieren kann. Er wird weder aus Glaubenshaß und konfessioneller Intoleranz noch aber aus irgendeinem anderen religiösen Grund geführt, wie dies etwa das Bedürfnis nach einer Ausbreitung von *Orthodoxie*, *Islam* oder *Katholizismus* wäre. Untersuchungen haben ergeben, daß die katholische Kirche einen relativ starken Einfluß und ein relativ hohes Ansehen im kroatischen Volk hat, während sich weder die orthodoxe Kirche noch aber die islamische Glaubensgemeinschaft eines bedeutenderen theologischen und sozial-politischen Einflusses in »ihrem« Volk, d.h. bei den Serben und den moslemischen Bosniaken, erfreuen können. Der Grund dafür liegt einerseits in dem fortgeschrittenen Säkularisierungsprozeß, andererseits in der schlechten Organisation konfessioneller Seelsorgertätigkeit. Die katholische Kirche wiederum hat sich, wie bereits gesagt, den kriegerischen Auseinandersetzungen zwischen Kroaten und Moslems scharf widersetzt, ebenso der Idee einer Teilung Bosniens, und ist diesbezüglich auch mit der kroatischen politischen Obrigkeit in Konflikt geraten. Die Serbische orthodoxe Kirche hingegen rechtfertigt die großserbische kriegerische Aggression nicht etwa aus religiös-theologischen Gründen, sondern stellt sich ganz einfach in den Dienst der weltlichen Ziele Serbiens, und das sind die Besetzung fremder Territorien und die Schaffung Großserbiens. Den moslemischen Bosniaken, die der sunitischen Glaubensrichtung angehören, ist die traditionelle schiitische Ideologie des Glaubenskriegs, des Dschihad, völlig fremd. Das niedrige Niveau islamischer theologischer Kultur in den Reihen des lokalen Klerus, daher auch dessen geringer Einfluß auf die Glaubensanhänger, ferner der fortgeschrittene Säkularisierungsprozeß sowie die westlich-europäische Ausrichtung des Großteils der moslemischen Stadtbevölkerung – all dies schließt jegliche Möglichkeit aus, daß das aktuelle Kriegsgeschehen in Bosnien als Glaubenskrieg im Sinne der Folgen von moslemischem Fundamentalismus und Fanatismus interpretiert werden könnte. Es besteht immerhin die potentielle Gefahr, daß besagter Konflikt bestimmte Dimensionen des Glaubenskrieges annimmt, zumal die Regierung Bosnien-Herzegowinas, enttäuscht von der zweigesichtigen Politik des Westens gegenüber diesem Krieg, die Hilfe der islamischen Welt in Anspruch nimmt. Die Freiwilligen, die von dort eintreffen, sind fast ausnahmslos Fundamentalisten und Fanatiker. Ihr Einfluß auf die bosnische Bevölkerung wird um so größer sein, je länger die westliche Welt dem Kriegsreigen der serbischen Aggressoren tatenlos zusieht.

**Literatur**
Blagojevic, Mirko (1994), Vezanost ljudi za religiju i crkvu na pravoslavno homogenim prostorima (Die Verbundenheit der Menschen mit Religion und Kirche in ortodox-homogenen Gebieten), in: Bogdan Djurović (Hg): Religija – rat – mir (Religion - Krieg - Frieden), Nis.
Cimic, Esad (1994), Bosanska raskrizja (Bosnische Kreuzwege), in: Drustvena istrazivanja, Zagreb, 14: 611-628.
Djordjevic, Dragoljub B. u. Milosevic, Zoran (1994), Pravoslavlje, rat i stradanje (Ortodoxie, Krieg und Leiden). In: Bogdan Djurovic (Hg): Religija – rat – mir (Religion - Krieg - Frieden), Nis.
Jevtic, Miroljub (1994), Konfesionalni elemenat medjuetnickih sukoba u Jugoslaviji (Die konfessionelle Elemet der zwischenetnischen Konflikte in Jugoslawien). In: Bogdan Djurovic (Hg): Religija – rat – mir (Religion - Krieg - Frieden), Nis.
Milosevic, Zoran (1994), Politika i teologija (Politik und Theologie), Nis.

Dr. Mislav Kukoc, Institute for Applied Social Research Zagreb, Marulicev trg 19/1, 41000 Zagreb, Croatia
E-Mail: mislav@maipdi.ipdi.hr

## 8. Der Zerfall des Sozialismus und die Profanisierung der Welt
Allgemeine Erwägungen[1]

*Johannes Weiß*

*1.*

Die Kritik der bürgerlichen Gesellschaft, ihres Staates und ihrer Ökonomie bei Karl Marx geht, wie bekannt, aus von der Kritik der Religion. Wie die Existenz der Religion das sichere Indiz für vernunftlose und entfremdete gesellschaftliche Verhältnisse ist, so muß der "religiöse Widerschein" mit Notwendigkeit verschwinden, wenn die klassenlose, kommunistische Gesellschaft mit ihren "durchsichtig vernünftigen Beziehungen" zwischen den Menschen etabliert ist; dann nämlich gilt, wie es in "Zur Judenfrage" heißt: "Die Wissenschaft ist ... ihre Einheit" (1962: 453).

Im Blick auf diese Kernthese jeder marxistischen Theorie und Politik kann gesagt werden, daß der reale Sozialismus, und zwar insbesondere in der DDR, zumindest in diesem - und sehr wahrscheinlich auch nur in diesem - Punkte bemerkenswert "erfolgreich" gewesen ist. Er hat, jedenfalls unter den Bedingungen einer stark industrialisierten und urbanisierten Gesellschaft, ohne Zweifel die Auflösung religiöser Orientierungen und Motivationen wesentlich beschleunigt und zu einer hochgradigen, verbreiteten und offenbar auch stabilen Säkularisierung auf der politischen, gesellschaftlichen und der persönlichen Ebene geführt.

Allerdings wird man diesen 'Erfolg' kaum mit den Annahmen der Marxschen resp. marxistisch-leninistischen Theorie *erklären* können, und zwar weder hinsichtlich seiner Ursachen noch hinsichtlich seiner tatsächlichen Effekte. Was die letzteren angeht, so ist der Historische und Dialektische Materialismus keineswegs an die Stelle der Religion getreten. Die Wahrheit - die man mit guten Gründen als dialektische Wahrheit bezeichnen kann - ist vielmehr, daß dieselbe Propaganda, Politik und Erziehung, die zum weitgehenden "Absterben" der religiösen Traditionen und ihrer kulturellen und sozialen Wurzeln geführt haben, auch die kognitiven, motivationalen und sozialen Voraussetzungen jeder, und a fortiori jeder als "wissenschaftlich" behaupteten, Weltanschauung unterminiert haben. Diese forcierte Aufhebung der Religion hat also, und zwar mit Notwendigkeit, zur Selbstaufhebung der "wissenschaftlichen Weltanschauung" geführt und darüber hinaus ganz generell die Voraussetzungen und Prädispositionen zerstört, unter denen irgendeine Weltanschauung (also irgendein System von im strengen Sinne transzendenten, absoluten und letztgültigen Sinnstrukturen und Werten) plausibel und notwendig oder auch nur wünschbar erscheint.

Der reale Sozialismus hat in keinem Sinne das "Paradies auf Erden" geschaffen, in dem die Hoffnungen und Versprechungen der Religionen ihre "wirkliche" und definitive Erfüllung hätten finden können. Das regnum hominis, das er, mit großer Konsequenz, errichtete, besaß am Ende nichts mehr von jenem prometheischen Geist, den Marx und alle großen Theoretiker des Marxismus immer mit ihm verbunden hatten. Immer größer wurde die Kluft zwischen dem hohen Pathos der offiziellen Rhetorik, der Rituale, Feiern und Symbole der Partei einerseits und den bescheidenen Bedürfnissen, Hoffnungen und Lebensformen der Menschen andererseits. Keinen Platz hatten in diesem real-sozialistischen regnum hominis die Erfahrungen (der Tragik, der Verlorenheit, der Vergeblichkeit und Endlichkeit einerseits, der überwältigenden Schönheit, Harmonie oder Liebe andererseits), aus denen die Weltdeutungen der Religionen und der metaphysischen Systeme immer aufs neue hervorgegangen waren.

"Die Aufhebung der Religion als des *illusorischen* Glücks des Volkes", so heißt es bei Karl Marx (Zur Kritik der Hegelschen Rechtsphilosophie; a.a.O.: 489), "ist die Forderung seines *wirklichen* Glücks. Die Forderung, die Illusionen über seinen Zustand aufzugeben, ist die *Forderung, einen Zustand aufzugeben, der der Illusion bedarf.*" Es könnte gut sein, daß der Zustand, den die real-sozialistische Säkularisierung geschaffen hat, doch besser durch das getroffen wird, was Nietzsche (1980: 19 f.) über das Glück und die Illusionslosigkeit der "letzten Menschen" gesagt hat: "'Wir haben das Glück erfunden' - sagen die letzten Menschen und blinzeln ... 'Was ist Liebe? Was ist Schöpfung? Was ist Sehnsucht? Was ist Stern?' - so fragt der letzte Mensch und blinzelt."

2.

Der durch die russische Revolution zu einer mächtigen historischen Wirklichkeit gewordenen Sozialismus/Kommunismus hat sich, und das ist eine weltgeschichtliche Einmaligkeit (F. Furet 1995: 12), nach vergleichsweise kurzer Lebensdauer ohne Rest selbst wieder vernichtet. Zugleich aber hat er, jedenfalls in einem Teil seines Herrschaftsbereichs, eine außerordentlich bedeutsame und mit Sicherheit dauerhafte Wirkung gezeitigt: Bewirkt hat er eine nach Ausmaß, Tiefenwirkung und Tempo beispiellose Profanisierung der Welt. Dies für das vereinigte Deutschland besonders folgenreiche Resultat ist durchaus „dialektischer" Natur, es offenbart sich darin, etwas salopp oder metaphorisch gesagt, eine eigentümliche „Ironie der Geschichte". Die durchgreifende Verweltlichung der Welt (und Vermenschlichung des Menschen etc.) war ja das alles beherrschende, prometheische Ziel der kommunistischen Theorie und Praxis. Dies Ziel wurde erreicht - so aber, daß die damit verknüpften sehr hohen Erwartungen hinsichtlich einer umfassenden und unüberbietbaren neuen Sinngebung der „Welt des Menschen" nicht nur fürs erste enttäuscht, sondern in ihren gedanklichen wie gesellschaftlichen Voraussetzungen vollständig vernichtet wurden. Nicht realisiert, sondern, ganz im Gegenteil, im Kern zerstört wurden genau die konstitutiven Elemente des großangelegten Verweltlichungsprogramms, die *prinzipiell* über die Erfordernisse und Möglichkeiten des materiellen Lebensprozesses hinausweisen und ihn in einen Sinnzusammenhang einordnen und 'aufheben' sollten, der durch größte (auch individuellste) Autonomie *und* höchste Verbindlichkeit, radikalste Weltimmanenz *und* letztgültige Transzendenz zugleich gekennzeichnet wäre. (Die Begriffe und Gedankenreihen, mit denen diese endgültige Aufhebung, d.h. überbietende Verwirklichung, der Religion beschrieben wurde, sind zur Genüge bekannt.)

„Profanisierung" im hier gemeinten Sinne ist „Verweltlichung" ohne jenen (und jeden) intellektuellen, moralisch-politischen und auch ontologischen „Überschuß" und ohne das mit diesem einstmals verknüpfte Pathos der Selbstüberbietung und Selbstperfektionierung des Menschen. Profanisiert soll demnach eine Erfahrungs- und Handlungsform heißen, die sich nicht länger von einem Nichtprofanen abgrenzt und abhebt, sich also insofern von diesem her selbst versteht. Der Prozeß der Profanisierung wäre dann abgeschlossen, wenn das Profane überhaupt nicht mehr *als solches* erfahren würde, sondern das Ganze des Wirklichkeits- und Sinnkosmos ausmachte.

Das Nichtprofane heißt - in der religiösen Sprache und in der Terminologie der Religionswissenschaft und Religionssoziologie - „das Heilige". Mit diesem Begriff verbindet sich eine Vielzahl von keineswegs immer klaren und konsistenten Bedeutungen und Mitbedeutungen. Sein harter und durchgehender Bedeutungskern aber bezeichnet eine Wirklichkeit (und auf diese Wirklichkeit bezogene Wesenheiten, Einrichtungen und Handlungen), die (a) menschlicher Verfügungsmacht prinzipiell entzogen (insofern 'transzendent') ist und die (b) umgekehrt der Existenz, dem Erfahren und Handeln der Menschen absolute (unbedingte) Verbindlichkeiten sinn- und werthafter Art vorgibt.

### 3.

Wie kann/soll die Soziologie als 'Gesellschaftstheorie' sich verhalten, wenn die Differenz von Heiligem und Profanem immer mehr an gesellschaftlicher Relevanz verliert und sich am Ende vollständig auflöst? Mit einigem Mut zur Vereinfachung findet man drei unterschiedliche Betrachtungsweisen und daraus sich ergebende Arten des Theoretisierens:

1) Die erste Möglichkeit ist die oben am Marxschen Beispiel (das nicht singulär ist) umrissene. Sie hat, so scheint mir, ihre Plausibilität und Praktikabilität definitiv verloren, weil hier mit einem Begriff von 'Weltlichkeit' operiert wird, der zugleich streng erfahrungswissenschaftlich sein und ein Surplus an geschichtsphilosophischer und auch metaphysischer Sinnstiftung mit sich führen soll.

2) Die zweite Möglichkeit ist nicht erledigt, sie erfreut sich vielmehr großer und wohl noch wachsender Beliebtheit. Hier wird, im direkten oder indirekten Anschluß an E. Durkheim, entschieden bestritten, daß es in den modernen Gesellschaften überhaupt einen 'Untergang des Heiligen' (S. Acquaviva) gebe: Nicht ein Verschwinden, sondern nur ein radikaler Bedeutungswandel des Heiligen sei zu konstatieren. Zwei - voneinander völlig verschiedene, ja unvereinbare - Ausprägungen dieser Auffassung finden sich bei J. Alexander (1994) einerseits, Jürgen Habermas andererseits. Der Leitgedanke des ersteren lautet, die Alltagserfahrung und die empirische Forschung zeigten, wieviel und was alles den Angehörigen moderner (westlicher) Gesellschaften als „heilig" gelte - vom Eigenheim mit Vorgarten bis zum Fußballclub. Gegen eine solche Argumentationsweise (welche in eine Begriffsnacht führt, in der, so könnte man sagen, „alle Katzen heilig sind") setzt Habermas den Anspruch, bestimmte Wirklichkeiten vermittels eines wissenschaftlichen Verfahrens als überprofan zu erweisen: Durch ein konsequentes Zuendedenken der von Durkheim zumindest implizit betriebenen „Versprachlichung des Sakralen" ließen sich, wenn nicht ganze Weltbilder, so doch normative Verbindlichkeiten erzeugen, die mit gutem Grund als „transzendent" und „absolut" zu qualifizieren seien. Auf eine Erörterung dieser (und weiterer, etwa des Luhmannschen) Versuche, das Heilige resp. die Differenz von Profanem und Heiligem

für die modernen Gesellschaften zu retten, muß ich verzichten. Nur auf den entscheidenden, kritischen Punkt will ich hinweisen. Diese neuen Bestimmungen des Heiligen erfüllen nicht die oben angedeuteten Definitionsmerkmale, und deshalb lassen sich auf diese Weise auch keine wirklichen „funktionalen Äquivalente" ausweisen oder schaffen. Bei Alexander ohnehin, aber auch bei Habermas handelt es sich um Sinngebungen und Verbindlichkeiten, die ihren Unbedingtheitsanspruch (d.h. auch ihren Anspruch auf allgemeine Geltung) spätestens dann verlieren, wenn sie aus wissenschaftlicher Perspektive betrachtet und geprüft werden. Ein Transzendenzanspruch aber, der diesen Test nicht besteht, weil er wissenschaftlich nachweislich unhaltbar (Alexander) oder aber *bloß* wissenschaftlich begründbar ist, verdient diese Bezeichnung nicht.

3) Damit komme ich zur dritten und letzten der möglichen Sichtweisen. Sie besteht darin, daß man die fraglichen Begriffe eng und streng nimmt und sich von der Annahme leiten läßt, daß es einen Prozeß fortschreitender Profanisierung (im Sinne eines Verschwindens jeder sakralen Gegenwelt) gibt. Ferner wird angenommen, daß dieser Prozeß kaum aufzuhalten und jedenfalls unumkehrbar ist. Weder werden sich, jedenfalls in den westlichen Gesellschaften, auf mittlere und lange Sicht die alten Transzendenzen erneuern oder kräftigen lassen noch ist zu erkennen, woher im gesellschaftlichen Maßstabe überzeugende und handlungswirksame neue Transzendenzen kommen sollen. Aller wirksame Widerstand gegen den Profanisierungsprozeß speist sich (vielmehr) aus den Beständen der überkommenen Religionen, und das heißt für die westlichen Gesellschaften: primär der jüdisch-christlichen Tradition. Aus all dem wird nicht gefolgert, daß eine durchgreifend profanisierte Welt sich selbst genug sei. Gegen eine solche Folgerung könnte man, Jacob Taubes folgend, prinzipiell und postulatorisch behaupten, „die Grenzziehung zwischen geistlich und weltlich mag strittig sein und ist immer neu zu ziehen (ein immerwährendes Geschäft der politischen Theologie), aber fällt diese Scheidung dahin, dann geht uns der (abendländische) Atem aus" ... „Ohne diese Unterscheidung sind wir ausgeliefert an die Throne und Gewalten, die in einem 'monistischen' Kosmos kein Jenseits mehr kennen" (Brief an Carl Schmitt vom 18. September 1979, in:Jacob Taubes 1987: 42, vgl. 73). Man kann aber auch, und dies empfiehlt sich eher für die Soziologie, empirisch untersuchen, wann und in welchen Kontexten, im privaten wie im öffentlichen und politischen Leben, Heiliges, und zwar im traditionellen, also religiösen und näherhin jüdisch-christlichen Sinne behauptet und beansprucht wird. Dies geschieht, bewußt oder unbewußt, zum Beispiel da, wo man die zu bewahrende „Schöpfung" als absolute Unantastbarkeit behauptet. Wenn man der Frage nachgeht, warum eine solche Redeweise unverzichtbar erscheint und ob und wie man sie nicht doch durch eine radikal entsakralisierte und enttheologisierte Sprache ersetzen könnte, stößt man auf die Probleme, mit denen sich die Soziologie vielleicht doch stärker befassen sollte als dies geschieht. Ihrer aufklärerischen Bestimmung würde sie damit nicht untreu - ganz im Gegenteil.

**Anmerkung**
1) Die Langfassung des Vortragstextes, in der u.a. einige empirische Befunde zusammengestellt sind, kann vom Verfasser bezogen werden

**Literatur**
Alexander, Jeffrey (1994), Religio, in: C. Mongardini/ M. Ruini (Hg.) (1994), 15-23.
Durkheim, Emile (1912 u.ö.), Les formes élémentaires de la vie religieuse. Paris.
Furet, F. (1995), Le passé d'une illusion. Paris.
Marx, Karl (1962), Frühe Schriften, Bd. 1. Stuttgart.
Mongardini, Carlo/Marieli Ruini (Hg.) (1994), Religio. Ruolo del sacro, coesione sociale e nuove forme di solidarietà nella societá contemporanea, Rom.
Nietzsche, Friedrich (1980), Also sprach Zarathustra. Sämtliche Werke. Kritische Studienausgabe, Bd. 4. München, Berlin, New York.
Taubes, Jacob (1987): Ad Carl Schmitt. Gegenstrebige Fügung, Berlin.

Prof. Dr. Johannes Weiß, Universität GHS Kassel, FB5 Gesellschaftswissenschaften, D-34109 Kassel

# XXVI. AG Sozial- und Ideengeschichte der Soziologie
*Leitung: Peter-Ulrich Merz-Benz*

## Ethnische Segregation versus funktionale Differenzierung. Klassische Modernitätstheorien, Ethnosoziologie und die (Re-)Ethnisierung sozialer Konflikte

## 1. Einleitung

*Peter-Ulrich Merz-Benz*

Die nachfolgenden Beiträge dokumentieren die erste Veranstaltung der im Frühsommer 1994 beim Vorstand der DGS beantragten und von diesem auch unterstützten Arbeitsgruppe "Sozial- und Ideengeschichte der Soziologie". Die Gründung der Arbeitsgruppe geschah primär aus der Absicht heraus, den unter einzelnen Mitgliedern der DGS sowie innerhalb der Tätigkeit der verschiedensten Sektion seit langem laufenden Aktivitäten zur Geschichte der Soziologie den geradezu überfälligen institutionellen Rahmen zur Verfügung zu stellen. Auf diese Weise konnte eine innerhalb des Spektrums der institutionalisierten Arbeitsbereiche der DGS seit langem als schmerzvoll empfundene Lücke endlich geschlossen werden. Hinter den Bemühungen um die Zusammenfassung der unter dem Titel "Geschichte der Soziologie" zumeist unkoordiniert nebeneinanderher unternommenen Aktivitäten steht insbesondere die Intention, die bis anhin bezüglich der Tradition unserer Disziplin praktizierten, gesamthaft gesehen sehr unterschiedlichen theoretischen und methodischen Herangehensweisen in eine produktive Arbeitsbeziehung zu bringen, auf daß dadurch eine neue Qualität der Soziologiegeschichtsschreibung und allgemein des Diskurses um die - sei es in historischer, sei es in systematischer Absicht vorgenommene - Erschließung der Genesis der Grundlagen des Faches Soziologie möglich werde. Den Initianten, Carsten Klingemann (Osnabrück) und Peter-Ulrich Merz-Benz (Zürich), ist dabei sehr daran gelegen, daß bereits im Titel der Arbeitsgruppe die Auszeichnung eines sozial- und eines ideengeschichtlichen Themenschwerpunkts zum Ausdruck kommt. Bestrebungen betreffend den Nachweis zeitgeschichtlicher Verortungen soziologischer Arbeits- und Denkweisen sollen in der Arbeitsgruppe ebenso ihren Platz finden wie Bemühungen um eine Theoriegeschichte in systematischer Absicht. Dieser Intention würde mit dem Titel "Geschichte der Soziologie" eindeutig zu wenig Rechnung getragen. In einer Hinsicht weist die Tätigkeit der Arbeitsgruppe indes über die Auseinandersetzung mit der Tradition hinaus. Denn zum Aufgabenbereich der "Sozial- und Ideengeschichte der Soziologie" soll explizit auch die Reflexion der die aktuelle Diskussion in unserem Fach bestimmenden Grundbegriffe, Theoreme sowie zentralen Denkfiguren gehören. So soll etwa gezeigt werden, welche Quellen die jeweiligen Grundbegriffe, Theoreme und Denkfiguren entstammen, welche Bedeutung ihnen innerhalb der Kontexte der einzelnen klassischen Werke zukommt und welche inhaltlichen und formalen Implikationen mit der Verwendung einzelner ihrer Varianten verbunden sind - auf daß auch die Gedanken der soziologischen Klassiker wieder erkennbar werden als Antworten auf gegenwärtige Problemlagen und auf diese Weise die die aktuelle Auseinandersetzung bestimmenden Ansichten zumindest eine zusätzliche Klärung erhalten.

Vor allem die zuletzt formulierte Zielsetzung war leitend für die thematische Konzeption der Veranstaltung in Halle. Den Haupt-Gegenstand der in den folgenden Beiträgen angestellten Erörterungen bildet dabei zum einen die seit einigen Jahren im Zusammenhang mit Fragen der Migrations- und Minderheitensoziologie wieder aufgekommene Kategorie der "Ethnizität". In welchem Verhältnis steht diese Kategorie zu derjenigen der "Sozialität" sowie den zentralen Begrifflichkeiten sozialer Gebilde? Ist sie gar dazu geeignet, bis anhin übersehene Dinge und Vorgänge unseres Zusammenlebens denkbar und darstellbar zu machen - Dinge und Vorgänge, welche dem allein durch die bekannten soziologischen Begrifflichkeiten gelenkten Blick des Betrachters verborgen bleiben müssen? Und muß der Kategorie der "Ethnizität" innerhalb des Begriffskanons der Soziologie folglich eine bedeutendere Stellung zukommen, als dies bisher der Fall war? Im Rückgriff auf die Werke von Ferdinand Tönnies, Max Weber, Robert E. Park sowie der Vertreter der Leipziger Schule wird in den folgenden Beiträgen versucht, diese Fragen weiter zu differenzieren und auf diese Weise auch die Grundlagen zu ihrer Klärung wesentlich zu vertiefen und auszugestalten. Hervorzuheben ist insbesondere das Sichtbarwerden der mit der Wahl einer einzelnen Fassung der Kategorie der "Ethnizität" verbundenen prinzipiellen, dabei aber vom aktuellen Diskussionskontext aus nicht überblickbaren Entscheide zugunsten bestimmter theoretischer sowie erkenntnislogischer Voraussetzungen.

Neben der Auseinandersetzung mit der Kategorie der "Ethnizität" als solcher sind die in den folgenden Beiträgen enthaltenen Ausführungen zum anderen befaßt mit dem Verhältnis von ethnischer Segregation und funktionaler Differenzierung. Im Rahmen der Minderheitensoziologie wird seit einiger Zeit die Frage diskutiert, ob im Auftreten von Sozialgebilden, deren Zusammenhalt in erster Linie vermittelt ist durch die Zugehörigkeit zu einer bestimmten Ethnie und die sich gerade unter diesem Gesichtspunkt von anderen Sozialgebilden vehement abgrenzen, gleichsam eine Gegenthese zu dem für die Modernitätstheorie konstituierenden Prinzip der funktionalen Differenzierung zu sehen ist. Wird, was mit der funktionalen Differenzierung unmittelbar einhergeht: die Steigerung von latenten Interdepedenzen der verschiedenen gesellschaftlichen Teilsysteme, einschließlich der daraus resultierenden Konsequenzen der Egalisierung und Öffnung, durch das Aufkommen neuerlicher segmentärer Abschließungen nicht maßgeblich behindert oder teilweise gar verunmöglicht? Auch in bezug auf die Klärung dieser Frage vermag der Blick auf die Quellen der Modernitätstheorie Wesentliches beizutragen.

PD Dr. Peter-Ulrich Merz-Benz, Soziologisches Institut der Universität Zürich, Rämistr. 69, CH-8001 Zürich

## 2. Ethnische Gruppen - geworden oder gemacht? Antworten bei Tönnies und Max Weber

*Cornelius Bickel*

Für beide Autoren befindet sich das Thema nicht im Mittelpunkt ihres Interesses. Im Zweifelsfalle steht Tönnies der Problematik aber um einige Nuancen näher als Max Weber. Was aber nicht heißt, daß Weber nicht auch auf diesem Gebiet seine messerscharfe Begriffsanalytik und seine lawinenartige historische Kasuistik ausspielen kann. Für beides hat Tönnies Vergleichbares nicht zu bieten. Seine Stärken liegen auf anderem Gebiet, nämlich auf dem einer Verbindung soziologischer Typologie mit einer psychologisch-anthropologischen Grundlagentheorie.

Der Gegensatz des "Gewordenen" und des "Gemachten", der im Titel dieses Vortrages erwähnt wird, spielt auf einen Topos der klassischen Phase des soziologischen Denkens besonders in Deutschland an, auf den Gegensatz von Historismus und Rationalismus, den Gegensatz also des historisch Gewordenen und des planvoll, zweckrational Gemachten. Der Gegensatz "organisch - mechanisch" wird mit dieser Dichotomie ebenfalls in Verbindung gebracht. Diese Entgegensetzung ist für Tönnies von zentraler Bedeutung. Sie steht hinter seinem Gegensatz von "Gemeinschaft" und "Gesellschaft" (vgl. Bickel 1991). Für Tönnies ist die historisch-kulturelle Welt in jedem Fall ein Ergebnis sinnhaften Handelns. Die Vernunft geht dabei immer eine Verbindung mit dem Willen ein, aber auf verschiedene Weise. Einmal ist sie dem Willen ganzheitlich integriert, das andere Mal kommandiert sie ihn von außen. Im ersteren Fall handelt es sich um den "Wesenwillen", der die Gemeinschaft trägt, im letzteren um den "Kürwillen", womit Tönnies im späteren Weberschen Sinne die zweckrationale Disposition meint, die der Gesellschaft zugrundeliegt. Der Wesenwille ist immer im Spiel, wenn den Beteiligten ihre soziale Umwelt so erscheint, als ob sie von Traditionen getragen und mit einem fraglos zu akzeptierenden, ihr innewohnenden Sinn ausgestattet sei, wie es für den Menschen der antiken Polis oder in anderem Sinn für den Menschen der mittelalterlichen Kirche zutreffen würde (Tönnies 1988: 73 ff.). Das wäre die Binnenperspektive der Betroffenen (vgl. Tönnies 1988: XLV). Der Soziologe soll nach Tönnies aber sehen, daß auch hier Willensakte wirksam sind, mit denen traditionale Bindungen als geltend anerkannt werden. Tönnies grenzt sich auf diese Weise gegen das organologische Denken ab. Wichtig ist also, daß für Tönnies die gesamte soziale Wirklichkeit immer eine hergestellte ist, wenn auch im Falle der Gemeinschaft die Betroffenen den Eindruck haben, als ob sie unabhängig vom individuellen zweckhaften Handeln entstanden sei.

An welcher systematischen Stelle ist bei Tönnies das Problem der Ethnizität zu lokalisieren? Natürlich überall da, wo von Gemeinschaft die Rede ist. Tönnies spricht von Gemeinschaft des "Blutes, des Ortes und Geistes" - also der auf Abstammung beruhenden, der lokalen und der kulturellen Gemeinschaft (Tönnies 1988: 12ff.). Sitte und Gewohnheit sind Lebensmächte der Gemeinschaft. In diese Lebenssphäre gehört nach Tönnies das Volk in seinen Erscheinungsformen. Der Gegentypus zum Ethnos (Tönnies verwendet diesen Terminus nicht, sondern spricht stets von Volk, vom Volkhaften) ist für Tönnies die Nation. Sie gehört auf die Gegenseite der "Gesellschaft", ist gebunden an politische Institutionen und politisch planvolles Handeln. Gemeinschaft befindet sich für Tönnies in der Moderne auf verlorenem Posten. Sie hat keine Chance mehr, eine dominierende Rolle in der sozialen Entwicklung zu spielen. Auf dieser Ansicht beharrt Tönnies sein Leben lang. Sein liberaler dänischer Philosophenfreund Höffding z.B. fand mit seinem optimistischen Einwand, daß Gemeinschaften immer möglich seien, bei Tönnies keinen Anklang (vgl. Tönnies und Höffding 1989: z.B. 32ff., und Höffding 1890). Er sah darin die "Kulturfreudigkeit" (Tönnies, 1908: 87) soziologisch uninformierter Ethiker. Dennoch aber wollte Tönnies auf dem Wege der Sozialreform 'Gemeinschafts-Inseln' sichern oder schaffen. Sein Lieblingsprojekt waren dabei die Genossenschaften. Auf lange Sicht war für ihn aber an dem 'stählernen Gehäuse der Gesellschaft', um eine Formulierung Max Webers zu variieren, nicht zu rütteln. Also hatte Tönnies auch ein Interesse daran, für ethnische Bindungen als Stützen der Gemeinschaftssphäre eine begrenzte Lebensmöglichkeit zu erhalten. Wie das gehen soll, darüber äußert sich Tönnies eher unbestimmt. Eine Haupttendenz seines Denkens in dieser Sache zielt auf die politische Sphäre. Der Staat soll "volkstümlicher" gemacht werden und ist es seiner Ansicht nach auf dem Wege der Sozialreform auch bereits geworden (vgl. z.B. Tönnies 1918: 34). Er meint damit die Verbindung zwischen der staatlich-institutionellen Sphäre und dem Lebensinteresse der Bürger, die Zurückdrängung des dominierenden Einflusses der Eliten. Von diesem Standpunkt aus könnte man eine Brücke zum aktuellen Kommunitarismus schlagen.

Nach diesen Andeutungen zum philosophischen Hintergrund von Tönnies und zu seiner historischen Betrachtung des Problems der Ethnizität soll sich nun der Blick auf Tönnies' Begriffsanalyse richten. Die Partien aus der "reinen Soziologie", die für das Problem der Ethnizität verwendet werden können, beziehen sich auf die Unterscheidung der sogenannten "sozialen Wesenheiten" in "Verhältnisse", "Samtschaften" und "Verbände" (Tönnies 1981: 17ff., bes. 89ff.). Letztere zeigen im Falle des Staates den höchsten Organisationsgrad. Samtschaften bezeichnen die Partei im weiteren Sinne, die man ergreift.

In diesem Sinne ist auch das Volk eine Samtschaft, also eine lockere Verbindung, die für alle Beteiligten einen überindividuellen Bezugspunkt aufweist. Auch diese soziale Verbindung beruht auf den Anerkennungsakten der Beteiligten. Damit hat Tönnies einen Riegel vorgeschoben gegen jeden naturhaften Determinismus. Somit kann auch die Frage der Mitgliedschaft in ethnischen Verbänden Gegenstand politischer Entscheidungen sein. Umgekehrt wird bei Tönnies eine naturalistische Auffassung des ethnischen Bereichs als Ideologie kenntlich.

Aus Tönnies' Analyse kann man also Aufschlüsse gewinnen zum "fiktiven" Status ethnischer Gebilde, zum Einfluß der Gemeinschafts-Gesellschafts-Problematik auf den ethnischen Problembereich und zur Frage des sozialreformerischen Eingriffs zur Stützung gemeinschaftlicher Bildungen in der Gestalt ethnischer Gruppen und des damit verbundenen psychischen Habitus eines gewachsen Zusammengehörigkeitsgefühls.

Wenn man zum Vergleich Max Weber betrachtet, fallen zunächst einmal erstaunliche Gemeinsamkeiten auf. Max Weber äußert sich, ähnlich wie Tönnies, nur sparsam zum Problem ethnischer Gemeinschaften, besonders in einem Abschnitt von "Wirtschaft und Gesellschaft" (Weber 1976: 234-244). Und hier nun zielt die Gesamttendenz - ganz in Übereinstimmung mit Tönnies, nur unter Verwendung moderner wirkender Begriffe - auf die Hervorhebung des kostruierten Status von ethnischen Gruppenbildungen, auf den Primat des Politischen hinsichtlich des Entstehungsgrundes. Weber bringt eine Fülle von historischem Belegmaterial, das bis in die Antike reicht. Im Zusammenhang mit den hellenischen Phylen (Weber 1976: 241), weist Weber darauf hin, daß politische Gründungsakte stammesmäßiger Verbundenheit bei den Betroffenen in Vergessenheit geraten und daß sich stattdessen die Naturkategorie gemeinsamer Abstammung zur Situationsdeutung in den Vordergrund schieben kann. Auch hier zeigt sich - wie schon früher bei Tönnies, so nun auch bei Weber - ein starker ideologiekritischer Aspekt. Weber betont ähnlich wie Tönnies, daß genuin ethnische Kriterien nicht zu finden seien. Bei weit genug vorangetriebener Analyse würden sie sich ganz "verflüchtigen" (Weber 1976: 242). Das Selbstgefühl ethnischer Gruppen beruht auf dem in Wahrheit ständischen Kriterium der Ehre (Weber 1976: 239). Wiederum in Übereinstimmung mit Tönnies' Gemeinschaftskonzeption betont Weber die Bedeutung "politisch gemeinsamer Schicksale" (Weber 1976: 241) und des dadurch wachgerufenen "Glaubens" an eine gemeinsame Abstammung für die ethnische Gruppenbildung.

Weber hat jedoch, anders als Tönnies, keine psychologisch-anthropologische Grundlagentheorie, die ihm bestimmte Denkbahnen vorschreiben würde. Im Gegensatz zu Tönnies kann er auch die Möglichkeit annehmen, daß aus Gesellschaft Gemeinschaft entsteht. Bewußt geschaffene ethnische Zusammenhänge können demnach auf lange Sicht Gemeinschaftsgefühle entstehen lassen. Tönnies hätte in einem solchen Fall von 'Pseudogemeinschaften' gesprochen, da sie gerade nicht die psychische Disposition des "Wesenwillens" zu ihrer Grundlage hätten.

Es gibt einen weiteren Unterschied zwischen Tönnies' und Webers Betrachtungsweise ethnischer Fragen. Erstaunlicherweise bezieht Tönnies die damit verbundenen Probleme viel stärker auf die staatlich-politische Sphäre als Weber, ungeachtet des leidenschaftlichen Interesses, das Weber grundsätzlich an den Phänomenen Volk, Nation und Staat genommen hat. Tönnies fragt, wie das Volk repräsentiert wird (Tönnies 1920: 327ff.). Auch hier wieder bewährt sich seine ideologiekritische Blickweise: Es wird in Wahrheit gar nicht repräsentiert. Repräsentation ist immer eine Sache politischer Institutionen, die keine massive Rückbindung an die Repräsentierten haben. Daraus ergibt sich für Tönnies die Frage: wie läßt sich der Staat besser verbinden mit der ethisch einschlägigen Sphäre, die durch Bürgersinn, Gemeinsinn und Solidarität bezeichnet wird? Über diese Gedankenbrücke, nämlich über die These, daß sozialethische Motive nur in der Gemeinschaftssphäre ihren Ort haben (vgl. Bickel 1994), wird bei Tönnies die Brücke hergestellt zwischen seiner anlytisch-empirisch angelegten Soziologie und seinen starken sozialethischen Interessen, denen er aber jenseits der Grenzen der Wissenschaft ihren Platz zuweist. Ethnische Bindungen, da gemeinschaftlich vom Typus her, gehören demnach auch in diese ethisch bedeutungsvolle Sphäre - womit wiederum die Berührung mit dem Kommunitarismus unserer Tage hergestellt wäre. Dieses sozialethische Interesse ist Weber ganz fremd.

Tönnies wie Max Weber betonen beide den konstruierten Status ethnischer Gruppierungen. Beide heben den sekundären Charakter ethnischer Kriterien hervor. Ethnische Gesichtspunkte sind abgeleiteter Natur. Ideologiekritische Einsichten eröffnen ebenfalls beide. Was beide aber unterscheidet, ist der historische Ausblick auf die Zukunftschancen ethnischer Gruppierungen. Tönnies sieht Ethnizität im allgemeinen mit dem Untergang des Gemeinschaftsprinzips an Bedeutung verlieren. Weber dagegen läßt die Frage offen, ob es nicht immer wieder zu ethnischen Bildungen kommen kann, die dann in Wahrheit abgeleitete Folgen von anderen als ethnischen Abgrenzungen wären.

**Literatur**

Bickel, Cornelius (1991), Ferdinand Tönnies: Soziologie als skeptische Aufklärung zwischen Historismus und Rationalismus, Opladen.

Bickel, Cornelius (1994), Soziologie und Ethik bei Tönnies. Seine Auseinandersetzung mit zeitgenössischen Strömungen der Sozialethik, in: Helmut Holzhey (Hg.), Ethischer Sozialismus. Zur politischen Philosophie des Neukantianismus, Frankfurt/M.

Höffding, Harald (1890), Social Pesimisme, in: Tilskueren: 464-477, deutsch in: Tönnies, Ferdinand und Harald Höffding, 1989: 294-305.

Tönnies, Ferdinand (1908), Ethik und Sozialismus. Archiv für Sozialwissenschaft und Sozialpolitik (2. Teil), 26: 56-95.

Tönnies, Ferdinand (1918), Menschheit und Volk, Graz u. Wien.

Tönnies, Ferdinand (1920), Die große Menge und das Volk. Schmollers Jahrbuch für Gesetzgebung, Verwaltung und Volkswirtschaft 44: 317-345.

Tönnies, Ferdinand (1981), Einführung in die Soziologie. Mit einer Einführung von Rudolf Heberle, 2. unver. Aufl., Stuttgart (zuerst 1931).

Tönnies, Ferdinand (1988), Gemeinschaft und Gesellschaft. Grundbegriffe der reinen Soziologie. Darmstadt (zuerst 1887).

Tönnies, Ferdinand und Harald Höffding (1989), Briefwechsel. Hg.v. Cornelius Bickel und Rolf Fechner, Berlin.

Weber, Max (1976), Wirtschaft und Gesellschaft. Grundriß der verstehenden Soziologie, 5. erw. Aufl., hrsg. v. Johannes Winckelmann, 1. Halbband. Tübingen.

Dr. Cornelius Bickel, Institut für Soziologie der Christian-Albrechts-Universität Kiel, Olshausenstr. 40, D-24098 Kiel

## 3. Funktionale und segmentäre Differenzierung: ethnische Gemeinschaftsbeziehungen bei Weber[1]

*Theresa Wobbe*

Die neuere soziologische Diskussion über funktionale und segmentäre Typen sozialer Differenzierung kreist um das Problem, inwieweit die Modernitätstheorien funktionale Differenzierung einseitig und ausschließlich gesehen haben. In dieser Diskussion stimmen die unterschiedlichen theoretischen Positionen dahingehend überein, daß Formen segmentärer Differenzierung und Identitäten, die daran anschließen, bisher als Theorieproblem nicht angemessen zur Kenntnis genommen worden sind. Modernität mit funktionaler Differenzierung zu assoziieren, so Alois Hahn, hat sich damit bis in die jüngste Zeit "geradezu zur dominanten Weltbeschreibungsfigur entwickelt" (Hahn 1993 S. 194).

Dissens gibt es allerdings über zwei Fragen, die mich im folgenden beschäftigen. Erstens, sind diese Defizite von den Klassikern, die für uns als Referenzpunkte soziologischer Theorie einzustehen haben, gewissermaßen vorgegeben, und inwieweit ist segmentäre Differenzierung in modernisierungs- und differenzierungstheoretische Überlegungen einzuarbeiten? Zweitens fällt die Deutung des sozialen Phänomens segmentärer Differenzierungsformen unterschiedlich aus. Handelt es sich hierbei um 'Modernisierungslücken', also einen Mangel an Modernisierung (Esser 1988) oder um eine Begleiterscheinung moderner Gesellschaften (Nassehi 1990; Hahn 1993; Kreckel 1989; Beck 1986).

Ausgehend von Max Webers Bestimmungen der ethnischen Gemeinschaftsbeziehung werde ich am Beispiel der Staatsbürgerschaft kurz auf die neuen Bedingungen und Formen der Zugehörigkeit zu sprechen kommen, die mit der Herausbildung des Nationalstaats entstehen. Der Trend zur Partikularisierung der Definitionskriterien der Staatsbürgerschaft in diesem Jahrhundert führt uns wieder zu Webers Bestimmung ethnischer Differenzierung zurück.

Max Webers Überlegungen zu ethnischen Gemeinschaftsbeziehungen, zur politischen Gemeinschaft und Nation bieten einige Anregungen. Dies betrifft nicht nur seine Fassung des Konstruktionscharakters, der etwa im Unterschied zur Sippe eben eine "an sich nur (geglaubte) 'Gemeinsamkeit'" (Weber 1972: 237) kennzeichnet. Vielmehr betont er auch neben dem nach außen hervortretenden Habitus vor allem "in die Augen fallende Unterschiede in der Lebensführung des Alltags" (ebd.: 238). Die Unterschiede der Lebensführung rufen die Vorstellungen von anthropologischen Unterschieden hervor.

Weber bestimmt diejenigen Gruppen ethnisch, "welche auf Grund von Ähnlichkeiten des äußeren Habitus oder der Sitten oder beider oder von Erinnerungen an Kolonisation und Wanderung einen subjektiven Glauben an ein Abstammungsverhältnis hegen", und er fügt hinzu, "ganz einerlei, ob eine Blutsgemeinschaft objektiv vorliegt oder nicht" (ebd.: 237). Herkunft und gemeinsame Kultur dienen Weber also zur Kennzeichnung ethnischer Gruppen, die einen Glauben an eine Gemeinsamkeit in Zeit und Raum erzeugt. Die Bedeutung der Lebensführung (vgl. Hennis 1987) hat Weber auch im Zusammenhang mit der ständischen Vergesellschaftung bestimmt, die über die ständische Ehre einen spezifischen Lebensstil schafft (vgl. Lepsius 1992).

Am Beispiel der Staatsangehörigkeit läßt sich zeigen, daß in modernen Industriegesellschaften ethnisch-segmentäre Differenzierungen und askriptiv-partikulare Kriterien als Definition des Zugangs zu Staatsbürgerrechten nicht abnehmen, sondern sich im Laufe des 20. Jahrhunderts als Trend verstärken.

Mit der Umstellung auf die primäre Form des funktional differenzierten Gesellschaftstyps bilden sich neue Bedingungen von Zugehörigkeit heraus, und damit auch neue Probleme der Solidarität und Integration (Luhmann 1980). Vor der Herausbildung einer zentralistischen internen Souveränität basierte die Rechtssprechung weitgehend auf dem persönlichen Status, und war Sonderrecht, als persönliches Privileg des Standes- "alles 'Recht' erscheint als Privileg von einzelnen Personen oder Sachen oder individuellen Komplexen solcher" (Weber 1972: 418f.). Im Zuge einer Entwicklung, in der der Staat beansprucht, die einzige legitime Rechtsquelle zu sein, verlieren diese Rechtsgemeinschaften ihre Autonomie, und das Sonderrecht verliert zunehmend den Charakter als Privileg oder Privatrecht. Die persönliche Zugehörigkeit zu einem Stand, einer Körperschaft oder einem Verband wird als Grundprinzip der Sozial- und Rechtsordnung außer Kraft gesetzt (vgl. Brubaker 1994). Staatsangehörigkeit ersetzt nun die regionale-lokale, partikulare und exklusive Mitgliedschaft zu den Ständen.

Die Staatsangehörigkeit stellt für alle Bewohner des Staatsgebietes eine direkte, unmittelbare Beziehung zum Staat her, während die Herausbildung funktionaler Teilsysteme andere Zugehörigkeiten schafft, die sich gegenseitig nicht ersetzen können.

Alois Hahn (1993) hat die Herausbildung des Nationalen eine paradoxe neue Form segmentärer Identität genannt, die die funktionale Differenzierung begleitet, und er spricht in diesem Zusammenhang von der neuen segmentären Umwelt, die der Territorialstaat der Neuzeit darstellt. Danach sind funktionale Teilsysteme auf territoriale Begrenzungen angewiesen, denn funktionale Differenzierungen erzeugen Probleme der Integration.

Als Territorialstaat und Mitgliederverband hat der Nationalstaat das Problem, die Bedingungen der Mitgliedschaft der Bürger zu definieren, unterschiedlich gelöst. Die Kriterien der Staatsbürgerschaft sind nach Mathias Bös (1993) in den Vereinigten Staaten, Großbritannien, Frankreich, Deutschland vor allem sechs: Geschlecht, Familienzugehörigkeit, Blutsverwandtschaft, Territorial- oder Wohnsitzprinzip, das Prinzip der kulturellen Verbundenheit und das der Zugehörigkeit zu einer anderen Nation. Das prinzipiell universelle Recht der Staatsbürgerschaft enthält in der Rechtsnorm jeweils ein Mischungsverhältnis von universal/partikular und askriptiv/erworben. Die These von Matthias Bös über die Ethnisierung des Rechts lautet nun, daß die Definition der Staatsbürgerschaft als universale Inklusion sich in den letzten 200 Jahren immer stärker hin auf Kriterien ethnischer Zugehörigkeit orientiert hat. Danach hat sich in bezug auf Geschlecht und Familienform tendenziell eine Gleichberechtigung durchgesetzt. Demgegenüber ist ein Trend hin "zu den zugeschriebenen Eigenschaften der Blutsverwandtschaft und der nur schwer zu erwerbenden des gemeinsamen Lebensstils" (Bös 1993: 622) auszumachen.

Das Moment des gemeinsamen Lebensstils, der kulturellen Verbundenheit, führt uns zurück zu Weber: Die geglaubte und gedachte ethnische Gemeinsamkeit stellt für ihn "ein die Gemeinschaft erleichterndes Moment" (Weber 1972: 237) dar. Diese aktivische Seite, die Erzeugung des Glaubens an ethnische Gemeinsamkeit, die Konstruktion und Wahl ethnischer Zugehörigkeit, sowie die darin enthaltene Wertorientierung sind nach der Weberschen Bestimmung für das Politische im Topos des Nationalen verfügbar. Weber spricht hier vom 'Hinzudenken' der Vergangenheit in dem Sinne, wie Benedict Anderson den Begriff der als begrenzt und souverän vorgestellten politischen Gemeinschaft/'imagined communities' (Anderson 1988: 15) geprägt hat. Vor diesem Hintergrund ist die ethnisch-segmentäre Differenzierungsform als eine erfolgreiche Selbst- und Fremdbeschreibungsfigur verfügbar.

Bei Weber ist der Typus ethnischer Differenzierung nicht als ein Relikt zu verstehen (vgl. Kreckel 1989), sondern als ein Mechanismus sozialer Schließung, der gemeinschaftsstiftend in dem Sinne ist, daß er eine gemeinsame Vergangenheit in Raum und Zeit erzeugt. In dieser Perspektive der konstruktiven Seite hat Weber die Wirklichkeitsmächtigkeit der ethnisch-segmentären Differenzierung im Hinblick auf die Dynamik der poltischen Gemeinschaftsbildung in der nationalen Selbstbeschreibung gesehen.

In Webers Aufmerksamkeit für die Gemeinsamkeit des Lebensstils ist eine weitere Anregung zu erblicken. Unterschiede des Habitus und der Lebensführung werden als Symbole ethnischer Zugehörigkeit gedeutet und sind für die Grenzziehung ausschlaggebend. Die Grenze (Barth 1969) für die ethnische Differenzierung bildet sich also über Unterscheidungen der Herkunft und Kultur, die alltagsweltlich wirksam werden und für die das Geschlechterverhältnis von entscheidender Bedeutung ist (vgl. Wobbe 1994). Mit seinen Überlegungen zu ethnischen Gemeinschaftsbeziehungen bietet Weber ein Instrumentarium an, um Schließungsprozesse, wie sie z.B. über die Staatbürgerschaft stattfinden, als segmentäre Differenzierung im Nationalstaat rekonstruieren zu können.

Der Vorteil der Weberschen Bestimmung ethnischer Differenzierung liegt in der Möglichkeit eines restriktiven Gebrauchs. Im Unterschied zu dem begrifflich unklaren Konzept von Ethnizität (vgl. Sollors 1989), erlaubt uns die Webersche Bestimmung ethnischer Differenzierung soziale Schließungsprozesse sowie Formen der Integration und Identität soziologisch als Vergesellschaftungsweisen zu rekonstruieren. Dabei kann zum einen deutlich werden, daß z.B. Kriterien der Staatsbürgerschaft sowie deren Dimensionen ein Mischverhältnis funktionaler und ethnisch-segmentärer Differenzierungsformen eingehen (dies zeigt Bös 1993). Damit können zum anderen die unterschiedlichen Anforderungen an und Absichten zur Assimilation aufgeschlüsselt werden. Analysen des amerikanischen Melting-Pot-Modells (Bischoff/Marino 1991), die zeigen, daß der Entschluß, Amerikaner zu werden, unter Umständen höher bewertet werden kann als die zufällige amerikanische Geburt, sind in diesem Zusammenhang erhellend. Dabei wäre neben der externen Anforderung kultureller Verbundenheit auch das interne Moment von "ethnic solidarity as a freely willed solidarity" (Bodemann 1993: 224) ebenso einzubeziehen wie die Vorstellung ethnischer Identität als "Option" (Waters 1995).

Im Hinblick auf neue Formen von Integration, die gegenwärtige Gesellschaften herausfordern, erhält die Webersche Bestimmung ethnischer Differenzierung, gerade in ihrem restriktiven Gebrauch, durchaus einen diagnostischen Wert. "Wenn Modernisierung Differenzierung bedeutet, dann liegt darin enthalten, daß in der Moderne Unterscheidungen getroffen werden, die es vorher so nicht gab" (Berger 1988: 225). Damit wird ein Zugang zu ethnisch-segmentären Typen der Differenzierung denkbar, der auch modernitätstheoretisch produktiv ist.

**Anmerkung**
1) Eine ausführliche Fassung dieses Beitrages erscheint im 'Jahrbuch für Soziologiegeschichte' 1996.

**Literatur**
Anderson, Benedict (1988), Benedict, Die Erfindung der Nation. Zur Karriere eines erfolgreichen Konzepts, Frankfurt a.M.
Barth, Frederik (Hg.) (1969),: Ethnic Groups and Boundaries: The Social Organization of Cultural Difference, Boston.
Beck, Ulrich (1986), Die Risikogesellschaft. Auf dem Weg in eine andere Moderne, Frankfurt/M.
Berger, Johannes (1988): Modernitätsbegriffe und Modernitätskritik in der Soziologie. Soziale Welt 39: 224-236.
Bischoff, Volker/Mania Marino (1991), Melting-Pot-Mythen als Szenarien amerikanischer Identität zur Zeit der New Immigration. In: Nationale und kulturelle Identität. Studien zur Entwicklung des kollektiven Bewußtseins in der Neuzeit. Hg. von Bernhard Giesen: 513-536.
Bös, Mathias (1993), Ethnisierung des Rechts? Staatsbürgerschaft in Deutschland, Frankreich, Großbritannien und den USA. Kölner Zeitschrift für Soziologie und Sozialpsychologie 45: 619-643.
Brubaker, Rogers (1994), Staats-Bürger. Frankreich und Deutschland im historischen Vergleich (1992), Hamburg.
Esser, Hartmut (1988), Ethnische Differenzierung und moderne Gesellschaft. Zeitschrift für Soziologie 18: 235-248.
Hahn, Alois (1993), Identität und Nation in Europa. Berliner Journal für Soziologie 3: 193-203.
Hennis, Wilhelm (1987): Max Webers Fragestellung. Studien zur Biographie des Werks, Tübingen.

Kreckel, Reinhard (1989): Ethnische Differenzierung und "moderne" Gesellschaft. Zeitschrift für Soziologie 18: 162-167.

Lepsius, M. Rainer (1992), Bildungsbürgertum im 19. Jahrhundert. Teil III: Lebensführung und ständische Vergesellschaftung, Stuttgart: 8-18.

Luhmann, Niklas (1980), Gesellschaftsstruktur und Semantik. Studien zur Wissenssoziologie der modernen Gesellschaft, Bd. 1, Frankfurt/M.

Nassehi, Armin (1990), Zum Funktionswandel von Ethnizität im Prozeß gesellschaftlicher Modernisierung. Ein Beitrag zur Theorie funktionaler Differenzierung. Soziale Welt, 261-282.

Weber, Max (1947), Gesammelte Aufsätze zur Religionssoziologie, Bd. 1, Tübingen, S. 536-573.

Weber, Max (1972), Wirtschaft und Gesellschaft. Grundrisse der verstehenden Soziologie, 5. rev. Aufl., besorgt von Johannes Winckelmann, Tübingen.

Waters, Mary C.(1994), Ethnische Identität als Option. In: Pathologien des Sozialen. Die Aufgaben der Sozialphilosophie, hg. von Axel Honneth, Frankfurt/M., S. 205-232.

Wobbe, Theresa (1994), Die Grenzen der Gemeinschaft und die Grenzen des Geschlechts. In: Denkachsen. Zur theoretischen und institutionellen Rede vom Geschlecht, hg. von Theresa Wobbe/ Gesa Lindemann, Frankfurt/M.: 177-207.

Dr. Theresa Wobbe, FU Berlin, Institut für Soziologie (WE 2), Babelsberger Straße 14-16, D-10715 Berlin

## 4. Ursachenanalyse und ethnopolitische Gegenstrategien zum Landarbeitermangel in den Ostgebieten: Max Weber, das Institut für Staatsforschung und der Reichsführer SS

*Carsten Klingemann*

*Vorbemerkung*

Ein unzulässiger Rückzug auf angeblich anthropologisch Vorgegebenes wird gewöhnlich jenen vorgeworfen, deren ideologische und politische Position gegenüber 'ethnischer' Differenzierung als sachlich nicht begründet angesehen wird. Im folgenden wird geprüft, in welcher Weise bei Max Weber, dem Institut für Staatsforschung und dem Reichsführer SS Heinrich Himmler sozialwissenschaftliche Untersuchungsergebnisse über die Ursachen des Landarbeitermangels im 'deutschen Osten' mit ethnisierenden Topoi des Volkstumskampfes verknüpft werden. Einleitend wird die Rolle des Ethnischen in Max Webers Stellungnahmen zur 'Polenfrage' synoptisch dargestellt.[1] Dem schließt sich ein knapper Vergleich von zwei aufeinander bezogenen Texten an. Dabei handelt es sich einmal um eine Untersuchung der preußischen Politik zur Ansiedlung von Landarbeitern im Osten, die vom Institut für Staatsforschung an der Universität Berlin 1940 erstellt wurde. Auf der Grundlage dieser von ihm in Auftrag gegebenen Studie, die das Scheitern der preußischen Ansiedlungspolitik dokumentiert, entwickelte dann der Reichsführer SS in seiner Eigenschaft als Reichskommissar für die Festigung deutschen Volkstums seine Konzeption einer Landarbeiteransiedlungsstrategie in den "Ostprovinzen" und in den zu erobernden Gebieten, die er Hitler persönlich vorlegte.[2]

## Die Rolle des Ethnischen in Max Webers Stellungnahmen zur 'Polenfrage'

Die bekannte Zentriertheit des Weberschen Denkens um den nationalen Machtstaat als politischem Ideal stellt den Ausgangspunkt für die weiteren Überlegungen dar.[3] Diese Ausrichtung auf Nationalität bedeutet für Webers Analyse der Situation im preußischen Osten, daß nicht die Produktivität der landwirtschaftlichen Betriebe ein objektives, wertfreies Urteilsprinzip sein kann, sondern das Interesse an der Erhaltung des Deutschtums. Er plädiert deswegen für Staatsinterventionen, die die Voraussetzungen für eine selbstgenügsame, nicht für den Markt produzierende Betriebsstruktur schaffen sollen, da die weltmarktabhängigen Gutsbetriebe auf polnische Wanderarbeiter angewiesen sind.

Dabei argumentiert Weber scheinbar mit dem Ethnischen als einer Kategorie sui generis. Er spricht von "slavischer Überflutung"(Weber 1993b: 458) und davon, daß der polnische Kleinbauer an Boden gewinne, "weil er gewissermaßen das Gras vom Boden frißt, nicht *trotz*, sondern *wegen* seiner tiefstehenden physischen und geistigen Lebensgewohnheiten." Es findet somit ein negativer Ausleseprozeß statt, den die "Nationalität" für sich entscheidet, "welche die größere Anpassungsfähigkeit an die gegebenen ökonomischen und sozialen Lebensbedingungen besitzt"(Weber 1993c: 553). Er fordert deswegen die Aufsiedlung eines erheblichen Teils des Großgrundbesitzes, die flächendeckende Einrichtung von kleinen Bauernstellen und die Schließung der Grenzen für polnische Wanderarbeiter.

Wie wurde Weber im Ersten Weltkrieg vom Polenfeind zum Polenfreund? Ich meine mit Hilfe einer kulturistisch anmutenden Kehrwende. In der Frankfurter Zeitung schreibt er am 25. Februar 1917: "Daß das Vordringen der Polen auf Kosten der Deutschen im Osten sich vollzog gerade infolge der größeren *Kulturarmut* der ersteren, die sich ausdrückte in geringeren Lohnforderungen der polnischen Arbeiter und geringerem Mindestbodenbedarf der polnischen Bauern, - diese fatale Beherrschung der Nationalitätenkonkurrenz durch das 'Prinzip der billigeren Hand' war seinerzeit ein triftiger Grund für uns Deutsche, die *Ansiedlungspolitik* der preußischen Regierung zu unterstützen"(Weber 1958a: 174). Eigentlich müßte nun gefragt werden, welche Ursachen die größere Kulturarmut hervorgerufen haben. Davon will Weber, der ein sich Deutschland unterordnendes 'freies' Polen als Rückendeckung gegen Rußland schaffen möchte, aber nichts mehr wissen. So stellt er fest, die wirtschaftliche Mobilmachung des Polentums habe in ihren Kampforganisationen dazu geführt, "daß von einer 'Konkurrenz der durch Kulturlosigkeit billigeren Hand' heute *nicht* mehr wie früher geredet werden darf"(ebd.: 175).

Webers ethnisierende Redeweise der 90er Jahre ist nun scheinbar aufgegeben worden, sein machtpolitisches Nationalstaatsdenken erklärtermaßen nicht - und das kann jederzeit reethnisiert werden. Denn der Beweis, die eigentlich aus ethnischen Gründen billigere polnische Arbeitskraft sei nun genauso teuer wie die deutsche, wird nicht erbracht. Umgekehrt, am 1. März 1917 wendet sich Weber wieder in der Frankfurter Zeitung energisch gegen die preußische Fideikommißvorlage: "Das Interesse der Plutokratie an billigen Arbeitern und das Interesse des Deutschtums sind unvereinbar."(Weber 1958b). Und bereits in seiner Nürnberger Rede - "An der Schwelle des dritten Kriegsjahres" - für den Deutschen National-Ausschuß am 1. August 1916 hatte Weber zu erkennen gegeben, daß er sich nach wie vor eine Lösung des Polenproblems nur als ethnische vorstellen konnte: "Seit 23 Jahren versuche ich vergebens, es durchzusetzen, daß die fremden

Arbeiter aus Deutschland ausgewiesen würden."[4] Um auch die Arbeiterschaft nationalpolitisch ansprechen zu können, argumentiert selbst noch der Polenfreund Weber ethnopolitisch.

## Die Studie des Instituts für Staatsforschung

Es handelt sich um den "Archivbericht Nr. 14"[5] aus dem Projekt "Auswertung der Erfahrungen der deutschen Ostsiedlung bis zur Machtergreifung", mit dem Betreff-Vermerk: "Die Ansiedlung von Landarbeitern". Das Manuskript ist mit der Paraphe Himmlers auf den 8. Juni 1940 datiert, umfaßt 14 maschinengeschriebene Seiten und ist mit "Höhn"[6] unterzeichnet. Verwendet wurden Zeitungsartikel, Denkschriften, Berichte der preußischen Ansiedlungskommission und Akten von Ministerien.

## Ursachen der Polonisierung

Neben allgemeinen Gründen für die Stadt- und Westwanderung werden speziell für die Landarbeiter deren rückständige und zum Teil unwürdige Lebensverhältnisse auf den Gütern des Ostens hervorgehoben. Dabei werden sowohl materielle Mißstände wie auch die schlechte Behandlung der Arbeiter benannt. Die Hauptursache für das massenhafte Zuströmen polnischer Arbeiter wird in der großen Nachfrage nach billigen Arbeitskräften seitens der Großbauern und des Großgrundbesitzes und in der Genügsamkeit der polnischen Arbeiter gesehen. Da sich mit dem Anwachsen der Zahl der polnischen Arbeiter auch Angehörige zahlreicher anderer Berufe, selbst Akademiker, etablieren, kommt es zu einer nachhaltigen Polonisierung. Der Archivbericht stellt somit ausschließlich sozialökonomische Ursachen für die Abwanderung deutscher und das Zuströmen polnischer Arbeiter heraus.

Die Haupterkenntnis des Berichts lautet: "Falsch war es, daß die preußischen Siedlungsbehörden im wesentlichen von wirtschaftlichen Gesichtspunkten ausgingen und dem Großgrundbesitz sowie den Großbauern um jeden Preis berufliche Landarbeiter zur Verfügung stellen wollten. Die Ansiedlungsbehörden gerieten dadurch in Widerspruch zu ihren eigenen Zielen und Grundsätzen: Die Ostsiedlung konnte nur leben, wenn ein immer neuer Zustrom von siedlungswilligen und siedlungsfähigen Leuten in die Provinzen kam; bei den Landarbeitern mußte aber dieser beste Trieb, Bauer zu werden, künstlich unterdrückt werden. Sie sollten möglichst nicht Bauer werden, sondern sollten an ihre kleine und unzulängliche Scholle gefesselt werden."

Der Bericht kommt somit bei der Benennung der Hauptursachen des Scheiterns der Ansiedlungspolitik zu demselben Ergebnis wie Max Weber. Im Rahmen der Auswertung der Enquête des Vereins für Sozialpolitik zur Lage der Landarbeiter stellt Weber fest, daß die Abwanderung der deutschen Landarbeiter in erster Linie eine Folge des Zusammenbruchs der älteren patriarchalischen Sozialordnung war, die sich im Zuge des Vordringens kapitalistischer Formen der Wirtschaftsführung unvermeidlich ergab. Seine Analyse des Verhältnisses zwischen dem Anteil des Großgrundbesitzes an der gesamten Fläche eines Gebietes und der Rate der abgewanderten Deutschen erbringt für ihn den Beweis, daß "der landwirtschaftliche Großbetrieb des Ostens der gefährlichste Feind unserer Nationalität, daß er unser *größter Polonisator* ist"(Weber 1993d: 177).

## Himmlers Ausführungen

Der achtseitige Text[7] beginnt mit dem Satz: "Ein Archivbericht Nr. 14 über die Auswertung der Erfahrungen der deutschen Ostsiedlung bis zur Machtergreifung befaßt sich mit der Frage der Ansiedlung von Landarbeitern."
Datum: 24.6.1940, Führer-Hauptquartier
Das Manuskript ist mit besonders großen Schreibmaschinentypen geschrieben, die für Texte benutzt wurden, die Hitler vorgelegt werden sollten. Schluß: "Der Reichsführer SS."
Handschriftlich ist vermerkt: "korrigiertes Ex."; "d. Führer im Zug von Freiburg i.Br.n. Ottersweier vorgelegt. 30.VI.40.
Der Führer sagte, daß es Punkt für Punkt richtig wäre."
Abgezeichnet mit der Paraphe Himmlers.

Aus dem Archivbericht übernahm Himmler die Feststellung des völligen Scheiterns der staatlichen Maßnahmen. Als Ursache dafür bezeichnete er jedoch nicht die dominanten wirtschaftlichen Interessen des Großgrundbesitzes, sondern die "unmöglichen" politischen Verhältnisse, die er in den Gegensätzen zwischen Konservativen und Sozialdemokraten sowie zwischen Katholiken und Protestanten erblickte. Es wird aber deutlich, daß er weiß, wo das eigentliche Problem liegt, wenn er unvermittelt fortfährt: "Trotzdem erscheint es mir notwendig, zu diesen Fragen Stellung zu nehmen, da ich weiß, daß auch heute bei manchen Stellen die Ansicht vertreten wird, daß man im Osten und im Gesamtreich ohne ansässige fremde Arbeiter nicht auskommen könne, und daß man die ansässigen Fremden aus wirtschaftlichen Gründen immer behalten müsse." Dieser Auffassung stellt er seine rassenpolitisch motivierten Wunschvorstellungen entgegen. Aber auch Himmler mußte sich eingestehen, daß die Wirtschaft auch noch sieben Jahre nach der sogenannten Machtergreifung auf seine rassenpolitischen Zielvorgaben keine Rücksicht nehmen würde, wenn es darum ging, billige Arbeitskräfte nutzen zu können. Um dennoch die von ihm als größtes Übel gefürchtete Rassenmischung, die der massenhafte Einsatz ausländischer Arbeiter mit sich bringen würde, zu verhindern, verkündete er ein "heiliges, für alle Zeiten gültiges Gesetz bei der Verwendung dieser fremdrassigen Wanderarbeiter". Punkt 3 dieses Gesetzes lautet: "unmöglich und verboten ist jede geschlechtliche Vermischung zwischen diesen fremdrassigen und germanischen Menschen."

## Fazit

In der Analyse der sozialen und politischen Ursachen des Landarbeitermangels stimmen die Wissenschaftler Max Weber und die des Instituts für Staatsforschung weitgehend überein, während im Hinblick auf nationalpolitische/volkstumspolitische Strategien die Politiker Weber und Himmler den deutschen Anspruch - in freilich unterschiedlicher Weise - mit Hilfe ethnisierender Begründungen durchsetzen wollen. Beide setzen auf den von Weber als Kern der Rassenvorstellung benannten Effekt der Mobilisierung des Gemeinschaftsglaubens - in diesem Fall an das Deutschtum.

## Anmerkungen

1) Eine ausführliche Auseinandersetzung mit Webers agrarsoziologischen Untersuchungen und seiner politischen Haltung gegenüber der befürchteten Polonisierung des 'deutschen Ostens' erfolgt in einer längeren Fassung dieses Beitrags, die im Jahrbuch für Soziologiegeschichte erscheinen soll.
2) In der eben erwähnten längeren Fassung wird auch durch einen Textvergleich der instrumentelle Gebrauch der Expertise des Instituts für Staatsforschung durch Himmler nachgezeichnet.
3) Die Ausführungen lehnen sich weitgehend an Mommsen ($^2$ 1974) sowie Mommsen/Aldenhoff (1993) an.
4) Zit. nach Mommsen (Max Weber Gesamtausgabe, Bd. 4, 1. Halbband: 508, 510).
5) Bundesarchiv Koblenz, NS 19/3282 (Persönlicher Stab Reichsführer SS, ohne Paginierung).
6) Es handelt sich um den Direktor des Instituts für Staatsforschung Prof. Reinhard Höhn; zu Höhns außergewöhnlicher Karriere vgl. Heiber 1966; zu Höhns Aktivitäten im Bereich der Soziologie vgl. Klingemann 1995.
7) Bundesarchiv Koblenz, NS 19/3282 (Persönlicher Stab Reichsführer SS, ohne Paginierung).

## Literatur

Carsten Klingemann (erscheint 1995), Soziologie im Dritten Reich. Opladen.

Helmut Heiber (1966), Walter Frank und sein Reichsinstitut für Geschichte des neuen Deutschlands. Stuttgart.

Mommsen, Wolfgang J. ($^2$1974), Max Weber und die deutsche Politik 1890-1920. Tübingen.

Mommsen, Wolfgang J./Aldenhoff, Rita, Einleitung, in: Weber (1993a): 1-67.

Weber, Max (1993), Die ländliche Arbeitsverfassung, in: Max Weber Gesamtausgabe, Bd. 4, 1. Teilband.

Weber, Max (1993a), Landarbeiterfrage, Nationalstaat und Volkswirtschaftspolitik. Schriften und Reden 1892-1899. Tübingen (Max Weber Gesamtausgabe, Bd. 4, 1. Halbband).

Weber, Max (1993b), Entwickelungstendenzen in der Lage der ostelbischen Landarbeiter (Max Weber Gesamtausgabe).

Weber, Max (1993c) Der Nationalstaat und die Volkswirtschaftspolitik. Akademische Antrittsrede (Max Weber Gesamtausgabe, Bd. 4, 1. Halbband).

Weber, Max ($^2$1958a), Deutschlands äußere und Preußens innere Politik. I. Die Polenpolitik, in: Ders., Gesammelte politische Schriften. Tübingen.

Weber, Max ($^2$1958b), Deutschlands äußere und Preußens innere Politik. II: Die Nobilitierung der Kriegsgewinne, in: Ders., Gesammelte politische Schriften, Tübingen.

Prof. Dr. Carsten Klingemann, Universität Osnabrück, FB Sozialwissenschaften, PF 4469, D-49069 Osnabrück

## 5. Differenzierung und Nivellierung - Tönnies' Konzept der Moderne

*Rolf Fechner*

Der Diskurs über die Moderne gilt als das zentrale Thema der Soziologie. Schon ein erstes Sichten der Ansätze der vielen Modernisierungstheorien zeigt die Problematik der kontroversen Debatten. Es ist nicht erstaunlich, daß die Soziologen versucht haben, sich qua Postmoderne ihres Erbes zu entledigen. Dabei hat gerade ein Klassiker der Soziologie, Ferdinand Tönnies, eine auch heute noch beachtenswerte und höchst anregende Modernisierungs- und Rationalisierungstheorie »zur Erfassung der Intensität der Integrations- und Assoziationsfähigkeit von Individuen« (Dieckmann 1995: 56) zu bieten. Tönnies' Thema sind die langweiligen anomischen Prozesse, die sich bei der Entwicklung vom Mittelalter zur Neuzeit ergeben. Unter dem Schlagwort »Von Gemeinschaft zur Gesellschaft« wurde sein Konzept als überholtes soziologisches Bildungsgut nach 1945 jedoch weitgehend ignoriert oder variabilisiert, funktionalisiert und entstellt.[1]

Tönnies verstand Modernisierung als Ergebnis einer Entwicklung, die aus den Anlagen einer »Gemeinschaft« originär hervorgegangen ist. Die innovativen Kräfte stellen autochthone Produkte des 'Volkslebens' dar. Sie sind aus deren inneren Bewegungsbedingungen und immanenten Kausalitäten heraus entstanden. Deshalb kann Tönnies die hervorgebrachte »Gesellschaft« nicht isoliert betrachten, sondern mußte den gesamten historischen Verlauf als Kontinuum, als allmähliche Differenzierung, Rationalisierung und Individualisierung der psychischen und der sozialen Formen analysieren. Folglich charakterisierte er mit seinem *Gemeinschafts-Gesellschaft-Theorem* die 'Neuzeit' als »Fortsetzung des Mittelalters«, als Zuspitzung von Tendenzen, die bereits zuvor angelegt gewesen sind. Schon im Seßhaftwerden, schon in der Frühgeschichte der Menschen liegt der Anfang der Entwicklung, »welche zuletzt als gesellschaftliche frei wird«. Doch Gemeinschaftliches rage immer in die Moderne hinein: Wie »die Neuzeit schon im Mittelalter lebendig geworden« sei, so sei »das Mittelalter in der Neuzeit lebendig geblieben«. Die Auflösung der gemeinschaftlichen Verhältnisse ist ein Prozeß, in dem jene Bande aufgelöst werden, »in welche der einzelne Mensch sich mit seinem Wesenwillen und ohne seinen Kürwillen versetzt findet, und wodurch die Freiheit seiner Person in ihren Bewegungen, seines Eigentums in seiner Veräußerlichkeit und seiner Meinungen in ihrem Wechsel und ihrer wissenschaftlichen Anpassung gebunden und bedingt ist, so daß sie von dem sich selbst bestimmenden Kürwillen als Hemmungen empfunden werden müssen« (Tönnies 1979: 219). Es ist ein Prozeß, den die *bürgerliche Gesellschaft*, »insofern als Handel und Wandel unskrupulöse, unreligiöse, leichtem Leben geneigte Menschen fordert« (ebd.) und der *Staat*, »insofern er diese Entwicklung beschleunigt und aufgeklärte, gewinnsüchtige, praktische Subjekte für *seine* Zwecke am brauchbarsten findet« (ebd.), immer mehr beschleunigt.

Im Gegensatz zu Hobbes, der nur einen Typus des menschlichen Willens anerkannte, nämlich »den Typus des logischen, zuerst trennenden, dann zusammensetzenden also rechnenden Wollens und Machens, der zunehmend in Handel und Kapitalismus, in Wissenschaft und Technik, in Politik und Gesetzgebung, im gesamten modernen Geist durchgedrungen ist« (Tönnies 1931: 154), begründet Tönnies menschliche und soziale Einrichtungen auch auf einen weiteren Typus der »Vernünftigkeit des Wollens«. Dieser andere Typus, den Tönnies *Wesenwille* nennt, »ist die ältere einfachere und in einem leicht zu verstehenden Sinne, die natürlichere Gestalt des denkenden menschlichen Willens. Er findet seinen organischen Ausdruck in aller kunsthaften Arbeit, in allem künstlerischen Schaffen, worin die unbewußten Kräfte des Denkens mehr als die bewußten wirken« (Tönnies 1931: 155). Hier dominieren Gewohnheit, Gesinnung, Gewissen, Sitte und Religion; es ist hier die Rede vom Volksleben, vom Gewohnheitsrecht, von der distributiven Gerechtigkeit ('jedem das seine') und von der Kunst. Die Formen des sozialen Zusammenlebens »beruhen hauptsächlich in den natürlichen - biologischen - Verhältnissen zwischen Menschen« und »haben die formale Gleichheit oder gleiche Freiheit, der in ihnen lebenden Personen *nicht* zur Voraussetzung; vielmehr bestehen sie zum Teil eben durch die natürlichen Ungleichheiten des Geschlechts, des Alters, der physischen und moralischen Kräfte in den wirklichen Lebensbedingungen (Tönnies 1931: 21). Tönnies spricht von der Gemeinschaft des Blutes, des Ortes und des Geistes (vgl. Tönnies 1979: 12). »Gemeinschaft ist das dauernde und echte Zusammenleben« (Tönnies 1979: 4), ist die 'Heimat'.

Unter Modernität versteht Tönnies nun den Übergang von Gemeinschaft zur Gesellschaft, den er aus zwei Blickwinkeln betrachtet:
1. Die Neuzeit als Fortsetzung des Mittelalters, also als Kulturfortschritt mit Phänomenen wie Bevölkerungszunahme und -verdichtung, einer hohen Entwicklung des Handels, dem Aufkommen großer Industrien, dem gewaltigen Fortschritt der Wissenschaften und der Technik, der Vermehrung und Verfeinerung von Rohheit, Armut und Einfalt ursprünglichen Volkslebens. Es ist der *Prozeß einer Differenzierung*, einer Besonderung und Individualisierung aus der Einheit eines Volkes, das sich durch Abstammung von gemeinsamen Vorfahren und durch Anpassung an die Lebensbedingungen verbunden weiß (vgl. Tönnies 1913: 38 ff.).
2. Die Neuzeit als Revolution, als ein gegensätzliches Prinzip, das schon im Mittelalter sich zu entfalten begann. Dies impliziert einen *Prozeß der Nivellierung*, denn das sich isolierende, das isolierte Individuum - zuerst als Fremder und Händler, dann als Weltbürger und Freidenker - setzt ein neues Allgemeines, eine Einheit, zu der es sich in Beziehung setzt, »um es zu erwerben, zu erobern, zu beherrschen« (Tönnies 1913: 57). Diese Einheit ist »die 'Welt' bzw. die Menschheit, die der Kaufmann im Verkehr von sich abhängig zu machen, die der Staatsmann als Welteroberer sich zu unterwerfen oder doch als seine Mitbürger zu regieren, die der Wissensmann zu erkennen und, ..., zu bilden sich vorsetzt und beflissen ist.« (ebd.)

Um diese Prozesse richtig zu verstehen, müssen die Blickwinkel zur Deckung gebracht werden. Das entlassene moderne Individuum steht am Schnittpunkt, am Anfang und am Ende einer Kulturentwicklung: »... es geht hervor aus Gemeinschaft, es gestaltet Gesellschaft« (Tönnies 1913: 58). Für Tönnies wird der Impuls zur Differenzierung aus den ursprünglichen organischen mittelalterlichen Kollektivgebilden aufgenommen, umgeformt und auf eine qualitativ neuen Ebene gehoben: in eine Tendenz zur Bildung neuer kollektiver Gebilde, »die ihrer Natur nach unbegrenzt und universal« sind (Tönnies 1913: 57). Auf ökonomischer Ebene zeigt sich die Individualisierungstendenz in den wirtschaftlichen Assoziationen sowie in den staatlichen Institutionen zur Beeinflussung des Wirtschaftsprozesses. Auf politischer Ebene findet sie in der Bildung der Nationalstaaten und in der Sphäre der Weltpolitik ihren Ausdruck. Auf geistig-kultureller Ebene ist die moderne Wissenschaft ein Produkt dieser Entwicklung. Der Individualismus *innerhalb* der überlieferten Verbände, also die endogene, aber noch nicht epoche-sprengende Entwicklungsrichtung, zeigt sich für Tönnies in den Gestalten des Grundherren, des Fürsten und des Priesters. Hier dient der Individualismus als Verteidigung der traditionalen Verbände. Es ist seine Tendenz zur absoluten Verfügungsgewalt über Eigentum, zur politischen Macht und zu religiös-moralischer Normen, die sich in dieser Richtung auswirkt. Es handelt sich dabei um die Umwandlung der überlieferten Grundherrschaft in die moderne Gutsherrschaft, um die Durchsetzung des monarchischen Absolutismus gegenüber den feudalen Zwischengewalten und um die Schaffung eines Spielraumes für willkürliches (»kürwilliges«) effektives Handeln durch kompetente Normenauslegung zuerst seitens der Priester. Von diesen Tendenzen vorbereitet, entwickelt sich der eigentlich epoche-sprengende Individualismus *aus* den gemeinschaftlichen Formen heraus. Der Verfall der mittelalterlichen Gemeinde- und Gewerbeverfassung gibt den Weg frei für die Entfaltung des Kapitalismus in der Landwirtschaft und die Durchsetzung der Gewerbefreiheit gegen den Zunftzwang. Die ständischen Gewalten werden vom politischen Individualismus, wie er in der Volkssouveränität und der staatsbürgerlichen Gleichheit realen Ausdruck gewinnt, beseitigt. Die Arbeiterbewegung steht nach Tönnies genauso wie die bürgerlich-liberale Bewegung unter der Herrschaft des politischen Individualismus, insofern als sie die Gleichberechtigung des Arbeiters mit den Individuen der besitzenden Klasse zu erreichen sucht. Auf geistigem Gebiet zeigt sich die realhistorische Kraft des Individualismus im Zerfall der Glaubenseinheit und dem Ende der beherrschenden Stellung der katholischen Kirche. Im Protestantismus und Pietismus als spezifisch bürgerlichen Erscheinungsformen der Religion wird ihm die Parallelität und gegenseitige Beförderung des religiösen Befreiungskampfes mit dem ökonomischen und politischen Liberalismus deutlich. Die dritte Entwicklungslinie des neuzeitlichen Individualismus, die radikalste und wurzelloseste gleichsam, hat sich von Anfang an *neben* den gemeinschaftlichen Verbindungen entwickelt: in Gestalt des fremden Händlers, aus dessen geistigem Habitus sich später der industrielle Fabrikant entwickelt, ferner in Gestalt des liberalen Weltbürgers und schließlich in der Gestalt des notwendigerweise auf Internationalität zielenden Wissenschaftlers (vgl. Tönnies 1913).

Den Umschlag der Entwicklung von äußerster Differenzierung zu neuerlicher Nivellierung in einer nunmehr durch Abstraktion und Konstruktion geschaffenen künstlichen Sphäre der Allgemeinheit zeigt Tönnies auf dem Gebiet der sozialen Werte, und zwar sowohl der ökonomischen wie der politisch und der ethischen. Er verfolgt dabei eine Reihe von parallelen Entwicklungstendenzen: die Herausbildung des freien, disponiblen Privateigentums, die Entstehung öffentlicher staatlicher Einrichtungen, die Nivellierung gewohnheitsrechtlicher Besonderheiten durch das Postulat der Generalisierbarkeit und universellen Geltung rechtlicher Normen. Vorbild und Vorläufer dabei war das römische Recht, das im modernen Naturrecht weiterwirkte. In analoger Weise wirkt sich das Allgemeinheitsprinzip in der Herstellung von Symbolsystemen mit universeller Geltung aus. Beispiele dafür sind die Tendenzen zu einer Weltsprache, einer internationalen Währung und weltweit geltenden Maßsystemen.

Die »Gesellschaft« darf nach Tönnies nicht abgehoben von ihrer Genese betrachtet, darf nicht in positiv oder negativ wertender Absicht rationalistisch verklärt oder historisch-romantisch verteufelt werden. Sie ist nichts mehr und nichts weniger als die höchste Steigerung eines sich entwickelnden Volkslebens. Die moderne Handlungsrationalität, der *Kürwille*, stellt »nur eine entwickelte und besondere Gestalt des Wesenwillens« dar, hervorgegangen aus den mangelnden Möglichkeiten der »Gemeinschaft«, die äußeren Lebensanforderungen optimal zu bewältigen; sie ist nur eine besondere Form des allgemeinen Selbsterhaltungsantriebs, der schließlich sämtliche älteren Impulse vereinnahmt und die sozialen Beziehungen auf nüchterne Tausch- und Vertragsbeziehungen à la Hobbes reduziert. Auch dieser rechenhaften Rationalität geht es um Lebenserhaltung, um Lust und Glück (vgl. Zimmermann 1994). Aber sie entscheidet aus eigenem Vermögen, welche Ziele angestrebt und wie sie durchgesetzt werden sollen. Dem Kürwillen ist es »gleichgültig«, ob ein Mittel »gefällt«, ob es »gewohnt« ist, ob es als gut oder böse erscheint, Hauptsache, es dient den Interessen des Individuums. Und hier liegt für Tönnies das Problem der Neuzeit, nämlich »ob aus dem wissenschaftlichen, philosophischen Gedanken heraus eine wirksame, also mit Erfolg gelehrte Ethik hervorgehen kann und wird« (Tönnies 1981: 311), eine Ordnung des Zusammenlebens, welche, auf Konvention gegründet, durch politische Gesetzgebung gesichert, »durch öffentliche Meinung ihre ideelle und bewußte Erklärung, Rechtfertigung empfängt« (Tönnies 1979, S. 207).

**Anmerkung**
1) Siehe z. B. T. Parsons, der mit seinen 'pattern variables' die Gemeinschafts-Gesellschafts-Dichotomie dynamisieren und freie Orientierungsalternativen für Individuen bieten wollte; kritisch dazu S. Tönnies (1995).

**Literatur**
Dieckmann, Johann (1995), Kausalität als soziologische Kategorie. Untersuchungen am Beispiel der Begriffe Wesenwille und Kürwille, in: Tönnies-Forum, 4. Jg., 1: 53-61.
Tönnies, Ferdinand (1913), Individuum und Welt in der Neuzeit, in: Weltwirtschaftliches Archiv, 3: 37-66.
Tönnies, Ferdinand (1979), Gemeinschaft und Gesellschaft, Darmstadt.
Tönnies, Ferdinand (1981), Einführung in die Soziologie, Stuttgart.
Tönnies, Sibylle (1995), Die Auflösung des Schemas »Gemeinschaft und Gesellschaft« durch Talcott Parsons, in: Tönnies-Forum, 4. Jg, 1:44-59.
Zimmermann, Harm-Peer (1994): Sitte und Konvention. Ferdinand Tönnies' Version einer Dichotomie von Überlebenslogik und Herrschaftslogik, in: Tönnies-Forum, 3. Jg., 1: 17-75.

Dr. Rolf Fechner, Ferdinand-Tönnies-Gesellschaft, Freiligrathstr. 11, D-20146 Berlin

## 6. Zweierlei Differenzierung - Heterogenität und Komplexität bei Robert Ezra Park

*Michael Makropoulos*

Wirklichkeiten - und nicht nur soziale - sind modern nur kontextuell verankert und Ordnungen variabel: sie könnten eben auch anders sein. Und am Ende ist vielleicht genau das ihre Raison d'être, und moderner Gesellschaft wohnt konstitutiv ein Moment von Kontingenz inne, das sich unabweisbar in der Großstadt von metropolitaner Größe und der ihr entsprechenden urbanen Lebensform manifestiert.

Kontingenz kann soziologisch auf mindestens zwei Weisen problematisiert werden, die einander zwar nicht ausschließen, die aber in der Regel als systematisch exklusive Alternativen und im Zuge modernisierungstheoretischen Evolutionsdenkens als historisch konsekutive Entwicklungsstadien konzeptualisiert worden sind. Kontingenz manifestiert sich demnach einerseits als tendenziell inkohärente Heterogenität im Sinne unvermittelter, wenn nicht schlechterdings unvermittelbarer segmentärer Differenzierung; ihre extreme Figuration ist Fremdheit als problematische und nicht selten geradezu perhorreszierte Alterität. Andererseits manifestiert sich Kontingenz als tendenziell kohärente Komplexität im Sinne vermittelter oder wenigstens doch potentiell vermittelbarer funktionaler Differenzierung. Und deren extreme Figuration bildet die Weltgesellschaft als entproblematisierte und nicht selten nivellierte, weitgehend vernachlässigbare Alterität. Beide, Heterogenität und Komplexität, sind virtuell 'reine' Konzepte, in denen weder für unauflösbare Ambivalenz, noch für indifferente Kontextualität eine positive Theoriestelle existiert. Und schon gar nicht für deren Mischungseffekte. Genau diese Mischungen als Inbegriff sozialer Modernität hatte allerdings Robert E. Park in jenen Arbeiten im Blick, die ein thematisches Spannungsfeld bilden, dessen Pole die moderne großstädtische Lebensform und der kulturelle Mischling (cultural hybrid) sind, zwischen denen es Park um die Verschränkung der subjektiven und objektiven Effekte und Möglichkeiten sozialer Modernität ging, wenn man deren konstitutive Charakteristika nicht in exklusive segmentäre oder funktionale Idealtypen der Heterogenität und Komplexität auflöste, sondern diesseits dieser konzeptuellen Alternativen als perspektivisches Kontinuum von Ambivalenz und Kontextualität faßte. Park selbst hat dieses Konzept freilich nirgends formuliert. Aber selbst wenn dieses perspektivische Kontinuum - hermeneutisch gesprochen - nicht im Bereich der expliziten Autorintention gelegen haben mag, steht es doch im Horizont der impliziten Textintentionalität, die 'klassische' Theoriekonzepte überhaupt erst interpretierbar und damit unbeschadet ihrer Historizität wenigstens probehalber aktualisierbar macht.

Obwohl Park den "marginal man" aus dem Fremden abgeleitet hat, wie Georg Simmel ihn beschrieb, war er nicht der "Mann am Rande", noch weniger der Außenseiter, nicht der "Mann an der Grenze", wie die üblichen deutschen Übersetzungen dieses Konzepts lauten - wenn es denn überhaupt nur ein Mann sein soll -, sondern der "Mann *auf* der Grenze" mehrerer "nicht nur verschiedener, sondern antagonistischer Kulturen", der kulturelle Mischling eben, der im Schnittpunkt mehrerer Kulturen lebt. Und in einer Einwanderergesellschaft, wie sie Park im Chicago der 20er Jahre geradezu unter Laboratoriumsbedingungen untersuchen konnte, war er als Produkt neuzeitlicher Migrationen und Akkulturationen ein spezifischer "Persönlichkeitstyp", der, "wenn schon nicht gänzlich neu, so doch auf jeden Fall besonders für die moderne Welt charakteristisch" sei(Park 1950a: 373 und 376; eigene Übersetzungen). Und zwar durch seine irreduzible subjektive Ambivalenz, jene "sittliche Zweiteilung" (moral dichotomy), die sich zum "sittlichen Konflikt" (moral conflict) auswachsen konnte, und die "für jeden Immigranten während der Übergangsperiode charakteristisch ist" und "eine Periode inneren Aufruhrs und intensiven Selbstbewußtseins" darstellt(Park 1950b: 355). Denn in dieser Situation werde das eigene Selbst zum Hauptgegenstand der Wahrnehmung und Reflexion, und dies führt zu jenem bewußten Wahrnehmen und Durchspielen der eigenen Möglichkeiten, das jene Dialektik von Selbsterhaltung und Selbstentfaltung in Gang setzt, die für moderne Subjektivität konstitutiv ist (vgl. Henrich 1982: 101).

Der "marginal man" ist also derjenige, der zwischen Fremdheit und Assimilation gewissermaßen stehenbleibt, weil er weder mit seiner Herkunft vollständig brechen will, noch in die neue Gesellschaft vollständig aufgenommen wird. Aber hinter dieser Beschreibung Parks steckt mit Blick auf die kontextuellen Wirklichkeiten einer modernen Gesellschaft noch eine andere. Denn angesichts einer solchen Gesellschaft handelt es sich nicht um die Verweigerung der Assimilation durch eine homogene Gesellschaft, sondern um ihre prinzipielle Unmöglichkeit, weil keine homogene Gesellschaft existiert. Deshalb war der "marginal man" für Park auch der typische moderne Mensch.

Worum es hier geht, ist - mit einem Zentrumsbegriff modernen Selbst- und Weltverständnisses gesagt - eine Krisensituation, also jene offene Situation unvollständiger Determiniertheit, aus der moderne selbstmächtige Subjektivität freigesetzt wird, und auf die sie als individueller Verarbeitungsmodus der Krise zugleich antwortet. Man kann diesen Sachverhalt natürlich dramatisieren, und dann bezeichnet der Begriff der Krise tatsächlich eine "Zeit der herumirrenden Tatsachen"(so Gehlen: 177). Diesseits kulturkritischer Dramatisierungen aber bezeichnet der Begriff spätestens seit der Mitte des 18. Jahrhunderts jenen offenen Übergangszustand in einer Gesellschaft, der der Traditionsorientierung diametral entgegengesetzt ist und modern zum Dauerzustand wird, den man zwar im Sinne des aufklärerischen Fortschrittsdenkens geschichtsphilosophisch finalisieren kann, der aber strukturell betrachtet nichts anderes ist als der Übergang von einer funktionellen Ordnung zu irgend einer anderen - ein Übergangszustand also, von dem weder gesagt werden kann, wohin er führt, noch wie lange er dauern wird (vgl. Koselleck 1975).

In eben diesem Sinne betrachtete Park die Übergangszeit des Immigranten als Krise. Und die Unterbrechung dieses Übergangs, seine Stillstellung in diesem Zwischenzustand, war genau die Situation des "marginal man", für den "die Krisenperiode relativ dauerhaft" wurde und zur Folge hatte, "daß er dahin tendiert, ein Persönlichkeitstyp zu werden", für den die Krise im Dauerzustand nach und nach zur Lebensform sui generis und damit zur Normalität wird, die gleichzeitig die exklusive Alternative von Fremdheit oder Assimilation samt ihrer möglichen strategischen Homogenisierungsoptionen strukturell verstellt (Park 1950a: 356).

Der Zustand der Krise im Sinne einer ambivalenten und damit offenen Situation, einer Unruhe und permanenten Bewegung, war allerdings nicht nur subjektiv; vielmehr zeichnete er auch die moderne Lebenswelt aus, denn 'Krise' war für Park auch der Dauerzustand der Großstadt. "Besonders die großen Städte", diagnostizierte Park, befanden sich strukturell "in einem labilen Gleichgewicht", weil "die großen zufälligen und beweglichen Zusammenballungen, die unsere städtische Bevölkerung bilden, im Zustand ständiger Bewegung" und so "konstanter Unruhe unterworfen sind, so daß sich die Gemeinschaft folglich in einem chronischen Krisenzustand" befinde, der sich als Urbanität zu einer eigenen dauerhaften Lebensform verfestigte, indem "die Wirkung städtischer Umwelt" darin bestehe, "alle Kriseneffekte zu verstärken" (Park 1925: 22 bzw. 27). Und wenn man 'Krise' wie Park im "nicht gewalttätigen Sinne" als unvollständig determinierte und daher konstitutiv offene Situation faßt, bezeichnet der Begriff eine gesellschaftliche Situation sui generis mit spezifischen Möglichkeiten.

Park schlug deshalb vor, die Stadt als eine besondere räumliche Struktur und zugleich als eine spezifische sittliche Ordnung im Sinne einer selbstverständlichen und unhintergehbaren verhaltenssteuernden Wirklichkeit zu untersuchen (vgl. Park 1926). Denn die Stadt sei "mehr als eine Ansammlung einzelner Menschen und gesellschaftlicher Übereinkünfte", mehr auch als "eine bloße Konstellation von Institutionen und Verwaltungseinrichtungen". Die Stadt sei vielmehr "eine Geisteshaltung", wie er auch hier im Rückgriff auf Simmel erklärte (Park 1925: 1; datz vgl. Lindner 1990: 87ff und 98ff). Und die Erfahrung, die in dieser Lebenswelt möglich ist, sei die Erfahrung irreversibler Freiheit, die das Leben auf der Grenze verschiedener Kulturen als unaufhebbare subjektive Ambivalenz noch verstärkt, wenn diese kulturelle Verschiedenheit sich in der urbanen Simultanpräsenz verschiedener Wirklichkeiten fortsetzt und sich als Kontextualität gewissermaßen räumlich materialisiert - eine Simultanpräsenz, deren Möglichkeitsbedingung die weitgehende Segmentierung der Lebensbereiche als Spezifikum industrieller Städte und als strukturelle Wirkung der Arbeitsteilung war, und die eine 'funktionale Segmentierung' etablierte, die aus der Großstadt ein "Mosaik" verschiedener "kleiner Welten" machte (Park 1925: 15ff bzw. 40).

Die entscheidende soziale Tatsache sei nun, daß diese Kontextualität der Lebensbereiche, die als Effekt der Arbeitsteilung strukturelle Qualität bekomme und daher relativ unverfügbar sei, eine irreversible Autonomie der einzelnen Bereiche nach sich ziehe, weil funktionale Beziehungen nicht auf gefühlsgeleiteter totaler Interpenetration basieren, sondern auf interessegeleitetem, also kalkulierbarem und daher stets begrenztem Austausch. Und da diese 'funktionale Segmentierung' auch die einzelnen Menschen erfaßte und ihr Verhalten prägte, indem sie ihnen die Möglichkeit einer unendlich fein gestuften Skala von Primär- und Sekundärbeziehungen, wenn nicht überhaupt die Unterscheidung zwischen Bindungen und Beziehungen ermöglichte, gab es keine einzelne vollständige Determinierung ihres Verhaltens, sondern eine Vielzahl partikularer Faktoren. Objektive und subjektive Segmentierung wurde damit so etwas wie die 'strukturelle Garantie' von Freiheit.

"Vor allem die Segregation der städtischen Bevölkerung", pointierte Park sein stadtsoziologisches Konzept, "tendiert dahin, die Mobilität des einzelnen Menschen zu fördern. Die Segregationsprozesse etablieren sittliche Distanzen, die die Stadt zu einem Mosaik kleiner Welten machen, die sich zwar berühren, die aber nicht ineinanderdringen. Das gibt den Individuen die Möglichkeit, schnell und einfach von einem sittlichen Milieu in ein anderes zu wechseln, und es fördert das faszinierende, doch ebenso gefährliche Experiment eines Lebens in mehreren verschiedenen sich berührenden, aber ansonsten weit getrennten Welten zu gleicher Zeit. All dies neigt zwar dazu, dem städtischen Leben einen oberflächlichen und zufälligen Charakter zu verleihen; es neigt dazu, soziale Beziehungen zu komplizieren und neue, abweichende individuelle Typen zu produzieren. Zugleich führt es aber ein Element der Möglichkeit und des Abenteuers ein", das sich in einem Subjektivitätstyp fortsetze, der die Kontextualität moderner Wirklichkeiten kraft seiner konstitutiven Ambivalenz nicht nur toleriere, sondern nutze und die Stadt vollends zum "sozialen Laboratorium" par excellence mache, zu einem "Gesamtlaboratorium" geradezu, wie man mit einer Wendung von Robert Musil sagen könnte, "in dem die besten Arten, Mensch zu sein durchgeprobt und neue entdeckt werden müßten"(Park 1925: 40 f. Vgl. ders. 1929. Musil 1978: 152). Diese Verschränkung von Ambivalenz und Kontextualität zu komplementären Manifestationen einer Lebensform, die die Krise zum Prinzip hatte, ist freilich im konzeptuellen Horizont der exklusiven Alternative von segmentärer oder funktionaler Differenzierung, also im konzeptuellen Horizont von Heterogenität oder Komplexität nicht zu fassen.

**Literatur**
Park, Robert E. (1950a), Cultural Conflict and the Marginal Man. In: Ders., Race and Culture. Glencoe, Illinois.
Park, Robert E. (1950b), Human Migration and the Marginal Man. In: Ders., Race and Culture. Glencoe, Illinois.
Henrich, Dieter (1982) Die Grundstruktur der modernen Philosophie. In: Ders., Selbstverhältnisse. Stuttgart.
Gehlen, Arnold, Zeit-Bilder. Frankfurt/M., Bonn.

Koselleck, Reinhart (1975), Krise. In: Geschichtliche Grundbegriffe, Bd. 3. Stuttgart.
Park, Robert E. (1925), The City: Suggestions for the Investigation of Human Behavior in the Urban Environment. In: Robert E. Park/Ernest W. Burgess, The City. Chicago and London.
Park, Robert E. (1926), The Concept of Position in Sociology, in: Publications of the American Sociological Society, 20, S. 1-14.
Lindner, Rolf (1990), Die Entdeckung der Stadtkultur. Frankfurt/M.
Park, Robert E. (1929), The City as a Social Laboratory. In: Thomas W. Smith/Leonard D. White (Hg.), Chicago, An Experiment in social science research, New York, S. 1-19.
Musil, Robert (1978), Der Mann ohne Eigenschaften. In: Ders., Gesammelte Werke, Bd. 1. Reinbek.

Dr. Michael Makropoulos, FU Berlin, Institut für Soziologie, Babelsberger Straße 14-16, D-10715 Berlin

## 7. Theoretische Fundamente des Staats- und Volksbegriff der Leipziger Schule

*Elfriede Üner*

### Der Leipziger Positivismus

Die Suche nach den wissenschaftlichen Gesetzen der Geschichte lag der Propyläen-Weltgeschichte des Leipziger Historikers Walter Goetz, der Völkerpsychologie des Leipziger Psychologen Wilhelm Wundt wie auch der Deutschen Geschichte des dortigen Historikers Karl Lamprecht zugrunde. Beeinflußt wurden diese durch den Diskurs im Leipziger "Kränzchen" von ca. 1890-1903, an dem außer Wundt und Lamprecht der Geograph Friedrich Ratzel, der Chemiker Wilhelm Ostwald und der Nationalökonom Karl Bücher teilnahmen.[1] Sie alle genossen internationales Renommee und waren gleichzeitig Hauptakteure der deutschen Methodenstreitigkeiten ihrer Disziplinen. Ziel ihres Diskurses war die Synthese der Disziplinen durch eine nicht spekulative "positive" Wissenschaftsphilosophie, welche alle Objekte, der Natur wie Kultur, als durch die Einheit der menschlichen Erfahrung konstituierte begriff.

Die Universaltheorien des "Kränzchens" beruhen auf folgenden Grundannahmen: Der Entwicklung der Kulturformen, wie auch des Individuums, liegt ein "emergentes", d.h. ein sich mit fortlaufender Erfahrung ausdifferenzierendes "Gesetz" zugrunde, das sowohl für das Individuum wie auch in der geschichtlichen Welt das strukturierende Kontinuum bildet. Deshalb können die Bereiche der Natur und der Kultur bzw. des Geistes nicht prinzipiell getrennt werden - die Unterscheidung zwischen Idealismus und Materialismus, zwischen nomothetischer Erklärung und idiographischer Betrachtung, wird den Leipzigern zum Scheinproblem; sie sind "Monisten", die die Einheit aller Wissenschaften vertreten, sowie einen Methodenpluralismus, der Laborexperiment, Statistik und Kulturgeschichte umfaßt.[2]

*Volk und Staat als kollektive Gesetzmäßigkeiten.*

Bereits Mitte des 19. Jahrhunderts, inspiriert durch die neuen statistischen Gesetze des Zufalls und der Verteilung, arbeitete Gustav Theodor Fechner in Leipzig eine Theorie der kollektiven Gesetzmäßigkeiten aus, die keine Rückführung auf individuelle Motivationen erlaubte (Heidelberger 1993: 135-139, 349, 361ff); sie wurde von Wundt im Begriff der "schöpferischen Synthese" übernommen, der den Volks- oder Kulturgemeinschaften eine besondere Dignität verleiht, und in dem, wie auch im "Gemeinschaftswillen" (Lamprecht), das "Positive" in seiner ursprünglichen Bedeutung als das nicht natürlich Gewachsene, sondern durch kollektives Handeln Gesetzte erhalten blieb(Ritter und Gründer 1989). Bei Wundt gilt das Prinzip der Setzung oder Aktualisierung bis zur komplexesten Kultureinheit, dem Staat; er ist "der Zusammenhang der einzelnen Vorgänge des staatlichen Lebens selbst, nichts, was neben ihnen als eine selbständige Substanz oder auch als ein spezifischer 'Volksgeist' (...) existiert. Für ihn gilt, wie für alle anderen Gebiete geistigen Lebens (...) das Prinzip der Aktualität. Er ist genau das, was er im wirklichen Leben bedeutet und leistet (...), er ist weder ein besonderes Wesen, noch kann er auch nur als ein fest begrenztes Gebiet von Lebensäußerungen betrachtet werden" (Wundt 1917: 326f). Die theoretische Tripolarität von Struktur, Genese und Aktualisierung bildete den gemeinsamen theoretischen Rahmen, der später von Hans Freyer, Hans Driesch, Arnold Gehlen, Helmut Schelsky weiterentwickelt wurde; mit ihm sollte sowohl ein kantianischer Konstruktivismus als auch ein psychologischer Rückfall in subjektive Willkür vermieden werden.

*Die existentialistische Wende. Soziale Ordnungskategorien und lebenspraktisches Pathos.*

Hans Freyer entfernt sich später von seinen Lehrern durch ein dialektisches System, mit dem er deren emergente Systeme überwunden und die Kontingenz der historischen Entwicklung theoretisch erfaßt zu haben glaubt. Die Emergenz wird ersetzt durch ein "strukturalistisches" System in dem Sinn, daß jede aktuelle Entwicklungsphase latente Strukturen aus der Vergangenheit in sich enthält, daß aber nicht alles aktualisiert wird, was in der Latenz angelegt ist, daß in jeder Aktualisierung eine Entscheidung steckt zwischen mehreren Möglichkeiten.[3] "Ein Volk ist mehr als die Gemeinschaft des Blutes und des Geistes, die über die Zeiten hinweg dauert; das 'politische Volk' muß fähig sein, sich als Staat zu formieren (...), der Breite des Volkes muß der Wille zur politischen Existenz ständig abgerungen werden durch geschichtliche Aktionen (...)". Die Akzentverschiebung Freyers bestand in der Hervorhebung der Machtkonzentration und des charismatischen Führertums, weil für ihn in der Krise eine emergente Ausdifferenzierung theoretisch nicht mehr vertretbar war: "Die Politik ist der Raum des Griffs und der Tat, der Machtsetzung und der den Dingen aufgezwungenen Entscheidung"(Freyer 1935: 190 bzw. 194). Der kritische Punkt ist, daß Aktualisierung und Wille zum Allheilmittel gegen jede weltanschauliche oder wissenschaftliche Vorbestimmung werden. Für Freyer ist es Aufgabe der Soziologie als "Ethoswissenschaft", den geschichtlich gültigen Willen zur Veränderung zu formulieren; das ist ganz im Sinne einer positivistischen Ethik, bleibt jedoch eine nichtssagende Formel, solange die "Veränderung" alles meinen kann: Volks- oder Führerwille, Bestätigung, Überwindung oder Zwang. So endet Freyers Logik der Wirklichkeitswissenschaft im Glauben an das selbstreferentielle System (Freyer 1930: 226).

Doch war das Wissenschaftsverständnis dieser Leipziger Generation von einem lebenspraktischen Pathos getragen und wurde von alternativen Bewegungen als Lebensphilosophie übernommen, denn sie bot immer eine Antwort: Die Selbstfindung. Freyer verfaßte, wie früher Lamprecht, Wundt und Ostwald, populärphilosophische Aufrufe, die den unterschiedlichsten weltanschaulichen Gruppierungen zur Selbstreflexion verhelfen sollten (u.a. Freyer 1918). Bereits 1933 wird bei Freyer der radikale Aktivismus überwunden durch den Begriff der Planung, die nur langfristig möglich ist und eine stabile politische Macht voraussetzt, welche durch den Gemeinschaftswillen getragen sein muß. Ähnlich geht die "Staatslehre" des Leipziger Staatsrechtlers und Pädagogen Hermann Heller (1933) mit dem Prinzip der Aktualisierung den Antagonismus von Staat und Gesellschaft an. Eine durch Praxis ständig hervorgebrachte Rechtsanschauung soll als "Imperativ einer Gemeinschaftsautorität" die Staatsakte determinieren, um zu einer Integration von Staat und Gesellschaft zu kommen. Auch Heller will diese Integration mit Hilfe der Soziologie herbeiführen - sie ist, wie bei Freyer, sowohl Wissenschaft als auch politische Ethik.

Die Bedeutung der Leipziger Schule liegt in der Konkretisierung des Idealismus, Materialismus etc. durch eine makrotheoretische Erfassung der Kulturformen, mit der sie sich von einer statistischen Kulturlehre und Wertephilosophie ablösten und sich von der Tragik der Kultur, in deren Gehäuse der Mensch erstarrt, nie allzusehr beeindrucken ließen.

**Anmerkungen**
1) Zum "Kränzchen" Schorn-Schütte (1984:78-90).
2) Zum Methodenpluralismus Üner (1991).
3) Zur Wirklichkeitswissenschaft Üner 1992, Kap. II, zur Dialektik ebd. Kap. V.

**Literatur**
Freyer, Hans (1918), Antäus. Ethik des bewußten Lebens, Jena.
Freyer, Hans (1930), Soziologie als Wirklichkeitswissenschaft, Leipzig
Freyer, Hans (1933), Herrschaft und Planung, in ders., Herrschaft, Planung und Technik. Aufsätze zur politischen Soziologie, hg. von Elfriede Üner, Weinheim 1987.
Freyer , Hans (1935), Der Wille zum Staat, in: Rheinische Blätter 12, H. 4.
Goetz, Walter, Hg. (1931), Propyläen-Weltgeschichte, Berlin.
Heidelberger, Michael (1993), Die innere Seite der Natur. Gustav Theodor Fechners wissenschaftlich-philosophische Weltauffassung, Frankfurt/M.
Heller, Hermann (1933), Staatslehre, Leiden.
Lamprecht, Karl (1981-1909), Deutsche Geschichte, 15 Bde, Berlin.
Ritter, Joachim und Karlfried Gründer, Hg. (1989), Historisches Wörterbuch der Philosophie, Bd. 7, Positivität, Positivismus. Basel.
Schorn-Schütte, Luise (1984), Karl Lamprecht. Kulturgeschichtsschreibung zwischen Wissenschaft und Politik, Göttingen.
Üner, Elfriede (1991), Wilhelm Wundt, in: LARG International Dictionary of Anthropologists, New York.
Üner, Elfriede (1992), Soziologie als geistige Bewegung. Hans Freyers System der Soziologie und die Leipziger Schule, Weinheim.
Wundt, Wilhelm (1917) Völkerpsychologie, 8. Bd.: Die Gesellschaft, Leipzig

Dr. Elfriede Üner, Reutberger Str. 2, D-81371 München

## 8. Einige Thesen über Ethnizität und Staatlichkeit

*Konrad Thomas*

1. Die öffentliche Diskussion über Nation, Volk, Ethnien wird seit einigen Jahren immer wieder durch politische Vorgänge stimuliert, die mehr oder weniger radikale Veränderungen zu fordern scheinen, mag es sich nun um Grenzziehungen und entsprechende Machtansprüche oder um politische Repräsentation handeln. Diese Diskussion steht unter dem Vorzeichen politischer Ideologien oder Weltanschauungen. In unseren Bereichen erfährt sie eine besondere Heftigkeit, die durchaus verständlich ist, wenn man das geschichtliche Erbe eines entfesselt-fanatischen Nationalismus bedenkt. Ein produktiver sozialwissenschaflicher Beitrag kann m.E. nur geleistet werden, wenn es gelingt, ideologisch unbelastete Konzepte zu entwerfen. Es geht zunächst nicht darum, was wünschenswert oder abzulehnen ist, sondern darum, die Mehrschichtigkeit sozialer Realitäten aus einiger Distanz zu sichten. Dies kann nur geschehen, wenn die Fixierung auf das Politische gelockert wird, - wenn der Begriff ´Volk´ nicht unmittelbar mit staatlicher Hoheit und politischem Machtkampf assoziiert wird.

2. Hinter den aktuellen, durchaus unterschiedlichen Problemen der 'neuen Ethnizität', wie sie in den U.S.A. diskutiert werden, den Minoritäts-Aktivitäten etwa in Mitteleuropa und den politischen Emanzipationskämpfen von Völkern, die vorher in die Sowjetunion oder Jugoslawien integriert waren, verbirgt sich die Frage nach einer kategorialen Bestimmung: *Welche Berechtigung ist für ein modern-kritisches Denken gegeben, von 'Ethnie', 'Volk' oder 'Nation' zu sprechen?* Am wenigsten belastet und für den Vergleich geeignet erscheint der Terminus 'Ethnie'. Da weder biologische noch mit der Abstammung wenigstens eng verbundene Kriterien ausreichen, um die kollektive Identität einer Ethnie zu definieren, könnte der Ausweg in einer 'historischen Zufälligkeit' gesehen werden. Dieses Kriterium, so sehr es sachlich zutrifft, ist angesichts der Beharrlichkeit, mit der Menschen an ihren Ethnien hängen, unzureichend.

3. Wie auch immer historisch zusammengewürfelt: Alle etwas distanzierteren Kommentierungen gehen von einem anderen Kriterium aus: dem der *kulturellen Einheit*. Kulturelle Einheit aber ist nicht an Folklore, Sprache, Religion festzumachen, sondern bedeutet die *qualitative Geschlossenheit und Zusammengehörigkeit* einer Population. Menschliches Vertrauen ist ohne Kommunikation auf der Basis solcher kultureller Zusammenhänge undenkbar und deswegen auch als unverzichtbares Gut anzuerkennen. (Dieses Gut wurde und wird auch als 'Gemeinschaft' bezeichnet. Aber es scheint heute sinnvoll, auf diesen Terminus zu verzichten.) Wenn sich Ethnizität als Kultur näher bestimmen läßt, dann kann das Diktum von Isaiah Berlin - einem in Hinblick auf romantisierende Überzeichnung unverdächtigen kritischen politischen Philosophen - gelten: *"To belong to a given community, to be connected with its members by indissoluble an impalpable ties of common language, historical memory, traditional habit and feeling, is a basic human need no less natural than that for f´ood or drink or security or procreation"* (Berlin 1982: 12).

4. Kultur - in diesem Sinne - ist durch zwei Kriterien näher zu kennzeichnen:

   a) Kultur ist beständig und tendiert im Wesentlichen nicht zu Veränderung. Wenn Kulturen sich ändern, dann bedeutet dies, daß Innovationen in Kauf genommen werden, um den Bestand zu erhalten.(Gelingen oder Mißlingen sind eine andere Frage.)

b) Kulturen sind zwar gesellschaflich-territorial begrenzt, aber sowohl Grenzen als auch Territorium sind nicht notwendige Elemente einer Kultur. (Wanderungen von Ethnien, Zugehörigkeit in der Fremde). Das aber bedeutet, daß dann, wenn Ethnizität politisch diskutiert wird, das Territoriale immer als sekundäre Bestimmung angesehen werden muß.

5. Was unter Staat zu verstehen ist, muß vom entgegengesetzten Ende in Angriff genommen werden: *Staat ist ein Organisationsprinzip*, im Gegensatz zur inhaltsbestimmten Ethnizität inhaltsleer. Staat bedeutet die Chance, Vermittlungen herzustellen, wo inhaltliche Verbindung nicht selbstverständlich ist. Organisation setzt gleich, was inhaltlich unterschiedlich ist (z.b. der 'Staatsbürger'). Zu dieser vermittelnden Funktion von Untereinheiten gehört notwendigerweise eine Territorialgrenze. Als vermittelnder Organisation ist die Anerkennung staatlicher Organisation daran gebunden (Legitimation), daß der Staat diese Leistung vollbringt. Ist Staatlichkeit im Prinzip als 'kulturneutral' zu verstehen, so bedeutet allerdings jeder konkrete Staat eine kulturelle Färbung. Das führt dann zu Problemen, wenn zwischen der kuturellen Färbung des Staates und den Kulturen seines Territoriums erhebliche Differenzen bestehen.

6. Mit der Gegensätzlichkeit der Prinzipen ist gesetzt, daß sowohl Ethnizität ohne Staatlichkeit praktiziert werden kann als auch staatliche Organisation verschiedene Ethnien umfassen kann. Es läßt sich m.E. behaupten, daß die politischen Gefährlichkeiten des Nationalismus darin begründet sind, daß - aus näher anzugebenden Gründen - dieser Gegensatz verwischt oder vermischt wird. Wenn eine starke Ethnie eine oder mehrere andere Ethnien unterwirft, so kann es diese sowohl einverleiben, in dem es sie der kulturellen Idenität beraubt, oder aber es kann die unterworfene Ethnie in ihrer Binnenorientierung tolerieren. Die Geschichte großer Imperien (Reiche) belegt dies deutlich in der Institution der Tributvölker.

7. Die Besonderheit des modernen Nationalstaates, wie er sich in der Europäischen Geschichte herausgebildet hat - und damit auch dessen politische Problematik - ist darin zu sehen, daß er sich einerseits - mit mehr oder weniger großer Intensität - kulturellen Eigenheiten gegenüber als neutral versteht, als Repräsentant der Vernunft, andererseits aber dies mit kultureller Dominanz verbindet. Keines der derzeitigen europäischen Nationalstaat-Gebilde stellt die Organisation einer geschlossenen kulturellen Identität dar, sondern impliziert ein entsprechend modernes Phänomen: das der Minoritäten.Alle territorialen Abgrenzungen sind das Resultat von Machtkämpfen. Da die Organisation als solche über keine Integrationskraft verfügt, benutzt sie - oder nimmt Anleihe bei - kultureller/ethnischer Identität. So wird aus 'Volk' *'Nation'* und damit eine neuartige Einheit, ein *Hybrid* produziert. Die politische Potenz solcher inszenierten Integrationen erweist sich und verstärkt sich in den Rivalitätskämpfen Europas.

8. Das Zerbrechen neuer Imperien (wie SU) als auch heterogener Vielvölkerstaaten oder auch die Schwächung von Nationalstaaten nach innen zeigen ähnliche Folgen: Wenn die Erfahrung lehrt, daß kleinere Völker nicht nur in den Schutz größerer genommen werden, sondern in ihren kulturellen Eigenheiten eingeschränkt bis verstümmelt wurden, dann scheint kulturelle kollektive Emanzipation nicht ausreichend zu sein: Die Nationalstaaten sind zum Vorbild vieler kleiner Ethnien geworden, die für sich staatliche Souveränität fordern. Radikale kulturell-ethnische Emanzipation, verbunden mit Staatlichkeit, würde zu einer solchen Zahl von Staaten führen, daß politische Regelungen unwahrscheinlich erscheinen. Die Möglichkeit neuer, z.T. bereits erprobter Verbindung von relativ neutraler Staatlichkeit und kulturell deutlich bestimmter Einheit, das heißt

der Verzicht des Staates auf maximale kulturelle Dominanz könnte als Entschärfung zur Zeit noch bedrohlicher Situationen angesehen werden.

9. Eine besondere Rolle spielt bei dem Prozeß ethnischer Emanzipation auf jeden Fall die Ideologie- bzw. Mythenbildung. Die Diskrepanz zwischen kontrollierbaren historischen Fakten einerseits und ideologischen Selbstvergewisserungen andererseits läßt den begründeten Verdacht aufkommen, daß es mit der ethnischen Legitimation nicht weit her ist. Gerade im Bemühen, politische Verhältnisse vernünftig zu interpretieren und angesichts der Greueltaten, die unter Berufung auf 'nationales Erbe' begangen wurde, ist es verständlich, hinter ethnischen Inszenierungen, in vielen ethnischen Aufständen und Bewegungen Gefährdung politischer Vernunft und massive Irrationalitäten am Werk zu sehen. Aber selbst die Tatsache, daß Demagogen aller Art kollektive Gefühle im Sinne ihres Machtstrebens mißbrauchen, kann nun vernünftigerweise nicht dazu führen, selbstverständliches kollektives Vertrauen zu delegitimieren. Die Vorstellungen, es könne auf Rationalität begründete kollektive Identität geben, die jeder überhöhenden Selbstinterpretation entsagt, erscheint mir ein Vernunft-Traum. So bizarr dem modernen Geist die 'Erfindungen' der Nation erscheinen: es gilt zu bedenken, daß diese Erfindungen, soweit man sehen kann, niemals primären Charakter haben. Alle derartigen Erfindungen sind als *reaktive Vorgänge* zu verstehen. Am Anfang steht nicht die Legitimation, sondern die Delegitimation des Vorhandenen. Erst diejenigen, denen man die eigene Sprache verbietet, können auf die Idee kommen, Entstehungsmythen zu erfinden, in denen sie zunächst ihre Ohnmacht eingestehen.

10. Abschluß: Die Konsequenzen.

Erstens, im Blick auf theoretische Argumentation: Es sollte der alltäglichen Versuchung widerstanden werden, Ethnie/Volk oder Staat zu ontologisieren. Ethnizität und Staatlichkeit sind als Attribute gesellschaftlicher Einheiten und Prozesse zu verstehen. (Statt 'Staat'= staatliche Organisation, wie das übliche 'englische Architektur'.)

Zweitens, im Blick auf politische Orientierung: Es ist die zufällige Einheit kollikiven Vertrauens, die deren Norwendigkeit nicht untergräbt, sondern bestärkt. Ethnie/Kultur in diesem Sinn ist vorhanden, verändert sich oder vergeht: ein beeinflußbarer, aber nicht machbarer Prozeß. Diese Enheiten verdienen politischen Respekt, gerade auch, um Tendenzen mythischer Verirrung entgegenzuwirken.

**Literatur**
Anderson, Benedict (1983), Imagined Communities, London.
Asmann, Jan (1992), Das kulturelle Gedächtnis, München.
Berlin, Isaiah (1982), Against the Current, London.
Elwert, Georg (1989), Nationalismus und Ethnizität, KZfSS 41/3, S. 440-464.
Estel, Bernd (1991), Grundaspekte der Nation, Soziale Welt,1991, S.208-231.
Esser, Hartmut (1988), Ethnische Differenzierung und moderne Gesellschaft, ZfS17/4, 1988, S.235-248.
Gellner, Ernest (1983), Nations and Nationalism, Oxford.
Giordano, Christian (1992), Die Betrogenen der Geschichte,Überlagerungsmentalität und Überlagerungsrationalität in mediterranen Gesellschaften, Frankfurt/New York.
Greenfeld, Liah (1992), Nationalism: Five Roads to Modernity, Cambridge/Mass.
Hobsbawm, Eric/Ranger,Terence (Eds.)(1993), The Invention of Tradition, Cambridge.

Kreckel, Reinhard (1989), Ethische Differenzierung und "moderne Gesellschaft, ZfS 18/2, S.162-167.
Lenin; Vladimir I.(1955), Zur nationalen Frage, Berlin.
Nassehi,Armin (1990) Zum Funktionswandel von Ethnizität im Prozeß gesellschaftlicher Modernisierung, Soziale Welt, S.261-282.
Plessner, Helmuth (1981), Grenzen der Gemeinschaft, in: Ges.Schriften, Frankfurt/Main, 1981, Bd.V .
Schulze, Hagen (1994), Staat und Nation in der Europäischen Geschichte, München.
Smith, Anthony D. (1986), The ethnic origins of nations, Oxford/New York.
Steiner-Khamsi, Gisela (1990), Postmoderne Ethnizität und nationale Identität kanadischer Prägung, Soziale Welt, S.283-298.

Prof. Dr. Konrad Thomas, Eschenweg 5, D-37130 Gleichen-Weißenborn

# XXVII. AG Soziologie der Kindheit
*Leitung: Helga Zeiher*

## Umbrüche der Kindheit - Umbrüche der Kindheitsforschung

### 1. Einleitung

*Helga Zeiher*

Die Beschäftigung mit Veränderungen von Lebensbedingungen und gesellschaftlichen Lebenslagen der Kinder hat in jüngster Zeit sozialpolitische Aktualität bekommen. Niedrige Geburtenraten, die Tatsache, daß Kinder in unserer Gesellschaft das höchste Armutsrisiko darstellen, aber auch manche Verhaltensweisen Jugendlicher sind Symptome von Verhältnissen, die Kindern in wichtigen Aspekten zu wenig gerecht werden, neben der immer höheren Beachtung und emotionalen Wertschätzung, die Kinder finden. Auch die Konfrontation des unterschiedlichen sozialpolitischen Umgangs mit Kindern in DDR und BRD hat öffentliches Problembewußtsein verstärkt, wie die Debatte um Kinderbetreuungsplätze gezeigt hat. Diese Entwicklungen fordern sozialwissenschaftliche Kindheitsforschung zu neuen Denkansätzen und Forschungszugängen heraus. Das Thema der Veranstaltung zielte auf den Zusammenhang von Umbrüchen im Alltagsleben und in der sozialen Lage der Kinder und von neuen Ansätzen in der Kindheitsforschung.

Im ersten Teil ging es um das tägliche Leben von Kindern, und zwar um Auswirkungen, die das Ineinandergreifen privat-familialer und öffentlich-institutioneller Einflüsse auf die Möglichkeiten und die Aktivitäten von Kindern haben. Der Beitrag von Marco Hüttenmoser sowie ein vorgesehener Beitrag von Lars Dencik, der leider ausfiel, befassen sich mit Aspekten, die im Zusammenhang von langfristigen gesellschaftlichen Veränderungen hervorgetreten sind. Im Ansatz von Lars Dencik wird Kindheit - in skandinavischen Ländern - gefaßt als konstituiert durch das tägliche Wechseln zwischen Familie und Betreuungseinrichtung, also zwischen zwei "sozialen Arenen", von denen jede ihre eigene Interaktionslogik habe. Marco Hüttenmoser zeigt bei familienbetreuten Schweizer Kindern den sozial differentiellen Einfluß stadträumlicher Gegebenheiten auf die Art der Spielkontakte unter Kindern und auf die verlängerte Dauer enger Mutterabhängigkeit im Kindheitsverlauf. Im Beitrag von Dieter Kirchhöfer geht es um Umbrüche in ostdeutschen Kindheitsverhältnissen. Er hat an der alltäglichen Lebensführung Berliner Kinder von 1990 bis 1994 das Zusammenwirken von Veränderungen der Kinderinstitutionen mit Veränderungen, die infolge neuer Arbeitsbedingungen der Eltern im Familienleben stattgefunden haben, verfolgt. Bei aller Verschiedenheit ist diesen drei Ansätzen ein bestimmter kindheitssoziologischer Zugang gemeinsam: Die Frage, wie Kindheit gesellschaftlich geformt ist, wird vom konkreten Alltagsleben einzelner Kinder aus angegangen.

Im zweiten Teil der Veranstaltung wurden Veränderungen von Lebenslagen der Kinder anhand demographischer Daten erkennbar gemacht. Bernhard Nauck untersucht unter anderem die ökonomische Lage von Kindern: die Zunahme der relativen Armut in den letzten Jahren und deren regional unterschiedliche Verteilung. Wolfgang Lauterbach beschäftigt sich mit einem zeitlichen Aspekt der Lage der Kinder: mit historisch sich ändernden Rhythmen der Generationenabfolge und der Dauer der gemeinsamen Lebenszeit von Kindern, Eltern und Großeltern. Lange Zeit Großeltern zu haben, ist ein Charakteristikum moderner Kindheit, dessen Bedeutung noch wenig untersucht ist. Diese beiden Beiträge stehen für einen wichtigen Umbruch in der sozialstatistischen und demographischen Forschung. Kinder werden hier nicht mehr, wie bisher üblich, als Familienangehörige gezählt, sondern sind eigenständige Untersuchungseinheiten. Bernhard Nauck demonstriert in seinem Beitrag die Notwendigkeit solcher bei Kindern ansetzenden Statistiken als Grundlage für eine Sozialberichterstattung über die Lage der Kinder.

Dr. Helga Zeiher, Max-Planck-Institut für Bildungsforschung, Forschungsbereich Bildung, Arbeit und gesellschaftliche Entwicklung, Lentzeallee 94, D-14195 Berlin

## 2. Schafft der motorisierte Straßenverkehr neue Ungleichheiten für das Aufwachsen der Kinder?

*Marco Hüttenmoser*

*1. Vorbemerkung*

Ende des 2. Weltkrieges setzte durch die starke Zunahme des privaten Motorfahrzeugverkehrs eine massive Verdrängung der Kinder aus dem Wohnumfeld ein. Für jüngere Kinder bildete bis anhin die nähere Umgebung nebst der Wohnung den wohl wichtigsten Lebensraum (Hüttenmoser 1991, 1995). Heute stellen wir in unserer Gesellschaft zwei deutlich voneinander verschiedene Gruppen von Familien fest. Die Eltern der einen Gruppe haben die Möglichkeit, ihre Kinder von einem gewissen Alter an ungefährdet und unbegleitet in der nähern Umgebung spielen zu lassen, die andern Eltern haben diese Möglichkeit nicht. Letztere müssen ihre Kinder ständig ins Freie begleiten. Es stellt sich die Frage, ob und inwieweit sich diese stark unterschiedliche Situation auf die Entwicklung der Kinder und ihre Integration in die Gesellschaft auswirkt.

*2. Anlage der Untersuchung*

Die von uns durchgeführten Untersuchungen dauerten insgesamt fünf Jahre.[1] Sie wurden vom Schweizerischen Nationalfonds und von der Stadt Zürich finanziert. Alle Untersuchungen wurden in der Stadt Zürich durchgeführt.

In einer ersten Phase - im folgenden als *Intensivuntersuchung* bezeichnet - untersuchten wir mit qualitativen und quantitativen Methoden insgesamt 20 Familien eingehend. Die teilnehmenden Familien mußten verschiedene Bedingungen erfüllen: Sie durften in den letzten zwei Jahren das Wohnumfeld nicht gewechselt haben. Alle hatten ein ältestes Kind - je zehn Mädchen und Knaben - im Alter von fünf Jahren, das kurz vor dem Eintritt in den Kindergarten stand. Alle Familien gehörten der mittleren bis oberen Mittelschicht an. Auf Grund eigener Beobachtungen und einer ersten Befragung der Eltern wählten wir die Familien so aus, daß bei zehn Familien das fünfjährige Kind unbegleitet im Wohnumfeld spielen konnte (A-Familien), bei den andern 10 Familien war dies auf Grund der Wohnlage und des Straßenverkehrs nicht möglich (B-Familien).

In einer zweiten Arbeitsphase führten wir verschiedene *Befragungen* durch. Zunächst erkundigten wir uns *telefonisch* bei allen Eltern mit fünfjährigen Kindern der Stadt Zürich (N = 1729) nach Besonderheiten ihres Wohnumfeldes, ihren Umzugsgewohnheiten, der Art der Kinderbetreuung und dem Weg der Kinder in den Kindergarten. Jene Eltern, die in den letzten zwei Jahren das Wohnumfeld nicht gewechselt hatten und die Kinder im wesentlichen zu Hause betreuten (N = 926), erhielten anschließend an das Telefongespräch einen umfangreichen *schriftlichen* Fragebogen zugestellt.

Für die Auswertung der schriftlichen Befragung bildeten wir zwei *Kontrastgruppen*: Als A-Familien bezeichnen wir, Familien, deren fünfjährige Kinder *konsequent* im Wohnumfeld spielen dürfen (N = 483), als B-Familien jene, deren fünfjährige Kinder ebenso *konsequent nicht* im Freien spielen dürfen (N = 93). Damit erhielten wir eine mit der Intensivuntersuchung vergleichbare Population.

Die nachfolgend dargestellten Ergebnisse konzentrieren sich auf den sowohl in der Intensivuntersuchung wie in der schriftlichen Befragung durchgeführten A/B-Vergleich. Die Ergebnisse dieses Vergleichs wurden mit verschiedenen Indikatoren an der ganzen Gruppe (N = 926) überprüft.

Die quantitativen Auswertungen innerhalb der Intensivuntersuchung erfolgten mittels des U-Tests nach Mann-Whitney ($p<.05$), die Auswertung der Fragebogen mit dem Chi-Quadrat-Test ($p<.005$). Die Enge des Zusammenhanges zwischen den verschiedenen Variablen wurden mit dem Cramers'V-Wert (V) berechnet.

## 3. Ausgewählte Ergebnisse

Die große Zahl verschiedenartiger Ergebnisse zwingen zur einer Auswahl einiger wichtiger Resultate. Sowohl zur Intensivuntersuchung wie zur schriftlichen Befragung liegt je ein umfangreicher Forschungsbericht vor (Degen-Zimmermann u.a. 1992; Hüttenmoser und Degen-Zimmermann 1995).

### 3.1 Aufenthalt der Kinder im Wohnumfeld

In Bezug auf die Dauer des Aufenthaltes der Kinder im Freien und deren Aktionsradius außerhalb der Wohnung haben bereits Appleyard und Lintell (1972), sowie später Bargel et al. (1982) und Schmidt-Denter (1983) festgestellt, daß der Bewegungsfreiraum der Kinder mit der Zunahme des motorisierten Straßenverkehrs in der nähern Umgebung deutlich abnimmt.

Die vorliegende Untersuchung bestätigt diese Ergebnisse. Setzt man die Dauer des Aufenthaltes aller fünfjährigen Kinder der schriftlichen Befragung (N = 926) mit der Qualität des Wohnfeldes in Beziehung, so ergeben sich sowohl in Bezug auf die Gefährlichkeit ($p = 0.000$; $V = 0.287$) und der im umfassenderen Sinne beurteilten Attraktivität des Wohnumfeldes ($p= 0.000$; $V = 0.264$) deutliche Zusammenhänge.

Selbstverständlich spielen auch B-Kinder im Wohnumfeld, allerdings in Begleitung. Die Dauer des Aufenthaltes der B-Kinder ist erwartungsgemäß bedeutend kürzer ($p = 0.000$; $V = 0.686$).

Wie dieser Unterschied zwischen den beiden Kontrastgruppe zustande kommt, zeigt sich, wenn man die Aufenthaltsdauer miteinander vergleicht (dazu Tabelle 1).

Tabelle 1: Dauer des begleiteten und unbegleiteten Spiels im Wohnumfeld

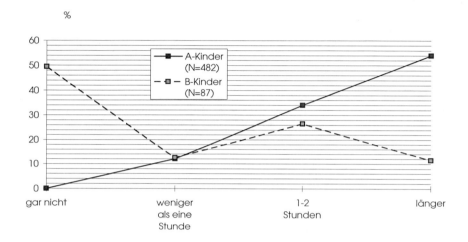

Muß ein Kind ins Wohnumfeld begleitet werden (B-Kinder), so stoßen die meisten Eltern - abgesehen davon, daß sich die Hälfte dieser Kinder gar nicht dort aufhält - bei einer Dauer von ein bis zwei Stunden an die Grenzen ihrer Möglichkeiten. Kinder hingegen, die problemlos allein ins Freie können (A-Kinder), spielen zu einem großen Teil täglich länger als zwei Stunden im Wohnumfeld.

### 3.2 Kontakte im Wohnumfeld

Daß der private Motorfahrzeugverkehr im Wohnumfeld auch die Kontaktmöglichkeiten unter Kindern einschränkt (Größe der Spielgruppe, Kinder besuchen), liegt auf der Hand. Dies haben bereits Engelbert (1986) und Blinkert (1993) nachgewiesen. Die vorliegende Untersuchung bestätigt den Sachverhalt. Neu ist, daß auch die Kontakte der Eltern der Kinder mit andern Erwachsenen stark von den Gegebenheiten des Wohnumfeldes abhängen und zwar - wie Tabelle 2 zeigt - auf unterschiedlichen Stufen der Intensität (kennen, plaudern, Ausflüge machen...).

Die Darstellung in Tabelle 2 ist insofern ungewohnt, als sie die verschiedenen Einflüße auf der Ebene des Cramers'V-Wertes aufzeichnet. Das heißt: Alle Werte, die auf Grund des Chi-Quadrat-Tests nicht signifikant sind (z.B. Geschlecht), befinden sich auf der Nullachse. Alle signifikanten Werte haben wir mittels des Cramers'V-Wertes abgebildet. Daraus ergibt sich ein anschauliches Bild über die jeweilige Stärke des Zusammenhanges zwischen den verschiedenen Einflußgrößen.

Tabelle 2: Kontakte im Wohnumfeld, Vergleich verschiedener Schichtvariablen mit Kontrastgruppe A/B

*Cramers'V* – Achse (200 bis -700); Kategorien: Grösse Spielgruppe, Kinder besuchen, Erwachsene kennen, Erwachsene: Plaudern, Erwachsene: Ausflüge…

Legende: ▲ Ausländer — ▫ Geschlecht — ● Einkommen — ✱ Schulbildung — + Arbeitspensum — ■ A/B

### 3.3 Gegenseitige Hilfeleistungen

Die Auswirkungen belasteter Wohnumfelder beschränken sich nicht auf eine Verminderung gegenseitiger Kontakte. Sie führen auch dazu, daß gegenseitige spontane Hilfeleistungen unter Nachbarn nicht, oder nur in geringem Ausmaß zustande kommen. Wir möchten dies am Beispiel des Kinderhütens darstellen (vgl. Tabelle 3).

Ein Vergleich der verschiedenen Einflußgrößen zeigt erneut, daß der Zusammenhang der Verfügbarkeit eines Babysitters in der Nachbarschaft mit den verschiedenen Schichtmerkmalen gering, mit den Gegebenheiten des Wohnumfeldes jedoch groß ist. Dies betrifft, wie Tabelle 3 zeigt, nicht nur die Frage, ob ein Babysitter vorhanden ist (Babysitter vorhanden), sondern auch die Anzahl insgesamt verfügbarer Babysitter (Babysitter Anzahl) und die Frage, ob man auch selber die Kinder aus benachbarten Familien hütet (selber Babysitten). (Was die Besonderheiten der Darstellung von Tabelle 3 betrifft, vergleiche man unsere Ausführungen zu Tabelle 2.)

### 3.4 Die Entwicklung der Kinder

Die Beurteilung des Entwicklungsstandes eines Kindes setzt eingehende Analysen, Beobachtungen und Testuntersuchungen voraus. Diese Arbeit konnte im vorliegenden Zusammenhang nur im Rahmen der Intensivuntersuchung, also bei insgesamt 20 Kindern geleistet werden.

Die Eltern der Kinder wurden zunächst eingehend über die frühkindliche Entwicklung befragt (Flehmig 1973; Schlienger 1983), anschließend analysierten wir die visuellen Fähigkeiten (Frostig 1987) und das Temperament der Kinder (Chess und Thomas 1986, 1987). In diesen Bereichen zeigten sich keine bedeutsamen Unterschieden zwischen den 10 A- und den 10 B-Kindern. Somit konnten wir weitgehend absichern, daß Unterschiede in Bereichen, in denen ein Zusammenhang zwischen Wohnumfeld und Entwicklung anzunehmen ist, nicht auf sehr frühe Einwirkungen respektive angeborene Besonderheiten zurückgeführt werden können.

Tabelle 3: Kinderhüten, Vergleich verschiedener Schichtvariablen mit Kontrastgruppe A/B

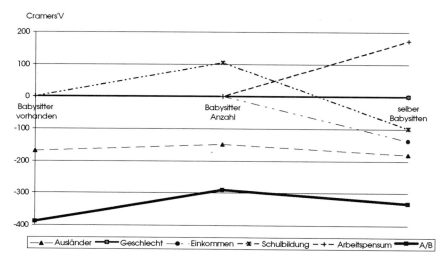

Eine differenzierte Überprüfung der motorischen Fähigkeiten (MOT 4-6; Zimmer und Volkamer 1984) sowie des Sozialverhaltens und der Selbständigkeit (Duhm und Althaus 1979) zeigen nun aber deutliche Unterschiede zwischen den beiden Kindergruppen. Bezüglich der motorischen Fähigkeiten ergibt sich - gemessen mit dem U-Test von Mann-Whitney ($p<.05$, N=20) - ein signifikanter Wert von 27,0, beim Sozialverhalten ein ebenfalls signifikanter Wert von 25,5. Unterschiede zeigen sich dabei nicht nur beim Gesamtwert, sondern in unterschiedlichem Ausmaß bei allen gemessenen Dimensionen.

Auch in einem Gespräch mit den Kindern zum Thema Freundschaft, zeigte sich, daß Kinder aus einem guten Wohnumfeld anhand vorgelegter Bilder (Schüttler-Janiculla 1977) weit besser über Aktivitäten berichten, die sie mit Freunden unternehmen, und auch mehr Möglichkeiten aufzeigen, wie man Konflikte lösen kann.

*4. Ist Kompensation möglich?*

Anbetrachts der bedeutenden Unterschiede zwischen Kindern, die in unterschiedlichen Wohnumfeldern aufwachsen, stellt sich die Frage, inwieweit die Eltern die Nachteile des Wohnumfeldes durch zusätzliche Aktivitäten kompensieren können. Insgesamt zeigt sich, daß B-Eltern mehr unternehmen mit ihren fünfjährigen Kindern als A-Eltern.

So besuchen B-Eltern mit ihren Kindern öffentliche Spielplätze deutlich häufiger als A-Eltern ($p = 0.000/ V = .315$)

## 4.1 Spielplatz und Wohnumfeld im Vergleich

Bereits einige ältere Untersuchungen haben aufgezeigt, daß die Qualität des Spiels auf öffentlichen Spielplätzen zu wünschen übrig läßt (Dazu: Hüttenmoser 1994). In unserer Untersuchung haben wir die Aktivitäten jener 700 Kindern der schriftlichen Befragung, die sowohl im Wohnumfeld wie auf öffentlichen Spielplätzen spielen, miteinander verglichen. Die Ergebnisse sind in Tabelle 4 zusammengestellt.

Tabelle 4: Was wird gespielt? - Vergleich Wohnumfeld / Spielplatz (N=770)

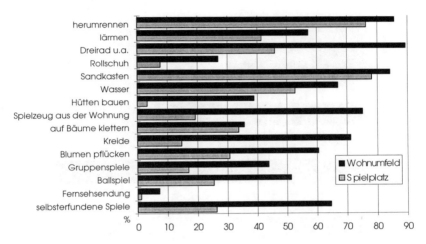

Die Unterschiede zwischen den beiden Spielorten sind einzig bezüglich der Benutzung der klassischen Spielplatzgeräte (inklusive: Sandkasten, Wasser, auf Bäume klettern) und einigen wenigen sehr allgemeinen Aktivitäten (herumrennen, lärmen usw.) gering. Bei den andern Aktivitäten schließen die öffentlichen Spielplätze deutlich schlechter ab. Das liegt, wie die verschiedenen Arten von Aktivitäten verdeutlichen, einerseits an den fehlenden frei verfügbaren Materialien (Dreirad, Ball, Kreide usw.) und an der mangelnden Vertrautheit der Kinder untereinander auf dem Spielplatz. Es finden dort genau jene Aktivitäten (Gruppenspiele, Rollenspiele, Fantasiespiele usw.), nicht oder nur in geringem Ausmaß statt, die für die Entwicklung der Kinder in diesem Alter von besonderer Bedeutung sind.

Viele Eltern, die mit ihren Kindern in einem ungünstigen Umfeld wohnen, unternehmen große Anstrengungen, um die Nachteile des Wohnumfeldes zu kompensieren. Mit dem häufigen Besuch öffentlicher Spielplätze tun sie genau das, was ihnen von den Planern, Pädagogen und Politikern seit Jahrzehnten empfohlen wird. Unsere Untersuchung zeigt, daß öffentliche Spielplätze gute Wohnumfelder nicht ersetzen können.

## 5. Wohnumfeld und Mutter-Kind-Beziehung

Bei der Analyse unserer Daten zeigt sich, daß ein Teil der Eltern (11.8 Prozent) angibt, sie fänden es zu früh, fünfjährige Kinder allein im Freien spielen zu lassen. Ein Vergleich dieser Gruppe mit den Eltern, die gegenteiliger Ansicht sind, zeigt, daß erstere in beträchtlichem Ausmaß in weit ungünstigeren Umgebungen wohnen (Tabelle 5).

Tabelle 5: Eltern-Kind-Beziehung und Qualität des Wohnumfeldes

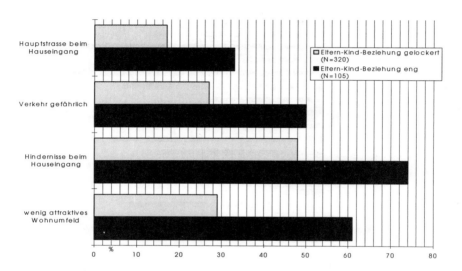

Wenn Eltern während Jahren durch ein unattraktives und gefährliches Wohnumfeld gezwungen werden, ihr Kind außerhalb der Haustür immer zu begleiten, so kann es nicht überraschen, daß daraus sehr enge Bindungen entstehen, respektive die ursprüngliche enge Bindung zwischen Mutter und Kind nicht gelockert werden kann.

## 6. Abschließende Bemerkungen

Auch wenn im vorliegenden Projekt nicht allen Fragen geklärt werden konnten und manches zusätzlich überprüft werden muß, kann unsere Grundthese, daß der private Motorfahrzeugverkehr im Wohnumfeld einen negativen Einfluß auf die Entwicklung der Kinder und ihr Hineinwachsen in die Gesellschaft ausübt, als gesichert gelten. Der Motorfahrzeugverkehr im Wohnumfeld führt in einem überraschend deutlichen Ausmaß zu neuen Ungleichheiten und Ungerechtigkeiten, die uns nicht gleichgültig lassen können.

## Anmerkung

1) An den Untersuchungen arbeiteten zudem mit: Dorothee Degen-Zimmermann und zeitweise Judith Hollenweger, der Autor der Aufsatzes als Projektleiter.

## Literatur

Appleyard, D. und Lintell, M (1972), The environmental quality of city streets: The residents viewpoint, in: Journal of the American Institute of Planners, 38: 84 - 101.
Bargel, T. et. al. (1972), Lokale Umwelten und familiale Sozialisation: Konzeptualisierung und Befunde, in: Vaskovics, L.A.(Hg.): Umweltbedingungen familialer Sozialisation. Stuttgart.
Blinkert,B. (1993), Aktionsräume von Kindern in der Stadt. Pfaffenweiler.
Chess, S./ Thomas, A. (1986), Temperament in Clinical Practice. New York 1986.
Chess, S./ Thomas, A. (1987), Origins and Evolution of Behavior Disorders: From Infancy to Early Adult Life. Cambridge, Mass.
Duhm, E. / Althaus,D. (1979), Beobachtungsbogen für Kinder im Vorschulalter 4-6. Braunschweig.
Engelbert, A. (1986), Kinderalltag und Familienumwelt.Frankfurt.
Flehmig, I. et al. (1973), Denver Entwicklungsskalen. Testanleitung. Hamburg.
Frostig, M. (1987), Frostigs Entwicklungstest der visuellen Wahrnehmung. Weinheim.
Hüttenmoser, M. (1991), Die Vertreibung aus dem Paradies. Dokumente zur Geschichte des Kinderspiels in den Straßen und Gassen der Stadt, in: "Und Kinder" 43: 5 - 60.
Hüttenmoser, M. (1994), Seit über 20 Jahren wissen wir, daß Spielplätze wenig taugen, in: "Und Kinder" 49: 16 - 25.
Hüttenmoser, M. (1995), Veränderungen in den Bedingungen des Aufwachsens, in: Pfister, Ch. (Hg.): Das 1950er Syndrom. Bern.
Hüttenmoser, Marco, Dorothee Degen-Zimmermann(1995), Lebensräume für Kinder. Empirische Untersuchungen zur Bedeutung des Wohnumfeldes für den Alltag und die Entwicklung der Kinder. Zürich. Bezugsquelle: Marie Meierhofer-Institut für das Kind, Schulhausstrasse 64, CH - 8002 Zürich.
Schlienger, I. (1983), Vademecum für die Entwicklung des Säuglings und Kleinkindes, Zürich.
Schmidt-Denter, U. (1984), Die soziale Umwelt des Kindes. Berlin.
Schüttler-Janikulla, K. (Hg.) (1977), Begabung, Sprache, Emanzipation. Oberursel .
Zimmer, R./ Volkamer, M. (1984), MOT 4-6. Motoriktest für vier- bis sechsjährige Kinder, Weinheim. Degen-Zimmermann, Dorothee, Judith Hollenweger, Marco Hüttenmoser (Projektleitung) (1992), Zwei Welten. Zürich.

Dr. Marco Hüttenmoser, Kirchbühlstraße 6, CH-5630 Muri

## 3. Brüche, Widersprüche, Ungleichzeitigkeiten. Zum Verhältnis zwischen Lebensbedingungen und alltäglichen Lebensführungen ostdeutscher Kinder

*Dieter Kirchhöfer*

Der Beitrag geht von Überlegungen zur DDR-Kindheit aus, die nur thesenhaft formuliert werden und deshalb vielleicht provokativ erscheinen mögen.

1. Viele empirisch konstatierbare Gegebenheiten der Lebenswelt von Kindern in der DDR sprechen dafür, daß sich in diesem Lande eine Modernisierung von Kindheit vollzog. Diese Modernisierung ist (vgl. Honig 1993 für die alten Bundesländer) durch spezifische Widersprüche charakterisierbar: das Verhältnis von sozialer Emanzipation und politischer Disziplinierung, von Selbstbestimmung und kollektiver Einordnung, von Säkularisierung und Ideologisierung, kindlicher Partizipation an öffentlichen Entscheidungen und zugleich des Ausschlusses davon, gesellschaftlicher Fürsorge und Kontrolle.

Mit dem Begriff der defizitären oder selektiven Modernisierung wird dieses widersprüchliche Anderssein m.E. nur bedingt faßbar. Dabei wird diese Spezifik sicher nicht allein durch die Aufzählung von Sowohl-Als-Auch-Polaritäten geleistet werden können, aber allein schon der Gedanke, daß es solche Spannungsfelder gab, könnte einseitige Betrachtungsweisen vermeiden helfen. Von wissenschaftlichem Erkenntniswert könnte es auch sein, solche Polaritäten nicht nur zu konstatieren, sondern sie in der historischen Bewegung zu verfolgen, damit die Denkfigur einer über die vierzig Jahre hinweg unveränderten DDR-Kindheit relativiert wird.

2. Diese Moderne könnte vielleicht stärker durch das kulturhistorische Muster proletarischer Kindheit (vgl. Behnken 1990, Behnken u.a. 1989, Berg 1991, Fend 1988, Hardach und Pinke, Hardach 1981, Zinnecker 1993 zum Bild der bürgerliche Kindheit) geprägt sein als ursprünglich mit der Perspektive auf die Gemeinsamkeiten/Unterschiede zwischen Ost und West angenommen. Als mögliche Indikatoren eines solchen proletarischen Kindheitsmusters könnten u.a. gelten: das Kind als Objekt gesamtgesellschaftlicher Fürsorge; das Kind, das für seine Tagesgestaltung Verantwortung trägt und eine hohe Selbständigkeit aufbringen muß; das Kind, das mithilft, daß sich der Haushalt alltäglich reproduzieren kann; das politisch organisierte Kind; das an der Welt der Erwachsenen partizipierende Kind; das Kind, das auch Verantwortung für das Gemeinwesen trägt und nur in der Gemeinschaft Selbstverwirklichung findet; das technisch interessierte Kind.

3. Die realen sozialökonomischen Verhältnisse brachten vielfache regionale, wohnquartiers-, geschlechts- und kohortenspezifische oder soziokulturelle Differenzierungen hervor (vgl. Nauck 1993, Krüger u.a. 1993). Könnte nicht eine Fixierung auf die systemspezifischen Unterschiede und/oder Gemeinsamkeiten in einem Ost-West-Vergleich Erkenntniszugänge auf diese Differenzierungen versperren? Bleibt gegenüber diesen Differenzierungen das auch von mir postulierte Konstrukt der kindlichen östlichen Normalbiographie (Kirchhöfer 1993) nicht recht dürftig?

4. Der gegenwärtige historische Veränderungsprozeß - der durch den kulturhistorischen Wandel von Kindheit im Sinne von Aries und von Generationsveränderungen im Sinne von Mannheim überlagert wird - könnte unter den bisherigen Annahmen als ein Übergang von einem Typ der

Moderne in einen anderen Typ der Moderne beschrieben werden. Es bleibt allerdings selbst dann nicht nur die genauere Beschreibung offen, was denn nun dieser Ausgangstypus gewesen und wie der neue Typus zu charakterisieren sei, sondern auch dieser Übergangsprozeß wird weder in seiner Richtung (Anpassung oder Angleichung, Spezifizierung oder Neubildung) noch in seinen Inhalten und auch in seinen Strukturen gefaßt. Zumindestens die unmittelbar nach 1989 formulierte Erwartung einer raschen Anpassung der östlichen an die westliche Lebensweise kann so uneingeschränkt nicht mehr aufrechterhalten werden. Scheint so nicht nur die Leerformel zu bleiben, daß der Übergang ein Prozeß mit vielen Widersprüchen, Ungleichzeitigkeiten ist, der sich mehrdimensional und ungerichtet vollzieht?

Das Projekt, das im weiteren vorgestellt werden soll, will den genannten Prozeß differenzierter fassen, indem alltägliche Lebensführungen der Kinder in ihren soziökologischen und sozialen Kontexten beschrieben und analysiert werden.

*Empirisch* geht die qualitativ orientierte Studie "Alltagsorganisation Ostberliner Kinder" von zwei Ostberliner Wohnquartieren aus, in denen 1990 damals 8 zehnjährige Kinder an sieben Tagen ihre Tagesläufe protokollierten, die sie an den darauffolgenden Tagen mit den Bearbeitern rekonstruierten. 1992 und 1994 wurden mit diesen Kindern erneut sieben Tagesläufe aufgezeichnet, wobei zusätzlich im Sinne von Kontrollgruppen jeweils 8 zehnjährige Jungen und Mädchen einbezogen wurden. 1990 wurden außerdem retrospektiv Tagesläufe aus dem Jahre 1989 rekonstruiert, die noch unveränderte DDR-spezifische Lebensführungen wiedergeben sollten.

*Methodisch* wird ein Verfahren der Protokollierung und Analyse von Tätigkeitswechseln nach Zeiher und Zeiher (1994) angewandt, das von mir durch ein hermeneutisches Interpretationsverfahren erweitert wurde. Zur Retrospektion wurde eine Methode entwickelt, die als authentische Fiktion bezeichnet wird.

*Theoretisch* schließt sich das Projekt an das Konzept der alltäglichen Lebensführung von Voß (1991) oder Vetter (1991) an, das in Anlehnung an Weber (1986) die alltägliche Lebensführung als Synthese von objektiven Bedingungen, Vorstrukturierungen, sozialen Formen und subjektiver Gestaltungsleistung der Individuen und der dabei wirkenden Muster faßt (vgl. auch Baacke u.a. 1994, Lenz 1988).

*Die Veränderung der Bedingungen und Vorstruktierungen*

Geht man von einer systemaren Struktur der kindlichen Lebenswelten aus, so ist mit der Transformation westlicher Eigentums- und Verteilungsverhältnisse, politischer Strukturen und kultureller und schulischer Institutionen ein radikaler Umbruch der Makrosysteme kindlichen Alltagslebens in Ostdeutschland zu konstatieren, der sich mehr oder weniger auf die *Bedingungen* in den Mikrosystemen, in denen Kinder leben, auswirkt. Dieser Prozeß ist noch nicht abgeschlossen und wird sich in den nächsten Jahren fortsetzen.

Bisher wenig beachtete Momente sind die *Transformation der juristischen Formen* - wie z.B. die veränderten Beziehungen Vermieter/Mieter, die neuen konkurrierenden Rechtsverhältnisse Eltern/Lehrer, die zunehmende Wahrnehmung eigener Rechte durch die Kinder -, die *Herausbildung monetärer Beziehungen* - wie die Kommerzialisierung von Dienstleistungen, die bewußt vorgetragenen finanziellen Restitutionsansprüche bei Schäden, neue Kriterien von Tauschbeziehungen zwischen Kindern -, oder die *Entwicklung soziostruktureller Differenzierungen* - wie z.b. die beginnenden sozialen Umstrukturierungen in den Wohngebieten, soziale Kanalisierungen von Freizeittätigkeiten und -karrieren oder die sozialen Selektionen im gegliederten Schulsystem.

Die Wirkungen auf die Welt der Kinder sind *multivalent*. Die Bedingungsveränderungen bauen einerseits Zwänge ab (z.B. die Kontingentierung bestimmter institutioneller Freizeittätigkeiten oder des Besuchs höherer Bildungseinrichtungen), andererseits bauen sie solche Zwänge auch wieder auf (z.b. durch die Kommerzialisierung oder die soziale Selektion); die kindlichen Ressourcen erweitern sich beträchtlich (z.b. in bezug auf die zur Verfügung stehenden Medien, die Buntheit des Spielzeugs oder der Kleidung ) und sie werden zugleich durch das Angebot vorgefertigter Denk-und Verhaltensmuster und Rollenzwänge wieder eingeengt.

Es läge nahe zu vermuten, daß ein solcher radikaler Umbruch der Bedingungen auch grundlegende Veränderungen der *Vorstrukturierungen* mit sich bringt (der materiellen Wohnumwelten, Raum-Zeitstrukturen, Rollen- und Positionsangebote). Vorstrukturierungen entwickeln in bezug auf ihre Funktionalität jedoch auch eine relative Eigengesetzlichkeit. Sie brechen nicht nur weg, sondern werden auch weitergeführt. Bei gleichbleibenden Funktionen bleiben sie gleichfalls stabil, verändern diese sich, ändern sich auch die Vorstrukturierungen. Auffällig ist eine solche Stabilität z.B. in bezug auf die Vorstruktuierungen, die durch die *Schule* erzeugt werden. Einerseits vollziehen sich gegenwärtig in der Schule - in der Untersuchung war es vor allem die sechsjährige Berliner Grundschule - vielfältige Individualisierungs- und Differenzierungsprozesse. Hatte die vergangene Schule vor allem die gemeinschaftliche Verantwortung für den Lernfortschritt in der Klasse betont (Patenschaften, Lernkonferenzen, Lernbrigaden), so finden sich jetzt immer stärker auch Vorstrukturierungen, die auf die ausschließliche individuelle Verantwortung für Leistungsergebnis und Lernerfolg orientieren (z.B. Zunahme der kommerziell organisierten Lernhilfen, Reduzierung der gegenseitigen Unterstützung der Kinder bei schulischen Aufgaben). Andererseits bringt die Schule aus ihrer Funktion heraus auch Organisationsformen, Beziehungen zwischen den Akteuren und solche der Akteure zu den Organisationsformen hervor (vgl. Krappmann und Oswald 1995), die unverändert bleiben (z.B. der Zeitrhythmus, die Zeit vor Schulbeginn auf dem Schulhof, die Pausen auf dem Schulhof, das Klassenlehrerprinzip, die Schulwege, die Hausaufgaben). Oft entwickelt sich mit diesen Vorstrukturierungen auch eine eigene Kultur (z.B. des Schulhofes), die ihre Eigenständigkeit bewahrt. Einmal entstanden, wirken diese Formen als objektive Vorstrukturierungen auf die Organisation der kindlichen Lebensführungen zurück und sichern deren Funktionalität.

*Stabilität und Instabilität von Lebensführungen*

Folgt man der theoretischen Annahme, daß der Tageslauf vor allem auch eine gestalterische Eigenleistung und eine personale Verarbeitung der Bedingungen ist, so interessiert die Frage: Wie gehen die Kinder mit den Vorstrukturierungen um und wie verändert sich ihre Rolle als soziale Akteure (vgl. Geulen 1994)?

*Tätigkeitswechsel in der alltäglichen Lebensführung des Jungen Stave 1990 und 1994*

## Stave 1990

| Tätigkeit | Beschreibung der Situation |
|---|---|
| 6.15 St. wird durch die Mutter geweckt St. träumt noch. | Die Mutter verläßt danach die Wohnung. Der Bruder von Stave steht vereinbarungsgemaß auf und wäscht sich |
| 6.30 St. steht auf | Diese Zeit ist für St. die feste Zeit seines Aufstehens. Er hat einen Wecker, der auf diese Zeit gestellt ist. |
| Er wäscht sich, zieht sich an | Er hat die Uhr im Auge, er hastet nicht, bummelt aber auch nicht. Die Kleidung wird montags mit der Mutter ausgehandelt. Er hat Spiel- und Schulsachen. |
| 6.40 St. liest. | Er hat gestern ein neues Comicheft gekauft, in dem er auch abends gelesen hatte. |
| 6.50 St. holt sich sein Frühstück | Bruder M. hat schon gefrühstückt, ihm aber Kuchen zurückgelassen. |
| 6.55 Er räumt und wäscht ab. | St. hat Küchendienst, sein Bruder hat sein Geschirr - im Wissen darum - stehenlassen. |

## Stave 1994

| Tätigkeit | Beschreibung der Situation |
|---|---|
| 6.45 St. wird durch die Mutter geweckt | Die Mutter hat flexible Arbeitszeiten und verläßt erst 7.15 die Wohnung. |
| 6.45 St. steht sofort auf, wäscht sich, zieht sich an, lüftet das Zimmer und macht die Betten. | 6.45 ist die feste Zeit des Aufstehens, St. weiß, daß er die folgende Zeit bis zum Verlassen der Wohnung braucht. St. nimmt sich seine Kleidung nach eigenem Ermessen. |
| 6.55 St. packt seinen Ranzen | St. hat sonst eine feste Folge, daß mit den Hausaufgaben auch der R. gepackt wird, am Vortage hatte St. keine HA. |
| 7.00 St. frühstückt. | Die Mutter hat das Frühstück hingestellt und setzt sich hinzu, vorher hat sie sich schon zum Bruder gesetzt gehabt. |
| 7.10 St. räumt ab | Er braucht nicht mehr abzuwaschen, da die Familie einen GSP Automaten hat. |

Eine Analyse der Morgenphase bei Kindern verschiedenen Geschlechts und verschiedener Wohnlagen in dem genannten Pprojekt zeigt eine sich wiederholende stabile Sequenz von Tätigkeiten: *Aufwecken - Aufstehen - hygienische Verrichtungen - Anziehen - Frühstücken(oder nicht) - Tätigkeiten in einer mehr oder weniger kurzen Wartezeit bis zum Verlassen des Hauses - Tätigkeiten beim Verlassen des Hauses.* Konstante Funktionen im Alltag - in diesem Fall der rechtzeitige und pünktliche Besuch der Schule und die dafür erforderliche Ausstattung erzwingen auch über mehrere Jahre hinweg eine relative Stabilität der Lebensführung. Es bleiben nicht nur das System (der "Normalltag")der alltäglichen Tätigkeiten erhalten, sondern auch die funktional differenzierten und differenzierenden Subsysteme und selbst die einzelnen Tätigkeiten, wie ein Ausschnitt aus der Lebensführung eines 10- bzw. 14-jährigen Jungen 1990 und 1994 zeigt, wobei bewußt der Morgen in seiner scheinbaren Trivialität der Tätigkeiten gewählt wurde.

Veränderungen zeigen sich in den Tagesläufen dort, wo sich die Funktionen ändern, wie z.B. in der Übernahme von Haushaltspflichten oder im Gebrauch der Kleidung. Das Bild von der Stabilität und Instabilität ist jedoch so noch nicht vollständig, Wandlungen und Konstanz finden sich auch in den *sozialen, medialen und sinnhaften Konstruktionen der alltäglichen Lebensführungen.* Selbst wenn die Tätigkeiten und Tätigkeitsfolgen stabil bleiben, können sich die dahinter stehenden Herstellungsleistungen ändern, weil sich die Kontexte verändern, die durch die Kinder verarbeitet werden müssen (z.B. die Anwesenheit des Bruders oder der Mutter). Solche Veränderungen in den Konstruktionen der Lebensführungen können auf die gebrauchten Muster verweisen.

*Konsistenz und Inkonsistenz von Mustern der Lebensführung*

Die Analyse der Muster folgt in der Interpretation der objektiven Hermeneutik Oevermanns, nur daß in dem vorliegenden Fall nicht Texte, sondern protokollierte Tätigkeitswechsel vorliegen. Im einzelnen wurde zu jedem Tätigkeitswechsel ein Feld von Hypothesen über das steuernde Muster bzw. die steuernden Muster gebildet. Bei jedem erneuten Auftreten der Muster wurde die zuerst gebildete Hypothese bestätigt bzw. eingeschränkt oder gänzlich eliminiert. Im weiteren bildeten sich mehrfach bestätigte Hypothesen über Muster heraus. In ähnlicher Weise wurde bei der Hypothesenbildung über die Änderungen vorgegangen. Zudem wurde in diesem Fall versucht, phänomenologisch die Änderung auf drei Erklärungsansätze zurückzuführen (auf den sozialen Umbruch, auf die Altersveränderungen, auf einen allgemeinen kulturhistorischen Wandel).

*Hypothesen über mögliche Muster in der alltägliche Lebensführung des Jungen M. 1990*

In dem oben aufgeführten Tageslauf des Jungen St. findet sich der Tätigkeitswechsel des Gewecktwerdens. Zur Beschreibung der Entscheidungssituation ist hinzugefügt, daß die Mutter den Jungen (durch Berührung) weckt. Es ergeben sich folgende Hypothesen über die in der Familie wirkenden Muster:

Hypothese A1.1: Die Mutter sucht die soziale Nähe zu den Kindern.
Hypothese A1.2: Die Mutter hat ein überhöhtes Kontrollbedürfnis.
Hypothese A1.3: Stave bekommt wenig Verantwortung für seine Lebensführung übertragen.

Schon bei der Charakteristik eines der nächsten Tätigkeitswechsels findet sich die Aussage, daß die Mutter sich zu Stave setzt, als er frühstückt. Eine solche Aussage ist zur Hypothese A1.1 in Beziehung setzbar und bestätigt diese. Zugleich wird durch die zuletzt genannte Aussage auch eine Hypothese über Veränderungen in der familialen Lebensführung möglich, daß die Mutter ihre sozialen Kontakte zu den Kindern verstärkt.

Vergleicht man die Muster der einzelnen Kinder (allein im morgendlichen Geschehen zwischen 15 und 35 je Kind), so zeigt sich eine auffällige Übereinstimmung der Konsistenz in vier Bereichen:

– *Muster der Eigenverantwortung* für das Wachwerden, für das Aufstehen, für das Frühstücken, für das Verlassen des Hauses. Die Eltern haben den Kindern die Verantwortung für die Gestaltung des morgendlichen Geschehens übertragen, die dabei ein hohes Maß an Koordinieren und Entscheiden leisten müssen (z.B. mit der Antizipation von Zeit- und Raumkonstellationen, mit Folgenabschätzungen bei potentiellen Verstößen gegen das Zeitregime);
– *Muster der Konfliktfreiheit*, es sind die Eltern, die um der Harmonie im morgendlichen Ablauf willen den Kindern Handlungsautonomie gewähren, die Tagesläufe der Geschwister entflechten, selbst Arbeiten übernehmen, die Konfliktstoff bergen könnten;
– *Muster der sozialen Verantwortung* für die Geschwister, für die Wohnung, für die Hausarbeit;
– *Muster der Berechenbarkeit und Überschaubarkeit* wie das Streben nach Geregeltheit des Ablaufes, die Risikominimierung durch Mehrfach- und Rückversicherung oder die zeitlich-räumliche Optimierung von Abläufen.

Andere häufig anzutreffende Muster waren die der Pflichterfüllung, der Präferenzen institutioneller Forderungen, der instrumentellen Orientierung der freiverfügbaren Zeit, der Sinnsetzung für Tätigkeiten. Vergleicht man die genannten Bereiche, so wird deutlich, daß die konsistenten Muster genau jene sind, welche auf stabil bleibende Funktionen in den Abläufen gerichtet sind. Inkonsistenzen treten dort auf, wo sich Tätigkeiten und Tätigkeitssysteme in ihrer Funktionalität ändern, d.h. vor allem im Bereich der Austausch-, Eigentums-, Markt- oder Ressourcenbeziehungen.

Aus dem bisher Gesagten wird nicht erkennbar, daß sich im Weberschen Sinne ein Übergang von einem Typus naturwüchsiger zu einem Typus methodisch geprägter, rationaler Lebensführung vollziehen würde. Offensichtlich trifft auch nicht die Annahme zu, daß in bezug auf die Lebensführungen ein Rationalitätstypus in einen anderen übergeht, da viele Muster weitergeführt werden. Offensichtlich strukturieren sich konsistent bleibende Muster in ihrem Verhältnis zueinander neu, bilden sich in der Synthese von alten und neuen Mustern Konfigurationen, die in sich sowohl konsistente wie auch inkonsistente Momente tragen.

Lebensführungen halten offensichtlich die konflikthaft angelegten Beziehungen zwischen Individuum und Gesellschaft noch aus, sie vermitteln zwischen beiden im Sinne eines praktischen Reparaturdienstes gegenüber den Defiziten der Gesellschaft, aber sie könnten in ihren instabilen und inkonsistenten Inhalten auch ein hochsensibler Anzeiger dafür sein, wenn die Konflikte durch die Individuen nicht mehr verarbeitet werden können.

**Literatur**
Baacke, Dieter/Sander, Uwe/Vollbrecht, Ralf (1994), Spielräume biographischer Selbstkonstruktion. Vier Lebenslinien Jugendlicher. Opladen.

Behnken, Imbke (Hrsg.) (1990), Stadtgesellschaft und Kindheit im Prozeß der Sozialisation. Opladen.
Behnken, Imbke/du Bois-Reymond, Manuela/Zinnecker, Jürgen (1989), Stadtgeschichte als Kindheitsgeschichte. Lebensräume von Großstadtkindern in Deutschland und Holland um 1900. Opladen.
Berg, Christa (1991), Kinderleben in der Industriekultur. Der Beitrag der Historischen Sozialisisationsforschung, in: Berg, Chr.(Hrsg.): Kinderwelten. Frankfurt a.M.
Fend, Helmut (1988): Sozialgeschichte des Aufwachsens. Bedingungen des Aufwachsens und Jugendgestalten im 20. Jahrhundert. Frankfurt.
Geulen, Dieter (Hrsg.) (1994), Kindheit. Opladen.
Hardach-Pinke, Irene / Hardach, Gerd (Hrsg.) (1981), Kinderalltag. Deutsche Kindheiten in Selbstzeugnissen. Reinbek.
Honig, Michael-Sebastian (1993), Sozialgeschichte der Kindheit im 20. Jh., in: Markefka/Nauck (Hrsg.) Handbuch der Kindheitsforschung. Neuwied.
Kirchhöfer, Dieter (1993), Die kindliche Normalbiographie in der DDR, in: DJI (Hrsg):Was für Kinder. Kösel. München
Krappmann, Lothar / Oswald, Hans (1995), Alltag der Schulkinder. München.
Krüger, Heinz-Hermann / Haak, Gerlinde / Musiol, Marion (1993), Kindheit im Umbruch. Biographien ostdeutscher Kinder, in: Aus Politik und Zeitgeschichte. Beilage zur Wochenzeitung Das Parlament. B 24/93.
Lenz, Karl (1988), Die vielen Gesichter der Jugend. Jugendliche Handlungstypen an biographischen Portraits. Frankfurt.
Nauck, Bernhard (1993), Sozialstrukturelle Differenzierungen der Lebensbedingungen von Kindern in Ost-und Westdeutschland, in: Markefka / Nauck (Hrsg.): Handbuch der Kindheitsforschung. Neuwied.
Vetter, H.-R. (Hrsg.) (1990), Muster moderner Lebensführung. DJI-Forschungsbericht. Opladen.
Voß, G. Günther (1991), Lebensführung als Arbeit. Über die Autonomie der Person im Alltag der Gesellschaft. Stuttgart.
Weber, Max (1986), Gesammelte Aufsätze zur Religionssoziologie I. Tübingen.
Zeiher, Helga / Zeiher, Hartmut (1994), Orte und Zeiten der Kinder. München, Weinheim.
Zinnecker, Jürgen (1993), Kindheit als kulturelles Moratorium. Thesen und Belege zur Modernisierung von Kindheit. Vortrag Halle 1994. (Manuskriptdruck).

Prof. Dr. Dieter Kirchhöfer, Fr.-Wolf-Straße 5, D-16761 Henningsdorf

## 4. Sozialstrukturelle Ansätze in der Kindheitsforschung[1]

*Bernhard Nauck*

Kindheit ist ein keineswegs neuer Forschungsgegenstand, vielmehr kann die wissenschaftliche Beschäftigung mit Kindern auf eine mehr als zweihundertjährige Tradition in Medizin, Pädagogik und Psychologie zurückblicken. Diese Fächer verfügen schon seit geraumer Zeit über eigene ausdifferenzierte Teildisziplinen mit eigener spezialisierter Professionalisierung z.b. in der Kinderheilkunde, in den lebensalters- und schulstufenbezogenen pädagogischen Teildisziplinen der Kleinkindpädagogik, der Grundschul- und Sekundarschulpädagogik, - und nicht zuletzt der Pädagogischen Psychologie und der Entwicklungspsychologie. Insbesondere die letztgenannte Teildisziplin war in ihrem Wirken jahrzehntelang so erfolgreich, daß sich nicht nur für Außenstehende "wissenschaftliche Beschäftigung mit Kindern" und "Entwicklungspsychologie" als Synonyme darstellten. Es dürfte keine historische Zufälligkeit sein, daß die Ausdifferenzierung der "Kindheit" als einer eigenständigen Phase im Lebensverlauf und deren Konstituierung als eigenständiges Forschungsfeld im Zeitalter des Merkantilismus zusammenfällt mit einer Neubewertung des Humanvermögens. Mit der bereits durch frühe Vorläufer von Humankapitaltheorien vermittelten Einsicht, daß Kinder eine Investition in den zukünftigen Reichtum einer Volkswirtschaft darstellen, wurde die Grundlage für die nachfolgend dominante Perspektive zur Kindheit gelegt: Kinder sind die zukünftigen Erwachsenen einer Gesellschaft. Die Einführung von Maßnahmen der Gesundheitsvorsorge gegen die Kindersterblichkeit, die Zurückdrängung der Kinderarbeit sind in diesen Zusammenhang ebenso einzuordnen wie die Ausdifferenzierung eines altersgruppenspezifisch organisierten Bildungssystems. Nicht zuletzt erinnert der - inzwischen allenfalls in seiner Doppelsinnigkeit und Ambivalenz noch verwendbare - Begriff des Kinder-"reichtums" an den kulturgeschichtlichen Kontext der "Entdeckung der Kindheit".

Diese Perspektive hat auch ihren Niederschlag in der wissenschaftlichen Behandlung dieses Gegenstandsbereichs gehabt:
(1) Ganz selbstverständlich hörten noch bis vor einem Vierteljahrhundert entwicklungspsychologische Lehrbücher mit dem Erwachsenenalter auf.
(2) Ebenso selbstverständlich konnte sich als Maßstab pädagogischen Handelns durchsetzen, 'kindgemäß' so zu verstehen, daß dem Kinde altersspezifisch zu vermitteln sei, was für das Erwachsenenalter als sinnvolle Kompetenz jeweils erachtet wurde.
(3) Weiterhin läßt sich konstatieren, daß diese Perspektive entscheidend dazu beigetragen hat, daß Kinder in der Sozialstatistik und Sozialberichterstattung bis zum heutigen Tage jeweils nur als 'Haushaltsangehörige' von Erwachsenen geführt werden.
(4) Letztlich steht auch die Familienberichterstattung in dieser Denktradition, wenn sie - wie im fünften Familienbericht geschehen - dem öffentlichen Bewußtsein in Erinnerung gerufen hat, daß das Humanvermögen einer Gesellschaft durch die Leistungen der Familie begründet wird und daß die Kinder einer Gesellschaft mit der Bildung und Sicherung ihres Humanvermögens in ganz wesentlichem Zusammenhang stehen (Bundesministerium für Familie und Senioren 1994).

Daß sich hinter dieser Perspektive, Kinder ausschließlich aus dem Blickwinkel ihrer individuellen (auf das Erwachsenenalter hin: zielgerichteten) Entwicklung zu betrachten und mithin in ihnen vornehmlich unfertige Erwachsene zu sehen, unter sozialwissenschaftlichen Gesichtspunkten eine theoretische Verengung verbirgt, wird schnell deutlich, wenn man sich vergegenwärtigt, daß 'Kinder' ein Konstrukt ist, das sich analytisch in zwei idealtypische Dimensionen aufspalten läßt. Diese beiden Dimensionen betreffen einerseits den Institutionalisierungsgrad, d.h. ob es sich um gesamtgesellschaftlich institutionalisierte Kulturmuster des Umgangs mit dieser Personengruppe oder um deren Lebensverhältnisse handelt, andererseits darum, ob diese Personengruppe eher individuell als Phase im Lebensverlauf oder relational als Generationengruppe betrachtet wird. Daraus lassen sich für die Kindheitsforschung vier Forschungsfelder ableiten, die für die Sozialberichterstattung jeweils völlig eigene Fragestellungen abgeben: Kindheitsforschung hat sowohl einen Altersphasen- als auch einen Generationenbezug, und sowohl einen institutionellen als auch einen sozialstrukturell-interaktionistischen Bezug.

a. *Kindsein* wird durch das Leben im Generationenbezug in den dyadischen Beziehungen zwischen Kindern und ihren Eltern konstituiert, d.h. durch die je individuellen Interaktionen in Eltern-Kind-Beziehungen. Entscheidend dabei ist, daß Kindsein nicht auf Kinder (als Altersgruppe) beschränkt ist, sondern sich über den gesamten Lebensverlauf (bis zum Tode der Eltern oder des Kindes) ausdehnt (Rossi und Rossi 1990). Zumindest für postmoderne Gesellschaften gilt zudem, daß zumindest die komplementäre Elternrolle (und insbesondere: die Mutterrolle) zur einzigen lebenslang unaufkündbaren Verpflichtung in modernen Gesellschaften geworden ist, d.h. die normative Verpflichtung der Eltern auf ihre Kinder hat ein zu keiner früheren Epoche bekanntes Ausmaß an Akzeptanz und Verbindlichkeit erhalten (Nauck 1995). Es ist bislang kaum untersucht, welche Konsequenzen dies für das Kindsein in solchen Gesellschaften hat.

b. *Kindschaft* ist ein Generationenbezug zur komplementären Elternschaft, mit der die spezifischen Rechte und Pflichten zwischen Generationen geregelt werden und die somit einen speziellen Institutionalisierungsaspekt beinhaltet. Anders als bei 'Kindheit' betrifft hier jedoch die Institutionalisierung nicht eine Lebensaltersspanne, sondern die lebenslange Beziehung zwischen Generationen, auf deren Grundlage - wiederum zumeist implizite - 'Generationenverträge' über wechselseitige Hilfeleistungen, ökonomische Transfers und Erbschaften ebenso geschlossen werden, wie über die Legitimität von Eltern- und Kindesrecht entschieden wird (Bengtson 1993). Mit diesen 'Generationenverträgen' ist jedoch etwas gänzlich anderes gemeint, als das, was in aktuellen sozialpolitischen Debatten darunter verstanden wird. Individuelle oder kollektive Generationenverträge, in denen die Rechte und Pflichten von Generationen zueinander geregelt sind und zumeist nur als implizite Grundlage der Beziehung zwischen Generationen Geltung erlangen, sind vom expliziten Kohortenvertrag des Sozialversicherungssystems strikt zu unterscheiden, bei dem Geburtskohorten einer Gesellschaft nur mehr kollektiv füreinander verantwortlich sind. Da dieser Kohortenvertrag nicht mehr durch den direkten Generationenbezug vermittelt ist, wird die individuelle Einklagbarkeit von Rechten und Pflichten zwischen Generationen drastisch vermindert und an die Stelle individueller intergenerativer Loyalität ist notwendigerweise eine kollektiv-politische Interessenvertretung von Alterskohorten getreten. Entsprechend der demographischen Entwicklung moderner Gesellschaften ist unter diesen Bedingungen auch erwartbar, daß die Veränderung in den quantitativen Proportionen von Eltern mit ihren Kindern einerseits und Alten und Alleinlebenden andererseits direkte Auswirkungen auf die Ausformulierung politischer "Issues" haben wird, und daß die Wohlstandssicherung der alten Bevölkerung mit zunehmender Kinderarmut einhergeht (Nauck 1995; Schäfers und Zimmermann 1995). Wie für viele 'kulturelle Selbstverständlichkeiten' in einer Gesellschaft gilt auch hier, daß Kindschaftsverhältnisse zumeist nur dann thematisiert werden, wenn es sich um solche handelt, die dem Normalitätsentwurf nicht oder nur teilweise entsprechen (z.B. bei 'abweichenden' Kindschaftsverhältnissen wie Stief- und Adoptivkindschaften), oder erst in gesamtgesellschaftlichen Umbruchsituationen, in denen der intergenerative Bezug neu geregelt wird und es z.b. nicht mehr das selbstverständliche Recht der Eltern ist, ihre Kinder zu züchtigen, in Stellung zu geben oder auch nur die Alimentierung eines Studienfachwechsels zu verweigern.

c. *Kinder* sind weiterhin eine Altersgruppe, die sich in ihren Interaktionen, in ihren sozialen Beziehungen zu ihrer Umwelt konstituiert und ein eigenes Element der Sozialstruktur einer Gesellschaft bildet. Dieses Element kann immanent oder vergleichend zu anderen Altersgruppen, zu anderen historischen Situationen oder zu anderen Gesellschaften oder Gesellschaftssegmenten analysiert werden. Insofern ist es in einem klassifikatorischen Sinne immer gerechtfertigt, z.B. von Stief-, Waisen-, Akademiker-, Scheidungs-, Einzel-, Großstadt- und Migrantenkindern oder von Kindern aus Armutsgesellschaften zu sprechen. Diese Form der kategorialen Abgrenzung der Altersgruppe 'Kinder' von anderen Altersgruppen (wie z.B. 'Jugendliche', 'Erwachsene', 'Alte') dürfte einerseits die dem Alltagsverständnis nächste und zugleich die in der Sozialberichterstattung am häufigsten angewandte sein; andererseits trifft auch hier zu, daß diese Abgrenzungen häufig beliebig vorgenommen werden. So werden unter 'Kinder' häufig alle minderjährigen Personen subsumiert, in anderen Untersuchungen werden darunter 'Noch-Nicht-Jugendliche' (also in der Regel Personen unter 14 Jahre) verstanden. Je nach Untersuchungsthematik variiert die Altersabgrenzung teilweise beträchtlich, was zur Vergleichbarkeit der Befunde nicht beiträgt und häufig zu Rezeptionsmißverständnissen führt. Darüber hinaus ist zu berücksichtigen, daß Kinder selbst in diesem eingegrenzten Verständnis keine homogene Bevölkerungsgruppe darstellen. Wie in den Theorien zur 'Ökologie menschlicher Entwicklung' stets herausgestellt wird, interagieren Kinder in ihren jeweiligen Entwicklungsphasen außerordentlich selektiv mit je spezifischen Elementen ihrer Umwelt und haben je spezifische Bedürfnisse, die unterschiedliche Anforderungen an diese Umwelten stellen (Bronfenbrenner 1981). Ein bislang kaum gelöstes grundlagentheoretisches Problem der Sozialberichterstattung über Kinder besteht somit darin, die lebensaltersspezifischen Handlungskontexte zu identifizieren und hinsichtlich der altersspezifischen Bedürfnisse zu evaluieren.

d. *Kindheit* ist schließlich eine Institution, die durch allgemeine Leitbilder, Rechtsnormen und Sitten konstituiert wird, mit der in einer Kultur Wissen und Wertvorstellungen differentiell über dieses Segment im Lebenslauf verankert wird. Institutionalisierung von Kindheit meint damit sowohl Leitbilder, nach denen in Alltagstheorien über Kindsein und 'kindgemäßem' Verhalten von und gegenüber Kindern entschieden wird, als auch normative Regeln, die die Rechte und Pflichten von und gegenüber Kindern festlegen. Nicht zuletzt am Beispiel der Wissenschaftsentwicklung ist deutlich geworden, daß Vorstellungen zur Kindheit zumeist implizit als kulturelle Selbstverständlichkeiten eingehen. Da die Beurteilung der konkreten Lebensverhältnisse von Kindern sich als Referenz auf solche Normalitätsstandards beziehen, kommt ihrer kontrastiven Analyse im historischen und interkulturellen Vergleich eine hervorgehobene Bedeutung zu. Nicht zuletzt auf diesen Umstand dürfte es zurückzuführen sein, warum außerhalb der entwicklungspsychologischen Forschungstradition insbesondere die historische Kindheitsforschung eine große Aufmerksamkeit auf sich gezogen hat. Eine empirisch durchaus offene Frage ist es dagegen, inwiefern die vielfach konstatierte intragesellschaftliche Variabilität der Lebenssituation von Kindern auch mit unterschiedlichen Kindheiten in Zusammenhang steht. Folgt man diesem Sprachgebrauch, so wäre es erst dann gerechtfertigt, von einer besonderen Kindheit (z.B. einer Dorf- oder Arbeiterkindheit) zu sprechen, wenn kulturelle Differenzierungen in den Wissens- und Wertsystemen nachgewiesen sind. In jedem Falle dürften die Befunde von P. Ariès (1979) auch so zu interpretieren sein, daß gesellschaftliche Modernisierung mit einer zunehmenden Institutionalisierung der Kindheit verbunden gewesen ist. Bezogen auf die zunehmende Institutionalisierung des Lebenslaufs (Kohli 1985) läßt sich weiterhin feststellen, daß kein anderes Segment des Lebenslaufs eine so hohe altersgradierte Regelungsdichte aufweist wie die Kindheit: Die altersspezifische Schulpflicht ist hierfür ebenso ein Beispiel wie die Organisation von Schule als Jahrgangsklassen, die Altersgradierung im Vereinssport, Altersbegrenzungen beim Kindergartenbesuch und anderer Betreuungseinrichtungen oder die altersgradierte stufenweise Mündigkeit (Engelbert und Buhr 1991).

Nimmt man eine solche Typologie zum Ausgangspunkt einer wissenschaftlichen Analyse der Sozialberichterstattung über Kinder, so ergeben sich daraus zwei unterschiedliche Möglichkeiten. Einerseits könnten auf der Basis einer nunmehr präzisierten Begrifflichkeit alle Analysefelder ausgeblendet werden, die sich entweder mit den Formen der Institutionalisierung von Kindschaftsverhältnissen und von Kindheit, also z.B. in rechtssoziologischen und policy-Analysen oder kulturgeschichtlichen oder -vergleichenden Untersuchungen, beschäftigen, oder die den Generationenbezug thematisieren; die Analyse beschränkte sich damit auf 'Kinder'. Dies käme zwar dem Vorverständnis vieler Nutzer von Sozialberichtssystemen sehr entgegen, hätte jedoch den entscheidenden Nachteil, daß möglicherweise die wesentlichen Aspekte des sozialen und kulturellen Bezugs ausgeblendet und (wie häufig in sozialstatistischen Analysen) die individuellen Akteure als Monaden betrachtet werden. Wenn auch vorwegnehmend resümiert werden kann, daß 'Kinder' und 'Kindsein' bei weitem intensiver bearbeitete Forschungsfelder darstellen als die Institutionalisierung von 'Kindheit' oder 'Kindschaftsverhältnissen', sollte dies nicht dazu verleiten, die übrigen Forschungsfelder aus dem Blickfeld zu verlieren, sondern vielmehr das Bewußtsein für die vorhandenen Forschungslücken wachhalten.

In der Bundesrepublik Deutschland sind für verschiedenste Lebens- (und Politik-)Bereiche inzwischen Systeme der Sozialberichterstattung entwickelt worden, die sich nach Zielsetzung, Komplexitätsgrad und Geschlossenheit deutlich voneinander unterscheiden. Im Hinblick auf die Etablierung einer Sozialberichterstattung über Kinder in Deutschland läßt sich hierzu folgendes feststellen:

1. Es gibt in Deutschland keine nachhaltigen Erfahrungen mit einer politischen Sozialberichterstattung über die Lebensbedingungen von Kindern. Unter politischer Sozialberichterstattung sollen in diesem Zusammenhang solche Formen verstanden werden, bei denen wissenschaftliche Experten in möglichst regelmäßiger Form politischen Institutionen als Auftraggebern über wesentliche gesellschaftliche Zustände, Entwicklungen oder Problemlagen berichten oder die Nachhaltigkeit von Interventionen evaluieren. In angrenzenden Politikbereichen hat sich eine solche Form des Berichtswesens beispielsweise in der Form der Familienberichte (zuletzt: Bundesministerium für Familie und Senioren 1994) und Jugendberichte (zuletzt: Bundesministerium für Familie, Senioren, Frauen und Jugend 1994) und durch Wissenschaftliche Beiräte der entspre-

chenden Ministerien etabliert. Kennzeichnend dabei ist, daß diese Berichte zwar kontinuierlich erstellt werden, aber thematisch variieren. Entsprechend greifen sie zwar auf empirische fachwissenschaftliche Befunde zurück, beinhalten oder etablieren jedoch kein eigenes Indikatorensystem zur Dauerbeobachtung. Zwar sind (insbesondere aus Anlaß des UN-Jahres des Kindes 1979 und gelegentlich auch danach auf der Ebene einzelner Bundesländer) ähnlich konzipierte Kinderberichte erschienen (Markefka 1993), doch erfolgte dies bislang lediglich diskontinuierlich und ohne die Institutionalisierung eines Expertensystems. Sowohl Familien- als auch Jugendberichte enthalten zwar wesentliche Teilaussagen, die auch für eine Sozialberichterstattung über Kinder von Belang sind (insbesondere was die normative Regulierung des Generationenbezuges und der Altersgruppe anbetrifft), können jedoch deshalb kaum als ausreichender Ersatz angesehen werden, weil ihnen die Fokussierung auf die Lebensverhältnisse von Kindern fehlt.

2. Es gibt in Deutschland schon gar nicht ein geschlossenes quantitatives Berichtssystem, wie es z.B. eine volkswirtschaftliche Gesamtrechnung oder eine Bildungsgesamtrechnung darstellt. Auch weniger ambitionierte quantitative Berichtssysteme, wie sie z.B. für die Dauerbeobachtung des Arbeitsmarktes entwickelt worden sind, liegen für die Lebensverhältnisse von Kindern nicht vor. Noch am ehesten von Bedeutung sind nach Alterszugehörigkeit aufbereitete Informationen zur demographischen Entwicklung aus der amtlichen Statistik, so wie sie in den Fachserien des Statistischen Bundesamtes sowie in den regelmäßig erscheinenden 'Berichten über die demographische Lage in Deutschland' enthalten sind (zuletzt: Dorbritz 1993). Allerdings befinden sich Ansätze in der Entwicklung, ein - wenn auch in größeren Intervallen - kontinuierliches Berichtssystem auf der Basis einer Verknüpfung von Daten der amtlichen Statistik mit Daten der empirischen Umfrageforschung zu etablieren (Bertram 1993; Nauck 1995a), wobei jedoch ausschließlich sekundäranalytisch auf Daten zurückgegriffen werden kann, die nicht spezifisch für eine Sozialberichterstattung über Kinder erhoben worden sind oder Kinder als Befragte enthalten.

3. Schließlich kann zum gegenwärtigen Zeitpunkt auch nicht davon gesprochen werden, daß sich bereits eine akademische Sozialberichterstattung über Kinder in Deutschland etabliert hätte. Unter akademischer Sozialberichterstattung sollen in diesem Zusammenhang solche Formen verstanden werden, bei denen regelmäßig über einen längeren Zeitraum die Lebensverhältnisse von Kindern mit einem erprobten wissenschaftlichen Indikatorensystem beobachtet und in etablierten Forschungsgruppen kontinuierlich diskutiert werden. In angrenzenden Wissenschaftsgebieten hat sich eine solche akademische Sozialberichterstattung beispielsweise in der Armutsforschung (Hauser und Neumann 1992), in der Erforschung abweichenden Verhaltens und von gesundheitlichem Wohlbefinden sowie psychosomatischer Belastungssymptomatiken etablieren können. Kennzeichnend dabei ist, daß in diesen Wissenschaftsgebieten die verwendeten Instrumente durch kontinuierlichen Einsatz weiterentwickelt und validiert werden konnten, so daß es häufig möglich ist, mit wenigen ausgewählten Indikatoren Unterschiede zwischen Bevölkerungsgruppen sowie sozialen Wandel sehr aussagekräftig zu beschreiben. Für die Kindheitsforschung in Deutschland befindet sich die Entwicklung ähnlicher Indikatorensysteme erst in den Anfängen (Nauck 1993; 1995a). Gleiches gilt für die Institutionalisierung von Forschungsgruppen: Zwar haben sich in den letzten Jahren Sektionen und Arbeitsgruppen zur 'Soziologie der Kindheit' in der International Sociological Association, der American Sociological Association und der Deutschen Gesellschaft für Soziologie gebildet, aber zum gegenwärtigen Zeitpunkt ist nicht abschätzbar, inwiefern sich

daraus eine institutionelle Basis für eine eigene Sozialberichterstattung über Kinder entwickeln wird. Eine eigene Sozialberichterstattung über Kinder, die über die Sekundärauswertung von Sozialberichterstattung für andere Lebens- und Politikbereiche hinausgeht und auf spezifischen Indikatorensystemen aufbaut, befindet sich damit allenfalls in einem sehr frühen Entwicklungsstadium. Wird die Priorität für eine künftige Sozialberichterstattung über Kinder auf die Entwicklung von Indikatoren gelegt, die die Lebensbedingungen und die Lebensqualität von Kindern, deren sozialstrukturelle Differenzierung und deren sozialen Wandel für eine Gesellschaft und international vergleichend erfassen, so wird dieses Ziel noch am ehesten durch eine Übertragung von theoretischen Konzepten und methodischen Instrumenten aus der Sozialindikatoren-Forschung zu erreichen sein (Glatzer und Zapf 1984, Zapf, u.a. 1987, Noll und Zapf 1994).

**Anmerkung**

1) Diese Arbeit ist im Zusammenhang mit dem vom Autor mit den Mitantragstellern H. Bertram (Berlin) und T. Klein (Heidelberg) durchgeführten Forschungsprojekt 'Familiäre Lebens bedingungen von Kindern und Jugendlichen in Ost- und Westdeutschland - eine vergleichende Sozialstrukturanalyse der Kindheit' entstanden, das im Rahmen des Schwerpunktprogramms der Deutschen Forschungsgemeinschaft 'Kindheit und Jugend in Deutschland vor und nach der Vereinigung' gefördert wird. Sie ist die Einleitung eines Beitrages in Nauck und Bertram 1995.

**Literatur**

Ariès, P. (1979), Geschichte der Kindheit. 2. Aufl. München.
Bengtson, V. L. (1993), Is the "Contract Across Generations" Changing?, in: V.L. Bengston/ W.A. Achenbaum (Hg.), The Changing Contract Across Generations. New York.
Bertram, H. (1993), Sozialberichterstattung zur Kindheit, in: M. Markefka/B. Nauck (Hg.), Handbuch der Kindheitsforschung. Neuwied.
Bronfenbrenner, U. (1981), Die Ökologie der menschlichen Entwicklung. Stuttgart.
Bundesministerium für Familie, Senioren, Frauen und Jugend (1994), 9. Jugendbericht: Bericht über die Situation der Kinder und Jugendlichen und die Entwicklung der Jugendhilfe in den neuen Bundesländern. Bonn.
Bundesministerium für Familie und Senioren (1994), Familien und Familienpolitik im geeinten Deutschland - Zukunft des Humanvermögens. Fünfter Familienbericht. Bonn.
Dorbritz, J. (1993), Bericht 1994 über die demographische Lage in Deutschland, in: Zeitschrift für Bevölkerungswissenschaft, 19: 393-473.
Engelbert, A. und Buhr, P. (1991), Childhood as a Social Phenomenon. National Report Federal Republic of Germany. Wien.
Glatzer, W. und Zapf, W. (1984). Lebensqualität in der Bundesrepublik, in: W. Glatzer/W. Zapf (Hg.), Lebensqualität in der Bundesrepublik. Frankfurt/New York.
Hauser, R. und Neumann, U. (1992), Armut in der Bundesrepublik Deutschland, in: S. Leibfried/W. Voges (Hg.), Armut im modernen Wohlfahrtsstaat. Opladen.
Kohli, M. (1985), Die Institutionalisierung des Lebenslaufs, in: Kölner Zeitschrift für Soziologie und Sozialpsychologie, 37: 1-29.
Markefka, M. (1993), Kinder: Objekt der Politik, in: M. Markefka/B. Nauck (Hg.), Handbuch der Kindheitsforschung. Neuwied/Berlin.
Nauck, B. (1993), Sozialstrukturelle Differenzierung der Lebensbedingungen von Kindern in West- und Ostdeutschland, in: M. Markefka/B. Nauck (Hg.), Handbuch der Kindheitsforschung. Neuwied/Berlin.

Nauck, B. (1995), Familie im Kontext von Politik, Kulturkritik und Forschung, in: U. Gerhard/ S. Hradil/D. Lucke/B. Nauck (Hg.), Familie der Zukunft. Opladen.

Nauck, B. (1995a), Sozialräumliche Differenzierung der Lebensverhältnisse von Kindern in Deutschland, in: W. Glatzer/H.H. Noll (Hg.), Getrennt vereint. Frankfurt/New York.

Nauck, B. und H. Bertram (Hrsg.), Kinder in Deutschland. Lebensverhältnisse von Kindern im Regionalvergleich. Opladen 1995.

Noll, H. H. und Zapf, W. (1994), Social Indicators Research, in: I. Borg und P.P. Mohler (Hg.), Trends and Perspectives in Empirical Social Research. Berlin/New York.

Rossi, A. S. und Rossi, P. (1990), Of Human Bonding. New York.

Schäfers, B. und Zimmermann, G. E. (1995). Armut und Familie, in: B. Nauck/C. Onnen-Isemann (Hg.), Familie im Brennpunkt von Wissenschaft und Forschung. Neuwied/Kriftel.

Zapf, W., Breuer, S., Hampel, J., Krause, P., Mohr, H. M. und Wiegand, E. (1987), Individualisierung und Sicherheit. München.

Prof. Dr. Bernhard Nauck, TU Chemnitz-Zwickau, LS für Soziologie I, Reichenhainer Straße 41, D-09107 Chemnitz

## 5. Enkel und Großeltern
### Generationenlinien, Altersübergänge und gemeinsame Lebenszeit

*Wolfgang Lauterbach*

*Einleitung*

„*Every time a child is born, a grandparent is born too. Society records the child's birth, and its parents, but not its grandparents. Grandparents do not belong to our vital statistics*". Dieser Satz aus der Einleitung der Monographie von Kornbacher/Woodward (1991: XIX) beschreibt augenscheinlich, daß in der Kindheitssoziologie bisher noch wenig über den familialen Generationenkontext bekannt ist. Kenntnisse über Rollen, Aufgaben oder Beziehungen der Großeltern zu den Enkelkindern und (Ur)-Großelternschaft als eine bestimmte Phase im Lebensverlauf der jeweils ältesten Familiengeneration liegen zumindest im europäischen Raum kaum vor. In manchen Publikationen, in denen verschiedene Dimensionen von Familiengenerationen thematisiert werden, werden Großeltern- und Enkelbeziehungen nicht einmal erwähnt (Frønes 1994: 145ff). Einzig aus der amerikanischen Literatur lassen sich Ergebnisse über Kontakthäufigkeit, Unterstützungsleistungen und die Bedeutung der Großeltern im Familienkontext finden (Bengston/ Robertson 1985; Burton/Bengston 1985; Wilson 1987; Eggebeen 1990; Hansen/Jakob 1992).

Fragt man jedoch Kinder nach ihren Lebenswelten, so gehören in sehr vielen Fällen der Erzählungen Großeltern zur direkten familialen Welt in den ersten Jahren ihrer Kindheit sowie in der späteren Jugendphase. Sie beschreiben ihre unmittelbaren Generationenstrukturen häufig als eine Pyramide von Generationenverbindungen. „ *... Children supported by parents, who, in turn, are supported by grandparents*" (Kornbacher/Woodward 1991: XXIII). Folglich sind Eltern wie Großeltern häufig die primären Bezugspersonen anderer Familiengenerationen, und dabei werden die Beziehungen wie die Kontakthäufigkeit zu den Großeltern nicht selten als bedeutend erachtet.

Allerdings unterscheiden Kinder in ihren Erzählungen hinsichtlich der Kontakthäufigkeit vielfach zwischen den Geschlechtern der Großeltern. Sie geben an, daß sie in vielen Fällen häufiger zu den Müttern Kontakt haben als zu den Vätern (Schütze 1993). Neben den berichteten Geschlechterunterschieden finden sich zusätzlich in den Erzählungen oftmalig Unterschiede in den Generationenlinien. Kinder differenzieren die Matri- und Patrilineratät (Barranti 1985; Eisenberg 1988), vor allem in bezug auf die Häufigkeit der Kontakte wie der Enge der Beziehungen zu den Großeltern. Bemerkenswert ist vor allem, daß die Großeltern in der matrilinearen Linie häufigeren Kontakt wie eine engere Beziehung haben. Auffallend bei allen Studien ist, daß sie sich nahezu ausschließlich auf Häufigkeit der Kontakte wie die Qualität der Beziehung und Unterstützungsleistungen zwischen den Generationen beziehen. Es wird hingegen in der soziologischen Forschung kaum danach gefragt, unter welchen familialen Filiationsstrukturen überhaupt Kontakte entstehen und gepflegt werden können, obwohl die Lebensverlaufsforschung wie die Forschung über demographische Veränderungen im Familienkontext gezeigt haben, daß die Sterblichkeitsverhältnisse wie die Altersübergänge in neue Lebensverlaufphasen sich merklich in den letzten Jahrzehnten verändert haben (Sprey/Matthews 1982; Hagestad 1985; Hagestad/Burton 1986; Gee 1992; Bengston/Schütze 1992; Lauterbach 1995a,b).

*Kindheit und Familiengenerationen*

Deshalb ist gerade die Frage, in welchen Generationenstrukturen Kinder heute aufwachsen, umso bedeutender. Eben die Filiationsstrukturen - also der Anteil der Großeltern, die zur Geburt des Enkelkindes und im weiteren Lebensverlauf noch leben wie auch das Alter der Großeltern bei der Geburt des Enkelkindes - sind es, die überhaupt erst bestimmte Kontakte und Beziehungen ermöglichen. Liegt z.B. eine geringe Lebenserwartung wie noch in den letzten Jahrhunderten vor, so ist die Wahrscheinlichkeit sehr hoch, daß das Enkelkind den Großvater gar nicht kennenlernt. Aber z.B. auch die differenzierte Sterblichkeit der Geschlechter beeinflußt die Struktur der Filiationslinien. Ein Großvater hat alleine schon deshalb eine geringere Wahrscheinlichkeit, eine lange gemeinsame Lebenszeit mit einem Enkelkind zu haben, als eine Großmutter. Die Zeitspanne, die den Großvätern zur Verfügung steht, um daraus eine enge Beziehung und vielfachen Kontakt mit den Enkelkindern zu entwickeln, ist schon strukturell bedingt geringer als die von Großmüttern. Versteckte Hinweise auf die sterblichkeitsbedingte Differenzierung der Filiationslinien finden sich immer wieder in biographischen Erzählungen über Familien: *„Meine Voreltern. Dererwegen bin ich so unwissend als es wenige seyn mögen. Daß ich Vater und Mutter gehabt, daß weiß ich. Meinen seligen Vater kannt ich viele Jahre und meine Mutter lebt noch. Daß diese auch ihre Eltern gehabt kann ich mir einbilden. Aber ich kannte sie nicht, und habe auch nichts von ihnen vernommen, außer daß mein Großvater M.B. aus dem Käbisboden geheissen, und meine Großmutter (deren Name und Heimath ich niemals vernommen) an meines Vaters Geburt gestorben; daher denn ihn ein kinderloser Vetter J.W. im Näbis, der Gemeind Wattwil, an Kindesstatt angenommen; den ich darum auch nebst seiner Frau für meine rechten Großeltern hielt und liebte, so wie sie mich hinwieder als ein Großkind behandelten. Meine mütterlichen Großeltern hingegen kannt ich noch wohl; es war U.Z. und E.W. ab der Laad"* (Bräker 1945:73).

Die erwähnte nach dem Geschlecht der Großeltern unterschiedene Filiationsstruktur läßt sich zum Teil auf die unterschiedliche Sterblichkeit von Männern und Frauen zurückführen. Überdies differenziert Bräker zusätzlich die Filiationsstruktur. Für Enkelkinder ist die Unterscheidung der Patri- und Matrilinearität deshalb von Bedeutung, da sich darin zum Teil die Altersdifferenzen zwischen Vater und Mutter sowie dem Großvater und der Großmutter niederschlagen. Seit Beginn des Jahrhunderts hat sich die Altersdifferenz der (Ehe-) Partner nur wenig geändert. Im Durchschnitt ist der Ehemann auch heute noch ca. 3 Jahre älter als die Frau. Diese Altersdifferenzierung der (Ehe)-Partner führt - akkumuliert über zwei Generationen - zu unterschiedlichen Altersstrukturen innerhalb der Großelternschaft und beeinflußt die Zusammensetzung der „Pyramide der Generationenverbindungen". Die jüngste Großmutter müßte folglich die Mutter der Mutter sein, und der älteste Großvater müßte demnach der Vater des Vaters sein. Das folgende Schaubild verdeutlicht diese Überlegungen.

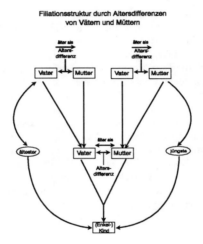

Mit den bisherigen Ausführungen wie auch mit diesem Zitat wird ersichtlich, daß für Kinder die Geschlechtszugehörigkeit, die Generationszugehörigkeit wie auch die Filiationsstruktur wesentliche Dimensionen gesellschaftlicher Ordnung repräsentieren. Sie stellen prägende Instanzen für den eigenen Ablauf der Biographie wie für die Beziehungen zu Familiengenerationen dar. Ersichtlich wird vor allem, daß es für Enkelkinder starke Unterschiede in den Filiationsstrukturen durch die differenzierte Sterblichkeit und Lebenserwartung der Geschlechter und durch gesellschaftliche Normen, wie die Altersdifferenz der (Ehe-) Partner, geben kann. Von daher ist es für Enkelkinder auch am Ende des 20sten Jahrhunderts nicht selbstverständlich, zu allen vier Großeltern Kontakt zu haben.

Mit dem Generationskonzept hat man demzufolge in der Kindheitssoziologie ein Instrument zur Hand, mit dem man die zeitlichen Dimensionen der Strukturierung von Familiengenerationen betrachten kann. Die Abfolge von Generationen und die sich daraus ergebende Generationenstruktur in Familien konstituieren sich durch die Geburt und den Tod einer Generation, die Geburt von Kindern dieser Generation, das Hinzukommen von einem (Ehe-) Partner und die Geburt der Kindeskinder der ältesten Generation. Setzt man diese (zeitlichen) Ereignisse in Beziehung zueinander, so ergeben sich daraus einerseits die „gemeinsame Lebenszeit" von Familiengenerationen und andererseits einzelne, durch Handlungen anderer Generationsmitglieder definierte und durch „explizite Altersübergänge markierte Lebensverlaufsphasen" einer jeden Generation. Durch die Geburt der Enkelkinder erfährt die älteste Familiengeneration einen Übergang in die Phase der Großelternschaft, die mittlere Generation einen Übergang in die Phase der Elternschaft. Ebenso ersichtlich ist bei einer späten Geburt des Enkelkindes, daß die Wahrscheinlichkeit steigt, daß die Großeltern bereits verstorben sind. Das Enkelkind würde die Großeltern nie kennenlernen.

Die Struktur der „Pyramide der Generationenverbindungen", wie sie von Kindern wahrgenommen wird, und damit die Möglichkeit, überhaupt Beziehungen und Kontakte zu den Großeltern aufzubauen, wird somit durch das Alter der Großeltern bei der Geburt des Enkelkindes wie die Lebenserwartung der ältesten Generation bestimmt. Ob ein Kind junge oder alte Großeltern hat, hängt überwiegend vom Alter der Mutter bei der Geburt ab, läßt man den Generationenabstand zwischen ältester und mittlerer Generation einmal außer Acht. Ob die gemeinsame Lebenszeit, die Enkelkinder mit den Großeltern verbringen können, lange oder kurz ist, hängt nun wiederum vom Zeitpunkt des Überganges in die Großelternphase und gleichzeitig von der Lebenserwartung des Großvaters wie der Großmutter selbst ab. Das komplexe Zusammenwirken der differenzierten Sterblichkeit der Geschlechter wie der Ordnung der Generationenstrukturen durch Altersdifferenzen der Ehepartner und die sich daraus ergebende Generationenpyramide sollen im folgenden in einem ersten Schritt beschrieben werden. Die Ergebnisse werden (1) in bezug auf die Altersübergänge in die Phase der Großelternschaft dargestellt wie (2) in bezug auf die gemeinsame Lebenszeit von Enkeln und Großeltern. Der Differenzierung nach dem Geschlecht der Großeltern wie der Generationenlinien wird Rechnung getragen.

*Ergebnisse*

Die folgenden Ergebnisse sind mit den Analyseverfahren der Survivalanalysen berechnet worden. Die ersten beiden Tabellen geben an, wie hoch der Anteil der noch lebenden Großeltern im jeweiligen Alter des ersten Enkelkindes ist, und Tabelle 3 und 4 geben an, wieviel Prozent der ersten Enkelkinder im jeweiligen Alter noch lebende Großeltern haben. Die Ergebnisse werden jeweils auf Geschlechterunterschiede wie auf Unterschiede betreffend die Patri- und Matrilinearität in Familiengenerationen analysiert.

Tabelle 1
Anteil der 1. Enkelkinder mit im entsprechenden Alter lebenden Großeltern väterlicherseits (Prozentangaben)

| Alter der Großeltern | Großväter | | | | | | Großmütter | | | | | |
|---|---|---|---|---|---|---|---|---|---|---|---|---|
| | Geburtskohorte des 1. Enkelkindes | | | | | | Geburtskohorte des 1. Enkelkindes | | | | | |
| | 1920-1935 | 1936-1945 | 1946-1955 | 1956-1965 | 1966-1975 | 1976-1986 | 1920-1935 | 1936-1945 | 1946-1955 | 1956-1965 | 1966-1975 | 1976-1986 |
| 40 Jahre | / | / | / | / | / | / | / | / | / | / | / | / |
| 50 Jahre | / | 4,3 | 8,2 | 5,9 | 9,7 | 6,9 | / | 14,0 | 12,0 | 13,0 | 18,1 | 16,8 |
| 55 Jahre | / | 19,4 | 27,0 | 24,6 | 22,8 | 25,8 | / | 33,3 | 36,7 | 38,0 | 38,7 | 33,8 |
| 60 Jahre | / | 40,1 | 46,1 | 50,1 | 44,2 | 47,2 | / | 60,2 | 61,8 | 62,3 | 60,0 | 60,7 |
| 70 Jahre | / | 77,4 | 82,3 | 85,8 | 82,3 | 78,5 | / | 87,1 | 90,1 | 93,7 | 91,7 | 88,5 |

Tabelle 2
Anteil der 1. Enkelkinder mit im entsprechenden Alter lebenden Großeltern mütterlicherseits (Prozentangaben)

| Alter der Großeltern | Großväter | | | | | | Großmütter | | | | | |
|---|---|---|---|---|---|---|---|---|---|---|---|---|
| | Geburtskohorte des 1. Enkelkindes | | | | | | Geburtskohorte des 1. Enkelkindes | | | | | |
| | 1920-1935 | 1936-1945 | 1946-1955 | 1956-1965 | 1966-1975 | 1976-1986 | 1920-1935 | 1936-1945 | 1946-1955 | 1956-1965 | 1966-1975 | 1976-1986 |
| 40 Jahre | 2,1 | / | / | / | / | / | 1,0 | 2,0 | / | / | 2,4 | 1,0 |
| 50 Jahre | 24,2 | 17,1 | 15,3 | 13,4 | 22,7 | 17,9 | 40,0 | 28,6 | 26,7 | 24,7 | 35,7 | 27,2 |
| 55 Jahre | 48,4 | 34,3 | 38,5 | 35,9 | 38,8 | 40,6 | 62,1 | 54,3 | 52,3 | 49,3 | 56,1 | 53,5 |
| 60 Jahre | 72,6 | 60,8 | 57,3 | 63,6 | 56,7 | 63,3 | 78,9 | 70,6 | 74,0 | 75,3 | 73,6 | 76,4 |
| 70 Jahre | 93,7 | 88,5 | 90,4 | 92,3 | 89,7 | 89,4 | 97,9 | 94,7 | 95,8 | 96,8 | 97,0 | 96,5 |

Quelle: Sozio-ökonomisches Panel, eigene Berechnungen

Tabelle 3
Anteil der zum jeweiligen Alter des 1. Enkelkindes noch lebenden Großeltern väterlicherseits (Prozentangaben)

| Alter des 1. Enkels | Großväter | | | | | | Großmütter | | | | | |
|---|---|---|---|---|---|---|---|---|---|---|---|---|
| | Geburtskohorte des 1. Enkelkindes | | | | | | Geburtskohorte des 1. Enkelkindes | | | | | |
| | 1920-1935 | 1936-1945 | 1946-1955 | 1956-1965 | 1966-1975 | 1976-1986 | 1920-1935 | 1936-1945 | 1946-1955 | 1956-1965 | 1966-1975 | 1976-1986 |
| zur Geburt | / | 71,60 | 69,80 | 65,70 | 68,60 | 74,70 | / | 81,10 | 83,70 | 88,90 | 89,30 | 90,10 |
| 5 Jahre | / | 59,33 | 61,33 | 60,21 | 57,78 | 66,09 | / | 71,74 | 78,88 | 84,64 | 84,91 | 86,98 |
| 10 Jahre | / | 46,03 | 51,16 | 50,76 | 48,69 | 59,65 | / | 56,15 | 71,65 | 79,05 | 80,05 | 79,83 |
| 15 Jahre | / | 34,78 | 41,68 | 50,76 | 48,69 | 59,64 | / | 40,55 | 58,90 | 68,07 | 71,94 | - |
| 20 Jahre | / | 23,53 | 28,12 | 29,01 | 33,30 | / | / | 30,15 | 47,19 | 54,86 | 62,03 | - |

Tabelle 4
Anteil der zum jeweiligen Alter des 1. Enkelkindes noch lebenden Großeltern mütterlicherseits (Prozentangaben)

| Alter des 1. Enkels | Großväter | | | | | | Großmütter | | | | | |
|---|---|---|---|---|---|---|---|---|---|---|---|---|
| | Geburtskohorte des 1. Enkelkindes | | | | | | Geburtskohorte des 1. Enkelkindes | | | | | |
| | 1920-1935 | 1936-1945 | 1946-1955 | 1956-1965 | 1966-1975 | 1976-1986 | 1920-1935 | 1936-1945 | 1946-1955 | 1956-1965 | 1966-1975 | 1976-1986 |
| zur Geburt | 79,00 | 79,50 | 72,20 | 72,50 | 74,50 | 83,20 | 83,00 | 87,40 | 88,10 | 89,70 | 92,00 | 96,00 |
| 5 Jahre | 71,19 | 70,24 | 65,19 | 66,18 | 66,14 | 77,06 | 81,00 | 79,21 | 83,74 | 86,35 | 86,95 | 93,92 |
| 10 Jahre | 62,42 | 57,50 | 54,44 | 56,44 | 58,69 | 64,65 | 78,00 | 71,01 | 76,96 | 81,17 | 81,53 | 88,46 |
| 15 Jahre | 50,72 | 42,45 | 42,76 | 48,98 | 46,56 | / | 67,00 | 60,09 | 68,74 | 73,81 | 75,59 | - |
| 20 Jahre | 33,16 | 31,26 | 32,94 | 38,77 | 36,73 | / | 59,00 | 50,73 | 54,70 | 67,45 | 65,00 | - |

Quelle: Sozio-ökonomisches Panel, eigene Berechnungen

In Tabelle eins und zwei zeigt sich in puncto Geschlechterunterschiede, daß ungeachtet der Generationenlinie, Frauen zu einem augenscheinlich früheren Zeitpunkt in ihrem Lebensverlauf in die Phase der Großmutterschaft eintreten als dies Männer tun. Z.B. wird in Tabelle 1 ersichtlich, daß bereits zwischen 33 und 38 Prozent der Frauen im Alter von 55 Jahren Großmutter sind. Hingegen sind dies in derselben Altersgruppe der Männer aber nur ca. 24 Prozent. Betrachten wir ausschließlich die matrilineare Linie in Tabelle 2, so zeigen sich ähnliche Differenzen, nur daß diese Unterschiede grundsätzlich auf einem höheren Niveau verankert sind. So sind in derselben Altersgruppe zwischen 50 und 55 Prozent bereits Großmutter, während es bei den Männern nur ca. 38 Prozent sind. Männer werden demzufolge zu einem merklich späteren Zeitpunkt im Lebensverlauf Großväter als Frauen. Auffallend ist aber vor allem, daß es innerhalb der Generationenlinien bemerkenswerte Unterschiede gibt. Sowohl der Vater wie auch die Mutter der Mutter werden früher Großeltern als die Eltern des Vaters. Dieses Ergebnis ist auf die eingangs erwähnte These zu beziehen, daß die Altersdifferenzen der Ehepartner sich für Enkelkinder derart auswirken, daß der Vater des Vaters die älteste Person in der Familiengeneration sein müßte. Durch die Akkumulation dieser Altersdifferenzen ergibt sich, daß dieser Vater am spätesten in die Phase der Großelternschaft eintritt. Betrachten wir dazu in Tabelle 1 den Anteil der Väter (patrilinear), die im Alter von 60 Jahren bereits Großvater sind. Unabhängig der Schwankungen zwischen den Geburtskohorten der Enkelkinder sind dies ca. 45 Prozent. In derselben Altersgruppe sind aber bereits ca. 74 Prozent der Mütter der Mütter (matrilinear) Großmütter. Aus der Sicht der Kinder bedeutet dies nicht nur, daß meist die Großmutter mütterlicherseits die jüngste ist, sondern auch, daß die Wahrscheinlichkeit, innerhalb der Großelterngeneration den Vater des Vaters nicht mehr zu erleben, am höchsten ist.

Diese Vermutung bestätigt sich bei Betrachtung von Tabelle 3, insbesondere wenn wir uns den Anteil der zum jeweiligen Alter des Kindes noch lebenden Großeltern, differenziert nach dem Geschlecht wie nach den Filiationslinien, genauer ansehen. Bei Geburt des ersten Enkelkindes ist der Anteil der bereits Verstorbenen am höchsten beim Vater des Vaters. Ungeachtet der Kinderkohorten sind nur ca. 7 von 10 Großvätern der väterlichen Linie bei der Geburt des 1. Enkelkindes noch am Leben. Zusätzlich zeigt sich innerhalb der väterlichen Linie auch der Geschlechterunterschied bei der Sterblichkeit. Im Alter von 10 Jahren der Kohorte der 1956-65 geborenen Kinder lebt nur noch ca. jeder zweite Großvater, im Unterschied zu den Großmüttern, von denen noch ca. 80 Prozent leben. Diese Differenz von ca. 30 Prozent verdeutlicht die Dominanz der Frauen innerhalb der Großelternschaft. Eine ähnliche Struktur in der Sterblichkeit zeigt sich innerhalb der matrilinearen Linie. 82 Prozent der Großmütter mütterlicherseits im Alter von 10 Jahren des Kindes derselben Geburtskohorten sind noch am Leben, aber nur ca. 56 Prozent der Großväter.

Vergleicht man nun beide Filiationslinien, so zeigt sich, daß die größten Differenzen in der Sterblichkeit zwischen den Vätern der väterlichen Linie und den Müttern der mütterlichen Linie auftreten. Diese Mütter treten am frühesten in die Phase der Großelternschaft. Z.B. erleben Kinder, die in den 80er Jahren dieses Jahrhunderts geboren wurden noch zu ca. 93 Prozent diese Großmutter bis zum fünften Lebensjahr. Im Alter von 15 Jahren des Kindes leben noch ca. 70 Prozent dieser Großmütter, wohingegen im selben Alter der Enkelkinder nur noch ca. 45 bis 50 Prozent der Großväter der väterlichen Linie leben.

*Schlußbemerkung*

Die hier vorliegenden Ergebnisse zeigen sehr deutlich, daß für Kinder die Analyse der familialen Situation des Aufwachsens nicht nur auf zwei Generationen beschränkt werden sollte. Für Kinder ergeben sich aufgrund differenzierter geschlechtsspezifischer Sterblichkeitsverhältnisse wie angesichts bestehender gesellschaftlicher Normen über Altersdifferenzen der (Ehe)-Partner sehr unterschiedliche familiale Generationsstrukturen und damit Bedingungen des Aufwachsens. Nicht jedes Kind hat - ungeachtet der Situationen, räumlich getrennt zu wohnen oder keinen Kontakt zu den Familiengenerationen zu wollen - die Möglichkeit, überhaupt in Interaktion mit seinen Großeltern zu treten.

Dies wurde deutlich bei der Analyse der Überschneidung der Lebensverläufe von drei Generationen. Man kann davon sprechen, daß für immer größere Teile der Bevölkerung Großelternschaft ein Phänomen des 20sten Jahrhunderts ist. Während noch 5-jährige Kinder, die nach dem Zweiten Weltkrieg bis in die 60er Jahre geboren wurden, bereits zu 35 bis 40 Prozent keinen Großvater mehr hatten, so sieht die Situation für die Kinder, die ab Mitte der 60er Jahre geboren wurden, bereits anders aus. Der Anteil der noch lebenden Großväter steigt wieder an. Neun von zehn Kindern, die in den 80er Jahren geboren wurden, hatten noch eine Großmutter und sieben von zehn Kindern noch einen Großvater. D.h., daß die Erfahrungen, die Enkelkinder mit ihren Großeltern machen können und umgekehrt Großeltern auch mit ihren Enkeln, sehr junge gesellschaftliche Phänomene sind. Die Rolle des Großvaters oder der Großmutter in den ersten Lebensjahren der Enkelkinder ist damit erst durch die Verlängerung der Lebensspanne möglich geworden. Welche Aufgaben oder Beziehungen damit verbunden sind, ist bisher noch ungeklärt.

Weiterhin erkennbar ist aus den Ergebnissen, daß die Generationenabfolgen stark von einer Dominanz von Frauen gekennzeichnet sind. Sowohl die längere Lebenserwartung als auch die hohe kriegsbedingte Sterblichkeit der Männer trugen zu einem weitaus höheren Anteil von Frauen in familialen Generationenabfolgen bei. Aber auch gerade das frühe Alter, in dem Mütter Großmütter werden, ist ein beträchtlicher Faktor, der die Dominanz von Frauen in Familien stark unterstützt. Vor allem die Mütter der Mütter sind durch das frühe Alter, in dem sie in die Großmutterphase eintreten, in Familien stark präsent. Der deutlich geringere Generationenabstand ist hierfür wahrscheinlich ein nicht unwesentlicher Faktor. Aus der Lebensverlaufsperspektive ergibt sich damit, daß Großväter zu ihren Enkeln - und umgekehrt - mit geringerer Wahrscheinlichkeit eine lange intensive Beziehung haben können als Mütter zu ihren Kindern und Enkelkindern. Beziehungen zwischen Generationen im Alter sind schon aufgrund der längeren gemeinsamen Lebenszeit im Vergleich zu Männern eine Sache der Frauen.

**Literatur**

Barranti, Christal, (1985), The grandparent/grandchild relationship: family resource in an era of voluntary bonds, in: Family Relations 34: 343-352.

Bengston, Vern, Olander, Edward und Haddad, Ames (1976), The "Generation Gap" and Aging Family Members: Toward a Conceptual Model.

Bengston, Vern und Robertson, Joan (1985), Grandparenthood. Beverly Hills.

Bengston, Vern und Schütze, Yvonne (1992), Altern und Generationenbeziehungen: Aussichten für das kommende Jahrhundert. In: Paul Baltes/Jürgen Mittelstraß (Hg.): Zukunft des Alterns und gesellschaftliche Entwicklung. Berlin/New York.

Bräker, Ulrich, (1945), Lebensgeschichte und Natürliche Abentheuer des armen Mannes im Tokkenburg. Basel.

Burton, Linda, und Bengston, Vern (1985), Black Grandmothers: issues of timing and continuity of roles. In: Vern Bengston/Linda Robertson (Hg.): Grandparenthood. Beverly Hills.

Eggebeen, David und Hogan, Danis (1990), Giving between generations in American Families, in: Human Nature 3: 211-232.

Eisenberg, Ann (1988), Grandchildren's Perspectives on Relationships with Grandparents: The Influence of Gender Across Generations, in: Sex Roles 19: 205-217.

Frones, Ivar (1994), Dimensions of Childhood. In: Jens Qvortrup, u.a. (Hg.): Childhood Matters. Social Theory, Practic and Politics. Aldershot.

Gee, Erwin (1991), The transition to grandmotherhood: A quantitative study, in: Canadian Journal on Aging 10: 254-270.

Hagestad, Gunhild (1987), Families in an Aging Society. Recent Changes in the Life Course and Socialization Experiences of Adults, in: Zeitschrift für Sozialisationsforschung und Erziehungssoziologie 2: 148-160.

Hagestad, Gunhild und Burton, Linda (1986), Grandparenthood, life context, and family development, in: American behavioral scientist 29: 471-484.

Hansen, Laura und Jacob, Elisabeth (1992), Intergenerational Support during the Transition to Parenthood: Issues for New Parents and Grandparents, in: Families in Society 73: 471-479.

Kornhaber, Anne und Woodward, Karen (1991), Grandparents/Grandchilds: The vital connection. New Brunswick/London.

Lauterbach, Wolfgang (1995a) Lebensverläufe im Mehrgenerationenzusammenhang. In: Norbert Schneider (Hg.): Familie und Familienprobleme im Wandel, Zeitschrift für Familienforschung, Sonderheft 1, Bamberg.

Lauterbach, Wolfgang (1995b), Die gemeinsame Lebenszeit von Familiengenerationen, in: Zeitschrift für Soziologie 24: 2-43.

Schütze, Yvonne (1993), Generationenbeziehungen im Lebensverlauf - eine Sache der Frauen? In: Lüscher, Kurt, Schultheis, Franz, (Hg.): Generationenbeziehungen in "postmodernen" Gesellschaften. Konstanz.

Sprey, Jeste und Matthews, Sarah (1982), Contemporary Grandparenthood: A Systematic Transition, in: Berardo, Felix, (Hg.): Middle and Late Life Transitions. Beverly Hills/London.

Wilson, Gail (1987), Women's work: the role of grandparents in inter-generationel transfers, in: Sociological Review 35: 703-720.

Dr. Wolfgang Lauterbach, Universität Konstanz, Sozialwissenschaftliche Fakultät, Postfach 5560, D-78434 Konstanz

# XXVIII. AG Soziologie der Politik
Leitung: *Ronald Hitzler*

## 'Vorwärts in die Barbarei?' - Progression und Regression sozialer Konflikte

### 1. Einleitung

*Ronald Hitzler*

Soziale Konflikte sind eine im Fortschrittstaumel mitunter vernachlässigte und vergessene, gleichwohl wesentliche Seite *auch* des 'zur Zukunft hin' offenen Projekts der Moderne: Gerade mit dem Aufbrechen *neuer* (bzw. neu als solche virulenter) sozialer Ungleichheiten und Mißmutigkeiten verstärkt sich offenbar auch (wieder) der Bedarf, entlang je einschlägig geeigneter Demarkationslinien Ein- und Ausgrenzungen vorzunehmen und auf der Basis derartiger Distinktionen soziale bzw. politische Konflikte auszutragen.

D.h. die *Artikulation* divergenter Interessen macht aus Ungleichheiten jederzeit entzündbare politische Konfliktstoffe und generalisiert den sozialen Kampf um Ressourcen und Lebenschancen. Dadurch werden die tradierten Konfliktlinien zwischen Klassen und Schichten zum Teil abgelöst, zum Teil ergänzt durch vielfältige, ineinander verwobene Antagonismen. Das wiederum irritiert traditionelle Gewohnheiten des Umgangs miteinander und bewirkt, daß die zwischenmenschlichen 'Verkehrsformen' - auf *jeder* Aggregationsebene - neu organisiert werden müssen.

Werden dabei die - potentiell oder faktisch - gewalttätigen Auseinandersetzungen zwischen Interessenkonstellationen progredieren, d.h. sich immer stärker ausweiten, an Intensität zunehmen, sich verschärfen, in jedweder Beziehung eskalieren? Wird - womöglich zugleich - eine zivilisatorische Regression einsetzen bzw. immer weitere Lebensbereiche erfassen? Werden wir zurückfallen auf (längst) überwunden geglaubte Ordnungs- bzw. Unordnungs-Formen? Wird Gewalt (wieder) zu einer "Handlungsressource für jedermann" (von Trotha)? Werden die Barbaren über uns kommen? Werden *wir* als Barbaren übereinanderkommen? Drohen wir zu rebarbarisieren?

'Barbarei' meint hier einen gesellschaftlichen Zustand, den man qua Zivilisierung - welcher Art und welchen Umfangs auch immer - in aller Regel als hinter sich liegend betrachtet: Einen Zustand des ungehobelten, ungebändigten, ungebärdigen Benehmens, des ungeordneten, unkontrollierten, ungeregelten Mit-, Gegen und Durcheinanders, mithin des unberechenbaren, unsicheren, unsteten Alltags und Lebensvollzugs für alle, die solchen Bedingungen ausgeliefert sind. Es geht, zumindest im Kern, also um so etwas wie den von Thomas Hobbes beschriebenen (fiktiven) 'Naturzustand' menschlicher Sozialität, in dem jeder für jeden als mehr oder weniger unberechenbarer, mithin als 'unsicherer Kantonist' erscheint. Hobbes zufolge nun befriedet eben der

'Leviathan', der ordnende, sichernde Staat dieses 'ursprüngliche' Jeder-für-sich-und-Alle-gegenalle. Wenn wir aber einerseits gewisse Entwicklungen moderner Staaten, wenn wir etwa das jederzeit mögliche Aufbrechen von Autoritarismen, ja von Totalitarismen, wenn wir die vielfältigen Formen staatlich-bürokratisch-polizeilich-militärischer Kontroll- und Disziplinierungsstrategien anschauen, dann ist dieser Leviathan selber ein zumindest potentiell barbarisches 'Unternehmen' bzw. eine Ordnungsform, die Barbareien keineswegs ausschließt, sondern im Zweifels- und Krisenfall eher perfektioniert. Wenn andererseits aber das politisch weitergedachte Individualisierungstheorem auch nur einigermaßen zutrifft, wenn es auch nur ganz grundsätzlich die wesentliche Entwicklungslinie einer sich vervollständigenden Moderne erfaßt, dann bewegen wir uns allmählich und (anscheinend) unaufhaltsam auf eine Form des gesellschaftlichen Lebens zu, in der der Leviathan zwar nicht verschwindet, in der er aber seiner Regelungs-, Ordnungs- und Sicherungsgewalt wieder verlustig geht.

Gleichwohl geht es bei der Frage nach Progression und Regression sozialer Konflikte, d.h. nach zu gewärtigenden oder auch bereits gegenwärtigen Formen bzw. Entwicklungen der Austragung politisch virulenter Ungleichheiten, prinzipiell *nicht* um ein Rückwärts, sondern - zwangsläufig - um ein *Vorwärts*. Denn jeder vermeintliche 'Rückfall' trägt ausgesprochen moderne Züge: was dabei erscheint, das sind von 'uns selber' generierte Phänome.

Was dräut, das ist also eine zivilisatorisch hergestellte, eine mit den Mitteln der Moderne *fabrizierte*, voluntative, ästhetische, oder - im Beckschen Sinne - reflexive 'Neo-, Als-Ob- oder Quasi-Barbarei', wie sie exemplarisch etwa Hans Magnus Enzensberger skizziert hat und wie sie von vielen Beobachtern v.a. US-und lateinamerikanischer Großstadtentwicklungen teils prognostiziert, teils auch schon konstatiert wird.

Ob das unvermeidliche Vorwärts aber tatsächlich in solche Szenarien führen *muß*, das ist die gemeinsame Frage, die sich die Referenten dieser Sektionsveranstaltung gestellt und die sie - thematisch von Lebensstilfragen und Geschlechterproblematik über den politischen Alltag in Chile, ethnische Auseinandersetzungen in den Vereinigten Staaten ebenso wie im Baltikum und die Diskussion um Belästigungs- und Kriminalitätsbekämpfung in der schweizerischen Öffentlichkeit bis hin zur Formulierung eines theoretischen Lösungsvorschlags streuend - unterschiedlich beantwortet haben.

Prof. Dr. Ronald Hitzler, Luitpoldstr. 2, D-96053 Bamberg

## 2. Politisierung und Vergleichgültigung. Zum Konfliktpotential der Lebensstile

*Claudia Ritter*

Der zivilisatorische Gehalt von Lebensstilen läßt sich leichter erkennen, wenn Lebensstile in ihrer Rationalitätsentwicklung betrachtet werden. Der Lebensstilbegriff steht für eine selbstbestimmte individuelle und kollektive Gestaltung des alltäglichen Lebens, die freilich nur in relativer Unabhängigkeit von sozialstrukturellen Bedingungen und von Traditionen oder Konventionen operiert. In der Analyse dieses gestalterischen Moments des Handelns richtet die aktuelle Lebensstilsoziologie ihr Interesse vornehmlich auf die identitätsstiftenden Aspekte des Handelns, auf die Dynamik der sozialen Ein- und Ausgrenzung, auf die Inhalte der einzelnen Lebensentwürfe und auf die Umdeutung der Symbole.

Zwei Gründe sprechen dafür, die Lebensstilbildung ebenfalls in ihrer Rationalitätsentwicklung zu betrachten und dadurch das Verhältnis von Identität und Rationalität in der soziokulturellen Praxis, eben die Vermittlung beider Gestaltungsaspekte auszuloten. Zum einen richtet sich dadurch der Blick auf Lernprozesse und Entwicklungsrichtungen in den Handlungsorientierungen. Zum anderen bietet eine Rationalitätsanalyse Maßstäbe, mit denen die Zivilität von Lebensstilen und lebensstilinduzierten Konflikten eingeschätzt werden können. Wenn wir auf die kognitiv-instrumentellen, die moralisch-praktischen und die ästhetisch-expressiven Orientierungen des Handelns achten, die der Selbstbehauptung, der Identitätsstiftung und der Durchsetzung von Lebensentwürfen dient, dann, fragen wir danach, inwiefern Lebensstilgruppen bei der Entwicklung und Durchsetzung ihrer besonderen Lebensziele informiert und strategisch vorgehen, in welchem Ausmaß sie sich an Prinzipien einer universalisierbaren Moral orientieren und inwieweit sie in der Lage sind, nicht nur zu stilisieren, sondern auch Empfindungen und schwer hintergehbare Bedürfnisse angemessen zu artikulieren und in die politische Willensbildung einzubringen.

Eine derartige Untersuchung der soziokulturellen Gestaltungspotentiale kann deutlich machen, daß wir es in der Moderne keineswegs nur mit einer Scherenentwicklung zu tun haben, in der beispielsweise eine zivile "Kultur des Wählens" und neonazistisches Engagement nebeneinander entstehen. Vielmehr kann bei der Betrachtung der Rationalität der Selbstbehauptung deutlich werden, daß Zivilisierung und Barbarei nicht einfach nur dicht beieinander liegen, sondern, wie sich zivilisatorische Errungenschaften in veränderten Kontexten in ihr Gegenteil verkehren und zu ignoranten Handlungsorientierungen werden. Diese Ambivalenz der Zivilisierung läßt sich am Beispiel des Verhältnisses von Politisierung und Vergleichgültigung durch Lebensstilbildung darstellen, dessen wechselseitige Bedingtheit in modernen Gesellschaften ursprünglich Simmel herausgearbeitet hat.

Zuerst skizziere ich, welche grundsätzlichen politischen Probleme wir erkennen können, wenn wir die Lebensstilbildung auch im Hinblick auf jeweils einen der Rationalitätsaspekte untersuchen. Anschließend möchte ich die Crux mit der Zivilisierung an zwei empirischen Beispielen der Behauptung von Lebensstilen andeuten.

*I.*

1. Sobald das Verhältnis von Identitäts- und Moralentwicklung in der Alltagspraxis betrachtet wird, lassen sich die Bedingungen für eine friedliche Koexistenz unterschiedlicher Lebensformen in einer Gesellschaft formulieren. Dies läßt sich noch am besten in der Diskurstheorie von Habermas beobachten. Danach müssen in die Lebensformen universalisierbare Moralvorstellungen eingearbeitet sein, damit sie multikulturell gleichberechtigt und demokratisch miteinander vermittelbar bestehen können. Vor dem Hintergrund einer solch grundsätzlichen Formulierung eines demokratisch-zivilen Sollzustandes werden in der Empirie Stagnationen und Regressionen in der Moralentwicklung benennbar wie beispielsweise bei mystisch oder fundamentalistisch gerechtfertigten faschistoiden oder religiösen Lebensentwürfen, die vormodern auf partikulare Vormachtstellungen pochen.

2. Eine Untersuchungen der ästhetisch-expressiven Handlungsorientierungen in den Prozeduren der distinktiven Selbstbehauptung kann dagegen den Blick auf das Verhältnis von Politisierung und Vergleichgültigung schärfen. Eine zivile Politisierung durch Differenz und durch Indifferenz, eine gleichwohl privat engagierte politische Apathie, die nach wie vor leicht in Militanz umschlägt und eine politische Abstinenz bei aktiver privater Alltagsumgestaltung sind die drei Eckpfeiler der zahlreichen Varianten des Verhältnisses von Politisierung und Vergleichgültigung auf der Ebene der Lebensstilbildung. Schwengel und Schulze analysieren die Lebensstilentwicklung in Konsumgesellschaften und arbeiten dabei die Aspekte der ästhetisch-expressiven Handlungsorientierungen heraus, die gleichsam unterhalb der Schwelle ihres eigentlichen Anspruchsniveaus bleiben, das darin besteht, das Handeln an Authentizität und Wahrhaftigkeit zu orientieren. Schwengel entfaltet - etwas differenztheoretisch argumentierend - die Konturen einer "Kultur des Wählens", in der die grundsätzliche Option zur Wahl bzw. zur Differenz den Alltag an sich schon politisch auflädt. Dabei überwiegt die Bedeutung der Wahl als Handlung an sich die Bedeutung des gewählten Inhalts. Diese Konstellation zivilisiert nach Schwengel soziale Konflikte, da sie die Handelnden von jenem Druck der unbedingten Durchsetzung eines gewählten Zieles befreit, der Militanz und autoritärstaatliche Gewalt hervorrufen kann.

Schulze, der die Erlebnisorientierung als eine ästhetisierende Handlungsorientierung empirisch erhoben hat, die alle anderen zunehmend dominiert, kommt zu einem gegenteiligen Schluß. Anstelle einer emphatischen Politisierung zeigt er auf, wie sich die Menschen aus einer selbstbestimmten und verständigungsorientierten Politik verabschiedet haben. Sie übernehmen nur noch die Rolle der von der Verantwortung befreiten Zuschauenden und dies auch nur, wenn es dabei etwas zu erleben gibt. Schulze und Schwengel überziehen gleichermaßen ihre Interpretationen, die andere als die ästhetisch-expressive Orientierung in der Identitätsbildung aus dem Blick verlieren. Von daher können sie die unterschiedlichen Wechselverhältnisse, die heute zwischen Politisierung und Vergleichgültigung bestehen, nicht herausarbeiten.

3. Ein dritter zivilisatorischer Aspekt wird durch die Betrachtung der kognitiv-instrumentellen Handlungsorientierungen in der Gestaltung partikularer identitätsstiftender Lebensentwürfe deutlich. In der Lebensstilsoziologie gibt es zu diesem Aspekt praktisch nichts. Beck versucht zumindest zu zeigen, wie die kognitive Rationalisierung und die Institutionalisierung von Skepsis eine radikale Politisierung des Sozialen erzeugt. Dabei stellt er jedoch keinen systematischen Bezug zu identitätsstiftenden Lebensformen her und spitzt seine Thesen entsprechend einseitig zu.

Unter dem Gesichtspunkt der wissensmäßigen Entwicklung und der Durchsetzung der Lebensentwürfe wäre interessant zu wissen, wie Individuen und Lebensstilgruppen die Erfahrung verarbeiten, daß sie in der Regel nur einen Aspekt der Lebensgestaltung z.B. die Geschlechterfrage bearbeiten, während sie für die Handhabung anderer Lebensbereiche von anderenorts erprobten Gestaltungserfahrungen profitieren und diese in ihren Lebensentwurf integrieren. Von daher läßt sich das Phänomen Lebensstilbildung unter dem Aspekt der kognitiv-instrumentellen Orientierung auch als eine Art Arbeitsteilung in der Umgestaltung von Lebensbereichen verstehen, die zwischen den unterschiedlichen Lebensformen besteht. Die Frage ist nun, in welcher Weise die Erfahrungen dieser Arbeitsteilung die kognitive Entwicklung von Lebensstilgruppen beeinflussen und in einem handlungstheoretischen Sinne zu einer Komplexitäts- und Kompetenzsteigerung in der Einschätzung und Verwendung von anderenorts erzeugtem Wissen führen oder inwieweit neue Formen fragmentarischen Erfahrens entstanden sind. Die Art der Erfahrungsverarbeitung dürfte Auswirkungen auf die Kompetenzen haben, komplexe und ausdifferenzierte politische Prozesse der Willensbildung und Entscheidungsfindung einschätzen und bewußt beeinflussen zu können.

## II.

Nach diesen systematischen Betrachtungen möchte ich anhand von zwei empirischen Beispielen zeigen, in welcher Weise die Ambivalenz zivilisatorischer Errungenschaften auf der Lebensstilebene wirksam werden kann. Dazu betrachte ich die Vermittlung von Rationalität und Identität bei zwei moralisch ausgesprochen anspruchsvollen Lebensstilgruppen.

Ich möchte auf jene Strategien zu sprechen kommen, mit denen etablierte VertreterInnen des links-alternativen Milieus mit Bewegungserfahrung, hoher Bildung, anspruchsvoller Moral und Ästhetisierung versuchen, ihre Lebensentwürfe durchzusetzen. Sie verfahren auffällig rücksichtslos, wenn sie zuerst als Pioniere und später als Gentrifier innenstadtnahe Wohnviertel 'aufwerten' und dabei sozial schwächere Gruppen aus dem Stadtteil verdrängen, um ihre eigenen moralisch gerechtfertigten Lebensformen umzusetzen. Auch die ehemaligen oder veralltäglichten HausbesetzerInnen geraten aus dieser Perspektive in eine pikante Unterstützerrolle. Autonome gehen mit ihrer potentiellen künftigen Bezugsgruppe einen Interessenspakt ein, wenn sie zwar zu Recht gegen eine Wohnungspolitik vorgehen, die Spekulationen und sozial ignorante Großsanierungen fördert, sie aber die Gentrifiers verschonen. Die moralische Abstinenz setzt sich fort, wenn es darum geht, die im Stadtteil etablierten Lebensformen vor Störungen zu sichern. Vor einigen Jahren wurde ein aufgewerteter Bremer Stadtteil schon fast im Stile einer wehrhaften Politik moralisch aufrechter Lebensstile gegen ein Drogenprojekt und gegen eine Stätte der Sexarbeit verteidigt.

Die Schlußfolgerung, hier zeige sich die hartnäckige Persistenz eines kleinbürgerlich-egoistischen Habitus ist sicherlich berechtigt. Sie reicht aber m.E. nicht aus. Bei der Betrachtung des Verhältnisses von Rationalitäts- und Identitätsentwicklung wird die aktive Vertreibungspolitik der selbstreflektierten und finanziell weniger bedrängten Lebensstile nicht unbedingt legitimer, aber verständlicher. Die Politik dieser Lebensstile geht mit einer Selbsttäuschung über die Umsetzbarkeit ihres eigenen Lebensentwurfes einher. Verteidigt werden aufgeschlossene Lebensformen, wobei niemand wahrhaben will, daß sich die Bedingungen ihrer Verwirklichung angesichts Deregulierung, Arbeitslosigkeit und Sozialstaatsabbau erheblich verschlechtert haben. Eine unmittelbare Eigenbeteiligung an der Herstellung solidarischer sozialer Beziehungsformen unter verschärften Ungleichheitsbedingungen ist bisher bei diesen Lebensentwürfen nicht eingeplant. Sie entstammen den Debatten der 60er und 70er Jahre, die die soziale Frage vielfach noch in alten Bahnen dachten. Die dabei entwickelten Projekte der Selbsthilfe und Sozialarbeit sind bis heute auf eine Abhilfe unter Prosperitätsbedingungen zugeschnitten. Von daher stimmt auch die Umsetzungsrationalität der mit diesen Ideen verbundenen Lebensformen nicht mehr. Sie können sich immer schlechter rechtfertigen. Es fehlen nicht nur übergreifende sozialpolitische Strategien, sondern auch Vorstellungen zum unmittelbaren Zusammenleben mit den zunehmenden und unbequemen Armen und Deprivierten.

Der allmähliche Aufbau von Lebensentwürfen und Gestaltungsräumen ist auf Kontexte zugeschnitten, die sich ebenfalls verändern. Nicht nur ethnische Gruppen und kleinbürgerlich Traditionelle pflegen ihre soziokulturellen Time-lags, die das meist an sich schon prekäre Verhältnis von identitätsstiftenden besonderen Lebensentwürfen und ihrer Umsetzungsrationalität noch brisanter werden lassen, sondern auch Links-Alternative.

Das zweite Beispiel zeigt, wie selbst bei einer gelungenen Vermittlung von Identität und Rationalität zivilisatorische Folgeambivalenzen entstehen, die auf der Ebene der politischen Regulierung sichtbar werden. Es handelt sich um eine lebensstilinduzierte Politik, die in vergleichsweise optimalen Konstellationen neu entstandene Probleme eines spezifischen Lebensbereiches bearbeitet hat und dadurch Bewältigungsvorschläge für andere soziale Gruppen zur Übernahme anbieten kann. Ich denke hierbei an die Aidspolitik und Aidsarbeit der Schwulensubkultur, die vor dem Hintergrund ihrer Erfahrungen von sozialen Bewegungen und Subkultur relativ günstige Bedingungen des zivilgesellschaftlichen Aushandelns von neuen Problemlösungsstrategien entwickelt haben. Kognitiv-instrumentelle Aspekte, universalistische Moralansprüche sowie eine angemessene Artikulation von Empfindungen und Bedürfnissen konnten vergleichsweise ungehindert mit den besonderen Vorstellungen von einem guten Leben vermittelt werden.

Bei diesem Beispiel läßt sich das Problem beobachten, daß soziale Gruppen, die in der Ausbildung von sozialen intermediären Institutionen (z.B. der Aidsarbeit) ausgesprochen innovativ sind, noch lange keine innovative Kraft in der Ausbildung von politischen Institutionen für übergreifende politische Entscheidungsfindungen entwickeln. Im Gegenteil, ein hohes zivilgesellschaftliches Potential scheint die in der Demokratietheorie bestehende Täuschung in der Empirie noch einmal zu reproduzieren, die in der Auffassung besteht, zivilgesellschaftliche Strukturen könnten politische Institutionen weitgehend substituieren. Unter relativ optimalen zivilgesellschaftlichen Bedingungen besteht erst einmal kein Grund, sich um übergreifende politische Regelungen zu kümmern. Erst wenn in anderen sozialen Gruppen ähnliche Brennpunkte entstehen und deutlich wird, daß längst erschlossene Lösungsmuster von anderen Lebensformen nicht so ohne weiteres übernommen werden oder die staatlichen Gelder auf einmal nicht mehr fließen, fällt auf, daß institutionelle Sicherungen fehlen, die eine zivile Problemlösung auf Dauer stellen oder übergreifend einführen. Günstige zivilgesellschaftliche Bedingungen scheinen die Ausbildung von übergreifenden politischen Verantwortungen und Institutionen eher zu blockieren.

Claudia Ritter, Universität Hamburg, Inst. f. Politische Wissenschaft, Allende-Platz 1, D-20146 Hamburg

## 3. Progression und Regression im Geschlechterkonflikt. Maskulinität zwischen neuen Horizonten und alten Ufern

*Michael Meuser*

In den politischen Debatten über das Geschlechterverhältnis ist in jüngster Zeit immer häufiger von einem drohenden oder auch bereits eingetretenen "backlash" die Rede. Im Focus der Aufmerksamkeit stehen insbesondere die Reaktionen der Männer auf die 'feministische Herausforderung' und auf von der Frauenbewegung initiierte Veränderungen in den Beziehungen der Geschlechter zueinander. Die Selbstthematisierung des Konfliktfeldes durch die beteiligten Akteure geschieht also im Horizont der mit den Begriffen Progression und Regression bezeichneten Muster der Bewältigung sozialer Konflikte.

Eine soziologische Analyse wäre schlecht beraten, wollte sie bruchlos an solche in politischer Absicht vorgenommene Etikettierungen anknüpfen. Einen konzeptionellen Rahmen, in dem die Kontrastierung von Progression und Regression (auch) einen soziologischen Sinn macht, bieten soziologische Modernisierungstheorien, insbesondere solche wissenssoziologischer Provenienz. Diese Theorien betonen das Reflexivwerden von Selbstverständlichkeiten. Dort, wo der Bestand des fraglos Gegebenen einer reflexiven Vergewisserung unterzogen wird, wäre mithin Progression zu diagnostizieren; dort, wo versucht wird, Fraglosigkeit wiederherzustellen, Regression. Demzufolge wäre darauf zu achten, inwieweit ein "Zustand des unreflektierten 'Zuhauseseins' in der sozialen Welt" (Berger u.a. 1987: 71) verlassen oder angestrebt wird.

Es ist unübersehbar, daß der Mann Gegenstand eines öffentlichen Diskurses geworden ist. Ich lasse zunächst außer Betracht, was die verschiedenen Geschichten über die Situation des Mannes erzählen, und betrachte das Phänomen der Diskursivierung als solches. Eine 'elaborierte' Form ist das Genre der Männerverständigungsliteratur, das sich in den letzten 15 bis 20 Jahren recht erfolgreich auf dem Buchmarkt zu etablieren vermocht hat. Diese Diskursivierung rüttelt als solche, d.h. unabhängig von den Inhalten der jeweiligen Teildiskurse, am Bestand des fraglos Gegebenen. Sie befördert eine Erosion von Selbstverständlichkeiten gewissermaßen von innen, auch wenn sie eine Reaktion auf die Herausforderungen des Feminismus ist.

Die wachsende öffentliche Thematisierung und Selbstthematisierung von Männern und Männlichkeiten zeigt, daß eine unbefragte Reproduktion von Selbstverständlichkeiten zunehmend weniger Handlungssicherheit und -erfolg gewährleistet. Ein "unreflektiertes Zuhausesein in der sozialen Welt" tradierter Maskulinität wird tendenziell und zumindest für die am Diskurs Beteiligten erschwert. Insofern läßt sich allgemein ein Moment der Progression diagnostizieren.

Das Bild wird freilich komplexer, wenn man nicht mehr das Phänomen der Diskursivierung als solches betrachtet, sondern sich den Inhalten der verschiedenen Teildiskurse zuwendet. Drei Diskurse lassen sich unterscheiden: ein Defizitdiskurs, ein Maskulinismusdiskurs und ein Differenzdiskurs (zu den beiden ersten vgl. Meuser 1995a).

Der Beginn des Schreibens und Redens über Männlichkeit in der zweiten Hälfte der siebziger Jahre ist gekennzeichnet durch oft drastische Defizitkonstruktionen. Tradierte Selbstverständlichkeiten werden systematisch dekonstruiert. In sämtlichen Lebenslagen werden defizitäre Aspekte der männlichen Normalexistenz entdeckt. All das, was im tradierten maskulinen Selbstverständnis positiv konnotiert ist, weil es männliche Souveränität garantiert, wird zum Anlaß von Leiden. Dieser Defizitdiskurs, der in vielfältigen Variationen bis heute fortlebt, empfiehlt als Remedur eine reflexive Identitätsarbeit und setzt auf eine zumindest partielle Femininisierung des Mannes. Männlichkeit als solche erscheint therapiebedürftig, und als Ort einer reflexiven Therapeutisierung von Männlichkeit wird die Männergruppe benannt. Das Verhältnis der Geschlechter ist in einer Weise konzipiert, die einer Logik der Gleichheit folgt. Unterschiede im Handeln und Denken von Frauen und Männern gelten als sozial und kulturell produziert.

Die reflexive Dekonstruktion tradierter Männlichkeitsmuster ist durchaus als Progression zu sehen. Das heißt jedoch nicht, daß Protagonisten wie Epigonen eine solche Progression umstandslos als Gewinn von Handlungsspielräumen verbuchen können. In dem Defizitdiskurs fehlt es nicht an Larmoyanz, und dies hängt mit dem Preis zusammen, der zu zahlen ist: mit dem Verlust des unreflektierten Zuhauseseins. Eine bisweilen existenzielle Verunsicherung ist die Folge.

Wo die Geschlechtszugehörigkeit als solche zum Problem und zum Gegenstand einer reflexiven Therapeutisierung gemacht wird, verwundert es nicht, daß sich weitere Diskurse ausdifferenziert haben, die mit dem Versprechen auftreten, die mit der Reflexivierung verbundenen Verunsicherungen aufzulösen.

Als "Maskulinismus" versteht sich eine zu Beginn der neunziger Jahre populär gewordene Position, die dem Profeminismus des Defizitdiskurses einen pointierten Antifeminismus entgegensetzt. In einer schlichten 'Geschlechtsverkehrung' feministischer Thesen werden die Männer als das unterdrückte Geschlecht bezeichnet. Diesem Diskurs geht es nicht um eine argumentative Auseinandersetzung mit feministischen Positionen, schon gar nicht um eine Reflexion über die soziale Situation des Mannes, über Männerrolle und Männlichkeitsmuster, er offeriert vielmehr 'Munition' für den Geschlechterkampf. Der Deutung der männlichen Existenz als defizitär wird hier ein Deutungsmuster entgegengestellt, das in sehr diffuser Weise den Mann als perfektes Wesen erscheinen läßt. Geschlechterpolitische Orientierung ist die Rückkehr zu "archaischen Strukturen", und das impliziert das Bemühen, gefährdete bzw. bereits verlorengegangene Fraglosigkeiten zu restaurieren.

Während der Maskulinismusdiskurs von außerhalb der männerbewegten Szene in die Debatte eingreift, versteht sich der dritte Teildiskurs, der Diskurs der Differenz, explizit als Teil der Männerbewegung. Eine geläufige Bezeichnung für diesen Diskurs ist 'mythopoetisch'. Das verweist auf die symbolischen Ressourcen, auf denen dieser gegenwärtig äußerst populäre Diskurs aufruht: Sagen, Märchen, Parabeln. Protagonisten wie Epigonen bezeichnen sich selbst gerne auch als "wilde Männer". Propagiertes Ziel ist die Wiedergewinnung einer ursprünglichen Männerenergie. Die sei nicht erst durch die profeministische Männerbewegung, sondern im gesamten Prozeß der industriellen Moderne verlorengegangen. Andererseits ist sie in jedem Mann als Potential angelegt, muß aber in lang andauernden und schmerzhaften Initiationsprozessen entdeckt und angeeignet werden. Dazu bedarf es nicht so sehr einer reflexiven Identitätsarbeit, sondern vielmehr einer präreflexiven Orientierung an starken väterlichen Autoritätsfiguren sowie einer körperlichen Auseinandersetzung mit Gefahren und wilder Natur.

Ein dezidiert antiintellektuller Impuls paart sich mit antimodernen Attitüden. Als positiver Gegenhorizont gelten die Initiationsriten sog. Naturvölker. Männerinitiation wird als ein durch und durch körperlicher Prozeß beschrieben. Die rationalisierte Welt der modernen Industriegesellschaft gilt freilich als der denkbar ungünstigste Ort hierfür. So ist es nur konsequent, wenn als probates Mittel der Initiation ein zumindest partieller Rückzug in die wilde Natur anempfohlen wird. Dieser Naturmystik wird als Negativfolie das Leben im Moloch der modernen Großstadt kontrastiert. Eine durchaus romantische Sehnsucht nach dem Gemeinschaftlichen kennzeichnet diesen Diskurs, nach einem organischen Verankertsein in traditionalen Bindungen, demgegenüber eine freigesetzte Rationalität als bedrohlich erscheint. Das alles hat enge Bezüge zur Welt des New Age, nicht nur auf symbolischer Ebene, auch personell und institutionell.

Die vielfältigen Anleihen bei durchaus nicht immer homologen Sinnsystemen bündeln sich in einem Deutungsmuster, das die essentielle Differenz der Geschlechter betont. Eine Betonung wesensmäßiger Unterschiede zwischen den Geschlechtern kennzeichnet auch den Diskurs der Maskulinisten. Dennoch unterscheiden sich die Essentialismen der beiden Diskurse. In geschlechterpolitischer Hinsicht ist von Bedeutung, daß der Differenzdiskurs die Welt der Männer nicht zum Maßstab erhebt, an dem auch das Handeln der Frauen zu messen ist; Männlich wird nicht mit Allgemein-Menschlich gleichgesetzt und auch nicht mit Überlegenheit. Genau das kennzeichnet aber den Maskulinismusdiskurs. Das Fehlen des ursupatorischen Elements im Differenzdiskurs läßt diesen in gewissem Sinne als 'aufgeklärten' Essentialismus erscheinen.

Oben war die Tatsache der Diskursivierung von Männlichkeit als ein Zeichen von Progression interpretiert worden. Auch wenn die Inhalte der Teildiskurse zum Teil deutliche regressive Tendenzen aufweisen, falsifiziert das nicht die auf die formale Ebene bezogene These. Hat man sich einmal auf den Diskurs eingelassen, ist eine Rückkehr zu einem Zustand vorreflexiver Unschuld nicht mehr oder zumindest nicht unmittelbar möglich. Das zeigt sich, wenn man den Blick von dem medial vermittelten Diskurs löst und sich lebensweltlich verankerten kollektiven Orientierungen zuwendet. Einschlägige Daten sind in Gruppendiskussionen in real existierenden Gruppen von Männern unterschiedlicher Art gewonnen worden (vgl. Meuser 1995b). Der Blick auf diese Empirie bewahrt zum einen davor, die Bedeutung des medialen Diskurses in quantitativer Hinsicht zu überschätzen, also was seine Rezeptionsbreite in der Lebenswelt des Alltags betrifft. Der Majorität der Männer ist die eigene Geschlechtlichkeit nach wie vor etwas fraglos Gegebenes. Zwar werden Veränderungen im Verhältnis von Männern und Frauen nicht ignoriert, doch resultieren daraus keine fundamentalen Irritationen. Kognitive Normalisierungsstrategien und die homosoziale Atmosphäre männerbündischer Zusammenschlüsse leisten hier Entscheidendes zur Bewahrung tradierter Sinnwelten. Darin liegt eine zentrale Funktion von Stammtischen, Fußballmannschaften, Männerwohngemeinschaften und Herrenclubs. Eine habituelle Sicherheit kennzeichnet die geschlechtliche Lebenslage dieser Männer.

Zum anderen zeigen die Gruppendiskussionen, daß innerhalb der Szene männerbewegter Männer und an deren Rändern der mediale Männlichkeitsdiskurs starke lebensweltliche Entsprechungen und Verankerungen hat. Diejenigen, die ihr Mannsein in den von dem Defizitdiskurs vorgegebenen Deutungsmustern begreifen, haben nahezu jede habituelle Sicherheit verloren, wenn es um den eigenen Geschlechtsstatus geht. An deren Stelle tritt eine institutionalisierte Dauerreflexion, die freilich keine funktionale Alternative darstellt. Resultat ist ein doppeltes Leiden: einerseits an den mit der traditionellen Männerrolle verknüpften Erwartungen und Normen; davon will man sich distanzieren. Anderseits ein Leiden am Verlust der habituellen Sicherheit, welche die traditionelle Männerrolle denen gewährleistet, die in ihr zu Hause sind. In der Progression finden sich regressive Elemente, die Sehnsucht nach der verlorenen Sicherheit. Die wissenssoziologische Modernisierungstheorie thematisiert solche Sehnsüchte als Leiden am Zustand der "Heimatlosigkeit", welches ihr als ein Charakteristikum des modernen Menschen gilt (vgl. Berger 1987: 74).

Das Geschlecht eines Menschen ist nicht irgendein Merkmal unter vielen, Geschlecht ist ein "major status". "Doing gender" ist, wie die Ethnomethodologie gezeigt hat, eine permanente und unvermeidbare Aufgabe in sozialer Interaktion. In einer Kultur, in welcher der Geschlechtszugehörigkeit eine solche Relevanz zukommt, ist es schwer vorstellbar, daß jemand über längere Zeit 'heimatlos' im eigenen Geschlecht zu leben vermag. So verwundert es nicht, daß in jüngster Zeit innerhalb der Männergruppenszene die vom mythopoetischen Differenzdiskurs offerierten Deutungsmuster und Perspektiven einen wahren Boom der Aufmerksamkeit erfahren, versprechen sie doch ein Wiedererlangen der in der Reflexion zerriebenen Gewißheiten. Immer mehr Institutionen der Männerarbeit setzen auf diesen Kurs, in dem Bewußtsein, damit einer nicht nur geschlechterpolitischen Avantgarde anzugehören.

Beide Analysen - die des medial vermittelten Diskurses und die der lebensweltlich verankerten Orientierungen - ergeben ein Bild einer in sich brüchigen Progression. Dies erklärt sich vermutlich daraus, daß hinsichtlich des Geschlechterkonflikts nicht 'nur' politische Positionen verhandelt werden, sondern mit diesen fundamentale Identitäten. Das Motto der Frauenbewegung "Das Private ist politisch" verweist auf diesen Zusammenhang. Der gesamte Diskurs läßt sich mitsamt seinen internen Bruchstellen aber auch in einem weiteren kulturellen Zusammenhang betrachten. Dann wird deutlich, daß die Positionen, die im Geschlechterkonflikt bezogen werden, deutliche Homologien zu den Orientierungen, Perspektiven und Standpunkten haben, die in anderen zentralen sozialen Konfliktfeldern aufeinanderstoßen.

Sowohl der Maskulinismus- als auch der Differenzdiskurs sind Teil einer Tendenz, die Beck und Beck-Gernsheim (1994: 33) als "Aufstand gegen die siebziger und achtziger Jahre" bezeichnen. Das Beschwören alter Gewißheiten, die nur scheinbar obsolet geworden waren, hat Konjunktur. In diesem "Aufstand" spielen Deutungsmuster, die soziale Verhältnisse auf essentielle Differenzen zurückführen, generell eine große Rolle, nicht nur dann, wenn es um das Geschlechterverhältnis geht. Die aktuellen Debatten über nationale Identität bieten einen interessanten Vergleichshorizont.

**Literatur**

Berger, Peter L./Berger, Brigitte/Kellner, Hansfried (1987), Das Unbehagen in der Modernität, Frankfurt/M.

Beck, Ulrich/Beck-Gernsheim, Elisabeth (1987), Individualisierung in der modernen Gesellschaft. Perspektiven und Kontroversen einer subjektorientierten Soziologie, in: Dies. (Hg.): Riskante Freiheiten, Frankfurt/M.

Meuser, Michael (1995a), Feministische Herausforderung und Männerdiskurse. Geschlechterpolitische Perspektiven zwischen Profeminismus und Maskulinismus, in: Zeitschrift für Politische Psychologie, im Druck.

Meuser, Michael (1995b), Geschlechterverhältnisse und Maskulinitäten. Eine wissenssoziologische Perspektive, in: Ursula Müller/Marlene Stein-Hilbers (Hg.): Backlash oder neue Horizonte, Frankfurt/M., im Druck.

Dr. Michael Meuser, Universität Bremen, FB8 SOWI, Postfach 33 04 40, D-28334 Bremen

## 4. Die Normalität der Gewalt: Konfliktparteien und 'Zuschauer' fünf Jahre nach dem Ende der Militärdiktatur in Chile

*Michaela Pfadenhauer*

*I.*

Wenn *wir* über Chile reden, haben wir ohne besonderes Vorwissen etwa folgendes politisches Bild im Kopf: die wenigen Jahre der Allende-Regierung (1970-1973) haben in deren Versuch, eine sozialistische Politik auf demokratischem Wege zu etablieren, insbesondere den westlichen Links-Intellektuellen der 68er Generation Anlaß zu Hoffnung gegeben, die dann durch Pinochets Militärputsch allerdings alsbald wieder zerstört worden ist. Die Repression und Verfolgung linksgerichteter Oppositioneller während der ersten Jahre der Militärdiktatur zwang allein in diesen Jahren ca. 20 000 Chilenen zur Flucht ins benachbarte und weitere Ausland, ein großer Teil ging nach Deutschland ins unerwartet lange Exil. Die von Pinochet selbst angesetzte Volksabstimmung verhalf schließlich 1990 erneut einer demokratischen Regierung an die Macht.

Polizei und Militär spielten in der jüngsten Geschichte Chiles eine tragende Rolle. Während der knapp 17 Jahre währenden Militärdiktatur (1973-1990) stand General Augusto Pinochet eine vierköpfige Militärjunta zur Seite, die mit legislativen Machtbefugnissen ausgestattet war, und sich mit ihrer Verfassung bis 1989 die unumschränkte Herrschaft sicherte. Zur Aufrechterhaltung des Regimes trug neben dem Militär eine politische Polizei bei, die in Gestalt eines Geheimdienstes agierte und ihre Mitglieder aus den Streitkräften und den beiden chilenischen Polizeiorganisationen rekrutierte. Sowohl das Militär als auch der politische Geheimdienst CNI werden für schwere Menschenrechtsverletzungen und Terror gegen die Bevölkerung, insbesondere aber gegen die linksgerichtete Opposition verantwortlich gemacht.

Die auch in der noch jungen Demokratie andauernde Machtposition des Militärs und auch der Polizei (als vierter Säule der chilenischen Streitkräfte neben Heer, Luftwaffe und Marine) manifestiert sich in einer Verfassungsklausel, nach der der Präsident nicht ohne ausdrückliche Genehmigung des Oberbefehlshabers der Streitkräfte - bis 1997 hat dieses Amt General Pinochet inne - Generäle befördern oder vom Dienst suspendieren darf. Die im März 1994 gewählte neue Regierung unter Präsident Frei hat es sich zur Aufgabe gemacht, den Einfluß der Generäle auf die Politik allmählich zurückzudrängen, vermeidet jedoch jegliche Provokation des Militärs, z.B. indem Mitglieder des Oberkommandos regelmäßig zu politischen Absprachen eingeladen werden. Die Aufklärung von Menschenrechtsverletzungen, die während der Diktatur durch Militär und Polizei begangen worden sind, wird äußerst vorsichtig gehandhabt, indem zwar die Greueltaten, selten aber die Namen der Verantwortlichen veröffentlicht werden. Und eben hier setzt die Kritik der politischen Opposition an.

*II.*

Diese politische Opposition in Chile basiert im wesentlichen auf zwei Strömungen: Sie besteht zum einen aus den *alten* Gegnern der Militärdiktatur, die vor allem in den ersten Jahren nach dem

Putsch harten Repressionen seitens des Militärs und der (politischen) Polizei ausgesetzt waren und aus Angst vor der politischen Verfolgung zu einem großen Teil ins Ausland flüchteten. Diejenigen Exil-Chilenen, die in den letzten Jahren *ins Land zurückgekehrt sind*, verknüpfen mehr oder weniger starke Hoffnungen mit der Etablierung der neuen demokratischen Ordnung.

Insbesondere gegen Mitglieder linksrevolutionärer Bewegungen und der Kommunistischen Partei wurde unter dem Militärregime eine Politik des Terrors, der Einschüchterung und des "Verschwindenlassens" betrieben (Nolte 1991: 77). Die Überlebenden dieser Verfolgung sowie deren Freunde und Sympathiesanten, *die im Land geblieben waren*, sehen ihre demokratischen Hoffnungen angesichts der personellen Kontinuität der militärischen Führungselite gedämpft. Sie reagieren mit großer Empfindlichkeit bis hin zu Verbitterung auf die Zurückhaltung der Regierung bei der Aufklärung von Menschenrechtsverletzungen des Militärregimes und fordern eine konsequentere Aufklärung dieser Straftaten.

Ebenso wie sie nimmt die *junge*, vor allem studentische Generation der akademischen Mittelschicht eine radikal-oppositionelle Haltung den Sicherheitskräften gegenüber ein, wenn ihr auch weitgehend der persönliche Erfahrungshintergrund fehlt. Ihre Protagonisten erklären die neue politische Macht zur Schein-Demokratie, da - mit Ausnahme der politischen Elite - in den meisten gesellschaftlichen Teilbereichen, insbesondere aber bei Militär und Polizei, eben kein Personalwechsel vorgenommen worden ist.

Während die Opposition die personelle Kontinuität von Militär und Polizei anprangert und die heutigen Aktivitäten der Polizei in Parallele zum alten Terror der Sicherheitskräfte setzt, ist das Vorgehen der Polizei zwar als übersteigerte Form der Verbrechensvorbeugung und -bekämpfung zu bewerten, dient aber v.a. der präventiven Repression, der vorbeugenden Abschreckung und letztlich der Erhaltung des neuen Status Quo.

*III.*

In eben diesem Verstande ist das Gros der chilenischen Bevölkerung - im Gegensatz zur Opposition - an einer *Normalisierung* des Verhältnisses zu den staatlichen Sicherheitskräften interessiert. Für die Normalbürger haben sich 'die Zeiten' geändert, unabhängig von der Tatsache, daß das Personal des damaligen Repressionsapparats nicht ausgewechselt und zur Rechenschaft gezogen wurde. Dieser Einstellungswandel läßt sich als ein Rückzug ins Private, als Entpolitisierung der Bevölkerung interpretieren. Die Protestaktionen gegen das diktatorische Regime Mitte der 80er Jahre, die zunächst von den Gewerkschaften, später unter Beteiligung der politischen Parteien und massiv forciert von den sozialen Bewegungen (insbesondere von Frauen) organisiert wurden, hatten auf einen Schlag die gesamte chilenische Gesellschaft politisiert. Die umfassende politische Mobilisierung der Bevölkerung erscheint im Rückblick lediglich als kurzes Aufflackern, das seinen Nährboden ab 1980 in den massiven ökonomischen und sozialen Problemen des Landes fand: hohe Arbeitslosigkeit, Konzentration des Reichtums in den Händen weniger und damit verbunden eine Vertiefung der sozialen Ungleichheit (Fernández-Baeza und Nohlen 1992: 87).

Obwohl Chile gemessen an makroökonomischen Variablen seit den späten 80er Jahren einen starken wirtschaftlichen Aufschwung erlebt, ist das Alltagsleben der meisten Chilenen von Existenznöten geprägt. Dies insbesondere deshalb, weil die neugeschaffenen Arbeitsplätze, insbesondere im Dienstleistungsbereich, äußerst unsicher sind, befristete Arbeitsverträge unter einem

Jahr Dauer an der Tagesordnung sind und die somit permanent drohende Arbeitslosigkeit sogleich äußerste Armut bedeuten kann, da in Ermangelung einer (gesetzlichen) Arbeitslosenversicherung kein staatliches, sondern lediglich ein familiäres bzw. verwandtschaftliches soziales Netz existiert.

Diese existentiellen Alltagssorgen, kombiniert mit einer stetig steigenden Konsumhaltung angesichts der multiplen Konsumoptionen überlagern die Auseinandersetzung mit Politik jenseits der kleinen politischen Tagesereignisse. Dieses Desinteresse setzt sich in einer wenig ambitionierten Einstellung zu Polizei und Militär fort. Sowohl politische Oppositionelle als auch Kriminelle werden als "Unruhestifter" wahrgenommen, deren Aktivitäten eine alltägliche Bedrohung und Quelle für Verunsicherung darstellen. Dies erklärt die wenig kritische, wenn nicht sogar affirmative Haltung des überwiegenden Teils der Bevölkerung den Sicherheitskräften gegenüber, die zu Hoffnung Anlaß geben, diesem beunruhigenden Treiben Einhalt zu gebieten. Kritisch wird das Verhältnis erst, wenn Polizeiaktivitäten im direkten Bürgerkontakt an die Machenschaften des ehemaligen Geheimdienstes erinnern, z.B. wenn Detektive an der Tür klingeln und Auskünfte über bestimmte Personen einholen. In der Wahrnehmung ihrer Präventionsfunktion ist die Polizei dagegen unproblematisch: sie verspricht Ruhe und Ordnung im Land und den Schutz des Lebens und Eigentums des einzelnen Bürgers. Sie gewährleistet in einer Situation der allmählichen Etablierung von Demokratie und Wohlstand die relativ beste aller Bürgerwelten jenseits von sozialistischem Experiment und Militärdiktatur.

*IV.*

Ein effektives staatliches Gewaltmonopol, wie wir es gewohnt sind, war in Lateinamerika nie ganz verwirklicht. Denn es besteht kein effektives System rechtsstaatlicher Kontrollen, das das Gewaltmonopol "domestiziert" (Waldmann 1992: 23). Trutz von Trotha spricht deshalb vom "anomischen Staat" bzw. von "parastaatlicher Ordnung", die die Ordnung urbanisierter Verelendung und Ausdruck eines ressourcenarmen, schwachen Staates ist. Gewalt ist hier eine legitime Ressource der Konfliktlösung. "Tritt die Polizei spätestens dann auf den Plan, wenn die allgemeine Verwaltung sich nicht durchzusetzen vermag, so das Militär spätestens dann, wenn dem polizeilichen Akteur die Definitionsgewalt bürgerlichen Handelns entgleitet. Das Kontinuum Bürokratie-Polizei wird von der Polizei zum Militär fortgesetzt." (Busch u.a. 1988; zit. nach: von Trotha 1995: 4)

Diese Beschreibung trifft sicherlich für Chile zu Zeiten der Militärdiktatur zu: die Grenzen zwischen zentralstaatlicher und parastaatlicher Gewalt, zwischen legaler und illegitimer Gewaltausübung waren verwischt. Der Staat konnte somit seiner Aufgabe, die öffentliche Ordnung zu wahren und für die Sicherheit aller Bürger zu sorgen, nur in begrenztem Umfang gerecht werden. Aber auch im demokratischen Chile ist das Militär - und ebenso die Polizei als militärische Untereinheit - nach wie vor eine eigenständige politische Macht, die alles daransetzt, sich dem Zugriff der Regierung zu entziehen und ihre Autonomie zu erhalten. Die wenn auch nicht progredierenden, so zumindest doch auf hohem Niveau stagnierenden sozialen Konflikte stellen in Verbindung mit politischer Unruhe ein nicht zu unterschätzendes Krisenpotential dar. Der von alltäglichen Existenznöten geplagte Bürger hofft auf Ruhe und innere Sicherheit und eben dies scheint von Polizei und Militär derzeit hinlänglich gewährleistet zu werden. Solange der Großteil der Bevölkerung also latente ebenso wie punktuelle Gewalt seitens der staatlichen Sicherheitskräfte als akzeptables Instrumentarium zur Konfliktregelung ansieht, ist auch im demokratischen Chile ein Rückwärts "in die Barbarei" nicht auszuschließen.

**Literatur**

Fernandez-Baeza, Mario/Nohlen, Dieter (1992), Chile. In: Waldmann, Peter/Krumwiede, Heinrich-Wilhelm (Hg.), Politisches Lexikon Lateinamerika. München, S. 74 - 88.

Gleich, Michael (1991), Chile: Spielräume der demokratischen Opposition zwischen Diktatur und Demokratie. Eine politische Transformationsstudie mit einer Falluntersuchung über die Opposition in Rancagua, der Hauptstadt der VI. Region "Bernardo O'Higgins". Saarbrücken/Fort Lauderdale.

Hitzler, Ronald (1994), Radikalisierte Praktiken der Distinktion. Zur Politisierung des Lebens in der Stadt. In: Dangschat, Jens/Blasius, Jörg (Hg.), Lebensstile in den Städten. Opladen, S. 47 - 58.

Nohlen, Dieter (1994), Lateinamerika zwischen Diktatur und Demokratie. In: Junker, Detlef/Nohlen, Dieter/Sangmeister, Hartmut (Hg.): Lateinamerika am Ende des 20. Jahrhunderts. München, S. 12 - 26.

Nolte, Detlef (1991), Staatsterrorismus in Chile. In: Tobler, H.W./Waldmann, P. (Hg.): Staatliche und parastaatliche Gewalt in Lateinamerika. Frankfurt a.M., S. 75 - 104.

von Trotha, Trutz (1995), Ordnungsformen der Gewalt oder Aussichten auf das Ende des staatlichen Gewaltmonopols. Erscheint in einem von Birgitta Nedelmann herausgegebenen Sonderheft der KZfSS.

Waldmann, Peter (1992), Staatliche und parastaatliche Repression in Lateinamerika. Stiftung Wissenschaft und Politik. Forschungsinstitut für internationale Politik und Sicherheit. Ebenhausen.

Michaela Pfadenhauer, Institut für Soziologie, Universität München, Konradstr. 6, D-80801 München

## 5. Von der Fremdheit zur Konkurrenz. Die politische Dynamik ethnischer Konflikte in den Vereinigten Staaten

*Sighard Neckel*

Am Beispiel der interethnischen Konflikte in den Vereinigten Staaten werden einige Begründungen dafür vorgestellt, warum die traditionelle Sichtweise auf ethnische Konflikte, die auf die Bedeutung wechselseitiger kultureller Fremdheitserfahrungen abstellt, durch eine Theorie der politischen Aushandlung ethnischer Grenzziehungen ergänzt werden sollte. Im Mittelpunkt der Darstellung steht dabei die zunehmende Bedeutung selbsterzeugter und handlungsabhängiger sozialer Konstruktionen von Ethnizität in der Gesellschaft der USA, wie sie am deutlichsten in den politisch handlungsmächtig gewordenen "panethnischen" Zugehörigkeitskategorien zum Ausdruck kommen.

Eine Analyse der inneren Konstruktionsprinzipien dieser panethnischen Kategorien ergibt, daß sie im wesentlichen durch die politischen Erfordernisse einer Konkurrenz um materielle Ressourcen und soziale Rechte veranlaßt worden sind. Allerdings zeigt sich in der Analyse auch, daß die

Spannweite ethnischer Selbstdefinitionen symbolisch weder grenzenlos noch unbeeinflußt von sozialer Machtverteilung ist. Gerade in ihren modernsten Versionen tendieren politische Konstruktionen von Ethnizität dazu, rassische Merkmale als gleichsam letzte und entscheidende Materialität ethnischer Zuschreibungen zu betonen. Hierin kann das Potential einer jederzeitigen Regression der ethnisch gefärbten Ressourcenkämpfe in den USA erblickt werden, was in der zunehmenden Bedeutung informeller Strategien der Ausschließung auch vermehrt beobachtbar ist.

Gebändigt werden diese Gefahren jedoch durch die Weiterentwicklung der demokratischen Institutionen in der multikulturellen Einwanderungsgesellschaft der USA. In Hinblick auf interethnische Beziehungen haben sie insofern eine zivilisierende und integrierende Wirkung, als durch die verhältnismäßig großzügig vergebenen Anrechte auf Zugehörigkeit ein Rahmen geregelter Konflikte gestiftet wird, der desintegrative Gefahren entschärft. In den USA der Gegenwart verbleiben politisch motivierte ethnische Konflikte damit weitgehend im Bereich sozialer Konkurrenz und erreichen nicht jene zerstörerische Intensität "ethnischer Säuberung", die zur europäischen Erfahrung in diesem Jahrhundert gehört.

Dr. Sighard Neckel, FU Berlin, Institut für Soziologie, Babelsberger Straße 14-16, D-10715 Berlin

## 6. Vorwärts in die Barbarei? Die Rückbildung ethnischer Konflikte im Baltikum als optimistisches Szenario

*Jürgen Lass und Katrin Mattusch*

### 1. Fragestellung

Betrachtet man ethnische Konflikte in Osteuropa, etwa die blutigen Auseinandersetzungen in Tschetschenien, aus einer entfernten Vogelperspektive, kann die Frage "Vorwärts in die Barbarei?" positiv beantwortet werden. Die politische Befriedung ethnischer Konflikte in postsozialistischen Gesellschaften scheint unmöglich zu sein.

Dem wollen wir die etwas optimistischere Vorstellung einer einsetzenden Regression ethnischer Konflikte in einem Teil Osteuropas entgegensetzen. Unsere bisherigen Forschungen (Klingemann u.a. 1994) haben zu folgenden Ergebnissen geführt:
1. In den ethnisch heterogenen baltischen Gesellschaften scheint eine Integration über *politische*, institutionalisierte Mechanismen der Konfliktregulierung am aussichtsreichsten zu sein.
2. Im Baltikum wird die Trennlinie zwischen ethnischen Mehrheiten und Minderheiten durch andere Wertorientierungen verschärft. Es handelt sich um ein System sich gegenseitig verstärkender Konfliktlinien, in dem sich die ethnischen Gruppen als "Blöcke" gegenüberstehen.
3. Beide "Blöcke" im Baltikum zeigen aber eine hohe Motivation zur Teilnahme an Wahlen, obwohl sie einem Großteil der Minderheiten noch verwehrt ist. Trotzdem können beide Parteien benennen, die in den 1992/93 gewählten Parlamenten ihre Interessen vertreten. Somit hat bereits eine Übertragung des ethnischen Konfliktes in die Parteiensysteme stattgefunden.

Diese Ergebnisse haben jedoch "blinde" Flecken: sie können zwar aus dem Blickwinkel der neuen demokratischen Strukturen die technische Machbarkeit politischer Integration zeigen, reichen aber nicht aus, um die Ursachen der angenommenen Regression ethnischer Konflikte zu erklären. Eruiert man dagegen mögliche kulturelle Bindungen zwischen den Ethnien so zeigt sich, daß Integration eben nicht nur darin besteht, daß unterschiedliche soziale Gruppierungen ihre Interessenvertreter in Form von politischen Parteien finden. Sie beinhaltet auch, daß im demokratischen Prozeß des öffentlichen Streits zwischen ganz unterschiedlichen Positionen ein Sichgebundenfühlen der Minderheiten an ein Territorium entstehen kann, das auf den ethnischen Konflikt befriedend wirken könnte.

Das Sichgebundenfühlen an ein bestimmtes Territorium, das wir als *"geographische Identität"* definieren, ist somit der zentrale Begriff unserer Analyse. In multiethnischen Gesellschaften unterscheiden sich die Angehörigen der verschiedenen ethnischen Gruppen in ihren Identitätsgefühlen.

Unsere *erste Hypothese* betrifft die Entstehung eines solchen Bindungsgefühls. Danach nimmt ein Bindungsgefühl zu, je mehr die Zufriedenheit mit dem Funktionieren der Demokratie zunimmt. Funktionieren heißt zum einen, daß die verschiedenen Gruppen eigene Interessenvertreter in der politischen Arena identifizieren können und zum anderen, daß der Output des politischen Systems nicht permanent zu Lasten einer Gruppe geht.

Unsere *zweite Hypothese* betrifft die Wirkung der geographischen Identität auf das politische Verhalten. Je stärker das Gebundenheitsgefühl, desto geringer ist die Bereitschaft, zu gewaltsamen und illegalen politischen Instrumenten zu greifen, und desto stärker ist die Bereitschaft, sich institutionalisierter Mechanismen zu bedienen.

*2. Analyseeinheit und Schritte der Analyse*

Wir konzentrieren uns zur empirischen Überprüfung der Hypothesen auf das Baltikum als Region, deren gesellschaftlicher Problemhaushalt in ganz besonderer Weise von ethnischen Konflikten geprägt ist. So stellen in Lettland die Angehörigen der Titularnation mit 52% nur ganz knapp die Mehrheit, in Estland sind es immerhin noch 61 %, nur in Litauen ist das Verhältnis mit 80% günstiger.

Entsprechend unseren Hypothesen sollen folgende Fragen empirisch beantwortet werden:
1. Wie stark fühlt sich die ethnische Minderheit dem baltischen Land, in dem sie lebt, zugehörig, und welche Veränderungen hat es im Laufe der Zeit gegeben?
2. Wie sind diese Veränderungen zu erklären und welche Rolle spielt dabei das Funktionieren der neuen Demokratien?
3. Welche Wirkung hat die geographische Identität auf das politische Verhalten?

*3. Empirische Ergebnisse*

Die empirische Analyse kann sich für jedes der baltischen Länder auf zwei repräsentative Bevölkerungsumfragen - 1990 und 1992/93 - stützen. Dabei wurden Angehörige der verschiedenen Ethnien gebeten, sich geographischen Einheiten zuzuordnen.[1] Allerdings konzentrieren wir unsere Analyse auf die *russische Minderheit* im Baltikum.

Tabelle 1 zeigt die Verteilung der Antworten zu diesen zwei Zeitpunkten. Es ist deutlich erkennbar, daß das Bindungsgefühl der ethnischen Minderheiten an das Baltikum in allen drei Ländern zugenommen hat. Weit mehr als die Hälfte der russischen Minderheit fühlt sich dem baltischen Staat, in dem sie lebt, und nicht etwa Rußland, zugehörig.

Tab.1: Geographische Identität der russischen Minderheit im Baltikum 1990 und 1992/93 (Prozent)

|  |  | Litauen Minderh. | Estland Minderh. | Lettland Minderh. |
|---|---|---|---|---|
| Zugehörigkeitsgefühl | 1990 | 45 | 50 | 34 |
| zu Rußland | 1992 | 13 | 38 | 23 |
| Zugehörigkeitsgefühl | 1990 | 55 | 50 | 66 |
| zum Baltikum | 1992 | 87 | 62 | 76 |

Um die Bewertung des demokratischen Prozesses zu messen, steht uns für den relativ konsolidierten Zeitpunkt 1992 eine Frage nach der Zufriedenheit mit dem Funktionieren der Demokratie zur Verfügung.[2] Angesichts der noch prekären Lösung der Staatsbürgerfrage in Estland und Lettland war nicht zu erwarten, daß viele Befragte sich positiv äußern würden. Die positiven, zustimmenden Kategorien in Tabelle 2 sind daher kaum besetzt. Dennoch ist die empirisch gefundene Verteilung der Antworten von einem Worst-Case-Szenario, wo fast alle Angehörigen der Minderheiten vollkommene Unzufriedenheit mit dem Funktionieren der Demokratie äußern, weit entfernt.

Tab.2: Zufriedenheit der russischen Minderheit im Baltikum mit dem Funktionieren der Demokratie 1992 (%)

|  | Litauen Minderh. | Estland Minderh. | Lettland Minderh. |
|---|---|---|---|
| sehr unzufrieden | 11 | 41 | 27 |
| unzufrieden | 21 | 26 | 26 |
| weder noch | 57 | 26 | 40 |
| zufrieden | 11 | 5 | 6 |
| sehr zufrieden | - | 2 | 1 |

Unsere erste Hypothese nimmt einen Zusammenhang zwischen dem Funktionieren der Demokratie und der geographischen Identität an. Wir haben deshalb untersucht, ob mit zunehmender Zufriedenheit mit der Demokratie auch das Zugehörigkeitsgefühl zum Baltikum wächst. In der Tat weisen die Daten in Tabelle 3 auf einen solchen Zusammenhang hin.

Tab.3: Zusammenhang zwischen der Zufriedenheit der russischen Minderheit im Baltikum mit der Demokratie und der geographischen Identität 1992 (Prozent)

Zufriedenheit mit der Demokratie

| | sehr unzufried. | unzufrieden | weder noch | zufrieden | sehr zufrieden |
|---|---|---|---|---|---|
| geographische Identität | | | | | |
| Zugehörigkeitsgefühl zu Rußland | 44 | 25 | 20 | 12 | * |
| Zugehörigkeitsgefühl zum Baltikum | 56 | 75 | 80 | 88 | * |

* N < 30

Um unsere zweite Hypothese von der Abnahme der Gewaltbereitschaft mit zunehmendem Gebundenheitsgefühl an das Baltikum zu überprüfen, haben wir die Bereitschaft der eher an das Baltikum und der eher an Rußland gebundenen Teile der ethnischen Minderheit zur Ausübung verschiedener Formen politischer Beteiligung analysiert.

Tab. 4: Bereitschaft der russischen Minderheit im Baltikum zu politischer Beteiligung 1992 (%)

| | Zugehörigkeitsgefühl zu Rußland | Zugehörigkeitsgefühl zum Baltikum |
|---|---|---|
| Hohe Bereitschaft zur Beteiligung an konventionellen Formen* | 53 | 40 |
| Hohe Bereitschaft zur Beteiligung an unkonventionellen Formen* | 44 | 35 |
| Hypothetische Wahlbeteiligung 1992 | 71 | 71 |

* Klingemann u.a. 1994

Tabelle 4 zeigt, mit Ausnahme der Wahlbeteiligung, eine prinzipiell höhere Neigung der nicht an das Baltikum gebundenen Gruppe zur Praktizierung sowohl konventioneller als auch unkonventioneller Formen politischer Beteiligung. Allerdings ist die Bereitschaft zur Beteiligung an illegalen Formen wie wilden Streiks oder der Besetzung von öffentlichen Gebäuden insgesamt relativ schwach ausgeprägt und Gewalt somit wenig wahrscheinlich.

Daß Identitätsbildungen mit Lernprozessen verbunden sind, zeigt die Motivation zur Beteiligung an Wahlen. Betrachtet man die für die Mehrheit beider Gruppen aufgrund mangelnder Staatsbürgerschaftsrechte 1992/93 noch hypothetische Sonntagsfrage nach der Beteiligung, wenn morgen Parlamentswahlen wären, so ist die Motivation sehr hoch und gleich. Daraus läßt sich schlußfolgern, daß die auf Rußland orientierte Gruppe, sofern sie im Lande bleibt, längerfristig auch bei schwacher Bindung an das Baltikum zumindest zur Austragung der ethnischen Konflikte in institutionalisiertem Rahmen bereit scheint.

## 4. Fazit

An dieser Stelle reichen Analysen auf der Bevölkerungsebene nicht mehr aus. Zum einen ist zu fragen, auf welcher Summe konkreter demokratischer Einzelerfahrungen das entstehende Gebundenheitsgefühl an das demokratische System beruht. Zum anderen ist zu fragen, inwieweit die politischen Eliten dazu neigen, den ethnischen Konflikt zu forcieren oder zu befrieden. Beispiele für positive demokratische Einzelerfahrungen der Minderheit und die Kompromißbereitschaft baltischer wie russischer Eliten lassen sich im politischen Alltag aller drei baltischen Staaten finden.

Die Frage "Vorwärts in die Barbarei?" kann also für das Baltikum verneint und stattdessen eine zunehmende Regression der ethnischen Konflikte behauptet werden.

**Anmerkungen**
1) Welchen der folgenden geographischen Einheiten fühlen Sie sich in erster Linie verbunden: der Gemeinde, wo Sie leben, Estland (bzw. Litauen, Lettland), der UdSSR/Rußland, einem anderen Land, Europa oder der Welt als Ganzer? Und welcher dieser Einheiten fühlen sie sich in zweiter Linie verbunden? Aus den Kombinationen der Antworten auf diese zwei Fragen haben wir eine Variable mit zwei Ausprägungen konstruiert: Zugehörigkeitsgefühl zu einem baltischen Land, Zugehörigkeitsgefühl zur UdSSR/zu Rußland.
2) Allgemein gesprochen, würden Sie sagen, daß Sie vollkommen unzufrieden, etwas unzufrieden, weder unzufrieden noch zufrieden, etwas zufrieden oder vollkommen zufrieden, mit der Art, wie die Demokratie in ihrem Land funktioniert, sind?

**Literatur**
Klingemann, Hans-Dieter/Lass, Jürgen/Mattusch, Katrin (1994), Nationalitätenkonflikte und Mechanismen politischer Integration im Baltikum. In: Dieter Segert (Hrsg.), Konfliktregulierung durch Parteien und politische Stabilität in Ostmitteleuropa. Frankfurt/M.

Dr. Katrin Mattusch, Hallandstr. 10, D-13189 Berlin

## 7. Neue Rufe nach alter Ordnung. Regressive Semantiken in der schweizerischen Debatte um den Strafvollzug

*Achim Brosziewski und Christoph Maeder*

Seit zwei, drei Jahren sind in der Zürcher Kantonspolitik Rufe zu vernehmen, die das an die normale Schweizer Politrhetorik gewöhnte Ohr aufhorchen lassen - Rufe, die sich deutlich von der ansonsten auf Eintracht bedachten Argumentation in der Öffentlichkeit abheben. Mit dem Slogan "Das haben wir den Linken und den Netten zu verdanken" wurde von der Schweizerischen Volkspartei in Zürich ein in der schweizerischen Politik unübliches Anklageszenario eröffnet.[1]

Als erstes wird der Kontext jener Regeln beschrieben, die hier verletzt wurden. Als zweites wird die Resonanz thematisiert, die von dieser ungewöhnlichen Rhetorik mobilisiert wird und sie gleichzeitig trägt. Das auffälligste materiale Feld dieser Stimmungsmache ist die Auseinandersetzung um die "innere Sicherheit", die letztlich auf den Umgang mit Kriminalität in Verfolgung und Strafvollzug abzielt.[2]

*1. Politische Öffentlichkeit in der Schweiz*

In der schweizerischen Politik gilt die Generalregel der sogenannten Konkordanz. Sie erzeugt, was im In- und Ausland als schweizerische Stabilität wahrgenommen wird. Diese Stabilität spiegelt sich z.b. darin, daß auf der Bundesebene seit 1958 die gleiche Regierungskoalition an der Macht ist, die mit der sogenannten "Zauberformel"[3] einen expliziten, aber inoffiziellen Namen hat. Das Feld der politischen Auseinandersetzung ist normalerweise nicht die politische Vorderbühne in Parlament und Öffentlichkeit. Hier werden zumeist nur die Entscheide, die in vielen vorgängigen Verhandlungen 'intern' austariert wurden, kommentiert und sanktioniert. Aufgrund der Schweizer Geschichte existiert bis heute eine hochgradige personale Verflechtung von Politik, Wirtschaft und Militär. Anders als in großen demokratischen Herrschaftssystemen hat sich die Schweizer Machtelite nicht in verschiedene Funktionseliten ausdifferenziert. Um nur ein prominentes Beispiel zu nennen, das um beliebig viele vermehrbar wäre: Der SVP-Politiker Christoph Blocher, der in der oben genannten Kampagne eine wichtige Rolle spielt, ist Oberst der Armee, einer der einflußreichsten Nationalräte und Besitzer und Konzernchef eines international operierenden Unternehmens mit einem steuerlich ausgewiesenen Privatvermögen von 800 Millionen Schweizer Franken. In der politischen Öffentlichkeit, die auch, aber nicht nur durch die Massenmedien vermittelt wird, muß vor allen Dingen um Zustimmung oder Ablehnung der nach dem Konkordanzprinzip ausgehandelten Gesetzesvorhaben geworben werden. Jede Verfassungsänderung und viele Gesetzesänderungen unterliegen zwingend der Volksabstimmung, gegen jedes andere Gesetzesvorhaben kann ein Referendum lanciert werden. Allein diese Eingriffsmöglichkeit durch Urnenentscheide führt zu antizipierenden Rücksichten der Machtträger untereinander. Man muß sich vor der Verabschiedung eines gesetzeswirksamen Entscheides der Loyalitäten anderer Gruppierungen versichern. Im alltäglichen Umgang miteinander manifestiert sich dieses Arrangement in einer schonenden Rhetorik. Konflikte werden zugestanden und auch ausgehandelt, aber immer unter der Maxime, die auch vom Stil her mitzusignalisieren ist: "Mä muäss halt rede mitenand" (eingehender hierzu Maeder 1994).

*2. Neue Rufe nach Ordnung*

Das Jahr 1994 wurde vom eidgenössischen Justiz- und Polizeiminister zum Jahr der "Inneren Sicherheit" ausgerufen. Alle Parteien hatten zu diesem Zeitpunkt das Thema bereits in ihre Programmatiken eingebaut. Die Etablierung dieses Themas auf der politischen Agenda kann sich vor allem die Zürcher SVP als ihren Erfolg zuschreiben. Seit 1990 gehörte die "innere Sicherheit" zu den bevorzugten Themen ihres "Puure-Zmorge", einer Veranstaltungsreihe, in der ein vorwiegend älteres Publikum kostenlos mit Frühstück und politischer Unterhaltung versorgt wird (siehe auch Niggli 1994: 6). Die gelegentlichen Auftritte des besagten Dr. Blocher zählen zu den Hauptattraktionen in dieser Veranstaltungsreihe. In dieser Gipfeli-Atmosphäre hat er als Nationalrat schon früh versprochen, die Probleme der Stadt auf gesamtschweizerischer Ebene zu lancieren. Ihrem Ruf nach Ordnung versuchte die SVP - über den Boulevard hinaus - auf der allgemeinen politischen Agenda Gehör zu verschaffen. Sie schaltete spektakuläre Anzeigen in vornehmlich bürgerlichen und liberalen Zeitungen, die eine massive Empörung hervoriefen. Der Mord eines Häftlings auf Urlaub an einer jungen Pfadfinderführerin wurde mit einem Messerstecherbildchen und der Aussagen "Das haben wir den Linken und den 'Netten' zu verdanken" kommentiert. Diesem Dank wurden noch Statistiken nachgeschaltet, die - durch verzerrende Wiedergabe der Zahlen - eine "rasante Zunahme" der allgemeinen Kriminalitätsraten suggerierten. Von den anderen Parteien wurde die SVP als Partei der Hetzer und Scharfmacher öffentlich angeprangert. Damit hatte sich die SVP erfolgreich als Rufer nach "Innerer Sicherheit" und als Stimme des Volkes etabliert. So war das Feld für jene Botschaft bereitet, die in der Deutschschweiz alle anderen Parteien zur programmatischen Stellungnahme provozierte: "Die SVP wird die Bürger schützen, nicht die hochgespielten Rechte der Kriminellen".

## 3. Der Resonanzraum: Wünsche nach alter Ordnung

In ihrer politischen Rhetorik beschwört die SVP das Bild von einem gesunden Volkskörper, der von einer Seuche bedroht sei. Und der Name dieser Seuche ist "Kriminalität". Man spielt des weiteren mit der klanglichen und bildlichen Nähe von Seuche und Sucht: die Droge ist das Gift, das die Körperabwehr zu schwächen droht. Gefragt seien hier Stärke und Durchsetzungswillen. Der harte Durchgriff, den die SVP propagiert, zielt auf Hausbesetzer, Demonstranten und die Ausländer, die den Drogenhandel betreiben und eine Organisierte Kriminilität in der Schweiz installieren. Den liberalbürgerlichen Parteien, den Sozialdemokraten und den Grünen werfen sie vor, durch eine liberale Drogen-, Ausländer- und Strafvollzugspolitik eine "gefährliche Schlamperei" betrieben und den Landfrieden unterhöhlt zu haben. Eine starke Polizei und ein strenger Vollzug werden gefordert: "So - und nur so! - wird die Schweiz wieder ein liebens- und lebenswertes Land."

Mit der hier beschriebenen Verbalmartialik wird - und dies erklärt ihre (wahlstrategisch nutzbare) Resonanzfähigkeit - ein fest in der Schweizer Geschichte und Kultur verankertes Bild aufgerufen: das Bild vom "wehrhaften Schweizer", der den "Landfrieden" gegen alle Bedrohungen von außen zu verteidigen weiß. Bis zum Ende der klassischen Ost-West-Konfrontation konnte die Wehrhaftigkeitssemantik noch über den Topos der Schweizer Neutralität weitgehend parteienindifferent, als Grundkonsens in die politische Rhetorik eingebunden werden. Man kann die von der SVP (wie gezeigt: erfolgreich) lancierte Kampagne zur Inneren Sicherheit als den Versuch sehen, die "Bedrohung von außen" neu zu konturieren und sich dabei selbst als den wahren Statthalter der Verteidigungsbereitschaft zu plazieren. "Außen" lauern im neuen Bedrohungsbild nicht mehr die in den sozialistischen Staaten beheimateten Kommunisten, sondern "Cliquen" und "Banden", deren Heimat je nach politischem Streitthema sowohl im Westen als auch im Osten ausgemacht werden kann. Im Westen werden die Cliquen der Eurobürokraten als Bedrohung geortet, im Osten die mafiösen Banden, die das Niemandsland zwischen Sozialismus und Marktwirtschaft okkupiert haben. Dieser Neustrukturierung der Außengefahr entsprechend wird auch der innere Gegenpart redefiniert. Man operiert nicht mehr mit dem Bild der sozialistischen Infiltration, der klassische Slogan, "Freiheit oder Sozialismus" ist obsolet. "Links" wird jetzt mit "nett" und damit "unbedarft" gegenüber den "schleichenden Gefährdungen" assoziiert, die von den neueuropäischen Konfliktherden ausgingen. In diesem Sinne werden retrospektiv alle moderaten Reformmaßnahmen stigmatisiert, die in den letzten Jahrzehnten von sozialdemokratischen, links- und bürgerlichliberalen und grünalternativen Parteien auf verschiedenen Feldern politik-

und verwaltungsfähig gemacht wurden: Reformen der Wirtschaftsbeziehungen, der Schweizer Armee, im Ausländerrecht, in der Drogenpolitik und nicht zuletzt im Strafvollzug. Die Geschichte dieser Reformbemühungen wird umgeschrieben. Von der "Aufweichung" der staatlichen Verteidigungsbereitschaft ist die Rede, und genau dies habe man "den Linken und den Netten zu verdanken".

## 4. Ein materiales Feld der Auseinandersetzung: Der Strafvollzug

Ein hervorragendes Objekt dieser Debatte ist der Straftäter: Er ist ein Sinnbild der Gefährdung von Wohnung und Inventar, von sicherer Bewegung im öffentlichen Raum auf Straßen und Plätzen. Die SVP hatte schon alle Humanisierungs- und Reformmaßnahmen mit scharfer Kritik begleitet, die in der Schweiz seit den 60er Jahren im Strafvollzug vorangetrieben wurden. In der öffentlichen Diskussion über den Strafvollzug weht seit einigen Jahren, nicht zuletzt dank der SVP, wieder ein schärferer Wind. Insbesondere seit dem Mord eines beurlaubten Häftlings an einer 20jährigen Frau in Zürich im Jahr 1993 sind die um Reformen im Strafvollzug bemühten Akteure in die Defensive geraten. Dieses Verbrechen und seine erfolgreiche mediale Präsentation mit dem sogenannten "Messerstecherplakat" ist gewissermaßen der symbolische Wendepunkt in Zürich und im restlichen Land, was den Umgang mit Straftätern und die Thematisierung desselben anbelangt[4]. Die mittlerweile zehn Jahre dauernde Arbeit an der Revision des seit 1942 geltenden Strafrechts ist ins Stocken geraten. Die Absicht, für die ungefähr 90 Prozent Straftaten von mittlerer bis geringer Schwere einen differenzierteren Sanktionenkatalog zu entwickeln, wird in der öffentlichen Debatte fast nur noch von Strafrechtsexperten unterstützt.

Zugleich ist ein regelrechter Gefängnisboom festzustellen. Die Insassenzahlen haben sich seit 1982 mit einem steilen Anstieg in den neunziger Jahren veranderhalbfacht, und eine Trendwende zeichnet sich nicht ab. In den nächsten fünf Jahren sollen landesweit knapp mehr als 1000 neue Gefängnisplätze, davon über 400 im Kanton Zürich, entstehen. 1984 gab es nach Angaben des Eidgenössischen Justiz- und Polizeidepartements insgesamt 5358 Gefängnisplätze. 1994 waren es bereits 6080 Plätze in 170 Einrichtungen, und im Jahr 2000 sollen es den aktuellen Plänen zufolge voraussichtlich 7380 Plätze sein. Die Eidgenössische Finanzverwaltung wies unter dem Titel Strafvollzug 1991 noch 550 Millionen Franken aus, 1992 waren es 620 Millionen und 1994 mehr als 700 Millionen. Diese Expansion ruft auch Investoren von privatem Kapital auf den Plan. Man verspricht - dank dem Einsatz "modernster Elektronik" und einer "optimalen Architektur" (Jeremy Bentham läßt grüßen!) - einen "kostengünstigen" Strafvollzug. Auch wenn die Exponenten der Justiz hier zurückhaltend blieben: unbestritten blieb - mit der Ausnahme einiger Experten - die Ansicht, daß die Schweiz mehr Gefängnisplätze brauche.

## 5. Konklusion

Man kann sehen, daß jenseits aller Nettigkeits-Unterstellungen durchaus ein strenges Verfolgungs- und Vollzugsregime betrieben wird. Die rechte Opposition hat vor dem Forum der politischen Öffentlichkeit hier schlicht ihren strukturellen Zeitvorteil genutzt. Man kann schneller fordern als verwaltungsfähig umsetzen. Die Rufe nach der alten Ordnung konnten in einer Phase plaziert werden, in der bildhaft nachweisbare Mißstände offenkundig waren und die polizeilich justitielle Infrastruktur sich noch in der Aufrüstung befand. Wenn jetzt die Maßnahmen greifen und "Ordnung" - sprich: vermehrte und drastischere Täterverwahrung - sich einstellen wird, so können sich dies die Mahner als ihren Verdienst zuschreiben und beanspruchen, der Stimme des Volkes effektiv Geltung verschafft zu haben. Für diese Gelegenheit können Sie - in einem etwas anderen Sinne als in ihren Plakaten gedacht - den Linken und den Netten danken (siehe auch Weber, 1994: 74f). Doch ein Dank kann auch in umgekehrter Richtung angebracht werden. Mit ihrer "wehrhaften" Selbstprofilierung hat sich die SVP als Partei der Scharfmacher den Liberalen und mehr noch den sozialdemokratischen Kräften als Antipode zur Darstellung der eigenen Progressivitäten erhalten. Auch eigene programmatische Schärfen können so in den öffentlichen Debatten hinter den Forderungen des politischen Gegners verdeckt gehalten werden.

### Anmerkungen
1) Siehe zu einem ähnlich gelagerten, aber taktisch ungeschickteren Versuch der Münchener CSU Michailow 1994.
2) Zur politischen Resonanzfähigkeit des Themas "innere Sicherheit" allgemein vgl. Hitzler 1994.
3) Die "Zauberformel" verteilt die sieben Sitze des höchsten Regierungsgremiums, des Bundesrates, auf die Freisinnig-demokratische Partei (2 Sitze), die Christlich-demokratische Volkspartei (2), die Sozialdemokratische Partei der Schweiz (2) und die Schweizerische Volkspartei (1). Diese Formel wiederholt sich in vielen Kantonen und Gemeinden.
4) Die Schweiz wäre unseres Erachtens ein ernster Testfall für die vielleicht doch spezifisch "deutsche" These von Manfred Lauermann (1994: 59), "Die Gesellschaft hält das Strafen nicht mehr aus!"

### Literatur
Hitzler, Ronald (1994), Die Politisierung der Inneren Sicherheit. Über präventiv-repressive Formen der Bewältigung alltäglicher Verunsicherung. In: Hornbostel, Stefan (Hg.), a.a.O.: 15-25.

Hornbostel, Stefan (Hg.) (1994), Allgemeine Verunsicherung und Politik der Inneren Sicherheit. Referate des Workshops an der Friedrich-Schiller-Universität Jena 14.-16. Oktober 1994. Jena.

Lauermann, Manfred (1994), Überwachen ohne Strafen. Zum Funktionswandel des staatlichen Gewaltmonopols. In: Hornbostel, Stefan (Hg.), a.a.O.: 55-61.

Maeder, Christoph (1994), Ä chlii und ä bezli. Schweizer Politiker reden: Ein kulturelles Modell. In: Berking, Helmuth, Ronald Hitzler und Sighard Neckel (Hg.), Politikertypen in Europa. Frankfurt a.M.: 34-54.

Michailow, Matthias (1994), Politisierte Verunsicherung. Der Diskurs um "öffentliche Sicherheit" in Presseberichten anlässlich des Münchener Oberbürgermeisterwahlkampfes unter besonderer Berücksichtigung von Problemgruppenkonstruktionen. In: Hornbostel, Stefan (Hg.), a.a.O. 36-54.

Niggli, Peter (1994), Innere Sicherheit ohne Zukunft. Kriminalität, Sicherheitskampagnen und Parteiinteressen, in: Widerspruch. Beiträge zur sozialistischen Politik14: 6-17.

Weber, Catherine (1994), 100 Jahre Sicherheitsinsel Schweiz, in: Bürgerrechte & Polizei (CILIP) 48: 72-77.

Achim Brosziewski und Christoph Maeder, Hochschule St. Gallen, Tigerbergstraße 2, CH-9000 St.Gallen

## 8. Vom präventiven Nutzen der Vernunft. Überlegungen am Beispiel fremdenfeindlicher Gewalttaten

*Thomas Ohlemacher und Werner Greve*

*Zur Diagnose der Lage der Dinge*

Vielerlei Ansätze werden derzeit bemüht, um die Entstehung fremdenfeindlicher bzw. rechtsextremer Gewalt zu erklären. Eine bunte Mischung ist entstanden, die zu klassifizieren recht schwer fällt. Versuche mit den Kategorien Mikro, Meso, Makro schlagen fehl. Selbst einzelne Ansätze beinhalten die verschiedenen Ebenen (z.b. sind es Makrobedingungen, die relative Deprivation auf individueller Ebene entstehen lassen). In dieser Widerspenstigkeit läßt sich positiv eine Multidimensionalität diagnostizieren, negativ formuliert kann man von einem unstrukturierten Pluralismus oder mit Kliche (1994) von einem "Theorienjahrmarkt" sprechen. Jedoch: der erste Blick mag trügen, wichtig sind die Erträge der theoretischen Überlegungen und der von ihr inspirierten empirischen Forschung. Ein guter Indikator sind unseres Erachtens die Vorschläge zur Prävention, wie sie aus der Forschung erwachsen. Bei den Präventionsansätzen scheint die Auseinandersetzung entlang der Konfliktlinie "Integration oder Repression" zu verlaufen (Nickolai 1993). Es finden sich hier Aufrufe zur Strafverschärfung neben Forderungen zu neuen, milderen Formen der Bestrafung. All das, was an bescheidenen Evaluationsstudien vorliegt, zeigt keine überragenden Erfolge (dies jedoch mit Vorbehalt: es gibt zu wenig beendete Präventionsprogramme und noch weniger Evaluationsstudien). Zusammenfassend läßt sich festhalten: Erstens, es dominieren die alten, gleichsam *klassischen* Ansätze. Die Soziologie scheint in den letzten Jahren nicht weit über die im Lehrbuch von Lamnek zusammengefaßten Einsichten hinausgekommen zu sein. Allenfalls die Kontrolltheorie scheint "präventionsrelevant" geworden zu sein (Krampen und Krämer 1994). Zweitens, alle diese Programme sind pädagogisch gemeint und sozialfürsorgerisch bzw. paternalistisch gedacht (Kersten 1994) - und: die Interventionsprogramme widersprechen sich zum Teil (Kliche, 1994, spricht von einer "widerläufigen Anwendungsorientierung"). Drittens, alle diese Programme haben den Anspruch, kurzfristig einsetzbar und bereits kurz- bis mittelfristig wirksam zu sein.

*Zur Diagnose der Diagnosen - Handlungstheorie als Anker*

Wir haben sowohl Erklärungsansätze als auch Präventionsprogramme aus einer handlungstheoretischen Perspektive betrachtet. Wir gehen von den Individuen aus, fragen uns, ob auf der Mikroebene die Erklärung valide und Prävention wirksam sein kann. Das Ziel, das wir damit verfolgen, ist es, auf der Basis eines möglichst angemessenen, dabei möglichst sparsamen, aber hinreichend reichhaltigen Erklärungsmodells ein tragfähiges Präventionsmodell zu skizzieren. Die angezielte Prävention soll langfristig und wirksam tatsächlichen (rechtsextremistischen) Gewalt-*handlungen* (d.h. z.B. absichtlichen fremdenfeindlichen Verhaltensweisen) vorbeugen. Ein angemessener Rahmen hierfür ist deshalb ein - gewissermaßen soziologisch angereicherter - handlungstheoretischer Rahmen, in dem (durch den) die fragliche Handlung dekomponiert (und insofern verständlich) wird. Auf die Nomenklatur kommt es dabei nicht an: Alle einschlägigen Etikettierungen - "rational choice"; "Erwartungs-Wert", SEU (="subjective expected utility") oder was immer - haben ungeachtet zahlreicher Unterschiede in vielen Details (und nicht zu vergessen in der Begrifflichkeit bzw. Formalisierung) letztlich dieselbe Pointe (vgl. Greve/ Ohlemacher 1995).

Abbildung 1:

| Erklärungsansätze | Situation | Erwartung | Wert/ Norm |
|---|---|---|---|
| autoritäre Persönlichkeit | + | + | + |
| absolute Deprivation | ++ | + | |
| relative Deprivation | ++ | + | |
| Desintegrationsansatz/ Modernisierungsverlierer | ++ | + | + |
| Subkultur | + | + | ++ |
| Defizite der politischen Kultur | ++ | | + |
| Wiederkehr des Nationalsozialismus | ++ | | + |
| Gelegenheitsstruktur | | ++ | |
| Gewaltverherrlichung in der Gesellschaft | ++ | | + |
| Aufmerksamkeit als sekundärer Devianzgewinn | | ++ | |
| Geschlechtspezifische Erklärungsansätze | ++ | | |

| Präventionsansätze | Situation | Erwartung | Wert/ Norm |
|---|---|---|---|
| Verschärfung des Jugendstrafrechts | | ++ | |
| Lückenlose Kriminalisierung | | ++ | |
| Veränderung des Jugendstrafvollzugs | ++ | | (+) |
| Sozialarbeit | ++ | | (+) |
| Kommunale Kriminalitätsprophylaxe | ++ | | (+) |

Aus einer solchen handlungstheoretischen Perspektive lassen sich, wie sich zeigen soll, die vorliegenden Erklärungs- und Präventionsansätze nicht nur ordnen, sondern in einigen Punkten auch kritisieren. Der *Kern einer handlungstheoretischen Betrachtung* ist die Einsicht, daß die

Handlungsabsicht und damit letztlich die Handlung selbst bestimmt wird durch zwei Kategorien von Komponenten. Es sind dies zum einen *Erwartungen* der Person, Erwartungen darüber, was passieren wird, wenn sie sich so oder anders verhält. Der Focus dieser Erwartungen (passiert es *mir*, meinen *Freunden*, der Gemeinschaft *überhaupt*?) wird individuell variieren, ebenso die Reichweite (wie wird es mir nachher gehen, wie morgen, wie nächstes Jahr?). Zum anderen aber werden diese Erwartungen (und auch die jeweiligen Verhaltensoptionen selbst) *bewertet*. Dabei spielen nicht nur Lust- und Unlustgefühle eine Rolle ("will ich das?", "gefällt mir jenes?"), sondern eben auch soziale und individuelle Normen ("soll ich das?", "darf ich dieses?"). Daß diese Normen nicht immer einen gravierenden Einfluß haben werden, gerade in dem hier zur Debatte stehenden Bereich, ist kein Einwand, sondern, wie sich noch zeigen wird, unser *Ansatzpunkt*. Aus beiden Komponenten (die als Produkt dann gerne auch "subjektiv erwarteter Nutzen" genannt werden können) konstituiert sich die Absicht (die man dann, wenn es sein muß, als die "rational choice" bezeichnen könnte), aus der wiederum die Handlung erwächst, wenn es die Situation denn hergibt. Die *situationalen Voraussetzungen* des konkreten Handelns fungieren dabei als so etwas wie die *notwendigen Randbedingungen*: ohne sie kommt es einfach nicht zur Tat.

Für unsere Untersuchung kommt es nun darauf an, in einem nächsten Schritt zu strukturieren, auf welche Dimensionen sich sowohl Erklärungs- als auch Präventionsansätze beziehen. Wir schlagen vor eine Unterscheidung in folgende drei Dimensionen:
1. Ausgangsposition des Täters (sowohl gesellschaftlicher, als auch individueller Art)
2. Erwartungen des Täters
3. Werte/Normen des Täters

Die in Teilen zweifellos anfechtbare Zuordnung (vgl. Abbildung 1) von unterschiedlichen Graden der Konzentration zeigt u.E. jedoch in der Tendenz zweierlei: (a) bei den Erklärungsansätzen finden Werte und Normen noch Berücksichtigung, während sie (b) bei den Präventionsansätzen weniger stark zu Buche schlagen. Unsere Absicht ist es nun, Werte und Normen auch auf der Präventionsebene wieder ins Spiel zu bringen.

*Der präventive Wert der Vernunft: Aussichten und Grenzen rationaler Argumente zur Moral*

Der Kern der Überlegungen zur Prävention wird es sein, die Handlungsvoraussetzungen (der Ressourcen, subjektiven Optionen und deren Bewertungen) so zu verändern, daß entsprechende Gewalttaten für den einzelnen weniger attraktiv oder aversiver werden und infolgedessen ihre Auftretenswahrscheinlichkeit über eine Personengruppe hinweg sinkt. Die im Vortragstitel angesprochene Vernunft spricht dabei vor allem zwei Aspekte an, nämlich:
a) die Konsequenz (man könnte auch sagen: die Disziplin), den subjektiven Voraussetzungen entsprechend zu handeln, oder anders gesagt: tatsächlich zu handeln und nicht etwa seinen Emotionen entsprechend zu (re-)agieren, und
b) insbesondere die Vernunft dieser Voraussetzungen selbst. Unser besonderes Augenmerk wird dabei nicht auf den gesetzlichen (generalpräventiv gemeinten), sondern auf den normativen, auch den moralischen Handlungsvoraussetzungen liegen. Wir wollen dafür argumentieren, daß auch hier vernünftigere von weniger vernünftigen unterschieden werden können und sollen, und daß die Fähigkeit dazu ein aussichtsreicher Kandidat für längerfristig orientierte Präventionsbemühungen ist.

Beide Aspekte sind nach unserer Überzeugung erlernbar, und zwar dann besonders gut, wenn wenigstens zwei Voraussetzungen erfüllt sind: früher Beginn (spätestens in der Schule) und erwachsene, glaubwürdige Modelle (Lehrer, Eltern, Politiker, Soziologen etc.). Dieser Aspekt unseres Plädoyers wird freilich verschiedentlich stark utopistische Züge tragen; indessen stellt dies aus unserer Sicht keinen substantiellen Einwand dar. Da es im Zusammenhang von Überlegungen zur Prävention nicht nur um die "Herstellung" normativer Überzeugungen bei der anvisierten Zielgruppe geht (d.h. um adäquate Theorien der Genese und Entwicklung normativer Überzeugungen), sondern auch um die Rechtfertigung der (hoffentlich) hergestellten Normen, müssen hier wenigstens ein paar Bemerkungen zur Frage der rationalen Begründbarkeit von Normen, Werten, von Moral gemacht werden. Die Aufgabe ist also eine zweifache: Man muß erstens sagen, wie man denn die relevanten Normen und Wertorientierungen in die Köpfe der Zielgruppe hineinbekommen und dort hinreichend fest verankern will, und man muß zweitens sagen, welches denn die relevanten Normen sind (und womöglich: warum diese und keine anderen).

Eine Orientierung der Prävention auf Normen hin hat zur Voraussetzung, daß man den Täter als ein rational handelndes Wesen einschätzt. Erst hieraus ergibt sich die Möglichkeit einer handlungstheoretischen Einbettung - speziell einer solchen, die Ideen und Aspekte der Rational Choice-Theorie aufgreift. Das Fehlen einer normen- und wertbezogenen Prävention sehen wir als ein Manko aller bisherigen Therapievorschläge an. Gerade (und vielleicht gerade erst) das Postulat eines rational handelnden Menschen eröffnet die Perspektive, daß der Handelnde (genauer, die Handlungen) einem Einflußversuch (sprich: präventiv wirkenden Versuchen) zugänglich sind. Implizit bedeutet dies auch, auf eine paternalistische Perspektive der Prävention zu verzichten - man tritt dem Täter als einem vernunftbegabten Wesen gegenüber und nicht als einem mehr oder weniger sozial defekten Menschen.

Wie nun aber soll man argumentativ an jenes vernunftbegabte Wesen Täter herantreten? Mit welchen Argumentationslinien? Wir denken, es gibt drei solche Linien. *Erstens* ist es möglich zu versuchen, den Täter davon zu überzeugen, daß er sich *individuell* verkalkuliert hat - gerade dann, wenn er wegen seiner Tat im Gefängnis sitzt oder auf eine andere Art "sühnt". Er ist erwischt worden, weil er verpfiffen wurde, sich "dumm" angestellt hat etc. Diese Linie der Argumentation wollen wir als "Rational Choice ohne Wertbezug" (gleichsam *wertlosen* Rational Choice) bezeichnen. Sollte der oder die Täter nun darauf verweisen, daß es in der Tat individuelles Verkalkulieren oder Versagen war, die *Gruppe* der Abweichenden (z.B. die rechtsradikale Gruppe oder die Freundschaftsgruppe der Jugendlichen) jedoch eine Alternative bietet, so kann in einer *zweiten* Argumentationslinie ein neuerlicher Anlauf genommen werden. Es kann nun - gleichsam in einer immanenten Kritik - auf die Inkonsistenz einer solchen Argumentation hingewiesen werden. Der Täter hat den Konsens der Gesamtgesellschaft (und sei es "nur" derjenige der gesatzten Normen) verletzt, sich über deren Regelwerk hinweggesetzt. Wie soll er nun der Gruppe der Abweichler glaubhaft machen, daß er sich nicht über deren Regeln auch hinwegsetzen wird? In einer dritten Linie der Argumentation kann sodann "ins Grundsätzliche" gegangen werden. Wir denken, daß hier notwendigerweise über die "Rational Choice-Perspektive *ohne* Wertbezug" (mit ihrem kurzfristigen Kosten-Nutzen-Kalkül) hinausgegangen werden muß. Ausgehend von einem gleichsam anthropologischen Grundsatz, nach dem Menschen keine autarken Wesen, sondern notwendigerweise auf menschliche Hilfe und Zuwendung angewiesen sind, kann die essentielle Bedeutung eines auf gegenseitigem *Vertrauen* basierenden Beziehungsgefüges postuliert werden. Ein Mensch muß in einer auf Dauer gestellten (den Grundsätzen von Gleichheit, Freiheit und sozialer Gerechtigkeit verpflichteten) gesellschaftlichen Ordnung darauf vertrauen können, daß (fast) alle anderen u.a. Gewalt nicht willkürlich zur Durchsetzung ihrer Wünsche verwenden, nicht lügen, betrügen und andere hintergehen.

**Literatur**
Greve, Werner und Ohlemacher, Thomas (1995), Rationales Handeln zwischen normativer Kritik und empirischer Hypothese. Anmerkungen zur Debatte Miller/ Esser, in: Soziale Welt 46 (1/1995), 92-99.
Kersten, Joachim (1994), Anmerkungen zur neuen deutschen Jugendgewaltdebatte, in: Recht der Jugend und des Bildungswesens 2/1994: 187-198.
Kliche, Thomas (1994), Interventionen, Evaluationsmaßstäbe und Artefaktbildung. Zehn Thesen zur gesellschaftlichen Konstruktion von Rechtsextremismus. Vortrag auf der Tagung "Rechtsextremismus als soziale Bewegung?" der Sektion "Soziale Probleme und Soziale Kontrolle" der Deutschen Gesellschaft für Soziologie, Universität Bremen, Oktober 1994.
Krampen, Günter und Krämer, Anja (1994), Psychologie der Ausländerfeindlichkeit. Konzepte, Forschungsstrategien, Theorien und Maßnahmen zu ihrer Überwindung. Trierer Psychologische Berichte 21, Heft 3: Univ. Trier, FB Psychologie.
Nickolai, Werner (1993), Integration statt Repression, in: Neue Kriminalpolitik 2/1993: 7-8.

Dr. Thomas Ohlemacher und Dr. Werner Greve, Kriminologisches Forschungsinstitut Niedersachsen e.V., Lützerodestr. 9, D-30161 Hannover

# XXIX. AG Soziologie und Ökologie

Leitung: *Ulrich Beck und Karl-Werner Brand*

## Wie beeinflußt die ökologische Krise gesellschaftliche Beziehungsmuster?

### 1. Einleitung

*Ulrich Beck und Karl-Werner Brand*

Die Frage nach den Folgen der "ökologischen Krise" für gesellschaftliche Beziehungsmuster ist immer eine doppelte Frage: zum einen nach den *gesellschaftlichen Definitionsprozessen* des Phänomens "ökologische Krise" sowie der damit verbundenen Leitbilder und Rezepturen gesellschaftlicher Gegensteuerung, zum anderen nach *individuellen, sozialen und institutionellen Reaktionsmustern* auf diese (sich ständig verändernden) Problemdeutungen und Symbolisierungen. Nun läßt sich der Zusammenhang von gesellschaftlichen Problemdeutungen und problembezogenen Handlungsmustern theoretisch in unterschiedlicher Weise fassen. Selbst wenn man einen systematischen (etwa durch diskursive Praktiken vermittelten) Zusammenhang zwischen beiden Ebenen unterstellt, so ist dieser doch in mehrfacher Hinsicht gebrochen:

1. Der soziale Konstruktionsprozeß ökologischer "Probleme" entwickelt sich in themenspezifischen wie in generellen Leitbilddebatten, in subsystemspezifischen (wissenschaftlichen, technischen, politischen, bewegungsspezifischen) wie in öffentlichen, massenmedial vermittelten Diskursen. Selbst wenn bestimmte Problemrahmungen gesellschaftliche Hegemonie erlangen und als solche spezifische Handlungsstrategien nahelegen, so werden sie in unterschiedlichen institutionellen Kontexten und Diskursarenen doch unterschiedlich ausbuchstabiert. Konkurrierende Deutungen bleiben dabei (in ihrer allgemeinen Struktur) gesellschaftlich fast immer präsent. Das alles bietet sehr verschiedene Anknüpfungspunkte für alltagspraktische und institutionelle Bewältigungsstrategien ökologischer Probleme.

2. Öffentliche Problemdeutungen und Leitbilder erlangen erst im Kontext akteurspezifischer Relevanzsysteme einen handlungsrelevanten Sinn. Die Frage ist, wie, nach welchen Regeln, diese alltagskulturellen Kontextualisierungen erfolgen. Das lenkt den Blick auf soziokulturelle Vergemeinschaftungsformen, biographische Muster, Lebensstile und Mentalitäten - aber auch auf neu entstehende Relevanzstrukturen und soziokulturelle Vergemeinschaftungen, die sich aus gemeinsamen Wahrnehmungsweisen ökologischer Gefährdungen ergeben. Das ließe sich ebenso für die Sinnwelten und Relevanzsysteme institutionalisierter Subsysteme (Betriebe, Verwaltungen usw.) ausbuchstabieren.

3. Die aus den Alltagsrelevanzen ökologischer Probleme sich ergebenden Handlungsaufforderungen bewegen sich in einem strukturierten Feld sozialer Beziehungen und Handlungsmöglichkeiten. Ihre Umsetzung stößt darin auf vielfache Blockaden und typische Handlungsdilemmata (Kollektivgutproblematik). Sie konkurriert mit anderen Interessen und etablierten Formen der

Bedürfnisbefriedigung. Die Frage ist, welche Chancen und Effekte Ansätze einer umweltbewußten Lebensgestaltung in einem durch unterschiedliche, z.T. gegenläufige strukturelle Trends (Weltmarktdynamik, Verbreitung westlicher Konsumstandards, kulturelle Globalisierung, Individualisierung, Enttraditionalisierung usw.) geprägten Systemkontext haben.

Das ergibt ein hochkomplexes Feld der Vermittlung von ökologischen Problemdefinitionen und sozialen Reaktionsmustern. In den folgenden fünf Beiträgen werden diese verschiedenen Vermittlungsebenen aus unterschiedlichen Perspektiven beleuchtet. *Wolf Rosenbaum* bezieht sich in seinem Beitrag auf die dritte Ebene. Welche Chancen haben ökologisch motivierte Handlungsstrategien angesichts der ungebrochenen Attraktivität des erst in den Nachkriegsjahrzehnten etablierten Modells des Massenkonsums? Seine skeptische Sicht wird nicht zuletzt durch die globale, strukturelle Perspektive nahegelegt. Ähnlich global, aber fokussiert auf die erste Ebene ökologischer Problemdeutungen, setzt *Maarten Hajer* an. Seine diskursanalytische Rekonstruktion des (deutschen) Konzepts "ökologischer Modernisierung" versucht die verschiedenen "story lines" dieses Leitbilds, die damit entstehenden institutionellen Handlungsorientierungen und deren "black boxes" sichtbar zu machen. Konkreter, auf spezifische Problem- und Erfahrungskontexte bezogen, argumentieren die drei anderen Referenten. Sie fokussieren ihre Aufmerksamkeit auf Bedingungen und Anknüpfungsmöglichkeiten für ökologische Umorientierung in den widersprüchlichen Kontexten des Alltagslebens. *Thomas Jahn* und *Irmgard Schultz* fragen nach der Veränderung gesellschaftlicher Naturverhältnisse am Beispiel der Veränderung des Mobilitätsverständnisses in Städten. Inwieweit wird das gesellschaftliche Mobilitätsverständnis immer noch im Leitbild der "Automobilität" symbolisiert? Wie formen sich Mobilitätsleitbilder durch neue soziokulturelle Praktiken und Lebensstile um? *Eckart Hildebrandt* richtet seinen Blick auf die in der Krise des "Normalarbeitsverhältnisses" (und der darin implizierten komplementären Orientierung auf steigenden Konsum) enthaltenen Chancen eines umweltverträglichen Umbaus von Arbeits- und Lebensstilen. *Günter Warsewa* schließlich diskutiert anhand dreier Bremer Beispiele aus dem Bereich "ökologisches Wohnen" die gesellschaftliche Öffnung für ökologische Experimente und ihre soziokulturellen Stabilisierungschancen. So inkonsistent derartige Modelle auch sein mögen, sie zeigen doch, daß die Pluralisierung von Lebensstilen entsprechend differenzierte Anknüpfungspunkte für eine alltagspraktische, ökologische Umorientierung der eigenen Lebensführung bietet.

Prof. Dr. Ulrich Beck, Universität München, Institut für Soziologie, Konradstraße 6, D-80801 München
PD Dr. Karl-Werner Brand, Münchner Projektgruppe für Sozialforschung, Dachauer Str. 189/III, D-80637 München

## 2. Verändert die ökologische Krise die Muster der sozialen Beziehungen?

*Wolf Rosenbaum*

*I.*

Unzweifelhaft haben Umweltbewußtsein, das Wissen um die ökologische Krise und die Umweltpolitik soziale Beziehungen und soziales Verhalten in den entwickelten Industriegesellschaften verändert. Das zeigt sich auf der Ebene von Politik und staatlicher Verwaltung ebenso wie auf der Ebene der Wirtschaft, also in der Produktion und auf den Märkten, wie auch im außerbetrieblichen Alltagsleben erheblicher Teile der Bevölkerung.

Die Frage ist allerdings, ob sich die "Muster der sozialen Beziehungen" geändert haben, also ob die beobachtbaren Veränderungen eher Randphänomene in einer insgesamt von ganz anderen Orientierungen geleiteten Gesellschaft sind, oder ob grundlegende Strukturwandlungen eingetreten sind bzw. sich abzeichnen.

Diese Fragestellung, die auf die Gesamtstrukturen der Gegenwartsgesellschaft zielt, ist zum einen relevant für eine Aussage über die Chancen zukünftiger Umweltpolitik. Zum anderen ist sie zentral für die Gesellschaftsanalyse und Zeitdiagnose: zeichnet sich angesichts der ökologischen Krise ein Epochewandel in der Moderne ab? Befinden wir uns im Übergang zu einer "ökologischen Gesellschaft", zu einer "Risikogesellschaft", wird das 21. Jahrhundert das "Jahrhundert der Umwelt"?

Die Thesen des folgenden Beitrages sind, daß sich ein solcher Epochenwandel in den sozialen Beziehungen nicht abzeichnet; daß sich die meisten entwickelten Gesellschaften gerade erst seit 30 Jahren im Übergang zu der auf die Phase der Arbeitsgesellschaft folgenden Phase der Gesellschaft des industriellen Massenkonsums befinden und daß das Entwicklungspotential dieser Gesellschaft noch längst nicht erschöpft ist; daß aber gerade dieser Übergang zur Phase des industriellen Massenkonsums die Umweltzerstörungen auf das heute und in Zukunft existenzbedrohende Niveau gehoben hat.

*II.*

Das Konzept "Risikogesellschaft" ist wenig überzeugend, wenn es zur Kennzeichnung einer sich abzeichnenden neuen Phase der Moderne verwendet wird. In diesem Sinne heißt Risikogesellschaft nicht nur, daß die Gesellschaft von den Folgen ihres eigenen Tuns existentiell bedroht ist, sondern auch, daß dies der Gesellschaft zunehmend und bedrängend klar wird und daß sie beginnt, ihre Verhaltensweisen und ihre Strukturen darauf auszurichten, diese Risiken gezielt zu minimieren.

Die gesellschaftliche Erkenntnis, daß die Moderne riskant ist, in der Gefahr steht, zu ihrem eigenen Totengräber zu werden, ist jedoch keineswegs ein Spezifikum der Gegenwart, so daß sie wegen in ihrer Neuartigkeit aufrüttelnd wirken und zur Einkehr, zu revolutionierenden Veränderungen veranlassen müßte. Der riskante Charakter der Moderne wurde von Intellektuellen von Anfang an betont. Er war aber auch in der politischen Öffentlichkeit des 19. und 20. Jahrhunderts ständig lebendig, bei Konservativen, bei Sozialisten, aber auch bei Liberalen. Die bisherige Moderne war keineswegs beherrscht von ungebrochenem Fortschrittsoptimismus. Risikobewußtsein führte zu Risikopolitik: die Politik zur Lösung der sozialen Frage gehört hierhin, aber auch die Anfänge einer politischen Kontrolle der schädlichen Folgen der modernen Technologien (Luftverunreinigung, Gewässerschutz, industrieller Gefahrenschutz). Zur Risikopolitik wird man auch zählen können alle jene Versuche im Bereich der internationalen Politik und des internationalen Rechts, das industrielle Massenvernichtungspotential moderner Kriege unter Kontrolle zu bringen. So wurde nach dem Ersten Weltkrieg der Völkerbund gegründet und ein neues Völkerrecht entwickelt; nach dem Zweiten Weltkrieg entstand die UNO und man bemühte sich mit mehr oder weniger Erfolg um konventionelle und atomare Abrüstung.

Neu sind also weder Risikobewußtsein noch Risikopolitik. Zu den bisherigen Risiken der Moderne ist allerdings ein weiteres Risiko hinzugekommen: die großflächige und globale Umweltzerstörung durch die industrielle Produktion und den Massenkonsum. Gleichzeitig haben sich jedoch in der Gegenwart die traditionellen Risiken - scheinbar oder tatsächlich - eher entschärft. Selbst eine hohe Sockelarbeitslosigkeit und die Ausgrenzung erheblicher Minderheiten aus der Wohlstandsgesellschaft führen in den entwickelten Industriegesellschaften weder zu politischer Instabilität noch sind sie Triebkräfte revolutionärer Bewegungen. Vernichtungen durch moderne hochtechnisierte Kriege bedrohen eher die unentwickelten als die entwickelten Gesellschaften. Gemessen also am Normalzustand der bisherigen Moderne müssen öffentliches Bewußtsein und Politik heute keinen besonderen Grund sehen, sich überdurchschnittlich bedroht zu fühlen und das Risikobewußtsein zum Zentrum ihrer Realitätserfahrung werden zu lassen.

Sucht man nach Merkmalen für die gegenwärtige Epoche der Moderne bzw. für einen Epochenwandel nicht primär im Bewußtsein von intellektuellen und politischen Avantgarden, sondern in den Sinn- und Handlungsorientierungen der großen Masse der Bevölkerung und in deren sozialen Lebensverhältnissen, dann befinden wir uns im Übergang von der Arbeitsgesellschaft, die im 20. Jahrhundert die besitzindividualistische Marktgesellschaft des 19. Jahrhunderts abgelöst hat, zur Gesellschaft des industriellen Massenkonsums. Sie hat in den meisten westlichen Gesellschaften erst Ende der 1950er Jahre begonnen, in den USA zwei Jahrzehnte früher; ihre Strukturen und soziale Beziehungsmuster werden noch bis weit ins 21. Jahrhundert hinein die entwickelten Gesellschaften prägen.

Diese Epoche ist nicht nur äußerst attraktiv und zukunftsträchtig für die kapitalistischen Unternehmen, sondern vor allem auch für die Masse der Bevölkerung. Bis dahin war deren Alltagsleben tendenziell vorindustriell und vormodern. Das Versorgungs- und Konsumniveau war niedrig, im Mittelpunkt standen die Grundbedürfnisse. Die wenigen langlebigen Gebrauchsgüter waren im Stil traditionell und konventionell, kaum berührt von der Innovationskraft der industriellen Gesellschaft; sie wurden bis zu ihrem physischen Verschleiß verwendet. Die Masse der Bevölkerung ist erst seit gut 30 Jahren, seit einer Generation, in den Genuß der Früchte der industriegesellschaftlichen Güterproduktion gekommen. Dazu gehören ein hohes Niveau des materiellen Lebensstandards, Wahlmöglichkeiten zwischen einer Vielfalt von Waren und Bedürfnisbefriedigungen, moderne Gebrauchsgüter von hoher Vielfalt, technischer Raffinesse und ständiger Innovation. Dazu gehören weiter eine differenzierte Freizeitkultur und entwickelter Freizeitkonsum, Urlaub, Reisen, hohe Mobilität sowie außerordentliche Verbesserungen im Wohnen, vor allem in bezug auf Wohnqualität und Wohnfläche.

## III.

Die globalen Umweltzerstörungen, die seit den 1960er Jahren erkennbar werden, und die Risiken für die Zukunft ergeben sich nicht in erster Linie aus riskanten Großtechnologien (Kerntechnik, Gentechnik), sondern vor allem aus der raschen Expansion der industriellen Produktion für den Massenbedarf und aus der materiell aufwendigen Lebensweise der großen Mehrheit der Bevölkerung. Die für die Umweltzerstörung verantwortlichen Selbstverständnisse, Strukturen und Interessen lassen sich heute nicht mehr allein "der Industrie" bzw. der industriellen Produktionsweise zurechnen. Vielmehr sind diese Strukturen wesentlich verankert in der außerbetrieblichen Lebensweise der Bevölkerung. Steuernden Eingriffen stehen daher nicht nur die aktuellen Interessen produzierender Unternehmen entgegen, sondern vor allem auch die Interessen, Bedürfnisse und Gewohnheiten von Verbrauchern und Haushalten.

Um begreifen zu können, warum öffentlich propagiertes Umweltbewußtsein und Risikobewußtsein den modernen Lebensstil kaum ernsthaft modifizieren können, muß man sich klarmachen, was er für die Masse der Bevölkerung bedeutet. Vielfach blockieren hier Denkmuster der bürgerlichen Kulturkritik das Verständnis: Intellektuellen-Kritik an der "materialistischen" Lebensweise, an Außensteuerung, Manipulation durch die Konsumangebote. Massenkonsum ist zunächst einmal Demokratisierung des Konsums. Erstmals kann sich das normale Mitglied der Gesellschaft hier entfalten, zwischen Alternativen, ganz unterschiedlichen Möglichkeiten und Stilen wählen. Individualisierung, das Leitbild der bürgerlichen Kultur, ist damit für die Mehrheit überhaupt erst möglich geworden. Herauszutreten aus der Tradition, aus Milieu- und Klassenbindungen wird als Befreiung, als Chance von Selbststeuerung erlebt, wie vom Bürgertum des 19. Jahrhunderts. Das gleiche gilt für die Massenmobilität. Kaum etwas anderes verkörpert diesen modernen Lebensstil perfekter als das Auto: die Vielfalt der angebotenen Marken, Qualitäten, Stile, Preisklassen; die individuelle Verfügung über ein technisch hochentwickeltes, ständig modernisiertes Gerät; vor allem aber die individuelle Entscheidung über Zeit und Ziel der Mobilität in einem großen geographischen Gebiet.

Diese neue Lebensweise prägt die Struktur der Gesellschaft, die Gewohnheiten, die sozialen Beziehungen und Sinnorientierungen. Umweltbewußtsein, ökologische Orientierungen und Verhaltensweisen sind Modifikationen, Einsprengsel, die das Grundmuster kaum wesentlich beeinflussen. Kennzeichnend für das Verhältnis von ökologisch orientiertem Verhalten und moderner Lebensweise sind: der Katalysator am Auto - mit sehr begrenzter Wirkung, aber öffentlich hoch bewertet - in einer ungebrochenen Automobilisierungswelle; Energiesparen in den Haushalten bei ständiger Expansion der beheizten Wohnflächen; die ökologische Bauweise geräumiger und aufwendiger Eigenheime im Grünen; das ganze Jahr über gesundheitsbewußt frisches Obst und Gemüse, aufwendig aus fernen Ländern herbeigeschafft oder aus energieverschlingenden Gewächshäusern; ökologischer Tourismus, aber in Übersee.

Paradoxerweise befördert die dem modernen Weltbild eigene Idealisierung der Natur vielfältige Natur- und Umweltzerstörungen. Der bäuerlichen Kulturlandschaft oder der unberührten Natur galt und gilt die Sehnsucht des Städters. Stolz auf die moderne Zivilisation und Zivilisations- und Stadtkritik gingen Hand in Hand. Fest in der kommerziellen und industriellen Kultur verankert suchte der Bürger Ausgleich, Erholung und Erbauung in der Natur. Wohnen im Grünen,

Freizeit und Urlaub in der Natur, von einer kleinen bürgerlichen Schicht verwirklicht, waren mit insgesamt vernachlässigbaren Umweltbelastungen verbunden. Wird dieses Ideal jedoch von der Mehrheit übernommen und aufgrund des gestiegenden Wohlstandes praktizierbar, verursacht es erhebliche Umwelt- und Naturzerstörungen: wuchernde, raumfressende Vorstädte mit Eigenheimen und Verkehrslawinen; Verkehrsströme in die Naherholungsgebiete; Massentourismus in ökologisch leicht aus dem Gleichgewicht zu bringende Regionen. Die massenhafte Liebe zur Natur wird dieser schnell zum Verhängnis. Ein konsequent urbaner Lebensstil wäre sicher umweltschonender.

*IV.*

Die ökologische Krise schien zunächst den traditionellen Kritikern der industriellkapitalistischen Gesellschaft neue Argumente und Auftrieb zu geben: den sozialistischen, die eine Lösung auch hierfür in der Überwindung der kapitalistischen Gesellschaftsstruktur sahen; den konservativen, die immer schon und auch jetzt wieder einen grundlegenden Wandel der Lebensweise und der Lebensstile forderten.

Es scheint, daß die inzwischen tonangebenden Pragmatiker und Praktiker ökologischer Politik, so sehr auch sie davon überzeugt sein mögen, daß letztlich die industriegesellschaftliche Lebensweise der entscheidende Auslöser für die Umweltzerstörungen ist, längst davon abgerückt sind, diese unmittelbar ändern zu wollen oder zu können. Die Hoffnung, daß das hohe Umweltbewußtsein der Bevölkerung zu der Dramatik der Lage angemessenen Verhaltensänderungen führen werde, ist bei ihnen geschwunden. Die einzige Möglichkeit scheint eine "ökologische Realpolitik", die zwar viel tiefer und wirksamer greift als die bisherige korrigierende und nachsorgende Umweltpolitik, die aber die Errungenschaften der modernen Lebensweise und das Niveau des Lebensstandards nicht antastet. Der Umbau der Industriegesellschaft zielt hierbei auf eine "Effizienzrevolution": revolutionäre Technologien und neuartige ökonomische Steuerungsmittel sollen weiterwachsenden Lebensstandard abkoppeln von den bisher damit einhergehenden Zerstörungen der Umwelt. Die Energietechniken und die Effizienz des Energieeinsatzes sollen derart verbessert werden, daß ohne Einschränkungen für den Verbraucher verringerte Klimabelastungen zu erreichen sind. Die Technologien des Verkehrs sollen so grundlegend umgestaltet werden, daß die wachsenden Mobilitätsbedürfnisse der Bevölkerung ohne weitere Umweltzerstörungen befriedigt werden können. Von einer "ökologischen Steuerreform" sollen ökonomische Anreize ausgehen, die die innovativen Kräfte der Unternehmen in für die Umwelt entlastende Richtungen lenken. Den gesellschaftlichen Akteuren wird nachdrücklich versichert, daß ihre Interessen und sozialen Positionen dadurch nicht beeinträchtigt werden. Zwar werde es Schwerpunktverlagerungen zwischen den Wirtschaftszweigen geben, doch für die Privatwirtschaft eröffneten sich durch neue Technologien und Produkte Chancen für einen zukünftigen Aufschwung. Der Bevölkerung werden im Rahmen dieser ökologischen Politik zusätzliche Arbeitsplätze, weiter steigender Lebensstandard und die Entfaltung im Konsum und neuen Dienstleistungen in Aussicht gestellt. Die ökologische Steuerreform werde den Bürger keinesfalls zusätzlich belasten.

Man könnte sich nun darüber streiten, ob eine solche technologisch orientierte ökologische Realpolitik im Unterschied zur bisherigen Umweltpolitik den Trend der Umweltzerstörungen wirklich stoppen könnte. Skepsis scheint da berechtigt. Doch daraus zu folgern, daß die Lösung eben doch nur darin liegen könne, die Lebensweise in den entwickelten Gesellschaften grundlegend zu ändern, heißt resignieren, denn dafür fehlen alle Anzeichen und politische Ansatzpunkte. Die Frage kann eigentlich nur sein, ob die technischen und sozialorganisatorischen Innovationen, die die ökologische Realpolitik fordert, radikal genug ausfallen werden, um wenigstens ansatzweise der Dramatik der Lage entsprechende Effekte zu erreichen.

Durchgreifende technische und sozialorganisatorische Veränderungen greifen immer in soziale Strukturen und Besitzstände ein. Selbst wenn per Saldo keine Arbeitsplätze vernichtet werden: es werden die Arbeitsplätze und damit die Qualifikationen und erworbenen sozialen Besitzstände größerer und etablierter Arbeitnehmergruppen bedroht oder ganz entwertet. Desgleichen werden die Kapitale, die Märkte und die Machtpositionen der Unternehmer bestimmter Branchen bedroht. Ihr Widerstand kann weder durch ihre Einsicht in die Notwendigkeit einer ökologischen Reform noch durch den Hinweis überwunden werden, daß sich anderswo ungeahnte Gewinnchancen eröffnen. Am Schicksal der Verlierer in solchen Umstrukturierungsprozessen hängt vielfach das ökonomische und soziale Schicksal ganzer Regionen und Länder.

Wie realistisch ist eine ökologische Realpolitik, die auf nichts anderes setzen kann als auf Einsicht und Verantwortungsbewußtsein, angesichts der durchgreifenden Macht- und Interessenverschiebungen, die auch eine bewußt technologisch zentrierte Ökologisierung der Gesellschaft notwendigerweise beinhaltet? Woher kann der dafür notwendige politische und soziale Druck kommen?

Ein erneuter Aufschwung und eine dauerhafte Stabilisierung ökologischer Bewegungen in den entwickelten Gesellschaften ist nicht in Sicht. Die vielen nach wie vor aktiven Bürgerinitiativen können lediglich begrenzte Modifikationen bewirken. Wenn es überhaupt einen politisch und sozial ausreichend wirksamen Druck geben kann, der die entwickelten Industriegesellschaften zu einem tiefgreifenden Wandel zwingen kann, dann scheint es nur der aus der "Dritten Welt" zu sein. Auch ein solcher Druck könnte allerdings, das ist der durchaus richtige Kern der ökologischen Realpolitik, nur produktiv verarbeitet werden, wenn er nicht grundlegenden Verzicht, Aufgabe der bisherigen Lebensweise fordert, sondern wenn es Ansatzpunkte für eine progressive Weiterentwicklung der entwickelten Gesellschaften gibt.

Die Länder der "Dritten Welt" haben sich bisher geweigert, im Interesse eines globalen Umweltschutzes ihre Entwicklungsziele zurückzustellen. Die Schwellenländer Südostasiens und Lateinamerikas spüren durchaus die Umweltprobleme: vor allem in ihren Metropolen sind sie dramatisch. Aber noch viel dringlicher ist es für sie, ihr mühsam in Gang gebrachtes Wirtschaftswachstum in Schwung zu halten und dessen soziale und ökonomische Folgen im Inneren zu bewältigen. Die unentwickelten Gesellschaften Afrikas und Asiens sind vorrangig mit ganz anderen Risiken der Moderne konfrontiert als mit Umweltzerstörungen. Mithilfe moderner gewerblicher und agrarischer Produktionstechniken ist es bislang gelungen, das Produktionsvolumen entsprechend dem Bevölkerungswachstum zu erhöhen und damit den millionenfachen Hungertod zu verhindern. Dies scheint in Zukunft immer schwieriger zu werden. Diese Themen werden zunehmend auch zu Themen der entwickelten Länder, nicht aus Einsicht und moralischem Verantwortungsgefühl, sondern aufgrund realer, politischer, sozialer und ökonomischer Zwänge. Die industrielle Zivilisation ist zur Weltzivilisation geworden, sowohl dadurch, daß ihr wirtschaftliches und technisches Modell in alle Winkel der Erde vorgedrungen ist, als auch dadurch, daß über die modernen Kommunikationstechnologien die Vorstellungen von einem angemessenen Leben und Lebensstandard verändert wurden. Wirtschaftswachstum und Steigerung des Lebensstandards sind eine Voraussetzung für politische und soziale Stabilität in der "Dritten Welt". Deren Instabilität bedroht angesichts eines dichter gewordenen Netzes der internationalen gesellschaftlichen Beziehungen die entwickelten Gesellschaften unmittelbarer als früher. Zugleich sind diese konfrontiert mit den anschwellenden und kaum kontrollierbaren "Süd-Nord-Wanderungen". Vor allem aber: wenn es nur einer größeren Minderheit der jetzt noch unterentwickelten Länder gelingt, in den Status von Schwellenländern zu kommen - und vieles spricht dafür, daß dies geschehen wird - dann steht der globale ökologische Kollaps unmittelbar bevor. Den entwickelten Ländern wird kaum noch etwas anderes übrigbleiben, als aus aktuellem Eigeninteresse daran mitzuwirken, daß in den anderen Regionen Entwicklung vereinbar wird mit Rücksichtnahme auf die globale Umwelt. Vor allem aber werden die Umweltbelastungen, die von den Industrialisierungsprozessen in vielen Gebieten der Welt ausgehen werden, es unabweisbar machen, viel wirksamer als bisher gegen die nach wie vor überwiegend von den entwickelten Gesellschaften ausgehenden ökologischen Gefährdungen vorzugehen.

Dies soll keine Neuauflage jener Theorien sein, die das revolutionäre Subjekt, das nach der Integration der Arbeiterschaft in den Metropolen das "Fortschreiten des Fortschritts" bewirken soll, in den Massen der "Dritten Welt" suchten. Es geht hier vielmehr um von der "Dritten Welt" ausgehende, sich zuspitzende Problemlagen, die die entwickelten Gesellschaften nicht mehr von sich fernhalten können. In dieser Entwicklung werden - zunächst oder gar auf Dauer - viele Bevölkerungsgruppen und viele Länder auf der Strecke bleiben. Einen friedlichen, "unblutigen" Weg in eine neue Epoche der Zivilisation wird es gerade angesichts der gewaltigen Herausforderungen nicht geben. Vor allem: es gibt keinerlei Sicherheit dafür, daß der Problemdruck tatsächlich ausreicht, um die notwendigen tiefgreifenden Veränderungen rechtzeitig zu erzwingen, und es ist keinesfalls sicher, ob hoher Lebensstandard in den Metropolen und gleichzeitige Entwicklung in der "Dritten Welt" tatsächlich vereinbar gemacht werden können mit der Stabilität des globalen Ökosystems der Erde.

Prof. Dr. Wolf Rosenbaum, Universität Göttingen, Soziologisches Seminar, Calsowstraße 40, D-37085 Göttingen

## 3. Ökologie und Technik - Modernisierungstheorie zwischen Normalisierung und realistischer Utopie

*Maarten A. Hajer*

*1. Einführung*

SoziologInnen studieren nicht nur den Wandel der gesellschaftlichen Beziehungsmuster, sie sind bekanntlich auch beteiligt an Produktion, Transformation und Reproduktion dieser Muster (Callon und Latour 1981). Die Anwendung von Modernisierungstheorien für die Konzeptualisierung der ökologischen Herausforderung ist dafür ein Beispiel.

Innerhalb neuer Modernisierungstheorien wird die ökologische Frage als Basis eines umfassenden Prozesses sozialen Wandels interpretiert. Die Theorie der *ökologischen Modernisierung* strebt eine neue - vor allem durch Technologie vorangetriebene - Innovationswelle an, die in ihrem Umfang der industriellen Revolution ähnlich sein und in einer 'strukturellen Ökologisierung' (Jänicke) der Gesellschaft kumulieren sollte. Die Theorie der *reflexiven Modernisierung* nach Beck verbindet die ökologische Frage mit dem quasi-selbständigen Aufbruch der Industriemoderne und der Entwicklung einer 'anderen' Moderne, wobei allerdings zunächst offen bleibt, welche Folgen dieses 'reflexiv werden' für die gesellschaftlichen Beziehungsmuster hat. Dieser Aufsatz thematisiert mit Hilfe einer diskursanalytischen Betrachtung, den Einfluß der ökologischen Modernisierungstheorie auf die sich ändernden gesellschaftlichen Beziehungsmuster.

*2. Ökologische Modernisierung als Sprachspiel*

Aus diskursanalytischer Sicht kann man die ökologische Modernisierung als eine Art Sprachspiel analysieren, das bestimmte Bedeutungszusammenhänge zwischen Objekten, Ereignissen und Akteuren im Bereich des umweltrelevanten Handelns erzeugt. Ökologische Modernisierung erscheint als ein mehr oder weniger kohärentes gesellschaftliches Konzeptualisierungssystem in einer von Ambivalenzen, Paradoxien und Gegensätzen gekennzeichneten Umweltdiskussion. Die sogenannte *argumentative* Diskursanalyse führt zwei Konzepte ein: *story lines* und *Diskurskoalitionen* (Hajer 1995). *Story lines* sind häufig reproduzierte narrative Konstrukte, wodurch Elemente aus unterschiedlichen diskursiven Bereichen, miteinander in Verbindung gebracht werden. 'Standort Deutschland' ist eine solche *story line* sowie 'das Waldsterben' und 'ökologische Modernisierung'. Es sind diskursive Konstrukte, die neue Sinnzusammenhänge produzieren, und sie haben Klischeecharakter, d.h. im Gebrauch werden sie meistens nicht auf ihren semantischen Kern überprüft (wobei 'Klischee' ein diskursanalytisches Konzept ist und keineswegs eine pejorative Ladung hat). Klischeehafte Äußerungen sind natürlich nicht problemlos. Sprachspiele erzeugen bestimmte Verbände, Verhältnisse und Grenzen innerhalb des (Umwelt-) Diskurses; manche Akteure erscheinen als zentral bzw. relevant, andere als eher peripher bzw. irrelevant usw. Die Diskursanalyse versucht die *story lines* herauszuarbeiten und ihre gesellschaftliche Dynamik/Resonanz an Hand der sich um gewisse *story lines* bildenden *Diskurskoalitionen* und Praktiken, die diese *story lines* (re)produzieren, zu erklären.

Auch innerhalb der Theorie der ökologische Modernisierung lassen sich Diskurskoalitionen rekonstruieren. Ich habe dies im Rahmen einer international-vergleichenden empirischen Studie durchgeführt (vgl. Hajer 1995). Hier geht es jedoch darum zu zeigen, wie SoziologInnen mit ihren Modernisierungstheorien ein bestimmtes *Konzeptualisierungssystem* im Umweltbereich miterzeugen, dabei aber gleichzeitig keine Analysen ermöglichen, die ihre als solche vernüftigen Vorschläge fast zwangsläufig zum Opfer von Normalisierungskräften werden lassen.

In der deutschen Diskussion über ökologische Modernisierung lassen sich mindestens drei zentrale *story lines* herausarbeiten. Erstens die *story line* des 'ökonomisch-ökologischen Doppelnutzens'. Hier wird behauptet, daß durch ökologische Innovation Wettbewerbs- und Konkurrenzvorteile geschaffen werden. Durch Modernisierung verringert sich die ökologische Belastung bei gleichzeitiger Kostenreduktion. Grundlegend ist die Figur des 'positiven Summenspiels': Ökologie, die bisher als Einschränkung, als Kostenposten, kurz als negatives Summenspiel gesehen wurde, wird als ein Produzent von Wachstum entdeckt.

Die zweite zentrale *story line* stellt die ökologische Modernisierung der Gefahr der 'institutionellen Sklerose' gegenüber (nach Mancur Olson - vgl. exemplarisch Jänicke 1993: 17). Ökologische Modernisierung positioniert sich hier der vermeintlichen Disfunktionalität von rigiden 'bürokratischen' und 'hierarchischen' Organisationen, von 'command and control-' Herrschaftsstrukturen gegenüber. Die 'Verkrustung' der Verhältnisse zwischen Politik, Verwaltung und Berater wird kritisiert, die mangelhafte Durchsetzung innovativer Ideen beklagt.

Die dritte *story line* bezieht sich auf den Modernisierungsteil und betrifft das Stufenmodell sozialer Entwicklung. Umbruch wird als Kontinuität gedacht. Ökologische Modernisierung ist die Fortsetzung der modernen Gesellschaft 'auf neuer Stufe' (Huber 1993a: 288, Jänicke 1993: 17). Es wird versucht, die 'Normalität' oder auch Plausibilität eines ökologisch orientierten Gesellschaftswandels zu erzeugen. Das Stufenmodell findet man auch in der Behauptung, ökologische Modernisierung sei eine Frage des 'Generationenwechsels' (bsp. Huber 1985: 174), wobei die ökologische Modernisierung *de facto* mit dem Ausstieg aus dem 'fordistischen' Zeitalter verbunden wird.

Problematisch ist, daß die Theorie der ökologischen Modernisierung die Mechanismen, die die ökologischen Probleme gerade produzieren, auf meist administrativ-politische Strukturmerkmale (der postulierten 'institutionellen Sklerose') reduziert. Die Theorie der ökologischen Modernisierung läßt die systemischen Merkmale des Kapitalismus, die Diskontinuität, Verschwendung und Beschleunigung vorantreiben und Absprache und Koordination fast unmöglich machen, außer Betracht. Die charakteristischen 'Bocksprünge', die mit dem Kapitalismus einhergehen und von Zeit zu Zeit Generationen von Produktionsmitteln, Regionen und Arbeitern 'entwerten' (cf. Harvey 1989), werden nicht problematisiert. Mehr noch: ökologische Modernisierung versucht, gerade solch einen Innovationsschub voranzutreiben. Die mühsamen Verbindungen zwischen den Schumpeterianischen Innovationszyklen und dem soziokulturellen Bewegungszyklus (Huber 1991b) oder zwischen der Schumpeterianischen Figur der 'kreativen Vernichtung' und ökologisch verantworteter Politik werden nicht angesprochen. Die Frage, *auf welcher Ebene und unter welchen Bedingungen* sich dieser Innovationsprozeß noch legitim als 'positives Summenspiel' denken läßt, bleibt außer acht. Wehling (1992), der sich vor allem auf Jänicke bezieht, spricht in dieser Hinsicht von einer 'Harmonie-Illusion' der Theorie. Er argumentiert, daß es eine immanente Grenze der marktwirtschaftlich orientierten Ökologisierung gibt (nämlich die Rentabilität kapitalistischer Produktionsführung), und ist skeptisch über die postulierten - und aus Sicht der Sozialverträglichkeit essentiellen - positiven Beschäftigungseffekte (Wehling 1992: 236ff.).

Diese *realistische* Kritik ist zwar gerechtfertigt, droht aber gleichzeitig die durch ökomoderne Ideen freigesetzt, soziale Dynamik zu vernachlässigen und dabei die Sicht auf die positiven Effekte der Resonanz ökomoderner *story lines* auf gesellschaftliche Beziehungsmuster zu nehmen. Der Verdienst der ökologischen Modernisierung ist darin zu sehen, daß sie ein *Leitbild* schafft, und die Umorientierung dabei semantisch begleitet. Aus diskurs-theoretischer Sicht liegt die gesellschaftliche Bedeutung des ökomodernen Diskurses in der Erzeugung neuer Verbände und im Aufdecken von neuen Handlungspotentialen in verschiedensten Bereichen. Auf der einen Seite machen ökomoderne *story lines* unerwartete, interdiskursive Verbände (oder Code-Synthesen) denkbar, woraus sich neue Möglichkeiten für Sinnstiftung in bestimmten gesellschaftlichen Domänen ergeben. Andererseits hat die instrumentelle, interpretative 'Offenheit,' oder 'Multi-Interpretabilität' (vgl. Hajer 1995, K2), potentiell das 'Leerlaufen' des semantischen Kerns des Diskurses zum Ergebnis.

Hier zeigt sich ein theoretisches Defizit. Die ökomoderne Theorie hat zwar ein plausibles Bild der Entwicklung einer ökologischen Wende im Modernisierungsprozeß aufgezeigt, sich dabei aber nicht mit der interpretativen Dynamik ökomoderner Konzepte befaßt. Erst wenn Akteure ökomoderne *story lines* benutzen, hat sich tatsächlich eine Ökologisierung des Modernisierungsdiskurses durchgesetzt. Damit ist die erste Phase, die *Diskursstrukturierung,* abgeschlossen. Ein Diskurs kann aber nur als hegemonial bezeichnet werden, wenn er sich auch in der zweiten Phase, der *Diskursinstitutionalisierung,* durchsetzt. Dabei geht es um die Umsetzung von *story lines* und Leitbildern in konkrete institutionelle Arrangements. Die Schwäche der bisherigen Anwendung von Modernisierungstheorien in diesem Bereich ist, daß dabei die Dimension der *institutionellen Verhärtung* von Leitbildern, wie *ökologische Modernisierung* oder *sustainable development,* nicht ausreichend ausgearbeitet worden ist. Rezent versuchen ökomoderne Autoren mittels einer Annäherung an die Theorie der reflexiven Modernisierung gerade wieder den Bezug zur sozialen Dynamik zu schaffen (von Prittwitz 1993). Besonders in Bereichen, in denen die ökomoderne Theorie stark auf Technikentwicklung orientiert ist (Huber 1985: 174ff., 1991a: 132ff.), hat die reflexive Modernisierungstheorie ihre Schwächen.

## 3. Dauerhafte Technologie als institutionelles Problem

Ökomoderne Autoren verweisen immer wieder auf die 'institutionelle Sklerose' oder die geringe Sensibilität der 'alten' Führungsgeneration (Huber 1985: 183), um zu erklären, warum die Möglichkeiten einer Ökologisierung nicht ausgenutzt werden. So bleibt die 'Black Box' der Technikentwicklung fest verschlossen. Bei Beck findet man eine ähnliche Konzeptualisierung unter dem Stichwort 'organisierte Unverantwortlichkeit' und, mehr rezent, einen Vorschlag für einen neuen institutionellen Umgang mit Technik und technologischer Innovation, die aber nur als frühe Fassung einer Integration der Technik in die Konzeptualisierungssystematik der Theorie der reflexiven Modernisierung gelten kann. Beck plädiert für eine neue Gewaltenteilung, wobei er die *Erfindung* einer Technik von deren *Anwendung* trennt. Durch diese Gewaltenteilung soll die Steuerbarkeit der Technik verstärkt werden - aber nicht durch Beeinflussung der Technikerfindung (daß ist bei Beck eine Sache der Techniker), sondern gerade durch die Förderung eines separaten Moments der bewußten politischen Entscheidung, für daß er das Stichwort *Oberhaus der Technik* einführt. Es ist evident, daß gerade durch die vorgeschlagene Trennung von Erfindung und Entscheidung selbst permanent Sachzwänge erzeugt werden (siehe die Verbindung zwischen Gentechnologie und Standort-Argumenten). Da der Technikrat eine eher klassische politische Institution darstellt, ist er dadurch auch ähnlichen Problemen ausgesetzt wie die bekannten Institutionen der industriellen Moderne. So bleibt beispielsweise außer Betracht, inwieweit das entscheidende Moment bei der Durchsetzung einer Technologie in ihrer Implementierung liegt. Technik ist nicht nur als 'nachhinkend' zu denken; sie ist gerade auch ein Entwicklungsfeld (Joerges), das nach einer politischen Begleitung verlangt. Außerdem ist es fraglich, ob man der Technikentwicklung wirklich ein 'Auge' einsetzen kann, mit dem sie im voraus auch Gefahren erkennt (Beck 1994: 345). Die 'Gesellschaft als Labor'-These betont gerade die Überlagerung von Erfindung und Benutzung und fragt daher eher um 'nachpolitische' Kontrolle. Die Konsequenz der reflexiven Modernisierung ist letztendlich, daß die Politik sich nicht mehr auf ein Entscheidungsmoment reduzieren läßt.

Hinsichtlich der besonderen Herausforderungen, die in der Phase der Diskursinstitutionalisierung gestellt werden, scheint es daher wichtig für die Arbeitsgruppe 'Soziologie und Ökologie', sich nachdrücklich mit der Institutionalisierungsdynamik zu befassen.

**Literatur**
Beck, U. (1994), Freiheit für die Technik!, Jahrbuch Arbeit und Technik. Bonn.
Callon, M. and Latour, B., (1981), Unscrewing the big Leviathan: how actors macro-structure reality and how sociologists help them to do so, in: K. Knorr-Cetina and A. Cicourel (Hg.), Advances in Social Theory and Methodology. Boston.
Hajer, M.A. (1995), The Politics of Environmental Discourse - Ecological Modernization and the Policy Process. Oxford.
Harvey, D. (1989), The Condition of Postmodernity. Oxford.
Huber, J. (1985), Die Regenbogengesellschaft. Frankfurt/M.
Huber, J. (1991a), Unternehmen Umwelt. Frankfurt/M.
Huber, J. (1991b), Fortschritt und Entfremdung, in: D. Hassenpflug (Hg.) Industrialismus und Ökoromantik. Frankfurt/M.
Huber, J. (1993a), Bedingungen des Umwelthandelns in den neuen und alten Bundesländern, KZfSS, 45/2: 288-304
Huber, J. (1993b), Ökologische Modernisierung: Zwischen bürokratischen und zivilgesellschaftlichem Handeln, in: von Prittwitz 1993.
Jänicke, M. (1993), Ökologische und politische Modernisierung in entwickelten Industriegesellschaften, in: von Prittwitz 1993.
von Prittwitz, V. (Hg.) (1993), Umweltpolitik als Modernisierungsprozeß. Opladen.
Wehling, P. (1992), Die Moderne als Sozialmythos. Frankfurt/M.

Dr. Maarten A. Hajer, Institut für Soziologie, Universität München, Konradstraße 6, D-80801 München, E-mail: uf321aa@Sunmail.lrz-muenchen.d400.de

## 4. Stadt, Mobilität und Lebensstile - ein sozial-ökologischer Forschungsansatz

*Thomas Jahn und Irmgard Schultz*

*Vorbemerkung*

Das Verhältnis von Ökologie und Soziologie bestimmt den Kernbereich unserer Arbeit am ISOE in einem doppelten Sinne: einerseits als problematische Unterscheidung von Natur und Gesellschaft, andererseits als Unterschied zwischen einer naturwissenschaftlichen Ökologie und den Wissenschaften von der Gesellschaft.
Zwei für unsere Arbeit zentrale Konzepte, mit denen wir dieses Verhältnis theoretisch bearbeiten (vgl. Becker 1992, Jahn 1991), können wir hier nur kurz benennen:
– das *sozial-ökologische Krisenkonzept* fungiert als eine Heuristik, um die Problemdynamik von gesellschaftlichen Handlungsmustern und natürlichen Wirkungsketten zu beschreiben;
– mit einer *Theorie gesellschaftlicher Naturverhältnisse* versuchen wir, die Umorientierung von Gesellschaften auf die Differenz von Natur und Gesellschaft zu erfassen.

Diese eher grundlagentheoretisch angelegten Arbeiten bleiben aber durchgängig bezogen auf problemorientierte sozial-ökologische Einzelforschungen, haben sich dort zu bewähren und beziehen von dort ihr Material.

Die folgenden Ausführungen beziehen sich auf ein Forschungsprojekt zur stadtverträglichen Mobilität, das unter dem Titel "CITY:mobil" vom BMBF aus Mitteln des Förderkonzeptes Stadtökologie finanziert wird. Es wird als Verbundprojekt zusammen mit dem Öko-Institut Freiburg, dem Österreichischen Ökologie-Institut, Contract aus Karlsruhe sowie der ivu Berlin und den Kommunen Schwerin und Freiburg durchgeführt. Unser Institut bearbeitet in diesem Zusammenhang unter anderem ein sozialwissenschaftlich orientiertes Teilprojekt zu "Mobilitätsleitbildern und Verkehrsverhalten". Die Projektarbeit hat im Mai letzten Jahres begonnen und läuft bis 1997.

*Mobilität als krisenhaftes gesellschaftliches Naturverhältnis*

Als einen gemeinsamen Ausgangspunkt hat die Arbeitsgruppe "Soziologie und Ökologie" für die heutigen Diskussionsbeiträge die Frage gestellt: Verändert die ökologische Krise die gesellschaftlichen Beziehungsmuster? Mit Blick auf das Thema Umwelt und Verkehr läßt sich antworten: nein. Zwar wird über dieses krisenhafte Verhältnis seit Jahren geredet und das Verkehrsproblem mit anderen Umweltproblemen verknüpft: mit Energieverbrauch, $CO_2$-Emissionen, Bodenversiegelungen, Gesundheitsbelastungen etc. Doch neue Verhaltensweisen und eingreifende Strukturentscheidungen, veränderte gesellschaftliche Mobilitätsmuster also, zeichnen sich bisher kaum ab. Das *Verkehrsproblem* wird nicht gelöst, sondern durch Problemlösungen reproduziert und krisenhaft verschärft.

Wir vermuten einen Zusammenhang zwischen dieser Situation und ihrer wissenschaftlichen Bearbeitung. Die Umwelt- und Verkehrswissenschaften beschäftigen sich sehr detailliert mit ökologischen Belastungsprofilen, mit Fragen der Infrastruktur und der Optimierung von Verkehrstechniken; sie nehmen aber Fragen der sozialen Differenzierung von Verkehr und Mobilität nicht auf. Umgekehrt wird in der soziologischen Debatte Verkehr als ökologisches Problem nicht thematisiert. Die spärlichen Ansätze zu einer Verkehrssoziologie in den 60er und 70er Jahren (vgl. Spiegel 1976) haben sich nicht durchsetzen können, sind in der Stadt- und Regionalsoziologie aufgegangen.

Daß dies auf tiefergreifende theoretische Probleme verweist, läßt sich an dem für die Auseinandersetzung mit dem Verkehrsproblem zentralen Begriff der Mobilität deutlich machen.

*Mobilität* hat zwei Bedeutungsdimensionen:
- Fortbewegung im Sinne einer Bewegung von Personen und Dingen in Raum und Zeit;
- Beweglichkeit im Sinne des Sich-Bewegen-Könnens.

Beide Bedeutungen enthalten Aspekte einer physisch-räumlichen Mobilität - hier setzt der ökologische Belastungsdiskurs an - und Aspekte von sozio-kultureller Mobilität, auf die sich der Diskurs über soziale Ungleichheit, soziale Differenzierung, Status, Prestige, etc. bezieht (bzw. beziehen könnte). Beide Aspekte zielen auf eine materielle und auf eine symbolische Dimension im Mobilitätsbegriff, die bislang disziplinenspezifisch getrennt bearbeitet werden. Bei einem ökologischen Problembezug müßte aber gerade in Hinblick auf die motivationalen Ursachen des Verkehrsverhaltens der Zusammenhang zwischen materiellen und symbolischen Aspekten thematisiert werden.

Auf eine ähnliche Schwierigkeit stoßen wir bei dem Begriff der Stadt. Die Stadt ist sowohl als eine räumlich-materielle Struktur wie auch als eine symbolisch-soziale Struktur zu beschreiben: als begrenzter Raum für soziale Mobilität. Der historische Satz: "Stadtluft macht frei" erinnert an die Ausdifferenzierung und räumliche Darstellung des Stadt-Land-Gegensatzes und darin an die politische Privilegierung der Stadt, aber auch an räumlich-physikalische Begrenzungen (durch Stadtmauern und -tore), die eine Bedeutung für die soziale Be- und Ausgrenzung hatte (von Landstreichern, Dirnen, Paupers etc.); schließlich erinnert dieser Satz an die Hegemonie städtischer über rural-agrarische Mobilitätsmuster, die schließlich zur Durchsetzung der funktionsräumlich getrennten Stadt in den Industriegesellschaften des 20. Jahrhunderts führten.

In dem Maße, wie die historischen räumlichen Begrenzungen des Städtischen sich auflösen und soziale Mobilität über neue räumliche Mobilitätsmuster mitgeprägt wird (und vice versa), verschärft sich das Verkehrsproblem in den Städten, und es rückt auch hier der Zusammenhang von symbolischen Bedeutungen und materiellen Wirkungen in den Mittelpunkt des Interesses. Aus unserer Forschungsperspektive ist die Stadt als ein historisch veränderbares Modell der Gestaltung gesellschaftlicher Naturverhältnisse zu begreifen, wobei Fortbewegung als Fall eines solchen Verhältnisses gilt.

Wird die bloß physische Bewegung im Raum zur physischen *und* sozialen Mobilität erweitert, dann kommt man in Schwierigkeiten mit dem Raumbegriff. Wie kann der faktische Zusammenhang zwischen den materiellen und den symbolischen Aspekten von Mobilität selbst nochmals räumlich dargestellt werden? Muß der geometrisch-physikalische Raum um einen sozialen Raum erweitert werden? Wir sehen hier ein Grundlagenproblem der Soziologie: Eine mögliche Strategie könnte sein, einen allgemeinen Raumbegriff zu entwickeln, der beide Raumvorstellungen umfaßt, mit dem dann das Verhältnis von physischem und sozialem Raum geklärt werden könnte. Ähnliche Probleme treten bei der Übertragung anderer Kategorien des Naturverständnisses auf den Bereich des Sozialen auf: etwa bei Zeit, Energie, Evolution, ... Unsere Hoffnung ist, daß sie im Rahmen einer Theorie gesellschaftlicher Naturverhältnisse bearbeitet werden können. Gegenwärtig halten wir aber eine theoretische Klärung auf einer so abstrakten Ebene nicht für sehr weiterführend. Vielmehr versuchen wir die aufgeworfenen Fragen zunächst im Rahmen einer problemorientierten Forschung für einzelne Bereiche deutlicher zu formulieren und - so weit das geht - auch empirisch zu bearbeiten. Mobilität erscheint dann als ein basales gesellschaftliches Naturverhältnis.

Um dieses Konzept nicht völlig im Bereich der Andeutungen zu lassen, wenigstens eine ganz knappe Erläuterung: Menschliche Naturverhältnisse (wie Essen und Trinken, Fortbewegung und Mobilität, Arbeit und Produktion, Sexualität und Fortpflanzung) beziehen sich zunächst auf physische Existenzbedingungen, deren Naturseite sich physiologisch, anthropologisch oder humanökologisch beschreiben läßt. Sie werden aber dadurch zu *gesellschaftlichen Naturverhältnissen*, daß sie materiell reguliert und kulturell symbolisiert werden.

Entscheidet man sich dafür, Mobilität als basales gesellschaftliches Naturverhältnis zu beschreiben, dann hat dies forschungspraktische Folgen, die über die Schwierigkeiten einer Operationalisierung der untersuchungsleitenden Unterscheidung von materiell und symbolisch hinausgehen. Denn zu einer problemorientierten Forschung gehört immer auch die Analyse von Gestaltungsmöglichkeiten. Es ist deshalb notwendig, den Forschungsprozeß, die Wahl und konkrete Verwendung von Methoden und Konzepten für handlungs- und akteursspezifische Differenzierungen sowie für regionale Konkretisierungen offen zu halten. Beides setzt zunächst eine entsprechende, begrenzte Reformulierung des Ausgangsproblems voraus.

*"Leitbild" und Lebensstil" als Konzepte für eine sozial-ökologischen Forschung*

Wir haben uns das Verkehrsproblem in den Städten so übersetzt, daß es als eine spezifische Form der Verknüpfung von *räumlicher Mobilität* und *soziokultureller Mobilität* beschreibbar wird, die sich in einem hegemonialen Leitbild von *Automobilität* ausdrückt. Die vorherrschende Identifizierung von Mobilität mit Automobilität und ihre Umsetzung als autogebundener Verkehr ist der harte Kern der Umwelt- und Verkehrsprobleme, die im ökologischen Diskurs als Luftbelastungen, als Lärm, als Flächenverbrauch und Zersiedelung etc. beschrieben werden. Als Zielperspektive unserer Untersuchung ist damit die Frage nach den Potentialen (und Hemmnissen) einer Entkoppelung von Mobilität mit Automobilität angelegt.

Dieser Fragestellung gehen wir in einem mehrstufig angelegten empirischen Untersuchungsprojekt in den beiden Modellstädten Schwerin und Freiburg nach, welche wir sowohl im Hinblick auf die Einwohnerzahl (rund 150 000 Einwohner) als auch im Hinblick auf die praktizierte Verkehrspolitik (starke Orientierung am Ausbau des öffentlichen Verkehrssystems) für vergleichbar halten.

Unter dem *hegemonialen Leitbild der Automobilität* verstehen wir nicht eine "von oben nach unten" wirkende homogene Ideologie, sondern die Verknüpfung und Verschmelzung von Leitbildelementen, die zunächst in einzelnen Handlungskontexten wirksam sind und dort als Leitbilder fungieren. Solche kontextgebundenen Leitbilder sind vor allem das *Technikleitbild* der "universellen Rennreisemaschine" (Canzler/Knie 1994), das *Planungsleitbild* der autogerechten Stadt (oder Landschaft) und das *Konsumleitbild* der jederzeit und überall verfügbaren individuellen Mobilität. Solche Leitbilder und Leitbildelemente werden in gesellschaftlichen Kommunikationsprozessen, etwa durch Werbung und Medien, aber auch durch Parteien und Verbände hergestellt bzw. vermittelt.

Eine wichtige Ausgangsthese für die empirische Untersuchung resultiert aus der Beobachtung, daß das hegemoniale Leitbild der Automobilität in den siebziger Jahren fast unangefochten vorherrschte, daß es heute jedoch von verschiedenen Seiten in Frage gestellt wird. Von den unterschiedlichsten sozialen Akteuren werden in zum Teil weit auseinanderliegenden gesellschaftlichen Diskursen Meinungen, Orientierungen, Zukunftsvorstellungen und Wünsche in bezug auf die Lebensgestaltung zum Ausdruck gebracht, welche auf eine Entkoppelung bestimmter Mobilitätsorientierungen von ihrer Identifizierung mit dem Automobilismus schließen lassen.[1]

Neben dem ökologischen Krisendiskurs sind es vor allem die immer sichtbarer werdenden Effizienzgrenzen des Autoverkehrs, die zu einer solchen Entkoppelung beitragen können. Beide Diskurse verfolgen teilweise parallele, teilweise diametral entgegengesetzte Absichten. In jedem Fall sind die Elemente des Leitbildes der Automobilität in Bewegung geraten, ohne daß dies bisher zu einer feststellbaren Reduktion des Automobilismus geführt hätte, im Gegenteil, die Zulassungszahlen zeigen, nicht nur in den neuen Bundesländern, eine ungebrochene Tendenz zur Zunahme.

*Leitbilder* begreifen wir nicht als orientierende Vorstellungen, die losgelöst von situativen Handlungskontexten das Verhalten von Individuen "anleiten" würden, sondern als Leitorientierungen, die mit bestimmten Handlungsroutinen und unhinterfragten Selbstverständlichkeiten verknüpft sind. Dies wird beim Technikleitbild vom Automobil als universeller Rennreisemaschine besonders deutlich. Es ist nicht nur durch Normen und Werte bestimmt, sondern zugleich durch die scheinbare Eigenlogik einer technischen Gestaltung, in welche die materielle Dimension der Auswahl und des Umgangs mit Stoffen und Materialien sowie mit bestimmten Konstruktionsregeln prägend eingeht. Ebenso sind auch die Konsumleitbilder des Autos nicht bloß durch den Kaufwunsch bestimmter Konsumentengruppen bestimmt, sondern auch durch die mit dem Auto verknüpften kulturellen Verhaltensformen und Nutzungsmuster, den symbolischen Nutzen des Autos eingeschlossen.

Für eine weitere Präzisierung der Problemstellung, welche auf ein Begreifen des Automobilismus als sozio-kulturelle Praxis zielt, die gesellschaftlich und geschlechtsspezifisch differenziert ist, greifen wir auf das aus der soziologischen Diskussion stammende *Konzept des Lebensstils* zurück. Ohne auf die zum Teil sehr unterschiedlichen Ausformulierungen dieses Ansatzes näher einzugehen, begreifen wir die Lebensstilforschung als einen Untersuchungsansatz, der die sozialen Differenzierungen in einer Gesellschaft im Kontext symbolischer Unterscheidungen zu begreifen versucht. Beide von uns aus der Soziologie aufgegriffenen Ansätze, den Leitbildansatz wie den Lebensstilansatz, verwenden wir nicht als generalisierende Großkonzepte, sondern in einer problemspezifischen Reformulierung.

Diese erreichen wir vor allem durch eine Verstärkung der materiellen Dimension in beiden Ansätzen. Während Leitbilder vielfach (mit einem moralisierend-pädagogischen Beigeschmack) als bloß normative Orientierungen und Werthaltungen interpretiert werden, werden Lebensstile häufig auf rein symbolische Unterscheidungen und Abgrenzungen reduziert. Wir verstehen *beide* Konzepte demgegenüber als Vermittlungen symbolischer und materieller Dimensionen. Ähnlich wie bei den Leitbildern werden Lebensstile nicht nur auf die Dimensionen des Wollens und Sollens, also auf Wünsche und Normen reduziert, sondern in ihren situativen Handlungskontexten und Rahmenbedingungen erfaßt. Diese Grundüberlegung schlägt sich in einem eigenen Lebensstilkonzept für das empirische Untersuchungsdesign nieder, welches durch vier Dimensionen bestimmt ist: die des Wollens, des Sollens, des Könnens und des Müssens.

Mit den Methoden der qualitativen Befragung (pro Stadt je 50) und der quantitativen Befragung (pro Stadt je 1000 Befragungen) können die Dimensionen des Wollens (Wünsche) und des Sollens (Werte) gut erfaßt werden. Die Dimensionen des Könnens und des Müssens, d.h. die situativen Faktoren der Verkehrsausstattung und der Lebensweisen, werden mit diesem Instrument jedoch nur durch den Filter subjektiver Selbstaussagen mit all den bekannten damit verbundenen Verzerrungsproblemen erfaßt. Die empirischen Untersuchungen im Projekt zielen jedoch nicht nur auf Einstellungen, sondern versuchen, symbolische Orientierungen *und* Verhalten zu ermitteln. Dem dient in Ergänzung zu den Befragungen vor allem das Instrument eines Verkehrstagebuches, das von denselben Probanden 14 Tage lang geführt wird, welche ausführlich qualitativ befragt worden sind. Beide Untersuchungsinstrumente sind aufeinander abgestimmt. Die Ergebnisse werden parallel und dann noch einmal vergleichend ausgewertet, so daß die Selbstaussagen über situative Faktoren mit den im Verkehrstagebuch festgehaltenen Abläufen kontrastiert werden können.

Der Suchscheinwerfer unserer Forschungen ist vor diesem Hintergrund nicht auf die Identifizierung von Lebensstiltypen angelegt, sondern auf die Verknüpfung der Elemente von Mobilitätsleitbildern mit Lebensstilen:
– Aus welchen Elementen setzen sich Mobilitätsleitbilder zusammen?
– Welchen Lebensstil-Hintergrund haben Mobilitätsleitbilder und Mobilitätsleitbild-Elemente?
– Wie werden mit der Ausprägung bestimmter Lebensstile Mobilitätsleitbilder umgeformt und neu zusammengesetzt?
– Auf welche Handlungsbereitschaft kann anhand einer Typologie von "Mobilitätsstilen", die auf der Grundlage solcher neuen Verknüpfungen extrapoliert werden, geschlossen werden?

Ziel des Projektes ist die Eruierung attraktiver, stadtverträglicher Mobilitätsstile (vor dem Hintergrund einer mobilitätsverträglichen Stadtentwicklung) und auf kommunaler Ebene die Erarbeitung einer sozial differenzierten Interventionsstrategie, welche die Brüche innerhalb der hegemonialen Leitbild-Verknüpfungen verstärkend aufnimmt und für eine Umweltaufklärungskampagne bzw. für neue Angebote an kommunalen Mobilitätsdienstleistungen fruchtbar macht.

Zur Verdeutlichung unseres Vorgehens möchten wir abschließend noch einmal hervorheben, daß wir weder von kohärenten und homogenen Lebensstilen noch von kohärenten und homogenen Leitbildern ausgehen, sondern beide Ansätze problembezogen verwenden im Hinblick auf die von uns reformulierte Problembeschreibung, nicht aber im Hinblick auf die Verifizierung oder Falsifizierung einer "großen Theorie". Reflektieren wir unser forschungsstrategisches Vorgehen, dann läßt es sich als Versuch beschreiben, bestimmte Begrifflichkeiten und Methoden, die in der Soziologie gebräuchlich sind, so weit auszudehnen, in einzelnen Momenten zu verstärken und neu zu verknüpfen, daß sie auf sozial-ökologische Fragestellungen Antworten geben. Ob diese Art der problemorientiert-exemplarischen und rekontextualisierenden Gestaltungsforschung letztlich nicht auch unerläßlich ist für die Formulierung einer tragfähigen Theorie - das werden wir vielleicht absehen können, wenn wir unsere Ergebnisse am Ende des Forschungsprojektes im Hinblick auf ihre Verallgemeinerbarkeit reflektieren.

**Anmerkung**

1) Mit der Methode einer diskursorientierten Inhaltsanalyse haben wir solche Tendenzen der Entkoppelung wie auch der Neuverkoppelung von Mobilität und Automobilität anhand ausgesuchter Werbeanzeigen für das Auto und die Bahn sowie anhand von Veröffentlichungen verkehrspolitischer Meinungsbildner herausgearbeitet.

**Literatur**

Becker, E. (1992), Wissenschaft als ökologisches Risiko. In: Becker, E. (Hg.), Jahrbuch 2 für sozial-ökologische Forschung. Frankfurt/Main.

Canzler, W./A. Knie (1994), Das Ende des Automobils. Fakten und Trends zum Umbau der Autogesellschaft. Heidelberg.

Jahn, T. (1991), Das Problemverständnis sozial-ökologischer Forschung. Umrisse einer kritischen Theorie gesellschaftlicher Naturverhältnisse. In: Becker, E. (Hg.), Jahrbuch 1 für sozial-ökologische Forschung. Frankfurt/Main.

Spiegel, E. (1976), Zur gegenwärtigen Situation der Verkehrssoziologie in der Bundesrepublik. In: Stadt, Region, Land. Schriftenreihe des Instituts für Städtebauwesen der RWTH Aachen, H.36.

Dr. Thomas Jahn und Dr. Irmgard Schultz, Institut für sozial-ökologische Forschung (ISOE), Hamburger Allee 45, D-60486 Frankfurt/Main.

## 5. Sustainability - ein Weg aus der Krise zu neuen, sozial-ökologischen Lebensstilen?

*Eckart Hildebrandt*

Im folgenden Beitrag soll in einer kurzen Problemskizze versucht werden, neue gesellschaftliche Problemlagen, wie sie aus der aktuellen Wende in der Tarifpolitik resultieren, mit den Anforderungen eines grundlegenden, sozial-ökologischen Umbaus zu verbinden. Daraus erwachsen eine Reihe von arbeitssoziologischen Konstellationen und Problemlagen, die alte Analysekonzepte in Frage stellen und neue, grundlegende Fragen aufwerfen. Im Mittelpunkt meiner Überlegungen steht der Ansatz einer "ökologisch erweiterten Arbeitspolitik".

Der Beginn eines breiten umweltpolitischen Diskurses in der Bundesrepublik Deutschland wird auf Anfang der siebziger Jahre angesetzt. Die Gewerkschaften sind früh in diese Debatte hineingezogen worden. Einerseits sah man sie als Vertreter der industriellen Produzenten in der Rolle der Mitverantwortlichen für die wachsenden Umweltschäden, andererseits wurden von ihnen im Sinne eines umfassenden Eintretens für die Lebensqualität der Bevölkerung entschlossenere Initiativen im Umweltschutz erwartet.

In den folgenden Jahren ließ sich nur ein sehr zögerlicher und bruchstückhafter Fortschritt beim Aufbau einer gewerkschaftlichen Umweltschutzpolitik erkennen. Einzelne, prägnante Umweltschutzinitiativen (insbesondere im Schadstoffbereich) stehen neben Fällen entschiedener Ablehnung von erhöhten Umweltschutzanforderungen (z. B. im Bereich der Chlorchemie) und weiten Bereichen unentschlossenen Lavierens (z. B. im Bereich Verkehr und Energieherstellung).

Der Dachverband DGB und die verschiedenen Einzelgewerkschaften agieren weitgehend unverbunden und mit zum Teil unterschiedlichen Brancheninteressen und Positionen nebeneinander her. Gleichermaßen fehlt eine Durchgängigkeit gewerkschaftlicher Aktivitäten in der Weise, daß Initiativen und Konzepte auf betrieblicher, lokaler, Konzern- und Branchenebene miteinander verbunden wären. Und schließlich ist die Diskrepanz zwischen programmatischen Bekenntnissen zum gesellschaftlichen Umweltschutz und konkreten Eigenaktivitäten auch den Mitgliedern offensichtlich. All dies fügt sich zu dem Eindruck zusammen, daß es (noch) keine Eindeutigkeit und Glaubwürdigkeit gewerkschaftlicher Umweltschutzpolitik gibt.

Zudem zeichnen sich in der gewerkschaftlichen Politik massive Spuren der ökonomischen und sozialen Krise ab, einmal in der verstärkten Zurückdrängung des Umweltthemas hinter die sozialen Kernthemen (Arbeitsplatz- und Einkommenssicherung), in der Akzeptanz der Nachrangigkeit des Umweltschutzes gegenüber einzelunternehmerischen Rationalisierungsstrategien und in der Schrumpfung der gewerkschaftlichen Kapazität unter den Bedingungen von Mitgliederschwund und Aufgabenzuwachs.

## I. Arbeitsinteressen und Umweltschutz

Unsere empirischen Untersuchungen in den letzten Jahren haben gezeigt, daß Arbeitnehmerinteressen im Umweltschutz faktisch in drei große Bereiche zerfallen, die weitgehend voneinander getrennt sind. Da ist einmal der gesellschaftliche Umweltschutz, in dem wesentlich die globalen Probleme wie Klimaschutz, Zerstörung der Regenwälder, die Schäden des Autoverkehrs oder die Gefährlichkeit einzelner Stoffe (Asbest, Dioxin) behandelt werden. Der zweite und für betriebliche Interessenvertretung zentrale Bereich ist der betriebliche Umweltschutz, der sich mit Ressourcenschonung, Gefahr- und Ersatzstoffen, Produktentwicklung, Abfalltrennung, Recycling etc. beschäftigt. Schließlich der Bereich des persönlichen Umweltschutzes, d.h. des umweltbewußten Verhaltens des einzelnen Arbeitnehmers in seiner Freizeit und auch in der Erwerbsarbeit (Schaubild 1).

Das erste Problem für die Arbeitnehmerinteressenvertretung liegt nun darin, daß sie und die Gewerkschaften in keinem dieser Felder allgemein anerkannte und mit Einfluß und Kompetenz ausgestattete Institutionen sind. Die Gewerkschaften versuchen zwar, in allen drei Bereichen eine Zuständigkeit aufzubauen, werden aber, wenn sie überhaupt anerkannt werden, auf die Grenzen des Betriebes und des Arbeitsverhältnisses verwiesen. Hier sind eine Reihe von Erfolgen erzielt worden, nicht nur aufgrund umweltaktiver Managementinitiativen, sondern durchaus auch auf Druck von Gewerkschaften, Betriebsräten oder betrieblichen Arbeitskreisen (insb. im Gefahrstoffbereich). Gleichzeitig begründet diese Einschränkung ein zweites Problem, nämlich die Unentwickeltheit sowohl von gesellschaftlichen wie von persönlichen Bezügen im Umweltschutz. Das zeigt sich in der fehlenden Präsenz bei der Debatte um Nachhaltigkeit und in der Debatte um zukünftige, ökologisch und sozial verträgliche Lebensstile. Dadurch fehlt dem gewerkschaftlichen Engagement die Verankerung in einer tragfähigen, längerfristigen gesellschaftlichen Perspektive und die Verankerung in der persönlichen Verantwortung des Einzelnen, die sich im individuellen Lebensstil ausdrückt.

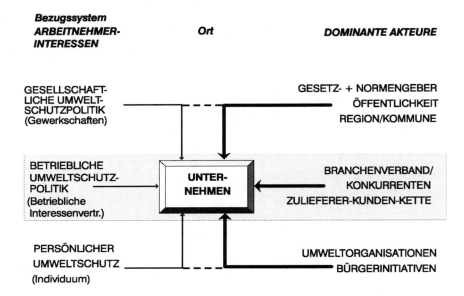

## II. Arbeit und Nachhaltigkeit (Sustainability)

Die Modelle von nachhaltiger Entwicklung sind Zukunftsentwürfe mit dem Ziel, die natürlichen Grundlagen der menschlichen Existenz zu erhalten. Sie gehen davon aus, daß nur soviel Ressourcen verbraucht werden dürfen, wie nachwachsen, und nur solche und soviel Abfälle entstehen, daß die Regenerationsfähigkeit der Erde erhalten bleibt. Die dadurch begrenzten Ressourcen sollen allen Menschen in gleicher Weise zur Verfügung stehen - eine aus heutiger Sicht sehr radikale Forderung. Am Ende solcher Berechnungen steht die verfügbare ökologische Ausstattung für den einzelnen Menschen. Die Aufgabe besteht dann darin, Konsummuster, Produkte und Produktionsprozesse zu finden, die dieser Zielsetzung möglichst nahekommen, die Bedingungen ihrer Realisierung zu prüfen und deren politische Durchsetzbarkeit zu erhöhen.

Aus Arbeitnehmersicht haben diese Modelle das grundlegende Defizit, daß sie von oben harte Vorgaben für Verhalten machen und die Aspekte von Arbeit im ersten Entwurf nicht berücksichtigen. Die Konfrontation mit diesen Modellen ruft daher bei Arbeitnehmern leicht verunsicherte bis abweisende Reaktionen hervor; sie werden als abstraktes Rechenwerk, als ökologischer Rigorismus ohne Berücksichtigung sozialer Belange, als Umweltsanierung aufkosten der ärmeren Schichten gesehen.

In dem nächsten Schaubild habe ich versucht, die Hauptverbindungen zwischen sustainability-Konzepten und der Zukunft von Arbeit aufzuzeichnen:

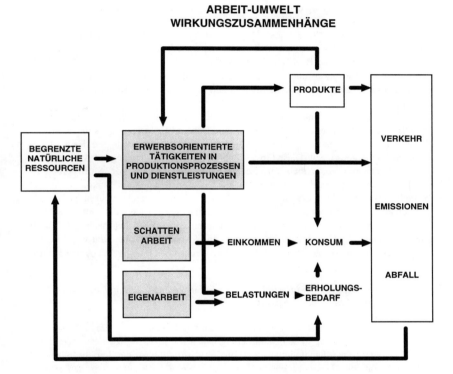

Die Kreisläufe beginnen bei den natürlichen Ressourcen. Diese gehen in die Produktions- und Dienstleistungsprozesse ein und werden dort in Erwerbsarbeit zu Produkten umgewandelt; ähnliches passiert in der Schatten- und Eigenarbeit. Die Ressourcen werden gleichzeitig zur Erholung der Bevölkerung benötigt. Ergebnis der Arbeit sind neben den Produkten die Einkommen der Beschäftigten und die arbeitsbedingten Belastungen, die in der Freizeit ausgeglichen werden müssen. Vom Einkommen werden Produkte gekauft, deren Verbrauch und Rückstände wiederum die Ressourcen belasten. In diesem vereinfachten Kreislaufmodell lassen sich vier Hauptverknüpfungen identifizieren:

(1) Durch die Verringerung des Ressourceneinsatzes werden erhebliche quantitative Effekte bei den rohstoffaufbereitenden und -verarbeitenden Tätigkeiten ausgelöst. Die Effizienzsteigerungen der Produktion ("Effizienzrevolution"), die Steigerung von Gebrauchswert und Lebensdauer der Produkte sowie mögliche Konsumeinschränkungen ("Suffizienz") werden ebenfalls erhebliche quantitative Arbeitsplatzeffekte haben.

(2) Die Ökologisierung von Produktion und Produkten, der Ausbau von Umwelttechnik und Umweltdienstleistungen wird darüberhinaus zu massiven Verschiebungen in den Branchenstrukturen, Berufsstrukturen und Qualifikationsprofilen führen. Instandhaltungs- und Servicearbeiten, Information, Schulung und Beratung z.b. werden ein größeres Gewicht erhalten.

(3) Auf die Einkommenssituation wirken gleich mehrere Effekte. Auf der einen Seite wird das erzielte Einkommen durch Steuern und Abgaben für Gemeinschaftsleistungen im Umweltschutz belastet (z.b. Altlastensanierung). Hinzu kommt die Verteuerung ökologischer Produkte und Dienstleistungen z.b. durch Zuschläge für Recycling. Auf der anderen Seite können der höhere Gebrauchswert und die längere Lebensdauer von Produkten, der Verzicht auf bestimmte unökologische Produkte/Dienstleistungen sowie geringere Krankheitskosten das Budget entlasten.

(4) Die veränderten Ressourcen- und Produktströme in einer nachhaltigen Wirtschaft treffen auf eine gesellschaftliche Konstellation von Massen- und Dauerarbeitslosigkeit, des Rückbaus der staatlichen Dienste und sozialen Sicherungen und von Unternehmensstrategien der marktnahen Flexibilisierung von Arbeit. Diese führt bereits heute zu einer grundlegenden Umstellung und Ausdifferenzierung von Arbeits-und Lebensstilen; der Übergang von Normalarbeit zu vielfältigen Formen der flexiblen Teilzeitarbeit verändert inzwischen die Einkommens- und Zeitbudgets der Mehrheit der Erwerbstätigen. Dies ist verbunden mit Tendenzen zur Zunahme von Schattenarbeit und mit Debatten um die Neuverteilung der Haus- und Familienarbeit.

All diese Punkte können hier nur angerissen werden, um zu verdeutlichen, welche massiven Auswirkungen sustainabilty-Konzepte für die Arbeits- und Sozialpolitik haben und wie dringlich eine Befassung aus arbeitssoziologischer Sicht wäre. Auf einen sehr konkreten Anknüpfungspunkt möchte ich im folgenden eingehen.

### III. Arbeitszeitverkürzung, Arbeitszeitflexibilisierung und Einkommensschrumpfung - Auswirkungen auf Arbeits- und Lebensstil

Wir befinden uns in einer Phase einer grundlegenden tarifpolitischen Wende. Die Krisenstrategien der Arbeitszeitverkürzung und -flexibilisierung haben maßgeblich dazu beigetragen, den Schwerpunkt der Interessenaushandlung von der zentralen Tarifpolitik auf die Betriebspolitik und die individuelle Gestaltung des Arbeitsverhältnisses zu verlagern. Gleichzeitig haben sich zentrale Grundpfeiler der Tarifpolitik verschoben: die bisher üblichen, kontinuierlichen Entgeltzuwächse und Vollzeitbeschäftigungsverhältnisse können nur noch bedingt aufrecht erhalten werden, daneben nehmen Bereiche/Phasen der Entgeltstagnation oder -senkung bei radikaler Arbeitszeitverkürzung/-flexibilisierung zu. Die Tarifverträge und Betriebsvereinbarungen zur "beschäftigungssichernden Arbeitszeitverkürzung" (Seiffert) sind hierfür ein gutes Beispiel. Wenn, wofür viele Indikatoren sprechen, diese Entwicklungstendenzen längerfristig sind, dann müssen wir uns fragen, wie die betroffenen Arbeitnehmer mit dieser neuen Konstellation umgehen können. Führen sinkende Realeinkommen und mehr verfügbare Zeit zu Billigkonsum und Schwarzarbeit? Oder wird die Zeit für Information und Bildung, für die Familie, für Nachbarschaftshilfe oder für Entspannung, für ökologischen Einkauf als Alternative zum kommerziellen Konsum genutzt? Führen diese Krisenstrategien nur zu einer erzwungenen (und vorübergehenden) Einschränkung an Lebensqualität oder bieten sie auch Chancen für einen anderen, "ökologischen Wohlstand"? Verändert sich nicht nur der äußere Zusammenhang zwischen Arbeit und Leben (verfügbare Zeit und verfügbares Einkommen), sondern auch der innere Zusammenhang ?

Noch scheint das gesellschaftliche Wohlstandsmodell nicht grundlegend in Frage gestellt, nach dem in möglichst kurzer Arbeitszeit und unter halbwegs erträglichen Arbeitsbedingungen möglichst viel verdient werden sollte (Stichwort: instrumentelle Arbeitsorientierung), um mit diesem Einkommen möglichst viele und hochwertige Produkte und Dienstleistungen zu kaufen, die zunehmend mit einem "guten Leben" gleichgesetzt werden (Stichwort: kompensatorischer Konsum). Diese Maxime wird nun von zwei Seiten bedroht: durch die Erschwerung der Einkommenserzielung (Arbeitslosigkeit, Arbeitszeitverkürzung, steigende Abzüge) und durch die steigende Abhängigkeit von teuren, kommerziellen Produkten und Dienstleistungen, deren Komfortzugewinn immer geringer wird und die unter ökologischen Gesichtspunkten teilweise massiv kritisiert werden (entfernungsintensiver Lebensstil, Kommerzialisierung der Freizeit etc.).

Diese wenigen Hinweise dürften genügen, um zu zeigen, in welchem substantiellen Maß die zukünftige Arbeit von Umweltpolitik betroffen ist und wie eng Arbeits- und Lebensstil miteinander verknüpft sind. In der gegenwärtigen Gewerkschafts- und Betriebspolitik wird diesen Aspekten noch wenig Aufmerksamkeit geschenkt - wie eine Reihe von Gesprächen und Gruppendiskussionen u.a. bei VW-Wolfsburg gezeigt haben. Erste Untersuchungsergebnisse können folgendermaßen zusammengefaßt werden:

- Die derzeitige betriebliche Arbeitszeitpolitik wurde von den Tarifparteien und den betrieblichen Interessenvertretungen als Reaktion auf die verschärften Konkurrenzbedingungen auf dem Weltmarkt konzipiert.
- Die Beschäftigten unterstützen radikale Arbeitszeitverkürzungen und Einkommenseinbußen als befristete Solidaritäts- und Bestandsschutzmaßnahmen. Sie werden nicht auch als Chance zur Realisierung anderer Lebensformen verstanden; der Umgang mit der Arbeitszeitverkürzung unter dem Gesichtspunkt der sozial-ökologischen Krise ist reaktiv-defensiv.
- Die Auswirkungen auf die Lebenssituationen sind ambivalent; Einkommenseinbußen und Erfahrungen der Arbeitsintensivierung in der verbleibenden Arbeitszeit werden Zeitgewinne für Familie und Hobbies gegenübergestellt. Dominierend werden aber die Einkommenseinbußen thematisiert, die gerade durch Einsparungen bei den "schönen Seiten des Lebens" aufgefangen werden (Reisen, Restaurantbesuche, Hobbies).
- Jenseits dieser generellen Befunde zeichnet sich aber ab, daß verschiedene soziale Gruppen im Betrieb existieren, die sehr unterschiedliche Interessen bezüglich Arbeitszeit und Einkommen formulieren und mit der neuen Situation unterschiedlich umgehen (Alleinverdiener, Familien mit Kleinkindern, alleinstehende Frauen mit Kindern, ältere Ehepaare). Jüngere Frauen und Mütter scheinen am stärksten aus eigener Interessendefinition bereit zu sein, Arbeitszeit- und Einkommensanteile gegen Freizeit zu tauschen, um dadurch intensivere soziale Beziehungen leben zu können. Eine positive Besetzung der zusätzlichen Freizeit als Möglichkeit zur Gartenarbeit, Arbeit am Haus oder zur Weiterbildung war eher schwach ausgebildet.
- Die Tatsache, daß die veränderten Arbeitszeitmodelle (noch) nicht für veränderte Lebensstile genutzt werden, ist u.a. auch darin begründet, daß positive Leitbilder und Modelle für sozialökologische Lebensstile kaum existieren. Dasselbe gilt für solche Lebensstile unterstützende Infrastrukturen (z.B. Stadtplanung). Die alten Konzepte der Arbeiterbewegung wie die Siedlungsprojekte, Lebensreform, kollektives Wohnen und Reisen, Sport- und Bildungsbewegung

sind als absterbende Relikte einer alten Kultur abgestempelt; "moderne", gemeinschaftliche und sparsame Lebensformen sind nicht an ihre Stelle getreten.

Hier, an dieser Schnittstelle zwischen Arbeit und Leben, dem Entwurf neuer, sozial-ökologischer Arbeits- und Lebensstile und ihrer Unterstützung durch die Organisation der betrieblichen Interessenvertretung scheint mir eine der entscheidenden Zukunftsfragen der Arbeitspolitik zu liegen.

## IV. Zusammenfassung

In den vorangegangenen Thesen habe ich versucht, auf der Grundlage der Erfahrungen, die im letzten Jahrzehnt mit gewerkschaftlicher und betrieblicher Umweltpolitik gemacht worden sind, einige wichtige Rahmenbedingungen und strukturelle Determinanten in diesem neuen Politikfeld aufzuzeigen. Im Ergebnis scheint mir wichtig, dreierlei hervorzuheben:

*Erstens* ist unser politisches System so organisiert, daß sich drei unterschiedliche Zugänge zur Umweltpolitik im gewerkschaftlichen Feld treffen: ein betrieblicher, ein lebensweltlicher und ein gesellschaftspolitischer Zugang. Diese Teilung wird durch die wachsenden Widersprüche zwischen Arbeits- und Lebenswelt und durch die Veränderung der Arbeitsverhältnisse selbst zunehmend in Frage gestellt.

*Zweitens* ist nicht sicher, ob der Umweltschutz in den Gewerkschaften und bei den betrieblichen Interessenvertretungen aus seiner nachgeordneten Rolle heraustreten kann. Kurzfristige Arbeitsplatz- und Einkommenssicherung für die Mitglieder bleiben die vorrangigen Erfolgskriterien von Gewerkschaftspolitik und bekommen unter verschärften ökonomischen Bedingungen eher noch stärkeres Gewicht. In höherem Maße möglich ist die systematische Integration des Umweltschutzes in Information, Qualifikation, Arbeitstätigkeit und Beteiligung sowie die möglichst frühzeitige und konsequente Berücksichtigung ökologischer Maximen in der Industrie- und Tarifpolitik.

*Drittens* scheint mir eine wirkliche Umstellung von Gewerkschaftspolitik auf sozialökologische Perspektiven nur dann möglich zu sein, wenn die grundlegende, destruktive Verknüpfung von Arbeitsstil und Lebensstil für die Mehrheit der Erwerbsbevölkerung aufgebrochen wird. Die ökonomische Krise bedeutet nach unserem verengten Wohlstandsverständnis automatisch sozialen Abstieg und Einschränkung; sie eröffnet aber unter bestimmten Bedingungen auch Chancen zu anderen Lebens- und Arbeitsformen, die nach sozial-ökologischen Kriterien sowieso überfällig sind, d.h. Chancen zu einem anderen Verhältnis von Erwerbsarbeit, Eigenarbeit und Muße. Diese Umstellung braucht Zeit und umfassende Unterstützung in den verschiedenen gesellschaftlichen Sektoren (Förderung von Teilzeitarbeit, Regionalisierung von Märkten, Stützung von kommunitären und selbstversorgenden Strukturen, Finanzierung von Übergängen etc). Und diese Umstellung darf nicht hauptsächlich den Arbeitnehmern angelastet werden. Die Politik muß nachweisen, daß die Lasten der Umstellung gleichverteilt werden und die Beiträge aller gesellschaftlichen Gruppen offensiv eingefordert werden.

Wenn allerdings diese Chance nicht offensiv genutzt und von den gesellschaftlichen Instanzen nicht massiv unterstützt wird, droht ein weiteres Abrutschen größerer Teile der Arbeitsbevölkerung in prekäre Arbeitsverhältnisse und in Arbeitslosigkeit, in Armut und soziale Abhängigkeit.

Und damit droht eine Fortsetzung der Umweltzerstörung nicht mehr nur im Überfluß, sondern auch im Mangel.

Prof. Dr. Eckart Hildebrandt, Wissenschaftszentrum Berlin, Reichpietschufer 50, D-10785 Berlin

## 6. Umweltprobleme, Risikobewußtsein und sozialstruktureller Wandel

*Günter Warsewa*

Jenseits der allgemeinen Erkenntnis zunehmender Informiertheit und wachsenden "Umweltbewußtseins" hat die sozialwissenschaftliche Umwelt- und Risikoforschung bislang allenfalls interessantes Detailwissen hervorgebracht. Insbesondere mit Blick auf die immer wieder diagnostizierte Diskrepanz zwischen Einstellungen und Verhalten münden alle Bemühungen um systematische Analyse und faktorielle Differenzierung eher in Beliebigkeit und Verwirrung als in verwertbare Ergebnisse. Dies scheint u.a. mit einem Phänomen zusammenzuhängen, auf das Helmut Wiesenthal zurecht hingewiesen hat, nämlich daß in deren Analysen und Schlußfolgerungen in der Regel "Sozialstrukturen als irrelevant verdunsten" (Wiesenthal 1994: 139).

Die These, die daher zur Diskussion gestellt werden soll, lautet, daß eine systematische Berücksichtigung der sozialen und kulturellen Einbettung von umweltrelevanten Einstellungen und Verhaltensweisen eine zentrale Voraussetzung für realitätstüchtige Befunde sozialwissenschaftlicher Umweltforschung darstellt. Nicht mehr oder weniger beliebige Umweltprobleme sollten der Ausgangspunkt von Fragen und Analysen sein, sondern bewußtseins- und verhaltensrelevante sozialstrukturelle Differenzierungen.

Angesichts der Debatten, die um den aktuellen sozialstrukturellen Wandel unter Stichworten wie "Pluralisierung der Lebensstile", Herausbildung von "Erlebnismilieus", "Erosion von Normalität(en)" bis zu der "Neuen sozialen Ungleichheit" geführt werden, sind freilich verläßliche Anhaltspunkte hierfür auch nur schwer auszumachen. Klar scheint bislang nur, daß herkömmliche Klassen- und Schichtungsmodelle keinen hinreichenden Analyse- und Erklärungsgehalt mehr haben.

Genau dieses Problem stellte sich auch bei der Interpretation von Befunden aus einer Studie, die in der zweiten Hälfte der 80er Jahre über die Verarbeitungsweisen von Umweltproblemen und -diskursen bei Industriearbeitern durchgeführt wurde (Bogun u.a. 1990). Geschult an den klassischen Konzepten der Industriesoziologie wollten wir wissen, ob und in welcher Weise die gesellschaftliche Ökologiedebatte sich auf "das Arbeiterbewußtsein" ausgewirkt hatte. Festzustellen war jedoch, daß das traditionelle Arbeits- und Klassenverhältnis gerade im Zusammenhang mit Ökologiefragen als gemeinsamer und vereinheitlichender Sozialisationstypus deutlich in Frage gestellt wurde. Ein klassenspezifisches Einstellungselement war zwar - als Rudiment oder auch als festgefügter Kern - nachweisbar (z.B. in der kollektiven Verliererperspektive, deren Entsprechung der traditionelle Solidaritätsgedanke der Arbeiterbewegung ist), aber jenseits der Erklärungskraft "des Arbeiterschicksals" gab es in den Binnendifferenzierungen eben mehr Ähnlichkeiten mit anderen Bevölkerungsgruppen als mit anderen Arbeitern. Darauf weist Martin Osterland hin, wenn er von dem Typus des "grünen Industriearbeiters" spricht (Osterland 1994), dessen

Biographie, Generations- und Milieuzugehörigkeit sich von anderen Arbeitern deutlich unterscheidet.

Mit Einführung dieser zeitlich-biographischen Perspektive wird ersichtlich, daß unser Konzept "Risikobewußtsein" zwei wichtige Verknüpfungen vornimmt: zum einen begreift es umweltrelevante Einstellungsmuster als Resultat individueller Abwägungsprozesse zwischen ökologischen und sozialen Risiken und Ansprüchen; zum anderen versucht es, diese Abwägungsprozesse vor dem Hintergrund sowohl kontextabhängiger, aktueller Wahrnehmungen und Erfahrungen als auch lebensgeschichtlich erworbener Interpretationsraster zu deuten und zu erklären. Dabei geht es davon aus, daß "soziale Zugehörigkeit, Berufsverlauf, generationsspezifische Erfahrungssubstrate usw. sich zu jenen Deutungsmustern verdichten, die die Akzeptanz von Informationen steuern und somit die Adaption an den aktuellen Stand der gesellschaftlichen Diskussions- und Definitionsprozesse erlauben. ... Risikobewußtsein ist darum kein bloßer Reflex auf bestehende Zustände, sondern (gegenwärtiges) Resultat eines (lebenslangen) Lernprozesses, das einen bestimmten Vorrat an Interpretationen, Überzeugungen, Ansichten usw. aus der Vergangenheit für die Zukunft bereithält - einschließlich der Einschätzung, ob und wie jene ökologischen Gefahren, die diese Zukunft bedrohen, ernst zu nehmen sind" (Osterland 1994a: 162).

Operational setzt sich Risikobewußtsein zusammen aus einem komplexen "Kontroll-" und einem ebenso komplexen "Motivationsfaktor": der "Kontrollfaktor" thematisiert, wie Verhaltensdispositionen dadurch zu Verhalten werden (können), daß ihre Realisierung in individuellen Risikoabwägungen voraussichtlich zu einem akzeptablen Ergebnis führt. Unter Berücksichtigung ökonomischer, sozialer und kultureller Ressourcen scheint sich daher z.B. in vielen Fällen eine kollektive Handlungsoption anzubieten (s.u.). Der "Motivationsfaktor" erklärt das Zustandekommen ökologischer (ebenso wie anderer) Verhaltensdispositionen. Mit Kollegen aus Oldenburg und Göttingen ist davon auszugehen, daß in den seltensten Fällen allein die "heile Umwelt" ein entscheidendes Motiv darstellt. Vielmehr entstehen Verhaltensdispositionen, d.h. Neigungen, Absichten, Bereitschaften, i.d.R. dadurch, daß unterschiedliche Interessen, Bedürfnisse, Ansprüche sich überschneiden, sich gegenseitig stützen und "aufladen" (Gestring u.a. 1994). Das bedeutet, daß etwa nach jenen spezifischen Kombinationen aus "ökologischen" Ansprüchen mit z.B. Statusinteressen, Gesundheits-, Ordnungs-, Sicherheits-, Distinktions-, Anerkennungsbedürfnissen etc. zu suchen ist, die schließlich das Motiv für Verhaltensweisen bzw. Verhaltensänderungen ausmachen.

Mit der aktuellen Lebenslaufforschung ist schließlich davon auszugehen, daß Risikoabwägungen zwischen ökologischen und sozialen Risiken - auf der Basis individuell verfügbarer Ressourcen und im Rahmen nach wie vor ungleicher sozialer Lagen - gleichsam zum Bestandteil eines allgemeineren "personal-projects" werden. Indem diese "personal-projects" sich neu sortieren und erkennbare Strukturen bilden, kristallisieren sich auch neue Gemeinsamkeiten solcher "personal-projects" heraus, die man als "moderne Lebensstile" interpretieren könnte. Insofern könnte auch der sozial differenzierte Umgang mit Umweltproblemen zur Modifikation und partiellen Ablösung vertikal geschichteter Sozialcharaktere und Milieus der Industriemoderne durch die wesentlich vielfältiger differenzierten Lebensstile und Sozialmilieus der reflexiven Moderne (vgl. Beck 1993) beitragen, wie dies etwa von Hörning und Michailow für den Umgang mit "Zeit" am Beispiel "ihrer" Zeitpioniere vertreten wird (Hörning und Michailow 1990).

Vor diesem konzeptionellen Hintergrund werden einige der irritierenden Widersprüchlichkeiten, Inkonsequenzen und Inkonsistenzen zugänglicher und verständlicher, die dem sog. "Umweltbewußtsein" von der Einstellungsforschung oftmals bescheinigt werden. Wenn nicht nur nach "Umweltbewußtsein" oder einem Zusammenhang zwischen ökologischen Einstellungen und gleichsam objektiver "Öko-Bilanz der Lebensweise" gefragt wird, sondern nach den soziokulturellen Grundmustern, die bestimmte Formen von Risikobewußtsein einschließen, erscheint es durchaus plausibel, daß im Hinblick auf all die richtigen Dinge, die zum Schutz von Umwelt und Natur getan werden müßten, Inkonsistenzen und Widersprüche den selbstverständlichen Normalfall darstellen; alles andere wären höchst erklärungsbedürftige Ausnahmen.

Drei Beispiele zum Themenkomplex "ökologisches Wohnen" sollen diesen Gedanken illustrieren: Von Kollegen aus Oldenburg und Göttingen wurde im Rahmen einer umfassenderen Studie u.a. die Öko-Mustersiedlung Hamburg-Allermöhe untersucht, die überwiegend von Mittelschichtangehörigen mit weitreichenden ökologischen Ansprüchen bewohnt wird. Dementsprechend findet man dort das ganze Spektrum des ökologischen Bauens und Wohnens realisiert; von wegweisender Energiespartechnik über umwelt- und gesundheitsverträgliche Baumaterialien bis zur Komposttoilette. Bei den Bewohnern hat sich auf dieser Grundlage eine kollektive Identität entwickelt, die zwar ohne missionarischen Eifer daherkommt, aber dennoch von einem ökologischen Avantgardebewußtsein geprägt ist. Die sozialen, kulturellen und auch ökologischen Widersprüche dieser Lebensweise sind gleichwohl unübersehbar: Z.B. handelt es sich um eine milieuspezifische Wohnform, die vermutlich keineswegs in eine "unter dem Strich" ökologische Lebensweise eingebettet ist. Hier schlägt z.B. zu Buche, daß diese Wohnform nur als Stadtrandsiedlung zu verwirklichen ist, somit den Trend zur Suburbanisierung fortschreibt und die intensive Nutzung der Familienkutsche und womöglich des Zweitwagens - noch verstärkt durch milieuspezifisch große Aktionsradien und hohe Aktivitätsniveaus - erfordert (Gestring u.a. 1994).

In dieser Hinsicht genau gegenteilig verhält sich ein anderes Beispiel, das momentan in Bremen realisiert wird. Hier entsteht - ebenfalls am Stadtrand gelegen - eine Wohnsiedlung für ca. 200 Haushalte, die sich absichtsvoll auf ein Leben ohne Auto einrichten. Im Gegensatz zu Hamburg-Allermöhe handelt es sich bei den zukünftigen Bewohnern dieser Siedlung um ein relativ genaues Abbild der durchschnittlichen städtischen Sozialstruktur - vom Postzusteller und der Sozialhilfempfängerin bis zur wohlhabenden Akademikerfamilie - und nur ein (kleinerer) Teil dieser Menschen wagt das kollektive Experiment "Leben ohne Auto" auf der Grundlage explizit ökologischer Motive. Gemeinsames Kennzeichen dieser Gruppe ist vielmehr die einfache Erkenntnis, daß die erwünschten "benefits", die Lebensqualitätsgewinne der Autolosigkeit sich in den herkömmlichen städtischen Raum- und Siedlungsstrukturen nur in äußerst engen Grenzen realisieren lassen. Auch hier wird - nicht nur aufgrund äußerer, struktureller Grenzen, sondern aufgrund der eigenwilligen Verarbeitung spezifischer Ansprüche und Interessen - nur ein bestimmter Ausschnitt der Lebensweise unter ökologischen Vorzeichen optimiert.

Das dritte Beispiel stammt auch aus Bremen und behandelt eine ökologisch-alternativ orientierte Wohnwagenkolonie, die auf einem relativ zentral gelegenen Kleingartenareal entstanden war. Da auf dem Gelände eine Neubausiedlung errichtet wird, entbrannte ein hochbrisanter politischer Konflikt um die Frage, wie mit den ca. 50 Bewohnern dieser Wohnwagenidylle umzugehen sei. Auch wenn im Verlauf des Konfliktes aus naheliegenden Gründen die ökologische Komponente der dort in "fröhlicher Anarchie" verfolgten Lebensweise insbesondere von den Bewohnern und Unterstützern des Projektes etwas hochstilisiert wurde, mischen sich hier doch deutlich artikulierte Naturschutzansprüche mit einer alternativen Vorstellung von einem genügsamen und kollektiv organisierten Lebensstil - vom Baustoffrecycling bis zur Bienenzucht. Ein bemerkenswertes Charakteristikum dieses Konfliktes war die letztlich diskussionsbestimmende Einsicht, daß ein derartiges, von der gesellschaftlichen Normalität abweichendes sozial-ökologisches Experiment grundsätzlich durchaus eine Existenzberechtigung besitzt, daß die damit sichtbar und erfahrbar werdende Konkurrenz verschiedener Lebensformen in einem sozialen Gemeinwesen aushaltbar sein muß und daß dafür in angemessener Weise Raum zu schaffen sei.

Die angeführten Beispiele würden vermutlich alle auf einer "Öko-Skala" der Lebensweisen im "umweltbewußten" Bereich rangieren; darüberhinaus haben sie jedoch auf den ersten Blick nicht viel miteinander zu tun. Dennoch weisen sie auf einige Entwicklungen hin, die den Zusammenhang von sozialstrukturellem Wandel und ökologischen Bewußtseinsprozessen betreffen.

1. Mit der gesellschaftlichen Pluralisierung geht eine prinzipielle Öffnung der Möglichkeits- und Realisierungshorizonte für ökologisch relevante Experimente und Verhaltensweisen einher; die Beispiele stehen für das heimliche Kulturmotto der 80er Jahre: (nahezu) "anything goes". Was noch vor Jahren nur als "Aussteigertum" oder "Subkultur" denkbar war, spielt sich heute in unmittelbarer Auseinandersetzung mit der gesellschaftlichen Umwelt ab und wird zunehmend als eine von vielen, mehr oder weniger akzeptierten "Normalitäten" begriffen. Damit wird diese Öffnung zum Einfallstor für gesellschaftlich relevante Lebensstilkonkurrenzen und -konflikte. Die dabei entstehenden "Mikromilieus" repräsentieren neue Definitionsräume, Stilisierungspraktiken und Handlungsfelder, sie greifen die Grenzen der dominanten, legitimen Kultur- und Werteordnung an, und auf diese Weise schlagen die ihnen innewohnenden Wertvorstellungen und Deutungsmuster ins Politische um (Hörning und Michailow 1990). Bewußt oder unbewußt entwickeln sich die aufgeführten Beispiele vom "personal-project" zum "social-project" und entfalten dabei eine "Außenwirkung", die aus ihnen u.U. sogar ein "political-project" machen kann. (Am deutlichsten wird dies bei dem Beispiel der alternativen Wohnwagenkolonie, die vor Jahren als "Refugium für Aussteiger" angefangen hatte und als solches von der Gesellschaft weitgehend ignoriert worden war, mittlerweile aber in die Gesellschaft "zurückgeholt" wurde. Insofern ist es nur folgerichtig, daß sich der Sprecher dieser Initiative bei den 1995er Landtagswahlen in Bremen um ein Abgeordnetenmandat bemühte. Im Falle der autofreien Siedlung mußte sich das Projekt zwar nicht gegen politischen Widerstand und ungehaltener Nachbarn, aber gegen die Strukturen des Immobilienmarktes ebenso wie gegen institutionalisierte Normen - etwa die Stellplatzverordnung im Baurecht - durchsetzen. Bei der Hamburgischen Ökosiedlung schließlich ist der "Lebensstilkonflikt" gleichsam in das Projekt selbst hineinverlagert, indem die Entwicklung eines kollektiven Selbstverständnisses von Anbeginn im Widerspruch zwischen Urbanitäts- und Individualitätsansprüchen einerseits und kollektiver ökologischer Avantgardementalität verlief.)

2. Dieses Umschlagen individueller Abwendung oder subkultureller "Marotten" in gesellschaftlich relevante "Lebensstilkonflikte" entfaltet seine Wirksamkeit durch eine weitere Gemeinsamkeit dieser Beispiele, die nur scheinbar eine oberflächliche ist: alle drei sind nämlich kollektive Veranstaltungen, in denen sich soziale Beziehungsnetze um neue, zumindest ungewöhnliche kulturelle Muster kristallisieren, und sie enthalten jene Elemente, die in der aktuellen Diskussion mit dem Lebensstilbegriff verbunden werden: sie stellen jeweils ein spezifisches Muster der Gestaltung und Bewältigung bestimmter Lebensumstände dar, sie etablieren thematisch definierte Ab-

grenzungs- und Konfliktlinien zwischen "innen" und "außen" und stabilisieren auf diese Weise eine soziokulturell definierte "community" in der Auseinandersetzung mit ihrer Umwelt. Gerade auf dem Weg der sozialen Distinktion, einer expressiv und selbststilisierend vorgetragenen Besonderheit, befördern sie gleichzeitig ihre innere Kohäsion und ihre gesellschaftliche Integration. Noch bleibt offen, ob in den damit bezeichneten "Mikromilieus" tatsächlich die Kerne für eine Erweiterung zu gesellschaftlichen "Makromilieus" (Hradil 1987) zu sehen sind, die sich von der Bindung an ein spezifisches, lokales Netz sozialer Beziehungen lösen und verallgemeinern.

Dafür spricht im Hinblick auf das Umweltthema u.U. zweierlei: Der kollektive Charakter dieser Projekte deutet einen sich verbreiternden Ausweg aus dem Handlungs- und Kontrolldilemma an, das zwischen dem Handeln in der Konsumentenrolle (mit dem Ziel, der eigenen Verantwortung im eigenen Tun gerecht zu werden) und der engagierten Aktivität in Verbänden und Parteien (mit dem Ziel, verhaltensblockierende Strukturen zu verändern) besteht. Damit könnte sich eine der naheliegenden Schlußfolgerungen aus der Lebensstilforschung geradezu in ihr Gegenteil verkehren: Lebensstile - betrachtet man etwa die besonders pointierte Variante der "Erlebnismilieus" (Schulze 1992) - verhalten sich indifferent oder ignorant gegenüber Umweltproblemen (ebenso wie gegenüber anderen gesellschaftlichen Problemen), verfolgen als ganze keine spezifischen, nach außen gerichteten Partikularinteressen und stellen somit lediglich die soziokulturelle Fortsetzung der "organisierten Unverantwortlichkeit" dar, die Beck auf der Ebene der Institutionen beschreibt (Beck 1988). Die genannten Beispiele wie auch zahlreiche andere Hinweise zeigen dagegen, daß kollektive Ausprägungen individueller "Selbstdarstellung" durchaus Ausdruck ökologischer Verhaltensdispositionen sein können. Eine zweite Vermutung könnte sogar dahingehen, daß kollektives Handeln jenseits von bzw. quer zu traditionellen Sozialstrukturen einen neuen "nachhaltigkeitsorientierten" Solidaritätsbegriff (Solidarität gegenüber denjenigen Interessen, die im Sinne des klassischen Solidaritätsbegriffes nicht organisationsfähig sind, wie die der Arbeitslosen, der folgenden Generationen, der dritten Welt, der Natur, d.h. Solidarität im Teilen und Abgeben) mit dem traditionellen Solidaritätsbegriff der Arbeiterbewegung (Solidarität der "Schwachen", um einen "übermächtigen" Gegner zum Teilen und Abgeben zu zwingen) verbindet (vgl. Schulze 1994).

3. Gleichwohl ist die "ökologische Reichweite und Effizienz" aller Beispiele erkennbar limitiert. Es geht immer nur darum, sich in bestimmten Ausschnitten der Lebensweise umweltnormativen Ansprüchen anzunähern. Dies verweist auf die soziokulturelle Bedingtheit von Adaptionen und Verarbeitungsweisen der Ökologiefrage, wobei - wie im Falle der autofreien Siedlung - ökologische Motive nicht einmal ein auslösendes Moment sein müssen. Vielmehr entwickeln sich - vermutlich oder vermeintlich - ökologisch sinnvolle Verhaltensweisen offenbar immer in Verbindung mit individuellen Vorstellungen von einem "guten" Leben und gleichzeitig in Konkurrenz zu anderen Verhaltensoptionen. Unterschiedliche Bündel von Motiven und Ressourcen, ihre befördernde oder behindernde Funktion sind dabei durchaus nicht losgelöst von sozialen Lagemerkmalen und "klassischen" sozialen Ungleichheitskriterien. Beides zusammen liefert aber eine Erklärung dafür, daß z.B. "autofreies Leben" oder "ökologisches Wohnen" oder ganz andere "umweltbewußtere" Lebensweisen vermutlich immer nur für bestimmte Menschen oder Gruppen realistische Optionen darstellen können. Das bedeutet zunächst, daß man sich von den in der Wissenschaft und v.a. in der Politik vertretenen Verallgemeinerungsansprüchen verabschieden muß. Die "Suche nach einem ökologisch verallgemeinerungsfähigen Lebensstil" (Ullrich 1994)

wird vermutlich wenig erfolgreich sein. Stattdessen ginge es darum, die spezifischen Anknüpfungspunkte in unterschiedlichen sozialen Milieus und Lebensstilen aufzuspüren, auch wenn sie sich nicht in der Form solcher Mikromilieus organisieren wie in den genannten Beispielen.

**Literatur**

Beck, Ulrich (1988), Gegengifte. Frankfurt/M.
Beck, Ulrich (1993), Die Erfindung des Politischen. Frankfurt/M.
Bogun, Roland/Osterland, Martin/Warsewa, Günter (1990), Was ist überhaupt noch sicher auf der Welt? Arbeit und Umwelt im Risikobewußtsein von Industriearbeitern. Berlin.
Gestring, Norbert/Heine, Hartwig/Mautz, Rüdiger/Meyer, Hans-Norbert (1994), Konflikte zwischen Ökologie und Urbanität. Unveröff. Manuskript.
Hörning, Karl H./Michailow, Matthias (1990), Lebensstil als Vergesellschaftungsform. In: Peter A. Berger/Stefan Hradil (Hg.): Lebenslagen, Lebensläufe, Lebensstile. Soziale Welt Sonderband 7; Göttingen; S. 501-521.
Hradil, Stefan (1987), Sozialstrukturanalyse in einer fortgeschrittenen Gesellschaft. Opladen .
Osterland, Martin (1994), Der "grüne" Industriearbeiter - Arbeiterbewußtsein als Risikobewußtsein. In: Nils Beckenbach/Wolfgang van Treeck (Hg.): Umbrüche gesellschaftlicher Arbeit. Soziale Welt, Sonderband 9; Göttingen, S. 445-456.
Osterland, Martin (1994a), Die ökologische Zukunft - aus der Sicht von Industriearbeitern. In: Elke Holst/Jürgen P. Rinderspacher/Jürgen Schupp (Hg.): Erwartungen an die Zukunft. Frankfurt/M./New York; S. 157-169.
Schulze, Gerhard (1992), Die Erlebnisgesellschaft. Frankfurt/M./New York.
Schulze, Gerhard (1994), Jenseits der Erlebnisgesellschaft. Zur Neudefinition von Solidarität. In: Gewerkschaftliche Monatshefte 6/94:337-343.
Ullrich, Otto (1994), Kommen Effizienzbemühungen gegen die Industrialisierung der Stoffe, des Raumes und der Zeit an? Stichworte für die Suche nach einem verallgemeinerungsfähigen Lebensstil. Unveröff. Manuskript.
Wiesenthal, Helmut (1994), Lernchancen der Risikogesellschaft. In: Leviathan 1/94:135-159.

Dr. Günter Warsewa, Universität Bremen, Postfach 330440, D-28334 Bremen,
e-mail: gwarsewa@kua.uni-bremen.de

# Verzeichnis der Referentinnen und Referenten

Alwin, Duane F. ................................. 121
Baer, Andrea ..................................... 355
Baumert, Karin .................................. 570
Beck, Ulrich ...................................... 783
Becker, Rolf ...................................... 396
Behrens, Johann ................................. 269
Bender, Christiane .............................. 619
Berger, Johannes ................................ 499
Bergmann, Jörg .................................. 525
Bergner, Elisabeth .............................. 248
Bernardoni, Claudia ............................ 141
Bickel, Cornelius ................................ 697
Birkner, Karin .................................... 535
Blasius, Jörg ...................................... 307
Blättel-Mink, Birgit ............................ 583
Bodenschatz, Harald ........................... 565
Boehnke, Klaus .................................. 273
Boers, Klaus ...................................... 374
Bohnsack, Ralf ................................... 379
Borgetto, Bernhard ............................. 252
Brand, Karl-Werner ............................ 783
Braun, Michael .................................. 121
Brieden, Thomas ................................ 283
Brosziewski, Achim .................... 43; 773
Bukow, Wolf-Dietrich ........................... 48
Chavdarova, Tanja .............................. 425
Corsten, Michael ........................ 53; 590
Czapska, Janina ................................. 445
Dederichs, Andrea .............................. 409
Deutschmann, Christoph ..................... 162
Diefenbach, Heike .............................. 297
Drauschke, Petra .................................. 60
Eichener, Volker ................................. 456
Ellguth, Peter ..................................... 166
Engel, Uwe ....................................... 264
Englisch, Felicitas ................................ 66
Evers, Adalbert .................................. 451
Evers, Hans-Dieter ............................... 77

Faust, Michael ................................... 162
Fechner, Rolf ..................................... 709
Fehr, Helmut ..................................... 637
Fischer-Rosenthal, Wolfram .................... 43
Franz, Peter ....................................... 368
Gebhardt, Winfried ..................... 180; 669
Gerke, Solvay ...................................... 82
Giegel, Hans-Joachim ........................... 66
Gläser, Jochen ................................... 623
Glatzer, Wolfgang ............................... 417
Gotzler, Petra .................................... 117
Greve, Werner ................................... 778
Grötsch, Verena ................................. 540
Grundmann, Siegfried ........................ 561
Hahn, Kornelia .................................. 363
Hajer, Maarten A. .............................. 791
Hausendorf, Heiko ............................. 525
Häußermann, Hartmut ........................ 555
Heckmann, Friedrich .......................... 283
Heinze, Rolf G. .................................. 456
Helling, Vera ....................................... 25
Henz, Ursula ..................................... 389
Herrmann, Peter ................................ 399
Hildebrandt, Eckart ............................ 800
Hiller, Petra ...................................... 347
Hillmann, Karl-Heinz .................. 583; 600
Hitzler, Ronald .................................. 755
Hoerning, Erika M. ............................ 393
Hondrich, Karl Otto ........................... 508
Hradil, Stefan .................................... 389
Hüttenmoser, Marco .......................... 724
Jahn, Thomas .................................... 795
Jauch, Peter ...................................... 162
Joas, Hans ........................................ 517
Jonas, Michael ................................... 613
Kamphausen, Georg .................... 180; 669
Karakaşoğlu, Yasemin ........................ 292
Kaross, Dietmar ................................. 232

Keim, Karl-Dieter ................................. 577
Kenney, Mary Catherine ........................ 92
Kirchhöfer, Dieter ................................ 732
Kirchner, Ulrich ................................... 629
Klingemann, Carsten ............................ 704
Kohl, Jürgen ........................................ 470
Kohte, Wolfhard .................................. 342
Korfes, Gunhild ................................... 385
Kraul, Margret .................................... 334
Kreutz, Henrik .................................... 257
Kriszio, Marianne .......................... 35; 146
Kuhlmann, Martin ............................... 157
Kukoc, Mislav ..................................... 686
Kunz, Gerhard .................................... 232
Kurz, Constanze .................................. 157
Lass, Jürgen ........................................ 769
Lauterbach, Wolfgang .......................... 745
Lenhardt, Gero ...................................... 17
Lipp, Wolfgang .................................... 185
Lucke, Doris ....................................... 341
Lüschen, Günther ................................ 479
Maas, Ineke ........................................ 389
Maeder, Christoph ............................... 773
Mahnkopf, Birgit ................................. 157
Maier-Lesch, Brigitte ........................... 126
Makropoulos, Michael ......................... 712
Malsch, Thomas .................................. 613
Matthiesen, Ulf ................................... 549
Mattusch, Katrin ........................... 649; 769
Merten, Peter ........................................ 99
Merz-Benz, Peter-Ulrich ...................... 695
Meulemann, Heiner ............................. 189
Meusburger, Peter ............................... 437
Meuser, Michael ................................. 760
Meyer-Renschhausen, Elisabeth ............ 151
Mönnich, Ingo ....................................... 25
Mueller, Ulrich ............................. 307; 314
Müller, Georg P. ................................. 259
Müller-Benedict, Volker ...................... 324
Müller-Doohm, Stefan ......................... 205
Mutz, Gerd .................................. 71; 606
Nase, Annemarie ................................ 304

Nauck, Bernhard ........................... 109; 739
Neckel, Sighard ............................ 548; 768
Netz, Peter ......................................... 244
Notz, Petra ......................................... 162
Nowak, Kurt ....................................... 665
Oesterdiekhoff, Georg W. .................... 198
Ohlemacher, Thomas ........................... 778
Oswald, Ingrid .................................... 642
Peters, Helge ...................................... 361
Pfadenhauer, Michaela ........................ 765
Pfaff, Holger ...................................... 236
Pickel, Gert ........................................ 679
Pollack, Detlef ................................... 663
Priller, Eckhard .................................. 431
Rabe-Kleberg, Ursula ............................ 17
Rammert, Werner ............................... 613
Rehberg, Karl-Siegbert ........................ 175
Reichertz, Jo ....................................... 223
Rhodes, Robert C. ............................... 300
Riedmüller, Barbara ............................ 451
Rigauer, Bero ..................................... 479
Ritter, Claudia .................................... 756
Rohrberg, Klaus .................................. 486
Ronge, Volker .................................... 283
Rosenbaum, Wolf ............................... 785
Rosenbrock, Rolf ................................ 240
Schiel, Tilman ...................................... 77
Schmals, Klaus ................................... 555
Schmidt, Johannes ............................... 629
Schmidt-Dilcher, Jürgen ....................... 172
Schneewind, Klaus A. ......................... 117
Schneider, Norbert F. .......................... 109
Schneider, Wolfgang Ludwig ............... 544
Schrader, Heiko .................................... 87
Schuerkens, Ulrike .............................. 103
Schultz, Annett ................................... 431
Schultz, Irmgard ................................. 795
Schulz-Schaeffer, Ingo ......................... 613
Schwenk, Otto G. ................................ 404
Scott, Jacqueline ................................. 121
Segert, Astrid ..................................... 412
Seifert, Wolfgang ................................ 419

Sewing, Werner ..................................... 573
Simons, Katja ......................................... 151
Six, Bernd ............................................. 288
Skledar, Nikola ...................................... 684
Staender, Johannes ............................... 248
Steinkamp, Günther .............................. 244
Sterbling, Anton .................................... 635
Stock, Manfred ....................................... 17
Stojanov, Christo ................................... 656
Stolzenburg, Margit ................................ 60
Stosberg, Manfred ................................ 231
Strasser, Hermann ................................ 409
Teichler, Ulrich ....................................... 30
Terwey, Michael ................................... 674
Teubner, Ulrike ..................................... 141
Thomas, Konrad ................................... 719
Tölke, Angelika ..................................... 126
Trinczek, Rainer ................................... 166
Troitzsch, Klaus G. ............................... 334
Üner, Elfriede ....................................... 716
Voges, Wolfgang .................................. 132
Vogt, Ludgera ....................................... 175

Walper, Sabine ..................................... 117
Warsewa, Günter .................................. 807
Webler, Wolff-Dietrich ........................... 17
Weck, Michael ..................................... 463
Weis, Kurt ............................................ 492
Weisenbacher, Uwe .............................. 216
Weiß, Hans-Jürgen ............................... 207
Weiß, Johannes .................................... 689
Werner, Burkhard ................................. 244
Weyer, Johannes .................................. 629
Weymann, Ansgar .................................. 22
Wirrer, Rita .......................................... 334
Witt, Peter ............................................ 279
Witzel, Andreas ...................................... 25
Wobbe, Theresa ................................... 700
Wohlrab-Sahr, Monika ......................... 193
Wolf, Ricarda ....................................... 530
Zapf, Wolfgang .................................... 501
Zeiher, Helga ....................................... 723
Zick, Andreas ....................................... 288
Zierke, Irene ......................................... 412
Zsidai, Agnes ....................................... 351

# Aus dem Programm Sozialwissenschaften

Werner Fuchs-Heinritz/Rüdiger Lautmann/Otthein Rammstedt/Hanns Wienold (Hrsg.)
## Lexikon zur Soziologie
3., völlig neubearb. und erw. Aufl.
1994. 763 S. Kart.
ISBN 3-531-11417-4

Das Lexikon zur Soziologie ist das umfassendste Nachschlagewerk für die sozialwissenschaftliche Fachsprache. Für die 3. Auflage wurde das Werk völlig neu bearbeitet und durch Aufnahme zahlreicher neuer Stichwortartikel erheblich erweitert.

Das Lexikon zur Soziologie bietet aktuelle, zuverlässige Erklärungen von Begriffen aus der Soziologie sowie aus Sozialphilosophie, Politikwissenschaft und Politischer Ökonomie, Sozialpsychologie, Psychoanalyse und allgemeiner Psychologie, Anthropologie und Verhaltensforschung, Wissenschaftstheorie und Statistik.

Theo Pirker/M. Rainer Lepsius/Rainer Weinert/Hans-Hermann Hertle
## Der Plan als Befehl und Fiktion
Wirtschaftsführung in der DDR. Gespräche und Analysen
1995. 384 S. Kart.
ISBN 3-531-12632-6

Mit zehn leitenden Wirtschaftsfunktionären der DDR haben die Autoren im Jahre 1993 ausführliche Gespräche geführt. Ziel war es, die Struktur der Entscheidungsprozesse zu erkunden, die informellen Beziehungen und die Kriterien der Willensbildung zu analysieren. Ausgewählt wurden zwei Mitglieder des Politbüros (Günter Mittag und Harry Tisch), zwei Mitglieder des Wirtschaftssekretariats des ZK der SED (Claus Krömke und Christa Bertag), zwei Mitglieder der Staatlichen Plankommission (Gerhard Schürer und Siegfried Wenzel), der Leiter des Bereichs „Kommerzielle Koordinierung" (Alexander Schalck-Golodkowski), zwei Mitglieder des Ministerrates (Wolfgang Rauchfuß und Günther Wyschofsky) und zwei Generaldirektoren von Kombinaten (Wolfgang Biermann und Christa Bertag). Diese Gespräche vermitteln ein eindringliches Bild der Kontaktstrukturen, Willensbildung, Entscheidungsfindung und Anpassungszwänge, die die Wirtschaftspolitik und Wirtschaftsführung der DDR bestimmt haben. Die Beiträge der Autoren erschließen diese Dokumente durch Einzelanalysen und Darstellungen des historischen Kontextes.

Raymond Boudon/François Bourricaud
## Soziologische Stichworte
Ein Handbuch
1992. 680 S. Kart.
ISBN 3-531-11675-4

Die Autoren dieses sozialwissenschaftlichen Standardwerkes behandeln in mehr als siebzig Grundsatzartikeln zu Schlüsselbegriffen, Theorien und historisch wesentlichen Autoren die zentralen Probleme der Soziologie. Insgesamt bietet der Band eine ebenso umfassende wie kritische Einführung in Entwicklung und Stand der Soziologie und ihrer einzelnen Bereiche.

WESTDEUTSCHER VERLAG
OPLADEN · WIESBADEN